Das
Preußische Kirchenrecht
im Gebiete
des Allgemeinen Landrechts.

Abdruck

von Theil II Titel 11

aus der achten Auflage von C. F. Koch's Kommentar zum Allgemeinen Landrecht.

Herausgegeben

von

Paul Hinschius.

Berlin und Leipzig
Verlag von J. Guttentag
(D. Collin).
1884.

Inhaltsverzeichniß.

Eilfter Titel.

Von den Rechten und Pflichten der Kirchen und geistlichen Gesellschaften.

Dritter Abschnitt.

Vierter Abschnitt.

Fünfter Abschnitt.

Sechster Abschnitt.

Siebenter Abschnitt.

Achter Abschnitt.

Seite

Sechszehnter Abschnitt.

Siebzehnter Abschnitt.

Achtzehnter Abschnitt.

Neunzehnter Abschnitt.

Zwanzigster Abschnitt.

Anhang.

Vorwort.

Nach dem Erscheinen der von mir seit der 5. Auflage des Koch'schen Kommentars zum A.L.R. besorgten Bearbeitung des Tit. 11 Th. II ist sowohl gegenüber dem Herrn Verleger, wie auch mir wiederholt und von den verschiedensten Seiten das Verlangen nach einer besonderen Ausgabe des betreffenden Theiles des Kommentars geäußert worden. Bis zum Jahre 1883 war die von mir herrührende Bearbeitung des gedachten Titels die einzige, welche die wichtige, neuere preußische Gesetzgebung für die katholische und für die evangelische Kirche hatte in Betracht ziehen können, während die sonstigen ähnlichen Werke (namentlich die von Vogt und Th. Meier), welche vorher erschienen waren, nicht mehr dem Stande der geltenden Gesetzgebung entsprachen. In dem genannten Jahr ist zwar ein neuer Kommentar zum 11. Titel von Trusen in seinem preußischen Kirchenrecht veröffentlicht worden, indessen berücksichtigt dieser nur das Recht der evangelischen, nicht auch das der katholischen Kirche, und ferner lag eine selbstständige Erörterung kirchenrechtlicher Fragen nicht in dem Plane dieses Werkes.

Der Herr Verleger hat es deshalb noch jetzt bei dem Erscheinen einer neuen Ausgabe des Koch'schen Kommentars für angezeigt erachtet, gemäß den vielfach geäußerten Wünschen einen besonderen Abdruck des Th. II Tit. 11, dessen Kommentar gleichmäßig das evangelische, wie auch das katholische Kirchenrecht behandelt, zu veranstalten, und zwar um so mehr, als dadurch zugleich der Mangel einer neuen, die Novellen von 1882 und 1883 berücksichtigenden Auflage der von mir kommentirten kirchenpolitischen Gesetze der Jahre 1873 und ff. beseitigt wird.

In Bezug auf die äußere Anordnung des Gesetzgebungsmaterials und die Art der Einfügung desselben in den landrechtlichen Text mußte ich mich, da der Kommentar zu Tit. 11 nur den Theil eines größeren Ganzen bildet, an die noch von Koch selbst beobachteten Principien halten, ebenso mußten die Anmerkungen desselben, soweit sie heute noch Beachtung zu beanspruchen haben, beibehalten werden. Diejenigen, welche ich selbst hinzugefügt habe und (sie bilden den weitaus größten Theil des Kommentars) sind mit einem H bezeichnet.

Berlin, 31. März 1884.

P. Hinschius.

Allgemeines Landrecht.

Theil II.

Eilfter Titel.

Von den Rechten und Pflichten der Kirchen und geistlichen Gesellschaften [1]).

§. 1. Die Begriffe der Einwohner des Staats von Gott und göttlichen Dingen, der Glaube und der innere Gottesdienst können kein Gegenstand von Zwangsgesetzen sein [2]). Allgemeine Grundsätze.

H. **Diejenigen Vorschriften des Titels 11, welche die neuere Gesetzgebung nur modifizirt hat, sind im Texte zwar beibehalten, aber mit einem * bezeichnet.**

H. Ueber das Kirchenrecht des L.R. vgl. Laspeyres, Geschichte u. heut. Verfassung der kathol. Kirche Preußens. Halle 1840. Th. I S. 457 ff.; Merkel, das protestant. Kirchenrecht des 18. Jahrh. in Rudelbach u. Guericke, Zeitschr. f. luther. Theologie Jahrg. 1860 (21) S. 23 ff.; Jacobson, d. evangel. Kirchenrecht des preuß. Staats. Halle 1864. S. 23; Richter, Beiträge zum preuß. Kirchenrecht, herausgeg. v. P. Hinschius. Leipzig 1864. S. 12, 50; O. Mejer, zur Geschichte der römisch-deutschen Frage. Rostock 1871. 1, 414 ff.; Friedberg, Grenzen zwischen Staat u. Kirche. Tübingen 1872. S. 284 ff.

1) Dieser Titel tritt an die Stelle des kanonischen Rechts, welches unter den „anderen fremden subsidiarischen Rechten und Gesetzen", auf welche nach §. I u. II des Publ.Pat. v. 5. Febr. 1794 (vergl. auch die Bd. 1 S. 20 angeführten Patente) nicht mehr zurückgegangen werden darf, mit verstanden ist. Damit ist jedoch dasselbe nicht durchgängig und in allen Stücken abgeschafft. In Sachen des bürgerlichen Rechts war dasselbe schon durch das Corp. jur. Frid. aufgehoben worden, welches im P. I lib. 1 Tit. 2 §. 12 verordnete: „Da nach dem Westphälischen Friedensschlusse Unsere katholischen Unterthanen nach ihren Principiis in Glaubenssachen gerichtet werden sollen: so muß auch das kanonische Recht in so weit vim legis behalten. — In allen weltlichen Sachen aber wollen Wir das jus canonicum hierdurch aufgehoben haben, außer was die officia und dignitates und davon dependirende jura bei den Stiftern, item die Zehntsachen betrifft, welche nach den kanonischen Rechten auch bei den Evangelischen dijudizirt werden sollen." Das von der Gesetzgebung hierdurch ausgesprochene Prinzip ist im L.R. nirgends beseitigt, vielmehr ist dasselbe von den Redaktoren festgehalten worden, wie die Materialien ergeben. Der Entw. schlug nämlich, bezüglich auf die Geistlichen, den Satz (§. 66 d. T.) vor: „Ihre Rechte und Pflichten bei Ausübung ihres geistlichen Amts sind bei den Katholiken durch die Vorschriften des kanonischen Rechts, bei den Protestanten aber durch die Kirchenordnungen bestimmt." Carmer gab diesem Satze folgende Fassung: „Die Rechte und Pflichten eines katholischen Priesters sind durch die Vorschriften des kanonischen Rechts; der protestantischen Geistlichen aber durch die Konsistorial- und Kirchenordnung bestimmt." Dagegen erinnerte Suarez: „Durch Wegstreichung der Worte: bei Ausübung ihres Amts, bekommt der §. einen schiefen oder gar falschen Sinn. Denn nur ratione internorum officii gelten die Vorschriften des kanonischen Rechts; nicht in Ansehung der äußeren Verhältnisse und Gerechtsame." (v. Kamptz, Jahrb. f. d. preuß. Gesetzgebung 58 S. 61.) Dies ist das Nämliche, was der gedachte §. 12 a. a. O. des Corp. jur. Frid. als gesetzliches Prinzip hingestellt hatte. Das L.R. hat nur auch noch die dort gemachte Ausnahme von der Aufhebung des kanonischen Rechts „in weltlichen Sachen", nämlich: „was die officia und dignitates und davon dependirende jura bei den Stiftern, item die Zehntsachen betrifft", dadurch aufgehoben, daß auch über diese Gegenstände gesetzlich verordnet worden ist. Hiernach kommen die Bestimmungen des kanonischen Rechts jetzt noch in folgenden Verhältnissen und Fällen zur Anwendung: 1) in Glaubenssachen; 2) in Ansehung der besonderen Rechte und Pflichten der katholischen Geistlichkeit in geistlichen Amtssachen (§§. 66, 107); 3) in den Fällen, wo das L.R.

§. 2. Jedem Einwohner im Staat muß eine vollkommene Glaubens- und Gewissensfreiheit gestattet werden [3]).

§. 3. Niemand ist schuldig, über seine Privatmeinungen in Religionssachen Vorschriften vom Staat anzunehmen.

§. 4. Niemand soll wegen seiner Religionsmeinungen beunruhigt, zur Rechenschaft gezogen, verspottet, oder gar verfolgt werden.

§. 5. Auch der Staat kann von einem einzelnen Unterthan die Angabe: zu welcher Religionspartei sich derselbe bekenne, nur alsdann fordern [4]), wenn die Kraft und Gültigkeit gewisser bürgerlicher Handlungen davon abhängt [5]).

§. 6. Aber selbst in diesem Falle können mit dem Geständnisse abweichender Meinungen nur diejenigen nachtheiligen Folgen für den Gestehenden verbunden werden, welche aus seiner dadurch, vermöge der Gesetze, begründeten Unfähigkeit zu gewissen bürgerlichen Handlungen oder Rechten [6]) von selbst fließen.

1. Verfassungs-Urkunde vom 31. Januar 1850. (G.S. S. 17.)

Art. 12. Die Freiheit des religiösen Bekenntnisses, der Vereinigung zu Religionsgesellschaften (Art. 30. und 31.) und der gemeinsamen häuslichen und öffentlichen Religionsübung wird gewährleistet. Der Genuß der bürgerlichen und staatsbürgerlichen Rechte ist unabhängig von dem religiösen Bekenntnisse. Den bürgerlichen und staatsbürgerlichen Pflichten darf durch die Ausübung der Religionsfreiheit kein Abbruch geschehen.

Art. 13. Die Religionsgesellschaften, so wie die geistlichen Gesellschaften, welche keine Korporationsrechte haben, können diese Rechte nur durch besondere Gesetze erlangen.

Art. 14. Die christliche Religion wird bei denjenigen Einrichtungen des Staats, welche mit der Religionsübung im Zusammenhange stehen, unbeschadet der im Art. 12. gewährleisteten Religionsfreiheit, zum Grunde gelegt.

2. Bundesgesetz [7]), betreffend die Gleichberechtigung der Konfessionen in bürgerlicher und staatsbürgerlicher Beziehung. Vom 3. Juli 1869. (B.G.Bl. S. 292.)

Wir Wilhelm, von Gottes Gnaden König von Preußen rc., verordnen im Namen des Norddeutschen Bundes, nach erfolgter Zustimmung des Bundesrathes und des Reichstages, was folgt:

Einziger Artikel. Alle noch bestehenden, aus der Verschiedenheit des religiösen Bekennt-

---

darauf verweist. (§§. 980, 1126, 1135.) Dies geschieht auch durch Bezugnahme auf Gewohnheiten und Herkommen, in so fern solche Gewohnheiten und Herkommen in der Anwendung von Bestimmungen des kanonischen Rechts bestehen, was gewöhnlich oder doch sehr oft der Fall ist, so wie durch Verweisung auf die Grundsätze der Kirche (§. 107) und auf die Religionsgrundsätze oder Vorschriften der Kirchenordnung.

H. Diesen Ausnahmen sind als vierte Kategorie die Fälle anzureihen, für welche die neuere Gesetzgebung, namentlich der jetzt aufgehobene Art. 15 der Verfassungsurkunde der freien Entwickelung des kanonischen Rechtes Raum geschaffen hatte (s. d. Nähere darüber u. Anm. 40 Abs. 2 zu §. 32 d. T.). A. M. Laspeyres a. a. O. S. 817 ff., 834, welcher dem gemeinen kanonischen Rechte neben der kirchlichen Landesgesetzgebung wahre Rechtskraft vindizirt, und die Bedeutung einer allerdings nur präsumtiven und subsidiären Rechtsquelle der katholischen Kirche des Landes in dem Maße beilegt, als diese in öffentlich anerkannter Episkopatverfassung innerhalb Preußens besteht.

2) H. Der §. bezieht sich auf die Stellung des Staats zu den einzelnen Unterthanen. Die Konsequenz daraus zieht §. 2.

3) H. Zus. 1 zu §. 6 d. T.

4) H. Jedoch schreiben einzelne Gesetze die Angabe auch für andere Fälle vor, s. das preußische Personenstandesgesetz §§. 35 u. 37 und das Reichs-Personenstandesgesetz §§. 52 u. 54. Zus. 11 zu II. 1 §. 145.

5) H. Wie z. B. der Eidesleistung (vgl. C.P.O. §§. 360, 443, 446; R.Str.P.O. §§. 66, 62, 64) und früher auch der Eheschließung.

6) H. Vergl. hierzu Bundesgesetz v. 3. Juli 1869, Zus. 2.

7) H. Jetzt Reichsgesetz, s. B.G.Bl. v. 1870 S. 647, 656 und R.G.Bl. v. 1871 S. 87.

nisses hergeleiteten Beschränkungen der bürgerlichen und staatsbürgerlichen Rechte werden hierdurch aufgehoben. Insbesondere soll die Befähigung zur Theilnahme an der Gemeinde- und Landesvertretung und zur Bekleidung öffentlicher Aemter vom religiösen Bekenntniß unabhängig sein.

Urkundlich ꝛc.

§. 7. Jeder Hausvater kann seinen häuslichen Gottesdienst nach Gutbefinden anordnen [8]). Vom häuslichen Gottesdienste.

§. 8. Er kann aber Mitglieder, die einer anderen Religionspartei zugethan sind, zur Beiwohnung desselben wider ihren Willen nicht anhalten.

§. 9. Fällt weg [9]).

§. 10*. Wohl aber können mehrere Einwohner des Staats, unter dessen Genehmigung [10]), zu Religionsübungen sich verbinden. Religionsgesellschaften.

3. **Patent, die Bildung neuer Religionsgesellschaften betreffend. Vom 30. März 1847.** (G.S. S. 121.)

Wir ꝛc. thun hierdurch kund und zu wissen:

Indem Wir beifolgend eine Uns von Unserm Staatsministerium überreichte Zusammenstellung der im Allgemeinen Landrecht enthaltenen Vorschriften über Glaubens- und Religionsfreiheit zur öffentlichen Kenntniß gelangen lassen, finden Wir Uns bewogen, hierdurch zu erklären, daß, sowie Wir einerseits entschlossen sind, den in Unseren Staaten geschichtlich und nach Staatsverträgen bevorrechteten Kirchen, der evangelischen und der römisch-katholischen, nach wie vor Unseren kräftigsten landesherrlichen Schutz angedeihen zu lassen und sie in dem Genusse ihrer besonderen Gerechtsame zu erhalten, es andererseits ebenso Unser unabänderlicher Wille ist, Unseren Unterthanen die in dem Allgemeinen Landrecht ausgesprochene Glaubens- und Gewissensfreiheit unverkümmert aufrecht zu erhalten, auch ihnen nach Maaßgabe der allgemeinen Landesgesetze die Freiheit der Vereinigung zu einem gemeinsamen Bekenntnisse und Gottesdienste zu gestatten.

Diejenigen, welche in ihrem Gewissen mit dem Glauben und Bekenntnisse ihrer Kirche nicht in Uebereinstimmung zu bleiben vermögen und sich demzufolge zu einer besonderen Religionsgesellschaft vereinigen, oder einer solchen sich anschließen, genießen hiernach nicht nur volle Freiheit des Austritts, sondern bleiben auch, in soweit ihre Vereinigung vom Staate genehmigt ist, im Genuß ihrer bürgerlichen Rechte und Ehren — jedoch unter Berücksichtigung der §§. 5. 6. 27—31. und 112. Tit. 11. Theil II. des Allg. Landrechts; — dagegen können sie einen Antheil an den verfassungsmäßigen Rechten der Kirche, aus welcher sie ausgetreten sind, nicht mehr in Anspruch nehmen.

Befindet sich eine neue Religionsgesellschaft in Hinsicht auf Lehre und Bekenntniß mit einer der durch den Westphälischen Friedensschluß in Deutschland anerkannten christlichen Religionsparteien in wesentlicher Uebereinstimmung und ist in derselben ein Kirchenministerium eingerichtet, so wird diesem bei Genehmigung der Gesellschaft zugleich die Berechtigung zugestanden werden, in den Landestheilen, wo das Allgemeine Landrecht oder das gemeine deutsche Recht gilt, solche

---

8) Jus devotionis domesticae. Dabei hat derselbe nur die Vorschriften des Ges. über die Verhütung eines die gesetzliche Freiheit und Ordnung gefährdenden Mißbrauchs des Versammlungs- und Vereinigungsrechts, v. 11. März 1850 (G.S. S. 277), zu beobachten. Die K.O. v. 9. März 1834, wonach Zusammenkünfte zu außerordentlichen Religionsübungen verboten und mit Strafen bedroht waren (Annal. 18 S. 76), ist schon durch den §. 4 der V. v. 6. April 1848 über einige Grundlagen der preuß. Verfassung außer Kraft gesetzt worden. Verf. d. Min. d. Kult. u. d. Inn. v. 18. Mai 1848, M.Bl. f. d. i. V S. 196.

9) Der Wortlaut ist: „Heimliche Zusammenkünfte, welche der Ordnung und Sicherheit des Staats gefährlich werden könnten, sollen, auch unter dem Vorwande des häuslichen Gottesdienstes, nicht geduldet werden.“ Das Ges. v. 11. März 1850 ist maßgebend. Vor. Anm. 8.

10) Der hier vorgeschriebenen Genehmigung des Staats bedarf es nach dem Art. 12 der Verfassungsurkunde (Zus. 1 zu §. 6) nicht mehr; man hat nur die Vorschriften des Ges. v. 11. März 1850 zu beobachten. Vergl. Erk. des O.Tr. Sen. f. Strafsachen v. 18. März 1853, Entsch. 25 S. 228.

die Begründung oder Feststellung bürgerlicher Rechtsverhältnisse betreffende Amtshandlungen, welche nach den Gesetzen zu dem Amte des Pfarrers gehören, mit voller rechtlicher Wirkung vorzunehmen [11]) — in wiefern einer neuen Kirchengesellschaft dieser Art außerdem noch einzelne besondere Rechte zu verleihen sind, bleibt im vorkommenden Falle nach Bewandniß der Umstände Unserer Erwägung vorbehalten.

In allen anderen Fällen bleiben bei neuen, nach den Grundsätzen des Allgemeinen Landrechts zur Genehmigung von Seiten des Staats geeignet befundenen Religionsgesellschaften die zur Feier ihrer Religionshandlungen bestellten Personen von der Befugniß ausgeschlossen, auf bürgerliche Rechtsverhältnisse sich beziehende Amtshandlungen der oben bezeichneten Art mit zivilrechtlicher Wirkung vorzunehmen [12]); diese soll bei den Gegenständen jener Amtshandlungen nach näherer Vorschrift der dieserhalb von Uns heute erlassenen besondern Verordnung durch eine vor der Gerichtsbehörde erfolgende Verlautbarung sicher gestellt werden, dem Betheiligten jedoch gestattet sein, die gedachten Amtshandlungen mit voller Wirkung [13]) auch durch einen Geistlichen einer der öffentlich aufgenommenen christlichen Kirchen verrichten zu lassen, wenn ein solcher sich dazu bereitwillig findet.

Nachdem die jetzigen Bewegungen auf dem kirchlichen Gebiete Uns veranlaßt haben, Unsere Grundsätze über Zulassung und Bildung neuer Religionsgesellschaften im Allgemeinen auszusprechen, behalten Wir Uns vor, mit Benutzung der bei Anwendung derselben zu machenden Erfahrungen, nach Bedürfniß die über diesen Gegenstand bestehenden, in der anliegenden Zusammenstellung enthaltenen Vorschriften des Allg. Landrechts durch besondere gesetzliche Bestimmungen zu ergänzen.

Zusammenstellung der in dem Allgemeinen Landrechte enthaltenen Bestimmungen über Glaubens- und Religionsfreiheit.

1.

Jedem Einwohner im Staat steht für seine Person vollkommene Glaubens- und Gewissensfreiheit zu.

Die Begriffe der Einwohner des Staats von Gott und göttlichen Dingen, der Glaube und der innere Gottesdienst können kein Gegenstand von Zwangsgesetzen sein.

Niemand ist schuldig, über seine Privatmeinungen in Religionssachen Vorschriften vom Staate anzunehmen.

Niemand soll wegen seiner Religionsmeinungen beunruhigt, zur Rechenschaft gezogen, verspottet oder gar verfolgt werden.

§§. 1. bis 4. Theil II. Tit. 11. des Allgem. Landrechts.

Jedem Bürger des Staats, welchen die Gesetze fähig erkennen, für sich selbst zu urtheilen, soll die Wahl der Religionspartei, zu welcher er sich halten will, frei stehen,

Tit. 2. §. 74. seq.

Der Uebergang von einer Religionspartei zu einer andern geschieht in der Regel durch ausdrückliche Erklärung,

§§. 40. und 41. Theil II. Tit. 11. des Allg. Landrechts.

Durch die Berufung auf abweichende Glaubensansichten kann jedoch der Einzelne sich gegen die durch die allgemeinen Landesgesetze bedingten zivil- und strafrechtlichen Folgen seiner Handlungen nur dann schützen, wenn das Gesetz zu Gunsten seiner Glaubensgenossen eine Ausnahme von einzelnen allgemeinen Bestimmungen nachgelassen hat, und in soweit als er durch seine eigenthümlichen Religionsansichten verhindert wird, diejenigen Rechtshandlungen vorzunehmen,

11) H. Gegenüber den Anm. 4 zu §. 5 d. T. erwähnten Personenstandesgesetzen hat diese Zusicherung jede Bedeutung verloren.

13) H. S. vorige Anm.

12) H. Seit der Einführung der Civilstandesregister und der obligatorischen Civilehe sind die Geistlichen und Religionsdiener aller Konfessionen, auch die der christlichen vollprivilegirten Kirchen, von der Vornahme solcher Handlungen mit civilrechtlichen Wirkungen ausgeschlossen.

deren Form nach den Gesetzen durch bestimmte religiöse Ueberzeugung bedingt ist, muß er sich die daraus folgende Verminderung seiner bürgerlichen Rechtsfähigkeit gefallen lassen,

§§. 5. und 6.
§§. 27. bis 31.
§. 112. ebendaselbst.

2.

Den Einzelnen steht es frei, mit Genehmigung der Obrigkeit sich zu Religionsübungen zu verbinden und gemeinschaftliche Zusammenkünfte zu halten, in soweit dadurch nicht die gemeine Ruhe, Sicherheit und Ordnung gefährdet wird,

§§. 9. und 10. Theil II. Tit. 11.
§§. 1. bis 3. Theil II. Tit. 6.

eine solche Verbindung hat aber nur dieselben Rechte, wie jede andere erlaubte Privatgesellschaft,

§§. 11. bis 14. Theil II. Tit. 6.

Sie steht als solche unter der fortwährenden Aufsicht des Staats, welcher sie verbieten kann, sobald sich findet, daß sie andern gemeinnützigen Absichten und Anstalten hinderlich oder nachtheilig ist,

§. 4. ebendaselbst;

und ihre Mitglieder bilden, auch wenn sie die Aussonderung von den im Staate aufgenommenen Kirchengesellschaften bezwecken [14]), dennoch keine rechtlich bestehende, besondere Religionspartei, sondern fürerst nur eine bloße Privatgesellschaft, und werden in rechtlicher Beziehung — nach wie vor — als Angehörige derjenigen Religionspartei angesehen, zu der sie bis dahin gehört haben, in soweit nicht besondere Gesetze Ausnahmen davon begründen.

3.

Religionsgrundsätze, welche mit der Ehrfurcht gegen die Gottheit, dem Gehorsam gegen die Gesetze, der Treue gegen den Staat und der allgemeinen Sittlichkeit unvereinbar sind, dürfen überhaupt im Staat nicht ausgebreitet werden,

§§. 13. bis 15. Theil II. Tit. 11.

Einer jeden neu sich bildenden Religionsgesellschaft liegt daher der Nachweis ob, daß die von ihr gelehrten Meinungen nichts enthalten, was dem zuwiderläuft,

§. 21. ebendaselbst.

4.

Erhält eine Religionsgesellschaft die Genehmigung des Staats, so erlangt sie dadurch die Rechte einer geduldeten Kirchengesellschaft und ist demgemäß befugt, gottesdienstliche Zusammenkünfte in gewissen dazu bestimmten Gebäuden anzustellen und hier sowohl als in den Privatwohnungen der Mitglieder die ihren Religionsgrundsätzen gemäßen Gebräuche auszuüben,

§§. 22. und 23. ebendaselbst.

Sie bleibt aber dabei der Oberaufsicht des Staats unterworfen und letzterer ist berechtigt, von demjenigen, was in ihren Versammlungen gelehrt und verhandelt wird, Kenntniß einzuziehen,

§§. 32. und 33. ebendaselbst.

Im Uebrigen bestimmen sich ihre Rechte nach der besonderen Konzession, welche ihr von dem Landesherrn ertheilt wird,

§§. 20. 29. ebendaselbst. §. 22. Theil II. Tit. 6.

5.

Die im Staat öffentlich aufgenommenen Kirchengesellschaften haben die Rechte privilegirter Korporationen,

---

14) H. Die Kontroverse, ob der §. 2 der Zusammenstellung sich bloß auf solche Dissidenten bezieht, die erst noch „bezwecken", sich von der im Staate aufgenommenen Kirchengemeinde auszusondern, oder auch auf solche, die sich bereits von derselben ausgesondert und einer anderen, jedoch vom Staate nicht anerkannten Gemeinde angeschlossen haben, beziehe, und ob in dem früheren Rechtszustande durch den Art. 12 der Verf.Urk. eine Aenderung eingetreten sei, vgl. darüber P. Hinschius, preuß. Kirchengesetze des J. 1873. Berlin 1874. S. 181, ist durch das Ges. betr. den Austritt aus der Kirche v. 14. Mai 1873 (s. Zus. 8 zu §. 42 d. T.) erledigt. S. auch Anm. 70 dazu.

§. 17. Theil II. Tit. 11.

Nur die ihnen gehörenden gottesdienstlichen Gebäude werden „Kirchen" genannt und genießen als solche die Vorrechte der öffentlichen Gebäude des Staats,

§. 18. ebendaselbst.

Kirchen, so wie Pfarr- und Küstergüter sind in der Regel von den gemeinen Lasten des Staats frei und die zur Feier des Gottesdienstes und zum Religionsunterricht bestellten Personen haben mit anderen Beamten im Staate gleiche Rechte,

§. 165. ebendaselbst.

§. 174. ebendaselbst.

§§. 774. bis 777. ebendaselbst.

§. 19. ebendaselbst.

§§. 96. und 97. ebendaselbst.

In Ansehung der über ihr Vermögen verhandelten Geschäfte und geschlossenen Verträge haben die öffentlich aufgenommenen Religionsgesellschaften die Rechte der Minderjährigen; sie genießen wegen dieses Vermögens im Konkurse besonderer Vorrechte und es findet gegen sie nur die außerordentliche Verjährung von 44 Jahren statt,

§§. 228. bis 234. Theil II. Tit. 11.

§§. 629. bis 632. Theil I. Tit. 9.

Die zu einer vom Staat öffentlich aufgenommenen Religionspartei gehörigen Kirchen sind befugt, gegen die innerhalb ihrer Parochie wohnenden Glaubensverwandten, soweit letztere nicht besonders eximirt sind, den Pfarrzwang auszuüben und dieselben zu den aus der Parochialverbindung fließenden Lasten und Abgaben heranzuziehen,

§. 237. Theil II. Tit. 11.

§§. 260. und 261. ebendaselbst.

§. 418. ebendaselbst.

6.

Auf die vorstehend unter 5. aufgeführten Rechte der öffentlich aufgenommenen Kirchengesellschaften haben die nur geduldeten Religionsgesellschaften als solche keinen Anspruch; den Umfang ihrer Rechte im besonderen Falle bestimmt vielmehr die ihnen ertheilte Konzession (cfr. §. 4.).

4. Generalkonzession für die von der Gemeinschaft der evangelischen Landeskirche sich getrennt haltenden Lutheraner. Vom 23. Juli 1845. (G.S. S. 516.)

Wir ꝛc. Auf die Uns vorgetragenen Bitten und Wünsche derjenigen Unserer Lutherischen Unterthanen, welche sich von der Gemeinschaft der evangelischen Landeskirche getrennt halten, wollen Wir in Anwendung der in Unserer Monarchie bestehenden Grundsätze über Gewissensfreiheit und freie Religionsübung und im Interesse der öffentlichen bürgerlichen Ordnung zulassen und gestatten, daß von den gedachten Lutheranern nachstehende Befugnisse unter den hinzugefügten maaßgebenden Bestimmungen in Ausübung gebracht werden:

1) Den von der Gemeinschaft der evangelischen Landeskirche sich getrennt haltenden Lutheranern soll gestattet sein, zu besonderen Kirchengemeinden zusammen zu treten und einen Verein dieser Gemeinden unter einem gemeinsamen, dem Kirchenregimente der evangelischen Landeskirche nicht untergebenen Vorstande zu bilden.
2) Zur Bildung einer jeden einzelnen Gemeinde ist jedoch die besondere Genehmigung des Staats erforderlich. Die Ertheilung dieser Genehmigung steht gemeinschaftlich den Ministern der geistlichen Angelegenheiten, des Innern und der Justiz zu.
3) Eine solche Kirchengemeinde (Nr. 2.) hat die Rechte einer moralischen Person. Sie kann daher auch Grundstücke auf ihren Namen mit Genehmigung des Staats erwerben, sowie eigene, dem Gottesdienste gewidmete Gebäude besitzen, welchen jedoch der Name und die Rechte der Kirchen (§. 18. Titel 11. Theil II. des Allgemeinen Landrechts) nicht beizulegen sind.
4) Als Geistliche der von der Gemeinschaft der evangelischen Landeskirche sich getrennt haltenden

Lutheraner dürfen nur Männer von unbescholtenem Wandel angestellt werden, welche zu einer bestimmten Gemeinde vozirt, von dem Vorstande (Nr. 1.) bestätigt und von einem ordinirten Geistlichen ordinirt sind.

5) Nach eben dieser Vorschrift (Nr. 4.) ist zu beurtheilen, ob und unter welchen Bedingungen die bisher schon als Geistliche dieser Religions-Partei thätig gewesenen Personen in dieser Eigenschaft ferner zugelassen werden können.

6) Die von diesen Geistlichen (Nr. 4. und 5.) vorgenommenen Taufen, Konfirmationen, Aufgebote und Trauungen haben volle Gültigkeit[15]), und werden die von ihnen und ihren Vorgängern bisher verrichteten Amtshandlungen mit rückwirkender Kraft hierdurch als gültig anerkannt.

7) Bei Führung der Geburts-, Trauungs- und Sterberegister haben die Geistlichen dieser Gemeinden die gesetzlichen Vorschriften genau zu befolgen, insbesondere auch Duplikate dieser Register bei dem Gerichte ihres Wohnorts niederzulegen. Die aus diesen Registern von ihnen ertheilten Auszüge sollen öffentlichen Glauben haben.

8) Aufgebote zu Trauungen können fortan mit rechtlicher Wirkung[16]) in den zum Gottesdienst bestimmten Lokalen derjenigen Gemeinden vorgenommen werden, zu denen die Verlobten gehören.

9) Wenn Mitglieder der gedachten Gemeinden die Verrichtung einzelner geistlichen Amtshandlungen in der evangelischen Landeskirche nachsuchen, so soll daraus allein der Austritt aus ihrer Gemeinde nicht gefolgert werden.

10) In Ansehung der Verpflichtung zu den aus der Parochialverbindung fließenden Lasten und Abgaben soll auch bei den, sich von der evangelischen Landeskirche getrennt haltenden Lutheranern die Vorschrift des §. 261. Tit. 11. Thl. II. des Allgemeinen Landrechts zur Anwendung kommen, soweit nicht nach Provinzialgesetzen oder besonderem Herkommen dergleichen Abgaben auch von Nichtevangelischen an evangelische Kirchen oder Pfarreien, und umgekehrt, zu entrichten sind[17]). Zur Entrichtung des Zehntens sollen die gedachten Lutheraner, wenn die zehntberechtigte Kirche oder Pfarrei eine evangelische ist, überall verpflichtet bleiben, wo die Zehntpflicht sich nach der Konfession des Zehntpflichtigen bestimmt[18]).

Unsere Minister der geistlichen Angelegenheiten, des Innern und der Justiz sind beauftragt, für die Ausführung dieser Bestimmung Sorge zu tragen[19]).

---

15) H. Die staatliche Gültigkeit kommt den betreffenden Akten nicht mehr zu, s. Anm. 12.

16) H. Diese Vorschrift ist ebenfalls in Folge der Einführung der Civilstandsregister fortgefallen.

17) H. Anm. zu §. 261 d. T.

18) H. Vgl. jetzt aber §. 3 des Ges. v. 14. Mai 1873 (s. Anm. 14).

19) H. In Ausführung dieser Vorschrift ist seitens der gedachten Minister der Cirkular-Erlaß v. 7. Aug. 1847 ergangen, Min.Bl. f. d. i. V. S. 317, auch bei Vogt, Kirchen- und Eherecht i. d. preuß. Staaten, Berlin 1857, 2 S. 232 und Boche, der preuß. evangel. Pfarrer, 5. Ausg. v. Altmann, Braunschweig 1875, S. 74 ff. Danach ist als der oberste Vorstand der betreffenden Gemeinden das in Breslau bestehende sog. Ober-Kirchenkollegium anerkannt. Uebrigens hat die V. d. Kult.Min. v. 24. Juni 1848, Min.Bl. f. d. i. V. S. 197, ausgesprochen, daß den Altlutheranern die öffentliche Ausübung ihres Gottesdienstes, mithin auch der Gebrauch des kirchlichen Geläutes und die öffentliche Abhaltung kirchlicher Begräbnißfeierlichkeiten nicht versagt werden kann.

Auf diejenigen Separatisten, welche sich von den unter dem Breslauer Kirchenkollegium vereinigten Lutheranern (sog. Altlutheranern) i. J. 1861 losgetrennt haben (s. Boche a. a. O. S. 61), findet die General-Konzession, vgl. Abs. 1, keine Anwendung. Sie haben also die dadurch gewährten Rechte nicht, s. Boche a. a. O. S. 78.

Eine ähnliche Stellung, wie sie den sog. Altlutheranern i. J. 1845 eingeräumt worden ist, hatten schon früher die evangelischen Brüdergemeinden oder Herrnhuter, vgl. die General-Konzession v. 7. Mai 1746 und die Konfirmation v. 10. April 1789, Boche a. a. O. S. 68 ff.; Jacobson i. d. Zeitschrift für Kirchenrecht 1 S. 294. Ihre Gemeinden haben ebenfalls die Rechte juristischer Personen, Boche a. a. O. S. 60 und Dove i. d. Zeitschrift für Kirchenrecht 3 S. 460.

5. Gesetz, betreffend die Verhältnisse der Mennoniten[20]). Vom 12. Juni 1874. (G.S. S. 238.)

Wir rc. verordnen, unter Zustimmung beider Häuser des Landtages, für den Umfang der Monarchie, was folgt:

§. 1. Mennoniten-Gemeinden können durch gemeinschaftliche Verfügung der Minister der Justiz, des Innern und der geistlichen Angelegenheiten Korporationsrechte erlangen.

§. 2. Die Ertheilung der Korporationsrechte ist nur zulässig und darf nicht versagt werden, wenn

1) der Bezirk der Gemeinde geographisch abgegrenzt ist,
2) nach der Zahl und Vermögenslage der dazu gehörigen Mitglieder anzunehmen ist, daß die Gemeinde den von ihr Behufs Ausübung ihres Gottesdienstes nach ihren Grundsätzen zu übernehmenden Verpflichtungen dauernd zu genügen im Stande sein wird,
3) in dem Statut der Gemeinde keine Festsetzungen getroffen sind, welche mit den allgemeinen gesetzlichen Bestimmungen im Widerspruch stehen.

§. 3. Die Vorschriften, nach welchen die Mennoniten zu persönlichen Abgaben oder Leistungen an evangelische oder katholische Kirchensysteme verpflichtet sind, insbesondere das Edikt, die künftige Einrichtung des Mennonistenwesens in sämmtlichen Königlichen Provinzen exklusive des Herzogthums Schlesiens betreffend, vom 30. Juli 1789. werden aufgehoben.

Abgaben und Leistungen an evangelische oder katholische Kirchensysteme, welche nicht persönlicher Natur sind, insbesondere solche Abgaben und Leistungen, welche entweder kraft besonderen Rechtstitels auf bestimmten Grundstücken haften, oder von allen Grundstücken des Bezirks, oder doch von allen Grundstücken einer gewissen Klasse in dem Bezirk ohne Unterschied des Besitzers zu entrichten sind, werden durch dieses Gesetz nicht berührt[21]).

Urkundlich rc.

6. Gesetz, betreffend die Ertheilung der Korporationsrechte an Baptistengemeinden[22]). Vom 7. Juli 1875. (G.S. S. 374.)

Wir rc. verordnen, unter Zustimmung beider Häuser des Landtages, für den Umfang der Monarchie, was folgt:

§. 1. Baptistengemeinden können durch gemeinschaftliche Verfügung der Minister der Justiz, des Innern und der geistlichen Angelegenheiten Korporationsrechte erlangen.

§. 2. Die Ertheilung der Korporationsrechte ist nur zulässig und darf nicht versagt werden, wenn

1) der Bezirk der Gemeinde geographisch abgegrenzt ist,
2) nach der Zahl und Vermögenslage der dazu gehörigen Mitglieder anzunehmen ist, daß die Gemeinde den von ihr Behufs Ausübung ihres Gottesdienstes nach ihren Grundsätzen zu übernehmenden Verpflichtungen dauernd zu genügen im Stande sein wird,
3) in dem Statut der Gemeinde keine Festsetzungen getroffen sind, welche mit den allgemeinen gesetzlichen Bestimmungen im Widerspruch stehen[23]).

Urkundlich rc.

Kirchengesellschaften.

§. 11. Religionsgesellschaften, welche sich zur öffentlichen[24]) Feier des Gottesdienstes verbunden haben, werden Kirchengesellschaften[25]) genannt.

---

20) H. Ueber die früheren, die Stellung der Mennoniten regelnden Erlasse und Verordnungen vergl. Boche a. a. O. S. 83 ff.

21) H. Vgl. zu §. 261. Zus. 37.

22) H. Vergl. Boche a. a. O. S. 65 ff.

23) H. Außer den Altlutheranern, Herrnhutern, Mennoniten und Baptisten haben noch Korporationsrechte die Niederländischen Reformirten (Kohlbrüggianer), s. Jacobson, Zeitschr. f. Kirchenrecht 3 S. 359, endlich die vorschriftsmäßig gebildeten Synagogen-Gemeinden der Juden, Gesetz über die Verhältnisse der Juden v. 23. Juli 1847 (G.S. S. 263) §. 37.

24) D. h. gemeinschaftlichen, in gewissen dazu bestimmten Gebäuden, im Gegensatze zu den Hausandachten in Privatwohnungen. §. 23.

25) H. Unter Kirchengesellschaft sind nach der Auffassung des L.R. nicht die Kirchen als

§. 12. Diejenigen, welche zu gewissen anderen besonderen Religionsübungen vereinigt sind, führen den Namen der geistlichen Gesellschaften [26]). Geistliche Gesellschaften.

Erster Abschnitt.

Von Kirchengesellschaften überhaupt.

§. 13*. Jede Kirchengesellschaft ist verpflichtet, ihren Mitgliedern Ehrfurcht gegen die Gottheit, Gehorsam gegen die Gesetze, Treue gegen den Staat, und sittlich gute Gesinnungen gegen ihre Mitbürger einzuflößen [27]). Grundsatz.

§. 14*. Religionsgrundsätze, welche diesem zuwider sind, sollen im Staat nicht gelehrt, und weder mündlich, noch in Volksschriften, ausgebreitet werden [27]). Unerlaubte Kirchengesellschaften;

Gesammtkorporationen zu verstehen, sondern nur die einzelnen Gemeindeverbindungen. Bei der Revision der Monita (s. Materialien zum L.R. 15, 139, v. Kamptz, Jahrb. 58 S. 73) äußerte Suarez: „Es giebt keine allgemeine Kirchengesellschaft im Staate, sondern nur einzelne besondere Gesellschaften, die durch kein äußeres Band unter einander verknüpft sind. Dieser Satz, auf den Herr v. Tevenar so sehr besteht, hat wohl seine unbezweifelte Richtigkeit, die ich hier nicht zu beweisen brauche. Selbst die unitatem ecclesiae, die von den Catholiquen salviert wird, kann man höchstens nur in Ansehung des Lehrbegriffs oder im theologischen, aber nicht im politischen und rechtlichen Verstande gelten lassen, wenn man nicht die ganze Hierarchie mit allen ihren der Vernunft und dem Wohle des Staates so nachtheiligen Folgen authorisiren will. Indessen, wenn man sich gleich allerdings nur so viel einzelne Kirchengesellschaften, als Kirchengemeinden im Staate sind, denkt, so giebt es doch eine Anzahl von Wahrheiten und Sätzen, die alle diese Sozietäten mit einander gemein haben, und die ihr Verhältniß theils gegen den Staat, theils gegen andere Gemeinen, sowohl ihres eigenen, als eines anderen Religionsbekenntnisses, theils die äußeren Rechte der Kirchengesellschaften, theils die inneren Verhältnisse zwischen den verschiedenen Klassen ihrer Mitglieder bestimmen. Diese Bestimmungen fließen theils aus den Begriffen und Grundsätzen von Sozietäten überhaupt, theils aus dem Zwecke der Kirchengesellschaften, theils aus der Suborbination, in der sie gegen den Staat stehen müssen." Im L.R. selbst ist fast immer nur von Kirchengesellschaften die Rede, und zwar auch von solchen innerhalb derselben Konfession (§§. 114, 115, 189 d. T.), an vielen Stellen (§§. 58, 59, §§. 108, 111, §§. 157, 159, §§. 170 ff., §§. 189, 192) steht Kirchengesellschaft und Kirchengemeinde synonym, und endlich läßt sich kein einziger §. nachweisen, wo Kirchengesellschaft unzweifelhaft in dem Sinne von Kirche und ohne jede Beziehung auf die Gemeindeverfassung gebraucht wird. Daher ist die Annahme — s. Nicolovius, über das bischöfliche Recht in der evangelischen Kirche in Deutschland (v. Kamptz, Jahrb. 31 S. 126 und [v. Kamptz?] in seinen Annalen 11 S. 830) —, daß das L.R. auf dem althergebrachten Episkopalsystem beruhe und das Wort: Kirchengesellschaft nicht eine Gemeinde, sondern die Verbindung aller Christen unter demselben Lehrbegriff bezeichne, irrig. Vgl. auch Laspeyres, Gesch. d. kath. Kirche Preußens S. 481 u. Merkel in der Anm. 1 citirten Zeitschr. S. 29 Anm. 1.

H. Nicht identisch mit Kirchengesellschaft ist aber die Parochie, denn diese setzt Angehörige einer öffentlich aufgenommenen Religionspartei und die in §. 237 d. T. angegebene Organisation voraus.

Erk. des O.Tr. I v. 29. April 1847 (Rechtsfälle 1 S. 113): a. Eine Kirchengesellschaft im Sinne des §. 11 II. 11 L.R. entsteht schon dann, wenn eine Gesellschaft unter öffentlicher Autorisation eine Abtrennung vom bisherigen Pfarrverbande beschließt und zur Errichtung einer eigenen Gemeinde zusammentritt. b. Die von einer dergestalt neugebildeten Kirchengemeinde ernannten Deputirten sind wirkliche Vertreter der Gemeinde und die von ihnen in Gemäßheit ihrer Vollmacht vorgenommenen Handlungen haben sowohl für die damalige als für die fortgesetzte Gemeinde verbindliche Kraft.

26) H. Dahin rechnet das L.R. die Stifter, Klöster und Orden, s. §. 939 d. T. Kirchengesellschaften und geistliche Gesellschaften sind also nach seiner Terminologie die beiden Unterarten des Genus: Religionsgesellschaft. Die Verf.Urk. Art. 13 (s. Zus. 1 zu §. 6) hat diesen Sprachgebrauch nicht beibehalten, setzt vielmehr Religionsgesellschaft und geistliche Gesellschaft gegenüber. Vgl. auch Anm. 1 zu §. 939 d. T.

27) H. Der §. spricht eine aus dem früheren Staatskirchenthum herfließende Anschauung aus. Derartige Pflichten können als staatsrechtliche gegenüber der Gewährung der Religionsfreiheit und der Autonomie an die Religionsgesellschaften nicht bestehen. Uebrigens lassen sie sich auch praktisch nicht erzwingen, wie der Verlauf des sog. Kulturkampfes gegenüber der katholischen Kirche gezeigt hat.

27) H. Dieser §. ist durch die Art. 12, 27, 30 der Verf.Urk. v. 31. Jan. 1850 und die

§. 15. Nur der Staat [28]) hat das Recht, dergleichen Grundsätze, nach angestellter Prüfung, zu verwerfen, und deren Ausbreitung zu untersagen [28]).

§. 16. Privatmeinungen einzelner Mitglieder machen eine Religionsgesellschaft nicht verwerflich.

öffentlich aufgenommene; §. 17. Die vom Staat ausdrücklich aufgenommenen Kirchen-Gesellschaften [29]) haben die Rechte privilegirter Corporationen.

---

neuere Preßgesetzgebung (s. jetzt Reichsges. über die Presse v. 7. Mai 1874, R.G.Bl. S. 65) modifizirt.

28) H. So weit ihm die bestehenden Straf- und sonstigen Gesetze, s. die vor. Anm., dazu die Mittel gewähren.

H. 29) Das L.R. kennt: 1. ausdrücklich aufgenommene Kirchengesellschaften, d. h. solche, die das exercitium religionis publicum in vollem Umfange haben, ecclesiae (absolute) receptae; 2. geduldete Kirchengesellschaften §§. 20 ff. d. T., die das Recht auf das sog. exercitium religionis privatum besitzen. Zwischen diesen beiden Klassen stand indessen noch eine weitere Gruppe, die aufgenommenen konzessionirten, aber nicht privilegirten Kirchengesellschaften, welche, wie z. B. die Herrnhuter, weitergehende Rechte erlangt hatten, als die bloß geduldeten, s. Jacobson, über die Arten der Religionsgesellschaften ꝛc. in Preußen, Zeitschr. f. Kirchenrecht 1 S. 392 ff. Weitere Kategorien hat das Patent v. 30. März 1847 (Zus. 3 zu §. 10 d. T.) hinzugefügt, Jacobson a. a. O. S. 416.

H. Die Verfassungsurkunde Art. 12 hat die Staatsgenehmigung für die Zulassung neuer Religionsgesellschaften beseitigt und unterscheidet zwischen Religionsgesellschaften mit Korporationsrechten (d. h. solchen, deren einzelnen Gemeinden oder Einzelorganisationen Korporationsrechte zustehen, ohne daß die Religionsgesellschaft als Ganzes die juristische Persönlichkeit zu besitzen braucht, O.Tr. Str.S. II v. 11. Okt. 1877, Entsch. 81 S. 324) und zwischen Religionsgesellschaften ohne Korporationsrechte. Diese Eintheilung bezieht sich nur auf die privatrechtliche Stellung der Religionsgesellschaften, die sonstigen bis dahin bestandenen Verschiedenheiten sind aber dadurch nicht berührt worden. Diese liegen nicht allein auf dem privat-, sondern auch auf dem öffentlich rechtlichen Gebiete. Es ergiebt sich somit für das geltende Recht folgende Eintheilung:

1. Religionsgesellschaften, welche lediglich nach den Normen des Privatrechts beurtheilt werden: a. mit Korporationsrechten in dem vorhin gedachten Sinne (wie die Mennoniten und Baptisten, Zus. 5 und 6 zu §. 10 d. T., und Kohlbrüggianer, Anm. 23 zu Zus. 6 a. a. O.) und b. ohne Korporationsrechte, wie die Irvingianer, Nazarener, Quäker, freien Gemeinden und Deutschkatholiken, Boche (s. Anm. 19 zu Zus. 4 zu §. 10 d. T.) S. 53, 60.

2. Religionsgesellschaften, welche die Stellung der öffentlichen Korporationen — oder heute, wo die landrechtliche Anschauung von den Kirchengesellschaften (s. Anm. 25 zu §. 11 d. T.) nicht mehr herrschend ist, richtiger als Anstalten des öffentlichen Rechts (s. P. Hinschius, Handb. d. öffentl. Rechts von Marquardsen, Freiburg und Tübingen 1883, I. 1 S. 249 ff.) haben. Dazu gehören diejenigen, welche das L.R. als mit den Rechten privilegirbarer Korporationen ausgestattet bezeichnet, d. h. zu seiner Zeit die sog. drei Reichskonfessionen, die lutherische, reformirte und katholische Kirche, s. Religionsedikt v. 9. Juli 1788 §. 1, Rabe, Samml. preuß. Ges. 1 Abth. 7 S. 726, jetzt, so weit es sich um das Geltungsgebiet des L.R. handelt, die aus der lutherischen und reformirten vereinigte evangelische Landeskirche der älteren Provinzen (s. Anm. 49 zu §. 39 d. T.) und die katholische Kirche, mit Einschluß der altkatholischen (Zus. 28 zu §. 235 d. T.). Diese heißen (allerdings auch die ehemaligen evangelischen Landeskirchen der im Jahre 1866 der Monarchie einverleibten Provinzen, P. Hinschius, preuß. Kirchengesetze des Jahres 1873, Berlin 1873, S. 5, 102) im Sprachgebrauch der Verfassungsurkunde Art. 12 ff., vgl. namentlich den aufgehobenen Art. 15 — s. Anm. 40 zu §. 32 d. T. —, des R.Str.G.B. §. 166 und der neueren preußischen kirchlichen Gesetzgebung seit 1873, s. die Zusätze 8 zu §. 42 d. T., 9 zu §. 57 und 10 zu §. 60, allein Kirchen, bez. christliche Kirchen, wenngleich die meisten anderen der in Preußen bestehenden Religionsgesellschaften, wie z. B. die separirten Altlutheraner, die Herrnhuter, Mennoniten, gleichfalls christliche sind.

Das Wesen ihrer Rechtsstellung liegt darin, daß der Staat sie nicht nach den Normen des Privatrechtes (über gewöhnliche oder auch mit Korporationsrechten ausgestattete Privatvereine) bemißt, sowie die Verhältnisse der Kirchenglieder überhaupt und die Beziehungen derselben zu den Leitungsorganen nicht der Beurtheilung nach diesen Regeln unterwirft, sondern daß er die Macht, welche die Kirchen über ihre Glieder beanspruchen, als eine nicht auf privatem, sondern auf öffentlichrechtlichem Titel ruhende, als eine obrigkeitliche Gewalt anerkennt, welche — vorbehaltlich seiner Kontrole in bestimmten Beziehungen über das ihnen zur Selbstverwaltung überlassene Gebiet allein und unabhängig in der Weise verfügt, daß der Staat die

§. 18. Die von ihnen zur Ausübung ihres Gottesdienstes gewidmeten Ge-

innerhalb dieser Grenzen sich haltenden Verfügungen seinerseits für sich und nach außen hin ohne weiteres als bindend betrachtet und respektirt. (Weiteres s. bei P. Hinschius, Handbuch von Marquardsen a. a. O. S. 255.)

H. Verknüpft damit ist — was nicht wesentlich mit der Stellung als Korporation oder Anstalt des öffentlichen Rechts verbunden zu sein braucht, aber regelmäßig damit verbunden ist und somit als Naturale derselben bezeichnet werden kann (s. a. a. O. S. 257 ff., 261) — die Anerkennung der juristischen Persönlichkeit der regelmäßig vorkommenden Einzelorganisationen der Kirchen (Gemeinden, Bisthümer 2c., s. Anm. 63 zu §. 160 d. T.) und die Gewährung der staatlichen Macht zur Durchführung der Geltung des kirchlichen Rechts und der kirchlichen Anordnungen in einer Reihe von Beziehungen nach stattgehabter staatlicher Prüfung, sei es in der Gestalt des Administrativzwanges, wie z. B. bei der Einziehung der kirchlichen Steuern, s. Anm. 82 zu Zus. 23 bei §. 156 d. T., und der Vollstreckung von Disziplinar-Erkenntnissen, s. Anm. 15 und 16 zu Zus. 15 §. 9 bei §. 124 d. T.), oder in der Gestalt des gerichtlichen Schutzes, welcher an sich und prinzipiell nicht bloß für privatrechtliche Verhältnisse statthaft ist, so z. B. in Betreff des Patronatrechts, §. 577 d. T., welches kein Privatrecht ist, s. Anm. 2 zu §. 568 d. T., ferner in Betreff der Einziehung der Stolgebühren, Zus. 14 §. 15, Nr. 5 zu §. 110 d. T.

H. Endlich treten zu diesen Rechten noch eine Reihe accidenteller Privilegien, der Gebrauch der Glocken (§. 25 d. T.), Gewährung von Staatsmitteln für die Bedürfnisse der Kirchen, Befreiung der Geistlichen von gewissen staatlichen Lasten, sowie von Kommunal-Abgaben und Leistungen (§. 96 d. T.), Gleichstellung derselben mit den Staatsbeamten in gewissen Beziehungen (§. 19 d. T.), Steuer-Exemtionen für bestimmte kirchliche Gebäude und Grundstücke (§§. 166, 174 d. T.), sowie gänzliche oder theilweise Beobachtung der kirchlichen Festtagsordnung als bürgerlicher (§. 35 d. T.).

H. Wesentlich für die Stellung einer Religionsgesellschaft als Korporation oder Anstalt des öffentlichen Rechts ist allein die Anerkennung einer obrigkeitlichen Gewalt in einem staatlich bestimmten Umfange, dagegen ist die Gewährung der vorhin als naturaler und accidenteller bezeichneten Rechte nicht nothwendig. Freilich hat die bisherige Theorie gerade im Besitze der letzteren das wesentliche Kriterium für jene Stellung gesehen. Ihre Unhaltbarkeit ergiebt sich aber schon daraus, daß sie nicht anzugeben vermocht hat, ob alle oder welche einzelne dieser Rechte und Privilegien begrifflich erfordert werden oder nicht. Im Uebrigen vgl. die Widerlegung bei P. Hinschius a. a. O. S. 250 ff.

H. Vom Standpunkte der hier vertretenen Anschauung unterliegt es nun zwar keinem Zweifel, daß die geduldeten Kirchengesellschaften im Sinne des L.R. (§§. 30 ff.) zu den lediglich nach privatrechtlichen Normen zu beurtheilenden Vereinen (s. unter 1) gehören, und daß, wie §. 20 ausdrücklich erklärt, die Vorschriften des II. 6 §§. 11 ff. auf sie Anwendung finden.

H. Anders steht es mit denjenigen, welche in die dritte vom L.R. nicht erwähnte Gruppe der aufgenommenen konzessionirten, aber nicht privilegirten Kirchengesellschaften gehören.

H. Den Herrnhutern ist in der General-Konzession v. 7. Mai 1746 für Schlesien die Handhabung ihrer Kirchenzucht und ihrer Kirchenverfassung und die Anerkennung ihrer bischöflichen Verfassung gewährt, vgl. auch die Bestätigung ihrer Privilegien v. 10. April 1789, Jacobson a. a. O. S. 395; Boche a. a. O. S. 68. Desgleichen besitzen ihre Gemeinden Korporationsrechte, wogegen es noch nicht zur Sprache gekommen ist, ob die zur Erhaltung ihres Kirchenwesens erforderlichen, ordnungsmäßig auferlegten Beiträge durch Administrativ-Exekution beigetrieben werden können, die Frage aber mangels besonderer positiver Bestimmungen von der Theorie verneint wird, s. Jacobson a. a. O. S. 396 Anm. 18.

H. Den sog. separirten Altlutheranern ist durch die General-Konzession von 1845 (Zus. 4 zu §. 10 d. T.) gestattet, zu besonderen Kirchengemeinden zusammenzutreten und einen Verein dieser Gemeinden unter einem gemeinsamen, dem Kirchenregimente der evangelischen Landeskirche nicht unterworfenen Vorstand (dem Ober-Kirchenkollegium in Breslau, s. Anm. 19 a. a. O.) zu bilden. Ihre mit staatlicher Genehmigung errichteten Gemeinden haben gleichfalls Korporationsrechte, dagegen wird ihnen der Exekutivschutz für ihre Umlagen nicht gewährt, Boche a. a. O. S. 72 und S. 74 Anm. 5.

H. Beide genannten Religionsgesellschaften haben demnach ein staatlich anerkanntes Kirchenregiment mit obrigkeitlicher Gewalt, das Essentiale der Korporation des öffentlichen Rechts kommt ihnen also zu, wie ihnen auch ferner ein Naturale derselben, die juristische Persönlichkeit, gewährleistet ist. Als bloße Privatvereine oder auch Privatkorporationen können sie demnach rechtlich nicht behandelt werden, und so hat auch das O.Tr. I v. 26. Okt. 1857, Str. Arch. 27 S. 87, angenommen, daß über die Rechtmäßigkeit oder Unrechtmäßigkeit der Ausschließung aus einer Gemeinde der Altlutheraner durch die kirchlichen Behörden derselben eine Berufung auf rechtliches Gehör nicht statthaft sei und daß II. 6 §§. 44, 47 für diese Fälle nicht zur Anwendung kommen.

H. Die bisherige Theorie, welche das Wesen der Religionsgesellschaften als Korporationen des öffentlichen Rechtes in die zufälligen Rechte und Privilegien gesetzt hat, hat dieses Verhältniß nicht klar erkannt und daher die Herrnhuter und Altlutheraner nicht hierher gerechnet. Der staatliche Exekutivschutz für die Leistungen ihrer Angehörigen fehlt ihnen allerdings, eben so entbehren die Herrnhuter der sonstigen Privilegien der großen christlichen Kirchen (ihre Gotteshäuser heißen namentlich nicht Kirchen, sondern Bethäuser und entbehren der Glocken), und wennschon die Verwaltungspraxis den Altlutheranern den Gebrauch des Geläutes und die öffentliche Abhaltung kirchlicher Begräbnißfeierlichkeiten nicht versagt hat, so fehlen ihnen doch gleichfalls eine Reihe anderer der gedachten Privilegien (s. §. 96 d. T.).

H. Vollprivilegirt sind sie demnach nicht. Das L.R. selbst steht gleichfalls auf dem Boden der früheren Anschauung. In den §§. 17 ff. identifizirt es diejenigen Kirchen, welche es nicht dem Gebiete des Privatrechts, dem Tit. 6 Th. II, unterstellt, deren obrigkeitliche öffentlich rechtliche Gewalt über ihre Angehörigen es also anerkennt, mit den privilegirten Korporationen, d. h. die von ihm als öffentlich rechtliche Korporation anerkannte Kirche hat nach seiner Auffassung immer alle von ihm festgesetzten naturalen Rechte und accidentiellen Privilegien, also ist auch eine, selbst die mit einer obrigkeitlichen Gewalt zugelassene Kirche, welche diese Privilegien nicht besitzt, im Sinne des L.R. keine öffentlich rechtliche Korporation im eigentlichen Sinne.

H. Daraus folgt für das Gebiet des preußischen Rechts, daß diese letzteren nicht in allen Beziehungen, sondern allein, so weit es ihre Konzessionen bedingen, als öffentlich rechtliche Korporationen behandelt und betrachtet werden dürfen. Die Frage hat namentlich praktische Bedeutung, in wie fern die kirchlichen Aemter als öffentliche Aemter, die Geistlichen und kirchlichen Beamten bez. Behörden als öffentliche Beamte oder Behörden zu erachten sind.

H. Freilich ist der Begriff des öffentlichen Amtes, des öffentlichen Beamten und der öffentlichen Behörde weder gesetzlich bestimmt (das R.Str.G.B. §§. 31, 359 giebt keine Definition, und so weit sich aus seinen Vorschriften etwas entnehmen läßt, kann dies nach seiner eigenen Vorschrift nur für das Straf-, nicht für das Staatsrecht in Betracht kommen), noch hat die Theorie des öffentlichen Rechtes sich bisher in ausreichendem Maße mit der Feststellung dieses Begriffs beschäftigt. Was die Gerichtspraxis betrifft, so hat das O.Tr. IV v. 26. März 1863, Entsch. 49 S. 163, Str. Arch. 48 S. 276, die öffentliche Behörde als eine mit öffentlicher Autorität versehene amtliche Stelle, welcher gewisse obrigkeitliche Verpflichtungen und Prärogative in einem vom Gesetz bemessenen Geschäftskreise dauernd beigelegt sind, und welche, wenn sie aus mehreren Personen besteht, nach außen nur als eine von ihrem Vorgesetzten repräsentirte Gesammtheit oder Einheit erscheint, definirt. Ferner sind vom O.Tr. Pl.Beschl. v. 27. Mai 1839, Entsch. 4 S. 273, städtische Deputationen und Kommissionen, welche zur Verwaltung einzelner Geschäftszweige des Gemeinwesens aus Mitgliedern des Magistrats und der Bürgerschaft gebildet sind, als öffentliche Behörden, vom O.V.G. I v. 12. April 1882, Centr.Bl. f. d. Unterr.-Verw. Jahrg. 1882 S. 572, die Mitglieder des Schulvorstandes als öffentliche Beamte, ferner von verschiedenen früheren Appellationsgerichten in Betreff des Grundbuchverkehrs die Kuratorien der Kreis- und der städtischen Sparkassen, Johow, Jahrb. der App.-Ger. 7 S. 108 und 8 S. 135, vgl. auch Min.Bl. f. d. i. V. v. 1880 S. 201, die königliche Hofkammer, Johow a. a. O. 5 S. 71 ff. und die Aeltesten der Kaufmannschaft zu Berlin, a. a. O. S. 72, als öffentliche Behörden anerkannt worden.

H. Die Definition des O.Tr. erscheint nicht ausreichend. Zunächst kann es keinem Zweifel unterliegen, daß alle unmittelbaren und mittelbaren Staatsämter, bez. Beamten und Behörden (s. Anm. 1 zu II. 10 §. 1 und Anm. 53 zu §. 69 a. a. O.) hierher gehören, weil die Funktionen derselben von dem öffentlichen Recht beherrscht werden, und es ist dabei gleichgültig, ob die betreffenden Aemter zur Ausübung obrigkeitlicher Funktionen oder nicht (wie z. B. das des Universitäts-Professors) bestimmt sind. Es erscheint daher richtig, wenn der Aufsatz von Schering, J.M.Bl. von 1849 S. 326, außer den königlichen Behörden auch die städtischen und landschaftlichen, die Landarmendirektionen, Kreditdirektionen, Provinzial-Feuersocietätsdirektionen hierher rechnet. Darüber hinaus aber wird nur denjenigen Personen, welchen öffentlich rechtliche Befugnisse, z. B. die Beglaubigung von Urkunden mit der Wirkung, diese zu öffentlichen Urkunden zu machen, ausdrücklich durch Gesetz gewährt sind, oder den Aemtern, Behörden und Beamten solcher Korporationen oder Anstalten, welche kraft Gesetzes als öffentlich rechtliche anerkannt sind, denen also eine staatlich anerkannte obrigkeitliche Gewalt über ihre Mitglieder zusteht, dieser Charakter beizulegen sein.

H. In Betreff der Religionsgesellschaften ist dies nach den obigen Ausführungen durch Gesetz nur bei den erwähnten vollprivilegirten christlichen Kirchen, nicht denjenigen christlichen Religionsgesellschaften, welchen zwar nach ihrer Konzession gewisse obrigkeitliche Befugnisse zukommen, denen aber die Rechte privilegirter Korporationen fehlen, geschehen. Die Aemter und Beamten in der Gemeinschaft der Herrnhuter und Altlutheraner können daher nicht als öffentliche erachtet werden, wohl aber ist dies der Fall mit den Aemtern und Beamten in der evangelischen Landeskirche, sowie in der römischkatholischen und altkatholischen Kirche, vgl. Anm. 26

bäude werden Kirchen genannt, und sind als privilegirte Gebäude des Staats anzusehen [30]).

§. 19. Die bei solchen Kirchengesellschaften zur Feier des Gottesdienstes und zum Religionsunterricht bestellten Personen haben mit anderen [31]) Beamten im Staat gleiche Rechte.

---

zu §. 133 d. T. (bischöfliches General-Vikariat), Anm. 45 zu Zus. 18 bei §. 145 (evangelischer Oberkirchenrath), Anm. 19 zu Zus. 20 §. 22 bei §. 156 (Gemeindekirchenrath) und Anm. 34 zu §. 54 ebendaselbst (Kreissynodalvorstand), Anm. 55 zu Zus. 25 bei §. 157 (katholischer Kirchenvorstand), Anm. 1 zu §. 550 (Presbyterien) und Anm. 1 zu §. 1022 (Domkapitel). —

Die den Veranstaltern von Versammlungen behufs Erörterung öffentlicher Angelegenheiten auferlegte Pflicht zur Anzeige bei der Ortspolizeibehörde und die Nothwendigkeit, die Statuten und Mitgliederverzeichnisse des Vereins ebendaselbst einzureichen, besteht nach §§. 1 und 2 des Ges. v. 11. März 1850 (s. Anm. 7 zu §. 7) nicht für kirchliche und religiöse Vereine und deren Versammlungen, wenn diese Vereine Korporationsrechte haben.

30) H. D. h. sie stehen rechtlich den privilegirten Gebäuden des Staates gleich, wie sich aus §. 174 d. T. ergiebt.

31) H. Schon nach der landrechtlichen Gesetzgebung (s. außer §. 19 auch §. 96 d. T.) konnten die Geistlichen nicht als unmittelbare Staatsbeamte betrachtet werden. Ganz abgesehen davon, daß II. 13 §. 7 für die letzteren staatliche Verleihung des Amtes verlangt, werden sie II. 17 §. 32; 18 §§. 208, 213; 20 §. 326, A.G.O. I. 2, §§. 43, 77, 85; 49 §. 27 von den Staatsbeamten unterschieden. Außerdem bestand ihr Amt seinem wesentlichen Inhalte nach nicht in der Vollziehung staatlicher Funktionen. So erklärt sie auch Suarez (Jahrb. 58 S. 63): „Sobald ich mir einen protestantischen Geistlichen gedenke, denke ich mir allemal eine Gemeine, bei welcher er als Prediger, Lehrer oder Seelsorger bestellt ist. Qua talis gehört er zu den mittelbaren Beamten des Staats und hat als solcher gewisse Rechte und Pflichten" nur für mittelbare Staatsbeamte, d. h. für solche, welche nicht in unmittelbaren Diensten des Staates, sondern in denen einer demselben untergeordneten Korporationen oder Gemeinden stehen, II. 10 §§. 68, 69; A.G.O. I. 24 Anh. §. 161 zu I. 24 §. 108: „Allen im L.R. II. 10 §§. 68 und 69 gedachten Beamten, mithin auch den städtischen, geistlichen und landschaftlichen, kommt die Vorschrift des §. 106 des Anh. zu statten." Zu dieser Auffassung hat naturgemäß das damals herrschende Staatskirchenthum geführt, d. h. die Anschauung, daß die Kirche einerseits als Sittlichkeitsanstalt die Zwecke des Staates zu fördern (vgl. §. 13 d. T.), andererseits der Staat dagegen auch die Verwirklichung der Zwecke der Kirche mit in seine Aufgaben einzubeziehen und eine weitgehende Kontrole und Mitwirkung gegenüber der Kirche auszuüben habe, vgl. P. Hinschius in Marquardsen, Handb. d. öffentl. Rechts, Freiburg und Tübingen 1883, 1 S. 254. Wo man, wie in Preußen, die Wesensverschiedenheit zwischen Staat und Kirche damals nicht ganz verkannte und nicht völlig ignorirte, erschien daher die Bezeichnung: mittelbare Staatsbeamte für die Geistlichen als adäquater Ausdruck des bestehenden Staatskirchenthums. In der hier fraglichen Beziehung läuft diese Charakterisirung der Stellung der Geistlichen praktisch darauf hinaus, daß ihnen die besonderen Vorrechte der Staatsbeamten gewährt werden. Bei der Formulirung dieses Grundsatzes sind in §§. 19 und 96 ähnliche Ungenauigkeiten im Ausdruck vorgekommen, wie in den §§. 18, 170, 174 d. T., von denen der erstere die Kirchen als privilegirte Gebäude des Staates erklärt, während sie nach den letzteren im Eigenthum der Kirchengesellschaft stehen, s. Laspeyres a. a. O. S. 504. Nachdem aber die Verfassungsurkunde Art. 15 die Kirchen selbstständig gestellt und die staatliche und kirchliche Sphäre von einander geschieden, also die prinzipielle Basis des früheren Staatskirchenthums beseitigt hat, können die Geistlichen vollends nicht mehr als Staatsbeamte angesehen werden, um so weniger, als der Grundsatz der Verfassungsurkunde auch sofort durchgeführt worden ist, wie z. B. der Staatsdiener- und Verfassungseid für die Geistlichen in Fortfall gebracht, das Disziplinargesetz v. 21. Juli 1852 (Zus. 36 zu II. 10 §§. 99 ff.) für die sämmtlichen unmittelbaren und mittelbaren, nicht richterlichen Staatsbeamten sich auf die Geistlichen nicht erstreckt, ferner das preuß. Str.G.B. v. 1851 §§. 104, 131 die unbefugte Verrichtung geistlicher Amtshandlungen nicht unter die unbefugte Ausübung eines öffentlichen Amtes begriffen und die Geistlichen nicht zu den Staatsbeamten gerechnet hat.

H. Braun in der Zeitschr. f. K.R. 17, 281 ist dagegen der Ansicht, daß die anerkannte Selbstständigkeit der Kirche keineswegs die Leugnung der Eigenschaft als mittelbarer Staatsdiener bedingt, ja umgekehrt, seitdem die Gesammtkorporation der evangelischen Kirche als Einheit, nicht mehr bloß wie in der Auffassung des L.R. als ein Konglomerat vereinzelt dastehender Kirchengemeinden, erscheine, passe der Begriff der mittelbaren Staatsdiener erst recht für die Beamten dieser im öffentlichen Recht des Staates anerkannten Korporation. Diese Anschauung erklärt sich daraus, daß die Beamten aller öffentlichen Korporationen, d. h. nach der Definition des Verfassers derjenigen Korporationen, welche der Staat wegen ihrer Bedeutung für das Volkswohl in die staatsrechtliche Ordnung eingliedert, für mittelbare Staatsdiener erklärt, und

geduldete. §. 20*. Eine Religionsgesellschaft, welche der Staat genehmigt [32]), ihr aber

als Konsequenzen der Stellung der letzteren bezeichnet werden: die Negative, daß die betreffende Person nicht im Dienste des Staates, sondern einer vom Staate verschiedenen Korporation stehe und die Positive, daß sie bis zu einem gewissen Grade gleiche Rechte und Pflichten wie ein Staatsdiener haben solle. Das Fundament dieser Ansicht bildete ein Begriff der öffentlichen Korporation, welcher völlig schwankend bestimmt ist. Der Ausdruck „Eingliederung in die staatsrechtliche Organisation" erscheint vieldeutig und unpräzis. Aber ganz abgesehen davon ist die Begriffsbestimmung eine rein willkürliche, und sie ignorirt die staatsrechtlichen und politischen Anschauungen zur Zeit des L.R., welche den Begriff der mittelbaren Staatsbeamten, wie ihn II. 10 §. 69 formulirt, hervorgerufen haben. Nicht das Bedürfniß, die Beamten gewisser Korporationen hinsichtlich ihrer Rechte und Pflichten den eigentlichen oder unmittelbaren Staatsbeamten gleichzustellen, ist für die Bildung des Begriffes entscheidend gewesen, sondern der Umstand, daß nach damaliger Anschauung die Aufgaben und Thätigkeit gewisser Korporationen als staatliche betrachtet wurden. Das galt insbesondere von den Aufgaben der Kirche, und wenn bei der damals bestehenden Verfassung der evangelischen Kirche die dieselbe leitenden Behörden als Staatsbehörden galten, so war es nur konsequent, die Beamten der einzelnen Kirchengemeinden, geistliche oder weltliche Kirchenbediente, wegen ihrer kirchlichen Funktionen als zur Erfüllung staatlicher Aufgaben berufen anzusehen, d. h. sie für Staatsdiener und zwar, da sie nicht in unmittelbarem Dienstverhältniß zum Staate standen, für mittelbare zu erklären (vgl. II. 10 §. 69 Anm. 53).

H. Durch den citirten Verfassungsartikel ist aber dieser Auffassung der Boden entzogen worden. Die Gewährung der Autonomie an die Kirchen heißt nichts anderes, als daß die Erfüllung kirchlicher Aufgaben nicht mehr der Thätigkeit des Staates anheimfallen soll. Das preußische Staatsrecht hat nun allerdings den Begriff mittelbarer Staatsdiener beibehalten, aber in Folge der Veränderung der Anschauungen über den Beruf des modernen Staates, nicht nur in Betreff der kirchlichen, sondern auch einer Reihe anderer Aufgaben, läßt sich der Begriff nur dahin formuliren, daß er die Beamten solcher Korporationen, welche eine direkte Beziehung zum Staate haben, d. h. welche nach Lage der obwaltenden Verhältnisse und der bestehenden Gesetzgebung als wesentlich für die Erfüllung der staatlichen Aufgaben, wie die die Unterlage des Staatsbau bildenden kommunalen Verbände oder doch als das staatliche Wohl direkt fördernd, wie z. B. die landschaftlichen oder ritterschaftlichen Kreditvereine, betrachtet werden müssen, s. a. a. O., umfaßt. Eine direkte Beziehung ihrer Aufgaben zu den Thätigkeiten des Staates muß bei allen diesen Korporationen vorhanden sein. Wenn der Staat verfassungsmäßig die Selbstständigkeit und Autonomie der Kirchen und Religionsgesellschaften anerkennt, so leugnet er damit aber gerade diese direkte Beziehung. Indem er ihnen die Pflege der Religion und der kirchlichen Angelegenheiten überläßt, scheidet er die betreffende Thätigkeit aus seinem Berufe aus, und wenn er gleich die eine oder andere Kirche mittelbar durch Privilegien ꝛc. fördern kann, lehnt er prinzipiell die direkte Verwirklichung ihrer Zwecke seinerseits, sei es durch seine staatlichen, sei es durch die der Kirche angehörigen Organe ab. Es ist bei dieser Sachlage unmöglich, Beamte, welche weder staatliche Aufgaben erfüllen noch in einem Dienstverhältnisse zum Staate stehen, als staatliche Beamte, sei es auch nur als mittelbare, zu betrachten. Es war daher völlig berechtigt, daß die preußische und deutsche Gesetzgebung diese Anschauung in den vorhin erwähnten positiven Bestimmungen zur Geltung gebracht hat. Wenn dagegen den Geistlichen noch heute gewisse Privilegien der unmittelbaren Staatsbeamten verblieben sind, so erscheint dies unerheblich, denn dadurch werden sie nicht zu mittelbaren Staatsdienern. Diese Vorrechte hängen vielmehr mit der privilegirten Stellung einzelner Kirchen überhaupt zusammen.

H. Das O.Tr. Str.S. II v. 16. Nov. 1876, Oppenhoff, Rechtsprechung 17 S. 143, und v. 9. Nov. 1876, kirchl. Ges.- u. V.-Bl. v. 1876/1877 S. 145, in dessen Gründen die Begriffe unmittelbares Staats- und öffentliches Amt nicht scharf auseinander gehalten werden (vgl. auch Anm. 29 zu §. 17 a. E.), erachtet den Geistlichen, so weit er mit der Verwaltung des Kirchenvermögens betraut ist, mithin in dieser Eigenschaft als mittelbaren Staatsbeamten, eine Unterscheidung zwischen den Funktionen des geistlichen Amtes, welche keinen Anhalt hat, weil die kirchliche Vermögensverwaltung an sich ebenso wenig Staatssache ist.

H. Die Aufhebung des Art. 15 der Verfassungs-Urkunde durch das Ges. v. 18. Juni 1875 (Zus. zu II. 13) ist für die vorstehenden Ausführungen bedeutungslos, denn damit ist der durch den Art. 15 geschaffene Rechtszustand nicht ohne weiteres beseitigt, s. H. Schulze, preuß. Staatsrecht 1 S. 314 und O.V.G. I. v. 4. Okt. 1881, Entsch. 8 S. 395 ff., und überdies ist, was speziell die evangelische Kirche betrifft, gerade deren Selbstständigkeit durch weitere gesetzliche Maßnahmen noch in größerem Umfange verwirklicht worden, vgl. Zus. 17 zu §. 144 d. T. und Zus. 19 ff. zu §. 156 d. T.

H. Wegen der heutigen Stellung der Mitglieder der kollegialischen kirchenregimentlichen Behörden in der evangelischen Kirche s. Anm. 37 a zu Zus. 17 bei §. 144 d. T.

32) H. Die Genehmigung ist fortgefallen. S. Anm. 10 zu §. 10.

die Rechte öffentlich aufgenommener Kirchengesellschaften nicht beigelegt hat, genießt nur die Befugniß geduldeter Gesellschaften [33]). (Tit. 6. §. 11. sqq.)

§. 21. Aufgehoben [34]).

§. 22*. Einer geduldeten Kirchengesellschaft ist die freie Ausübung ihres Privatgottesdienstes verstattet [35]).

§. 23. Zu dieser gehört die Anstellung gottesdienstlicher Zusammenkünfte in gewissen dazu bestimmten Gebäuden, und die Ausübung der ihren Religionsgrundsätzen gemäßen Gebräuche, sowohl in diesen Zusammenkünften, als in den Privatwohnungen der Mitglieder.

§. 24. Eine bloß geduldete Kirchengesellschaft kann aber das Eigenthum solcher Gebäude ohne besondere Erlaubniß des Staats nicht erwerben [36]).

§. 25. Ihr ist nicht gestattet, sich der Glocken zu bedienen, oder öffentliche Feierlichkeiten außerhalb der Mauern ihres Versammlungshauses anzustellen.

§. 26. Die von ihr zur Feier ihrer Religionshandlungen bestellten Personen genießen, als solche, keine besondere persönliche Rechte [37]).

Verhältniß der Kirchengesellschaften gegen den Staat;

§. 27. Sowohl öffentlich aufgenommene, als bloß geduldete Religions- und Kirchengesellschaften müssen sich, in allen Angelegenheiten, die sie mit anderen bürgerlichen Gesellschaften gemein haben, nach den Gesetzen des Staats richten [38]).

§. 28. Diesen Gesetzen sind auch die Obern, und die einzelnen Mitglieder, in allen Vorfällen des bürgerlichen Lebens unterworfen.

§. 29. Soll denselben, wegen ihrer Religionsmeinungen, eine Ausnahme von gewissen Gesetzen zu statten kommen, so muß dergleichen Ausnahme vom Staat ausdrücklich zugelassen sein.

§. 30. Ist dieses nicht geschehen: so kann zwar der Anhänger einer solchen Religionsmeinung etwas gegen seine Ueberzeugung zu thun nicht gezwungen werden [39]);

---

33) H. Vergl. Anm. 29.

34) H. Anm. 10. Der §. 21 lautete: Jede Kirchengesellschaft, die als solche auf die Rechte einer geduldeten Anspruch machen will, muß sich bei dem Staat gebührend melden, und nachweisen, daß die von ihr gelehrten Meinungen nichts enthalten, was dem Grundsatze des §. 13. zuwiderläuft.

35) H. S. auch Zus. 1 zu §. 6.

36) Nämlich unter der Kollektivbenennung einer Gesellschaft (juristischen Person). Auf den Namen der einzelnen Gesellschafter zu erwerben, ist unverschränkt.

37) H. Die Religionsdiener der Privatgesellschaften sind bloße Privatbeamten. Sie haben daher namentlich nicht das den öffentlichen Beamten zustehende Exekutions-Privilegium, C.P.O. §. 749 Nr. 8.

38) Hiernach ist es unerlaubt, wenn katholische Geistliche das im Trauerregulativ v. 7. Okt. 1797 und Ges. v. 28. Nov. 1845 (G.S. S. 830) allgemein angeordnete Trauergeläute unter dem Vorgeben, daß sie hierzu keine Ermächtigung ihrer geistlichen Behörde hätten, verweigern, wie es 1861 von Einzelnen vorgekommen ist. Jene Anordnung des Trauergeläutes ist keine kirchliche, sondern eine staatliche, und deshalb gemäß §. 27 sofort ohne weiteres zu befolgen.

39) H. Durch diese Vorschrift hat man neuerdings, s. stenogr. Ber. des Abgeordnetenh. 12. Legisl. I Session 1873/1874 S. 1403 u. II Session 1875 S. 824, u. P. Reichensperger, Kulturkampf. Berlin 1876 S. 77 ff., den Widerstand der katholischen Bischöfe gegen die Maigesetze zu rechtfertigen gesucht. Die Pflicht, den Gesetzen Gehorsam zu leisten, ist aber in den §§. 13, 28, 134 d. T. deutlich genug ausgesprochen, s. übrigens auch Art. 12 der Verf.Urk. (Zus. 1). Die §§. 29, 30 handeln gar nicht von der Unterwerfung unter die Gesetze, die durch §. 28 statuirt ist, sondern davon, in wie fern die Anhänger einer Religionsgemeinschaft Exemtionen und Privilegien mit Rücksicht auf ihre Religionsauffassung beanspruchen können. §. 29 sagt nur, daß eine solche Begünstigung allein durch den Staat bewilligt werden könne, und §. 30, daß, wenn dies nicht geschehen, das allgemeine Gesetz zwar wirksam sei, also zum Gehorsam verpflichte, wo aber die Gesetze einen Spielraum lassen und nicht absolut verpflichten, wie z. B. zur Ableistung von Eiden in Prozessen, kein Zwang eintreten solle, vgl. auch Martens, d. Beziehungen zw. Kirche u. Staat. Stuttgart 1877 S. 458.

§. 31. Er muß aber die nachtheiligen Folgen, welche die Gesetze mit ihrer unterlassenen Beobachtung verbinden, sich gefallen lassen.

§. 32. Die Privat- und öffentliche Religionsübung einer jeden Kirchengesellschaft ist der Oberaufsicht des Staats unterworfen [40]).

---

40) Vermöge des juris majestatis circa sacra. Dieses Hoheitsrecht ist keineswegs, wie behauptet worden ist (Jahrb. 31 S. 25), ein solches Attribut des Selbstherrschers, welches aus dessen Eigenschaft als oberstem Bischofe fließt. Denn wenn das Wahrheit wäre, würde ihm das Aufsichtsrecht nur in der Kirche zustehen, zu welcher er sich bekennt, da das erste Erforderniß eines Bischofs die Mitgliedschaft seiner Kirche ist. Aber das fr. Hoheitsrecht steht unbestritten in Beziehung auf die Kirchengesellschaften aller Konfessionen und Religionen dem Staate zu. Das Aufsichtsrecht berechtigt übrigens nicht zur Geschäftsführung für die Gesellschaften. Schles. Arch. 3 S. 540 ff.

H. Aus Anlaß des Art. 15 der Verfassungsurkunde: „Die evangelische und die römisch-katholische Kirche, sowie jede andere Religionsgesellschaft, ordnet und verwaltet ihre Angelegenheiten selbstständig und bleibt im Besitz und Genuß der für ihre Kultus-, Unterrichts- und Wohlthätigkeitszwecke bestimmten Anstalten, Stiftungen und Fonds" ist mehrfach, s. z. B. Gerlach, das Verhältniß des preuß. Staates zu der katholische Kirche, 2. Aufl. 1 Abth. Paderborn 1867; die Abhandlung im Archiv f. kathol. Kirchenrecht 11 S. 58 ff., die Ansicht aufgestellt werden, daß dadurch das staatliche Oberaufsichtsrecht über die Kirchen beseitigt worden sei, und daß die Kirche die volle Selbstständigkeit in allen, nach ihren Glaubenslehren von ihr zu regelnden Angelegenheiten erlangt habe. Ganz abgesehen davon, daß nach dieser Auslegung der Art. 15 die gesammte Bevölkerung je nach ihrer Zugehörigkeit zu den verschiedenen Kirchen und Religionsgesellschaften in eine Anzahl von Gruppen aufgelöst haben müßte, welche in den nach ihren Glaubenslehren zu normirenden Angelegenheiten dem Staate völlig souverän gegenüber ständen, und damit ein Prinzip festgestellt hätte, welches praktisch nicht nur zur gegenseitigen Befehdung der Religionsgesellschaften, sondern auch zur Auflösung des Staates führen würde, gilt nach heutigem Staatsrecht das aus der Souveränetät des Staates fließende Recht der Gesetzgebung und Oberaufsicht als unveräußerlich. Ein Verzicht des Staates darauf läßt sich daher schon aus allgemeinen Gründen nicht annehmen. Dazu kommt, daß die Ausdrücke: ordnen und verwalten keine souveräne Gesetzgebungsgewalt, sondern nur eine Ordnungsgewalt im eigenen Kreise, die Autonomie, bezeichnen. Die Begrenzung dieses Kreises ist nicht dem Belieben der Religionsgesellschaften überlassen, sie ist vielmehr vom Standpunkte des Staates, dessen gesetzgeberischer Akt die Verfassungsurkunde war, zu bestimmen, und von ihm selbst praktisch vorzunehmen, weil die Befugniß dazu keinem andern gesetzlich beigelegt ist. Demgemäß hat der Art. 15 den Religionsgesellschaften nur die Verwaltung solcher Angelegenheiten, welche ausschließlich innerhalb ihrer eigenthümlichen Sphäre liegen, unter Oberaufsicht des Staates zugestanden, und die selbstständige Leitung der betreffenden Angelegenheiten durch den Staat und ein aktiv bestimmendes Eingreifen desselben in bevormundender Weise beseitigen wollen. Nur in so weit, als bisherige gesetzliche Bestimmungen eine derartige Thätigkeit des Staates gestatteten, vergl. auch Art. 109, sind sie aufgehoben worden. S. übrigens auch Richter-Dove, Kirchenrecht 7. Aufl. §. 74 Anm. 14, §. 100 Anm. 3; Friedberg, d. evangel. u. kathol. Kirche d. neu einverleibten Länder. Halle 1867 S. 62 ff.; Dove in der Zeitschr. f. Kirchenrecht 7 S. 307 ff.; v. Rönne, Staatsrecht d. preuß. Monarchie §. 193; H. Schulze, preuß. Staatsrecht 2, 701. Durch das Gesetz v. 5. April 1873 (G.S. S. 143) hat der Art. 15 die nachstehende Fassung erhalten:

„Die evangelische und die römisch-katholische Kirche, sowie jede andere Religionsgesellschaft ordnet und verwaltet ihre Angelegenheiten selbstständig, bleibt aber den Staatsgesetzen und der gesetzlich geordneten Aufsicht des Staates unterworfen. — Mit der gleichen Maßgabe bleibt jede Religionsgesellschaft im Besitz und Genuß der für ihre Kultus-, Unterrichts- und Wohlthätigkeitszwecke bestimmten Anstalten, Stiftungen und Fonds."

Wenn die vorhin dargelegte Auffassung des Sinnes des ursprünglichen Wortlautes der Verf.Urk. richtig ist, so kann dieses Gesetz nur den Charakter einer das staatliche jus circa sacra feststellenden Deklaration haben, vergl. auch P. Hinschius, d. preuß. Kirchengesetze des Jahres 1873 S. XXXV ff., welchem R.G. II v. 13. Jan. 1880 u. v. 5. Juli 1881, Annal. 1 S. 431 u. 4 S. 268 beigetreten ist. Durch das Ges. v. 18. Juni 1875 (G.S. S. 259) — s. Zus. zu II. 13 §. 18 — ist der Art. 15 nebst Art. 16 u. 18 der Verf.Urk. aufgehoben worden. Damit sind aber die durch den Art. 15 beseitigten gesetzlichen Vorschriften nicht wieder hergestellt, weil seine frühere Wirkung mit seiner Aufhebung nicht fortgefallen ist, und er bleibt daher immer noch in so fern von Bedeutung, als nach seiner ursprünglichen Fassung und Tragweite zu beurtheilen ist, welche Vorschriften des Landrechts und der früheren Gesetze von ihm beeinflußt worden sind.

§. 33. Der Staat ist berechtigt, von demjenigen, was in den Versammlungen der Kirchengesellschaft gelehrt und verhandelt wird, Kenntniß einzuziehen.

§. 34. Die Anordnung öffentlicher Bet-, Dank- und anderer außerordentlicher Festtage hängt allein vom Staat [41]) ab.

§. 35. In wie fern die bereits angeordneten Kirchenfeste mit Einstellung aller Handarbeiten und bürgerlichen Gewerbe begangen werden sollen, oder nicht, kann nur der Staat [42]) bestimmen [43]).

Vgl. über das letztgedachte Gesetz auch P. Hinschius, die preuß. Kirchengesetze der Jahre 1874 u. 1875. Berlin 1875 S. XX.

41) H. Dieses Recht übt der König Namens des Staates aus; die K.O. v. 7. Febr. 1837 (Zus. 7 zu §. 35) wies den Bezirksregierungen — und zwar den etwaigen Abtheilungen für Kirchen- und Schulsachen, §. 3 Nr. 4 Verordn. v. 27. Juni 1845 (G.S. S. 440); §. 18 d. Regier.-Instruktion v. 13. Okt. 1817 (G.S. S. 217) — nur das Recht zu, die äußere Heilighaltung der Sonn- und Festtage zu bewahren. H. Nach dem Ges. über die Organisation der allgemeinen Landesverwaltung v. 26. Juli 1880 (G.S. S. 291) §§. 3, 21, 37 treten überall die genannten Abtheilungen der Regierungen, und für Berlin der Polizei-Präsident ein. Dieselben Vorschriften wiederholt das am 1. April 1884 in Kraft tretende Ges. über die allgemeine Landesverwaltung v. 30. Juli 1883 (G.S. S. 195) §§. 3, 22, 44.

Aus §§. 34 und 35 ergiebt sich das Recht des Staates, auch die staatliche und bürgerliche Feier bestehender Kirchenfeste aufzuheben.

H. Kirchliche Festtage anzuordnen, steht den kirchlichen Organen, in der evangelischen Kirche dem evangel. Ober-Kirchenrath, §. 1 Nr. 2 des Ressort-Reglements v. 29. Juni 1850 (Zus. 18 zu §. 145, es bedarf aber zur Einführung und Abschaffung allgemeiner kirchlicher Feiertage eines Kirchengesetzes, General-Synodal-Ordn. §. 7 Nr. 4, Zus. 23 zu §. 156 d. T.), und in der katholischen den Bischöfen, wenn es sich aber um allgemeine Festtage handelt, dem Papste zu, Conc. Trid. Sess. XXIV c. 2 de regular., Benedicti XIV de syn. dioeces. XIII 18, Richter-Dove. K.R. §. 248.

Die gesetzlichen Feiertage in Preußen, welche kirchlich und bürgerlich gefeiert werden sollen, sind außer den Sonntagen: Neujahr, der erste und zweite Tag von Weihnachten, Ostern und Pfingsten, der Charfreitag, ein am Mittwoch nach Jubilate abzuhaltender Buß- und Bettag — Ed. v. 28. Jan. 1773 (Rabe 1, 5, 1), K.O. v. 28. Juni 1826 (Annal. 19, 742) —, der Himmelfahrtstag — Ed. v. 19. März 1789 (Rabe 13, 178) —, das allgemeine Kirchenfest zur Erinnerung der Verstorbenen am letzten Sonntage des Kirchenjahres — K.O. v. 17. Nov. 1816 (Amtsbl. v. 1867) —, der Allerheiligentag, der aber nur den Katholiken gegenüber und von diesen gefeiert werden darf — K.O. v. 5. Juli 1832 (G.S. S. 197), v. 7. Febr. 1837 (G.S. S. 21) u. v. 22. Juli 1839 (G.S. S. 249). — Bei den anderen Feiertagen ist eine bürgerliche Feier nicht geboten. H. Nach R.G. v. 2. Nov. 1880, Entsch. in Strafs. 2 S. 398, ist der Tag Epiphanias (6. Jan.) in Westpreußen kein allgemeiner Feiertag im Sinne der C.P.O. §. 681. Die hiergegen im Archiv für kathol. Kirchenrecht 47 S. 79 geübte Kritik basirt auf der die Geltung der §§. 34, 35 leugnenden Behauptung, daß es in Preußen gesetzliche Feiertage nicht gäbe, weil es darüber an einer Konvention mit dem päpstlichen Stuhle fehle. Sie ist also hinfällig.

H. Zufolge Allerh. Erl. v. 7. Nov. 1877 ist der evang. Ober-Kirchenrath ermächtigt worden, die Aufhebung der kirchlichen Feier aller oder einzelner der sog. halben oder kleinen Feiertage, nämlich Epiphanias am 6. Jan., Mariä Reinigung am 2. Febr., Mariä Verkündigung am 15. März, Mariä Heimsuchung am 2. Juli, Johannisfest am 24. Juni, Michaelisfest am 29. Sept., Reformationsfest am 31. Okt., Gründonnerstag, Laurentiustag am 10. Aug., der Kirchweihtage und der dritten Feiertage der ersten hohen Feste auf Antrag des Gemeindekirchenrathes für die betreffende Gemeinde zu genehmigen, Reskr. v. 1. Dez. 1877, kirchl. Gesetz- u. Verordnungsbl. 1878 S. 2.

42) H. Vergl. vorige Anm.

43) Darüber sind eine Reihe von Bestimmungen ergangen. Die wesentlichsten sind:

a. Das Publ. des M. d. G., U. u. M.Angel. v. 31. Mai 1818 (v. Kamptz, Annal. 2 S. 349).

Auf mehrfach eingegangene Klagen beider Religionstheile über Entweihung der Sonn- und Festtage, hat, in Folge eines von dem Königl. Consistorio erstatteten Berichts, das Ministerium der Geistlichen, Unterrichts- und Medizinalangelegenheiten in einer an das Oberpräsidium der Provinz erlassenen Verfügung v. 10ten März d. J. Folgendes festgesetzt:

1) Die Abhaltung der Jahrmärkte an Sonn- und Festtagen ist nicht zu gestatten, sondern sie sind auf den nächsten Montag, wie früher bereits verfügt, zu verlegen.

2) Die Abhaltung der Wochenmärkte an Sonn- und Festtagen ist nur in jenen Gegenden

7. **Allerhöchste Kabinetsorder vom 7. Februar 1837., über die Befugniß der Behörden, durch polizeiliche Bestimmungen die äußere Heilighaltung der Sonn- und Festtage zu bewahren.** (G.S. S. 19.)

Zur Beseitigung der Zweifel, welche nach dem Berichte des Staatsministerii vom 15. v. M. über die Befugniß der Behörden, durch polizeiliche Bestimmungen die äußere Heilighaltung der Sonn- und Festtage zu bewahren, in einigen Landestheilen bisher obgewaltet haben, setze Ich für den ganzen Umfang der Monarchie hierdurch fest, daß die Regierungen die nach den Verhältnissen der einzelnen Orte oder Gegenden ihres Bezirkes zu diesem Zwecke erforderlichen An-

---

zu dulden, wo der Abschaffung jenes Gebrauchs wichtige polizeiliche Gründe entgegen stehen. In keinem Falle aber ist zu gestatten, daß während des feierlichen Gottesdienstes (des hohen Amts und der Predigt) Markt gehalten wird.

3) Wenn auf den Dominial-Wirthschaftsämtern während des sonn- und festtäglichen Gottesdienstes Geschäfte getrieben werden, wodurch die Gutsuntersassen von dem Besuche der Kirche abgehalten werden, so ist dieser Mißbrauch eben so den Gesetzen als den Gesinnungen Sr. Majestät des Königs zuwider.

4) Eben so kann dem Gesinde die Bestellung des sogenannten Gesindeackers während des Gottesdienstes nicht gestattet werden.

5) Treibjagden dürfen an Sonn- und Festtagen, ohne ausdrückliche Erlaubniß, gar nicht, und andere Jagden nicht während des öffentlichen Gottesdienstes gehalten werden.

. . . . .

b. K.O. v. 16. April 1818, welche verordnet, daß die Entheiligung der Vorabende großer Kirchenfeste durch Bälle und ähnliche Lustbarkeiten nicht stattfinden soll. Darunter sollen begriffen sein: die drei großen Feste Weihnachten, Ostern und Pfingsten, der Charfreitag, der evangelische allgemeine Bettag und die, dem Andenken der Verstorbenen gewidmeten, evangelischen und katholischen Jahrestage, welche sämmtlich an den Vorabenden eingeläutet werden sollen. (Annal. 2 S. 348.)

c. K.O. v. 26. Febr. 1826, welche festsetzt, daß auch am Charfreitage und Buß- und Bettage keine Bälle und ähnliche Lustbarkeiten gestattet sind. (Annal. 10 S. 86.)

d. K.O. v. 20. März 1826, wonach an den Orten, wo es bisher üblich und hergebracht gewesen, an den ersten Feiertagen des Weihnachts-, Oster- und Pfingstfestes Schauspielvorstellungen, Bälle und ähnliche Lustbarkeiten nicht stattfinden zu lassen, es ferner bei dieser Ordnung und Gewohnheit bleiben, und die in der K.O. v. 26. Febr. für den Charfreitag und den allgemeinen Buß- und Bettag enthaltene Bestimmung dahin ausgedehnt werden soll, daß auch an dem Tage des Festes zum Andenken an die Verstorbenen keine der erwähnten oder ähnliche Lustbarkeiten stattfinden dürfen. (Annal. 10 S. 87.)

e. K.O. v. 26 Febr. 1837, betreffend die Untersagung von Bällen und ähnlichen Lustbarkeiten sowie von Schauspielvorstellungen von mehreren, ernster Feier gewidmeten Tagen und deren Vorabenden. (Annal. 21 S. 83.):

Durch Meine an Sie, den Staatsminister Freiherrn v. Altenstein und an den Staatsminister v. Schuckmann am 13ten Dezember 1817., 14ten März 1818., 26sten Februar und 20sten März 1826 erlassenen Ordres ist festgesetzt, daß am Vorabende der drei großen Feste: Weihnachten, Ostern und Pfingsten, des Charfreitages, des allgemeinen Buß- und Bettages und des dem Andenken der Verstorbenen gewidmeten Jahrestages, sowie auch an den Abenden dieser drei letzten Tage keine Bälle oder ähnliche Lustbarkeiten stattfinden sollen. Ich will es nicht nur hierbei belassen, sondern auch diese Bestimmung auf die ganze Charwoche ausdehnen, und zugleich verordnen, daß eben so wenig am Ascher-Mittwoch Bälle gegeben werden sollen .....

Zur Erläuterung dieser K.O. eröffnet ein Beschl. des M. d. G., U. u. M.Ang. v. 7. Dez. 1837: daß es bei dem Erlasse der A. K.O. v. 26. Februar d. J. nicht in der Absicht Sr. Majestät des Königs gelegen hat, früher ergangene Bestimmungen über die stille Begehung der hohen Festtage und ihrer Vorabende, namentlich aber diejenigen, welche in dem Allerhöchsten Befehle v. 20. März 1826 enthalten sind, aufzuheben oder zu modifiziren. Unter Bezugnahme auf die über diesen Gegenstand schon vorhandenen Verordnungen haben vielmehr Se. Königl. Majestät ausdrücklich auszusprechen geruht, daß Allerhöchstdieselben es dabei belassen, und als erweiternde Vorschrift festsetzen wollen, daß jene Bestimmungen auf die ganze Charwoche und den Aschermittwoch ausgedehnt werden sollen. Da nun in der Allerhöchsten Ordre v. 20. März 1826, deren Gültigkeit als fortdauernd betrachtet werden muß, bestimmt ist: daß an den Orten, wo bisher an den ersten Festtagen des Weihnachts-, Oster- und Pfingstfestes theatralische Vorstellungen (d. h. Theatervorstellungen im eigentlichen Sinne, nicht ähnliche Lustbarkeiten, z. B. Seiltänzerdarstellungen, nach dem Besch. v. 19. Juli 1837, Annal. 21 S. 85), Bälle und ähnliche Lustbarkeiten nicht stattgefunden, es ferner bei dieser Ordnung und Gewohnheit verbleiben soll, so ergiebt sich von selbst, daß es auch ferner dabei zu belassen ist, und also dergleichen rauschende Vergnügungen

ordnungen zu erlassen und deren Befolgung durch Strafverbote, welche jedoch die im §. 10.[44]) ihrer Dienst-Instruktion vom 23. Oktober 1817. vorgeschriebene Gränze nicht überschreiten dürfen, zu sichern, befugt seyn sollen. Dieser Befehl ist durch die Gesetzsammlung bekannt zu machen.

§. 36. Mehrere Kirchengesellschaften, wenn sie gleich zu einerlei Religionspartei gehören, stehen dennoch unter sich in keiner nothwendigen Verbindung [45]). gegen andere Kirchengesellschaften;

§. 37. Kirchengesellschaften dürfen so wenig, als einzelne Mitglieder derselben, einander verfolgen oder beleidigen [46]).

§. 38. Schmähungen und Erbitterung verursachende Beschuldigungen müssen durchaus vermieden werden [47]).

§. 39. Protestantische [48]) Kirchengesellschaften des Augsburgschen Glaubensbekenntnisses sollen ihren Mitgliedern wechselseitig die Theilnahme auch an ihren eigenthümlichen Religionshandlungen nicht versagen, wenn dieselben keine Kirchenanstalt ihrer eignen Religionspartei, deren sie sich bedienen können, in der Nähe haben [49]). gegen ihre Mitglieder.

---

an den gedachten hohen Festtagen in Orten, wo sie vor der Allerhöchsten Ordre v. 20. März 1826 nicht üblich gewesen, auch nach dem Erscheinen des Allerhöchsten Befehls v. 26. Febr. d. J. nicht zu gestatten sind. (Annal. 21 S. 971.)

Der Ausdruck: „ähnliche Lustbarkeiten" in der K.O. v. 26. Febr. 1836 soll auf Schauspielvorstellungen nicht zu beziehen sein, (diese sollen vielmehr am Charfreitage und am Buß- und Bettage ganz unterbleiben, wogegen sie am Gedächtnißtage der Verstorbenen, in so fern sie ernsten Inhalts sind, stattfinden dürfen. Cirk.Verf. ders. M. v. 16. März 1837 (Annal. 21 S. 83). Auch sollen unter dem gedachten Ausdrucke nur solche Lustbarkeiten zu verstehen sein, bei welchen die Theilnehmer selbstthätig mitwirken (Besch. des Min. des Inn. und der Pol. v. 4. April 1838, (Annal. 22 S. 401).

f) K.O. v. 19. Aug. 1837 (Annal. 21 S. 972):

Auf Ihre Anfrage v. 19. v. M. eröffne Ich Ihnen, daß Meine Ordre vom 26sten Februar d. J., durch welche das Verbot der Bälle und ähnlicher Lustbarkeiten auf die ganze Charwoche erweitert ist, auf Lokalobservanzen, wie sie in Breslau durch die stille Begehung der letzten acht Tage in der Adventzeit und während der letzten Hälfte der Fastenzeit hergebracht sind, keine Beziehung haben, und es ist nicht Meine Absicht gewesen, in solchen Lokalobservanzen etwas abzuändern.

Die Heilighaltung der Sonn- und Feiertage ist in neuerer Zeit wiederholt eingeschärft.

H. Vergl. auch R.Str.G.B. §. 366 Nr. 1. Weitere auf den Gegenstand bezügliche Erlasse sind zusammengestellt bei Th. Meier, das preuß. gemeine und provinzielle Kirchenrecht. Berlin 1868, S. 21 ff.

44) Nicht der §. 10, sondern 11 hat allegirt werden sollen. Publ. des Staatsmin. v. 24. Dez. 1838, G.S. 1839 S. 19.

45) H. Vergl. Anm. 25 zu §. 11 d. T.

46) H. Vergl. R.Str.G.B. §§. 130, 166, 167, 304.

47) Damit soll nicht die Hervorhebung der abweichenden Glaubenssätze anderer Konfessionen in der Predigt, um durch den Gegensatz die Wahrheit der eigenen Lehre in helleres und klareres Licht zu setzen, untersagt sein, nur daß sich Vorsicht und Milde, die bei solchen Kanzelvorträgen auch in den katholischen Diözesanstatuten (z. B. Ermländ. Stat. bei Hartzheim, Coll. conc. Tom. IX p. 99) zur Pflicht gemacht ist, von selbst versteht. Das Verbot ist nur gegen die sog. Kontroverspredigten — vgl. dazu auch Cirk.Reskr. des Min. d. geistl. Angel. v. 16. Mai 1827 (Annal. 11 S. 407) — gerichtet, welche bezwecken, andere im Staate aufgenommene Konfessionen zu bekämpfen und dadurch Haß und Zwietracht zu stiften.

48) Ueber diese Bezeichnung, für welche schon das Corp. jur. Frid. P. I lib. 1 Tit. 2 §. 12 den richtigen Ausdruck „evangelisch" hat, sagt die K.O. v. 3. April 1821: „Die Benennung: Protestanten, protestantische Religion, für die Bekenner und das Bekenntniß der evangelischen Lehre, ist Mir stets anstößig gewesen; sie gehört der Zeit an, in welcher sie aufkam. Das evangelische Glaubens-Bekenntniß gründet sich lediglich auf die heilige Schrift, der Name muß also davon ausgehen. Im gemeinen Leben läßt sich eine altgewordene Benennung schwer vertilgen, im Geschäftsstile aber, bei der Censur von Druckschriften und der öffentlichen Blätter soll darauf gehalten werden, die Benennung: evangelisch, statt protestantisch — Evangelische, statt Protestanten, zu gebrauchen, weil eben dadurch der alte unpassende Name nach und nach verschwinden wird." . . . (Annal. 5 S. 341.)

49) H. Der §. hat jetzt nur noch seine Bedeutung für diejenigen protestantischen Gemeinden, welche nicht der sog. Union beigetreten sind.

Diese, die Vereinigung der früher getrennten Lutheraner und Reformirten zu einem einheitlich verfaßten Kirchenkörper, ist herbeigeführt worden durch die K.O. v. 27. Sept. 1817, betreffend die Vereinigung der lutherischen und reformirten Kirche (Annal. 1, 1, 64). Dieselbe lautet:

Schon Meine in Gott ruhende, erleuchtete Vorfahren, der Kurfürst Johann Sigismund, der Kurfürst Georg Wilhelm, der große Kurfürst, König Friedrich I. und König Friedrich Wilhelm I., haben, wie die Geschichte Ihrer Regierung und Ihres Lebens beweiset, mit frommem Ernst es sich angelegen sein lassen, die beiden getrennten protestantischen Kirchen, die reformirte und lutherische, zu einer evangelisch-christlichen in Ihrem Lande zu vereinigen. Ihr Andenken und Ihre heilsame Absicht ehrend, schließe Ich Mich gern an Sie an, und wünsche ein Gott gefälliges Werk, welches in dem damals unglücklichen Sekten-Geiste unüberwindliche Schwierigkeiten fand, unter dem Einfluß eines besseren Geistes, welcher das Außerwesentliche beseitigt und die Hauptsache im Christenthum, worin beide Confessionen eins sind, festhält, zur Ehre Gottes und zum Heil der christlichen Kirche, in Meinen Staaten zu Stande gebracht und bei der bevorstehenden Säcularfeier der Reformation damit den Anfang gemacht zu sehen! Eine solche wahrhaft religiöse Vereinigung der beiden, nur noch durch äußere Unterschiede getrennten protestantischen Kirchen, ist den großen Zwecken des Christenthums gemäß; sie entspricht den ersten Absichten der Reformatoren; sie liegt im Geiste des Protestantismus; sie befördert den kirchlichen Sinn; sie ist heilsam der häuslichen Frömmigkeit; sie wird die Quelle vieler nützlichen, oft nur durch den Unterschied der Confession bisher gehemmten Verbesserungen in Kirchen und Schulen.

Dieser heilsamen, schon so lange und jetzt wieder so laut gewünschten und so oft vergeblich versuchten Vereinigung, in welcher die reformirte nicht zur lutherischen und diese nicht zu jener übergehet, sondern beide eine neu belebte, evangelisch-christliche Kirche im Geiste ihres heiligen Stifters werden, steht kein in der Natur der Sache liegendes Hinderniß mehr entgegen, sobald beide Theile nur ernstlich und redlich in wahrhaft christlichem Sinn sie wollen, und von diesem erzeugt, würde sie würdig den Dank aussprechen, welchen wir der göttlichen Vorsehung für den unschätzbaren Seegen der Reformation schuldig sind, und das Andenken ihrer großen Stifter, in der Fortsetzung ihres unsterblichen Werks, durch die That ehren.

Aber so sehr Ich wünschen muß, daß die reformirte und lutherische Kirche in Meinen Staaten diese Meine wohlgeprüfte Ueberzeugung mit Mir theilen möge, so weit bin Ich, ihre Rechte und Freiheiten achtend, davon entfernt, sie aufdringen und in dieser Angelegenheit etwas verfügen und bestimmen zu wollen. Auch hat diese Union nur dann einen wahren Werth, wenn weder Ueberredung noch Indifferentismus an ihr Theil haben, wenn sie aus der Freiheit eigener Ueberzeugung rein hervorgehet, und sie nicht nur eine Vereinigung mit der äußeren Form ist, sondern in der Einigkeit der Herzen nach echt biblischen Grundsätzen ihre Wurzeln und Lebenskräfte hat.

So wie Ich Selbst in diesem Geiste das bevorstehende Säcularfest der Reformation, in der Vereinigung der bisherigen reformirten und lutherischen Hof- und Garnison-Gemeine zu Potsdam, zu einer evangelisch-christlichen Gemeine feiern und mit derselben das heilige Abendmahl genießen werde: so hoffe Ich, daß dies Mein eigenes Beispiel wohlthuend auf alle protestantischen Gemeinen in Meinem Lande wirken, und eine allgemeine Nachfolge im Geiste und in der Wahrheit finden möge. Der weisen Leitung der Konsistorien, dem frommen Eifer der Geistlichen und ihrer Synoden überlasse Ich die äußere übereinstimmende Form der Vereinigung, überzeugt, daß die Gemeinen in echt christlichem Sinne dem gern folgen werden, und daß überall, wo der Blick nur ernst und aufrichtig, ohne alle unlautere Nebenabsichten auf das Wesentliche und die große heilige Sache selbst gerichtet ist, auch leicht die Form sich finden und so das Aeußere aus dem Innern, einfach, würdevoll und wahr von selbst hervorgehen werde. Möchte der verheißene Zeitpunkt nicht mehr ferne sein, wo unter einem gemeinschaftlichen Hirten alles in einem Glauben, in einer Liebe und in einer Hoffnung sich zu einer Heerde bilden wird! —

H. Diese Kabinetsordre, an welche sich die in Anm. 48 citirte v. 3. April 1821 angeschlossen hat, war von der Voraussetzung ausgegangen, daß sich zwischen den beiden evangelischen Konfessionen in der Lehre eine Ausgleichung und Einigung vollzogen habe. Gegen diese Auffassung machte sich bald Widerspruch geltend. Derselbe erhielt weitere Nahrung durch die gleichzeitige Einführung der neuen Agende, und in Folge dessen trat nun der Gedanke auf, daß die beiden Konfessionen in der evangelischen Kirche gleichberechtigt, aber dergestalt neben einander bestehen, daß die zwischen ihnen obwaltenden Differenzen nicht als Hinderniß der Abendmahlsgemeinschaft und der Aufnahme der Genossen der einen in das Gemeinrecht der anderen gelten. Er spricht sich aus:

1. in der K.O. v. 30sten April 1830., den Einfluß der Union auf die, an die reformirte oder lutherische Konfession geknüpften Stiftungen, Schenkungen oder auf andere Weise erworbene Rechte evangelischer Gemeinden, Kirchlichen- oder Schul-Stellen betreffend (G.S. S. 64):

Aus Ihrem Berichte vom 16ten d. Mts. habe Ich ersehen, daß einzelne evangelische Gemeinden, ungeachtet die Union keinen Konfessions-Wechsel enthält, derselben beizutreten Bedenken tragen, weil sie befürchten, in dem bisherigen Genusse an die reformirte oder lutherische Konfession geknüpfter Stiftungen, Schenkungen oder auf andere Weise erworbener Vortheile nach Annahme der Union beeinträchtigt zu werden. Ich verordne deshalb, daß Niemand befugt seyn soll, einer reformirten oder lutherischen Gemeinde, imgleichen einer geistlichen oder weltlichen Kirchen- oder Schul-Stelle dergleichen Rechte aus einem von dem Beitritte zur Union hergenommenen Grunde vorzuenthalten oder zu entziehen .....

2. in der K.O. v. 28. Febr. 1834, betreffend den Zweck und die Bedeutung der Union und der Agende (Annal. 18 S. 74):

Es hat Mein gerechtes Mißfallen erregen müssen, daß von einigen Gegnern des kirchlichen Friedens der Versuch gemacht worden ist, durch die Mißdeutungen und unrichtigen Ansichten, in welchen sie hinsichtlich des Wesens und des Zwecks der Union und Agende befangen sind, auch andere irre zu leiten ....

Die Union bezweckt und bedeutet kein Aufgeben des bisherigen Glaubensbekenntnisses, auch ist die Autorität, welche die Bekenntnißschriften der beiden evangelischen Konfessionen bisher gehabt, durch sie nicht aufgehoben worden. Durch den Beitritt zu ihr wird nur der Geist der Mäßigung und Milde ausgedrückt, welcher die Verschiedenheit einzelner Lehrpunkte der andern Konfession nicht mehr als den Grund gelten läßt, ihr die äußerliche kirchliche Gemeinschaft zu versagen. Der Beitritt zur Union ist Sache des freien Entschlusses, und es ist daher eine irrige Meinung, daß an die Einführung der erneuerten Agende nothwendig auch der Beitritt zur Union geknüpft sei, oder indirekt durch sie bewirkt werde. Jene beruht auf den von Mir erlassenen Anordnungen; dieser geht nach Obigem aus der freien Entschließung eines Jeden hervor. Die Agende steht mit der Union nur in sofern im Zusammenhange, daß die darin vorgeschriebene Ordnung des Gottesdienstes und die für kirchliche Amtshandlungen aufgenommenen Formulare, weil sie schriftmäßig sind, ohne Anstoß und Beschwerde auch in solchen Gemeinden, die aus beiderlei Konfessions-Verwandten bestehen, zu gemeinsamer Förderung christlicher Gottesfurcht und Gottseligkeit, in Anwendung kommen können. Sie ist auch keineswegs bestimmt, in der evangelischen Kirche an die Stelle der Bekenntnißschriften zu treten, oder diesen in gleicher Eigenschaft beigesellt zu werden, sondern hat lediglich den Zweck, für den öffentlichen Gottesdienst und die amtlichen Verrichtungen der Geistlichen eine dem Geiste der Bekenntnißschriften entsprechende Ordnung, die sich auf die Autorität der evangelischen Agenden aus den ersten Zeiten der Reformation gründet, festzustellen, und alle schädliche Willkühr und Verwirrung davon fern zu halten; mithin ist das Begehren derer, welche aus Abneigung gegen die Union auch der Agende widerstreben, als unstatthaft, ernstlich und kräftig abzuweisen. Auch in nicht unirten Kirchen muß der Gebrauch der Landes-Agende unter den für jede Provinz besonders zugelassenen Modifikationen stattfinden, am wenigsten aber — weil es am unchristlichsten sein würde — darf gestattet werden, daß die Feinde der Union, im Gegensatz zu den Freunden derselben, als eine besondere Religionsgesellschaft sich konstituiren. —

H. Trotzdem, daß damit der ursprüngliche Gedanke der Union modifizirt war, wurde der Bewegung gegen die Union der Boden nicht entzogen, und man sah sich schließlich genöthigt, denjenigen, die in der Landeskirche nicht mehr das reine lutherische Bekenntniß zu finden glaubten, durch die General-Konzession v. 23. Juli 1845 (s. Zus. 4 zu §. 10 d. T.) die Möglichkeit zur Bildung einer besonderen, von der Landeskirche gesonderten Gemeinschaft zu gewähren. Die konfessionellen Bestrebungen, welche namentlich in Folge der nach dem Jahr 1848 rückläufigen Bewegung mächtig wurden und sich gegen die Union richteten, veranlaßten eine Königliche Erklärung, welche die Grundsätze der Ordre v. 28. Febr. 1834 auf die Verfassung übertrugen, die K.O. v. 6. März 1852 betreffend die amtliche Verpflichtung der Kirchenbehörden in Beziehung auf Union und Konfession (Aktenstücke des evangel. Ober-Kirchenrathes Hft. 5 S. 2), in der es heißt:

Ich halte aber auch dafür, daß es nunmehr an der Zeit ist, diesen Grundsätzen in der Gestaltung der Kirchenbehörden einen bestimmten und für die letzteren selbst maßgebenden Ausdruck zu verleihen, und dadurch Bürgschaft zu geben, daß in dem Regimente der evangelischen Landeskirche eben so sehr die mit Gottes Gnade in der Union geknüpfte Gemeinschaft der beiden evangelischen Konfessionen aufrecht erhalten, wie auch die Selbstständigkeit jeder der beiden Bekenntnisse gesichert werden soll. Demgemäß ertheile Ich hierdurch den nachstehenden Mir von dem evangelischen Oberkirchenrathe vorgetragenen Grundsätzen Meine Genehmigung: 1. Der evangelische Oberkirchenrath ist verpflichtet, eben so wohl die evangelische Landeskirche in ihrer Gesammtheit zu verwalten und zu vertreten, als das Recht der verschiedenen Konfessionen und die auf dem Grunde desselben ruhenden Einrichtungen zu schützen und zu pflegen. 2. Der

§. 40. Jedem Bürger des Staats, welchen die Gesetze fähig erkennen, für

evangelische Oberkirchenrath besteht aus Gliedern beider Konfessionen. Es können aber nur solche Personen in denselben aufgenommen werden, welche das Zusammenwirken von Gliedern beider Konfessionen im Regimente mit ihrem Gewissen vereinbar finden. 3. Der evangelische Oberkirchenrath beschließt in den zu seiner Entscheidung gelangenden Angelegenheiten kollegialisch nach Stimmenmehrheit seiner Mitglieder. Wenn aber eine vorliegende Angelegenheit der Art ist, daß die Entscheidung nur aus einem der beiden Bekenntnisse geschöpft werden kann, so soll die konfessionelle Vorfrage nicht nach den Stimmen sämmtlicher Mitglieder, sondern allein nach den Stimmen der Mitglieder des betreffenden Bekenntnisses entschieden werden, und diese Entscheidung dem Gesammtbeschlusse des Kollegiums als Grundlage dienen. Dieses Verfahrens ist in den betreffenden Ausfertigungen zu gedenken. —

H. Da die streng lutherische Strömung indessen aus dieser Ordre das Recht zur Wiederaufrichtung der konfessionellen Eigenthümlichkeiten hernahm, so traten die beiden Königlichen Erlasse v. 12. Juli u. 11. Okt. 1853 (Aktenstücke des ev. O.K.R. Hft. 6 S. 5 u. Hft. 7 S. 1) solchen Mißdeutungen entgegen, indem sie die evanglische Landeskirche überall als Einheit behandelt wissen wollten.

H. Die Generalsynodal-Ordnung v. 20. Jan. 1876 §. 1 (u. Zus. 23 zu §. 156 d. T.) hat in dem Bekenntnißstand und der Union nichts geändert, vielmehr die bestehenden Verhältnisse ausdrücklich aufrecht erhalten.

H. Vergl. über die Union in Preußen v. Mühler, Gesch. d. evangel. Kirchenverfassung i. d. Mark Brandenburg. Weimar 1846 S. 341; L. Richter, Beiträge zum preuß. Kirchenrecht, herausgeg. v. P. Hinschius, Leipzig 1865 S. 23; A. Altmann, d. evangel. Union in Preußen. Braunschweig 1867; Jacobson, preuß. Kirchenrecht S. 4; Boche-Altmann, der preuß. legale Pfarrer S. 160.

H. Sind auch die meisten evangelischen Gemeinden der Union beigetreten, so ist es doch nicht korrekt, wie mitunter geschieht, die in den älteren Provinzen allein vollberechtigte, die sog. Landeskirche dieses Theiles der preußischen Monarchie als „unirt" zu bezeichnen. Es giebt auch lutherische und reformirte Gemeinden, welche der Union nicht beigetreten, also ihren besonderen konfessionellen Charakter rein bewahrt, aber sich dem Regimente der landesherrlichen Kirchenbehörden gefügt haben, so daß für diese der §. 39 d. T. noch von praktischer Bedeutung ist.

H. Ueber den Charakter der Union ist Folgendes zu bemerken:

1. Ein abgesondertes lutherisches, bez. reformirtes Kirchenregiment besteht nicht mehr, sondern alle Gemeinden sind dem Regimente der einen evangelischen Landeskirche unterworfen. 2. In der evangelischen Landeskirche sind die für die einzelnen Gemeinden maßgebenden Bekenntnisse oder Symbole (s. darüber Richter, Beiträge S. 21) in Geltung geblieben, aber die Verschiedenheit der Lehrpunkte bildet kein Hinderniß, den Mitgliedern der andern Konfession die Gottesdienst-, insbesondere die Abendmahlsgemeinschaft und das Gemeinderecht zu gewähren. Diese Voraussetzung bildet nur das Minimum der Union, eine darüber hinausgehende Vereinigung, also das Fallenlassen der theologischen Differenzen und Annahme des gemeinsamen Inhaltes der lutherischen und reformirten Bekenntnisse als symbolischer Norm (sog. Konsensus-Union) ist statthaft und kommt namentlich in Rheinland und Westfalen vor. 3. Die Union hat nicht bloß in konfessionell-gemischten, sondern auch in konfessionell-ungemischten Gemeinden ihre Stätte. 4. Das Zeichen der Union ist der Ritus des Brotbrechens beim Abendmahl, wiewohl andererseits die Gemeinden, in denen derselbe nicht üblich ist, nicht ohne weiteres als nicht-unirt zu betrachten sind. 5. Der Beitritt zur Union ist Sache des freien Entschlusses der Einzelgemeinde. 6. In den unirten Gemeinden sind die Genossen der anderen Konfession berechtigt, die Zulassung zum Abendmahl und zur Mitgliedschaft in der Gemeinde zu verlangen. Dagegen enthält 7. der Beitritt zur Union keinen Konfessionswechsel, wie dies auch in den vorhin angeführten Ordres ausgesprochen worden ist, s. ferner Reskr. v. 2. Mai 1826 (Annal. 10 S. 351). Daher wird — so O.Tr. I v. 9. Juli 1860, Entsch. 43 S. 287; Str. Arch. 38 S. 147 — an Orten, wo zwei evangelische Kirchengemeinden, des lutherischen und des reformirten Bekenntnisses, der Union beigetreten sind, durch diesen Beitritt für sich allein die Möglichkeit nicht ausgeschlossen, daß ein Gemeindemitglied von der einen zur andern Religionspartei mit rechtlicher Wirkung übergeht. (Vgl. übrigens auch Anm. 24 zu §. 260 d. T.) Ferner werden Stiftungen, welche an die eine oder die andere Konfession gebunden sind, durch die Annahme der Union nicht gemeinschaftlich und es tritt da, wo zwei Gemeinden verschiedener Konfession sich innerhalb des gewöhnlichen Maßes unirt haben, keine Konfusion der ursprünglich gesonderten Stiftungsfonds zu einer gemeinsamen Masse ein, vergl. auch die mitgetheilte K.O. v. 30. April 1830. Wenngleich die Ordination ohne Rücksicht auf die konfessionelle Zugehörigkeit des ordinirenden General-Superintendenten oder Superintendenten erfolgt, so haben doch die Gemeinden, welche nur die Union in ihrem Minimum angenommen haben, ein Recht darauf, daß ihnen ein solcher Geist-

sich selbst zu urtheilen, soll die Wahl der Religionspartei, zu welcher er sich halten will, frei stehen [50]). (Tit. 2. §. 74. sqq.)

§. 41. Der Uebergang von einer Religionspartei zu einer anderen geschieht in der Regel durch ausdrückliche Erklärung [51]).

§. 42. Die Theilnehmung an solchen Religionshandlungen, wodurch eine Partei sich von der anderen wesentlich unterscheidet [52]), hat die Kraft einer ausdrücklichen Erklärung, wenn nicht das Gegentheil aus den Umständen deutlich erhellet. (§. 39.)

8. Gesetz, betreffend den Austritt aus der Kirche. Vom 14. Mai 1873. (G.S. S. 207.) [52])

Wir ꝛc. verordnen, mit Zustimmung beider Häuser des Landtages, für den Umfang der Monarchie, einschließlich des Jadegebiets, was folgt:

§. 1. Der Austritt aus einer Kirche [53]) mit bürgerlicher Wirkung [54]) erfolgt durch Erklärung [55]) des Austretenden [56]) in Person [57]) vor dem Richter [58]) seines Wohnortes.

---

licher vorgesetzt wird, dessen Stellung zum Bekenntniß ihrem geschichtlichen Bekenntnißstande und ihrer Beziehung zur Union entspricht. Dagegen sind in den Gemeinden, welche auf dem Konsensus stehen, Geistliche beider Konfessionen ohne Unterschied qualifizirt, auch wird von Amtswegen nicht dagegen einzuschreiten sein, wenn eine ursprünglich reformirte Wahlgemeinde sich einen ursprünglich lutherischen Geistlichen und umgekehrt wählt. Vergl. hierzu Richter a. a. O. S. 34.

50) H. Daß auch der Uebertritt vom Christenthum zum Judenthum gestattet sei, ist in verschiedenen ungedruckten Kabinetsordres verneint worden, s. Jacobson a. a. O. S. 491; Martens (Anm. 39 zu §. 30) S. 278 ff., jetzt steht, s. Art. 12 der Verf.Urk., kein Hinderniß mehr entgegen, wie schon das Reskr. v. 28. Juli 1848 (M.Bl. f. d. i. Verw. S. 221) erklärt hat.

51) O.Tr. I v. 29. April 1861, Str. Arch. 41 S. 201: Unter der behufs Uebergangs von einer Religionspartei zur andern nach §. 41 d. T. erforderlichen „ausdrücklichen Erklärung" ist nicht eine dem Vorsteher der Kirchengesellschaft, aus welcher der Austritt geschehen soll, abgegebene, sondern überhaupt jede bestimmte Willenserklärung desjenigen zu verstehen, welcher zu einer anderen Religionspartei übergehen will. Zu einer solchen bestimmten Erklärung genügt schon der Uebertritt zu einer anderen Religionspartei, ohne daß es einer besonderen Austrittserklärung bedarf. H. Dadurch ist die entgegengesetzte Ansicht des evangelischen Oberkirchenraths, s. Erlaß dess. v. 10. Mai 1853 (Aktenstücke Hft. 6 S. 92), verworfen worden. In wie fern §§. 41 u. 42 d. T. noch Geltung haben, darüber Anm. 52a, 60, 84, 89, 91 zu Zus. 8.

52) Das Merkmal ist freilich unbestimmt. Die Messe ist doch gewiß eine solche Religionshandlung, wodurch die Katholiken sich wesentlich von jeder anderen Religionspartei unterscheiden. Dennoch wird es gewiß Keinem einfallen, zu denken, daß ein Jude oder ein Puritaner, oder sonst ein Andersgläubiger, welcher einer katholischen Messe beigewohnt hat, dadurch katholisch geworden. Selbst das Abendmahl ist unter den verschiedenen evangelischen Konfessionen nicht so wesentlich verschieden in der äußeren Form, daß die Theilnahme eines Lutheraners an der Abendmahlsfeier der Mitglieder der preußischen Landeskirche für ein sicheres Zeichen des Uebertritts zur Union angesehen werden kann.

52a) H. Das Gesetz regelt den Austritt aus den privilegirten Kirchen und den mit Korporationsrechten ausgestatteten Religionsgesellschaften (§§. 1 u. 8), sowohl hinsichtlich der Form (§§. 1, 2, 7) als auch hinsichtlich der Wirkungen desselben, von seiner Regelung schließt es aber die Fälle aus, wo mit dem Austritt aus einer der gedachten Religionsgesellschaften zugleich der Eintritt in eine andere desselben Charakters verbunden ist, ohne daß der Austretende die Befreiung von den vermögenswerthen Leistungen der früheren Gemeinschaft erlangen will (§. 1 Abs. 2 u. 3), und läßt es in dieser Hinsicht bei dem bestehenden Recht bewenden. Daher sind die §§. 41, 42 d. T. in so weit in Kraft geblieben.

53) H. Darunter versteht das Gesetz das Aufgeben der Mitgliedschaft in einer der privilegirten christlichen Kirchen (s. Anm. 29 zu §. 17 d. T.). Das ergiebt sich aus dem Sprachgebrauch der preußischen Gesetze und ferner aus dem der Vorschrift des §. 8 dieses Gesetzes.

Der Austritt aus der Kirche wird gegenübergesetzt dem Austritt, welcher zugleich mit dem Uebertritt zu einer andern der erwähnten christlichen Kirchen, also mit der Erlangung der Mitgliedschaft in einer solchen, verbunden ist. Diese Unterscheidung ist eine rein künstliche, welche nur deshalb gemacht ist, weil das bestehende Recht hinsichtlich des Uebertrittes aufrecht erhalten werden sollte, während naturgemäß jeder Austritt, mag er zugleich mit einem Uebertritt oder ohne einen solchen erfolgen, die bisherige Zugehörigkeit zu der früheren Kirche aufhebt.

Rücksichtlich des Uebertrittes von einer Kirche zur anderen verbleibt es bei dem bestehenden Recht[59]).

Will jedoch der Uebertretende von den Lasten seines bisherigen Verbandes befreit werden[60]), so ist die in diesem Gesetz vorgeschriebene Form zu beobachten.

Deshalb können die beiden Begriffe nur nach Maßgabe der Bestimmungen des Gesetzes geschieden werden. Da der Uebertritt im Sinne des letzteren stets die gleichzeitig mit dem Austritt erfolgende Erwerbung der Mitgliedschaft in einer anderen christlichen Kirche voraussetzt, so bedeutet Austritt die Aufgabe der Mitgliedschaft in einer solchen, gleichviel ob der Betreffende in Verbindung damit gar keiner Religionsgesellschaft oder einer Gemeinschaft, welche keine Korporationsrechte besitzt, beitritt. Wegen des Uebertritts zu einer mit den letzteren ausgestatteten Religionsgesellschaft vgl. §. 8 des Gesetzes. — Die bestehenden Vorschriften über den bloßen Wechsel der Parochie berührt das Gesetz nicht. Diesen Fall hat es nicht zum Gegenstand seiner Regelung gemacht. S. auch Anm. 55.

54) H. D. h. mit staatlicher Wirkung für die Beitragspflicht.

55) H. Diese muß aber unzweideutig die Absicht ergeben, aus der ganzen Kirche oder Religionsgesellschaft, nicht etwa bloß aus einer Gliederung innerhalb einer solchen auszutreten, daher genügt z. B. eine Erklärung: „Ich trete aus der hiesigen evangelischen Staatskirche aus" nicht, Johow, Jahrbuch der App.Ger. 5, 27. Dagegen kann eine an sich deutliche Erklärung mit einem bloß an und für sich unerheblichen, die Absicht und Bedeutung des Austrittes gar nicht in Frage stellenden Zusatz, wie z. B. die Erklärung: „Ich will aus der evangelischen Kirche austreten und in die reformirte Kirche eintreten" vom Richter nicht zurückgewiesen werden, Tophoff in Zeitschr. f. K.R. 14, 109.

56) H. Hinsichtlich der Befugniß zum Austritt bestimmt das Gesetz nichts. Es ist daher in dieser Beziehung bei dem bestehenden Recht verblieben. In den Landestheilen, in welchen das L.R. gilt, genügt das vollendete 14. Lebensjahr, auch für Kinder, welche noch in väterlicher Gewalt stehen, s. II. 2 §§. 74, 84 u. II. 11 §. 40.

H. Der Austritt der Aeltern hat für die Kinder, welche jene Altersgrenze erreicht haben, keine Wirkung. Die letzteren sind in Betreff des Konfessionswechsels vollkommen selbstständig, und müssen daher, falls sie die Zugehörigkeit zu der bisherigen Religionsgemeinschaft lösen wollen, ihrerseits eine dahingehende Erklärung abgeben.

H. Hinsichtlich derjenigen Kinder, welche noch innerhalb des erwähnten Alters stehen, hat der Vater kraft seiner väterlichen Gewalt die Bestimmung zu treffen. Es ist allerdings denkbar, daß der Vater, selbst wenn er die Konfession wechselt, die Kinder in der früheren Religion forterziehen läßt. Das Natürliche ist dies aber nicht, vielmehr wird mangels einer besonderen Erklärung des Vaters anzunehmen sein, daß die nicht diskretionsfähigen Kinder, welche seiner Gewalt noch unterstehen, der neuen Religionsgesellschaft angehören sollen, s. Boche-Altmann, der preußische legale Pfarrer S. 97. Dagegen Dernburg, preuß. Privatrecht 3 S. 150, und Johow a. a. O. 4 S. 34, weil das Gesetz die Austrittserklärung in Person verlange und die unmündigen Kinder selbst eine solche nicht abgeben könnten. Damit ist aber dem Vater, welcher die Konfession wechselt, das Recht genommen, über die Religion der Kinder zu bestimmen. Außerdem wird dabei übersehen, daß unmündige Kinder kein selbstständiges Recht in der Kirche haben, nicht selbstständig berechtigte und verpflichtete Mitglieder derselben sind, und lediglich der Vater über ihre Mitgliedschaft zu entscheiden hat.

57) H. Ist dieselbe verhindert, sich an die Gerichtsstelle zu begeben, so muß der Richter die Erklärung, eben so wie bei Testamenten, in der Behausung entgegennehmen.

58) H. Vgl. §. 7 des Ges.

59) H. Vgl. §§. 41, 42 d. T.

60) H. D. h. von allen vermögenswerthen Leistungen, welche ihm als Mitglied einer Kirche kraft der Zugehörigkeit zu derselben und zu einer Parochie der letzteren obliegen (vgl. auch §. 3 des Ges.). Es gehören also hierher namentlich die Kirchensteuern, Beiträge zu Bauten, die für dieselben zu leistenden Hand- und Spanndienste (s. z. B. L.R. II. 11 §. 714; ostpreuß. Provinzialrecht Zus. §. 196), Kirchstuhlgelder, bestimmte regelmäßig an den Geistlichen zu entrichtende Abgaben (z. B. die Kalende, Vitaltag, Quartalgeld, Personaldezem, vgl. §. 59 des westpreuß. Provinzialrechts). Wegen der Stolgebühren s. zu §. 5 des Ges.

Die sonstigen Folgen der Zugehörigkeit zu der früheren Kirche, die maßgebende Bedeutung der verlassenen Kirche für die religiöse Erziehung der Kinder (vgl. L.R. II. 2 §§. 80 ff.) werden schon durch einen nach Abs. 2 bewirkten Uebertritt zu einer andern Kirche beseitigt, und ein solcher berechtigt auch den Betreffenden, an den in den Kirchen- und Synodal-Ordnungen der letzteren gewährten Rechten Theil zu nehmen, nur kann er in die Lage kommen, wenn diese jene Befugnisse von der Erfüllung der kirchlichen Gemeinde-Lasten abhängig machen (s. z. B. Kirchengemeinde- und Synodal-Ordnung für die 6 älteren östlichen Provinzen v. 10. Sept. 1873 §. 34),

§. 2. Der Aufnahme der Austrittserklärung muß ein hierauf gerichteter Antrag [61]) vorangehen. Derselbe ist durch den Richter dem Vorstande der Kirchengemeinde [62]), welcher der Antragsteller angehört [63]), ohne Verzug bekannt zu machen [64]).

Die Aufnahme der Austrittserklärung findet nicht vor Ablauf von vier Wochen, und spätestens innerhalb sechs Wochen [65]) nach Eingang des Antrages [66]) zu gerichtlichem Protokoll [67]) statt. Abschrift des Protokolls ist dem Vorstande der Kirchengemeinde zuzustellen.

Eine Bescheinigung des Austritts [68]) ist dem Ausgetretenen auf Verlangen zu ertheilen.

§. 3. Die Austrittserklärung [69]) bewirkt, daß der Ausgetretene zu Leistungen, welche auf der persönlichen Kirchen- oder Kirchengemeinde-Angehörigkeit beruhen [70]), nicht mehr verpflichtet wird [71]).

---

sowohl für die Bedürfnisse seiner früheren wie auch die seiner neuen Konfessions-Gemeinde beitragen zu müssen.

61) H. Dieser kann schriftlich eingereicht oder zu Protokoll erklärt werden, s. auch Nr. 2 der Instr. v. 13. Juni 1873 a. Schl. des Gesetzes.

62) H. Also nicht dem Geistlichen als solchem. Es hat damit der Schein vermieden werden sollen, als ob die Anzeige behufs Herbeiführung einer seelsorgerischen Einwirkung auf die betreffende Person erfordert werde.

Unter Kirchenvorstand ist jedes Organ zu verstehen, dem die Leitung der Gemeinde überhaupt oder auch nur die der Vermögens-Angelegenheiten zukommt, also auch der nach Maßgabe des Ges. v. 20. Juni 1875 §§. 1, 5 (s. Zus. 25 zu §. 157 d. T.) gebildete Kirchenvorstand.

63) H. D. h. sein Domizil hat, resp. der Vater sein Domizil gehabt hat. Bei doppeltem Wohnsitz ist demnach der Antrag den Kirchenvorständen beider Parochien mitzutheilen. Vgl. §§. 260 ff. d. T.

64) H. Durch Zustellung einer Abschrift, s. Instruktion Nr. 2. Eine bestimmte Folge der Verabsäumung der Anzeige seitens des Richters an den Kirchenvorstand setzt das Gesetz nicht fest. Demgemäß ist der Richter auch nicht berechtigt, wenn er die Anzeige unterlassen hat, die Aufnahme der Austrittserklärung (s. Abs. 2) zu verweigern.

65) H. Also zwischen dem 29. und 42. Tage ab gerechnet von dem Tage, an welchem der schriftliche Antrag beim Gericht präsentirt oder die mündliche Erklärung aufgenommen worden ist.

66) H. Da ein besonderer Termin nach Eingang des Antrages nicht angesetzt wird, so ist dem Antragsteller, wenn er diesen schriftlich dem Gerichte eingereicht hat, Mittheilung über den Tag des Präsentatums zu machen. Vgl. auch Instruktion Nr. 2. Die Unterlassung dieser Benachrichtigung hat aber keine Wirkung auf den Lauf der Frist. Das Gesetz berechnet diese schlechthin vom Eingang des Antrages ab und überläßt es dem Antragsteller, sich über diesen Zeitpunkt nöthigenfalls durch Nachfrage Kenntniß zu verschaffen. Wenn die Instruktion die erwähnte Benachrichtigung vorschreibt, so ist dies ein bloßes Entgegenkommen, welches freilich den Geschäftsgang erleichtert, aber durch das Gesetz nicht bedingt ist. Das Nichtbeachten der instruktionellen Vorschrift kann daher an der positiven Vorschrift des Gesetzes nichts ändern.

67) H. Dies kann vom Richter allein aufgenommen werden, da das Gesetz (s. §. 1) nur den Richter als thätig voraussetzt. Auch die Instruktion (s. Nr. 2) verlangt die Zuziehung eines Protokollführers nicht.

68) H. Das Formular dafür theilt die Instruktion mit. Hat es an einer wesentlichen Voraussetzung der Austrittserklärung gefehlt, s. Anm. 55 u. 67, so kann die ertheilte Bescheinigung von dem ausstellenden Gericht oder von der vorgesetzten Instanz im Falle einer Beschwerde für nichtig erklärt werden, vgl. Johow, Jahrb. d. App.Ger. 5, 28.

69) H. D. h. eine, welche den Vorschriften der §§. 1 u. 2 entspricht. Eine ohne vorgängigen Antrag, nicht innerhalb der Frist des §. 2 Abs. 2, nicht persönlich, nicht vor dem kompetenten Richter abgegebene Erklärung entbehrt der im Gesetze vorgeschriebenen Wirkungen.

70) H. Zu diesen gehören prinzipiell alle kirchlichen Abgaben und Leistungen, denn Niemand hat die Verbindlichkeit für die Bedürfnisse einer Gemeinschaft beizutragen, der er nicht angehört, vgl. auch §. 261 d. T.

Von diesem allgemeinen Grundsatze bestehen aber Ausnahmen nach zwei Richtungen hin. Einmal sind die kirchlichen Abgaben zum Theil wesentlich mit Rücksicht darauf, daß sie in älterer Zeit auf das hauptsächlichste in Frage kommende Vermögen, den Grundbesitz, repartirt wurden, dinglich geworden. Zweitens aber hatte früher in Deutschland die eine oder andere der drei Reichskonfessionen (die evangelisch-lutherische, evangelisch-reformirte oder die katholische Kirche) fast ausnahmslos die Stellung der ecclesia dominans, und es waren ihr daher die Angehörigen der andern, wenn sie auch geduldet wurden, vielfach in Bezug auf den Pfarrzwang unterworfen.

Diese Wirkung tritt mit dem Schlusse des auf die Austrittserklärung folgenden Kalenderjahres[72]) ein. Zu den Kosten eines außerordentlichen Baues[73]), dessen Nothwendigkeit vor

---

So haben die kirchlichen Abgaben nicht nur theils eine dingliche Natur angenommen, sondern sie haben auch theils ohne Rücksicht auf die Zugehörigkeit zu der bestimmten Konfession entrichtet werden müssen. Hinsichtlich der Anhänger der privilegirten christlichen Kirchen sind Verhältnisse der letzteren Art jetzt in Preußen im Allgemeinen beseitigt und es haben sich solche nur noch sehr vereinzelt erhalten. Dagegen ist eine derartige Verpflichtung, zur Unterhaltung der privilegirten christlichen Kirchen beizutragen, viel länger für die Mitglieder der nicht privilegirten Religionsgesellschaften bestehen geblieben und hat in Preußen noch zum Theil bis zur Einführung des Gesetzes fortgedauert. Für die älteren Provinzen war aber die Frage bestritten, ob der Austritt aus einer der privilegirten christlichen Kirchen ohne Uebertritt zu einer andern von der Beitragspflicht für die Zwecke der ersteren befreie. Die Minister der geistlichen Angelegenheiten und des Innern hatten in der Cirk.Verf. v. 19. Nov. 1850 (Aktenstücke des evangel. Oberkirchenraths Bd. 1 Hft. 1 S. 71 und Altmann, Praxis der preuß. Gerichte ꝛc. S. 316) und der Oberkirchenrath in den Erlassen v. 17. Dez. 1850 u. 10. Mai 1853 (Aktenstücke Bd. 1 Hft. 1 S. 71; Hft. 6 S. 92) sich für die Bejahung der Frage entschieden. Dagegen hatte das O.Tr. I v. 8. Febr. 1854, Entsch. 27 S. 375; Str. Arch. 12 S. 110; Altmann a. a. O. S. 313, den Rechtssatz ausgesprochen: Der förmlich erklärte Austritt aus der Kirche befreit den Austretenden von den bisher getragenen Parochiallasten noch nicht, sondern erst dann, wenn er einer andern vom Staate anerkannten Religionsgesellschaft sich angeschlossen hat. Nachdem der Minister der geistlichen Angelegenheiten und der evangelische Oberkirchenrath in Folge dieses Ausspruches des höchsten Gerichtshofes in den Verfügungen v. 31. März u. 7. Mai 1858 (Aktenstücke Bd. 2 S 312) von ihrer früheren Ansicht zurückgetreten waren, wurde aber in Folge der vielfach ergangenen Beschwerden nach nochmaliger Prüfung der Sache von dem ersteren im Einverständnisse mit dem Staatsministerium die Cirk.Verf. v. 15. Mai 1861 (M.Bl. f. d. i. V. S. 114; Aktenstücke Bd. 5 S. 160; Zeitschr. f. K.R. Bd. 1 S. 493; Altmann a. a. O. S. 315) erlassen, worin zu der ursprünglichen Auffassung vom Jahre 1850 zurückgekehrt ist. Da das O.Tr. indessen bei seiner früheren Ansicht blieb (s. I v. 5. Juli 1867, Entsch. 58 S. 351, s. auch I v. 28. März 1873, a. a. O. 69 S. 174; Str. Arch. 88 S. 345), trotzdem daß dieselbe wegen der Ignorirung des Einflusses der Verf.Urk. auf die Vorschriften des Landrechtes über die Stellung der Religionsgesellschaften unhaltbar war, und sich die Doktrin übereinstimmend gegen den Ausspruch des O.Tr. erklärt hatte (vgl. Jacobson in Dove's Zeitschr. für K.R. Bd. 1 S. 430; Dove a. a. O. S. 491; Altmann a. a. O. S. 320 Note; Wettich in Gruchot 8 S. 528; P. Hinschius in der Zeitschr. f. Gesetzg. u. Rechtspfl. 2 S. 196), so bestand in der erwähnten, wichtigen Frage eine ungelöste Differenz zwischen der Verwaltungs- und Gerichts-Praxis. Diese ist durch die Bestimmung des Abs. 1 des §. 3 beseitigt, und zwar zu Gunsten der sowohl prinzipiell wie auch nach dem früheren preußischen Recht begründeten Meinung.

71) H. Ob in dem Falle, daß eine solche Verpflichtung wegen des Austrittes aus der Kirche abgelehnt wird, der Rechtsweg statthaft ist, ist streitig, so weit nicht die Baulast in Frage steht, hinsichtlich welcher der Rechtsweg über die Verbindlichkeit zur Leistung der Beiträge nach §§. 707 bis 709 d. T. unbedingt zulässig ist. Komp.Ger.Hof v. 30. Jan. 1858, M.Bl. f. d. i. V. S. 178, und O.Tr. I v. 20. Febr. 1865, Entsch. 54 S. 305. Das O.Tr. I v. 8. Febr. 1854, Str. Arch. 12 S. 110, nimmt die Statthaftigkeit des Rechtsweges an, dagegen haben die Erk. des Komp.-Ger.Hofes v. 7. Okt. 1854, J.M.Bl. S. 443, v. 17. Febr. 1855, a. a. O. 1855 S. 135, und v. 8. Jan. 1876, M.Bl. f. d. i. V. 1876 S. 126, erklärt, daß die Behauptung, daß man aus dem Parochialverbande ausgetreten sei, die Zulassung des Rechtsweges nicht begründe. Ein besonderer Grund im Sinne von II. 14 §. 79, welcher auf §§. 4—8 daselbst verweist, also für einen solchen nur Privileg, Vertrag und Verjährung erklärt, liegt hier allerdings nicht vor, s. auch R.G. IV v. 22. Sept. 1881, Entsch. 5 S. 303, ein solcher ist aber nöthig, um nach dem Ges. v. 24. Mai 1861 §. 15 (Zus. 14 zu §. 110 d. T.) den Rechtsweg zu begründen. S. auch Anm. 25 zu §. 261 d. T.

72) H. Daher hat das austretende Mitglied noch für alle Lasten zu haften, welche in die Zeit bis zum 31. Dez. (einschließlich) des auf die Austrittserklärung folgenden Jahres fallen.

73) H. Diese Bestimmung hat den Zweck, einen Austritt, namentlich einen Massen-Austritt aus rein pekuniären Motiven zu erschweren, wenn erhöhte Anforderungen an die Gemeindemitglieder zur Deckung von Baukosten gemacht werden müssen, und dadurch die Auflösung der rechtlichen Unterlagen der kirchlichen Baulast zu verhüten. — Unter einem außerordentlichen Bau kann nur ein solcher verstanden werden, welcher nach den besonderen Verhältnissen der einzelnen Gemeinden im Hinblick auf die bauliche Verwaltung der Kirchengebäude und vom baulichen Standpunkt aus als ein ungewöhnlicher, nicht regelmäßig vorkommender erscheint. Es gehören also hierher Erweiterungsbauten, welche durch das Anwachsen der Gemeinde erforderlich geworden sind. Ferner alle Neubauten, denn wenn solche auch selbst ohne den Eintritt außer-

Ablauf des Kalenderjahres, in welchem der Austritt aus der Kirche erklärt wird, festgestellt ist[74]), hat der Austretende bis zum Ablauf des zweiten auf die Austrittserklärung folgenden Kalenderjahres ebenso beizutragen[75]), als wenn er seinen Austritt aus der Kirche nicht erklärt hätte[76]).

Leistungen, welche nicht auf der persönlichen Kirchen- oder Kirchengemeinde-Angehörigkeit beruhen[77]), insbesondere Leistungen, welche entweder kraft besonderen Rechtstitels auf bestimmten Grundstücken haften[78]), oder von allen Grundstücken des Bezirks, oder doch von allen Grundstücken einer gewissen Klasse in dem Bezirk ohne Unterschied des Besitzers[79]) zu entrichten sind, werden durch die Austrittserklärung nicht berührt.

---

gewöhnlicher Ereignisse, wie z. B. von Feuersbrünsten, Erdbeben, dem Laufe der Dinge gemäß in einem gegebenen Zeitpunkt nothwendig werden, so bleibt ein derartiger Bau doch gerade für die betreffende Generation immer etwas Außergewöhnliches, in so fern als ihr in einem solchen Fall außerordentliche Lasten aufgebürdet werden. Endlich gehören hierher auch größere und umfangreichere Reparaturbauten, weil hinsichtlich dieser dieselben Verhältnisse obwalten. Unzulässig muß es erscheinen, den Begriff des außerordentlichen Baues lediglich danach zu bemessen, ob er im Vergleich zu dem regelmäßigen Budget der Gemeinde eine Mehrbelastung, selbst eine erheblichere Mehrbelastung herbeiführt. Das erstere wird mit jedem Baue der Fall sein, und was das letztere betrifft, so fehlt es hier einmal an einem festen und bestimmten Kriterium, ferner aber würde dies auch dem Wortlaut der Vorschrift widersprechen, da diese dem Austretenden nicht die Haftung für Bauten, welche erhebliche oder außerordentliche Kosten verursachen, sondern für die Kosten außerordentlicher Bauten auferlegt. Thatsächlich wird sich freilich die Sache fast immer so stellen, daß diese letzteren auch außerordentliche Lasten bedingen.

74) H. Die Nothwendigkeit muß von den für die betreffende Kirche kompetenten Organen ausgesprochen sein. Sowohl für die evangelische Kirche wie für die katholische Kirche sind dies die Königlichen Regierungen, s. §. 707 d. T., — wegen der katholischen Kirche vgl. Verordn. betr. die Ressortverhältnisse der Prov.Behörden in kath.-kirchl. Angelegenheiten v. 27. Juni 1845 §. 3, G.S. S. 443, die Regul. v. 25. Mai u. 19. Nov. 1850, M.Bl. f. d. i. V. v. 1851 S. 32, und Reskr. v. 8. Mai 1852 (Beiträge z. preuß. K.R. Hft. 2 S. 7).

Wo für den Fall des Streites über die Nothwendigkeit des Baues der Rekurs an eine höhere Behörde ergriffen werden kann (vgl. Reskr. v. 23. Aug. 1828 u. 13. Jan. 1874, Anm. 93 zu §. 709 d. T., nach welchen in solchen Fällen die Regierungen ein Resolut zu erlassen und den Interessenten bei der Publikation eine angemessene, in der Regel und mindestens 3wöchentliche Frist für die etwaigen Rekursbeschwerden an das Ministerium der geistlichen Angelegenheiten zu gewähren haben), ist der Tag der Feststellung des Baues erst derjenige, an welchem die Rekursfrist verstrichen oder die Entscheidung der betreffenden höheren Behörde publizirt worden ist, denn bis dahin ist es stets ungewiß, ob es bei dem beschlossenen Baue bleibt, und das Gesetz kann nur die definitive Anordnung gemeint haben.

75) H. D. h. er haftet für alle Beiträge, welche während der betreffenden zweijährigen Frist repartirt und ausgeschrieben werden, dagegen aber nicht für spätere, welche etwa deshalb noch nöthig werden, weil der Bau in der gedachten Zeit nicht vollendet worden ist.

76) H. Der Austretende gilt also in Bezug auf die betreffende Angelegenheit noch als Mitglied der Kirche, welche er verlassen hat, und kann alle Rechtsmittel gegen die Prägravation geltend machen, welche den Zugehörigen der betreffenden Kirchengemeinschaft zustehen.

77) H. D. h. diejenigen, bei welchen die Angehörigkeit zur bestimmten Kirche nicht das allein entscheidende Moment ist, so die Baulast des Patrons bei einem persönlichen Patronat. Die Baulast der sog. Forensen, d. h. derjenigen, welche zwar keinen Wohnsitz in der Parochie, aber doch Grundstücke in derselben haben, eine Verpflichtung, welche nach preußischem Recht im Allgemeinen nicht besteht, aber durch Observanz hergebracht sein kann, fällt nicht unter diese Vorschrift des Gesetzes, vielmehr unter den Abs. 1 des §. Forense kann allein derjenige sein, welcher derselben Konfession angehört; nur bestimmt sich bei ihm die Zugehörigkeit zur Parochie nicht, wie gewöhnlich, durch das Domizil, sondern durch die Lage der ihm gehörigen Grundstücke. Wegen der Zehntverpflichtung s. Anm. 79.

78) H. Hierher gehört die Baulast des Patrons, so fern das Patronatrecht — was nach §. 579 d. T. die Regel — auf einem Grundstück haftet, also dinglich ist (§. 583 a. a. O.), ferner ein Zehntrecht, welches kraft eines besonderen Entstehungsgrundes, z. B. der Ersitzung gegen ein bestimmtes Grundstück erworben ist, unter der Voraussetzung, daß, wie dies im Großherzogthum Posen der Fall ist, die Grundbesitzer des evangelischen Bekenntnisses an und für sich frei sind (vgl. Pr. 2679 des O.Tr. I v. 22. Dez. 1856, Entsch. 35 S. 149).

79) H. Hierunter sind alle Abgaben begriffen, welche eine dingliche Natur angenommen haben, also Reallasten sind. Es gehören dahin z. B. die Baulasten im ehemaligen Herzogthum

§. 4. Personen, welche vor dem Inkrafttreten des gegenwärtigen Gesetzes ihren Austritt aus der Kirche nach den Vorschriften der bisherigen Gesetze[80]) erklärt haben, sollen vom Tage der Gesetzeskraft dieses Gesetzes[81]) ab zu anderen, als den im dritten Absatz des §. 3. bezeichneten Leistungen nicht ferner herangezogen werden[82]).

§. 5. Ein Anspruch auf Stolgebühren[83]) und andere bei Gelegenheit bestimmter Amtshandlungen zu entrichtende Leistungen[84]) kann gegen Personen, welche der betreffenden Kirche nicht angehören[85]), nur dann geltend gemacht werden, wenn die Amtshandlung auf ihr Verlangen wirklich verrichtet worden ist.

Magdeburg und in der Mark Brandenburg, die Parochiallasten in den ehemals königl. sächsischen Landestheilen, die im großen und kleinen Marienburgischen Werder in Preußen zum Unterhalt der evangelischen Geistlichen und Kirchendiener zu entrichtenden Abgaben und Leistungen (Verordn. v. 30. Jan. 1846, G.S. S. 87); der Sackzehnte, die große und kleine Kalende in Ostpreußen (ostpreuß. Provinzialrecht Zus. 213 §. 4). Der Zehnte dagegen nicht allgemein, denn wenn er auch Reallast-Natur hat, so ist die Verpflichtung dazu doch vielfach (so nach §. 872 d. T., ferner in der Ober-Lausitz, O.Tr. I v. 21. Dez. 1857, Str. Arch. 27 S. 227) durch die persönliche Zugehörigkeit zur Parochie, also die Zugehörigkeit zur betreffenden Konfession, bedingt. — Die Worte: „Grundstücke einer bestimmten Klasse" hat das Gesetz deshalb gebraucht, weil nicht immer sämmtliche Grundstücke da, wo die Dinglichkeit der Kirchenlasten besteht, sondern nur bestimmte Kategorien derselben verhaftet sind.

80) H. S. §§. 41, 42 d. T. u. §. 17 der Verordn. v. 30. März 1847 (G.S. S. 125).

81) H. Durch diese Bestimmungen sollen auch diejenigen, welche bisher auf Grund der erwähnten, nicht haltbaren Praxis des O.Tr. (s. Anm. 70 zu §. 3 des Ges.) zu Beiträgen herangezogen worden sind, von diesen für die Zukunft befreit werden, und das muß selbst da gelten, wo eine rechtskräftige Verurtheilung mit Rücksicht auf jene irrthümliche Rechtsansicht erfolgt ist. Auch in diesen Fällen sind die Voraussetzungen des §. vorhanden. Daß das Gesetz, welches an und für sich auch die Folgen rechtskräftiger Erkenntnisse beseitigen kann, gerade die Verpflichtungen der bereits verurtheilten Dissidenten nicht hat bestehen lassen wollen, läßt sich um so mehr annehmen, als diese nicht in der Lage sind, den Austritt, welchen sie nach dem früheren Recht gültig vorgenommen haben, unter der Herrschaft des gegenwärtigen Gesetzes nochmals zu wiederholen, mithin gar kein Mittel besitzen, sich der ihnen zu Unrecht aufgebürdeten Lasten zu entziehen.

82) H. Demgemäß haben die in der gedachten Weise ausgetretenen Personen nur die in die Zeit bis zu dem erwähnten Tage fallenden Leistungen zu tragen. Das gilt auch von denjenigen, welche nur die Form des Abs. 2 §. 1, nicht die des Abs. 3 erfüllt haben.

83) H. D. h. die für die Vornahme bestimmter Amtshandlungen, namentlich Taufen, Trauungen 2c. an den Geistlichen zu zahlenden Gebühren. So lange die Angehörigen anderer Konfessionen oder die aus der Kirche ausgetretenen Personen noch dem Pfarrzwange einer anderen Kirche unterworfen waren, wurden sie konsequenterweise auch hinsichtlich der Pflicht zur Zahlung von Stolgebühren den wirklichen Pachorianen gleichgestellt. Wie diese, falls sie eine dem Pfarrzwange unterworfene Handlung von einem anderen als ihrem kompetenten Pfarrer vornehmen ließen, an den letzteren die Stolgebühren zu zahlen hatten (vgl. z. B. §§. 422 ff., 458 ff. d. T.), so mußten solche auch von den erwähnten Personen, welche sich des Geistlichen oder Religionsdieners ihrer Konfession bedienten, an den Geistlichen der fremden Religionsgesellschaft entrichtet werden, dessen Parochialzwang sie unterworfen waren. Auch diese aus der Stellung bestimmter Kirchen als ecclesiae dominantes und aus der nicht vollen Gleichberechtigung der Dissidenten herfließende Konsequenz ist nunmehr beseitigt.

84) H. Zuschläge zu den Stolgebühren, welche nicht für den Geistlichen, sondern für andere Personen, wie die Kirchspielsarmen, oder zu bestimmten besonderen Zwecken, — so die in den Bisthümern Münster, Paderborn, Trier, Gnesen-Posen und Ermland bei jedem Trauungs-, Sterbe- und Tauffalle als Zuschläge zu erhebende Kathedralsteuer von einigen Silbergroschen zur Erhaltung der Domkirchen (Kab.Ordres v. 13. April und 24. Mai 1825, G.S. S. 71 u. 225) — gezahlt werden müssen.

85) H. Gleichviel also, ob sie niemals Mitglieder derselben gewesen oder erst ausgetreten sind. Tritt Jemand in Gemäßheit des §. 1 Abs. 2 zu einer anderen Kirche über, so genügt schon die Beobachtung der dort für statthaft erklärten Form, und es bedarf nicht erst noch der Form des Abs. 3 a. a. O. Das folgt aus der allgemein lautenden Vorschrift des §. 5. Ferner aber daraus, daß der Uebertritt nach §. 1 Abs. 2 die Zugehörigkeit in den rein kirchlichen Beziehungen löst und das Recht des Pfarrers auf Vornahme von kirchlichen Amtshandlungen in erster Linie zu diesen gehört, nicht aber zu der Kategorie der aus dem Parochialverbande hervorgehenden vermögenswerthen Lasten, da der Anspruch auf Stolgebühren nur ein Accessorium seines Rechtes auf die Amtshandlung ist.

§. 6. Als Kosten des Verfahrens werden nur Abschriftsgebühren und baare Auslagen in Ansatz gebracht[86]).

§. 7*. Die in diesem Gesetze dem Richter beigelegten Verrichtungen werden im Bezirke des Appellationsgerichtshofes zu Cöln durch den Friedensrichter, im Gebiete der ehemals freien Stadt Frankfurt a. M. durch die zweite Abtheilung des Stadtgerichts daselbst wahrgenommen[87]).

§. 8. Was in den §§. 1. bis 6. von den Kirchen bestimmt ist, findet auf alle Religionsgemeinschaften, welchen Korporationsrechte gewährt sind[88]), Anwendung[89]),

---

86) H. Vgl. die Instruktion Nr. 5.

87) H. Mit der Einführung der allgemeinen deutschen Gerichtsverfassung am 1. Okt. 1879 ist dieser §. entfallen. Die betreffenden Verrichtungen sind auf die Amtsgerichte übergegangen, Ausf.Ges. z. G.V.G. v. 24. April 1878 (G.S. S. 230) §. 25.

88) H. Vgl. Anm. 23 zu Zus. 6 bei §. 10 d. T.

89) H. Für den Austritt aus den Gemeinden der in der vor. Anm. gedachten Religionsgesellschaften bedarf es also auch der Erklärung in Gemäßheit des §. 1 Abs. 1 und §. 2. Eine solche befreit den Austretenden von den auf der persönlichen Zugehörigkeit zur Gemeinschaft beruhenden Leistungen nach Maßgabe des §. 3 Abs. 2, während er für die sonstigen Lasten (a. a. O. Abs. 3) verhaftet bleibt.

H. Der Abs. 2 des §. 1, welcher für den Uebertritt im Gegensatz zum Austritt aus der Kirche das bestehende Recht, so weit es sich nicht um die Befreiung von den Lasten des bisherigen Verbandes handelt, aufrecht erhält, kommt hier gleichfalls zur Geltung. Die §§. 41, 42 d. T. beziehen sich nämlich nicht allein auf einen Uebergang von der einen ausdrücklich privilegirten Kirche zur anderen, sondern auch auf einen solchen zu einer ausdrücklich staatlich anerkannten christlichen Kirchengesellschaft, wie es die Altlutheraner und Herrnhuter sind, vgl. O.Tr. I v. 11. Nov. 1859 u. v. 19. April 1861, Str. Arch. 34 S. 353 und 41 S. 201; Altmann, Praxis 2c. S. 768; Jacobson, K.R. S. 492 Anm. 10; Boche, der preuß. legale Pfarrer S. 70, 71, also auf den Wechsel innerhalb aller staatlich anerkannten Religionsgesellschaften im früheren Sinne. Demnach unterliegt sowohl der Uebertritt aus einer privilegirten christlichen Kirche zu den Herrnhutern und Altlutheranern, von einer dieser Gemeinschaften zur andern, wie auch aus einer solchen zu einer der christlichen Kirchen dem §. 1 Abs. 2 u. 3. Für diejenigen Religionsgesellschaften, welche nach Erlaß der Verfassungs-Urkunde Korporationsrechte erhalten haben und erhalten, sind aber §§. 41, 42 deshalb bedeutungslos und unanwendbar, weil die Verfassungs-Urkunde Art. 12—15 außer den privilegirten Kirchen nur Religionsgesellschaften mit Korporationsrechten und ohne dieselben kennt, also die landrechtlichen früheren Kategorien, öffentlich aufgenommene privilegirte, aufgenommene und konzessionirte sowie geduldete Religionsgesellschaften für die Zukunft gegenstandslos geworden sind; vgl. Anm. 29 zu §. 17 d. T.

H. Mit Rücksicht darauf, daß nach dem Rechte, welches zur Zeit des Erlasses des obenstehenden Gesetzes in Geltung stand, alle Juden zu einer der unter staatlicher Autorität gebildeten Synagogen-Gemeinden gehören mußten, s. Ges. v. 23. Juli 1847 über die Verhältnisse der Juden §. 35, G.S. S. 263, und demnach ein bloßer Austritt aus der Gemeinde sie nicht von den mit der Mitgliedschaft verbundenen Pflichten befreien konnte, s. O.Tr. I v. 17. Sept. 1852, Pr. 2397, Entsch. 24 S. 301 u. Str. Arch. 6 S 322, v. 6. Okt. 1854 u. 15. Jan. 1855, Str. Arch. 13 S. 299 u. 16 S. 65, war, wie das Gesetz sich nur auf den Austritt aus der Kirche, nicht auf den Austritt aus der Parochie bezieht, so auch seine analoge Anwendung auf die Juden nur im Falle des Austritts aus dem Judenthum, nicht aber im Falle des Austritts aus einer einzelnen Synagogen-Gemeinde zulässig. Dies ist erst später in dem Ges., betr. den Austritt aus den jüdischen Synagogen-Gemeinden, v. 28. Juli 1878, G.S. S. 353, welches jedem Juden ohne Austritt aus der jüdischen Religionsgemeinschaft (dem Judenthum) einen solchen aus seiner bisherigen Synagogen-Gemeinde wegen religiöser Bedenken gestattet, ausdrücklich anerkannt, §. 9. In wie fern der so Ausgetretene noch zu den Lasten dieser Gemeinde beizutragen hat, bestimmt §. 6 a. a. O. Die dort festgesetzten Lasten fallen aber zum Theil durch einen nachträglichen Austritt aus dem Judenthum überhaupt fort, §. 9 Abs. 2 a. a. O.

Da die Juden eine staatlich anerkannte Religionsgemeinschaft bilden, so sind die Vorschriften des bisher geltenden Rechtes für ihren Uebertritt zu einer der christlichen Kirchen oder einer andern derartigen Religionsgesellschaft in dem §. 1 Abs. 2 u. 3 angegebenen Umfange gleichfalls maßgebend (s. auch Boche, der preuß. legale Pfarrer S. 129).

Auf die nicht mit Korporationsrechten ausgestatteten Religionsgemeinschaften, — dahin gehören in den älteren Provinzen die Anglikaner, freien Gemeinden, diejenigen Lutheraner, welche sich von den sog. Altlutheranern abgezweigt haben (vgl. Boche a. a. O. S. 47, 53, 60 ff.), bezieht sich das Gesetz nicht. Für den Austritt derselben aus ihrer Gemeinschaft kommen lediglich die besonderen, bei ihnen bestehenden Normen, dann die etwaigen für den Austritt aus allen

§. 9. Die Verpflichtung jüdischer Grundbesitzer, zur Erhaltung christlicher Kirchensysteme beizutragen, wird mit dem Eintritt der Gesetzeskraft dieses Gesetzes auf den Umfang derjenigen Leistungen beschränkt[90]), welche nach dem dritten Absatz des §. 3. des gegenwärtigen Gesetzes den aus der Kirche ausgetretenen Personen zur Last bleiben.

§. 10. Alle dem gegenwärtigen Gesetze entgegenstehenden Bestimmungen[91]) werden hierdurch aufgehoben.

§. 11. Der Justizminister und der Minister der geistlichen Angelegenheiten sind mit der Ausführung dieses Gesetzes[92]) beauftragt.

Urkundlich 2c.

Religionsgesellschaften geltenden Bestimmungen oder Rechtssätze, eventuell die allgemeinen Regeln über den Austritt aus gewöhnlichen Gesellschaften zur Anwendung.

90) H. Das in der vor. Anm. citirte Ges. v. 23. Juli 1847 bestimmt §. 3 Abs. 4: „Wo das Patronat einer Gemeinde zusteht, können deren jüdische Mitglieder an der Ausübung desselben nicht Theil nehmen, sie müssen aber die damit verbundenen Reallasten von ihren Besitzungen tragen. Außerdem bleiben die ansässigen jüdischen Mitglieder einer Stadt- oder Dorfgemeinde verpflichtet, die nach Maaßgabe des Grundbesitzes zu entrichtenden Beiträge zur Erhaltung der Kirchensysteme zu tragen; auch sind alle jüdischen Grundbesitzer zur Leistung der auf ihren Grundstücken haftenden kirchlichen Abgaben verbunden." Es ist demnach fortgefallen die Beitragspflicht, so weit diese eine persönliche war, aber nach Maßgabe des Werthes des Grundbesitzes repartirt wurde, also nur die zweite Vorschrift des mitgetheilten Absatzes des §. 3. Die beiden andern Bestimmungen desselben sind dagegen bestehen geblieben. Denn diese betreffenden Reallasten, d. h. solche, deren Tragung nach Abs. 3 des §. 3 dies. Ges. durch den Austritt aus der Kirche nicht beseitigt wird.

91) H. Für die Beurtheilung der Frage, welche älteren Vorschriften für aufgehoben zu erachten sind, ist zu berücksichtigen, daß das Gesetz nur die Form des Austrittes aus der Kirche und den mit Korporationsrechten ausgestatteten Religionsgesellschaften sowie die bürgerlichen Folgen eines solchen regeln will, und daß dasselbe, außerdem, so weit ein bloßer Uebertritt in dem Anm. 53 gedachten Sinne erfolgt, welcher nicht die Loslösung von den vermögenswerthen Lasten bezweckt, es bei dem bestehenden Recht bewenden läßt.

Demgemäß ist, was die Form betrifft, aufgehoben allgemein der §. 17 der Verordn. v. 30. März 1847; ferner sind beseitigt die §§. 41, 42 d. T., so weit es sich um einen Austritt ohne Anschluß an eine andere Religionsgesellschaft, mit Anschluß an eine solche ohne Korporationsrechte oder mit gleichzeitigem Eintritt in eine Kirche oder eine mit Korporationsrechten bewidmete Religionsgesellschaft handelt, falls damit auch die Freiheit von den Lasten derselben herbeigeführt werden soll.

92) H. Behufs der Ausführung ist die nachstehende Instruktion ergangen:

Allgemeine Verfügung [des Justizministers] vom 13. Juni 1873, — betreffend die Ausführung des Gesetzes über den Austritt aus der Kirche vom 14. Mai 1873. (J.M.Bl. S. 183.)

Zur Ausführung des Gesetzes über den Austritt aus der Kirche vom 14. Mai 1873 (Gesetz-Sammlung S. 207) wird, im Einverständnisse mit dem Herrn Minister der geistlichen, Unterrichts- und Medizinal-Angelegenheiten, Folgendes bestimmt:

1. Die in dem bezeichneten Gesetze den Gerichten zugewiesenen Geschäfte werden durch die für die Aufnahme von Handlungen der freiwilligen Gerichtsbarkeit bestimmten richterlichen Beamten versehen. Insofern für die Führung der Register über die Geburten, Trauungen und Sterbefälle der Dissidenten und Juden ein besonderer Kommissarius bestimmt ist, hat derselbe auch jene Geschäfte wahrzunehmen[93]).

Für den Bezirk des Appellationsgerichtshofes zu Cöln und für das Gebiet der ehemals freien Stadt Frankfurt a. M. sind die zuständigen Beamten in dem Gesetze selbst (§. 7) bestimmt[93]).

2. Der Antrag auf Aufnahme der Austrittserklärung (§. 2 des Gesetzes) kann mündlich zu Protokoll oder schriftlich erfolgen. Wird der Antrag als vollständig befunden, so ist derselbe unverzüglich dem Vorstande der Kirchengemeinde, welcher der Antragsteller angehört, in Abschrift nachrichtlich zuzustellen. Dem Antragsteller ist hiervon unter Bezeichnung des Tages, an welchem sein Antrag eingegangen ist, Kenntniß zu geben.

Die Anberaumung eines Termins zur Aufnahme der Austrittserklärung findet nicht statt. Es steht vielmehr dem Antragsteller frei, sich an jedem Geschäftstage, welcher in die von dem Gesetze (§. 2 Abs. 2) bestimmte 14tägige Frist fällt, zur Abgabe der Austrittserklärung an der Gerichtsstelle zu melden. Erfolgt die Meldung rechtzeitig, so hat der Richter die Austrittserklärung zu Protokoll zu nehmen und die Zustellung einer beglaubigten Abschrift des Protokolls an den Vorstand der Kirchengemeinde zu veranlassen.

---

93) H. Vgl. Anm. 87 zu §. 7 des Ges.

§. 43. Keine Religionspartei soll die Mitglieder der anderen durch Zwang oder listige Ueberredungen zum Uebergange zu verleiten sich anmaßen.

§. 44. Unter dem Vorwande des Religionseifers darf Niemand den Hausfrieden stören, oder Familienrechte kränken.

§. 45*. Keine Kirchengesellschaft ist befugt, ihren Mitgliedern Glaubensgesetze wider ihre Ueberzeugung aufzudringen [94]).

§. 46. Wegen der äußeren Form und Feier des Gottesdienstes kann jede Kirchengesellschaft [95]) dienliche Ordnungen einführen.

§. 47*. Dergleichen Anordnungen müssen jedoch dem Staat zur Prüfung, nach dem §. 13. bestimmten Grundsatze, vorgelegt werden [96]).

§. 48*. Nach erfolgter Genehmigung haben sie mit anderen Polizeigesetzen gleiche Kraft und Verbindlichkeit.

Ueber die beiden Zustellungen an den Vorstand der Kirchengemeinde sind Bescheinigungen zu den Akten zu bringen.

3) H. Verlangt der Antragsteller eine Bescheinigung über den von ihm erklärten Austritt, so ist ihm dieselbe nach dem beigefügten Formular zu ertheilen, und, daß dies geschehen, unter dem Protokoll zu vermerken.

4) H. Die auf Austrittserklärungen bezüglichen Verhandlungen sind nach der Reihenfolge zu einem besonderen Aktenstücke zu bringen. Dasselbe ist mit einem alphabetischen Register zu versehen, in welches die Namen der aus der Kirche ausgetretenen Personen fortlaufend nachzutragen sind.

5) H. An Kosten des Verfahrens werden außer den baaren Auslagen (Porto, Gebühren der Gerichtsvogte oder Gerichtsvollzieher) nur Abschriftsgebühren erhoben. Der Satz der letzteren wird für den Geltungsbereich des Ges. über den Ansatz und die Erhebung der Gerichtskosten v. 10. Mai 1851 auf 10 Sgr. bestimmt. Haben die Verhandlungen nicht zur Aufnahme der Austrittserklärung geführt, so wird nur die Hälfte dieses Satzes erhoben.

Für die Bescheinigung des Austritts (Nr. 3) ist eine Stempelgebühr von 5 Sgr. zu erheben.

Schließlich werden die Gerichte darauf aufmerksam gemacht, daß diejenigen Vorschriften noch ferner maßgebend bleiben, welche die Beurkundung der Geburten, Heirathen und Sterbefälle solcher Personen betreffen, welche einer Religionsgesellschaft, deren Geistliche zu Amtshandlungen mit bürgerlicher Wirkung ermächtigt sind, nicht angehören. — (Ist mit Einführung der Civilstandsregister gegenstandslos geworden.) — Insbesondere ist die Verordn. v. 30. März 1847 (G.S. S. 125) mit der Maßgabe in Kraft verblieben, daß an Stelle ihres §. 17 die Vorschriften des Ges. v. 14. Mai d. J. über die Form des Austritts aus der Kirche treten, und daß ihre Bestimmungen, gemäß der im §. 8 des Ges. erhaltenen Erweiterung, fortan auch auf solche Personen Anwendung finden, welche nicht aus einer der christlichen Kirchen, sondern aus einer andern mit Korporationsrechten versehenen Religionsgemeinschaft ausgetreten sind.

Formular.

D .... hat laut Protokolls von .... seinen Austritt aus der Religionsgemeinschaft der .. (seinen Uebertritt von der Religionsgemeinschaft der ... zu der Religionsgemeinschaft der ...) unter Beobachtung der durch das Gesetz vom 14. Mai 1873 vorgeschriebenen Form erklärt.

Zum Beweise dessen ist die vorliegende Bescheinigung ausgefertigt worden.

(Datum, Siegel und Unterschrift des Gerichts.)

94) H. Aber, wenn sie einen in der verfassungsmäßigen Form rechtsgültig festgestellten Glaubenssatz nicht anerkennen wollen, sie ihrer Mitgliedschaft für verlustig zu erklären und auszuschließen. Denn die Feststellung und Erklärung des Dogmas ist eine der rein kirchlichen Sphäre angehörige Angelegenheit, welche mit Rücksicht auf den Art. 15 der Verf.Urk. der freien autonomischen Regelung der Kirchen anheimgefallen ist.

95) H. In der katholischen Kirche steht dieses Recht den Bischöfen, bez. dem Papste zu, in der evangelischen Kirche jetzt nicht mehr allein den kirchenregimentlichen Behörden, s. Erl. des evangel. Ober-Kirchenraths v. 8. Febr. 1860 (Aktenstücke Bd. 5 S. 28), vielmehr haben auch die Gemeindeorgane, die Provinzial-Synoden und die General-Synode nach Maßgabe der §§. 15, 65 Nr. 3 der Kirchengemeinde- und Synodal-Ordnung v. 10. Sept. 1873 (Zus. 20 zu §. 156 d. T.), u. des §. 7 Nr. 3 der General-Synodal-Ordnung v. 20. Jan. 1876 (Zus. 23 zu §. 156 d. T.) zu konkurriren.

Ueber die Annahme und Einführung der Agende in die Kirchengemeinden der preußischen Landeskirche s. m. d. K.O. v. 9. Juli 1825 u. 27. Febr. 1826, u. die Min.Verf. v. 29. Okt. 1825 u. v. 24. April 1826. (Annal. 9 S. 1015; 10 S. 348.)

96) H. Diese §§. müssen durch den Art. 15 der Verf.Urk. (s. Anm. 40 zu §. 32) für be-

§. 49*. Sie können aber auch ohne Genehmigung des Staats nicht verändert, noch wieder aufgehoben werden.

§. 50. Jedes Mitglied einer Kirchengesellschaft ist schuldig, sich der darin eingeführten Kirchenzucht zu unterwerfen.

§. 51*. Dergleichen Kirchenzucht soll bloß zur Abstellung öffentlichen Aergernisses abzielen [97]).

§. 52*. Sie darf niemals in Strafen an Leib, Ehre, oder Vermögen der Mitglieder ausarten [98]).

§. 53*. Sind dergleichen Strafen zur Aufrechthaltung der Ordnung, Ruhe und Sicherheit in der Kirchengesellschaft nothwendig, so muß die Verfügung der vom Staat gesetzten Obrigkeit überlassen werden [99]).

§. 54*. Wenn einzelne Mitglieder durch öffentliche Handlungen eine Verachtung des Gottesdienstes und der Religionsgebräuche zu erkennen geben, oder andere in ihrer Andacht stören: so ist die Kirchengesellschaft befugt, dergleichen unwürdigen Mitgliedern, so lange sie sich nicht bessern, den Zutritt in ihre Versammlungen zu versagen [100]).

---

seitigt erachtet werden, weil es sich hierbei um Verhältnisse handelt, welche das Gebiet des Staates nicht berühren, so auch Jacobson a. a. O. S. 450; Meier, preuß. K.R. S. 30 Anm. 34, und zwar um so mehr, als der freilich jetzt entfallene Art. 16 der Verf.Urk. das Placet aufgehoben hatte.

97) H. In welcher Weise die Kirchen und Religionsgesellschaften die Kirchenzucht ausüben wollen, steht ihnen jetzt innerhalb der Grenzen des Ges. v. 13. Mai 1873 (Zus. 9 zu §. 57 d. T.) frei.

98) H. Beseitigt und ersetzt durch §. 1 Abs. 2 des in vor. Anm. citirten Gesetzes.

99) Der Staat und seine Organe können jetzt nur die gesetzlich zugelassenen Strafen in den vorgesehenen Fällen verfügen.

100) Hiermit ist keine Exkommunikation im kanonischen Sinne gemeint. Anfangs ging die Absicht auf eine solche, denn der gedr. Entw. verordnet in dem entsprechenden §. 44: „Einzelne Kirchengesellschaften können unwürdige Mitglieder von ihrer Gemeinde ausschließen.“ Hiergegen hatten sich jedoch Bedenken erhoben, worüber Suarez in der rev. mon. berichtet: Einige Monenten wollen den Kirchengesellschaften das hierin liegende jus excommunicandi gar nicht gestatten. Andere verlangen nähere Bestimmungen, was unwürdige Mitglieder sind. Ad prius liegen die meisten Einwendungen wohl in einem Mißverständnisse des Wortes Kirchengesellschaft. Das kann man füglich wohl nicht gestatten, daß irgend eine einzelne Kirchengesellschaft berechtigt sein sollte, eins ihrer Mitglieder dergestalt auszuschließen, daß auch keine andere Gesellschaft von ihrer Religionspartei ihn admittiren dürfe. Wenn die Gemeinde des Kirchspiels A. Einen ausschließt, so kann sie der Gemeinde des Kirchspiels B. nicht wehren, denselben dennoch bei sich zu admittiren. Aber der einzelnen Kirchengemeinde kann man dies jus excludendi so wenig als anderen Gesellschaften nehmen. Pon. ergo statt „Kirchengesellschaft“ Kirchengemeinde.

Verschiedene Monenten wollen die Ausübung dieses juris excludendi bloß dem Staate überlassen. Dazu aber ist kein Grund. Genug, daß dem Excluso nach §. 46 (56) der Rekurs an den Staat offen steht. Wenn immer beim Staate geklagt werden müßte, so würde oft ein unnöthiges und schädliches Aufsehen entstehen. Was diejenigen Monenten betrifft, welche nähere Bestimmungen verlangen, was ein unwürdiges Mitglied sei, so könnte man ihnen zu Gefallen wohl folgende Erklärung beifügen: vid. d. U. Hierauf wurden die §§. 54, 55 dahin gefaßt:

§. 54. Einzelne Kirchengemeinden können unwürdige Mitglieder von ihrer Gemeinschaft ausschließen.

§. 55. Dies gilt besonders von denjenigen, die durch öffentliche Handlungen eine Verachtung des Gottesdienstes und der Religionsgebräuche zu erkennen geben und andere in ihrer Andacht geflissentlich stören.

Aber Grolmann sagt dazu: §. 54. Was soll das heißen: Unwürdige Mitglieder von der Gemeinschaft der Kirchengemeinde ausschließen? Doch nicht ihnen die Kirche zuschließen, sie herausweisen oder sie vom Abendmahle abweisen. Ist Jemand ein unbesonnener Störer der Ruhe und Ordnung der Gemeinde, so sind dagegen andere Gesetze und der Staat straft ihn.“ In Folge dessen erhielten die §§. 54, 55 ihre gegenwärtige Fassung. Schr. des J.M.

§. 55*. Wegen bloßer von dem gemeinen Glaubensbekenntnisse abweichender Meinungen kann kein Mitglied ausgeschlossen werden [1]).

§. 56*. Wenn über die Rechtmäßigkeit der Ausschließung Streit entsteht, so gebührt die Entscheidung dem Staat [2]).

§. 57*. So weit mit einer solchen Ausschließung nachtheilige Folgen für die bürgerliche Ehre des Ausgeschlossenen verbunden sind, muß vor deren Veranlassung die Genehmigung des Staats eingeholt werden [3]).

---

an den Min. des Kult.Min. v. 16. Aug. 1824. (Erg. 1. Aufl. ad. h. §.) H. Vergl. auch Merkel a. a. O. S. 45ff., Jacobson a. a. O. S. 614 ff. Uebrigens steht jetzt die Festsetzung der Gründe, aus denen der Ausschluß zu erfolgen hat, innerhalb der Grenzen des Gesetzes v. 13. Mai 1873 den Religionsgesellschaften zu. Der §. ist also fortgefallen.

1) H. In der Klein'schen Arbeit, welche den Kommissionsberathungen zu Grunde gelegt wurde, hieß es: „Wegen schuldgegebener Verschiedenheit einiger Lehrmeinungen kann Niemand aus einer Gemeine, zu welcher er sich bekennt, ausgeschlossen werden," s. Merkel a. a. O. S. 27, 28. Auch dadurch wird der Sinn des §., d. h. was unter bloßen, von dem gemeinen Glaubensbekenntniß abweichenden Meinungen zu verstehen ist, nicht klarer. Der §. muß durch den Art. 15 der Verfassungsurkunde für aufgehoben erachtet werden. Jede Kirche und Religionsgesellschaft ruht auf einem bestimmten Bekenntniß und hat dieses zur Voraussetzung. Der Glaube an dasselbe bedingt die Mitgliedschaft in der betreffenden Kirche, und wer ihr Bekenntniß verleugnet oder von demselben abweicht, kann selbstverständlich nicht mehr als ihr angehörig betrachtet werden. Ueber die betreffende Qualifikation zu befinden, ist aber die eigenste Angelegenheit der Kirche oder Religionsgesellschaft, in welcher sie ohne Verletzung ihrer Autonomie nicht beschränkt werden kann. Ueberdies hat auch das Ges. v. 13. Mai 1873 die Handhabung der kirchlichen Straf- und Zuchtmittel nach allen Richtungen hin geregelt, und da es keine dem §. 55 entsprechende Beschränkung aufgenommen hat, ist dieser, falls er nicht schon durch die Verf.Urk. beseitigt sein sollte, jedenfalls dadurch aufgehoben, s. auch den Kommissionsbericht des Abgeordnetenh. S. 5 (Drucksachen 11. Legis-Per. III Sess. 1872/73 Nr. 23). Das O.Tr. I v. 11. Sept. 1874, Entsch. 73 S. 12; Str. Arch. 92 S. 231; Gruchot 19 S. 236, hat das Gegentheil angenommen, weil die Ausschließung, in so fern es sich dabei um den Verlust bisher genossener Rechte und die Fortdauer bisheriger Pflichten handle, mit vermögensrechtlichen Folgen verbunden sein könne. Das trifft die Sache nicht, denn das Kriterium, welches für das selbstständige Recht der Kirche entscheidet, ist das, ob die fragliche Angelegenheit ihrem Wesen nach nur in der der Kirche zugehörigen Sphäre liegt. Welche Folgen sich zufällig daran knüpfen, ist gleichgültig, und das Ges. v. 13. Mai 1873 legt ebenfalls auf das vom O.Tr. hervorgehobene Moment kein Gewicht.

2) Durch die Gerichte. Anm. zu II. 6 §. 44. Die entgegengesetzte Meinung hat das O.Tr. I in dem Erk. v. 26. Okt. 1857, Str. Arch. 27 S. 88, zur Geltung gebracht. Die Begründung dieser Meinung überzeugt jedoch nicht. Zuvörderst will es von einer Unterordnung des Aktes der Ausschließung unter den allgemeinen Begriff der Strafgewalt nichts wissen. Das ist seine eigene Theorie. Sodann sagt es: „Eine Entscheidung des hierüber (über die Ausschließung) entstandenen Streites gebührt allerdings nach §. 56 dem Staate, d. h. also den vom Staate dieserhalb angeordneten Behörden." Und weiterhin, wo diese Behörden bezeichnet werden, heißt es: „Namentlich gebühren die Rechte der Kirchenzucht bei den römisch-katholischen Glaubensgenossen dem Bischofe und bei den Protestanten den Konsistorien." Es ist aber unrichtig, daß die katholischen Bischöfe „von dem Staate angeordnete Behörden" sind; diese sind keine Staatsbehörden und eben so sind die evangelischen Konsistorien nichts anderes als bloße Kirchenbehörden. Kirche und Staat sind bekanntlich nicht identisch.

H. Diese Kontroverse, in welcher das O.Tr. allerdings die Bedeutung des §. verkannt hat, ist durch das Ges. v. 13. Mai 1873 erledigt, denn dasselbe setzt die Grenzen, innerhalb deren die Ausschließung erfolgen kann, fest und gewährt gegen unberechtigte Ausschließung nur den strafrechtlichen, aber keinen andern Schutz.

3) H. Der §. ist durch das mehrfach in den vorigen Anm. citirte Gesetz beseitigt. Dasselbe hat gerade die aus Anlaß des Streites der preußischen Regierung mit dem Bischof von Ermland entstandene Controverse, ob der §. 57 durch Art. 15 der Verf.Urk. aufgehoben sei, vergl. Richter-Dove, Kirchenrecht §. 214 N. 17; §. 222 N. 6, erledigen und Ausschreitungen der Kirchenobere durch strafrechtliche Mittel verhüten wollen; auch ist in der Kommission des Abgeordnetenhauses ein Amendement auf Aufrechterhaltung der landrechtlichen Vorschriften verworfen worden, s. P. Hinschius, Kirchengesetze des J. 1873 S. 18.

9. **Gesetz über die Grenzen des Rechts zum Gebrauche kirchlicher Straf- und Zuchtmittel. Vom 13. Mai 1873.** (G.S. S. 205.)

Wir ꝛc. verordnen, mit Zustimmung beider Häuser des Landtages der Monarchie, für den Umfang der letzteren, einschließlich des Jadegebiets, was folgt:

§. 1. Keine Kirche oder Religionsgesellschaft[4]) ist befugt, andere Straf- oder Zuchtmittel[5])

---

4) H. Das Gesetz befolgt den Sprachgebrauch der Verfassungs-Urkunde. Vgl. Anm. 29 zu §. 17 d. T.

5) H. Der Begriff der Straf- und Zuchtmittel muß, weil das Gesetz sich auf alle Kirchen und Religionsgesellschaften bezieht, ein allgemein gültiger sein. Er ist also aus dem Wesen der Kirchenzucht zu entnehmen. Auf die positive Geltung des Straf- und Zuchtmittel-Systems der verschiedenen Religionsgesellschaften kommt es in dieser Beziehung nicht an. Wenn also auch die eine oder andere etwas nicht für ein Straf- oder Zuchtmittel erklären sollte, was seinem Wesen nach als solches zu betrachten wäre, so würde eine derartige Feststellung dem Gesetze gegenüber gleichgültig sein. Unter *Kirchenzucht* im weiteren Sinne kann die gesammte von einer Kirche oder Religionsgesellschaft ausgehende Thätigkeit zur Förderung und Erhaltung des religiösen bez. christlichen Lebens der Gemeinschaft und der Einzelnen verstanden werden. Da hiermit alle Lebensäußerungen der Religionsgesellschaft begriffen werden, das Gesetz aber nur ein bestimmtes Gebiet derselben treffen will, so ist dieser Begriff der Kirchenzucht hier nicht anwendbar. Man versteht ferner unter *Kirchenzucht* (*im engeren Sinne*) diejenige besondere Thätigkeit, welche dazu bestimmt ist, die innerhalb der Gemeinschaft hervortretenden Verletzungen ihrer Ordnungen zu beseitigen und dieselbe von den dem religiösen Gedeihen hinderlichen Verhältnissen zu reinigen, eine Thätigkeit, welche sich mithin vor allem gegen schwere sittlich-religiöse Verstöße der einzelnen Glieder, wie Gotteslästerung, Unglauben, wüstes Leben, Unzucht, Meineid, Ehebruch u. s. w. richtet. Der Charakter der Kirchenzucht besteht also darin, daß sie reprimirend und restituirend einzuwirken hat (vgl. *Jacobson* a. a. O. S. 110 u. v. *Scheurl*, Wiederherstellung der Kirchenzucht in seinen Abhandlungen, Erlangen 1872 S. 79). Von dem oben gedachten Begriffe ist hier auszugehen, denn das Gesetz hat gerade diese Thätigkeit im Auge. Demnach sind *die Mittel*, welche zu dem erwähnten Zwecke angewendet werden, *die Zuchtmittel im eigentlichen Sinne*. Wenngleich diese in Nachtheilen bestehen, welche dem Schuldigen zugefügt werden, so kann doch die Benachtheiligung nie der eigentliche Zweck solcher Mittel sein, vielmehr wird dieser dem Wesen der Kirchenzucht gemäß nur auf die Besserung des Schuldigen abzielen dürfen. Mit Erreichung der letzteren ist das Hinderniß, welches der Realisirung des Endzieles der Religionsgesellschaft entgegensteht, beseitigt und somit der Zweck der Kirchenzucht erfüllt.

H. Neben den Systemen von Zuchtmitteln, welche die christlichen Kirchen entwickelt haben, haben dieselben aber nicht darauf verzichtet, eben so wie der Staat, *Strafen* im eigentlichen Sinne gegen ihre Angehörigen für die Uebertretung und Verletzung gewisser Vorschriften festzusetzen und nöthigenfalls zur Anwendung zu bringen. Das Wesen der kirchlichen Strafen besteht ebenso wie auf dem Gebiete des weltlichen Rechtes, in der Vergeltung und der dadurch herbeigeführten Genugthuung für den Bruch der kirchlichen Ordnung. Die Mittel, wodurch dieser Zweck herbeigeführt werden soll, die Nachtheile, welche zu diesem Behufe dem Schuldigen zugefügt werden, sind die *Strafmittel in eigentlichem Sinne*. Ihr Zweck ist also — und dadurch unterscheiden sie sich von den Zuchtmitteln — die Genugthuung und Vergeltung, nicht die Besserung des Schuldigen, wenngleich die Kirche mit Rücksicht auf ihre Aufgabe bei der Wahl der Strafmittel niemals den Besserungszweck außer Augen lassen sollte.

H. Da die Nachtheile, welche als Zucht- und Strafmittel zugefügt werden, wesentlich in der Einwirkung auf die Rechtssphäre der einzelnen Mitglieder der Kirchen- und Religionsgesellschaften bestehen, die Geistlichen und Beamten derselben aber besondere Rechte zufolge ihrer Stellung und ihres Amtes besitzen, so kommen in jeder Kirche und Religionsgesellschaft Straf- und Zuchtmittel vor, deren Anwendung allein gegen die *Geistlichen und Beamten*, nicht aber gegen die übrigen Mitglieder denkbar ist, während andere gegen beide Klassen angewendet werden können. Das Gesetz macht zwar im Allgemeinen keine Unterscheidung zwischen beiden, d. h. es richtet sich auch gegen solche Fälle, wo von derartigen Straf- und Zuchtmitteln gegen Geistliche und Religionsdiener Gebrauch gemacht wird, indessen stellt der §. 6 desselben doch eine besondere Ausnahme auf, deren Tragweite sich durch das Ges. über die Disziplinargewalt v. 12. März 1873 (s. Zus. 15 zu §. 124 d. T.) bestimmt.

H. Was die *katholische* Kirche betrifft (vgl. *Nik. München*, d. kanon. Gerichtsverfahren und Strafrecht. Köln und Neuß 1866 Bd. 2 S. 116 ff.; v. *Schulte*, über Kirchenstrafen. Berlin 1872; *Richter-Dove*, K.R. §§. 213—219; *Schulte*, kath. K.R. 2. Aufl. S. 387 ff. *desselb.* Lehrbuch d. kath. K.R. S. 319 ff.; *Phillips*, Lehrb. d. K.R. 2. Aufl. S. 381 ff.), so hat diese den oben dargelegten Unterschied zwischen Zucht- und Strafmitteln am schärfsten ausgebildet. Sie hat ein besonderes System von sog. censurae oder poenae medicinales, deren Begriff dem oben dargelegten Wesen der Zuchtmittel entspricht, und ferner ein System von poenae vindicativae oder poenae im eigent. Sinne, d. h. von wirklichen Strafmitteln, entwickelt.

a) Censuren oder Zuchtmittel sind: 1. Die excommunicatio, der sog. Kirchenbann (vgl. außer den eben citirten Schriften Br. Schilling, der Kirchenbann n. kan. R. Leipzig 1859; Kober, der Kirchenbann. 2. Ausg. Tübingen 1863). Die excommunicatio zerfällt in zwei Arten, die minor und die major, mit welcher letzteren auch der Ausdruck: anathema, wenn er schlechthin gebraucht wird, wie z. B. in der Androhung des vatikanischen Konzils, s. Konstitution Pius' IX.: Pastor aeternus v. 18. Juli 1870 c. 1 bis c. 4 (u. a. bei Friedberg, Samml. d. Aktenstücke z. ersten vatikan. Konzil. Tübingen 1872 S. 740) identisch ist, während anathema außerdem die mit besonderen Feierlichkeiten verhängte excommunicatio major bedeuten kann. Die excommunicatio minor oder der kleine Kirchenbann begründet die Unfähigkeit, ein kirchliches Amt zu erlangen, und schließt sowohl vom Empfange der Sakramente als auch von der Spendung derselben aus, obgleich die Ueberschreitung des letzteren Verbotes keine Ungültigkeit des Sakramentes hervorbringt und nur als läßliche Sünde betrachtet wird. Die Folge der excommunicatio major (vgl. darüber auch Molitor, über die Folgen der excommunicatio major im Arch. f. kath. K.R. Bd. 9 S. 1 ff.) ist die Ausschließung von den Gnaden und Rechten der Kirche; sie nimmt dem Exkommunizirten die Befugniß zur Spendung und zum Empfang der Sakramente, zur Theilnahme am Meßopfer und am öffentlichen Gottesdienste, ferner entzieht sie ihm die Wirkungen der sog. suffragia ecclesiae, d. h. der den Gläubigen zu Gute kommenden, aus den heiligen Handlungen und der Thätigkeit der Kirche, z. B. den Gebeten, dem Meßopfer, herfließenden geistigen Gnaden und Vortheile; weiter verliert er das Recht auf christliches Begräbniß; die sog. communicatio forensis, d. h. das Recht als Richter, Kläger, Zeuge, Notar, Advokat und Prokurator zu fungiren; die Fähigkeit, kirchliche Aemter zu erlangen, das kirchliche Wahlrecht, und die ihm zustehenden Jurisdiktionsrechte, sowohl die jurisdictio externa, wie auch die jurisdictio interna (d. h. die ihm in der Kirche zustehende Leitungs- und Gerichtsgewalt, z. B. die desfallsigen aus dem Bischofsamt herfließenden Befugnisse; dann aber auch für das Gewissensgebiet das Recht zu binden und zu lösen). Endlich ist es eine Folge des großen Kirchenbannes, daß die übrigen Gläubigen jedweden bürgerlichen Verkehr und Umgang mit dem Exkommunizirten abbrechen sollen. Für das ältere Recht ist dies unzweifelhaft; neuerdings ist aber mehrfach behauptet worden, daß dieses Verkehrsverbot in der katholischen Kirche nicht mehr zu Recht bestehe; vgl. das Nähere darüber in Anm. 8 zu diesem §.

Aus der vorstehenden Charakterisirung des großen Kirchenbannes ergiebt sich schon, daß es unrichtig ist, denselben als Ausschließung aus der Kirche überhaupt, d. h. als Ausstoßung aus derselben, womit also auch die Mitgliedschaft in der katholischen Kirche aufgehoben würde, aufzufassen, wie dies z. B. die deutschen Bischöfe in ihrer Denkschrift dd. Fulda, den 20. Sept. 1872 (u. a. im Arch. für kath. K.R. 28 S. CLI) gethan haben. Da die katholische Kirche nach ihrer Auffassung die allein berechtigte Form des religiösen Lebens ist und sich Niemand ihrem Gesetz entziehen kann, so ist weder ein freiwilliger Austritt aus ihr noch eine unfreiwillige Beseitigung der Mitgliedschaft denkbar und möglich (Phillips, K.R. 2 S. 400; Schulte, Lehrb. S. 453). Korrekter Weise kann man daher nicht von einer Ausschließung aus der Kirche, sondern nur aus der kirchlichen Gemeinschaft sprechen, d. h. der Exkommunizirte verliert zwar seine kirchlichen Rechte und nimmt an den Gnaden und Segnungen der Kirche keinen Theil, er bleibt aber Mitglied derselben, und ist als solches verpflichtet, sich allen ihren Geboten und Strafen zu unterwerfen. Dem gegenüber hat freilich das O.Tr. I, in dem Erk. v. 11. Sept. 1874, Entsch. 73 S. 6; Str. Arch. 92 S. 231; Gruchot, 19 S. 223, angenommen, daß der große Kirchenbann von jeder Mitgliedschaft der katholischen Kirche gänzlich ausschließe. Die dafür in Bezug genommenen Stellen des corp. juris canon. (s. c. 32, c. 107 C. XI qu. 3; c. 12 C. III qu. 4; c. 59 X. V 39; c. 2 X. II 25), welche von der Ausschließung aus der ecclesia oder communio fidelium sprechen, ergeben aber nur, daß der Ausschluß von der Gemeinschaft der Gläubigen, in so fern letztere die göttlichen Gnaden gewährt und ihren Mitgliedern Antheil an diesen vermittelt, erfolgt. Niemals hat die katholische Kirche die Exkommunizirten als ihrer Pflichten gegen die Kirche für ledig erachtet, d. h. sie stets als passive Mitglieder erachtet. Unter dieser Voraussetzung ist auch allein die Vorschrift des c. 2 §. 4 in Clem. I 3 nicht unsinnig, daß exkommunizirte Kardinäle befugt seien, bei der Papstwahl mitzustimmen. Vgl. auch P. Hinschius, Kirchengesetze der Jahre 1874 u. 1875 S. 196.

2. Das Interdikt (vgl. dazu noch Kober, das Interdikt im Arch. für kath. K.R. 21 S. 2, 291; 22 S. 3), welches in doppelter Anwendung vorkommt. Das interdictum locale besteht in der Einstellung aller öffentlichen kirchlichen Funktionen (die Spendung der

Sakramente mit eingeschlossen) in einem bestimmten Bezirk (in einem ganzen Lande, einer Provinz, einer Diözese, einem einzelnen Ort) oder auch in einer Kirche, ist also (modern gesprochen) der Strike der Geistlichkeit. Im Mittelalter wurde dasselbe häufig angewendet, um den Widerstand von Fürsten und mächtigen Herren zu brechen. Da das Interdikt Schuldige und Unschuldige in gleichem Maße traf und somit den Grundsätzen sowohl der christlichen Kirchenzucht wie auch den Prinzipien jedes rationellen Strafrechts widersprach, sah sich die Kirche genöthigt, schon im Mittelalter gewisse Milderungen eintreten zu lassen, und seit dem 16. Jahrh. ist das allgemeine Lokal-Interdikt außer Gebrauch gekommen. Praktisch ist jetzt nur das besondere Lokal-Interdikt, also die Interdizirung einer bestimmten Kirche oder eines bestimmten Ortes.

3. Außer dem interdictum locale kennt die katholische Kirche noch ein interdictum personale, welches ebenfalls ein allgemeines, gewisse Klassen von Personen, den Klerus oder die Einwohner eines Ortes, auch eine Genossenschaft treffendes oder ein besonderes, nur gegen einzelne Personen gerichtetes sein kann. Die mit dem Personal-Interdikt belegten Personen dürfen die Kirche nicht betreten, keine gottesdienstlichen Handlungen vornehmen, denselben außer an hohen Festtagen nicht beiwohnen, keine Sakramente spenden und empfangen und endlich auch nicht nach kirchlichem Ritus begraben werden. Das Personal-Interdikt ist also eine mildere Form der Exkommunikation. In der heutigen Praxis ist dasselbe nur noch gegen Geistliche (als sog. interdictio ingressus in ecclesiam) gebräuchlich.

4. Die Suspension. Diese findet allein auf Geistliche Anwendung und entzieht nur geistliche Rechte. Vgl. dazu Zus. 15 zu §. 124 d. T. Anm. 92 zu §. 2.

b) Die Strafmittel, welche nach kanonischem Recht gegen Geistliche angewendet werden können, sind die körperliche Züchtigung, die Einsperrung in ein Gefängniß (incarceratio), die Verstoßung in ein Kloster, (detrusio in monasterium), Geldstrafen, ferner die Strafversetzung oder Versetzung auf eine schlechtere Pfründe (translocatio), die Entziehung des Beneficiums (privatio beneficii), die Deposition, die Degradation und die Suspension auf bestimmte Zeit. Vgl. dazu Zus. 15 zu §. 124 d. T. Anm. 93.

Gegen Laien hat die katholische Kirche, weil ihre Gerichtsbarkeit immer mehr und mehr einen weltlichen Charakter angenommen hat, früher auch weltliche Strafen, so namentlich Gefängnißstrafen und Geldbußen verhängt. Diese sind jetzt längst unpraktisch, Richter-Dove, K.R. §. 219; Schulte, K.R. B. 2 S. 395; Phillips, Lehrb. S. 219. Dasselbe gilt von der Infamie, welche das kanonische Recht und das Trienter Konzil (Sess. XXIV c. 6 de ref. matr. u. Sess. XXV c. 19 de ref.) für gewisse Vergehen androht und im Fall der Notorietät oder der Verurtheilung eintreten ließ (vgl. München a. a. O. S. 119 ff. und P. Hinschius, Kirchenrecht Bd. 1 S. 80, 31). Jetzt kommt noch vor:

die Versagung des kirchlichen Begräbnisses, denn eine Kirche, welche davon ausgeht, daß die von ihr verwalteten Heilshandlungen, wie die Messe und der Ablaß, selbst den Verstorbenen zu Gute kommen, Trid. Sess. XXII c. u. c. 3 de sacrificio missae u. Sess. XXV decr. de purgat., kann konsequenter Weise auch noch Strafen gegen Todte in so fern verhängen, als sie diesen ihre heilbringende Thätigkeit und Hülfe entzieht (vgl. Jansen in der Zeitschr. für Philosophie und kathol. Theologie 1835, Heft 16, S. 106 ff.).

In vorstehender Uebersicht sind die üblichen Straf- und Zuchtmittel, welche in der katholischen Kirche vorkommen, kurz charakterisirt. Außer denselben ist aber noch eine Versagung einzelner kirchlicher Handlungen, namentlich einzelner Sakramente denkbar. Daß es sich in solchen Fällen gleichfalls um die Uebung einer Straf- und Zuchtgewalt handelt, kann nicht zweifelhaft sein. Denn auch hier werden einer Person bestimmte Nachtheile zugefügt, theils um ihre in den Augen der Kirche ungerechtfertigte Handlungsweise zu bestrafen, theils aber um sie künftighin von einer solchen abzuhalten. Ueberdies liegt der Unterschied von der Exkommunikation allein darin, daß bei dieser die Berechtigung zur Theilnahme an allen derartigen Gnadenmitteln der Kirche, hier nur zum Empfange des einen oder andern entzogen wird. (So auch O.Tr. Str.S. II v. 25. Jan. 1877, Entsch. 79, 419; Oppenhoff, Rechtspr. 18, 72). Es ist indessen zu beachten, daß die Zurückweisung von den Sakramenten nicht stets diesen Charakter trägt. Sind die Bedingungen, unter denen die Kirche das Sakrament spendet, nicht erfüllt, d. h. hat der Einzelne im gegebenen Falle gar kein Recht auf dasselbe (zeigt er z. B. bei der Buße nicht die erforderliche Reue), so liegt hier nur ein Ausspruch der Kirche vor, daß unter den obwaltenden Voraussetzungen eine Berechtigung der betreffenden Person zum Empfange des Sakramentes nicht besteht, ein Ausspruch, zu welchem die Kirche zweifellos berechtigt ist.

Endlich kommen auch die Bußwerke in Betracht, welche der Beichtvater bei der Verwaltung des Sakramentes der Buße dem Beichtenden als Bedingung der Wirksamkeit der Absolution sowohl zur Heilung seiner sittlichen Schwäche als auch zur Strafe der begangenen Sünden auferlegt und die nach der heutigen Praxis hauptsächlich in Gebeten, Fasten und Almosen bestehen.

anzudrohen, zu verhängen oder zu verkünden[6]), als solche, welche dem rein religiösen Gebiete angehören[7]) oder die Entziehung eines innerhalb der Kirche oder Religionsgesellschaft wirkenden Rechts oder die Ausschließung aus der Kirchen- oder Religionsgesellschaft betreffen[8]).

Diese Bußwerke müssen ebenfalls zu den Zucht- und Strafmitteln im Sinne des Gesetzes gerechnet werden, da sie denselben Zweck wie die übrigen verfolgen.

H. Die lutherische Kirche hat in ihren Anfängen die Uebung der Kirchenzucht durch Straf- und Zuchtmittel, welche über das kirchliche Gebiet hinauswirken, verworfen, vgl. Luther in der Vermahnung an die Geistlichen zu Augsburg 1530 (Werke, Ausg. von Walch Bd. 16 S. 1147); Artic. Smalcaldici v. 1537 P. III art. 9; über die reformirte Kirche vgl. Richter, Gesch. der evang. Kirchenverfassung in Deutschland. Leipzig 1851 S. 150, 168 ff., u. Hundeshagen, Beiträge zur Kirchenverfassungsgeschichte. Wiesbaden 1864 S. 212. Die Kirchenordnungen des 16. Jahrhunderts weisen aber schon mehrfach eine Unterscheidung zwischen dem Bann in dem Sinne der Schmalkaldischen Artikel, welcher von der kirchlichen Gemeinschaft gänzlich ausschloß und öffentlich verkündet wurde, und dem kleinen Bann, d. h. der Ausschließung von den Sakramenten und gewissen kirchlichen Funktionen, nämlich vom Abendmahl, der Pathenschaft und gewöhnlich der Trauung (Richter-Dove, K.R. §. 227 Nr. 7), auf und fallen in so fern in die katholische Anschauungsweise zurück, als sie mit dem Bann der ersteren Art auch gewisse Wirkungen auf die bürgerlichen Beziehungen eintreten lassen (Richter a. a. O. Note 14). Nachdem noch im Laufe desselben Jahrhunderts die Verhängung des Bannes ausschließlich in die Hände der Konsistorien gelegt und den Pastoren nur die Ertheilung der derselben vorhergehenden Ermahnungen belassen worden war, wurde die Kirchenzucht immer mehr und mehr nach Art der weltlichen Strafgerichtsbarkeit ausgeübt, und es wurden außer dem Bann auch Bußübungen, Versagung des kirchlichen Begräbnisses, gewisser Auszeichnungen, z. B. des Myrtenkranzes bei Kopulationen u. s. w., Geldbußen, ja auch Leibesstrafen festgesetzt und angewendet (vgl. Jacobson, evangel. K.R. S. 622, 623, und Richter a. a. O. S. 713). Dieser Zustand hat sich bis in das 18. Jahrhundert hinein, und namentlich auch in den Ländern, welche die heutige preußische Monarchie bilden, erhalten (vgl. Jacobson, evangel. K.R. S. 622). Allmählich unterblieb aber die Handhabung des Bannrechtes durch die Konsistorien, und da auch die Kirchenbuße durch Geld abgekauft werden konnte, so ist die Kirchenzucht in den evangelischen Kirchen Deutschlands im Allgemeinen außer Uebung gekommen, und es haben sich nur noch vereinzelte Reste derselben erhalten; vgl. die Zusammenstellung bei Moser, allgem. Kirchenblatt für das evangel. Deutschland, 6. Jahrg. 1857 S. 264.

Rechtlich zulässig waren bisher in Preußen nach §§. 54, 55—57, 86 ff. d. T. (für Rheinland und Westfalen vgl. den durch K.O. v. 20. Aug. 1847 und 21. Juni 1844 genehmigten Zusatz zu §. 120 der Rheinisch-westfälischen Kirchen-Ordn., bei Bluhme, Codex S. 344; Hagens, Kirchen-Ordn. S. 86 und Bramesfeld, Kirchen-Ordn. S. 219) als Zucht- und Strafmittel die Fernhaltung von den Sakramenten und dem Gottesdienste, sowie die gänzliche Ausschließung aus der Kirche oder Religionsgesellschaft; Versagung des kirchlichen Begräbnisses, d. h. der Grabrede und des Geläutes, s. Jacobson a. a. O. S. 514; Entziehung gewisser Auszeichnungen, z. B. des Brautkranzes, s. Jacobson a. a. O. S. 624 N. 16a; öffentliche Fürbitte ohne Namensnennung und Ermahnungen, §§. 76 ff. d. T., Jacobson a. a. O., s. auch den Erlaß des Magdeburger Konsistoriums v. 7. Dez. 1857 im Allg. Kirchenblatt f. d. evangel. Deutschland Jahrg. 1878 S. 678. Gegen Geistliche kommen ähnliche ihre Amtsrechte und amtliche Stellung berührende besondere Strafen wie in der katholischen Kirche, also Verweis, Geldstrafen, Suspension, Strafversetzung, unfreiwillige Emeritirung und Amtsentsetzung vor, s. Jacobson a. a. O.; Aktenstücke des evangel. Ober-Kirchenraths Bd. I Heft 5 S. 20. Mit Rücksicht darauf, daß die Verfassungen der evangelischen Kirchen in Preußen jetzt presbyteriale und synodale Elemente enthalten und den Laien einen gewissen Antheil an der kirchlichen Verwaltung gewähren, bestehen endlich auch besondere Strafen, welche sich auf diese Rechte beziehen, so Ausschluß von dem Rechte, die Gemeindekirchenräthe, bez. Kirchenvorsteher und Aeltesten, oder die Mitglieder der größeren Gemeindevertretung, die sog. Repräsentanten oder Gemeindevertreter, zu wählen, Unfähigkeit zur Bekleidung der erwähnten kirchlichen Aemter oder zum Amte eines Synodalmitgliedes und Entlassung aus den erwähnten Aemtern, vgl. die Kirchengemeinde- und Synodal-Ordnung v. 10. Sept. 1873 §§. 34, 35, 50, 61, 62 u. (Zus. 20 zu §. 156 d. T.) General-Synodal-Ordnung v. 20. Jan. 1876 §. 3 (Zus. 23 zu §. 156 d. T.), Kirchenges. v. 30. Juli 1880 §§. 4 ff. (Zus. 43 zu §. 452 d. T.).

6) H. Die Zusammenstellung dieser drei Worte ist gewählt, um jede von dem Gesetze für unzulässig erachtete Ausübung der Straf- und Zuchtgewalt unmöglich zu machen. Durch den Ausdruck: androhen wird einmal die allgemeine Festsetzung von Straf- und Zuchtmitteln seitens der Organe der Religionsgesellschaften für die zukünftige Begehung gewisser Handlungen, sodann aber auch die von einer Behörde oder einem Beamten der Religionsgesellschaft für einen besonderen Fall in Aussicht gestellte Verhängung eines Straf- oder Zuchtmittels betroffen. Das

Wort **verhängen** bedeutet die Auferlegung oder Festsetzung eines Straf- oder Zuchtmittels, also das Aussprechen des Bannes, der Entziehung der kirchlichen Gemeinderechte u. s. w. Diese Bestimmung richtet sich nicht nur gegen den Hauptfall der Verletzung des Gesetzes, sondern sie verhindert auch, daß künftighin bei gegebener spezieller Veranlassung unzulässige Censuren und Strafen angewendet werden, welche schon in früheren kirchlichen Anordnungen, wie solche z. B. das katholische Kirchenrecht im weitesten Umfange aufweist, allgemein angedroht sind. Der Ausdruck: **verkünden** bedeutet das amtliche Publiziren der Verhängung. Da aber das Gesetz im §. 4 von dem Verkünden noch das öffentliche Bekanntmachen unterscheidet, so muß unter dem Verkünden schon jede Publikation verstanden werden, welche bloß über die Betheiligten, d. h. die verhängende Behörde und die betroffene Person hinaus geht, ohne daß sie bestimmt ist, in die absolute Oeffentlichkeit zu gelangen, also namentlich eine Kundgebung an die Mitglieder derselben Religionsgesellschaft. Mit Rücksicht auf §. 5 des Gesetzes bildet also die Verkündung ein besonderes Vergehen, während mangels dieser Vorschrift der Verkünder allein nach §. 49 des R.Str.G.B. als Gehülfe und zwar (vgl. §. 44 a. a. O.) nur geringer hätte bestraft werden können. Außerdem ist aber die Fassung noch mit spezieller Rücksicht auf das kanonische Recht gewählt. Dasselbe scheidet nämlich die Censuren in censurae ferendae sententiae und latae sententiae, d. h. solche, welche erst nach stattgehabter Untersuchung durch besonderen Ausspruch des kirchlichen Oberen im gegebenen Falle verhängt werden, und solche, welche ohne weiteres oder ipso jure durch Begehung der bedrohten Handlung eintreten (**Richter-Dove** a. a. O. S. 651; **Phillips** a. a. O. S. 382). Um ihre volle Wirkung zu äußern (vgl. Anm. 7), muß der eo ipso erfolgte Eintritt der letzteren durch ein deklaratorisches Urtheil des kirchlichen Oberen konstatirt und publizirt werden. Wäre das Wort „**verkünden**" nicht in das Gesetz aufgenommen worden, so hätte dasselbe eine Lücke gehabt, da die katholischen Kirchenoberen sich im Falle der Veröffentlichung solcher Generalcensuren immer hätten darauf berufen können, daß sie diese nicht verhängen, sondern ihren Eintritt nur deklaratorisch konstatiren.

7) H. Als erste Kategorie von Straf- und Zuchtmitteln, deren Anwendung den Kirchen und Religionsgesellschaften freigelassen ist, bezeichnet das Gesetz diejenigen, welche dem rein religiösen Gebiete angehören. Da Religion die Auffassung von dem Verhältniß und der Stellung der Menschen zu Gott, namentlich ihrer Abhängigkeit von dem höchsten Wesen ist, so bedeutet religiös alles dasjenige, was diesem Verhältniß gemäß ist und dasselbe betrifft. Unter religiösem Gebiet kann demnach das Gesetz nur das verstehen, was in den Kreis der Beziehungen des Einzelnen zu Gott gehört. Dasselbe setzt weiter, wie die folgenden Worte: „die Entziehung eines innerhalb der Kirche oder Religionsgesellschaft wirkenden Rechts" ergeben, das religiöse dem kirchlichen Gebiet gegenüber. Letzterem weist es offenbar — der Natur der Sache entsprechend — alle die Verhältnisse zu, welche daraus entstehen, daß sich die Religion einen äußeren Organismus schafft, d. h. daß diejenigen, welche durch die Gemeinsamkeit religiöser Vorstellungen und Handlungen verbunden sind, auch eine bestimmte, in die äußere Erscheinung tretende Ordnung errichten. Allerdings vermittelt die Kirche und die Religionsgesellschaft die Beziehung des Einzelnen zur Gottheit, indessen drückt der Zusatz: „**rein**" zu religiös aus, daß hier nur solche Verhältnisse gemeint sein können, welche auch ohne die Existenz einer organisirten Gemeinschaft denkbar sind. Die Straf- oder Zuchtmittel der bezeichneten Art sind demnach solche, bei welchen es sich nicht um irgend welche Beziehungen des Einzelnen zu der religiösen Genossenschaft, sondern nur um solche zu Gott selbst handelt. Demnach hat das Gesetz namentlich die in der katholischen Kirche bei der Handhabung des Bußsakramentes üblichen Bußwerke, also Gebete, Fasten und Almosen, im Auge. Die letztgedachten beiden Arten fallen deshalb unter die in Rede stehende Kategorie, weil es sich hier um die Bezeugung einer bußfertigen und reuigen Gesinnung gegenüber der Gottheit handelt und dies gerade das Wesen dieser Bußwerke bildet.

8) H. Die zweite Kategorie von erlaubten Straf- und Zuchtmitteln bilden diejenigen, welche die gänzliche oder theilweise Entziehung kirchlicher Rechte oder den Verlust der Zugehörigkeit zu einer Kirchen- oder Religionsgesellschaft zum Gegenstande haben.

Verhängt werden können demnach von allgemein anwendbaren Straf- und Zuchtmitteln in der katholischen Kirche die excommunicatio minor, das Interdikt (in Bezug auf dieses a. M. **Thudichum**, deutsch. Kirchenrecht 2 S. 193, aus dem mit dem Inhalte des §. 1 des Gesetzes völlig unvereinbaren Grunde, daß dasselbe nichts außer der Ausschließung aus der Kirche positiv erlaube und also Alles, was schon vorher verboten war, verboten bleibe) und die Fernhaltung von einzelnen Sakramenten (von der Taufe, von der Absolution u. s. w.), in der evangelischen Kirche die letztere, der Bann in dem oben angegebenen Sinne und der Verlust der kirchlichen Gemeinde-, namentlich Gemeinde-Wahlrechte, endlich gegen Geistliche die Degradation, die Deposition, Strafversetzung, Straf-Emeritirung, Entziehung des Beneficiums, diese letzteren jedoch nur unter den in dem Ges. v. 12. Mai 1873 §§. 2 ff., 7 (s. Zus. 15 zu §. 124 d. T.) vorgeschriebenen Voraussetzungen. Alle diese Zuchtmittel und Strafen gehen nicht über das kirchliche Gebiet hinaus.

H. Ob die Verhängung der katholischen excommunicatio major durch das Gesetz verboten ist, bedarf besonderer Besprechung, da neuerdings vielfach von katholischer Seite, so z. B. in der Anm. 5 zu diesem §. erwähnten Denkschrift des preußischen Episkopates und Vogt, preuß. Kirchenr. Bd. 1 S. 90 N. 29, behauptet worden ist, daß mit dem großen Kirchenbann jetzt keine bürgerlichen Nachtheile, bez. keine nachtheiligen Folgen für die bürgerliche Ehre verbunden sind. Dies ist in so weit richtig, als die Staatsgesetzgebung mit dem großen Kirchenbann nicht mehr wie im Mittelalter, wo das längere Verharren in demselben auch die weltliche Acht zur Folge hatte (vgl. Richter-Dove, K.R. §. 214 N. 14), irgend welche bürgerlichen Wirkungen verknüpft. Indessen kommt es darauf nicht an, denn die Statthaftigkeit des Straf- und Zuchtmittels bemißt das Gesetz nicht danach, welche zufälligen Folgen dasselbe äußert, sondern nach dem Wesen desselben, d. h. danach, welche Folgen die Kirche oder Religionsgesellschaft nach ihren Anordnungen mit dem Straf- oder Zuchtmittel verbunden wissen will. Von diesem Standpunkt aus gehört aber die excommunicatio major, unter einer bestimmten, des weiteren noch zu besprechenden Voraussetzung zu den durch §. 1 des Ges. für unstatthaft erklärten Censuren. Nach dem kanonischen Rechte war der Exkommunizirte verpflichtet, sich jedes bürgerlichen Verkehrs mit den übrigen Gläubigen und diese sich des Umgangs mit ihm zu enthalten, ja die letzteren verfielen durch die Verletzung dieses Verbotes ohne Weiteres in die excommunicatio minor, c. 29 X. de sent. excomm. V 39; c. 2 X. de exc. II 25; Kober, Kirchenbann S. 382; Richter-Dove §. 214. Die Folge des großen Bannes war also eine allgemeine bürgerliche Verkehrssperre. Eine Milderung derselben hat allerdings die Konstitution Martin's V. v. 1418 (s. Hübler, Konstanzer Reformation S. 186, 349) eintreten lassen. Diese beschränkte die Verpflichtung, sich des Verkehrs mit einer in die große Exkommunikation verfallenen Person zu enthalten, 1) auf den Fall, wo es notorisch ist, daß Jemand einem Geistlichen eine Real-Injurie zugefügt und durch diese Handlung eo ipso (s. c. 29 C. XVII qu. 4; P. Hinschius, Kirchenrecht Bd. 1 S. 121, 634; Richter-Dove §. 117) die große Exkommunikation auf sich geladen hat, und 2) auf den Fall, wo die excommunicatio ferendae sententiae durch Richterspruch des kirchlichen Oberen verhängt, die excommunicatio latae sententiae durch einen solchen konstatirt und das betreffende Erkenntniß der einen oder anderen Art veröffentlicht worden ist. Nur unter diesen Voraussetzungen zog also noch die Verletzung der Verkehrssperre die excommunicatio minor ipso iure nach sich. Wie sich aber aus dem Eingang der Bulle ergiebt, wollte dieselbe nur den Gläubigen eine Gnadenbezeigung und Gewissenserleichterung durch Gestattung des Verkehrs mit dem nicht speziell durch ein publizirtes Urtheil gekennzeichneten Exkommunizirten gewähren, keineswegs diesem letzteren eine Vergünstigung zu Theil werden lassen. Für diesen ist also die frühere Verpflichtung, sich jedes bürgerlichen Umgangs mit den Gläubigen zu enthalten, bestehen geblieben, d. h. er kann seinerseits die Fortsetzung desselben nicht beanspruchen (s. Hübler a. a. O. S. 187 N. 87; Kober a. a. O. S. 256; Phillips Lehrb. S. 387). Die neueste hierher gehörige Konstitution Pius' IX: Apostolicae sedis v. 12. Okt. 1869 (abgedruckt bei Friedberg, Samml. der Aktenstücke z. erst. vatikan. Konzil S. 403; im Archiv f. kathol. K.R. Bd. 23 S. 326 und bei Avanzini, constitutio qua censurae latae sententiae limitantur, ed. sec. Romae 1871 S. 7) endlich hat eine Reihe von Censuren als censurae latae sententiae und unter diesen auch die für die Verletzung der Verkehrssperre festgesetzte excommunicatio minor beseitigt. Aus dieser Darstellung ergiebt sich, daß, wenngleich die letzterwähnte fortgefallen ist, doch die päpstliche Gesetzgebung die Vorschrift, daß die Gläubigen — abgesehen von gewissen Ausnahmefällen — ihrerseits den äußeren Umgang mit dem namentlich Exkommunizirten abbrechen sollen, nicht aufgehoben hat, so auch Avanzini a. a. O. S. 99; Richter-Dove a. a. O. §. 214 N. 17. Die katholische Kirche verpflichtet also noch heute ihre Mitglieder, den bürgerlichen Verkehr mit dem namentlich Gebannten zu meiden, und unter diesen Umständen sind jedenfalls die Beichtväter nicht nur berechtigt, sondern auch verpflichtet, bei Verwaltung des Bußsakraments auf die Beobachtung des Verkehrsverbotes hinzuwirken. Es würde sogar nichts entgegenstehen, daß der Bischof in schwereren Fällen und bei hartnäckiger Nichtbeachtung des Verbotes gegen die renitenten Katholiken kraft seiner allgemeinen Disziplinargewalt und seiner Befugniß, arbiträre Strafen zu verhängen (Trid. Sess. XXV. c. 3 de ref.), auch mit Censuren vorgehen könnte. Aus allen diesen Ausführungen ergiebt sich, daß die excommunicatio major weder bloß dem rein religiösen Gebiet angehört, noch bloß auf die kirchlichen Rechte einwirkt. Sie ist deshalb nach §. 1 des Ges. in so fern unstatthaft, als sie mit Nennung des Betroffenen verkündet und damit allgemein das Verkehrsverbot gegen ihn zur Wirksamkeit gebracht wird. Auch ihre Androhung erscheint ebenfalls dann unstatthaft, wenn damit zugleich eine Androhung der namentlichen Verkündigung verbunden ist. Vgl. auch O.Tr. Str.S. I v. 28. Jan. 1876, Entsch. 77, 339; Oppenhoff, Rechtsprechung 17, 70. A. M. Thudichum, deutsch. Kirchenrecht 2 S. 192, welcher die große Exkommunikation schlechthin für unstatthaft hält, aber die Entwickelungsgeschichte derselben, namentlich die durch die Konstitution Martin's V. herbeigeführten Aenderungen nicht beachtet. Auf eine Erörterung darüber, ob etwa die bürgerliche Ehre des Exkommunizirten dadurch beschädigt wird, kommt es demnach nicht einmal an. —

Straf- oder Zuchtmittel [9]) gegen Leib [10]), Vermögen, Freiheit [11]) oder bürgerliche Ehre [12]) sind unzulässig.

Ueber die Unstatthaftigkeit des jüdischen Bannes vgl. P. Hinschius, Kirchengesetze des Jahres 1873 S. 15.

H. Was die Verweigerung des kirchlichen Begräbnisses betrifft, so ist die Versagung der kirchlichen Exequien, der Begleitung des Geistlichen, der Grabrede, kurz jedweder Mitwirkung eines Geistlichen oder Religionsdieners für statthaft zu erachten, weil es sich hier lediglich um ein innerhalb der Kirche selbst wirksames Recht handelt. Wird ferner die Beerdigung in einem geweihten Grabe seitens der katholischen Kirche oder auf einem der betreffenden Konfessionsgemeinde gehörigen Kirchhof versagt, so liegt darin an und für sich auch nur die Entziehung eines kirchlichen Rechtes. Anders steht freilich die Sache, wenn der Kirchhof Eigenthum der Kommune ist, oder wenn nach den bestehenden staatsgesetzlichen Bestimmungen die Leiche auf dem Kirchhof begraben werden muß (vgl. z. B. §§. 183 ff., namentlich §§. 188—190 d. T.). Hier wird nicht bloß ein kirchliches Recht versagt, sondern auch die Geltung der Staatsgesetze in Frage gestellt, mithin über das rein kirchliche Gebiet in die staatliche und bürgerliche Sphäre hinüber gegriffen. Vgl. übrigens auch zu §. 4 dieses Ges.

H. Hinsichtlich der Straf- oder Zuchtmittel, welche in der Verweigerung bestimmter Ehrenrechte bestehen, wird es abgesehen von dem nach Abs. 2 dieses §. und §. 4 in Frage kommenden Gesichtspunkt sich ebenfalls darum handeln, ob rein kirchliche Rechte, wie z. B. das Recht, Kerzen bei einer Prozession zu tragen, entzogen oder gewisse Solennitäten bei Trauungen, z. B. Gesang, Orgelspiel u. s. w., versagt werden. Eine derartige Kirchenzucht ist erlaubt. Dasselbe muß auch von der vielfach vorkommenden Sitte gelten, der geschlechtlich bescholtenen Braut die Tragung des Brautkranzes nicht zu gestatten. Zu den Ordnungen, welche die Kirche und die Religionsgesellschaft festzusetzen hat, gehört die Bestimmung der Aeußerlichkeiten bei den religiösen und kirchlichen Feiern, mithin auch der äußeren Erscheinung und Ehrenzeichen sowohl der Geistlichen und Religionsdiener, wie der übrigen Mitglieder der Kirchengemeinschaft. Wo die erwähnte Sitte sich noch in Uebung erhalten hat, gilt der Brautkranz nicht bloß als ein Zeichen der Jungfräulichkeit, sondern auch als ein kirchliches Ehrenzeichen, das bei einer feierlichen Handlung getragen wird. Beschränkt sich die Kirche darauf, die Ablegung desselben während der Funktion ihrer Diener zu verlangen, so geht sie dabei eben so wenig über ihre Grenzen hinaus, wie wenn sie ein gewisses äußerlich anständiges Erscheinen für den Empfang bestimmter Sakramente, z. B. des Abendmahles, verlangt.

9) H. Der zweite Absatz des §. hat nicht die Bedeutung, ausschließlich und allein die verbotenen Straf- oder Zuchtmittel festzustellen. Das oberste Prinzip, nach welchem die Statthaftigkeit, bez. Unzulässigkeit derselben zu beurtheilen ist, spricht vielmehr der Abs. 1 aus, Abs. 2 zieht dagegen nur eine Folgerung aus demselben.

10) H. Das Verbot der Leibesstrafen, von denen nur die körperliche Züchtigung in Frage kommen kann, ist ausnahmslos, da dieselbe auch durch §. 3 des Ges. über die kirchliche Disziplinargewalt v. 12. Mai 1873 (Zus. 15 zu §. 124 d. T.) gegen Kirchendiener ausgeschlossen ist. Die Auferlegung von Werken der Askese ist dem Verbote des Gesetzes nicht zuwider. Selbst wenn dergleichen Bußwerke (Fasten, Almosen, Selbstgeißelung) unter Mitwirkung eines Geistlichen übernommen werden, so bedingt ihr Wesen doch, daß die betreffende Person sie freiwillig vollzieht. Selbstkasteiungen hat das Gesetz nicht verhindern wollen. Auch hat man diese nie unter Leibesstrafen begriffen.

11) H. Wegen der Freiheitsstrafen gegen Kirchendiener vgl. §§. 3 und 5 des in der vorigen Anm. citirten Gesetzes.

12) H. Bürgerliche Ehre ist der Anspruch der Persönlichkeit auf volle Achtung ihrer Mitbürger, auf volle bürgerliche Geltung. Demgemäß schließt das Gesetz solche Zucht- und Strafmittel aus, welche den Zweck haben, diese Achtung zu zerstören oder zu vermindern. Dagegen sind diejenigen Mittel nicht unstatthaft, welche bloß einen solchen Erfolg äußern können. Die äußere Ehre der Person ist von ihrem Verhalten abhängig. Da nun jede unsittliche Handlungsweise das Maß der Achtung der Andern beeinträchtigen kann und ferner die Ausübung der Kirchenzucht regelmäßig als Beweis der mangelnden moralischen Integrität des davon Betroffenen aufgefaßt werden wird, so würde bei der zuletzt angedeuteten Auslegung der Worte: „Zucht- und Strafmittel gegen die bürgerliche Ehre" die Kirchenzucht so gut wie unmöglich gemacht sein, während das Gesetz dieselbe nur in die gehörigen Schranken verweisen will. Ferner ist daran festzuhalten, daß die Grenzen der Zuchtgewalt im Abs. 1 des §. 1 gezogen sind (s. Anm. 9), und Abs. 2 nur eine Exemplifikation des allgemeinen Prinzips bildet. Daher darf die in Frage stehende Vorschrift des Gesetzes nicht so ausgelegt werden, daß sie die Bestimmung des Abs. 1 theilweise aufhebt, d. h. es kann kein Straf- und Zuchtmittel, welches nach dem Abs. 1 erlaubt ist, allein deshalb für unstatthaft erklärt werden, weil es bloß thatsächlich eine Ehrminderung

§. 2. Die nach §. 1. zulässigen Straf- oder Zuchtmittel dürfen über ein Mitglied einer Kirche oder Religionsgesellschaft nicht deshalb verhängt oder verkündet werden [13]):

1) weil dasselbe eine Handlung vorgenommen hat, zu welcher die Staatsgesetze [14]) oder die von der Obrigkeit [15]) innerhalb ihrer gesetzlichen Zuständigkeit erlassenen Anordnungen verpflichten [16]);

---

nach sich zieht oder möglicher Weise im Gefolge hat. Verboten erscheint dagegen die Verhängung der Infamie (s. Anm. 5 zu §. 1 d. Ges.), nicht minder aber auch unter diesem Gesichtspunkt die Anwendung der namentlichen excommunicatio major. Denn die letztere Strafart soll den Gebannten von jedem bürgerlichen Verkehr abschließen, also ihn als einen Ausgestoßenen, als ein des Umgangs mit Andern, d. h. eines Zeichens der allgemeinen Achtung nicht mehr würdiges Glied der Gesellschaft erscheinen lassen.

13) H. Vergl. Anm. 6 zu §. 1 u. Anm. 18 zu §. 3.

14) H. Die Vorschrift richtet sich hauptsächlich gegen die katholische Kirche. Diese beansprucht das Recht, eine Reihe von Verhältnissen zu regeln, welche der moderne Staat seiner gesetzgebenden Kompetenz unterwirft und unterwerfen muß. Sie hat auf die Verletzung ihrer Prätensionen theils schon längst durch allgemeine Anordnungen Censuren und Strafen angedroht, theils aber kann sie deswegen solche möglicher Weise jeden Augenblick verhängen. So reprobirt der bekannte Syllabus v. 8. Dez. 1864 (u. a. bei Friedberg, Sammlung der Aktenstücke S. 898) z. B. (Nr. 19 u. 20) den Satz, daß die Staatsgewalt die Befugniß habe, die Rechte der Kirche und die Schranken für die Ausübung der Kirchengewalt zu bestimmen, (Nr. 28, 41, 49) daß dem Staate das jus circa sacra zustehe, sodann (Nr. 24) daß die Kirche keine Macht habe, Zwangsmittel anzuwenden, (Nr. 31) daß die geistliche Gerichtsbarkeit für die weltlichen Angelegenheiten der Kleriker in Civil- und Kriminalsachen und (Nr. 32) daß die persönliche Befreiung der Geistlichen von der Militärpflicht abzuschaffen, ferner (Nr. 67, 68, 71, 73, 74) daß der staatlichen Gesetzgebung die Befugniß zur Ausübung der Gesetzgebung in Ehesachen, zur Einführung der Civilehe, zur Feststellung von Ehescheidungsgründen und zur Uebertragung der Ehe- und Verlöbniß-Streitigkeiten auf die weltlichen Gerichte zukomme. Die Constit. Apostolicae sedis (s. Anm. 8 zu §. 1 d. Ges.) belegt unter I Nr. 6 mit der dem Papst besonders zur Absolution vorbehaltenen excommunicatio major latae sententiae Alle, welche direkt oder indirekt die Ausübung der kirchlichen Jurisdiktion hindern, und ferner diejenigen, welche zu diesem Zwecke sich an die weltlichen Gerichte wenden, Befehle derselben extrahiren, erlassen oder sonst Hülfe, Rath und Begünstigung dabei leisten. Da noch heute das katholische Kirchenrecht den Geistlichen das sog. privilegium fori, d. h. den ausschließlichen Gerichtsstand vor den geistlichen Gerichten sowohl in allen Civil- als auch Strafsachen zuerkennt (Richter-Dove §§. 207, 223), so verfällt, streng genommen, jeder katholische Richter, welcher einen katholischen Geistlichen wegen einer Straf- oder Civilsache verurtheilt, eben so der katholische Staatsanwalt, welcher gegen einen solchen Anklage erhebt, der erwähnten Censur.

Jede Anwendung der Strafgewalt zu den in §. 2 gedachten Zwecken ist verboten. Zunächst gegen Beamte. Denn alle Handlungen, welche diese zufolge der ihre Kompetenz, sowie ihre Befugnisse und Pflichten regelnden Gesetze vornehmen, sind solche, zu denen sie durch die Gesetze verpflichtet werden. (Vgl. O.Tr. Str.S. II v. 8. März 1877, Oppenhoff, Rechtsprechung 18 S. 178: Die Verhängung ist nur dann nach §. 2 Nr. 1 u. §. 3 Nr. 1 strafbar, wenn der davon Betroffene selbst amtlich verpflichtet war, nicht aber wenn ein Dritter eine solche Verpflichtung hatte und der erstere diesem eine freiwillige oder doch lediglich auf privatrechtlicher Verbindlichkeit beruhende Hülfe geleistet hat). Nicht minder kommt der Schutz des Gesetzes den Privatpersonen zu statten. Wegen aller Handlungen, welche der Staat von ihnen absolut verlangt, z. B. Genügung der Zeugenpflicht in einer Kriminaluntersuchung gegen einen Geistlichen vor dem weltlichen Gericht, Erfüllung der den Aeltern obliegenden Verpflichtung, ihre Kinder unter gewissen Voraussetzungen in die öffentliche Schule zu schicken, ist die Verhängung von kirchlichen Straf- und Zuchtmitteln jedenfalls ausgeschlossen. (S. auch O.Tr. Str.S. I v. 18. Juni 1875: Die Verweigerung des Abendmahls wegen erfüllter Kriegsdienstpflicht seitens eines Mennoniten-Aeltesten ist ein gesetzwidriges kirchliches Zuchtmittel, Oppenhoff, Rechtsprechung Bd. 16 S. 469.) Dasselbe muß aber auch von solchen Handlungen gelten, welche der Staat zwar nicht schlechthin absolut, aber unter gewissen Voraussetzungen verlangt, wenn auch die Herbeiführung der letzteren von dem Willen der betreffenden Person abhängt. Niemand ist zum Heirathen verbunden, wenn er aber eine rechtsgültige Ehe eingehen will, so muß er die Eheschließung vor dem Civilstandesbeamten vornehmen. Ebenso wenig zwingt der Staat einen Ehegatten zur Ehescheidung, wenn er aber eine solche rechtsgültig erlangen will, so hat er diese vor den bürgerlichen Gerichten, deren Kompetenz die katholische Kirche gleichfalls verwirft, zu beantragen. In dergleichen Fällen liegt immer eine Verpflichtung der betreffenden Person vor,

2) weil dasselbe öffentliche Wahl- oder Stimmrechte in einer bestimmten Richtung ausgeübt oder nicht ausgeübt hat [17]).

---

wenn sie überhaupt die ihr nach den Staatsgesetzen zustehenden Rechte genießen will. Das Gesetz verlangt seinem Wortlaut nach nicht, daß die Verpflichtung unbedingt sei. Ueberdies entspricht diese Auslegung auch dem Zwecke des Gesetzes, welches gerade die Ausübung aller staatsbürgerlichen Pflichten hat schützen wollen und demnach die Anwendung von Straf- und Zuchtmitteln, um Gesetze absoluter Natur illusorisch zu machen, verbieten mußte.

15) H. Das O.Tr. Str.S. II v. 15. Juli 1877, Oppenhoff, Rechtsprechung 18, 506, versteht unter Obrigkeit alle Behörden und Beamten, welche zur Erlassung allgemein verpflichtender, zur Ausführung der Gesetze dienender Anordnungen berufen sind. Gleichgültig erscheine es, ob diese Anordnungen sich zunächst nur an die untergebenen Beamten richten oder nicht. Demnach sei der Minister der geistlichen Angelegenheiten im Sinne des Gesetzes eine Obrigkeit, und eine allgemeine Verfügung, welche er zur Ausführung der für das Volksschulwesen bestehenden Gesetze über die Ertheilung des Religionsunterrichtes in der Volksschule erlassen hat, eine Anordnung der Obrigkeit in dem gedachten Sinne.

16) H. Mit dieser Vorschrift sollen auch diejenigen Anordnungen, welche nicht als Staatsgesetze im eigentlichen Sinne bezeichnet werden können, aber sowohl den Beamten wie auch den Privatpersonen Pflichten absoluter Natur auferlegen, geschützt werden. Das R.Str.G.B. §. 110 gebraucht den Ausdruck: „..... zum Ungehorsam gegen Gesetze oder rechtsgültige Verordnungen oder gegen die von der Obrigkeit innerhalb ihrer Zuständigkeit getroffenen Anordnungen auffordert....." Die im §. 2 des Ges. nicht ausdrücklich erwähnten königlichen Verordnungen sind, so weit es sich um sog. Nothverordnungen handelt, welche auf Grund des Art. 63 der Verfassungsurkunde ergehen, zu den Staatsgesetzen zu rechnen, denn für solche Fälle ist dem Könige ausdrücklich die alleinige Ausübung der gesetzgebenden Gewalt verfassungsmäßig zugesichert. Dasselbe muß von den in Gemäßheit des Art. 45 der Verfassungsurkunde erlassenen königlichen Ausführungsverordnungen gelten. Allerdings ist das Recht zum Erlaß derselben ein Ausfluß der sog. vollziehenden Gewalt, indessen behandelt sie die Verfassungsurkunde Art. 106 im Wesentlichen den Gesetzen gleich, indem sie für ihre Verbindlichkeit denselben Publikations-Modus, wie für Gesetze im eigentlichen Sinne, vorschreibt und die Prüfung ihrer Rechtsgültigkeit den Behörden, namentlich auch den Gerichten, entzieht. Unter die Anordnungen der Obrigkeit können sie schon deshalb nicht subsumirt werden, weil das Gesetz bei diesen durch die Worte: „innerhalb ihrer gesetzlichen Zuständigkeit erlassenen Anordnungen" die Erörterung der Rechtsgültigkeit hat offen lassen wollen, eine solche aber gerade für die in Rede stehende Art der Verordnungen nach der Verfassungsurkunde ausgeschlossen ist. Auch läßt sich bei der Tendenz des Gesetzes, die Beamten und Staatsbürger in der Ausübung aller von ihnen geforderten Pflichten zu schützen, nicht annehmen, daß die Anwendung von Straf- und Zuchtmitteln erlaubt sei, weil eine solche Pflicht nur durch königliche Ausführungsverordnung geboten ist. — Aus der Absicht des Gesetzes folgt weiter, daß unter: von der Obrigkeit erlassenen Anordnungen jede Anordnung zu verstehen ist, nicht, wie die preußische Praxis diesen Ausdruck in dem §. 110 des R.Str.G.B. entsprechenden §. 87 des preuß. Str.G.B. ausgelegt hat (vgl. Oppenhoff, Kommentar zum preuß. Str.G.B. zu §. 87 Nr. 1; Rüdorff, Str.G.B. für das deutsche Reich zu §. 110 Nr. 4), eine generell verpflichtende Anordnung, welche Ausfluß der gesetzgebenden Gewalt ist. Der Wortsinn des Gesetzes erfordert eine solche restriktive Interpretation nicht. Ferner fehlt in dem Gesetze eine dem §. 113 des Str.G.B. analoge Bestimmung, welche diese Auslegung für das erstere rechtfertigen könnte. Uebrigens ist auch die erwähnte Auffassung des §. 110 des R.Str.G.B. nicht einmal allgemein als richtig anerkannt, vgl. v. Schwarze, Kommentar 3. Aufl. S. 349; John in v. Holtzendorff's Handbuch des Strafrechts zu §. 110 Bd. 3 S. 106. — Die Worte: innerhalb ihrer gesetzmäßigen Zuständigkeit ergeben, daß die Anordnung der Obrigkeit sich innerhalb der Grenzen der ihr zustehenden allgemeinen materiellen Kompetenz gehalten haben und ihre Zuständigkeit für den besonderen Fall begründet gewesen sein muß, weil sonst eine Verpflichtung zur Befolgung der Verfügung oder des Befehls an und für sich nicht besteht. Gesetzmäßig ist die Zuständigkeit nicht nur, wenn sie auf Gesetzen im eigentlichen Sinne beruht, sondern auch auf allgemeinen Bestimmungen, welche den Gesetzen entsprechen. Gleichgültig ist es dagegen, ob die Anordnung auch sonst rechtmäßig ist oder nicht, O.Tr. Str.S. II v. 13. Mai 1878, Oppenhoff, Rechtsprechung 19, 275.

17) H. Unter öffentlichen Wahl- und Stimmrechten sind solche zu verstehen, welche sich auf öffentliche Angelegenheiten (vgl. auch R.Str.G.B. §. 108) beziehen, d. h. diejenigen, die kraft staatsbürgerlichen Rechtes oder innerhalb der mit besonderen staatlichen Privilegien als Anstalten des staatlichen öffentlichen Rechtes ausgestatteten Korporationen ausgeübt werden. Demnach fallen nicht bloß die Wahlen der politischen Gemeinden, sondern auch der Gemeinden der anerkannten christlichen Kirche unter das Gesetz.

§. 3. Ebensowenig dürfen derartige Straf- oder Zuchtmittel angedroht [18]), verhängt oder verkündet werden:

1) um dadurch zur Unterlassung einer Handlung zu bestimmen, zu welcher die Staatsgesetze oder die von der Obrigkeit innerhalb ihrer gesetzlichen Zuständigkeit erlassenen Anordnungen verpflichten [19]);

2) um dadurch die Ausübung oder Nichtausübung öffentlicher Wahl- oder Stimmrechte in bestimmter Richtung herbeizuführen.

§. 4. Die Verhängung [20]) der nach diesem Gesetz zulässigen Straf- und Zuchtmittel darf nicht öffentlich bekannt gemacht [21]) werden.

H. Die Gründe, welche in Betreff der ersteren maßgebend sind, treffen für die letzteren ebenfalls vollkommen zu. Auch hier soll die Wahl der Ausdruck der Gesinnung der Majorität der kirchlichen Wähler sein. Für solche Wahlen ist es ebenso wesentlich, daß diese Gesinnung sich rein und unverfälscht äußert. Die von einzelnen Kommentatoren des R.Str.G.B. zu §. 108 aufgestellte Ansicht (s. z. B. Oppenhoff a. a. O. Nr. 1), daß kirchliche Wahlen nicht zu den öffentlichen Angelegenheiten gehören, welche wesentlich durch den §. 34 Nr. 4 des R.Str.G.B. gerechtfertigt wird, deren Begründetheit aber gewichtigen Bedenken unterliegt, s. John a. a. O. zu §. 107 S. 84, erscheint für das vorliegende Gesetz jedenfalls nicht zutreffend. — Belehrungen und allgemeine tadelnde Aeußerungen der Geistlichen sind in Fällen, wo die Ausübung des Wahlrechtes vom moralischen Standpunkt aus verwerflich erscheint, nicht ausgeschlossen.

18) H. Das Wort fehlt im §. 2, weil das bloße Inaussichtstellen von Zucht- oder Strafmitteln für die Vergangenheit keinen Sinn hat, also praktisch nicht vorkommen wird. Daß auch generelle Androhungen unter den §. 3 fallen, ergiebt sich daraus, daß das Gesetz nicht die Einwirkung auf eine bestimmte Person verlangt, sondern ganz allgemein lautet und solche Verfügungen der kirchlichen Oberen nur den Zweck haben können, jedes Kirchenglied von der mit dem Zucht- oder Strafmittel bedrohten Handlung abzuhalten. Die hier festgehaltene Zusammenstellung der Worte „angedroht, verhängt oder verkündet" bezieht sich vor allem auf die dem kanonischen Recht eigenthümliche Unterscheidung von censurae latae sententiae und ferendae sententiae (s. Anm. 6 zu §. 1 dies. Ges.). Wenn ein katholisches Kirchengesetz eine Censur der ersteren Art ausspricht, so verhängt es diese dadurch schon bedingter Weise, da nur das Begehen der unerlaubten That, aber keine besondere Verhängung des Zuchtmittels durch den kirchlichen Oberen erforderlich ist. Ein derartiges Gesetz kann auch besonders verkündet werden und deshalb ist die sich darauf beziehende Bestimmung ebenfalls gerechtfertigt. Vgl. O.Tr. Str.S. II v. 14. Juni 1877, Entsch. 80, 377; Oppenhoff, Rechtspr. 18, 415 u. Hartmann, Zeitschr. f. Gesetzg. d. öffentl. Rechts 4, 358: Ein Schreiben des Papstes, worin dieser die Ausschließung der Lehrer und Lehrerinnen von den Sakramenten anordnet, falls diese den Unterricht in den Volksschulen ohne missio canonica ertheilen, fällt unter §. 3 des Ges. S. auch Anm. 32 zu §. 5 des Ges.

Eine Lücke enthält das Gesetz in so fern, als es der Einwirkung auf die Beamten mit Straf- oder Zuchtmitteln behufs Vornahme von Amtshandlungen (vgl. die analogen Vorschriften des R.Str.G.B. §§. 114 u. 333) nicht erwähnt. Ueber den Grund, weshalb die Aufnahme einer solchen Bestimmung unterlassen worden, ergiebt sich aus den Materialien nichts.

19) H. Nach O.Tr. Str.S. I v. 13. Nov. 1874, Entsch. 73 S. 432, Oppenhoff, Rechtspr. 15 S. 777, ist im Falle des §. 3 Nr. 1 die rechtsirrthümliche Annahme des Angeklagten, daß eine Verpflichtung zu derjenigen Handlung nicht bestehe, zu deren Unterlassung er Andere zu bestimmen gesucht hat, geeignet, die Strafe auszuschließen.

20) H. Verhängung bedeutet hier die von dem kirchlichen Oberen oder dem Organe der Religionsgesellschaft ausgehende Belegung einer bestimmten Person mit der Censur oder der Strafe, also das Aussprechen derselben. Die allgemeine Verhängung von zulässigen censurae latae sententiae d. h. die Publikation von Verordnungen, welche solche für die Begehung gewisser Handlungen festsetzen, ist also nicht verboten, so fern nicht etwa der Fall des §. 3 vorliegt. Es ergiebt sich dies daraus, daß die Regierungsvorlage die Worte: „der davon betroffenen Person" enthielt, und weder die Kommission noch die Mehrheit des Abgeordneten- und Herrenhauses den Grundgedanken des §. 3 angefochten, sondern erstere diesen nur näher präcisirt hat. Der Zweck des §. 4 ist, eine Art der Verhängung auszuschließen, welche die Ehre und den Ruf des Betroffenen unnütz kränkt, und über den Zweck der kirchlichen Strafe oder Censur dadurch hinausgeht, daß ihm Nachtheile zugefügt werden, welche weder dieser Zweck selbst noch ein sonstiges Bedürfniß der Kirche oder der Religionsgesellschaften fordert. Auch dieser Umstand spricht gegen die Statthaftigkeit der oben verworfenen allgemeineren Interpretation des Wortes: Verhängung.

21) H. Was der §. 4 darunter versteht, ergiebt sich deutlich aus der Verbindung des Abs. 1 mit Abs. 2. Jede Mittheilung von der Verhängung der Censur, welche nicht bloß für die Ge-

Eine auf die Gemeindemitglieder [22]) beschränkte Mittheilung [23]) ist nicht ausgeschlossen.

Die Vollziehung oder Verkündung [24]) derartiger Straf- oder Zuchtmittel darf auch nicht in einer beschimpfenden Weise [25]) erfolgen.

---

meindemitglieder bestimmt ist, soll ausgeschlossen sein, also ist die öffentliche Bekanntmachung eine solche, von welcher Dritte Kunde erhalten müssen oder auch beliebig, wenn sie nur wollen, Kunde erhalten können. Unzulässig ist demnach die Bekanntmachung der Verhängung in Zeitungen, auch selbst kirchlichen (Diözesan-, Konsistorial-, Amts-) Blättern, so fern diese, was regelmäßig der Fall ist, jedem Dritten überlassen werden, ferner durch Anschlag an den Kirchthüren innerhalb der auch Nicht-Gemeindemitgliedern zugänglichen Kirche, in einer öffentlichen Versammlung der kirchlichen Gemeindevertretung u. s. w.

H. Mit Rücksicht auf das in der Anm. 20 über den Sinn des Wortes „Verhängung" Bemerkte wird eine öffentliche Bekanntmachung darüber, daß aus Anlaß eines gegebenen Falles von dem Rechte der Kirchenzucht Gebrauch gemacht worden ist, nicht ausgeschlossen sein, so fern der Schuldige nur nicht namentlich oder in einer Weise bezeichnet wird, daß er sofort allgemein kenntlich erscheint.

H. Ferner ist zu beachten, daß nur die öffentliche Bekanntmachung der Verhängung von Straf- und Zuchtmitteln verboten ist, die Kirchen und Religionsgesellschaften also nicht gehindert sind, bloße Thatsachen, welche die Gemeinde betreffen, öffentlich, sei es von der Kanzel oder sonst, zu publiziren. Eine öffentliche Bekanntmachung, daß ein Gemeindeglied zu einer dissidentischen Sekte oder zum Judenthum übergetreten ist, fällt demnach an und für sich nicht unter das Gesetz. Tadelnde Aeußerungen, Ermahnungen und Fürbitten aber, welche sich daran gegen und für die Person des Austretenden knüpfen, sind nicht erlaubt, denn sie gehören in das Gebiet der Kirchenstrafen. Demnach erscheint eine öffentliche Verkündigung nach dem der Bekanntmachung des Konsistoriums der Provinz Brandenburg v. 27. Dez. 1870 beigefügten Formular (s. amtliche Mittheilungen des gedachten Konsistor. v. 1871 Nr. 1 u. protestant. Kirchenzeit. v. 1871 Nr. 7 S. 133) dem §. 4 gegenüber nicht mehr statthaft, und dasselbe muß von dem für die Proklamation gemischter Brautpaare gebrauchten Formular gelten; vgl. Erlaß des evangel. Ober-Kirchenraths v. 8. Nov. 1870, s. auch den durch diese Behörde unterm 17. Juli 1868 genehmigten Beschl. 182 d. XI. westfäl. Provinzial-Synode, Allg. Kirch.Bl. f. d. evang. Deutschl. Jahrg. 20. 1871 S. 187 u. Jahrg. 18. 1869 S. 672.

H. Das Gesetz beschränkt das Verbot des §. 4 nicht auf eine amtliche Bekanntmachung, demgemäß ist auch eine andere Art derselben, z. B. Einrückenlassen von Mittheilungen, wie z. B. N. N. ist in den kleinen Bann gethan oder von den Sakramenten ausgeschlossen worden, ohne daß sich die kirchliche Behörde als Urheberin der Nachricht öffentlich bezeichnet, nicht statthaft. Da das Gesetz aber allein die Ausübung der kirchlichen Straf- und Zuchtgewalt durch die Kirchen und Religionsgesellschaften, bez. durch die Organe derselben regelt, so trifft das Gesetz auch nur derartige Notizen, welche durch diese letzteren selbst oder auf ihre Anstiftung (R.Str.G.B. §. 48) in die öffentlichen Blätter gebracht worden sind. Geht daher die Mittheilung von Dritten aus, so ist deren Strafbarkeit nach den allgemeinen Gesetzen zu beurtheilen.

22) H. Die Beschränkung des Ausdrucks Gemeindemitglieder auf die Mitglieder einer Pfarrei oder Einzelgemeinde dürfte zu eng sein, da auch die übrigen derselben religiösen Gemeinschaft angehörigen Mitglieder ein Recht haben, von derartigen, nicht bloß die Einzelgemeinde interessirenden Angelegenheiten Kenntniß zu erhalten. Ferner kann es bei Personen, welche einem berechtigten Akte der Kirchenzucht unterworfen worden, die aber häufig von ihrem Domizil abwesend sind, wichtig sein, der betreffenden Einzelgemeinde, innerhalb welcher sich jene häufig aufhalten, Kenntniß zu geben, damit ihnen die Möglichkeit entzogen wird, die gegen sie verhängten Zucht- oder Strafmittel illusorisch zu machen. Das Wort „Gemeindemitglieder" nöthigt jedenfalls nicht zu einer restriktiven Interpretation.

23) H. Ob das Verhalten der Vorschrift des Gesetzes entspricht, wird bei der Mannigfaltigkeit der in Frage kommenden Fälle der thatsächlichen Feststellung unterliegen. Unter allen Umständen aber ist festzuhalten, daß das Gesetz nur dann verletzt ist, wenn die vorgeschriebenen Grenzen der Mittheilung absichtlich überschritten worden sind. Nach dem R.Str.G.B. ist die Fahrlässigkeit bei Vergehen für die Regel nicht strafbar (Berner, Lehrb. d. deutsch. Strafrechts 13. Aufl. S. 170) und auch der §. 5 des Ges. macht davon keine Ausnahme. Der Geistliche, welcher die Verkündigung in einer regelmäßig nur von den Parochianen besuchten Dorfkirche vornimmt, ist daher nicht strafbar, sollten sich auch zufällig an dem betreffenden Tage eine Anzahl anderer Personen dort eingefunden haben und sollte er selbst bei Anwendung der gehörigen Aufmerksamkeit vorher davon haben Kunde erlangen können. Wegen der Nichtkenntniß von Thatumständen, welche die Veröffentlichung als eine über die in Abs. 2 des §. 4 festgesetzte Schranke hinausgehend erscheinen lassen, vergl. übrigens auch R.Str.G.B. §. 59.

24) H. Der Ausdruck Vollziehung kommt in den bisherigen §§. des Gesetzes nicht vor, da die Vollziehung eines Straf- oder Zuchtmittels, also seine Realisation, ohne vorgängige

§. 5[26]). Geistliche[27]), Diener[28]), Beamte[29]) oder Beauftragte[30]) einer Kirche oder Religionsgesellschaft, welche den Vorschriften dieses Gesetzes (§§. 1—4.) zuwider Straf- oder

---

oder gleichzeitige Verhängung nicht denkbar ist, mithin das Verbot der letzteren auch das der Vollziehung in sich enthält. Dagegen ist neben einer durchaus nicht anstößigen Art der Verhängung wohl eine beschimpfende Art der Vollziehung, z. B. Zurückweisung des Gebannten vom Abendmahl, von der Pathenschaft u. s. w. denkbar. Eben so kann die Verkündigung, das amtliche Kundmachen der Verhängung der Strafe oder Censur, in beschimpfender Weise erfolgen.

25) H. Unter den Worten „beschimpfender Weise" kann sowohl der Bedeutung des Ausdruckes wie auch den Motiven nach nur eine Weise verstanden werden, welche die Ehre der betreffenden Person nach der öffentlichen Meinung in erheblicher oder empfindlicher Weise verletzt oder gar, wie dies bei den früher üblichen sog. beschimpfenden Strafen (Pranger, Brandmarken, Strohkranz u. s. w.) der Fall war, den Schuldigen für eine der allgemeinen Ehre und Achtung verlustige Person erklärt, bez. als solche behandelt, ihm also direkt oder indirekt jeden Anspruch auf Ehre abspricht. Verboten ist demnach die Verkündung des Anathema (d. h. der excommunicatio major in feierlicher Form).

Nicht minder wird eine Vollziehung der Beerdigung an bestimmten Stellen, z. B. an den zur Lagerung von Abfällen bestimmten Theilen des Kirchhofes, ferner Versagung der üblichen Zeichen, welche den Ort überhaupt als Begräbnißstätte kenntlich machen, Beerdigung innerhalb eines absichtlich besonders abgesteckten Platzes, welcher bloß für mit Kirchenstrafen oder Censuren belegte Personen oder für die ungetauft gestorbenen Kinder bestimmt ist, endlich Verscharren außerhalb des Kirchhofes hierher zu rechnen sein. Dagegen kann die Bestattung in einem Grabe, das nicht geweiht ist, noch nicht als eine in schimpflicher Weise vollzogene Beerdigung angesehen werden.

26) H. Vgl. hierzu noch P. Hinschius in v. Holtzendorff, Handbuch d. deutsch. Strafrechts 4. (Supplement-) Bd. S. 503.

27) H. §. 59 d. T. definirt den Begriff des Geistlichen dahin: „Diejenigen, welche bei einer christlichen Kirchengemeine zum Unterrichte in der Religion, zur Besorgung des Gottesdienstes und zur Verwaltung der Sakramente bestellt sind, werden Geistliche genannt." Legt man diesen §. auch dahin aus, was jedenfalls das Richtige ist (vgl. §§. 75, 541 ff. d. T.), daß schon die Bestellung zu der einen oder anderen Funktion ausreicht, um die betreffende Person den Geistlichen zuzuzählen, so stimmt diese Definition doch weder zu dem katholischen noch protestantischen Kirchenrecht. Nach dem ersteren ist derjenige Geistlicher, welcher die Ordination, sei es auch nur die niedrigste Weihe, ja sogar derjenige, welcher allein die Tonsur erhalten hat (Richter-Dove, K.R. §§. 103, 114; P. Hinschius, Kirchenrecht 1, 106, 117). Nach letzterem ist die Ertheilung der Ordination ebenfalls das entscheidende, wenngleich dieselbe in der evangelischen Kirche eine andere Bedeutung als in der katholischen hat (Richter-Dove §. 203; Eichhorn, K.R. 1 S. 678 ff., 698; Jacobson, evang. K.R. S. 246). Die Ordination verlangt das L.R. auch, wie der §. 63 d. T.: „Die Befugniß zur Ausübung aller geistlichen Amtshandlungen wird durch die Ordination verliehen," ergiebt; aber außerdem fordert es noch, daß der Betreffende zu den im §. 59 gedachten Handlungen bestellt sei. Für das Gesetz, welches für die gesammte Monarchie erlassen ist, also nur ein und denselben Begriff des Geistlichen aufgestellt haben kann, ist die landrechtliche Definition nicht maßgebend. Indessen steht die Sache so, daß die Differenz zwischen der landrechtlichen und der kirchenrechtlichen Anschauung praktisch gleichgültig sein wird. Die evangelische Kirche kennt für die Regel keine absoluten Ordinationen (d. h. solche, welche nicht auf ein bestimmtes Amt erfolgen), vgl. Jacobson a. a. O. S. 246, 358. Was die katholische Kirche betrifft, so sind in Deutschland und in Preußen die niedrigen Weihen heute bloß Durchgangsstufen, welche den katholischen Theologen während ihres Vorbereitungsstadiums ertheilt werden. Die Subdiakonats- und Diakonatsweihe erhalten die Kandidaten gewöhnlich bei ihrem Eintritt, resp. während des Aufenthaltes im Priester-Seminar, und die Priesterweihe erst, wenn sie zur Seelsorge qualifizirt sind. Dann wird ihnen aber auch zugleich die Approbation für diese gegeben. Demgemäß trifft die landrechtliche Definition allerdings, nach der thatsächlichen Gestaltung in so fern zu, als andere Geistliche, wie die im §. 59 bezeichneten, für die Regel keine praktischen Funktionen in den Kirchen ausüben, und diejenigen, welche nicht unter den §. 59 fallen, für den Kirchendienst noch nicht verwendet werden. Für dies Gesetz ist die Frage übrigens um so bedeutungsloser, als selbst die Pfarrgeistlichen im Allgemeinen nicht einmal das Recht besitzen, die Straf- und Zuchtgewalt auszuüben, und ferner die weiteren im §. 5 aufgeführten Kategorien alle Personen treffen, welche bei der Handhabung der fraglichen Gewalt betheiligt sein können.

H. Zweifelhaft kann es dagegen erscheinen, ob die Qualität als Geistlicher durch die Zugehörigkeit zu einer christlichen Kirche überhaupt oder nur durch die Zugehörigkeit zu einer der privilegirten christlichen Kirchen (Anm. 29 zu §. 17 d. T.) bestimmt wird. Wenn der cit. §. 59

Zuchtmittel androhen, verhängen oder verkünden[31]), werden mit Geldstrafen bis zu 200 Thalern

von „christlicher Kirchengemeine" spricht, so meint er damit, wie sich aus dem Religionsedikt ergiebt, wo im §. 2 die Herrnhuter, Mennoniten und die böhmischen Brüder nur öffentlich geduldete Sekten genannt werden, bloß die drei sog. Hauptkonfessionen. Allerdings heißt es §. 96 a. a. O.: „Die Geistlichen der vom Staat privilegirten Kirchen-Gesellschaften sind, als Beamte des Staats, der Regel nach von den persönlichen Lasten und Pflichten des gemeinen Bürgers frei", indessen wäre ein darauf gegründeter Schluß, es kenne auch Geistliche anderer als privilegirter Kirchengesellschaften, unrichtig. Denn einmal ergiebt der §. 66 a. a. O.: „Die besonderen Rechte und Pflichten eines katholischen Priesters, in Ansehung seiner geistlichen Amtsverrichtungen, sind durch die Vorschriften des Canonischen Rechts; der protestantischen Geistlichen aber, durch die Consistorial- und Kirchen-Ordnungen bestimmt", daß es nur an Geistliche der Hauptkonfessionen denkt. Da ferner der erwähnte §. 96 die Geistlichen für Beamte des Staats erklärt, andererseits aber §. 19 a. a. O. festsetzt: „Die bei solchen" (d. h. ausdrücklich aufgenommenen, mit den Rechten privilegirter Korporationen ausgestatteten) „Kirchengesellschaften zur Feier des Gottesdienstes und zum Religionsunterricht bestellten Personen haben mit anderen Beamten im Staat gleiche Rechte", so ist religiöser Beamter einer privilegirten Korporation und Geistlicher als identisch zu betrachten, und die Hinzufügung der Worte: „der vom Staat privilegirten Kirchen-Gesellschaften" im §. 96 nur ein Pleonasmus. Daher können die zur Feier der religiösen Handlungen bestellten Beamten der christlichen Religionsgesellschaften, welche, wie Herrnhuter, die separirten Altlutheraner, die Niederländischen Reformirten (Kohlbrüggianer) gewisse Vorrechte, z. B. Korporationsrechte, besitzen und im Sinne des L.R. §§. 20—26 d. T. u. II. 6 §. 22 zu den aufgenommenen, konzessionirten, nicht privilegirten Kirchengesellschaften, im Sinne des Patentes, betreffend die Bildung neuer Religionsgesellschaften v. 30. März 1847 (s. Zus. 3 zu §. 10 d. T.) zu den mit einer der drei Reichskonfessionen in wesentlicher Uebereinstimmung stehenden Religionsgesellschaften gehören, nicht als Geistliche im eigentlichen Sinne gelten. Wenn die General-Konzession für die sog. Altlutheraner (s. Zus. 4 zu §. 10 d. T.) wiederholt (s. Nr. 4 bis 7) von „Geistlichen" derselben spricht, so ist dies kein korrekter Ausdruck. Uebrigens ist die hier vertretene Auffassung auch die des Obertribunals, s. O.Tr. Str.S. I v. 9. Febr. 1859, Entsch. 40 S. 11*: „Das Strafgesetzbuch (preuß. §. 102, vgl. jetzt R.Str.G.B. §. 196) verbindet mit der Bezeichnung: Religionsdiener offenbar einen weiteren Begriff als der §. 59 II. 11 L.R. mit der eines Geistlichen. Unter dem letzteren wird nur derjenige verstanden, der in einer christlichen, öffentlich aufgenommenen Kirchengemeinde zum Unterricht in der Religion, zur Besorgung des Gottesdienstes und Verwaltung der Sakramente bestellt ist. Daß das Str.G.B. eines solchen Unterschiedes sich bewußt gewesen, erhellt aus §. 5 des Art. 12 des Einf.Ges. v. 14. April 1851 (vgl. jetzt §. 337 R.Str.G.B.), in welchem Geistliche und andere Religionsdiener neben einander gestellt werden. Es umfaßt aber die Bezeichnung Religionsdiener auch die Prediger und Religionslehrer der von dem Staate bloß geduldeten Religionsgesellschaften, und es wird unter Religionsdiener derjenige zu verstehen sein, welcher solche wesentliche Handlungen zu vollziehen hat, auf die der Zweck des betreffenden Religionsbekentnisses gerichtet ist."

28) H. In Verbindung mit dem nachfolgenden Worte: Religionsgesellschaft kann Diener nur so viel heißen, als Religionsdiener. Dieser dem R.Str.G.B. §§. 130a u. 337 entsprechende Ausdruck ist offenbar nur deshalb, weil man Religionsdiener einer Religionsgesellschaft nicht sagen konnte, vermieden worden. An Diener im Sinne eines untergeordneten Beamten, also im Sinne von Kirchendiener, Küster, Kirchenhüter, welche nur Funktionen nebensächlicher oder ganz mechanischer Natur versehen, ist deshalb nicht zu denken, weil solche Personen nach der Verfassung der Religionsgesellschaften nicht zur Androhung, Verhängung und Verkündung von Straf- und Zuchtmitteln kompetent sind, und wenn sie jemals durch besonderen Auftrag die Befugniß dazu erhalten würden, dieser Fall im Gesetze durch das Wort: Beauftragte genügend vorgesehen wäre.

29) H. Beamte der Kirchen oder Religionsgesellschaften sind alle diejenigen, welche irgend welche dem Wirkungskreise der kirchlichen Sphäre angehörigen Funktionen kraft Anstellung oder Auftrags auszuüben oder wahrzunehmen haben. Das Gesetz erwähnt dieselben neben den Geistlichen und Religionsdienern, welche ebenfalls Beamte der gedachten Art sind, weil auch Nichtgeistliche, z. B. in der evangelischen die weltlichen Mitglieder der Konsistorien (vgl. auch Zus. 17 zu §. 144 d. T. Anm. 37a), bez. der Presbyterien bei der Handhabung der Straf- und Zuchtgewalt betheiligt sind und demgemäß auch gegen das Gesetz verstoßen können.

30) H. D. h. solche Personen, welche, weil sie überhaupt keine amtliche Stellung in der Religionsgesellschaft besitzen oder kraft der ersteren nicht zur Vornahme der betreffenden Handlungen nach der Verfassung der Gesellschaft befugt sind, einen besonderen Auftrag in dieser Richtung erhalten haben.

31) H. Korrekt hätte es heißen müssen: den Vorschriften dieses Gesetzes zuwider androhen,

oder mit Haft oder mit Gefängniß bis zu einem Jahre und in schwereren Fällen mit Geldstrafen bis zu 500 Thalern oder mit Gefängniß bis zu zwei Jahren bestraft [32]).

§. 6. Die besonderen Disziplinarbefugnisse der Kirchen und Religionsgesellschaften über ihre Diener und Beamten und die darauf bezüglichen Rechte des Staats werden durch dieses Gesetz nicht berührt [33]).

Insbesondere findet das dem Staat in solchen Gesetzen vorbehaltene Recht der Entlassung von Kirchendienern wegen Verletzung der öffentlichen Ordnung unabhängig von den in §. 5. enthaltenen Strafbestimmungen statt.

Urkundlich 2c.

Zweiter Abschnitt.

Von den Mitgliedern der Kirchengesellschaften.

§. 58. Die Kirchengesellschaft besteht aus geistlichen und weltlichen Mitgliedern. Geistliche Mitglieder.

§. 59. Diejenigen, welche bei einer christlichen Kirchengemeine zum Unterricht in der Religion, zur Besorgung des Gottesdienstes, und zur Verwaltung der Sacramente bestellt sind, werden Geistliche genannt [34]).

---

verhängen, verkünden oder vollziehen, um dadurch auch dem Abs. 3 des §. 4 gerecht zu werden. Die Straflosigkeit der beschimpfenden Vollziehung von Straf- und Zuchtmitteln hat durch diese Omission, bez. Inkorrektheit jedenfalls nicht ausgesprochen werden sollen. Eine solche Annahme würde der Tendenz des Gesetzes vollkommen widersprechen. Zudem kann unter dem „verhängen" im weiteren Sinne nicht bloß das Aussprechen oder die Auferlegung einer Censur oder Strafe, sondern auch die Realisation einer solchen verstanden werden.

32) H. Die nach §. 5 zu bestrafenden Handlungen, deren Thatbestand mit genügender Klarheit aus den §§. 1—4 sich ergiebt, sind Vergehen, vgl. §. 1 R.Str.G.B. Daraus folgt: a) daß der Versuch nicht strafbar ist (R.Str.G.B. §. 43 Abs. 2). b) Jeder Verstoß gegen eins der Verbote des Gesetzes, z. B. Verhängung der großen Exkommunikation wegen Eingehung der Civilehe und Verkündung derselben in beschimpfender Form, ist als besonderes Vergehen nach §. 74 des R.Str.G.B. zu bestrafen. c) Wegen der Theilnahme im weiteren Sinne, also wegen der Mitthäterschaft (die mehreren Mitglieder eines Konsistoriums verhängen durch gemeinschaftlichen Beschluß ein gesetzlich unzulässiges Zuchtmittel), der Anstiftung (der Bischof befiehlt einem Pfarrer die große Exkommunikation namentlich zu verkünden), wegen der Beihülfe (der Bischof droht auf Rath der Mitglieder der Diöcesan-Synode ein unzulässiges Strafmittel an), kommen die Grundsätze des R.Str.G.B. §§. 47 ff. zur Anwendung. Die Strafbarkeit des Gehülfen wird daher auch nicht dadurch ausgeschlossen, daß der Thäter (der Papst) als exterritorial straflos ist, s. das Anm. 18 zu §. 3 des Ges. cit. Erk. d) Was das Verhältniß der den Thatbestand der Vergehen ergebenden Bestimmungen des Gesetzes zu den Vorschriften der einzelnen Kirchen oder Religionsgesellschaften über die Befugniß zur Ausübung der Straf- und Zuchtgewalt und die Art der Ausübung der letzteren betrifft, so genügt es zur Strafbarkeit, daß gegen das Gesetz verstoßen worden ist, wenngleich die betreffende Handlung nach den kirchlichen Vorschriften nichtig ist, z. B. weil der Bischof die Exkommunikation ohne die vorgeschriebenen vorgängigen Mahnungen, der General-Vikar sie ohne die erforderliche spezielle Ermächtigung des Bischofs verhängt hat (Kober a. a. O. S. 156, 74). Es folgt dies aus der Fassung der gesetzlichen Verbote, welche ganz allgemein lauten, sowie daraus, daß derartige Nichtigkeitsgründe gewöhnlich weder für die betheiligte Person noch für Dritte klar am Tage liegen, also auch in derartigen Fällen, man denke z. B. an die beschimpfende Verkündung einer nichtigen Exkommunikationssentenz, ganz derselbe Erfolg eintritt, wie wenn die betreffende Handlung kirchlich gültig und unanfechtbar wäre. Derselben Ansicht O.Tr. Str.S. II v. 25. Jan. 1877, Entsch. 79, 419; Oppenhoff, Rechtspr. 18, 72.

33) H. Dadurch ist ausgedrückt, daß die in dem Gesetze über die kirchlichen Disziplinarstrafen v. 12. Mai 1873 ausgesprochenen Grundsätze unabhängig neben den in diesem Gesetz gegebenen Schranken der kirchlichen Straf- und Zuchtmittel überhaupt stehen. — Ueber das nähere Verhältniß der beiden Gesetze zu einander vergl. Anm. 83 zu Zus. 15 bei §. 124 d. T.

34) Jüdische Rabbiner sind nicht als Geistliche im gesetzlichen Sinne anzusehen und haben daher auf Grund des Ges. v. 11. Juli 1822 §§. 10 ff. keinen Anspruch auf Befreiung von Kommunalabgaben. Der Art. 109 der Verf.Urk. hat hierin nichts geändert. H. Vergl. im Uebrigen Anm. 27 zu Zus. 9. S. auch Anm. 31 zu §. 19 d. T.

Erfordernisse derselben.

§. 60. Niemand darf ohne Vorwissen und Genehmigung derjenigen, deren Einwilligung zur Wahl einer Lebensart erfordert wird, zu einem geistlichen Amte sich bestimmen. (Tit. 2. §. 109. sqq. Tit. 18. Abschn. 6.)[35])

10. Gesetz über die Vorbildung und Anstellung der Geistlichen. Vom 11. Mai 1873. (G.S. S. 191.)

Wir ꝛc. verordnen, mit Zustimmung beider Häuser des Landtages, für den Umfang der Monarchie, einschließlich des Jadegebiets, was folgt:

I. Allgemeine Bestimmungen.

§. 1. Ein geistliches Amt[36]) darf in einer der christlichen Kirchen[37]) nur einem Deutschen[38])

---

35) H. An Stelle des letzten Citates tritt jetzt die Vorm.Ordn. v. 5. Juli 1875 §§. 27, 28.

36) H. Die Motive des Regierungs-Entwurfes (Drucks. des Abg.H. 11. Legisl.Per. III. Sess. 1872—1873 Nr. 95 S. 17) bemerken: „Der Gesetz-Entwurf hat nur das geistliche Amt zum Gegenstande, bezieht sich mithin nicht auf alle kirchlichen Aemter. Unter dem Ausdruck: „geistliches Amt" ist der Terminologie des L.R. und dem neueren Sprachgebrauch entsprechend jedes Amt verstanden, dessen Inhaber die Seelsorge über einen bestimmten Kreis von Personen zusteht. L.R. II. 11 §§. 59 und 60; Richter's Lehrb. d. K.R. 6. Aufl. §. 118 i. f. — Der Ausschluß der jurisdiktionellen Aemter beruht auf der Erwägung, daß einerseits die Kurat-Geistlichen es sind, welche durch die Seelsorge und den Beichtstuhl auf das Volk einen unmittelbaren Einfluß üben, der unter Umständen zu einer Gefährdung des Staatswohles führen kann, und andererseits einem Mißbrauch der Amtsgewalt auf dem Gebiete der Jurisdiktion vorzubeugen, die Aufgabe besonderer gesetzlicher Regelung ist."

Unter „Amt" versteht das Gesetz einen fest bestimmten, größeren oder geringeren Kreis von (geistlichen) Befugnissen oder Funktionen, deren Verwaltung einer Person übertragen wird, also Amt im weit. Sinne, nicht beneficium im Sinne des kanon. Rechts, d. h. das mit einem Kirchenamte verbundene, aus kirchlichem Vermögen fließende, fest radizirte Einkommen für den Inhaber desselben oder ein Kirchen-Amt, welches mit einem solchen Einkommen verbunden ist (Schulte, Syst. d. K.R. S. 238 ff.; dess. Lehrb. d. K.R. S. 217; Phillips, Lehrb. d. K.R. 2. Auflage S. 129; P. Hinschius, K.R. 2, 364, 366). Dieses ergiebt sich aus Folgendem: Das Beneficium im eig. Sinne setzt ein mit dem Amte fest verbundenes Einkommen, eine feste Fundation, auf welcher es ruht, voraus. Es darf ferner nur dauernd übertragen und allein aus bestimmten Gründen entzogen werden (Phillips a. a. O. S. 130; Schulte, Syst. S. 307). Das Gesetz bezieht sich dagegen auch auf Aemter, welche nur widerruflich verliehen werden (s. §§. 2, 19), z. B. auf die sog. Missions-Pfarreien (vgl. zu §. 18), die keine Beneficien sind, und hebt diejenigen Aemter, welche diese letztgedachte Natur besitzen, ausdrücklich im §. 18 („der Erledigung der Pfründe") besonders hervor.

Die mitgetheilten Motive fassen „geistliches Amt" als gleichbedeutend mit: „Seelsorge-Amt" auf, nicht, wie der Kultusminister bei der Berathung des Abänderungsges. v. 11. Juli 1883 (folg. Zus. 12) erklärt hat, als: „jedes kirchliche Amt, mit welchem die Vornahme von heiligen, eine Ordination voraussetzenden Handlungen verbunden ist", Kommissionsbericht, Drucksach. d. Hauses d. Abgeordn. 15. Legisl.Pr. I. Sess. 1882/1883 Nr. 277 S. 5. Obschon das Gesetz das Seelsorge-Amt vorzüglich im Auge hat, so rechtfertigt doch weder das L.R. noch der Sprachgebrauch diese absolute Identifizirung. Nach §. 59 d. T. ist Geistlicher derjenige, welcher bei einer christlichen Kirchengemeinde zum Unterricht in der Religion oder zur Besorgung des Gottesdienstes oder zur Verwaltung der Sakramente bestellt ist. Wenn der §. 60 a. a. O. demnächst fortfährt: „Niemand darf ohne Vorwissen und Genehmigung derjenigen, deren Einwilligung zur Wahl einer Lebensart erfordert wird, zu einem geistlichen Amt sich bestimmen", so versteht er unter „geistlichem Amt" das Amt eines Jeden, welcher die erwähnten Funktionen, sei es sämmtlich, sei es bloß einzelne Arten derselben, auszuüben hat. Demgemäß muß auch das Amt eines katholischen Kaplans, welcher ein festes Beneficium besitzt und nur die Verpflichtung hat, dem Pfarrer Aushülfe beim Gottesdienst zu leisten (so O.Tr. Erk. v. 14. Febr. 1874 bei Hartmann, Ztschr. f. öffentl. Recht Bd. 1 S. 151 u. Str.S. II v. 8. Okt. 1874, Oppenhoff, Rechtsprechung 15 S. 654), ferner ein Primissar- (Frühmesser-) Beneficium (s. P. Hinschius, Kirchenrecht 2 S. 322 Nr. 1) für ein geistliches Amt erachtet werden. Zu einem andern Resultat nöthigt auch nicht die sprachliche Bedeutung der Worte. „Geistliches Amt" ist im Gegensatz zu dem weiteren Ausdruck: „Kirchen-Amt" ein solches, mit dem rein geistliche, also gottesdienstliche, seelsorgerische und lehramtliche Funktionen verbunden sind (so auch d. O.Tr. Str.S. II v. 6. April 1876, Oppenhoff Rechtspr. 17, S. 267), und wenn auch die gesammte Seelsorge darunter fällt, so genügen doch schon einzelne derselben, welche nicht seelsorgerlicher Natur zu sein brauchen (s. die eben angeführten Beispiele), um den Begriff des geistlichen Amtes zu konstituiren. Dieser allgemeinen sprachlichen und landrechtlichen Bedeutung desselben gegenüber kann die restringirende Auffassung der Motive, welche keine Gesetzeskraft haben, nicht maßgebend sein. Das um so weniger, als der angeführte Grund nicht bloß für die Kurat-Aemter, sondern auch für diejenigen Aemter, welche ihrem Wesen nach zur Aushülfe neben einem Seelsorge-Amt bestimmt sind, zutrifft. Wenn endlich §. 2 alle diejenigen, welche eine Stellvertretung oder Hülfsleistung in einem geistlichen Amt leisten, dem Erwerber eines solchen gleich behandelt, so muß namentlich mit Rücksicht auf die Motive des §. 2 angenommen werden, daß das Gesetz dieselben Anforderungen auch an solche Personen hat stellen wollen, welche Hülfe und Stellvertretung kraft eines darauf hingehenden festen Amtes leisten. Dieser Fall ist aber im §. 2 nicht vorgesehen (s. zu §. 2), und er würde auch bei der restringirenden Auslegung der Motive nicht von dem §. 1 gedeckt werden. Jedoch erklärt das Reskr. des Min. d. geistl. Angel. v. 3. Aug. 1874 (bei Herrfurth, preuß. u. deutsch. Gesetzgebung vom Mai 1873 u. 1874 S. 69), daß die Kanonikate und Domvikariate keine geistlichen Aemter i. S. des Gesetzes seien, und diese Auffassung hat auch der Kultusminister noch 1883, obschon er eine die oben gedachten Stellungen mit begreifende Definition des geistlichen Amtes gegeben hat (s. am Anfang dieses Absatzes), vertreten. Vgl. den cit. Kommiss.Ber.

H. Gemäß den vorstehenden Ausführungen ist in der evangelischen Kirche ein geistliches Amt im Sinne des §. 1 das Pfarr-Amt, nach protestantischer Auffassung das geistliche Amt κατ' ἐξοχήν (vgl. Richter-Dove, K.R. §. 158), gleichviel, ob dasselbe in einer Gemeinde von einem Amtsträger allein wahrgenommen wird, oder ob mehrere Geistliche kraft eines besonderen für jeden derselben bestehenden Amtes in verschiedenen Stellungen (als pastor primarius, Oberpfarrer, resp. zweiter Pfarrer oder Prediger oder Archidiakon u. s. w., vgl. Jacobson, K.R. S. 246; §§. 439 ff. d. T.) gemeinschaftlich nach einer bestimmten Vertheilung der Geschäfte die Pfarrseelsorge versehen. Ferner fällt unter den §. 1 das Amt der festangestellten Hülfsgeistlichen oder Hülfsprediger. Dagegen können die Aemter der Superintendenten und der General-Superintendenten nicht für geistliche Aemter im Sinne des §. 1 erachtet werden. Sind diese Stellen auch fast überall mit Pfarrämtern kombinirt, bei deren Uebertragung der §. 1 zur Anwendung kommt, so weit letztere nicht durch §. 28 ausgeschlossen ist, so besteht ihr Wesen doch in der Wahrnehmung bestimmter Befugnisse des landesherrlichen Kirchenregiments, ihr Amt ist also ein Amt regimentlicher Natur, von dessen Verwaltung ein Laie nicht einmal absolut ausgeschlossen sein würde, vgl. Jacobson, K.R. S. 186, 190; Richter, Beiträge S. 63, 67 und die Instruktion für die General-Superintendenten v. 14. Mai 1829, u. A. bei Vogt a. a. O. 1 S. 191. In dieser ihrer Stellung haben die gedachten Amtsträger keine geistlichen Funktionen im eigentlichen Sinne wahrzunehmen. Allerdings ist ihnen mehrfach (s. z. B. den General-Superintendenten in den 6 östlichen Provinzen, den Superintendenten in Rheinland und Westfalen) die Ordination der Geistlichen vorbehalten, diese ist aber ebenfalls kein rein gottesdienstlicher, rein geistlicher Akt, vielmehr liegt in ihr zugleich eine regimentliche Thätigkeit, nämlich die Berufung zum geistlichen Amt.

H. In der katholischen Kirche ist zunächst an und für sich das Bischofs-Amt ein geistliches Amt im Sinne des §. 1. Dem Bischof steht freilich auch die äußere Leitung seiner Diözese zu und in so weit ist sein Amt ein regimentliches oder jurisdiktionelles. Andererseits ist derselbe aber zugleich der allgemeine Seelsorger seines Sprengels, welcher für letzteren alle Rechte des ordo und des magisterium wahrzunehmen hat, P. Hinschius, Kirchenrecht 2 S. 40, 261, 308. Die Anwendbarkeit des §. 1 auf die Aemter der preußischen Diözesan-Bischöfe wird indessen durch den §. 29 Abs. 1 des Ges. modifizirt. Die Weihbischöfe, welche in allen altpreußischen Diözesen vorkommen, und bei deren Ernennung durch den Papst der Staat auf Grund eines besonderen Rechtstitels nicht mitzuwirken hat, haben gleichfalls ein geistliches Amt im Sinne des §. 1. Daß ihre Stellung als Amt anzusehen ist, kann keinem Zweifel unterliegen. Zwar üben sie nur im Auftrage und statt des Diözesan-Bischofs die Weiherechte desselben aus, aber immerhin hat sich der Kreis der ihnen übertragenen Befugnisse fest fixirt, und sie sind ferner in Preußen eine herkömmliche Institution geworden, deren fortdauernde Unterhaltung nach der Bulle: De salute animarum v. 16. Juli 1821 (vgl. s. v. „inspectis autem" u. „super publicis regni sylvis", Zus. 64 zu §. 1022 d. T.) vom Staate übernommen ist. Die Stellung des Weihbischofs muß daher als Amt betrachtet werden. Aber auch die Qualität: „geistlich" wird dem letzteren beizulegen sein, da die dem Weihbischof zukommende Ausübung der Weiherechte, z. B. die Ertheilung der Ordination, der Firmung, der Konsekration der Kirchen, ferner die Spendung des Bußsakramentes und die Absolution in den dem Bischof vorbehaltenen Reservatfällen, die Feier der Pontifikalhandlungen für den Bischof und die Ausübung der Predigt statt des letzteren, vgl. P. Hinschius, Kirchenrecht a. a. O. S. 178, 40, zweifellos dem Gebiet der geistlichen Funktionen angehören. Ueber die Schwierigkeit, welche bei der Anwendung der Vorschriften des Gesetzes auf die Weihbischöfe entsteht, vgl. zu §. 15.

H. Desgleichen trifft für die Kanonikate der bischöflichen Kirchen, so weit für diese nicht der §. 29 Abs. 1 des Ges. mit in Frage kommt, d. h. so weit sie der bischöflichen Besetzung unterliegen — und dies sind alle in den sog. gleichen Monaten (Februar, April, Juni,

übertragen werden[39]), welcher seine wissenschaftliche Vorbildung nach den Vorschriften dieses Gesetzes[40]) dargethan hat und gegen dessen Anstellung kein Einspruch von der Staatsregierung[41]) erhoben worden ist.

August, Oktober und Dezember) zur Erledigung kommenden Stellen, sowie die Stelle des Dechanten, vgl. die citirte Bulle „s. v. Futuro autem tempore ac successivis" — der §. 1 gleichfalls zu. (S. aber das zu Abs. 3 a. E. Bemerkte.) Den Kanonikern liegt kraft ihres Amtes die Verpflichtung zur täglichen Verrichtung des Gottesdienstes, zur Abhaltung der sog. Konventual-Messe und ferner zur Assistenz bei dem die Pontifikalien celebrirenden Bischof ob (P. Hinschius, Kirchenrecht a. a. O. S. 88, 141). Ihr Amt ist also ein geistliches (s. §§. 1125 ff., 1139 d. T.). Nicht minder gilt dies von den an den einzelnen Domkirchen festangestellten Vikarien (den mitunter sog. Domkaplänen), welche neben den Domherren die Pflicht zum Chordienst und zur Aushülfe in der Seelsorge, z. B. zum Beichthören und Predigen haben (P. Hinschius, Kirchenrecht a. a. O. S. 84), sodann von den Pfarrern, mögen sie eine rein geographisch oder personal bestimmte Parochie leiten, sowie endlich von den Aemtern, deren Inhaber zur Hülfsleistung bei den den Pfarrern obliegenden Geschäften verpflichtet sind, also der Kapläne, Vikare, Sacellane, Primissare, und der außerhalb des Pfarrsitzes residirenden Vikare, Expositen, Lokalisten, Lokal-Kapläne (s. P. Hinschius, Kirchenrecht a. a. O. S. 321 u. 323). Wenn d. O.Tr. Str.S. II i. Erk. v. 4. Mai 1876, Oppenhoff, Rechtsprechung 17, 318, angenommen hat, daß die Bestellung eines Pfarrers zum ordentlichen Beichtvater der Nonnen eines außerhalb seiner Pfarrei gelegenen Klosters, so fern dasselbe nicht etwa eine eigene Pfarr- oder Filial-Gemeinde bildet, nicht als Uebertragung eines besonderen geistlichen Amtes anzusehen sei, so erscheint dies bedenklich, weil in diesem Falle dem Pfarrer ein ganz bestimmter Kreis seelsorgerischer Funktionen über eine genau bestimmte Personenzahl zugewiesen wird.

H. Dagegen sind die Aemter des General-Vikars und des Kapitelsverwesers, welche nur zur Ausübung der bischöflichen Jurisdiktionsbefugnisse berechtigen (s. Hinschius, K.R. Bd. 2 S. 213, 240), nicht geistliche Aemter im Sinne des Gesetzes.

37) H. D. h. in einer der Anm. 29 zu §. 17 d. T. gedachten privilegirten Kirchen.

38) H. Dies ist Jeder, welcher die deutsche Reichsangehörigkeit besitzt, gleichviel ob der Betreffende von einer nichtdeutschen (von polnischer, dänischer, wallonischer u. s. w.) Nationalität ist, oder als Fremder erst die Reichsangehörigkeit durch Naturalisation erlangt hat. Vgl. übrigens über den Erwerb und Verlust der Reichsangehörigkeit das Ges. v. 1. Juni 1870 (B.G.Bl. S. 355, s. a. a. O. S. 648 u. 657), sowie Ges. v. 22. April 1871 §. 9 (B.G.Bl. S. 89).

H. Das Minist.Reskr. v. 25. Febr. 1851 (Beiträge z. preuß. K.R. Heft 1 S. 56) ist durch §. 1 beseitigt. Wenn dasselbe die dauernde Berufung von ausländischen Geistlichen auf katholische Kirchenämter des Inlandes zwar für statthaft, aber andererseits die Ausweisung derselben, so fern sie nicht die Aufnahme in den preußischen Unterthanen-Verband nachgesucht haben, für zulässig erklärt, so ist die letztere Befugniß jetzt gegenüber den Angehörigen des deutschen Reichs aufgehoben, dagegen trifft das erstere für Ausländer (Nichtdeutsche) nicht mehr zu, weil diese überhaupt vom Erwerbe geistlicher Aemter ausgeschlossen sind.

H. Diese Vorschrift hat indessen das Ges., betr. Abänderung der kirchenpolitischen Gesetze v. 31. Mai 1882 (Zus. 70 zu §. 1043 d. T.) Art. 3 Abs. 2 dahin modifizirt, daß der Minister der geistlichen Angelegenheiten ermächtigt ist, nach den durch das Staatsministerium mit königlicher Genehmigung festzustellenden Grundsätzen ausländischen Geistlichen die Vornahme von geistlichen Amtshandlungen zu gestatten. Die Uebertragung eines geistlichen Amtes ist aber nicht zugelassen.

39) H. D. h. das Amt soll weder ohne die im Gesetze vorgeschriebenen Voraussetzungen erworben werden können (s. auch §. 17), noch dürfen die geistlichen Oberen die ihnen bei der Uebertragung zukommenden Befugnisse, gleichviel ob ihnen die freie Verleihung des Amtes zusteht oder die letztere durch Patronatrechte, Wahlrechte der Gemeinden u. s. w. beschränkt ist, den Vorschriften des §. 1 zuwider wahrnehmen. Vergl. hierzu auch das Deklarationsges. v. 21. Mai 1874 Art. 1 u. 2 (im folg. Zus. 11).

H. Die Gewährung des sog. landesherrlichen Tischtitels, d. h. des für die Erlangung der höheren Weihen erforderlichen, sicheren Unterhaltes seitens des Staates (P. Hinschius, Kirchenrecht 1 S. 72), welche in einzelnen Diözesen vorkommt, ist allerdings nicht Uebertragung eines Amtes. Der Tischtitel bereitet aber die Anstellung in einem solchen vor. Er ermöglicht dem Kandidaten die Erlangung der dafür nöthigen Ordination und sichert diesem die Sustentation bis zur Anstellung und bis zum Genuß eines Amtseinkommens. Deshalb kann er nicht an Personen, welche überhaupt kein Amt und Beneficium erwerben können, verliehen werden, und es kommen daher für seine Gewährung die Vorschriften des §. 1 zur Anwendung.

40) H. Vgl. §§. 4—14, §§. 26 u. 27 des Ges.

§. 2. Die Vorschriften des §. 1. kommen zur Anwendung[42]), gleichviel, ob das Amt dauernd oder widerruflich übertragen[43]) werden oder nur eine Stellvertretung oder Hülfsleistung[44]) in demselben statthaben soll. Ist Gefahr im Verzuge[45]), so kann eine Stellvertretung

---

41) H. Vgl. §§. 15—17, 28, 29 u. das Anm. 39 angeführte Gesetz.

42) H. So weit sie nicht einmal durch das Anm. 38 Abs. 3 citirte Gesetz in Betreff der Ausländer und ferner in Betreff der Beseitigung des staatlichen Einspruchsrechtes durch Ges., betr. Abänderungen der kirchenpolitischen Gesetze v. 14 Juli 1880 Art. 5 (Zus. 69 zu §. 1043 d. T.) und Ges., betr. Abänderungen der kirchenpolitischen Gesetze v. 11. Juli 1883 Art. 1 u. 3 (s. den folg. Zus. 12) aufgehoben sind.

43) H. Darunter sind alle denkbaren Arten der Uebertragung begriffen, nämlich die dauernde Uebertragung eines festen Amtes, eines Beneficiums, der regelmäßige Fall, ferner die nur widerrufliche Uebertragung eines Amtes der letzteren Art, welche in neuerer Zeit trotz der entgegenstehenden Vorschriften des kanonischen Rechtes in einzelnen preußischen Diözesen beinahe zur Regel geworden war, endlich die widerrufliche Uebertragung eines solchen Amtes, welches, wie die Sukkursal- und Missions-Pfarreien seinem kirchlichen Charakter nach nur in dieser Weise vergeben werden kann. Für die Uebertragung von Seelsorge-Aemtern, deren Inhaber unbedingt abberufen werden dürfen, welche also auch nur widerruflich übertragen werden, findet aber die Vorschrift des §. 1 über das Einspruchsrecht keine Anwendung mehr, s. das vor. Anm. cit. Ges. v. 11. Juli 1883 Art. 1 Nr. 1.

44) H. Hier handelt es sich im Gegensatze zu den Fällen der Anm. 43 um die Vornahme geistlicher Handlungen kraft einer provisorischen, aushülfeweisen Stellung, also nicht um ein Amt, dessen Träger derartige Dienste zu leisten hat. Das ergiebt namentlich der letzte Satz des §.

Unter Stellvertretung ist die Ausübung der Rechte des Amtes für den Amtsinhaber in vollem Umfange gemeint; sie kommt namentlich bei Pfarr-Aemtern vor, so lange die erledigte Stelle noch nicht wieder besetzt oder wenn der Pfarrer abwesend oder zur Fortführung seines Amtes physisch unfähig geworden ist. Die Hülfsleistung bedingt ihrem Begriffe nach, daß der eigentliche Amtsträger selbst fungirt und dabei nur die unterstützende Thätigkeit eines Anderen konkurrirt. Es handelt sich also hier um Geistliche, welche, wie die Hülfspriester, Hülfsprediger, gewisse Geschäfte neben dem Amtsträger und unter dessen Leitung vollziehen. Daß diese bei der Amtshandlung, welche sie vornehmen, den letzteren gleichfalls vertreten, liegt auf der Hand. Dennoch läßt sich die Stellvertretung von der Hülfsleistung sondern und zwar deshalb, weil die erstere in dem vorhin dargelegten Sinne niemals eine Hülfsleistung ist. Ihre hauptsächlichste praktische Anwendung findet die Bestimmung des Gesetzes auf die Anstellung von Pfarr-Vikaren, Pfarr-Verwesern, Pfarr-Administratoren, Koadjutoren, ferner von Adjunkten, Kaplänen, Pfarrgehülfen, Kooperatoren (vgl. über diese Richter-Dove, K.R. §§. 143, 160; P. Hinschius, Kirchenrecht a. a. O. S. 318).

§. 2 bezieht sich auf solche Fälle, wo die Stellvertretung oder Hülfsleistung nur eine einmalige oder von kurzer Dauer sein soll (z. B. auf die Vertretung eines plötzlich verhinderten oder auf wenige Tage verreisten Geistlichen).

Eben so ist es gleichgültig, ob die Ermächtigung eine spezielle oder generelle ist. Die letztere liegt dann vor, wenn dem Geistlichen nach der Priesterweihe eine generelle approbatio pro cura ertheilt und er damit ermächtigt wird, geistliche Amtshandlungen, z. B. die Spendung der Sakramente in allen Pfarreien der Diözese nur mit Genehmigung des betreffenden Pfarrers (consensu tamen eorum quorum inter est, heißt es in den gebräuchlichen Approbationsurkunden) vorzunehmen, so auch O.Tr. Str.S. II v. 4. Mai u. 21. Okt. 1875, Oppenhoff 16 S. 238, 679. S. ferner Str.S. I v. 18. Okt. 1876, a. a. O. 17 S. 672: Die vor Erlaß der Kirchengesetze durch die missio canonica in der Person eines Geistlichen begründete Befähigung, die Vertretung oder Hülfsleistung in einer andern Pfarrei zu übernehmen, entbindet nicht von der Beobachtung jener Gesetze, wenn erst unter der Herrschaft derselben der Fall der Vertretung wirklich eingetreten ist, so auch R,G. v. 10. Nov. 1879, Hartmann, Zeitschr. 6 S. 50. Dagegen hat der Str.S. II v. 6. April 1876, a. a. O. 17. S. 236, angenommen, daß die Ausübung geistlicher Amtshandlungen auf Grund einer vor Erlaß des oben stehenden Gesetzes ertheilten approbatio canonica nach Erlaß desselben nicht unter das letztere fällt, und i. Erk. v. 3. Okt. 1876, a. a. O. S. 628, daß dies auch von dem Fall gilt, wo sich der geistliche Obere in einer solchen approbatio pro cura die Ueberweisung des Approbirten an einen bestimmten Pfarrer noch vorbehalten hat. Nach dem Anm. 42 angeführten Ges. v. 11. Juli 1883 Art. 1 Nr. 2 entfällt aber das Erforderniß des Einspruchsrechtes bei der Anordnung einer Hülfsleistung oder Stellvertretung in einem geistlichen Amte, so fern letztere nicht in der Bestellung des Verwesers eines Pfarr-Amtes (Administrators, Provisors ꝛc.) besteht.

oder Hülfsleistung einstweilen und vorbehaltlich des Einspruchs[46]) der Staatsregierung angeordnet werden.

H. Auf *Hauskapläne* findet der §. 2 Anwendung, wenn sie bei der Vornahme der geistlichen Funktionen thatsächlich als Gehülfen des Pfarrers erscheinen, also wenn sie öffentlich in der Hauskapelle Gottesdienst abhalten, zu dem außer der Familie des Besitzers auch andere Personen aus der Pfarrei zugelassen werden, s. auch O.Tr. Str.S. II v. 25 Febr. 1874, Entsch. 74 S. 327, oder wenn sie in der Kapelle eigentliche Pfarrverichtungen, wie z. B. Taufen, Ehe-Einsegnungen, vollziehen, weil die Kapellen für solche nicht bestimmt sind.

45) H. D. h. wenn die Nothwendigkeit einer Stellvertretung oder Hülfsleistung nicht vorherzusehen war und mit der geistlichen Handlung nicht gewartet werden kann (z. B. Ertheilung des von einem Schwerkranken begehrten Abendmahls, Vornahme der Trauung, wenn Alles für die Hochzeitsfeier angeordnet ist und für den Geistlichen ein Hinderungsgrund so plötzlich eintritt, daß die Hochzeitsfeier ohne Verletzung der Interessen der Betheiligten nicht mehr verschoben werden kann). In solchen Ausnahmefällen cessirt die Pflicht, die für die Erhebung des Einspruchs vorgeschriebene Frist (vgl. §§. 15, 17 des Ges.) mit der Uebertragung der Stellvertretung oder Hüfsleistung zu warten; es darf aber mit einer solchen nur ein Geistlicher, welcher nach den sonstigen Bestimmungen des §. 1 fähig ist, betraut werden. Ferner ist die Anzeige einer solchen Deputirung an den Oberpräsidenten erforderlich, weil das Einspruchsrecht immer vorbehalten ist, und der letztere daher behufs Ausübung desselben Kenntniß von derartigen Fällen erhalten muß (vgl. auch die folgende Anm.). Etwaige Weiterungen, welche aus dieser zur Verhütung von Umgehungen des §. 1 nothwendigen Vorschrift hervorgehen, konnten sich sehr einfach dadurch vermeiden lassen, daß solchen Geistlichen, neben denen nicht dauernd Hülfsgeistliche fungiren, ein für alle Mal auf eine bestimmte längere Zeitperiode ein oder mehrere benachbarte Amtsbrüder für Verhinderungsfälle unter Beobachtung der Anforderungen des Gesetzes substituirt wurden.

H. *Diese Ausnahmebestimmung hat jetzt aber gegenüber der Einschränkung des Einspruchsrechtes durch die neue Gesetzgebung*, s. die vorhergehenden Anm. 42 u. 44 Abs. 4, *ihre praktische Bedeutung eingebüßt.* Sie kann nur Anwendung finden, wenn die Anordung der Stellvertretung in der Bestellung eines Pfarramtsverwesers besteht oder wenn ein nicht gesetzmäßig angestellter Geistlicher eine Amtshandlung als Stellvertreter oder eine Hülfsleistung ausüben soll oder will.

46) H. Der Einspruch, welcher in einem solchen Fall unter analoger Anwendung der Vorschriften des §. 15 Abs. 3 innerhalb 30 Tagen nach dem Eingange der amtlichen Anzeige geltend zu machen ist, kann nur die Wirkung haben, die Vornahme von geistlichen Funktionen für die Folgezeit auszuschließen, bez. strafbar zu machen. Von praktischer Bedeutung ist dies nur dann, wenn die angeordnete Stellvertretung, z. B. die beim Absterben des Amtsinhabers wegen Gefahr im Verzuge stattgehabte Bestellung des Vikars, für eine längere zukünftige Zeit Folgen äußert, nicht aber, wenn es sich um Vornahme eines einmaligen oder auch mehrerer Geschäfte handelt, welche bereits erledigt sind. Mit Rücksicht darauf entsteht die Frage, ob der Oberpräsident, welcher gegen die beauftragte Person Einspruch zu erheben berechtigt war, letzteren hinterher in der Weise geltend machen darf, daß er die Deputirung dieser Person für alle zukünftigen Fälle untersagen kann. Dies muß verneint werden. Denn das Gesetz kennt keinen allgemein, für die Zukunft wirkenden Einspruch, vielmehr nur einen solchen, welcher in einem gewissen gegebenen Fall die Uebertragung eines bestimmten Amtes oder bestimmter geistlicher Funktionen hindert (s. §§. 1, 15, 17). Die Gewähr gegen dolose Benutzungen der in Rede stehenden Ausnahmebestimmung zur Umgehung des §. 2 liegt in den Worten: „Ist Gefahr im Verzuge". Von dem Vorhandensein einer solchen kann dann nicht die Rede sein, wenn die Nothwendigkeit einer Stellvertretung längst hervorgetreten ist. Wird z. B. einem altersschwachen gebrechlichen Pfarrer deshalb kein dauernder Gehülfe bestellt, weil der geistliche Obere Einspruch gegen die von ihm in Aussicht genommene, dem Domizil des Pfarrers nahe wohnende Persönlichkeit fürchtet, und diese für alle plötzlich verlangten geistlichen Funktionen (letzte Oelung, Kranken-Kommunion u. s. w.) stets in einzelnen Fällen amtirt, so findet hier die Ausnahme des Schlußsatzes des §. 2 keine Anwendung.

H. O.Tr. Str.S. II v. 21. Juni 1876, *Oppenhoff* 18, 459: Es ergiebt sich der Natur der Sache nach, daß auch dem einzelnen Geistlichen nicht hat verboten werden sollen, selbstständig eine Stellvertretung oder Hülfsleistung für den einzelnen Fall ohne zuvorige Anzeige beim Oberpräsidenten vorzunehmen. In einem solchen Falle ist der betreffende Geistliche auch zu einer nachträglichen Anzeige an den Oberpräsidenten jedenfalls nicht verpflichtet, wenn eine einmalige Amtshandlung in Frage stand, sonach der dem Oberpräsidenten zustehende Einspruch ohne Gegenstand gewesen sein würde. Das ist in so fern richtig, als das Gesetz (s. §. 15) nicht dem Geistlichen, sondern dem kirchlichen Obern die Anzeigepflicht auflegt. Dieser letztere hat

§. 3. Die Vorschriften des §. 1. kommen, vorbehaltlich der Bestimmungen des §. 26., auch zur Anwendung, wenn einem bereits im Amte (§. 2.) stehenden Geistlichen[47]) ein anderes geistliches Amt übertragen[48]) oder eine widerrufliche Anstellung in eine dauernde verwandelt[49]) werden soll.

---

sie aber in solchen Fällen, denn es handelt sich für den Oberpräsidenten nicht bloß um den Einspruch, sondern auch um die Veranlassung der Feststellung, ob der wirklich gedachte Ausnahmefall vorgelegen hat.

47) H. Gleichviel, ob diesem sein bisheriges Amt dauernd oder widerruflich übertragen worden ist. Dies ergiebt das Citat zu §. 2 zu „Amt".

48) H. Also bei jeder Versetzung in ein anderes Amt im Sinne des §. 1 oder bei widerruflicher Uebertragung eines andern statt des bisherigen, mag dieses letztere dauernd oder auf Widerruf verliehen gewesen sein. Für die Regel wird in diesen Fällen von den im §. 1 enthaltenen Bestimmungen nur die Vorschrift über das Einspruchsrecht, so weit sie nicht jetzt, s. Anm. 43 a. a. O., beseitigt ist, praktisch werden, denn die Reichsangehörigkeit und die erforderliche wissenschaftliche Vorbildung des schon in der einen oder andern Art in Preußen angestellten Geistlichen muß bereits bei der ersten Anstellung vorhanden gewesen und festgestellt sein. In vollem Umfange kommt aber der §. 1 dann zur Anwendung, wenn der betreffende Geistliche bisher ein Amt außerhalb Preußens verwaltet hat.

49) H. Hier handelt es sich um die dauernde Uebertragung des bisher von dem Geistlichen widerruflich innegehabten Amtes, während in den Fällen der Anm. 48 entweder eine Versetzung oder beim Verbleiben des Geistlichen an demselben Orte doch die Uebertragung eines andern Amtes vorausgesetzt wird. Eine ausdrückliche Bestimmung darüber, ob der §. 1 auch Anwendung findet, wenn ein schon angestellter Geistlicher mit einer Stellvertretung betraut werden soll, enthält der §. 3 nicht. Daraus kann aber nicht hergeleitet werden, daß für diesen Fall der §. 1 cessirt. Derselbe ergiebt in Verbindung mit §. 2 den allgemeinen Grundsatz, daß bei jeder Uebertragung von geistlichen Funktionen, sei diese eine dauernde, oder eine widerrufliche, oder nur eine stellvertretende, oder aushelfende, die gesetzlichen Erfordernisse vorliegen müssen. Der §. 3 exemplifizirt dieses Prinzip — um einem etwaigen Zweifel vorzubeugen — auf die in Anm. 48 besprochenen Fälle. Hinsichtlich der Stellvertretung und Hülfsleistung war dies aber bei der ganz generell lautenden Vorschrift des §. 2 nicht erforderlich. So weit es sich aber um das Einspruchsrecht in diesen Fällen handelt, modifizirt sich jetzt das Bemerkte mit Rücksicht auf die Anführungen in Anm. 42 u. 44 Abs. 4 a. a. O. und Anm. 19 zu Zus. 12 Art. 3.

Zur besseren Veranschaulichung, in welchem Umfange die §§. 1—3 zu folge der mehrfachen Aenderungen der erwähnten späteren Gesetze noch in Geltung stehen, mag folgende, mit Rücksicht auf dieselben vorgenommene neue Redaction derselben hier Platz finden:

§. 1. Ein geistliches Amt darf in einer der christlichen Kirchen nur einem Deutschen übertragen werden, welcher seine wissenschaftliche Vorbildung nach den Vorschriften dieses Gesetzes dargethan hat, und gegen dessen Anstellung kein Einsprnch von der Staatsregierung erhoben worden ist.

§. 1a. Ausländern kann die Vornahme von geistlichen Amtshandlungen in Preußen durch den Minister der geistlichen Angelegenheiten gestattet werden. Die Grundsätze, nach welchen dies zu geschehen hat, sind vom Staatsministerium mit königlicher Genehmigung festzustellen.

§. 2. Die Vorschriften des §. 1 über die deutsche Reichsangehörigkeit und die wissenschaftliche Vorbildung kommen zur Anwendung, gleichviel, ob das Amt dauernd oder widerruflich übertragen worden oder nur eine Stellvertretung oder Hülfsleistung in demselben stattfinden soll.

§. 3. Die Vorschriften des §. 1 über die deutsche Reichsangehörigkeit und die wissenschaftliche Vorbildung kommen vorbehaltlich der Bestimmung des §. 26 auch zur Anwendung, wenn einem bereits im Amte (§. 2) stehenden Geistlichen ein anderes geistliches Amt übertragen oder eine widerrufliche Anstellung in eine dauernde verwandelt werden soll.

§. 3a. Dem Einspruchsrechte des §. 1 unterliegt nicht:

1) die Uebertragung von Seelsorgeämtern, deren Inhaber unbedingt abberufen werden dürfen,
2) die Anordnung einer Hülfsleistung oder einer Stellvertretung in einem geistlichen Amte, so fern letztere nicht in der Bestellung des Verwesers eines Pfarramts (Administrators, Provisors 2c.) besteht,
3) die Vornahme von geistlichen Amtshandlungen seitens gesetzmäßig angestellter Geistlichen, wenn diese Amtshandlungen in dem Bezirke eines anderen geistlichen Amtes vorgenommen werden, ohne daß dabei die

II. Vorbildung zum geistlichen Amte.

§. 4. Zur Bekleidung eines geistlichen Amts[50]) ist die Ablegung der Entlassungsprüfung[51]) auf einem Deutschen Gymnasium[52]), die Zurücklegung eines dreijährigen theologischen Studiums auf einer Deutschen Staats-Universität[53]), sowie die Ablegung einer wissenschaftlichen Staatsprüfung[54]) erforderlich[55]).

Absicht bekundet wird, dort ein geistliches Amt vorzunehmen, oder wenn von einem Geistlichen, welcher mit der Stellvertretung oder Hülfsleistung in einem geistlichen Amte gesetzmäßig beauftragt ist, nach Erledigung des Amtes Amtshandlungen, zu welchen er zufolge seiner Stellvertretung oder Hülfsleistung ermächtigt ist, ausgeübt werden.

So fern Gefahr im Verzuge obwaltet und die Anwendung des §. 1 über das Einspruchsrecht nicht nach Abs. 1 dieses §. ausgeschlossen ist, kann eine Stellvertretung oder Hülfsleistung einstweilen und vorbehaltlich Genehmigung der Staatsregierung angeordnet werden.

50) H. Hierunter ist auch die Stellvertretung und Hülfsleistung in einem geistlichen Amte zwar nicht dem Wortlaute, aber der Struktur des Gesetzes nach begriffen. §. 1 stellt die wissenschaftliche Vorbildung als nothwendiges Erforderniß hin, welches in §§. 4 ff. näher spezialisirt wird. Da §. 2 die Vorschriften des §. 1 auf die eben gedachten Stellungen für anwendbar erklärt, so ist damit folgeweise auch die Geltung der §§. 4 ff. ausgesprochen.

51) H. D. h. die die Reife für Universitätsstudien feststellende Prüfung, für welche selbstverständlich die geltenden Vorschriften des betreffenden Bundesstaates, dem das Gymnasium angehört, maßgebend sind. Für Preußen kommt in Frage die K.O. v. 25. Juni 1834 nebst Reglement für die Prüfung der zur Universität abgehenden Schüler v. 4. Juni 1834, v. Kamptz, Annal. d. preuß. inner. Staatsverwalt. Bd. 17 S. 375, mit den späteren Ergänzungen und Abänderungen abgedruckt in der Schrift: Das preuß. Abiturienten-Prüfungs-Reglement v. 4. Juli 1834. 2. Aufl. Berlin 1869. Vergl. auch Zus. zu II. 12 §. 64.

52) H. Auf einer die allgemeine Vorbildung für die Universitätsstudien gewährenden Anstalt, welche sich in einem deutschen Bundesstaate befindet und unter staatlicher Oberleitung und Kontrole steht. Rein private Anstalten, wenngleich sie dieselben Ziele wie die Gymnasien verfolgen sollten, sind keine Gymnasien im Sinne des Gesetzes, wie sie denn auch kein Recht darauf haben, daß bei ihnen die vorgeschriebene Entlassungs-Prüfung abgehalten wird.

53) H. Es sind hier nur die Hochschulen der einzelnen Bundesstaaten gemeint (s. auch stenogr. Ber. des Abg.H. S. 1555). Mithin bleibt für die evangelischen Theologen ein Studium auf den Schweizer Universitäten Bern, Basel und Zürich, für die katholischen auf den österreichischen Universitäten, z. B. Wien, Innsbruck, Prag, an welchen allen in deutscher Sprache gelehrt wird, für die Erfüllung des Trienniums außer Betracht. Der Staatsuniversität steht gleich jede andere Universitätsanstalt, welcher, wenngleich sie nicht Universität im eigentlichen Sinne ist, doch hinsichtlich des theologischen Studiums dieselben Rechte vom Staate beigelegt worden sind, so z. B. die theologisch-philosophische Akademie zu Münster.

54) H. Vgl. §. 8. Uebrigens ist die K.O. v. 30. Juni 1841 (Zus. zu II. 12 §. 129), wonach 3 Semester auf einer preußischen Universität zugebracht werden müssen, in so weit beseitigt, als sie ein staatliches Erforderniß für die Ausbildung der Studenten der Theologie festsetzt, der Oberpräsident wird also auf Grund des §. 16 Nr. 1 des Ges. nicht deswegen Einspruch erheben können, weil der Kandidat nicht 3 Semester in Preußen studirt hat. Dagegen hat die Vorschrift der Kabinetsordre noch in so weit, als sie eine auch von der kirchlichen Gesetzgebung ausgegangene Norm ist, d. h. für das kirchliche Gebiet Geltung. Die evangelischen Kirchenbehörden können also den vorgeschriebenen Besuch der preußischen Universitäten verlangen. So auch d. R. d. evang. Ober-Kirchenraths v. 30. Juni 1872, Aktenstücke d. evang. O.K.R. Bd. 7 S. 101, u. R. d. Kult.Min. v. 27. Febr. 1875, Allg. Kirchenblatt Jahrg. 1876 S. 317. A. M. Thudichum, deutsch. Kirchenrecht d. 19. Jahrh. Leipzig 1877. 2, 41, weil der Staat durch die Aufhebung solcher Vorschriften nicht in die berechtigte Selbstständigkeit der Kirchen eingreife und man bei der andern Ansicht den Kirchenoberen das Recht einräume, auch den Besuch bestimmter Universitäten zu verbieten und zu befehlen. Dieses Raisonnement beweist aber nur, daß das Gesetz die Anordnung, welche Thudichum in ihm enthalten findet, hätte treffen können. Da es dieselbe aber nicht getroffen hat, folgt daraus, daß es allein für beide Kirchen bestimmte Erfordernisse über den Bildungsgang im staatlichen Interesse aufstellt. So weit diese nicht berührt werden, hat es also den Kirchen für ihre Bestimmungen freie Hand gelassen.

55) H. Für die evangelischen Theologen, welche bisher schon das Abiturienten-Examen ablegen und das Triennium auf der Universität absolviren mußten (Jacobson, K.R. S. 352), führt der §. als etwas Neues die wissenschaftliche Staatsprüfung ein. Mit Rücksicht auf die Vorschrift des §. 27 war aber diese Neuerung von geringem Belang. In Betreff der

§. 5. Der Minister der geistlichen Angelegenheiten ist ermächtigt, mit Rücksicht auf ein vorangegangenes anderes Universitätsstudium, als das der Theologie, oder mit Rücksicht auf ein an einer außerdeutschen Staats-Universität zurückgelegtes Studium, oder mit Rücksicht auf einen sonstigen, besonderen Bildungsgang [56]) von dem vorgeschriebenen dreijährigen Studium [57]) an einer Deutschen Staats-Universität einen angemessenen Zeitraum zu erlassen [58]).

---

katholischen Kirche galt früher der §. 61 d. T. in Verbindung mit der Dienstinstruktion für die Konsistorien v. 23. Okt. 1817 §. 4 Nr. 5, G.S. S. 237, wonach dem Oberpräsidenten die Beaufsichtigung der von den geistlichen Behörden abgehaltenen Prüfungen übertragen war. Seit Erlaß, resp. seit Einführung der preuß. Verf.Urk. hatte aber der Staat auf jede Kontrole über die Vorbildung und das Prüfungswesen der katholischen Geistlichen verzichtet. Dem bisherigen faktischen Zustand gegenüber hat also das Gesetz, dessen Vorschriften die älteren Bestimmungen, so weit sie durch die Verf.Urk. nicht aufgehoben waren, beseitigen, eine einschneidende und erhebliche Neuerung gemacht. Selbstverständlich ist die Min.Verf. v. 25. Febr. 1851 (Beiträge z. preuß. K.R. Heft 1 S. 56), wonach es nicht in den Befugnissen der Staatsgewalt liegt, einen im Besitz des preußischen Staatsbürgerrechtes befindlichen Geistlichen von der Berufung zu geistlichen Aemtern auszuschließen, weil derselbe ausländische Bildungs-Anstalten besucht hat, beseitigt. Andererseits ist aber auch das Verbot der Anstellung von preußischen Geistlichen, die sich im Auslande haben weihen lassen, K.O. v. 23. Dez. 1845, G.S. 1846 S. 21, wenn nicht schon durch die Verf.Urk. Art. 15 u. 18, jedenfalls durch das vorliegende Gesetz fortgefallen.

Neben dem §. 4 kommt aber nunmehr noch Art. 3 Abs. 1 des Abänderungsges. v. 31. Mai 1882 (s. Zus. 70 zu §. 1043 d. T.) in Betracht. Danach sind von der Ablegung der Staatsprüfung diejenigen Kandidaten befreit, welche durch Vorlegung von Zeugnissen den Nachweis führen, daß sie die Entlassungsprüfung auf einem der im §. 4 bezeichneten Gymnasien abgelegt, sowie ein dreijähriges Studium auf einer der gedachten Universitäten zurückgelegt und während dieses Studiums Vorlesungen aus dem Gebiete der Philosophie, Geschichte und deutschen Literatur mit Fleiß gehört haben. Vgl. übrigens auch Anm. 64 Abs. 3 zu §. 6 des Ges.

56) H. D. h. wenn die Ueberzeugung gewonnen wird, daß der Betreffende sich auch ohne das vorschriftsmäßige Studium der Theologie die nöthigen Kenntnisse erworben hat, wenn also z. B. ein Lehrer nur Philologie studirt, sich aber nach Absolvirung der Universität eingehend mit der Theologie beschäftigt und seine Qualifikation durch theologische Arbeiten dargethan hat. — Die Grenzen für die dem Minister übertragene Dispensationsgewalt, bei deren Ueberschreitung er sich materiell verantwortlich machen würde, ergeben sich aus dem Zweck der hier in Rede stehenden Bestimmungen. Derselbe geht dahin, einen Klerus zu erhalten, welcher eine gegen einseitige und befangene Richtungen bewahrende wissenschaftliche Bildung besitzt, und eine die selbstständige Charakterentwicklung fördernde Erziehung genossen hat. Giebt der Bildungsgang, welcher im Wege der Dispensation ausnahmsweise für genügend erachtet werden soll, in den erwähnten Beziehungen nicht die erforderlichen Garantien, so ist die Dispensation zu verweigern. Keinesfalls darf sie ertheilt werden, wenn die theologischen Studien in einer ausschließlich unter Aufsicht der geistlichen Oberen stehenden Lehranstalt absolvirt sind. Geistliche mit dieser Vorbildung will das Gesetz gerade vom Kirchendienst ausschließen; ihre Zulassung im Wege der Dispensation würde daher direkt gegen dasselbe verstoßen.

57) H. Nur auf den Erlaß dieses, nicht der beiden andern im §. 4 festgesetzten Erfordernisse erstreckt sich die Dispensationsbefugniß.

58) H. Der Erlaß des ganzen Trienniums ist nach dem Wortlaut des §. dem Minister nicht freigestellt; mindestens wird also immer das Studium während eines Semesters zu verlangen sein.

Das Reskr. des Kult.Min. v. 20. Febr. 1874 (P. Hinschius, preuß. Kirchengesetze von 1874 u. 1875 S. 204) erklärt, daß diejenigen Studirenden der katholischen Theologie, welche in Innsbruck ganz oder theilweise ihr Studium absolviren, nicht auf die im §. 5 zugelassene Dispensation zu rechnen haben.

Das Abänderungsges. v. 31. Mai 1882 (s. Anm. 55) Art. 3 Abs. 2 hat dem Kultusminister noch weitere Dispensationsbefugnisse gegeben. Danach ist er befugt, von allen Erfordernissen des §. 4, also von der Nothwendigkeit der Ablegung der Abiturientenprüfung auf einem deutschen Gymnasium, des dreijährigen Studiums auf einer Staatsuniversität, endlich auch, wenn nicht schon nach Art. 3 Abs. 1 des cit. Ges. (s. Anm. 55) eine gesetzliche Befreiung eintritt, auch von der Ablegung der wissenschaftlichen Staatsprüfung zu dispensiren. In der Ausübung dieser Dispensationsrechte ist er abweichend von §. 5 des oben angeführten Gesetzes in so weit beschränkt, als die Grundsätze, nach denen die Dispensationen ertheilt werden sollen, vom Staatsministerium unter königlicher Genehmigung festzustellen sind.

§. 6. Das theologische Studium kann in den bei Verkündigung dieses Gesetzes in Preußen bestehenden, zur wissenschaftlichen Vorbildung der Theologen bestimmten kirchlichen Seminaren[59]) zurückgelegt werden, wenn der Minister der geistlichen Angelegenheiten anerkennt[60]), daß dieses Studium das Universitätsstudium zu ersetzen geeignet sei.

Diese Vorschrift findet jedoch nur auf die Seminare an denjenigen Orten Anwendung, an welchen sich keine theologische Fakultät befindet, und gilt nur für diejenigen Studirenden, welche dem Sprengel[61]) angehören[62]), für den das Seminar errichtet ist.

Die im ersten Absatze erwähnte Anerkennung darf nicht verweigert werden, wenn die Einrichtung der Anstalt den Bestimmungen dieses Gesetzes[63]) entspricht und der Minister der geistlichen Angelegenheiten den Lehrplan derselben genehmigt[64]).

---

59) H. Für die katholische Kirche hat das Tridentinum (Sess. XXIII c. 18 de ref.) die Errichtung von Seminarien, d. h. Anstalten, in denen die aufgenommenen Knaben erzogen werden und sowohl die nöthige allgemeine, wie auch die spezielle wissenschaftliche und praktische theologische Vorbildung erhalten sollen, verordnet, vgl. Walter, K.R. §. 202; Schulte, Lehrb. S. 535. In Deutschland sind die Anordnungen des Tridentinums indessen fast gar nicht zur praktischen Ausführung gelangt. Bis zum Erlaß des Gesetzes hat vielmehr in Preußen der Zustand obgewaltet, daß diejenigen, welche sich dem geistlichen Stande widmeten, an einem Gymnasium oder einer besonderen Anstalt die Gymnasialbildung erhielten, dann vielfach an einer Universität, mitunter auch an einer eigens dafür bestimmten, unter geistlicher Leitung stehenden Anstalt (von Manchen Klerikal-Seminar genannt) ihre theologischen Studien, und demnächst in dem sog. Priester- (oder auch Klerikal-) Seminar noch einen Kursus zur unmittelbaren praktischen Vorbildung für das geistliche Amt absolvirten. Anstalten, welche gleichzeitig allen eben gedachten Bildungszwecken, wie die Seminarien des Tridentinums dienten, existirten nicht. Eine weitere Verschiedenheit wurde dadurch bedingt, ob ein den Tridentinischen Seminarien wesentliches Moment bei den einzelnen vorhin charakterisirten Anstalten oder wenigstens während der einen oder andern Bildungsstufe, nämlich das gemeinschaftliche Zusammenwohnen und die gemeinschaftliche Erziehung unter geistlicher Aufsicht und Leitung vorhanden war. Unter Festhaltung dieser verschiedenen Gesichtspunkte wird die Terminologie im §. 6 und in den weiteren §§. 7, 9, 11, 14 leicht verständlich sein.

H. Der §. 6 versteht, wie sein Inhalt ergiebt, unter einem „zur wissenschaftlichen Vorbildung der Theologen bestimmten kirchlichen Seminar" eine Anstalt, „welche das Universitätsstudium ganz oder theilweise ersetzen soll", er betrifft nicht die Priesterseminare, in welche man eintritt, nachdem man die akademischen Studien beendigt hat, ebenso wenig die Knaben-Seminare und endlich auch nicht Konvikte, d. h. Anstalten, welche sich darauf beschränken, die jungen Leute zu einem gemeinschaftlichen Leben zusammenzuführen und in denen höchstens Repetitionen über gehaltene Vorlesungen vorgenommen werden.

60) H. Die Anerkennung, daß das Studium an diesen Seminaren das Universitätsstudium zu ersetzen geeignet sei, liegt nicht in der Aufrechterhaltung der Seminare durch das Gesetz, sondern sie muß besonders vom Minister der geistlichen Angelegenheiten ertheilt werden. Erst dadurch tritt die vom Gesetz offen gelassene Vergünstigung ein. Diese kann aber nur Seminaren an solchen Orten gewährt werden, an denen sich keine theologische Fakultät einer Staatsuniversität oder einer derselben gleichstehenden Anstalt befindet.

61) H. D. h. dem Amtsbezirke, der Diözese, bez. dem etwa von dem Bischof verwalteten Delegaturbezirke, vgl. Zus. zu §. 1022 d. T.

62) H. Da Abs. 2 es zu verhindern bezweckt, daß die Vorschrift des §. 4 durch allgemeine Zulassung der Theologie Studirenden zu den anerkannten Seminaren illusorisch wird, so kann das Wort: „angehören" nur so viel bedeuten als: „durch die Lebensverhältnisse an den betreffenden Sprengel gebunden sein". Die Beschränkung des Wortes auf die durch eigenen Wohnsitz, Wohnsitz der Aeltern oder der Vormundschaft bewirkte Zugehörigkeit würde zu eng sein. „Angehören" ist kein fester juristischer Begriff. Demnach würde also derjenige, welcher sein gesetzliches Domizil in der Diözese A. hat, aber bei Verwandten in der Diözese B. erzogen wird, auch das Seminar derselben besuchen können, denn er gehört der Diözese B. durch seine Lebensverhältnisse an.

63) H. Vgl. §§. 9, 10—12. Es muß also der Lehrplan, und wenn mit dem Seminar ein Konvikt verbunden ist, die Hausordnung und das Reglement der Anstalt, dem Oberpräsidenten vorgelegt, die Revision der Anstalt gestattet werden, und die Qualifikation der Lehrer den Vorschriften der §§. 11 u. 12 entsprechen.

64) H. Derselbe muß mit Rücksicht darauf, daß das Studium an diesen Anstalten das Studium an einer Universität ersetzen soll, so angelegt sein, daß er ein wissenschaftliches Studium

§. 7. Während des vorgeschriebenen Universitätsstudiums dürfen die Studirenden einem kirchlichen Seminare[65]) nicht angehören.

§. 8. Die Staatsprüfung hat nach zurückgelegtem theologischen Studium statt. Zu derselben darf nur zugelassen werden, wer den Vorschriften dieses Gesetzes über die Gymnasialbildung und theologische Vorbildung vollständig genügt hat.

Die Prüfung ist öffentlich und wird darauf gerichtet, ob der Kandidat sich die für seinen Beruf erforderliche allgemeine wissenschaftliche Bildung[66]), insbesondere auf dem Gebiete der Philosophie, der Geschichte und der Deutschen Literatur erworben habe.

Der Minister der geistlichen Angelegenheiten trifft die näheren Anordnungen über die Prüfung[67]).

§. 9. Alle kirchlichen Anstalten, welche der Vorbildung der Geistlichen dienen[68]) (Knaben=

---

der Theologie und ihrer Hülfswissenschaften ermöglicht. Ist dies der Fall, so wird mit Rücksicht auf den Zweck des Gesetzes die Genehmigung nicht versagt werden dürfen. Jedenfalls ist der Minister aber andererseits nicht berechtigt, beliebig die Anerkennung zu ertheilen, vielmehr ist sie gleichfalls dadurch bedingt, daß die Anstalt den vorhin gedachten Erfordernissen entspricht, weil diese in den citirten §§. allgemein für alle geistliche Bildungs= und Erziehungs=Anstalten aufgestellt sind.

Wird die Anerkennung verweigert, so ist dies zweckmäßiger Weise auch zur Kenntniß aller Betheiligten, der Lehrer und Zöglinge, sowie des großen Publikums durch öffentliche Bekanntmachung zu bringen, ein Verfahren, das übrigens in der Praxis beobachtet worden ist. Staatszuschüsse, welche einer derartigen Anstalt bisher gezahlt worden sind, müssen unter der eben angegebenen Voraussetzung gleichfalls zurückgezogen werden. Eine solche Anstalt dient nicht mehr dem Zweck, zu welchem sie vom Staat bisher unterstützt ist, vielmehr ist ihr Zweck ein gesetzmäßig nicht mehr anerkannter und erfüllbarer, welchen der Staat weder befördern kann noch darf.

Nach Art. 3 des Abänderungsges. v. 31. Mai 1882 (vgl. Anm. 55 Abs. 2) stehen Zeugnisse der im §. 6 gedachten, vom Kultusminister anerkannten Seminare für Kandidaten, welche dem bezeichneten Sprengel angehören, daß diese auf dem Seminar Vorlesungen aus dem Gebiete der Philosophie, Geschichte und deutschen Literatur mit Fleiß gehört haben, den Universitätszeugnissen gleich, d. h. ein dadurch geführter Nachweis befreit von der Ablegung der wissenschaftlichen Staatsprüfung (§. 4).

Für die evangelische Kirche ist der §. 6 bedeutungslos. Für dieselbe giebt es keine Bildungsanstalten, welche den Zweck verfolgen, das Universitätsstudium zu ersetzen.

65) H. Dem Zusammenhang und dem Zweck des Gesetzes nach sind darunter die Anm. 59 gedachten Anstalten verstanden, welche das Universitätsstudium ersetzen sollen, nicht aber können diejenigen Seminare betroffen sein, welche die Universität selbst bei den einzelnen Fakultäten, also auch bei der theologischen Fakultät, einrichtet, um praktische Uebungen zu betreiben, die historischen und literarischen Studien für die Fächer der Theologie zu fördern u. s. w.

66) H. Die Prüfung soll sich erstrecken auf diejenigen allgemeinen wissenschaftlichen Fächer, welche im unmittelbaren Zusammenhange mit dem theologischen Studium stehen. Die wichtigsten sind in den folgenden Worten: „insbesondere ꝛc." spezialisirt. Absolut ausgeschlossen ist die Prüfung in andern Fächern (also z. B. in der Pädagogik, in den klassischen Sprachen) nicht, jedoch dürfen diese nur eine nebensächliche Stellung neben den ausdrücklich hervorgehobenen einnehmen. Die Instruktion (s. Anm. 67) hat sich indessen darauf beschränkt, im §. 2 als Gegenstände der Prüfung nur die im Gesetz ausdrücklich genannten drei Fächer zu bezeichnen, verlangt aber im §. 7 A „Bekanntschaft mit denjenigen Systemen wissenschaftlicher Pädagogik, welche in den letzten zwei Jahrhunderten einen nachhaltigen Einfluß auf Erziehung und Unterricht gehabt haben."

67) H. Dies ist geschehen durch die Instruktion v. 26. Juli 1873, s. am Schlusse des Kommentars dieses Gesetzes.

68) H. D. h. alle von der Kirche gestifteten, ihr gehörenden, ihr überwiesenen oder von ihr geleiteten Anstalten, welche den Zweck haben, für den geistlichen Beruf durch Unterricht und Erziehung vorzubereiten und auszubilden, gleichviel, ob auch einzelne Individuen, welche sich nicht bestimmt dem geistlichen Stande widmen wollen, aufgenommen werden. Den Gegensatz dazu bilden, es fallen also nicht unter das Gesetz: 1) Bildungs= und Erziehungs=Anstalten, welche nicht kirchliche in dem eben gedachten Sinne sind, ebenso wenig 2) Anstalten, welche nur den Schülern eines Gymnasiums (ohne Rücksicht auf deren künftigen Beruf) Pension gewähren und ihr Leben außer der Schule unter geregelte Aufsicht stellen, also z. B. Gymnasial=Konvikte oder Alumnate.

seminare[69]), Klerikalseminare[70]), Prediger- und Priesterseminare[71]) Konvikte ꝛc.), stehen unter Aufsicht des Staats.

Die Hausordnung und das Reglement über die Disziplin in diesen Anstalten[72]), der Lehrplan der Knabenseminare und Knabenkonvikte, sowie derjenigen Seminare, für welche die im §. 6. bezeichnete Anerkennung ertheilt ist, sind dem Oberpräsidenten der Provinz von dem Vorsteher[73]) der Anstalten vorzulegen.

Die Anstalten unterliegen der Revision[74]) durch Kommissarien[75]), welche der Oberpräsident ernennt.

§. 10. An den im vorstehenden Paragraphen gedachten Anstalten darf als Lehrer oder zur Wahrnehmung der Disziplin[76]) nur ein Deutscher[77]) angestellt werden, welcher seine wissenschaftliche Befähigung nach Vorschrift des §. 11. dargethan hat und gegen dessen Anstellung kein Einspruch von der Staatsregierung erhoben worden ist.

---

69) H. Mit diesem Worte beginnt die Aufzählung der für die Anm. 68 näher charakterisirten Anstalten üblichen Bezeichnungen. Der §. hat diese in der Parenthese aufgeführt, weil die Bedeutung der einzelnen Ausdrücke eine verschiedene ist, und daher eine Spezialisirung zur Beseitigung von Zweifeln erforderlich erschien. Namentlich wird dies geboten mit Rücksicht auf diejenigen Anstalten, welche dazu bestimmt sind, die Gymnasien zu ersetzen (Knaben-Seminare, -Konvikte). Letztere sind in Preußen nicht vollkommen nach dem Muster des Tridentinums organisirt gewesen, und es tritt daher ihr Charakter vielfach nicht klar hervor. Unter Knabenseminaren hat man diejenigen Anstalten, welche ein vollständiges Unterrichts-System haben, unter Konvikten aber solche, in denen die Zöglinge gemeinsam wohnen und, ohne daß das Institut völlig ausreichenden Unterricht gewährt, erzogen werden, zu verstehen.

70) H. Vgl. Anm. 59 u. 65.

71) H. Die Prediger-Seminare der evangelischen Kirche dienen zum Zwecke der praktischen Vorbereitung auf das geistliche Amt und der Erweiterung und Vertiefung der theologischen Kenntnisse, so z. B. das Prediger-Seminar in Wittenberg, das Domkandidaten-Stift in Berlin (Aktenstücke d. evang. Ober-Kirchenraths Bd. 2 S. 101), das Prediger-Seminar in Fraudorf bei Stettin (a. a. O. Bd. 6 S. 154). Diese Seminare nehmen daher nur solche Theologen auf, welche mindestens das Universitätsstudium vollendet oder bereits das erste theologische Examen (so das Domkandidaten-Stift in Berlin und Fraudorf), mitunter auch für die Regel allein diejenigen, welche das zweite Examen bestanden haben (so Wittenberg, Aktenstücke des Ober-Kirchenraths Bd. 2 S. 100). Einzelne derselben vereinigen auch die Kandidaten zur Hausgenossenschaft, bilden also gleichzeitig Konvikte (so Berlin, Wittenberg). Uebrigens übte der Staat über dieselben bisher schon eine gewisse Aufsicht aus.

Unter Priester-Seminaren versteht das Gesetz die Anstalten der katholischen Kirche, welche, eben so wie die evangelischen Priester-Seminare, den Theologen die letzte abschließende Bildung, namentlich in praktischer Beziehung, zu geben bezwecken.

72) H. Es müssen also an den Oberpräsidenten eingereicht werden: die Hausordnung und das Reglement über die Disziplin aller in Abs. 1 aufgeführten Anstalten. Wenn dagegen nur die Vorlegung der Lehrpläne der Knaben-Seminare und Knaben-Konvikte, sowie derjenigen Anstalten, welche das Universitätsstudium zu ersetzen geeignet sind, verlangt wird, so erklärt sich dies aus der Tendenz des Gesetzes, die spezifisch praktische theologische Vorbildung der Kirche frei zu überlassen.

73) H. Dies ist jede Person, welche die Anstalt thatsächlich leitet.

74) H. Sie kann beliebig von dem Oberpräsidenten angeordnet werden. Die Revision wird sich auf den Personalbestand der Anstalt, die Beschaffenheit der Lokalitäten, die Behandlung und Verpflegung der Zöglinge, sowie den Unterricht in den Anstalten zu erstrecken haben. Die Kommissarien sind also berechtigt, den Unterrichtsstunden beizuwohnen, selbst auch in denjenigen Anstalten, deren Lehrplan nicht vorgelegt zu werden braucht, weil die Staatsbehörden sich davon Ueberzeugung verschaffen müssen, daß diese sich innerhalb der ihnen gestatteten Grenzen halten, und daß die Vorschriften des Gesetzes (§§. 6, 7) nicht etwa durch Anstalten, welche eine auf eine andere Bestimmung deutende Bezeichnung führen, umgangen werden.

75) H. Da dem Oberpräsidenten die Wahrnehmung des jus circa sacra zusteht und die von ihm zur Ausübung der fraglichen Befugnisse ernannten Kommissarien ihre Berechtigung von ihm ableiten, so ist er auch berechtigt, die Revision selbst vorzunehmen. Das Gesetz giebt ihm nur das Recht, sich vertreten zu lassen, verpflichtet ihn aber nicht dazu.

76) H. Damit sind diejenigen gemeint, welche, ohne Unterricht zu ertheilen, die disziplinarischen Befugnisse als Erzieher auszuüben haben.

77) H. Vgl. Anm. 38 zu §. 1 des Ges.

Die Vorschriften der §§. 2. und 3. finden entsprechende Anwendung [78]).

§. 11. Zur Anstellung an einem Knabenseminare oder Knabenkonvikte ist die Befähigung zur entsprechenden Anstellung an einem Preußischen Gymnasium [79]), zur Anstellung an einer für die theologische wissenschaftliche Vorbildung bestimmten Anstalt [80]) die Befähigung erforderlich [81]), an einer Deutschen Staats-Universität in der Disziplin zu lehren, für welche die Anstellung erfolgt.

Kleriker [82]) und Predigtamts-Kandidaten [83]) müssen die für Geistliche vorgeschriebene Vorbildung [84]) besitzen.

---

78) H. Die Erfordernisse für die Anstellung als Lehrer oder Erzieher an den gedachten Anstalten, welche die §§. 10—11, 4—8, 15—17 vorschreiben, müssen nicht bloß behufs dauernder Anstellung, sondern auch behufs widerruflicher Anstellung, Ausübung einer Stellvertretung oder Hülfsleistung in den erwähnten Funktionen, sowie ferner selbst dann, wenn die Anstellung eines schon fest angestellten Lehrers oder Erziehers an einer andern Anstalt erfolgen oder die widerrufliche in eine feste an derselben verwandelt werden soll, vorhanden sein. Darin hat das Ges. v. 11. Juli 1883 nichts geändert, denn seine Vorschriften über die Beseitigung des Einspruchsrechts beziehen sich nicht auf die hier fraglichen Aemter und Stellungen, s. die Anm. zu §§. 1 und 3. Es ist nur durch das Abänderungsges. v. 31. Mai 1882 Art. 3 Abs. 2, s. Anm. 38 zu §. 1, die Modifikation eingetreten, daß der Kultusminister ermächtigt worden ist, nach den vom Staatsministerium mit königlicher Genehmigung festgestellten Grundsätzen Ausländern die Ausübung eines der im §. 10 Art. 1 gedachten Aemter zu gestatten.

79) H. Erforderlich ist also die Ablegung der Prüfung für das Lehramt an höheren Schulen (pro facultate docendi) nach dem Reglement v. 12. Dez. 1866 (Min.Bl. f. d. i. V. v. 1867 S. 11) und die Absolvirung des praktischen Probejahres an einem Gymnasium oder einer Realschule in Gemäßheit des Cirk.Erl. v. 30. März 1867 (a. a. O. S. 110). Die betreffenden Bestimmungen nebst den ergänzenden Ministerialreskripten sind zusammengestellt in der Schrift: „Reglement für die Prüfungen der Kandidaten des höheren Schulamts 2c. 3. Aufl. Berlin 1874". Vgl. auch Zus. zu II. 12 §. 60.

Mit Rücksicht auf das Wort: „entsprechenden", sowie darauf, daß nach dem Reglement v. 12. Dez. 1866 §. 20 die Grade der facultas docendi für die oberen (Prima und Ober-Sekunda), für die mittleren (Unter-Sekunda, Ober- und Unter-Tertia) und für die unteren Klassen (Quarta, Quinta und Sexta) ertheilt werden, darf die Anstellung an den erwähnten geistlichen Bildungsanstalten nur nach Maßgabe des erworbenen Grades der facultas erfolgen. Für die Anstellung als Erzieher wird der geringste Grad ausreichen, da dieser immerhin zur Anstellung am Gymnasium befähigt. Die Erwerbung der Qualifikation zur Anstellung an einem nichtpreußischen Gymnasium, selbst wenn dasselbe ein deutsches ist, reicht nicht aus.

80) H. D. h. einer solchen, welche geeignet ist, das Universitätsstudium zu ersetzen.

81) H. Die Bedingung der Lehrthätigkeit ist demnach die vorgängige Habilitation an einer deutschen Staatsuniversität als Privatdozent, und zwar für diejenigen Fächer, in welchen der Betreffende nachher an der Anstalt Vorlesungen halten will. Ueber die Bedingungen der Habilitation bestimmen die Fakultätsstatuten der Universitäten das Nähere. Für die Regel verlangen diese akademisches Triennium, den Doktor- oder Licentiatengrad, Vorlegung einer wissenschaftlichen Arbeit aus dem gewählten Fach (Habilitationsschrift) und Abhaltung eines mündlichen Kolloquiums mit dem Kandidaten vor versammelter Fakultät. Da aber in Ausnahmefällen auch andere Gelehrte, welche ihre Qualifikation sonst, z. B. durch literarische Thätigkeit, nachgewiesen haben, in akademische Lehrämter befördert werden können, so ist die Habilitation nicht unter allen Umständen nothwendig. Gegen Umgehung der Vorschrift durch Berufung ungeeigneter Individuen ist der Staat durch das Einspruchsrecht geschützt.

82) H. Nach der Erklärung des Regierungskommissars sind unter der Bezeichnung Kleriker die Personen begriffen, welche die unterste der höheren Weihen erhalten haben (Kom.Ber. S. 22 Drucksachen des Abg.H. 11. Legisl.-Per. III. Sess. Nr. 144), d. h. also diejenigen, die zu Subdiakonen geweiht sind. Mit der gewöhnlichen Bedeutung des Wortes: Kleriker, welches eben so wie Geistlicher in der katholischen Kirche schon jeden Tonsurirten bedeutet, stimmt diese Erklärung nicht überein. Irgend ein Moment, die Interpretation des Kommissars als die legale Definition anzusehen, fehlt. Bei den schon (s. Anm. 59) dargelegten Verhältnissen in Deutschland wird die hervorgehobene Differenz allerdings praktisch ohne Einfluß sein. Bloß Tonsurirte werden seitens der katholischen Kirche nicht an den Abs. 3 des §. erwähnten Anstalten verwendet werden.

83) H. Das sind diejenigen evangelischen Theologen, welche das erste theologische Examen (tentamen pro venia, licentia concionandi) abgelegt haben (vgl. Richter-Dove, K.R. §. 198 u. Aktenstücke d. evangel. O.K.R. Bd. 1 Heft 6 S. 30 ff., S. 50).

84) H. Vgl. §§. 4—8 des Ges.

Dieselbe genügt zur Anstellung an den zur theologisch-praktischen Vorbildung bestimmten Anstalten[85]).

§. 12. Für die Erhebung des Einspruchs gegen die Anstellung finden die Bestimmungen entsprechende Anwendung, welche die Erhebung des Einspruchs gegen die Anstellung von Geistlichen regeln (§§. 15—17.).

§. 13. Werden die in den §§. 9—11. enthaltenen Vorschriften[86]) oder die getroffenen Anordnungen der Staatsbehörden[87]) nicht befolgt, so ist der Minister der geistlichen Angelegenheiten ermächtigt[88]), bis zur Befolgung die der Anstalt gewidmeten Staatsmittel[89]) einzubehalten oder die Anstalt zu schließen[90]).

---

85 H. Nach dem Abänderungsges. v. 31. Mai 1882 (Zus. 70 zu §. 1043) Art. 3 Abs. 2 ist der Kultusminister ermächtigt, nach den von dem Staatsministerium unter königlicher Genehmigung festgestellten Grundsätzen von den speziell in §. 11 Abs. 1 vorgeschriebenen Erfordernissen zu dispensiren. Vgl. Anm. 23 zu dem cit. Artikel.

86) H. Demnach bilden die Verhinderung der Staatsaufsicht, namentlich der Revision, die Nichteinreichung der Hausordnungen, der Disziplinarreglements und der Lehrpläne, die Anstellung von nicht qualifizirten Lehrern und Erziehern, sowie die Nichtwahrung oder Nichtbeachtung des staatlichen Einspruchsrechtes die Fälle, in welchen die Staatsbehörde mit den in diesem §. vorgesehenen Maßregeln einzuschreiten befugt ist.

87) H. Damit kann nichts anderes gemeint sein, als, was in der Regierungsvorlage klarer ausgedrückt war, die von Aufsichtswegen getroffenen Anordnungen. Aus der dem Staat beigelegten Aufsicht (§. 9) und dem in diesem §. vorausgesetzten Recht, zur Ausübung der Aufsicht Anordnungen zu erlassen, in Verbindung mit dem hier gebrauchten Worte: „Befolgung", ergiebt sich mit Nothwendigkeit die Befugniß der Staatsbehörden, Erinnerungen gegen die vorgelegten Hausordnungen, Reglements und Lehrpläne zu machen und die Abänderung derselben zu verlangen. Diese werden, was die Lehrpläne betrifft, darauf gerichtet werden dürfen und müssen, daß letztere zur Erreichung derselben Ziele, welche die betreffenden Staatsanstalten (Gymnasien und theologischen Fakultäten) erstreben, geeignet sind. Hinsichtlich der Hausordnungen und Disziplinarreglements wird darauf zu sehen sein, daß die Zöglinge keiner klösterlichen oder abgeschlossenen Zucht, keinen mechanischen und geistig abtödtenden Gebetsübungen und geistlichen Exerzitien, keinen gesetzlich unerlaubten Strafen und Züchtigungen, keiner sonstigen ihre Gesundheit schädigenden Lebensweise unterworfen werden.

88) H. Aber auch materiell verpflichtet, da er die Gesetze gegen Verletzungen innerhalb seines Ressorts zu schützen hat.

89) H. Unter den „Staatsmitteln" sind nicht bloß die baaren Zuschüsse, sondern auch sonstige Gegenstände, die Lehrmittel, Gebäude zu Unterrichtszwecken und zu Wohnungen, welche der Staat gewährt, zu verstehen. Die einbehaltenen Staatsmittel brauchen nicht bis zur Befolgung der getroffenen Anordnungen für die Anstalt reservirt zu werden, weil die letztere während der gedachten Zeit nicht dem vom Staate gewollten Zweck in der vorgeschriebenen gesetzlichen Weise gedient hat.

90) H. Es ist dies das zweite Exekutivmittel, welches dem Minister gegeben wird. Daß dasselbe nicht durch die Innebehaltung des Staatszuschusses ausgeschlossen wird, d. h. also, daß die Wahl mit der Verhängung dieser Maßregel nicht konsumirt und die nachträgliche Schließung dadurch nicht unzulässig wird, ergiebt sich schon daraus, daß beide Maßregeln nicht unvereinbar sind, weil der geschlossenen Anstalt selbstverständlich keine Staatsmittel mehr gezahlt zu werden brauchen. Es kann also, wenn die bloße Einbehaltung keinen Erfolg äußert, auch nachträglich die Schließung angeordnet werden.

Ist vor den Worten (diese Frage entsteht weiter): „die Anstalt zu schließen" hinzuzudenken: „bis zur Befolgung", oder will die Vorschrift sagen: „es können die Staatsmittel bis zur Befolgung einbehalten werden oder die Anstalt definitiv geschlossen werden"? Mit andern Worten: Denkt sich das Gesetz die Schließung der Anstalt als eine provisorische Maßregel, welche das Institut als solches, also auch mit der ihm etwa zukommenden juristischen Persönlichkeit, existent läßt, und nur die Funktionen der Anstalt vorläufig suspendirt, oder als eine definitive Maßregel, welche die Anstalt vernichtet? Nimmt man das letztere an, so ist die etwaige juristische Persönlichkeit der Anstalt beseitigt, sie kann also weder unter Lebenden noch von Todeswegen etwas erwerben, und jedenfalls gilt der Zweck der Anstalt als ein gesetzlich verbotener.

Das Wort: „schließen" drückt an und für sich kein Provisorium, sondern ein Definitivum aus. In diesem Sinne ist es im §. 8 des Ges. über die kirchliche Disziplinargewalt (s. Zus. 15 zu §. 124 d. T.), ferner auch im §. 14 dieses Ges. gebraucht. Wenn der letztere die be-

Unter der angegebenen Voraussetzung und bis zu dem bezeichneten Zeitpunkte[91]) können Zöglinge der Knabenseminare und Knabenkonvikte von dem Besuche der Gymnasien und von der Entlassungsprüfung ausgeschlossen und den im §. 6. erwähnten Anstalten die ertheilte Anerkennung entzogen werden[92]). Diese Anordnungen stehen dem Minister der geistlichen Angelegenheiten zu.

Nach Errichtung eines Königlichen Gerichtshofes für die kirchlichen Angelegenheiten[93]) kann über die Gesetzmäßigkeit der nach diesem Paragraphen getroffenen Anordnungen und Ver-

---

stehenden Knaben-Seminare und -Konvikte dadurch allmählich eingehen lassen will, daß er die Annahme neuer Zöglinge verbietet und für den Fall des Zuwiderhandelns die Schließung androht, so kann damit nur gemeint sein, daß das in Aussicht genommene Resultat, die Beseitigung dieser Anstalten, unter den angegebenen Voraussetzungen sofort eintreten soll. Ferner stellen die §§. 9—14 eine Reihe von Ausnahmen zu Gunsten des bisherigen Zustandes auf und machen den Anschauungen und Forderungen der Kirche eine Reihe von Konzessionen. Diese sind an gewisse Bedingungen, die Beachtung der gesetzlichen Anordnungen und der auf Grund der letzteren erlassenen Verfügungen, geknüpft. Das Naturgemäße ist also, daß das Gesetz die nahe liegende Konsequenz hat ziehen wollen und gezogen hat, daß Anstalten, welche die für ihre Fortdauer vorgeschriebenen Erfordernisse nicht erfüllen, überhaupt und definitiv beseitigt werden. Die Schließung der Anstalt ist als das äußerste Zwangsmittel aufgefaßt worden. Unter einem solchen wird man aber eher die definitive Beseitigung der Anstalt, als die provisorische Suspendirung ihrer Thätigkeit, welche der Bischof jeden Augenblick durch Unterwerfung unter das Gesetz wieder beseitigen kann, zu verstehen haben. Demgemäß giebt das Gesetz dem Minister das Recht zur definitiven Schließung. Da ihm aber eine solche weitgehende Befugniß zusteht, wird er freilich immerhin auch befugt sein, das Minus, die provisorische Schließung, anzuordnen.

Zur Durchführung der Schließung gehört die Benachrichtigung der Zöglinge und Lehrer von der desfalls getroffenen Anordnung und die öffentliche Bekanntmachung, nöthigenfalls auch die Anwendung von Administrativ-Exekutionsmaßregeln, also die Entfernung der gedachten Personen, wenn diese zu gemeinschaftlichem Unterrichte zusammenkommen oder das frühere gemeinsame Leben fortzusetzen versuchen. Das den Lehrern von dem Bischof etwa eingeräumte Recht auf eine Dienstwohnung hindert die etwaige Exmission nicht. Dieses Recht ist mit dem Inkrafttreten des Gesetzes ohne Weiteres dadurch beschränkt worden, daß die Anstalt die vorgeschriebenen Anforderungen erfüllt. Civilrechtliche, namentlich auch Besitzstörungs-Klagen wegen solcher Verfügungen der Staatsbehörden sind unstatthaft, da diese in Ausübung des staatlichen Kirchenhoheitsrechtes erlassen werden, vgl. Verordn. v. 26. Dez. 1808 wegen verbesserter Einrichtungen der Provinzial- 2c. Behörden §§. 36 ff. (G.S. v. 1806/10 S. 464) u. die Erk. des Gerichtsh. f. Kom.Konfl. v. 10. April u. 10. Okt. 1874, J.M.Bl. S. 156, 342; nur die Berufung an den Königl. Gerichtshof für kirchliche Angelegenheiten ist nach Abs. 3 offen gelassen.

91) H. Wenn die Abs. 1 gedachte erste Maßregel, die Einbehaltung der Staatsmittel, verhängt worden ist, können bis zur Befolgung der Vorschriften des Gesetzes und der auf Grund desselben erlassenen Anordnungen der Staatsbehörden den Zöglingen der Knaben-Seminare und Knaben-Konvikte die Gymnasien verschlossen, und auch, um jede Umgehung des Gesetzes zu vermeiden, ihre Zulassung zur Abiturienten-Prüfung als sog. Extranei verweigert werden.

92) H. Diese Entziehung ist an dieselben Voraussetzungen geknüpft, wie die in Anm. 91 gedachten Anordnungen. Hinsichtlich der Seminare, welche das Universitätsstudium zu ersetzen bestimmt sind, giebt das Gesetz also folgende Maßregeln an die Hand. Ist die staatliche Anerkennung nicht nachgesucht worden, so können die Staatsmittel einbehalten werden, und die Anstalten unterliegen den in §§. 10—12 gedachten Bestimmungen. Werden diese nicht beachtet, so tritt, so fern dies nicht schon erfolgt ist, die Einbehaltung der Staatsmittel und eventuell auch die Schließung ein. Wenn ihnen die staatliche Anerkennung gewährt worden ist, aber gegen §§. 10—12 verstoßen wird, so kann diese und die staatliche Subvention entzogen, auch nöthigenfalls die Anstalt geschlossen werden. Es müssen also Seminare, welche der Staat nicht anerkannt hat, geduldet werden, so fern sie sich den Vorschriften der §§. 10—12 unterwerfen, aber das Studium an ihnen ersetzt nicht das in §§. 4, 5 vorgeschriebene Universitätsstudium. Befindet sich ein solches Seminar an einem Universitätsorte — ein solches darf nie die staatliche Anerkennung erlangen, s. §. 6 Abs. 2 —, so kann das Verbot des §. 7 einmal durch Anwendung der Mittel der akademischen Disziplin, durch Entfernung der demselben entgegenhandelnden Studenten, zur Ausführung gebracht werden. Ferner ist aber die Staatsbehörde auf Grund ihres Aufsichtsrechtes (§. 9) befugt, die Aufnahme von Studenten zu untersagen und erforderlichenfalls auf Grund des §. 13 Abs. 1 vorzugehen.

93) H. Vergl. §§. 32 ff. des Ges. v. 12. Mai 1873 (s. Zus. 15 zu §. 124 d. T.).

fügungen[94]) innerhalb 30 Tagen[95]) bei dem gedachten Gerichtshofe Berufung[96]) einzelegt werden[96a]). Durch Einlegung derselben wird die Vollstreckung der angefochtenen Anordnung oder Verfügung nicht aufgehalten. Der Gerichtshof kann jedoch bestimmen, daß bis zur endgültigen Entscheidung die Vollstreckung unterbleibe[97]).

§. 14. Knabenseminare und Knabenkonvikte (§. 9.) dürfen nicht mehr errichtet und in die bestehenden Anstalten dieser Art neue Zöglinge nicht mehr aufgenommen werden.

Im Falle der Aufnahme neuer Zöglinge ist der Minister der geistlichen Angelegenheiten zur Schließung der betreffenden Anstalt befugt.

III. Anstellung der Geistlichen. §. 15. Die geistlichen Oberen[98]) sind verpflichtet[99]), denjenigen Kandidaten, dem ein geist-

94) H. Korrekter hätte es heißen müssen der „nach §§. 9—11 und nach diesem §. getroffenen Anordnungen", denn die nach §. 13 erlassenen sind nur die Innebehaltung der Staatsmittel, die Schließung der Anstalt und die in Abs. 2 gedachten Maßregeln. Soll aber der Gerichtshof über die Rechtmäßigkeit dieser entscheiden, so muß er auch ihre Voraussetzungen zwar nicht nach ihrer Zweckmäßigkeit, aber ihrer rechtlichen Statthaftigkeit prüfen, und die Voraussetzungen sind eben die nach §§. 9—11 getroffenen Anordnungen.

95) H. Die Frist läuft vom Tage der Zustellung der anzufechtenden Entscheidung, s. auch das Anm. 93 angef. Ges. §. 13 Abs. 2.

96) H. Dieselbe hat eben so wie in den Fällen des §. 10 des Anm. 93 citirten Gesetzes die Natur der Kassationsklage. Es soll damit eine angeblich dem Recht nicht entsprechende Maßregel der Verwaltungsbehörden beseitigt werden. Der Gerichtshof kann daher auch auf diese Berufung hin nur die Vernichtung der angefochtenen Verfügung oder Verwerfung der Berufung aussprechen, §. 21 des citirten Ges. Für das weitere Verfahren kommt die Bestimmung des §. 33 Abs. 3 ebendaselbst in Betracht, nach welcher die Vorschriften über das Verfahren durch Plenarbeschlüsse des Gerichtshofes auch auf die hier in Rede stehende Berufung sinngemäß anzuwenden sind. Die §§. 13, 15, 17, 18, 20 (Satz 1), 21 Abs. 1, 22, 37 des erwähnten Gesetzes treffen hier vollkommen zu. Dagegen bedingt der Umstand, daß der Minister der geistlichen Angelegenheiten, welcher sich auch bei diesen Angelegenheiten durch einen Beamten wird vertreten lassen können (§. 19), die Partei ist, gegen welche die Berufung geht, eine etwas modifizirte Anwendung der §§. 19, 20 (Satz 2), 21 Abs. 2. Einer Anordnung, daß der Minister den Verfügungen des Gerichtshofes Folge leistet, also z. B. die Akten einreicht (§. 16), bedarf es selbstverständlich nicht, da diese Pflicht aus der Stellung, welche das Gesetz dem Gerichtshof anweist, ohne weiteres folgt (vgl. auch §. 36 a. a. O.).

96a) H. Zur Einlegung der Berufung berechtigt ist derjenige, welcher die Anstalt nach außen und namentlich in den juristischen Beziehungen zu vertreten hat, also hinsichtlich der Anstalten der katholischen Kirche in den meisten Fällen der Bischof, weil diese als Diözesaninstitute unter seiner Leitung stehen, nicht der Regens, welcher nur kraft bischöflichen Auftrags die Anstalt leitet.

97) H. In der Ermächtigung, die Vollstreckung zu suspendiren, liegt auch die Befugniß, die Rückgängigmachung der bereits getroffenen Maßregeln anzuordnen, denn andernfalls würde durch schnelles Eingreifen der Verwaltungsbehörden das durch das Gesetz gewährte Mittel für eklatante Fälle der Gesetzverletzung illusorisch gemacht werden.

98) H. Dem Zwecke des Gesetzes gemäß können darunter nur diejenigen kirchlichen Beamten oder Behörden verstanden sein, welchen die Verleihung des Amtes, bez. die Konfirmation oder Approbation der seitens eines Andern stattgehabten Präsentation, Nomination, Vokation oder Wahl zusteht. Dies sind in der evangelischen Kirche für die Regel die Konsistorien, in der katholischen die Bischöfe (vergl. auch §§. 114, 115 ff., 143 d. T.), also diejenigen Aemter und Behörden, mit denen die sog. Leitungsgewalt (jurisdictio) verbunden ist.

Ob dagegen die Landdechanten und Pfarrer, so weit sie, wie z. B. theilweise in der katholischen Kirche, berechtigt sind, interimistisch Stellvertretungen anzuordnen oder Hülfsgeistliche anzunehmen, unter den geistlichen Oberen zu verstehen sind, erscheint sehr fraglich. Die allgemeine Bedeutung des Ausdrucks spricht dagegen. Eben so die ratio legis, weil es hier nicht an einem andern verantwortlichen Organ fehlt (s. a. Schl. d. Anm.). Vergl. auch das eine entgegengesetzte frühere Entscheidung v. 13. April 1874 (Oppenhoff, Rechtsprechung 15 S. 236) reprobirende Pr. 338 des O.Tr. Sen. f. Str.S. v. 12. Okt. 1874: Ein Pfarrer, welcher nach der bestehenden Verfassung der Kirche die Befugniß hat, einen Geistlichen zur vorübergehenden Stellvertretung oder Hülfsleistung anzunehmen, ist bezüglich der Uebertragung des Amtes als geistlicher Oberer im Sinne der §§. 15 u. 22 des Ges. v. 11. Mai 1872 nicht anzusehen (Entsch. 73 S. 425; Goltdammer, Arch. f. Strafrecht 22 S. 521; Oppenhoff, Rechtsprechung 15 S. 649; s. auch Erk. v. 23. Okt. 1874, Oppenhoff 15 S. 713, u. P. Hinschius, Kirchengesetze von 1874 u. 1875 S. 204).

liches Amt [100]) übertragen werden soll, dem Oberpräsidenten unter Bezeichnung des Amtes [1]) zu benennen [2]).

H. Die evangelische Kirche wird im Allgemeinen von der Vorschrift des §. 15 nicht berührt (s. §. 28), weil die Mitglieder der Konsistorien durch den König ernannt werden (Ressortreglement des Ober-Kirchenraths C. I Nr. 3 in den Aktenstücken des O.K.R. Bd. 2 S. 137), und es ist auch für Fälle, wo die Pfarrgehülfen durch den Pfarrer angestellt werden, mehrfach eine Bestätigung der Annahme durch das Konsistorium eingeführt worden, um den staatlichen Einspruch auszuschließen, vgl. Allg. Kirchenbl. f. d. evang. Deutschland v. 1879 S. 196. Gewisse Ausnahmen kommen allerdings vor; so wird das Einspruchsrecht Anwendung finden gegenüber einzelnen Mediatkonsistorien, die nicht vom König besetzt werden und das Anstellungsrecht zu geistlichen Aemtern bewahrt haben, z. B. gegenüber dem Stadtkonsistorium der Stadt Stralsund, s. Ziemssen, Eigenthümlichkeit der Kirchenverfassung der Stadt Stralsund. Stralsund 1856 S. 17, 18; Protestant. Kirchenzeitung v. 1868 S. 386 u. kirchl. Ges. u. V.Bl. v. 1883 S. 33, und gegenüber den gräflich Stolbergischen Konsistorien, Jacobson, K.R. S. 181. Daß der §. 15 gar keine Anwendung auf die evangelische Kirche findet, so Thudichum, deutsch. Kirchenrecht 2, 31, ist unrichtig und ist auch nicht in der dafür in Bezug genommenen Cirf.Verf. d. evang. O.K.R. v. 10. Juni 1873, Aktenstücke Bd. 7 S. 100, ausgesprochen.

H. Auf die Anstellung der Weihbischöfe bei besetztem bischöflichen Stuhle — für den Fall der Vakanz kommen §§. 1—5 des Ges. v. 20. Mai 1874, s. Zus. hinter §. 1043 d. T., zur Anwendung — paßt die Vorschrift des §. 15 nicht vollkommen. Die Ernennung derselben erfolgt durch den Papst. Da dieser persönlich den preußischen Gesetzen nicht unterworfen ist, so kann er auch nicht angehalten werden, den Kandidaten vor der Promotion zum Bischof einer preußischen Behörde zu benennen. Andererseits bindet aber das preußische Gesetz alle diejenigen, welche geistliche Aemter in Preußen erwerben und ausüben wollen. Ist also die Präkonisation des Weihbischofs ohne Wahrung des Einspruchsrechts erfolgt, so tritt die Nichtigkeit der Verleihung nach §. 17 ein. Die Möglichkeit, dem Gesetze nachzukommen liegt übrigens vor. Da die Bischöfe dem Papst die Person des Weihbischofs vorzuschlagen haben (Bulle: De salute animarum s. v. Inspectis autem dioecesium Borussici — s. Zus. zu §. 1022 d. T. — P. Hinschius, Kirchenrecht 2 S. 179, 180), so sind sie in der Lage, die vorgeschriebene Benennung vor der Promotion des Weihbischofs durch den Papst vorzunehmen, während eine etwaige Anzeige nach der Ernennung und vor der Bevollmächtigung des Weihbischofs die kategorisch ausgesprochene Folge des §. 17 nicht beseitigen würde. Daß der Bischof nicht selbst die Verleihung des Amtes vornimmt, steht nicht entgegen, denn der §. 15 lautet nicht dahin, daß die geistlichen Oberen diejenigen Kandidaten, welchen von ihnen ein Amt, sondern diejenigen, denen ein Amt übertragen werden soll, zu benennen haben; er bezieht sich also auf alle geistlichen Aemter innerhalb des Amtssprengels des betreffenden geistlichen Oberen, gleichviel ob dieser die Uebertragung selbst vorzunehmen berechtigt ist oder nicht.

H. Aus demselben Grunde ist der geistliche Obere auch dafür verantwortlich, daß da, wo einem anderen Geistlichen, z. B. einem Pfarrer oder einem Dekan, die Uebertragung von Stellvertretungsbefugnissen zusteht, die Vorschriften des Gesetzes inne gehalten werden, also die Benennung an den Oberpräsidenten geschieht. Vergl. übrigens auch zu §. 22.

99) H. Verpflichtet ist der geistliche Obere. Daraus folgt mit Rücksicht auf das am Schluß der vorstehenden Anmerkung Ausgeführte, daß bei Aemtern, zu denen ein Patron zu präsentiren hat oder hinsichtlich deren aus anderen Gründen keine freie Verleihung stattfindet, die Benennung durch den Patron u. s. w. nicht ausreicht, dem Gesetze vielmehr nur dann Genüge geschieht, wenn sie durch die kirchliche Behörde erfolgt. Bei den katholischen Stellen königlichen Patronates, zu welchen für die Regel die Oberpräsidenten präsentiren, s. Verordn. betreffend die Ressortverhältnisse der Prov.Behörden in kath. kirchl. Angel. v. 27. Juni 1845 §. 2 (G.S. S. 443), ist aber die Benennung nach §. 29 Abs. 1 nicht erforderlich.

100) H. Jetzt ist hinzuzufügen: sofern dasselbe kein Seelsorgeamt ist, dessen Inhaber unbedingt abberufen werden darf, s. Anm. 43 zu §. 2 des Ges.

1) H. Diese ist nothwendig, weil bei Abwägung der Gründe für die Geltendmachung des Einspruchsrechtes die Qualität und Bedeutung, sowie die sonstigen Verhältnisse des bestimmten Amtes in Frage kommen.

2) H. D. h. in amtlicher Form kund zu thun. Vergl. auch O.Tr. Str.S. I v. 26. Okt. 1874, Oppenhoff, Rechtsprechung 15 S. 718. Um die Durchführung der Bestimmungen des Gesetzes für den Fall zu sichern, daß die geistlichen Oberen, wie dies die katholischen Bischöfe bisher allgemein gethan haben, die vakanten Aemter ohne die vorgängige Benennung besetzen, sind die Oberpräsidenten unterm 30. Mai 1873 veranlaßt worden, sich in ihren Bezirken durch Vermittelung der Landräthe und Amtshauptmänner (Polizeidirektionen und Magistrate) über die vorhandenen und vorkommenden Vakanzen und über jeden Personenwechsel in den geist-

Dasselbe gilt [3]) bei Versetzung eines Geistlichen in ein anderes geistliches Amt oder bei Umwandlung einer widerruflichen Anstellung in eine dauernde.

Innerhalb dreißig Tagen [4]) nach der Benennung kann Einspruch [5]) gegen die Anstellung erhoben werden [6]).

Die Erhebung des Einspruchs steht dem Oberpräsidenten zu.

§. 16. Der Einspruch ist zulässig:

1) wenn dem Anzustellenden die gesetzlichen Erfordernisse zur Bekleidung des geistlichen Amtes fehlen [7]);

---

lichen Aemtern fortdauernd in Kenntniß zu erhalten. Vgl. ferner den folgenden Zusatz 11 Art. 1 u. 2.

3) H. Dasselbe galt ursprünglich nicht nur in den in diesem Absatz erwähnten Fällen, sondern nach §. 2 auch bei Uebertragung einer Stellvertretung oder Hülfsleistung in einem geistlichen Amte, so fern keine Gefahr im Verzuge vorlag. Der Abs. 2 hatte diese Fälle deshalb hier nicht aufgeführt, weil der eben gedachte Ausnahmefall eine vorgängige Benennung nicht gestattete. Daß bei der Stellvertretung und Hülfsleistung das Einspruchsrecht für die Regel nicht fortfallen sollte, ergiebt §. 2 auf das Deutlichste, und deshalb mußten die näheren Vorschriften des §. 15 über die Behandlung des Einspruchsrechtes auch in Betreff der provisorischen Stellungen analogische Anwendung finden. Jetzt ist aber in Folge des Abänderungsgesetzes v. 11. Juli 1883 das Einspruchsrecht auf die Anordnung einer Stellvertretung, welche in der Bestellung des Verwesers einer Pfarrei besteht, beschränkt, s. Anm. 44 zu §. 2 des Ges.

4) H. Die Frist ist eine absolute, welche unter keinen Umständen verlängert werden kann.

5) H. Das Einspruchsrecht schließt keine positive Mitwirkung des Staates bei Anstellung der Geistlichen in sich, es ist nur ein negatives Recht, ein Recht der Abwehr. Derjenige, welcher es besitzt, hat nie die Initiative der Auswahl des anzustellenden Kandidaten, ein positiver und entscheidender Einfluß auf die Besetzung der Stelle ist ihm entzogen.

6) H. Bei demjenigen geistlichen Oberen, innerhalb dessen Sprengel die Anstellung erfolgt (s. Anm. 98); dabei macht es keinen Unterschied, ob der Obere in Preußen selbst residirt oder nicht, wie letzteres in Betreff einzelner Distrikte Schlesiens der Fall ist. Die in Preußen stattfindenden Anstellungen sind darum, weil der Obere außerhalb des Staatsgebietes wohnt, nichtsdestoweniger in Uebereinstimmung mit den preußischen Gesetzen vorzunehmen. In dem umgekehrten Falle, wo inländische Gemeinden durch Geistliche, welche in einem nichtpreußischen Staate angestellt sind und ihr Amtsdomizil haben, pastorirt werden, wie dies z. B. hinsichtlich einzelner evangelischen Gemeinden an der mecklenburgischen Grenze vorkommt, sind gleichfalls die Erfordernisse des Gesetzes zu beobachten. Der von nichtpreußischen Behörden angestellte Geistliche muß also, um in Preußen gültig funktioniren zu können und die Strafen des §. 23 zu vermeiden, die Bedingungen des Gesetzes erfüllt haben (vgl. auch §§. 254, 257 d. T.).

H. Ob der Einspruch, welcher nicht bei dem geistlichen Oberen, also z. B. dem Bischof selbst, sondern bei seinem General-Vikar resp. General-Vikariate, oder bei seinen Kommissären eingelegt ist, die im Gesetze vorgesehene Wirkung hat, hängt davon ab, wie weit der Vertreter des Bischofs zu Anstellungen berechtigt ist oder nicht. Besitzt der General-Vikar z. B. die zur Verleihung der Aemter freier bischöflicher Kollation erforderliche Spezial-Vollmacht (s. P. Hinschius, Kirchenrecht Bd. 2 S. 214), so genügt es, wenn der Einspruch bei ihm geltend gemacht wird. Er ist dann in dieser Hinsicht der volle Repräsentant des Bischofs.

H. Da ein Einspruch, welcher dem geistlichen Oberen nicht auf dem ordentlichen Geschäftswege kundgegeben, nicht im vollsten Sinne des Wortes erhoben worden ist, so genügt zur Wahrung der Frist nicht der bloße Abgang der bezüglichen Erklärung aus dem Büreau des Oberpräsidenten, sondern es ist auch der Eingang derselben beim Bischof erforderlich. Diese Auffassung bestätigt der §. 17, welcher den Bischof nur zur Abwartung der 30tägigen Frist verpflichtet.

7) H. Das Gesetz hat in Nr. 1 bloß die von ihm aufgestellten allgemeinen Erfordernisse im Auge. Diese regelt es allein. Es hatte demnach nur Veranlassung, die Beobachtung der in dieser Hinsicht gegebenen Vorschriften zu sichern, nicht aber ein allgemeines Mittel zur Geltendmachung jeder beliebigen rechtlichen Nichtigkeit der Verleihung von geistlichen Aemtern an die Hand zu geben. Der §. 16 soll ferner die einzelnen Einspruchsgründe spezialisiren. Nothwendiger Weise mußte unter diesen zuerst die Nichtigkeit der Verleihung aufgeführt werden, aber, weil es sich bei der Erhebung des Einspruches allein um das öffentliche Interesse handelt, nur eine solche, deren Geltendmachung durch das letztere gefordert wird. Nichtigkeiten, welche auf Sonderrechten einzelner Personen beruhen, durch die Organe des Staates rügen zu lassen, lag keine Veranlassung vor, um so weniger, als in derartigen Fällen auch dem etwaigen Rechtsweg

2) wenn der Anzustellende wegen eines Verbrechens oder Vergehens, welches das Deutsche Strafgesetzbuch mit Zuchthaus oder mit dem Verluste der bürgerlichen Ehrenrechte oder dem Verluste der öffentlichen Aemter bedroht[8]), verurtheilt[9]) ist oder sich in Untersuchung befindet[10]);

3) wenn gegen den Anzustellenden Thatsachen vorliegen, welche die Annahme rechtfertigen, daß derselbe den Staatsgesetzen oder den innerhalb ihrer gesetzlichen Zuständigkeit erlassenen Anordnungen der Obrigkeit entgegenwirken oder den öffentlichen Frieden stören werde[11]).

Die Thatsachen, welche den Einspruch begründen[12]), sind anzugeben.

[13])Gegen die Einspruchserklärung kann innerhalb 30 Tagen bei dem Königlichen Gerichtshofe für die kirchlichen Angelegenheiten und, so lange dessen Einsetzung nicht erfolgt ist, bei dem Minister der geistlichen Angelegenheiten Berufung eingelegt werden.

[13])Die Entscheidung ist endgültig.

---

in Folge des Einspruchs des Oberpräsidenten hätte vorgegriffen werden können. Vgl. auch Witkowski in Behrend u. Dahn, Zeitschr. f. deutsche Gesetzgebung 8 S. 217.

Die Unfähigkeit der Jesuiten und der Mitglieder der ihnen verwandten Genossenschaften ist reichsgesetzlich (Zus. zu §. 941 d. T.) festgestellt worden. Ihre Anstellung ist also ebenfalls nichtig, aber nicht nach §. 1 des vorliegenden Ges.

8) H. Es kommt, eben so wie dies für die Unterscheidung der Kategorien: „Verbrechen, Vergehen und Uebertretungen" der Fall ist, nur darauf an, daß das Verbrechen oder Vergehen mit einer der gedachten Strafen bedroht ist, nicht aber darauf, ob der Betreffende auch wirklich zu einer solchen verurtheilt ist.

9) H. Selbstverständlich: „rechtskräftig". Gleichgültig ist es, ob die Strafvollstreckung stattgefunden hat oder durch die Verjährung (s. §. 70 R.Str.G.B.) ausgeschlossen worden ist, nur die Begnadigung kann die betreffende Folge der Verurtheilung beseitigen.

10) H. Es muß gegen die betreffende Person das Hauptverfahren (R.Str.P.O. §§. 196 ff.) eröffnet sein. Ein bloßes Skrutinial-, Ermittelungs- oder Voruntersuchungsverfahren berechtigt nicht zur Erhebung des Einspruches auf Grund der Nr. 2. Da dasselbe einen rein informatorischen Charakter hat und jeden Augenblick wieder eingestellt werden kann, so folgt aus seiner Eröffnung an und für sich noch nicht, daß der gegründete Verdacht einer strafbaren Handlung vorliegt. — Um die Oberpräsidenten leichter in den Stand zu setzen, auf Grund der Nr. 2 Einspruch erheben zu können, ist die allgemeine Verfügung des Just.Min. v. 12. Juni 1873 (J.M.Bl. S. 182; P. Hinschius, Kirchengesetze des Jahres 1873 S. 165) ergangen.

11) H. Also den normalen Zustand des öffentlichen und kirchlichen Lebens in der betreffenden Pfarrei durch Aufreizen der einen Konfession gegen die andere, durch aufrührerische Predigten, durch ungeschicktes und taktloses Benehmen u. s. w. verwirren oder ganz in Frage stellen werde. Uebrigens ist es nicht nöthig, daß bei dem Anzustellenden eine absichtliche Störung des Friedens zu vermuthen ist, die Nr. 3 trifft auch dann zu, wenn derselbe wegen seines ganzen früheren Benehmens und wegen seines heftigen Charakters als eine Persönlichkeit erscheint, welche, wenngleich nicht doloser Weise, Zwistigkeiten und Störungen hervorruft. Ferner wird die bestimmte, zu übertragende Stellung mit in Rücksicht zu ziehen sein, also z. B. ob es sich um ein Amt in einem Ort mit gemischter oder nicht gemischter Bevölkerung handelt. Vgl. hierzu auch das Erk. d. Gerichtsh. f. kirchl. Angelegenh. v. 20. Febr. 1880 in der Zeitschr. f. K.R. 15 S. 117.

H. Ob ein Einspruch auf Grund der Nr. 3 erhoben werden soll, wird unter Prüfung aller konkreten Umstände, sowie unter Berücksichtigung der Frage, ob überwiegende Gründe des Staatsinteresses oder des öffentlichen Wohles diese Maßregel bedingen, zu erwägen sein. In den Fällen der Nr. 1 und Nr. 2 ist dagegen der Einspruch stets geltend zu machen, denn hier handelt es sich entweder um eine nichtige Anstellung oder um die Anstellung einer Person, welche im staatlichen Interesse und im Interesse der Würde des geistlichen Standes nicht im Amte geduldet werden kann.

12) H. Die Stellung dieser Vorschrift in einem besonderen Absatz ergiebt, daß die Thatsachen in allen 3 Fällen, nicht bloß im Falle der Nr. 3 anzugeben sind.

13) H. Diese beiden letzten Absätze des §. sind durch das Abänderungsges. v. 11. Juli 1883 (s. den folgenden Zus. 12) Art. 2 Abs. 1 Nr. 1 und Abs. 2 aufgehoben. Demnach bleibt jetzt nur eine formlose Beschwerde an den Minister der geistlichen Angelegenheiten offen. Dasselbe gilt auch für den Einspruch aus §. 12 des Ges. Vgl. den Art. 2 Nr. 2.

§. 17. Die Uebertragung eines geistlichen Amtes[14]), welche der Vorschrift des §. 1. zuwiderläuft[15]), oder welche vor Ablauf der im §. 15. für die Erhebung des Einspruchs gewährten Frist erfolgt[16]), gilt als nicht geschehen[17]).

§. 18. Jedes Pfarramt[18]) ist innerhalb eines Jahres[19]) vom Tage der Erledigung[20]),

14) H. Dasselbe, was für diesen Fall im §. 17 vorgeschrieben ist, gilt auch von der widerruflichen Uebertragung des Amtes oder Uebertragung einer Stellvertretung oder Hülfsleistung, so fern hierbei gegen den jetzt durch die neuere Gesetzgebung modifizirten Umfang des §. 2, vgl. die Anm. dazu, verstoßen ist, ferner von der Uebertragung eines Amtes an einen schon in einem andern Amt befindlichen Geistlichen, oder der Verwandlung einer widerruflichen Anstellung in eine dauernde (§. 3), denn §§. 2 und 3 sind von §. 17 indirekt dadurch angezogen, daß sie auf den §. 1 verweisen.

15) H. Vgl. hierzu Ges. v. 21. Mai 1874 Art. 1 (Zus. 11).

16) H. Diese an sich überflüssigen Worte, welche den Sinn des §. nur verdunkelt haben, sind von der Kommission des Abgeordnetenhauses eingeschoben worden. S. das in vor. Anm. citirte Ges. und Anm. 59 dazu.

17) H. D. h. ist für den Staat nichtig, bez. erkennt der Staat ihre rechtliche Wirkung nicht an. Der widerrechtlich angestellte Geistliche erhält zunächst nicht die allgemeinen Standesprivilegien, z. B. Freiheit von persönlichen Gemeindediensten, von der Uebernahme von Gemeindeämtern, dem Amte des Schiedsmannes und des Geschworenen, nicht das Recht einer bestimmten Gehaltskompetenz bei Exekutionen u. s. w., ferner nicht die Befugniß, das Pfründenvermögen, so weit ihm dies zusteht, rechtlich zu vertreten, ebenso wenig auch die mit dem Amte etwa verbundene Mitgliedschaft im Kirchenvorstand. Sodann steht ihm kein Recht auf den der Stelle gewährten Staatszuschuß, nicht das Recht zur Forderung und Einklagung von Stolgebühren, und das Recht auf Benutzung der Amtswohnung zu; aus der letzteren kann er vielmehr im Wege der Verwaltungs-Exekution entfernt werden. Daß ein solcher Geistlicher sich nicht durch einen früher ordnungsgemäß angestellten Vitar oder Hülfsgeistlichen vertreten lassen kann, liegt auf der Hand, denn der Auftrag, welchen er diesem zu derartigen Handlungen giebt, ist, weil er selbst nicht gültig angestellt ist, von einer dazu nicht befugten Person gegeben, also ebenfalls nichtig. Umgekehrt kann aber auch der ordnungsmäßig angestellte Pfarrer diese Handlungen nicht durch einen den Vorschriften des Gesetzes zuwider mit der Stellvertretung beauftragten Geistlichen vollziehen lassen. Denn ein solcher Auftrag ist gleichfalls nichtig, berechtigt also den Vertreter nicht zum Vornehmen der gedachten Handlungen.

Die vom §. 17 ausgesprochene Folge, daß die Uebertragung des Amtes als nicht geschehen gilt, hat aber nicht bloß Bedeutung für diejenigen Handlungen, welche wie die Eheeinsegnung, die Führung der Kirchenbücher vor der Einführung der staatlichen Standesregister und der obligatorischen Civilehe das bürgerliche Gebiet berührten; der nichtig angestellte Geistliche ist auch nicht befugt, Amtshandlungen vorzunehmen, welche sich innerhalb des rein geistlichen Gebietes halten; z. B. wird er im Wege der Administrativ-Exekution (durch Zuschließen der Kirche) an der Abhaltung des Pfarrgottesdienstes, ebenso gut wie eine andere unberufene Person verhindert werden können. Wenn von ultramontaner Seite behauptet worden ist, daß nach §§. 17 und 23 nur die Vornahme der aus dem bestimmten Amte herfließenden Handlungen, nicht aber die Ausübung der allgemeinen priesterlichen Thätigkeit verboten sei, weil der Priester als solcher zu gewissen Handlungen, wie bestimmten Gebeten, Messelesen und Beichtehören, verpflichtet sei, so ist nur so viel richtig, daß der Priester durch die Weihe allerdings die Fähigkeit zur Vornahme dieser Handlungen erhält, daß ihm aber das katholische Kirchenrecht abgesehen von der privaten Verrichtung des täglichen Gebetes (s. P. Hinschius, Kirchenrecht Bd. 1 S. 142) und der Messe nicht Beichtehören u. s. w. als allgemeine Standespflicht auferlegt. Die Weihe, also die Fähigkeit, priesterliche Funktionen auszuüben, giebt dem Geistlichen noch nicht das Recht dazu, vielmehr bedarf es dafür immer noch eines besonderen Auftrages (missio) des Bischofes (P. Hinschius a. a. O. S. 166; Schulte, kath. K.R. 2 S. 103). Dieser liegt in der Anstellung auf ein geistliches Amt im Sinne des Gesetzes, und somit ist der Priester, welcher als Pfarrer angestellt wird, nur kraft dieser Anstellung berechtigt, Beichte zu hören, zu predigen, die Pfarrmesse zu lesen u. s. w., nicht aber bloß kraft seiner Priesterweihe. Ist eine solche Anstellung dem Staate gegenüber nichtig, so fällt auch ihm gegenüber die Berechtigung, priesterliche Handlungen vorzunehmen, welche eben nur kraft jenes Amtes ausgeübt werden können, fort, gleichviel, ob der betreffenden Person nach der dogmatischen Anschauung ihrer Kirche die Fähigkeit dazu verblieben ist, gleichviel, ob die Kirche — was für den Staat völlig gleichgültig erscheint — dem Gesetze zuwider stattgehabte geistliche Funktionen dogmatisch für gültig erklärt.

18) H. Nach dem Sprachgebrauch des heutigen katholischen Kirchenrechts werden unter Seelsorgeämtern, Kuratbenefizien, beneficia curata, d. quae curam animarum habent annexa diejenigen verstanden, deren Inhaber das Recht auf die Verwaltung der Seelsorge, d. h. die Verwaltung der Sakramente, namentlich der Binde- und Lösegewalt, sowie auf

die Leitung des Gottesdienstes und die Ausübung des kirchlichen Lehramtes für einen bestimmten Kreis von Personen haben (Ferraris, prompta biblioth. canonica, s. v. beneficium art. I. n. 23; Phillips, Lehrb. d. K.R. S. 132). Es gehören dahin das Amt des Bischofs, des Pfarrers, ferner das Amt der Vikare, welche statt einer mit Pfarrrechten über einen bestimmten Bezirk versehenen juristischen Person, z. B. eines Klosters, eines Domkapitels, das Amt der Kapläne, welche für einen bestimmten Theil einer Parochie in Unterordnung unter dem Pfarrer, das Amt der Mönche, welche für die Ordensgemeinde eines bestimmten Klosters die Seelsorge ausüben. Das Pfarramt, welches nach dem eben Bemerkten nur eine Art der Seelsorgeämter, aber auch zugleich das Prototyp derselben bildet, ist dagegen dasjenige Seelsorgeamt, dessen Inhaber die Seelsorge über einen bestimmten geographisch abgegrenzten Kreis und an einem bestimmten gottesdienstlichen Gebäude in Unterordnung unter dem Bischof zu verwalten hat, also das regelmäßig für den in Rede stehenden Zweck eingerichtete Amt (s. auch §§. 318, 237 d. T.). Daß die Zugehörigkeit zur Parochie sich nicht rein nach geographischen Gesichtspunkten, sondern auch mit Rücksicht auf eine persönliche Qualifikation, z. B. bei den Garnisongemeinden, bei den Anstaltsparochien (s. II. 19 §§. 77, 78 L.R.) bestimmt, macht keinen Unterschied, jedoch kommt für diese Pfarrämter der §. 29 Abs. 2 des Gesetzes in Frage. Charakteristisch für das Pfarramt ist aber jedenfalls das Moment, daß der Inhaber desselben die betreffenden Befugnisse kraft eigenen Rechtes in Folge des ihm zustehenden Amtes, nicht bloß in Stellvertretung eines Andern, auszuüben hat. Nach kanonischem Recht gehört es ferner zum Wesen des Pfarramtes, daß dasselbe zugleich ein fest fundirtes Beneficium bildet, welches dem Pfarrer dauernd übertragen wird (s. P. Hinschius, Kirchenrecht 2 S. 293, 294). Die neuere Entwickelung hat aber dieses Prinzip, wie z. B. die Entstehung der Sukkursal-Pfarreien in Frankreich und in den Rheinlanden und die Errichtung vieler sog. Missionspfarreien (s. Anm. 23) zeigt, in der Weise durchbrochen, daß in der heutigen kanonistischen Doktrin sogar mit Rücksicht auf diese Anomalien die Kontroverse entstanden ist, ob die gedachte Eigenschaft zum Wesen des Amtes gehört (P. Hinschius, Kirchenrecht a. a. O.).

H. Das Gesetz erachtet sie zum Begriff des Pfarramtes in seinem Sinne unzweifelhaft nicht für erforderlich. Es will durch seine Vorschrift, wie namentlich auch die Bestimmung des §. 19 Abs. 2 zeigt, jene Unregelmäßigkeiten beseitigen, und mußte daher gerade vor allem solche Pfarrämter treffen, bei denen diese obwalten.

H. In der evangelischen Kirche, welche einen viel einfacheren Aemterorganismus wie die katholische Kirche ausgebildet hat, und in der das Pfarramt das regelmäßige und einzige Amt der Seelsorge ist, kann zwar auch begriffsmäßig ein Unterschied zwischen Seelsorgeämtern im Allgemeinen und dem Pfarramte insbes. gemacht werden, eine große praktische Bedeutung hat derselbe aber nicht. Exceptionelle Gestaltungen sind, weil das Pfarramt in seiner Reinheit erhalten und nicht zu ihm fremden Zwecken verwendet worden ist (s. z. B. P. Hinschius a. a. O. S. 283, 284), weil ferner bei der einfachen Verfassung der evangelischen Kirche Exemtionen vom Pfarrverbande viel seltener waren, fast nur da vorgekommen und möglich, wo die äußeren Verhältnisse noch nicht die Einrichtung einer festen Pfarrei gestatten, aber das Bedürfniß nach einer Seelsorge vorhanden ist. So würden z. B. Pfarr-Vikariate, mit denen in großen Parochien, so lange deren Dismembration noch nicht ausführbar erscheint, die volle Seelsorge für einen Theil derselben verbunden ist, Seelsorgeämter, aber keine Pfarrämter sein.

19) H. D. h. eines nach dem Gebrauch des gewöhnlichen Lebens kalendermäßig zu berechnenden Jahres. Die Frist reicht vollkommen aus. Nach kanonischem Recht und nach §§. 402, 398 d. T. sind die geistlichen Oberen der Regel nach verpflichtet, die erledigten Aemter binnen 6 Monaten wieder zu besetzen. Konkurriren bei der Besetzung andere Berechtigte, z. B. ein Patron, welcher zu präsentiren hat, so ergeben sich daraus keine Schwierigkeiten, weil die Präsentationsfrist weniger als 1 Jahr beträgt, so nach §. 398 d. T. nur 6 Monate, nach ostpreuß. Provinzialrecht Zus. 179 3 beim weltlichen evangelischen, 4 bei weltlichem katholischen, 6 bei geistlichem Patronatrecht, im Herzogthum Magdeburg 4 (Jacobson, K.R. S. 433), und bei schuldvoller Verzögerung der Präsentation die Besetzung auf den geistlichen Oberen übergeht. Wo die Gemeinde zu wählen hat, bestehen für die Ausübung des Wahlrechtes zum Theil ebenfalls bestimmte Fristen (so nach der rhein.-westfäl. Kirchen-Ordn. §. 58 3 Monate für Stellen ohne Nachjahr, d. h. Gnadenjahr, 9 Monate für Stellen mit einem solchen), oder es hat die Kirchenbehörde das Recht, angemessene Fristen zur Vornahme der Wahl bei Strafe des Eintrittes der Devolution festzusetzen, s. Verordn. v. 2. Dez. 1874 §. 13 (Zus. zu §. 324 d. T.).

H. Für Fälle, in denen durch unvorhergesehene Hindernisse die rechtzeitige Wiederbesetzung verzögert wird, oder wo eine solche aus genügenden Gründen — z. B. zur Aufsammlung eines dringend nothwendigen Baufonds aus dem Gehalte der Stelle bei vorhandener Möglichkeit, dieselbe interimistisch verwalten zu lassen — gerechtfertigt erscheint, gewährt der Schluß des Abs. 1 das erforderliche Mittel, um etwaige Härten zu beseitigen.

wo gesetzlich oder observanzmäßig ein Gnadenjahr besteht[21]), vom Tage der Erledigung der Pfründe[22]) an gerechnet, dauernd[23]) zu besetzen[24]). Die Frist ist vom Oberpräsidenten im Falle des Bedürfnisses auf Antrag angemessen zu verlängern.

---

20) H. Bez. der amtlichen Kenntniß von der Erledigung, da sonst dem geistlichen Oberen das volle Jahr, welches ihm das Gesetz offenbar hat bewilligen wollen, nicht frei bleibt.

21) H. Vgl. §§. 838 ff. d. T.

22) H. Der Ausdruck: Erledigung der Pfründe, ist nicht korrekt. Die Pfründe, das Beneficium, d. h. das für den geistlichen Amtsträger bestimmte, fest mit seiner Stelle verbundene Einkommen wird als Bestandtheil des Amtes gleichzeitig mit demselben erledigt. Der Wittwe, resp. den Kindern, welche zum Gnadenjahre berechtigt sind, wird nicht die Pfründe übertragen, sondern sie erhalten nur das Recht auf alle oder auf bestimmte Einkünfte der Pfründe. Was gemeint ist, erscheint allerdings klar: die Frist soll erst von dem Tage ab, wo die Berechtigung auf das Gnadenjahr erlischt, also der Nachfolger in den vollen Genuß aller Einkünfte der Stelle gelangen kann, berechnet werden.

23) H. Die dauernde Besetzung bedingt die Verleihung der Stellen auf Lebenslang und definitiv, und schließt somit eine jede Beseitigung des Amtsinhabers wider dessen Willen ohne regelmäßige Disziplinaruntersuchung aus. Durch die Vorschrift des §. 18 Abs. 1 sind die geistlichen Oberen gehindert: a) Pfarreien, welche im Sinne des kanonischen Rechtes feste Benefizien sind, mithin nach den Vorschriften desselben dauernd vergeben werden sollen, bloß auf Widerruf (ad nutum) zu verleihen, eine Praxis, welche von manchen preußischen Bischöfen, zum Theil auch im Einverständniß mit den Patronen, mehrfach geübt worden ist. — b) Ob die Vorschrift des Gesetzes die bisher übliche Verleihungsweise der bestehenden sog. Missionspfarreien beseitigt, ist fraglich. Die katholische Kirche scheidet ihr Gebiet in sog. provinciae sedis apostolicae und sog. terrae missionis. Erstere sind diejenigen Länder, in denen der Katholizismus eine alt und fest begründete und gesicherte Stätte hat, und in denen die regelmäßige Verfassung der katholischen Kirche, namentlich die bischöfliche Organisation besteht; letztere diejenigen, in denen der Katholizismus überhaupt noch nicht festen Fuß gefaßt oder das von ihm früher verlorene Terrain wieder zu erobern sucht. Für die Leitung dieser Länder besteht ein beweglicher Organismus, dessen charakteristische Eigenthümlichkeiten darin liegen, daß hier jegliche Gewalt auf direkter oder indirekter päpstlicher Uebertragung beruht, also die Leitung statt durch Bischöfe durch apostolische Vikare oder Delegaten geführt wird, und daß ferner alle kirchlichen Stellungen nur widerruflich übertragen werden und ihre geographischen Distrikte jederzeit beliebig wieder verändert werden können. Von den preußischen Landestheilen gehören zu dem Missionsgebiete die Mark Brandenburg, Pommern, ferner die altprotestantischen Lande links der Elbe und endlich Schleswig-Holstein, Landestheile, welche bezüglich von den Bischöfen von Breslau, Paderborn und Osnabrück als päpstlichen Delegaten bez. Provikaren geleitet werden. Missionspfarreien im eigentlichen Sinne sind demnach Seelsorge-Stationen für einen bestimmten Distrikt in einem Missionslande, denen mit Rücksicht auf das Bemerkte einmal eine fest fundirte Unterlage, die Pfründe, und ein dauernd abgegrenzter Amtsbezirk, die objektive Perpetuität, fehlt, und dann ferner auch die den eigentlichen Pfarrämtern zukommende subjektive Perpetuität abgeht, weil die betreffenden Geistlichen niemals fest, sondern nur ad nutum amovibel angestellt werden. Da die Organisation der Missionsländer den Zweck hat, durch allmähliche Uebergangsstufen die Einführung der ordentlichen Verfassung der katholischen Kirche vorzubereiten, so bildet ihr Organismus keinen absoluten Gegensatz gegen die ordentliche Verfassung, d. h. es können gewisse Elemente der letzteren auch in den Missionsländern, andererseits aber auch Missions-Einrichtungen in den Ländern der regelmäßigen Verfassung vorkommen. In den vorhin genannten preußischen Landestheilen sind zwar die meisten Pfarreien Missionspfarreien, indessen giebt es andererseits in ihnen auch feste Pfarreien mit nicht beliebig absetzbaren Geistlichen (so z. B. die zu Berlin, Potsdam, Stettin und Stralsund), ferner kommen aber Missionspfarreien ebenfalls in Westfalen, Preußen, mithin in Provinzen, für welche die ordentliche Bisthumsverfassung besteht, vor. Für die Subsumtion der eben näher charakterisirten Pfarreien unter das Gesetz scheint zu sprechen, daß sie nach der neueren katholischen Doktrin immer eigentliche Pfarreien sind und daß sie auch vielfach die staatlichen Rechte derselben erhalten haben. Da das Gesetz aber keine rückwirkende Kraft hat und auch nicht einmal die Errichtung von derartigen Pfarreien unter allen Umständen verbietet, so wird man eine dauernde Besetzung derselben, so weit sie schon bei Erlaß des Gesetzes bestanden haben, um so weniger verlangen dürfen, als das letztere selbst darauf hindeutet, daß es die Missionspfarreien nicht hat treffen wollen. Für die denselben ähnlichen Sukkursal-Pfarreien (s. §. 19) ist eine besondere, ihre Umwandlung in feste Pfarreien betreffende Bestimmung gegeben, obwohl eine solche, wenn ihnen das Gesetz die Missionspfarreien hätte gleichstellen wollen, auch für diese nahe gelegen hätte.

Nach Ablauf der Frist ist der Oberpräsident befugt, die Wiederbesetzung der Stelle durch Geldstrafen bis zum Betrage von 1000 Thalern zu erzwingen[25]). Die Androhung und Festsetzung der Strafe darf wiederholt werden, bis dem Gesetze genügt ist.

Außerdem ist der Minister der geistlichen Angelegenheiten ermächtigt, bis dahin Staatsmittel einzubehalten[26]), welche zur Unterhaltung der Stelle oder desjenigen geistlichen Oberen dienen, der das Pfarramt zu besetzen oder die Besetzung zu genehmigen hat.

§. 19. Die Errichtung von Seelsorgeämtern[27]), deren Inhaber unbedingt abberufen werden dürfen[28]), ist nur mit Genehmigung des Ministers der geistlichen Angelegenheiten zulässig.

Die Bestimmungen des §. 18. beziehen sich auch auf die sogenannten Sukkursal-Pfarreien des Französischen Rechts[29]) mit der Maßgabe, daß die in Absatz 1. des §. 18. vorgeschriebene Frist vom Tage der Publikation dieses Gesetzes[30]) an zu laufen beginnt.

---

24) H. Da nach dem Gesetze die Pfarrämter nicht länger als ein Jahr interimistisch verwaltet werden sollen, so bedeutet: „besetzen" so viel als denjenigen Akt vornehmen, wodurch der betreffende Geistliche das Recht und die Pflicht zur Verwaltung des Amtes erlangt, gleichviel ob dieser Akt freie Verleihung, Konfirmation oder Approbation des geistlichen Oberen ist.

Was die bereits beim Inkrafttreten des Gesetzes vorhandenen Vakanzen betrifft, so ist die einjährige Frist nicht von diesem Zeitpunkt ab zu rechnen, vielmehr von dem Zeitpunkt der vorher eingetretenen Vakanz. So fern bei dieser Berechnungsweise die Besetzung wegen der Kürze der Frist nicht möglich wird, wird der Oberpräsident die Frist angemessen zu verlängern haben. Daß das Gesetz in dieser Beziehung rückwirkende Kraft hat äußern wollen, ergiebt sich daraus, daß seine Bestimmung absoluten Charakter hat und für den hier in Rede stehenden Fall, nicht wie für den des §. 19 Abs. 2, eine ausdrückliche Ausnahme gemacht worden ist. Diese Ansicht ist übrigens auch die in der Verwaltungspraxis herrschende und ebenfalls vom O.Tr. Str.S. II v. 16. Juni 1874 Entsch. 73 S. 390 angenommen.

25) H. D. h. gegen den geistlichen Oberen, welcher das seiner freien Verleihung unterliegende Amt nicht besetzt oder anderenfalls bei Zögerung dritter Personen von seinem Devolutionsrecht keinen Gebrauch macht. Werden die Funktionen des geistlichen Oberen durch ein Kollegium, z. B. ein Konsistorium versehen, so kann die Geldstrafe nur gegen den Präsidenten, welcher die Erledigung der Wiederbesetzung nicht zum Vortrag bringt, oder gegen die eine solche durch ihre Abstimmung verhindernden Mitglieder verhängt werden.

26) H. Vgl. Anm. 89 zu §. 13 dies. Ges.

27) H. Die Errichtung jedes Seelsorgeamtes, so fern dasselbe nicht dauernd verliehen werden soll, ist nur mit Genehmigung des Ministers der geistlichen Angelegenheiten zulässig. Die Anm. 23 zu §. 18 unter b gedachten Missionspfarreien fallen ebenfalls unter die hier in Rede stehende Vorschrift, denn sie weisen alle charakteristischen Merkmale des Pfarramts, welches das Prototyp des Seelsorgeamtes ist, auf. Somit ist die Errichtung von Missionspfarreien, also von Pfarrämtern, welche nicht dauernd besetzt werden, nicht ganz ausgeschlossen. Man hat diese Ausnahmen zulassen müssen, um nicht die Befriedigung der seelsorgerischen Bedürfnisse von Katholiken und Evangelischen, welche in der Diaspora leben, unmöglich zu machen.

28) H. D. h. welche nicht dauernd besetzt werden. Statthaft ist dagegen ohne Genehmigung des Ministers die bloß widerrufliche Anordnung von Stellvertretungen und Hülfsleistungen, welche sich dadurch von der Errichtung von Seelsorgeämtern unterscheidet, daß in solchen Fällen der Vikar oder Stellvertreter nicht einen für alle Mal bestimmten Kreis von seelsorgerischen Funktionen zugewiesen erhält, sondern daß das Gebiet seiner Wirksamkeit stets veränderlich ist und er selbst für die Ausübung seiner Thätigkeit immer, sei es eines besonderen, sei es eines generellen Auftrages bedarf.

29) H. Vergl. über die Sukkursal-Pfarreien Jacobson in Herzog's Real-Encyklopädie für protestant. Kirche und Theologie 3 S. 330 (2. Aufl. 7 S. 516); Bouix, tractatus de parocho. Paris 1855 S. 233; Raimund im Arch. f. kath. K.R. 21 S. 423; Pricotte a. a. O. 22 S. 54; Joder, l'inamovibilité des desservants au point de vue du droit. Strassbourg 1882. Von den Missionspfarreien unterscheiden sich die Sukkursalen dadurch, daß sie nicht in ihrem Bestande beliebig verändert werden können, von den eigentlichen Pfarreien in den Ländern des französischen Rechts nur dadurch, daß das Gehalt der Inhaber der letzteren, der ordentlichen Pfarrer, größer und daß diese nicht ad nutum entfernt werden können.

Das Gesetz stellt nunmehr die Sukkursal-Pfarreien den festen Parochien gleich, und beseitigt damit die bisherige abhängige Stellung der Inhaber derselben, der sog. Desservants, indem es den geistlichen Oberen die dauernde Anstellung zur Pflicht macht.

Wird eine Sukkursal-Pfarrei durch Abberufung in der Zwischenzeit von der Publikation

§. 20. Anordnungen oder Vereinbarungen, welche die durch das Gesetz begründete Klagbarkeit der aus dem geistlichen Amtsverhältnisse entspringenden vermögensrechtlichen Ansprüche ausschließen oder beschränken, sind nur mit Genehmigung der Staatsbehörde zulässig.

§. 21. Die Verurtheilung zur Zuchthausstrafe, die Aberkennung der bürgerlichen Ehrenrechte und der Fähigkeit zur Bekleidung öffentlicher Aemter hat die Erledigung der Stelle[31]), die Unfähigkeit zur Ausübung des geistlichen Amtes und den Verlust des Amtseinkommens zur Folge.

IV. Strafbestimmungen. §. 22[32]). Ein geistlicher Oberer, welcher den §§. 1. bis 3. zuwider[33]) ein geistliches Amt überträgt oder die Uebertragung genehmigt, wird mit Geldstrafe von 200 bis zu 1000 Thalern bestraft[34]).

Dieselbe Strafe trifft denjenigen, welcher der Vorschrift des §. 19. Abs. 1.[35]) zuwiderhandelt.

---

des Gesetzes bis zum Ablauf der Frist erledigt, so unterliegt die Anstellung des neuen Sukkursal-Pfarrers unzweifelhaft allen Vorschriften dieses Gesetzes. Der Bischof darf also auch eine solche nicht widerruflich vornehmen. Das ergiebt die Bezugnahme auf den §. 18 Abs. 1. Nur ist ihm gestattet, vorläufig, d. h. bis zum Ablauf der Frist, die Sukkursal-Pfarrei interimistisch durch einen bloßen Verweser, eben so wie im Falle der Vakanz eines festen Pfarramtes, verwalten zu lassen. Das Gesetz hat den Bischöfen allein einen angemessenen Zeitraum für die Umwandlung der Sukkursal-Pfarreien in feste Pfarrstellen gewähren, nicht aber die fernere Anstellung von Pfarrern ad nutum erlauben wollen. Die im Momente des Ablaufs der Frist noch auf Sukkursal-Pfarreien fungirenden Desservants, welche in früherer Zeit ad nutum amovibel eingesetzt sind, gelten selbstverständlich nicht in Folge des Zeitablaufs als ihrer Stellen enthoben. Der Bischof kann vielmehr gezwungen werden, ihnen die dauernde Anstellung zu ertheilen, vorbehaltlich ihrer Beseitigung durch den Staat, falls sie die vorgeschriebene Qualifikation nicht haben, und vorbehaltlich ihrer Bestrafung nach §. 23 Abs. 2. Vgl. hierzu Erk. des Gerichtsh. f. kirchl. Angelegenh. v. 3. Okt. 1877 b. Hartmann, Zeitschr. f. Gesetzgeb. d. öffentl. Rechts 4 S. 167.

30) H. Diese ist am 15. Mai 1873 erfolgt.

31) H. In dem Ges. v. 12. Mai 1873 §. 24 Abs. 2 (Zus. 15 zu §. 124 d. T.) sind diese Folgen mit dem Ausdruck: „Entlassung aus dem Amte" bezeichnet, und damit klar gestellt, daß auch das geistliche Amt für den Staat als verloren gilt. Wenn im Arch. f. kath. K.R. 50 S. 331 aus der im §. 21 gewählten Fassung gefolgert wird, daß das Amt nur für den Staat, aber nicht für die Kirche als entzogen gelten solle, so ist dabei übersehen, daß die Stelle (das Amt und Pfründe) doch nicht staatlich erledigt und kirchlich unerledigt sein kann, und daß, wenn der Verlust des staatlichen und kirchlichen Amtseinkommens ausgesprochen ist, dies ebenfalls nur als Folge einer gleichfalls kirchlichen Erledigung aufgefaßt werden kann. Daß die Kommission des Abgeordnetenhauses, von welcher diese Formulirung herrührt, die Folgen, welche der §. festsetzt, irriger Weise als Entziehung des staatlichen Exequatur aufgefaßt hat, darüber P. Hinschius, Kirchenges. v. 1873 S. 149 Note 4.

32) H. Vgl. hierzu P. Hinschius i. v. Holtzendorff, Handbuch d. deutsch. Strafrechts 4. (Supplement-) Bd. S. 522 ff.

33) H. Vgl. hierzu die in den Anmerkungen zu diesen §§. citirten Abänderungsgesetze und das Deklarationsgesetz Art. 1 in Zus. 11. — Auf die Anm. 98 Abs. 2 und 4 zu §. 15 des Ges. gedachten Fälle trifft die Strafbestimmung nicht zu. Der Bischof stellt weder den Weihbischof noch die erwähnten Stellvertreter und Hülfsgeistlichen an, noch genehmigt er deren Bestellung; ferner ist der Dechant oder Pfarrer, der eine solche vornimmt, nicht geistlicher Oberer im Sinne des Gesetzes. Außer der Nichtigkeit der Anstellung (§. 17) und der kraft derselben vorgenommenen Amtshandlungen, ferner der Bestrafung des Angestellten nach §. 23 tritt aber die weitere Folge ein, daß der Bischof, welcher dem Weihbischof die Vornahme von Amtshandlungen, der Dechant oder Pfarrer, der die Stellvertretung oder Hülfsleistung aufgetragen hat, als Anstifter zu dem im §. 23 vorgesehenen Vergehen nach §. 48 R.Str.G.B. bestraft werden kann. Vgl. auch Anm. 67 zu Art. 2 des folg. Zus. 11.

34) H. O.Tr. Str.S. II v. 4. Mai 1875, Oppenhoff, Rechtsprechung Bd. 16 S. 338: Die Genehmigung der Anstellung eines Geistlichen ist, wenn sie den gesetzlichen Vorschriften zuwider erfolgte, auch dann strafbar, wenn sie nicht auf die Uebertragung eines bestimmten Amtes gerichtet, sondern in der Form einer generellen Ermächtigung zu geistlichen Amtshandlungen ertheilt war.

Erk. dess. Sen. I v. 28. Mai 1875, Oppenhoff a. a. O. Bd. 16 S. 397: Die bischöfliche Verleihung einer Urkunde über den rechtlichen Besitz einer Pfarre an den bisherigen Administrator derselben enthält die Uebertragung eines geistlichen Amtes.

35) H. D. h. ein Seelsorgeamt, dessen Inhaber unbedingt abberufen werden kann, ohne

§. 23. Wer geistliche Amtshandlungen[36]) in einem Amte vornimmt, welches ihm den

---

Genehmigung des Ministers der geistlichen Angelegenheiten errichtet. Vollendet ist die Errichtung mit der Bekanntmachung des sog. Erektions-Dekretes, mag diese öffentlich oder nur an die Betheiligten geschehen sein, wenngleich auch die Verfügung noch nicht völlig ausgeführt ist, z. B. die Ernennung des Geistlichen oder die Uebergabe der nöthigen Vermögensstücke noch nicht stattgefunden hat. Die nachträglich eingeholte Genehmigung beseitigt demnach die Straffälligkeit nicht.

36) H. Geistliche Amtshandlungen sind alle Handlungen, die in Ausübung des geistlichen Amtes vorgenommen werden, selbst wenn sie, wie z. B. die Mitwirkung im Kirchenvorstande, die Vornahme von Verwaltungsgeschäften, an und für sich nicht einen geistlichen Charakter haben. Auch diese sind daher strafbar. A. M. O.Tr. Str.S. II i. d. Erk. v. 6. April 1876, Entsch. 77 S. 265, Oppenhoff, Rechtsprechung 17 S. 365. Dieser Auffassung, welche zu den geistlichen Amtshandlungen nur die aus dem geistlichen Amte herfließenden Handlungen geistlichen Charakters rechnet, steht die ratio legis entgegen. Das Gesetz will eine Uebertragung des geistlichen Amtes seinen Vorschriften zuwider hindern, zu diesem Behufe erklärt es eine solche für nichtig und da es weiter die Ausübung des Amtes mit Strafe bedroht, so kann nur angenommen werden, daß diese Strafandrohung ebenso weit gehen soll, als die Nichtigkeit. Wenn das O.Tr. endlich auf eine Scheidung der geistlichen und jurisdiktionellen, das äußere Kirchenamt betreffenden Seite desselben Gewicht legt, so ist nur so viel richtig, daß das Gesetz die Jurisdiktions-Aemter als solche nicht trifft, daraus folgt aber noch nicht, daß eine solche Unterscheidung bei den Aemtern, auf welche es sich bezieht, gerechtfertigt ist. Ueberdies kommt noch der Art. 2 d. Deklaratoria (s. den folgenden Zusatz) in Betracht, welcher die Vornahme von Amtshandlungen schlechthin bestraft.

H. Der §. 23 beschränkt sich nicht auf geistliche Amtshandlungen, welche in einem Pfarr-Amt vorgenommen werden, O.Tr. v. 9. Jan. 1878, Oppenhoff 19 S. 13.

Eben so sind strafbar alle Amtshandlungen, welche kraft des nichtig übertragenen Amtes oder des nichtigen Auftrages zur Stellvertretung oder Hülfeleistung vorgenommen worden sind, wenn sie auch möglicher Weise kraft der allgemeinen Standespflicht statthaben könnten, so auch das O.Tr. in d. Erk. v. 12. Juni 1874 (bei Hartmann, Ztschr. 1 S. 150, s. ferner Str.S. II v. 25. Febr. 1875, Entsch. 74 S. 327; Oppenhoff a. a. O. 16 S. 149); es genügt, daß die Handlung sich ihrem Wesen und ihrer äußeren Erscheinung nach als Ausfluß der Ausübung eines geistlichen Amtes darstellt, Johow, Jahrb. d. Kammerger. 1 S. 214.

H. Vergl. ferner O.Tr. v. 14. Febr. 1874, a. a. O. S. 151, u. v. 2. Juni 1874, Oppenhoff, Rechtsprechung 15 S. 354, wonach das Lesen einer stillen Messe in der Pfarrkirche — eben so Erk. des O.App.Ger. zu Berlin v. 21. März 1874, Oppenhoff, Rechtsprechung 15 S. 172 — das Halten einer Beerdigungsrede und das Einsegnen einer Leiche, ferner Erk. dess. v. 30. Juni 1874, Hartmann 1 S. 49, wonach das Taufen, Trauen, Beichthören, O.Tr. Str.S. II v. 6. April 1875, Oppenhoff 16 S. 267, wonach das Abhalten eines Hochamtes, v. 8. März 1876, a. a. O. 17 S. 192, wonach das Predigen und Einläuten eines päpstlichen Erlasses unter den Begriff der geistlichen Amtshandlungen im Sinne des §. 23 des Gesetzes fällt. Dagegen ist von der Verwaltungspraxis angenommen worden, daß das Lesen einer Messe durch den Geistlichen allein, falls sie ohne Zuziehung von Andächtigen, in Betreff derer dadurch eine cura animarum ausgeübt werden würde, erfolgt, als eine in Erfüllung der allgemeinen Priesterpflicht vorgenommene, also nicht strafbare Handlung anzusehen ist, vgl. auch O.Tr. Str.S. II v. 15. Dez. 1874, Oppenhoff a. a. O. 15 S. 867, v. 4. März u. 8. Juli 1875, Oppenhoff 16 S. 184, 527, 639, s. ferner Johow a. a. O. 3 S. 331. Ebenso wenig kann die von einem Geistlichen ertheilte Nothtaufe in allen Fällen für eine geistliche Amtshandlung erachtet werden, vgl. a. a. O. S. 337. Die geistlichen Handlungen, welche Privatkapläne in der Hauskapelle einer Familie für dieselbe vornehmen, qualifiziren sich nicht als Ausflüsse eines geistlichen Amtes, sie werden es aber dann, wenn dem Publikum der Zutritt gestattet wird, O.Tr. Str.S. II v. 25. Febr. 1875, Oppenhoff 16 S. 150, oder wenn sie in eigentlichen Parochialverrichtungen, z. B. Taufen, Ehe-Einsegnungen, zu deren Vornahme die Kapellen überhaupt nicht bestimmt sind, bestehen. In beiden Fällen werden die geistlichen Bedürfnisse solcher Personen befriedigt, für welche die allgemeinen kirchlichen, insbesondere Pfarr-Einrichtungen bestehen, und es bildet daher die Vornahme solcher Handlungen durch einen Privatkaplan die Ausübung von Hülfshandlungen für den Inhaber des geistlichen Amtes. Die K.O. v. 16. Febr. 1841, J.M.Bl. S. 159, welche übrigens nicht als Gesetz publizirt ist, kann für die Beurtheilung des Begriffs einer geistlichen Amtshandlung nach §. 23 nicht maßgebend sein.

H. Dagegen hat das O.Tr., Str.S. (Pr. 339 Nr. 1) v. 12. Okt. 1874: „Ein Geistlicher, welcher unbefugt sich mit Ertheilung des religiösen Unterrichts in einer öffentlichen Volksschule befaßt, ist im Geltungsbereiche des L.R. nach dem §. 132 des R.Str.G.B. strafbar", Entsch. 73

S. 406; Oppenhoff, Rechtsprechung des O.Tr. 15 S. 655; Hartmann a. a. O. 1 S. 305, ausgesprochen, daß die betreffende Handlung durch einen nichtig angestellten Geistlichen nicht nach §. 23 dieses Gesetzes strafbar ist. Begründet ist dies damit, daß nach I. 12 §§. 1 ff. L.R. die Schulen Veranstaltungen des Staates sind und der Aufsicht des Staates unterliegen, sowie daß der Art. 24 Abs. 2 der Verf.Urk. über die Leitung des Religionsunterrichts in den Volksschulen durch die Religionsgesellschaften zu den nach Art. 112 bis zum Erlasse des Art. 26 vorgesehenen allgemeinen Unterrichtsgesetzes suspendirten gehöre, worin auch durch das Ges. v. 11. März 1872 (Zus. zu II. 12 §. 2) nichts geändert sei. Vgl. auch Str.S. I v. 10. Juni 1874, II v. 6. Jan. 1876, Oppenhoff 15 S. 375 u. 17 S. 10. Nach Str.S. II v. 12. Okt. 1876, a. a. O. 17 S. 656, ist es nach den Umständen zu beurtheilen, ob der Religionsunterricht, welchen ein staatlicherseits dazu nicht berechtigter Geistlicher den Schulkindern ertheilt, sich als schulplanmäßiger Unterricht und also als unbefugte Ausübung eines öffentlichen Amtes darstellt. Daher kann auch ein Religionsunterricht, wenngleich sich derselbe nicht auf den Beicht- und Kommunions-Unterricht beschränkt, sondern sich auch auf Materien erstreckt, welche den Gegenstand des schulplanmäßigen Unterrichts bilden, und Kinder, welche voraussichtlich erst im folgenden Jahre zur Beichte gehen, zugelassen werden, ohne Rechtsirrthum als kirchlicher Religionsunterricht angesehen werden.

H. Darauf, daß der Geistliche auch die Absicht gehabt habe, das geistliche Amt als solches zu verwalten, kommt es nicht an, s. O.Tr. Str.S. II v. 28. Mai 1874, Entsch. 72 S. 385; Oppenhoff, Rechtsprechung des O.Tr. 15 S. 335: „in Erwägung, daß eine Verkennung des richtigen Sinnes des §. 23 darin liegt, wenn der Anklage-Senat es für erheblich erachtet hat, ob der Beschuldigte die fraglichen Amtshandlungen in der Absicht, das Pfarramt zu B. zu verwalten, vorgenommen habe, da das Gesetz von einer derartigen Absicht die Strafbarkeit des Geistlichen im Falle des §. 23 nirgends abhängig macht, vielmehr als einzige in dieser Beziehung einschränkende Bestimmung die im §. 2 Abs. 2 enthaltene aufstellt." Vgl. auch Erk. ders. Abth. v. 25. Febr. 1875, Entsch. 74 S. 327; Oppenhoff a. a. O. 16 S. 149, u. v. 17. Juni 1875, Oppenhoff 16 S. 460.

H. Der §. 23 Abs. 1 setzt nicht voraus, daß die Uebertragung durch den geistlichen Oberen unmittelbar geschieht, sondern es genügt, wenn sie von ihm ausdrücklich oder stillschweigend genehmigt ist, O.Tr. Str.S. II v. 7. Mai 1874, Entsch. 72 S. 392, Oppenhoff 15 S. 289, v. 28. Mai 1874, Entsch. 72 S. 385, Oppenhoff a. a. O. S. 332, v. 1. März 1876, a. a. O. 17 S. 152.

H. Die Frage, ob mehrere einzelne dem §. 23 zuwider vorgenommene Handlungen nach §. 74 zu bestrafen oder ob in diesem Falle die Voraussetzungen der §§. 78 u. 79 des R.Str.G.B. vorliegen, war vom O.Tr. Str.S. I v. 6. Mai 1874 und II v. 2. Juni 1874, Entsch. 72 S. 346; Hartmann, Ztschr. 1 S. 139; Oppenhoff a. a. O. 15 S. 281, 316, unter Heranziehung des §. 132 des R.Str.G.B. dahin entschieden worden, daß das Wesen des Vergehens des §. 23 nicht in der Vornahme der einzelnen Amtshandlungen, sondern in der unbefugten Ausübung des Amtes als solchen, welche sich in der Vornahme der einzelnen Handlungen manifestire, bestehe, während das frühere O.App.Ger. in dem Erk. v. 28. März 1874, J.M.Bl. von 1874 S. 126; Oppenhoff a. a. O. S. 197, angenommen hatte, daß jede einzelne geistliche Amtshandlung als thatsächlicher Ausdruck der Uebernahme des Amtes strafbar sei. Das Pr. 339 des O.Tr. Str.S. v. 12. Okt. 1874 Nr. 2: „Wenn Jemand in einem ihm den Vorschriften der §§. 1—3 des Gesetzes v. 11. Mai 1873 zuwider übertragenen Amte mehrere geistliche Amtshandlungen vorgenommen hat, so steht der §. 23 dieses Gesetzes der Annahme der Instanzrichter nicht entgegen, daß der Schuldige mehrere selbstständige Handlungen begangen habe", Entsch. 73 S. 406; Oppenhoff a. a. O. 15 S. 655; Hartmann a. a. O. 1 S. 305, hat sich mit Recht auf die letztere Seite gestellt.

H. Um seine Strafbarkeit auszuschließen, kann sich der Geistliche auf einen Rechtsirrthum in Betreff der Grundsätze des Kirchenrechts berufen (§. 59 R.Str.G.B.), also z. B. darauf, daß er geglaubt habe, er sei kraft des ihm vor Erlaß der Maigesetze übertragenen Amtes zur Vornahme der ihm zur Last gelegten Handlungen befugt gewesen, weil es sich hierbei nicht um einen Rechtsirrthum über das Strafgesetz und den Umfang des dadurch aufgestellten Verbotes handelt, O.Tr. Str.S. II v. 4. (v. 11.?) Juni 1876, Entsch. 77 S. 370 u. Oppenhoff 16 S. 320. Dasselbe gilt von einem Irrthum über den Umfang der ihm zustehenden Befugnisse seines Amtes, I v. 2. April 1876, Oppenhoff 20 S. 181.

H. Erk. dess. I v. 17. Nov. 1876, Oppenhoff 17 S. 146: Die Straflosigkeit eines Hülfe leistenden Geistlichen ist von der Feststellung abhängig, daß die Hülfeleistung als Ausfluß einer eigenen pfarramtlichen Thätigkeit zu betrachten oder daß doch der Geistliche sich dabei in unverschuldeter Kenntniß der thatsächlichen Voraussetzungen des Gesetzes befunden habe.

H. Nur das Amtiren zuwider den citirten strafrechtlichen Vorschriften, nicht ein Amtiren,

Vorschriften der §§. 1. bis 3. zuwider übertragen worden ist[37]), wird mit Geldstrafe bis zu 100 Thalern bestraft[38]).

Dieselbe Strafe trifft denjenigen, der geistliche Amtshandlungen in einem von ihm nicht dauernd[39]) verwalteten Pfarramte vornimmt, nachdem er von dem Oberpräsidenten benachrichtigt worden ist, daß das Zwangsverfahren Behufs Wiederbesetzung der Stelle in Gemäßheit der Vorschrift in §. 18. Abs. 2. eingeleitet sei[40]).

§. 24. Wer geistliche Amtshandlungen vornimmt, nachdem er in Folge gerichtlichen Strafurtheils die Fähigkeit zur Ausübung des geistlichen Amtes verloren hat (§. 21.), wird mit Geldstrafe bis zu 100 Thalern bestraft.

§. 25. Ausländer[41]), welchen vor Verkündung dieses Gesetzes ein geistliches Amt[42]) (§. 2.) oder eines der im §. 10. erwähnten Aemter an kirchlichen Anstalten übertragen worden ist, V. Uebergangs- und Schlußbestimmungen.

---

welches bloß kirchliche Satzungen verletzt, ist nach §. 23 strafbar. Das hat zum Ueberfluß R.G. Str.S. I v. 11. Dez. 1879, Entsch. in Str.S. 1 S. 172, Ann. 1 S. 254, u. Arch. f. kath. K.R. 45 S. 70 erst feststellen müssen.

37) H. S. Anm. 33 zu §. 22 des Ges.

38) H. Vergl. auch das R.G. v. 4. Mai 1874, s. Zus. 16 zu §. 124 d. T., und ferner Art. 2 des Ges. v. 21. Mai 1874 (folg. Zus.).

39) H. In dem auf Grund des §. 23 Abs. 2 eingeleiteten Strafverfahren hat der Strafrichter auch die Frage selbstständig zu entscheiden, ob das Pfarramt dauernd verwaltet sei oder nicht, wenngleich vorher der Oberpräsident für die von ihm einzuleitenden Maßregeln diese Frage gleichfalls zu prüfen hat, O.Tr. Str.S. II v. 16. Juni 1874, Entsch. 73 S. 390; Oppenhoff, Rechtspr. 15 S. 414.

H. Eine dauernde Verwaltung des Pfarramtes liegt nicht vor, wenn auch der Geistliche, welcher es provisorisch verwaltet, durch die Präsentation des Patrons ein persönliches Recht (jus ad rem) auf die Verleihung des Amtes erlangt hat. Das Gesetz versteht vielmehr darunter ein definitiv und unwiderruflich übertragenes Amt, so daß also noch das Hinzukommen der Institution des Präsentirten (der Erwerb des sog. jus in re) erforderlich ist, s. die cit. Entscheidung.

40) H. Dieser Absatz hat die Fälle im Auge, wo eine anfänglich interimistische Verwaltung von Pfarrämtern dadurch zu einer ungesetzlichen wird, daß die §. 18 Abs. 1 dafür gestatteten Fristen abgelaufen sind. Ferner bezieht er sich auch auf die Vornahme von Amtshandlungen durch Sukkursal-Pfarrer, welche über die §. 19 Abs. 2 gedachte Frist hinaus, obwohl sie nicht dauernd angestellt sind, ihr Amt weiter versehen, denn auch deren Aemter sind Pfarrämter, welche von jener Zeit ab dauernd verwaltet werden sollen. Bedingung der Strafbarkeit ist in diesen Fällen die Benachrichtigung des Oberpräsidenten, daß er dem geistlichen Oberen die dauernde Besetzung unter Androhung einer Geldstrafe aufgegeben habe. Damit, nicht mit einer bloßen Aufforderung ohne Präjudiz, beginnt das Zwangsverfahren.

H. O.Tr. Str.S. II v. 3. Febr. 1876, Oppenhoff, Rechtsprechung 17 S. 83: Ein Gehülfe des Pfarrers, welcher geistliche Amtshandlungen an einer Pfarrkirche vornimmt, an der das Pfarramt selbst seit mehr als Jahresfrist erledigt ist, fällt nur dann unter die Vorschrift des Abs. 2, wenn er Handlungen nicht kraft eigenen Rechtes, sondern in Ausübung der Rechte des Pfarrers vornimmt; s. ferner Str.S. II v. 11. Jan. 1877, a. a. O. S. 30: Ein vor Inkrafttreten der Maigesetze angestellter Pfarrer darf (abgesehen von etwaigen aus dem Parochialzwang folgenden Ausnahmen) in seinem Pfarrbezirk geistliche Amtshandlungen auch für die nicht in demselben Eingesessenen, insbesondere die Parochianen einer benachbarten Parochie vornehmen, selbst dann wenn er früher mit der gleichzeitigen Verwaltung des benachbarten Pfarramtes betraut gewesen ist und inzwischen von dem Oberpräsidenten die gesetzlich vorgeschriebene Benachrichtigung über das behufs der Wiederbesetzung eingeleitete Zwangsverfahren erhalten hat, sofern er nur die betreffenden Amtshandlungen nicht in der Absicht vornimmt, die Verwaltung der benachbarten Parochie fortzusetzen. Vgl. übrigens jetzt Art. 5 des Ges. v. 14. Juli 1880 (Zus. 69 zu §. 1043 d. T.) und Art. 3 des Ges. v. 11. Juli 1883 (s. folgenden Zus. 12). Wenngleich in Folge der Einleitung des Zwangsverfahrens die von dem provisorisch angestellten Geistlichen vorgenommenen Amtshandlungen strafbar sind, so hat das Gesetz sie doch nicht für nichtig erklärt. So auch in Bezug auf eine Eheschließung: R.G. I. H. v. 5. Mai 1882, Entsch. 7 S. 227, Annal. 5 S. 553. Vgl. hierzu auch Zeitschr. f. K.R. 17 S. 320 und Jurist. Rundschau f. d. kathol. Deutschland Heft 2 S. 57.

41) H. D. h. nicht Deutsche, s. §. 1 des Ges.

42) H. Das Citat ergiebt, daß unter Amt auch die Versehung einer Stellvertretung oder Hülfsleistung gemeint ist.

haben bei Vermeidung der Folgen des §. 21.[43]) innerhalb sechs Monaten die Reichsangehörigkeit zu erwerben[44]).

Der Minister der geistlichen Angelegenheiten kann mit Rücksicht auf die besonderen Bedürfnisse des einzelnen Falles diesen Zeitraum verlängern.

§. 26. Die Vorschriften dieses Gesetzes über den Nachweis wissenschaftlicher Vorbildung und Befähigung finden keine Anwendung auf Personen, welche vor Verkündung dieses Gesetzes[45]) im geistlichen Amte angestellt sind oder die Fähigkeit zur Anstellung im geistlichen Amte erlangt[46]) haben[47]).

Außerdem ist der Minister der geistlichen Angelegenheiten ermächtigt, denjenigen Personen, welche vor Verkündung dieses Gesetzes in ihrer Vorbildung zum geistlichen Amte vorgeschritten waren[48]), den in diesem Gesetze vorgeschriebenen Nachweis der Vorbildung ganz oder theilweise zu erlassen.

Der Minister der geistlichen Angelegenheiten ist auch ermächtigt, Ausländer[49]) von den Erfordernissen des §. 4. dieses Gesetzes zu dispensiren.

§. 27. Die in den §§. 4. und 8. dieses Gesetzes vorgeschriebene Staatsprüfung kann mit der theologischen Prüfung verbunden werden[50]), insofern die Einrichtung dieser letzteren Prüfung

---

43) H. Der Erledigung der Stelle, der Unfähigkeit zur Ausübung des betreffenden Amtes und des Verlustes des Amtseinkommens. Die Vornahme von geistlichen Amtshandlungen, nachdem diese Wirkungen eingetreten sind, ist nicht unter Strafe gestellt, da der aus den §§. 23 und 24 zu entnehmende Thatbestand diesen Fall nicht mit umfaßt. Dagegen können solche Geistliche, wie alle andern Ausländer, ausgewiesen werden. Dasselbe gilt auch von den Lehrern und Erziehern, deren Beibehaltung nach Ablauf der Frist seitens der geistlichen Behörden nicht zu den im §. 13 festgesetzten Maßregeln berechtigt.

44) H. Die Reichsangehörigkeit muß also binnen des vorgeschriebenen Zeitraums nicht bloß nachgesucht, sondern auch erworben sein, sonst treten die erwähnten Folgen, sofern nicht etwa vom Minister der geistlichen Angelegenheiten eine längere Frist bewilligt ist (s. Abs. 2), ohne weiteres ein.

45) H. Vgl. Anm. 30 zu §. 19 des Ges.

46) H. D. h. die zu diesem Behufe nöthigen Examina abgelegt haben. Demnach muß da, wo für die evangelischen Theologen 2 Examina (examen pro licentia concionandi und pro ministerio) bestehen, wie in Altpreußen, das letzte abgelegt sein. Was die katholischen Geistlichen betrifft, so müssen diese die bis dahin für die Erlangung des Pfarramtes erforderliche Prüfung, die Pfarrkonkurs- oder Pfarrbefähigungs-Prüfung, welche von Zeit zu Zeit in den einzelnen Diözesen abgehalten wird (für Breslau s. Sauer, pfarramtl. Geschäftsverwaltung 2. Aufl. Breslau 1868 S. 34; für Paderborn, Gerlach, Paderborner Diözesanrecht 2. Aufl. S. 19) absolvirt haben. Die Ablegung der Examina pro approbatione, d. h. derjenigen, kraft welcher nur die Befugniß erlangt wird, auf bestimmte Zeit die Approbation zur Seelsorge zu erhalten und Aushülfe in derselben zu leisten, genügt nicht.

Die Bestimmung des §. 26 kommt auch für die Versehung von Hülfsämtern oder Stellvertretungen, die dem Geistlichen vor dem Inkrafttreten des Gesetzes übertragen worden sind, zur Anwendung, vgl. Anm. 42 zu §. 25 des Ges.; dagegen trifft sie nicht zu für Ordensgeistliche, wenn vor dem gedachten Zeitpunkte bloß vom Bischof ein genereller Auftrag an den Orden bez. ein Kloster desselben zur Verwaltung der Seelsorge ertheilt worden ist, weil daraus der einzelne Ordensgeistliche für seine Person kein Recht erlangt hat.

47) H. Nach dem Cirk.Erl. d. evang. Ober-Kirchenraths v. 26. März 1878, kirchl. Ges. u. Verordn.Bl. v. 1878 S. 67, hat der Kultusminister in einem Spezialfall entschieden, daß die Vorschrift sich auch auf solche bezieht, welche die Fähigkeit in andern Landeskirchen des deutschen Reiches außer der preußischen erlangt haben.

Vgl. auch Anm. 67 a. E. zu Art. 2 des Ges. v. 21. Mai 1874 (Zus. 11).

48) H. Mindestens muß also das theologische Studium zurückgelegt sein.

49) H. Diese Dispensationsbefugniß erstreckt sich nur auf die Erfordernisse der Vorbildung (§. 4), nicht auf die von der Nothwendigkeit des Erwerbes der Reichsangehörigkeit (§. 1), s. auch R.G. Str.S. I v. 24. Nov. 1879, Rechtsprechung in Strafsachen 1 S. 91, Annal. 1 S. 256 und Arch. f. kath. K.R. 45 S. 67. Von letzterem Requisite gab es nach dem Gesetz keine Dispensation, jetzt kann sie aber unter bestimmten Beschränkungen stattfinden, vgl. Anm. 38 zu §. 1 des Ges., Anm. 49 zu §. 3 und Anm. 78 zu §. 10.

50) H. Also gleichzeitig abgehalten, aber nicht dadurch ersetzt werden. Die mit der theologischen Prüfung kombinirte Staatsprüfung muß also immer als eine selbstständige erscheinen.

und die Bildung der Prüfungskommissionen Behörden zusteht, deren Mitglieder sämmtlich oder theilweise vom Könige[51]) ernannt werden.

§. 28. Die Vorschriften dieses Gesetzes über das Einspruchsrecht des Staats (§§. 1. 3. 10. 15. und 16.) finden in den Fällen keine Anwendung, in welchen die Anstellung durch Behörden erfolgt[52]), deren Mitglieder sämmtlich vom Könige ernannt werden[53]).

§. 29. Soweit die Mitwirkung des Staats[54]) bei Besetzung geistlicher Aemter auf Grund des Patronats oder besonderer Rechtstitel[55]) anderweit geregelt ist, behält es dabei sein Bewenden[56]).

Desgleichen werden die bestehenden Rechte des Staats bezüglich der Anstellung von Geistlichen beim Militair[57]) und an öffentlichen Anstalten durch das vorliegende Gesetz nicht berührt.

Es ist mithin ein besonderes Zeugniß darüber auszustellen. Sind bestimmte Mitglieder der theologischen Prüfungskommission auch zu den Examinatoren für die Staatsprüfung ernannt, so haben sie diese letztere allein vorzunehmen und auch allein über den Ausfall abzustimmen. Vgl. hierzu z. B. den Erlaß des Konsistor. zu Berlin v. 6. Febr. 1875 (Allg. Kirchenblatt f. d. evang. Deutschl. 1875 S. 451).

51) H. Das ist wenigstens in der Regel der Fall mit den Prüfungs-Kommissionen für die evangelischen Theologen. Diese bestehen mindestens zum Theil aus Mitgliedern der Konsistorien oder Professoren der Universitäten, welche durch den König ernannt werden. Das „theilweise" erklärt sich daraus, daß sowohl nach der rhein.-westfäl. Kirchen-Ordn. v. 1835 §. 49, als auch nach der Kirchengemeinde- und Synodal-Ordnung für die älteren 6 östlichen Provinzen v. 10. Sept. 1873 §. 65 Nr. 9 Mitglieder der Provinzialsynoden, welche von denselben gewählt werden, den theologischen Prüfungen der evangelischen Kandidaten mit vollem Stimmrecht beizuwohnen befugt sind.

Vereinzelte Ausnahmen kommen allerdings vor, so legen z. B. die in dem Berliner Séminaire de théologie befindlichen reformirten theologischen Studenten nach Beendigung ihrer Studienzeit ein die sonstige erste theologische Prüfung ersetzendes Examen pro candidatura ab. Wenngleich die Abhaltung desselben dem Provinzial-Konsistorium angezeigt wird und dieses auch die Censuren bestätigt, so wird doch die Staatsprüfung mit diesem Examen nicht verbunden werden dürfen, weil die französisch-reformirten Geistlichen der Stadt Berlin dabei als Examinatoren fungiren, und diese nicht vom König ernannt werden.

52) H. Gleichviel ob durch freie Uebertragung des geistlichen Amtes oder nur durch Bestätigung der von anderen Personen vorgenommenen Designation, Präsentation, Wahl u. s. w.

53) H. Die Voraussetzung des Fortfalls des Einspruchsrechts ist 1) die Ernennung, nicht bloß die Bestätigung der Mitglieder (z. B. etwa später von den protestantischen Synoden in Vorschlag zu bringender Konsistorial-Mitglieder) durch den König, und 2) das Ernennungsrecht hinsichtlich aller Mitglieder. Das Gesetz eximirt nach seiner Fassung keine bestimmte Kirche. Da aber für die evangelischen Landeskirchen der einzelnen Provinzen diese Voraussetzungen, abgesehen von bestimmten singulären Fällen, obwalten (Anm. 98 zu §. 15 dies. Ges.), so unterliegt die Verleihung der evangelischen geistlichen Aemter für die Regel nicht dem Einspruchsrecht.

54) H. Die Befugnisse desselben, welche über das bloße negative, durch Einspruch geltend zu machende Recht der Abwehr hinausgehen oder wenigstens ein umfassenderes Einspruchsrecht als das Gesetz gewähren.

55) H. Für die Besetzung der katholischen Bischofsstühle, vergl. Zus. zu §. 1022 d. T., und der Kanonikate, ebendaselbst. Zu den besonderen Rechtstiteln gehört auch der zwischen d. preuß. Regierung und dem Erzbischof von Posen vereinbarte Vertrag v. 16. Sept. 1854, wonach bei der Besetzung bestimmter Pfarrstellen der Oberpräsident in Vertretung des Staates befugt ist, unter den ihm vorher zu benennenden Kandidaten die personae minus gratae auszuschließen, Arch. f. kath. K.R. 24 S. 229.

56) H. Nur so weit die Vorschriften des Gesetzes mit der anderweit geregelten Mitwirkung des Staates nicht vereinbar sind, ist seine Anwendung ausgeschlossen. Die Bestimmungen desselben über die Nothwendigkeit der Reichsangehörigkeit und vorgeschriebenen wissenschaftlichen Bildung finden auch auf die hier in Rede stehenden Aemter Anwendung. Die Bischöfe und Domherren müssen also z. B. Deutsche sein. Dadurch ist der Bulle de salute animarum, welche die Wahl eines Preußen für den erledigten Bischofsstuhl fordert, gegenüber eine allerdings schon längst praktisch gehandhabte Erweiterung herbeigeführt.

57) H. In Betreff der evangelischen Militärgeistlichen vergl. §§. 7—20 der Militär-Kirchenordnung v. 12. Febr. 1832, G.S. S. 69, u. Allerh. Erlaß v. 12. Dez. 1867, G.S. v. 1868

§. 30. Der Minister der geistlichen Angelegenheiten ist mit der Ausführung dieses Gesetzes beauftragt[58]).

Urkundlich 2c.

S. 47.* Nachdem durch die K.O. v. 15. März 1873 die durch das päpstliche Breve v. 22. Mai 1868 (Arch. f. kath. K.R. 20 S. 432 u. Lünnemann, Handb. der kath. Militärseelsorge Preußens. Köln 1870 S. 86) kreirte Stelle eines katholischen Feldpropstes der Armee aufgehoben worden ist, hat man von einer anderweitigen besonderen Organisation der katholischen Militärseelsorge abgesehen, vielmehr werden gemäß eines Erlasses des Kriegsministers v. 11. Juni 1873 nöthigenfalls geeignete Civilgeistliche, welche sich die erforderlichen geistlichen Vollmachten beschaffen, zu stellvertretenden Militärgeistlichen durch den Kriegsminister im Einverständniß mit dem Kultusminister ernannt.

58) H. Zur Ausführung des Gesetzes ist ergangen die Instruktion des Ministers der geistlichen Angelegenheiten für die durch das Gesetz vom 11. Mai 1873, G.S. S. 191, angeordnete wissenschaftliche Staats-Prüfung der Kandidaten des geistlichen Amts. Vom 26. Juli 1873. (M.Bl. f. d. i. V. S. 289.)

§. 1. Der Zweck der Prüfung ist, zu erforschen, ob der Kandidat sich die für das geistliche Amt erforderliche allgemeine wissenschaftliche Bildung erworben hat.

§. 2. Die Gegenstände der Prüfung sind: Philosophie, Geschichte und deutsche Literatur.

§. 3. Der Ort und die Termine der Prüfung werden in öffentlichen Blättern der verschiedenen Provinzen zu Anfang jedes Jahres bekannt gemacht.

§. 4. Die Mitglieder der Prüfungs-Kommission und der Vorsitzende unter ihnen werden von dem Minister der geistlichen 2c. Angelegenheiten auf die Dauer eines Jahres ernannt. Jedes der drei Fächer ist in der Kommission durch einen besonderen Examinator vertreten.

§. 5. Die Meldung zur Prüfung geschieht bei dem Vorsitzenden der Kommission.

Vorzulegen sind bei der Meldung:

a) eine kurze Darstellung der bisherigen Lebensverhältnisse und des Bildungsganges des Kandidaten in deutscher Sprache. Es muß daraus unter anderem auch zu ersehen sein, wann und wo derselbe geboren, welches Standes sein Vater ist, und welcher Konfession er selbst angehört;

b) das Zeugniß über die Ablegung der Entlassungs-Prüfung auf einem deutschen Gymnasium;

c) die Zeugnisse über die Zurücklegung eines dreijährigen theologischen Studiums auf einer deutschen Staats-Universität oder auf einem kirchlichen Seminar, in Betreff dessen der Minister der geistlichen Angelegenheiten nach §. 6 des Gesetzes vom 11. Mai d. J. anerkannt hat, daß das Studium auf demselben das Universitäts-Studium zu ersetzen geeignet sei, sofern der Kandidat dem Sprengel angehört, für den das Seminar errichtet ist.

Ist ein Kandidat in der Lage, eine von ihm herausgegebene Druckschrift oder eine andere freie Ausarbeitung mit vorlegen zu können, so ist ihm dies gestattet, und die Kommission wird dergleichen Leistungen bei der Prüfung und bei der Beurtheilung des Kandidaten nach Befinden berücksichtigen.

§. 6. Die Prüfung ist öffentlich und nur mündlich.

Der Vorsitzende bestimmt die Zahl der gleichzeitig zu prüfenden Kandidaten.

§. 7. Ziele der Prüfung und leitende Gesichtspunkte für dieselbe.

Es kommt bei allen drei Gegenständen §. 2 nicht sowohl darauf an, daß eine Menge einzelner geschichtlicher Notizen in das Gedächtniß aufgenommen, als vielmehr darauf, daß der innere Zusammenhang der Hauptmomente der Entwickelung eines jeden derselben mit wissenschaftlichem Sinn erfaßt sei und klar dargelegt werden könne. Dabei wird die Kommission dem Nachweise spezieller frei gewählter Studien auf einem der drei Prüfungsgebiete gebührende Beachtung schenken.

A. Philosophie. Der Kandidat muß von dem Begriff der Philosophie und ihren verschiedenen Disziplinen eine deutliche Erkenntniß haben, und mit der Geschichte der Philosophie so weit bekannt sein, daß er das Charakteristische der epochemachenden Systeme sowie ihr gegenseitiges Verhältniß in ihrer Aufeinanderfolge anzugeben im Stande ist. Er muß ferner eine nähere Bekanntschaft mit den Grundlehren der Psychologie und der Logik, sowie mit denjenigen Systemen wissenschaftlicher Pädagogik nachzuweisen vermögen, welche in den letzten zwei Jahrhunderten einen nachhaltigen Einfluß auf Erziehung und Unterricht gehabt haben.

B. Geschichte. Die Anforderung auf diesem Gebiet ist, daß der Kandidat einen sicheren Ueberblick über die allgemeine Entwickelung der Weltgeschichte besitze, und mit der Geschichte

11. Gesetz wegen Deklaration und Ergänzung des Gesetzes vom 11. Mai 1873. über die Vorbildung und Anstellung der Geistlichen (Gesetz-Samml. 1873. S. 191). Vom 21. Mai 1874. (G.S. S. 139.)

Wir ꝛc. verordnen, mit Zustimmung beider Häuser des Landtages Unserer Monarchie, zur Deklaration und Ergänzung des Gesetzes über die Vorbildung und Anstellung der Geistlichen vom 11. Mai 1873., was folgt:

Art. 1. Das Gesetz vom 11. Mai 1873. wird dahin deklarirt[59]), daß die Uebertragung

---

der drei letzten Jahrhunderte, vornehmlich aber mit der vaterländischen Geschichte, im weiteren und engeren Sinne des Wortes genauer bekannt sei. Ein besonderes Augenmerk ist darauf zu richten, ob der Kandidat von den die verschiedenen Zeiträume bewegenden und beherrschenden Ideen, sowohl nach der politischen Seite wie nach der der Kulturentwickelung, eine klare Vorstellung hat. Der künftige Beruf des Kandidaten legt es nahe, dabei auch das Gebiet der Kirchengeschichte zu betreten, und den Einfluß zur Sprache zu bringen, welchen die Religion und die Kirche sowohl auf das Staatsleben wie auf die Kultur der Völker gehabt hat.

C. Deutsche Literatur. Auch bei diesem Gegenstande ist die Prüfung hauptsächlich darauf zu richten, ob den Kandidaten der innere Entwickelungsgang und diejenigen geschichtlichen Momente bekannt sind, welche auf denselben fördernd oder hemmend eingewirkt haben. Auf Jahreszahlen und dergleichen ist dabei wie bei allen geschichtlichen Theilen der Prüfung kein unverhältnißmäßiger Werth zu legen.

Die hervorragenden Schriftsteller der deutschen National-Literatur, vornehmlich aus den beiden letzten Jahrhunderten, dürfen keinem Kandidaten unbekannt sein, und die eingehendere Beschäftigung mit einigen der bedeutendsten klassischen Werke muß von jedem nachgewiesen werden können. Die Prüfung hat den Kandidaten Gelegenheit zu geben, sich in dieser Beziehung über die nach freier Wahl getriebenen Studien auszusprechen.

§. 8. Ueber den Gang der Prüfung wird wechselnd von den Mitgliedern der Kommission, welche während der ganzen Prüfung anwesend bleiben, ein Protokoll aufgenommen. Dasselbe wird von allen Mitgliedern unterzeichnet.

§. 9. Die Dauer der Prüfung richtet sich nach dem Zweck derselben. Bei zweifelhaftem Ergebniß kann der Vorsitzende eine Fortsetzung der Prüfung in dem betreffenden Gegenstande anordnen. Ebenso ist derselbe befugt, auch in den von ihm nicht vertretenen Fächern seinerseits ergänzende Fragen zu stellen.

§. 10. Die Entscheidung über den Ausfall der Prüfung wird von der Kommission kollegialisch getroffen und den Kandidaten alsbald mitgetheilt. Die Annahme einer Kompensation unter den drei Gegenständen ist dabei nur soweit zulässig, daß ein Mangel an Detailkenntniß in der deutschen Literatur-Geschichte durch desto gründlichere Kenntnisse im Gebiet der allgemeinen Geschichte und der Philosophie ausgeglichen werden kann.

§. 11. Das über das Ergebniß der Prüfung auszustellende Zeugniß lautet auf „bestanden" oder „nicht bestanden", nachdem zuvor bei den einzelnen Gegenständen Dasjenige angegeben ist, was für die Beschaffenheit der Kenntnisse und der allgemeinen geistigen Bildung des betreffenden Kandidaten bezeichnend ist.

§. 12. Wiederholung der Prüfung. Diejenigen Kandidaten, welche die Prüfung nicht bestanden haben, können zu derselben nicht vor Ablauf eines halben Jahres wieder zugelassen werden. Sie haben sich wegen der Wiederholungsprüfung an dieselbe Kommission zu wenden, von welcher sie das erste Mal geprüft worden sind. Die Zulassung bei einer andern Kommission bedarf der Genehmigung des Ministers der geistlichen Angelegenheiten.

§. 13. Eine Prüfungs-Gebühr wird von den Kandidaten nicht erhoben.

§. 14. Am Ende jedes Jahres wird von jeder Kommission dem Minister der geistlichen Angelegenheiten ein Verzeichniß der im Laufe desselben von ihr geprüften Kandidaten mit Angabe der Prüfungsergebnisse eingereicht.

§. 15. Die vorstehenden Bestimmungen finden auch Anwendung, wenn die Staatsprüfung mit der theologischen Prüfung verbunden wird. Die durch diese Verbindung bedingten Abänderungen und Ergänzungen bleiben besonderer Verfügung vorbehalten.

59) H. Die Motive des Gesetzentwurfes bemerken hierzu (Druckſ. des Abg.H. 12. Legisl.-Per. I. Sess. 1873/1874 Nr. 280 S. 5): „Das Bedürfniß einer Deklaration der §§. 22 u. 23, im Zusammenhang damit auch der §§. 17 und 1 des Ges. v. 11. Mai v. J. ist dadurch hervorgerufen, daß einzelne Gerichte erster Instanz" — s. P. Hinschius, Kirchengesetze von 1873 S. 150 Anm. 2 — „die Strafbestimmungen der §§. 22 und 23 nur auf solche Fälle beziehen wollen, wo gegen eine Anstellung seitens des Oberpräsidenten wirklich der Einspruch erhoben worden sei, und daß demgemäß in den Fällen von ihnen auf Freisprechung erkannt ist, wo eine Benennung des Kandidaten beim Oberpräsidenten in Gemäßheit des §. 15 gar nicht stattgehabt hatte. Hervorgerufen ist diese Auffassung vornehmlich durch die jetzige

eines geistlichen Amtes[60]), sowie die Genehmigung einer solchen Uebertragung[61]) auch dann den

Fassung des §. 17, welche anscheinend eine Unterscheidung zwischen solchen Anstellungen, die dem §. 1 zuwiderlaufen, und solchen, die vor Ablauf der für den Einspruch gewährten Frist erfolgen, aufstellt. Diese Annahme muß zwar für unbegründet erachtet werden, in so fern die Worte im §. 17: „oder welche vor Ablauf der im §. 15 für die Erhebung des Einspruchs gewährten Frist erfolgt," gar nicht den Zweck haben sollten und konnten, eine besondere, neben den Vorschriften des §. 1 hergehende Uebertragung des geistlichen Amts als nicht geschehen zu bezeichnen, sondern, wie die Entstehungsgeschichte der jetzigen Fassung deutlich ergiebt, auf Vorschlag der Kommission des Abgeordnetenhauses in das Gesetz nur deshalb aufgenommen sind, um, wie es in dem Kommissionsberichte vom 3. Februar pr. Seite 29 heißt: „eine Fassungsverbesserung zum vollständigeren Ausdruck des Gemeinten herbeizuführen". Auch kann es keinem begründeten Zweifel unterliegen, daß, wenn schon der §. 1 selbst als Erforderniß für die Uebertragung eines geistlichen Amts aufstellt, „daß gegen die Anstellung kein Einspruch von der Staatsregierung erhoben worden ist," zur Feststellung dieses Requisites gehört, daß die im Gesetz vorgeschriebene Benennung erfolgt und nach derselben innerhalb der gesetzlichen Frist kein Einspruch erhoben worden, weil von der Erhebung des Einspruchs überhaupt erst die Rede sein kann, wenn die Benennung vorangegangen ist; denn ohne Benennung gilt die Anstellung als nicht geschehen (§. 17), und gegen einen nicht geschehenen Akt kann selbstverständlich auch kein Einspruch erhoben werden. Obwohl nun auch die große Mehrzahl der Gerichte dieser letzteren Auffassung gefolgt ist, so hat doch die gegentheilige Ansicht in neuester Zeit an Anhang gewonnen, so daß jetzt schon von sieben verschiedenen Gerichten freisprechende Erkenntnisse in jenem Sinne ergangen sind. Es leuchtet ein, daß hieraus, zumal wenn diese, als irrig zu bezeichnende Auffassung noch weitere Verbreitung finden möchte, nicht nur für die Rechtssicherheit, sondern auch für die Durchführung der kirchenpolitischen Gesetze vom Mai v. J. die allerbedenklichsten Folgen entstehen müßten. Denn einmal würde unter allen Umständen eine längere Zeit vergehen, bis durch die Rechtsprechung des Obertribunals und des Ober-Appellationsgerichts eine feste Norm gewonnen werden würde, während die Staatsregierung inzwischen in den betreffenden Bezirken dem gesetzwidrigen Verhalten der Bischöfe und der Geistlichkeit gegenüber völlig wehrlos dastände, und sodann würde, wenn weitere derartige Entscheidungen erfolgten, den Bischöfen sogar die Möglichkeit geboten werden, ihr Verhalten durch Berufung auf diese gerichtlichen Erkenntnisse mit einem Scheine des Rechtes zu umgeben und auf diese Weise ihren Widerstand in den Augen der Gemeinden als mit den Gesetzen nicht einmal im Widerspruch stehend erscheinen zu lassen. Aus diesen Gründen erscheint es dringend gerathen, sofort eine Deklaration der §§. 22 und 23 des Gesetzes vom 11. Mai pr. eintreten zu lassen. — Was die Fassung einer solchen Deklaration betrifft, so ist, nachdem einmal Zweifel über die Bedeutung der Worte, „welche den §§. 1—3 zuwiderläuft", entstanden sind, Vorsorge zu treffen, daß alle Fälle einer gesetzwidrigen Uebertragung eines geistlichen Amtes oder der Genehmigung einer solchen getroffen werden, damit nicht Raum zu neuen Zweifeln frei bleibe. Demgemäß sieht der Artikel 1 alle denkbaren Fälle, sowohl einer Uebertragung ohne jede Benennung, als auch einer Uebertragung vor der Benennung, als auch endlich einer solchen Uebertragung vor, die entweder gleichzeitig mit der Benennung, oder nach der Benennung, jedoch vor Ablauf der für die Erhebung des Einspruchs gewährten Frist erfolgt."

H. Die durch den Artikel 1 jetzt gesetzlich festgestellte Auslegung der §§. 1—3, §. 15 (§. 17) des Ges. v. 11. Mai 1873 ist schon von Anfang an von P. Hinschius, Kirchengesetze von 1873 S. 135 Anm. 2 u. 3 vertheidigt worden. Dieser Ansicht haben sich angeschlossen Witkowski in Behrend u. Dahn, Zeitschr. f. deutsche Gesetzgeb. 8 S. 223 ff., 229, ferner das O.Tr. Str.S. II in den Erk. v. 26. Febr. 1874 (J.M.Bl. v. 1874 S. 78, Entsch. 72 S. 363, Oppenhoff, Rechtspr. des O.Tr 15 S. 116) u. v. 9. April 1874 (Entsch. a. a. O. S. 339, Oppenhoff a. a. O. S. 213, vergl. auch das Erk. v. 31. Dez. 1873 bei Hartmann, Zeitschr. 1 S. 145, v. 6. u. 8. Mai 1874 bei Oppenhoff a. a. O. S. 285, 294, v. 2. Juni 1874, a. a. O. S. 346) und das jetzt aufgehobene Ober-Appellationsgericht zu Berlin im Erk. v. 21. März 1874 (J.M.Bl. a. a. O. S. 120, Oppenhoff a. a. O. S. 180). Auf die Gründe, welche gegen diese Ansicht geltend gemacht worden sind (vergl. Kugel, Archiv f. kath. K.R. 32 S. 132, u. Gerlach, d. Bedeutung der Strafbestimmungen in den §§. 22, 23 des Ges. v. 11. Mai 1873. Paderborn 1874), braucht jetzt, wo die Kontroverse gesetzlich entschieden ist, nicht mehr eingegangen zu werden.

H. Da der Artikel 1 nur eine Deklaration enthält, so findet er auch auf alle vor dem Inkrafttreten des Gesetzes vorgekommenen Fälle Anwendung.

60) H. Vergl. Anm. 36 zu §. 1 in Zus. 10 zu §. 60 d. T.

61) H. Hierunter sind die Fälle zu verstehen, wo ein Drittberechtigter, der Patron, die wahlberechtigte Gemeinde, ein Pfarrer, der sich seinen Vikar ernennt, konkurrirt, und der geistliche Obere den Vorgeschlagenen oder Ernannnten bestätigt.

Vorschriften der §§. 1. bis 3. des Gesetzes[62]) zuwider sind, wenn dieselben ohne die im §. 15. daselbst vorgeschriebene Benennung des Kandidaten oder vor dieser Benennung oder vor Ablauf der im §. 15. für die Erhebung des Einspruchs gewährten Frist erfolgen[63]).

Art. 2. Die Strafe des §. 23. des Gesetzes vom 11. Mai 1873. trifft einen jeden Geistlichen[64]), welcher Amtshandlungen[65]) vornimmt[66]), ohne den Nachweis führen zu können[67]), daß

H. Die Ausdrücke: „Uebertragung eines geistlichen Amtes, sowie die Genehmigung einer solchen Uebertragung" umfassen auch 1) die widerrufliche Uebertragung des Amtes, 2) die Uebertragung einer Stellvertretung oder Hülfsleistung, 3) die Uebertragung eines Amtes an einen schon in einem andern Amt befindlichen Geistlichen, 4) die Verwandlung einer widerruflichen Anstellung in eine dauernde und 5) die Genehmigung zu diesen Akten, denn der Art. 1 zieht die davon handelnden §§. 2 u. 3 des Ges. v. 11. Mai 1873 ausdrücklich an, und diese stellen die gedachten Fälle der im §. 1 erwähnten Uebertragung des Amtes gleich, s. auch P. Hinschius, Kirchenges. v. 1873 S. 135 Anm. 1.

62) H. Jetzt in ihrer Abänderung und Beschränkung, wie sie in Anm. 49 a. E. zu §. 3 des Zus. 10 (vgl. §. 60 d. T.) angegeben sind.

63) H. Nach dieser Vorschrift steht der Nichtbeachtung des nach §. 15 erhobenen Einspruches gleich: 1. die Anstellung des Kandidaten ohne jedwede Benennung, 2. die Anstellung mit gleichzeitig oder nachher erfolgter Benennung, 3. die Anstellung vor dem Ablauf der 30tägigen Einspruchsfrist.

Es ergiebt sich daher 1. daß die Uebertragung eines Amtes, die Genehmigung einer solchen oder die Vornahme der Anm. 61 gedachten Akte in der Abs. 1 unter 1—3 erwähnten Weise gegen §. 1 des Ges. v. 11. Mai 1873 verstößt, und daß demgemäß 2. nach §. 17 dieses Gesetzes die gedachten Akte nichtig sind, 3. der Obere, welcher sie vornimmt, der Strafe des §. 22 Abs. 1 desselben verfällt, 4. der Geistliche, welcher auf Grund eines solchen Aktes Amtshandlungen ausübt, der Strafe des §. 23 Abs. 1 a. a. O. unterliegt, endlich 5. daß die Anstellung eines Lehrers an den §. 10 des citirten Gesetzes genannten Anstalten gleichfalls unter Verletzung desselben erfolgt ist, wenn dabei in der Abs. 1 unter 1—3 gedachten Art verfahren ist, sowie daß auch in diesen Fällen die Folgen des §. 13 eintreten, weil der §. 12 die §§. 15 und 17 und letzterer den §. 1, also damit auch die vorliegende Deklaratoria, anzieht. Vgl. auch Anm. 13 a. E. zu Art. 1 des Ges. v. 11. Juli 1883 (Zus. 12).

64) H. Nach O.Tr. Str.S. I v. 23. Juni 1875, Entsch. 75 S. 410, Oppenhoff, Rechtspr. 16 S. 485, bezieht sich dies nicht auf evangelische Geistliche, welche durch das zuständige Konsistorium im Disziplinarwege ihres Amtes entsetzt sind, weil diese dadurch die Qualität als Geistliche verlieren. Ueber das letztere vgl. Heppe i. Zeitschr. f. K.R. 13 S. 241; Zimmermann a. a. O. 14 S. 34. Eine Bestrafung wäre daher nur statthaft, wenn man im Art. 2 unter den „Geistlichen" auch einen „gewesenen Geistlichen" verstehen könnte. Dies ist aber nach dem Sprachgebrauche der Maigesetze, s. insbesondere §. 24 des Ges. v. 11. Mai 1873, (vor. Zus.) nicht möglich. Hieraus ergiebt sich auch, daß die Abhaltung eines Laiengottesdienstes nicht strafbar ist, s. Arch. f. kath. K.R. 38 S. 91.

Der Art. 2 findet auch Anwendung auf Geistliche, welche vor dem Inkrafttreten des Ges. v. 11. Mai 1873 angestellt sind, O.Tr. Str.S. I v. 8. Jan. 1879, Oppenhoff 20 S. 12.

65) H. Hiermit sind diejenigen Handlungen gemeint, welche sich als Ausfluß der in §§. 1 u. 2 des Ges. v. 11. Mai 1873 gedachten Aemter und Stellungen charakterisiren.

66) H. Die Amtshandlungen brauchen nicht in der Absicht vorgenommen zu sein, das Ges. v. 11. Mai 1873 zu umgehen, O.Tr. Str.S. I v. 8. Jan. 1879, Oppenhoff 20, 12.

Ob das Amt, in welchem Aushülfe geleistet worden ist, erledigt war oder nicht, ist gleichgültig. Erk. dess. Sen. I v. 8. Jan. 1879, a. a. O. S. 17, eben so, daß nur eine Amtshandlung vorgenommen worden ist, a. a. O.

67) H. Nach den Motiven soll jeder Zweifel darüber ausgeschlossen werden, daß der Strafe des §. 23 unterliegt: 1) derjenige, welcher das Amt, bez. die Stellvertretung oder Hülfsleistung ohne nachweisliche Uebertragung ausgeübt, und 2) derjenige, der bei einem angestellten Pfarrer auf Grund eines Privatabkommens mit diesem als Hülfsgeistlicher fungirt. Da in dem letzten Falle aber eine Uebertragung vorliegt und im §. 23 nicht eine Uebertragung seitens des geistlichen Oberen gefordert wird, so war der Hülfsgeistliche schon nach dem §. 23 und der anstellende Pfarrer als Anstifter strafbar, s. Anm. 33 zu §. 22 in Zus. 10 u. Witkowski bei Behrend u. Dahn, Zeitschr. 8 S. 239. Gegen diesen Fall, welchem der des Fungirens eines nicht gesetzmäßig angestellten Weihbischofs gleichsteht, reichte das bisherige Recht aus. Auch hat ferner — allerdings erst kurz nach Erlaß des Deklarationsgesetzes — das O.Tr. Str.S. II v. 28. Mai 1874, bez. v. 7. Mai 1874 angenommen, daß im Falle der §§. 1—3 des

Ges. v. 11. Mai 1873 eine stillschweigende Uebertragung eines geistlichen Amtes einer ausdrücklichen gleichsteht, bez. die (stillschweigende) Uebertragung eines solchen mit einem Vertrage, welcher, unter dem Vorbehalte beiderseitiger Kündigung, die Verhältnisse zwischen dem Pfarrer und dem angenommenen Hülfsgeistlichen regelt, nicht unvereinbar ist (Entsch. 72 S. 385 u. 392; Oppenhoff, Rechtsprechung des O.Tr. 15 S. 289, 332, 335); ebenso I v. 1. März 1876, 1876, Oppenhoff 17 S. 152.

H. Eine wirkliche Erweiterung enthält aber die Vorschrift für den ersten Fall, weil der §. 23 die Uebertragung des Amtes zur Voraussetzung hat. Praktisch wird sie zugleich auch für die Fälle stillschweigender Uebertragung Abhülfe gewähren, weil letztere schwer nachweisbar ist.

H. Die Tragweite des Artikels 2 geht aber weit über die in den Motiven hervorgehobenen Fälle hinaus. Er regelt, indem er den Inhalt des §. 23 in sich aufnimmt, einmal die Beweislast für alle Fälle, in denen ein Geistlicher Amtshandlungen ausübt. Der angeklagte Geistliche hat jetzt immer nachzuweisen, daß die Erfordernisse der modifizirten (s. Anm. 62 zu Art. 1 dieses Ges.) §§. 1—3 des Ges. v. 11. Mai 1873 zu der Zeit vorhanden waren, wo er die inkriminirte Handlung vorgenommen hat, daß er also deutscher Reichsangehöriger war (bez. innerhalb der zulässigen Schranken dispensirt worden, Anm. 38 zu §. 1 von Zus. 10), die vorgeschriebene wissenschaftliche Bildung erhalten und bei seiner Anstellung, bez. Ermächtigung die Vorschriften über den Einspruch (so weit dieser noch stattfindet, s. Anm. 49 a. E. zu §. 3 von Zus. 10 und Anm. 11 ff. zu Art. 1 des Ges. v. 11. Juli 1883, Zus. 12) gewahrt worden sind. Hiermit ist die bisherige Kontroverse, ob die Kenntniß des angestellten Geistlichen von der mangelnden Anzeige (behufs Wahrung des Einspruchs) eine Voraussetzung der Strafbarkeit desselben bildet, — bejaht von Witkowski a. a. O. S. 234, verneint von P. Hinschius, Kirchengesetze von 1873 S. 152 Anm. 2 a. E. zu §. 23 u. vom O.Tr. Str.S. II v. 9. April 1874 (Entsch. 72 S. 399, Oppenhoff 15 S. 203) u. v. 12. Nov. 1874 (Oppenhoff, Rechtsprechung des O.Tr. 15 S. 771) — in dem letzteren Sinne gesetzlich entschieden. Da die Vorschriften des §. 1 des Ges. v. 11. Mai 1873 auf solche Geistliche, welche vor seiner Verkündigung angestellt waren, nur unter den Modifikationen der §§. 25 u. 26 Anwendung finden, so wird für diese der Nachweis genügen, daß sie die in letzteren erleichterten Erfordernisse erfüllt haben, so auch Witkowski a. a. O. S. 242, 243. Für den Ausnahmefall, wo eine Stellvertretung oder Hülfsleistung vorbehaltlich des Einspruchs angeordnet werden kann (§. 2 des Ges. v. 11. Mai 1873), ist durch Art. 2 dem Geistlichen der Beweis auferlegt, daß die Voraussetzung, die Gefahr im Verzuge, obgewaltet hat, denn nur dann ist dargethan, daß er nicht dem §. 2 zuwidergehandelt hat, O.Tr. Str.S. I v. 8. Jan. 1879, Oppenhoff 20, 13.

Der Nachweis der Uebertragung des Amtes braucht nicht durch eine schriftliche Urkunde geführt zu werden, Johow, Jahrb. d. Kammerger. 1 S. 215, denn das katholische Kirchenrecht hat keine Vorschrift, daß die Verleihung eines Amtes in schriftlicher Form erfolgen müsse, P. Hinschius, Kirchenrecht 3 S. 2.

Zweitens schließt der Artikel 2, weil der §. 15 des Ges. v. 11. Mai 1873 die geistlichen Oberen verpflichtet, die Kandidaten dem Oberpräsidenten zu benennen, so weit noch das Einspruchsrecht besteht, jede Verwaltung eines geistlichen Amtes aus, wenn der geistliche Obere nicht vorher dem Oberpräsidenten die Person desjenigen, der dasselbe ausüben soll, angezeigt hat, denn jedes anderweitige Fungiren ist strafbar.

Drittens kommt endlich noch das Verhältniß des Art. 2 zu §. 17 des Ges. v. 11. Mai 1873 (Zus. 10) in Frage. Der erstere erweitert die Strafandrohung des §. 23, der letztere spricht die Nichtigkeit der dem §. 1 derselben zuwider erfolgten Uebertragung aus. Daß dies auch zufolge des Art. 1 der vorliegenden Deklaratoria von einer den hier präcisirten Vorschriften zuwider stattgehabten Uebertragnng gilt, unterliegt keinem Zweifel. Was dagegen die vorhin erwähnten Fälle betrifft, wo gar keine Betheiligung des geistlichen Oberen bei der Anstellung obgewaltet hat, so findet auf diese der Artikel 2 allerdings keine Anwendung. Aber — das übersieht Witkowski a. a. O. S. 240 — einer Festsetzung der Nichtigkeit der Uebernahme des Amtes durch den Geistlichen bedurfte es hier nicht. Denn wenn der geistliche Obere dem Staate nach §. 15 die Kandidaten zu benennen hat, welche in seinem Sprengel fungiren, gleichviel ob er sie selbst anstellt oder nicht, so ist auch in diesen Fällen gegen den §. 1, resp. §. 15 und damit gegen §. 17 des Ges. v. 11. Mai 1873 verstoßen.

Da bei den evangelischen Geistlichen, so fern sie von Behörden angestellt sind, deren Mitglieder sämmtlich vom König ernannt werden, nach §. 28 des Ges. v. 11. Mai 1873 ein Einspruch nicht stattfindet, mithin auch keine Benennung derselben erforderlich ist, so haben diese nur den Nachweis der Reichsangehörigkeit und der vorschriftsmäßig erlangten wissenschaftlichen Bildung (s. §. 27 der gedachten Gesetzes) zu führen, nicht aber den, daß sie von der vorgesetzten Behörde gültig angestellt oder gültig zur Stellvertretung oder Hülfsleistung ermächtigt worden sind. Weder der §. 1 des mehrerwähnten Gesetzes noch der Art. 2 verlangt den Nachweis der Berufung als solcher, vielmehr nur den, daß das Einspruchsrecht des Staates bei der letzteren gewahrt ist, und nur in so weit, als es für diesen Beweis nöthig ist, kommt die Berufung mit in Frage.

Daher bleibt sie da außer Betracht, wo eine Benennung behufs der Ermöglichung des Einspruchs gar nicht erforderlich ist, und das um so mehr, als das Gesetz und seine Deklaratoria ein kirchlich unbefugtes Amtiren gar nicht bestrafen, sondern nur ein solches, das unter Verletzung der vom Staate in seinem Interesse vorgeschriebenen Kautelen stattfindet.

Aus den vorstehenden Ausführungen ergiebt sich, daß der Artikel 2 über den Inhalt des §. 23 hinausgreift; er ist keine Deklaration desselben, O.Tr. Str.S. II v. 1. März 1875, Oppenhoff, Rechtsprechung 17 S. 155, u. Hartmann, Zeitschr. 2 S. 588, und kann daher auch nicht auf früher vorgekommene Fälle angewendet werden.

H. Bei der schon vor dem Inkrafttreten des Ges. v. 11. Mai 1873 (s. den vorhergehenden Zusatz) angestellten oder zur Stellvertretung und Hülfeleistung verwendeten Geistlichen reicht der Nachweis aus, daß den Erfordernissen des §. 26 desselben genügt ist, v. Witkowski a. a. O. S. 242, 243. Auf derartige Fälle beziehen sich O.Tr. Str.S. II v. 12. Nov. 1874, 12 Mai 1875 u. 6. April 1876, Oppenhoff 15 S. 767; 16 S. 337; 17 S. 263, s. ferner Str.S. II v. 16. März 1876, a. a. O. 17 S. 205, Entsch. 77 S. 361, wonach die Vornahme einzelner Amtshandlungen durch einen gesetzlich angestellten Geistlichen im Geschäftskreise eines fremden Amtes, um dadurch gemäß einer althergebrachten Gewohnheit für besondere Fälle Aushülfe zu leisten, nicht strafbar ist, u. I v. 19. März 1879, Oppenhoff 20, 149, wonach die frühere mit dem Lehramte in einem Priesterseminar verbundene Befugniß, an der Domkirche Aushülfe in der Seelsorge zu leisten, nicht ohne weiteres mit der Schließung des Seminars fortfällt.

O.Tr. Str.S. II v. 7. Sept. 1876, a. a. O. 17 S. 546: Nach den Grundsätzen des kanonischen Rechts ist es zulässig, daß ein Geistlicher, welcher von der vorgesetzten geistlichen Behörde zum Hülfsgeistlichen bei einem Pfarrer ernannt wird, gleichzeitig durch den Akt für den Fall des Todes zum Verweser der Stelle bis zu deren Wiederbesetzung bestellt werde, spricht etwas durchaus Selbstverständliches aus, eben so Str.S. II v. 18. Mai 1876, a. a. O. S. 363, daß ein unter der Bezeichnung cooperator oder coadjutor berufener Hülfsgeistlicher damit nicht unter allen Umständen und mit Rechtsnothwendigkeit auch schon den Auftrag erhalten hat, bei eintretender Erledigung der Pfarrstelle die Funktionen des Pfarrers fortzusetzen.

O.Tr. Str.S. I v. 29. März 1878, a. a. O. 19 S. 282: Um zu beurtheilen, ob ein Geistlicher oder Kaplan zur Vornahme gewisser Amtshandlungen berechtigt war, bedarf es der konkreten Prüfung der ihnen zustehenden Rechte. Dabei kommt der zur Zeit seiner Anstellung in Geltung gewesene Rechtszustand in Betracht. Lokale Gewohnheiten, welche mit dem Gesetze im Widerspruch stehen, können sich überhaupt nicht bilden; II v. 14. Mai 1877, a. a. O. 18 S. 327: Mit einer Kaplanei ist, auch wo dieselbe ein selbstständiges Amt gegenüber der Pfarrstelle bildet, nicht nothwendig die Seelsorge in der Pfarrei verbunden. Es ist vielmehr denkbar, daß der Inhaber der Kaplanei diese auf Grund eines besonderen Titels, namentlich auf Grund eines sog. Cura-Instrumentes ausübt (und dann kann in der Uebertragung eines solchen Titels ein Vergehen liegen). Str.S. I v. 25. Okt. 1878, Oppenhoff 19 S. 484: Die Vornahme geistlicher Amtshandlungen ist strafbar, sofern die Ermächtigung für die Amtshandlung fehlt, sollte auch der Angeklagte zu einem geistlichen Amte im Allgemeinen berufen sein.

O.Tr. Str.S. I v. 16. Jan. 1878, a. a. O. 19 S. 23, Hartmann, Zeitschr. f. öffentl. Recht 5 S. 397: Eine von dem Nebengeistlichen einer Kirche in anderer als der von dem berechtigten Pfarrer angeordneten Weise bewirkte Amtshandlung kann deshalb nicht als unbefugte Vornahme einer solchen bestraft werden. Dies ist aber nur in so weit richtig, als der Nebengeistliche seiner Stellung oder Beauftragung nach eine derartige Handlung überhaupt vorzunehmen befugt ist. Liegt dieselbe aber außerhalb seiner Kompetenz, so reicht dieselbe in Folge der Beauftragung nicht weiter, als diese letztere. Für das, was er außerhalb ihres Rahmens vornimmt, hat er keine Befugniß. So sagt auch dieselbe Abth. i. Erk. v. 21. Juni 1877, Oppenhoff 18 S. 436: Ein vor Erlaß der Kirchengesetze angestellter Vikar kann durch Amtshandlungen, welche er gegen den Willen des Pfarrers vorgenommen hat, gegen Art. 2 verstoßen.

Art. 2 findet auch dann Anwendung, wenn der Angeklagte zwar den Nachweis führen kann, daß er zu einem zu den vorgenommenen Amtshandlungen ermächtigenden Amte berufen worden, zugleich aber erwiesen wird, daß er die Befugniß zur Ausübung jenes Amtes demnächst durch die neuere Gesetzgebung, wie die Mitglieder aufgelöster, mit der Seelsorge befaßter Orden durch die Auflösung der letzteren in Folge des Ges. v. 31. Mai 1875 (Zus. zu §. 945 d. T.), verloren hat, O.Tr. Str.S. I v. 25. Oktober 1878, Entsch. 82, 350; Oppenhoff 19 S. 484. Vgl. ferner Str.S. I v. 14. Juli 1879, Oppenhoff a. a. O. 20 S. 535: Ein Ordensgeistlicher, welcher ein ihm vor dem Ges. v. 11. Mai 1875 übertragenes Seelsorgeamt nach Erlaß des Klostergesetzes auszuüben fortfährt und damit unter die Strafbestimmung des §. 23 des Ges. v. 11. Mai 1873 und der Deklaratoria v. 21. Mai 1874 fällt, ist freizusprechen, wenn er irrthümlich geglaubt hat, dazu ferner ungeachtet des Klostergesetzes befugt zu sein. Ein solcher irriger Glauben beruht nicht auf rechtsirrthümlicher Auslegung des Strafgesetzes.

Wenn dieselbe Abth., Erk. v. 4. Dez. 1878, a. a. O. S. 344, Oppenhoff 19 S. 562, angenommen hat, daß der geistliche Obere, welcher ein vakantes Pfarramt zu besetzen hat, der

er zu einem hierzu ermächtigenden Amte oder zur Stellvertretung oder zur Hülfsleistung in einem solchen Amte unter Beobachtung der §§. 1. bis 3. des genannten Gesetzes berufen worden sei.

Art. 3. Nach Erledigung eines geistlichen Amtes[68]) ist der Oberpräsident[69]) befugt, die Beschlagnahme des Vermögens der Stelle[70]) zu verfügen[71]), wenn

---

Strafe des Art. 2 nicht unterliegt, falls er die in dem vakanten Amte begründeten geistlichen Amtshandlungen selbst und auch in der Absicht vornimmt, dadurch die Wiederbesetzung und die dabei erforderliche Mitwirkung der staatlichen Behörde zu vereiteln und zu erschweren, so ist dies allerdings richtig, in so weit es sich um geistliche Obere handelt, welche, wie der Bischof, die Seelsorge in ihrem ganzen Bezirke kraft ihres Amtes haben. Dagegen beruht es auf einem Verkennen der kirchenrechtlichen Stellung des von dem Domkapitel bestellten Kapitularverwesers, wenn auch diesem die gedachte Befugniß zugesprochen wird. Derselbe hat als solcher keine Rechte, welche aus dem ordo herfließen, gleichviel, ob sie sog. iura ordinis reservata oder communia sind, weshalb es auch genügt, daß der Kapitularvikar bloß Kleriker ist und nicht Priester zu sein braucht, P. Hinschius, Kirchenrecht 2 S. 235. Allerdings beruft sich das O.Tr. noch auf c. 42 in VI. de elect. I. 6. Die Stelle betrifft aber den Kapitularvikar, welcher in seiner heutigen Gestalt dem vortridentinischen Recht unbekannt ist, nicht, sie handelt von einem apostolischen Vikar bei gehinderter Verwaltung des Bisthums, a. a. O. S. 257, und es ist eine völlig unerwiesene Behauptung des O.Tr., daß in dieser Stelle unter iurisdictio episcopalis nicht bloß die eigentliche Regierungsgewalt, sondern auch die iura ordinis communia zu verstehen seien. Das kanonische Recht und die kanonische Doktrin haben Jahrhunderte lang die iurisdictio und die iura ordinis streng geschieden. Der Grund, weshalb das O.Tr. zu seiner kanonistisch unhaltbaren Auffassung gekommen ist, liegt darin, daß es annimmt, der Bischof erhalte durch die Konsekration bloß die Befugniß, die iura reservata ordinis in seiner Diözese auszuüben, während dies aber auch eben so mit den iura ordinis communia der Fall ist. Kann doch ein Subdiakon zum Bischof bestellt werden, welcher gar nicht den nöthigen ordo hat, um priesterliche und namentlich pfarramtliche Rechte auszuüben.

Vgl. übrigens auch zu §. 23 Abs. d. Ges. v. 11. Mai 1873, s. d. vor. Zus.; ferner Anm. 10 u. 11 zu Art. 5 des Abänderungsges. v. 14. Juli 1880 (Zus. 69 zu §. 1043 d. T.) und Art. 1 u. 3 des Abänderungsges. v. 11. Juli 1883 (Zus. 12 zu §. 60).

68) H. Hierher gehören alle vom Kirchenrecht anerkannten Erledigungsfälle, also Tod, Resignation, Versetzung, Strafentsetzung und Konfessionswechsel (s. v. Schulte, Lehrb. d. kathol. K.R. 3. Aufl. S. 327; Richter-Dove, Lehrb. d. kathol. und evangel. K.R. 7. Aufl. S. 609 ff.), ferner der durch das Ges. v. 11. Mai 1873 §. 21 (s. Zus. 10) festgesetzte Erledigungsfall. Gleich steht endlich auch der Erledigung die nach dem Abänderungsges. v. 14. Juli 1880 (Zus. 69 zu §. 1043 d. T.) Art. 1 an Stelle der Amtsentsetzung tretende staatliche Unfähigkeitserklärung zur Bekleidung des Amtes in den Fällen des §. 24 des Ges. v. 12. Mai 1873 (Zus. 15 zu §. 124 d. T.) und des §. 12 des Ges. v. 12. April 1875. Der Art. 1 citirt zwar den oben mitgetheilten Art. 3 nicht, aber er stellt die erwähnte Unfähigkeitserklärung der Erledigung durch die früher statthafte Amtsentlassung gleich.

69) H. Dieser allein, ohne Rücksicht darauf, ob eine andere Königl. Patronatsbehörde oder sonst Rechte Dritter bei der Besetzung der Stelle in Frage kommen, s. Cirk.Verf. des Kult.-Min. v. 19. Juni 1874 (bei P. Hinschius, Kirchenges. der Jahre 1874 u. 75 S. 36).

70) H. Unter „der Stelle" ist das Amt zu verstehen, gleichviel, ob es ein Beneficium im kirchlichrechtlichen Sinne ist oder nicht, s. Anm. 36 zu §. 1 in Zus. 10; es kommt nur darauf an, daß ein festbestimmter herkömmlicher Kreis von geistlichen Befugnissen regelmäßig einem Geistlichen übertragen wird und übertragen worden ist, und also bei Fortfall des bisher Berechtigten stets ein anderer in dessen Funktionen eintreten kann. Ferner muß aber auch ein bestimmtes Vermögen, das regelmäßig für den Unterhalt des betreffenden Geistlichen verwendet worden ist, vorhanden sein. Unter dem Vermögen der Stelle ist dasjenige zu verstehen, was derselben, z. B. einer Pfarre, als juristischer Person (Stiftung) gedacht, gehört; ferner auch dasjenige, was im Eigenthum der Parochie oder der Kirchengemeinde steht, in so fern der Stellvertreter ein Recht auf Innehabung, Gebrauch und Nutzung besitzt; endlich die von andern Personen oder von andern Kassen (z. B. der Kirchenkasse) zu entrichtenden Leistungen und Zuschüsse, welche der Geistliche kraft seiner Eigenschaft als berechtigter Inhaber der Stelle zu fordern hat, denn derartige Rechte bilden ebenfalls einen Bestandtheil des Vermögens der Stelle. Bloße Stiftungen, z. B. Meßstiftungen, und ihr Vermögen unterliegen nur in so fern der Beschlagnahme, als aus demselben dem Inhaber der Stelle dafür, daß er die Stiftungszwecke erfüllt, z. B. die Messen liest, ein Aequivalent zu gewähren ist. Hierbei handelt es sich zwar nicht um Rechte, welche der Stelle als solcher zustehen, indessen dienen diese Vermögensmassen gleichfalls zum Unterhalt des Stelleninhabers, und dem Zweck des Gesetzes nach ist auch das Vermögen darunter

1) das erledigte Amt den Vorschriften der §§. 1. bis 3. des Gesetzes vom 11. Mai 1873. zuwider[72]) übertragen ist[73]), oder
2) wenn Thatsachen vorliegen, welche die Annahme begründen, daß die Uebertragung des Amtes nicht unter Beobachtung dieser Vorschriften erfolgen werde[74]).

Der Beschlagnahme unterliegt das gesammte Vermögen der Stelle[75]), einschließlich aller Nutzungen, Hebungen und Leistungen[76]). Der Oberpräsident ernennt einen Kommissarius[77]),

---

zu verstehen, welches faktisch für den Stelleninhaber verwendet wird. Wo aber die Persolvirung des Stiftungszweckes nicht an die Person des Stelleninhabers gebunden ist, wird der vorgeschriebene Betrag an einen anderen gesetzlich angestellten Geistlichen, welcher die erforderlichen Handlungen vornimmt, auszuzahlen und die Beschlagnahme aufzuheben sein. Vgl. auch die im Einverständniß mit dem Kultusminister erlassene Oberpräsidial-Verfügung v. 1877 i. Arch. f. kath. K.R. 39 S. 274.

71) H. Diese Vorschrift ist durch das Ges. v. 20. Juli 1875 §. 1 (Zus. zu §. 157 d. T.), wonach der Kirchenvorstand das Lokalkirchenvermögen verwaltet, nicht aufgehoben, da dieses spätere generelle Gesetz dem früheren speziellen nicht derogirt hat, so R. d. Kult.Min. v. 22. Jan. 1876 u. O.Tr. I v. 22. Nov. 1878, Str. Arch. 100 S. 311.

72) H. also auch zuwider dem Art. 1 dies. Ges., jedoch allen diesen gesetzlichen Bestimmungen jetzt nur in den Modifikationen, welche sie durch die spätere Gesetzgebung erlitten haben, s. Anm. 49 zu §. 3 des Zus. 10.

73) H. Die Beschlagnahme ist daher auch für den Fall statthaft, daß der betreffende unberechtigte Inhaber sich schon in den Besitz des Amtes gesetzt hat. Ferner erstreckt sich die Wirksamkeit des Gesetzes auf Fälle, wo ein solcher Inhaber sich bei Erlaß der Deklaratoria im Besitze des Pfründenvermögens, bez. eines Theils desselben befunden hat, s. auch die Anm. 69 zu diesem Art. angeführte Verf.

74) H. Durch die am Schluß der vor. Anm. gedachte Verfügung ist die Verhängung der Beschlagnahme bei allen Vakanzen in solchen Diözesen, deren geistliche Obere bereits wegen Zuwiderhandels gegen die Vorschriften der §§. 1—3 des Ges. v. 11. Mai 1873 bestraft sind, angeordnet worden.

75) H. Der die Beschlagnahme ausführende Kommissar kann sich nur in die Gewahrsam derjenigen Vermögensstücke setzen, auf welche der Stelleninhaber selbst einen Anspruch hat, also z. B. des Pfarrhauses, der Pfarrgrundstücke, ferner auch der Werthpapiere und der Dokumente über etwaige ausgeliehene zur Dotation der Stelle bestimmte Kapitalien, oder endlich der Vermögensstücke, auf welche, so fern sie faktisch dem Stelleninhaber zum Unterhalt dienen, kein anderer ein Verwahrungs- und Verwaltungsrecht hat. Sind zur Stelle gehörige Realitäten vermiethet oder verpachtet, so dürfen die Pächter und Miether nicht vor rechtsgültiger Endigung ihrer Verträge entfernt werden, sie sind aber anzuweisen, die Zinszahlungen an den Kommissar zu leisten. Ein etwaiger, rechtsgültig angestellte Vikar, welcher Anspruch auf Wohnung in dem Pfarrhause hat, ist in demselben zu belassen.

Die Werthpapiere und Dokumente können, da die Verwaltung des Kommissarius eine staatliche ist, nöthigenfalls in den Dokumenten-Depositorien der Regierungskassen, wie dies auch ein Reskr. des Kult.Min. v. 18. Sept. 1874 gestattet hat, aufbewahrt werden. Lautet ein Dokument gemeinsam über ein zum Theil dem Stelleninhaber, zum Theil einem andern, z. B. der Kirchenkasse, zustehendes Kapital, so ist mangels einer Einigung zwischen dem Kommissar und dem Mitberechtigten (Kirchenvorstand, Kirchenfabrikrath 2c.) auf Kosten des Stellenvermögens (s. Schlußabs. des Art.) die Bildung eines Zweigdokumentes, welches der Kommissar in Verwahrung nimmt, zu veranlassen.

76) H. So weit die Hebungen fällig sind, hat sie der Kommissar einzuziehen. Bei noch nicht fälligen, künftigen Hebungen, und zwar bei solchen, welche aus fremden Vermögensmassen zu zahlen sind, hat der Kommissar kein Recht, die Ausantwortung des Vermögensstockes zu verlangen, hier kann die Beschlagnahme nur in der Weise erfolgen, daß den Verpflichteten bekannt gemacht wird, die Leistungen an den unberechtigten Stelleninhaber bei Vermeidung doppelter Entrichtung einzustellen und sie ihrer Zeit an den Kommissar abzuführen. Einer gerichtlichen Arrestlegung, um die civilrechtliche Ungültigkeit der Entrichtung an den ersteren zu bewirken, bedarf es nicht. Nach dem Ges. v. 11. Mai 1873 §. 17 (Zus. 10) in Verbindung mit Art. 1 ist die Anstellung des fraglichen Geistlichen nichtig, er ist also nicht zur Erhebung befugt. Andererseits ergiebt der Art. 3 die Legitimation des Kommissars zur Einziehung, eben so seine Befugniß zum Erlaß des Arrestatoriums, da die erforderlichen Maßregeln von ihm im Verwaltungswege zu treffen sind.

77) H. Eine Qualifikation für denselben ist nicht vorgeschrieben. Zu seiner Legitimation erhält er vom Oberpräsidenten eine Bestallung. Wenn der Kommissar ein Beamter ist, so ist sein

welcher die Beschlagnahme ausführt und bis zur gesetzmäßigen Wiederbesetzung der Stelle, beziehentlich bis zur gesetzmäßigen Einrichtung einer einstweiligen Vertretung [78]) das Vermögen für Rechnung der Stelle [79]) verwaltet [80]). Zwangsmaßregeln, welche zur Ausführung der Beschlagnahme erforderlich sind, werden im Verwaltungswege [81]) getroffen. Der Kommissarius übt alle vermögensrechtlichen Befugnisse des berechtigten Stelleninhabers [82]) mit voller rechtlicher Wirkung aus [83]).

Stellvertreter im Amt nicht befugt, für ihn einzutreten, O.Tr. Str.S. II v. 6. April 1876, Oppenhoff, Rechtspr. 17 S. 263. Obrigkeit im Sinne des §. 110 des R.Str.G.B. ist der Kommissar nicht, O.Tr. Str.S. I v. 26. Jan. 1877, a. a. O. 18 S. 80.

Selbst aber, wenn er ein staatlicher Beamter ist, wird ihm von dem ernennenden Oberpräsidenten eine Remuneration für seine Verwaltung bewilligt werden können, denn der Staat hat keine Verpflichtung, auf eigene Kosten seine Beamten Funktionen vollziehen zu lassen, welche durch die Verletzung der Staatsgesetze erforderlich werden. Die Remuneration gehört mit zu den Kosten der Verwaltung, über welche der Abs. 3 des Art. Bestimmung trifft. In Uebereinstimmung hiermit die Anm. 69 citirte Verf.

78) H. d. h. bis zu einer Wiederbesetzung oder Einrichtung einer Stellvertretung, welche den Vorschriften der §§. 1—3 des Ges. v. 11. Mai 1873 (Zus. 10) und dem Art. 1 dieser Deklaratoria (vgl. Anm. 72) entspricht.

Die Verwaltung des Kommissars wird übrigens auch dann endigen müssen, wenn der Oberpräsident auf Grund des Abs. 1 des Art. 3 die Beschlagnahme verfügt hat, bei der auf Grund der §§. 22 u. 23 des Ges. v. 11. Mai 1873 eingeleiteten Untersuchung aber durch richterliche Freisprechung dargethan ist, daß das Amt nicht gesetzwidrig übertragen ist. Die hier inzwischen vom Kommissar erhobenen Beträge müssen dann dem Amtsinhaber restituirt werden.

79) H. Was nach der Bestreitung der Kosten der Verwaltung, der auf dem Vermögen lastenden Abgaben und der von dem Stelleninhaber aus den Einkünften zu machenden Unterhaltungsausgaben (z. B. der kleineren Reparaturen im Pfarrhause, §§. 784 ff. d. T.) übrig bleibt, muß zum Kapital geschlagen werden, jedoch ist eine Verwendung zu zweckmäßigen Meliorationen, wie sie ein sorgsamer Hauswirth beim Vorhandensein von Ueberschüssen vornimmt, nicht ausgeschlossen. Ein Berechtigter, der die Einnahmen für sich verwenden kann, ist nicht vorhanden, und der etwa später gesetzmäßig angestellte Geistliche erwirbt ein Recht auf die Einkünfte des Stellenvermögens erst von dem Zeitpunkt seiner Anstellung ab. Wo aber ausnahmsweise begründete Ansprüche, z. B. aus dem Gnadenjahr, auf die Einnahmen der Zwischenzeit existiren, müssen diese an die Berechtigten abgeführt werden. Jedenfalls hindern derartige Rechte Dritter die Beschlagnahme nicht, und zwar auch dann nicht, wenn sie einen Anspruch auf die Gewahrsam und die Benutzung bestimmter Vermögensstücke, z. B. der Pfarrgebäude haben. Der Kommissar wird ihnen die Ausübung ihrer Rechte nicht entziehen, aber andererseits Sicherungsmaßregeln dagegen treffen können, daß nicht ein unberechtigter Nachfolger in der Stelle den Gebrauch und die Nutzung solcher Realitäten erlangt.

80) H. Bei der Uebernahme der Verwaltung werden die Kommissarien, so ist auch die Praxis, ein Inventar der von ihnen in Beschlag genommenen Vermögensstücke anzufertigen und auch einen Etat, nach dem sie die Vermögensverwaltung führen, aufzustellen haben. Andere als Verwaltungsbefugnisse hat der Kommissar nicht. Hinsichtlich der Substanz des Stellenvermögens selbst gehen die Befugnisse des berechtigten Stelleninhabers ebenfalls nicht weiter (s. Richter-Dove, Lehrb. des K.R. 7. Aufl. S. 1132 ff.; v. Schulte, Lehrb. des kath. K.R. 3. Aufl. S. 559). Letzterer ist aber zur selbstständigen Nutzung der Substanz berechtigt und erwirbt das Eigenthum an den Einkünften. Die eben gedachten Rechte gehen nicht auf den Kommissar über, dieser hat vielmehr nur in Betreff der dem Stelleninhaber zu eigenem Rechte zustehenden Nutzungen, Einkünfte, Hebungen die ordnungsmäßige Verwaltung. (So auch O.Tr., s. Anm. 71.) Er hat daher wohl dafür Sorge zu tragen, daß die Grundstücke genutzt, die sonstigen Leistungen eingezogen werden, verfügen darf er über dieselben aber nur in so weit, als dies innerhalb der Befugnisse eines Verwalters liegt, d. h. er kann z. B. dem Verderben ausgesetzte Gegenstände, ferner solche, deren Verkauf das Interesse einer wirthschaftlichen Verwaltung bedingt, veräußern. Das dafür vereinnahmte Geld, sowie die sonst eingezogenen Gelder sind zinsbar anzulegen. So weit der Stelleninhaber kraft seines Verwaltungs- und Genußrechtes am Stellenvermögen zur Einklagung der ihm zustehenden Rechte und Einkünfte befugt ist, ist es auch der Kommissar, weil es sich hierbei um innerhalb der Verwaltung liegende Konservationsmaßregeln handelt.

81) H. Also nöthigenfalls durch Administrativ-Exekution. Beschwerden über diese Maßregeln können nur bei der vorgesetzten Verwaltungsbehörde angebracht werden. Der Rechtsweg ist unzulässig, so auch Gerichtsh. z. Entsch. d. Komp.Konfl. v. 9. Jan. 1875, Hartmann, Zeitschr. 4 S. 174.

Die Kosten der Verwaltung werden aus den Einkünften der Stelle entnommen.

Art. 4[84]). Wenn nach Erledigung eines geistlichen Amtes[85]) ein Geistlicher wegen unbefugter Vornahme von Amtshandlungen in diesem Amte in Gemäßheit des §. 23. Absatz 1. des Gesetzes vom 11. Mai 1873. oder des Artikel 2. dieses Gesetzes rechtskräftig zur Strafe verurtheilt worden ist[86]), so ist derjenige, welchem auf Grund des Patronats[87]) oder eines sonstigen Rechtstitels[88]) das Präsentations- (Nominations-, Vorschlags-) Recht[89]) zusteht, befugt, das Amt wieder zu besetzen[90]) und[91]) für eine Stellvertretung in demselben zu sorgen.

---

82) H. Damit ist gemeint, daß der Kommissarius die vermögensrechtlichen Befugnisse des Stelleninhabers hinsichtlich des in Beschlag genommenen Vermögens ausübt, jedoch nur in so weit, wie seine Stellung als Verwalter geht, denn sonst würde ein Widerspruch mit der vorhergehenden bezüglichen Anordnung eintreten. Das Nutzungsrecht am Vermögen, welches ebenfalls eine vermögensrechtliche Befugniß ist, geht also nicht auf den Kommissar über. Auf das Lokal-Kirchenvermögen bezieht sich die Vorschrift nicht, hinsichtlich desselben hat er nicht in die Funktionen des Geistlichen einzutreten, denn von diesem Vermögen ist in dem Artikel 3 nicht die Rede.

83) H. Irgend welchen kirchlichen Behörden hat der Kommissar nicht Rechnung zu legen. Zu diesen steht er in gar keinem civilrechtlichen Verhältniß, auf Grund dessen diese Rechnungslegung fordern könnten. Eine solche kann nur der ihn bestellende Oberpräsident oder der von letzterem delegirte Beamte, z. B. der Landrath unter dieser Voraussetzung, verlangen.

84) H. In Betreff des Art. 4 und der folgenden bis Art. 11 hat das Abänderungsgef. v. 31. Mai 1882 Art. 4 (Zuf. zu §. 1043 d. T.) bestimmt: „Die Ausübung der in den §§. 13 ff. des Gesetzes v. 20. Mai 1874 (Gesetz-Samml. S. 135) und in den Artikeln 4 ff. des Gesetzes v. 21. Mai 1874 (Gesetz-Samml. S. 139) den Präsentationsberechtigten und der Gemeinde beigelegten Befugniß zur Wiederbesetzung eines erledigten Amtes und zur Einrichtung einer Stellvertretung in demselben findet ferner nicht statt." Dieser Artikel hebt daher die betreffenden Bestimmungen nicht auf, er untersagt nur die fernere Ausübung der dadurch gegebenen Befugnisse. Daraus folgt, daß, wenn er wieder aufgehoben werden sollte, von neuem von den betreffenden Rechten Gebrauch gemacht werden könnte. Ferner ergiebt sich, daß alle bis zum Inkrafttreten des eben erwähnten Gesetzes auf Grund der Art. 4 ff. der Deklaratoria vorgenommenen Handlungen gültig bleiben. Aus diesem Grunde sind auch die Artikel noch kommentirt.

85) H. Vgl. Anm. 68 zu Art. 3 dieses Gef. Nur würde, wenn die Art. 4 ff. wieder zur Anwendung kommen sollten, in den Fällen, wo auf Unfähigkeit zur Bekleidung des Amtes erkannt ist, allein die Einrichtung einer Stellvertretung zulässig sein.

86) H. Mit einer solchen Verurtheilung ist klargestellt, daß die Besetzung für den Staat nicht rechtsgültig erfolgt ist.

87) H. Vgl. §§. 327 ff. d. T.

88) H. Zu diesen gehört z. B. die Inkorporation, die sog. Kollatur in Schlesien, Einräumung des Präsentationsrechtes durch Abkommen mit der geistlichen Behörde, wie dies namentlich in solchen Fällen vorgekommen ist, wo das Patronatrecht nicht sicher zu erweisen war, oder wo wegen der Natur des Amtes, z. B. des Missionspfarramtes, ein eigentliches Patronatrecht nicht vorhanden ist.

89) H. Die verschiedenen Ausdrücke sind gewählt, um alle Fälle zu erschöpfen. Das Präsentationsrecht im eigentlichen Sinne ist das Recht, den Kandidaten vorzuschlagen und zwar mit der Wirkung, daß der kirchliche Obere ihm das Amt, falls er geeignet ist, verleihen muß. Der Ausdruck: Vorschlagsrecht, der vielfach mit dem Präsentationsrecht gleichbedeutend gebraucht wird, kann aber auch ein schwächeres Recht bezeichnen, weil ein solches auch ohne die erwähnte Wirkung des Präsentationsrechtes denkbar ist. Das Nominationsrecht endlich besteht in dem Rechte, das Amt zu übertragen, wobei dem geistlichen Oberen nur die Prüfung der Qualifikation des Nominirten und die auf Grund derselben zu ertheilende Approbation offen bleibt.

90) H. Das durch die Konkurrenz der geistlichen Oberen beschränkte Recht des Patrons und der ihm gleichgestellten Berechtigten verwandelt sich danach in volles Verleihungsrecht. Im übrigen ändert aber die Vorschrift an dem bestehenden Rechte nichts. Die sonstigen Beschränkungen, denen der Berechtigte bei der Ausübung der Präsentation unterworfen ist, sind also bestehen geblieben, so z. B. hat der evangelische Patron der katholischen Gemeinde nach wie vor in Gemäßheit der §§. 340 ff. d. T. drei Kandidaten zur Auswahl vorzuschlagen, und wie er unter regelmäßigen Verhältnissen den von derselben gewählten präsentiren muß, hat er diesem unter der Voraussetzung des Artikels 4 das Amt zu verleihen. Eben so bleibt auch der Berechtigte den Vorschriften hinsichtlich der kirchlichen Qualifikation des Kandidaten unterworfen, d. h. er darf nur demjenigen das Amt verleihen, den er zu präsentiren befugt wäre, es kann also der Patron an einer katholischen Gemeinde keinen evangelischen Geistlichen und umgekehrt

Art. 5. Für eine Stellvertretung[92]) in dem erledigten Amte zu sorgen, ist der Berechtigte auch dann befugt, wenn einem Geistlichen nach Maßgabe des §. 5. des Reichsgesetzes vom 4. Mai 1874.[93]), betreffend die Verhinderung der unbefugten Ausübung von Kirchenämtern, der Aufenthalt in dem Bezirke des erledigten Amtes versagt worden ist.

Art. 6. Dem Berechtigten ist von dem Strafurtheil (Artikel 4.), sowie von der Verfügung wegen Beschränkung des Aufenthalts (Artikel 5.) amtlich Kenntniß zu geben[94]).

In Betreff der vor Verkündigung dieses Gesetzes ergangenen Urtheile und Verfügungen ist jene Mittheilung sofort nach Inkrafttreten desselben zu bewirken.

Art. 7. Macht der Berechtigte von der ihm zustehenden Befugniß (Artikel 4. 5.) Gebrauch, so kommen die Vorschriften des Gesetzes vom 11. Mai 1873.[95]) zur Anwendung. Die im §. 22. Absatz 1. daselbst dem geistlichen Oberen im Falle gesetzwidriger Amtsübertragung angedrohte Strafe trifft in gleichem Falle den Berechtigten.

Art. 8. Wenn der Berechtigte innerhalb zweier Monate vom Tage des Empfanges der vorgeschriebenen Mittheilung (Artikel 6.) für eine Stellvertretung nicht sorgt, oder innerhalb Jahresfrist, von dem nämlichen Zeitpunkt an gerechnet, die Stelle nicht wieder besetzt, so geht seine Befugniß[96]) auf die Pfarr- (Filial-, Kapellen- 2c.) Gemeinde[97]) über.

---

anstellen. (Wenn Hoch i. Arch. f. d. kath. Kirchenrecht 19 S. 265 annimmt, daß ein solcher intrusus überhaupt die kirchliche Qualifikation nicht habe, so ist dies unrichtig, denn der Verlust der kirchlichen Qualifikation durch den vom Gesetze zugelassenen Eintritt in ein geistliches Amt ohne Sendung des Bischofs kommt selbstverständlich nicht in Betracht, weil das Gesetz die Annahme des Amtes für zulässig erachtet.) Endlich folgt daraus, daß, wenn Mehreren gemeinschaftlich das Präsentationsrecht zusteht, die für die gemeinschaftliche Ausübung desselben geltenden Regeln auch für die des Besetzungsrechtes zur Anwendung kommen. Daher geht ihr Recht nach Art. 8 auf die Gemeinde über, wenn es nach den erwähnten Regeln nicht zu einer Einigung kommt und nach diesen der Wille des Einen nicht dem des Andern in entscheidender Weise vorgeht.

91) H. Das „und" ist hier alternativ zu fassen, denn die Ernennung eines stellvertretenden Vikars schließt die definitive Besetzung und die letztere die erstere aus. Die hier fragliche Befugniß werden der Berechtigte oder die mehreren Berechtigten, da in Betreff derselben keine Beschränkungen wie bei dem patronatischen Präsentationsrecht vorkommen, allein und frei ausüben.

92) H. Die Befugniß zur Wiederbesetzung des Amtes hat der Berechtigte in diesem Falle nicht. Der Grund liegt darin, daß der §. 5 des angeführten Reichsgesetzes die Versagung des Aufenthaltes gestattet, wenn der Geistliche wegen Vornahme von Amtshandlungen in einem Kirchenamte, das den Staatsgesetzen zuwider ihm übertragen oder von ihm übernommen ist, zur Untersuchung gezogen wird, und daß der Verlauf dieser zur Freisprechung und damit zu der Feststellung führen kann, daß das Amt in Gemäßheit der Vorschriften der Staatsgesetze erworben, also ordnungsmäßig besetzt worden ist.

93) H. S. Zus. 16 zu §. 124 d. T.

94) H. Daß dies durch die Gerichte geschehen soll, ist nicht vorgeschrieben. Diese sind übrigens auch weder verpflichtet, noch thatsächlich in der Lage, die Berechtigten zu ermitteln. Sie sind nur angewiesen, dem Oberpräsidenten Mittheilungen von den Straferkenntnissen gegen Geistliche zu machen, und dieser hat durch die ihm untergebenen Organe, z. B. die Landräthe, das Weitere zu veranlassen, damit die Berechtigten in Kenntniß gesetzt werden. Vgl. auch die Anm. 70 zu Art. 3 angef. Verf.

95) H. Vor allem ergiebt sich daraus, daß der Berechtigte statt der geistlichen Oberen die in §. 15 desselben angeordnete Benennung an den Oberpräsidenten vorzunehmen hat.

96) H. D. h. wenn die zweimonatliche Frist abgelaufen ist, das Recht, für eine Stellvertretung zu sorgen, und erst, wenn das Jahr verflossen, das Recht zur Wiederbesetzung der Stelle. Die Befugniß ist für den nach Art. 4 Berechtigten mit Ablauf der Frist ohne weiteres an die Gemeinde verloren. Daher ist eine Erstreckung derselben, um ihm sein Recht länger zu erhalten, seitens der Verwaltungsbehörde nicht statthaft.

97) H. D. h. der Gemeinde, deren kirchlichen Zwecken das fragliche Amt dient, also hinsichtlich des Pfarramtes auf die ganze Pfarrgemeinde, hinsichtlich des für eine Filialgemeinde bestehenden Kaplaneiamtes auf diese.

In einzelnen Theilen der Monarchie, z. B. im Regierungsbezirk Arnsberg, haben die Gemeinden bei katholischen Pfarr- und Vikarie-Stellen ein auch bisher von den katholischen Bischöfen

Die Gemeinde hat die in Artikel 4. 5. bezeichneten Befugnisse in allen Fällen, in welchen ein Präsentationsberechtigter nicht vorhanden ist[98]).

Die Vorschriften des Artikel 6. finden auf die Gemeinde entsprechende Anwendung[99]). Dieselbe ist insbesondere davon in Kenntniß zu setzen, daß der Präsentationsberechtigte innerhalb der gesetzlichen Frist von seinem Rechte keinen Gebrauch gemacht hat.

Art. 9. Liegen die Voraussetzungen des Artikel 8. vor, so beruft der Landrath (Amtmann), in Stadtkreisen der Bürgermeister, auf den Antrag von mindestens zehn großjährigen, im Besitze der bürgerlichen Ehrenrechte befindlichen, männlichen Gemeindemitgliedern, welche nicht einem mitwählenden Familienhaupte untergeordnet[100]) sind, sämmtliche diesen Erfordernissen entsprechende Mitglieder der Gemeinde zur Beschlußfassung über die Einrichtung der Stellvertretung oder über die Wiederbesetzung der Stelle[1]).

Zur Gültigkeit der Beschlüsse ist erforderlich, daß mehr als die Hälfte der Erschienenen[2]) dem Beschlusse zugestimmt hat.

Die näheren Bestimmungen über das Verfahren erläßt der Oberpräsident[3]).

Art. 10. Kommt eine gültige Wahl zu Stande, so ist nach Maßgabe des Artikel 9. ein Repräsentant zu wählen[4]), welcher die Uebertragung des Amtes an den gewählten Geistlichen auszuführen hat[5]). Für das Verhalten und die Verantwortung des Repräsentanten gelten die Vorschriften des Artikel 7.

Art. 11. Wird in den Fällen der Artikel 4—10. vom Oberpräsidenten kein Einspruch erhoben oder der erhobene Einspruch von dem Gerichtshofe[6]) verworfen, so gilt der Geistliche als rechtsgültig angestellt[7]).

Urkundlich ꝛc.

---

anerkanntes, jedoch als Patronatrecht der Gemeinde aufgefaßtes Wahlrecht. Wenn aber auch diese Auffassung für alle in Frage kommenden Fälle nicht zutreffend wäre, würden die erwähnten Gemeinden hinsichtlich dieser Befugniß immer als auf Grund eines besonderen Titels Berechtigte im Sinne des Art. 4 anzusehen sein, d. h. für solche Gemeinden tritt das durch Art. 8 gewährte, in Art. 9 näher bestimmte Wahlrecht erst dann ein, wenn sie nicht innerhalb der festgesetzten Frist die ihnen regelmäßig zustehende Wahl nach dem dafür hergebrachten Modus vorgenommen haben, mit andern Worten: auf diese Wahl bezieht sich der Abs. 2 des Artikels nicht.

98) H. Hier tritt also das Recht der Gemeinde, die Stelle wieder zu besetzen oder für eine Stellvertretung zu sorgen, sofort ein.

99) H. Eine bloße Bekanntmachung an den Vorstand der Gemeinde reicht nicht aus, vielmehr ist mit Rücksicht auf die den Gemeindemitgliedern im Art. 9 gewährten Befugnisse die Verbreitung der Kenntniß in der ganzen Gemeinde erforderlich, s. auch die Anm. 70 zu Art. 3 dieses Ges. cit. Verf.

100) H. D. h. solche Personen, welche nicht in väterlicher Gewalt und nicht als Gesinde in der Hausgenossenschaft eines Andern stehen.

1) H. Die Beschlußfassung darüber, ob bloß eine Stellvertretung eingerichtet oder eine Wiederbesetzung der Stelle vorgenommen werden soll, wird zweckmäßiger Weise mit der Wahl in einem und demselben Termine verbunden, wiewohl freilich, wenn besondere Gründe dafür sprechen, zwei Termine abgehalten werden können, so auch Cirk.Erl. des Kult.Min. v. 13. Juli 1874 (bei Herrfurth, preuß. u. deutsche Gesetzgebung S. 81).

2) H. Eine bestimmte Zahl für die Beschlußfähigkeit der Erschienenen ist nicht festgesetzt. Wird bei der Wahl die absolute Majorität das erste Mal nicht erreicht, so ist eine engere Wahl nicht ausgeschlossen, dagegen ist die Entscheidung durch Loos unstatthaft; derselben Ansicht d. Cirk.Erl. des Kult.Min. v. 14. Juli 1874 (Herrfurth a. a. O. S. 82).

3) H. Ein derartiges Wahlreglement für die Provinz Posen s. bei P. Hinschius, Kirchengesetze von 1874 u. 1875 S. 38.

4) H. Am zweckmäßigsten gleich nach der Wahl des Geistlichen, s. den Anm. 2 zu Art. 9 citirten Erlaß.

5) H. Dieser überträgt Namens der Gemeinde das Amt oder die Stellvertretung an den gewählten Geistlichen.

6) H. S. aber jetzt Abänderungsges. v. 11. Juli 1883 Art. 2 Abs. 1 Nr. 1 u. Abs. 2.

7) H. So fern ihm das Amt oder die Stellvertretung von dem Patrone, dem aus einem sonstigen Titel Berechtigten oder dem Gemeinderepräsentanten übertragen ist, denn durch die bloße

12. Gesetz, betreffend die Abänderungen der kirchenpolitischen Gesetze. Vom 11. Juli 1883. (G.S. S. 109.)

Wir Wilhelm, von Gottes Gnaden König von Preußen ꝛc. verordnen mit Zustimmung der beiden Häuser des Landtages Unserer Monarchie, für den Umfang derselben, was folgt:

Art. 1. Die Verpflichtung der geistlichen Oberen[8]) zur Benennung des Kandidaten für ein geistliches Amt[9]), sowie das Einspruchsrecht des Staates werden aufgehoben:

1) für die Uebertragung von Seelsorgeämtern[10]), deren Inhaber unbedingt abberufen werden dürfen[11]),

---

Benennung und die Unterlassung, bez. Verwerfung des Einspruchs erwirbt der Geistliche das Amt noch nicht, s. auch Art. 4, 5 u. 10. Wie sich der Geistliche die kirchliche Approbation oder die missio canonica beschafft, ist seine Sache. Die Möglichkeit einer Ertheilung durch den Bischof ist nicht ausgeschlossen, und dieser braucht dann den Geistlichen selbstverständlich nicht noch einmal zu benennen. Erhalten wird er eine solche aber, wie jetzt die Dinge liegen, nicht.

H. Darüber, wie sich das bischöfliche Besetzungsrecht zu dem Wahlrecht der Gemeinde verhält, sagt das Gesetz nichts, ebenso wenig über das Verhältniß des ersteren zu dem Rechte des Patrons oder der diesen gleichgestellten Berechtigten. Auch diese letztere Frage läßt sich aufwerfen, weil einmal der Patron nach Art. 4 das volle Besetzungsrecht, das ihm regelmäßig nicht zukommt, erwirbt, und dasselbe nach Art. 8 auch dann noch behält, wenngleich sein Präsentationsrecht, das er, gemäß §. 398 d. T., nach 6 Monaten für den betreffenden Vakanzfall verliert, durch Ablauf der gedachten Frist erloschen ist. Da das Gesetz bloß ein Nothrecht gewähren will, so ist es keinem Zweifel unterworfen, daß der geistliche Obere, also der Bischof, das ihm für die fragliche Stelle zustehende Besetzungs-, Bestätigungs- oder Approbationsrecht nicht verliert, vielmehr tritt nur eine Konkurrenz der nach Art. 4, 9, 10 Berechtigten ein. Andererseits hat aber der geistliche Obere als solcher vor diesen keinen Vorzug, denn das Gesetz verpflichtet die Berechtigten keineswegs abzuwarten, ob etwa der geistliche Obere von seinen Befugnissen Gebrauch machen wird oder nicht. Schreiten also beide — was nach dem Angeführten statthaft ist — zur Besetzung der Stelle, so kann darüber, welche Verleihung des Amtes gültig ist, nur die Prävention entscheiden, d. h. der Geistliche, welchem zuerst unter Beobachtung der staatlich vorgeschriebenen Erfordernisse das Amt übertragen worden, ist gültig angestellt. Nur dann, wenn der Patron oder die Gemeinde den Geistlichen vor der Benennung zur Annahme der auf ihn gefallenen Wahl aufgefordert und dieser acceptirt hat, wird der Zeitpunkt der Acceptation statt des Zeitpunktes der Uebertragung des Amtes entscheiden, in so fern nach dem geltenden Recht der Geistliche — seine Qualifikation vorausgesetzt — ein festes Recht auf das Amt erlangt. Dies ist z. B. der Fall in den Gebieten, in denen das preußische L.R. in Kraft steht, s. §§. 374 ff., 383 ff. d. T., nicht aber da, wo die kanonischen Grundsätze über den Patronat gelten, denn nach diesen erlangt der vom Laienpatron Präsentirte gegenüber dem letzteren kein festes Recht auf das Amt, vielmehr kann dasselbe immer noch durch Nachpräsentation eines andern unwirksam werden, s. Schulte, Syst. des kathol. Kirchenrechts 2 S. 694, 699. Zwar ist das Präsentationsrecht durch das Gesetz in ein wirkliches Verleihungsrecht umgewandelt worden, indessen sind sonst alle für dasselbe maßgebenden Grundsätze bestehen geblieben. Praktisch werden solche Kollisionsfälle freilich nur ausnahmsweise vorkommen. Wird das Amt bloß staatlich, also durch gerichtliche Absetzung des Geistlichen erledigt, so wird der geistliche Obere die Vakanz nicht anerkennen; wenn aber der entlassene Geistliche kurz nachher stirbt, so ist für den ersteren nach kirchlichem Rechte eine Wiederbesetzung gestattet, weil er das Amt nunmehr als kanonisch erledigt anzusehen hat. Der Berechtigte verliert selbstverständlich dadurch nicht die einmal für ihn entstandene Befugniß, denn staatlich ist die Vakanz schon mit der Absetzung entstanden, und die Umstände, welche sich später ereignen und kanonische Erledigungsgründe bilden, sind nach dem staatlichen Recht völlig irrelevant, weil das nach letzterem schon erledigte Amt nicht noch einmal vakant werden kann.

Durch die in Gemäßheit der Art. 4—10 erfolgte Uebertragung des Amtes erhält der Geistliche die Stelle und alle damit verbundenen Rechte, bei der Besetzung des Pfarramtes das Recht auf Ausübung des Pfarrgottesdienstes und der Pfarrseelsorge, auf Verwaltung des Lokalkirchenvermögens in Gemeinschaft mit dem Kirchenvorstande, auf den Besitz und die Nutzung des Pfarrbeneficiums, namentlich des Pfarrhauses, der Pfarräcker, ferner auf die Stolgebühren, die Führung der Kirchenbücher u. s. w. Für den Staat gilt die Stelle als besetzt, und sollte etwa der geistliche Obere, welcher dieselbe vom Standpunkt des katholischen Kirchenrechtes als nicht gültig vergeben, mithin als vakant betrachtet, später das Amt noch an einen anderen verleihen, so ist diese Besetzung nach staatlichem Rechte nichtig.

8) H. Vgl. Anm. 98 zu §. 15 des Zus. 10.

9) H. Anm. 36 zu §. 1 daselbst.

10) H. Vgl. Anm. 18 zu §. 18 ebendaselbst.

2) für die Anordnung einer Hülfsleistung oder einer Stellvertretung in einem geistlichen Amte [12]), sofern letztere nicht in der Bestellung des Verwesers eines Pfarramts (Administrators, Provisors ꝛc.) besteht [13]).

---

11) H. Die Motive (Drucks. d. Hauses d. Abg. 15. Legisl.Per. I. Sess. 1882/83 Nr. 259 S. 5, 6; Arch. f. kath. K.R. 50 S. 316) bemerken, daß im Art. 1 eine anderweite Regelung vorgeschlagen werde, „wonach dem staatlichen Einspruchsrecht fortan nur solche geistliche Aemter unterliegen sollen, welche funktionsmäßig dauernd zu besetzen sind. Sie identifiziren damit erstens geistliche Aemter und Seelsorgeämter, was nicht richtig erscheint (s. Anm. 36 zu §. 1 des Zus. 10). Für andere geistliche Aemter als Seelsorgeäemter ist, wie der Wortlaut des Gesetzes ergiebt, das Einspruchsrecht durch Art. 1 Nr. 1 demnach nicht beseitigt, also z. B. nicht für die Stellen der Domherren und der mit Meß-Benefizien ausgestatteten Geistlichen (Frühmessen u. s. w.).

Ferner könnte die Fassung der Motive zu der Annahme verleiten, daß das Einspruchsrecht nur fortbestehen soll für solche Seelsorgeämter, welche nach besonderen Fundationsbestimmungen oder wenigstens nach kanonischem Recht, fest und dauernd, wie die fundirten Pfarreien, zu besetzen sind. Der Wortlaut des Gesetzes steht dem aber entgegen. Seelsorgeämter, deren Inhaber unbedingt abberufen werden dürfen, sind nicht solche, bei denen sich die Statthaftigkeit der Abberufung nach dem kanonischen Recht bestimmt, sondern solche, bei denen die beliebige Abberufung allein nach dem geltenden staatlichen Rechte zulässig ist. Denn das letztere, nicht das kanonische Recht als solches, ist in Preußen maßgebend. Die Motive haben im Grunde auch dieselbe Auffassung. Wenn sie die Sukkursal-Pfarreien nicht zu den Aemtern rechnen, deren Inhaber unbedingt abberufen werden können, und sich dafür auf §. 19 des Ges. v. 11. Mai 1873 (Zus. 10) beziehen, vgl. Anm. 29 dazu, so nehmen sie das staatliche, nicht das kanonische Recht zur Entscheidungsnorm. Als Seelsorgeämter, für welche das Einspruchsrecht beseitigt ist, kommen hauptsächlich in Frage die Missionspfarreien, welche vor Erlaß des Ges. v. 11. Mai bestanden haben (Anm. 23 zu §. 18 des Zus. 10), und solche, welche später mit Genehmigung des Kultusministers als ad nutum besetzbar nach §. 19 d. Zus. 10 errichtet worden sind, dagegen nicht solche, welche, wenn auch als Missionspfarreien im kirchenrechtlichen Sinne, doch ohne diese Ermächtigung gegründet und vielleicht im Widerspruch mit §. 19 nur mit beliebig abberufbaren Geistlichen besetzt sind.

12) H. Ueber die Begriffe: Hülfsleistung und Stellvertretung vgl. Anm. 44 zu §. 2 des Zus. 10. Das Einspruchsrecht fällt für die Anordnung einer solchen fort. Besteht aber ein festes Amt, dessen Funktionen, wie z. B. bei Kaplaneien, auf die Hülfsleistung in einem anderen geistlichen Amte, z. B. im Pfarramte, gehen, so findet Nr. 2 keine Anwendung auf die Anstellung des betreffenden Geistlichen. Die Uebertragung eines derartigen Amtes, wenngleich sie zu einer Hülfsleistung führt, fällt nicht unter den Begriff der beliebigen Anordnung einer solchen.

13) H. Die Stellung des Pfarramtsverwesers, für dessen Einsetzung das Einspruchsrecht beibehalten ist, fällt unter die Stellvertretung im geistlichen Amte. Wenn bemerkt ist, s. den Anm. 11 cit. Kommiss.Ber. S. 6, daß der Verweser derjenige sei, welcher das ganze Amt repräsentire, so paßt diese Definition auf jeden Stellvertreter, und gerade dadurch unterscheidet sich die Stellvertretung von der Hülfsleistung (s. Anm. 44 zu §. 2 des Zus. 10). Die Materialien ergeben zur Feststellung des Begriffsmomentes, welches die Verwesung im Sinne des Nr. 2 gegenüber der Stellvertretung abgrenzt, nichts Näheres als die Aeußerung des Kultusministers (a. a. O. S. 6): „In der Regel sei für die Stellvertretung eines gestorbenen oder behinderten Pfarrers eine bestimmte Frist gesetzt (im L.R. von 14 Tagen, in Nassau beispielsweise von 3 Monaten); nach deren Ablauf trete mit Genehmigung der Staatsbehörde eine Verwesung des Amtes ein — dagegen sei der in der Breslauer Diözese und im Delegaturbezirk vorkommende Kreisvikar als prädestinirter Stellvertreter kein Verweser." Die in Bezug genommene Vorschrift des L.R. kann nur der §. 508 d. T. sein, welcher Genehmigung der geistlichen Behörde zur Vertretung eines Pfarrers auf mehr als 14 Tage vorschreibt. Erwägt man ferner, daß die Kreisvikare in Schlesien vom Generalvikariate nicht für eine bestimmte Kirche, sondern zu Vertretung und Aushülfe im Kreise ihres Wohnortes bestellt sind (Sauer, pfarramtl. Geschäfts-Verwaltung. (2. Aufl. Breslau 1868 S. 40), so ergiebt sich in Verbindung damit, daß nach §§. 506, 507 d. T. (s. auch §§. 395, 396 daselbst) bei kürzerer Abwesenheit und kürzerer Behinderung benachbarte Geistliche als Stellvertreter gelegentlich zugezogen werden können, folgendes Moment für die Scheidung von Stellvertretung und Verwesung. Die Verwesung ist eine Stellvertretung, welche einem Geistlichen für die ganze Dauer ihrer Veranlassung von der geistlichen Behörde besonders aufgetragen wird und welche den Zweck hat, eine ein für allemal fest bestimmte und regelmäßige Abhülfe gegenüber der Behinderung oder dem Fortfall des eigentlichen Amtsträgers zu gewähren, also sich nicht als eine bloß gelegentliche, von schnell vorübergehender Dauer oder gar durch wechselnde Personen bewirkte darstellt. Diese Auffassung,

Art. 2. Die Zuständigkeit des Königlichen Gerichtshofes für kirchliche Angelegenheiten zur Entscheidung auf Berufungen gegen die Einspruchserklärung des Oberpräsidenten bei

1) Uebertragung eines geistlichen Amts (§. 16 des Gesetzes vom 11. Mai 1873, Gesetz-Samml. S. 191)[14]),
2) Anstellung als Lehrer oder zur Wahrnehmung der Disziplin bei kirchlichen Anstalten, welche der Vorbildung der Geistlichen dienen (§. 12 des Gesetzes vom 11. Mai 1873)[15]),
3) Ausübung von bischöflichen Rechten oder Verrichtungen in erledigten katholischen Bisthümern (§. 3 des Gesetzes vom 20. Mai 1874, Gesetz-Samml. S. 135)[16])

wird aufgehoben.

Die beiden letzten Absätze des §. 16 des Gesetzes vom 11. Mai 1873 werden aufgehoben[17]).

Art. 3. Die Vorschrift des Artikel 5 im Gesetz vom 14. Juli 1880 (Gesetz-Samml. S. 285) wegen Straffreiheit der Vornahme geistlicher Amtshandlungen[18]) in erledigten oder solchen Pfarreien, deren Inhaber an der Ausübung des Amtes verhindert ist, kommt für alle geistlichen Aemter, und ohne Rücksicht darauf, ob das Amt besetzt ist oder nicht, zur Anwendung[19]).

---

bestätigt auch der Grund, aus welchem das Einspruchsrecht bei der Uebertragung dieser Art von Stellvertretung beibehalten worden ist. Die Motive bezeichnen als solchen die Wichtigkeit dieser Stellungen, und der Kultusminister (s. den cit. Kommiss.Ber. S. 6) hat darauf gewiesen, daß die kirchliche Praxis in einzelnen Diözesen durch wiederholte Verlängerungen der Verwesung von Aemtern danach strebe, eine Zahl von Stellen zu faktisch amoviblen zu machen, d. h. also mit anderen Worten, weil bei der Beseitigung des Einspruchsrechtes für die gedachte Art der Stell-Vertretung (für die Verwesung) das letzere auch bei den dauernd zu besetzenden Stellen illusorisch gemacht werden könne. Das paßt vollkommen auf die Verwesung in dem vorhin festgestellten Sinne, während eine bloß gelegentliche, vorübergehende, wechselnde Stellvertretung zu einem solchen Zweck gar nicht oder wenigstens sehr schwer gebraucht werden kann. Demnach wird das Einspruchsrecht noch Anwendung finden bei der Bestellung von besonderen Verwesern für die Dauer der Vakanz eines Pfarramtes, einer längeren Verhinderung des Pfarrers wegen Geisteskrankheit oder hohen Alters und einer längeren Abwesenheit desselben (z. B. zur Wiederherstellung seiner Gesundheit); vgl. P. Hinschius, K.R. 2 S. 324.

Was das Verhältniß der Vorschriften des Art. 1 zu dem Ges. v. 21. Mai 1874 (Zus. 11) betrifft, so hat der Art. 1 des letzteren jetzt für die in dem ersteren bestimmten Fälle der Beseitigung des Einspruchsrechtes keine Bedeutung mehr und der im Art. 2 daselbst verlangte Nachweis braucht sich nicht mehr auf die Wahrung der Bestimmungen über den Einspruch zu erstrecken. Das Weitere s. Anm. 21 zu Art. 5 dies. Ges.

14) H. S. Zus. 10 Anm. 13 zu §. 16.

15) H. Vgl. die vor. Anm.

16) H. Vgl. Zus. 67 (zu §. 1043 d. T.) §. 3 Anm. 45.

17) H. S. Zus. 10 Anm. 13 zu §. 16.

18) H. Vgl. Zus. 10 Anm. 36 zu §. 23.

19) H. Der in dem oben mitgetheilten Art. 3 cit. Art. 5 des Ges. v. 14. Juli 1880 (Zus. zu §. 1043 d. T.) lautet: „Den Strafbestimmungen der Gesetze vom 11. Mai 1873 und 21. Mai 1874 unterliegen geistliche Amtshandlungen nicht, welche von gesetzmäßig angestellten Geistlichen in erledigten oder in solchen Pfarreien, deren Inhaber an der Ausübung des Amts verhindert ist, vorgenommen werden, ohne dabei die Absicht zu bekunden, dort ein geistliches Amt zu übernehmen.“.....

Demnach ordnet der Art. 3 an: „Den Strafbestimmungen der Gesetze v. 11. Mai 1873 (vgl. Zus. 10 §. 23) und 21. Mai 1874 (vgl. Zus. 11 Art. 2) unterliegen geistliche Amtshandlungen nicht, welche von gesetzmäßig angestellten Geistlichen in Bezirken anderer geistlicher Aemter, gleichviel ob diese besetzt sind oder nicht, vorgenommen werden, ohne dabei die Absicht zu bekunden, dort ein geistliches Amt zu übernehmen.“ Danach ist die Vornahme der erwähnten Amtshandlungen, auch ohne daß die Bestimmungen über das Einspruchsrecht (s. Zus. 10 §§. 1 ff.) beachtet werden, straflos, wenn sie von gesetzmäßig angestellten Geistlichen, d. h. solchen, deren Anstellung und Verwendung den Erfordernissen der preußischen Staatsgesetze, insbesondere dem Ges. v. 11. Mai 1873 (s. Zus. 10) und den Abänderungen desselben (vgl. daselbst) entspricht, ausgeübt werden, ohne daß diese dabei die Absicht bekunden, in dem betreffenden fremden Bezirke ein geistliches Amt zu übernehmen, d. h. es muß sich aus den Umständen ergeben, daß der Geistliche in dem andern Amtsbezirke nicht dauernd, sei es als Inhaber des Amtes selbst, oder als solcher eines Hülfsamtes, einer Kaplanei oder Vikarsstelle, oder auch nur vorübergehend als Verweser für die Zeit der Vakanz oder der Verhinderung, zu fungiren beabsichtigt, oder mit anderen Worten, es muß die Thätigkeit des amtirenden Geistlichen als solche erscheinen, wie sie ein neben dem eigentlichen Amtsinhaber vor-

Art. 4. Die Strafbestimmung des §. 4 im Gesetze vom 20. Mai 1874 (Gesetz-Samml.

---

handener einfacher Hülfsgeistlicher gelegentlich und in einzelnen Ausnahme-, insbesondere in dringenden Fällen ausübt. Anhaltspunkte für die Beurtheilung werden die Zahl und die Art der einzelnen Handlungen, die Zahl der Personen, für welche sie vorgenommen, ferner die Zeiträume, innerhalb deren sie wiederholt werden, und endlich insbesondere auch die Umstände, unter welchen sie erfolgen, gewähren. Die Absicht, das Amt zu übernehmen, wird z. B. nicht zweifelhaft sein, falls der Geistliche in der Pfarrei fortdauernd alle vorkommenden Kasualien, Taufen, Trauungen und Begräbnisse, vornimmt, ferner das Kirchenbuch führt oder gar sich an den Sitzungen des Kirchenvorstandes als angeblicher Pfarrer betheiligt.

Schon durch den Abs. 1 des Art. 5 des Ges. v. 14. Juli 1880 war eine Auffassung sanktionirt worden, welche in Betreff der Tragweite der §§. 1—3 des Ges. v. 11. Mai 1873 bei der Berathung desselben von dem Regierungskommissar (P. Hinschius Kirchengesetze v. 1873 S. 106) angedeutet, und demnächst in den Reskripten des Kult.Min. v. 9. Dez. 1873, v. 13. April 1875 (Archiv f. kath. K.R. 34 S. 161) und v. 17. April 1880 (abgedruckt in den Drucks. des Abg.H. 14. LegisPer. I. Sess. Nr. 322 als Anlage B) näher ausgesprochen und ausgeführt worden ist, vgl. auch P. Hinschius, Kirchengesetze v. 1874 u. 1875 S. 203, während die Praxis des O.Tr. den entgegengesetzten Standpunkt vertreten hatte, s. Entsch. 73 S. 401, Oppenhoff, Rechtspr. 17 S. 154, 19 S. 330, 20 S. 14.

H. Die Fassung des Abs. 1 ist eben so wie die des oben stehenden Art. 3 aber in so fern keine glückliche, als sie den von ihnen charakterisirten Thatbestand nur von den Strafbestimmungen der gedachten Gesetze ausnehmen, der übrigen Bestimmungen des Ges. v. 11. Mai 1873, Zus. 10, aber nicht erwähnen, und damit die Frage offen lassen, ob die Vornahme von Amtshandlungen der gedachten Art dem Einspruch des Oberpräsidenten unterworfen ist, und ferner ob die Handlung, obwohl sie nach Art. 5 straflos ist, von der in Folge des §. 17 des cit. Gesetzes eintretenden Nichtigkeit betroffen wird. Der ganzen Tendenz der Vorschrift entspricht die Verneinung der Frage. Dazu kommt, daß die Verwaltung bei ihrer Auffassung, welche durch den Art. 5 gesetzlich gebilligt wird, wie die angeführten Reskr. v. 13. April 1875 und v. 17. April 1880 ergeben, davon ausgegangen ist, daß der §. 2 des Ges. v. 11. Mai 1873 nicht auf die bloße Vornahme einer einzelnen Handlung durch einen gesetzlich angestellten Geistlichen anwendbar sei, weil eine Substituirung für den einzelnen Fall nicht als Uebertragung der Stellvertretung oder Hülfeleistung in einem Amte aufzufassen sei. Es ist daher anzunehmen, daß die gesetzgebenden Faktoren auch diese prinzipielle Auffassung, von welcher aus sich allein die Straflosigkeit rechtfertigen läßt, implicite haben billigen wollen, um so mehr als andererseits die Kongruenz, welche das Ges. v. 11. Mai 1873 in so fern beobachtet, als es seine Verbote durch Androhung der Nichtigkeit und durch Festsetzung von Kriminalstrafen zur Geltung bringt, zerstört werden würde, da bei der entgegengesetzten Auffassung der beiden Artikel das in denselben gedachte Amtiren ohne Wahrung des Einspruches des Oberpräsidenten für unerlaubt und die vorgenommene Amtshandlung für nichtig erklärt werden müßte, obwohl die letztere nicht mehr unter die Strafe gestellt ist.

Endlich kommt noch das Verhältniß der Ausnahmebestimmung der beiden Artikel zu Art. 2 des Ges. v. 21. Mai 1874, Zus. 11, in Betracht. Der letztere bürdet jedem Geistlichen, welcher Amtshandlungen vornimmt, den Beweis auf, daß er zu einem hierzu ermächtigenden Amte oder zur Stellvertretung oder zur Hülfsleistung in einem solchen Amte unter Beobachtung der §§. 1—3 des Ges. v. 11. Mai 1873 berufen sei. Nach Art. 5 Abs. 1 des Ges. v. 14. Juli 1880, bez. dem Art. 3 des hier fraglichen Gesetzes kann der Geistliche dagegen nicht bestraft werden, wenn er gesetzmäßig angestellt ist und im Bezirk eines anderen Amtes eine geistliche Amtshandlung vorgenommen hat, ohne die Absicht zu bekunden, dort ein geistliches Amt zu übernehmen. Hat nun der wegen Vornahme einer Amtshandlung angeklagte Geistliche das Vorhandensein dieser seine Straflosigkeit begründenden Umstände zu beweisen, oder fällt der Beweis der Strafbarkeit der Anklage zu? Zunächst ist jedenfalls zweifellos, daß der Art. 2 des Ges. v. 1874, so weit er für die in ihm vorgesehenen Fälle die Beweislast normirt, in Kraft geblieben ist. Andererseits verordnen Art. 5 bez. Art. 3, daß die Vornahme einzelner Amtshandlungen unter den näher angegebenen Voraussetzungen straflos ist, ohne etwas über die Beweislast zu bestimmen. Nach allgemeinen Grundsätzen hat daher die Anklage, welche einen Geistlichen wegen einer Amtshandlung zur Verantwortung zieht, darzuthun, daß die Voraussetzungen des Art. 5 Abs. 1 bez. Art. 3 dabei nicht vorgelegen haben. Eine Aenderung dieser Regel stellt der Art. 5 nicht auf, und die Vorschrift des Art. 2 des Ges. von 1874 läßt sich wegen ihrer singulären Natur auf andere Fälle nicht übertragen. Allerdings führt diese Auffassung zu der Konsequenz, daß der angeklagte Geistliche, welcher den von Art. 2 des gedachten Gesetzes verlangten Beweis nicht zu führen vermag, durch die Behauptung, er habe die Amtshandlung unter den Voraussetzungen des Art. 5 Abs. 1 bez. des Art. 3 vorgenommen, der Anklage den Beweis für das Gegentheil zuschieben kann, indessen, sowie dieselbe nur dargethan, daß es an einer der Voraussetzungen

S. 135) findet nicht Anwendung auf die Vornahme einzelner Weihehandlungen, welche von staatlich anerkannten Bischöfen in erledigten Diözesen vollzogen werden[20]).

Art. 5. Die den Bestimmungen der Artikel 1 und 2 dieses Gesetzes entgegenstehenden Vorschriften der Gesetze vom 11. Mai 1873, vom 20. Mai 1874 und 21. Mai 1874 (Gesetz-Samml. S. 139)[21]) werden aufgehoben.

Urkundlich ꝛc.

§. 61 [22]). *Ohne vorhergegangene genaue Prüfung[23]) seiner Kenntnisse, und seines bisher geführten Wandels, soll Niemand zu einem geistlichen Amte gelassen werden.

---

des Art. 5 Abs. 1 bez. des Art. 3 gefehlt hat, ist die Strafbarkeit festgestellt, da unter diesen Umständen die Vorschrift des Art. 2 des Ges. v. 1874 zur Anwendung gelangt.

Vgl. übrigens auch noch Anm. 21 zu Art. 5 dies. Ges.

20) H. Vgl. Zus. 67 (zu §. 1043 d. T.) §. 4 Anm. 49.

21) H. Vgl. die Anm. zu diesen Ges., Zus. 10 u. 11, sowie Zus. 67 zu §. 1043 d. T. Hier kommt nun noch Folgendes in Betracht:

1. Der Art. 2 der Deklaratoria v. 21. Mai 1874 bürdet dem Geistlichen, welcher Amtshandlungen vornimmt, den Beweis auf, daß er zu einem dazu ermächtigenden Amte oder zur Stellvertretung oder zur Hülfsleistung in einem solchen Amte unter Beobachtung der §§. 1—3 des Ges. v. 11. Mai 1873 (s. Zus. 10) berufen sei. So weit durch die Aenderungen derselben das Einspruchsrecht aufgehoben ist, braucht der Angeschuldigte also jetzt nicht mehr den Nachweis, daß dasselbe gewahrt worden ist, zu führen, es genügt, wenn er darthut, daß er kraft eines Amtes oder einer Stellung, deren Uebertragung dem Einspruchsrecht nicht unterliegt, die inkriminirten Handlungen vorgenommen hat. Wenn er aber als Stellvertreter fungirt hat, liegt ihm allerdings auch der Nachweis ob, daß er nicht zum Verweser im Sinne des Art. 1 Nr. 2 bestellt worden ist, denn nur unter dieser Voraussetzung braucht das Einspruchsrecht nicht beobachtet zu werden.

2. Fragt es sich, in wie weit die Bestimmungen des Gesetzes für die rechtliche Beurtheilung von Anstellungen und Anordnungen von Hülfsleistungen und Stellvertretungen, welche vor dem Inkrafttreten des Gesetzes unter Verletzung des Einspruchsrechtes stattgefunden haben, aber nach demselben dem letzteren nicht mehr unterliegen, von Einfluß sind.

Eine Bestrafung der kirchlichen Oberen wegen Vornahme derartiger Amtshandlungen sowie eine Bestrafung des Geistlichen, welcher in der betreffenden Stellung fungirt hat, auf Grund der §§. 22 u. 23 des Ges. v. 11. Mai 1873, bez. des Art. 2 der Deklar. v. 21. Mai 1874 ist ausgeschlossen. Hier kommt der allgemeine strafrechtliche Grundsatz (s. R.Str.G.B. §. 2 Abs. 2, Berner, Strafrecht §. 148, H. Meyer, Strafrecht §. 17, u. Rüdorff, Str.G.B. 3. Aufl. S. 106 Note 10) zur Anwendung, daß die Strafbarkeit nach dem mildesten zur Zeit der Aburtheilung geltenden Gesetze zu bemessen ist.

Da indessen dem Gesetze selbst keine rückwirkende Kraft beigelegt ist, so bleiben Anstellungen und Anordnungen, welche vor der erwähnten Zeit vorgenommen worden sind, trotz ihrer Straffreiheit, immer mit der auf Grund des §. 17 des Ges. v. 11. Mai 1873 eingetretenen Nichtigkeit behaftet. Daraus ergiebt sich für die im Art. 1 gedachten Fälle, daß die betreffenden Geistlichen, wenn die Uebertragung oder Anordnung nicht nach dem Inkrafttreten des Gesetzes wiederholt ist und sie dennoch weiter fungiren, nicht in der Lage sind, den durch den Art. 2 des Ges. v. 21. Mai 1874 erforderten Nachweis führen können, daß sie in der verlangten Art angestellt oder beauftragt sind, also trotzdem der Strafe dieses Artikels, bez. des §. 23 Abs. 1 des Ges. v. 11. Mai 1873 verfallen, wennschon das Einspruchsrecht jetzt beseitigt ist.

Für die im Art. 3 des gegenwärtigen Gesetzes vorgesehenen Fälle folgt aus dem Gesagten, daß die betreffenden Geistlichen nicht als gesetzmäßig angestellt betrachtet werden können und daß sie, ohne Nachholung einer ordnungsmäßigen Anstellung oder Deputirung, bei welcher freilich jetzt nach Maßgabe des Art. 1 das Einspruchsrecht ausgeschlossen ist, nicht der im Art. 3 festgesetzten Straffreiheit theilhaftig werden.

22) H. In wie weit der Staat jetzt befugt ist, bei der Anstellung der Geistlichen mitzuwirken, ergeben die als Zus. 10—12 zu §. 60 d. T. vorstehend mitgetheilten Gesetze. Dadurch sind auch die Vorschriften der Instruktion für die Konsistorien v. 23. Okt. 1817 §. 4 Nr. 5, wonach die Beaufsichtigung der Prüfungen der katholischen Kandidaten des geistlichen Standes durch die geistlichen Behörden den Oberpräsidenten übertragen war, ferner die Cirk.Verf. des Staatsministeriums v. 31. Juli 1820 Nr. 3 ff. (Annal. 5 S. 622) und die Verf. des Kultusministeriums v. 11. März 1824 (a. a. O. S. 1061) beseitigt.

23) H. Vgl. v. Mühler, die Ordnung der kirchlichen Prüfungen in Jacobson u. Richter, Zeitschr. f. das Recht der Kirche Hft. 2 S. 127.

§. 62. Die übrigen Erfordernisse zu einem geistlichen Amte bleiben, nach Ver-

---

Bestimmungen und Anweisungen über die Prüfung hinsichtlich der evangelischen Predigtamtskandidaten:

1) Instruktion für die Konsistorien über die theologischen Prüfungen v. 12. Febr. 1799 (Rabe 13 S. 364 ff.), von neuem publizirt durch das Reskr. v. 24. Okt. 1827 (auch bei Vogt, preuß. Kirchenrecht 1 S. 95 u. Th. Meier, preuß. Kirchenrecht S. 33).

2) Publ. v. 24. Febr. 1817 (Annal. Bd. 1 Hft. 1 S. 131), welches die älteren Bestimmungen von bedeutender Ausdehnung zusammenstellt.

3) Verf. des Min. des Kultus v. 18. April 1823 (Annal. Bd. 7 S. 1), wonach dem Prüfungsgesuche ein Zeugniß beigefügt werden muß, daß der Kandidat die theologischen Kollegia gehörig besucht, sittlich gelebt, und an demagogischen und burschenschaftlichen Verbindungen keinen Theil genommen habe.

4) Verf. dess. Min. v. 6. Sept. 1823, daß die Kandidaten so viel Hebräisch wissen müssen, daß sie mit Anwendung der nöthigsten Hülfsmittel den hebräischen Kodex verstehen und davon bei Auslegung des Neuen Testaments Gebrauch machen können. (Annal. 7 S. 844.) Vgl. dazu auch wegen etwaiger Nachprüfung im Hebräischen §. 42 Regl. v. 4. Juni 1834 (Annal. 18 S. 375 ff.) u. Erl. des Kult.Min. v. 9. Okt. 1866 (M.Bl. f. d. i. Verw. S. 210).

5) Die Verf. dess. Min. v. 19. Febr. und 25. März 1824, wonach, wenn ein Kandidat bei der Prüfung pro ministerio nicht wahlfähig befunden worden, dies in dem Prüfungsatteste ausgedrückt und den übrigen Provinzialkonsistorien mitgetheilt werden soll, sowie daß die auf Zeit Zurückgewiesenen nicht vor Ablauf derselben wieder zugelassen, auch bei der wiederholten Prüfung ganz besonders auf die Disziplinen, in welchen sich der Kandidat bei der vorhergegangenen ungenügend vorbereitet gezeigt hat, zu achten, oder, wenn Ausstellungen gegen die Sittlichkeit die Zurückweisung veranlaßt haben, die zuverlässigsten Zeugnisse gefordert werden sollen. (Annal. 8 S. 149, 782.) S. dazu auch R. d. evangel. O.K.R. v. 15. Nov. 1853 (Aktenstücke des ev. O.K. Bd. 1 Hft. 6 S. 27).

6) Verf. dess. Min. v. 4. März 1838, wonach in Beziehung auf die Bestimmung, daß die Konsistorien nur diejenigen Kandidaten zu prüfen haben, welche innerhalb ihres Verwaltungsbezirks geboren sind, oder ihr ordentliches Domizil haben (Cirk.Verf. v. 30. Mai 1833, Annal. 17 S. 650), — festgesetzt wird, daß auch der Aufenthaltsort, den der Kandidat als Hauslehrer genommen hat, in dieser Hinsicht als Wohnort gelten soll. (Annal. 22 S. 91.)

7) K.O. v. 11. April 1845 und Cirk.Verf. dess. Min. v. 6. Sept. 1845, betreffend die Zulassung ausländischer Theologen.

Die Vorschrift der K.O. v. 7. Dez. 1839, durch welche die Zulassung auswärtiger Theologen zu den diesseitigen theologischen Prüfungen allgemein ausgeschlossen ist, hat von verschiedenen Seiten her Wünsche und Anträge auf eine Modifikation derselben hervorgerufen. Ich habe davon Veranlassung genommen, an des Königs Majestät ausführlich zu berichten, und unter Berücksichtigung der Beziehungen zu anderen deutschen Bundesstaaten, sowie der Wahlfreiheit der Privatpatrone, solche Grundsätze in Antrag gebracht, welche, bei gerechter Würdigung der Ansprüche der diesseitigen Unterthanen, doch eine wechselseitige Beziehung der verschiedenen evangelischen Landeskirchen in Deutschland zu einander nicht ausschließen.

Des Königs Majestät haben sich mittelst Allerh. Ordre v. 11. April d. J. mit diesen Anträgen einverstanden zu erklären geruht und ergeht demzufolge an sämmtliche Königl. Konsistorien hierdurch die Anweisung, wegen Zulassung auswärtiger Theologen zu den diesseitigen Prüfungen und in inländische Pfarrämter für die Zukunft nach folgenden Grundsätzen zu verfahren.

1) Zu der ersten theologischen Prüfung (pro facultate concionandi) vor einer preußischen Prüfungsbehörde sind die Unterthanen anderer deutscher Bundesstaaten in dem Falle zu verstatten, wenn dieselben im Stande sind, alle diejenigen Bedingungen zu erfüllen und diejenigen Nachweise zu erbringen, welche nach den darüber bestehenden Vorschriften von Preußischen Unterthanen gefordert werden. (H. Für Oesterreicher gilt dies aber nicht mehr, da diese als nicht Reichsangehörige nach §. 1 des Ges. v. 11. Mai 1873, s. Zus. 10 zu §. 60, in Preußen kein geistliches Amt mehr erwerben können.)

2) Zu der zweiten theologischen Prüfung (pro ministerio) sind die Unterthanen anderer deutscher Bundesstaaten zu verstatten, wenn sie

a) eine erste theologische Prüfung (pro facultate concionandi) vor einer diesseitigen Prüfungskommission, oder vor einer kollegialisch besetzten Prüfungsbehörde ihrer Heimath bestanden haben;

b) den Nachweis erbringen, daß sie ihrer Militärpflicht nach den Gesetzen ihrer Heimath genügt haben, oder nach denselben von der Militärpflicht befreit sind und zugleich das 25. Lebensjahr vollendet haben;

schiedenheit der Religionsparteien, den vom Staat genehmigten Grundgesetzen und Verfassungen derselben vorbehalten [24]).

Bestallung. §. 63. Die Befugniß zur Ausübung aller geistlichen Amtsverrichtungen wird durch die Ordination [25]) verliehen.

---

c) imgleichen, daß ihnen von einem Privatpatron eine Anwartschaft auf eine inländische Pfarrstelle eröffnet worden;

d) endlich alle sonst von inländischen Kandidaten geforderten Zeugnisse ihrer wissenschaftlichen und praktischen Vorbildung für das Predigtamt und ihres sittlichen Wohlverhaltens beibringen.

In Bezug auf die sub b geforderten Bedingungen ist der Minister der geistlichen Angelegenheiten in besonderen Fällen zu dispensiren ermächtigt.

3) Die Berufung auswärtiger Predigtamtskandidaten aus dem Bereiche der deutschen Bundesstaaten zu inländischen Pfarrstellen ist den Privatpatronen und wahlberechtigten Gemeinden gestattet, wenn der in Aussicht genommene Kandidat die diesseits verordnete zweite theologische Prüfung nach Maßgabe der Vorschriften in Nr. 2 bestehet und in derselben eine der beiden ersten Zeugnißnummern (H. jetzt in Folge der Verminderung der Prüfungsnummer das Prädikat: vorzüglich, R. d. ev. O.K.R. v. 29. März 1854, Aktenstücke d. ev. O.K.R. 2 S. 9) erhält.

Im Uebrigen muß der Berufene die nach den allgemeinen Landesgesetzen erforderlichen Eigenschaften zur Aufnahme in den diesseitigen Unterthanenverband besitzen.

4) Wegen der Berufung eines bereits in einem geistlichen Amte stehenden, ordinirten evangelischen Geistlichen in eine inländische Pfarrstelle, Privatpatronats, behält es bei der Vorschrift der Reg.Instr. v. 23. Okt. 1817 §. 15 lit. a und der A.O. v. 31. Dez. 1825 lit. B Nr. 3 dahin sein Bewenden, daß vor der Bestätigung des Berufenen das Konsistorium sich von dessen Qualifikation zu überzeugen hat. Dem Ermessen des Konsistoriums bleibt es überlassen, so fern nicht die Qualifikation des Berufenen anderweitig schon außer Zweifel ist, zu diesem Zwecke ein besonderes Colloquium mit demselben abzuhalten.

5) Die Berufung auswärtiger Kandidaten oder Pfarrgeistlichen zu einer Pfarrstelle Königl. Patronats bedarf nach der A.O. v. 21. Dez. 1825 litt. b Nr. 3 der Genehmigung des Min. der geistl. Angel. (M.Bl. f. d. i. V. 1846 S. 5, Aktenstücke 2 S. 10.) H. Vgl. hierzu noch K.O. v. 17. Okt. 1847 (cit. M.Bl. S. 305) u. K.O. v. 27. Jan. 1862, Aktenstücke 5 S. 245.

H. Für die Angehörigen der 1866 neu erworbenen Provinzen und der ehemals zum Norddeutschen Bunde gehörigen Länder ist zu vergl. das Cirk.Reskr. d. ev. O.K.R. v. 20. Juni 1870 (Aktenstücke 6 S. 338).

8) Cirk.Verf. dess. Min. v. 30. Jan. 1842, wodurch die Verf. v. 24. Okt. 1827, daß die Kandidaten des Predigtamts auch im Fache der Pädagogik examinirt werden sollen, erweitert wird. (M.Bl. f. d. i. V. S. 64.) H. Vgl. dazu auch R. des ev. O.K.R. v. 15. Aug. 1864 (M.Bl. f. d. i. V. S. 232; Aktenstücke 5 S. 412).

Denjenigen, welche sich auch in diesem Fache bewähren, soll bei den Wahlen der Vorzug gegeben werden. H. Die mitgetheilten und citirten Vorschriften sind dem Ges. v. 11. Mai 1873 gegenüber in Geltung geblieben, weil sie auch für das kirchliche Gebiet vom Inhaber des landesherrlichen Kirchenregiments, bez. den denselben vertretenden Behörden erlassen sind.

H. Die für die einzelnen Provinzen ferner erlassenen Kandidatenordnungen sind in den Aktenstücken des ev. O.K.R. Bd. 1 Hft. 6 S. 30, 33, 37, 41, 47, 55, 59, und Bd. 2 S. 144, u. mit Ausnahme der rheinischen auch bei Vogt, preuß. K.R. 1 S. 111 abgedruckt.

24) H. Von dem kanonischen Alter von 25 Jahren für die Uebernahme eines evangelischen geistlichen Amtes (R. v. 15. Jan. 1817, Annal. Bd. 1 Hft. 1 S. 13 u. Publ. v. 24. Febr. 1817 Nr. 7) kann der Oberkirchenrath (Ressortregl. v. 29. Juni 1850 §. 1 Nr. 10) dispensiren. Für die Aemter in der katholischen Kirche ist hinsichtlich des Alters das katholische Kirchenrecht maßgebend; s. darüber Richter-Dove, K.R. S. 525; P. Hinschius, K.R. 2 S. 484. Wegen der sonstigen Erfordernisse ist für die evangelische Kirche zu vergl. Jacobson, preuß. K.R. S. 341 ff., für die katholische Richter-Dove a. a. O. S. 524 ff. (8. Aufl. S. 624); Hinschius 2 S. 476 ff.

25) H. Auch dieser §. ist eine leere Abstraktion, denn nach dem katholischen Kirchenrecht, das verschiedene Stufen der Ordination unterscheidet, s. Richter-Dove a. a. O. S. 273 ff. (8. Aufl. S. 339), und diesen verschiedene Fähigkeiten beilegt, ist dies nicht richtig. Das katholische Kirchenrecht gilt aber nicht nur wegen des §. 62 d. T., sondern auch mit Rücksicht auf den freilich aufgehobenen Art. 15 der Verf.Urk., da die Regelung dieser Angelegenheit ein reines Internum der Kirche ist. — Unter dem Worte „Befugniß" kann übrigens auch nur die Fähigkeit, nicht aber die Befugniß, ohne besonderes Amt oder besonderen Auftrag beliebig an jedem Orte und in jeder Pfarrei kirchliche Funktionen vorzunehmen, verstanden werden.

§. 64*. Landesunterthanen sollen, ohne besondere Erlaubniß [26]), die Ordination zu geistlichen Aemtern bei auswärtigen Behörden nicht nachsuchen oder annehmen.

§. 65. Die Ordination soll Niemandem ertheilt werden, ehe er ein geistliches Amt, welches ihm seinen Unterhalt gewährt, zu übernehmen Gelegenheit hat [27]).

Rechte und Pflichten in Ansehung ihres Amtes.

§. 66. Die besonderen Rechte und Pflichten eines katholischen Priesters, in Ansehung seiner geistlichen Amtsverrichtungen [28]), sind durch die Vorschriften des Canonischen Rechts; der protestantischen Geistlichen [29]) aber, durch die Consistorial- und Kirchen-Ordnungen [30]) bestimmt.

§. 67. Alle Geistlichen müssen sich, bei Verlust ihres Amtes, eines ehrbaren und dem Volke unanstößigen Lebenswandels vorzüglich befleißigen [31]).

§. 68. Auch in gleichgültigen Dingen müssen sie alle Gelegenheit zum Anstoße für die Kirchengemeine sorgfältig vermeiden.

§. 69. Aller zudringlichen Einmischungen in Privat- und Familienangelegenheiten müssen sie sich enthalten.

§. 70. Durch vorsichtiges und sanftmüthiges Betragen müssen sie die Liebe und das Vertrauen der Gemeine zu erwerben suchen.

§. 71. Ueberhaupt müssen sie in Lehre und Wandel ihren Zuhörern mit einem guten Beispiel der Sanftmuth und Verträglichkeit, selbst gegen fremde Religionsverwandte, vorgehen [32]).

§. 72. Auch die Personen, welche zu ihrer Familie gehören, müssen sie zu einer ordentlichen, stillen und bescheidenen Aufführung anhalten.

§. 73. In ihren Amtsvorträgen [33]), und bei dem öffentlichen Unterricht [34]),

---

26) Der geistlichen Oberen des Kandidaten. Die Verordnung bezieht sich selbstverständlich nur auf solche, welche nicht aus dem Verhältnisse zu ihrer Landeskirche ausgeschieden sind. Cirk.Verf. d. M. d. geistl. Ang. v. 8. Okt. 1845 (M.Bl. f. d. i. V. S. 295). H. Für die katholische Kirche ist die Vorschrift beseitigt, da das Ges. v. 11. Mai 1873 die Ordination im Inlande nicht als Bedingung für den Erwerb eines geistlichen Amtes kennt. Vergl. auch Anm. 55 zu §. 4 des cit. Ges. (Zus. 10 zu §. 60 d. T.).

27) Für die katholische Kirche gilt der Satz nicht, vielmehr läßt diese auch absolute Ordinationen, d. i. eine Ordination ohne Amt (Beneficium) zu. H. Vgl. P. Hinschius, Kirchenrecht Bd. 1 S. 67 ff. S. auch §. 545. Für die evangelische Kirche hat er dagegen Geltung, jedoch werden auch in dieser an Missionäre absolute Ordinationen ertheilt. Vgl. ferner zu §. 521 d. T.

28) Nicht auch hinsichtlich ihrer privatrechtlichen Beziehungen. Vgl. §. 98. H. Wegen der Standespflichten s. P. Hinschius, Kirchenrecht Bd. 1 S. 130 ff.

29) Evangelische. Anm. 48 zu §. 39 d. T.

30) H. Diese giebt an Jacobson a. a. O. S. 32 ff.

31) H. Auf Grund dieses §. ist die Ausübung der Jagd durch K.O. v. 10. Aug. 1829 (Annal. 13 S. 318) den Geistlichen als für sie nicht passend untersagt, und demgemäß auch durch d. Reskr. d. Kult.Min. v. 20. Aug. u. 4. Dez. 1829 (Annal. 13 S. 818 u. 830) das Verpachten der Königl. Jagden an Prediger oder in kirchlichen Funktionen stehende Schullehrer verboten. Wegen der Amtskleidung der evangelischen Geistlichen vgl. K.O. v. 20. März 1811 (Annal. Bd. 1 Hft. 1 S. 140) u. Reskr. v. 9. Mai 1811 (a. a. O. S. 141).

32) H. Ueber das Verhalten der evangelischen Geistlichen zu den politischen Fragen vgl. Reskr. des ev. O.K.R. v. 15. Jan. 1863 (Aktenstücke Bd. 5 S. 336; kirchl. Ges. u. Verordn.Bl. 1876/1877 S. 253), u. zu den sozialistischen Bewegungen der Jetztzeit vgl. Ansprache des ev. O.K.R. v. 20. Febr. 1879, kirchl. Ges. u. Verordn.Bl. 1879 S. 25.

33) Dahin sind nicht zu ziehen die philosophischen und wissenschaftlichen Meinungen und Erörterungen im Privatverkehre und in öffentlichen Schriften; es ist nicht Recht, wenn daraus Unfähigkeit für das geistliche Amt behauptet und Verfolgung gerechtfertigt werden soll. H. Falls sich aber aus solchen Schriften und Erörterungen ergiebt, daß der Geistliche mit der Lehre seiner Kirche gebrochen hat, kann er in derselben sein Amt nicht weiter verwalten. Die Ansicht Koch's ist nur in so weit gerechtfertigt, als es sich um diejenigen Punkte handelt, in denen die wissenschaftliche Auffassung volle Freiheit hat. Ein erklärter Atheist kann unmöglich evangelischer

müssen sie zum Anstoße der Gemeine nichts einmischen, was den Grundbegriffen ihrer Religionspartei widerspricht [35]).

§. 74. In wie fern sie, bei innerer Ueberzeugung von der Unrichtigkeit dieser Begriffe, ihr Amt dennoch fortsetzen können, bleibt ihrem Gewissen überlassen [36]).

§. 75. Auch außer der Kirche müssen Geistliche, denen die Seelsorge bei einer Kirchengesellschaft anvertraut ist, an der Belehrung und moralischen Besserung ihrer Mitglieder unermüdet arbeiten.

§. 76. Zu Privatmahnungen, in so fern dieselben mit Sanftmuth und Bescheidenheit geschehen, sind sie berechtigt.

§. 77. Wenn sie einem Mitgliede der Gemeine seine Vergehungen ins Geheim vorhalten, so sind sie nicht schuldig, die Quellen ihrer davon erhaltenen Nachrichten anzugeben.

§. 78. Dergleichen geheime Vorhaltungen sollen niemals für Injurien angesehen werden.

§. 79. Fehlen sie dabei aus Mangel an Sanftmuth und Bescheidenheit, so müssen die geistlichen Obern sie deshalb zurechtweisen.

§. 80. Was einem Geistlichen unter dem Siegel der Beichte, oder der geistlichen Amtsverschwiegenheit anvertraut worden, das muß er, bei Verlust seines Amtes, geheim halten.

§. 81. Aufgehoben [37]).

§. 82. So weit aber die Offenbarung eines solchen Geheimnisses nothwendig ist, um eine dem Staat drohende Gefahr abzuwenden; oder ein Verbrechen zu ver-

---

Prediger bleiben. Vgl. auch kirchl. Ges. u. Verordn.Bl. 1879 S. 76 u. Braun in Zeitschr. f. K.R. 19 S. 20 ff. Legt der Geistliche in Fällen der ersteren Art sein Amt nicht freiwillig nieder, so ist das Disziplinarverfahren auf Absetzung gegen ihn zu eröffnen. Daß es sich dabei nicht um ein disziplinarisch zu ahndendes Verhalten, sondern um eine Unfähigkeitserklärung zur Verwaltung des Amtes handle, so Richter-Dove, K.R. 7. Aufl. S. 118, ist unrichtig, denn durch die Fortführung des Amtes unter diesen Umständen setzt er sich mit seinen Dienstpflichten in Widerspruch. Das ist auch die Auffassung des positiven preußischen Rechtes, s. K.G. u. S.O. v. 1873 §. 68 Nr. 6, Zus. 20 zu §. 156 d. T. und Gem. Syn.Ordn. v. 1876 §. 36 Nr. 1, Zus. 23 a. a. O. Vgl. auch Braun Zeitschr. f. K.R. 19 S. 19 ff.

34) Das Gesetz meint keinen anderen Unterricht als den, welchen der Geistliche vermöge seines Amtes in den öffentlichen Versammlungen seiner Gemeinde (in der Kirche) giebt.

35) Diese Aufgabe wurde in früheren Zeiten an verschiedenen Orten durch den Religionseid, veranlaßt durch den Schluß der im April 1538 zu Braunschweig versammelten evangelischen Regenten, gesichert. — Fiedler, über den Religionseid in der evangelisch-lutherischen Kirche, Dresden 1775. — Mehrere haben diesen Eid als eine Einschränkung der Gewissensfreiheit verworfen, namentlich J. H. Boehmer, jus. eccl. Prot. L. I. Tit. 12 §. 25. Dagegen: Ueber den Religionseid, veranlaßt durch die Winckler'sche Schrift darüber, Berlin 1785. — Das L.R. fordert ihn nicht. H. Wohl aber erfolgt bei der Ordination eine Lehrverpflichtung, vgl. Jacobson a. a. O. S. 391 ff. Vgl. über den Staatseid der Geistlichen Anm. zu §. 404 d. T.

36) H. Vgl. Anm. 33 zu §. 73 d. T. u. kirchl. Ges. u. Verordn.Bl. v. 1879 S. 77.

37) H. Er lautete: „Auch zum gerichtlichen Zeugnisse über den Inhalt solcher Eröffnungen kann ein Geistlicher ohne den Willen desjenigen, der ihm dieselben anvertraut hat, nicht aufgefordert werden."

Vgl. jetzt R.Str.P.O. §. 52: „Zur Verweigerung des Zeugnisses sind ferner berechtigt: 1. Geistliche in Ansehung desjenigen, was ihnen bei Ausübung der Seelsorge anvertraut ist", sowie R.C.P.O. §. 348: „Zur Verweigerung des Zeugnisses sind berechtigt: . . . . 4. Geistliche in Ansehung desjenigen, was ihnen bei der Ausübung der Seelsorge anvertraut ist . . . . Die Vernehmung der Nr. 4, 5 bezeichneten Personen ist, auch wenn das Zeugniß nicht verweigert wird, auf Thatsachen nicht zu richten, in Ansehung welcher erhellt, daß ohne Verletzung der Verpflichtung zur Verschwiegenheit ein Zeugniß nicht abgelegt werden kann; §. 350 . . . . „Die im §. 348 Nr. 4, 5 bezeichneten Personen dürfen das Zeugniß nicht verweigern, wenn sie von der Verpflichtung zur Verschwiegenheit entbunden sind." Für den Strafprozeß greift aber im letztgedachten Falle eine Verpflichtung zur Zeugnißablegung niemals Platz, der Geistliche hat lediglich selbst zu beurtheilen, ob er Zeugniß ablegen kann, und andererseits braucht der Richter, wenn

hüten; oder den schädlichen Folgen eines schon begangenen Verbrechens abzuhelfen oder vorzubeugen [38]), muß der Geistliche dasselbe der Obrigkeit anzeigen.

§. 83. In öffentlichen Vorträgen muß jeder Geistliche aller persönlichen Anzüglichkeiten sich enthalten [39]).

§. 84. Schilderungen der in einer Gemeine herrschenden Laster sind keine Anzüglichkeiten.

§. 85. Sie arten aber darin aus, wenn Personen genannt, oder durch individuelle Nebenumstände kundbar gemacht werden [40]).

§. 86. Kein Geistlicher darf eigenmächtig [41]) irgend ein Mitglied der Gemeine von Beiwohnung des Gottesdienstes, oder von den Sacramenten ausschließen.

---

er dies will, ihn niemals zurückzuweisen, vgl. Löwe, Kommentar z. Str.P.O. §. 52 3. Aufl. S. 252 Nr. 8.

38) Nicht aber um den Verbrecher zur Bestrafung wegen des bereits begangenen Verbrechens dem Arme der weltlichen Gerechtigkeit zu überliefern. H. Vgl. auch §. 139 d. R.Str.G.B. Durch die R.Str.P.O., s. vor. Anm., wird §. 82 nicht berührt.

39) Auch zu Aufreizungen gegen andere Religionsparteien oder gegen Einrichtungen und Anordnungen der Obrigkeit dürfen Kanzelvorträge nicht gemißbraucht werden. H. Vgl. R.Str.G.B. §§. 110, 130, 130a.

40) Die §§. 83 und 85 verbieten den Geistlichen die Anwendung des sog. Personal-Elenchus, d. h. die Einmischung persönlicher Rügen in die Predigt oder Verhängung solcher Rügen nach der Predigt, wozu nach einer Ansicht der Pfarrer gegen diejenigen Pfarrangehörigen, welche sich dem Laster und der Sünde ergeben haben, befugt sein soll. Seitz, das Recht des Pfarramts, Bd. 2 S. 78. Ein solches Gericht des strafenden Priesters liegt aber nicht im Geiste der christlichen Kirche; die Kirchenzucht fordert das Zusammenwirken des Geistlichen und der Gemeinde, und verliert durch ein derartiges Heraustreten des Priesters ihren Sinn und ihre Wirkung. Deshalb haben schon katholische Synodalstatuten den Pfarrern die Anwendung des sog. Personal- oder Nominal-Elenchus oft untersagt und auch evangelische Kirchenordnungen haben bereits im sechzehnten Jahrhundert hiergegen Verfügungen getroffen. (H. Vgl. Richter-Dove, Kirchenrecht 7. Aufl. S. 762, 773.) Die brandenburgische Konsistorialordnung v. 1573 schreibt im Kap. „Von den Pfarrern“ 2c., Paragraph „Auch sollen sie“ den Pfarrern vor, die Sünd- und Lasterhaften glimpflich und sanftmüthig zu vermahnen „ohne Privateffekt durch Gottes Wort im Gemein, und nach dem Prozeß Matth. 18 si peccaverit frater tuus in te etc.; et Pauli ad Timotheum contra Presbiterum etc.“ — also als Vater beziehungsweise Bruder unter vier Augen. H. Ueber die Anwendbarkeit des §. 154 Str.G.B. (jetzt §. 193 R.Str.G.B.) auf Predigten der Geistlichen s. O.Tr. Str.S. I v. 30. April 1850, Goltdammer, Arch. 6 S. 708. Vgl. auch §. 4 des Ges. v. 13. Mai 1873 (Zus. 9 zu §. 57 d. T.).

41) Für katholische Priester kann dies Gesetz nicht unbedingt gelten, weil die Kuratgeistlichkeit ihre eigene, allerdings interne, geistliche Jurisdiktion hat, bei deren Verwaltung sie sich nach den Grundsätzen ihrer Religion, d. h. nach den Vorschriften des kanonischen Rechts richten muß.

Ueber die Ermächtigung der evangelischen Geistlichen zur vorläufigen Ausschließung von dem Genusse des Abendmahls sind Zweifel entstanden, worüber folgende Entsch. des Min. d. geistl. Angel. v. 14. Dez. 1845 ergangen ist:

„Nachdem ich aus dem Berichte des K. Konsistoriums v. 4. v. M. die bei Demselben obwaltende Meinungsverschiedenheit über die Berechtigung der Prediger, einzelne Gemeindeglieder vom heiligen Abendmahle auszuschließen, ersehen und die für beide sich entgegenstehenden Ansichten geltend gemachten Gründe näher geprüft habe, kann ich mich nur dahin entscheiden, daß die Prediger zwar, um Jemanden dauernd vom Abendmahle auszuschließen, der Genehmigung des Konsistoriums bedürfen, daß sie aber allerdings das Recht und auch die Pflicht haben, solchen Personen, welche ihrer Ansicht nach das Abendmahl nur zu ihrem Verderben genießen würden, dasselbe, wenn sie nicht, auf seelsorgerliche Anmahnung in einer angemessenen schonenden Form, sich für den eigenen Rücktritt vom Sakramente bis zur wiedergewonnenen Genußfähigkeit entscheiden, während der Einholung der Vorbescheidung des Konsistoriums zu versagen. — Die gemeinrechtlichen Bestimmungen, nach denen die aufgeworfene Frage entschieden werden muß, finden sich in den Paragraphen 86—90 Th. II Tit. 11 d. Allgem. Landr., und die Verordnung v. 28. Juli 1744 stimmt im Hauptgrundsatze, nämlich darin, daß der Prediger im fraglichen Falle die Vorbescheidung des Königl. Konsistoriums einholen soll, mit den Vorschriften der §§. 86—88 a. a. O. überein. — Was aber die Zwischenzeit bis zum Eingange des Bescheides des Konsistoriums anlangt, so folgt das Recht des Predigers, in dieser Zeit

§. 87. Findet er Bedenken, Jemanden zuzulassen, so muß er demselben dies Bedenken in Zeiten mit vernünftiger Schonung eröffnen.

§. 88*. Besteht derselbe dennoch auf seiner Zulassung, so muß der Geistliche den Vorfall, mit Verschweigung des Namens, seinen geistlichen Obern [42]) anzeigen und nach deren Vorbescheidung sich achten.

§. 89. Nur in Fällen, wenn Jemand zu einer gottesdienstlichen Handlung in der Trunkenheit, in anstößiger und ärgerlicher Kleidung, oder sonst in einem Zustande sich darstellt, in welchem er, ohne offenbaren Anstoß und grobes Aergerniß der Gemeine, oder seiner Mitgenossen bei dieser Handlung, nicht zugelassen werden kann, mag der Geistliche einen solchen Menschen, bis auf weitere Verfügung der Behörde, zurückweisen [43]).

§. 90*. Der einmal Zurückgewiesene (§. 87. 89.) muß die Vorbescheidung der geistlichen Obern [44]) abwarten.

§. 91. Kein Geistlicher kann ein Mitglied der Gemeine zur Beiwohnung des Gottesdienstes, und zum Gebrauche der Sacramente, durch äußeren Zwang anhalten [45]).

§. 92. Auch zu Haus- und Krankenbesuchen darf er sich Niemandem gegen dessen erklärte Abneigung aufdringen.

Rechte und Pflichten in ihren Privatangelegenheiten.

§. 93. Geistliche dürfen weder für sich selbst, noch durch die in ihrem Hause lebende Familie, Kaufmannschaft oder bürgerliche Gewerbe treiben [46]).

§. 94. Wenn ihnen der Genuß gewisser Grundstücke zu ihrem Unterhalt angewiesen worden, so mögen sie deren Cultur und den Absatz der darauf gewonnenen Erzeugnisse selbst besorgen.

§. 95. Außerdem dürfen sie nur unter Genehmigung ihrer Obern, und nur in so fern, als es ohne Vernachlässigung ihres Amtes geschehen kann [47]), sich mit der Landwirthschaft beschäftigen.

---

dem betreffenden Gemeindegliede das Abendmahl zu versagen, nicht bloß daraus, daß eine solche Ausschließung weder eine eigenmächtige, noch eine fortdauernde ist und der Zweck der gesetzlichen Vorschrift ohne diesen Aufschub nicht erreicht werden kann, sondern es ist dieses Recht auch vom Gesetzgeber im §. 80 a. a. O. ausdrücklich anerkannt, wo es heißt:

„„Der einmal Zurückgewiesene (§§. 87, 89) muß die Vorbescheidung der geistlichen Oberen abwarten.""

Der Pfarrer N. in N. hat hiernach in dem Falle, der zu dem Berichte des Königl. Konsistoriums Anlaß gegeben hat, nur darin nicht in völliger Uebereinstimmung mit den gesetzlichen Vorschriften gehandelt, daß er den N. N.schen Eheleuten seine Bedeutung wegen ihrer künftigen Zulassung zum Abendmahle nicht in Gegenwart eines Dritten, sondern nach der Vorschrift §. 87 l. c. Allgem. Landrechts in einem seelsorglichen Zuspruche unter vier Augen hätte ertheilen, und, auf ihre widersprechende Erklärung, sofort den vorgeschriebenen Bericht an das Königl. Konsistorium hätte erstatten sollen, damit ihm dessen Entscheidung, im Falle einer wirklichen Anmeldung der N. N.schen Eheleute zum Abendmahle, als Anhalt dienen konnte." (V.M.Bl. S. 345.)

H. Wegen der Betheiligung des Gemeindekirchenraths bei der Zurückweisung vom Abendmahl vgl. §. 14 der K.G. u. S.O. v. 10. Sept. 1873 (s. Zus. 20 zu §. 156 d. T.).

42) H. Jetzt dem Gemeindekirchenrathe, s. vor. Anm.

43) H. Nicht aufgehoben durch die Anm. 41 cit. Ordn.

44) H. Jetzt des Gemeindekirchenraths und eventuell der Kreis-Synode, s. Anm. 41 a. E. zu §. 86.

Die Motive zu dem Ges. v. 30. Juli 1880, Zus. 43 zu §. 452 d. T., Verhandlungen der ersten ordentlichen Generalsynode. Berlin 1880 S. 1272, erklären mit Unrecht §§. 86—90 für die evangelische Kirche für ganz aufgehoben.

45) H. Wohl aber durch die gesetzlich statthaften kirchlichen Mittel, s. Zus. 9 zu §. 57 d. T.

46) H. Vgl. auch rheinisch-westfäl. Kirch.-Ordn. §. 71.

47) H. Damit ein Geistlicher nicht seinem Berufe entzogen werde, darf er auch Nebenämter ohne Genehmigung seiner Oberen nicht übernehmen. Welche Grundsätze in dieser Hinsicht zu

§. 96. Die Geistlichen der vom Staat privilegirten Kirchen-Gesellschaften sind,

beachten, ist in nachfolgender Cirk.Verf. des Min. d. geistl., U. u. M.Ang. v. 31. Okt. 1841 vorgeschrieben:

„Auf Veranlassung einer städtischen Patronats-Behörde ist bereits in den Jahren 1833. und 1839. die Frage in Anregung gebracht worden: ob ein Geistlicher zur Annahme eines, neben seinem Seelsorgeramte ihm übertragenen Staatsamtes oder eines anderen Nebenamtes der vorgängigen Genehmigung des Kirchen-Patrons bedürfe und ob letzterer befugt sei, diese Genehmigung in der Vokation des Geistlichen für künftige Fälle ausdrücklich vorzubehalten; sowie, welche Vorkehrungen zu treffen seien, um zu verhüten, daß ein Geistlicher durch dergleichen anderweitige Aemter seinem nächsten Berufe entfremdet werde, und das Interesse einer kirchlichen Gemeinde darunter leide.

Des Hochseligen Königs Majestät haben auf einen Bericht meines Amtsvorgängers durch Allerhöchsten Kabinets-Befehl vom 14ten Januar 1833. zu bestimmen geruht:

daß der Kirchen-Patron nicht befugt sei, den Vokationen der Geistlichen die Nichtannahme von Staatsämtern als Bedingung beizufügen, oder die Geistlichen durch besondere Reverse vor Antritt des Pfarramtes dazu zu verpflichten. Dagegen könne das Recht und die Obliegenheit desselben nicht bezweifelt werden, dahin zu sehen, daß die Seelsorge und die Aufsicht auf das Schulwesen in den Pfarrgemeinden von den Geistlichen nicht vernachlässigt werde. Wenn er eine Versäumniß hierin wahrnehme, so habe er solche auf dem gesetzlich vorgeschriebenen Wege bei der vorgesetzten, geistlichen Behörde anzuzeigen und Remedur nachzusuchen, welche nach vorgängiger Ermittelung der Thatsachen zu veranlassen sei. Ergebe sich bei dieser Untersuchung, daß die Beschwerde durch die Beschäftigung des Geistlichen in der Staatsverwaltung verursacht werde, und lasse sie sich auf andere Weise, etwa durch einen Personenwechsel oder durch Erleichterung in den Arbeiten nicht erledigen, so sei es ebenso billig als gerecht, daß für die Seelsorge und Schulaufsicht in den Pfarrgemeinden eine Aushülfe auf Kosten des Staats geschafft werde. Hiernach sei in vorkommenden Fällen zu verfahren, und sofern es der Allerhöchsten Anweisung des erforderlichen Kosten-Aufwandes bedürfe, darüber zu berichten.

Auf einen späteren Bericht des Königlichen Staatsministeriums haben des Königs Majestät durch Allerhöchsten Befehl vom 25sten August d. J. zu entscheiden geruht,

daß den Kirchen-Patronen überhaupt nicht gestattet werden könne, in die Vokationen der von ihnen berufenen Geistlichen beschränkende Bedingungen in Betreff der Uebernahme von Nebenämtern und Beschäftigungen einzurücken,

und, in Folge der in der Ordre vom 14ten Januar 1833. wegen der Uebernahme von Staatsämtern Seitens der Geistlichen getroffenen Bestimmungen, ferner festzusetzen:

daß ein Geistlicher ein anderes Nebenamt, als ein Königliches Amt, nur mit Genehmigung des Provinzial-Konsistoriums übernehmen dürfe, welches darüber zuvor den Patron und den Kirchen-Vorstand der Gemeine mit ihren Gutachten zu hören habe. Auch sollten die Konsistorien, mit Vorbehalt des Rekurses an den Minister der geistlichen 2c. Angelegenheiten, darüber entscheiden, ob der mit einem Nebenamte zu beauftragende Geistliche einer Hülfe oder Stellvertretung in seinem Hauptamte bedürfe, und welche Vergeltung dafür, und aus welchen Mitteln dieselbe zu gewähren sei, wobei jedoch aus der Uebertragung eines Nebenamtes an einen Geistlichen dem Patron niemals größere Leistungen, als die bisherigen, wider seinen Willen zugemuthet werden dürfen.

Des Königs Majestät haben mich zugleich beauftragt, die Konsistorien von diesen Bestimmungen in Kenntniß zu setzen, und dieselben über die, bei Genehmigung der Uebernahme von Nebenämtern Seitens der Geistlichen anzuwendenden Grundsätze, wie solche in dem Seiner Majestät erstatteten Vortrage angedeutet waren, mit näherer Belehrung zu versehen.

Aus diesen mitgetheilten Allerhöchsten Bestimmungen ergiebt sich zunächst, daß die Aufnahme einer beschränkten Klausel wegen der Uebernahme von Nebenämtern irgend einer Art in die Vokationen der Geistlichen, oder die Ausstellung besonderer Reverse hierüber bei deren Amtsantritte, unzulässig und wirkungslos ist.

Die Uebertragung eines Amtes des Kirchenregiments auf einen Geistlichen, wie z. B. der Superintendentur, des Amtes als Konsistorialrath u. s. w., geht in gleicher Weise, wie bisher, von den dazu ermächtigten Behörden aus, und sind dieselben in der Auswahl der ausgezeichnetsten und verdientesten Geistlichen nicht beschränkt. Dem Patrone oder der Gemeinde steht ein Widerspruchsrecht gegen die Ernennung ihres Pfarrers zu einem solchen Amte nicht zu. Ergiebt sich aber, daß ein solcher Geistlicher, durch die Pflichten seines kirchenregimentlichen Amtes zu sehr in Anspruch genommen, den Angelegenheiten seiner Pfarrgemeinde nicht mehr die erforderliche Sorgfalt zu widmen im Stande ist, so hat das Königliche Konsistorium,

als Beamte des Staats [48]), der Regel nach von den persönlichen Lasten und Pflichten des gemeinen Bürgers frei [49]).

---

auf Anrufen des Patrons oder der Gemeinde, zunächst zu prüfen, ob auf irgend eine Weise eine Geschäftserleichterung für den Geistlichen bewirkt werden kann, und wenn dieses nicht der Fall ist, zu bestimmen,

1) in welchem Umfange eine Aushülfe oder eine Stellvertretung für den Geistlichen erforderlich,
2) welche Remuneration dafür zu gewähren ist.

Den Betheiligten bleibt wegen dieser Entscheidung der Rekurs an mich vorbehalten. Wegen der Beschaffung der erforderlichen Remuneration aus Staatsfonds ist, sofern nicht darüber etwa ein freiwilliges Abkommen mit dem zu vertretenden Geistlichen selbst geschlossen werden kann, an mich zu berichten.

Was die Uebernahme von anderen Aemtern, durch einen Geistlichen anbetrifft, so steht den Patronen und Gemeinen auch in dieser Beziehung ein unbedingtes Recht des Widerspruches nicht zu. Der Geistliche aber, welchem ein solches Nebenamt angetragen wird, und welcher zu dessen Uebernahme geneigt ist, hat zu diesem Behufe zuvor die Erlaubniß des ihm vorgesetzten Konsistoriums nachzusuchen. Das Konsistorium hat sodann den Patron und den Vorsteher der Pfarrgemeinde darüber zu hören, und die von denselben etwa vorzubringenden Gründe des Widerspruches näher zu prüfen. Nach Befund derselben ist diese Erlaubniß zu ertheilen oder zu versagen.

Es versteht sich von selbst, daß den Geistlichen nur die Uebernahme solcher Nebenämter gestattet werden kann, deren Ausrichtung dem Amte und der Würde eines Geistlichen keinen Eintrag thut. Als angemessene Beschäftigungen werden hier beispielsweise erwähnt, die Ertheilung von Religions-Unterricht in öffentlichen oder Privatschulen, die Theilnahme an der Verwaltung von Armenkassen und milden Stiftungen u. s. w.

Es wird ferner festzuhalten sein, daß die Beschäftigung in einem Nebenamte den Geistlichen seinem nächsten Berufe, als Seelsorger für das geistige Wohl seiner Gemeine zu wirken, nicht entfremden darf. Zeitraubende Nebenbeschäftigungen können daher in der Regel solchen Geistlichen nicht gestattet werden, welche entweder in ihrer Gemeine allein stehen oder denen doch die Pflicht der Seelsorge vorzugsweise obliegt. Ueberhaupt wird um der Beschäftigung eines Geistlichen in einem Nebenamte willen, außer den oben bezeichneten Aemtern, die sich auf eine Ausübung des Kirchen-Regiments beziehen, eine Vertretung oder Aushülfe in seinem eigentlichen kirchlichen Berufe nicht leicht zu gestatten sein. Sollte durch besondere örtliche Verhältnisse ausnahmsweise eine Abweichung von dieser Regel motivirt werden, so liegt es dem Königlichen Konsistorium ob, gleichzeitig für die Anordnung einer ausreichenden Beihülfe oder Stellvertretung zu sorgen, deren Kosten jedoch in diesem Falle weder aus Staatsfonds zu entnehmen sind, noch auch den Patronen oder Gemeinden angemuthet werden dürfen. Vielmehr wird es dem Geistlichen selbst, oder der Anstalt, welche seine Hülfe erbittet, obliegen, die Mittel zur Besoldung eines Stellvertreters aufzubringen.

Endlich ist bereits durch das Gesetz vom 13ten Juli 1839. (Gesetz-Sammlung Seite 235.) (Zus. 17 zu §. 71 Tit. 10 Th. II) vorgeschrieben, daß die vorgesetzte Behörde die Erlaubniß zur Annahme eines Nebenamtes nur auf Widerruf, oder doch nur auf eine bestimmte Zeit, oder für ein bestimmtes, nach Ablauf einer gewissen Zeit von selbst endendes Geschäft, zu ertheilen hat, ohne daß wegen des, unter veränderten Umständen erfolgenden Widerrufes ein Anspruch auf Entschädigung für die verlorenen Emolumente des Nebenamtes anerkannt werden kann. Ist mit dem Amte des Geistlichen unmittelbar noch eine andere Beschäftigung, als was zunächst dazu gehört, z. B. die Verwaltung kirchlicher Armenkassen, verbunden, so fällt die Nothwendigkeit einer besondern Erlaubniß hiezu von selbst fort." (M.Bl. f. d. i. V. 1842 S. 10.)

H. Diese Vorschriften sind aber jetzt nur noch für die evangelischen Geistlichen anwendbar, für die katholischen nicht, weil die Frage dem Gebiete der inneren kirchlichen Disziplin angehört, dessen Regelung der katholischen Kirche freigegeben ist. Wegen der Uebernahme von Vormundschaften vgl. §§. 22, 26 d. Vorm.Ordn. v. 5. Juli 1875 (s. Tit. 18 d. Th.) und des Amtes eines Schiedsmannes §. 2 d. Schiedsmannsordnung v. 29. März 1879 (G.S. S. 321), sowie Cirk.Erl. d. ev. O.K.R. v. 18. Okt. 1879, kirchl. Ges. u. Verordn.Bl. v. 1879 S. 235, wonach das Konsistorium die Genehmigung dazu ertheilen kann.

48) S. Anm. 31 zu §. 19 d. T. S. auch §§. 544 u. 547 d. T.

49) Unter den persönlichen Lasten und Pflichten des gemeinen Bürgers sind eben nur die persönlichen Gemeindeabgaben und Dienste zu verstehen, von welchen die neueren Gesetze die Geistlichen auch fernerhin so weit befreit lassen, als sie diese Befreiung in einem gewissen Zeitpunkte genossen haben. Daraus folgt dann, daß die Befreiung von Schulbeiträgen, welche

§. 97. Fällt weg[50]).

§. 98. In den Angelegenheiten des bürgerlichen Lebens werden alle Geistliche, ohne Unterschied der Religion, nach den Gesetzen des Staats beurtheilt[51]).

§. 99. Nach diesen Gesetzen behalten sowohl alle protestantischen[52]), als die katholischen Weltgeistlichen, die freie Disposition über ihr Vermögen.

§. 100. Auch dasjenige, was sie aus den Einkünften ihres geistlichen Amtes erworben haben, gehört zu ihrem freien Eigenthum.

§. 101. Nur da, wo Provinzialgesetze, oder vom Staat gebilligte Statuten, der Kirche ein Erbrecht auf einen gewissen Theil dieses Erwerbes beilegen, hat es dabei sein Bewenden[53]).

---

den Mitgliedern einer Schulgemeinde nach II. 12 §. 29 obliegen, von den Geistlichen in derselben nicht in Anspruch genommen werden kann, O.Tr. I v. 8. Okt. 1866, Str. Arch. 65 S. 57.

H. Was diese Privilegien betrifft, so sollen Geistliche nicht berufen, bez. gewählt werden zu Geschworenen und Schöffen, G.V.G. §§. 34, 85, zu Stadtverordneten und Magistratsmitgliedern, Städte-Ordn. v. 30. Mai 1853 §§. 17 u. 30 u. v. 19. März 1856 §§. 17 u. 30 (Zusätze zu II. 8 §. 166), zu Vorstehern und Verordneten von Landgemeinden, Landgemeinde-Ordn. für Westfalen v. 19. März 1856 §§. 30 u. 39 (Zus. zu II. 7 §. 86), nicht zu Mitgliedern des Kreisausschusses, Kreis-Ordn. §. 131 (s. a. a. O.).

H. Ferner sind die Geistlichen hinsichtlich ihres Diensteinkommens befreit von direkten persönlichen Gemeindeabgaben, in so weit ihnen diese Befreiung zur Zeit der Verkündung der Gemeinde-Ordn. v. 11. März 1850 freistand, §. 4 der vorhin citirten Städte-Ordgn. u. §. 61 der Landgemeinde-Ordn. v. 19. März 1856, §. 10 des Ges. v. 11. Juli 1822 (G.S. S. 184). Nach dem Reskr. der Min. d. Kultus, d. Innern u. d. Finanzen v. 22. Juli 1854 (M.Bl. f. d. i. V. S. 133; Vogt, preuß. K.R. 1 S. 168) haben auch die emeritirten Geistlichen diese Befreiung, sowie nach O.V.G.R. II v. 17. März 1881, Entsch. 7 S. 104, u. kirchl. Ges. u. Verordn.Bl. 1881 S. 56 die zum Gnadenjahre Berechtigten hinsichtlich der von ihnen aus der Pfarrstelle bezogenen Einkünfte.

H. Die Exemtion besteht auch für Kreisabgaben, Kreis-Ordn. §. 18, und Provinzialabgaben, Provinzial-Ordn. v. 29. Juni 1875 §. 108 (Zus. zu II. 13 §. 18).

H. Eben so sind die Geistlichen von der Einquartierungslast und von Naturalleistungen für die bewaffnete Macht im Frieden befreit, da diese Kommunallasten sind, Bundesges. v. 25. Juni 1868 §. 5 (B.G.Bl. S. 523) u. Reichsges. v. 13. Febr. 1875 §. 7 (R.G.Bl. S. 62), auch die Seelsorger für die zur Ausübung ihres Berufs erforderlichen Pferde von der Vorspannleistung, s. §. 3 des letztangef. Reichsgesetzes, für Kriegsleistungen cessirt aber die Befreiung, Reichsges. v. 13. Juni 1873 (R.G.Bl. S. 129) §§. 1, 6, 25.

H. Von kirchlichen Lasten und Abgaben sind die Geistlichen nach kanonischem und gem. R. befreit und daher auch ferner, weil diese Lasten zu den gemeinen gehören, vgl. Erk. des Gerichtsh. f. Komp.-Konfl. v. 26. Nov. 1853 (J.M.Bl. S. 95) und O.Tr. I v. 11. Nov. 1859 (Entsch. 43 S. 351) gemäß §§. 96, 745 d. T. in Bezug auf ihr Diensteinkommen als frei anzusehen, Reskr. d. Kult.-Min. v. 18. Dez. 1861 (M.Bl. f. i. V. 1862 S. 52) u. v. 30. April 1866 (a. a. O. v. 1866 S. 102).

H. Von der Militärpflicht sind die Theologen und Geistlichen nicht befreit, eine Zurückstellung derselben kann erfolgen nach Maßgabe der §§. 14, 20 ff. des R.Mil.Ges. v. 2. Mai 1874 bez. des Ergänzungsges. dazu v. 6. Mai 1880 Art. 2 (Zus. zu II. 10 §§. 26 ff.). Vgl. auch Verf. des Reichskanzlers v. 22. Juli 1874 (Centr.Bl. f. d. Deutsche Reich S. 294 und bei P. Hinschius, Kirchengesetze v. 1874 u. 1875 S. 213). Dagegen werden nach §. 65 des cit. Ges. diejenigen, welche ein geistliches Amt in einer Religionsgesellschaft mit Korporationsrechten bekleiden, bei einer Mobilmachung oder Verstärkung des Heeres zum Dienst mit der Waffe nicht herangezogen. Endlich können nach dem cit. Ergänzungsges. v. 6. Mai 1880 Art. I §. 3 diejenigen, welche nach Erlaß dieses Gesetzes wegen hoher Loosnummer oder wegen geringer körperlicher Fehler der Ersatzreserve erster Klasse überwiesen werden und zufolge der Ordination oder der Priesterweihe (das erstere muß sich auf evangelische, das andere auf katholische Militärpflichtige beziehen) dem geistlichen Stande angehören, nicht im Frieden zu Uebungen einberufen werden.

50) In Folge der Aufhebung des eximirten Gerichtsstandes. Der §. 97 lautete: „Sie genießen einen privilegirten Gerichtsstand."

51) Anm. 1 zu Ueberschrift d. T.

52) Evangelische. Anm. 48 zu §. 39 d. T.

53) H. O.Tr. I v. 11. Jan. 1861, Entsch. 45 S. 281; Str. Arch. 39 S. 340: Nach dem Provinzialrecht der Grafschaft Glatz steht der Kirche, bei welcher der verstorbene Pfarrer angestellt war, ein (Intestat-)Erbrecht auf den dritten Theil, jedoch nur desjenigen Vermögens zu, welches der Pfarrer aus den Einkünften des geistlichen Amtes erworben hat, und nur in so

Wie das geistliche Amt aufhöre.

§. 102. Seinem geistlichen Amte kann ein Jeder entsagen[54]).

§. 103. Criminalverbrechen, und grobe Vergehungen gegen die Kirchenordnungen, und die darin vorgeschriebenen geistlichen Amtspflichten, ingleichen ein ärgerlicher Lebenswandel, begründen die Entsetzung eines Geistlichen[55]).

§. 104. Durch öffentliche, den geistlichen Obern angezeigte Entsagung des geistlichen Standes[56]), so wie durch Entsetzung eines Geistlichen von seinem Amte[57]), gehen alle damit verbundenen äußeren Rechte verloren.

§. 105. Auch darf ein solcher gewesener Geistlicher, bei Vermeidung nachdrücklicher Strafe, sich keine Amtsverrichtungen mehr anmaßen[58]).

---

fern als die Summe nicht 500 Thlr. übersteigt, s. jedoch Wentzel, Provinzialrecht d. H. Schlesien u. d. Grafschaft Glatz S. 345.

54) S. §. 104 und Anm. 56 dazu.

55) H. In Folge der durch Art. 15 der Verf.Urk. den Kirchen gewährten Selbstständigkeit ist diesen die Handhabung der Disziplinargewalt überlassen, und somit hat der §. 103 nur noch Bedeutung für die evangelischen Geistlichen, als eine auch vom kirchlichen Gesetzgeber der evangelischen Kirche ausgegangene, nicht aufgehobene Vorschrift. Die katholische Kirche übt ihre Disziplinargewalt frei innerhalb der Grenzen des Ges. v. 12. Mai 1873 (Zus. 15 zu §. 124 d. T.) aus. Vergl. auch §. 126 d. T. S. ferner zu §. 24 des [eben cit. Ges., §. 21 des Ges. v. 11. Mai 1873 (Zus. 10 zu §. 60 d. T.) und §§. 12 u. 14 des Ges. v. 22. April 1875 (Zus. hinter §. 1056 d. T.).

56) Die Redaktoren hatten schließlich nicht die Absicht, mit dem geistlichen Stande besondere äußere Rechte zu verbinden, sondern nur mit dem Amte. S. Anm. 1 zur Ueberschrift d. T. Es scheint daher nur übersehen zu sein, hiernach auch in diesem §. den Ausdruck zu ändern. H. S. ferner die Materialien zu diesem §. bei Jacobson, preuß. K.R. S. 417.

H. Eine Entsagung der geistlichen Standesrechte kennt das katholische Kirchenrecht nicht, P. Hinschius, K.R. 1 S. 117, vgl. auch §. 105 d. T. Wohl aber kann der Staat einen Geistlichen, welcher auf seinen geistlichen Stand verzichtet hat, in Betreff der staatlichen Rechte und Privilegien nicht mehr als Geistlichen behandeln.

Was die evangelische Kirche betrifft, so kennt diese keinen besonderen geistlichen Stand, wie die katholische. Der Geistliche, welcher definitiv aus dem Dienste der Kirche, sei es durch Verzicht auf seine Stellung, sei es durch Amtsentsetzung, ausscheidet, steht den Laien rechtlich gleich. Geistliche Standesrechte hat der Geistliche nur mit Rücksicht auf ein geistliche Amt oder eine geistliche Stellung, Eichhorn, K.R. 2 S. 103; Richter-Dove, K.R. 7. Aufl. S. 254, 604. Im Anschluß an ungenaue Ausdrücke bei einzelnen Kanonisten (s. z. B. Richter a. a. O.) und an den Ausdruck im „geistlichen Stand" in §. 104 hat man aber für das preußische Recht die Existenz besonderer, von dem Amte oder der geistlichen Stellung unabhängiger geistlicher Standesrechte angenommen. So bezeichnet das R. d. ev. O.K. v. 2. April 1856, Aktenstücke Bd. 2 S. 87, als solche Rechte die Befugniß, sich Geistlicher a. D. (also Pfarrer rc. a. D.) zu nennen, sowie das Recht, mit Zustimmung des kompetenten Geistlichen oder der Kirchenbehörde, einzelne Amtshandlungen vornehmen zu dürfen, und hebt weiter hervor, daß sonach Geistliche, welche nicht auf ihre Standesrechte verzichtet haben, auch der Disziplin der Kirchenbehörden unterworfen seien. Die aufgezählten Rechte sind aber keine geistlichen Standesrechte. Der Geistliche kann trotz seines Ausscheidens aus dem Kirchendienste noch einzelne Amtshandlungen unter der erwähnten Voraussetzung ausüben, weil die ihm einst als Fähigkeitszeugniß dazu ertheilte Ordination in so weit fortwirkt, und aus demselben Grund kann er sich auch Geistlicher a. D. nennen. Die sog. Standesrechte sind also Ausflüsse der in so weit fortwirkenden Ordination. Ebenso wenig läßt sich aber auch eine Disziplinargewalt über dergleichen Geistliche begründen. In einem Pflichtverhältniß zur Kirche stehen sie, wenn sie aus ihrem Dienste geschieden sind, nicht mehr, und die früher ertheilte Ordination, welche ihnen die Pflicht auferlegt, die ihnen übertragenen Aemter und Stellungen in der Kirche gewissenhaft zu erfüllen, kann ebenso wenig eine Grundlage für die Fortdauer der Disziplinargewalt der Kirchenbehörden abgeben. Vgl. Braun in Zeitschr. f. K.R. 17 S. 301 ff. S. auch Anm. 86 zu Zus. 46 §. 529 d. T.

H. In der evangelischen Kirche ertheilt das Konsistorium den Konsens zur Amtsentsagung. Bei in Untersuchung stehenden Geistlichen soll er nur dann ertheilt werden, wenn dieselben zugleich ausdrücklich auf den geistlichen Stand verzichten, s. das cit. R. d. ev. O.K. v. 2. April 1856.

57) S. §§. 107, 126 u. §. 532.

58) Die Besteigung der Kanzel kann nur von den Konsistorien, und zwar nur dann, wenn der ehemalige Geistliche ehrenvoll entlassen ist und sich über seinen seitdem geführten Lebenswandel ausweist, gestattet werden. R. d. Kult.Min. v. 5. Juli 1821 (Annal. 5 S. 625 u. Vogt, K.R. 1 S. 178). — Der §. 105 bezieht sich, sammt dieser Min.Bestimmung, nur auf evangelische

§. 106. Thut er es dennoch, so haben die Amtshandlungen, die er sich anmaßt, keine bürgerliche Gültigkeit[58a]), und er selbst bleibt denen, welche dadurch Schaden leiden, verantwortlich. (Tit. 10. §. 76—82.)

§. 107. Wenn und wie ein katholischer Priester, bei der Entsetzung, auch seines geistlichen Charakters verlustig werde, ist nach den Grundsätzen seiner Kirche[59]) zu beurtheilen.

§. 108. Die weltlichen Mitglieder einer Kirchengesellschaft haben das Recht, sich der Anstalten der Gesellschaft zu ihren Religionshandlungen zu bedienen. Weltliche Mitglieder.

§. 109. Sie müssen sich aber dabei den bei dieser Gesellschaft eingeführten Ordnungen und Verfassungen unterwerfen.

§. 110. So lange sie Mitglieder der Gesellschaft bleiben, müssen sie zur Unterhaltung der Kirchenanstalten, nach den Verfassungen der Gesellschaft beitragen[60]).

13. Allerhöchste Kabinetsorder vom 19ten Juni 1836., betreffend die Einziehung der Kirchen-, Pfarr- und Schul-Abgaben, ingleichen der Forderungen von Medizinal-Personen. (G.S. S. 198.)

. . . .

1) Alle beständige dingliche oder persönliche Abgaben und Leistungen, welche an Kirchen und öffentliche Schulen, oder an deren Beamte, vermöge einer allgemeinen gesetzlichen, oder auf notorischer[61]) Orts- oder Bezirksverfassung beruhenden Verbindlichkeit[62]) zu entrichten

---

Geistliche. §. 107. — H. Vergl. auch §. 24 des Ges. v. 11. Mai 1873 (Zus. 10 zu §. 60 d. T.) und §. 31 des Ges. v. 12. Mai 1873 (Zus. 15 zu §. 124 d. T.).

58) H. Ist jetzt nach Einführung der Civilstandsregister und der obligatorischen Civil-Ehe bedeutungslos.

59) D. h. nach dem kanonischen Rechte, Anm. 1 zur Ueberschrift d. T. — Eine K.O. v. 16. Febr. 1841 sagt in dieser Beziehung, daß einem katholischen Geistlichen in Folge der von einem Kriminalgerichte wider ihn erkannten Amtsentsetzung nicht ferner verstattet werden könne, irgend eine der geistlichen Handlungen vorzunehmen, welche zunächst als ein Ausfluß des anvertraut gewesenen Amtes zu betrachten sind. Dies beziehe sich jedoch nicht auf das Lesen einer einfachen oder sog. stillen Messe, da der katholische Geistliche die Befugniß hierzu nicht erst durch ein geistliches Amt, sondern schon durch die Priesterweihe erhalte, und der durch letztere verliehene geistliche Charakter nach §. 107 d. T. durch die Amtsentsetzung nicht verloren gehe. J.M.Bl. S. 159.

60) Die Vollstreckung richterlicher Erkenntnisse gegen Kirchengemeinden, wegen Bezahlung einer Schuld, gehört nicht zum Verwaltungsressort der Regierungen, sondern, wie jede Exekution aus einem rechtskräftigen Urtel, zur Kompetenz des Gerichts, welchem es obliegt, sich nach Vorschrift des nicht aufgehobenen §. 153 Anh. z. A.G.O. I. 24 § 45 (s. Einf.Ges. z. C.P.O. §. 15 Nr. 4) über die Exekutionsmodalitäten mit der Verwaltungsbehörde (H. jetzt dem Regierungspräsidenten) zu verständigen. Besch. des Kult.Min. v. 26. Juli 1845, M.Bl. f. d. i. V. S. 259; H. allg. Verf. d. Just.Min. v. 24. März 1882, J.M.Bl. S. 59, und v. 2. Nov. 1883, a. a. O. 1883 S. 332 (betr. die Zwangsvollstreckung in das unbewegliche Vermögen).

H. Vgl. auch Anm. 71 zu Zus. 8 bei §. 42 d. T. und zu §. 709, sowie den folgenden Zus. 14.

61) Sprach die Verwaltungsbehörde das Bestehen einer unzweifelhaften Observanz oder Ortsverfassung aus und verfügte sie auf Grund der Annahme dieser thatsächlichen Voraussetzung der K.O. Nr. 1 die Exekution, so war der Rechtsweg ausgeschlossen, O.Tr. I v. 11. Nov. 1859, Entsch. 43 S. 353; Str. Arch. 35 S. 265. Dieser Zustand hat sich durch das Ges. v. 24. Mai 1861 geändert.

62) Ist einem von dem Staate besoldeten Pfarrer von den zu seiner Pfarrei gehörigen Gemeinden ein Zusatzgehalt bewilligt worden, so bildet die freiwillige Uebernahme desselben einen privatrechtlichen Titel, und es ist daher über Streitigkeiten, welche wegen der Aufbringung des Zusatzgehaltes entstehen, im Wege Rechtens zu entscheiden. Gerichtsh. f. Komp.Konfl. v. 12. Mai 1855, J.M.Bl. S. 238.

Wenn in einer Gemeinde zur Aufbringung des Gehaltes des evangelischen Pfarrers von sämmtlichen Pfarrgenossen, nicht von sämmtlichen Bewohnern des Pfarrbezirks, Beiträge geleistet werden, demnächst aber der jüdische Besitzer eines Grundstückes, dessen früherer Eigenthümer zur evangelischen Gemeinde gehörte, die Zahlung der Pfarrabgabe verweigert, weil er als Jude nicht zum Parochialverbande gehöre, so ist über diesen Einwand im Rechtswege zu entscheiden. Erk. dess. Gerichtsh. v. 24. Jan. 1857, J.M.Bl. S. 306.

sind, desgleichen die Forderungen öffentlicher Schul- und Erziehungs-Anstalten an Schul- und Pensionsgeld, unterliegen bei Säumigkeit der Debenten sowohl hinsichtlich der laufenden als der aus den letzten zwei Jahren 63) rückständig verbleibenden Beträge der exekutivischen Beitreibung durch die betreffende Verwaltungsbehörde 64).

14. Gesetz, betreffend die Erweiterung des Rechtsweges. Vom 24. Mai 1861. (G.S. S. 241.)

Vierter Abschnitt.

In Beziehung auf Kirchen-, Pfarr- und Schulabgaben.

§. 15. Das rechtliche Gehör ist in Beziehung auf die in Nummer 1 der Allerhöchsten Order vom 19. Juni 1836. (Gesetz-Sammlung Seite 198.) aufgeführten Abgaben und Leistungen, welche für Kirchen und öffentliche Schulen oder für deren Beamte auf Grund einer notorischen Orts- oder Bezirksverfassung 65) erhoben werden, desgleichen in Beziehung auf Forderungen öffentlicher Schul- und Erziehungsanstalten an Schul- und Pensionsgeld fortan unbedingt gestattet. In Beziehung auf solche Abgaben und Leistungen, welche auf einer allgemeinen gesetzlichen Verbindlichkeit, bezüglich auf einer, von der aufsichtführenden Regierung in Gemäßheit gesetzlicher Bestimmung 66) angeordneten oder exekutorisch erklärten Umlage beruhen, findet der Rechtsweg aber nur insoweit statt, als dies bei öffentlichen Abgaben der Fall ist 67).

2) Die exekutivische Beitreibung wird gehemmt, wenn der in Anspruch Genommene eine Exemtion behauptet und wenigstens seit zwei Jahren, vom letzten Verfalltermine zurückgerechnet, im Besitze der Freiheit sich befindet.

---

63) Auch wenn die Rückstände älter waren, wurde doch der Rechtsweg nicht zugelassen. Entsch. des Komp.Gerichtsh. v. 4. Okt. 1856, J.M.Bl. S. 363.

64) H. Vgl. hierzu Art. 23 Nr. 3 des Ges. v. 3. Juni 1876 (Zus. 22 zu §. 156 d. T.) u. dazu R. d. Kult.Min. v. 29. Sept. 1877, kirchl. Ges. u. Verordn.Bl. 1876/1877 S. 261: „Da aber eine Vorschrift, wonach die Staatsbehörde die Ausführung dieser Bestimmung auf kirchliche Beamte oder Organe zu übertragen berechtigt wäre, nicht besteht, folgt aus §. 2 d. V. v. 30. Juli 1853 (G.S. S. 909) in Verbindung mit §. 56 Nr. 1 d. Städte-Ordn. v. 30. Mai 1853 (G.S. S. 261) die Befugniß der Staatsverwaltung, auch in dem dort gegebenen Falle dem Magistrat die Beitreibung der kirchlichen Abgaben im Wege des administrativen Zwangsverfahrens aufzutragen."

65) Gegen die Einziehung von Kirchen- und Schulabgaben, welche nicht auf Observanz oder Ortsverfassung, sondern auf allgemeiner gesetzlicher Verbindlichkeit beruhen, ist der Rechtsweg ebenso unzulässig, wie gegen die Einziehung öffentlicher Abgaben. Erk. des Komp.Gerichtsh. v. 9. Okt. 1869, J.M.Bl. S. 231.

H. Wegen der besonderen, die Schulen betreffenden Vorschriften, welche jetzt in den Kreisordnungsprovinzen zur Geltung kommen, s. II. 12 Anm. 1.

66) Die Worte „in Gemäßheit gesetzlicher Bestimmung" sind durch die Kommission des Abg.Hauses hinzugesetzt, weil in dem „Aufsichtsrechte" an sich nicht die Befugniß liege, lokale Abgaben und Beiträge neu anzuordnen oder neu zu vertheilen, was gegenwärtig auch der verfassungsmäßigen Gestalt des Besteuerungsrechtes widersprechen würde; eine solche Ausdehnung des Aufsichtsrechtes sei wegen ihrer weittragenden Folgen mit Mißtrauen zu behandeln, es scheine daher nicht rathsam, durch die Fassung des Entwurfs einen solchen Inhalt des Aufsichtsrechtes beiläufig anzuerkennen. Kommissionsbericht zu §. 15.

67) H. Vgl. II. 14 §§. 78 ff. Ferner Zus. 8 Anm. 71 zu §. 42 d. T. u. Anm. 25 zu §. 261 d. T.

Gegen die Einziehung einer Kirchensteuer, welche zur Deckung eines Defizits der Kirchenkasse bestimmt ist, findet der Rechtsweg nur unter denjenigen Voraussetzungen statt, unter welchen derselbe bei Erhebung öffentlicher Abgaben zulässig ist. Erk. des Komp.Gerichtsh. v. 14. Okt. 1865, J.M.Bl. 1866 S. 22. Nach dieser Bestimmung ist also gegen die Einziehung von Schulbeiträgen der Rechtsweg zulässig, wenn der Einwand der Befreiung auf Vertrag oder Verjährung beruht. Ob aber ein solcher besonderer Rechtstitel als vorhanden anzunehmen sei, darüber hat im streitigen Falle der Gerichtshof für Kompetenz-Konflikte zu entscheiden, — sagt dieser Gerichtshof in einem Erk. v. 10. Okt. 1863, J.M.Bl. S. 304. Das ist eine ganz neue Theorie. Hiernach soll eine Behörde, die nicht von lauter Rechtsgelehrten besetzt ist, in einziger und letzter Instanz endgültig darüber entscheiden: ob Jemand einen bestimmten Privatrechtstitel

3) Aufgehoben[68]).

4) In Betreff der, aus besonderen Kontrakten oder testamentarischen Dispositionen auf Grundstücken haftenden jährlichen Abgaben an Kirchen und Schulen (§. 430. Tit. 50. der Prozeßordnung findet die Exekution nicht sofort statt, es muß vielmehr, wenn sie eingetragen sind, der Mandatsprozeß[69]), und wenn sie nicht eingetragen sind der Bagatell-[70]) oder summarische Prozeß, nach näherer Anleitung der desfallsigen gesetzlichen Bestimmungen, vorausgehen.

5) Wegen aller andern Forderungen der Kirchen- und Schulbedienten findet, wenn sie mit einem Festsetzungsdekrete versehen sind, der Mandatsprozeß, sonst der Bagatell-[70]) oder summarische Prozeß, nach Vorschrift der Verordnung vom 1. Juni 1833., (und vom 21. Juli 1846.), statt.

§. 111. Nur der Staat[71]) kann bestimmen, zu welcher der verschiedenen Kirchengemeinen seiner eignen Religionspartei jeder Einwohner als ein beitragendes Mitglied gerechnet werden soll.

§. 112[72]). Auch ist der Staat berechtigt, jeden Einwohner zur Beobachtung

---

habe oder nicht; gegen die absprechende Entscheidung soll kein Rechtsmittel möglich sein. Das sieht aus wie Rechtsverweigerung.

H. Nach Komp.Gerichtsh. v. 13. Okt. 1877, J.M.Bl. S. 233 u. kirchl. Ges. u. Verordn.Bl. 1876/1877 S. 162 ist der Rechtsweg nicht statthaft, wenn in einem Auseinandersetzungsrezeß bei Gelegenheit der Separation in Gemäßheit des §. 43 d. V. v. 20. Juni 1817 wegen Organisation der General-Kommission (G.S. S. 161) „in Wahrnehmung des landespolizeilichen Interesses" die öffentlichen Lasten und Realabgaben an Kirchen, Schulen und andere öffentliche Anstalten vertheilt worden sind, weil hier kein privatrechtlicher Vertrag vorliegt.

68) Durch das Zus. 14 angeführte Gesetz §. 16: „Die Bestimmung in der Nr. 3 der Allerh. K.O. v. 19. Juni 1836 wird aufgehoben." Die Nr. 3 gestattete das rechtliche Gehör nur nach Vorschrift des §. 79 u. f. II. 14. In den Motiven zum vierten Abschnitte des Ges. v. 24. Mai 1861 wird gesagt: „Die Nr. 1—3 der Allerh. K.O. v. 19. Juni 1836, betreffend die exekutivische Beitreibung der Kirchen-, Pfarr- und Schulabgaben umfassen: 1) alle beständigen, dinglichen oder persönlichen Abgaben und Leistungen, welche an Kirchen und öffentliche Schulen oder an deren Beamte vermöge einer allgemeinen gesetzlichen Verbindlichkeit zu entrichten sind; 2) dieselben Abgaben, wenn die Verbindlichkeit zur Entrichtung auf notorischer Orts- oder Bezirksverfassung beruht; 3) die Forderungen öffentlicher Schul- und Erziehungsanstalten an Schul- und Pensionsgeld. Nach der Praxis des Gerichtshofes zur Entscheidung der Kompetenz-Konflikte ist durchweg der Grundsatz festgehalten, daß die sämmtlichen Forderungen der Nr. 1—3 in Beziehung auf die Zulässigkeit des Rechtsweges den allgemeinen Anlagen und Abgaben ganz gleich stehen und demgemäß insbesondere darüber, ob im konkreten Falle eine derartige Abgabe auf notorischer Orts- und Bezirksverfassung beruhe, lediglich von der Verwaltungsbehörde zu befinden sei. Mit einem Atteste derselben, daß gewisse bestimmte entscheidende Merkmale vorhanden seien, hat sich der Komp.-Gerichtsh. aber jederzeit begnügt, um die Notorietät als erwiesen anzusehen und den Rechtsweg auszuschließen. Diese Lage der Sache bedarf einer Aenderung, wenn der Einzelne den Anforderungen der angeblich Berechtigten gegenüber nicht des genügenden rechtlichen Schutzes entbehren soll. Die Nr. 3 der Allerh. Ordre v. 19. Juni 1836 wird aufgehoben und „zur größeren Deutlichkeit" in §§. 15 u. 16 ausgesprochen, wie zu unterscheiden sei: 1) zwischen denjenigen Abgaben, welche auf allgemeiner gesetzlicher Verbindlichkeit oder einer von der Aufsicht führenden Regierung angeordneten Umlage beruhen, und 2) denjenigen, welche auf Grund einer notorischen Orts- und Bezirksverfassung zu entrichten sind, resp. den Forderungen öffentlicher Schul- und Erziehungsanstalten an Schul- und Pensionsgeld. Beiden soll die vorläufige Exekutionsbefugniß belassen werden, der Rechtsweg aber muß ad 2 überall und ad 1 insoweit gestattet sein, als dies bei öffentlichen Abgaben der Fall ist."

69) H. Entfällt, da die C.P.O. einen Mandatsprozeß nicht kennt.

70) H. Jetzt das amtsgerichtliche Verfahren oder der Anwaltsprozeß, bez. das Mahn-Verfahren.

71) Im Gegensatze zur Kirchenbehörde. Vergl. auch zu §. 238 d. T.

72) Diese Vorschrift, aus welcher man die Befugniß zur polizeilichen Aufhebung der Konkubinate hat hernehmen wollen, ist auf Konkubinate nicht anwendbar. Das Zusammenleben im Konkubinate soll nur dann von Polizeiwegen gestört werden, wenn es nach dem pflichtmäßigen

solcher äußeren Kirchengebräuche und Einrichtungen derjenigen Religionspartei, zu der er sich bekennt, in so weit anzuhalten, als davon, vermöge der Gesetze, die Bestimmung oder Gewißheit bürgerlicher Rechte abhängt [73]).

Dritter Abschnitt.

Von den Obern und Vorgesetzten der Kirchengesellschaften.

Von dem geistlichen Departement.

§. 113. Die dem Staat über die Kirchengesellschaften nach den Gesetzen zukommenden Rechte werden von dem geistlichen Departement [74]) in so fern verwaltet, als sie nicht dem Oberhaupte des Staats [75]) ausdrücklich vorbehalten sind.

Ermessen der Behörden zu einem öffentlichen Anstoße Veranlassung giebt. Cirk. des Min. d. Inn. v. 11. April 1854, M.Bl. S. 71. Vergl. die älteren R. v. 17. Juni 1822 (Annal. 6 S. 145); v. 18. April 1825 (ebd. 9 S. 417); v. 22. Jan. 1826 (ebd. 10 S. 118); v. 28. Juni 1833 (ebd. 17 S. 460).

73) H. Ist durch die neue Gesetzgebung über die Civilstandsregister und die obligatorische Civilehe gegenstandslos geworden.

74) Dies ist z. B. das Min. für die geistl. Unterrichts- und Medizinal-Angelegenheiten. H. Nach dem Publ. v. 16. Dez. 1809 u. d. V. v. 27. Okt. 1810 (G.S. S. 3) wurde das geistliche Departement von einer Abtheilung des Ministeriums des Innern verwaltet, und erst in Folge der V. v. 3. Nov. 1817 (G.S. S. 289) u. der K.O. v. 11. Jan. 1819 (G.S. S. 3) ist das erwähnte Ministerium errichtet. Die durch die K.O. v. 11. Jan. 1841 in das Leben gerufene katholische Abtheilung ist durch die K.O. v. 8. Juli 1871 (G.S. S. 293) aufgehoben und sind die von den bis dahin bestehenden gesonderten Abtheilungen für die evangelischen und für die katholischen Kirchenangelegenheiten geführten Geschäfte einer Abtheilung für die geistlichen Angelegenheiten übertragen worden. Ueber die Zeit vor 1810 vgl. Anm. 43 zu §. 145 d. T.

Zu vergl. ferner die Instr. für die Konsistorien v. 23. Okt. 1817 §§. 3, 4, 9; die Geschäftsinstr. für die Regierungen v. 23. Okt. 1817 §. 1 Nr. 6, §§. 12 und 18; die Dienstinstr. für die Oberpräsidenten v. 31. Dez. 1825 §. 2 Nr. 6, und die K.O. v. 31. Dez. 1825, betr. eine Abänderung in der bisherigen Organisation der Provinzialbehörden (G.S. 1825 S. 1 u. 5); ferner den königl. Erlaß v. 29. Juni 1850 (Zus. zu §. 145 d. T.), die V. v. 27. Juni 1845 (Anm. 94 zu §. 144 d. T.), H. Ges. betr. d. evang. Kirchenverfassung i. d. acht älteren Provinzen der Monarchie v. 3. Juni 1876 (Zus. 22 zu §. 156 d. T.).

75) H. Ob hiermit nur die Ausübung des jus circa sacra oder auch die des Kirchenregimentes, namentlich des evangelischen Landesherrn gemeint sein soll, ist nicht klar und den Redaktoren selbst, bei den obwaltenden Anschauungen des Territorialismus selbst kaum klar gewesen, vgl. auch Jacobson, preuß. Kirchenrecht S. 108 ff. u. Anm. 43 zu §. 145 d. T.

Von den erstgedachten Befugnissen sind dem Landesherrn vorbehalten: 1. die im §. 308 d. T. (vgl. auch Ges. v. 13. Mai 1833 §§. 2, 3, Zusatz dazu), 2. die im §. 311 d. T., 3. im Ges. v. 23. Febr. 1870 §§. 1, 2 (Zus. zu I. 12 §. 39) erwähnten Entscheidungen und Befugnisse, 4. die Genehmigung jeder Veränderung von Stiftungen zu religiösen Zwecken und jeder stiftungswidrigen Verwendung. V. v. 27. Okt. 1810, G.S. S. 3.

H. Vgl. ferner

Verordnung, betreffend die Ressortverhältnisse der Provinzialbehörden in katholisch-kirchlichen Angelegenheiten. Vom 27. Juni 1845. (G.S. S. 443.)

Wir rc. rc. finden Uns bewogen, wegen der Ressortverhältnisse der Provinzialbehörden in den Angelegenheiten der römisch-katholischen Kirche auf den Antrag Unseres Staatsministeriums zu verordnen, wie folgt:

§. 1. Die den Ober-Präsidenten durch die Instruktion vom 31. Dezember 1825. §. 2. Nr. 6. übertragene Ausübung des landesherrlichen jus circa sacra der römisch-katholischen Kirche wollen Wir dahin erweitern, daß denselben auch die Bestätigung der zu Stellen bischöflicher Kollation oder Privatpatronats berufenen katholischen Geistlichen in allen den Fällen zustehen soll, in denen solche bisher den Regierungen übertragen war. (Die Bestätigung ist aber nach Art. 18 der Verf.Urk., s. Anm. 44 zu §. 325 d. T., weggefallen.)

§. 2. Die Ausübung des landesherrlichen Ernennungsrechts zu den katholisch-geistlichen Stellen wird, soweit dieses bisher den Regierungen zustand, gleichfalls den Ober-Präsidenten übertragen.

§. 3. Im Uebrigen verbleiben den Regierungen die bisher zu ihrem Geschäftskreise gehörigen Angelegenheiten der römisch-katholischen Kirche, namentlich auch die Ernennung und Bestätigung der weltlichen Kirchenbedienten. (Vgl. zu §. 1 dieser Verordn.)

§. 114. Außerdem aber stehen die Kirchengesellschaften einer jeden vom Staat aufgenommenen Religionspartei unter der Direktion ihrer geistlichen Obern.

§. 115. Bei den katholischen Glaubensgenossen ist der Bischof der gemeinschaftliche Vorgesetzte aller Kirchengesellschaften des ihm angewiesenen Districts [77]). Von Bischöfen [76]).

§. 116. Ohne ausdrückliche Genehmigung des Staats kann keine Kirchengesellschaft von dieser Unterordnung gegen den Bischof der Diözes ausgenommen werden [78]).

§. 117*. Kein Bischof darf in Religions- und Kirchenangelegenheiten, ohne Erlaubniß des Staats, neue Verordnungen machen, oder dergleichen von fremden geistlichen Obern annehmen. Verhältniß derselben gegen den Staat.

§. 118*. Alle päpstlichen Bullen, Breven, und alle Verordnungen auswärtiger Obern der Geistlichkeit müssen, vor ihrer Publication und Vollstreckung, dem Staat zur Prüfung und Genehmigung vorgelegt werden [79]).

§. 119. Diejenigen Gerechtsame über die Kirchengesellschaften, welche nach den Gesetzen dem Staat vorbehalten sind, kann der Bischof nur in so fern ausüben, als ihm eine oder die andere derselben von dem Staat ausdrücklich verliehen worden [80]).

§. 120. Ohne Zuthun und Approbation des Bischofs der Diözes, oder dessen Vicarien, soll Niemand zum Priester aufgenommen, zu einem geistlichen Amte befördert, oder auch nur zum öffentlichen Lehrvortrage in einer Kirchengemeine zugelassen werden [81]). Diözesanrechte.

---

§. 4. Die gegenwärtige Verordnung soll in den einzelnen Provinzen zu gleicher Zeit mit der Verordnung vom heutigen Tage, betreffend die Ressortverhältnisse der Provinzialbehörden für das evangelische Kirchenwesen, in Wirksamkeit treten.

76) H. Schroetter, d. rechtl. Stellung d. kath. Bischöfe in Preußen. Berlin 1875.

77) Hierzu bemerkt Suarez im gedruckten Entw. des A. G.B. I. 2 Tit. 6 §. 95: „Die geistlichen Verrichtungen und Obliegenheiten der Bischöfe gehören eben so wenig, als die in Glaubens- und Religionssachen ihnen verliehenen Rechte, in das allg. G.B. Ihr Verhältniß gegen das Kapitel wird unten bestimmt werden. Es dürfen also hier nur ihre Verhältnisse gegen den Staat und gegen die zu ihrer Diözes gehörigen Kirchengesellschaften, deren Vorgesetzte sie sind, erörtert werden."

78) H. Dieser §. ist durch die Verf.Urk. Art. 15 nicht aufgehoben worden, denn die Diözesaneintheilung ist eine den Staat gleichfalls mit berührende Angelegenheit; ferner sind die bestehenden Diözesen auch durch die staatlich genehmigte Bulle: De salute animarum (Zus. zu §. 1022) errichtet, und die einseitige Abänderung braucht sich der Staat daher auch aus diesem Grunde nicht gefallen zu lassen.

79) Die §§. 117, 118 sind durch die Verf.Urk. Art. 16 (s. Zus. zu II. 13 §. 18) aufgehoben worden, womit zugleich d. Reskr. v. 31. Aug. 1818 (Annal. 2 S. 717), d. K.O. v. 9. April 1838 (G.S. S. 240), d. Cirk.Reskr. d. Kult.Min. v. 1. Jan. 1841 (M.Bl. f. d. i. Verw. S. 16) entfallen waren. Die Beseitigung des Art. 16 durch Ges. v. 18. Juni 1875 (a. a. O.) hat die früheren Vorschriften nicht wiederhergestellt. Vgl. auch Anm. 40 zu §. 32 d. T.

80) Dahin gehört namentlich die Verwaltung der milden Stiftungen, gemäß der K.O. v. 26. Aug. 1818:

„Ich will auf Ihren Bericht vom 3ten d. M. die Verwaltung der milden Stiftungen, welche vor der Säkularisation den Kollegiatstiftern oblag, in gleicher Art, wie es mit den früher von den Domstiftern verwalteten milden Stiftungen gehalten worden ist, mit Vorbehalt der Oberaufsicht des Staats, unter die bischöfliche Behörde stellen, und dieser überlassen, solche unter ihrer Aufsicht den Erzpriestern oder Stadtpfarrern zu übertragen." (Annal. 2 S. 717.)

Die Oberaufsicht des Staats wurde sonst, nach Maßgabe einer Min.Verf. v. 26. Aug. 1809, durch die Pupillenkollegien geführt, welche jährlich eine Uebersicht über den Vermögensbestand, dessen Sicherheit und die Verwaltung einzufordern hatten. (Besch. d. Just.Min. v. 27. April 1835.) — Seit der Veränderung der Gerichtsverfassung kann das nicht mehr stattfinden. Auf die Kreisgerichte ist dies Aufsichtsrecht nicht übertragen. Nach der Natur der Angelegenheit als einer Verwaltungssache müßte die Bezirksregierung die Aufsicht führen. Zu vergl. Anm. zu II. 4. §. 38 — M. s. auch die V., betreffend die Ressortverhältnisse der Provinzialbehörden in katholisch-kirchlichen Angelegenheiten, v. 27. Juni 1845 in Anm. 75 zu §. 113 d. T.

§. 121. Dem Bischof gebührt die Aufsicht über die Amtsführung, Lehre und Wandel der seiner Diözes unterworfenen Geistlichen.

§. 122. Diese sind ihm Ehrfurcht, und in Angelegenheiten ihres geistlichen Amtes Gehorsam schuldig.

§. 123. Der Bischof ist berechtigt, bei den Kirchen seiner Diözes, so oft er es nöthig findet, Visitationen vorzunehmen.

§. 124. Die Rechte der Kirchenzucht gebühren nur [82]) dem Bischof.

15. Gesetz über die kirchliche Disziplinargewalt [83]) und die Errichtung des königlichen Gerichtshofes für kirchliche Angelegenheiten. Vom 12. Mai 1873. (G.S. S. 198.)

Wir ꝛc. verordnen, mit Zustimmung beider Häuser des Landtages, für den Umfang der Monarchie, einschließlich des Jadegebiets, was folgt:

---

81) H. Dieser §. steht mit dem katholischen Kirchenrecht im Einklang, s. P. Hinschius, Kirchenrecht 2 S. 41.

82) Nicht nur dem Bischofe, sondern auch den Stifts- und Klosterobern (§§. 946, 947, 1066), H. ferner auch den von ihm mit der Verwaltung der Disziplinargewalt beauftragten kirchlichen Beamten, wie z. B. dem Generalvikar, denn in dieser Hinsicht hat die katholische Kirche nach Art. 15 Verf.Urk. Freiheit. Vgl. auch das nachfolgende Gesetz.

83) H. Die Disziplinargewalt in Anwendung auf die Beamten der Religionsgesellschaften hat im Gegensatz zu der gegen alle Mitglieder auszuübenden Straf- und Zuchtgewalt besondere Eigenthümlichkeiten. Diese werden einmal durch die Stellung der in Frage kommenden Personen bedingt, weil sie kraft ihres Amtes Pflichten zu erfüllen haben, welche den übrigen Mitgliedern der Religionsgesellschaft nicht obliegen, und weil ferner Verletzungen der allgemeinen religiösen und kirchlichen Ordnungen durch diejenigen, welche die Führer und Vorbilder der andern sein sollen, härter zu bestrafen sind. Sodann sind gegen die Beamten, welche in Folge ihrer Stellung besondere Amtsrechte besitzen, auch eigenthümliche, diese letzteren betreffende Strafmittel möglich. Bei der Handhabung der Disziplinargewalt in diesem engeren Sinne gegen ihre Beamten kann aber keine Religionsgesellschaft, ebenso wenig wie bei der Ausübung ihrer allgemeinen Straf- und Zuchtmittel gegen ihre sonstigen Mitglieder, den Gesichtspunkt der Besserung außer Acht lassen. Sie wird also auch gegen die ersteren nicht bloß Strafen im eigentlichen Sinne verhängen müssen. Ferner sind gewisse Straf- und Zuchtmittel (wie z. B. die Verweigerung des kirchlichen Begräbnisses, der Kirchenbann u. s. w.) gegen alle Mitglieder der der Religionsgesellschaft anwendbar, mögen sie Geistliche und andere Kirchenbeamte sein oder nicht. Mit Rücksicht hierauf entsteht die Frage: Kommt das Gesetz über die kirchlichen Straf- und Zuchtmittel v. 13. Mai 1873 (Zus. 9 zu §. 57 d. T.) gar nicht zur Anwendung, so weit es sich um die disziplinarische Ahndung gegen Kirchendiener handelt, sind also alle nicht in dem vorliegenden Gesetze verbotenen Straf- und Zuchtmittel gegen diese gestattet, oder hat das erstere auch für die Kirchendiener Geltung und bezieht sich das letztere nur auf die in demselben gedachten, in Ausübung der Disziplinargewalt im engeren Sinne gegen die Kirchendiener angewendeten Straf- und Zuchtmittel? Die Frage ist im Sinne der zweiten Alternative zu entscheiden. Das Ges. v. 13. Mai 1873 macht keinen Unterschied zwischen Geistlichen, bez. Kirchendienern und anderen Mitgliedern einer Religionsgesellschaft. Es will die Anwendung von Straf- und Zuchtmitteln, welche in die staatliche Sphäre in irgend einer Beziehung hinübergreifen, hindern, weil nach seiner Auffassung keine Religionsgesellschaft ein Recht besitzt, ihre Strafgewalt über das ihr eigenthümliche Gebiet hinaus auszudehnen. Dieser Grund trifft ebenso gut für die Kirchendiener, wie für die sog. Laien zu. Der Staat hat die bürgerlichen Rechte der ersteren eben so zu schützen, wie die der letzteren. Umgekehrt liegt aber gerade für den Staat noch eine besondere Veranlassung vor, nicht eine willkürliche Bedrückung der Kirchendiener durch diejenigen Disziplinar-Mittel zu dulden, welche allein gegen sie anwendbar sind. Das Zucht- und Strafmittelgesetz reicht dazu nicht aus, denn es mußte seinerseits die Strafmittel, welche hier wesentlich in Frage kommen, die Entziehung kirchlicher Rechte, gestatten. Vielmehr war ein besonderes Gesetz erforderlich, um der mißbräuchlichen Ausübung der Disziplinargewalt, welcher die Kirchendiener allein ausgesetzt sind, entgegenzutreten. Die Ausübung der Disziplinargewalt im engeren Sinne hat also im Allgemeinen nicht mit besonderen Privilegien, sondern nur mit weiteren Schranken als den durch das Straf- und Zuchtmittelgesetz gezogenen, versehen werden sollen.

Wenn trotzdem das Gesetz nicht bloß die auf die Amtsrechte bezüglichen Strafen, wie die Entfernung aus dem Amte u. s. w. (vgl. §. 2), berücksichtigt, sondern auch Bestimmungen über

§. 1. Die kirchliche Disziplinargewalt über Kirchendiener[84]) darf nur von Deutschen[85]) kirchlichen Behörden[86]) ausgeübt werden[87]). I. Allgemeine Bestimmungen.

Freiheits- und Vermögensstrafen (§§. 2—5), also über solche, welche der §. 1 Abs. 2 des Zucht- und Strafmittelgesetzes ebenfalls behandelt, aufweist, so steht dies der hier geltend gemachten Auffassung nicht entgegen. Gerade die eigenthümliche Stellung der Kirchendiener und das Interesse des Staates an der Handhabung einer gerechten Disziplin über dieselben erforderte es, nicht unter allen Umständen die Anwendung der Vermögensstrafen und der Freiheitsentziehung gegen sie auszuschließen, mithin in dieser Hinsicht der engeren Disziplinargewalt größere Rechte als der allgemeinen Zucht- und Strafgewalt über die sog. Laien zu gewähren. Dagegen wäre das Verbot der körperlichen Züchtigung, das schon in dem Straf- und Zuchtmittelgesetz (§. 1 Abs. 1) ausgesprochen ist, nicht absolut erforderlich gewesen. Man hat dasselbe aber deshalb hier ausdrücklich wiederholt, weil das kanonische Recht die Strafe der körperlichen Züchtigung besonders für Kleriker statuirt und es noch in neuerer Zeit vorgekommen ist, daß Geistliche in den Demeritenanstalten dieser Strafe unterworfen sind. Es sind also auch hierbei lediglich die Eigenthümlichkeiten der Disziplin über die Kirchendiener bestimmend gewesen.

Der für das Verhältniß der beiden Gesetze maßgebende §. 6 des Straf- und Zuchtmittelgesetzes ergiebt ganz dasselbe Resultat, welches schon aus der Natur der Sache folgt. Er sagt nicht allgemein, daß die Disziplinarbefugnisse über die Kirchendiener durch das betreffende Gesetz nicht berührt werden, sondern er spricht dies nur aus hinsichtlich „der besonderen Disziplinarbefugnisse" und „der darauf bezüglichen Rechte des Staates". Unter „besonderen Disziplinarbefugnissen" kann er demnach nur solche verstehen, welche nicht in gleicher Weise über Kirchendiener und über andere Angehörige der Kirchen ausgeübt werden und ausgeübt werden können, nur für die ersteren und für die hinsichtlich derselben weiter gehenden Rechte des Staats schließt er die Geltung des Straf- und Zuchtmittelgesetzes aus. Dieser Auffassung hat sich auch das O.Tr. Str.S. I v. 25. Jan. 1876, Entsch. 77 S. 344; Hartmann Ztschr. 2 S. 254, angeschlossen.

Während sich aber das Gesetz über die Straf- und Zuchtmittel auf alle Religionsgesellschaften bezieht, trifft das vorliegende nur Bestimmungen hinsichtlich der Disziplinargewalt über die Diener der privilegirten christlichen Kirchen. Die Bezeichnung „Kirchendiener" ist absichtlich statt der auf alle Religionsgesellschaften bezüglichen: „Religionsdiener" gewählt. Der Inhalt des Gesetzes paßt ebenfalls nur auf die christlichen Kirchen. Der Bericht der Kommission des Abgeordnetenhauses bemerkt (Drucks. des Abg.H. 11. Legisl.Per. III. Sess. Nr. 167 S. 1) endlich sogar ausdrücklich: „Der Gesetzentwurf habe zum Gegenstande die Ordnungsgewalt der evangelischen und katholischen Kirche über ihre eigenen Geistlichen und Diener." Für die Disziplinargewalt der anderen Religionsgesellschaften über ihre Beamten ist allein das Straf- und Zuchtmittelgesetz maßgebend, und es ist daher ein Versehen der Kommission gewesen, daß sie in dem von ihr formulirten §. 6 des Straf- und Zuchtmittelgesetzes das Wort: „Religionsgesellschaft" hinter „Kirchen" eingefügt hat. In Betreff dieser nimmt der Staat weder besondere Rechte in Anspruch, noch hat er solchen Gesellschaften besondere Befugnisse zugestanden.

84) H. Dies sind im Allgemeinen alle diejenigen, welche kirchliche Dienste leisten, also die Beamten der Kirche, sowohl diejenigen, welche die gottesdienstlichen und seelsorgerlichen Handlungen ausüben, als auch diejenigen, welche die Leitungs- oder Regierungsgewalt (die sog. jurisdictio) besitzen, demnach in der evangelischen Kirche die Mitglieder der oberen kollegialischen Behörden des Oberkirchenraths und der Konsistorien, die General-Superintendenten, die Superintendenten, die Pfarrer, in der katholischen Kirche die Erzbischöfe, die Bischöfe, die Kathedral- und sonstigen (Kollegiat-) Stiftsherren, die Pfarrer und die festangestellten Kapläne. Wenngleich der Kirchendienst regelmäßig auf Grund eines nur unter bestimmten Voraussetzungen entziehbaren Amtes ausgeübt wird, so werden doch auch diejenigen zu den Kirchendienern zu rechnen sein, deren Amt überhaupt nur auf eine bestimmte Zeit zur Existenz kommt, also die Kapitular-Vikarien, ferner solche, welche von ihren Aemtern durch Widerruf entfernt werden können, mithin die bischöflichen General-Vikare, die Mitglieder der bischöflichen Konsistorien, Ordinariate oder General-Vikariate, die hier und da, z. B. im Eichsfelde, in Schlesien, eingesetzten bischöflichen Kommissarien (vgl. über alle diese P. Hinschius, Kirchenrecht Bd. 2 S. 224, 227 Note 4, S. 291), die Landdekane oder Erzpriester, die Missions-Pfarrer und die Kapläne ohne festes Beneficium in der katholischen Kirche. Alle erwähnten Kategorien nehmen an der Verwaltung der der Kirche zustehenden Rechte und Funktionen Theil. Ihre Amtsbefugnisse beruhen freilich nur auf Uebertragung bestimmter, mit anderen Aemtern verbundener Rechte, also auf Mandat oder Delegation, so z. B. bei den General-Vikaren, den bischöflichen Räthen und Kommissarien, den Landdekanen, indessen hat sich für diese Stellungen ein herkömmlich feststehender Kreis von Befugnissen gebildet, s. auch a. a. O. S. 365 ff.

a. Ob die sog. niederen Kirchendiener, also z. B. Küster, Kirchner, Meßner, Altaristen u. s. w., Kirchendiener im Sinne dieses Gesetzes sind, erscheint fraglich. Irgend ein nennenswerthes Bedürfniß oder staatliches Interesse, diese Klasse von Angestellten durch besondere gesetzliche Bestimmungen gegen die Uebergriffe der kirchlichen Disziplinargewalt zu schützen, liegt kaum vor. Allerdings werden sie gerade nicht nur in den älteren kirchlichen Ordnungen mit dem von dem Gesetze gebrauchten Ausdruck bezeichnet (s. z. B. Brandenb. Visitations- und Konsistor.Ordn. v. 1573: „Darnach sollen unsere Visitatores die Pfarrer, Prediger, Kapläne, Schulmeister und andere Kirchendiener", „von der Ordination der Pfarrer und Kirchendiener" (Richter, d. evangel. Kirchen-Ordnungen des 16. Jahrh. Bd. 2 S. 360, 361, s. auch S. 362, 370 und öfters), sondern auch die neuere Gesetzgebung hat diesen Sprachgebrauch festgehalten, s. §. 556 d. T.: „Küster, und andere dergleichen niedere Kirchenbediente, werden der Regel nach vom Patron bestellt;" Städte-Ordn. v. 30. Mai 1853, G.S. S. 261 §§. 17, 30; Kreis-Ordn. v. 13. Dez. 1872 §§. 18, 131. Ferner sind dieselben, wenn es auch eine nicht zutreffende Reminiscenz an katholische Einrichtungen gewesen ist, daß man sie früher zu dem sog. clerus minor gerechnet hat, Jacobson a. a. O. S. 255, doch selbst noch jetzt in manchen Beziehungen den Geistlichen gleichgestellt, s. die mitgetheilten Gesetzesstellen. Dies gilt vor allem von der hier in Frage stehenden Disziplinargewalt, welche stets von den kirchlichen Behörden unter analoger Anwendung der für die Geistlichen bestehenden Disziplinarstrafen gehandhabt worden ist (vgl. §§. 567, 530—538 d. T.). Außerdem könnte man für die Subsumtion dieser Personen unter das Gesetz geltend machen, daß dasselbe die Bezeichnung Kirchendiener doch wohl für die Klasse von Beamten, welche regelmäßig darunter verstanden werden, gebraucht und schwerlich einen besonderen Begriff des „Kirchendieners" aufgestellt haben dürfte. In der That hat aber das Gesetz das letztere gethan. Unzweifelhaft beabsichtigt dasselbe, vor allem gerade die wichtigsten geistlichen und kirchlichen Amtsstellungen zu schützen, mindestens aber die Inhaber solcher Aemter, welche der Kirche eigenthümliche und wesentliche Funktionen zu vollziehen haben. Ueber diese hinaus liegt das Bedürfniß eines besonderen Schutzes nicht vor. Zu dieser einschränkenden Interpretation berechtigt der Umstand, daß das Gesetz allein die Handhabung der „kirchlichen" Disziplinargewalt regelt. Diese nimmt einen besonderen Charakter bloß gegenüber den Amtsträgern der vorhin gedachten Art an, während sie in Bezug auf diejenigen Personen, welche rein mechanische und untergeordnete Dienste leisten, und für deren außeramtliches Verhalten keine anderen Ansprüche als an jedes andere Mitglied der Gemeinde gemacht werden, keine Eigenthümlichkeit, welche sie zu „einer kirchlichen" im eigentlichen Sinne macht, besitzt. Demnach können bloße Läuter, Bälgetreter (Kalkanten), Thürhüter, wenngleich sie zu den niederen Kirchendienern gezählt werden, ebenso wenig, wie z. B. die Aktenträger, Kanzlisten u. s. w. bei einem bischöflichen oder protestantischen Konsistorium, als „Kirchendiener" im Sinne dieses Gesetzes betrachtet werden. Dagegen fallen die Küster, diejenigen, welche dem Geistlichen, wenngleich nur in äußerlicher Beziehung, beim Gottesdienst assistiren und gewöhnlich auch sonst besondere amtliche kirchliche Funktionen, wie Verlesen von Predigten, Führung der Kirchenbücher, versehen, noch unter das Gesetz, da sie wegen der engen Berührung ihrer Verrichtungen mit der Gemeinde und des besonderen Hervortretens in derselben auch die Pflicht besitzen, in ihrem äußeren Verhalten ein besonderes Dekorum zu wahren. In demselben Sinne hat der Gerichtsh. f. kirchl. Angelegenh. hinsichtlich der Küster i. d. Erk. v. 28. Okt. 1874, Hartmann, Ztschr. f. Gesetzgebung des deutsch. öffentl. Rechts Bd. 1 S. 382, v. 10. Febr. 1875, a. a. O. S. 498, v. 11. Mai 1878, a. a. O. 4 S. 354, v. 10. Juli 1880, a. a. O. 6 S. 336, u. v. 28. Mai 1881, Zeitschr. f. K.R. 17 S. 145, sowie hinsichtlich der vokationsmäßig angestellten Organisten i. Erk. v. 3. Nov. 1875, u. 17. Mai 1879, Hartmann a. a. O. 2 S. 172 u. 5 S. 494, entschieden. Doch ist zu beachten, daß auch mitunter Personen zur Leistung der Organistendienste oder von solchen, welche untergeordnete Funktionen des Küsteramtes sind, durch rein civilrechtliche Verträge und unter Wahrung der freien Kündigung engagirt werden, vgl. P. Hinschius, Kirchenrecht 3 S. 224. In diesen Fällen kann von einer Anwendung des Ges. v. 12. Mai 1873 auf dieselben nicht die Rede sein.

b. Diejenigen Beamten, welche den kirchlichen Behörden mit bestimmten wissenschaftlichen oder technischen Kenntnissen, wie die Syndici, Dombaumeister u. s. w., Dienste leisten, werden ebenfalls nicht als „Kirchendiener" im Sinne des Gesetzes anzusehen sein. Diese leisten wohl der Kirche Dienste, aber keineswegs kirchliche Dienste in dem zu a. angegebenen Sinne. Ihr Verhältniß regelt sich nach ihrem, dem Gebiete des Civilrechts anheimfallenden Anstellungsvertrage. Eine Disziplinargewalt räumt das preußische Recht (vgl. II. 6 §§. 167 ff.) keiner Korporation über derartige Beamte ein. Es liegt also gar kein Bedürfniß vor, denselben einen besonderen Schutz über den civilrechtlichen hinaus zu gewähren. Wenn mit der selbstständigen Verwaltung der eigenen Angelegenheiten den Kirchen auch die Ausübung der Disziplinargewalt durch den Art. 15 der Verf.Urk. eingeräumt war, so bestimmte letztere doch darüber, wie weit diese in persönlicher Beziehung reicht, nichts. Diese Grenzen können nur aus der Natur der Sache entnommen werden, und diese führt keineswegs zu einer so weiten Ausdehnung der Disziplinargewalt. Weiteres Material über die Frage, so weit sie die Syndici betrifft, in dem Erk. des O.Tr. I v. 17. Okt. 1860, Entsch. 44, 194, das aber in so fern nicht zu billigen ist, als es diese für mittelbare Staatsbeamte und die Vorschriften des Ges. v. 21. Juli 1852 über das

Disziplinarverfahren gegen nicht richterliche Beamte auf sie für anwendbar erklärt, und in der Schrift: „Die katholische Kirche in Preußen und dessen höchster Gerichtshof. Danzig 1861."

c. Zu den Kirchendienern im Sinne des Gesetzes gehören unzweifelhaft die Mitglieder der evangelischen Gemeinde-Kirchenräthe, Presbyterien und Kirchenvorstände. Diesen kommt Antheil an der Verwaltung der kirchlichen, und zwar auch der rein inneren, sich auf die Förderung des christlichen Lebens beziehenden Angelegenheiten zu (vgl. Kirchengemeinde- und Synodal-Ordn. v. 10. Sept. 1873 §§. 13 ff.), s. auch Gerichtsh. f. kirchliche Angelegenh. v. 9. Jan. 1878, Hartmann, Zeitschr. 4 S. 222.

Wegen der Kirchenvorsteher und Gemeindevertreter, ferner der Rendanten der katholischen Kirchengemeinden vgl. §§. 37 u. 10 des Ges. v. 20. Juni 1875, s. Zus. 25 zu §. 157 d. T.

Die Mitglieder der in den evangelischen Gemeinden der älteren östlichen Provinzen, sowie Rheinlands und Westfalens vorkommenden Gemeinde-Vertretungen bez. Gemeinde-Repräsentationen sind ebenfalls als „Kirchendiener" anzusehen. Ihre Funktion geht im Allgemeinen dahin, neben dem Presbyterium oder Kirchenvorstand bei allen wichtigen, das Gemeinde-Kirchenvermögen und allen die kirchliche Besteuerung betreffenden Angelegenheiten mitzuwirken (vgl. Kirchengem.- u. Synodal-Ordn. v. 10. Sept. 1873 §§. 27 ff., rhein.-westfäl. Kirchen-Ordn. §§. 18, 30 ff., 64 nebst den entsprechenden Zusätzen). Ihre Verrichtungen sind also ebenso gut kirchliche, wie die der Aeltesten. Es kann ihnen auch keineswegs unter Hinweis auf die Analogie der Reichstags- und Landtagsmitglieder und der Stadtverordneten deshalb die Qualität als Kirchenbeamte oder Kirchendiener abgesprochen werden, weil sie nur bei gewissen Angelegenheiten mitzuwirken haben, und somit als ein lediglich neben die kirchlichen Organe und diesen gegenüber gestellter Faktor, welcher die Rechte, namentlich Kontrolrechte der Gesammtheit auszuüben hätte, zu betrachten wären. Diese Analogie trifft im vorliegenden Falle nicht zu. Nach den erwähnten Ordnungen ist die Gemeindevertretung kein besonderes neben dem Gemeindekirchenrath oder Presbyterium selbstständig fungirendes Organ, vielmehr bildet sie mit demselben ein erweitertes Presbyterium. Sie ist also ebenso gut wie der Kirchenvorstand ein kirchliches zur Verwaltung der Gemeindeangelegenheiten bestimmtes Organ und unterscheidet sich nur dadurch von demselben, daß ihre Kompetenz enger ist. Der Grundgedanke der Einrichtung ist also nicht der, daß die Regierungsbehörde einzelne Funktionen mit Repräsentanten der Regierten theilt und von letzteren kontrolirt werden soll, sondern daß das Organ, welches die Gemeindeangelegenheiten zu leiten hat, für gewisse Angelegenheiten stärker besetzt sein soll, wie für andere. Wo eine Zusammenwirkung des Kirchenvorstandes und der Gemeindevertretung eintritt, ist der Grund und Titel der Berechtigung für die Mitglieder beider ganz derselbe. Daher begreift sie auch die rhein.-westfäl. Kirchen-Ordn. §. 129 Zus. 39 unter dem allgemeinen Ausdruck: „Gemeindebeamten".

d. Mönche und Nonnen, sowie die Mitglieder der ordensähnlichen Kongregationen können nicht als Kirchendiener betrachtet werden. Der Zweck der Orden und ordensähnlichen Kongregationen geht dahin, durch die Innehaltung der Gelübde und durch das gemeinschaftliche Leben der religiösen Bestimmung des Menschen in höherem Grade nachzukommen, also nur mit besonderen Mitteln das allgemeine Ziel der Kirche zu erreichen. Der Gottesdienst dieser Genossenschaften ist ein solcher, welchen dieselben für sich abhalten und mit welchem sie nur ihre Pflicht erfüllen, nicht aber über ihren Kreis hinaus wirken, noch zu wirken berufen sind. Daher legt die katholische Kirche den Mitgliedern dieser Gesellschaften auch kein Amt bei. Der Disziplinargewalt ihrer Oberen sind sie freilich unterworfen; da sie aber nicht Kirchendiener sind, findet das Gesetz nicht auf sie Anwendung.

Anders verhält es sich aber a) mit denjenigen Ordensgeistlichen, welche für einzelne Ordensgemeinden mit der Ausübung seelsorgerischer Funktionen betraut sind (vgl. auch §§. 943, 944 a. a. O.), denn diese üben ebenso gut kirchliche Funktionen aus, wie die weltlichen Seelsorger, sind also eben so wie diese als Kirchendiener zu betrachten; ferner b) mit den Ordens- und Klosteroberen. Die religiösen Genossenschaften sind eine von der katholischen Kirche gebilligte und der obersten Leitung des Papstes unterworfene Institution. Alle diejenigen, welche an der Spitze der einzelnen Genossenschaften oder einzelner Abtheilungen derselben stehen und dieselben regieren, üben daher ein kirchliches Amt der Leitung aus. Nach katholischem Kirchenrecht kommt ihnen über die Mitglieder der Genossenschaft eine potestas dominitiva, gubernativa und oeconomica zu und den Oberen der exemten Mannsklöster sogar die jurisdictio in foro externo et interno, also eine Stellung, mit welcher wesentlich kirchliche Rechte und Pflichten verbunden sind. Es kann daher kein Bedenken haben, sie im Sinne des Gesetzes zu den Kirchendienern zu rechnen. Dasselbe gilt endlich c) von denjenigen Mitgliedern der Orden und Kongregationen, welche nicht innerhalb ihrer Genossenschaft, sondern außerhalb derselben, z. B. von den Bischöfen in den einzelnen Diözesen zu kirchlichen Funktionen, z. B. zum Pfarrgottesdienste, verwendet werden.

e. Die Mitglieder der protestantischen Kapitel, welche in einzelnen Theilen Preußens in der Provinz Brandenburg und Sachsen bestehen (vgl. Richter-Dove, K.R. §. 157, und

§. 2. Kirchliche Disziplinarstrafen[88]), welche gegen die Freiheit[89]) oder das Vermögen[90]) gerichtet sind, dürfen nur nach Anhörung des Beschuldigten[91]) verhängt werden.

Der Entfernung aus dem Amte[92]) (Entlassung, Versetzung, Suspension, unfreiwillige Emeritirung u. s. w.)[93]) muß ein geordnetes prozessualisches Verfahren[94]) vorausgehen.

Jacobson, K.R. S. 196), sind nicht Kirchendiener im Sinne des Gesetzes. Die Kapitel bilden keinen Bestandtheil der evangelischen Kirchenverfassung mehr, vielmehr sind sie nur Korporationen, welche gewisse Rechte ausüben und unter kanonischen Formen ihren Mitgliedern bestimmte Einkünfte, aber nicht den mindesten Antheil an der Verwaltung der kirchlichen Angelegenheiten gewähren (vgl. auch §§. 1221, 1222 d. T.).

85) H. D. h. Behörden, deren Mitglieder Staatsangehörige des deutschen Reichs sind, und selbst innerhalb des deutschen Reichs residiren. Das erstgedachte Erforderniß ergiebt der konsequente Sprachgebrauch der Reichsgesetze, s. z. B. Verfass. des deutsch. Reichs Art. 3, 57, 59; R.Str.G.B. §§. 4, 9, 37 ff.; Mil.Str.G.B. §. 160. Das zweite folgt daraus, daß eine deutsche Behörde im eigentlichen Sinne nur eine solche ist, welche im Inlande ihren Sitz hat, wie dies für die staatlichen Behörden ebenfalls die Regel bildet. Ueberdies läßt der Zweck des §. 1 auch keine andere Auslegung zu. Die Vorschrift des §. 1 entspricht der früheren reichsrechtlichen Observanz, wonach kirchliche Rechtssachen nicht vor ein außerdeutsches Gericht gezogen werden durften, und den §§. 137, 138 d. T., wonach die Konzentration der Diözesan-Verwaltung innerhalb der Landesgrenzen angeordnet wird. Demgemäß ist die Ausübung der Disziplinargewalt unzulässig seitens des Papstes, sowie seitens der päpstlichen Nuntien zu Wien und München, weil diese, selbst wenn sie, wie der letztere, bei einem deutschen Staate beglaubigt sind, als päpstliche Gesandte das Recht der Exterritorialität besitzen. Dasselbe gilt von den Erzbischöfen von Olmütz und Prag, deren Jurisdiktion der Distrikt Katscher, resp. die Grafschaft Glatz nach der Bulle: De salute animarum v. 16. Juli 1821 (s. zu §. 1022 d. T.) unterstellt ist. Dagegen wird das Verhältniß des Erzbischofs von Freiburg zu den zu seiner Diözese gehörigen hohenzollernschen Fürstenthümern durch das Gesetz nicht berührt.

86) H. Für die katholische Kirche kommen hauptsächlich in Frage die Erzbischöfe und Bischöfe; für die evangelische die Konsistorien in erster Instanz (vgl. dazu Jacobson, das Disziplinarrecht der Konsistorien in Preußen in Dove's Zeitschr. f. K.R. 2 S. 242 ff.. u. Richter-Dove, K.R. §. 231 Nr. 11), der Oberkirchenrath in zweiter Instanz.

87) H. Die Disziplinargewalt selbst ist also den Behörden, denen sie nach der Verfassung der einzelnen Kirchen zusteht, nicht entzogen. Die Ausübung der Disziplinargewalt durch deutsche Behörden, welche das Gesetz vorschreibt, ist durch das im kanonischen Recht anerkannte Institut der Delegation der Jurisdiktion, vgl. P. Hinschius, K.R. 1 S. 172, nicht nur ohne jede Schwierigkeit möglich, sondern steht auch im Einklang mit den Forderungen, welche schon vor Jahrhunderten erhoben und kirchlicherseits anerkannt worden sind. P. Hinschius a. a. O. S. 175, 176. Was speziell die preußischen Landestheile betrifft, welche unter den Anm. 85 zu dies. §. genannten österreichischen Erzbischöfen stehen, so sind diese schon stets durch besondere Kommissariate oder Vikariate derselben verwaltet worden, es wird also in dieser Beziehung nichts geändert.

88) H. Vgl. Anm. 19 zu §. 10.

89) H. Eine Freiheitsentziehung im Wege der Disziplin ist nach Maßgabe der §§. 4 ff. des Gesetzes statthaft. In so weit ist also für das Gebiet der kirchlichen Disziplinargewalt den Vorschriften des §. 1 des Ges. v. 13. Mai 1873 derogirt (s. Zus. 9 zu §. 57 d. T.).

90) H. Vgl. §. 4 des Ges.

91) H. Diese Bestimmung, sowie die Vorschrift in Abs. 2 des §. wollen den Beschuldigten in sofern vor Willkür schützen, als wenigstens bei erheblichen Disziplinarstrafen die vorgängige Anhörung desselben und damit die Gewährung der Möglichkeit einer Vertheidigung stattfinden soll. Die Bestimmung richtet sich namentlich gegen die in der katholischen Kirche herrschende Praxis, wonach der Bischof gegen ihm zur Kenntniß gekommene Exzesse, und bei der Visitation in causis correctionis et visitationis auf Grund des Tridentinums, s. namentlich Sess. XIII. c. 1; XXI. c. 6; XXIV. c. 3. 10 de ref., ohne förmliches Verfahren mit Strafen zur Besserung der Kleriker, mit sog. Korrektionsstrafen, einschreiten kann.

92) H. Der Absatz 2 verlangt bei der Verhängung gewisser Strafen noch größere Garantien als Abs. 1. Er bezeichnet diese Strafen mit dem Ausdruck: Entfernung aus dem Amte, welcher (nach den Motiven der Drucks. des Abg.H. 11. Legisl.Per. III. Sess. Nr. 95 S. 12): „alle Fälle umfaßt, in welchen gegen einen Kirchendiener die dauernde oder zeitweise Enthebung von seinen amtlichen Funktionen als Disziplinarstrafe, ohne Unterschied zwischen Censur und eigentlicher Strafe im Sinne des kanonischen Rechts verfügt wird." Da das Gesetz sich nur auf die

Disziplinargewalt bezieht, so versteht es sich von selbst, daß es sich hier nicht um Entfernungen aus dem Amte handelt, welche, wie die freiwillige Emeritirung, Resignation und Versetzung, mit dem Willen oder auf Wunsch des Amtsinhabers, erfolgen. Nach katholischem Kirchenrecht fallen unter die unfreiwillige Entfernung im Sinne des Gesetzes folgende Disziplinarstrafen:

a. Die Degradation (vgl. Kober, Deposition und Degradation nach den Grundsätzen des kirchlichen Rechts. Tübingen 1867; München a. a. O. 2 S. 146 ff.; Richter-Dove, K.R. §. 217; Schulte, Lehrb. S. 327; Phillips, Lehrb. S. 395 ff.). Sie entzieht dem Geistlichen das Amt und die Pfründe, das Recht, die Funktionen der erlangten Weihe erlaubter Weise auszuüben, die Fähigkeit zu fernerem Erwerbe kirchlicher Aemter und Pfründen, sowie endlich die geistlichen Standesrechte. b. Die Deposition (vgl. die citirten). Sie hat mit der Ausnahme, daß dem Deponirten die geistlichen Standesrechte verbleiben, dieselben Wirkungen, wie die Degradation. c. Die privatio beneficii (s. die angeführten) zieht zwar auch den Verlust von Amt und Pfründe nach sich, nicht aber die Fähigkeit zur späteren Erlangung von solchen. Diese drei Strafarten sind im Gesetze unter dem Ausdruck: „Entlassung" zusammengefaßt. d. Die Versetzung (translocatio) wider Willen des Amtsinhabers (vgl. Richter-Dove §. 205; Schulte S. 287; Phillips S. 166). Eine solche kann nach kanonischem Recht allerdings wegen einer causa necessaria erfolgen, und diese letztere braucht nach der Annahme mancher Kanonisten nicht nothwendiger Weise ein Disziplinarvergehen des betreffenden Geistlichen zu sein. Da indessen das Gesetz die Geistlichen gegen die Willkür ihrer Oberen schützen will, und es allein bei Vornahme eines geordneten Verfahrens erhellt, ob sich nicht unter einer Versetzung im Interesse des Dienstes eine disziplinarische Maßregel verbirgt, so wird jede Translokation der gedachten Art unter das Gesetz fallen. e. Die Suspension (Kober, die Suspension der Kirchendiener. Tübingen 1862; Richter-Dove §. 216; Phillips S. 393). Die auf bestimmte oder unbestimmte Zeit verhängte Enthebung des Geistlichen von der Verwaltung des Amtes (ab officio), der Ausübung der Weiherechte (ab ordine) und des Genusses der Amtseinkünfte (a beneficio). Sie wird mit allen diesen Wirkungen (sog. suspensio generalis oder plena) oder auch mit der einen oder andern (nur umfaßt die suspensio ab officio stets zugleich die suspensio ab ordine) als sog. partialis ausgesprochen, ja es kann auch eine Suspension nur von einzelnen, z. B. einem bestimmten Weiherechte vorkommen (s. namentlich Kober a. a. O. S. 112 ff.). Die Suspension wird übrigens theils als Strafe, poena vindicativa, theils als Censur, im letzteren Falle bis zur erfolgten Besserung verhängt. Endlich dient sie auch als provisorische, für die Dauer einer Untersuchung verhängte Verwaltungsmaßregel. Von dieser vorläufigen Suspension, welche das Gesetz im §. 11 ausdrücklich berücksichtigt, handelt dieser §. nicht. Dagegen trifft er sowohl die Suspension in ihrer Anwendung als Censur, wie auch als Strafe im eigentlichen Sinne. Censur und Disziplinarstrafe bilden nicht unvereinbare Gegensätze, vielmehr kann die Disziplinarstrafe Censur oder poena vindicativa sein.

Die Suspension von einzelnen Rechten wird vom Gesetze nicht unter Entfernung aus dem Amte begriffen, wohl aber muß dies in Betreff der suspensio partialis in dem oben angegebenen Sinne angenommen werden. Die suspensio ab officio entzieht die sowohl aus der Weihe, wie aus der sog. Jurisdiktion herfließenden Rechte, ist also im weiteren Sinne eine Entfernung vom Amte, um so mehr, als der Suspendirte aus seinen Amtseinkünften auch die Kosten seiner Stellvertretung für die Dauer seiner Suspension zu tragen hat (Kober a. a. O. S. 92, 93). Dasselbe gilt von der Entziehung der Einkünfte und der suspensio ab ordine, weil in diesen Fällen immer eine wichtige Kategorie der Amtsrechte betroffen wird, und überdies bei denjenigen Aemtern, mit welchen, wie z. B. mit den Pfarr-Aemtern, keine sog. jurisdictio externa, keine äußere Leitungsgewalt, verbunden ist, die suspensio ab ordine faktisch einer totalen Entziehung der Amtsrechte, mit Ausnahme des Rechtes auf die Einkünfte, gleichkommt. Für diese Auslegung des Gesetzes spricht weiter der Umstand, daß dasselbe die Verhängung erheblicher Disziplinarstrafen, zu denen die partielle Suspension zu rechnen ist, von der besonderen Garantie eines vorgängigen prozessualischen Verfahrens hat abhängig machen wollen, und daß es die Suspension schlechthin, nicht bloß die totale Suspension, unter der Entfernung vom Amte aufzählt. Endlich kommt in Betracht, daß das Gesetz namentlich die sog. suspensio ex informata conscientia hat beseitigen wollen (s. Regierungs-Motive a. a. O. S. 12, vgl. auch Gerichtsh. f. kirchl. Angel. v. 7. Jan. 1874, Zeitschr. f. K.R. 16 S. 326). Diese kann der Bischof in Gemäßheit des Tridentinums Sess. XIV. c. 1 de ref. bei geheimen, nicht gerichtlich zu erweisenden Vergehen und in Fällen, in welchen ein förmliches Prozeßverfahren zur Vermeidung anderweitiger Mißstände unterlassen worden, nach einer andern, in der Praxis vielfach zur Anwendung gebrachten Ansicht aber auch in jedem beliebigen Falle ohne Prozedur und ohne Anhörung des Betroffenen verhängen (vgl. darüber Kober a. a. O. S. 70 ff.; Braun de suspensione ex informata conscientia. Wirceburg. 1868 p. 12 seq. und die dort citirten), aber nur als suspensio ab ordine oder ab officio, nicht als suspensio a beneficio (Kober a. a. O. S. 69). Wollte man also unter dem Worte: „Suspension“ des Abs. 2 des §. 2 nur die totale Suspension verstehen, so würde damit der Absicht des Gesetzes, ein Verfahren, das in reine Willkür ausarten kann, zu beseitigen, direkt entgegengetreten.

Bezieht sich die Vorschrift des Abs. 2 auf die Entziehung solcher Stellungen, welche zwar auch als kirchliche Aemter zu betrachten sind, aber widerruflich übertragen werden? Ist also z. B. die Enthebung eines General-Vikars, eines Missionspfarrers, eines Landdekanes von seinen Funktionen eine Entfernung aus dem Amte im Sinne des §. 2? Daß eine solche als Disziplinarmaßregel erfolgen kann, ist unbestreitbar, und in diesem Falle fällt sie zweifellos unter das Gesetz. Wenn man dagegen einwenden wollte, daß solchen Stellungen die freie Amovibilität innewohnt, und die Entziehung des Amtes auch ohne allen Grund gestattet ist, so trifft dies deshalb nicht zu, weil die Befugniß zu beliebigem Widerruf nur eine rein formale ist. Materiell ist der letztere nicht unumschränkt statthaft. Die Entlassung des General-Vikars ist nach der Praxis der zuständigen Kurial-Behörde, der Congregatio episcoporum et regularium, im Interesse der Wahrung des Ansehens der Kirche und des Rufes des betreffenden Beamten von dem Vorliegen eines triftigen Grundes abhängig (P. Hinschius, K.R. 2 S. 221), und dies muß also auch analogisch auf die sonstigen bischöflichen Kommissare angewendet werden. Dasselbe schreiben neuere Provinzial-Synoden in Betreff der Landdekane vor (a. a. O. S. 287 Nr. 11). Hinsichtlich der Entfernung der amoviblen Pfarrer und Verwalter von Seelsorge-Aemtern bestehen zwar unter den Kanonisten vielfache Kontroversen (vgl. Analecta juris pontificii. Rome. Jahrg. 1855 p. 1656 ff.; Bouix, tractatus de parocho. Paris 1855 p. 401 ff.; P. Hinschius a. a. O. 3 S. 300), jedoch wird von allen eine remotio ex odio oder ex malitia für unstatthaft erklärt, von vielen auch eine solche, welche dem Removirten oder einem Andern einen erheblichen Schaden zufügt, endlich geht eine dritte Ansicht dahin, daß ihre Abberufung erlaubter Weise nur aus einem zureichenden Grunde erfolgen dürfe. Eine diesen Stellungen inhärente Qualität ist es also nicht, daß ihre Inhaber der bloßen Willkür der kirchlichen Behörden preisgegeben sind. Und wenn die diesen vorgesetzten Kirchen-Oberen das Recht in Anspruch nehmen, den Removirten gegen reine Vergewaltigungen zu schützen, so wird der Staat dieselben gleichfalls, eben so wie den festangestellten Kirchendiener, vor rein willkürlicher Behandlung zu sichern befugt sein.

Vgl. ferner Erk. d. Gerichtsh. f. kirchl. Angel. v. 11. Juni 1878 i. Hartmann, Zeitschr. 4 S. 357. Dasselbe wendet §. 2 auch auf den Fall der Anstellung eines Küsters an, welcher zwar gegen Kündigung, aber auch unter der Verpflichtung zur gewissenhaften Amtsführung angenommen war, s. indessen Anm. 84 lit. a a. E.

Nach evangelischem Kirchenrecht gehören zu der Entfernung aus dem Amte: a. Die Amtsentsetzung oder Dienstentlassung (§. 532 d. T.), welche den Verlust des Amtes, aller aus demselben herfließenden Rechte, sowie der dem Geistlichen zustehenden Privilegien bedingt. b. Die Versetzung wider Willen (§ 531 d. T.), an deren Stelle jedoch nach der K.O. v. 27. April 1830 (G.S. S. 81; Zus. zu §. 533 d. T.) c. auch die „unfreiwillige Emeritirung oder Pensionirung mit einem nach dem Grade der Verschuldung abzumessenden geringeren Emeritengehalte oder Pensionsbetrage“ treten kann.

93) H. Unter dem „u. s. w.“ sind solche Disziplinarstrafen zu verstehen, welche hinsichtlich ihrer Wirkung auf die Amtsrechte den im §. 2 aufgezählten gleichstehen. Da aber sämmtliche gegen Geistliche ausschließlich anwendbare Strafmittel erwähnt sind, so kann das Gesetz unter seiner clausula generalis nur solche verstehen, welche auch gegen Laien vorkommen, die aber, wenn sie gegen Geistliche verhängt werden, wie die Exkommunikation und die interdictio ingressus ecclesiae in der katholischen Kirche, ähnliche juristische Folgen wie die Suspension äußern. Es ergiebt sich hieraus übrigens eine weitere Bestätigung dafür, daß das vorliegende Gesetz dem Ges. v. 13. Mai 1873 (Zus. 9 zu §. 57 d. T.) nur ergänzend und modifizirend zur Seite tritt, und nicht bloß auf die in ihm selbst besonders erwähnten Straf- und Zuchtmittel gegen Kirchendiener beschränkt werden kann.

94) H. Die Worte bedeuten ein Verfahren, bei welchem die Grundbedingungen jeder strafgerichtlichen Prozedur, also die substantialia oder essentialia processus beachtet worden sind, demnach ist nöthig: die Formulirung bestimmter Anschuldigungen, die Anhörung des Angeschuldigten darüber, die Erhebung des Be- und Entlastungs-Beweises, die Gewährung einer Vertheidigung nach geführtem Beweise unter Mittheilung der Resultate desselben und die schriftliche Feststellung der geführten Verhandlungen, so auch Gerichtsh. f. kirchl. Angel. v. 9. Jan. 1878, Hartmann Zeitschr. 4 S. 239. Ein bestimmtes Verfahren ist nicht vorgeschrieben, es wird also auch das zur Regel gewordene Inquisitionsverfahren genügen, da dasselbe in seiner reinen, nicht durch die besonderen Grundsätze für die Ketzer-Inquisition depravirten Gestalt keineswegs der Garantien eines geordneten prozessualischen Verfahrens entbehrt, vgl. c. 24 X. de accusat. V, 1, insbesondere erscheint es nicht nöthig, daß das Verfahren ein mündliches ist, Erk. des geb. Gerichtsh. v. 14. April 1875, Zeitschr. f. K.R. 17 S. 138.

H. Ueber das Disziplinarverfahren in der evangelischen Kirche vgl. die Zusätze zu §. 533.

In allen diesen Fällen[95]) ist die Entscheidung[96]) schriftlich unter Angabe der Gründe zu erlassen.

§. 3. Die körperliche Züchtigung[97]) ist als kirchliche Disziplinarstrafe oder Zuchtmittel unzulässig.

§. 4. Geldstrafen dürfen den Betrag von 30 Thalern oder, wenn das einmonatliche Amtseinkommen höher ist, den Betrag des letzteren[98]) nicht übersteigen.

§. 5. Die Strafe der Freiheitsentziehung (§. 2.) darf nur in der Verweisung in eine Demeriten-Anstalt[99]) bestehen.

Die Verweisung darf die Dauer von drei Monaten[100]) nicht übersteigen und die Vollstreckung derselben wider den Willen des Betroffenen weder begonnen nach fortgesetzt werden[1]). Die Verweisung in eine außerdeutsche Demeriten-Anstalt ist unzulässig.

---

95) H. Die Vorschrift bezieht sich, wie das „allen" und die Stellung in einem besonderen Absatze ergiebt, sowohl auf die Verhängung der im Abs. 1, wie auch der im Abs. 2 erwähnten Strafen.

96) H. Durch dieses Wort wird hier, wie in den §§. 7, 9, 10—14, 21, 23 angedeutet, daß es nicht darauf ankomme, ob die Disziplinarstrafe in Form eines Erkenntnisses oder einer einfachen Verfügung ergeht, und ob diese als Erlaß oder Resolution oder Beschluß oder sonstwie bezeichnet wird.

97) H. Die Bestimmungen des kanonischen Rechtes, welche die Strafe der körperlichen Züchtigung und zwar bei Klerikern geringeren Grades auf Grund von 5. Mos. XXV, 3 u. 2. Korinth. XI, 24 die Zahl von 39 Hieben vorschreiben, sind c. 6 C. XI. qu. 1; c. 1 C. XXIII. qu. 5; c. 8 Dist. XLV.

98) H. Dieser ist zu bemessen nicht allein nach den festen Amtseinkünften (dem Gehalte), sondern auch mit Hinzurechnung etwaiger sonstiger kraft des Amtes zu beziehender Einnahmen, also der Meßstipendien, Stolgebühren u. s. w., welche schon gewöhnlich nach einem bestimmten Durchschnittsertrage berechnet werden, eventuell in dieser Weise zu veranschlagen sind.

99) H. Die nur der katholischen Kirche eigenthümlichen Demeriten-Anstalten, Demeriten-, Korrektions- oder Pönitenz- (auch Priester-) Häuser sind solche Anstalten, in welche die katholischen Geistlichen zum Zweck von Bußübungen (recollectiones) und zum Zweck ihrer Besserung wegen begangener Vergehen, wie auch wegen Obdachs- und Mittellosigkeit, verwiesen werden. Wegen des unauslöschlichen Charakters, welchen die Priesterweihe nach der katholischen Lehre verleiht, kann die katholische Kirche diese Anstalten nicht gut entbehren. Daher hat auch der Staat in der Bulle: De salute animarum v. 16. Juli 1821 (Zus. 64 zu §. 1022 d. T.) die Verpflichtung übernommen, derartige Häuser zu errichten, bez. genügend zu dotiren.

100) H. Die Frist bildet eine Schranke für die Ausübung der kirchlichen Disziplinargewalt. Demnach ist eine Entscheidung, welche von vornherein die Verweisung auf längere Zeit festsetzt, eine im Sinne des §. 10 Nr. 3 unzulässige Strafe. Daß ein in die Demeriten-Anstalt verwiesener Geistlicher dort freiwillig länger verweilt, ist ebenfalls ausgeschlossen. Das Gesetz gestattet im öffentlichen Interesse eine Beschränkung der Freiheit nur auf bestimmte Zeit. Mithin müssen alle Demeriten, welche sich schon seit länger als 3 Monaten in den Demeriten-Häusern befinden, entlassen werden, und es kann auch für die Folgezeit der Einzelne diese Vorschrift nicht durch freiwillige längere Unterwerfung unter die Ordnung der Demeriten-Anstalt beseitigen. So lange er sich in derselben befindet, ist er Demerit, und dies soll er niemals länger als 3 Monate sein. Die gegentheilige Annahme würde übrigens auch das Gesetz so gut wie illusorisch machen, ferner zu dem Resultat führen, daß die vom Staat zur Unterhaltung dieser Anstalten gewährten Mittel für Personen verwendet würden, welche gar kein Recht besitzen, aus letzteren ernährt zu werden. Diejenigen, deren Verweisung in die Anstalt nicht aus Gründen der Disziplin, sondern als eine Art Versorgungsmaßregel erfolgt ist, sind dagegen als Emeriten, sofern die Anstalt gleichzeitig für solche bestimmt ist und benutzt wird, anzusehen. Ihrem freiwilligen Verbleiben steht also nichts entgegen. Wenn aber, wie dies praktisch vorgekommen, einem dienstuntauglichen Geistlichen nach erfolgter Amovirung der Unterhalt durch Verweisung in eine Demeriten-Anstalt vom Bischofe gewährt ist, so muß der erstere, so lange er sich in der Anstalt befindet und der Hausordnung unterworfen wird, immer als Demerit betrachtet werden. Es finden also alle Bestimmungen des Gesetzes auf ihn Anwendung. Denn zur bloßen Gewährung des Unterhaltes an dienstuntaugliche Geistliche sind die Anstalten nicht bestimmt, und daher sind die Bischöfe nicht berechtigt, die Versorgung solcher durch lebenslängliche Verweisung in diese Anstalten zu beschaffen.

1) H. Diese Vorschrift ist deshalb getroffen, weil die Verweisung in eine Demeriten-Anstalt

§. 6. Die Demeriten-Anstalten [2]) sind der staatlichen Aufsicht [3]) unterworfen. Ihre Hausordnung [4]) ist dem Oberpräsidenten der Provinz zur Genehmigung einzureichen [5]).

Er ist befugt, Visitationen der Demeriten-Anstalten anzuordnen und von ihren Einrichtungen Kenntniß zu nehmen [6]).

Von der Aufnahme eines Demeriten hat der Vorsteher [7]) der Anstalt unter Angabe der Behörde, welche sie verfügt, binnen 24 Stunden [8]) dem Oberpräsidenten Anzeige zu machen.

---

nicht den Charakter der Freiheitsstrafe, vielmehr nur die Bedeutung „einer dienstlichen Anweisung des Aufenthaltsortes" zu den schon gedachten Zwecken (s. Anm. 99 zu dies. §.) haben soll (Reg.Motive S. 13).

2) H. Jede Anstalt, welche zu dem Anm. 99 zu §. 5 gedachten Zwecke dient, selbst wenn sie eigentlich eine andere Bestimmung hat. Demgemäß unterstehen auch die Knaben-Seminare und die sog. Emeriten-Häuser, in denen altersschwache und dienstunfähige Geistliche für den Rest ihrer Lebensdauer Aufnahme und Versorgung finden, so weit sie zugleich als Demeriten-Häuser verwendet werden, ferner Klöster, welche die Bischöfe in Ermangelung besonderer derartiger Anstalten zu demselben Zwecke benutzen, den Vorschriften der §§. 5 u. 6. Die staatliche Kontrole geht in solchen Fällen so weit, als erforderlich ist, um Sicherheit darüber gewinnen zu können, ob und wie viel Detinirte in der Anstalt sich befinden und ob die gesetzlichen Vorschriften beobachtet werden. Sie kann nicht etwa auf bestimmte, von den kirchlichen Behörden bezeichnete Räume eingeengt oder gar, wenn das Kloster oder die Emeriten-Anstalt eine Zeit lang als Demeriten-Haus benutzt worden, durch das Vorgeben ganz zurückgewiesen werden, daß sich augenblicklich kein Detinirter in der Anstalt befinde. Daß dadurch auch die Kenntnißnahme von anderen, als den ausschließlich hier in Rede stehenden Zwecken dienenden Einrichtungen, also z. B. von den Einrichtungen der Klöster überhaupt bedingt ist, läßt sich nicht vermeiden. Werden Demeriten einem anderen Geistlichen überwiesen, um die Demeritenzeit hindurch bei diesem zu verbleiben und unter dessen Leitung ihre Bußübungen abzuhalten, so kann dadurch wenn sich eine solche Zuweisung nicht auf einen einzigen beschränkt, ebenfalls eine Demeriten-Anstalt entstehen. Das Gesetz findet daher auch auf solche Fälle Anwendung.

3) H. Diese Aufsicht haben die Oberpräsidenten zu üben, s. Dienst-Instruktion für die Provinzial-Konsistorien v. 23. Okt. 1817 §. 4 (G.S. S. 237) und Dienst-Instruktion für die Oberpräsidenten v. 31. Dez. 1825 §. 2 (G.S. v. 1827 S. 1); über denselben selbstverständlich der Minister der geistlichen Angelegenheiten, V. v. 27. Okt. 1810 (G.S. S. 3) u. K.O. v. 3. Nov. 1817 (G.S. S. 290). An letzteren kann über alle vom Oberpräsidenten getroffenen Verfügungen Beschwerde erhoben werden.

4) H. Damit ist zugleich die Pflicht für die geistlichen Behörden statuirt, eine solche zu entwerfen und dafür zu sorgen, daß keine andere als die vom Oberpräsidenten genehmigte gehandhabt wird. Nachträge und Zusätze zu einer genehmigten Hausordnung müssen ebenfalls genehmigt sein, ehe sie zur Anwendung gebracht werden dürfen.

5) H. Die Genehmigung wird dann zu verweigern sein, wenn die Hausordnung Bestimmungen enthält, welche mit den Vorschriften des Gesetzes in Widerspruch stehen oder den Zweck des Gesetzes, die Wahrung der persönlichen Freiheit der Detinirten, beeinträchtigen, also z. B. wenn die Hausordnung körperliche Züchtigung, Einsperrung in eine besondere Zelle, ungewöhnliche Fasten, ferner Kontrole und Eröffnung der brieflichen Korrespondenz des Detinirten mit der Außenwelt, namentlich mit den staatlichen Behörden, durch den Vorsteher, oder gänzliche Absperrung von Besuchen dritter Personen anordnet. Da die Anstalten unter fortlaufender Kontrole stehen, so kann die ertheilte Genehmigung jederzeit widerrufen werden.

6) H. Die Visitationen können beliebig als ordentliche und außerordentliche und zwar auch durch Delegirte des Oberpräsidenten, welche sich durch ihr Kommissorium zu legitimiren haben, abgehalten werden. Vor allem werden sie sich auf den Personalbestand der Anstalt, die Beschaffenheit der Lokalitäten, sowie die Behandlung und Verpflegung der Demeriten, welche der Visitator ebenfalls zu vernehmen befugt ist, zu richten haben. Eine vorgängige Anzeige an den Vorsteher oder den Bischof ist nicht nöthig. Daß der Eintritt nöthigenfalls erzwungen werden kann, eben so daß der Oberpräsident berechtigt ist, die Abstellung der wahrgenommenen Mißbräuche und Ungehörigkeiten zu verlangen und auch selbst die Freilassung eines wider Willen festgehaltenen Detinirten zu erzwingen, versteht sich von selbst.

7) H. D. h. Jeder, der die Anstalt thatsächlich leitet und die Aufsicht über die Demeriten führt, gleichviel ob er fest angestellt ist oder noch sonstige Aemter, wie der Abt, Guardian 2c. eines als Demeriten-Anstalt benutzten Klosters versieht.

8) H. Nach dem Wortlaut ist eine computatio a momento ad momentum anzunehmen. Die rechtzeitige Absendung einer schriftlichen Anzeige auf dem üblichen Korrespondenzweige genügt.

Ueber sämmtliche Demeriten ist von dem Vorsteher ein Verzeichniß zu führen, welches den Namen derselben, die gegen sie erkannten Strafen und die Zeit der Aufnahme und Entlassung enthält. Am Schluß jedes Jahres [9]) ist das Verzeichniß dem Oberpräsidenten einzureichen.

§. 7. Von jeder kirchlichen Disziplinarentscheidung, welche auf eine Geldstrafe von mehr als 20 Thalern, auf Verweisung in eine Demeriten-Anstalt für mehr als 14 Tage oder auf Entfernung aus dem Amte (§. 2.) lautet, ist dem Oberpräsidenten gleichzeitig mit der Zustellung [10]) an den Betroffenen Mittheilung zu machen.

Die Mittheilung muß die Entscheidungsgründe enthalten.

§. 8. Der Oberpräsident ist befugt, die Befolgung der in den §§. 5—7. enthaltenen Vorschriften [11]) und der auf Grund derselben von ihm erlassenen Verfügungen [12]) durch Geldstrafen bis zum Betrage von 1000 Thalern zu erzwingen [13]).

---

9) H. D. h. Kalenderjahres.

10) H. Oder wenn eine solche nicht erfolgt, weil die Entscheidung dem Betroffenen mündlich eröffnet wird, gleich nach der Publikation. Die Mittheilungspflicht ist eine absolute.

11) H. Demgemäß können Geldstrafen angedroht werden namentlich: 1) für die Verhängung einer anderen Freiheitsstrafe als der Verweisung in eine Demeriten-Anstalt; 2) einer solchen Verweisung auf länger als drei Monate hinaus; 3) für die Einbringung und Festhaltung des Betroffenen wider seinen Willen; 4) für die Verweisung in eine außerdeutsche Demeriten-Anstalt; 5) für die Hinderung der Ausübung des staatlichen Aufsichtsrechts innerhalb der Grenzen des Gesetzes; 6) für die Unterlassung der Aufstellung oder der Einreichung der Hausordnung; 7) für die Nichtbefolgung einer genehmigten oder die Befolgung einer nicht genehmigten Hausordnung; 8) für die Unterlassung, nicht rechtzeitige oder nicht vollständige Einreichung der Anzeige der Aufnahme von Demeriten, sowie 9) des Jahresverzeichnisses; 10) für die Nichtführung oder nicht ordnungsmäßige Führung des letzteren; 11) für die gar nicht erfolgte oder nicht rechtzeitig oder nicht ausreichend erfolgte Mittheilung der im §. 8 gedachten Entscheidungen. Der Grundgedanke des Gesetzes ist dadurch, daß die Kommission des Abg.H. durch Aenderung des Citates die vier ersten Fälle mit den übrigen auf eine Linie gestellt hat, zerstört. Als Schutzmittel gegen die Ueberschreitung der Grenzen der kirchlichen Disziplinargewalt gewährt dasselbe die Berufung an den Staat, es setzt aber für die Ueberschreitung keine Kriminalstrafen fest und schließt ferner vor Erledigung der Berufung ein exekutivisches Vorgehen aus. Das Recht zur Verhängung von Strafen war dem Oberpräsidenten in der Regierungsvorlage nur zur Erzwingung der Kontrolmaßregeln gewährt. Es ist somit über seinen naturgemäßen Kreis ausgedehnt worden, und zwar auf Fälle, wo dasselbe nicht paßt. Bei widerrechtlicher Festhaltung des Detinirten oder Transportirung desselben wider seinen Willen in das Ausland ist der allgemeine polizeiliche und strafrichterliche Schutz, wodurch der Person ihre Freiheit wiedergegeben wird, das angemessene und auch ausreichende Mittel.

12) H. Daß der Oberpräsident befugt ist, allgemeine Anordnungen zu erlassen und in diesen für ihre Verletzung Strafen anzudrohen, wird deshalb verneint werden müssen, weil das Gesetz, indem es eine solche allgemeine Strafandrohung selbst unterlassen hat, damit andeutet, daß es sich hier nur um Exekutivmaßregeln handelt, d. h. solche, die erst im Falle einer Renitenz angewendet werden dürfen. Dies bestätigt der Ausdruck: „die Befolgung der Vorschriften durch Geldstrafen zu erzwingen". Es wird also in jedem besonderen Falle erst die Androhung der Strafe innerhalb der vorgeschriebenen Grenzen erfolgen müssen, dann die Festsetzung und schließlich die Exekution. Für diese Auffassung spricht auch der Abs. 2 des §.

13) H. Gegen wen der Zwang stattfinden, d. h. gegen wen die Geldstrafe angedroht und von wem sie eingezogen werden soll, sagt das Gesetz nicht. Es ist aber selbstverständlich, daß gegen Jeden, welcher kraft seiner Stellung die Pflicht und die Möglichkeit hat, die Kontrol-Vorschriften zu erfüllen, und dies verweigert, vorgegangen werden kann, also namentlich gegen den Vorsteher der Anstalt und gegen den Bischof, wenn dieser den letzteren anweist, sich den staatlichen Aufsichtsmaßregeln zu widersetzen und auf erfolgte Androhung der Strafe seinen Befehl nicht zurücknimmt. Auch ist die Androhung resp. Festsetzung der Strafen gegen beide durch das Gesetz nicht ausgeschlossen, selbst wenn der Leiter der Anstalt sich auf den Befehl des Bischofs berufen kann. Ein bloßer Protest genügt natürlich nicht, um die Anwendung von Geldstrafen zu rechtfertigen.

Eine aktive Betheiligung der kirchlichen Leitungsbehörden bei der Ausübung der staatlichen Kontrole, namentlich der Bischöfe, verlangt das Gesetz nicht, also kann der Oberpräsident auch eine solche nicht erzwingen. Nur dem Vorsteher der Anstalt sind die im §. 6 erwähnten, positiven Pflichten auferlegt.

Die Androhung und Festsetzung der Strafe darf wiederholt werden, bis dem Gesetze genügt ist.

Außerdem kann die Demeriten-Anstalt geschlossen werden [14]).

§. 9. Eine Vollstreckung kirchlicher Disziplinarentscheidungen [15]) im Wege der Staatsverwaltung [16]) findet nur dann statt, wenn dieselben von dem Oberpräsidenten [17]) nach erfolgter Prüfung der Sache [18]) für vollstreckbar erklärt worden sind.

Die Exekution selbst kann nur in das eigene Vermögen der betreffenden Personen, also allerdings auch in ihr Amtseinkommen erstreckt werden.

14) H. Die Voraussetzungen der Schließung sind nicht näher angegeben. Da sie aber die härteste und empfindlichste Maßregel ist, so wird sie allein bei besonders hartnäckiger und fortgesetzter Renitenz auszusprechen sein. Eine selbstverständliche Folge der Schließung ist die, daß der Staat die bisher für die Anstalt gezahlten Fonds nicht weiter zu leisten braucht. Etwaige anderweit für dieselbe zu zahlenden Beiträge können nicht eingeklagt werden. Die Anstalt gilt staatlich als nicht existent und ihr Zweck als ein gesetzlich verbotener. Das Gebäude und die etwaigen besonderen Fonds verbleiben allerdings dem bisherigen Eigenthümer und können nicht als bonum vacans eingezogen werden. Wo eine Emeriten-Anstalt oder ein Kloster zugleich als Demeriten-Anstalt benutzt wird, kann natürlich bloß diese letztere Verwendung gehindert, nicht aber das Emeriten-Haus oder das Kloster ganz geschlossen werden.

Die Schließung muß im Wege der administrativen Exekution erfolgen. Eine Visitation des früher als Demeriten-Anstalt benutzten Gebäudes, also auch eines Klosters oder eines Emeriten-Hauses, um Sicherheit zu gewinnen, daß dasselbe wirklich seiner früheren Bestimmung entzogen worden, ist gestattet, weil eine solche Maßregel mit zur Durchführung der Schließung gehört.

Mit der letzteren ist dem kirchlichen Oberen nicht die Befugniß genommen, überhaupt im Disziplinarwege auf Verweisung in eine Demeriten-Anstalt zu erkennen. Der Zweck des Gesetzes geht nur dahin, eine Ueberwachung der Anstalten durchzuführen, und es steht also nichts entgegen, daß der Detinirte sich in die Anstalt einer andern Diözese, wo die Kontrole des Staates nicht unmöglich gemacht wird, begiebt.

Macht endlich das Gesetz die Errichtung neuer Demeriten-Anstalten auch nicht von der Zustimmung der Staatsbehörden abhängig, so wird doch die Eröffnung einer solchen oder Benutzung eines anderweitigen Institutes (z. B. eines Klosters) für die betreffende Diözese, deren Anstalt geschlossen ist, inhibirt werden dürfen. Das Gesetz will es verhindern, daß solche Anstalten, welche der staatlichen Aufsicht nicht unterworfen werden, überhaupt existiren, und den kirchlichen Oberen, unter deren Leitung dieselben stehen und welche ihrerseits in der Lage sind, den gesetzlichen Vorschriften nachzukommen, die Möglichkeit entziehen, diese illusorisch zu machen. Dieser Erfolg würde aber, wenn nach der Schließung des Demeriten-Hauses die sofortige Eröffnung eines andern zulässig wäre, vereitelt werden.

15) H. Nach dem bisherigen Recht war eine solche administrative Beihülfe des Staates weder ausgeschlossen noch geboten. Im Wesentlichen ist es also bei dem früheren Zustande geblieben, nur sind die Voraussetzungen der staatlichen Hülfe näher geregelt.

16) H. D. h. im Wege der Administrativ-Exekution. Die Kommission des Abgeordnetenhauses hat den Zusatz der Regierungsvorlage: „Die Vollstreckung erfolgt im Verwaltungswege" gestrichen, um damit anzudeuten, daß gerichtliche Entscheidungen und Vollstreckungen nicht ausgeschlossen sein sollen. Aber die Civilgerichte haben in diesen Angelegenheiten keine sachliche Zuständigkeit. Die Disziplinarstrafen verhängt die Kirche als Anstalt des öffentlichen Rechtes kraft ihrer staatlich anerkannten obrigkeitlichen Stellung; und es handelt sich daher bei der Vollstreckung der betreffenden Verfügung niemals um privatrechtliche Verhältnisse. Der im Disziplinarverfahren verurtheilte Geistliche ist weder kraft civilrechtlicher Verpflichtung verpflichtet, die gegen ihn verhängte Geldstrafe zu zahlen, noch bei erfolgter Absetzung seine Amtswohnung zu räumen, sondern die Verpflichtung dazu beruht in allen Fällen auf dem öffentlichen Recht. Offenbar hat bei dieser Aenderung die Anschauung obgewaltet, daß die Kirche zugleich als eine den Regeln des Privatrechtes unterstehende Korporation betrachtet und die Verhängung der Disziplinarstrafen auch als Ausübung eines auf Grund des Korporations- oder Gesellschafts-Statutes beruhenden Rechtes angesehen werden kann. Diese Ansicht ist aber gegenüber der der katholischen und evangelischen Kirche eingeräumten Stellung unhaltbar, und müßte dazu führen, daß die Gerichte über alle nicht bloß staatlichen, sondern auch über alle kirchlichen Voraussetzungen der Verhängung einer kirchlichen Disziplinarstrafe zu befinden hätten. Vgl. auch P. Hinschius in Marquardsen, Handbuch d. öffentl. Rechts 1 S. 255 ff., insbesondere S. 258.

17) H. Bei der Entlassung oder Strafversetzung derjenigen evangelischen Kirchenbeamten, deren Ernennung dem König vorbehalten ist (hierher gehören z. B. die Superintendenten der 6 öst-

§. 10. Gegen Entscheidungen der kirchlichen Behörden, welche eine Disziplinarstrafe[19]) verhängen, steht die Berufung[20]) an die Staatsbehörde[21]) (§. 32.) offen: II. Berufung an den Staat.

---

lichen alten Provinzen), vgl. d. K.O. v. 12. April 1822 (G.S. S. 105, Zus. zu §. 533), ist die Bestätigung des Erkenntnisses durch den König erforderlich. In der Praxis sind diese Rechte des Regenten bisher als Ausflüsse des landesherrlichen Kirchenregiments aufgefaßt worden (Richter=Dove, K.R. §. 231 Nr. 11). Wenn jene Ansicht auch haltbar wäre (s. darüber unten zu §. 38 des Ges.), so würde die Vollstreckbarkeitserklärung des Oberpräsidenten selbst in diesen Fällen erforderlich sein, da das Gesetz keine Ausnahme macht. In einem Fall, dem des §. 5, ist die Vollstreckbarkeitserklärung unstatthaft, weil die in diesem zugelassene Verweisung in die Demeriten=Anstalt oder das Verbleiben in derselben niemals erzwungen werden darf, vgl. auch stenogr. Bericht des Herrenh. S. 549.

18) H. Die Mitwirkung des Staates, also die Vollstreckbarkeits=Erklärung durch den Oberpräsidenten, hängt von der Prüfung ab, ob die zu vollstreckende Disziplinar=Entscheidung von der zuständigen Behörde ergangen, ob ein ordnungsmäßiges Verfahren eingehalten worden ist, in materieller Hinsicht keine Verletzung allgemeiner Rechtsgrundsätze oder positiver Staatsgesetze stattgefunden hat, ob kein Mißbrauch der geistlichen Amtsgewalt vorliegt u. dgl., kurz, der Oberpräsident ist nur ermächtigt, eine Prüfung vom staatlichen, nicht aber vom kirchlichen Standpunkt aus vorzunehmen.

19) H. D. h. eine Strafe oder Censur, welche für ein Disziplinarvergehen in dem oben (Anm. 83 zur Ueberschrift) erwähnten Sinn auferlegt worden ist. Der §. findet auch dann Anwendung, wenn eine Disziplinarstrafe festgesetzt ist, welche nicht in diesem Gesetze besonders erwähnt wird, also z. B. ein Verweis.

20) H. Die Bezeichnung des gewährten Rechtsmittels: Berufung an die Staatsbehörde, ist eine deutsche Uebersetzung des herkömmlichen Ausdruckes: appellatio ab abusu oder recursus ab abusu. Nach den Bestimmungen des Gesetzes ist dasselbe aber trotz dieser Bezeichnung kein Rechtsmittel zur Reformirung der kirchlichen Entscheidung aus materiellen Gründen, wegen Iniquität, sondern nur zur Beseitigung einer solchen wegen Verletzung wesentlicher Formvorschriften und des staatlichen Rechts, es hat also die Natur einer Kassationsklage. Das ergeben einmal die Fälle, in denen die Berufung zulässig ist (§§. 10 u. 11), ferner die Vorschrift, daß die angefochtene Entscheidung entweder nur vernichtet oder das Rechtsmittel zurückgewiesen werden kann. Damit ist zugleich anerkannt, daß die kirchlichen Entscheidungen auf Grund des kanonischen Rechts, der kirchlichen Verfassung, der Glaubenslehren und des Kultus keiner materiellen Prüfung durch den Staat in Bezug auf ihre materielle Richtigkeit im Sinne der kirchlichen Ordnung unterliegen, vielmehr klargestellt, daß das Rechtsmittel lediglich auf das Recht des Staates basirt ist, Eingriffe der Kirchen in sein Gebiet abzuwehren. Damit hängt es ferner zusammen, daß die Einlegung auch dem Oberpräsidenten, als dem mit der Ausübung des jus circa sacra betrauten Organe (§. 12), gestattet ist und dieselbe Suspensiveffekt hat (§. 14).

Das Gesetz hat keine ausdrückliche Vorschrift darüber, ob eine Disziplinar=Entscheidung, welche gegen die Staatsgesetze, namentlich gegen die Bestimmungen des vorliegenden Gesetzes verstößt, nur im Wege der durch §. 10 eingeführten Berufung und des sich an dieselbe anschließenden Verfahrens für nichtig erklärt oder ob sie auch ohne ein solches von den Staatsbehörden als nichtig behandelt werden kann. Ist also z. B. die Regierung befugt, einen katholischen Geistlichen, welcher durch ein außerdeutsches geistliches Gericht seines Pfarramtes entsetzt worden, im Besitze desselben zu schützen, wenn weder er selbst noch der Oberpräsident die Berufung eingelegt hat? Der Zweck des Gesetzes bedingt es, sich im Sinne der ersten der vorhin aufgestellten Alternativen zu entscheiden, mithin die eben aufgeworfene Frage zu verneinen. Durch die Errichtung eines besonderen Gerichtshofes (s. §. 32 des Ges.) hat gerade eine Garantie dafür gegeben werden sollen, daß das Oberhoheitsrecht des Staates in gesetzlicher und unparteiischer Weise ausgeübt wird. Ferner bestätigt auch die Konstruktion des Rechtsmittels diese Auffassung. Hätte das Gesetz an die Möglichkeit gedacht, die kirchlichen Disziplinar=Entscheidungen ohne weiteres im Verwaltungswege als nichtig zu behandeln, so würde dasselbe auch der kirchlichen Behörde, welche sich dadurch verletzt geglaubt hätte, im Interesse der Rechtsgleichheit die Berufung an den Gerichtshof auf Gültigkeitserklärung ihres Erkenntnisses haben gestatten müssen. Da aber eine solche Befugniß nicht gewährt ist, so hat das Gesetz offenbar gar nicht die Möglichkeit vorausgesetzt, daß die betreffende Behörde in eine solche Lage gebracht werden kann. Endlich wäre die Berufung des Oberpräsidenten im öffentlichen Interesse, welche der §. 12 gestattet, vollkommen überflüssig, wenn jeder Staatsbehörde das Recht hätte beigelegt werden sollen, die kirchlichen Disziplinar=Entscheidungen auf Grund ihrer eigenen Prüfung als nichtig anzusehen. Ein praktisches Bedürfniß, eine derartige Befugniß der Staatsbehörde zu statuiren, liegt überdies auch nicht vor. Das Interesse des Staates ist genügend durch die Vorschrift der §§. 9 u. 12 Abs. 2, und das des einzelnen

1) wenn die Entscheidung von einer durch die Staatsgesetze ausgeschlossenen Behörde[22]) ergangen ist;

Kirchendieners durch die Möglichkeit der Berufung gewahrt, um so mehr, als diese Suspensiveffekt hat und der letztere nöthigenfalls erzwungen werden kann.

Schließt die Einlegung der Berufung die Einleitung einer Kriminaluntersuchung auf Grund des §. 5 des Straf- und Zuchtmittelgesetzes, oder umgekehrt diese letztere das Recht der Berufung aus? Es ist z. B. gegen einen Geistlichen im Wege der Disziplinaruntersuchung, weil er sich geweigert hat, den großen Kirchenbann mit namentlicher Nennung des Betroffenen öffentlich bekannt zu machen, von der Disziplinarbehörde die Suspension verhängt worden. Die Weigerung ist in einem solchen Falle eine durch das Straf- und Zuchtmittelgesetz §§. 1, 4 vorgeschriebene Handlung. Der Geistliche ist also befugt nach §. 10 Nr. 4a dieses Gesetzes die Berufung einzulegen, andererseits ist aber auch eine Bestrafung der Mitglieder des Disziplinargerichtes nach §. 2 Nr. 1 und 5 des eben gedachten Gesetzes statthaft. Nach dem Anm. 83 dargelegten Verhältniß der beiden Gesetze schließt das eine Verfahren das andere nicht aus. Es folgt dies übrigens auch aus dem Zweck beider Gesetze. Durch das Kriminalverfahren wird nur die Bestrafung der Richter erreicht, welche in diesem Falle in die staatliche Sphäre übergegriffen haben. Damit ist der Geistliche aber noch nicht in seinen Amtsfunktionen geschützt, welche ihm durch die Censur entzogen sind. Dazu bedarf es erst der Nichtigkeitserklärung durch den Gerichtshof für kirchliche Angelegenheiten. Jedes Verfahren hat also seinen selbstständigen Zweck und keins wird durch das andere überflüssig gemacht.

Darüber, ob in solchen Fällen die thatsächliche Feststellung des Gerichtshofes für kirchliche Angelegenheiten das ordentliche Kriminalgericht und umgekehrt die des letzteren den ersteren bindet, bestimmt das Gesetz nichts. Irgend welche Analogien über das Verhältniß des Kriminal- und Civil-Urtheils lassen sich hier, ganz abgesehen davon, daß diese früher kontroverse Frage (vgl. darüber die Abhdlg. in Gruchot 8 S. 233 und Goltdammer's Arch. 5 S. 344) jetzt durch das Einf.Ges. zur C.P.O. §. 14 Nr. 1 in dem Sinne, daß das erstere den Civilrichter nicht bindet, entschieden ist, nicht heranziehen. Mangels einer positiven Vorschrift wird man daher eine präjudizielle Bedeutung des Erkenntnisses des einen Gerichtshofes für das des andern nicht annehmen können, um so weniger, als das Gesetz das Verfahren in den beiden Fällen nicht im entferntesten in Beziehung setzt, namentlich in solchen Fällen dem Gerichtshof für kirchliche Angelegenheiten eine Aussetzung der Verhandlung über die Berufung bis dahin, wo im Kriminalverfahren rechtskräftig entschieden ist, nicht zur Pflicht macht.

Endlich ist auch die Frage aufzuwerfen, ob ein etwaiges Erkenntniß des Gerichtshofes für kirchliche Angelegenheiten den Civilrichter und umgekehrt bindet? Der Civilrichter hat an sich das kirchlicherseits ergangene Disziplinarurtheil zu beachten, B. Klagen des durch ein solches abgesetzten Geistlichen auf Gehalt, Stolgebühren 2c. abzuweisen, weil ihm keine Kontrole über die Ausübung der Disziplinargerichtsbarkeit durch die kirchlichen Behörden zusteht. Diese letztere übt gerade der Gerichtshof für kirchliche Angelegenheiten innerhalb der ihm angewiesenen Grenzen. Daraus folgt, daß die Entscheidungen des letzteren über kirchliche Disziplinarverfügungen auch für den Civilrichter ebenso bindend sein müssen, wie die der kirchlichen Disziplinarbehörden selbst. Das kann aber nur gelten, wenn feststeht, daß eine Disziplinarmaßregel ausgeübt worden ist. Ob das letztere geschehen, hat aber der Civilrichter, falls diese Frage an ihn in einem Prozesse herantritt, selbstständig zu entscheiden, denn keine gesetzliche Vorschrift entzieht ihm die Kognition darüber. Der Civilrichter ist also nicht gehindert, bei Klagen auf Gehalt eines Organisten die Stellung desselben nach den Regeln eines civilrechtlichen Vertrages zu beurtheilen, wenn er einen solchen nach Lage der Sache als vorliegend erachtet, trotzdem daß der Gerichtshof für kirchliche Angelegenheiten den Organisten in demselben Falle als Kirchendiener betrachtet und auf ihn die Bestimmungen des hier fraglichen Gesetzes angewendet hat. Andererseits bindet die Auffassung des Civilrichters auch den Gerichtshof für kirchliche Angelegenheiten nicht, d. h. wenn der erstere in dem erwähnten Fall dem entsetzten Organisten sein Gehalt zugesprochen hat, weil er das Verhältniß als civilrechtliches betrachtet und die Entlassung für civilrechtlich unbegründet erklärt hat, kann der gedachte Gerichtshof die Berufung des Organisten als unzulässig verwerfen, weil er die Entlassung als eine nicht ungesetzliche Disziplinarmaßregel auffaßt.

21) H. D. h. „den königl. Gerichtshof für kirchliche Angelegenheiten", s. §. 32.

22) H. Also jedenfalls einer nach §. 1 ausgeschlossenen Behörde. Damit ist der Inhalt der Vorschrift nicht erschöpft. Ein Kirchendiener, welcher sein Amt den gesetzlichen Vorschriften zuwider erhalten hat, z. B. ein vom Papste ohne Wahl des Domkapitels kreirter, nicht landesherrlich anerkannter Bischof, resp. die Delegaten eines solchen, die den §§. 1 ff. des Ges. v.

2) wenn die Vorschriften des §. 2. nicht befolgt worden[23]) sind;
3) wenn die Strafe gesetzlich unzulässig ist[24]);
4) wenn die Strafe verhängt ist:
   a) wegen einer Handlung oder Unterlassung[25]), zu welcher die Staatsgesetze oder die von der Obrigkeit innerhalb ihrer Zuständigkeit erlassenen Anordnungen[26]) verpflichten,
   b) wegen Ausübung oder Nichtausübung eines öffentlichen Wahl- und Stimmrechts[27]),
   c) wegen Gebrauchs der Berufung an die Staatsbehörde (§. 32.) auf Grund dieses Gesetzes[28]).

---

20. Mai 1874 (Zus. zu §. 1043 d. T.) zuwider bestellten Bisthumsverweser, welche Disziplinar-Erkenntnisse fällen, sind ebenfalls durch die Staatsgesetze ausgeschlossene Behörden.

23) H. Hierunter ist begriffen: der Mangel schriftlicher Entscheidung und schriftlicher Entscheidungsgründe bei Festsetzung einer Vermögensstrafe, der Verweisung in eine Demeriten-Anstalt und der Entfernung aus dem Amte; der Mangel des vorgängigen Gehörs bei einem Erkenntniß auf die erstgedachten Strafen und der Mangel eines ordentlichen prozessualischen Verfahrens (s. Anm. 94 zu §. 2 dies. Ges.), insbesondere auch eines ordnungsgemäßen Beweisverfahrens, Gerichtsh. f. kirchl. Angel. v. 20. Mai 1874, Hartmann, Ztschr. 1 S. 130, bei Aussprechung der zuletzt erwähnten Strafe. Wegen Disziplinarverfügungen, welche auf geringere Strafen, wie z. B. Verweis oder Suspension von einzelnen kirchlichen Rechten lauten, und ohne Beobachtung der Vorschriften des §. 2 erlassen sind, kann also die Berufung auf Grund der Nr. 2 nicht eingelegt werden. In Bezug auf diese ist das Gesetz offenbar von der Anschauung ausgegangen, daß es sich hier um Fälle von geringerer praktischer Bedeutsamkeit handelt.

24) H. Also überhaupt, nicht bloß nach den Bestimmungen dieses Gesetzes. Demgemäß findet z. B. eine Berufung statt, wenn auf eine durch das Straf- und Zuchtmittelgesetz (Zus. 9 zu §. 57 d. T.) verbotene Strafe erkannt worden ist, welche nicht etwa in Folge der besonderen Bestimmungen des ersteren, wie die Vermögensstrafe innerhalb bestimmter Grenzen, zulässig erscheint. Die Frage, ob eine Festsetzung in dem Erkenntniß dahin, daß ein an sich zulässiges Straf- und Zuchtmittel öffentlich bekannt gemacht, oder in einer Weise, welche eine Beschimpfung enthält, vollzogen oder verkündet werden soll, einen Grund zur Berufung abgiebt, muß bejaht werden. In diesen Fällen liegt stets eine die Ehrminderung des Verurtheilten herbeiführende Strafe vor. Abgesehen davon folgt auch aus dem Verbote des angeführten §. 4 des erwähnten Gesetzes von selbst, daß ein Erkenntniß, welches die betreffenden Handlungen anordnet, wenngleich es nicht kriminalrechtlich strafbar erscheint, doch mindestens unzulässig ist.

Als unstatthaft muß auch eine Strafe angesehen werden, welche zwar an sich erlaubt ist, aber eine unzulässige Strafe zur Ausführung zu bringen beabsichtigt. Dies ergiebt sich daraus, daß das Verbot bestimmter Strafarten selbstverständlich deren Realisirung in sich schließt. Demnach wird die Verhängung der Exkommunikation oder der Suspension deshalb, weil der in die Demeriten-Anstalt verwiesene Kirchendiener sich nicht in dieselbe begeben oder sie vor der festgesetzten Zeit wieder verlassen hat, gleichfalls im Wege der Berufung angefochten werden dürfen.

25) H. Durch diese Vorschrift sind die Kirchendiener vor allem dagegen geschützt, daß Disziplinarstrafen gegen sie deshalb ausgesprochen werden, weil sie die Vorschriften dieses und des Straf- und Zuchtmittelgesetzes beobachten, also z. B. der Vorsteher einer Demeriten-Anstalt, wenn er die vorgeschriebenen Anzeigen macht oder sich der Visitation des Oberpräsidenten fügt, der Geistliche, wenn er sich weigert, bei der Verhängung oder Verkündung von nach diesem Gesetze und dem Straf- und Zuchtmittelgesetze unzulässigen Strafen mitzuwirken. Im Uebrigen vgl. Zus. 9 zu §. 57 d. T. Anm. 14. Mit Bezug auf das dort über die nur unter bestimmten Voraussetzungen vorzunehmenden Handlungen Bemerkte ist aber noch hervorzuheben, daß der Kirchendiener diese Voraussetzungen nicht herbeiführen darf, wenn er damit gegen seine amtlichen Verpflichtungen verstößt, also deswegen auch disziplinarisch bestraft werden kann. Für die Eingehung der Ehe vor dem Civilstandsbeamten dürfen keine Censuren oder Strafmittel verhängt werden. Der katholische Geistliche der höheren Weihegrade hat aber die Pflicht des Cölibats. Geht er dem zuwider eine Ehe in der erwähnten Form ein, so ist eine Disziplinarbestrafung nicht wegen der letztgedachten Handlung, wohl aber, weil er das Cölibatsgesetz verletzt hat, gestattet.

26) H. S. den citirten Zusatz Anm. 16.

27) H. Vergl. a. a. O. Anm. 17.

28) H. Hier handelt es sich um eine in das Belieben der Betreffenden gestellte Handlung. Eine Einwirkung auf die Vornahme von solchen Handlungen in einer bestimmten Richtung oder auf ihre Unterlassung durch die kirchliche Straf- und Zuchtgewalt gestattet im Allgemeinen sowohl das Straf- und Zuchtmittelgesetz, wie auch das vorliegende. Zu der einen Ausnahme,

§. 11. Die Berufung findet außerdem statt, wenn

1) die Entfernung aus dem kirchlichen Amte (§. 2. Abs. 2.) als Disziplinarstrafe oder sonst wider den Willen des davon Betroffenen[29]) ausgesprochen worden ist, und die Entscheidung der klaren thatsächlichen Lage widerspricht oder die Gesetze des Staates[30]) oder allgemeine Rechtsgrundsätze[31]) verletzt[32]);

---

welche für die öffentlichen Wahl- und Stimmrechte gemacht worden ist, tritt die in Nr. 4 c. festgesetzte hinzu. Dieselbe war nöthig, weil nach katholischem Kirchenrechte für die Berufung an die weltliche Gewalt die ipso jure eintretende, dem Papste speziell zur Absolution vorbehaltene, große Exkommunikation angedroht ist, const. Pii IX. Apostolicae sedis v. 12. Okt 1869 (s. a. a. O. Anm. 8), also den katholischen Kirchendienern gegen die Anwendung dieser Censur, sowie anderer Disziplinarstrafen, welche noch außerdem verhängt werden könnten, der staatliche Schutz gewährt werden mußte.

29) H. Diese Vorschrift hat die Anm. 84 zu §. 1 des Ges. gedachten Stellungen im Auge, welche nur widerruflich verliehen werden. Bei diesen ist es sehr leicht möglich, daß die Disziplinarmaßregel sich äußerlich unter der formal freigestellten Remotion ohne Gründe oder einer vorgeblich im Interesse des Dienstes ausgesprochenen Abberufung verbirgt. Nothwendig ist aber in einem solchen Falle, daß das eine oder andere der weiter in Nr. 1 angegebenen Momente damit konkurrirt. So würde z. B. die Entfernung eines Erzpriesters, welcher zufolge seiner Anstellung ad nutum amovibel ist, mit der Berufung angefochten werden können, wenn die Amotion deshalb erfolgt ist, weil er sich nicht freiwillig der Verweisung in eine Demeriten-Anstalt unterzogen hat. Hier ist das Staatsgesetz in so fern verletzt, als dasselbe eine solche Verweisung nur mit Willen des Betroffenen gestatten will, und also derjenige, welcher von diesem Rechte Gebrauch gemacht, auch keine Nachtheile deshalb erleiden darf.

30) H. d. h. solche, welche vom Staat erlassen sind. Demnach gehören hierher auch die Rechtsnormen, welche die Beziehungen des Staates zur Kirche regeln, selbst wenn eine Kirche, wie die katholische, das betreffende Gebiet, z. B. das persönliche Eherecht, Gerichtsbarkeit über die Kleriker u. s. w., als der staatlichen Gesetzgebung entzogen betrachtet. Den Gegensatz zu den Gesetzen des Staates bilden im Sinne des Gesetzes die von der Kirche innerhalb der ihr staatlich zugewiesenen Sphäre erlassenen Bestimmungen und Ordnungen. Das gilt sowohl für die katholische wie auch für die protestantische Kirche. Als kirchliche Normen der letzteren sind diejenigen anzusehen, welche von dem Landesherrn kraft der Kirchengewalt, des sog. jus in sacra, gegeben worden sind. Für die Zeit vor Erlaß der Verfassungsurkunde ist die Frage, ob eine landesherrliche Anordnung in die eine oder andere Kategorie gehört, für jede in Betracht kommende durch besondere thatsächliche Feststellung zu erledigen. Die Vorschriften des L.R. II 11 sind jedenfalls als Staatsgesetze zu betrachten, da das Allgem. Landrecht wegen seines Charakters als eines staatlichen Gesetzbuches als Emanation der staatlichen Gesetzgebungsgewalt des Landesherrn betrachtet werden muß, und überdies die Redaktoren des Landrechts das jus episcopale des Landesherrn in Zweifel gezogen haben (Jacobson, K.R. S. 110).

Eine Verletzung der Staatsgesetze, welche Voraussetzung der Berufung ist, liegt dann vor, wenn die Entscheidung solche Vorschriften, welche eine absolute Bedeutung haben, nicht berücksichtigt und dem Verurtheilten eine Handlung oder Unterlassung als strafbar anrechnet, welche der Staat entweder verlangt, oder deren Vornahme dem Angeschuldigten unter allen Umständen frei bleiben soll. Die erstere Kategorie von Fällen deckt sich mit der im §. 10 Nr. 4 a. gedachten. So gehört hierher z. B. die Amtsentsetzung eines Geistlichen, welcher entgegen dem Befehle des Bischofs eine von der Polizei auf Grund des §. 10 des Vereinsgesetzes v. 11. März 1850 verbotene Prozession abzuhalten oder einen Hirtenbrief von der Kanzel mit Rücksicht auf §. 130 a. des R.Str.G.B. zu verlesen, sich geweigert hat; denn in diesen beiden Fällen liegt eine durch die Anordnung der Obrigkeit, resp. das Gesetz gebotene Unterlassung vor. Bedeutsam ist die Bestimmung dagegen wegen der zweiten Kategorie. Zu dieser würde eine Amtsentsetzung, weil der Geistliche sich der unzulässigen körperlichen Züchtigung oder der Verweisung in eine Demeriten-Anstalt nicht gefügt hat, kurz die ganze Gruppe der Anm. 24 a. E. zu §. 10 charakterisirten Fälle gehören. Vgl. ferner Erk. d. Gerichtsh. f. kirchl. Angel. v. 20. Juni 1874, Hartmann, Ztschr. 1 S. 130. Dieses hat eine Bestrafung wegen Nichtbeachtung eines Konsistorialschreibens vernichtet, welches den Geistlichen die Erhebung von Denunziationen und Civilklagen, sowie die Einlassung in Injuriensachen verbot, welche ihren Grund in den kraft amtlicher Pflicht oder Befugniß vorgenommenen Handlungen haben. Vgl. ferner Erk. dess. Gerichtsh. v. 28. Mai 1881, Zeitschr. f. K.R. 17 S. 141.

31) H. Dies sind diejenigen, welche auf allen Rechtsgebieten ohne Ausnahme, nicht bloß auf dem Gebiete des kirchlichen Rechts gelten, und welche für jede rechtliche Ordnung eines bestimmten Verhältnisses wegen ihrer Fundamentalität maßgebend sind, bez. sein müssen, also z. B.

2) nach erfolgter vorläufiger Suspension vom Amte[33]) das weitere Verfahren ungebührlich verzögert wird[34]).

§. 12. Die Berufung steht Jedem zu, gegen welchen die Entscheidung ergangen ist, sobald er die dagegen zulässigen Rechtsmittel[35]) bei der vorgesetzten kirchlichen Instanz[36]) ohne Erfolg geltend gemacht hat[37]).

Liegt ein öffentliches Interesse vor, so steht die Berufung auch dem Oberpräsidenten zu, jedoch erst dann, wenn die bei den kirchlichen Behörden angebrachten Rechtsmittel[38]) ohne Erfolg geblieben sind oder die Frist zur Einlegung derselben versäumt ist[39]).

---

der Grundsatz, daß der Angeklagte nicht den Beweis seiner Nichtschuld zu führen hat, daß ein suspektes Gericht nicht erkennen darf, daß erzwungene Geständnisse keine Beweiskraft besitzen, daß Handlungen, welche erzwungen oder von einem Unzurechnungsfähigen begangen sind, vgl. Gerichtsh. f. kirchl. Angelegenh. v. 14. April 1875, Hartmann a. a. O. 1 S. 620, nicht bestraft werden können u. s. w., ferner, daß für eine strafbare That eine bestimmte, fest bemessene Strafe auferlegt und nicht ohne rechtlichen Anhalt der erkannten Strafe eine andere, eventuell substituirt wird, Erk. dess. Gerichtsh. v. 12. Mai 1880, Hartmann a. a. O. 6 S. 558 u. Zeitschr. f. K.R. 16 S. 339, s. auch Anm. 27 zu Zus. 52 bei §. 533 d. T.

32) H. Die Verletzung von Gesetzen des Staates oder von allgemeinen Rechtsgrundsätzen bildet allein die Voraussetzung der Berufung. Sie ist nicht etwa dadurch beschränkt, daß das Dogma oder die Kultusordnung einer Kirche dem Staatsgesetze entgegensteht. Die Befürchtung, daß der Gerichtshof in das innerste Gebiet der Kirche übergreifen, und so zum obersten Richter über die Kirchenlehre gemacht werden könnte, ist völlig unbegründet. Der Gerichtshof kann mit seinen Entscheidungen nur insoweit Dogma und Kultus treffen, als schon früher der Staat durch seine sonstigen Organe jede unter Hinweis auf Dogma und Kultus begangene Gesetzesverletzung zurückzuweisen berechtigt war. Dagegen ist es nicht möglich, daß er in die Lage kommt, eine Entscheidung abzugeben, was Dogma oder Kultusakt einer Kirche ist oder nicht, weil darüber weder die Staatsgesetze noch die allgemeinen Rechtsgrundsätze irgend eine Bestimmung enthalten.

33) H. wenn die Suspension bei Eröffnung oder während der Untersuchung als provisorische Maßregel, also nicht als Disziplinarstrafe verhängt ist.

34) H. Damit wird die Möglichkeit eines Schutzes gegen Verschleppungen der Untersuchung gewährt; namentlich gegen Umgehung des Gesetzes dadurch, daß die bloß vorübergehenden Zwecken dienende Suspension faktisch in eine wirkliche Strafe verwandelt wird. Ist die Berufung begründet, so wird die vorläufige Suspension von dem Gerichtshofe für nichtig erklärt (§. 21).

35) H. Die Zulässigkeit der Rechtsmittel bestimmt sich nach dem Rechte jeder Kirche. In der katholischen Kirche sind die gemeinrechtlichen Rechtsmittel der Appellation, der Nichtigkeitsbeschwerde, der außergerichtlichen, einfachen Beschwerde und der Wiedereinsetzung in den vorigen Stand anerkannt, vgl. München, kanon. Gerichtsverfahren und Strafrecht 1 S. 529 ff. Bestimmungen, welche die gemeinrechtlichen Vorschriften ergänzen, finden sich in den für einzelne Diözesen erlassenen Verordnungen, jedoch ist von diesen so gut, wie Nichts, an die Oeffentlichkeit gelangt.

Falls keine bischöfliche Behörde mehr vorhanden ist, fällt das Erforderniß fort, Gerichtsh. f. kirchl. Angel. v. 11. Mai 1878, Hartmann, Zeitschr. 4 S. 357, wenn also z. B. der exemte Bischof staatlich abgesetzt ist, kann der Gerichtshof gleich von den Diözesangeistlichen angegangen werden, Erk. dess. Gerichtsh. v. 11. April 1877, a. a. O. 3 S. 479.

Wegen der evangelischen Kirche vgl. Zus. 51 zu §. 533 d. T.

Selbstverständlich muß auch das in dem betreffenden Falle geeignete Rechtsmittel geltend gemacht sein.

36) H. Diese ist in der katholischen Kirche der Erzbischof, in den exemten Diözesen (z. B. Breslau, Ermland) findet sich ein vom Bischof bestelltes zweitinstanzliches Gericht, eben so in einzelnen Erzdiözesen (so z. B. in Köln), während mitunter auch ein anderes geistliches Gericht vom Papste zum Appellationsgericht bestellt ist (so die geistlichen Gerichte in Posen und Gnesen wechselseitig für einander).

An eine außerdeutsche Instanz, also bis nach Rom, braucht der Berufende die Sache nicht zu verfolgen. Eine solche ist nach §. 1 des Gesetzes nicht zur Ausübung der Disziplinargewalt berechtigt, existirt also für den Staat nicht. Nur dann, wenn eine besondere dritte deutsche Instanz bestellt ist, muß diese gegen ein ungünstiges Erkenntniß zweiter Instanz noch beschritten werden.

37) H. Eine Ausnahme von der Vorschrift des Abs. 1 macht §. 7 des Ges. v. 12. April 1875 (Zus. 72 zu §. 1056 d. T.).

§. 13. Die Berufung ist bei dem Königlichen Gerichtshofe für kirchliche Angelegenheiten schriftlich anzumelden[40]).

Die Frist zur Anmeldung beträgt in den Fällen des §. 10. und §. 11. Abs. 1. für den durch die Entscheidung Betroffenen vier Wochen. Sie beginnt mit Ablauf des Tages, an welchem die Entscheidung mit Gründen ihm zugestellt ist[41]).

In den Fällen des §. 11. Abs. 2. ist die Berufung an keine Frist gebunden.

Für den Oberpräsidenten beträgt die Frist, wenn ihm die Entscheidung als endgültige amtlich mitgetheilt[42]) ist, drei Monate, andernfalls ist derselbe an keine Frist gebunden.

§. 14. Durch Einlegung der Berufung wird die Vollstreckung der angefochtenen Entscheidung aufgehalten. Der Gerichtshof ist jedoch befugt, die vorläufige Vollstreckung zu gestatten[43]). Andernfalls kann die Einstellung der Vollstreckung[44]) von dem Gerichtshofe durch Geldstrafen bis zum Betrage von 1000 Thalern erzwungen werden (§. 8. Abs. 2.)[45]).

§. 15. Die Berufung ist innerhalb 14 Tagen nach der Anmeldung[46]) schriftlich zu rechtfertigen[47]). Diese Frist kann auf Antrag verlängert werden.

---

38) H. Welche der Betroffene eingelegt hat. Der Oberpräsident selbst hat sich nicht an diese Behörden zu wenden. Er ist dazu gar nicht legitimirt, weil er nicht der Beschwerte ist.

39) H. Durch diese Bestimmung wird ausgesprochen, daß die Geltendmachung des staatlichen Interesses zwar erst dann, wenn der betheiligte Kirchendiener nicht selbst bei seinen kirchlichen Behörden Abhülfe gesucht hat, erfolgen, aber nicht allein vom Willen desselben abhängig sein soll. Demgemäß muß die Vorschrift auch analogisch auf den Fall angewendet werden, wenn der Betheiligte zwar das Rechtsmittel eingelegt, es aber nicht weiter verfolgt hat.

Hat der Betheiligte dagegen erfolglos die höheren kirchlichen Instanzen angerufen, so ist die Einlegung und Verfolgung der Berufung sowohl seinerseits, wie auch gleichzeitig durch den Oberpräsidenten möglich.

40) H. Stirbt der Berufende nach Einlegung des Rechtsmittels, so ist das Verfahren einzustellen, Beschl. d. Gerichtsh. f. kirchl. Angel. v. 25. April 1879, Hartmann, Zeitschr. 5 S. 394.

41) H. So lange die Entscheidung bloß dem Betheiligten publizirt oder ihm schriftlich ohne Gründe mitgetheilt ist, beginnt also der Fristablauf nicht. Hier kann die Publikation nicht, wie im §. 7, der Zustellung gleichgestellt werden, weil der Betroffene das vollständige Material in Händen haben muß, um sich über die Einlegung der Berufung schlüssig zu machen. Da er zunächst die kirchlichen Instanzen zu beschreiten hat, so läuft die Frist erst von der Zustellung der Entscheidung der obersten Instanz ab. Dagegen ist er befugt, sofort nach der Publikation und vor der ordnungsmäßigen Zustellung einer solchen Entscheidung die Berufung einzulegen, weil er schon dann beschwert ist und die kirchliche Behörde unter Beiseitesetzung der Vorschriften des Gesetzes möglicher Weise mit der Exekution der Entscheidung beginnen kann.

42) H. Der Lauf der vorgesehenen dreimonatlichen Frist setzt also voraus: 1) eine amtliche Mittheilung seitens der kirchlichen Disziplinar- oder einer von dieser beauftragten Behörde, 2) Beifügung der Entscheidung, sowie 3) der Entscheidungsgründe, vergl. §. 7 Abs. 2, endlich 4) die Erklärung der betreffenden Behörde, daß die Entscheidung eine endgültige ist.

43) H. Bei der Verschiedenheit der möglichen Fälle ließen sich die Gründe nicht im Gesetze angeben. Der Gerichtshof wird aber stets von der ihm eingeräumten Befugniß Gebrauch zu machen haben, wenn die Einlegung der Berufung nach den eigenen, vollständig vorliegenden Angaben des Beschwerdeführers ungerechtfertigt erscheint, da er das Rechtsmittel **nicht** durch einfaches Dekret zurückweisen kann, dasselbe aber andererseits nicht bezweckt, die Ausübung der Disziplinargerichtsbarkeit innerhalb der gesetzlichen Schranken zu hindern.

44) H. Darunter ist auch die Rückgängigmachung der bereits begonnenen Vollstreckung zu verstehen, weil das Rechtsmittel Suspensiveffekt hat und die Vorschrift nur den Zweck verfolgt, diesen zu sichern. Dieser Auffassung hat sich auch der Gerichtsh. f. kirchl. Angel. i. d. Verf. v. 28. März 1874, Hartmann, Ztschr. 2 S. 165 angeschlossen.

45) H. Das Citat bedeutet, daß die Geldstrafe auch wiederholt werden kann. Die Vollstreckungsorgane bilden nach §. 36 des Ges. die Verwaltungsbehörden. Da das Gesetz einen anderen Exekutionsmodus nicht verbietet, vielmehr mit seiner Bestimmung nur ein besonderes Mittel, um den Suspensiveffekt zur Geltung zu bringen, gewährt, so ist die Anwendung anderer Zwangsmittel, z. B. Wiedereinsetzung des entfernten Geistlichen und Entfernung des trotz des Suspensiveffektes neu angestellten aus dem Dienstgebäude, Oeffnung der Kirche für den ersteren u. s. w. durch die Behörden nicht ausgeschlossen.

46) H. Das kann nicht heißen nach dem Ablauf der Anmeldungsfrist, weil eine solche nicht

§. 16. Die Anmeldung und die Rechtfertigungsschrift wird der kirchlichen Behörde zur Abgabe einer schriftlichen Erklärung[48]) und Einreichung der Akten innerhalb 4 Wochen zugefertigt. Die Einreichung der Akten kann erzwungen werden[49]), geeignetenfalls durch Geldstrafen bis zum Betrage von 1000 Thalern (§. 8. Abs. 2.).

§. 17. Der Gerichtshof trifft die zur Aufklärung der Sache erforderlichen Verfügungen[50]). Die Beweisverhandlungen[51]) sind unter Zuziehung eines vereideten Protokollführers aufzunehmen.

§. 18. Die Entscheidung erfolgt auf Grund mündlicher Verhandlung[52]) in öffentlicher Sitzung.

Die Oeffentlichkeit kann durch Beschluß des Gerichtshofes ausgeschlossen[53]) oder auf bestimmte Personen beschränkt werden.

§. 19. Zu den Verhandlungen (§§. 17. und 18.)[54]) sind der Berufende und die kirchliche Behörde zuzuziehen. Dieselben können sich durch einen Advokaten oder Rechtsanwalt vertreten[55]) lassen. Im Fall ihres Ausbleibens wird nach Lage der Verhandlungen erkannt[56]).

---

für alle Fälle besteht, vgl. §. 13 u. §. 11 Abs. 2. Der Tag des Eingangs der Anmeldung bei dem Gerichtshofe ist der dies a quo. Da dieser aber dem Betheiligten nicht mitgetheilt wird, so muß derselbe, um die Frist nicht zu versäumen, letztere von dem Tage der Absendung ab berechnen.

47) H. Nach Maßgabe der Vorschriften dieses Gesetzes, d. h. unter Angabe der Thatsachen, welche einen der nach §§. 10 u. 11 zulässigen Berufsgründe bilden. Eine spätere Ergänzung der Thatsachen oder die Substitution eines anderen Berufsgrundes im Laufe der weiteren Verhandlung ist nicht ausgeschlossen. Das Gesetz hat die Eventualmaxime nicht adoptirt, weil diese für Verhandlungen, bei denen nicht lediglich Partei-, sondern auch öffentliche Rechte in Frage stehen, also die Feststellung der materiellen Wahrheit möglichst erstrebt werden muß, unpassend ist. Ebenso wenig ist eine Desertion des Rechtsmittels für den Fall ausgesprochen, daß die Rechtfertigung nicht innerhalb der gesetzlichen oder verlängerten Frist eingegangen ist. In einem solchen Fall hat die Vorschrift des §. 15 nur die Bedeutung, den Zeitraum zu bestimmen, mit dessen Ablauf der Gerichtshof in Gemäßheit der §§. 16 ff. weiter verfahren kann.

48) H. Geht eine solche nicht innerhalb der Frist ein, so kann der Gerichtshof der Sache Fortgang geben. Ueber die Ergänzung und Aenderung der schriftlichen Erklärung gilt das in der vor. Anm. über die Rechtfertigungsschrift Bemerkte. Eine Verlängerung der Frist ist nicht ausgeschlossen.

49) H. Durch direkte Wegnahme im Wege der Administrativexekution. In so weit als diese nach Ablauf der Frist verfügt werden kann, besteht also ein Präjudiz für den Ungehorsam. Durch seine Fassung stellt der §. dieses Zwangsmittel als das regelmäßige hin.

50) H. Darunter sind sowohl informatorische Verfügungen nach Eingang der Schriftsätze als auch nach Erlaß des Beweisresolutes verstanden. Namentlich wird sich das Bedürfniß von präparatorischen Verfügungen dann geltend machen, wenn der Schriftenwechsel nicht vollständig ist. Da unter allen Umständen eine mündliche Verhandlung der Definitiventscheidung vorangehen muß, so sind dadurch die Parteien in ihren Rechten geschützt. In derselben haben sie Gelegenheit, etwaige Unvollständigkeiten, Unzuverlässigkeiten u. s. w. in den angestellten Ermittelungen zu rügen.

51) H. Also alle, sowohl die, welche vor dem Gerichtshofe selbst, als auch vor einem beauftragten Mitgliede desselben und auf Ersuchen vor andern Behörden stattfinden. Vgl. auch §. 22.

52) H. Die Unterlage für die Entscheidung bilden nicht die Schriftsätze, sondern die mündlichen Erklärungen der Parteien, es gilt also für das Verfahren vor dem Gerichtshof das Prinzip der Unmittelbarkeit. Daher können eingegangene Schriftstücke nicht berücksichtigt werden, Gerichtsh. f. kirchl. Angel. v. 11./14. April 1877, Hartmann, Ztschr. 4 S. 379. Vergl. ferner Anm. 58 zu §. 21.

53) H. Dies kann auf Antrag einer der betheiligten Personen oder von Amtswegen erfolgen. Die Verhandlung darüber muß der Natur der Sache nach und nach Analogie der sonstigen gesetzlichen Vorschriften, G.V.G. §§. 173 ff., in nicht öffentlicher Sitzung erfolgen, während der Beschluß selbst öffentlich zu verkünden ist. Auch hinsichtlich der Gründe für die Ausschließung werden die erwähnten Bestimmungen, welche dieselbe gestatten, wenn der öffentlichen Ordnung und den guten Sitten Gefahr droht, als maßgebend erachtet werden können.

54) H. Sowohl zu den Plenar- als auch den kommissarischen Verhandlungen, namentlich zu etwaigen kommissarischen Beweisaufnahmen.

55) H. Zur Praxis beim Gerichtshofe ist also jeder bei einem deutschen Gericht zugelassene Rechtsanwalt, mit Ausnahme der Anwälte beim Reichsgerichte, Rechtsanw.Ordn. f. d. deutsche

Außerdem ist der Minister der geistlichen Angelegenheiten zu benachrichtigen[57]), welcher einen Beamten mit seiner Vertretung beauftragen kann. Hat der Oberpräsident die Berufung eingelegt, so übernimmt der von dem Minister bezeichnete Beamte die Vertretung des Berufenden.

§. 20. In dem Termin zur mündlichen Verhandlung giebt ein von dem Vorsitzenden des Gerichtshofes aus der Zahl seiner Mitglieder ernannter Referent eine Darstellung der Sache, wie sie aus den bisherigen Verhandlungen hervorgeht. Hierauf wird der Berufende oder dessen Vertreter, sowie der Vertreter der kirchlichen Behörde und des Ministers der geistlichen Angelegenheiten mit ihren Vor- und Anträgen gehört.

§. 21. Bei der Entscheidung hat der Gerichtshof, ohne an positive Beweisregeln gebunden zu sein, nach seiner freien, aus dem ganzen Inbegriff der Verhandlungen und Beweise geschöpften Ueberzeugung zu entscheiden[58]). In dem Urtheil ist entweder die Verwerfung der Berufung oder die Vernichtung der angefochtenen Entscheidung[59]) auszusprechen.

Reich v. 1. Juli 1878 §§. 26, 100, R.G.Bl. S. 177, befugt, denn das Gesetz läßt Jeden, der die Berechtigung hat bei preußischen Gerichten aufzutreten, zu. Die Vertretung der Behörde durch eins ihrer Mitglieder (z. B. des bischöflichen Gerichts durch einen Offizialatsrath oder den bischöflichen Syndikus) ist zulässig. Das Auftreten eines solchen Mitgliedes steht dem persönlichen Erscheinen der Partei gleich, da das Gesetz nicht verlangt, daß die ganze Behörde in corpore ihre Rechte wahrnimmt.

56) H. Da die Sachlage in den einzelnen Fällen sich sehr verschiedenartig gestalten kann und die Natur der vor dem Gerichtshof zur Verhandlung gelangenden Angelegenheiten nicht eine rein formale Behandlung, nicht einen rein formalen Beweis gestattet, konnte eine allgemeine Kontumazialfolge nicht festgesetzt werden. Die freie Beweistheorie, welche das Gesetz ebenfalls adoptirt (§. 21), gewährt gerade die Möglichkeit, die Bedeutung der Versäumniß der Sachlage jedes einzelnen Falles gemäß zu würdigen.

57) H. Von jeder nach dem Schriftwechsel vom Gerichtshof angeordneten, auch kommissarischen Verhandlung.

58) H. Das Gesetz befreit den Gerichtshof bei Beurtheilung der Thatfrage von jeglichen Fesseln, und geht dabei so weit, daß es nicht einmal hinsichtlich einzelner Beweismittel irgendwelche Schranken aufstellt.

Bei dem Fehlen jeglicher Vorschrift über die Zulässigkeit der Beweismittel entsteht die Frage, ob der Schiedseid und der nothwendige Eid in dem Verfahren vor dem Gerichtshof zugelassen werden können. Der erstere ist unter allen Umständen ausgeschlossen. Bei dem Verfahren handelt es sich niemals bloß um Rechte, welche der freien Privatdisposition der Parteien unterliegen. Ueberdies kommt es stets darauf und allein darauf an, ob die kirchliche Behörde in Wahrheit das Gesetz verletzt hat, und dies kann nimmermehr durch ein rein formales Beweismittel festgestellt werden. Dieser letztere Gesichtspunkt spricht auch für die Ausschließung eines Notheides, weil dieser ebenfalls die Beweisfrage, wenn auch nicht in demselben Maße, wie der Schiedseid, auf formelle Weise erledigt.

Die gleichfalls vom Gesetze nicht berührte Frage nach der Beweislast beantwortet sich durch die Natur des eigenthümlichen Verfahrens, welches in Folge der Berufung eintritt. Dasselbe ist dazu bestimmt, festzustellen, ob eine Gesetzesverletzung durch die kirchliche Disziplinarbehörde erfolgt ist. In so fern hat das Verfahren eine Verwandtschaft mit dem Kriminalprozeß. Der Berufende nimmt in gewisser Hinsicht die Stellung des Anklägers ein, welcher die Behörde einer Gesetzesverletzung und der dadurch erfolgten Beeinträchtigung seiner speziellen Rechte beschuldigt. Da aber auch zugleich stets das öffentliche Interesse in Frage kommt, so kann der Minister der geistlichen Angelegenheiten sich gleichfalls bei dem Verfahren betheiligen. Deshalb ist aber nicht anzunehmen, daß dem Berufenden, bez. dem Vertreter des Ministers eine Beweislast im eigentlichen Sinne obliegt. Denn die kirchlichen Behörden haben ihrerseits ebenfalls die Pflicht, sich innerhalb der ihnen gezogenen Grenzen zu halten, und da sie der Aufsicht des Staates unterstehen und diesem über ihre Maßnahmen Aufklärung zu geben verpflichtet sind, so haben sie gleichfalls die Verbindlichkeit, zwar nicht ihre Unschuld zu beweisen, aber ihre Amtshandlungen darzulegen. Alle Betheiligten sind also sowohl berechtigt, wie verpflichtet, dem Gerichtshof das erforderliche Material herbeizuschaffen. Ja dieser selbst ist ebenfalls befugt, seinerseits die geeigneten Schritte zu thun, um die materielle Wahrheit festzustellen (vgl. §. 17), und ist also nicht an die Anträge der vor ihm verhandelnden Personen gebunden. Von einer Beweislast im eigentlichen Sinne läßt sich demnach bei dem Verfahren vor dem Gerichtshofe gar nicht sprechen.

59) H. Daß nur diese Alternative statthaft ist, folgt aus der Natur des Rechtsmittels.

Das mit Gründen versehene Urtheil wird in der Sitzung, in welcher die mündliche Verhandlung beendet worden ist, oder in einer der nächsten Sitzungen verkündet und eine Ausfertigung desselben dem Berufenden oder dessen Vertreter[60]), sowie der kirchlichen Behörde und dem Minister der geistlichen Angelegenheiten zugestellt.

§. 22. Ueber die mündliche Verhandlung wird ein Protokoll aufgenommen, welches die Namen der Anwesenden[61]) und die wesentlichen Momente der Verhandlung enthalten muß.

Der Staat kann seinerseits, wenn die Ueberschreitung des Gesetzes konstatirt ist, nichts anderes thun, als diese für staatlich nichtig und unwirksam erklären.

Unter Entscheidung ist hier auch die verhängte Entfernung aus dem Amte wider Willen des Berechtigten und die verfügte provisorische Suspension (s. §. 11) zu verstehen.

Die Entscheidung einer nicht preußischen Disziplinarbehörde unterliegt ebenso gut der Vernichtung, wie die einer preußischen. Damit maßt sich der preußische Staat keine Jurisdiktion über fremde Unterthanen an, sondern er läßt nur die Unwirksamkeit ihrer Verfügungen für das preußische Staatsgebiet feststellen.

In wie fern das vernichtende Erkenntniß res judicata macht, ist nach der Verschiedenheit der Fälle zu beurtheilen. Wo die Vernichtung wegen eines nicht aus dem Thatbestand selbst entnommenen Grundes, also wegen der Fälle des §. 10 Nr. 1—3 erfolgt, ist eine nochmalige Disziplinaruntersuchung, welche sich innerhalb der Grenzen der Gesetze hält, unbedenklich zulässig; das Umgekehrte gilt in den Fällen des §. 10 Nr. 4, weil die Handlung überhaupt nicht mit Strafe belegt werden soll. Dasselbe findet statt, wenn die Entfernung aus dem kirchlichen Amte als Disziplinarstrafe oder sonst wider den Willen des davon Betroffenen ausgesprochen worden und die Gesetze des Staates verletzt sind. Auch hier ist derselbe Gesichtspunkt maßgebend, nur wird in solchen Fällen auf eine geringere Disziplinarstrafe erkannt werden können, so fern der Verhängung dieser der §. 10 nicht entgegensteht. Widerspricht dagegen die Entfernung der klaren thatsächlichen Lage oder allgemeinen Rechtsgrundsätzen, so ist die Unzulässigkeit oder die Statthaftigkeit einer nochmaligen Untersuchung davon abhängig, ob im ersten Fall die betreffende Handlung überhaupt nicht bewiesen ist und Freisprechung hätte erfolgen müssen, oder ob bloß die Strafe zu schwer bemessen ist, im zweiten davon, ob trotz der Verletzung des allgemeinen Rechtsgrundsatzes das Verfahren als materiell gültig bestehen bleibt, und nur die Bestrafung nicht hätte erfolgen dürfen, oder ob das Verfahren selbst wegen des betreffenden Verstoßes nichtig ist. Die Vernichtung aus §. 11 Nr. 2 wird die nochmalige Verhängung der vorläufigen Suspension in der anhängigen Untersuchung hindern, weil die Aufhebung derselben das Mittel sein soll, das Verfahren zu beschleunigen.

Besondere Mittel, die Wirkung der res judicata zu sichern, giebt das Gesetz nicht an die Hand; insbesondere bildet die nochmalige Eröffnung der Untersuchung in denjenigen Fällen, in welchen eine solche nach dem eben Bemerkten unzulässig ist, keinen Grund für die Einlegung der Berufung. Diese würde nur dann zulässig sein, wenn in der neueröffneten Untersuchung die Entfernung aus dem Amte ausgesprochen worden wäre, weil letztere gegen die Staatsgesetze, d. h. gegen dieses Gesetz, welches die Beachtung der Entscheidung des Gerichtshofes fordert, verstoßen würde, und abgesehen von diesem Fall nur aus dem früheren Berufungsgrunde, wegen dessen zuerst vernichtet worden, wenn die geistliche Behörde von neuem ein dem vernichteten gleiches Erkenntniß gefällt hat. Einen indirekten Schutz gewährt dagegen der §. 23 in sofern, als der verurtheilte Kirchendiener auch während der neuen Untersuchung in seinen Rechten staatlich geschützt wird, und ferner der §. 24, welcher es ermöglicht, einen kirchlichen Beamten, der den Entscheidungen des Gerichtshofes fort und fort zuwiderhandelt, aus seinem Amte zu entfernen.

Uebrigens werden die hier besprochenen Fragen, was die katholische Kirche betrifft, kaum jemals praktisch werden, denn da die letztere die Jurisdiktion des Gerichtshofes prinzipiell nicht anerkennt, so werden auch die kirchlichen Behörden die Vernichtung ihrer Erkenntnisse als nicht erfolgt ansehen, mithin niemals neue Disziplinaruntersuchungen aus Anlaß einer solchen Vernichtung eröffnen, vielmehr ihre Entscheidungen aufrecht zu erhalten suchen, eine Renitenz, gegen welche der §. 23 die genügenden Repressionsmittel an die Hand giebt.

60) H. Diese Vorschrift hat nur dann einen Sinn, wenn man sie dahin auffaßt, daß der Gerichtshof nach seinem Ermessen die Zustellung an den einen oder andern anordnen kann. Wollte man sie dahin auslegen, daß die Zustellung nur an den Vertreter erfolgen darf, wenn dieser mit Vollmacht zur Empfangnahme des Erkenntnisses versehen ist, so wäre sie völlig überflüssig gewesen.

61) H. D. h. der Betheiligten, also der Mitglieder des Gerichtshofes, des Protokollführers, des Berufenden, bez. seines Stellvertreters, der Vertreter des Ministers und der kirchlichen Behörde.

Das Protokoll wird von dem Vorsitzenden und dem vereideten Protokollführer unterzeichnet.

§. 23. Wird die angefochtene Entscheidung vernichtet, so hat die kirchliche Behörde die Aufhebung der Vollstreckung zu veranlassen und die Wirkung der bereits getroffenen Maßregeln zu beseitigen.

Der Oberpräsident ist befugt[62]), die Befolgung der von ihm deshalb erlassenen Verfügungen durch Geldstrafen bis zum Betrage von 1000 Thalern zu erzwingen[63]) (§. 8. Abs. 2.).

Gegen diese Verfügungen steht der kirchlichen Behörde die Beschwerde bei dem Gerichtshofe für die kirchlichen Angelegenheiten offen.

III. Einschreiten des Staats ohne Berufung.

§. 24. Kirchendiener, welche die auf ihr Amt oder ihre geistlichen Amtsverrichtungen[64]) bezüglichen Vorschriften der Staatsgesetze oder die in dieser Hinsicht von der Obrigkeit innerhalb ihrer gesetzlichen Zuständigkeit getroffenen Anordnungen so schwer verletzen, daß ihr Verbleiben im Amte mit der öffentlichen Ordnung unverträglich erscheint[65]), können auf Antrag der Staatsbehörde[66]) durch gerichtliches Urtheil[67]) aus ihrem Amte entlassen werden[68]).

---

62) H. Diese Befugniß wird nie dahin ausgeübt werden dürfen, daß der Oberpräsident wider Willen und zum Nachtheil des betheiligten Kirchendieners über dessen Kopf hinweg sich mit der kirchlichen Behörde vergleicht, weil der letztere ein Recht darauf hat, daß die ungesetzliche Disziplinarentscheidung nicht gegen ihn vollstreckt werde. Jedenfalls steht ihm die Beschwerde an den Minister der geistlichen Angelegenheiten offen, wenn ihm der Oberpräsident den staatlichen Schutz verweigert.

63) H. Andere Exekutionsmaßregeln werden nicht ausgeschlossen, denn diese sind unter den Worten: „von ihm deshalb erlassenen Verfügungen" mit verstanden. Die Geldstrafe ist hier nur wieder, wie in den §§. 8 und 15, besonders hervorgehoben, um ausdrücklich auch die Statthaftigkeit dieses Exekutionsmittels auszusprechen.

64) H. Mit dem ersteren Wort werden die staatlichen Vorschriften bezeichnet, welche die Stellung des Amtes auf dem staatlichen Gebiete überhaupt, mit dem andern Ausdruck diejenigen, welche die Ausübung der Amtsthätigkeit insbesondere, also z. B. die Vorschriften dieses und des Straf- und Zuchtmittelgesetzes wegen der Handhabung der kirchlichen Strafgewalt, betreffen. Der Zweck und der Zusammenhang der Bestimmung verbietet das Wort: geistlich im engeren Sinne zu fassen, also nur solche Amtsverrichtungen, welche sich auf die Abhaltung des Gottesdienstes, die Verwaltung der Sakramente und die Lehrthätigkeit beziehen, darunter zu verstehen. Es bedeutet dem Zusammenhang nach so viel wie „kirchlich".

65) H. Die Voraussetzung der Entfernung aus dem Amte ist also eine so schwere, eklatante Verletzung der erwähnten Gesetze, daß eine gegründete Gefahr für die öffentliche Ordnung, für die Aufrechterhaltung des normalen Zustandes des öffentlichen Lebens, obwaltet. Eine solche wird dann vorliegen, wenn die Handlung des Kirchendieners den öffentlichen Frieden in empfindlicher Weise stört oder zu stören geeignet ist, z. B. wenn derselbe wiederholt, trotz erfolgter Bestrafung, dem §. 130 a des R.Str.G.B. entgegen aufreizende Kanzelreden gehalten, ferner wenn er die Gesetze so oft und schwer verletzt, daß seine Handlungsweise die Achtung vor denselben gefährdet oder die Annahme rechtfertigt, daß er prinzipiell und absichtlich ihnen entgegen handelt, also wenn er mehrfach gegen das Straf- und Zuchtgesetz oder gegen dieses Gesetz verstoßen oder sich den auf Grund desselben vom Oberpräsidenten erlassenen Anordnungen gegenüber fortdauernd renitent erwiesen hat. Unter allen Umständen sind positive Handlungen oder ein faktischer Widerstand erforderlich; bloße zur Wahrung des prinzipiellen Standpunktes abgegebene Proteste genügen nicht, um den Thatbestand zu konstituiren. Ob ein einzelner Fall der Verletzung der Gesetze ausreicht, ist eine quaestio facti. Für die Regel wird das nicht anzunehmen sein, vgl. auch Gerichtshof f. kirchl. Angel. v. 13. Sept. 1876, Hartmann 2 S. 572.

Nach §. 6 Abs. 2 des Straf- und Zuchtmittelgesetzes schließt die Bestrafung auf Grund des §. 5 desselben durch die gewöhnlichen Gerichte die Anwendung des §. 24 nicht aus. Ob aber eine Verurtheilung auf Grund des letzteren wegen derselben Thatsache stattfinden kann, wegen deren eine Freisprechung vor den ordentlichen Gerichten erfolgt ist, bestimmt das Gesetz nicht. Das Erkenntniß des ordentlichen Strafgerichts präjudizirt zwar auch in diesem Falle nicht dem des kirchlichen Gerichtshofes (s. Anm. 20 zu §. 10 des Ges.), indessen wird es bei voriger Freisprechung durch den Kriminalrichter gewöhnlich an dem erforderlichen Thatbestand des §. 24 fehlen. Denn eine solche wird, selbst wenn sie zu Unrecht erfolgt ist, in der Regel für den Gerichtshof die Möglichkeit ausschließen, entweder eine schwere Verletzung oder die Unverträglichkeit des Verbleibens mit der öffentlichen Ordnung festzustellen.

66) H. Die erforderlichen Anträge stellt zwar der Oberpräsident (§. 26), indessen hindert das Gesetz nicht, daß sich der Minister der geistlichen Angelegenheiten die Bestimmung über die

Die Entlassung aus dem Amte hat die rechtliche Unfähigkeit zur Ausübung des Amtes, den Verlust des Amtseinkommens und die Erledigung der Stelle zur Folge.

§. 25. Dem Antrage muß eine Aufforderung an die vorgesetzte kirchliche Behörde vorausgehen, gegen den Angeschuldigten die kirchliche Untersuchung auf Entlassung aus dem Amte einzuleiten. Steht der Angeschuldigte unter keiner kirchlichen Behörde innerhalb des Deutschen Reichs[69]), so ist derselbe zur Niederlegung seines Amtes aufzufordern[70]).

Die Aufforderung erfolgt schriftlich unter Angabe des Grundes von dem Oberpräsidenten der Provinz.

§. 26. Wird der Aufforderung nicht binnen gesetzter Frist Folge gegeben[71]) oder führt die kirchliche Untersuchung nicht binnen gesetzter Frist zur Entlassung des Angeschuldigten aus dem Amt, so stellt der Oberpräsident bei dem Gerichtshofe für kirchliche Angelegenheiten den Antrag auf Einleitung des Verfahrens[72]).

§. 27. Auf das Ersuchen des Gerichtshofes hat das Gericht höherer Instanz[73]), in dessen

---

Beantragung der Untersuchung vorbehält, also das Vorgehen des Oberpräsidenten von seiner Genehmigung abhängig macht.

67) H. Des königl. Gerichtshofes f. kirchl. Angel., s. §. 32.

68) H. Die gesperrt gedruckten Worte dieses und des Abs. 2 sind durch das Ges. v. 14. Juli 1880 Art. 1 (s. Zus. 69 zu 1043 d. T.) dahin geändert worden, daß fortan nur auf Unfähigkeit zur Bekleidung des Amtes gegen Kirchendiener zu erkennen ist und daß die Aberkennung der Fähigkeit den Verlust des Amtseinkommens zur Folge hat. Vgl. das weitere zu Art. 1 des citirten Zusatzes. Erkenntnisse des Gerichtshofes für kirchliche Angelegenheiten, welche auf Grund der ursprünglichen Fassung des §. 24 auf Amtsentlassung ergangen sind, s. bei Hartmann, Ztschr. 1 S. 17; 2 S. 371, 449; 3 S. 252, 260,518, Arch. f. kathol. K.R. 39 S. 359.

Bekleidet der Geistliche zwei Aemter, z. B. die des Weihbischofes und des Domherrn, so kann er aus beiden entfernt werden, wenngleich er bloß in dem einen die in §. 24 bezeichneten Handlungen vorgenommen hat, weil nach demselben die weitere amtliche Thätigkeit eines solchen Geistlichen verhindert werden soll, Erk. d. Gerichtsh. f. kirchl. Angel. v. 11./14. April 1877, Hartmann, Ztschr. 4 S. 296. Das muß auch jetzt nach der Aenderung des §. 24 für die Unfähigkeit zur Bekleidung des Amtes gelten.

Dem in §. 24 gedachten Fall tritt der durch §. 12 des Ges. v. 12. April 1875 (Zus. zu §. 1056 d. T.) vorhergesehene hinzu.

69) H. Diese Aufforderung wird immer zu erlassen sein, wenn es sich um die Entfernung eines katholischen Bischofs aus seinem Amte handelt. Denn alle Bischöfe, gleichviel ob sie Erzbischöfe, exemte Bischöfe, Suffraganbischöfe eines Erzbischofs oder Weihbischöfe — wegen dieser vgl. Gerichtsh. f. kirchl. Angel. v. 11./14. April 1877, Hartmann, Ztschr. 3 S. 464 — sind, können allein vom Papst ihres Amtes enthoben werden, c. 2 X. de translat. I. 7; conc. Trident. Sess. XIII. c. 8, Sess. XXIV. c. 5 de ref., Kober, Deposition und Degradation S. 46 ff., Richter-Dove, K.R. §. 225. Ferner kann die Vorschrift den Inhabern der Anm. 87 zu §. 1 des Ges. gedachten Kommissariate gegenüber zur Anwendung kommen, so wie gegenüber den Domherren, Pfarrern und Dekanen in solchen Diözesen, deren Bischof abgesetzt oder zur Ausübung seines Amtes für unfähig erklärt worden ist, Erk. d. gedachten Gerichtsh. v. 11./14. April 1877 u. 30. Juni 1878, Hartmann, Ztschr. 3 S. 252, 378; 4 S. 32.

70) H. Die Aufforderung fällt fort im Fall des §. 12 des Ges. v. 22. April 1875 (Zus. zu §. 1056).

71) H. Bedingung der Einleitung des Verfahrens ist nur die Stellung der Frist und die nicht erfolgte Niederlegung des Amtes. Daß der Angeschuldigte die Erlaubniß seiner kirchlichen Oberen zu der letzteren nicht erlangt hat, ist gleichgültig.

72) H. Pl.Beschl. des Gerichtshofes für kirchl. Angel. v. 23. April 1874. Der Gerichtshof hat das Recht vor der die Einleitung der Voruntersuchung betreffenden Verfügung — §. 27 — den Antrag der Staatsbehörde auf Amtsentsetzung, jetzt also auf Unfähigkeitserklärung zur Ausübung des Amtes — §. 24 — in Beziehung auf seine rechtliche Begründung zu prüfen, und die Ablehnung in allen Fällen auszusprechen, in welchen dieselbe aus Rechtsgründen sich rechtfertigt (M.Bl. f. d. i. Verw. S. 122; Allg. Kirchenbl. f. d. evang. Deutschland v. 1875 S. 1).

73) H. Die Voruntersuchung führt der Gerichtshof nicht selbst. Das Gericht höherer Instanz ist das Ober-Landesgericht. — Daraus folgt auch, daß das Mitglied eines solchen Gerichts, welches mit der Führung der Voruntersuchung betraut worden ist, aus den gesetzlichen Gründen

9*

Bezirk der Angeschuldigte seinen amtlichen Wohnsitz hat, einen etatsmäßigen Richter mit Führung der Voruntersuchung zu beauftragen. Bei der Voruntersuchung kommen die entsprechenden Bestimmungen der Strafprozeß-Gesetze zur Anwendung.

Die Verrichtungen der Staatsanwaltschaft werden durch einen von dem Minister der geistlichen Angelegenheiten ernannten Beamten wahrgenommen.

§. 28. Der Gerichtshof kann mit Rücksicht auf den Ausfall der Voruntersuchung das Verfahren einstellen. In diesem Falle erhält der Angeschuldigte Ausfertigung des darauf bezüglichen, mit Gründen auszufertigenden Beschlusses.

§. 29. Wird das Verfahren nicht eingestellt, so ist der Angeschuldigte unter Mittheilung der von dem Beamten der Staatsanwaltschaft anzufertigenden Anschuldigungsschrift zur mündlichen Verhandlung vorzuladen. Derselbe kann sich des Beistandes eines Advokaten oder Rechtsanwaltes als Vertheidigers bedienen [74]).

Außerdem ist der Minister der geistlichen Angelegenheiten zu benachrichtigen.

§. 30. Für das Verfahren finden die Bestimmungen der §§. 17. 18. 20. 21. 22. sinnentsprechende Anwendung [75]).

In dem Urtheil ist entweder die Freisprechung oder die Entlassung des Angeschuldigten aus den von ihm bekleideten kirchlichen Aemtern [76]) auszusprechen.

§. 31. Kirchendiener, welche Amtshandlungen vornehmen [77]), nachdem sie in Gemäßheit des §. 30. aus ihrem Amte entlassen worden sind [78]), werden mit Geldbuße bis zu 100 Thalern, im Wiederholungsfalle bis zu 1000 Thalern bestraft [79]).

---

vom Angeschuldigten perhorreszirt werden darf, St.P.O. §§. 22, 24 u. C.P.O. §§. 41, 42. — Da das Gericht aber nur den Untersuchungsrichter bestellt und sonst mit der Voruntersuchung nichts zu thun hat, so wird der Gerichtshof für kirchliche Angelegenheiten über das Ablehnungsgesuch zu entscheiden haben. Findet er dasselbe begründet, so ist das Gericht um Entbindung des bisherigen Untersuchungsrichters von seinen Funktionen und Bestellung eines anderen zu ersuchen.

Vgl. ferner Pl.Beschl. des Gerichtsh. f. kirchl. Angel. v. 23. April 1874 (M.Bl. f. d. i. V. S. 122, Allg. Kirchenbl. v. 1875 S. 2): Nach Beendigung der gemäß §. 27 des Ges. v. 12. Mai 1873 eintretenden Voruntersuchung sind die Akten von dem Untersuchungsrichter dem auf Grund des Alinea 2 dieses Paragraphen zur Wahrnehmung der Verrichtungen der Staatsanwaltschaft ernannten Beamten vorzulegen, damit derselbe in Betreff der Frage: ob das Verfahren einzustellen sei? seinen Antrag stelle und demnächst die Akten an den königlichen Gerichtshof für kirchliche Angelegenheiten einsende.

74) H. Die Befugniß, sich vertreten zu lassen, räumt der §. 29 dem Angeschuldigten im Gegensatz zu §. 19 nicht ein. Der Gerichtshof ist nicht gehindert, dies zu gestatten, hat aber darüber nach seinem Ermessen zu befinden.

75) H. Daß dem Vertreter der Staatsanwaltschaft die Beweislast für die Anschuldigung obliegt, ergiebt sich sowohl aus der Analogie des gewöhnlichen Straf-, wie auch der des Disziplinar-Verfahrens gegen Staatsbeamte. Aus demselben Grunde ist die Frage nach der Statthaftigkeit eines Notheides, noch mehr nach der Zulässigkeit eines Schiedseides für das in Frage stehende Verfahren ausgeschlossen.

76) H. An Stelle der gesperrt gedruckten Worte muß es jetzt heißen: Unfähigkeit des Angeschuldigten zur Bekleidung der von ihm innegehabten Aemter, s. Anm. 68 zu §. 24 des Ges. Etwas anderes als die eine oder andere Alternative ist nicht möglich. Gerade darin liegt eine Garantie gegen den Mißbrauch des §. 24 zu rein politischen Zwecken, weil die Freisprechung des Angeschuldigten in den meisten Fällen eine moralische Niederlage der Regierung bilden wird.

77) H. D. h. alle Amtshandlungen, welche kraft des nach §. 30 Abs. 2 aberkannten Amtes, oder des Amtes, zu dessen Bekleidung der Betreffende unfähig erklärt worden ist, vorgenommen werden können. Dabei ist es gleichgültig, ob die Handlung nur an das betreffende Amt geknüpft ist oder auch kraft eines anderen vorgenommen werden kann. Die Ausübung der Seelsorge durch einen staatlich entfernten Bischof ist strafbar, wenngleich diese auch an sich durch einen katholischen Pfarrer wahrgenommen werden kann. Denn der Bischof hatte die Befugniß zur Zeit seiner Entfernung nur kraft seines bischöflichen Amtes.

78) H. Und zwar muß es bei der Entlassung verblieben, d. h. die Wirkung des in Gemäßheit des §. 30 ergangenen Erkenntnisses nicht durch Begnadigung, welche auch hier nach Art. 49 der Verf.Urk. statthaft ist, beseitigt worden sein. Vgl. ferner Anm. 17 zu Zus. 70 bei §. 1049 d. T.

§. 32. Zur Entscheidung der in den §§. 10—23. und 24—30. bezeichneten, sowie der anderweitig durch Gesetz zugewiesenen Angelegenheiten [80]) wird eine Behörde errichtet, welche den Namen: IV. Königlicher Gerichtshof für kirchliche Angelegenheiten.

„Königlicher Gerichtshof für kirchliche Angelegenheiten"

führt und ihren Sitz in Berlin hat.

§. 33. Der Gerichtshof besteht aus eilf Mitgliedern. Der Präsident und wenigstens fünf andere Mitglieder müssen etatsmäßig angestellte Richter sein. Die mündliche Verhandlung und Entscheidung in den einzelnen Sachen [81]) erfolgt durch sieben Mitglieder. Der Vorsitzende und wenigstens drei Beisitzer müssen zu den richterlichen Mitgliedern gehören.

Die Geschäftsordnung, insbesondere die Befugnisse des Präsidenten und die Reihenfolge, in welcher die Mitglieder an den einzelnen Sitzungen Theil zu nehmen haben, wird durch ein Regulativ [82]) geordnet, welches der Gerichtshof zu entwerfen und dem Staatsministerium zur Bestätigung einzureichen hat.

---

79) H. Das Zuwiderhandeln gegen die Bestimmung des §. 31 ist nach §. 1 des R.Str.G.B. ein Vergehen, für welches nach §. 32 dieses Gesetzes nicht der Gerichtshof für kirchliche Angelegenheiten, sondern die gewöhnlichen Gerichte kompetent sind.

Betreffend das Verhältniß dieses §. zu §. 132 des R.Str.G.B. kommt es zunächst darauf an, ob Kirchenämter im Sinne des R.Str.G.B. als öffentliche Aemter anzusehen sind, mit anderen Worten, ob der §. 31 Abs. 2 dess. („unter öffentlichen Aemtern im Sinne dieses Strafgesetzes") eine allgemeine, sich auf das ganze Gesetzbuch beziehende terminologische Bedeutung hat. Letzteres muß mit Rücksicht auf die gleiche Bedeutung des Ausdruckes „dieses Strafgesetzes" in §§. 52 u. 359 bejaht werden, d. h. im Sinne des R.Str.G.B. sind die Kirchenämter keine öffentlichen Aemter, vgl. Berner, Strafrecht, 13. Aufl. S. 403; Oppenhoff zu §. 31 Nr. 8 u. 9 u. O.Tr. Str.S. II v. 28. Mai 1874, Entsch. 72 S. 385, u. I v. 4. Febr. 1876, Entsch. 77 S. 375; Hartmann, Ztschr. 2 S. 416; Oppenhoff; Rechtspr. 15 S. 335, s. auch O.Tr. Str.S. II v. 12. Nov. 1874, Oppenhoff a. a. O. S. 768; entgegengesetzter Meinung John in v. Holtzendorff, Handbuch des Strafrechts 3 S. 179. Nach preußischem Recht sind aber die Kirchenämter allerdings öffentliche Aemter (Anm. 31 zu §. 19 d. T.). Demnach enthält der §. 31 dieses Gesetzes eine selbstständige Strafbestimmung neben dem §. 132 des R.Str.G.B.

O.Tr. Str.S. II v. 26. April 1877, Oppenhoff, Rechtspr. 18 S. 289: Wenn ein abgesetzter Bischof in einem Schreiben an die früheren Geistlichen seiner Diözese sich darüber ausspricht, ob Geistliche ohne bischöfliche Genehmigung eine Schulinspektor-Stelle übernehmen dürfen, so gehört eine solche Aeußerung an sich zu den Amtsbefugnissen des Bischofs, ob aber die Aeußerung einen amtlichen oder privaten Charakter hat, fällt der thatsächlichen Feststellung anheim. War die Absicht des Bischofs zugleich auf die Weiterverbreitung des Schriftstückes gerichtet, so hat, wenngleich der Erlaß des Schreibens in Verbindung mit dessen Uebermittelung an die Geistlichen sich bereits als strafbare Amtshandlung darstellt, das vom Bischof in weiterem Umfange beabsichtigte Vergehen erst seine volle Ausführung mit der Vollendung der Verbreitung des Schriftstückes gefunden, und es kann dann in der Veröffentlichung des Schreibens durch eine Zeitung eine wissentliche Hülfsleistung des Redakteurs zu dem Vergehen des Bischofs gefunden werden.

Die Schutzmittel gegen die Wiederanstellung entlassener Kirchendiener bilden das Einspruchsrecht der §§. 15, 16 des Ges. v. 11. Mai 1873 über die Vorbildung und Anstellung der Geistlichen (Zus. 10 zu §. 60 d. T.), und die auf besonderem Rechtstitel beruhenden Mitwirkungsrechte des Staates bei der Besetzung gewisser Aemter, z. B. des Bischofsamtes und der Domherrnstellen (vgl. §. 29 dess. Ges.).

Vgl. ferner R.Ges. v. 4. Mai 1874 (s. den folg. Zus. 16).

80) H. D. h. der Berufung in den in §. 13 Abs. 3 des Ges. v. 11. Mai 1873 (Zus. 10 zu §. 60 d. T.) bezeichneten Angelegenheiten und in den durch das R.Ges. v. 4. Mai 1874 §. 3 (folgender Zus. 16), sowie das Ges. v. 20. Juni 1875 §. 37 (Zus. 25 zu §. 157 d. T.) u. das Ges. v. 22. April 1875 §§. 12, 14 (Zus. zu §. 1066 d. T.) vorgesehenen Fällen. Vgl. übrigens auch Art. 2 des Ges. v. 11. Juli 1883, Zus. 12 zu §. 60 d. T.

81) H. Da der Gerichtshof ein Kollegium bildet und kollegialisch zu entscheiden hat, so ist diese Vorschrift nicht bloß in Betreff der Definitiv-Entscheidungen, sondern auch in Betreff aller Beschlüsse, welche für diese letzteren präjudiziell sind, maßgebend, mithin selbst für die Anordnung des informatorischen Verfahrens vor der mündlichen Verhandlung (§. 17), nicht minder für einen die vorläufige Vollstreckung gestattenden Beschluß (§. 14). Nur diejenigen Verfügungen, welche in das Gebiet der Prozeßleitung fallen, können allein von dem Präsidenten oder einem Mitgliede des Gerichtshofes erlassen werden. Eine mündliche Verhandlung vor dem Beschluß ist in den Fällen der §§. 14, 17 u. 18 nicht erforderlich.

82) H. Vom 31. Okt. bez. 13. Nov. 1873 (M.Bl. f. d. i. V. S. 287 und bei P. Hinschius,

Durch Plenarbeschlüsse des Gerichtshofes können auch die in diesem Gesetz gegebenen Vorschriften des Verfahrens ergänzt und deren sinngemäße Anwendung auf andere durch Gesetz dem Gerichtshofe überwiesene Angelegenheiten[83]) geregelt werden.

§. 34. Die Mitglieder des Gerichtshofes werden vom Könige auf den Vorschlag des Staatsministeriums und zwar die bereits in einem Staatsamte angestellten für die Dauer ihres Hauptamts, die anderen Mitglieder auf Lebenszeit ernannt.

Für die Rechte und Pflichten der Mitglieder des Gerichtshofes sind die für die Mitglieder des Obertribunals bestehenden Vorschriften maßgebend.[83a])

§. 35. Der Gerichtshof entscheidet endgültig mit Ausschluß jeder weiteren Berufung.[84])

§. 36. Die Justiz- und Verwaltungsbehörden haben den an sie ergehenden Ersuchen des Gerichtshofes Folge zu geben. Die Beschlüsse und Entscheidungen des Gerichtshofs sind im Verwaltungswege vollstreckbar.

§. 37. Ueber die Verpflichtung zur Zahlung der Kosten des Verfahrens entscheidet der Gerichtshof nach freiem Ermessen[85]). Als Kosten werden nur baare Auslagen[86]) in Ansatz gebracht.

V. Schlußbestimmung. §. 38. Das Erforderniß staatlicher Bestätigung kirchlicher Disziplinar-Entscheidungen und der Rekurs wegen Mißbrauchs der kirchlichen Disziplinar-Strafgewalt[87]) an den Staat treten, soweit solche im bisherigen Rechte begründet sind, außer Kraft.

Urkundlich 2c.

16. Reichsgesetz, betreffend die Verhinderung der unbefugten Ausübung von Kirchenämtern. Vom 4. Mai 1874. (R.G.Bl. S. 43.)[88])

Wir 2c. verordnen im Namen des Deutschen Reichs, nach erfolgter Zustimmung des Bundesraths und des Reichstags, was folgt:

§. 1. Einem Geistlichen oder anderen Religionsdiener[89]), welcher durch gerichtliches Urtheil aus seinem Amte entlassen worden ist[90]) und hierauf eine Handlung vornimmt, aus welcher

---

Kirchengesetze von 1873 S. 195) mit den Zusatzbeschlüssen des Gerichtshofes bei Hartmann, Ztschr. 1 S. 681.

83) Vgl. z. B. Anm. 72 u. 73 zu §§. 26 u. 27 des Ges.

83a) H. Jetzt nach Aufhebung des Obertribunals die Vorschriften des Ges. betr. Abänderungen der Bestimmungen der Disziplinargesetze v. 9. April 1879 (G.S. S. 345, s. auch Zus. 38 zu II. 10 §. 103), vgl. insbesondere §. 1.

84) H. Eine bei dem Gerichtshof selbst anzubringende Nullitätsklage wäre an sich nicht undenkbar, ist aber kein Bedürfniß, da durch die Zusammensetzung des Gerichtshofes die Garantie gegeben ist, daß derselbe nicht solche Verstöße begehen wird, welche allein mit diesem Rechtsmittel gerügt werden könnten.

85) H. Im Zweifel werden diese nach Analogie der sonst geltenden Regel der unterliegenden Partei zur Last zu legen sein.

86) H. Für das Verfahren vor dem Gerichtshof selbst werden keine Kosten berechnet, dasselbe ist mithin sportelfrei. Unter baaren Auslagen können nur solche verstanden werden, welche dem Staat entstanden sind, z. B. Gebühren, Diäten und Reisekosten für Zeugen, nur diese sind vom Gerichtshof zu berechnen und von der unterliegenden Partei nöthigenfalls durch Administrativ-Exekution einzuziehen (§. 36). Das ergeben die Worte: „in Ansatz bringen", welche allein von der Verpflichtung der Partei zur Zahlung der Kosten gegenüber dem Gerichte handeln können. Für das Verhältniß der Parteien untereinander, also für die Frage, was die unterliegende der obsiegenden an Reisekosten, Anwaltsgebühren, Diäten u. s. w. zu erstatten hat, ist die Vorschrift des ersten Satzes des §. maßgebend. Der Gerichtshof hat also auch in dieser Beziehung nach freiem Ermessen das Erforderliche festzusetzen, nur darf er dabei niemals andere Unkosten in Berücksichtigung ziehen, als solche, welche unter die baaren Auslagen gerechnet werden können.

87) H. Dadurch ist die in den alten Provinzen in der K.O. v. 12. April 1822 (s. Anm. 17 zu §. 9 des Ges.) vorgeschriebene königliche Bestätigung nunmehr beseitigt. Sie bezieht sich gleichmäßig auf die Geistlichen der evangelischen und katholischen Kirche, kann also auch nur auf das staatliche Oberaufsichtsrecht, nicht auf das landesherrliche Kirchenregiment zurückgeführt werden.

88) H. Vgl. hierzu die Ausführungs-Verfügung des Ministers des Innern und des Kultusministers v. 22. Juni 1874, Hartmann, Ztschr. 2 S. 201.

hervorgeht, daß er die Fortdauer des ihm entzogenen Amtes beansprucht[91]), kann durch Ver=

89) H. Das Gesetz folgt in seiner Terminologie dem Sprachgebrauch des R.Str.G.B. §§. 130a, 337, welches die Religionsbeamten der vollprivilegirten christlichen Kirchen als Geistliche, die der andern Religionsgesellschaften als Religionsdiener bezeichnet, vergl. auch Anm. 27 zu Zus. 9 bei §. 57 d. T. Für die Religionsdiener im eigentlichen Sinne hat das Gesetz aber keine praktische Bedeutung, s. folgende Anm.

90) H. Darunter ist das Erkenntniß eines staatlichen Gerichts zu verstehen, vergl. Motive (Drucks. des Reichstages 2. Legisl.Per. I. Sess. Nr. 103): „Diese Bestimmung trifft sowohl diejenigen Geistlichen, welche durch besonders dazu bestellte staatliche Verwaltungsgerichtshöfe ihres Amtes entsetzt sind, weil ihr Verhalten im Amte mit der öffentlichen Ordnung unverträglich war — und ein solcher Gerichtshof ist für Preußen durch das erwähnte Ges. v. 22. Mai 1873, sowie für das Großherzogthum Baden durch Art. 3 des Ges. v. 19. Febr. 1874 betr. die Abänderung einiger Bestimmungen des Ges. v. 9. Okt. 1860 über die rechtliche Stellung der Kirchen und kirchlichen Vereine in das Leben gerufen —, als auch diejenigen Geistlichen, welche durch Kriminal=Erkenntniß zu einer Strafe verurtheilt sind, die den Verlust des bekleideten Amtes zur Folge hat." Für diese Auslegung und dagegen, daß das Gesetz auch die Erkenntnisse kirchlicher Disziplinargerichte unter dem Ausdrucke: „gerichtliches Urtheil" begreift, spricht ferner der Zweck des Gesetzes. Dasselbe will die Ausführung der zur Wahrung des staatlichen Aufsichtsrechtes erlassenen Gesetze sichern und den Verletzungen derselben mit zweckentsprechenden Mitteln entgegentreten, nicht aber überhaupt die Vornahme von Amtshandlungen durch abgesetzte Geistliche ohne Rücksicht auf die Gründe der Amtsentsetzung in allen Fällen verhüten. Maßregeln zum Schutze der kirchlichen Disziplinargewalt und zur Ausführung der Erkenntnisse derselben liegen dem Gesetze vollkommen fern, um so mehr, als in dieser Beziehung ausreichende Normen in den einzelnen deutschen Staaten bestehen, s. das Ges. über die kirchliche Disziplinargewalt v. 12. Mai 1873 §. 9 (Zus. 15). Mit Rücksicht auf die Aenderung des Ges. v. 14. Juli 1880 Art. 1 (vgl. vorhergehenden Zus. 15 §. 24 Anm. 68) kommt eine staatliche Entlassung aus dem Amte in Preußen nur noch im Falle des §. 21 des Ges. v. 11. Mai 1873 (Zus. 10 zu §. 60 d. T.) vor. Im Uebrigen ist an Stelle derselben die Unfähigkeitserklärung zur Bekleidung des Amtes getreten.

Die Motive zu dem Art. 1 des erst citirten Gesetzes (Drucks. des Abg.H. Nr. 287 S. 10) stellen es als zweifellos hin, daß der Strafe der Amtsentlassung, welche der §. 1 des oben mitgetheilten Reichsgesetzes als Voraussetzung der erwähnten polizeilichen Maßregeln betrachtet, ohne weiteres die nunmehr eingeführte Aberkennung der Fähigkeit zur Bekleidung des Amtes zu substituiren ist. So unbedenklich erscheint diese Auffassung nicht, insbesondere ist bei dem Hinweis auf das in der Begründung des Reichsgesetzes angezogene badische Ges. v. 19. Febr. 1874 Art. 3 übersehen, daß die Strafe der Aberkennung der Fähigkeit zur weiteren Bekleidung des Amtes nach dem weiter in Betracht kommenden Art. 14 VII des badischen Einf.Ges. zum R.Str.G.B. v. 23. Dez. 1871 den dauernden Verlust des bekleideten Kirchenamtes von Rechtswegen zur Folge hat (K.G. v. 1874 S. 6), also mit der Amtsentlassung der preußischen Gesetze juristisch gleichbedeutend ist. Nichtsdestoweniger wird im Endresultat der Auffassung, welche die Motive aussprechen, beizutreten sein. Das Reichsgesetz hat den Zweck, den Staatsregierungen besondere Mittel präventiven Charakters zur Beseitigung der Renitenz solcher Geistlichen zu gewähren, welche den Staatsgesetzen den schuldigen Gehorsam durch unerlaubte Amtsausübung und Amtsanmaßung verweigern. Es trifft daher sowohl diejenigen, denen ihr Amt durch gerichtliches Urtheil entzogen, wie auch diejenigen, welche ein Amt den Staatsgesetzen zuwider übertragen erhalten oder übernommen haben. Den ersteren stehen jetzt solche Geistliche gleich, gegen welche auf Unfähigkeit zur Bekleidung ihrer Aemter erkannt worden ist, und wenngleich das Reichsgesetz nur der Amtsentlassung gedenkt und, wie der Rechtszustand zur Zeit seiner Berathung war, auch nur dieser erwähnen konnte, so steht doch, so weit der Zweck dieses Gesetzes in Betracht kommt, die durch Art. 1 eingeführte Aberkennung der Fähigkeit zur Bekleidung des Amtes der Amtsentlassung gleich. Sie bewirkt den vollständigen Verlust der materiellen Seite des Amtsrechtes, des Amtseinkommens, und ihre weitere Folge, die dauernde Suspension von den übrigen Amtsrechten, insbesondere der Ausübung der kirchlichen Funktionen, hat praktisch dieselbe Wirkung, wie die frühere Amtsentlassung, indem sie staatlich das Weiteramtiren ebenso unerlaubt wie die letztere macht, während die fortdauernde Zuständigkeit der geistlichen Seite des Amtes, welche den Eintritt der Erledigung desselben hindert, für den bisherigen Amtsinhaber, so lange die Strafe wirkt, vom Standpunkt des staatlichen Rechts ohne Realität ist.

Unter dem Amte, aus welchem der Geistliche entfernt sein muß, ist selbstverständlich ein Kirchenamt zu verstehen, gleichviel ob es ein geistliches Amt im Sinne des Ges. v. 11. Mai 1873 §. 1 ist, oder ein Amt, mit welchem keine geistlichen Funktionen, namentlich keine Seelsorge, sondern nur jurisdiktionelle oder Leitungsbefugnisse verbunden sind, s. Anm. 36 zu §. 1 des cit. Ges. (Zus. 10 zu §. 60 d. T.).

91) H. Voraussetzung ist, daß der Geistliche sich mindestens noch als Inhaber des ihm

fügung der Landespolizeibehörde[92]) der Aufenthalt in bestimmten Bezirken oder Orten versagt oder angewiesen werden[93]).

Besteht[94]) die Handlung desselben in der ausdrücklichen Anmaßung des Amtes[95]), oder in der thatsächlichen Ausübung desselben[96]), oder handelt er der gegen ihn ergangenen Verfügung

---

entzogenen Amtes gerirt. Demnach fällt nicht das bloße Verweilen in der Amtswohnung, sondern erst das Verbleiben nach erfolgter Aufforderung zur Räumung unter das Gesetz, ferner wird davon betroffen z. B. der weitere Gebrauch des Titels des entzogenen Amtes, die Erklärung, trotz der staatlichen Absetzung noch Inhaber des betreffenden Amtes zu sein oder die Entlassung nicht als gültig anzuerkennen, die Empfangnahme von Deputationen aus Anlaß der Amtsentfernung, wenn die von ihnen ausgesprochene Anerkennung der Fortdauer acceptirt wird. Das Gesagte gilt auch für diejenigen Geistlichen, gegen welche zufolge der Aenderung in der Gesetzgebung (s. vor. Anm.) nur auf Unfähigkeit zur Bekleidung des Amtes erkannt worden ist. Der etwaigen Annahme, daß der Verurtheilte jetzt sein Amt nicht mehr völlig verliert, also auch berechtigt erscheint, Handlungen vorzunehmen, welche auf fortdauernde Beanspruchung des Amtes schließen lassen, steht entgegen, daß ein solcher Geistlicher einestheils seiner Amtsrechte verlustig geht, in Bezug auf den anderen Theil aber dauernd suspendirt ist und unter diesen Umständen jede derartige Handlung den Charakter einer Anmaßung des vollen Amtsrechtes und zugleich der Nichtbeachtung der gegen ihn ausgesprochenen Verurtheilung an sich trägt.

92) H. Dieser, sowie der mit ihm gleichbedeutende Ausdruck: höhere Landespolizeibehörde, welcher sich auch im R.Str.G.B. §§. 38, 39, 284, 362 und in der Bekanntmachung des Reichskanzlers v. 5. Juli 1872 Nr. 3 (R.G.Bl. S. 254) findet, bedeutet im Gegensatze zu den mit der lokalen Polizei betrauten Ortsbehörden diejenigen Behörden der einzelnen Bundesstaaten, welchen die Sorge für die Sicherheit ganzer Landestheile obliegt. In **Preußen** sind dies die Regierungen, bez. die Landdrosteien, bez. die Regierungspräsidenten. Daß die ihnen vorgesetzten Behörden, die Oberpräsidenten, bez. der Minister des Innern und der Kultus-Minister, sie in der fraglichen Richtung mit der Anweisung versehen können, ist nicht ausgeschlossen. Diese müssen sogar eingreifen, wenn die Externirung sich auch auf solche Bezirke, für welche die einzelne Behörde nicht kompetent ist, erstrecken soll, so fern nicht etwa die betreffende zuständige Behörde auf Ersuchen die Maßregel ebenfalls eintreten lassen will.

93) H. In der Weise, daß der Betreffende nach seiner Wahl, mit Ausnahme bestimmt bezeichneter Orte oder Bezirke, einen Aufenthaltsort nehmen kann oder auf einen gewissen Bezirk oder Ort konfinirt wird. Eine Versagung des Aufenthaltes in allen Theilen des betreffenden Staates ist aber auf Grund des Abs. 1 des §. 1 nicht statthaft. Diese würde ihrem Effekt nach auf die nicht gesetzlich zulässige Ausweisung eines Inländers, s. §. 39 Nr. 1 u. 2 des R.Str.G.B. u. Ges. über die Freizügigkeit v. 1. Nov. 1867 §§. 1, 3, B.G.Bl. S. 55, hinauslaufen.

Besitzt der Ausgewiesene keine Mittel, um sich an den ihm angewiesenen oder einen andern als den ihm verbotenen Ort zu begeben, und ist er nicht in der Lage, sich dort zu ernähren, so wird er auf Staatskosten dorthin zu transportiren und auch nöthigenfalls zu unterhalten sein. Von einer Anwendung der über die Armenpflege geltenden gesetzlichen Bestimmungen, s. das Ges. über den Unterstützungswohnsitz v. 6. Juni 1870, B.G.Bl. S. 360, kann deshalb keine Rede sein, weil die verpflichteten Armenverbände für die Regel die Ueberführung des Hülfsbedürftigen verlangen können, der ausgewiesene Geistliche aber nicht nach seinem Unterstützungswohnsitz, aus dem er in fast allen Fällen gerade ausgewiesen sein wird, zurückgebracht werden darf.

Zur Durchführung der Internirung oder Externirung kann die Landespolizeibehörde sich aller gesetzlich ihr zustehenden Exekutivmittel bedienen, namentlich aber Geldstrafen und unmittelbaren Zwang anwenden.

94) Durch Abs. 2 werden aus der Kategorie der im Abs. 1 charakterisirten gewisse Handlungen (s. Anm. 95, 96) hervorgehoben, wegen welcher eine schwerere Maßregel als die bloße Versagung oder Anweisung des Aufenthaltes verhängt werden kann, und zwar abgesehen von dem dritten Falle (Anm. 97) sofort, ohne daß Externirung oder Internirung vorher eingetreten zu sein braucht.

95) H. D. h. einer positiven Erklärung, daß ihm das Amt, trotz der staatlichen Anerkennung, noch zustehe, also z. B. der ausdrücklichen Anmaßung des bisherigen kirchlichen Amtstitels.

96) H. Hierunter fällt die Vornahme aller derjenigen Handlungen, welche kraft des entzogenen Amtes ausgeübt werden können, Anm. 77 zu §. 31 des vorhergehenden Zus. 15.

Wie Anm. 94 bemerkt, kann die Entziehung der Staatsangehörigkeit sofort erfolgen, wenn die erste nach der Verurtheilung vorgenommene Handlung die in Anm. 95 und Abs. 1 dieser Anm. gedachte Qualifikation trägt; andererseits schließt das Gesetz es aber nicht aus, daß wenn

der Landespolizeibehörde zuwider, so kann[97]) er seiner Staatsangehörigkeit[98]) durch Verfügung der Centralbehörde[99]) seines Heimathsstaats verlustig[100]) erklärt und aus dem Bundesgebiete ausgewiesen werden[1]).

§. 2. Die Vorschriften des §. 1 finden auch auf diejenigen Personen[2]) Anwendung, welche wegen Vornahme von Amtshandlungen in einem Kirchenamte, das den Vorschriften der Staatsgesetze[3]) zuwider ihnen übertragen, oder von ihnen übernommen[4]) ist, rechtskräftig zu Strafe verurtheilt worden sind[5]).

§. 3. In der Verfügung (§§. 1, 2) sind die Gründe[6]) der angeordneten Maßregel anzugeben.

---

zuerst eine bloße Aufenthaltsbeschränkung oder eine Internirung erfolgt ist, und demnächst eine Handlung der schweren Qualifikation vorgenommen wird, die schwerere Maßregel verfügt werden darf.

97) H. Die Verhängung ist also in das Ermessen der Centralbehörde gelegt.

98) H. Vgl. dazu auch §. 4. Mit der Staatsangehörigkeit gehen auch die dadurch bedingten, also namentlich die politischen Rechte, z. B. das Recht für die Landesvertretung zu wählen und gewählt zu werden, verloren.

99) H. Die oberste leitende Behörde, zu deren Ressort die betreffende Angelegenheit gehört, also der Minister des Innern und der Minister der geistlichen Angelegenheiten.

100) H. Dadurch tritt zu den §. 13 Nr. 2 des R.Ges. über die Erwerbung und den Verlust der Bundes- und Staatsangehörigkeit v. 1. Juni 1870 (B.G.Bl. S. 355, s. auch a. a. O. S. 648 u. 657 und R.G.Bl. v. 1871 S. 89) erwähnten Fällen (vgl. noch §§. 20 u. 22), in denen die Staatsangehörigkeit durch Beschluß der Behörde verloren geht, ein weiterer hinzu. Vergl. auch zu §. 4.

1) H. Nicht bloß aus dem Gebiete desjenigen Staates, dessen Centralbehörde den Verlust der Staatsangehörigkeit ausgesprochen hat, weil mit der letzteren auch zugleich die Reichsangehörigkeit erlischt, s. §. 1 des Ges. v. 1. Juni 1870 (vor. Anm.), der Betreffende mithin rechtlich dem Ausländer, nicht dem einem andern deutschen Staat angehörigen Reichsunterthanen gleichgestellt wird. Vergl. auch §. 4.

Das Gesetz schreibt nicht vor, daß mit der Entziehung der Staatsangehörigkeit stets die Ausweisung aus dem Bundesgebiet verbunden werden muß, oder mit anderen Worten, daß erstere nicht ohne Verhängung der letztgedachten Maßregel statthaft ist. Das Wort „und" bedingt diese Auslegung nicht. Dagegen spricht der Zweck des Gesetzes, welches den Regierungen diskretionäre Mittel je nach Lage der einzelnen Fälle gegen die sich den Staatsgesetzen widersetzenden Geistlichen gewähren will, und für die Anwendung derselben einen gewissen Spielraum lassen mußte. Auch die Verhängung einer Internirung in Verbindung mit der Entziehung der Staatsangehörigkeit ist zulässig, weil die im Abs. 1 gedachte Befugniß auch für die schwereren in Abs. 2 vorgesehenen Fälle nicht cessirt, sondern für diese allein der Centralbehörde das Recht zu weitergehenden Maßregeln, ohne daß diese die ersterwähnte ausschließen, gegeben wird. Dagegen ist die bloße Ausweisung aus dem Bundesgebiet ohne Entziehung der Staatsangehörigkeit unstatthaft, weil erst durch letztere die Ausweisung rechtlich möglich gemacht wird.

Wenn ein expatriirter und ausgewiesener Geistlicher ohne Erlaubniß zurückkehrt, so unterliegt er der Strafe des §. 361 Nr. 2 des R.Str.G.B.

2) Der Absicht des Gesetzes nach können mit diesem Ausdruck ebenfalls nur Geistliche gemeint sein, und das um so mehr, als gegen Laien, welche kirchliche Aemter übertragen erhalten, gar kein Bedürfniß zum Erlasse des Gesetzes vorlag.

3) Vgl. §. 23 Abs. 1, §§. 1—3, 15 des Ges. v. 11. Mai 1873 (Zus. 10 zu §. 60 d. T.) und Art 1, 2 des Deklarationsges. dazu v. 21. Mai 1874 (Zus. 11 a. a. O.), ferner §§. 1—4 des Ges. über die Verwaltung erledigter katholischer Bisthümer v. 20. Mai 1874 (s. Zus. 67 zu §. 1043 d. T.).

4) Damit sollen die Fälle gedeckt werden, wo keine Uebertragung des Amtes stattfindet, s. Anm. 67 zu Art. 2 des Ges. v. 21. Mai 1874 (Zus. 11 zu §. 60 d. T.).

5) H. Auf Grund der bloßen Verurtheilung kann die Internirung oder Externirung, bez. die Expatriirung noch nicht verfügt werden, vielmehr steht ein solches Erkenntniß nur dem im §. 1 erwähnten Urtheil auf Amtsentlassung gleich, weitere Voraussetzung ist also auch für diesen Fall die spätere Vornahme von Handlungen, aus denen hervorgeht, daß der betreffende Geistliche die Fortdauer des Amtes beansprucht.

6) H. Also vor allem auch die Bezeichnung derjenigen Handlungen, in welchen die Verwaltungsbehörde das Beanspruchen der Fortdauer, die ausdrückliche Anmaßung oder die that-

Behauptet der Betroffene, daß er die ihm zur Last gelegten Handlungen nicht begangen habe [7]) oder daß dieselben den im §. 1 bezeichneten Thatbestand nicht enthalten [8]), so steht ihm binnen acht Tagen nach Zustellung der Verfügung [9]) die Berufung [10]) auf richterliches Gehör offen.

Zuständig ist in denjenigen Bundesstaaten, in welchen ein aus ständigen Mitgliedern zusammengesetzter besonderer Gerichtshof für kirchliche Angelegenheiten besteht, dieser Gerichtshof [11]); in den übrigen Bundesstaaten das höchste Gericht für Strafsachen.

Das Gericht entscheidet, ob der Berufende eine der im §. 1 bezeichneten Handlungen begangen hat [12]). Wird festgestellt, daß keine Handlung vorliegt, auf Grund deren dieses Gesetz die angefochtene Verfügung für zulässig erklärt, so ist die letztere durch die anordnende Behörde aufzuheben [13]).

---

sächliche Ausübung des Amtes, die Verletzung der Verfügung der Landespolizeibehörde (§. 1) oder endlich das Funktioniren in einem widerrechtlich übertragenen oder übernommenen Amte (§. 2) gefunden hat, weil sonst der von der Maßregel betroffene Geistliche sich nicht darüber schlüssig machen kann, ob er die Berufung (s. Abs. 2) einzuwenden in der Lage ist.

7) H. D. h. daß die verfügende Behörde die Vornahme der Handlung, obwohl sie gar nicht stattgefunden, zu Unrecht als thatsächlich festgestellt angesehen habe.

8) H. Hierunter sind die Fälle begriffen, wo der Geistliche nicht die Vornahme der Handlung, wohl aber bestreitet, daß sie ihrer Qualifikation nach unter §§. 1 und 2 falle, z. B. behauptet, daß in ihr nicht eine Fortdauer des Amtes, eine thatsächliche Ausübung desselben u. s. w. enthalten sei, weiter, daß er die Verfügung der Landespolizeibehörde nicht verletzt, da dieselbe irrthümlich angenommen habe, der von ihm trotz der Externirung betretene Ort gehöre zu dem Bereiche des ihm versagten Bezirkes, endlich, daß die Handlung wohl die Verhängung der Externirung oder Internirung, nicht aber die der Expatriirung gesetzlich gerechtfertigt erscheinen lasse.

9) H. Sofern diese der Vorschrift des Abs. 1 entspricht (s. Anm. 6); anderenfalls läuft die Frist nicht. Bei Berechnung derselben bleibt der Tag der Zustellung außer Ansatz.

10) H. Da das Gesetz schlechthin eine Berufung auf richterliches Gehör gewährt, und diese als einen einzigen Akt auffaßt, so muß die Rechtfertigung zugleich mit der Berufung verbunden werden. Eine besondere Frist dafür ist nicht gewährt. Jedenfalls wird aber eine Berufung, aus welcher die im Abs. 2 gedachten Voraussetzungen derselben erhellen, ausreichen. Die Berufung ist einzig und allein im Interesse der Rechtskontrole gewährt; daraus folgt, daß die Beschwerde an die vorgesetzte Verwaltungsbehörde nicht ausgeschlossen ist. Weder der Wortlaut noch der Zweck der Vorschrift ergeben, daß die Berufung das einzige Mittel hat sein sollen, etwaige unrechtmäßige Verfügungen zu beseitigen.

11) H. Vergl. Ges. v. 12. Mai 1873 §§. 32 ff. (Zus. 15 zu §. 124 d. T.).

12) H. Die Entscheidung des Berufungsgerichtes hat sich allein auf die in den Anm. 7 und 8 gedachten Umstände zu erstrecken, also auf die Frage, ob die inkriminirte Handlung vorgenommen worden und ob sie den Thatbestand der §§. 1 oder 2 bildet, d. h. nur auf das Vorliegen der rechtlichen Voraussetzungen, nicht aber auf die Zweckmäßigkeit der von der Verwaltungsbehörde verhängten Maßregel. Auch kann die Zurückweisung der Berufung nicht dadurch herbeigeführt werden, daß die Verwaltungsbehörde ihre Verfügung durch nachträgliche Angabe anderer Thatsachen, als der in derselben angeführten, während des Berufungsverfahrens zu stützen sucht, s. Erk. des Gerichtsh. f. kirchl. Angel. v. 10. Febr. 1875 (Hartmann, Zeitschr. f. öffentl. Recht 1 S. 495). Selbstverständlich ist übrigens, daß das Berufungsgericht die rechtskräftigen Entscheidungen, welche nach §§. 1 u. 2 vorausgegangen sein müssen, in ihrer materiellen Begründetheit nicht mehr zu untersuchen hat.

Der Tenor des vom Gericht zu erlassenden Urtheils wird dahin zu fassen sein, daß X. die näher zu bezeichnende Handlung nicht begangen habe, oder daß dieselbe nicht den Thatbestand der §§. 1 u. 2 bilde. Diese Praxis hat auch der Gerichtshof für kirchliche Angelegenheiten in Preußen angenommen. Auf Vernichtung der Verfügung der Verwaltungsbehörde kann das Gericht nicht erkennen, dies ergiebt sich aus dem letzten Satz des Abs. 4 des §.

Gründet sich die angefochtene Verfügung auf mehrere vom Berufenden angeblich vorgenommene Handlungen, so kann die Berufung dann nicht für gerechtfertigt erklärt werden, wenn auch nur von einer derselben festgestellt wird, daß sie wirklich stattgehabt und den Thatbestand bildet, welcher die Maßregel nach §§. 1 oder 2 rechtfertigt.

13) H. Erst mit dieser Aufhebung verliert die verhängte Maßregel ihren Effekt, also nicht schon durch das Urtheil des Berufungsgerichtes. Die Verwaltungsbehörde ist aber verpflichtet, die durch das letztere erforderlich gewordene Remedur so schnell als möglich eintreten zu lassen.

Die Berufung muß von dem Berufenden in gerichtlich oder notariell beglaubigter Form unterzeichnet und dem zuständigen Gericht eingereicht werden.

Für das Verfahren kommen die bei dem zuständigen Gericht geltenden Vorschriften zur Anwendung[14]). Erforderliche Abänderungen und Ergänzungen derselben werden bis zur gesetzlichen Regelung durch das Gericht festgestellt. Die für den Fortgang des Verfahrens gesetzlich vorgeschriebenen Fristen können nach Ermessen des Gerichts abgekürzt werden.

Die Berufung hält die Vollstreckung der angefochtenen Verfügung nur dann auf[15]), wenn die letztere den Verlust der Staatsangehörigkeit[16]) ausgesprochen hat. In diesem Falle[17]) kann dem Berufenden bis zur richterlichen Entscheidung[18]) der Aufenthalt in bestimmten Bezirken oder Orten versagt oder angewiesen werden.

§. 4. Personen, welche nach den Vorschriften dieses Gesetzes ihrer Staatsangehörigkeit in einem Bundesstaate verlustig erklärt worden sind, verlieren dieselbe auch in jedem anderen Bundesstaate und können ohne Genehmigung des Bundesraths in keinem Bundesstaate die Staatsangehörigkeit von neuem erwerben.

§. 5. Personen, welche wegen Vornahme von Amtshandlungen in einem Kirchenamte, das den Staatsgesetzen zuwider ihnen übertragen oder von ihnen übernommen ist, zur Untersuchung gezogen werden, kann nach Eröffnung der gerichtlichen Untersuchung[19]) durch Verfügung der Landespolizeibehörde bis zur rechtskräftigen Beendigung des Verfahrens[20]) der Aufenthalt in bestimmten Bezirken oder Orten versagt werden[21]).

Urkundlich 2c.

Geschieht dies nicht, so ist Beschwerde bei der vorgesetzten Instanz, nöthigenfalls aber auch eine solche nach Maßgabe der Reichsverfassung Art. 4 Nr. 1 und Art. 17 beim Kaiser, bez. Reichskanzler zulässig, vgl. auch E. Rümelin, das Beaufsichtigungsrecht des Reiches in d. Ztschr. f. d. gesammte Staatswissenschaft 39 S. 215.

14) H. Was die Beweislast betrifft, so liegt diese der Verwaltungsbehörde, nicht dem Berufenden ob. Letzterer nimmt eine dem Angeklagten im Strafprozesse ähnliche Stellung ein, und es muß ihm daher der Beweis der Schuld geführt werden.

15) H. Wegen des Suspensiv-Effektes wird das Berufungsgericht der Centralbehörde, deren Verfügung angefochten wird, sofort von der Berufung Mittheilung machen müssen.

16) H. Wenn aber nach Entziehung der Staatsangehörigkeit durch weitere Verfügung der Centralbehörde die Ausweisung aus dem Bundesgebiete ausgesprochen wird, so hat die dagegen eingelegte Berufung keinen Suspensiv-Effekt. Die Expatriirung ist die Voraussetzung der Ausweisung aus dem Bundesgebiete, und es kommt allein auf einen erhöhten Schutz gegen die erstere an. Auch kann vorher, ehe über die Berufung wegen Entziehung der Staatsangehörigkeit von dem Berufungsgericht entschieden ist, die Ausweisung wegen des Suspensiv-Effektes, der die Wirksamkeit der Expatriirung hindert, nicht verhängt werden.

17) H. In diesem Falle sollte wenigstens das Minus, die Externirung oder die Internirung, deren Effekt durch die Berufung nicht suspendirt wird, statthaft sein.

Wer dieselbe verhängen soll, ist nicht gesagt. Es wird dies aber nicht bloß von der Landespolizeibehörde, sondern auch von der Centralbehörde geschehen können, ja dieselbe ist in ihrer Stellung als höhere Verwaltungsinstanz sogar befugt, sich die Entscheidung darüber ausschließlich vorzubehalten.

18) H. Hier ist schon durch das Gesetz selbst eine Frist bestimmt, mit deren Ablauf die Externirung oder Internirung ihr Ende erreicht und außer Wirkung tritt. Es bedarf daher — abweichend von dem Anm. 13 gedachten Fall — nicht erst einer Aufhebung seitens der anordnenden Behörde.

19) H. D. h. des Hauptverfahrens, nicht eines Skrutinialverfahrens oder einer bloßen Voruntersuchung.

20) H. In dem Augenblick, wo das ergangene Urtheil rechtskräftig wird, erlischt die Wirkung der Maßregel. Ist der Angeklagte verurtheilt, so kann, falls er sich weiter als berechtigter Inhaber des Amtes gerirt, von neuem die Verhängung der Internirung oder Externirung auf Grund des §. 1 erfolgen.

21) H. Gegen diese Maßregel, welche bloß einen provisorischen Charakter hat, ist eine Berufung nach §. 5 nicht statthaft, vielmehr nur die Beschwerde an die vorgesetzte Verwaltungsinstanz.

§. 125.* Vermöge dieses Rechts kann er die ihm untergeordneten Geistlichen durch geistliche Bußübungen, durch kleine, den Betrag von zwanzig Thalern nicht übersteigende Geldbußen, oder auch durch eine die Dauer von vier Wochen nicht übersteigende Gefängnißstrafe, zum Gehorsam, und zur Beobachtung ihrer Amtspflichten anhalten [22]).

§. 126. Geistliche katholischer Religion, die sich in ihrer Amtsführung grober Vergehungen schuldig gemacht haben, müssen nach dem Erkenntnisse des geistlichen Gerichts bestraft werden [23]).

§. 127*. Langwieriges Gefängniß (§. 125.) und andere körperliche Strafen ist weder der Bischof, noch ein geistliches Gericht zu verhängen berechtigt [24]).

§. 128. In weltlichen Angelegenheiten der Geistlichen kann sich der Bischof nur in so weit eine Gerichtsbarkeit und ein Erkenntniß anmaßen, als ihm das Recht dazu vom Staat ausdrücklich verliehen worden.

§. 129. Auch über ein Privatinteresse, welches bei Gelegenheit einer Amtshandlung entstanden ist [25]), gebührt das Erkenntniß in der Regel den weltlichen Gerichten.

Wenn das Interesse der Untersuchung das persönliche Erscheinen des aus dem Bezirke des Gerichtes ausgewiesenen Geistlichen erfordert, kann die Landespolizeibehörde für diesen Zweck und für die betreffende Zeit die Internirung oder Externirung suspendiren, da sie jeden Augenblick berechtigt ist, die gedachten Maßregeln aufzuheben und in dieser Befugniß auch das Minus, die zeitweise Beseitigung derselben, enthalten ist. In Preußen haben die betheiligten Ministerien, von diesen Gesichtspunkten ausgehend, sog. Geleitscheine eingeführt, welche den in Untersuchung befindlichen Geistlichen, um ihnen die ungehinderte Wahrnehmung der Termine zu ermöglichen, zu ihrer Legitimation zugestellt werden.

22) H. Dieser §. ist aufgehoben durch das Ges. v. 12. Mai 1873 §§. 1—9 (s. Zus. 15 zu §. 124 d. T.).

23) H. Innerhalb der Schranken des Ges. v. 12. Mai 1873 steht den Bischöfen und ihren geistlichen Gerichten die Disziplinargerichtsbarkeit zu. Der Cirk.Erl. des Kult.Min. v. 30. April 1851 (M.Bl. f. d. i. Verw. S. 83) hat angeordnet, daß in solchen Disziplinarsachen, so wie in Ehesachen, soweit es sich um die Nichtigkeitserklärung einer Ehe oder die Scheidung von Tisch und Bett in rein kirchlicher Beziehung handelt, die Civilgerichte den Requisitionen der geistlichen Gerichte um eidliche Vernehmung von Zeugen und Einziehung von Kosten Genüge zu leisten haben. Diese Anordnung läßt sich nicht mehr in vollem Umfang aufrecht erhalten. So weit die Einziehung von Kosten in Frage steht, welche durch eine kirchliche Disziplinarentscheidung auferlegt sind, gewährt jetzt der §. 9 des cit. Ges. ausreichende Hülfe. Es kann also die Mitwirkung der Gerichte entbehrt werden. Im Uebrigen ist davon auszugehen, daß der Staat zwar der Kirche das Recht der kirchlichen Disziplinargewalt zugesteht, daß er aber keine Pflicht zur Vollstreckung oder zur Beihülfe bei der Ausübung derselben übernommen hat. Das Erkenntniß des geistlichen Disziplinargerichts ist für die staatlichen Gerichte kein gültiger Exekutionstitel; sie sind nicht befugt, dasselbe zu vollstrecken, dürfen also auch die durch ein solches Urtheil festgesetzten Kosten nicht einziehen. Die Vernehmung von Zeugen kann ebenfalls nur auf Requisition von Behörden, welche mit einer vom Staate anerkannten und für das Gebiet desselben ohne weiteres maßgebenden Gerichtsbarkeit versehen sind, erfolgen. Eine solche ist aber die Disziplinargerichtsbarkeit der Kirchen nur in bedingter Weise, und demgemäß ist es jedenfalls nicht statthaft, eine absolute Pflicht der Gerichte zur Erledigung von Requisitionen zu statuiren. Andererseits besteht aber unleugbar unter Umständen das Bedürfniß, den kirchlichen Organen in Untersuchungssachen die Beweiserhebung zu erleichtern, und da die staatliche Mitwirkung nicht unbedingt ausgeschlossen ist, so wird nichts entgegenstehen, die Gerichte im Allgemeinen zur Erledigung solcher Requisitionen anzuweisen. Unter allen Umständen muß ihnen aber stets das Recht offen gelassen werden, diese Hülfe zu verweigern, wenn sich vom staatlichen Standpunkte aus Bedenken entgegenstellen. Zur Prüfung in dieser Beziehung gewährt der §. 10 des angeführten Gesetzes genügenden Anhalt. In Ehesachen kann von einer Einziehung der Kosten durch die weltlichen Gerichte gar keine Rede sein, da es sich hier nur um rein auf das innere Gewissensgebiet beschränkte Befugnisse der katholischen Kirche handelt, und zur Durchführung dieser der Staat, welcher seine eigene Ehegerichtsbarkeit hat, s. auch II. 1 §. 734 Anm. 99, seinen Arm nicht leihen kann.

24) H. Vgl. Anm. 22 zu §. 125.

25) H. Namentlich über Stolgebühren-Forderungen.

§. 130. Der Bischof kann in den verschiedenen Verrichtungen seines Amtes durch andere Geistliche, die ihm untergeordnet sind, vertreten werden.

§. 131. Diejenigen, welchen dergleichen Vertretung, nach der besonderen Verfassung einer jeden Diözes, vermöge ihres Amtes zukommt und obliegt, werden zur höheren Geistlichkeit gerechnet.

§. 132. Auch anderen Geistlichen kann der Bischof, bei einzelnen Vorfällen seines Amtes, nach Gutbefinden Aufträge machen.

§. 133*. Die Bestellung eines bischöflichen Generalvicarius kann ohne landesherrliche Genehmigung nicht geschehen [26]).

§. 134. Alle Obern der Geistlichkeit sind dem Staat zur vorzüglichen Treue und Gehorsam verpflichtet.

§. 135. Kein auswärtiger Bischof, oder anderer geistlicher Obere, darf sich in Kirchensachen eine gesetzgebende Macht [27]) anmaßen. Von auswärtigen Bischöfen.

§. 136. Auch darf er irgend einige andere Gewalt, Direction oder Gerichtsbarkeit in solchen Sachen, ohne ausdrückliche Einwilligung des Staats, nicht ausüben [28]).

§. 137. Kein Unterthan des Staats, geistlichen oder weltlichen Standes, kann unter irgend einem Vorwande zu der Gerichtsbarkeit auswärtiger geistlicher Obern gezogen werden.

§. 138. Ist dergleichen auswärtigen Obern eine Direction oder Gerichtsbarkeit innerhalb der Grenzen des Staats zugestanden, so müssen sie, zu deren Verwaltung, einen vom Staat genehmigten Vicarius innerhalb Landes bestellen [29]).

---

26) H. Die Nothwendigkeit der Genehmigung ist durch den Art. 18 der Verf.Urk. (s. Zus. zu II. 13 §. 18) entfallen und durch Aufhebung des Art. 18 nicht wieder hergestellt, s. Anm. 40 zu §. 32 d. T.

H. Das bischöfliche Generalvikariats-Amt ist eine öffentliche Behörde, Johow Jahrb. d. App.Ger. 3 S. 177 u. 6 S. 351, s. auch Anm. 29 zu §. 17 d. T. u. Anm. 31 zu §. 19 d. T.

27) H. Damit ist die Befugniß gemeint, allgemein verbindliche Anordnungen für die Katholiken zu erlassen. Der §. 135 ist durch den jetzt beseitigten Art. 15 der Verf.Urk. nicht aufgehoben worden, weil neben dieser die Bulle: De salute animarum (Zus. 64 zu §. 1022) und die dadurch erfolgte Organisation der katholischen Kirche bestehen geblieben ist, also der Art. 15 nur die so verfaßte Kirche für selbstständig erklärt hat, auswärtige Bischöfe aber nicht zu dem Organismus derselben gehören.

Was die Ausübung der obersten Jurisdiktion des Papstes betrifft, so steht nach Aufhebung des §. 118 d. T. der Publikation seiner Anordnungen allerdings nichts entgegen, aber damit ist über die Frage, welche Kraft und Gültigkeit dieselben in Preußen haben, nichts entschieden. Das L.R. selbst ignorirt den Papst völlig und enthält nichts über seine Rechte. Seine Primatialstellung ist aber durch die Bulle: De salute animarum zwar nicht ausdrücklich und prinzipiell, aber in einzelnen Konsequenzen (so z. B. hinsichtlich des Rechtes, die Bisthümer zu errichten, aufzuheben und zu verändern, der Bestätigung der neugewählten Bischöfe) anerkannt. Ferner kann der Art. 15 der Verf.Urk. in Verbindung mit der durch Art. 16 bewirkten Beseitigung des Placets derselben ebenfalls nur so aufgefaßt werden, daß mit der selbstständigen Verwaltung der kirchlichen Angelegenheiten auch die oberste Leitung durch das kirchenrechtlich legitimirte Organ hat gestattet werden sollen. Demnach kann der §. 135 nicht mehr auf den Papst bezogen werden. Selbstverständlich ist aber, daß die aus der Stellung des Papstes herfließenden Rechte sich nur in so weit bethätigen können, als sie nicht durch die gesetzliche Ausbildung des jus circa sacra gegenüber der katholischen Kirche beschränkt sind. Daher darf der Papst selbst z. B. keine Disziplinargerichtsbarkeit über preußische Geistliche ausüben, s. §. 1 des Ges. v. 12. Mai 1873 (Zus. 15 zu §. 124 d. T.), und ebenso wenig die Ausübung der bischöflichen Gewalt durch die preußischen Bischöfe unter Geltendmachung der durch das vatikanische Konzil dogmatisirten unmittelbaren bischöflichen Jurisdiktion über alle Bisthümer hemmen und ausschließen. So weit überhaupt der Wirksamkeit des kanonischen Rechtes in Preußen Schranken gezogen sind (s. oben Anm. 1 zur Ueberschrift d. T.), so weit stehen diese auch der Ausübung der Primatialrechte entgegen.

28) H. Auch dieser §. ist nicht aufgehoben. Er erleidet aber eine Modifikation in Betreff des Papstes (s. vor. Anm.); ferner kann die Disziplinargewalt frei durch geistliche Obere, falls diese deutsche kirchliche Behörden sind, ausgeübt werden, s. §. 1 des vor. Anm. citirten Gesetzes.

§. 139. Ein solcher Vicarius muß nicht nur selbst die den einländischen Bischöfen vorgeschriebenen Grenzen genau beobachten, sondern auch nicht gestatten, daß diese Grenzen von seinen auswärtigen Obern überschritten werden.

§. 140. Vielmehr muß er, wenn etwas dergleichen, so er nicht hintertreiben kann, unternommen wird, dem Staat davon in Zeiten getreue Anzeige machen.

Synoden. §. 141*. Zu Kirchenversammlungen innerhalb Landes darf die Geistlichkeit ohne Vorwissen und Mitwirkung des Staats [30]) nicht berufen; vielweniger können die Schlüsse solcher Versammlungen ohne Genehmigung des Staats in Ausübung [31]) gebracht werden.

§. 142*. Den Einladungen zu auswärtigen Kirchenversammlungen dürfen inländische Geistliche ohne besondere Erlaubniß des Staats [32]) nicht Folge leisten.

Protestantische Konsistoria. §. 143. Bei den Protestanten [33]) kommen die Rechte und Pflichten des Bischofs in Kirchensachen, der Regel nach, den Consistoriis [34]) zu.

§. 144. Der Umfang der Geschäfte derselben ist durch die Consistorial- und Kirchen-Ordnungen, nach den verschiedenen Verfassungen der Provinzen und Departements, näher bestimmt [35]).

---

29) H. Einen solchen Vikarius mit dem Titel: Großdechant hat der Erzbischof von Prag in der Grafschaft Glatz zu Habelschwert und der Erzbischof von Olmütz in Oberschlesien (im Distrikte Katscher). Nach der bestehenden Praxis wird die staatliche Genehmigung für diese noch eingeholt.

30) H. Diese Vorschrift ist durch Art. 15, 29 der Verf.Urk. beseitigt.

31) H. In wie fern diese noch nöthig ist, hängt von ihrem Inhalte ab. In so weit sie rein innere kirchliche Angelegenheiten behandeln, ist eine solche nicht mehr erforderlich.

32) H. Auch dies ist beseitigt. Vgl. Art. 5 der Verf.Urk.

33) Evangelischen. S. Anm. 48 zu §. 39.

34) H. Ueber die Geschichte der Konsistorien in Preußen vgl. Jacobson a. a. O. S. 141, 152.

35) H. Jetzt kommen in Betracht das Ges. betr. d. evangelische Kirchenverfassung in den acht älteren Provinzen der Monarchie v. 3. Juni 1876 Art. 21 (Zus. 22 zu §. 156 d. T.) und die als Zusatz 17 zu diesem §. oben im Text mitgetheilte Verordnung nebst den zu derselben angeführten Verfügungen. Die bis dahin geltenden Bestimmungen, auf welche in den vorhin gedachten Anordnungen vielfach verwiesen ist, und welche nicht vollständig beseitigt sind, sind die V. v. 30. April 1815 wegen verbesserter Einrichtung der Provinzialbehörden; die Dienstinstruktion für die Provinzialkonsistorien v. 23. Okt. 1817 (G.S. S. 237); die K.O. v. 31. Dez. 1825 (G.S. 1826 S. 5); die Dienstinstruktion für die Oberpräsidenten v. 31. Dez. 1825 (G.S. 1826 S. 1); die Geschäftsinstruktion für die Regierungen v. 3. Okt. 1817 §§. 2 bis 7, 18; ferner vor allem die

V., betr. die Ressortverhältnisse der Provinzialbehörden für das evangelische Kirchenwesen, v. 27. Juni 1845 (G.S. S. 440).

Wir ꝛc. verordnen, zur Beseitigung der über die Ressortverhältnisse der Regierungen und der Konsistorien entstandenen Zweifel und zur Herstellung einer dem Bedürfniß entsprechenden Vertheilung der Geschäfte in den evangelisch-kirchlichen Angelegenheiten, auf den Antrag Unseres Staatsministeriums, wie folgt:

§. 1. Die nach den Instruktionen für die Provinzialkonsistorien und die Regierungen vom 23. Oktober 1817. (Gesetzsammlung Seite 237—248.) und der Order vom 31. Dezember 1825. (Gesetzsammlung von 1826., Seite 5.) zum Geschäftskreise der Regierungen gehörigen Angelegenheiten der evangelischen Kirche gehen, soweit sie in der gegenwärtigen Verordnung den Regierungen nicht besonders vorbehalten sind, an die Konsistorien über.

Namentlich werden den letzteren überwiesen:

1) die Bestätigung der von Privatpatronen und Gemeinden zu geistlichen Stellen berufenen Personen;
2) die Einführung der Geistlichen ins Amt;
3) die Bestätigung derjenigen von Privatpatronen und Gemeinden ernannten weltlichen Kirchenbedienten, welche nicht für die Verwaltung des kirchlichen Vermögens angestellt sind (§. 3 Nr. 6), sofern eine solche Bestätigung verfassungsmäßig erforderlich ist;
4) die Aufsicht über die amtliche und sittliche Führung der Geistlichen und der unter 3 erwähnten weltlichen Kirchenbedienten, sowie die damit verfassungsmäßig verbundenen

Disziplinarbefugnisse, wozu auch die Verfügung der Amtssuspension und der Antrag auf Remotion in denjenigen Fällen zu rechnen ist, in welchen solche bisher den Regierungen zustand (Konsistorial-Instruktion vom 23. Oktober 1817., §. 2. Nr. 9.). Die Ertheilung des Urlaubs für Geistliche erfolgt, soweit nicht die Superintendenten oder Generalsuperintendenten dazu nach den bestehenden gesetzlichen Vorschriften ermächtigt sind, durch den Vorsitzenden des Konsistoriums. Ist der Geistliche zugleich als Schulinspektor angestellt, so muß die Regierung hiervon in Kenntniß gesetzt werden, damit diese auch ihrerseits wegen Bewilligung des Urlaubs in Beziehung auf das Schulamt das Erforderliche verfüge. In wiefern den Regierungen fernerhin in einzelnen Fällen eine Aufsicht und Disziplin über die Geistlichen gebührt, ist in den §§. 3. u. 4. bestimmt;

5) die Aufrechthaltung der Kirchenzucht innerhalb der durch die bestehenden Landesgesetze bestimmten Gränzen;

6) die Ertheilung von Dispensationen in den bisher den Regierungen nachgelassenen Fällen (Konsistorial-Instruktion vom 23. Oktober 1817., §. 2. Nr. 10); es bleibt jedoch den Konsistorien vorbehalten, diese Dispensationsbefugniß, wo sich ein besonderes Bedürfniß dazu ergiebt, den Superintendenten, unter Genehmigung des Ministers der geistlichen Angelegenheiten, zu delegiren.

§. 2. Bei den, dem landesherrlichen Patronat unterworfenen Kirchen wird das Ernennungsrecht zu den geistlichen Stellen, sowie zu den Stellen der im §. 1. unter 3. erwähnten weltlichen Kirchenbedienten, durch die Konsistorien in Kraft Unseres ihnen hierdurch ertheilten Auftrages ausgeübt. (H. Vgl. hierzu Art. IV d. V. v. 5. Sept. 1877, Zus. 17 zu §. 144.)

§. 3. Den Regierungen verbleibt:

1) die Regulirung des Interimistikums in streitigen Kirchen-, Pfarr- und Küsterbausachen (H. ersetzt und der Sache nach aufrecht erhalten durch Ges. v. 3. Juni 1876 Art. 23 Nr. 2.);

2) * die Aufsicht über die Kirchenbücher (H. nach Art. 23 Nr. 3 a. a. O. die Leitung der Kirchenbuchführung, so weit die Kirchenbücher noch zur Beurkundung des Personenstandes dienen, wie denn schon die K.O. v. 6. März 1875, Allg. Kirchenbl. f. d. evangl. Deutschland Jahrg. 1875 S. 585, mit Rücksicht auf das Personenstandsges. v. 9. März 1874 bestimmt hatte, daß mit dem Tage des Inkrafttretens des letzteren, dem 1. Okt. 1874, die Aufsicht über die von diesem Tage ab geführten Kirchenbücher auf die Konsistorien, die obere Aufsicht auf den evangel. Oberkirchenrath übergehen sollte);

3) * die Sorge für die Anlegung und Unterhaltung der Kirchhöfe (H. verändert durch Art. 24 Nr. 6 a. a. O.);

4) die Anordnung und Vollstreckung der zur Aufrechthaltung der äußern kirchlichen Ordnung erforderlichen polizeilichen Vorschriften (H. hier gilt das zu Nr. 1 dieses §. Bemerkte, Art. 23 Nr. 1 a. a. O.);

5) * die Aufsicht über das Vermögen der dem landesherrlichen Patronat nicht unterworfenen Kirchen, kirchlichen Stiftungen und Institute, sowie die Ausübung der landesherrlichen Aufsichts- und Verwaltungsrechte in Ansehung des Vermögens der dem landesherrlichen Patronat unterworfenen Kirchen, kirchlichen Stiftungen und Institute (H. verändert durch Art. 22, s. auch Art. 20, 27 a. a. O.);

6) * die Ernennung oder Bestätigung der für die Verwaltung des kirchlichen Vermögens anzustellenden weltlichen Kirchenbedienten, sowie die Aufsicht über deren amtliche und sittliche Führung und die damit verfassungsmäßig verbundenen Disziplinarbefugnisse (H. s. zu der vorhergehenden Nr.).

* Wo über das Vorhandensein eines kirchlichen Bedürfnisses oder die Abmessung seines Umfangs Zweifel entstehen, ingleichem wo es sich um die Verwendung der bei der Vermögensverwaltung einzelner Kirchen, kirchlichen Stiftungen und Institute (Nr. 5.) sich ergebenden Ueberschüsse handelt, haben sich die Regierungen mit den Konsistorien in näheres Einvernehmen zu setzen (H. vgl. die vorangehenden Bemerkungen).

§. 4. Den Regierungen verbleibt in den ihnen vorbehaltenen Angelegenheiten (§. 3.), sowie in Beziehung auf das Schulwesen, die Befugniß, die Geistlichen ihres Bezirks durch Ermahnungen, Zurechtweisungen und Ordnungsstrafen zur Erfüllung ihrer Obliegenheiten anzuhalten.

§. 5. Zum gemeinschaftlichen Geschäftskreise der Konsistorien und Regierungen gehören:

1) * die Veränderung bestehender, sowie die Einführung neuer Stolgebühren-Taxen (H. nach Art. 24 Nr. 4 a. a. O. findet nur noch eine Genehmigung der staatlichen Aufsichtsbehörde statt), und

2) die Veränderung bestehender, sowie die Bildung neuer Pfarrbezirke (H. ersetzt und aufrecht erhalten durch Art. 23 Nr. 6 a. a. O.).

Jede dieser Behörden ist befugt, die dazu erforderlichen Einleitungen und Vorbereitungen mit Hülfe ihrer Organe selbstständig zu treffen. Es muß aber vor der in diesen Fällen allemal erforderlichen Berichterstattung an den Minister der geistlichen Angelegenheiten die Erklärung der andern Behörde eingeholt werden.

§. 6. Der Vorsitz in den Provinzialkonsistorien soll mit dem Amte der Ober-Präsidenten in Zukunft nicht von selbst und unmittelbar verbunden sein (Order vom 31. Dezember 1825. zu B. 1.; Instruktion für die Ober-Präsidenten von demselben Tage §. 3.). Wir behalten Uns vielmehr vor, in jedem einzelnen Falle wegen Ernennung des Vorsitzenden besonders zu bestimmen.

§. 7. * Bei den Regierungen sollen zur Mitwirkung bei Bearbeitung der das Kirchen- und Schulwesen betreffenden Angelegenheiten auch fernerhin geistliche Räthe angestellt werden.

Die bei den Regierungen angestellten evangelisch-geistlichen Räthe sind zugleich Mitglieder und Organe des Konsistoriums (§. 46. der Regierungs-Instruktion vom 23. Oktober 1817.) und werden von diesem von Zeit zu Zeit, mindestens aber alle Jahre zweimal einberufen, um über solche Gegenstände zu berathen, welche für die Regierung und das Konsistorium von gemeinsamen Interessen sind.

Auch sind die Konsistorien befugt, einen bei der Regierung angestellten geistlichen Rath mit Genehmigung des Ministers der geistlichen Angelegenheiten auf längere oder kürzere Zeit in das Konsistorium zu ziehen und an seiner Stelle ein Mitglied des Konsistoriums in die Regierung abzuordnen. (H. Die geistlichen Räthe fallen in Folge der V., v. 5. Sept. 1877, Zus. 17 zu §. 144, fort, s. auch V. d. Kult.Min. v. 10. Sept. 1877, kirchl. Ges. u. Verordn.Bl. S. 179.)

§. 8. Unsere Minister der geistlichen Angelegenheiten, des Innern und der Finanzen sind beauftragt, wegen Ausführung der gegenwärtigen Verordnung das Erforderliche anzuordnen, und den Zeitpunkt, mit welchem dieselbe in den einzelnen Provinzen in Wirksamkeit treten soll, durch die Amtsblätter bekannt zu machen.

Den Inhalt der angeführten Vorschriften stellt der Erlaß der Min. d. geistl. Angel., d. Inn. und d. Finanzen, betr. die Feststellung der Ressort-Verhältnisse der Konsistorien und Regierungen in den evangelischen Kirchenangelegenheiten v. 1. Okt. 1847 (Min.Bl. f. d. i. V. S. 278), — die später beseitigten Bestimmungen sind durch einen * kenntlich gemacht und die sie ersetzenden neueren am Schlusse angegeben — dahin zusammen:

Zur Erledigung der Zweifel, welche über den Umfang des amtlichen Wirkungskreises der Konsistorien und der Regierungen in evangelischen Kirchenangelegenheiten noch obwalten, wird hierdurch, nach erfordertem Bericht der betheiligten Behörden, auf Grund des §. 8 V. v. 27. Juni 1845 nachstehende Festsetzung getroffen.

1. Der amtliche Wirkungskreis der evangelischen Konsistorien ist in folgenden Gesetzen: Dienst-Instruktion für die Provinzial-Konsistorien v. 23. Okt. 1817 §. 2 (G.S. S. 237), A. K.O. v. 31. Dez. 1825, betreffend eine Abänderung in der bisherigen Organisation der Verwaltungsbehörden, B. Nr. 1—7 (G.S. 1826 S. 5), V. v. 17. Juni 1845, betreffend die Ressortverhältnisse der Provinzial-Verwaltungsbehörden für das evangelische Kirchenwesen §§. 1, 2 u. 5 (G.S. S. 440) bezeichnet.

Diesen gesetzlichen Bestimmungen zufolge bestehen die Konsistorien in der Eigenschaft als evangelische Kirchenbehörden, und ihrer Aufsicht und Leitung ist im Allgemeinen die Gesammtheit der evangelischen Kirchenangelegenheiten anvertraut, soweit nicht durch besondere Bestimmungen einzelne Gegenstände und Angelegenheiten zu dem Geschäftskreise der Regierungen gewiesen sind, B. 7 A.K.O. v. 31. Dez. 1825; §. 1 I. V. v. 27. Juni 1845.

Nach Anleitung dieser gesetzlichen Bestimmungen gehören insbesondere folgende einzelne Gegenstände zum Ressort der Konsistorien:

1) Die Sorge für Einrichtung der evangelischen Synoden, die Aufsicht über die bereits bestehenden; die Prüfung und nach Befinden die Berichtigung oder Bestätigung der Synodalbeschlüsse, auch die Berichterstattung über selbige, wo sie erforderlich ist, §. 2 Nr. 1 Instr. v. 23. Okt. 1817.

2) Die Aufsicht über den Gottesdienst im Allgemeinen, insbesondere in dogmatischer und liturgischer Beziehung zur Aufrechthaltung desselben in seiner Reinheit und Würde, §. 2 Nr. 2 Instr. v. 23. Okt. 1817.

   Dahin gehört insbesondere auch die Aufsicht über den kirchlichen Religionsunterricht, über den Gebrauch von Katechismen und Lehrbüchern für den kirchlichen Religionsunterricht, über den Kirchengesang, über die Bildung liturgischer Chöre, über Gesangbücher.

3) Die Aufsicht und Vorsorge für die Bildung des geistlichen Standes auf allen vorbereitenden Stufen, soweit dieselbe nicht den öffentlichen Unterrichts- und Lehranstalten selbstständig anvertraut ist; die Prüfung der Kandidaten sowohl pro facultate concionandi als auch pro ministerio und die Abhaltung der colloquia pro munere; die Aufsicht über die Fortbildung und sittliche Haltung der Kandidaten und die Disziplin über dieselben; sowie die Verwendung der Kandidaten zu geistlicher Amtshülfe. In Ansehung des Prediger-Seminars

zu Wittenberg behält es bei der für dasselbe eingeführten besonderen Verfassung sein Bewenden, §. 2 Nr. 3 u. 6 Instr. v. 23. Okt. 1817.

4) Die Bestätigung der von Patronen und wahlberechtigten Gemeinden berufenen Geistlichen, §. 2 Nr. 4 Instr. v. 23. Okt. 1817; B. 3 A. K.O. v. 31. Dez. 1825; §. 1 Nr. 1 V. v. 27. Juni 1845. Bei der Bestätigung eines vom Auslande berufenen Kandidaten oder Geistlichen bedarf es jedoch zuvor einer Erklärung der zuständigen Regierung, daß der Berufung in allgemeiner landespolizeilicher Hinsicht nichts entgegen stehe.

Entsteht über das Präsentationsrecht eines Patrons oder über das Wahlrecht einer Gemeinde Streit, so hat das Konsistorium die Gültigkeit der Präsentation oder der Wahl im einzelnen Besetzungsfalle nach Maßgabe der allgemeinen Landesgesetze, der in der Provinz geltenden Kirchenordnungen und der besonderen Verfassung der betreffenden Kirche zu prüfen und darüber zu befinden. Inwieweit den Betheiligten der Rechtsweg offen bleibt, bestimmen die §§. 361—364 II, 11 L.R.

5) Die Berufung zu denjenigen geistlichen Stellen, über welche dem Landesherrn das Patronatrecht zusteht, §. 2 V. v. 27. Juni 1845.

Ueber die Person des in Aussicht genommenen Kandidaten ist in jedem Falle die Aeußerung der Regierung, in deren Bezirk die zu besetzende Stelle liegt, einzuholen, R. des M. der geistl. Angel. v. 1. u. 30. Nov. 1845.

Bei denjenigen geistlichen Stellen, deren Patronat einer besonderen, von einer landesherrlichen Behörde verwalteten Anstalt oder Stiftung angehört, verbleibt der verwaltenden Behörde das alleinige Berufungsrecht unter Zuziehung des General-Superintendenten in der im §. 26 Instr. f. d. Gen.-Superint. v. 14. Mai 1829 vorgeschriebenen Weise. Dem Konsistorium gebührt die Bestätigung der ausgestellten Vokation.

Die Berufung der Strafanstaltsgeistlichen erfolgt nicht durch die Regierungen unter Zuziehung des General-Superintendenten, sondern durch den Minister des Innern nach vorgängiger Kommunikation mit dem Evang. Ober-Kirchenrath, C.R. des Min. d. J. v. 29. Juni 1859 (V.M.Bl. S. 180). (H. Dabei ist es auch nach Art. 22 des Ges. v. 3. Juni 1876, Zus. 24 zu §. 156 d. T. geblieben.) — Die Vokation stellt die Regierung aus, ihre Konfirmation erfolgt durch das Konsistorium durch eine besondere Urkunde, in welcher dem Berufenen die kirchlichen Vollmachten und Aufträge ertheilt werden, C.R. des Min. des J. v. 2. Okt. 1853 (V.M.Bl. S. 265).

6) *Ist das zu besetzende Amt mit einer Schulstelle vereinigt, so wird:
   a. wenn damit die Ordination nicht verbunden ist, der Regierung, bei Gymnasien und höheren Unterrichtsanstalten dem Provinzial-Schulkollegium, hierdurch die alleinige Besetzung der vereinigten Stelle übertragen mit der Maßgabe, daß der evangelisch-geistliche Rath der Regierung als Referent oder Korreferent dabei mitwirken muß;
   b. wenn das geistliche Amt die Ertheilung der Ordination nothwendig macht, so bedarf es zu der Besetzung der vereinigten Stelle der zustimmenden Erklärung des Konsistoriums und der Mitvollziehung der von der Regierung auszustellenden Vokation durch das Konsistorium in Bezug auf das geistliche Amt.

7) Die Einleitung wegen der Wiederbesetzung erledigter Superintendenturstellen und der Antrag auf Erneuerung nach vorgängiger Kommunikation mit der Regierung, B. 4 A. K.O. v. 31. Dez. 1825; R. d. M. der geistl. Angel. v. 1. Nov. 1845.

8) Die Ordination, Vereidigung und Einführung der bestätigten evangelischen Geistlichen in das geistliche Amt, B. 2 A. K.O. v. 31. Dez. 1852; §. 1 Nr. 2 V. v. 27. Juni 1845.

9) Die Aufsicht und Disziplin über sämmtliche evangelische Geistliche sowohl in Betreff ihrer geistlichen Amtsführung als auch in Beziehung auf Leben und Wandel. Dem Konsistorium steht hiernach allein zu:
   a. der Erlaß allgemeiner Anordnungen und besonderer Anweisungen, Ermahnungen, Verweise und Strafen in Bezug auf geistliche Amtsverrichtungen;
   b. die Einleitung von Disziplinar-Untersuchungen und die Verfügung vom Amtssuspensionen wider Geistliche, §. 2 Nr. 7—9 Instr. v. 23. Okt. 1817; §. 1 Nr. 4 V. v. 27. Juni 1845;
   c. *der Antrag auf gerichtliche Untersuchung wider einen Geistlichen, unter Autorisation des Min. d. geistl. Angel., §. 9 Ges. v. 29. März 1844 (G.S. S. 78), sofern nicht das Verschulden von der Art ist, daß die Gerichte ohne Antrag von Amtswegen einzuschreiten befugt sind.

10) Die Urlaubsertheilung an Geistliche durch den Vorsitzenden des Konsistoriums, soweit nicht die Superintendenten oder General-Superintendenten dazu befugt sind. Ist der Geistliche zugleich Schulinspektor, so muß die Regierung davon in Kenntniß gesetzt werden, damit sie auch ihrerseits wegen Bewilligung des Urlaubs in Beziehung auf das Schulamt das Erforderliche verfüge, §. 1 Nr. 4 V. v. 27. Juni 1845.

11) Die Ertheilung der Heirathskonsense für Geistliche durch den Vorsitzenden des Konsistoriums zugleich mit der Kontrole über den Einkauf in die Wittwenkasse.
12) Die Bewilligung außerordentlicher Unterstützungen und Gratifikationen an hülfsbedürftige und würdige Geistliche aus den dazu bestimmten Fonds.

Wegen Theilung und Zuweisung des den Konsistorien gebührenden Antheils an diesen Fonds wird, soweit dies noch nicht geschehen, besondere Verfügung ergehen. Insofern diese Fonds unter der kassenmäßigen Verwaltung der Regierung stehen, werden die Konsistorien zur Vereinfachung des Geschäftsganges ermächtigt, auf Höhe des ihnen zugewiesenen Antheils die Zahlungsanweisungen an die betreffende Kasse unmittelbar auszufertigen. Diese Anweisungen sind unter Adresse der Regierung an diese zu befördern und gelangen durch dieselbe, mit dem vidi des Kassenraths bei der Regierung versehen, sofern kein Bedenken obwaltet, an die Kasse zur Erledigung.

Den Regierungen bleibt es vorbehalten, solche Geistliche, welche sich um das Schulwesen besonders verdient gemacht haben, den Konsistorien zur Berücksichtigung zu empfehlen.

13) Der Antrag auf Ertheilung von Orden und Auszeichnungen an Geistliche, insbesondere bei der Feier von Amtsjubiläen. Den Konsistorien bleibt es vorbehalten, hierüber auch die Aeußerung der Regierung einzuholen.
14) Die Führung der Konduitenlisten über Geistliche und Superintendenten (jedoch seit 1848 außer Uebung). Den Regierungen bleibt im Interesse der Schulaufsicht die Einsicht der Konduitenlisten vorbehalten, und haben die Konsistorien und Regierungen sich über die möglichst einfache Art und Weise der Mittheilungen zu verständigen.
15) Die Festsetzung von freiwilligen und unfreiwilligen Emeritirungen und die Bestimmung des dem Emeritus als Ruhegehalt verbleibenden Antheils an den Einkünften der Stelle.
16) Die Bestimmung und Anweisung des Antheils an den Einkünften der Stelle, welcher im Falle einer Amtssuspension dem seinen Funktionen enthobenen Geistlichen verbleibt, und die Anordnung der erforderlichen Stellvertretung.
17) Die Festsetzung der Dauer des Sterbequartals und der Gnadenzeit; die Anordnung der Vertretung während der Vakanz und die Festsetzung der aus den Einkünften der Stelle zu entnehmenden Vertretungskosten.

Von den unter Nr. 15—17 vorkommenden Festsetzungen ist die Regierung jedesmal in Kenntniß zu setzen.

Bei vereinigten Geistlichen- und Schulstellen erfolgt die Festsetzung über die unter Nr. 15 bis 17 bezeichneten Gegenstände in derselben Weise, wie dies (Nr. 6) wegen der Besetzung solcher Stellen vorgeschrieben ist.

18) Die Anstellung von Hülfsgeistlichen oder die Bestätigung derselben, sowie die Festsetzung der denselben zu bewilligenden Remunerationen.

Soll der Hülfsgeistliche auch für das Schulwesen Aushülfe leisten, so ist wegen dessen Berufung in derselben Weise wie bei der Berufung von Geistlichen (Nr. 5) die Aeußerung der Regierung einzuholen.

Ist zu der Remunerirung des Hülfsgeistlichen die Bewilligung eines außerordentlichen Zuschusses aus der Kirchenkasse oder die Umlage einer neuen Leistung auf die Gemeinde erforderlich, oder soll eine bleibende Hülfspredigerstelle unter dauernder Abzweigung eines Theils aus dem Einkommen einer geistlichen Stelle errichtet werden, so bedarf es hierzu der Zustimmung der Regierung.

19) Die Entscheidung von Anfragen und Beschwerden in Beziehung auf die pfarramtlichen Handlungen der Geistlichen, z. B. wegen Aufgebots und Trauung, Konfirmation u. s. w.
20) Die Festsetzung der Stolgebühren für Geistliche und Kirchendiener und die Entscheidung über die desfalls entstehenden Beschwerden, vorbehaltlich des den Betheiligten zustehenden Rechtsweges.
21) Die Entscheidung von Streitigkeiten über den Umfang von Parochialberechtigungen.
22) Die Berufung und Bestätigung derjenigen weltlichen Kirchenbedienten, welche nicht für die Verwaltung des kirchlichen Vermögens angestellt sind, sowie die Aufsicht über deren Amtsführung und sittliches Verhalten und die Disziplin über dieselben, §. 1 Nr. 3 u. 4 V. v. 27. Juni 1845.

*Ist jedoch eine weltliche Kirchenbedienung mit einem Schulamte vereinigt, so verbleibt die Berufung oder Bestätigung zu dem vereinigten Amte, sowie die Aufsicht und die Disziplin über den Inhaber desselben, wie bisher den Regierungen und in höherer Instanz den Oberpräsidenten (A. K.O. v. 29. März 1837, G.S. S. 70), mit der Maßgabe, daß bei der Regierung die Mitwirkung des evangelisch-geistlichen Raths als Referent oder Korreferent eintreten muß.

23) Die Bestätigung von Presbytern und kirchlichen Gemeindevertretern in denjenigen Provinzen und Gemeinden, in welchen eine Presbyterialordnung oder eine ständige Gemeindever-

tretung besteht, und eine Bestätigung dieser Wahlen verfassungsmäßig erforderlich ist, desgleichen die Aufsicht und Disziplin über dieselben.

Die Regierungen sind jedoch befugt, in den ihrer Amtswirksamkeit überwiesenen Gegenständen die betreffenden kirchlichen Gemeindebeamten durch Verweise und Ordnungsstrafen zur Erfüllung ihrer Obliegenheiten unmittelbar anzuhalten, auch Disziplinar-Untersuchungen auf Entfernung aus dem ihrer Aufsicht untergebenen Theile des Amtes einzuleiten und darin zu entscheiden.

* Die Anordnung der Wahl außerordentlicher Gemeinde-Repräsentanten, §. 159 II, 11 A.L.R., und die Bestätigung derselben steht derjenigen Behörde zu, zu deren Ressort das Geschäft gehört, um dessen Erledigung es sich dabei handelt.

24) * Die Genehmigung zur Benutzung der Kirchen und anderer dem Gottesdienste gewidmeten Gegenstände zu andern als den stiftungsmäßigen Zwecken, sowie die Aufsicht und Genehmigung bei Ausschmückungen der Kirchen mit Altarornamenten, Gemälden u. s. w.

Wegen des Gebrauchs der Glocken zu außerkirchlichen Zwecken, z. B. bei Feuersgefahr, behält es bei den herkömmlichen Einrichtungen und den der Lokalpolizeibehörde zustehenden Befugnissen sein Bewenden.

25) Die Anordnung kirchlicher Feste, §. 2 Nr. 11 Instr. v. 23. Okt. 1817.

Sollen jedoch außer der gottesdienstlichen Feier noch andere Feierlichkeiten außerhalb der kirchlichen Gebäude stattfinden, so bedarf es hierzu der Genehmigung der Ortspolizeibehörde oder der Regierung.

26) Die Einweihung von Kirchen, Kirchhöfen und andern zum kirchlichen Gebrauche bestimmten Räumlichkeiten, soweit eine solche üblich ist.

27) Die Ertheilung aller Arten von kirchlichen Dispensationen, soweit solche überhaupt gesetzlich zulässig oder erforderlich sind, §. 2 Nr. 10 Instr. v. 23. Okt. 1817; §. 1 Nr. 6 V. v. 27. Juni 1845.

* Die Ertheilung der Dispensation zum einmaligen Aufgebot bleibt dem Ministerium der geistlichen Angelegenheiten vorbehalten, §. 153 II, 1 A.L.R.; R. v. 31. März 1819.

28) Die Aufrechterhaltung der Kirchenzucht innerhalb der durch die Landesgesetze bestimmten Grenzen §. 1 Nr. 5 V. v. 27. Juni 1845.

29) Die Anordnung von Kirchenvisitationen und die Ertheilung von Visitationsbescheiden.

Insofern sich jedoch die Visitation auch über die dem Ressort der Regierungen angehörigen Gegenstände erstreckt, sind die Visitationsverhandlungen dieser vorzulegen, und hat die Regierung das Weitere zu befinden, §. 2 Nr. 7 Instr. v. 23. Okt. 1817.

30) Die Beaufsichtigung der Pfarr- und Superintendentur-Archive. Die Regierungen sind jedoch befugt, von der Aufbewahrung der das Vermögen der Kirchen und kirchlichen Institute betreffenden Urkunden und Verhandlungen auch ihrerseits Kenntniß zu nehmen und deshalb geeignete Vorkehrung zu treffen.

II. III. IV. (H. sind fortgelassen, weil sie die wesentlichsten Aenderungen erfahren haben, s. die Anmerkungen zu §. 3 der vorstehend mitgetheilten V. v. 27. Juni 1847, sowie d. V. v. 5. Sept. 1877, Zus. 17 zu §. 144 d. T. und die Mittheilungen zu derselben.)

V. Die unter I—IV enthaltenen Ressortbestimmungen haben zunächst nur die wechselseitige Abgrenzung des amtlichen Geschäftskreises der Konsistorien und der Regierungen in evangelischen Kirchenangelegenheiten zum Gegenstande. In der Abstufung der Befugnisse anderer Behörden und Berechtigten in Bezug auf diese Gegenstände, insbesondere der Ministerien, der Oberpräsidenten und Konsistorialpräsidenten, der Generalsuperintendenten und Superintendenten, der Synoden, Presbyterien, Pastoren und Gemeinden wird dadurch nichts geändert.

H. Zu dem Abschnitt I ist zu bemerken:

a. zu Nr. 6a. Jetzt sind mit Rücksicht auf die durch die Verf.Urk. herbeigeführte Veränderung der Stellung der Kirche zur Schule Regierung und Konsistorium für ihr Ressort selbstständig, also derartige Stellen von beiden Behörden gemeinschaftlich zu besetzen. Welche die Initiative hat, bestimmt sich nach dem zur Zeit überwiegend geistlichen oder Unterrichtszwecken dienenden Charakter der Stelle. Mangels eines Einverständnisses entscheidet der Kultusminister, Reskr. v. 12. Juni 1852, 15. Aug. 1854 u. Mai 1865 (M.Bl. f. i. Verw. 1865 S. 177);

b. zu Nr. 9a Die Genehmigung zum Einschreiten ist für die Staatsanwaltschaft nicht mehr nöthig;

c. zu Nr. 22. Unter Aufhebung dieser Vorschrift ordnet d. R. v. 6. Aug. 1864 (M.Bl. f. d. i. Verw. S. 230) an, daß die Kognition über vereinigte Schul- und Kirchenämter gemeinschaftlich beiden Behörden zusteht. Die Disziplinaruntersuchungen gegen Inhaber vereinigter Kirchen- und Schulämter werden von jeder Behörde besonders geführt und entschieden und gehen in höherer Instanz an den evang. O.K.R. und das Staatsministerium,

17. Verordnung, betreffend den Uebergang der Verwaltung der Angelegenheiten der evangelischen Landeskirche auf den Evangelischen Ober-Kirchenrath und die Konsistorien der acht älteren Provinzen der Monarchie. Vom 5. September 1877. (G.S. S. 215.)

Wir Wilhelm 2c. verordnen auf Grund des Artikels 21. des Gesetzes vom 3. Juni 1876. (Gesetz-Samml. S. 125.)[36]) und des Artikels IV. der Verordnung vom 9. September 1876. (Gesetz-Samml. S. 395.)[37]) auf den Antrag Unseres Staatsministeriums für die Provinzen Preußen, Brandenburg, Pommern, Posen, Schlesien, Sachsen, Westphalen und die Rheinprovinz, was folgt:

Artikel I.

Mit dem 1. Oktober 1877. geht die Verwaltung der Angelegenheiten der evangelischen Landeskirche, soweit solche bisher von dem Minister der geistlichen, Unterrichts- und Medizinal-Angelegenheiten und von den Regierungen geübt worden ist, nach Maßgabe des Gesetzes vom 3. Juni 1876. auf den Evangelischen Ober-Kirchenrath und die Konsistorien als Organe der Kirchenregierung[37 a]) über.

R. des K.M. v. 17. Mai 1850 (M.Bl. f. d. i. V. S. 203), R. d. O.K.R. v. 27. Okt. 1852, 6. Dez. 1852 und 10. Juli 1855, Aktenstücke Bd. 1 Heft 6 S. 66, Bd. 2 S. 13 u. 86;

d. zu Nr. 23 vgl. §. 22 der Kirchengemeinde- und Synodalordnung v. 10. Sept. 1873 (Zus. 20 zu §. 156 d. T.);

e. zu Nr. 24 vergl. §. 15 der Kirchengemeinde- und Synodalordnung von 1873;

f. zu Nr. 27. Die Ertheilung der Dispensation von dem kirchlichen Aufgebote steht jetzt dem Superintendenten zu, Kirchenges. betr. die Trauungs-Ordnung v. 27. Juli 1880 §. 6. (Zus. 42 zu §§. 432—445.)

36) H. Vgl. Zus. 22 zu §. 156 d. T.

37) H. Vgl. Zus. 24 zu §. 156 d. T.

37a) H. Die Frage, ob die Mitglieder und Beamten des evangelischen Oberkirchenraths und der Konsistorien noch heute, wie die kirchenregimentlichen Beamten zur Zeit des L.R., als unmittelbare Staatsbeamte zu betrachten sind, ist neuerdings von Braun in einer ausführlichen Erörterung, Zeitschr. f. K.R. 17, 285 ff. bejaht, während sie schon von der evangelischen Abtheilung des Kultus-Ministeriums in einer Denkschrift v. 18. Febr. 1850, Aktenstücke d. evang. Oberkirchenraths 1. (Aktenstücke aus d. Verwaltung d. Abtheilung d. Minist. d. geistl. Angel. S. 14) verneint und dieser Standpunkt im Prinzip auch durch ein Reskr. des damaligen Kultusministers v. 6. März 1850, a. a. O. S. 17, anerkannt worden war. Braun geht davon aus, daß nicht die Thätigkeit eines Beamten für kirchliche Zwecke denselben ohne weiteres zum Kirchendiener mache, das Entscheidende vielmehr darin gefunden werden müsse, ob in dieser Beziehung ein Rechtsverhältniß zwischen dem Beamten und dem Rechtssubjekt Kirche obwalte. Wenn er zwar zugiebt, daß jedenfalls mit dem Erlaß der Verfassungsurkunde die evangelische Kirche in Preußen als Rechtssubjekt, und so weit es sich um die privatrechtliche Seite bei dem Beamtenverhältniß handle, auch die juristische Persönlichkeit der Landeskirche durch das Ges. v. 3 Juni 1876 Art. 19 (Zus. 22 zu §. 156 d. T.) anerkannt worden sei, so vermißt er doch ein Staatsgesetz, welches den bestehenden landrechtlichen Zustand geändert habe, und nimmt an, daß die betreffenden Beamten noch heute nicht in einem Rechtsverhältniß zur Kirche, sondern zum Staate stehen.

Die Ansicht kann nicht für zutreffend erachtet werden. Ihre Grundlage, daß die kirchenregimentlichen Beamten zum Staate in demselben Rechtsverhältnisse wie die übrigen Staatsbeamten, d. h. in demselben Treu- und Dienstverhältniß zu ihm, zur Kirche aber in keinem derartigen Verhältnisse stehen, erscheint nicht haltbar. Wie bei den Anm. 31 zu §. 19 d. T. besprochenen Ausführungen Braun's ist zunächst übersehen, daß die Verfolgung kirchlicher Aufgaben nach der Verfassungsurkunde nicht mehr staatliche Angelegenheit, sondern Sache der Kirche ist. Damit war das Fundament für die Staatsbeamten-Eigenschaft der kirchenregimentlichen Beamten beseitigt. Hatte die Kirche das Recht zur Selbstverwaltung, so hatte sie auch zugleich die Pflicht dazu erhalten, und andererseits war dem Staate das Recht genommen, noch staatliche Beamte zur Verwaltung kirchlicher Angelegenheiten anzustellen oder zu verwenden, vielmehr hatte er seinerseits die Pflicht, auch eine Leitung der Kirche durch besondere kirchliche Regimentsbeamte herbeizuführen. Daß für die Ausführung dieser durch die Verfassungsurkunde gestellten Forderung längere Zeit nothwendig war, daß sich gegenüber der evangelischen Kirche bei Festhaltung des landesherrlichen Kirchenregiments eine völlige Loslösung der Kirche vom Staate nicht bewirken ließ, lag auf der Hand, kann aber eine andere prinzipielle Auffassung nicht bedingen. Beseitigt worden ist die auf der ehemaligen staatskirchlichen Grundlage ruhende Vermischung kirchlicher und staatlicher Regierungsfunktionen mit der auf dem Ges. v. 3. Juni 1876 ruhenden, oben im Text mitgetheilten Verordnung und in dem Gesetze Art. 21 die Eigenschaft des evangelischen Oberkirchenraths und der Konsistorien als Organe der Kirchenregierung anerkannt. Danach ist jedenfalls klar, daß diese Behörden als solche nicht staatliche sind, was sie auch, wenn anders die Kirche ihre Autonomie behalten soll, nicht sein können, und daß sie ihre Befugnisse und Rechte nicht aus der Souveränität des Staates, sondern vielmehr aus dem obersten Kirchenregiment des Landesherrn herleiten. Sollten nun die Mitglieder dieser Behörden trotzdem nicht zu dem Inhaber des Kirchenregimentes in einem „Beamtenverhältniß stehen? Wer dies, wie Braun verneint, muß die Existenz von nicht staatlichen Behörden zugeben, andererseits anerkennen, daß ihre Mitglieder zu derjenigen leitenden Stelle welche kraft eigenen Rechts das Kirchenregiment ausübt und aus deren Rechten die Befugnisse jener Beamten herfließen, in keinem Verhältniß stehen, wohl aber in einem Treu- und Dienstverhältniß zum Staate, welcher nach dem bestehenden Rechte kirchliche Aufgaben nicht mehr zu erfüllen hat. In Preußen bestände also danach, trotzdem daß man die Selbstständigkeit der evangelischen Landeskirche im Wesentlichen hat durchführen wollen und durchgeführt hat, der wunderbare Zustand, daß die Leitung der Kirche durch Beamte gehandhabt wird, welche nicht ihre Beamte sind, sowie daß der Staat Beamte anstellt und besoldet, welche gar keine staatlichen Zwecke und Aufgaben zu erfüllen haben, also gewissermaßen der angeblich selbstständigen Kirche seine Beamten leiht. Schon dieses eigenthümliche Resultat muß an der Richtigkeit der von Braun vertretenen Ansicht die erheblichsten Zweifel entstehen lassen. Aber es ist auch nachweisbar unrichtig, daß der Staat die kirchenregimentlichen Beamten anstellt und dadurch ein Dienstverhältniß derselben zu ihm begründet. Das Ges. v. 3. Juni 1876 sagt Art. 23: „Den Staatsbehörden verbleibt . . 7) die Mitwirkung bei der Besetzung kirchenregimentlicher Aemter . . Insbesondere hat die Anstellung der Mitglieder der kirchenregimentlichen Behörden unter Gegenzeichnung des Ministers der geistlichen Angelegenheiten zu erfolgen." Braun muß selbst zugeben, daß die Anstellung der kirchenregimentlichen Beamten durch die Kirchenbehörden geschieht und nur eine Mitwirkung der staatlichen Behörden dabei eintritt, aber nichtsdestoweniger ist nach seiner Auffassung diese Anstellung ein vom Staate ausgehender, nicht ein in der Sphäre des landesherrlichen Kirchenregiments liegender Akt, denn man „darf auch hierbei nicht außer Acht lassen, daß aus dem Rechte der Mitwirkung eines Einzelnen oder einer Korporation bei Besetzung eines Amtes" (d. h. hier der kirchenregimentlichen Behörden), „die Eigenschaft des Amtsinhabers als Beamten dieses Berechtigten" (hier der Kirche) „keineswegs mit Nothwendigkeit folgt." Hierbei wird die ganze Entwickelung des Verhältnisses zwischen Staat und evangelischer Landeskirche in Preußen seit 1848 ignorirt und insbesondere völlig außer Acht gelassen, daß der betreffende Art. 23 des Ges v. 3. Juni 1876 die Staatshoheitsrechte, jura circa sacra feststellt, das Gesetz aber im Uebrigen die selbstständige Verwaltung der evangelischen Kirche durchführen will und die in der Hand der Kirchenbehörden belassene, bez. gelegte Anstellung der fraglichen Beamten für eine Sache der Kirche erklärt wird. Die Anstellung erfolgt demnach seitens des Landesherrn als Inhabers des landesherrlichen Kirchenregiments, nicht seitens des Staates, und das dadurch begründete Treu- und Dienstverhältniß entsteht nicht zwischen dem Beamten und dem Staate, sondern zwischen ihm und der Kirche. Damit entfällt das Fundament der Braun'schen Theorie.

Er weist allerdings ferner darauf hin, daß die kirchenregimentlichen Beamten noch heute den Staatsdiener-Eid als unmittelbare Staatsdiener leisten, aber dieser Eid hat keine spezielle Beziehung auf den Staat als solchen und auf staatliche Funktionen, sondern gedenkt nur der Treue und des Gehorsams gegen den König, der gewissenhaften Erfüllung der Pflichten des Amtes (ohne nähere Bezeichnung) und der Beobachtung der Verfassung. Der Eid ist also seinem Inhalte nach mit der Stellung eines Kirchenbeamten völlig vereinbar und eine besondere eidliche Verpflichtung im Gegensatz zu den einfachen Geistlichen bei den hier fraglichen Beamten so lange man überhaupt die Diensteide beibehält, in sofern gerechtfertigt, als bei diesen Beamten wegen ihrer Stellung als Delegirte des Landesherrn hinsichtlich seines Kirchenregiments zugleich eine besondere Berücksichtigung der gleichzeitigen Stellung des Landesherrn als Trägers der staatlichen Souveränität gefordert werden muß.

Richtig ist weiter, worauf Braun ebenfalls Gewicht legt, daß die betreffenden Beamten ihre Besoldung aus Staatsmitteln erhalten, indessen trägt der Staat eine bestimmte Summe zur Unterhaltung der Bedürfnisse der evangelischen Landeskirche bei. Kraft dieser vom Staate übernommenen Verpflichtung wird also das Gehalt dem einzelnen Kirchenbeamten gewährt, nicht kraft des gegen den Staat direkt aus der Anstellung erwachsenen Anspruchs. Daher führen denn auch die Etats des Kultusministeriums in demselben Titel in gleicher Linie die Ausgaben für die evangelischen Kirchenbehörden und für die katholischen Bisthümer auf, und es hat noch Niemand daraus, daß die Bischöfe ebenfalls vom Staate ein Gehalt beziehen, einen Schluß auf ihre Eigenschaft als unmittelbare Staatsbeamte gezogen.

Artikel II.

In Betreff des Kurmärkischen und des Neumärkischen Aemterkirchenfonds [38]) bewendet es bis zu dem bevorstehenden Erlasse anderweitiger Bestimmungen über diese Fonds bei der bisherigen Verwaltung [39]).

Wenn endlich hervorgehoben wird, daß die betreffenden Beamten in Bezug auf Ruhegehalt, Wohnungsgeldzuschuß, Gewährung von Umzugskosten und Gnadenquartal für ihre Hinterbliebenen unverändert als unmittelbare Staatsdiener angesehen worden sind, und daß dieselben, wenn man ihnen diese Eigenschaft einfach absprechen wollte, in einen Zustand völliger Rechtlosigkeit hineingestoßen würden, so beweist dies für die prinzipielle Auffassung der Stellung dieser Beamten nichts. Vielmehr folgt nur daraus, daß es angemessen und zweckmäßig erscheint, sie in diesen Beziehungen den Staatsbeamten faktisch und rechtlich gleichzustellen. Das würde auch nicht prinzipwidrig sein, denn so gut der Staat die Besoldung kraft seiner Pflicht gegen die Landeskirche gewährt, kann er auch, ohne die Qualität dieser Beamten als kirchlicher in Frage zu stellen, sie an den genannten Rechten weiter theilnehmen lassen.

Stellt man die Braun'sche und die hier vertretene Auffassung gegenüber, so geht die erstere dahin:

Obwohl man in Preußen das Staatskirchenthum aufgegeben hat, die Selbstständigkeit der evangelischen Kirche kraft der Anerkennung ihrer Autonomie in einem gewissen Umfange durchgeführt worden ist, der evangelische Oberkirchenrath und die Konsistorien gesetzlich als Organe der Kirchenregierung bezeichnet werden, die Mitglieder dieser Behörden keine staatlichen, sondern nur kirchliche Aufgaben zu erfüllen haben, sind dieselben doch unmittelbare Staatsbeamte und stehen allein in einem Rechts- (d. h. dem Beamtendienst-) Verhältniß zum Staate.

Nach der hier vertheidigten Ansicht sind

die Mitglieder der kirchenregimentlichen Behörden Beamte der evangelischen Landeskirche und stehen zu dieser, nicht zum Staate im Beamtenverhältnisse, haben aber aus der früheren Zeit des Staatskirchenthums eine Reihe von Rechten der staatlichen Beamten nach der bestehenden Praxis beibehalten, deren rechtliches Fundament (die Eigenschaft als unmittelbare Staatsbeamten) durch die inzwischen erfolgte Aenderung ihrer Stellung fortgefallen ist, und welches im Interesse der Rechtssicherheit durch ein neues ersetzt werden muß. Insbesondere rührt ihr Anspruch auf Gehalt und auf die weiter damit verbundenen Vermögensleistungen (Pension u. s. w.) gegen den Staat nicht aus einem Rechtsverhältniß zu demselben her, direkt besteht ein solches nur gegenüber der Landeskirche, aber der Staat hat dieser wegen seiner Pflicht, zu ihrer Unterhaltung beizutragen, die dazu nöthigen Mittel zu gewähren, ein rechtliches Verhältniß, welches durch Beibehaltung der alten Praxis freilich verschleiert worden ist, und deshalb in Folge der veränderten Gesetzgebung der Klarstellung bedarf.

Es besteht wohl kein Zweifel, daß die letzte Konstruktion der historischen Entwickelung der Landeskirche und den thatsächlichen Verhältnissen besser als die erste, überaus gekünstelte Auffassung entspricht, und dies beweist auch der Umstand, daß Braun, S. 295 sich genöthigt sieht, den Superintendenten in dieser seiner kirchenregimentlichen Stellung nicht für einen unmittelbaren Staatsbeamten, dagegen den General-Superintendenten für einen solchen (S. 296) zu erklären.

Kommt also den erwähnten Behörden und Beamten der Charakter als staatlicher Behörden und Beamten nicht zu, so folgt daraus weiter, daß die ersteren zur Erhebung von Kompetenzkonflikten auf Grund des Ges. v. 13. Febr. 1854 §. 1 (G.S. S. 86, Zus. zu II. 13) und der Verordnung, betr. die Komp.Konfl. 2c. v. 1. Aug. 1879 §. 5 (G.S. S. 513) nicht befugt sind. Dieser Grundsatz, welcher ehemals schon für die katholischen Leitungsbehörden, für ein bischöfliches General-Vikariat, durch den Gerichtsh. f. Komp.Konfl. v. 10. Febr. 1866, J.M.Bl. S. 177, ausgesprochen worden ist, hat neuerdings auch für die evangelischen Kirchenbehörden Anerkennung durch O.V.G. I v. 4. Okt. 1881, Entsch. 8 S. 401, gefunden.

Darüber, daß die erwähnten Behörden und Beamten zu öffentlichen Behörden und Beamten gehören, s. Anm. 29 zu §. 17 d. T.

38) H. Vgl. Reglement v. 1. Febr. 1723, Rabe, Samml. preuß. Gesetze I. 1 S. 649 u. Deklaration dazu v. 28. Okt. 1820, abgedruckt i. d. Protestant. Kirchenzeitung v. 1874 S. 1158.

39) H. Diese Bestimmungen sind gegeben in dem Ges betr. die Umgestaltung des kurmärkischen und neumärkischen Aemterkirchenfonds v. 16. März 1882, G.S. S. 122. Vgl. auch V. betr. den Uebergang der Verwaltung 2c. auf die Konsistorien 2c. v. 22. Aug. 1883, G.S. S. 293.

Artikel III.

Die Rechte des Staates in den Fällen des Artikels 23. Nr. 1. bis einschließlich 6. des Gesetzes vom 3. Juni 1876. werden in der Haupt- und Residenzstadt Berlin, soweit sie bisher von dem Konsistorium der Provinz Brandenburg geübt sind, vom 1. Oktober 1877. ab durch den Polizei-Präsidenten ausgeübt.

Artikel IV.

Die Ausübung der landesherrlichen Patronatsrechte in der Haupt- und Residenzstadt Berlin, soweit solche bisher von dem Konsistorium geübt sind, geht mit dem 1. Oktober 1877. auf die Ministerial-, Militair- und Bau-Kommission zu Berlin über. Dem Konsistorium verbleibt jedoch die Ausübung der auf dem landesherrlichen Patronate beruhenden Ernennungs- und Berufungsrechte nach Maßgabe des §. 2. der Verordnung vom 27. Juni 1845. (Gesetz-Samml. S. 440.)[40]), der §§. 21. und 32. Nr. 2. der Kirchengemeinde- und Synodal-Ordnung vom 10. September 1873. (Gesetz-Samml. 1874. S. 151.)[41]) und der Verordnung vom 2. Dezember 1874. (Gesetz-Samml. S. 355.)[42]).

Urkundlich 2c.

---

40) H. S. Anm. 35 zu §. 144 d. T.
41) H. Vgl. Zus. 20 zu §. 156 d. T.
42) H. Vgl. Zus. 40 zu §. 324 d. T.

H. Abgesehen von Berlin ist die Verwaltung der übrigen landesherrlichen Patronatsrechte den Regierungen geblieben. Die Konsistorien üben nur bei diesen, wie bei Privatpatronaten, die kirchenregimentliche Aufsicht, s. den folgenden Min.Erlaß. Der Regierungs- bez. in Berlin der Polizei-Präsident hat blos die staatlichen Rechte im Falle des §. 23 d. K.G. u. S.O., s. Zus. 20 zu §. 156, Art. 8 des Ges. v. 25. Mai 1874, Zus. 19 a. a. O., V. v. 9. Sept. 1876 Art. 3 Nr. 3 (Zus. 24 a. a. O.) wahrzunehmen. Vgl. auch V. d. Kult.Min. v. 29. Jan. 1878, kirchl. Ges. u. V.Bl. 1878 S. 36).

H. Zur Ausführung der oben mitgetheilten Verordnung sind ergangen:

a) Zirkular-Erlaß des Ministers der geistlichen Angelegenheiten an die K. Regierungen der acht älteren Provinzen, betr. den Uebergang der Verwaltung der Angelegenheiten der evangelischen Landeskirche auf die kirchenregimentlichen Behörden. Vom 10. September 1877 (kirchl. Ges. u. Verordn.Bl. 1876/1877 S. 171.)

Durch die Allerhöchste Verordnung vom 5. d. Mts. (G.S. S. 215) ist bestimmt worden, daß mit dem 1. Oktober d. J. die Verwaltung der Angelegenheiten der evangelischen Landeskirche, soweit solche bisher von dem Minister der geistlichen pp. Angelegenheiten und von den Regierungen geübt worden ist, nach Maßgabe des Gesetzes v. 3. Juni 1876 auf den Evangelischen Ober-Kirchenrath und die Konsistorien als Organe der Kirchenregierung übergeht.

Demgemäß verbleibt den Königlichen Regierungen von dem gedachten Zeitpunkt ab in Beziehung auf die Angelegenheiten der evangelischen Landeskirche nur die ihnen bisher zugestandene Wahrnehmung der staatlichen Aufsichtsrechte, wie solche durch das Gesetz vom 3. Juni 1876 näher präzisirt sind und soweit deren Ausübung nicht inzwischen durch die Allerhöchste Verordnung vom 9. September 1876 anderen Behörden des Staates übertragen ist. Auf die Königlichen Konsistorien hingegen geht die Ausübung der bisher von den Königlichen Regierungen wahrgenommenen kirchenregimentlichen Befugnisse über. Keinerlei Veränderung indessen tritt in den Zuständigkeiten der Behörden bezüglich der Patronats-Verhältnisse, und zwar sowohl rücksichtlich des landesherrlichen als auch rücksichtlich des Privat-Patronats, sowie bezüglich der kirchlichen Angelegenheiten bei dem Militär und öffentlichen Anstalten ein.

Hiernach werden mit dem gedachten Zeitpunkt von dem in dem Zirkular-Erlaß vom 1. Oktober 1847 als zum Ressort der Königlichen Regierungen gehörig aufgeführten Angelegenheiten (Absatz II Nr. 1 bis mit 7), abgesehen von der den Königlichen Konsistorien bereits übertragenen Aufsicht über die Kirchenbücher, soweit sie nicht mehr zur Beurkundung des Personenstandes dienen, insbesondere nachstehende Gegenstände aus dem Geschäftskreise der Königlichen Regierungen ausscheiden und auf die Königlichen Konsistorien übergehen:

1) die Sorge für die Anlegung und Unterhaltung der Kirchhöfe, unbeschadet der Bestimmung in Art. 24 Nr. 6 des Gesetzes vom 3. Juni 1876, und
2) die kirchenregimentliche Aufsicht über das Vermögen der Kirchen, kirchlichen Stiftungen und Institute und zwar sowohl derjenigen, welche landesherrlichen Patronats sind, als auch derjenigen, welche dem landesherrlichen Patronat nicht unterworfen sind, jedoch unbeschadet der Bestimmungen in Artikel 23, 24 und 27 des Gesetzes vom 3. Juni 1876 und ohne Aenderung der Zuständigkeiten in den Patronats-Verhältnissen selbst (Artikel 22), so daß

insbesondere den Königlichen Regierungen die Ausübung aller die Vermögensverwaltung berührenden Befugnisse des landesherrlichen Patronats verbleibt. [Vgl. hierzu R.G. IV v. 24. Okt. 1881, wonach der Fiskus als Patron bei der Uebernahme von Verpflichtungen nur durch diese, nicht die Finanz-Abtheilung der Regierung vertreten werden kann, Gruchot 26 S. 1164.]

Im Einzelnen geht demgemäß in Betreff der kirchlichen Vermögensverwaltung auf die Konsistorien über (Litr. a. bis f. des Zirkular-Erlasses vom 1. Oktober 1847):

a. die Fürsorge für die Hinterbliebenen von Geistlichen und Kirchenbeamten;
b. die kirchenregimentliche Aufsicht über das Etats-, Rechnungs- und Kassenwesen der gedachten Kirchen u. s. w.;
c. die Ausstellung von Attesten über die Legitimation der verwaltenden Organe zur Besorgung von Rechtsangelegenheiten. Dagegen fällt die Autorisation zu Prozessen überhaupt fort (Artikel 26);
d. die Genehmigung von Vergleichen;
e. die Genehmigung zur Vermiethung und Verpachtung von Grundstücken;
f. die Vertheilung der Kirchensitze;
g. die Genehmigung zu Ausleihungen und zur Aufnahme von Darlehnen, unbeschadet der Bestimmung in Artikel 24 Nr. 3 des Gesetzes vom 3. Juni v. J.;
h. der Erwerb, die Veräußerung und Verpfändung von Grundstücken, unbeschadet der Bestimmung im Artikel 24 Nr. 1 des Gesetzes vom 3. Juni 1876;
i. die Wahrung der Vorrechte und Immunitäten des kirchlichen Vermögens und der geistlichen Stellen;
k. die Genehmigung zur Vermiethung von Wohngebäuden eines Pfarrers;
l. die Aufsicht über die bauliche Unterhaltung und Wiederherstellung der Kirchen-, Pfarr-, Küster- und anderer kirchlicher Gebäude, vorbehaltlich der Bestimmung im Artikel 23 Nr. 2 des Gesetzes vom 3. Juni 1876, sowie die Fürsorge für die Versicherung dieser Gebäude gegen Feuersgefahr;
m. die Auseinandersetzung zwischen dem neueinziehenden Pfarrer oder dessen Erben über die Einkünfte der Stelle;
n. das kirchliche Kollektenwesen, einschließlich der Vereinnahmung und Aufsammlung der Erträge, vorbehaltlich der Bestimmung des Artikels 24 Nr. 7 des Gesetzes vom 3. Juni v. Js.

Selbstverständlich hat diese Aufzählung, wie ich zur Vermeidung von Mißverständnissen nicht unbemerkt lassen will, lediglich den Zweck, die Gegenstände zu bezeichnen, welche fortan als zum Geschäftskreis der Konsistorien gehörig anzusehen sind, nicht aber materiell den Umfang der Aufsichtsrechte der Konsistorien zu bestimmen. In letzterer Beziehung bewendet es vielmehr bei den bestehenden Vorschriften.

Was sodann die unter Nr. 6 des Zirkular-Erlasses vom 1. Oktober 1847 erwähnte Ernennung und Bestätigung der für die Verwaltung des kirchlichen Vermögens anzustellenden weltlichen Kirchenbedienten betrifft, so hat dieser Gegenstand schon durch die Kirchengemeinde- und Synodal-Ordnung anderweite Regelung erfahren. Dagegen ist noch zu erwähnen, daß von den in dem Zirkular-Erlaß vom 1. Oktober 1847 als zum gemeinschaftlichen Ressort der Konsistorien und Regierungen gehörig bezeichneten Angelegenheiten die Einführung und Veränderung der Stolgebühren-Taxen in der Provinzial-Instanz gegenwärtig zum ausschließlichen Ressort der Konsistorien gehören und nur die Genehmigung der staatlichen Aufsichtsbehörde vorbehalten bleibt (Art. 24 Nr. 4 des Gesetzes v. 3. Juni 1876).

Um nun den Uebergang der Geschäfte in den oben bezeichneten Angelegenheiten auf die Königlichen Konsistorien zum Vollzug zu bringen und um hierbei Stockungen in dem Geschäftsbetriebe möglichst zu vermeiden, bestimme ich was folgt:

1) Die Königlichen Regierungen haben sofort eine Aussonderung derjenigen Akten vorzunehmen, welche an die Königlichen Konsistorien abzugeben sind. Welche Akten hiervon betroffen werden, ergiebt sich aus den Gegenständen, die in den Geschäftskreis der Königlichen Konsistorien übergehen. Nur in Beziehung auf einen Punkt will ich noch eine Bemerkung hinzufügen. Die Akten, welche sich auf die Vermögensverwaltung der Kirchen landesherrlichen Patronats beziehen, sind nicht an die Konsistorien abzugeben, da wenngleich die kirchenregimentliche Aufsicht auch über diese Kirchen auf die Konsistorien übergeht, den Regierungen die laufende Patronatsverwaltung verbleibt. [Ebensowenig nach d. R. d. Kult.Min. v. 31. Okt. 1877, kirchl. Ges. u. V.Bl. 1876/1877 S. 260, die Akten über die bauliche Unterhaltung und Wiederherstellung von Kirchen und Pfarr- rc. Gebäuden landesherrlichen Patronates.] Dagegen ist es selbstverständlich, daß soweit die Konsistorien die Einsicht dieser Akten im einzelnen Falle wünschen möchten, ihnen solche mitzutheilen sind.
2) Alle bis zum 22. September cr. eingehenden Sachen sind noch von den Königlichen Re-

gierungen zu erledigen und so schleunig zum Abgang zu bringen, daß die Reinschriften das Datum spätestens vom 30. September cr. tragen. Soweit dies ausnahmsweise nicht ausführbar sein sollte, sind die Sachen an die Konsistorien zur ressortmäßigen Verfügung abzugeben. Diejenigen, künftig zum Geschäftskreise der Königlichen Konsistorien gehörigen Sachen, welche bei den Königlichen Regierungen nach dem 22. d. M. eingehen, sind unerledigt an die Konsistorien, und zwar täglich und mit den zugehörigen Akten abzugeben, damit diese in die Bearbeitung der Sachen eintreten können. Ist jedoch Gefahr im Verzuge, so haben die Königlichen Regierungen auch diese Sachen noch bis zum 30. d. Mts. zu erledigen.

3) Von den ausgesonderten Akten (1) ist ein Verzeichniß zu fertigen, welches neben dem Aktenzeichen, der Anzahl der Volumina und dem Rubrum der Akten eine Kolumne „Bemerkungen" enthalten muß, in welche, wenn die Akten bereits auf Grund meiner vorstehenden Bestimmung unter 2 an die Konsistorien abgegeben sind, dies zu verzeichnen ist.

4) Der sich danach ergebende Aktenbestand ist an das betreffende Konsistorium zugleich mit 2 Exemplaren des Verzeichnisses (ad 3) zu übersenden, welches ein Exemplar des letzteren, nach Empfang der Akten und Prüfung der Vollständigkeit der Sendung, mit der Empfangsbescheinigung versehen an die betreffende Regierung zurückgelangen lassen wird.

Diese Arbeiten sind so zu beschleunigen, daß die Ueberführung der Akten an die Konsistorien mit dem Schluß des laufenden Monats erfolgen kann. Dabei ist es unbenommen, falls dies für zweckmäßig erachtet werden möchte, die Akten in mehreren Sendungen, vielleicht nach den Branchen getrennt, zu verschicken und jede Branche, sobald sie geordnet ist, abzusenden. Es muß aber alsdann jede Sendung von den vorgeschriebenen Verzeichnissen begleitet sein.

Indem ich den K. Regierungen hiernach die schleunige weitere Veranlassung anheimgebe, und bemerke, daß die K. Konsistorien Abschrift dieser Verfügung erhalten haben, will ich zum 1. Oktober cr. einer Anzeige darüber entgegensehen, was zur Ausführung dieses meines Erlasses geschehen ist.

b) Erlaß des Ministers der geistlichen Angelegenheiten an das K. Konsistorium zu Berlin, betr. die Ausübung der staatlichen Aufsichtsrechte, sowie die Verwaltung des landesherrlichen Patronats in allen das Kirchen-Vermögen berührenden Angelegenheiten in der Stadt Berlin. Vom 10. September 1877 (kirchl. Ges. u. Verordn.Bl. 1876/1877 S. 175).

Nach den Bestimmungen der Art. III und IV der Allerhöchsten Verordnung vom 5. d. Mts. (G.S. S. 215) wird das K. Konsistorium mit dem 1. k. Mts. die Ausnahmestellung verlieren, welche Dasselbe im Vergleich mit den übrigen Konsistorien der acht älteren Provinzen der Monarchie dadurch einnahm, daß das K. Konsistorium für die Haupt- und Residenzstadt Berlin zugleich die Stelle der Regierung in den evangelischen Kirchensachen vertrat. Die von dem K. Konsistorium bisher geübten staatlichen Aufsichtsrechte gehen in Gemäßheit des Art. III auf den K. Polizei-Präsidenten und die Verwaltung des landesherrlichen Patronats in allen das Vermögen berührenden Angelegenheiten geht nach Art. IV auf die K. Ministerial-Militär- und Bau-Kommission über. Demgemäß veranlasse ich das K. Konsistorium, die über die bezeichneten Gegenstände geführten Akten an die genannten Behörden, welche mit Nachricht versehen sind, abzugeben. Was insonderheit die Akten über die Patronats-Verwaltung anlangt, so sind in Betreff der Kirchen landesherrlichen Patronats alle auf die Verwaltung des Kirchen-, Pfarr- und Küsterei-Vermögens bezüglichen Akten, einschließlich der Bauakten und der Etats und Rechnungen, sowie die Akten über Bestellung von Patronats-Vertretern für die Gemeinde-Kirchenräthe (§. 5 der K.G. und S.O.) an die K. Ministerial-Baukommission abzugeben. Selbstverständlich verbleibt jedoch dem K. Konsistorium die Befugniß, die Mittheilung der Akten, deren Einsicht Demselben zur Ausübung der kirchenregimentlichen Aufsichtsrechte erforderlich erscheint, im Wege der Requisition zu erlangen.

Was sodann im Einzelnen den Uebergang der betreffenden Geschäfte und die Uebergabe der Akten anlangt, so wird hierbei nach Analogie meines Zirkular-Erlasses v. 10. d. M., betreffend den Uebergang der kirchenregimentlichen Verwaltung von den Regierungen auf die Konsistorien, zu verfahren, jedoch in dem vorliegenden Falle eine wesentliche Vereinfachung des dort vorgeschriebenen Verfahrens ausführbar sein, theils weil die örtlichen und räumlichen Verhältnisse das Uebergabegeschäft erheblich erleichtern, theils weil der Umfang der Geschäfte, in Bezug auf welche eine Ressortveränderung eintritt, weit geringer ist. Dem Herrn Präsidenten des K. Konsistoriums will ich deshalb anheimgeben, Sich mit dem Herrn Polizei-Präsidenten und dem Herrn Vorsteher der Ministerial-Baukommission über die Art der Ausführung zu benehmen und dabei diejenigen Abweichungen von dem in dem Zirkular-Erlaß v. 10. d. M. vorgezeichneten Verfahren zu verabreden, die nach Lage der Verhältnisse sich als zweckmäßig ergeben. Zum 1. Okt. cr. erwarte ich dann darüber Bericht, in welcher Weise dieser mein Erlaß zur Ausführung gelangt ist.

c) Zirkular-Erlaß des Ministers der geistlichen Angelegenheiten an die K. Regierungen der acht älteren Provinzen betr. den Uebergang der Verwaltung der kirchlichen Fonds in das Ressort der kirchenregimentlichen Behörden. Vom 10. September 1877 (kirchl. Ges. u. Verordn.Bl. 1876/1877 S. 176).

Zu denjenigen Angelegenheiten der evangelischen Landeskirche, welche nach Art. I der Allerhöchsten Verordnung v. 5. d. Mts. (G.S. S. 215) in das Ressort der kirchenregimentlichen Behörden übergeben werden, gehört auch die Verwaltung der kirchlichen Fonds, soweit diese bisher von dem Minister der geistlichen Angelegenheiten und den Regierungen geübt ist. Selbstverständlich tritt diese Ressortveränderung indessen nur bei solchen, für Zwecke der evangelischen Landeskirche bestimmten Fonds ein, welche ihrer rechtlichen Natur nach als kirchliche anzuerkennen sind, nicht aber auch bei den zu kirchlichen Zwecken bestimmten Staatsfonds, und zwar weder bei den unmittelbaren, noch bei den mittelbaren Staatsfonds. Um nun eine Entscheidung darüber herbeizuführen, in Betreff welcher Fonds die Verwaltung auf die kirchenregimentlichen Behörden zu übertragen sein wird, veranlasse ich die Königlichen Regierungen, eine Jede für Ihren Bezirk, mir anzuzeigen, ob und event. welche kirchlichen Fonds in dem oben bezeichneten Sinne von Ihr bisher verwaltet sind, und Sich unter Beifügung etwaiger Stiftungsurkunden und der laufenden Etats sowohl über den Ursprung und den rechtlichen Charakter als auch über die Zweck-Bestimmung der einzelnen Fonds zu äußern. Hierbei sind auch diejenigen Fonds zu berücksichtigen, in Bezug auf welche der rechtliche Charakter zweifelhaft erscheinen möchte. Zugleich aber bemerke ich, daß die Verwaltung keines Fonds an die Konsistorien zu übertragen ist, bis meinerseits der kirchliche Charakter des Fonds anerkannt sein wird. Den K. Konsistorien habe ich Abschrift dieser Verfügung mitgetheilt, um denselben Gelegenheit zu geben, den K. Regierungen diejenigen Fonds zu bezeichnen, deren Verwaltung die Konsistorien für sich glauben in Anspruch nehmen zu müssen.

Bei den Schwierigkeiten, welche die Feststellung des rechtlichen Charakters der Fonds in einzelnen Fällen darbieten kann, ist vorauszusehen, daß die erforderlichen Erörterungen nicht überall bis zum 1. Oktober cr. abgeschlossen sein werden. Gleichwohl lege ich auf möglichste Beschleunigung entscheidenden Werth und gebe deshalb den K. Regierungen anheim, in Betreff derjenigen Fonds, in Bezug auf welche die Verhältnisse ohne Weiteres klar liegen, sofort zu berichten und nur in Betreff derjenigen Fonds, bezüglich deren es weiterer Ermittelungen bedarf, die Berichterstattung noch auszusetzen.

Vgl. hierzu auch die Cirk.Verf. des ev. Oberkirchenraths v. 21. Sept. 1877, kirchl. Ges. u. V.Bl. 1876/1877 S. 179.

d) Verfügung des Ministers der geistlichen Angelegenheiten an die K. Regierungen in den acht älteren Provinzen betr. den Uebergang der kirchlichen Externa auf die Konsistorien bezüglich des Kassenwesens. Vom 29. September 1877 (kirchl. Ges. u. Verordn.Bl. 1876/1877 S. 178).

In Verfolg meiner Verfügung vom 10. d. Mts. betreffend den Uebergang der kirchlichen Externa auf die Königlichen Konsistorien, mache ich bezüglich des Kassenwesens dieser Behörden zur Vermeidung von Mißverständnissen und Weiterungen auf folgende Punkte aufmerksam:

1) Bezüglich des Etats-, Kassen- und Rechnungswesens in Betreff der Besoldungs- und Bedürfniß-Fonds der Konsistorien tritt eine Aenderung überhaupt nicht ein.
2) Die Königlichen Regierungen haben die Verwaltung der kirchlichen Fonds, welche in Gemäßheit meines Erlasses vom 10. d. Mts. demnächst auf die Königlichen Konsistorien übergehen, in bisheriger Weise fortzuführen, bis meinerseits der kirchliche Charakter dieser Fonds anerkannt und deren Ueberweisung an die Königlichen Konsistorien verfügt sein wird. Bei diesem Anlaß wird zugleich Bestimmung darüber getroffen werden, ob die Kassenverwaltung bezüglich dieser Fonds von den Regierungen weiter zu führen oder auf die Konsistorien mit zu übertragen sein wird.
3) In Betreff des Kollektenwesens hat der Evangelische Ober-Kirchenrath den Wunsch ausgesprochen, daß bis zu einer etwaigen anderen weiteren Regelung im kirchlichen Wege die Sammlung und Abführung der Kollekten in der bisherigen Weise durch Vermittlung der Kreis- und Regierungs-Hauptkassen erfolgen möge.

Es hat kein Bedenken, hiernach bis auf Weiteres zu verfahren und wollen demgemäß die Königlichen Regierungen das Weitere veranlassen.

Zu Nr. 2 vorstehender Verfügung ist durch die Cirk.Verf. der Minister der Finanzen und der geistlichen Angelegenheiten, v. 15. Juli 1879, kirchl. Ges. u. Verordn.Bl. 1881 S. 102, bestimmt: „daß der rechnungsmäßige Nachweis aller bereits vorhandenen oder noch hinzukommenden, der Verwaltung der K. Konsistorien unterliegenden, kirchlichen Fonds auch fernerhin durch die Regierungs-Hauptkassen zu bewirken ist, so weit nicht im einzelnen Falle eine anderweite Bestimmung bereits getroffen werden sollte. Die Anweisung der genannten Kassen zu

§. 145*. Sämmtliche Consistoria der Protestanten stehen unter der Oberdirection des dazu verordneten Departements des Staatsministerii [43]).

Vereinnahmungen, resp. Verausgabungen bei den genannten Fonds hat fortan ohne Mitwirkung der K. Regierungen direkt durch die K. Konsistorien zu erfolgen." In Anschluß daran hat eine weitere Cirk.Verf. der genannten Minister v. 13. Juli 1881, a. a. O. S. 104, angeordnet: „daß diejenigen kirchlichen Fonds, deren Verwaltung auf die K. Konsistorien übergegangen ist, von den mit der Kassenverwaltung dieser Fonds beauftragten Regierungs-Hauptkassen in je eine besondere, dem betreffenden Provinzial-Konsistorium zur Revision und Dechargirung mitzutheilende Reservefonds-Rechnung zusammengefaßt und, soweit sie bisher in den Extraordinarien-Rechnungen nachzuweisen sind, aus diesen fortgelassen werden."

e) Zirkular-Erlaß des Ministers der geistlichen Angelegenheiten an sämmtl. K. Regierungen exkl. Sigmaringen u. sämmtl. K. Konsistorien u. Provinzial-Schul-Kollegien exkl. die Provinz Hannover auszüglich, betr. die Bearbeitung der Unterstützungs-Angelegenheiten für Hinterbliebene von Geistlichen und Kirchenbeamten vom 19. Januar 1878 (kirchl. Ges. u. Verordn.Bl. 1878 S. 73).

Der K. Regierung eröffne ich auf den Bericht vom 20. November v. Js. — K.A. I 1404 —, daß die Bearbeitung der Unterstützungs-Angelegenheiten für Hinterbliebene von Geistlichen und Kirchenbeamten, sofern die Beihülfen aus Staatsfonds beantragt werden, bis auf Weiteres in der durch die Zirkular-Verfügungen vom 26. November 1875 — G. III 6919 — und vom 6. Juli 1877 — G. III 2122 B. — vorgeschriebenen Weise zu erfolgen hat.

In Anbetracht jedoch der durch die neuere Gesetzgebung auf dem Gebiet der kirchlichen Verwaltung geschaffenen Ressortverhältnisse bestimme ich für den Geltungsbezirk der Allerhöchsten Verordnung vom 5. September 1877 — G.S. S. 215 —, daß die K. Regierung sowohl bei Vertheilung der Ihr zur selbstständigen Verwaltung aus Kap. 127 Tit. 6 des Staathaushalts-Etats überwiesenen Fonds, als auch bei Anträgen auf Gewährung von laufenden oder einmaligen Unterstützungen aus Zentralfonds überall im Einvernehmen mit dem K. Konsistorium vorzugehen und den von letzterem befürworteten Anträgen, falls nicht besondere Gründe entgegenstehen, zu entsprechen hat 2c.

S. hierzu auch d. Cirk.Erl. des ev. Oberkirchenraths v. 25. April 1878, a. a. O. S. 73.

H. An den vorstehenden Bestimmungen ist durch die Gesetze über die allgemeine Landesverwaltung v. 26. Juli 1880, G.S. S. 291, u. v. 30. Juli 1883, G.S. S. 195, welche §. 21 bez. §. 22 die Regierungs-Abtheilungen für Kirchen- und Schulsachen haben bestehen lassen, bez. die Neubildung solcher anordnen, nur so viel geändert, daß für den Stadtkreis Berlin an die Stelle der betreffenden Regierungs-Abtheilung der Polizei-Präsident tritt, es aber auch bezüglich der Verwaltung des landesherrlichen Patronats bei dem bestehenden Zustande verbleibt, §. 37 bez. §. 44.

43) H. Das geistliche Departement des Staatsministerii wurde aus den beiden Justizministern gebildet und zerfiel in das Departement der reformirten und lutherischen Kirche, jedes mit der Aufgabe, theils die Rechte und Vortheile der Kirche wahrzunehmen, theils die Hoheitsrechte des Staats geltend zu machen. Mit den beiden Departements waren das reformirte Kirchendirektorium (für die Deutsch-Reformirten) und das französische Oberkonsistorium einer-, und das lutherische Oberkonsistorium andererseits in der Weise verbunden, daß die beiden Justizminister zugleich die Chefpräsidenten der betreffenden geistlichen Behörden waren, Jacobson, evg. K.R. S. 151; Jacobson in Dove, Zeitschr. 3 S. 324, 338; v. Mühler, Gesch. d. evang. Kirchenverfassung i. d. Mark Brandenburg S. 216, 220, 232.

Daß der Landesherr das Kirchenregiment (die sog. Episkopalrechte) in der evangelischen Kirche habe, ist im L.R. nirgends ausgesprochen, zwar war dem I. Entwurf ein §. 107: „Die Anordnung der Provinzialkonsistorien hängt vom Landesherrn ab", eingefügt, dieser ist aber dann fortgelassen werden.

Auf ein Monitum, „den ersten Grundsatz des protestantisch-kanonischen Rechts mit aufzunehmen, nach welchem der Landesherr das summum jus circa sacra nicht jure episcopali, sondern jure superioritatis territorialis ausübe", erinnerte v. Grolmann bei der Revision des gedruckten Entwurfes: „Ist unnöthig. Der protestantische Landesherr hat jure superioritatis territorialis keine mehreren Rechte in Absicht der Religion, als jeder andere Regent. Sollte er in Absicht der protestantischen Religion mehrere Rechte haben, so müßte er sie jure episcopali haben. Ob er sie wirklich habe? adhuc sub judice lis est. Ob es gut sei, daß er sie sich anmaße oder wirklich habe, ist wohl zu verneinen, weil die protestantische Religion sonst in jedem Regenten einen besonderen Papst haben und von dessen oder seiner Minister oder Maitressen Eigensinn und Einfällen abhängen würde" (Material. LXXVI S. 888). Man hat also

18. Allerhöchster Erlaß vom 29. Juni 1850, betreffend die Grundzüge einer Gemeinde-Ordnung für die evangelischen Kirchengemeinden der östlichen Provinzen und die Einsetzung des Evangelischen Ober-Kirchenraths nebst Ressort-Reglement für die evangelische Kirchen-Verwaltung. (G.S. S. 343.)

Auf den, in Gemäßheit Meines Erlasses vom 26. Januar v. J. von Ihnen und der Abtheilung des Ministeriums der geistlichen Angelegenheiten für die inneren evangelischen Kirchensachen erstatteten Bericht, ertheile Ich hierdurch dem vorgelegten Entwurfe einer Gemeinde-Ordnung für die evangelischen Kirchengemeinden der östlichen Provinzen[44]) und den Behufs der Einführung derselben vorgeschlagenen Maaßregeln Meine Genehmigung. Hiernächst bestimme Ich, daß die Abtheilung des Ministeriums der geistlichen Angelegenheiten für die inneren evangelischen Kirchensachen, unter Beibehaltung der von ihr bisher ausgeübten und durch das anliegende Ressort-Reglement näher bezeichneten amtlichen Befugnisse, in Zukunft die Bezeichnung „Evangelischer

---

aus Anlaß der damals in Folge der territorialistischen und kollegialistischen Anschauungen hervorgerufenen Kontroverse über den Grund des landesherrlichen Kirchenregiments — vgl. Richter a. a. O. S. 50; Jacobson, K.R. S. 110, 111; die kollegialistischen Auffassungen Suarez' erhellen namentlich aus den dem Kronprinzen gehaltenen Vorlesungen, bei Friedberg, Grenzen 2c. S. 852 — die Aufnahme jeder Vorschrift darüber in das Landrecht unterlassen, und sich begnügt, die bestehende Konsistorialverfassung, sowie die geltenden Konsistorialordnungen anzuerkennen. Damit war allerdings das landesherrliche Kirchenregiment prinzipiell vorausgesetzt und blieb praktisch in Geltung.

Die damalige Einrichtung hat bis zur Umgestaltung des Organismus der Staatsverwaltung durch das Publikandum v. 16. Dez. 1808 (Rabe, Samml. 9 S. 383) gedauert, durch welches die kirchlichen Angelegenheiten den Regierungen, und in höherer Instanz dem Minister. des Innern, Sektion für den Kultus und Unterricht, übertragen worden sind. Im Jahre 1817 wurden das Ministerium der geistlichen Angelegenheiten (s. Anm. 74 zu §. 113 d. T.) und die Konsistorien errichtet, deren Ressort durch die Anm. 42 zu §. 144 d. T. angeführten Anordnungen allmählich auf alle sog. Interna erweitert worden ist. Aus Anlaß eines Antrages der Generalsynode von 1846 erging die Verordn. v. 28. Jan. 1848 wegen Errichtung eines evangelischen Oberkonsistoriums, welches in allen den Provinzialkonsistorien zugewiesenen Angelegenheiten die oberste Behörde bilden sollte (Mittheilungen aus d. Verw. d. geistl., Unterr. u. Mediz.Angel. Jahrg. 1. Berlin 1847. S. 381, 417), jedoch ist es wegen der Bewegungen des Jahres 1848 nicht zur Ausführung der Verordnung gekommen. Nachdem aber die Verf.Urk. v. 5. Dez. 1848 die Selbstständigkeit der evangelischen Kirche anerkannt hatte, wurde mit der Verwaltung der Interna eine besondere, vom Minister unabhängige Abtheilung des Ministeriums der geistlichen Angelegenheiten durch d. K.O. v. 26. Jan. 1849 (G.S. S. 125) beauftragt. Vgl. Richter a. a. O. S. 52 ff.; Jacobson a. a. O. S. 155, 160; Woltersdorf, das preuß. Staatsgesetz und die Kirche. Berlin 1873. S. 462, 518, 528. Aus dieser ist der evangelische Oberkirchenrath im J. 1850 hervorgegangen, s. Zus. 18 zu diesen §.

Zu den der Entscheidung des Landesherrn reservirten Episkopalrechten gehören: 1. die Gesetzgebung in rein kirchlichen Angelegenheiten unter Mitwirkung der dafür bestehenden kirchlichen Organe, Reskr. des Min. d. g. Angel. Abthlg. f. d. innern ev. Kirchensachen v. 30. April 1850 (Aktenstücke aus der Verw. ders. S. 49), Kirchengem. u. Synodalordn. v. 10. Sept. 1873 §. 65 ff. Zus. 20 zu §. 156, u. GeneralSyn.Ordn. v. 20. Jan. 1876 §§. 6 ff., Zus. 23 zu §. 156 d. T., 2. Entscheidung wichtiger Angelegenheiten auf Grund besonderer Provokation an den König, 3. die Entscheidung in denjenigen Fällen, in denen das vorgeschriebene Einverständniß zwischen dem Min. d. g. Ang. und dem Ev. O.K.R. nicht zu erreichen ist (s. Anm. 60 zu Zus. 18 nach §. 145 d. T.), 4. die Besetzung der kirchenregimentlichen Aemter oder die Anordnung einer kommissarischen Verwaltung derselben, Ges. v. 3. Juni 1876 Art. 22 Nr. 7, Zus. 22 zu §. 156 d. T., 5. die Genehmigung einer neuen Kirche königlichen Patronats, K.O. v. 20. Jan. 1855 und Erl. des K.O.R. v. 14. Febr. 1855 (Aktenstücke 2 S. 125).

Durch den jetzt aufgehobenen Art. 15 der Verf.Urk. war das landesherrliche Kirchenregiment nicht von selbst weggefallen, vergl. Richter-Dove, K.R. S. 426, Dove in seiner Zeitschr. f. K.R. 2 S. 174, Jacobson, K.R. S. 115 ff., aber andererseits Woltersdorf a. a. O. S. 440 ff. Die weitere Kontroverse, ob die Ausführung des Art. 15 die Beseitigung des geschichtlich überlieferten landesherrlichen Kirchenregiments erfordert hätte oder nicht, kann jetzt auf sich beruhen bleiben, da dasselbe in der General-Synodalordnung und dem Ges. v. 3. Juni 1876, Zus. 22 zu §. 156 d. T., von neuem Anerkennung gefunden hat.

44) H. Vergl. Anm. 70 zu §. 156 d. T.

Ober-Kirchenrath[45])" führen soll. Es ist Mein Wille, daß die Einführung der Gemeinde-Ordnung in den evangelischen Kirchengemeinden der östlichen Provinzen nach den von Mir genehmigten Grundsätzen unverzüglich angebahnt werde, und Ich beauftrage demgemäß den evangelischen Ober-Kirchenrath, in Vereinigung mit Ihnen, das diesfalls Erforderliche ungesäumt zu bewirken, demnächst aber über die Begründung der weiteren Entwickelungsstufen einer selbstständigen evangelischen Kirchenverfassung mit Ihnen ferneren gemeinschaftlichen Bericht zu erstatten. — . . . . .

Ressort-Reglement für die evangelische Kirchen-Verwaltung[46]).

§. 1. Der Evangelische Ober-Kirchenrath tritt an die Stelle der durch den Allerhöchsten Erlaß vom 26. Januar v. J. mit der Leitung der inneren evangelischen Kirchensachen beauftragten Abtheilung des Ministeriums der geistlichen Angelegenheiten. Es gehören mithin zum Ressort desselben folgende nach der Instruction vom 23. Oktober 1817., der Allerhöchsten Order vom 31. Dezember 1825. und der Verordnung vom 27. Juni 1845. §. 1. den Konsistorien überwiesene Angelegenheiten:

1) das Synodalwesen;
2) die Aufsicht über den Gottesdienst in dogmatischer und liturgischer Beziehung, die Aufsicht über den Religions-Unterricht nach Maßgabe des zur Ausführung des Artikels 24. der Verfassungs-Urkunde vom 31. Januar 1850. ergehenden Unterrichtsgesetzes, die Anordnung kirchlicher Feste, der Einweihung von Kirchen und der Einräumung von Kirchen zu anderen als den stiftungsmäßigen Zwecken;
3) die Aufsicht über das kirchliche Prüfungswesen und die Vorbereitung zum geistlichen Stande, einschließlich der Aufsicht über das Prediger-Seminar zu Wittenberg;
4) die Beschwerden über Pfarrbesetzungen und die Besetzung niederer kirchlicher Aemter, sowie die Streitigkeiten über kirchliche Präsentations- und Wahlrechte, vorbehaltlich des Rechtsweges. — In den Angelegenheiten des landesherrlichen Patronats verbleibt aber bis zur Herstellung einer selbstständigen Kirchenverfassung das Recht der Entscheidung dem Minister unter der in §. 5. Nr. 5. und 6. näher bestimmten Mitwirkung des evangelischen Ober-Kirchenraths[47]);
5) die Aufsicht über Ordination, Einführung und Vereidigung der Geistlichen;
6) die Aufsicht und Disziplin über die Geistlichen;
7) die Emeritirungs-Angelegenheiten, die Verfügung über das Sterbequartal und das Gnadenjahr, soweit dabei nicht die Staatsmittel in Anspruch genommen werden, so wie die vikarische Verwaltung erledigter Aemter;
8) die Beschwerden über Anmaßung oder Verweigerung pfarramtlicher Handlungen Seitens evangelischer Geistlichen, die Ueberhebung von Stolgebühren und die Streitigkeiten über Parochialberechtigungen;
9) die Bestätigung der nicht für die Vermögensverwaltung bestimmten niederen Kirchenbedienten, insbesondere der Presbyter und Gemeindevertreter, wo solche erforderlich ist;
10) die Ertheilung kirchlicher Dispensationen;
11) die Aufrechthaltung der Kirchenzucht innerhalb der landesgesetzlichen Grenzen;
12) die Kirchenvisitationen und die Beaufsichtigung der Pfarr- und der Superintendentur-Archive.

---

45) H. Nach O.Tr. Str.S. I v. 18. Jan. 1878, Entsch. 77 S. 351; Hartmann, Ztschr. 2 S. 501 ist der Oberkirchenrath als Obrigkeit im Sinne des §. 110 des R.Str.G.B. anzusehen. Dies erscheint aber nicht richtig, da unter Obrigkeit im §. 110 ein Organ der Staatsgewalt zu verstehen ist, und der Oberkirchenrath nicht staatliche Funktionen ausübt, wohl aber ist er eine öffentliche Behörde, s. Anm. 29 zu §. 17 d. T. und Anm. 37 a zu Zus. 17 bei §. 144 d. T.

46) H. Die späteren Erweiterungen finden sich zum Theil in der Zusammenstellung vom J. 1857 (Aktenstücke des ev. O.K.R. 2 S. 133).

47) H. Vgl. Art. 22 des Ges. v. 3. Juni 1876, Zus. 22 zu §. 156 d. T. V. v. 5. Sept. 1877, Zus. 17 zu §. 144 d. T. u. Cirk.Erl. v. 10. Sept. 1876, s. Anm. 42.

In allen vorstehend bezeichneten Angelegenheiten übt der evangelische Ober-Kirchenrath die Befugnisse der höheren Instanz und das Recht der allgemeinen Anordnung innerhalb der bestehenden Gesetze und Verordnungen aus[48]).

§. 2. Der evangelische Ober-Kirchenrath verwaltet die in §. 1. genannten Sachen kollegialisch. Er steht in direktem Verkehr mit den übrigen Behörden und berichtet unmittelbar an des Königs Majestät. Derselbe hat jedoch General-Verfügungen im Konzept, und Immediatberichte im Konzept und in der Reinschrift dem Minister vorzulegen, welcher auf der Reinschrift vermerken wird, daß er davon Kenntniß genommen habe.

Sämmtliche Ausfertigungen ergehen unter der Firma:

„der Evangelische Ober-Kirchenrath"

und werden von dem Vorsitzenden allein vollzogen[49]).

§. 3. Dem Minister der geistlichen Angelegenheiten verbleibt bis zu dem in der Allerhöchsten Order vom 26. Januar 1849. (Gesetz-Sammlung S. 125.) bezeichneten Zeitpunkte der Herstellung einer selbstständigen Kirchenverfassung die höhere Verwaltung der gegenwärtig den Provinzial-Regierungen übertragenen äußeren Angelegenheiten der evangelischen Kirche, so wie die zur Zeit noch zu seiner verfassungsmäßigen Verantwortlichkeit gereichende Verwaltung und Verwendung der Staatsfonds zu den bestimmten kirchlichen Zwecken.

In ersterer Beziehung gehören zu dem Ressort des Ministers folgende Angelegenheiten:

1) die Regulirung des Interimistikums in streitigen Kirchen-, Pfarr- und Küsterbausachen[50]);
2) *die Aufsicht über die Kirchenbücher[51]);
3) *die Sorge für die Anlegung und die Unterhaltung der Kirchhöfe[52]);
4) *die Aufsicht über das Vermögen der dem landesherrlichen Patronat nicht unterworfenen Kirchen, kirchlichen Stiftungen und Institute, sowie *die[53]) Ausübung der landesherrlichen Aufsichts- und Verwaltungsrechte in Ansehung des Vermögens der dem landesherrlichen Patronat unterworfenen Kirchen, kirchlichen Stiftungen und Institute;

---

48) H. Die Zusammenstellung von 1857 fügt hier ein:

2. Durch A.O. v. 31. Juli 1852 ist dem Evang. O.K.R. das bis dahin von dem Konsistorium in Berlin ausgeübte Aufsichtsrecht über die unter dem Patronate Sr. Majestät des Königs stehenden deutschen Gemeinden zu Jassy, Buenos-Ayres und Rio de Janeiro übertragen worden. Dieselbe Allerhöchste Bestimmung findet auch auf andere deutsche evangelische Gemeinden des Auslandes, welche sich der preußischen Landeskirche angeschlossen haben, wie z. B. zu Montevideo, Smyrna 2c. Anwendung.

3. Ueber den Fonds, welcher sich aus den Erträgen der abgehaltenen allgemeinen Kirchenkollekten zur Hebung der dringendsten Nothstände gebildet hat, steht dem Evang. O.K.R. die alleinige Disposition zu.

49) H. Die Zusammenstellung von 1857 fügt hinzu:

2. Durch A.O. v. 5. Febr. 1855 (Aktenstücke 2c. 2 S. 77) ist in Beziehung auf die Mittheilung der Generalverfügungen und der Immediatberichte an den Minister der geistlichen Angelegenheiten gestattet, Generalverfügungen in Fällen besonderer Dringlichkeit erst nach dem Abgange mitzutheilen, und ferner auch, wo besondere Gründe dies angemessen erscheinen lassen, die Mittheilung der Immediatberichte vor deren Abgange zu unterlassen, dagegen aber gleichzeitig mit dem Abgeben des Immediatberichts dem Minister Abschrift desselben vorzulegen.

3. (Wegen der Dispensationen vom kirchlichen Aufgebot) fällt fort, s. Erl. d. O.K.R. v. 21. Sept. 1874, Anm. 87 zu §§. 435—445 d. T. und Zus. 42 dazu.

50) H. Sachlich aufrecht erhalten durch Ges. v. 3. Juni 1876 Art. 23 Nr. 1, Zus. 22 zu §. 156 d. T.

51) H. Jedoch nur, so weit sie noch zur Beurkundung des Personenstandes dienen, cit. Ges. Art. 23 Nr. 4.

Vgl. auch die Bemerkung zu §. 3 Nr. 2 d. V. v. 27. Juni 1845 in Anm. 35 zu §. 144 d. T.

52) H. Jetzt nur noch die Genehmigung bei der Anlegung und veränderten Benutzung von Begräbnißplätzen, cit. Ges. von 1876 Art. 24 Nr. 6.

53) H. Das in Sternchen Eingeschlossene entfällt, Art. 22—24 des cit. Ges. v. 1876 und die Anm. 47 angeführten Anordnungen.

5) *die Ernennung oder Bestätigung der für die Verwaltung des kirchlichen Vermögens anzustellenden weltlichen Kirchenbedienten, sowie die Aufsicht über deren amtliche und sittliche Führung und die damit verfassungsmäßig verbundenen Disziplinarbefugnisse[54]).

§. 4. In den zu der Verwaltung des Ministers gehörenden Fällen, welche für den evangelischen Ober-Kirchenrath ein besonderes Interesse darbieten, bleibt es dem Ermessen des Ministers vorbehalten, demselben die ihm wünschenswerthe Kenntniß zu gewähren, beziehentlich sein Gutachten zu erfordern, sowie es dem Ober-Kirchenrathe vorbehalten sein soll, in solchen äußern Angelegenheiten, von denen er eine wesentliche Einwirkung auf die ihm übertragene Seite der kirchlichen Verwaltung annehmen zu müssen glaubt, Anträge an den Minister zu stellen.

§. 5. In folgenden Fällen wird ein Zusammenwirken des Ministers der geistlichen Angelegenheiten und des evangelischen Ober-Kirchenraths stattfinden:

1) *in den Angelegenheiten, in denen nach der Verordnung vom 27. Juni 1845. §. 3. die Regierungeu angewiesen sind, sich mit den Konsistorien in Einvernehmen zu setzen, mithin wenn über das Vorhandensein eines kirchlichen Bedürfnisses oder die Abmessung seines Umfangs Zweifel entstehen, ingleichen wo es sich um die Verwendung der bei der Vermögens-Verwaltung einzelner Kirchen, kirchlichen Stiftungen und Institute sich ergebenden Ueberschüsse handelt[55]);

2) in den nach derselben Verordnung §. 5. zum gemeinschaftlichen Ressort der Regierungen und Konsistorien gehörenden Angelegenheiten, also:
   a) *bei der Veränderung bestehender oder Einführung neuer Stolgebühren und Taxen,
   b) bei der Veränderung bestehender oder Bildung neuer Pfarrbezirke[56]);

3) bei Anstellungen oder bei Anordnung kommissarischer Beschäftigungen in den Konsistorien, bei der Besetzung erledigter Superintendenturen, *sowie bei Anstellung der Direktoren und Lehrer am Prediger-Seminar zu Wittenberg*[57]);

4) bei dem Antrage auf Ertheilung von Orden und Auszeichnungen an Geistliche[58]);

5) in den Angelegenheiten des landesherrlichen Patronats[59]);

6) bei der Bewilligung von Unterstützungen an Geistliche aus den dazu bestimmten Fonds[60]).

---

54) H. Entfällt, s. die Citate in der vor. Anm.

55) H. modifizirt sich nach Maßgabe der Bemerkungen zu §. 3 d. cit. V. v. 1846, s. Anm. 35 zu §. 144 d. T.

56) H. Vgl. hierzu ebenfalls Anm. 35 zu §. 144 d. T.

57) H. Das in Sternchen Eingeschlossene entfällt. Bei der Anstellung der Direktoren und Lehrerstellen an dem Predigerseminar zu Wittenberg, wie an anderen Seminarien wirkt der Staat nicht mehr mit, Art. 23 Nr. 7 des cit. Ges. v. 1876.

58) H. Die Verleihung **kirchlicher** Titel gehört aber zum ausschließlichen Geschäftskreis des O.K.R., Cirk.Verf. v. 30. Okt. 1878, kirchl. Ges. u. Verordn.Bl. 1878 S. 171.

59) H. Vgl. Art. 22 a. a. O.

60) H. So weit diese zu kirchlichen Zwecken bestimmte, mittelbare oder unmittelbare **Staatsfonds** sind, denn die Verwaltung der **kirchlichen** Fonds ist nach Art. 1 d. V. v. 5. Sept. 1877, Zus. 17 zu §. 144, auf den O.K.R. ausschließlich übergegangen, s. auch d. Erl. v. 10. Sept. 1877 in Anm. 42, so insbesondere die des Agende-Fonds, Cirk.Verf. d. ev. O.K.R. v. 18. April 1878, kirchl. Ges. u. V.Bl. 1878 S. 98, der Prediger-Emeritenfonds, a. a. O. S. 76.

H. Die Zusammenstellung von 1857 ergänzt:

7. bei der Bestimmung, resp. Genehmigung der in den Volksschulen, den Schullehrer-Seminarien und den höheren Schulen zu gebrauchenden Religionslehrbücher (A.O. v. 5. Febr. 1855, Aktenstücke 2 S. 77 ff.);

8. bei der Anstellung von ordentlichen oder außerordentlichen Professoren der Theologie an den Universitäten und der Direktoren der Schullehrer-Seminare, soweit es sich um Lehre und Bekenntniß derselben handelt, worüber dem Evang. O.K.R. die gutachtliche Aeußerung vorbehalten ist (A.O. v. 5. Febr. 1855);

9. *bei Besetzung der geistlichen Rathsstellen bei den Regierungen, sofern mit diesen Stellen eine Mitgliedschaft im Konsistorium verbunden ist (A.O. v. 5. Febr. 1855 u. A.O. v. 10. Jan. und 19. Juni 1857). Entfällt, s. zu §. 7 d. V. v. 1845 u. Anm. 35 zu §. 144 d. T.

10. *bei Leitung des kirchlichen Kollektenwesens (A.O. v. 16. Febr. 1856 und dadurch genehmigtes Regulativ, Aktenstücke 2 S. 124, 125). Entfällt nach Art. 21, 24 Nr. 7 des cit. Ges. v. 1876.

In allen diesen gemeinschaftlich zu erledigenden Sachen hat der evangelische Ober-Kirchenrath den ihm ressortmäßig gebührenden Standpunkt in Beziehung auf die inneren Angelegenheiten der Kirche wahrzunehmen und zu vertreten.

§. 6. In den in §. 5. angeführten Fällen erfolgen die Entscheidungen im Namen des Ministers, nach vorgängig erklärtem Einverständnisse des evangelischen Ober-Kirchenraths, und unter ausdrücklicher Erwähnung dieses Einverständnisses [61]).

§. 7. Der evangelische Ober-Kirchenrath hat in Vereinigung mit dem Minister die Organisation der Kirchengemeinden anzubahnen und das zur Begründung einer selbstständigen evangelischen Kirchenverfassung weiter Erforderliche zu beantragen.

§. 146. Ohne desselben Vorwissen und Genehmigung [62]) kann in Kirchensachen keine Veränderung vorgenommen, noch weniger können neue Kirchenordnungen eingeführt werden [63]).

Mediat-consistoria. §. 147. Mediatconsistoria [64]), wo dergleichen vorhanden sind, stehen, der Regel nach, unter der Aufsicht des Oberconsistorii der Provinz.

---

11. in der Aufsicht über die Domkirche und das Domkandidatenstift zu Berlin (A.O. v. 26. April 1854. Allerh. bestätigte Statuten des Domkandidatenstifts v. 22. Nov. 1853, Aktenstücke 2 S. 102 ff.).

Bestimmungen, den Geschäftsgang betreffend:

1. In den vorstehend ad (1.) 2. (jetzt 2b.) aufgeführten Fällen erfolgen die Entscheidungen im Namen des Ministers nach vorgängig erklärtem Einverständnisse des Evang. O.K.R. und unter ausdrücklicher Erwähnung dieses Einverständnisses. In derselben Weise wird verfahren

2. *in den vorstehend sub 7. 8. (9.) aufgeführten Fällen, sowie in den unter 6. bezeichneten Unterstützungssachen, (H. jetzt aber nur in so weit als es sich um Unterstützungen und Fonds handelt, welche der Verwaltung des Ministers verblieben sind).

Hier tritt nur in so fern eine Modifikation ein, als die Bewilligung von Unterstützungen bis zu einem gewissen Betrage alljährlich durch den Minister der geistl. Angel. dem ev. O.K.R. überlassen wird. Die Verfügungen, durch welche innerhalb dieses Betrages Unterstützungen angewiesen werden, ergehen im Namen des ev. O.K.R., es gelangen aber die Konzepte der Verfügungen vor deren Abgange zur Kenntniß des Kassenraths des Ministeriums.

4. In den sub 3. bezeichneten Anstellungssachen und in den Angelegenheiten unter Nr. 5. steht das Recht der Besetzung, bez. des Vorschlags zunächst dem Evang. O.K.R. zu. Die von den Provinzialbehörden deshalb zu erstattenden Berichte werden daher auch an den Evang. O.K.R. gerichtet, gleichzeitig aber dem Minister der geistl. Angel. in Abschrift eingereicht. Der O.K.R. hat in diesen Sachen vor der Besetzung, resp. dem Vorschlage für die Besetzung der zu vergebenden Stelle mit dem Minister der geistl. Angel. in Verhandlung zu treten, damit einerseits die nöthige Erörterung wegen der Besoldungsverhältnisse stattfinde, andererseits der Minister sich über die in Aussicht genommene Persönlichkeit zu äußern Gelegenheit erhalte. Wird ein Einverständniß des Ministers und des O.K.R. nicht erzielt, so ist die Angelegenheit stets und unter ausführlicher, resp. wörtlicher Darlegung der abweichenden Ansicht des Ministers zur Allerhöchsten Entscheidung zu bringen. Die Berichte an des Königs Majestät werden, wie sich hieraus schon ergiebt, von dem Evang. O.K.R. erstattet, ebenso ergehen die Verfügungen im Namen des O.K.R., durch welchen auch die Ausfertigung der Bestallungen erfolgt, und ist in den Verfügungen, sowie in den Bestallungen für die Superintendenten das Einverständniß des Ministers ausdrücklich zu erwähnen (A.O. v. 10. Jan. u. 19. Juni 1857).

5*. Ebenso ergehen die Verfügungen in den unter 10. erwähnten kirchlichen Kollektensachen im Namen des Evangl. O.K.R. im Einverständniß mit dem Minister d. geistl. Angel. H. Vgl. aber oben zu Nr. 10. Desgleichen

6. in den sub 11. angeführten Angelegenheiten.

61) H. Die Modifikationen s. in der vor. Anm.

62) H. Welche Behörde kompetent ist, richtet sich nach den zu §§. 144, 145 d. T. mitgetheilten Ressortbestimmungen.

63) H. Der Rechtsweg ist nicht gestattet, wenn es sich darum handelt, Aenderungen, welche von Seiten der vorgesetzten Kirchenbehörden in der Organisation einzelner evangelischen Kirchen, namentlich in Bezug auf das Kirchenkollegium getroffen worden sind, zu beseitigen. Erk. des Gerichtsh. f. Komp.Konfl. v. 9. Dez. 1865 (J.M.Bl. v. 1866 S. 76).

64) H. An standesherrlichen Mediat-Konsistorien bestehen noch die gräflich Stolbergschen Konsistorien zu Wernigerode (nach dem Rezeß v. 13. Aug., bez. 17. Sept. 1822 und v. 8. Jan., bez. 25. Aug. 1862 (Annal. 7 S. 512, Magdeb. Amtsbl. v. 1823 S. 140, v. 1862 S. 309), zu

§. 148. Ausnahmen davon, und unmittelbare Unterordnung unter das geistliche Departement müssen besonders dargethan werden.

§. 149. Es sollen aber auch die Oberconsistoria den untergeordneten Mediatconsistoriis in Ausübung ihrer Gerechtsame keinen Eintrag thun[65]).

§. 150. Superintendenten[66]), Inspektoren und Erzpriester[67]) sind untergeordnete Aufseher einzelner Diöcesen oder Kreise. Superintendenten, Inspektoren und Erzpriester.

Stolberg und Roßla, Konzess.Urk. v. 28. März 1836 §. 26 (Pinder, Provinzialrecht d. vorm. sächs. Landestheile §§. 2345 ff. Th. 2 S. 585). Sie üben im Allgemeinen die Rechte aus, welche den königlichen Konsistorien zustehen und sind dem ev. O.K.R. unmittelbar in allen den Angelegenheiten, die zu seinem Ressort gehören, untergeordnet. Vgl. aber Zus. 21 zu §. 156 d. T.

Von den städtischen Konsistorien hat sich das jedoch unter Aufsicht des Provinzialkonsistoriums und der Regierung stehende Stadtkonsistorium in Breslau erhalten, dessen Ressort durch das Reglement v. 2. Nov. 1859 (Aktenstücke des Evang. O.K.R. 5 S. 167) näher bestimmt ist.

Vergl. Jacobson a. a. O. S. 177.

65) H. Das einer Stadt beiwohnende Mediat-Konsistorialrecht ist ein Gegenstand ihres Privatrechts. Wegen Störungen im Besitze durch Verfügung des königl. Konsistoriums kann sehr wohl, selbst im Possessorium geklagt werden, Erk. des Gerichtsh. f. Komp.Konfl. v. 3. Juni 1848 (J.M.Bl. S. 285, Altmann, Praxis in Kirchen- u. Schulsachen S. 206).

66) Der Titel: Superintendent ist durch K.O. v. 4. Aug. 1806 allgemein für sämmtliche evangelische Geistliche vorgeschrieben, welche die Aufsicht über einen gewissen Distrikt von Kirchen führen, und sonst geistliche Inspektoren, Dekane, Erzpriester oder Präpositen genannt wurden (Rabe, Samml. 13 S. 725). H. Sie stehen im Range den Regierungs- und Landräthen gleich, R. d. Min. d. Inn. v. 2. Jan. 1817 (Annal. 1 S. 129); und es kommt ihnen das Prädikat: „Hochwürden" amtlich zu, K.O. v. 8. Juni 1846. Wegen ihrer Anstellung s. Anm. 43 zu §. 145 d. T. u. Anm. 57 zu Zus. 18.

Im Uebrigen vergl. Schmidt, d. Wirkungskreis des Superintendenten in d. evangel. Kirche. Quedlinburg u. Leipzig 1837; Jacobson a. a. O. S. 386; Richter, Beiträge S. 63; Boche-Altmann a. a. O. S. 320; Th. Meier a. a. O. S. 109.

Durch die K.O. v. 7. Febr. u. 29. Aug. 1828 (in den Amtsblättern veröffentlicht) sind für alle Gebietstheile des Landes evangelische Generalsuperintendenten angeordnet worden, um den innigeren und festeren Zusammenhang der evangelischen Kirche zu befördern. Denselben ist eine besondere, durch K.O. v. 7. Mai 1829 bestätigte Instruktion v. 14. Mai 1829 (Annal. 13 S. 279) gegeben, welche lautet:

. . . .

1. Die Generalsuperintendenten sind Geistliche, welche als Vorgesetzte mehrerer Superintendentur-Sprengel, neben den Provinzialkonsistorien und den Regierungsabtheilungen für das Kirchen- und Schulwesen, die Angelegenheiten der evangelischen Kirchen ihres Bezirks persönlich zu beaufsichtigen und auf sie einzuwirken befugt und verpflichtet sind.
2. Ihre Bestimmung im Allgemeinen ist, sich eine genaue, auf eigene Anschauung gegründete und aus Erfahrungen an Ort und Stelle gesammelte Kenntniß von der Beschaffenheit des evangelischen Kirchenwesens in ihrem Bezirke zu verschaffen, vornehmlich auf dem Wege des persönlichen Verkehrs, wenn auch gleich der Schriftwechsel zur Vervollständigung und Erleichterung dieses persönlichen Einwirkens nicht ganz ausgeschlossen werden soll, die wahrgenommenen Gebrechen möglichst schnell zu entfernen, die immer gedeihlichere Entwickelung des Beifallswürdigen zu befördern, nach Befinden jene wie dieses zur Kenntniß der geistlichen Behörden zu bringen und so die denselben übertragene Aufsichtsführung zu erleichtern und wirksamer zu machen.
3. Sie bilden keine Zwischeninstanz, sondern sind den geistlichen Provinzialbehörden beigeordnet und stehen wie diese in ihrer Qualität als Generalsuperintendenten unmittelbar unter dem Ministerium der geistlichen Angelegenheiten (H. bez. dem evangelischen Oberkirchenrath nach d. Ress.Regl. v. 29. Juni 1850).
4. Sie sind Mitglieder der Konsistorien, heißen Direktoren und nehmen in denselben nach dem Oberpräsidenten die erste Stelle ein. Auch haben sie, soweit es sich mit ihrer eigenthümlichen, von öfteren Reisen abhängigen Wirksamkeit verträgt, den Direktorialgeschäften und der Stellvertretung des Oberpräsidenten in dem Konsistorium sich zu unterziehen. H. Die Leitung der Konsistorialgeschäfte steht jetzt nicht mehr den Oberpräsidenten sondern besonderen Konsistorialpräsidenten zu, s. V. v. 27. Juni 1845. §. 6, Anm. 35 zu §. 144 d. T. u. Richter a. a. O. S. 70.)
5. Sie haben sich mithin als Organe der geistlichen Oberen zu betrachten und sollen als väter-

liche Pfleger aller Kräfte, welche in den ihnen untergebenen Aufsichtskreisen für die ehrwürdigen Zwecke der evangelischen Kirche in Thätigkeit gesetzt werden können, bald anregend, bald nachhelfend, bald vermittelnd auftreten und durch ihre Belehrung, ihren Rath und ihre Fürsprache beitragen, daß die hier und da wahrgenommenen Bedürfnisse auf die kürzeste und den Lokal- und Personalverhältnissen angemessenste Art ihre Befriedigung finden.

6. Die Gegenstände, auf welche sie ihr Augenmerk vorzüglich zu richten haben, sind:
   a. die Lehrart der Geistlichen;
   b. die Aufrechthaltung und Wiederherstellung der Reinheit, Ordnung und Würde des öffentlichen Gottesdienstes, wobei sie insbesondere darüber zu wachen haben, daß in den Kirchen, wo die erneuerte Agende bereits angenommen ist, derselben auch genau Folge geleistet werde, und dahin zu wirken, daß die Hindernisse und Einwendungen beseitigt werden, die sich noch im Einzelnen der Einführung derselben entgegenstellen;
   c. die Beschaffenheit, der Gebrauch und die Verwaltung der für die kirchlichen Zwecke bei den einzelnen Gemeinden vorhandenen äußerlichen Mittel;
   d. der bei den Gemeinden herrschende kirchliche oder unkirchliche Geist, die in ihnen etwa vorkommenden besonderen Richtungen, vorzüglich in soweit solche auf das kirchliche Verhältniß fördernd oder störend einwirken und sich von einer Gefahr drohenden Seite zeigen;
   e. der Wandel der Kirchenbeamten, ihr häusliches Leben und das Fortschreiten der Geistlichen in ihrer wissenschaftlichen Bildung; ingleichen die Führung der in ihrem Sprengel sich aufhaltenden Kandidaten und ihre Vorbereitung zum Predigeramte;
   f. die Beschaffenheit der Elementar- und niederen Bürgerschulen als Vorbereitungsanstalten für die Kirche; und
   g. die religiöse und kirchliche Tendenz der gelehrten Schulen und höheren Bürgerschulen.

7. Zunächst liegt ihnen das Geschäft der Kirchenvisitationen an denjenigen Orten ob, wo Geistliche angestellt sind, denen die Verwaltung einer Spezialsuperintendentur übertragen ist.

8. Bis dahin, wo ihnen über den Gang, den die Verhandlungen dabei zu nehmen haben, eine besondere Anweisung zugegangen sein wird, soll ihnen überlassen bleiben, sich nach der in der betreffenden Provinz eingeführten Kirchenvisitationsordnung zu richten. Eine Revision der Registratur und des Archivs der Superintendentur ist jedoch jedesmal damit zu verbinden.

9. Dafern die Umstände nicht die Aufnahme besonderer förmlicher Protokolle und schleunige Anzeigen nöthig machen, kann es hinreichen, daß sie ihre dabei gemachten Beobachtungen und Erfahrungen nur in das Reisejournal eintragen, um den Behörden daraus zu seiner Zeit das Erforderliche mündlich oder vermittelst einzelner Extrakte mitzutheilen.

10. In welcher Reihenfolge sie diese Visitationen, zu welchen sie keineswegs erst den besonderen Auftrag des vorgesetzten Ministeriums oder des Provinzialkonsistoriums zu erwarten haben, vornehmen wollen, ist ihnen ebenfalls freigestellt, doch haben sie sich so einzurichten, daß der Cyklus derselben in ihrem Bezirke nach Beschaffenheit des Umfangs künftig längstens in einem Zeitraume von 4—6 Jahren vollendet sei. Für den Anfang muß aber, weil es so wichtig ist, daß sie bald die erforderliche Personenkenntniß erlangen, diese Frist so viel als möglich abgekürzt werden.

11. Nächstdem, daß sie über die Qualifikation der Spezialsuperintendenten, über die Art und Weise, wie sie ihren Pflichten nachkommen und über ihre äußere Lage sich die nöthigen Aufschlüsse verschaffen werden, haben sie auch auf die wichtigen Fragen einzugehen: in welchem Vernehmen dieselben mit den Kirchenpatronen und den Unterbehörden ihres Sprengels stehen; ob sie von diesen in ihrer amtlichen Wirksamkeit die nöthige Unterstützung erhalten, und ob bei eingetretenen Störungen die persönliche Vermittelung des Generalsuperintendenten von Nutzen sein könne.

12. Bei diesem regelmäßig wiederkehrenden Visitationsgeschäfte wird sich ihnen von selbst die Gelegenheit darbieten, der Diözesangeistlichkeit näher zu treten und nicht nur über das, was in dem Aufsichtskreise der Spezialsuperintendenten nach §. 6 ein Gegenstand ihrer Aufmerksamkeit sein soll, zuverlässige Erkundigungen einzuziehen, sondern auch wohlthätig darauf einzuwirken, und sie haben dieselbe mit Umsicht und Eifer zu benutzen.

13. Sie sind zur Erreichung dieses Zwecks aber auch berechtigt und verpflichtet, einzelnen Kirchen- und Schulvisitationen, die der Spezialsuperintendent in den Parochien seiner Diözese zu halten pflegt, beizuwohnen und dergleichen auch selbst vorzunehmen.

14. Ueberdies haben sie neben diesen gewöhnlichen und vorher anzukündigenden Visitationen auch zuweilen außerordentliche und unvermuthete Untersuchungen an Ort und Stelle sowohl auf Anweisung des vorgesetzten Ministeriums (H. jetzt das ev. Ober-Kirchenrechts) und Requisition der geistlichen Provinzialbehörden, als auch nach eigenem Ermessen zu veranstalten; doch haben sie davon, sowie von allen in ihrem Bezirk vorzunehmenden Dienstreisen, den Oberpräsidenten vorher in Kenntniß zu setzen. (H. S. oben zu Nr. 4.)

15. Zu ihren Obliegenheiten gehört ferner die persönliche Einweisung der neu ernannten Superintendenten in die Ephoralämter, wozu sie die jedesmalige Veranlassung vom Konsistorium erhalten. Wenn sie von den Regierungen requirirt werden, diese Superintendenten zugleich als Pfarrer bei ihren Gemeinden einzuführen, so haben sie sich auch diesem Geschäfte zu unterziehen.

16. Bei diesen Feierlichkeiten werden sie neben Beobachtung dessen, was das Herkommen und die Wichtigkeit des Gegenstandes sonst mit sich führt, nicht nur die angehenden Superintendenten zu einer pünktlichen und pflichtgetreuen Führung ihres kirchlichen Aufseheramtes in Gegenwart der versammelten Geistlichen und Schullehrer des Ephoralsprengels auffordern, diese aber zu einem folgsamen und ehrerbietigen Verhalten gegen ihren Vorgesetzten anweisen, sondern sich derselben auch als Veranlassung bedienen, die Bande der brüderlichen Gemeinschaft unter der Diözesan-Geistlichkeit durch Einführung eines neuen Vermittlers fester zu schlingen, und die nützlichen Einrichtungen, die in ihr entweder noch gar keine Stelle gefunden haben, oder mit Lauigkeit behandelt worden sind, ins Leben zu rufen und eine eifrigere Theilnahme an ihnen anzuregen.

17. Da es in manchen Superintendenturkreisen gewöhnlich ist, jährliche Wittwenkassenkonvente oder andere Versammlungen, behufs wissenschaftlicher Zwecke zu halten, so wird es angemessen sein, wenn sie diesen Zusammenkünften von Zeit zu Zeit beiwohnen, sowohl um mit den vereinigten Mitgliedern in eine genauere Bekanntschaft zu kommen und auf dem kürzesten Wege ihre Wünsche und Anträge zu vernehmen, als auch dasjenige zur Sprache zu bringen, was den geistigen Verkehr unter ihnen beleben, und als wechselseitiges Förderungsmittel einer würdigen Amtsführung wirken kann, und um überhaupt diese Versammlungen durch ihre Gegenwart bedeutsamer zu machen.

18. Wo solche Versammlungen der Geistlichkeit einzelner Ephoralsprengel in der Regel nicht stattfinden, da können sie dieselben, um ihnen beizuwohnen, und zu dem im vorstehenden §. angegebenen Zwecke durch den vorgesetzten Spezialsuperintendenten veranstalten lassen. Die Leitung der Verhandlungen wird jedoch dem Letztern zu überlassen, und das Nöthige vorher mit ihm zu verabreden sein.

19. Sie führen bei den Berathungen, zu welchen die ganze Geistlichkeit des Bezirks sich versammelt hat, den Vorsitz und leiten den Geschäftsgang. Zur Veranstaltung solcher Zusammenkünfte haben sie aber, wenn nicht durch die Provinzial-Kirchenverfassung etwas Anderes festgesetzt ist, jedesmal die Genehmigung des Ministers der geistl. Angel. (H. jetzt des evang. Oberkirchenraths) einzuholen.

20. Sie werden als Mitglieder der Konsistorien durch ihre Theilnahme an den Prüfungen der Kandidaten in den Stand gesetzt werden, sich von der Tiefe und dem Umfange ihrer wissenschaftlichen Bildung und von dem Charakter ihrer theologischen Richtung eine genaue Kenntniß zu verschaffen, und einen wohlthätigen Einfluß darauf zu äußern. Es bleibt aber auch außerdem für sie eine wichtige Pflicht sich mit dem Bildungsgrade derer, die sich dem evangelischen Predigtamte gewidmet haben, sorgfältig bekannt zu machen, und auf ihr zweckmäßiges und unablässiges Weiterstreben auf jede andere Weise hinzuwirken.

21. Auch bei den bereits angestellten Geistlichen müssen sie darauf bedacht sein, den Eifer für gründliche Fortbildung anzuregen, zu nähren und zu unterstützen.

22. Zu ihren Amtsbefugnissen gehört ferner das Ordinationsgeschäft.

23. Es ist ihre Pflicht, die jährlichen Conduitenlisten über die Geistlichen und Schullehrer ihres Bezirks, welche die Spezialsuperintendenten durch sie an die Provinzialbehörden einzureichen haben, genau zu prüfen und erforderlichenfalls mit berichtigenden und ergänzenden Anmerkungen zu versehen. Die dem Ministerium der geistl. Angel. (H. jetzt evangel. Oberkirchenrath) von den Konsistorien vorzulegenden Conduitenanzeigen über die Superintendenten ihrer Sprengel müssen aber von ihnen nicht nur in der Reinschrift vollzogen, sondern auch im Conzept gezeichnet werden, wobei es ihnen freisteht, dasjenige, was sie nach ihrer Personalkenntniß für nöthig halten, beizufügen. (H. Die Führung von Conduitenlisten ist seit 1848 außer Uebung.)

24. Sie sind gehalten, sich der Regulirung streitig gewordener Verhältnisse und der Beseitigung entstandener Unordnungen und Mißhelligkeiten, wenn sich von ihrem persönlichen Einflusse ein günstiger und schneller Erfolg erwarten läßt, auf Requisition der Konsistorien und Regierungsabtheilungen für Kirchen- und Schulwesen zu unterziehen, und haben in Folge gleicher Veranlassung ihr schriftliches Gutachten an diese Behörden in den Fällen abzugeben, in welchen die Feststellung der Wahrheit und die darauf zu gründende Entscheidung hauptsächlich von einer genauen Lokal- und Personalkenntniß abhängig ist. Es versteht sich jedoch von selbst, daß dieses nur ausnahmsweise geschehen darf, und daß in der Regel die nöthigen Ermittelungen durch die Spezialsuperintendenten geschehen müssen.

25. Sie haben das Recht, den Sitzungen der Regierungsabtheilungen für Kirchen- und Schul-

wesen, wenn sie es für nöthig halten, besonders auch wenn die von ihnen in der Eigenschaft als Generalsuperintendenten zur Sprache gebrachten Gegenstände zum Vortrag kommen, stimmfähig beizuwohnen, und werden sie den Präsidenten von ihrem diesfallsigen Wunsche in Kenntniß setzen. Auch hat dieser sie in wichtigen Angelegenheiten, hauptsächlich wenn allgemeine und organische Maßregeln erwogen und beschlossen werden sollen, zu den Berathungen einzuladen. (H. Die Theilnahme der Generalsuperintendenten an den bezeichneten Sitzungen hat seit der kirchlichen Neu-Organisation aufgehört.) Jedenfalls sind sie zu denselben zuzuziehen, wenn über die gegen Geistliche zu verhängende Disziplinaruntersuchung oder über deren Remotion, unfreiwillige Versetzung und Emeritirung entschieden wird. (H. Diese Angelegenheiten gehören nach §. 1 Nr. 4 V. v. 27. Juni 1845 vor die Konsistorien.)

26. Da es den Behörden, welchen das Recht des Vorschlags oder der Ernennung zu geistlichen Stellen Königl. Patronats zusteht, wichtig sein muß und auch zur Pflicht gemacht wird, über diejenigen Bewerber, welche sie auf die engere Wahl gebracht haben, das Gutachten der Generalsuperintendenten zu vernehmen, und dieses auch bei Auszeichnungen und Unterstützungen möglichst berücksichtigt werden soll: so werden sie in Erwägung, daß das Gewicht ihrer Ansicht in dem Grade sich verstärken muß, in welchem ihre Personalkenntniß an Genauigkeit und Umfang gewinnt, sich dabei der gewissenhaftesten Sorgfalt und Unparteilichkeit befleißigen und der Menschenfurcht und Menschengefälligkeit nicht den geringsten Einfluß auf ihr Urtheil gestatten.

In allen Fällen, wo sie ihre Stimme als Generalsuperintendenten in den Konsistorien (H. und Regierungen) nach Vorstehendem abgeben, zählt ihre Stimme nicht nur nicht mit, sondern es wird auch, wenn die Stimmenmehrheit gegen ihre Ansicht und ihren Antrag ausfällt, wenn sie darauf bestehen, die Sache der höheren Entscheidung des Ministeriums d. geistl. Angel. (H. bez. des evang. Oberkirchenraths) vorgelegt. Es wird von ihnen erwartet, daß sie in solchen Fällen ihre Ansicht und Meinung einer besonders strengen eignen Prüfung unterwerfen und nichts unversucht lassen, sich, soviel es nach Pflicht geschehen kann, zu einem gemeinschaftlichen Beschluß zu vereinigen.

27. Je umsichtiger und pflichtmäßiger sie bei diesem Theile ihrer Berufsthätigkeit verfahren, desto gewisser wird er sich in ein Beförderungsmittel ihres Ansehens und Einflusses verwandeln, daher sich auch die Art ihrer Einwirkung auf persönliche Rücksprache und Verhandlung, mündliche oder schriftliche Belehrung, Ermahnung und Zurechtweisung beschränken kann. Was ihnen auf diesem Wege nicht gelingt, das werden sie zur Einleitung eines förmlichen Verfahrens zur Kenntniß der betreffenden geistlichen Provinzialbehörden bringen.

28. Sie haben in einem jährlichen ausführlichen Verwaltungsberichte, der spätestens am Schlusse des Monats Januar an das Ministerium d. geistl. Angel. (H. jetzt den evangel. Oberkirchenrath) einzureichen, und dem auch eine Abschrift des von ihnen geführten Reisejournals beizufügen ist, sowohl ihre wichtigsten Erfahrungen und die vorzüglichsten Resultate ihrer persönlichen Vermittelung, als auch insbesondere dasjenige, was sie der Entscheidung der Behörden haben überlassen müssen, und ob dieselbe erfolgt ist, anzuführen. Dieser Jahresbericht ist zuvörderst dem Ober- (H. jetzt Konsistorial-) Präsidenten mitzutheilen und von diesem förderfamst und urschriftlich an das Ministerium (H. den Oberkirchenrath) abzusenden.

29. Da sie für den Aufwand, den ihnen das Reisen und die Geschäftsführung verursacht, eine angemessene Entschädigung aus Staatsfonds erhalten werden, so haben sie den Kirchen- und Gemeindekassen keine sogenannte Kosten- und Gebührenzahlung zuzumuthen.

H. Die Ordination (s. Nr. 22 der Instruktion) steht in den Rheinlanden und in Westfalen dem Superintendenten zu, rhein. und westf. K.O. v. 1835 §§. 62, 113; in Berlin dem Propste zu Berlin, v. Mühler, Gesch. der evang. Kirchenverf. S. 54, 172.

H. Für die westlichen Provinzen ist die Instruktion durch Reskr. v. 31. Mai 1836 zum Theil modifizirt, s. Hermens, Hdbch. der Staatsgesetzgebung üb. d. christl. Kultus 2c. 3 S. 590 u. dazu auch S. 808.

H. Die Regel ist, daß für jede Provinz ein Generalsuperintendent fungirt. Ausnahmen kommen vor für die Provinz Brandenburg, für welche drei bestellt sind, nämlich für Berlin, für die Kurmark und Neumark, sowie für die Provinz Sachsen, für welche zwei Generalsuperintendenten fungiren. Außerdem giebt es einen stellvertretenden Generalsuperintendenten für die Niederlausitz, s. R. v. 21. Mai 1829 (Annal. 13 S. 277; A.O. v. 9. Febr. 1844), dessen Amtsgeschäfte aber bisher stets dem Generalsuperintendenten der Neumark übertragen worden sind. Die Vize-Generalsuperintendentur für Masuren, s. Erl. des O.K.R. v. 15. April 1868, Aktenstücke 6 S. 128, ist eingegangen, seitdem in Folge der Zertheilung der Provinz Preußen ein zweiter Generalsuperintendent für Westpreußen 1883 ernannt worden ist.

67) H. in der katholischen Kirche.

§. 151. Sie stehen unter der Direction des Bischofs oder der Consistorien, und werden von denselben unter Genehmigung des Staats [68]) ausgewählt und bestellt.

§. 152. Ihr Amt besteht eigentlich nur in der Aufsicht über die zu ihrem Kreise geschlagenen Kirchen und Geistlichen.

§. 153. Letztere sind ihnen von ihrer Amtsführung, Lehre und Wandel, auf jedesmaliges Verlangen, Rechenschaft zu geben schuldig.

§. 154. Besonders müssen diese Aufseher die Kirchenvisitationen ordentlich und sorgfältig vornehmen; dabei auch von der Beschaffenheit und Verwaltung des Kirchenvermögens, so wie von dem Baustande der Kirchen- und Pfarrgebäude, genaue Erkundigung einziehen; und davon sowohl, als von der Amtsführung der Prediger und übrigen Kirchenbedienten, ihren vorgesetzten Obern treulich berichten [69]).

§. 155. Zu entscheidenden Verfügungen, so wie überhaupt zu anderen Geschäften, sind sie ohne besondern Auftrag ihrer Obern nicht befugt.

§. 156*. Die Collegia einzelner Kirchen bestehen aus den Geistlichen und den ihnen zugeordneten Vorstehern [70]). Kirchen-collegia.

19. Gesetz, betreffend die evangelische Kirchengemeinde- und Synodalordnung vom 10. September 1873. für die Provinzen Preußen, Brandenburg, Pommern, Posen, Schlesien und Sachsen. Vom 25. Mai 1874. (G.S. S. 147.)

Wir Wilhelm ꝛc. verordnen, mit Zustimmung der beiden Häuser des Landtages der Monarchie, für die Provinzen Preußen, Brandenburg, Pommern, Posen, Schlesien und Sachsen, was folgt:

Art. 1. Die Vertretung der evangelischen Kirchengemeinden, sowie die Verwaltung des Kirchenvermögens geht vom 1. Juli 1874. ab nach Maßgabe der folgenden Bestimmungen auf

---

68) H. Für die katholischen Erzpriester ist zufolge Art. 18 der Verf.Urk. die Genehmigung des Staates fortgefallen. Wegen der evangelischen Superintendenten s. Anm. 43 zu §. 145 d. T. u. Anm. 57 zu Zus. 18 ebendaselbst.

69) H. Die Visitationen werden nach den speziellen Anweisungen abgehalten, welche seitens der katholischen Bischöfe und der evangelischen Konsistorien erlassen sind. Von letzteren kommen in Betracht für Brandenburg die Ordn. v. 18. Aug. 1864 (Aktenstücke des evang. O.K.R. 5 S. 449), für Pommern v. 24. Aug. 1864, für Schlesien die Ordn. v. 6. April 1857 (Aktenstücke 2 S. 303), für Posen v. 9. Mai 1838 (Annal. 22 S. 931 u. Vogt, preuß. K.R. 1 S. 198). Wegen der übrigen Provinzen vgl. Jacobson a. a. O. S. 594.

O.Tr. I v. 4. Juli 1873, Entsch. 70 S. 201; Str. Arch. 89 S. 134: Beim Mangel provinzial- und lokalrechtlicher Normen liegt die Verpflichtung zur Tragung der bei Kirchenvisitationen erwachsenden Fuhrkosten der Superintendenten den Eingepfarrten auch dann ob, wenn das Kirchenvermögen zu deren Bestreitung zureichend ist.

70) H. Dieser §. ist erheblich modifizirt durch die Kirchengemeinde- und Synodalordnung v. 10. Sept. 1873 (s. den nachfolgenden Zus. 20 und das Ges. v. 20. Juni 1875 (s. Zus. 25 zu §. 157 d. T.). Was die evangelische Kirche betrifft, so waren im J. 1850 die Grundzüge einer Gemeinde-Ordn. für die evang. Kirchengemeinden der östlichen Provinzen (Aktenst. des ev. O.K.R. 1 S. 1) durch K.O. v. 29. Juni dess. J. (s. Zus. 18 zu §. 145 d. T.) genehmigt und die Annahme den Gemeinden freigestellt worden. Die dadurch angebahnte Einführung von Gemeindekirchenräthen kam aber im größeren Umfange nur in der Provinz Preußen zu Stande. Erst der Erlaß v. 27. Febr. 1860 (G.S. S. 90) machte die Errichtung der gedachten Organe in allen Gemeinden obligatorisch, beließ jedoch eben so wie die Grundzüge die unmittelbare Verwaltung des Kirchenvermögens in den Händen der nach dem L.R. bestellten Kirchenvorsteher, s. §§. 157, 552 ff., 619 ff. d. T. Demnächst erfolgte die Einrichtung von Kreissynoden in der Provinz Preußen durch A.E. v. 5. Juni 1861 (G.S. S. 372), in Posen durch A.E. v. 5. April 1862 (G.S. S. 134), in Pommern durch A.E. v. 21. Juli 1862 (G.S. S. 223), in Brandenburg, Schlesien und Sachsen durch A.E. v. 13. Juni 1864 (G.S. S. 350). Vgl. das Nähere darüber Jacobson a. a. O. S. 222 ff., 304, Dove in seiner Zeitschr. f. K.R. 2 S. 12, 4 S. 131. Und im Jahr 1869 beriethen außerordentliche zusammenberufene Provinzialsynoden eine Provinzialsynodal-Ordnung für die östlichen Provinzen. Die sich immer mehr aufdrängenden Mängel der bisherigen Organisation, sowie die später sich aufdrängende Ueberzeugung, daß sie von der Landesvertretung schwerlich als eine genügende Ausführung des Art. 15 der

die im §. 1. der in der Anlage enthaltenen Kirchengemeinde- und Synodalordnung vom 10. September 1873. bestimmten Organe über.

Art. 2. Der Gemeinde-Kirchenrath übt die ihm in der Gemeindeordnung zugewiesenen Rechte in Betreff

1) der Verfügung über die Kirchengebäude (§. 15.);
2) der Vertretung der Gemeindeinteressen in Bezug auf die Schule (§. 16.);
3) der Vertretung der Gemeinde in vermögensrechtlicher Beziehung und bei Verwaltung des Kirchenvermögens, einschließlich des Vermögens der kirchlichen Lokalstiftungen, sowie des Pfarr- und Pfarrwittwenthums-Vermögens (§§. 22—24.);
4) der Vertretung der Gemeinde bei Parochialveränderungen (§. 25.).

Die zur Ausübung dieser Rechte erforderlichen Beschlüsse werden nach §. 11. Absatz 2. und 3. gefaßt und Dritten gegenüber nach §. 11. Absatz 5. und §. 22. Absatz 2. festgestellt.

Die Verwaltung der Kirchenkasse richtet sich nach §. 24.[71]).

Art. 3. Die Gemeindevertretung (§. 27. Absatz 1. u. 2., §. 42. Absatz 2., §. 45. Absatz 3.) übt die ihr in dem §. 31. angewiesenen Rechte.

Die zur Ausübung derselben erforderlichen Beschlüsse werden nach §§. 29. und 30. gefaßt.

Beschlüsse über Umlagen auf die Gemeindeglieder können erst dann vollstreckt werden, wenn sie von der Staatsbehörde [72]) für vollstreckbar erklärt worden sind [73]).

Diese Erklärung ist insbesondere zu versagen, sofern Bedenken hinsichtlich der Ordnungsmäßigkeit der Auferlegung, der Angemessenheit des Beitragsfußes [73a]) oder der Leistungsfähigkeit der Pflichtigen bestehen.

Art. 4. Die Rechte, welche nach den Artikeln 2—3. dem Gemeinde-Kirchenrath und der Gemeindevertretung in einzelnen Gemeinden zustehen, werden in den Fällen des §. 2. Absatz 2. und 3. der Gemeindeordnung den vereinigten Gemeinde-Kirchenräthen und Gemeindevertretungen für die gemeinsamen Angelegenheiten beigelegt.

Art. 5. Zur Feststellung von Gemeindestatuten, welche die Kirchengemeinde- und Synodalordnung ergänzen oder modifiziren (§. 31. Nr. 11. und §. 46.), bedarf es der vorgängigen Anerkennung Seitens der Staatsbehörde [74]), daß die entworfene Bestimmung den in Artikel 1—4. und Artikel 8. staatsgesetzlich genehmigten Vorschriften nicht zuwider sei.

Art. 6. Die Bestimmungen des §. 73. über die Kosten für die Bildung und Wirksamkeit

---

Verf.Urk. angesehen werden und diese zu den in das staatliche Gebiet übergreifenden Ordnungen ihre Zustimmung versagen würde, führten dazu, die bisherigen Einrichtungen durch neue in der oben im Texte als Zus. 20 mitgetheilten Ordnung v. 10. Sept. 1873 zu ersetzen, welche wenigstens für die die Gemeindeverhältnisse regelnden Vorschriften durch Ges. v. 25. Mai 1874 und im Uebrigen durch das Gesetz v. 3. Juni 1876, Zus. 22 zu d. T., auch die volle staatliche Rechtsgültigkeit erhalten hat.

71) H. Die Zuständigkeit der neuen Organe, so weit sie sich auf dem rein kirchlichen Gebiete bewegt, bedurfte zur Ausführung der betreffenden Vorschriften keiner positiven Sanktion durch die Staatsgesetzgebung.

72) H. D. h. dem Regierungspräsidenten, in Berlin dem Polizeipräsidenten, V. v. 9. Sept. 1876 Art. 3, Zus. 24 zu dies. §. Er kann die zu seiner Prüfung erforderlichen Materialien, insbesondere auch eine Hebeliste erfordern, vgl. hierzu auch Allg. Kirchenbl. f. d. ev. Deutschland Jahrg. 1878 S. 620.

73) H. Nach dem Wortlaut erscheint diese Erklärung lediglich als Voraussetzung der Exekution, in der That bildet sie aber auch eine solche für die Rechtsverbindlichkeit der Umlage, denn der Art. 3 spricht von jeder Art der Vollstreckung, also auch der gerichtlichen, nicht bloß der administrativen, stenogr. Berichte des Herrenhauses v. 1873/1874 1. 364 und des Abg.H. v. 1873/1874 S. 1369. Demgemäß können derartige Umlagen nicht von den Gemeindemitgliedern auf Grund ihrer Mitgliedschaft und der daraus hervorgehenden Verpflichtung bei den Gerichten eingeklagt werden. Ein solches kann nicht zu einer Leistung verurtheilen, deren Vollstreckung ihm untersagt ist.

73a) H. Vgl. Anm. 56 zu dem nachfolgenden Zus. 20 bei §. 31 desselben.

74) H. Der in Anm. 72 gedachten Beamten.

der Gemeinde-Kirchenräthe und Gemeindevertretungen kommen vom 1. Juli 1874. ab zur Anwendung.

Art. 7. Wegen der den Kreis- und Provinzialsynoden und deren Vorständen in der evangelischen Kirchengemeinde- und Synodalordnung vom 10. September 1873. zugewiesenen Rechte bleibt die staatsgesetzliche Regelung, soweit es deren bedarf, vorbehalten [75]).

Art. 8. Die Rechtsverhältnisse des Patrons in Betreff der Vermögensverwaltung werden bis zum Erlaß des in Artikel 17. der Verfassungsurkunde vorgesehenen Gesetzes über die Aufhebung des Patronats durch §. 23. bestimmt.

Wenn jedoch ein Patron, welcher für die Kirchenkasse im Falle ihrer Unzulänglichkeit ganz oder theilweise einzutreten hat, zu Ausgaben aus dieser Kasse, für welche sie bisher nicht bestimmt gewesen ist, seine Zustimmung verweigert, so darf die Einwilligung nicht durch die vorgesetzte Aufsichtsbehörde ergänzt werden.

Art. 9. Alle diesem Gesetz und dem ersten Abschnitt der Kirchengemeinde- und Synodalordnung entgegenstehenden Bestimmungen, mögen dieselben im Allgemeinen Landrecht, in Provinzialgesetzen oder in Lokalgesetzen und Lokalordnungen enthalten oder durch Observanz oder Gewohnheit begründet sein, treten mit dem 1. Juli 1874. außer Kraft.

Urkundlich ꝛc.

20. Allerhöchster Erlaß vom 10. September 1873., betreffend die Einführung einer evangelischen Kirchengemeinde- und Synodalordnung für die Provinzen Preußen, Brandenburg, Pommern, Posen, Schlesien und Sachsen, sowie die Berufung einer außerordentlichen Generalsynode für die acht älteren Provinzen. (G.S. v. 1873 S. 417 u. v. 1874 S. 149.)

Seit einer Reihe von Jahren ist Meine Fürsorge darauf gerichtet gewesen, die dem nothwendigen Ausbau der evangelischen Kirchenverfassung für die älteren Provinzen der Monarchie gewidmeten Arbeiten sobald als thunlich dem Abschlusse zuzuführen. Nach Vernehmung der in Gemäßheit Meines Erlasses vom 5. Juni 1869. berufenen außerordentlichen Provinzialsynoden erachte Ich es gegenwärtig an der Zeit, auf Grund der gemachten Erfahrungen und in Berücksichtigung der vorliegenden Bedürfnisse zu einer definitiven Ordnung der Gemeinde-Organe und der Synoden zu schreiten. Demgemäß ertheile Ich kraft der Mir als Träger des landesherrlichen Kirchenregiments zustehenden Befugnisse der als Anlage I beifolgenden Kirchengemeinde- und Synodalordnung für die Provinzen Preußen, Brandenburg, Pommern, Posen, Schlesien und Sachsen hierdurch meine Sanktion und verkünde dieselbe als kirchliche Ordnung.

Indem Ich durch diese Ordnung den in der Kirche vorhandenen Kräften Gelegenheit gebe, am Dienste des kirchlichen Lebens mehr als bisher sich selbstthätig zu betheiligen, hoffe ich zu Gott, daß Er in Seiner Barmherzigkeit Seinen Segen zu den neuen Einrichtungen geben werde. Die dadurch herbeigeführten Aenderungen beschränken sich auf die kirchliche Verfassung; der Bekenntnißstand und die Union in den genannten Provinzen und den dazu gehörenden Gemeinden werden daher, wie Ich ausdrücklich erkläre, durch die neue Ordnung in keiner Weise berührt.

Mit der Ausführung der Kirchengemeinde- und Synodalordnung ist, soweit letztere nicht zu ihrer Regelung vorab noch einer Mitwirkung der Landesgesetzgebung, wie insbesondere Hinsichts der Vermögensverwaltung der Gemeinden und der Betheiligung des Patronats bei derselben bedarf, unverzüglich vorzugehen, und beauftrage Ich den Evangelischen Ober-Kirchenrath im Einverständniß mit dem Minister der geistlichen Angelegenheiten das Weitere zu veranlassen. Gleichzeitig bestimme Ich, daß Behufs des vollständigen Abschlusses der Arbeiten für die evangelische Kirchenverfassung der acht älteren Provinzen eine außerordentliche Generalsynode zusammentrete, über deren Aufgabe, Zusammensetzung und Thätigkeit Ich die in der Anlage II. [76]) enthaltenen Anordnungen getroffen habe. Der gegenwärtige Erlaß ist durch die Gesetz-Sammlung zur öffentlichen Kenntniß zu bringen.

75) H. Diese ist durch das Ges. v. 3. Juni 1876, Zus. 24 zu dies. §. erfolgt.
76) H. S. G.S. v. 1874 S. 178.

I.

Kirchengemeinde- und Synodalordnung für die Provinzen Preußen, Brandenburg, Pommern, Posen, Schlesien und Sachsen [77]).

Erster Abschnitt.

Organe der Gemeinde.

I. Allgemeine Bestimmungen.

§. 1. Die Kirchengemeinden haben ihre Angelegenheiten innerhalb der gesetzlichen Grenzen selbst zu verwalten. Als Organe dieser Selbstverwaltung dienen die Gemeinde-Kirchenräthe und die Gemeindevertretungen [78]).

§. 2. In jeder Kirchengemeinde wird ein Gemeinde-Kirchenrath, in den größeren Gemeinden auch eine Gemeindevertretung gemäß der nachfolgenden Ordnung gebildet [79]).

Sind mehrere Gemeinden unter einem gemeinschaftlichen Pfarramt verbunden (vereinigte Muttergemeinden, Mutter- und Tochtergemeinden) [80]), so treten in allen gemeinsamen Angelegenheiten [81]) der Gesammtparochie die besonderen Gemeinde-Kirchenräthe beziehungsweise Gemeindevertretungen zu einer gemeinsamen berathenden und beschließenden Körperschaft zusammen.

In Ortschaften, welche mehrere unter einem gemeinsamen Pfarramt nicht verbundene Parochien umfassen, kann zur Behandlung gemeinsamer Angelegenheiten ein Zusammentreten einiger oder sämmtlicher Gemeinde-Kirchenräthe beziehungsweise Gemeindevertretungen unter Einwilligung derselben oder im Falle des Widerspruchs nach ertheilter Zustimmung der Kreissynode von dem Konsistorium angeordnet werden [82]).

Die Theilnahme zugeschlagener Vagantengemeinden (Gastgemeinden) [83]) an dem Gemeinde-Kirchenrath und der Gemeindevertretung der Pfarrgemeinde ist durch statutarische Bestimmung zu regeln. (§. 46.)

II. Gemeinde-Kirchenrath.

A. Mitglieder des Gemeinde-Kirchenraths.

§. 3. Der Gemeinde-Kirchenrath besteht:

1) aus dem Pfarrer (Pastor, Prediger) der Gemeinde oder dessen Stellvertreter im Pfarramt,
2) aus mehreren Aeltesten, welche, soweit ihre Ernennung nicht dem Patron zusteht (§. 6.), durch die Gemeinde gewählt werden. (§. 34 ff.)

---

77) H. Ergangen ist dazu zunächst die Instr. v. 31. Okt. 1873, sowie die Nachtrags-Instr. v. 20. Juni 1874, s. auch Erl. v. 9. Dez. 1873 (Aktenstücke 7 S. 201, 223, 280). An Stelle dieser Bestimmungen ist aber die jetzt maßgebende, revidirte Instr. v. 25. Jan. 1882, kirchl. Ges. u. Verordn.Bl. v. 1882 S. 1 getreten. Vgl. auch Richter, d. Kirchengemeinde- u. Synodal-Ordn. 5. Aufl. Berlin 1877. Daneben ist noch zu benutzen: F. Mommsen und H. Chalybäus, d. Kirchengemeinde- u. Synodal-Ordn. in Schleswig-Holstein. Kiel 1878.

78) H. Ausnahmen im §. 48.

79) H. Auch wenn die Pfarrstelle noch nicht definitiv besetzt, sondern wegen Mangels an hinreichendem Gehalt noch von einem Pfarrverweser verwaltet wird, Aktenstücke d. ev. O.K.R. 7 S. 249.

80) H. Vgl. §§. 245 ff. d. T.

81) H. Z. B. in allen das Verhältniß der Pfarrei zu den höheren Synodalstufen und die gemeinschaftlichen Aemter betreffenden Angelegenheiten.

82) H. Nach Art. 8 und 9 d. Ges. v. 3. Juni 1876 (Zus. 22 zu §. 156 d. T.) können die Einführung allgemeiner Gebührentaxen, die Veränderung und Aufhebung derselben, die Ausschreibung allgemeiner Umlagen behufs des Ersatzes für auszuhebende Stolgebühren und zur Gewährung von Beihülfen an ärmere Parochien behufs Befriedigung dringender kirchlicher Bedürfnisse und die Errichtung einer gemeinsamen Kasse für die Einnahme und Verwendung der Umlagen auf Antrag aller oder der Mehrheit der Parochien für gemeinsame Angelegenheiten erklärt werden, widerspricht aber auch nur eine Parochie, so kann dieser Widerspruch nur durch Zustimmung der Provinzialsynode beseitigt werden. In so weit ist also Abs. 3 des §. 2 verändert.

83) H. Vgl. §§. 295 ff. d. T. — Diese Vorschrift bezieht sich nicht auf solche Gastgemeinden, bei denen sich der Charakter als sog. filia vagans entwickelt hat, d. h. welche eine

§. 4. Sind mehrere Pfarrgeistliche in der Gemeinde fest angestellt, so gehören sie sämmtlich dem Gemeinde-Kirchenrath als Mitglieder an[84]).

Hülfsprediger auf nicht fundirten Stellen nehmen, auch wenn sie ordinirt sind, nur als Mitglieder mit berathender Stimme an den Sitzungen des Gemeinde-Kirchenraths Theil[85]).

§. 5. Die Zahl der Aeltesten soll nicht mehr als zwölf und nicht weniger als vier betragen[86]). In Filialgemeinden kann die Zahl auf zwei beschränkt werden.

Die Feststellung der Zahl der Aeltesten in den einzelnen Gemeinden erfolgt unter Berücksichtigung der Seelenzahl, sowie der sonstigen örtlichen Verhältnisse für die erstmalige Wahl durch das Konsistorium, künftig nach Vernehmung der Gemeindevertretung durch die Kreissynode. Bei vereinigten Muttergemeinden oder Mutter- und Tochtergemeinden ist die Zahl der Aeltesten innerhalb des zulässigen Höchstbetrages auf die Gemeinden der Gesammtparochie angemessen zu vertheilen[87]).

§. 6. In Patronatsgemeinden hat der Patron die Befugniß, ein Gemeindeglied, welches die zur Wählbarkeit erforderlichen Eigenschaften besitzt (§. 35.), zum Aeltesten zu ernennen[88]).

Besitzt der Patron die zur Wählbarkeit erforderlichen Eigenschaften, so kann er selbst in den Gemeinde-Kirchenrath eintreten[89]). Das gleiche Recht hat unter der gleichen Voraussetzung der ein- für allemal bestellte Vertreter desjenigen Patrons, welcher keine physische Person ist[90]).

---

besondere Rechtspersönlichkeit bilden und sich nur dadurch von andern Filialgemeinden unterscheiden, daß sie bei Erledigung des Pfarramtes das Recht des Vagirens haben. Solche Gemeinden können nach Abs. 2 einen eigenen Filial-Gemeindekirchenrath bilden. Vgl. auch Aktenstücke d. ev. O.K.R. 7 S. 248, 254.

84) H. Dies gilt aber nicht, wenn außer dem Pfarrer für die Stelle desselben schon ein anderer Geistlicher cum spe succedendi als Substitut ernannt ist. Hier kann nur einer, nöthigenfalls nach Maßgabe der Bestimmung des Konsistoriums, die Rechte des Trägers des Pfarramtes wahrnehmen. Geschieht dies durch den Pfarrer, so kommt dem Substituten nur das Recht der Theilnahme mit berathender Stimme zu, Aktenstücke d. ev. O.K.R. 7 S. 249.

85) H. Hülfsprediger auf fundirten Stellen sind also vollberechtigte Mitglieder des Gemeindekirchenraths.

86) H. Das auf Grund des §. 6 eintretende patronatische Mitglied ist auf die zulässige Maximalzahl in Anrechnung zu bringen. So auch jetzt die revidirte Instruktion (s. Anm. 77) Nr. 14.

87) H. Vgl. auch Aktenstücke d. ev. O.K.R. 7 S. 250, 251.

88) H. S. hierzu A. Frantz, die Patronatsbefugnisse in Bezug auf den Gemeindekirchenrath. Marburg 1883. Dieses Recht der Ernennung steht auch dem katholischen Patron zu, weil er seinen Patronat über evangelische Kirchen ausüben kann, s. §. 582 d. T. (Aktenstücke d. ev. O.K.R. 7 S. 251, 253 und Frantz a. a. O. S. 48, welcher diese Befugniß auch dem griechisch-katholischen Patron einräumen will, s. zu §. 582 d. T.). Dagegen kann ein solcher Patron selbst nicht in den Gemeindekirchenrath eintreten. Als Nichtgemeindemitglied fehlt ihm die Wählbarkeit nach Abs. 2 dieses §.

Der Pfarrer, welcher den Vorsitz im Gemeindekirchenrath führt, wird von dem Patrone nicht zum Vertreter bestellt werden können, weil §. 3 Nr. 2 die Aeltesten, wozu auch der vom Patron ernannte gehört, dem Pfarrer gegenübergestellt und die Funktionen des Pfarrers und der Aeltesten inkompatibel sind (Aktenstücke a. a. O. S. 257). Daß ein Hülfsprediger, welcher bloß berathende Stimme hat, ernannt wird, ist aber zulässig, Frantz a. a. O. S. 51.

89) H. Dieses Recht ist nicht davon abhängig, daß der Patron in der Gemeinde seinen Wohnsitz hat, s. §. 34 Abs. 3, daher kann derjenige, welcher den Patronat in mehreren Gemeinden hat, in die Gemeindekirchenräthe aller eintreten, s. auch R. des ev. O.K.R. v. 26. Febr. 1874 (Aktenstücke a. a. O. S. 256 u. Allgem. Kirchenbl. f. d. ev. Deutschld. v. 1877 S. 486, s. auch am ersteren Ort S. 254).

Eine analoge Anwendung der §§. 39, 40 dieser Ordn. auf einen solchen Patron, wie sie Frantz a. a. O. S. 54 machen will, ist ausgeschlossen. So auch Erl. d. ev. O.K.R. v. 16. Okt. 1881, kirchl. Ges. u. Verordn.Bl. v. 1883 S. 133. Sie setzen die Wahl von Aeltesten voraus, und es ist dem Kreissynodalvorstand nirgends das Recht beigelegt, auch über die Fähigkeit des Patrons endgültig zu entscheiden. Darüber hat das Konsistorium bez. der Oberkirchenrath zu befinden, wenn Zweifel darüber vorhanden sind oder beim Gemeindekirchenrath angeregt werden.

90) H. Auch dieser Patronatsvertreter braucht nicht in der betreffenden Gemeinde domizilirt zu sein, Erl. d. ev. O.K.R. v. 27. Mai 1880, kirchl. Ges. u. Verordn.Bl. v. 1880 S. 66. Vgl. auch Frantz a. a. O. S. 55, 56.

Kompatrone haben über die Ausübung der vorstehenden Befugnisse sich unter einander zu vereinigen[91]). Die Befugnisse ruhen, so lange eine Einigung nicht zu Stande kommt[92]).

§. 7. Die Aeltesten sind im Hauptgottesdienst vor der Gemeinde feierlich einzuführen[93]) und durch Abnahme des nachfolgenden Gelübdes zu verpflichten:

Gelobet Ihr vor Gott und dieser Gemeinde, des Euch befohlenen Dienstes sorgfältig und treu, dem Worte Gottes, den Ordnungen der Kirche und dieser Gemeinde gemäß, zu warten, und gewissenhaft darauf zu achten, daß Alles ordentlich und ehrlich in der Gemeinde zugehe zu deren Besserung?

Erst mit Ablegung dieses Gelübdes ist der Aelteste[94]) als in das Amt eingetreten zu erachten.

B. Sitzungen und Beschlüsse des Gemeinde-Kirchenraths.

§. 8. Den Vorsitz im Gemeinde-Kirchenrath führt der Pfarrer. Bei Erledigung des Pfarramts oder dauernder Verhinderung des Pfarrers geht das Recht des Vorsitzes auf den Superintendenten über, welcher sich in dessen Ausübung von einem Mitgliede des Gemeinde-Kirchenraths oder einem benachbarten Geistlichen vertreten lassen kann. In Fällen vorübergehender Verhinderung führt den stellvertretenden Vorsitz ein Aeltester, welcher vom Gemeinde-Kirchenrathe aus seiner Mitte auf drei Jahre nach dem Eintritt der neuen Aeltesten (§. 43.) gewählt wird[95]).

Der einmal vom Patron ernannte Aelteste kann, weil er nicht bloßer Mandatar des Patrons ist, nicht von demselben beliebig wieder abberufen, vielmehr nur unter denselben Voraussetzungen wie ein Aeltester entlassen werden (s. §. 44), wohl aber kann der Patron, bez. der Patronatsvertreter bei juristischen Personen durch Selbsteintritt das Ausscheiden des von ihm ernannten Aeltesten herbeiführen, R. d. ev. O.K.R. v. 12. März 1877, kirchl. Ges. u. Verordn.Bl. v. 1876/1877 S. 115.

Umgekehrt wird man aber auch dem Patron das Recht geben müssen, später wieder auszuscheiden und einen Aeltesten zu ernennen, Frantz a. a. O. S. 55 ff.

91) H. Eine Abstimmung nach §. 352 d. T., welcher nicht bloß für die Präsentation, sondern auch bei Wahrnehmung der Patronatsrechte hinsichtlich der Vermögensverwaltung zur Anwendung kommt, findet also nicht statt, vielmehr ist Einigung erforderlich. Wird diese nicht erzielt, so ruht das Recht der Kompatrone (Aktenstücke 7 S. 255), vgl. auch R. d. Kult.Min. v. 31. Jan. 1877, kirchl. Ges. u. Verordn.Bl. v. 1876/1877 S. 131. Der neueintretende Kompatron ist nicht an die von seinem Vorgänger getroffene Vereinbarung gebunden, Erl. d. ev. O.K.R. v. 28. Dez. 1882, kirchl. Ges. u. Verordn.Bl. v. 1883 S. 1. Vgl. auch Frantz a. a. O. S. 70, 71.

Wenn der Kompatronat physischen und juristischen Personen zusteht, können nicht, wie der ev. O.K.R. i. d. Verf. v. 31. Jan. 1877, kirchl. Ges. u. Verordn.Bl. v. 1876/1877 S. 131, annimmt, die mehreren Kompatrone einen von ihnen, bez. den Patronatsvertreter der juristischen Person in den Gemeindekirchenrath eintreten lassen, vielmehr nur einen physischen Patron oder einen von ihnen gemeinsam bestellten Aeltesten, denn die physischen Kompatrone dürfen keinen Vertreter entsenden, vgl. Frantz a. a. O. S. 69.

92) H. Der Erl. d. ev. O.K.R. v. 18. Dez. 1873 spricht dem Inhaber eines Kollatur-Rechtes (in Schlesien) die Rechte des Patrons ab, macht aber eine Ausnahme davon in dem Falle: „wo das Kollatur-Recht durch eine auf Seiten des Kollators begründete kirchliche Baulast ein wesentliches Element des Patronats in sich aufgenommen und zugleich den Kollator in eine Lage versetzt hat, in der er an der Verwaltung des Kirchenvermögens ein rechtlich anzuerkennendes persönliches Interesse nehmen muß.“ Diese Ausnahme erscheint nicht begründet. Die Vorrechte des Patrons können nicht im Wege der erweiternden Interpretation auf Andere übertragen werden, und der Umstand, daß der Collator die Baulast trägt, kann deshalb keine Ausnahme machen, weil diese für das Patronat nicht wesentlich ist (§. 710 d. T.) und auch den Patronen, welchen die Baulast nicht obliegt, die Rechte des §. 6 gewährt sind. Für die Ansicht des O.K.R. Frantz a. a. O. S. 47, weil er annimmt, daß die Baulast beim Patronat wesentlich sei.

93) H. Auch der wiedergewählte Aelteste; es genügt aber, wenn dieser auf das schon früher abgelegte Gelübde verpflichtet wird, B. d. ev. O.K.R. v. 25. Jan. 1877, kirchl. Ges. u. Verordn.Bl. v. 1876/1877 S. 56, u. revid. Instr. Nr. 28.

94) H. Da der Patron nicht Aeltester ist, so braucht er das Gelübde nicht zu leisten, um seine Rechte ausüben zu können, vgl. Aktenstücke 7 S. 252 u. Allgem. Kirchenbl. f. d. ev. Deutschld. v. 1874 S. 485. Dasselbe gilt von dem Patronatsvertreter einer juristischen Person, denn dieser steht dem physischen Patrone gleich, s. auch am zuerst angeführten Orte S. 260. Anders verhält es sich dagegen mit dem vom Patron ernannten Aeltesten, revid. Instr. Nr. 29.

95) H. Daß hierbei die dem Gemeindekirchenrath angehörigen Geistlichen mitwählen, ist selbstverständlich, vgl. auch kirchl. Ges. u. Verordn.Bl. v. 1876/77 S. 116.

Sind mehrere Pfarrgeistliche in der Gemeinde fest angestellt, so kommt der Vorsitz dem ersten, oder, wo keine Unterordnung unter ihnen stattfindet, dem der Ordination nach ältesten zu. Zur Stellvertretung ist der im Range beziehungsweise Dienstalter nächstfolgende Geistliche berufen.

In den Fällen des §. 2. Abs. 3. führt, wenn einer der Geistlichen zugleich Superintendent ist, dieser, sonst ein von der Versammlung gewählter Geistlicher den Vorsitz.

§. 9. Der Gemeinde-Kirchenrath versammelt sich zu ordentlicher Sitzung in der Regel monatlich ein Mal an dem ein- für allemal von ihm festgesetzten Tage; zu außerordentlicher Sitzung, so oft ihn der Vorsitzende durch schriftliche oder sonst ortsübliche Einladung beruft. Die außerordentliche Berufung muß erfolgen, wenn mindestens die Hälfte der Aeltesten unter Angabe des Zweckes dieselbe verlangt[96]).

§. 10. Die Sitzungen sind nicht öffentlich und werden in der Regel mit Gebet eröffnet. Jedes Mitglied des Gemeinde-Kirchenraths ist verpflichtet, über alle die Seelsorge und Kirchenzucht betreffenden Angelegenheiten, sowie über die sonst als vertraulich bezeichneten Gegenstände Verschwiegenheit zu beobachten.

§. 11. Der Vorsitzende leitet die Verhandlungen und ist für die Aufrechthaltung der Ordnung verantwortlich.

Die Beschlüsse werden durch Stimmenmehrheit der Anwesenden[97]) gefaßt. Bei Stimmengleichheit entscheidet die Stimme des Vorsitzenden, bei Wahlen das Loos.

Zur Gültigkeit eines Beschlusses ist erforderlich, daß mehr als die Hälfte der Mitglieder des Gemeinde-Kirchenraths[97a]) an der Abstimmung Theil genommen hat[98]). Mitglieder, welche an dem Gegenstande der Beschlußfassung persönlich betheiligt sind, haben sich der Abstimmung zu enthalten.

Die Beschlüsse des Gemeinde-Kirchenraths sind unter Angabe des Tages und der Anwesenden in ein Protokollbuch zu verzeichnen, und jedes Protokoll von dem Vorsitzenden und mindestens einem Aeltesten zu unterschreiben[99]).

Dritten gegenüber werden, soweit der §. 22. nichts Anderes bestimmt, Beschlüsse des Gemeinde-Kirchenraths durch Auszüge aus dem Protokollbuch bekundet, welche der Vorsitzende beglaubigt. Ausfertigungen ergehen unter der Unterschrift des Vorsitzenden[100]).

§. 12. In Gemeinde-Kirchenräthen von stärkerer Mitgliederzahl können für bestimmte Geschäftszweige einzelne Mitglieder vorzugsweise berufen werden[1]). Die bezüglichen Anordnungen, sowie die Einrichtung von Deputationen und Kommissionen bleiben dem Gemeinde-Kirchenrath überlassen.

---

96) H. Und der Zweck eine innerhalb der Kompetenz des Gemeindekirchenraths liegende Angelegenheit ist.

97) H. D. h. absolute Mehrheit der Erschienenen, mögen sich auch einzelne der Abstimmung enthalten. Anders Trusen, preuß. Kirchenrecht S. 35 Note 24, welcher die Mitglieder, welche sich der Abstimmung enthalten haben, nicht mitgezählt wissen will. Wesentlich ist aber auch die Theilnahme des Vorsitzenden (s. §. 8), vgl. revidirte Instr. Nr. 32.

97a) H. D. h. die Hälfte der verfassungs- oder normalmäßigen Zahl (§. 5), nicht der zufällig vorhandenen, wenn einzelne durch Tod, Verziehen aus der Parochie rc. ausgeschieden sind. Das ist auch anfänglich die Praxis des ev. O.K.R. gewesen, von der er später abgegangen ist, s. stenogr. Ber. d. Abgeordnetenhauses v. 1884 S. 1071. Mit Unrecht, denn das Gesetz kann unter Mitgliedern schlechthin nichts anderes als die Zahl der gesetzlich bestimmten Mitglieder verstehen, um so mehr als es die ausreichenden Mittel für die Ergänzung fehlender an die Hand giebt (§. 43), und die gegentheilige Ansicht führt dazu, jede Bestimmung über eine normalmäßige Anzahl illusorisch zu machen, weil es nach ihr stets vom Zufall abhängt, mit wie viel Stimmen auch in den größten Gemeinden die Beschlüsse gefaßt werden müssen.

98) H. Dies gilt aber nur, wenn alle bei außerordentlichen Sitzungen vorher vorschriftsmäßig eingeladen sind. Vgl. hierzu Allgem. Kirchenbl. f. d. ev. Deutschld. v. 1880 S. 82.

99) H. Vgl. hierzu revidirte Instr. Nr. 32 u. 39.

100) H. Die Unterschrift des Vorsitzenden (§. 8) ist auch für Vorstellungen an die vorgesetzten Behörden wesentlich, um dieselben als Aeußerungen des Gemeindekirchenraths erscheinen zu lassen, und der Vorsitzende hat die Unterschrift auch dann zu geben, wenn er überstimmt worden ist, Aktenstücke des ev. O.K.R. 7 S. 263 u. kirchl. Ges. u. Verordn.Bl. v. 1879 S. 235.

1) H. Aber nicht über die Amtsdauer der jeweiligen Mitglieder hinaus, R. d. ev. O.K.R. v. 4. Dez. 1877, kirchl. Ges. u. Verordn.Bl. v. 1878 S. 3.

C. Wirkungskreis des Gemeinde-Kirchenraths.

§. 13. Der Gemeinde-Kirchenrath hat den Beruf, in Unterstützung der pfarramtlichen Thätigkeit nach bestem Vermögen zum religiösen und sittlichen Aufbau der Gemeinde zu helfen, die christlichen Gemeindethätigkeiten zu fördern und die Kirchengemeinde in ihren inneren und äußeren Angelegenheiten zu vertreten.

§. 14. Insbesondere liegt dem Gemeinde-Kirchenrath ob:

1. christliche Gesinnung und Sitte in der Gemeinde, sowohl durch eigenes Vorbild, als auch durch besonnene Anwendung aller dazu geeigneten und statthaften Mittel aufrecht zu erhalten und zu fördern.

Der Pfarrer bleibt in seinen geistlichen Amtsthätigkeiten der Lehre, Seelsorge, Verwaltung der Sakramente und in seinen übrigen Ministerialhandlungen von dem Gemeinde-Kirchenrath unabhängig [2]). Er ist jedoch verpflichtet, die Fälle, wo er ein Gemeindeglied von der Theilnahme an einer von ihm zu vollziehenden Amtshandlung, insbesondere vom heiligen Abendmahle [3]), zurückzuweisen für nothwendig hält, unter schonender einstweiliger Zurückhaltung des Betreffenden, dem Gemeinde-Kirchenrath vorzulegen. Stimmt dieser zu, so ist die Zurückweisung auszusprechen, gegen welche dem Betroffenen der Rekurs an die Kreissynode (§. 53. Nr. 4.) offen bleibt. Erklärt sich der Gemeinde-Kirchenrath gegen die Zurückweisung, so wird dieser Beschluß zwar sofort wirksam, aber der Geistliche ist befugt, wenn er sich bei demselben nicht beruhigen will, die Sache zur Entscheidung an die Kreissynode zu bringen.

Der Gemeinde-Kirchenrath ist wie berechtigt so verpflichtet, Verstöße des Geistlichen und der Aeltesten in ihrer Amtsführung oder ihrem Wandel in seinem Schooße zur Sprache zu bringen. Jedoch steht ihm Behufs weiterer Verfolgung nur zu, der vorgesetzten Kirchenbehörde davon Anzeige zu machen.

§. 15. 2. Der Gemeinde-Kirchenrath hat für Erhaltung der äußeren gottesdienstlichen Ordnung zu sorgen und die Heilighaltung des Sonntags zu befördern.

Zur Abänderung der üblichen Zeit der öffentlichen Gottesdienste bedarf der Pfarrer der Zustimmung des Gemeinde-Kirchenraths.

Dieselbe ist auch erforderlich, wenn wegen Abänderung der in der Gemeinde bestehenden lokalen liturgischen Einrichtungen Anträge an die zuständigen Behörden gerichtet werden sollen.

Der Gemeinde-Kirchenrath entscheidet [4]) über die Einräumung des Kirchengebäudes zu einzelnen nicht gottesdienstlichen Handlungen [5]), welche der Bestimmung des Kirchengebäudes nicht widersprechen.

---

2) H. D. h. das geistliche Amt ist in der ihm eigenthümlichen Sphäre unabhängig vom Gemeindekirchenrath.

3) H. Wegen der Zurückweisung von der Trauung vgl. Kirchengesetz v. 27. Juli 1880 §. 12 (Zus. 42 zu §§. 435—445 d. T.). Auf Versagung der Mitwirkung bei Beerdigungen läßt sich §. 14 nicht beziehen, denn hier handelt es sich nicht um Zurückweisung eines Gemeindegliedes, ganz abgesehen davon, daß das angeordnete Verfahren bei der nothwendigen schleunigen Erledigung solcher Angelegenheiten nicht anwendbar ist. §. 89 d. T. ist durch §. 14 nicht aufgehoben.

4) H. Die Genehmigung der Aufsichtsbehörde ist also nicht mehr erforderlich. Vergl. auch §. 173 d. T. S. ferner Art. 2 Nr. 1 des Ges. v. 25. März 1874, Zus. 19 zu §. 156.

5) H. Aber auch zu gottesdienstlichen Handlungen, welche nicht den Zwecken der Gemeinde dienen, z. B. Missionsgottesdiensten. Die Hervorhebung der nichtgottesdienstlichen Handlungen erklärt sich daraus, daß das Kirchengebäude dabei zu einem anderen Zwecke, als demjenigen, zu welchem es bestimmt ist, gebraucht wird. Eben so wenig wird der Geistliche ohne die gedachte Zustimmung über das Glockengeläute und andere kirchliche Anlagen, z. B. den Kirchhof, verfügen können.

Aus §. 15 folgt weiter, daß die kirchenregimentlichen Behörden nicht wider Willen des Gemeindekirchenraths über die Einräumung des Kirchengebäudes zu nichtgottesdienstlichen Zwecken eine Verfügung treffen, sowie auch die von dem ersteren gewährte Einräumung nur dann aufheben können, wenn dadurch der Gemeindegottesdienst gestört wird oder der Zweck, zu welchem die Bewilligung ertheilt ist, der Bestimmung des Kirchengebäudes widerspricht.

§. 16. 3. Der Gemeinde-Kirchenrath hat die religiöse Erziehung der Jugend zu beachten und die Interessen der Kirchengemeinde in Bezug auf die Schule zu vertreten.

Eine unmittelbare Einwirkung auf die Schule steht ihm nicht zu[6]). Mißstände in der religiösen Unterweisung der Jugend oder in sittlicher Beziehung sind von ihm bei den gesetzlichen Organen der Schulverwaltung zur Anzeige zu bringen[7]).

§. 17. 4. Dem Gemeinde-Kirchenrath liegt die Leitung der kirchlichen Einrichtungen für Pflege der Armen, Kranken und Verwahrlosten ob.

Geeigneten Falls setzt er sich mit den bürgerlichen Armenbehörden und Institutsverwaltungen, sowie mit etwa bestehenden freien Vereinen in Einvernehmen. Auch kann er sich Helfer aus der Gemeinde, insonderheit aus der Gemeindevertretung, beiordnen.

§. 18. 5. Der Gemeinde-Kirchenrath stellt die Liste der wahlberechtigten Gemeindeglieder (§. 34.) auf, nimmt die dazu erforderlichen Anmeldungen entgegen, bereitet die Wahlen zum Aeltestenamt und zur Gemeindevertretung vor, hält diese Wahlen ab, beruft die Gemeindevertretung ein und bringt die Beschlüsse derselben in Ausführung.

§. 19. 6. Der Gemeinde-Kirchenrath ist bis zur landesgesetzlichen Aufhebung der Parochialexemtion[8]) befugt, eximirte Personen, welche ihren Exemtionsrechten zu entsagen bereit sind, auf ihren Antrag in die Gemeinde aufzunehmen.

Die gleiche Befugniß steht ihm bezüglich solcher Personen zu, welche sich bereits ein Jahr lang am Orte der Gemeinde aufgehalten haben, aber wegen Mangels des Wohnsitzes die Gemeindeangehörigkeit entbehren.

§. 20. 7. Der Gemeinde-Kirchenrath hat von der eingetretenen Pfarrvakanz Anzeige zu machen[9]) und die diesfalls ergehenden provisorischen Anordnungen in Ausführung zu bringen.

Inwieweit derselbe bei Besetzung der Pfarrämter in Gemeinschaft mit der Gemeindevertretung eine Mitwirkung auszuüben hat, ist im §. 32. bestimmt.

§. 21. 8. Dem Gemeinde-Kirchenrath kommt, soweit wohlerworbene Rechte Dritter nicht entgegenstehen[10]), die Ernennung der niederen Kirchendiener[11]) zu. Er beaufsichtigt ihre Dienstführung[12]) und übt das Recht der Entlassung aus kündbaren Anstellungen.

Wegen Entlassung im Disziplinarwege, sowie wegen Verleihung und Entziehung der mit Schulstellen verbundenen niederen Kirchenbedienungen behält es bei den bestehenden Vorschriften sein Bewenden.

§. 22. 9. Der Gemeinde-Kirchenrath vertritt die Gemeinde[13]) in vermögensrechtlicher Be-

---

6) H. Daher hat er auch kein Recht zur Kontrole durch deputirte Mitglieder, Verordn. d. ev. O.K.R. v. 7. Juli 1877, kirchl. Ges. u. Verordn.Bl. v. 1876/1877 S. 154.

7) H. Vgl. Art. 2 Nr. 2 des Ges. v. 25. Mai 1874, (o. Zus. 19).

8) H. Diese ist jetzt erfolgt, s. Zus. zu §. 282 d. T.

9) H. An den Superintendenten.

10) H. Nach dem Erl. des Kult.Min. v. 9. Nov. 1874 (Aktenstücke 7 S. 264 u. Allgem. Kirchenbl. v. 1875 S. 243) sind dadurch nicht nur in Wegfall gekommen diejenigen Ernennungsrechte, welche auf Grund der Dienstverfassung bestimmten Personen oder Behörden in ihrer Eigenschaft als geistlichen Obern oder zufolge besonderer Bestimmung oder Observanz anderen kirchlichen Gemeindekörperschaften, z. B. dem Kirchenvorstand oder einem besonderen Wahlkollegium, zugestanden haben, sondern auch die auf dem fiskalischen oder landesherrlichen Patronate beruhenden Rechte, dagegen bleiben die Gemeindekirchenräthe bei derartigen Patronats-Kirchen an die Beobachtung der wegen Anstellung von civilversorgungsberechtigten Personen bestehenden allgemeinen Verwaltungsnormen gebunden (Regl. über d. Civilversorgung 2c. der Militärpersonen v. 16. Juni 1867 §. 8, Min.Bl. f. d. i. Verw. S. 280; R. vom 19. Juni 1839, v. Kamptz, Annal. 23 S. 373; R. d. Min. d. geistl. Angel. v. 12. Juli 1881, H. Trusen, preuß. K.R. S. 396 Note 216 und vgl. auch Centralbl. f. d. deutsche Reich v. 1882 S. 123 ff., s. endlich K.O. v. 10. Sept. 1882, betr. die Grundsätze für die Besetzung der Subaltern- und Unterbeamtenstellen 2c. mit Militär-Anwärtern, Min.Bl. f. d. i. V. S. 225).

11) H. Dazu gehören aber nicht Kantoren und Organisten, welche ein selbstständiges Amt bekleiden, R. d. ev. O.K.R. v. 6. Mai 1876, kirchl. Ges. u. Verordn.Bl. v. 1876/1877 S. 52.

12) H. Hat also auch das Recht zu Ermahnungen und Verweisen, nicht aber zu anderen Strafen.

13) H. Und das kirchliche Vermögen, wo dieses nicht der Gemeinde als corpus gehört,

ziehung, in streitigen[14]) wie in nichtstreitigen Rechtssachen, und verwaltet[15]) das Kirchenvermögen, einschließlich des Vermögens der kirchlichen Lokalstiftungen, welche nicht fundationsmäßig eigene Vorstände haben[16]), sowie einschließlich des Pfarr- und Pfarrwittwenthums-Vermögens, soweit das Recht jeweiliger Inhaber nicht entgegensteht.

Zu jeder die Gemeinde verpflichtenden schriftlichen Willenserklärung des Gemeinde-Kirchenraths[17]) bedarf es der Unterschrift des Vorsitzenden oder seines Stellvertreters und zweier Aeltesten, sowie der Beidrückung des Kirchensiegels. Hierdurch wird Dritten[18]) gegenüber die ordnungsmäßige Fassung des Beschlusses[19]) festgestellt, so daß es eines Nachweises der einzelnen Erfordernisse desselben, insbesondere der erfolgten Zustimmung der Gemeindevertretung, wo eine solche nothwendig ist, nicht bedarf.

---

sondern die Kirche eine juristische Person bildet, vgl. auch §. 31 Nr. 5 Abs. 2 u. Ges. v. 25. Mai 1874 Art. 2 Nr. 3 (Zus. 19).

14) H. Ohne Konkurrenz der Staatsbehörde, Ges. v. 3. Juni 1876 Art. 26, s. Zus. 22 zu §. 156 d. T.

15) H. Nach den bestehenden gesetzlichen oder sonst rechtlich maßgebenden, z. B. stiftungsmäßigen Bestimmungen. Zur Verwaltung gehört auch die Beschlußfassung über die Bauten vorbehaltlich der Einholung der Zustimmung der sonst dabei konkurrirenden Organe, vgl. hierzu R. d. Kult.Min. v. 6. März 1875, kirchl. Ges. u. Verordn.Bl. v. 1876/1877 S. 138, s. zu ferner §. 31 Nr. 5 dies. Ordn. Anm. 45.

16) H. Gleichgültig ist es dabei, ob die Stiftung eine selbstständige juristische Person hat, oder die Gemeinde, bez. die Kirche Eigenthümerin des Vermögens ist. Eine Bestätigung dieser Auffassung ergiebt §. 31 Nr. 5 Abs. 2 dieser Ordn.

17) H. D. h. einer solchen, welche von rechtlichen Folgen für die Gemeinde oder die vom Gemeindekirchenrath vertretenen Vermögensmassen sein soll.

18) H. Selbst wenn der Dritte Kenntniß von dem Fehlen der Erfordernisse eines ordnungsmäßigen Beschlusses oder dem Mangel der Zustimmung der Gemeindevertretung gehabt hat, kann ihm dies zur Ablehnung der Haftbarkeit der von dem Gemeindekirchenrathe repräsentirten juristischen Personen und Vermögensmassen nicht entgegengehalten werden. Der §. 22 unterscheidet in dieser Hinsicht nicht, und konnte es auch nicht, weil er dem Gemeindekirchenrath eine nach außen hin nicht beschränkbare Vertretungsbefugniß hat beilegen wollen.

19) H. D. h. daß die Sitzung vorschriftsmäßig bekannt gemacht, in derselben die beschlußfähige Zahl anwesend gewesen und die erforderliche Stimmenzahl abgegeben ist. Daß die Beschließenden sich innerhalb ihrer Kompetenz gehalten haben, wird dadurch aber nicht dargethan, ebenso wenig an und für sich die Legitimation der Mitglieder, welche die schriftliche Willenserklärung unterschrieben haben. In letzterer Beziehung kommt aber in Betracht, daß, da die evangelische Kirche eine öffentlich privilegirte Korporation ist (s. Anm. 29 zu §. 17 d. T.), die schriftlichen Willenserklärungen des Gemeindekirchenrathes Urkunden einer öffentlichen Behörde, s. auch Erk. des O.Tr. v. 22. Mai 1876 (J.M.Bl. S. 175), also öffentliche Urkunden sind. Daher bedürfen auch seine Urkunden in Grundbuchssachen keiner weiteren Beglaubigung, Johow, Jahrb. d. App.Ger. 5 S. 73; 6 S. 100, 352; 7 S. 109, u. Jahrb. d. Kammerger. 3 S. 96 ff., auch kirchl. Ges. u. Verordn.Bl. v. 1882 S. 61. Dagegen wird aber den Gemeindekirchenräthen die Qualifikation als öffentliche Behörden abgesprochen in den Bemerkungen bei Johow, Jahrb. d. App.Ger. 7 S. 10. In Uebereinstimmung mit dem Erl. d. Hauptverwaltung d. Staatsschulden v. 13. Okt. 1875, Allgem. Kirchenbl. f. d. ev. Deutschld. Jahrg. 1876 S. 279, hatte ebenfalls d. Erl. d. Kult.Min. v. 31. Okt. 1878, kirchl. Ges. u. Verordn.Bl. v. 1878 S. 174 (s. auch V. v. 18. Jan. 1879, a. a. O. 1879 S. 37) angeordnet, daß die Wiederinkurssetzung von durch den Gemeindekirchenrath außer Kurs gesetzten Inhaberpapieren nicht durch diese, sondern nur durch die Gerichte, von durch die Superintendenten außer Kurs gesetzten aber durch die letzteren nach §. 3 des Ges. v. 4. Juni 1843, G.S. S. 179, erfolgen dürfte. Diese Ansicht ist aber durch den Erlaß der erwähnten Hauptverwaltung v. 11. Sept. 1880 (s. a. a. O. 1880 S. 139) und den Cirk.Erl. d. Kult.Min. v. 4. Okt. 1880, a. a. O. S. 151 (s. auch das. S. 187) aufgegeben worden und anerkannt, daß die Wiederinkurssetzung durch die Gemeindekirchenräthe erfolgen kann. Vgl. auch die damit und mit der Auffassung der Gerichte in Betreff der Grundbuchsachen übereinstimmende Verf. des Just. Min. v. 21. März 1882, J.M.Bl. S. 56 und kirchl. Ges. u. Verord.Bl. v. 1882. S. 58, 60.

Die Vorschrift des §. 22 Abs. 2 gilt auch für Vollmachten, die der Gemeindekirchenrath seinem Vorsitzenden ertheilt, die Legalität derselben wird dadurch nicht beeinträchtigt, daß der bevollmächtigte Vorsitzende die Vollmacht mit vollzogen hat, Johow, Jahrb. d. Kammerger. 2 S. 71. Dagegen kann die a. a. O. vorgeschriebene Form nicht dadurch ersetzt werden, daß der Vorsitzende und zwei Aelteste eine Erklärung Namens des Gemeindekirchenraths zu notariellem Protokoll abgeben, a. a. O. 1 S. 102.

An den gesetzlichen Verwaltungsnormen[20]), sowie an den den Staatsbehörden oder vorgesetzten Kirchenbehörden zustehenden Rechten der Aufsicht und der Einwilligung zu bestimmten Handlungen der Verwaltung wird durch den Uebergang der letzteren auf den Gemeinde-Kirchenrath nichts geändert (§. 47.).

In den Fällen des §. 31. ist der Gemeinde-Kirchenrath an die Mitwirkung der Gemeindevertretung gebunden. Die Bestellung außerordentlicher Gemeinderepräsentanten nach §. 159. Titel 11. Theil II. Allgemeinen Landrechts findet nicht ferner statt.

§. 23. Dem Patron verbleiben außer der Theilnahme an der Verwaltung des kirchlichen Vermögens[21]) durch die Betheiligung am Gemeinde-Kirchenrath (§. 6.) da, wo derselbe Patronatslasten für die kirchlichen Bedürfnisse trägt, die Aufsicht über die Verwaltung der Kirchenkasse[22]) und das Recht der Zustimmung[23]) zu den nach den bestehenden Gesetzen seiner Genehmigung[24]) unterliegenden Geschäften der Vermögensverwaltung.

In letzterer Beziehung gilt jedoch seine Zustimmung zu Beschlüssen des Gemeinde-Kirchenraths und der Gemeindevertretung für ertheilt, wenn er auf abschriftliche Zustellung des betreffenden Beschlusses nicht binnen dreißig Tagen nach dem Empfange dem Gemeinde-Kirchenrath seinen Widerspruch zu erkennen giebt[25]).

Geschieht das Letztere, so steht dem Gemeinde-Kirchenrath der Rekurs an die vorgesetzte Aufsichtsbehörde[26]) offen. Diese ist befugt, geeignetenfalls den Widerspruch des Patrons zu verwerfen und dessen Einwilligung zu ergänzen[27]).

Die Ertheilung der für einzelne Fälle nothwendigen Genehmigung der Aufsichtsbehörden muß sich der Dritte besonders nachweisen lassen. Auf diese bezieht sich §. 22 nicht. Die Zustimmung der betreffenden Behörden ist kein Erforderniß für die ordnungsmäßige Fassung des Beschlusses — von welcher die Vorschrift handelt —, sondern nur ein Erforderniß seiner Rechtswirksamkeit.

20) H. D. h. die Vorschriften, welche die Art und Weise der Verwaltung, also auch die Zwecke, für welche das Vermögen zu verausgaben ist, regeln. Gesetzliche Verwaltungsnormen sind alle diejenigen, welche durch staatliche Gesetze gegeben sind, welche auf gültigem Gewohnheitsrecht beruhen, welche die im Staate anerkannten kirchlichen Rechtsnormen vorschreiben, ferner diejenigen, welche von den Staatsbehören innerhalb ihrer Kompetenz und von den kirchlichen Behörden innerhalb ihrer von der Staatsgesetzgebung gewährten Zuständigkeit erlassen worden sind, endlich auch diejenigen, welche Privatpersonen kraft eines ihnen zustehenden Rechtes, z. B. als Geschenkgeber, Stifter, festgesetzt haben. Es gehören hierher z. B. §§. 173, 180—182, 189, 195, 221, 222, 618, 625, 626, 634—636, 638, 641, 642, 644, 664—672, 675 bis 679, 686, 687, 699, 712, 713, 779 ff., 789, 790, 794, 795, 796, 798, 807, 814, 818, 824 d. T.

21) H. Vgl. Ges. v. 25. Mai 1874 Art. 2 u. Art. 8, Ges. v. 3. Juni 1876 Art. 22, Zus. 22 zu dies. §. und auch revid. Instr. Nr. 41, 42.

22) H. Ein Recht auf Verwahrung oder Mitverwahrung des Vermögens hat der Patron nicht.

23) H. Diese kann, wenn der Patron selbst oder für eine juristische Person ein Patronatsvertreter an der Verhandlung des Gemeindekirchenrathes Theil nimmt, auch in der Sitzung sofort erklärt werden und ist dann zu protokolliren. Der Patron bez. der Patronatsvertreter hat aber dann das Sitzungsprotokoll mit zu vollziehen. S. auch revid. Instr. Nr. 43.

24) H. In der Mark Brandenburg ist eine solche z. B. zum Antrage des Gemeindekirchenraths auf Anlegung eines Grundbuchblattes für ein Kirchen- oder Pfarrgrundstück erforderlich, Johow, Jahrb. d. Appel.Ger. 7 S. 299; in Ostpreußen (Zus. 187 zum ostpreuß. Provinzialrecht) zur urkundlichen Genehmigung von Rezessen über die Ablösung von Realberechtigungen evangelisch-kirchlicher Institute, Min.Erl. v. 25. Jan. 1881, kirchl. Ges. u. Verordn.Bl. 1881 S. 13.

25) H. Diese Vorschrift bezieht sich auch auf die Zustimmung des Patrons zum Beschluß über den Kirchenkassen-Etat, Erl. d. Kult.Min. v. 23. Jan. 1880, kirchl. Ges. u. Verordn.Bl. v. 1880 S. 50. Den Bestimmungen des §. 23 sind auch die Regierungen bei Ausübung der fiskalischen Patronatrechte unterworfen, kirchl. Ges. u. V.Bl. 1876/1877 S. 125, 127.

26) H. Da es sich hierbei fast immer um Externa handeln wird, wird für die Regel die Regierung, und nicht das Konsistorium als Aufsichtsbehörde zu fungiren haben. Vgl. Cirk.-Erl. v. 10. Sept. 1877 in Anm. 42 unter lit a zu §. 144 d. T.

27) H. Mit Ausnahme des im Art. 8 Abs. 2 des Ges. v. 25. Mai 1874 (s. Zus. 19) vorhergesehenen Falles.

Kommt es für Urkunden auf formelle Feststellung der Zustimmung des Patrons an, und ist die letztere wegen Verabsäumung der dem Patron offen stehenden Erklärungsfrist für ertheilt zu erachten, so wird die fehlende Unterschrift desselben durch die zuständige Aufsichtsbehörde ergänzt.

§. 24. Für die Verwaltung der Kirchenkasse hat der Gemeinde-Kirchenrath eines seiner Mitglieder[28]) zum Rendanten (Kirchmeister, Kirchenrechner rc.) zu ernennen.

Demselben kann eine Vergütung für sächliche Ausgaben, nicht aber eine Besoldung[29]) angewiesen werden.

Auslagen sind ihm zu ersetzen.

Ist nach dem Umfange der Kasse eine unentgeltliche Verwaltung nicht zu erreichen, so kann der Gemeinde-Kirchenrath einen besoldeten Rendanten anstellen[30]); soll jedoch hierzu ein Mitglied des Gemeinde-Kirchenraths ernannt werden, so ist die Genehmigung des Vorstandes der Kreissynode erforderlich[31]).

Der Rendant hat folgende Obliegenheiten:

a) Er erhebt die Einnahmen der Kirchenkasse und leistet die Ausgaben aus derselben. Die Ausgaben erfolgen, soweit es sich um feststehende Zahlungen an bestimmte Empfänger handelt, auf Grund des Etats, sonst auf besondere schriftliche Zahlungsanweisung des Vorsitzenden des Gemeinde-Kirchenraths.

b) Er legt dem Gemeinde-Kirchenrath jährlich Rechnung ab und hat sich den von diesem angeordneten Kassenrevisionen zu unterwerfen.

c) Er führt die nächste Aufsicht über die kirchlichen Gebäude, Grundstücke, Geräthe und sonstigen Inventarienstücke. Wegen der zur Instandhaltung oder Erneuerung derselben erforderlichen Lohnarbeiten, Anschaffungen oder Bau-Unternehmungen, hat er beim Gemeinde-Kirchenrath rechtzeitig Anträge zu stellen.

Im Uebrigen sind für den Geschäftsbetrieb des Rendanten bis auf Weiteres die in den einzelnen Gemeinden geltenden und die im Anschluß daran von den Gemeinde-Kirchenräthen zu treffenden Bestimmungen maßgebend.

§. 25. 10. Der Gemeinde-Kirchenrath ist das Organ der Gemeinde gegenüber den Kirchenbehörden und den Synoden. Er hat das Interesse der Gemeinde sowohl durch Erledigung von Vorlagen der Kirchenregierung, insbesondere bei Parochialveränderungen[32]), als auch geeigneten Falls durch Einbringung von Anträgen wahrzunehmen.

§. 26. 11. Der Gemeinde-Kirchenrath soll in der Gemeinde die Erweckung einer lebendigen Theilnahme an ihren Aufgaben und Interessen sich angelegen sein lassen und zu diesem Behufe namentlich die Wünsche und Anliegen einzelner Gemeindeglieder willig entgegennehmen und fleißig erwägen. Auch hat er bei geeigneten Gelegenheiten, z. B. bei der Wahl der Gemeindevertreter, über die zur Veröffentlichung sich eignenden wichtigeren Vorgänge seines Verwaltungsgebiets der Gemeinde Mittheilung zu machen.

III. Gemeindevertretung.

§. 27. In Kirchengemeinden von 500 Seelen oder darüber wird durch Wahl der Gemeinde (§§. 34. ff.) eine Gemeindevertretung gebildet.

---

28) H. Nicht aber den Geistlichen selbst, Aktenstücke d. ev. O.K.R. 7, S. 265. Der ernannte Rendant ist nach d. revid. Instr. Nr. 34 jedesmal dem Konsistorium anzuzeigen.

29) H. Eine Remuneration wird ihm aber gewährt werden können, denn diese ist nichts Festes, wie eine Besoldung.

30) H. Die revid. Instr. Nr. 35 schreibt vor, daß der besoldete Rendant nur mittelst schriftlichen Vertrages unter Vorbehalt sechsmonatlicher Kündigung und gegen Kautionsleistung angestellt werden soll.

31) H. Das bezieht sich aber nur auf die feste Anstellung eines besoldeten Rendanten, nicht auf den Anm. 29 gedachten Fall.

32) H. Vgl. Ges. v. 25. Mai 1874 Art. 2.

In Gemeinden unter 500 Seelen kommen die Rechte der Gemeindevertretung der Versammlung der wahlberechtigten Gemeindeglieder zu.

Sind mehrere Gemeinden unter einem gemeinschaftlichen Pfarramt verbunden (vereinigte Muttergemeinden, Mutter- und Tochtergemeinden) und beträgt die Gesammt-Seelenzahl derselben 500 oder darüber, so ist für die im §. 2. Absatz 2. vorgesehenen Fälle[33]) in jeder Gemeinde, ohne Rücksicht auf deren Seelenzahl, eine Gemeindevertretung zu bilden.

Ob die für Bildung der Vertretung entscheidende Seelenzahl in einer Gemeinde dauernd vorhanden ist, wird durch Beschluß des Gemeinde-Kirchenraths festgestellt.

§. 28. Die Stärke der Gemeinvevertretung beträgt das Dreifache der normalen Zahl der Aeltesten.

Eine stärkere Zahl von Mitgliedern kann auf Antrag der Gemeindevertretung nach gutachtlicher Anhörung der Kreissynode vom Konsistorium genehmigt werden.

§. 29. Die Gemeindevertretung verhandelt und beschließt in Gemeinschaft mit dem Gemeinde-Kirchenrath[34]) über die von dem letzteren zur Berathung vorgelegten Gegenstände[35]). Der Vorsitzende des Gemeinde-Kirchenraths ist zugleich Vorsitzender der zu einem Kollegium vereinigten Versammlung.

Sie wird je nach dem vorhandenen Bedürfnisse unter Angabe der wesentlichen Gegenstände der Verhandlung berufen.

Auf Verlangen des Konsistoriums muß die Berufung jederzeit erfolgen.

Die Einladung geschieht durch den Vorsitzenden schriftlich oder in sonst ortsüblicher Weise.

§. 30. Auf die Versammlungen, Berathungen und Beschlüsse der Gemeindevertretung finden die Bestimmungen des §. 11. Anwendung[36]).

Ist auf die erste Einladung die zur Beschlußfähigkeit erforderliche Mehrheit der Gemeindevertretung nicht erschienen, so ist eine zweite Versammlung zu veranstalten, in welcher die Erschienenen ohne Rücksicht auf ihre Zahl die Gemeinde gültig vertreten[37]).

Die Beschlüsse werden in das Protokollbuch des Gemeinde-Kirchenraths eingetragen.

§. 31. In folgenden Angelegenheiten bedarf der Gemeinde-Kirchenrath der beschließenden Mitwirkung[38]) der Gemeindevertretung[39]):

1) bei dem Erwerb[40]), der Veräußerung[41]) und der dinglichen Belastung[42]) von Grund-

33) H. D. h. für alle gemeinsamen Angelegenheiten der Gesammtparochie.

34) H. Hiernach ist die Gemeindevertretung kein dem Gemeindekirchenrath selbstständig gegenüberstehendes und selbstständig beschließendes Kollegium, vielmehr bildet sie nur eine Verstärkung des letzteren und kann ohne ihn weder zusammentreten, noch verhandeln, noch beschließen, s. auch Aktenstücke d. ev. O.K.R. 7 S. 266. Vgl. ferner §. 31 u. §. 43.

35) H. Der Gemeindekirchenrath hat daher seinerseits darüber vorher ordnungsmäßig Beschluß zu fassen, kirchl. Ges. u. Verordn.Bl. v. 1880 S. 144 und revid. Instr. Nr. 39.

36) H. Da Gemeindekirchenrath und Gemeindevertretung ein Kollegium bilden (s. Anm. 34 zu §. 29), so genügt zur Beschlußfähigkeit die Anwesenheit von mehr als der Hälfte der sämmtlichen, beide Kollegien bildenden Mitglieder, es ist aber nicht nöthig, daß sowohl mehr als die Hälfte der Gemeindekirchenräthe wie auch der Gemeindevertreter erschienen ist, revid. Instr. Nr. 40.

37) H. Auf die Versammlung der Gemeindemitglieder in den §. 27 Abs. 2 bezeichneten Gemeinden bezieht sich diese Vorschrift nicht. Hier wird daher die Versammlung, falls sie ordnungsmäßig eingeladen ist, ohne Rücksicht auf die Zahl der Erschienenen für beschlußfähig erachtet werden müssen, s. auch Aktenstücke d. ev. O.K.R. 5 S. 218.

38) H. Vgl. Art. 3 des Ges. v. 25. Mai 1874.

39) H. Daraus ergiebt sich, daß in derartigen Fällen sowohl ein ordnungsmäßiger Beschluß des Gemeindekirchenrathes, wie auch ein solcher der Gemeindevertretung, bei welchem allerdings die Mitglieder des erstgedachten Organs mitwirken, vorliegen muß. Gewöhnlich wird die Initiative vom Gemeindekirchenrath ausgehen, jedoch ist dies nicht nöthig. Vgl. ferner revid. Instr. Nr. 39.

40) H. D. h. entgeltlichen oder unentgeltlichen.

41) H. Darunter ist, wie die weiteren Worte: dingliche Belastung ergeben, die Veräußerung im engeren Sinne, d. h. Aufgabe des Eigenthums gemeint.

42) H. also namentlich Bestellung von Servituten, Hypotheken und Grundschulden.

eigenthum[43]), der Verpachtung und Vermiethung von Kirchengrundstücken auf länger als zehn Jahre[44]) und der Verpachtung oder Vermiethung der den kirchlichen Beamten zur Nutzung oder zum Gebrauch überwiesenen Grundstücke über die Dienstzeit des jeweiligen Inhabers hinaus;

2) bei außerordentlichen Nutzungen des Vermögens, welche die Substanz selbst angreifen[45]), sowie bei Kündigung und Einziehung von Kapitalien, sofern sie nicht zur zinsbaren Wiederbelegung erfolgt[46]);

3) bei Anleihen, soweit sie nicht bloß zur vorübergehenden Aushülfe dienen und aus den laufenden Einnahmen derselben Voranschlagsperiode zurückerstattet werden können[47]);

4) bei der Anstellung von Prozessen, soweit sich dieselben nicht auf Eintreibung fortlaufender Zinsen und Gefälle oder die Einziehung ausstehender Kapitalien, deren Zinsen rückständig geblieben sind[48]), beschränken, desgleichen bei der Abschließung von Vergleichen[49]);

5) bei Neubauten und erheblichen Reparaturen an Baulichkeiten[50]), sofern nicht über die

---

43) H. Darunter werden nicht bloß Grundstücke, sondern auch Rechte, die Immobiliarqualität haben, zu verstehen sein, weil diese, in so fern sie rechtlich den Grundstücken gleichstehen, auch unter den Begriff: Grundeigenthum subsumirt werden müssen, und ebenfalls einen gleich werthvollen und sicheren Bestandtheil des Kirchenvermögens bilden.

44) H. Die Einräumung von Begräbnißstellen auf Kirchhöfen zu einfachen, Familien- und Erbbegräbnissen bedarf aber der Genehmigung der Gemeindevertretung nicht, denn in der Widmung des Grundstücks zu dem erwähnten Zweck liegt schon die Ermächtigung des verwaltenden Organs, die innerhalb der gedachten Bestimmung liegenden Rechtsgeschäfte vorzunehmen. Mit dieser Auffassung stimmt auch die Praxis überein.

45) H. Wenn z. B. in einer der Kirche oder der Pfarre gehörigen Waldung mehr als das nach forstwirthschaftlichen Grundsätzen zulässige Quantum Holz geschlagen und verkauft, auf einem Grundstück ein Steinbruch eröffnet werden soll.

46) H. Denn andernfalls werden sie verausgabt oder sie bleiben zinslos in der Kirchenkasse liegen, d. h. es findet im ersteren Fall eine Veräußerung der betreffenden Summen statt, im zweiten eine Gebahrung, welche einer wirthschaftlichen Verwaltung nicht entspricht. Hat der Gemeindekirchenrath das Kapital mit der Absicht, es wieder zinsbar zu belegen, gekündigt oder eingezogen, und ändert er diese später, so wird es immer der Genehmigung der Gemeindevertretung bedürfen, weil sich dann herausstellt, daß die Voraussetzung, unter welcher diese unnöthig ist, nicht vorliegt. Auf diesen objektiven Sachverhalt, nicht aber allein auf die bei der Kündigung und Einziehung vorhandene Absicht legt das Gesetz Gewicht. Vgl. auch Anm. 48.

47) H. Liegen die erwähnten Bedingungen vor, wird aber der Gläubiger durch Hypothek- oder Grundschuldbestellung sicher gestellt, so greift die Vorschrift der Nr. 1 Platz. Es ist dann die Genehmigung der Gemeindevertretung wegen der dinglichen Belastung einzuholen.

48) H. Es fragt sich hierbei, ob außer den angeführten ferner der Fall der Nr. 2 (Einziehung von Kapitalien, so fern sie nicht zur zinsbaren Wiederbelegung erfolgt) eine Ausnahme bildet, mit anderen Worten, ob in Nr. 2 unter der Einziehung auch die prozessualische Beitreibung zu verstehen ist. Dies ist zu bejahen, denn das Wort Einziehung bedeutet die Herbeischaffung des Kapitals wider Willen des Schuldners, für welche der regelmäßige Weg der des Prozesses ist.

49) H. Gleichviel, wie hoch sich das Objekt beläuft und ob der Vergleich in einem Prozesse oder sonst geschlossen wird.

50) H. In beiden Fällen ist vorausgesetzt, daß es sich um bauliche Einrichtungen handelt. Andere neue Einrichtungen, so weit sie nicht Bauten bedingen, z. B. Beschaffung einer Gasleitung, eiserner Oefen u. s. w., wenngleich zu diesem Behufe einzelne Einwirkungen auf das Mauerwerk, wie Einlassung der Haken, der Klammern, Ofenröhren, vorgenommen werden müssen, fallen nicht unter Nr. 5, denn solche sind weder Neubauten noch Reparaturen an Baulichkeiten.

Vergl. ferner Verf. des Min. d. geistl. Angel. v. 6. März 1875 (kirchl. Ges. u. Verordn.Bl. 1876/1877 S. 138, Allgem. Kirchenbl. f. d. ev. Deutschld. v. 1875 S. 589):

Der Königlichen Regierung erwidere ich auf den Bericht v. 23. Aug. pr., betr. die Stellung der kirchlichen Gemeindeorgane in Bauangelegenheiten, daß die diesen Organen in der K.G. und S.O. vom 10. Sept. 1873 zugewiesene Vertretungsbefugniß sich lediglich auf die Kirchengemeinde als solche bezieht, und daß daher die Beschlüsse des Gemeinde-Kirchenraths einzelnen Parochianen oder bestimmten Klassen derselben gegenüber, sofern sie ex speciali causa zu den Kirchenbaukosten herangezogen werden sollen, nur in der Weise zur Geltung gebracht werden können, wie dies nach dem besonderen Rechtsverhältnisse in dem betreffenden Fall zulässig ist. —

Nothwendigkeit der Bauausführung bereits durch die zuständige Behörde [51]) endgültig entschieden ist. Für erheblich gelten Reparaturen, deren Kostenanschlag 50 Thlr. übersteigt. Im Fall des Bedürfnisses kann die Gemeindevertretung [52]) ein- für allemal die Vollmacht des Gemeinde-Kirchenraths zur Vornahme höher veranschlagter Reparaturen, jedoch nicht über die Summe von je 300 Thlr. hinaus [53]), erweitern.

Was das Verfahren in kirchlichen Bausachen anlangt, so ist davon auszugehen, daß der §. 21 der K.G. u. S.O. dem Gemeinde-Kirchenrath den Beruf ertheilt, die Gemeinde in vermögensrechtlicher Beziehung zu vertreten und das Kirchenvermögen zu verwalten. Demgemäß steht dem Gemeinde-Kirchenrathe die Befugniß zu, über die Einrichtung und Ausführung von Bauten und die Beschaffung der dazu erforderlichen Kosten, welches alles Geschäfte der Vermögensverwaltung sind, in Hinsicht der Gemeinde maßgebende Beschlüsse zu fassen. Einschränkungen finden hierin nur soweit statt, als die K.G. u. S.O. selbst solche statuirt. Bestimmungen dieser Art sind nur im §. 31 l. c. und zwar in der Richtung getroffen, daß in gewissen Fällen die Gemeindevertretung von dem Gemeinde-Kirchenrath hinzugezogen werden muß. Beide in ihrer Vereinigung erfüllen dann dieselbe Funktion, welche im Uebrigen dem Gemeinde-Kirchenrath allein zusteht, die Kirchengemeinde zu vertreten und ihre Vermögensangelegenheiten zu besorgen. — Das Zusammenwirken beider Gemeindeorgane ist erfordert: 1) in §. 31 Nr. 5 zu Beschlüssen über die Vornahme von Neubauten und Reparaturen, deren Kostenanschlag 50 Thlr. übersteigt. Eine Ausnahme findet statt, wenn die zuständige Behörde über die Nothwendigkeit einer Bauausführung bereits endgültig entschieden hat. Hier ist, soweit die Entscheidung der Behörde reicht, für Beschlüsse der Gemeindeorgane überhaupt kein Raum mehr offen. 2) ibid. Nr. 6 zur Bestimmung über die Beschaffung der erforderlichen Geldmittel, soweit diese von Seiten der Gemeinden aufgebracht werden sollen, sei es durch Umlage, durch Aufnahme eines Darlehns oder in anderer Weise. Ausgeschlossen ist die Mitwirkung der Gemeindevertretung, wenn die Kosten des Baues nach dem bestehenden Recht aus dem Kirchenvermögen oder vom Patron oder von sonst speziell Verpflichteten zu gewähren sind. Hieraus ergiebt sich für das Verfahren in Bausachen, daß, abgesehen von Gegenständen über 50 Thlr., sowie von Fällen, wo eine Entscheidung der Aufsichtsbehörde ergangen ist, die Frage: ob und in welchem Umfange ein Bau vorgenommen werden soll, regelmäßig der Beschlußfassung seitens der vereinigten Gemeindeorgane anheimfällt. Ist diese Vorfrage erledigt, so hat der Gemeinde-Kirchenrath die Lage der Kostenbeschaffung zu prüfen. Kommt es dabei auf Umlagen oder sonstige Belastungen der Gemeinde an, so hat er hierüber wiederum den Beschluß der vereinigten Gemeindeorgane zu extrahiren. Ist dagegen die Gemeindekasse zur Zahlung verpflichtet und im Stande, so wird die Bereitstellung der erforderlichen Mittel vom Gemeinde-Kirchenrath verfügt. Sind endlich speziell für die Baulast Verpflichtete vorhanden, so liegt es dem Gemeinde-Kirchenrathe ob, über die Inanspruchnahme derselben Beschluß zu fassen. Ob er zu diesem Zwecke über das Maß der von den Einzelnen zu erhebenden Forderung mit den Letzteren speziell verhandeln will, fällt gleichfalls seinem Ermessen anheim. Eine gesetzliche Verpflichtung dazu besteht nicht. Thatsächlich werden indeß derartige informative Verhandlungen nicht zu entbehren sein, da die Gemeindeorgane ohne Anhörung der Interessenten der Regel nach gar nicht in der Lage sind, über das Beitragsverhältniß richtig zu befinden. Treten von Seiten der Beanspruchten Weigerungen hervor, so bleibt dem Gemeinde-Kirchenrath überlassen, auf Grund des §. 709 II. 11 A. L.R. bei der Regierung die Feststellung eines Interimistikums nachzusuchen und die endliche Lösung der Differenz im Rechtswege zu gewärtigen. Die Beanspruchung der speziell Verpflichteten durch den Gemeinde-Kirchenrath ist nichts Anderes, als ein Akt der Verwaltung des Gemeinde-Vermögens. — Aus dem Obigen erhellt, daß die Entscheidung der Frage, ob es einer Verhandlung mit dem Patron, resp. mit andern speziell Verpflichteten über das Beitragsverhältniß zu kirchlichen Bauten bedarf, von der Beschaffenheit des einzelnen Falles abhängt. An sich steht der Einleitung solcher Verhandlungen kein Bedenken entgegen. Unter allen Umständen muß aber daran festgehalten werden, daß die Beschlüsse der Gemeindeorgane über die Vornahme und Ausdehnung eines Baues, sowie über die Aufbringung der Kosten einer Zustimmung der Parochianen in ihrer Gesammtheit oder nach einzelnen Klassen nicht bedürfen.

51) H. Dies ist die Regierung, bez. der Minister der geistlichen Angelegenheiten, s. Art. 23 Nr. 2 des Ges. v. 3. Juni 1876, Zus. 22 zu dies. §.

52) H. D. h. auch hier der Gemeindekirchenrath und die Gemeindevertretung als vereinigtes Kollegium, weil die Gemeindevertreter allein nicht in der Lage sind, Beschlüsse zu fassen, s. §. 29.

53) H. Gemeint sein kann nur eine Vollmacht auf Reparaturen, deren jede einzelne über den Minimal- bis zum Maximalbetrag veranschlagt ist, nicht eine Vollmacht dahin, daß der Gemeindekirchenrath, wenn die von ihm beschlossenen Reparaturen zusammen die Minimalgrenze überschreiten, diese bis zur Höhe des Maximums selbstständig anordnen kann. Die Vorschrift will eine Ausnahme von der Regel ermöglichen, daß Reparaturen über den Minimalbetrag allein

Die Vorschriften 1. bis 5. finden Anwendung auf alles kirchliche Vermögen, gleichviel, ob es rechtlich der Gemeinde, der Kirche oder einer kirchlichen Stiftung gehört, sofern es nur der Verwaltung der früheren Kirchenvorsteher, der Gemeinde oder einer Gemeindekörperschaft unterlegen hat;

6) bei der Beschaffung der zu den kirchlichen Bedürfnissen erforderlichen Geldmittel[54]) und Leistungen, soweit solche nicht nach bestehendem Rechte aus dem Kirchenvermögen oder vom Patrone oder von sonst speziell Verpflichteten zu gewähren sind[55]), insbesondere bei

---

mit Zustimmung der Gemeindevertretung statthaft sind. Dabei kommt aber die einzelne Reparatur in Betracht, weil die Erheblichkeit derselben sich nach ihrem Kostenaufwand bemißt, folglich kann es sich bei der Ausnahme auch nur immer um die einzelne Reparatur, nicht aber um die Gesammtheit von solchen, die während eines bestimmten Zeitabschnitts gemacht werden, handeln. Die Ertheilung einer solchen Vollmacht ist in das Ermessen der Gemeindevertretung gestellt, folglich kann sie dieselbe auch eingeschränkt ertheilen, also auf eine bestimmte Zeit, z. B. auf ein Jahr, oder auch limitirt, z. B. dahin, daß, wenn die Gesammtsumme der das Minimum übersteigenden Reparaturen einen bestimmten Betrag erreicht hat, zu ferneren erheblichen Reparaturen ihre Zustimmung erforderlich ist.

54) H. Anleihen, welche bloß zur vorübergehenden Aushülfe (s. Nr. 3) dienen, fallen nicht unter Nr. 6.

55) H. Dadurch sind in Verbindung mit Artikel 3 u. 9 des Ges. v. 25. Mai 1874 (s. Zus. 19) alle Schranken aufgehoben, welche sich in den bisherigen Vorschriften des L.R., der Provinzialgesetze ꝛc. über den Repartitionsfuß, namentlich auch für Baulasten, also in allen die Vertheilung unter den Gemeindemitgliedern regelnden Bestimmungen finden, so weit nicht außer den Mitgliedern der betreffenden Kirche, welche als solche die kirchlichen Lasten zu tragen haben, andere aus einem besonderen, gleichviel ob privatrechtlichem oder öffentlichrechtlichem Titel Verpflichtete, wie der Patron, Zehntberechtigte, Kommunen oder Ortseinwohner, als solche in Frage kommen, s. auch Hegel, Ztschr. f. K.R. 17 S. 125, und O.Tr. I v. 18. Juni 1877, Entsch. 80 S. 124.

Vgl. Reskr. d. Min. d. geistl. Angel. v. 12. Juni 1875 (Allgem. Kirchenbl. f. d. ev. Deutschld. v. 1875 S. 587; kirchl. Ges. u. Verordn.Bl. v. 1876/1877 S. 53 u. 120):

Die in dem Berichte vom 8. Februar d. J. erörterte Frage nach dem Verhältniß der den evangelischen Kirchengemeinden durch die K.G.O. vom 10. September 1873 und das Gesetz vom 25. Mai 1874 beigelegten Autonomie zu den auf dem A. L.R., auf Provinzialrechten oder auf Observanzen beruhenden Vorschriften über das Beitragsverhältniß zu Kirchen-, Pfarr- und Küstereibauten ist auch bereits anderweit aufgeworfen worden. — Nach §. 1 der erwähnten Ordnung haben die Kirchengemeinden ihre Angelegenheiten innerhalb der gesetzlichen Grenzen selbst zu verwalten. Daß zu diesen Angelegenheiten die geistlichen Bausachen gehören, liegt in der Natur der Sache und ist an mehreren Stellen der K.G.O., namentlich in §. 31 Nr. 5 ausdrücklich vorausgesetzt. Der §. 31 Nr. 6 l. c., welcher die Beschaffung der zu den kirchlichen Bedürfnissen erforderlichen Geldmittel und Leistungen den kirchlichen Organen unterstellt, enthält hinsichtlich der baulichen Bedürfnisse keine Ausnahme, findet mithin ohne Zweifel auf die letzteren Anwendung. Derselbe enthält aber zugleich eine bindende Vorschrift über den Repartitionsfuß für die zur Befriedigung der kirchlichen Bedürfnisse nöthigen Umlagen. Dieser Vorschrift gemäß dürfen die kirchlichen Gemeindeorgane ihren betreffenden Beschlüssen keinen Repartitionsfuß zu Grunde legen, welcher sich nicht direkten Staatssteuern oder am Orte erhobenen Kommunalsteuern anschließt. Mit der Einführung dieses fortan die allgemeine Regel bildenden Repartitionsfußes ist Alles, was sich im Allgemeinen Landrecht in Provinzialgesetzen oder in Observanzen als Vorschrift über den Repartitions*fuß* für Beiträge zu geistlichen Bauten charakterisirt, gemäß Art. 9 des Gesetzes vom 25. Mai 1874 aufgehoben. Als Vorschrift über den Repartitionsfuß aber wird jede Bestimmung anzusehen sein, welche bisher die Vertheilung kirchlicher Baubeiträge unter die *Mitglieder* der Gemeinde geregelt hat. — Von hier aus erhellt, was unter den im §. 31 Nr. 6 erwähnten „sonst speziell Verpflichteten" zu verstehen ist. Einerseits sind dies solche Gemeindemitglieder, welche vermöge eines von ihrer Gemeindemitgliedschaft unabhängigen besonderen Rechtstitels zu speziellen Leistungen verpflichtet sind, andererseits sind es Personen, welche, ohne der Gemeinde anzugehören, sei es auf Grund gesetzlicher oder Gesetzeskraft habender Vorschrift, sei es auf Grund besonderen Rechtstitels, sich in gleicher Lage befinden. — In diesen Beschränkungen hat an dem bestehenden Recht nichts geändert werden sollen, wogegen hinsichtlich aller durch die Gemeindeangehörigkeit bedingten Verpflichtungen der durch die K.G.O. neu eingeführte Repartitionsfuß an die Stelle des bis dahin gültig gewesenen Rechts getreten ist.

In Anschluß hieran ist ferner folgender Erlaß v. 19. März 1878, kirchl. Ges. u. Verordn.Bl. v. 1878 S. 133 ergangen:

In dem Zirkular-Erlaß vom 12. Juni 1875 — G. I. 2020 — habe ich mich über das Verhältniß der den Kirchengemeinden durch §. 31 Nr. 6 der Kirchengemeinde- und Synodal-Ordnung beigelegten Autonomie zu den bestehenden Bestimmungen über die Vertheilung der kirchlichen Baulast ausgesprochen. Soweit die Gemeinden von der ihnen zustehenden Autonomie Gebrauch machen, werden die dort gegebenen Andeutungen im Allgemeinen hinreichen, um die Durchführung der Gemeinde-Ordnung nach dieser Richtung hin sicher zu stellen. Es ist dabei festzuhalten, 1. daß nur solche Beschlüsse der kirchlichen Organe über die Herbeischaffung der Baukosten zur Bestätigung sich eignen, welche den Anforderungen der §. 31 Nr. 6 l. c. in Beziehung auf den Vertheilungsfuß entsprechen, 2. daß durch derartige Beschlüsse nur Mitglieder der Gemeinde gebunden werden können, während Ansprüche gegen Dritte im Streitfalle nicht durch Beschlüsse der kirchlichen Organe, sondern durch interimistische Festsetzung oder richterliches Urtheil zum Austrage zu bringen sind, 3. daß ordnungsmäßig gefaßte und für vollstreckbar erklärte Beschlüsse der kirchlichen Organe über die Herbeischaffung der Kosten die Anwendung jeder anderen Rechtsnorm über die Vertheilung der kirchlichen Baulast ausschließen und keiner Anfechtung im Rechtswege unterliegen. — Cfr. Erkenntniß des Gerichtshofes zur Entscheidung der Kompetenzkonflikte vom 13. Oktober 1877. Just.-Min.-Bl. S. 233. — Hiernächst bleibt nur die Frage zu beantworten, wie es zu halten sei, wenn ein zur Bestätigung geeigneter Beschluß der kirchlichen Organe über die Herbeischaffung der Baukosten nicht gefaßt wird. In diesem Falle kann ein exekutorischer Titel, welcher geeignet ist, Widerspruch mit Erfolg zu beseitigen, nur durch resolutorische Festsetzung oder durch richterliches Urtheil gewonnen werden. Die Entscheidungsnorm hierfür kann nur den bisherigen materiellen Vorschriften über die kirchliche Baulast entnommen werden. Denn die Bestimmung des §. 31 Nr. 6 der Kirchengemeinde-Ordnung, in Verbindung mit Artikel 9 des Gesetzes vom 25. Mai 1874, enthält eine Modifikation des bestehenden Rechts nur in so weit, als die Gemeinden von der ihnen beigelegten Autonomie Gebrauch machen, hat aber, wo diese Voraussetzung fehlt, das bestehende materielle Recht unberührt gelassen. Von dieser Auffassung, welcher wenigstens in ihrem letzten Theile auch das Königliche Ober-Tribunal in zwei Entscheidungen vom 18. Juni und 7. November v. Js. gefolgt ist, wird auch Seitens der Verwaltungsbehörden auszugehen sein, wenn es sich darum handelt, in Ermangelung eines bestätigten Beschlusses der kirchlichen Organe die Vertheilung der kirchlichen Baulast resolutorisch festzusetzen. Denn das Resolut in kirchlichen Bausachen ist nicht eine Ergänzung des fehlenden Gemeindebeschlusses, sondern die Antizipation eines richterlichen Urtheils und kann sich demzufolge auch nur auf demselben rechtlichen Boden bewegen, welcher, wenn die Sache zum Prozeß käme, die Grundlage der richterlichen Entscheidung zu bilden haben würde.

H. Der zuletzt gedachte Erlaß hält demnach die bisher bestehenden Bestimmungen nicht ohne weiteres für aufgehoben, läßt vielmehr den Gemeindeorganen die Wahl, es bei dem durch die ersteren festgesetzten Repartitionsfuß zu belassen, oder den in §. 31 Nr. 6 vorgeschriebenen zur Anwendung zu bringen. Dagegen erklärt das zuerst mitgetheilte Reskr. v. 12. Juni 1875 das frühere Recht für beseitigt und den Repartitionsfuß des §. 31 Nr. 6 in Allem für obligatorisch, ein Standpunkt, welcher auch in den Erlassen v. 20. Nov. 1875 und 18. Juni 1876, kirchl. Ges. u. Verordn.Bl. v. 1876/1877 S. 121, 141, worin die in Pommern bisher für Kirchen-, Pfarr- und Küsterei-Bausachen bestandene Verfassung der Kirchspielstände für aufgehoben erklärt worden, und in dem Erl. v. 23. Juni 1877, a. a. O. S. 161, welcher einem Beschluß der kirchlichen Gemeindeorgane die Genehmigung versagt hat, weil sie in einer Küstereibausache Hand- und Vorspanndienste nach einem anderen Maßstabe, als dem §. 31 Nr. 6 bestimmten, vertheilen wollten, festgehalten worden ist.

Der späteren Auffassung des Ministers der geistlichen Angelegenheiten, welche in dem Erl. v. 19. März 1878 dargelegt ist, ist ferner der Gerichtshof für Kompetenz-Konflikte durch Erk. v. 8. Jan. 1881 beigetreten, kirchl. Ges. u. Verordn.Bl. 1881 S. 42 u. Min.Bl. f. d. i. V. S. 16, und hat in diesem Sinne wiederholt, unterm 14. Jan. und 13. Juni 1882, kirchl. Ges. u. Verordn.Bl. S. 49 u. S. 72 (auch Min.Bl. f. d. i. V. 1882 S. 27 u. 193), erkannt.

Im entschiedenen Gegensatze dazu ist das O.Tr. (beiläufig I v. 18. Juni 1877, Entsch. 80 S. 132, und unter näherer Motivirung) I v. 7. Nov. 1877, Entsch. 81 S. 75, getreten, welchem sich das R.G. IV v. 8. Jan. 1880, Entsch. 1 S. 140, lediglich unter Bezugnahme auf dessen Begründung angeschlossen hat. Das erstere nimmt an, daß das bestehende Recht durch die fraglichen Vorschriften in Betreff der Art und Weise der Aufbringung, Vertheilung und Einziehung nicht aufgehoben, sowie daß §. 31 Nr. 6 sich nur auf die Ausschreibung neuer zu entrichtender Steuern, wozu die Kirchen- und Pfarrbaulast der Regel nach nicht gehöre, beziehe. In Folge dessen ist durch Verf. des Min. der geistl. Angel. v. 24. Jan. 1881, kirchl. Ges. u. Verordn.Bl. 1881 S. 33, erklärt worden, daß die Verwaltungsbehörden nicht in der Lage seien, die bisherige Praxis aufrecht zu erhalten. Was zunächst die Hauptfrage betrifft, ob die früheren Bestimmungen durch die hier fraglichen Vorschriften beseitigt sind, so erscheint die verneinende Ansicht des O.Tr. u. R.G. unhaltbar. Das erstere leitet aus den Nr. 1—5 des §. 31 und namentlich aus dem Zusatz zu Nr. 5 her, daß die Kirchen- und Pfarrbaulast eine unter den Begriff des kirchlichen Vermögens fallende Angelegenheit sei (kann man aber die

Festsetzung der auf die Gemeinde zu repartirenden Umlagen und bei Bestimmung des Repartitionsfußes, welcher nach Maßgabe direkter Staatssteuern oder am Orte erhobener Kommunalsteuern[56]) festgesetzt werden muß[57]);

Baulast, wie Fonds oder Grundstück verwalten, bildet sie etwa, ehe der Baufall eingetreten, ein Aktivum des kirchlichen Vermögens?), sowie daß die Baulast mit den vermittelst Umlagen auszuschreibenden und zu regulirenden Steuern nichts gemein habe. Dabei ist völlig unbeachtet gelassen, daß Nr. 6 von der Beschaffung der zu den kirchlichen Bedürfnissen erforderlichen Geldmittel und Leistungen, sowie den zu diesem Behuf zu machenden Umlagen spricht. Und sicherlich gehört doch dahin auch die Beschaffung der Mittel für einen Kirchenbau. Das ist um so zweifelloser, als Nr. 6 auch von der Beitragspflicht der Kirchenpatrone handelt, und diese gerade vor allem zu Bauten beitragspflichtig sind, dagegen gewöhnlich als solche zu anderen kirchlichen Lasten nichts beizutragen haben. Nicht minder unbegründet ist es, wenn das O.Tr. die kassatorische Klausel des Art. 9 des Ges. v. 25. Mai 1874 lediglich auf solche äußere Bestimmungen bezieht, welche bloß die Bildung der Gemeindeorgane betreffen, und zwar deshalb, weil der in Art. 9 in Bezug genommene erste Abschnitt der Kirchengemeinde- und Synodal-Ordn. die Ueberschrift: „Organe der Gemeinde" trägt. Das widerspricht dem Wortlaut des Art. 9, welcher alle mit dem Inhalte des betreffenden Abschnittes nicht in Einklang stehenden Vorschriften aufhebt. Ferner hat das O.Tr. auch übersehen, daß die Gemeindevertretung nach Art. 3 des Ges. v. 1874 die ihr in §. 31 d. K.G. u. S.O. zugewiesenen Rechte, also auch das §. 31 Nr. 6 erwähnte, ausübt und daß nach Art. 9 des Ges. alle mit ihm, also auch mit Art. 3 und folgeweise mit §. 31 Nr. 6 unvereinbare Bestimmungen aufgehoben sind. Vgl. auch Hegel i. Ztschr. f. K.R. 17 S. 117, welcher sich im Wesentlichen diesen Ausführungen angeschlossen hat.

Mit dieser Widerlegung ist zugleich die Begründung für die von dem Kultusminister und dem Gerichtshofe für Kompetenz-Konflikte angenommene Auffassung gegeben, daß das bestehende Recht durch §. 31 Nr. 6 beseitigt ist. Dagegen entspricht die Beschränkung, welche beide dahin machen, daß die Gemeindevertretung es in ihrer Hand habe, den Gemeindebeitrag nach den früheren gesetzlichen Normen aufbringen zu lassen, dem §. 31 Nr. 6 nicht. Das erscheint unzulässig, da nach Nr. 6 der dort bestimmte Repartitionsfuß angewendet werden muß, so auch Hegel a. a. O. S. 122.

Abgesehen von der oben erwähnten Frage hat sich auch in so fern ein Zwiespalt zwischen dem Gerichtshof für Kompetenz-Konflikte einerseits und dem O.Tr. und R.G. andererseits ergeben, als die beiden obersten Gerichtshöfe gegen Beschlüsse der Gemeindeorgane, welche den neuen Repartitionsfuß bei Kirchenbauten festsetzen und von der Verwaltungsbehörde für vollstreckbar erklärt sind, den Rechtsweg unbeschränkt zulassen, der Gerichtshof für Kompetenz-Konflikte aber denselben und zwar aus den gleichen Gründen, wie bei öffentlichen Abgaben, für unstatthaft erklärt hat; vgl. die angeführten Erkenntnisse. Von dem vorhin gegenüber der Hauptfrage eingenommenen Standpunkt aus erscheint die letztere Ansicht als zutreffend, denn unter der erwähnten Voraussetzung handelt es sich in den fraglichen Fällen um eine von der auffichtführenden Regierung in Gemäßheit gesetzlicher Bestimmung exekutorisch erklärte Umlage, in Betreff welcher der Rechtsweg in der gedachten Weise beschränkt ist, §. 15 des Ges. v. 24. Mai 1861, Zus. 14 zu §. 110 d. T., vgl. auch Hegel a. a. O. S. 123, 127.

Selbstverständlich ist es dagegen, daß wenn und in so weit die Gemeindeorgane vorerst die auf Grund besonderer Titel verpflichteten Personen in Anspruch nehmen wollen (s. die Anm. am Anf.), darüber der Rechtsweg von diesen letzteren uneingeschränkt beschritten werden kann, Hegel a. a. O. S. 127.

Wenn sich endlich die Gemeindeorgane weigern, die von den Aufsichtsbehörden zu einem nothwendigen Bau festgestellten Kosten aufzubringen, so findet Art. 27 Abs. 2 des Ges. v. 3. Juni 1876, s. Zus. 22, Anwendung.

56) H. Also nicht der Kommunal-Lasten. Wenn nach den Kommunalsteuern regulirt wird, cessirt aber das in Bezug auf diese bestehende Privilegium der Beamten, daß die Hälfte ihres Einkommens frei zu bleiben hat, s. auch Allgem. Kirchenbl. f. d. ev. Deutschld. Jahrg. 1878 S. 700.

H. Vgl. hierzu Cirk.Erl. des ev. O.K.R., betr. die Mitwirkung von Kommunal- und Polizeibehörden bei kirchlichen Umlagen, v. 14. Febr. 1882, kirchl. Ges. u. Verordn.Bl. 1882 S. 44.

H. S. ferner: Cirkular-Erlaß des Ministers der geistlichen Angelegenheiten vom 28. November 1883, betr. den Vertheilungsmaßstab kirchlicher Umlagen. (M.Bl. f. d. i. V. S. 257.)

Die in Folge meines Erlasses vom 14. Oktober d. J. durch die Herren Oberpräsidenten mir vorgelegten Berichte über die Ausführung des Staatsministerialbeschlusses vom 13. Februar v. J., betr. den Vertheilungsmaßstab kirchlicher Umlagen, haben ergeben, daß der von dem Königl. Staatsministerium angenommene Grundsatz bei der Bestätigung von Umlagebeschlüssen kirchlicher Organe nicht überall gleichmäßig aufgefaßt und gehandhabt ist. Zugleich sind Unzuträglichkeiten, welche bei Doppelbesteuerungen kirchlicher Gemeindeglieder sich herausgestellt haben, zur Sprache gebracht worden.

Deswegen bestimme ich hierdurch Folgendes:

1. Bei der Vertheilung kirchlicher Umlagen sind die Grund-, Gebäude- und Gewerbesteuern als Maßstab fortan auszuschließen. Selbst ergänzungsweise neben der Klassen- und Einkommensteuer dürfen dieselben nicht mehr bei der Vertheilung kirchlicher Lasten herangezogen werden. Beschlüssen kirchlicher Organe, welche dieser Vorschrift nicht entsprechen, ist auf Grund des Artikels 3 Abs. 3 u. 4 des Ges. v. 25. Mai 1874 (G.S. S. 147), §. 18 litt. d der Kirchenordnung für die evang. Gemeinden der Provinz Westfalen und der Rheinprovinz v. 5. März 1835, sowie des §. 50 Nr. 9 des Ges. v. 20. Juni 1875 (G.S. S. 241) die Genehmigung und Vollstreckbarkeit zu versagen; auch sind auf Grund des Artikels 3 des Ges. v. 3. Juni 1876 (G.S. S. 125) Beschwerden gegen solche Beschlüsse nach denselben Gesichtspunkten zu erledigen.

2. Personen, welche einen doppelten Wohnsitz haben, sind zwar nach Lage der Gesetzgebung bei der Parochialkirche eines jeden derselben als Eingepfarrte zu Parochialabgaben verpflichtet. Daraus folgt jedoch nicht, daß dieselben in jeder Parochie mit ihren vollen Einkommen heranzuziehen seien.

Für den Geltungsbereich des A.L.R. stehen solchem Verfahren vielmehr die ausdrücklichen Vorschriften desselben Th. II. Tit. 11. §§. 265 u. 739 entgegen, wonach, „wer in zwei Kirchspielen eingepfarrt ist, in jedem nur nach Verhältniß der in demselben besitzenden Grundstücke oder des in demselben treibenden Gewerbes beiträgt". Dies allein entspricht den allgemeinen Besteuerungsgrundsätzen, und muß daher — auch außerhalb des Geltungsbereiches jener Vorschriften — auf alle für die Zwecke einer Kirchengemeinde ausgeschriebenen Umlagen dergestalt Anwendung finden, daß Eingepfarrte, welche einen doppelten Wohnsitz haben, nach ihrem Einkommen und Grundvermögen nur in derjenigen Parochie besteuert werden, in welcher die betreffenden Grundstücke liegen.

Hinsichtlich der innerhalb der evangelischen Kirche für provinzielle oder landeskirchliche Zwecke ausgeschriebenen Umlagen kommt sodann in Betracht, daß der Art. 16 des Ges. v. 3. Juni 1876 (G.S S. 125) die Gesammthöhe dieser Umlagen durch einen Prozentsatz der Klassen- und Einkommensteuer der zur evangelischen Landeskirche gehörigen Bevölkerung begrenzt. Dabei ist von einer doppelten Anrechnung des Steuersatzes irgend eines zu dieser Bevölkerung gehörigen Censiten nicht die Rede (vgl. auch §. 16 Abs. 1 des Kirchengesetzes, betr. das Ruhegehalt der emeritirten Geistlichen, v. 16. Jan. 1880, kirchl. Ges. u. Verordn.Bl. S. 37, und das Kirchengesetz, betr. die Ausschreibung von Umlagen für provinzielle und landeskirchliche Zwecke, v. 2. Sept. 1880, ebenda S. 134).

Demgemäß hat auch der Evangelische Ober-Kirchenrath durch Cirk.Erl. v. 12. Mai d. J. (a. a. O. 1883 S. 62), — [s. Anm. 31 zu Art. 16 des Zus. 22] — die Königlichen Konsistorien angewiesen, bei der Feststellung der auf die evangelischen Gemeindeglieder innerhalb der Landeskirche veranlagten Klassen- und Einkommensteuer behufs Berechnung des landeskirchlichen Umlagesolls die Steuer von Personen, welche einen doppelten Wohnsitz haben, nur da verzeichnen zu lassen, wo sie von der Staatsbehörde veranlagt und erhoben werden.

Darf hiernach bei der Bemessung des Gesammtbetrages dieser Umlagen für die Landeskirche oder den Provinzialbezirk keines Censiten Steuer doppelt in Ansatz kommen, so ist es auch nicht statthaft, bei der schließlichen Repartition derselben unter die Gemeindeglieder Jemanden zu solchen Umlagen doppelt heranzuziehen. Es ist deshalb darauf zu halten, daß diejenigen Personen, welche einen doppelten Wohnsitz haben, für ein und denselben provinziellen oder landeskirchlichen Zweck künftig nur einmal, und zwar in derjenigen Parochie, wo sie zur Staatssteuer veranlagt sind, besteuert werden.

Die Generalsynodalkosten, obwohl mit den übrigen Synodalkosten von der Vorschrift des Art. 16 des Ges. v. 3. Juni 1876 ausgenommen, stehen hier den sonstigen landeskirchlichen Aufwendungen dennoch gleich, da sie nach dem Kirchengesetz, betr. die Vertheilung der Generalsynodalkosten und der landeskirchlichen Umlagen auf die einzelnen Provinzen, v. 2. Sept. 1880, a. a. O. 1880 S. 133, ebenso wie diese unter die Provinzen nach Maßgabe „der von den evangelischen Gemeindegliedern aufzubringenden Klassen- und Einkommensteuern" vertheilt werden. Der Grundsatz muß aber auch auf die Provinzial- und Kreissynodalkosten Anwendung finden.

Nur, wenn die mehreren Wohnsitze einer Person auch in verschiedenen Provinzen oder Kreissynodalbezirken liegen, darf dieselbe — im ersten Falle zu den Provinzialsynodalkosten und den sonst für provinzielle Zwecke ausgeschriebenen Umlagen in jeder Provinz, im zweiten Falle zu den Kreissynodalkosten in jedem Kreissynodalbezirk — einmal herangezogen werden. — Den Herren Regierungspräsidenten ꝛc. und den Königlichen Regierungen überlasse ich es, den evangelischen Kirchengemeinden ihres Bezirks die Anordnungen zu 1 und 2, den katholischen Kirchengemeinden die Anordnung zu 1 in geeigneter Weise bekannt zu machen.

H. Die Gesetzmäßigkeit dieses Erlasses ist im Abgeordnetenhause (i. d. Sitzung v. 30. Jan. 1884, s. stenogr. Ber. S. 1060 ff.) in Zweifel gezogen worden. Der Kultusminister hat erklärt, daß damit den Kirchengemeinden nicht das Recht beschränkt werden solle, für die Vertheilung der kirchlichen Umlagen die anderen direkten Steuern als Maßstab zu benutzen, falls sie die Beiträge in freiwilliger Weise beschaffen können, daß aber andererseits die Staatsregierung befugt sei, die Voraussetzungen, unter denen sie die administrative Exekution gewähre, ein- für alle Mal zu bezeichnen. Dabei ist aber übersehen, daß die Kirchengemeinden das Recht haben, die Steuervertheilung mit verpflichtender Kraft nach dem Maßstabe aller direkten Steuern aufzuerlegen und daß daher zwischen freiwilligem und unfreiwilligem Aufbringen nicht unterschieden werden kann; weiter, daß wenn die Regierung generell erklärt, daß sie bloß wegen der Vertheilung nach bestimmten direkten Steuern die Exekution verweigert, sie das gesetzlich gewährleistete Recht der Kirchen indirekt illusorisch macht und generelle Anordnungen über Gewährung der Administrativ-Exekution erläßt, also in das Gebiet der Gesetzgebung eingreift, während ihr die citirten Staatsgesetze nur die Prüfung für jeden einzelnen Fall nach dessen konkreter Sachlage überlassen.

57) H. Daran kann also die Uebereinstimmung der Gemeindeorgane nichts ändern. Die Leistung von Diensten in natura ist aber nicht ausgeschlossen, ihr Werth kann dem Leistenden auf seinen baaren Beitrag angerechnet werden, V. d. Kult.Min. v. 23. Juni 1877, kirchl. Ges. u. Verordn.Bl. v. 1876/1877 S. 161.

Bei der Feststellung der Leistungsfähigkeit ist auch das Einkommen des Pflichtigen aus Grundstücken, welche in einer anderen Parochie liegen, zu berücksichtigen, so fern nicht etwa von dem Grundstück in der letztern Kirchensteuern zu zahlen sind, V. d. Kult.Min. v. 25. Jan. 1877, a. a. O. S. 130.

Das Recht nach §. 31 Nr. 6 Umlagen zu machen, bezieht sich nur auf die zur Kirchengemeinde gehörigen Personen, nicht auf andere, O.Tr. v. 1. März 1878, Hartmann, Ztschr. 5 S. 31.

Vgl. ferner Erlaß des Min. der geistl. Angel. v. 15. Jan. 1881, kirchl. Ges. u. Verordn.Bl. 1881 S. 10:

Im Einverständnisse mit dem Evang. Oberkirchenrathe ertheile ich hierdurch für die Ausführung von Umlagebeschlüssen der kirchl. Gemeindeorgane in dem Geltungsbereiche des Kirchenverfassungsgesetzes vom 3. Juni 1876, Ges.-S. S. 125, die nachstehende Anweisung:

1. Die Umlagebeschlüsse der Gemeindeorgane (§. 31 Nr. 6 K.O. v. 10. Sept. 1873 u. §. 18d der Rheinisch-Westfälischen Kirchen-Ordnung v. 5. März 1835 in Verbindung mit Nr. 11 1 der Zusätze v. 25. Aug. 1853) müssen die mit der Umlage zu belastenden Kirchengemeinden, den Zweck der Umlage, den Gesammtbetrag derselben und den zur Anwendung zu bringenden Beitragsfuß, sowie die Fälligkeitstermine bestimmt bezeichnen.
2. Zur Ausführung eines Umlagebeschlusses darf der Gemeindekirchenrath (das Presbyterium) erst schreiten, nachdem zu demselben die kirchenaufsichtliche Bestätigung des Konsistoriums und die Genehmigung der Staatsbehörde ertheilt ist.

   Zu diesem Zwecke ist der Umlagebeschluß der vereinigten Gemeindeorgane nebst den zur Prüfung erforderlichen Unterlagen dem Konsistorium vorzulegen, welches ihn nebst den Unterlagen der Staatsbehörde mittheilen wird.
3. Jeder Einziehung von Umlagebeschlüssen muß ferner die ordnungsmäßige Aufstellung und öffentliche Auslegung einer Heberolle vorausgehen.

   Die Aufstellung der Heberolle erfolgt, abgesehen von Fällen äußerster Dringlichkeit, erst nach Ertheilung der in Nr. 2 gedachten Zustimmungs-Erklärungen der vorgesetzten Behörden.

   Die Heberolle hat den Umlageantheil und den der Berechnung desselben zum Grunde liegenden Staats- oder Kommunalsteuerertrag jedes einzelnen Verpflichteten, sowie den Gesammtbetrag der Umlage und der der Berechnung derselben zum Grunde gelegten Staats- oder Kommunalsteuer nebst dem Prozentsatze deutlich ersichtlich zu machen.

   Die Offenlegung der Heberolle muß in der Regel 14 Tage lang stattfinden. Ort und Dauer der Offenlegung sind in ortsüblicher Weise öffentlich bekannt zu machen. Für besonders einfache oder eilige Fälle kann das Konsistorium ausnahmsweise eine kürzere Dauer der Offenlegung gestatten. Die ertheilte Genehmigung ist in der Bekanntmachung zu erwähnen.

   Bei den im Laufe des Jahres etwa nothwendig werdenden Nachbesteuerungen kann die Offenlegung der Heberolle durch besondere Benachrichtigung der Verpflichteten ersetzt werden.
4. Eine Zwangsvollstreckung von Umlagen kann nur auf Grund vorheriger, durch die Staatsbehörde ertheilter Vollstreckbarkeitserklärung der Heberolle vollzogen werden. Dieselbe ist unter Vorlage eines Nachweises über die ordnungsmäßige Offenlegung der Heberolle, bzw. über die besondere Benachrichtigung der Verpflichteten (Nr. 3) und im Uebrigen in den von dem Konsistorium besonders vorgeschriebenen Formen des Geschäftsganges nachzusuchen.
5. Die Zwangsvollstreckung ist durch die vom Staate zur Anordnung und Leitung des Zwangsverfahrens ermächtigten Vollstreckungsbehörden (Art. 23 Abs. 3 Gesetzes vom 3. Juni 1876, Ges.-S. S. 125 u. §. 3 Abs. 1 u. 3 der Verordnung v. 7. September 1879, Ges.-S. S. 591) zu bewirken, und zwar

7) bei Veränderungen bestehender und Einführung neuer Gebührentaxen;

8) bei Bewilligungen aus der Kirchenkasse zur Dotirung neuer Stellen[58]) für den Dienst der Gemeinde, sowie zur dauernden Verbesserung des Einkommens der bestehenden; bei dauernder Verminderung solcher, auf der Kirchenkasse haftender Bewilligungen; bei Verwandlung veränderlicher Einnahmen der Kirchenbeamten in feste Hebungen oder bei Umwandlung von Naturaleinkünften in Geldrente, letzteres, soweit nicht die Umwandlung in dem durch die Staatsgesetze geordneten Ablösungsverfahren erfolgt;

9) bei der Feststellung des Etats[59]) der Kirchenkasse und der Voranschlagsperiode, sowie, wenn die jährliche etatsmäßige Solleinnahme der Kirchenkasse 300 Thlr. oder mehr beträgt, bei der Abnahme der Jahresrechnung und Ertheilung der Decharge.

---

a) falls das gesammte Einziehungsgeschäft mit Genehmigung der Bezirksregierung dem örtlichen Staats- oder Kommunal-Steuererheber übertragen ist, ohne weiteren Antrag durch diesen,

b) andrenfalls durch die von der Bezirks-Regierung für jede Kirchengemeinde ein für allemal zu bestimmende Vollstreckungs-Behörde (§. 3 Abs. a. a. O.) auf den Antrag des Rendanten der Kirchengemeinde (Kirchmeisters), welchem die Restliste nebst der Heberolle und der Vollstreckbarkeitserklärung beizufügen ist. Insofern nicht in dem Falle unter a. eine Remuneration für die Gesammterhebung besonders vereinbart ist, haben die Vollstreckungsbehörden auf die ihnen nach Maßgabe der Bestimmung im Art. 3 Abs. 2 der Ausführungsanweisung vom 15. September 1879 zu der Verordnung v. 7. September 1879 zu gewährende Remuneration und die Vollziehungsbeamten auf die in dem Tarife zu der Verordnung v. 7. September 1879 festgesetzten Gebühren Anspruch.

6. Die Zwangsvollstreckung erfolgt unbeschadet des Reklamationsverfahrens.

7. Reklamationen (§§. 1 u. 3 Gesetzes vom 18. Juni 1840, Ges.-S. S. 140) sind binnen einer dreimonatlichen Ausschlußfrist vom Tage der Offenlegung der Heberolle bez. der besonderen Benachrichtigung der Verpflichteten (Nr. 3) an zulässig. — Ueber dieselben entscheidet der Gemeindekirchenrath (das Presbyterium). Gegen dessen ablehnenden Bescheid steht den Betheiligten binnen einer sechswöchentlichen Ausschlußfrist vom Tage der Zustellung des Bescheides an der Rekurs an die vorgesetzten Behörden zu. Derselbe ist an das Konsistorium einzureichen und von diesem mittelst gutachtlicher Aeußerung alsbald an die Staatsbehörde abzugeben, welche die erforderliche Entscheidung zu treffen hat.

8. Einwendungen, welche nur vermeintliche Mängel des Zwangsverfahrens (§. 2 Abs. 2 der Verordnung v. 7. September 1879, G.S. S. 591) oder die angebliche Unzulässigkeit der Zwangsvollstreckung wegen nachgewiesener Berichtigung des beizutreibenden Geldbetrages oder wegen ertheilter Fristbewilligung (§. 25 a. a. O.) betreffen, sind unmittelbar an die dem Vollstreckungsbeamten vorgesetzte staatliche Dienstbehörde zu richten.

9. Unter der Staatsbehörde in Nr. 2 bis 4 und 7 dieser Bestimmungen ist für die östlichen, dem Geltungsbereiche des Ges. v. 3. Juni 1876 angehörigen Provinzen der Monarchie der Regierungspräsident (in Berlin der Polizeipräsident), für Westfalen und die Rheinprovinz die Bezirksregierung zu verstehen.

10. In Betreff der Ausführung von Umlagebeschlüssen der vereinigten Kreissynoden von Berlin bleiben besondere Vorschriften vorbehalten (vgl. dazu Anm. 42 zu §. 57 dieser Verordn.).

58) H. D. h. wenn gewisse Funktionen, welche bisher von den vorhandenen Beamten versehen worden sind, künftighin als gesonderter Komplex von Amtsverrichtungen ausgeschieden und einem neuen Beamten übertragen werden sollen. Ob der letztere fest oder widerruflich angestellt wird, ist gleichgültig, nur muß die Zuweisung an einen besonderen Beamten als dauernde beschlossen sein. Die Bewilligung von Remunerationen für vorhandene Beamte, welche bloß Aushülfe geleistet haben, fällt nicht unter Nr. 8.

59) H. Der aufgestellte Etat ist der Gemeindevertretung zur Genehmigung vorzulegen. In so weit konkurrirt sie auch bei Akten, zu denen ihre Zustimmung sonst nicht erforderlich ist. In der Genehmigung derjenigen Positionen, welche an und für sich der Zustimmung der Gemeindevertretung bedürftige Akte enthalten, z. B. Einstellung einer Kirchensteuer in die Einnahme des Etats, des Kaufpreises für ein zu veräußerndes Grundstück, kann die nach §. 31 besonders erforderte Zustimmung nicht gefunden werden. Der Etat soll nur die Uebersicht über die Finanzgebahrung gewähren und hat den Zweck, für diese die Grundlage zu geben. Die rechtliche Basis für die Einnahmen und Ausgaben hat er nicht darzubieten, diese muß vielmehr schon vorhanden sein oder auf die gesetzmäßige Weise beschafft werden. Die Genehmigung des Etats und seiner Positionen als solcher kann also die Rechtsgrundlage, welche vorher nicht erbracht ist, niemals herstellen, sondern nur konstatiren, daß der Etat seinen Hauptzweck, für eine zweckentsprechende Finanzgebahrung die Anleitung zu geben, erfüllt. Wenn die

In allen Fällen ist der Etat und die Jahresrechnung nach erfolgter Feststellung resp. Decharge auf 14 Tage zur Einsicht der Gemeindeglieder öffentlich auszulegen[60]);

10) bei Bewilligungen aus der Kirchenkasse an andere Gemeinden oder zur Unterstützung evangelisch-christlicher Vereine und Anstalten, sofern dieselben einzeln zwei Prozent der etatsmäßigen Soll-Einnahme der Kirchenkasse übersteigen. Bis zu diesem Betrage ist der Gemeinde-Kirchenrath zu solchen Bewilligungen ermächtigt, doch darf der Gesammtbetrag derselben während eines Jahres fünf Prozent der Solleinnahme nicht überschreiten[61]);

11) bei Errichtung von Gemeindestatuten (§. 46.)[62]).

§. 32. Die bestehenden Vorschriften über die Verleihung der Pfarrämter und die der Gesammtheit der Gemeinde dabei gebührende Mitwirkung, desgleichen über das Einspruchsrecht der Gemeinden nach §§. 330—339. Tit. 11. Th. II. Allgemeinen Landrechts bleiben bis auf Weiteres, insbesondere bis zur landesgesetzlichen Ausführung des Artikels 17. der Verfassungs-Urkunde, mit folgenden Maßgaben in Geltung:

1) Diejenigen Rechte der Wahl oder der Theilnahme an der Wahl des Pfarrers, welche bisher kirchengemeindlichen Wahlkollegien zugestanden haben, werden, an deren Stelle, von dem Gemeinde-Kirchenrath in Gemeinschaft mit der Gemeindevertretung geübt.

Haben bisher Kommunen oder andere Korporationen an den zur Ausübung eines Gemeindewahlrechts gebildeten Wahlkollegien Theil genommen, so kommt diese Berechtigung in Wegfall, soweit sie nicht nachweisbar auf dem Patronat oder einem anderen besonderen Rechtstitel beruht.

2) Pfarrstellen, welche bisher auf Grund des fiskalischen Patronats, spezieller Statuten oder aus anderen Gründen der freien kirchenregimentlichen Verleihung unterlegen haben, werden dergestalt besetzt, daß die Kirchenbehörde in dem einen Erledigungsfalle mit, in dem andern ohne Konkurrenz einer Gemeindewahl den Pfarrer beruft. Die Wahl erfolgt durch den Gemeinde-Kirchenrath in Gemeinschaft mit der Gemeindevertretung. Die näheren Bestimmungen bleiben einer besonderen Königlichen Verordnung[63]) vorbehalten, bis zu deren Erlaß die bisherige Besetzungsweise einstweilen fortbesteht.

Auf Pfarrstellen, mit deren Verleihung die gleichzeitige Uebertragung eines kirchenregimentlichen Amts verbunden werden soll, findet diese Vorschrift keine Anwendung.

§. 33. Der Gemeinde-Kirchenrath ist befugt, auch andere Gemeinde-Angelegenheiten, die ihm dazu geeignet scheinen, an die Gemeindevertretung zur Berathung und Beschließung zu bringen[64]).

Die in Folge dessen gefaßten Beschlüsse sind für den Gemeinde-Kirchenrath maßgebend.

Zustimmung zum Etat dem Gemeindekirchenrath gegenüber auch zugleich deklarirt, daß die Rechtsbasis der Einnahmen und Ausgaben in Ordnung ist, ändert dies doch an dem hingestellten Resultate nichts, weil eine bloße Deklaration nie die Wirkung hat, etwas, was nicht existirt, ins Leben zu rufen. Die hier gemachte Scheidung liegt auch dem §. 31 zu Grunde, denn wenn die Etatsgenehmigung die Rechtsgültigkeit der unter Nr. 1, 8, 10 aufgezählten Akte herzustellen geeignet wäre, hätte es der betreffenden Bestimmungen für alle diese, so fern ihre Wirkungen im Etat zur Erscheinung kommen, nicht bedurft, andererseits hätte aber der Kirchenvorstand nicht die Befugniß erhalten dürfen, die außerhalb der Nr. 1, 8, 10 liegenden Verwaltungshandlungen, so fern sie auf die Einnahmen und Ausgaben einwirken, ohne Genehmigung der Gemeindevertretung vorzunehmen. Vgl. auch Anm. 64 zu Zus. 25 §. 21 bei §. 157 d. T.

Auch die Dauer der Etatsperiode ist vom Gemeindekirchenrath mit der Gemeindevertretung festzusetzen, sie soll aber nach der revid. Instr. Nr. 37 fünf Jahre nicht überschreiten.

Wegen der zwangsweisen Einstellung von Leistungen in den Etat s. Ges. v. 3. Juni 1876 Art. 27 Abs. 2, Zus. 22 zu diesem §.

60) H. Nach d. Cirk.Erl. d. ev. O.K.R. v. 8. Febr. 1881, kirchl. Ges. u. Verordn.Bl. v. 1881, S. 3, soll die öffentliche Auslegung erst erfolgen, nachdem der Patron, bez. die Patronatsbehörde den Etat genehmigt und die Jahresrechnung dechargirt hat.

61) H. Innerhalb dieser Grenzen bedarf es keiner Genehmigung von Oberaufsichtswegen, R. d. Kult. Min. v. 3. Jan. 1876, kirchl. Ges. u. Verordn.Bl. v. 1876/1877 S. 56, u. Erl. d. ev. O.K.R. v. 9. Sept. 1878, a. a. O. v. 1878 S. 141. Vgl. ferner Ges. v. 3. Juni 1876 Art. 24 Nr. 8, Zus. 22, u. V. v. 9. Sept. 1876 Art. 3, Zus. 24 zu dies. §.

62) H. Einen weiteren Fall, s. zu §. 7 Nr. 3 d. Gen.Syn.Ordn., Zus. 23 zu dies. §.

63) H. Diese ist unterm 2. Dez. 1874 ergangen, s. Zus. 40 zu §. 324 d. T.

IV. Bildung der Gemeinde-Organe.

§. 34. Die Mitglieder des Gemeinde-Kirchenraths und der Gemeindevertretung werden von den wahlberechtigten Gemeindegliedern[65]) gewählt.

Wahlberechtigt[66]) sind alle männlichen selbstständigen, über 24 Jahre alten Mitglieder der Gemeinde, welche bereits ein Jahr in der Gemeinde, oder wo mehrere Gemeinden am Orte sind, an diesem Orte wohnen[67]), zu den kirchlichen Gemeindelasten nach Maßgabe der dazu bestehenden Verpflichtung[68]) beitragen und sich zum Eintritt in die wahlberechtigte Gemeinde ordnungsmäßig nach Maßgabe der darüber zu erlassenden Instruktion[69]) angemeldet haben.

Der Patron ist wahlberechtigt, auch wenn er nicht am Orte der Gemeinde wohnt.

Als selbstständig sind nicht anzunehmen diejenigen:

1) welche keinen eigenen Hausstand[70]) haben oder kein öffentliches Amt[71]) bekleiden oder kein

64) H. Das gilt aber nicht von solchen Angelegenheiten, welche nicht die Gemeinde als solche betreffen, also namentlich nicht von der Handhabung der Kirchenzucht auf Grund des §. 14 und des Kirchenges. v. 30. Juli 1880, Zus. 43 zu §. 52 d. T. Ist die Ueberweisung einer Angelegenheit innerhalb der zulässigen Grenzen geschehen, dann kann allein das verstärkte Kollegium, nicht mehr der Gemeindekirchenrath gültige Beschlüsse darüber fassen.

65) H. Wer Gemeindemitglied ist, bestimmt sich nach dem bestehenden Recht, s. §§. 260 ff. Vgl. auch Instr. Nr. 9. Dazu gehören Katholiken, auch wenn sie Kirchenlasten wegen der dinglichen Natur derselben tragen, selbstverständlich nicht, Aktenstücke d. ev. O.K.R. 7 S. 273.

66) H. Der Geistliche ist ausgeschlossen, er ist nicht wahlberechtigt, das ergiebt §. 3, welcher den Pfarrer der Gemeinde den von der Gemeinde gewählten Aeltesten gegenüberstellt, also unter Gemeinde den Pfarrer nicht mitbegreifen kann, ferner §. 35, welcher die Wählbarkeit nach der Wahlberechtigung bestimmt. Wollte man ihn für wahlberechtigt erachten, so müßte er auch zum Aeltesten wählbar sein, was der §. 3 ausdrücklich ausschließt. S. Aktenstücke 7 S. 276. Cirk.Verf. d. ev. O.K.R. v. 30. Nov. 1876, kirchl. Ges. u. Verordn.Bl. v. 1876/1877 S. 51 u. S. 116, 117. Dagegen Bierling i. d. deutsch. evang. Blättern Jahrg. 2 S. 211; Mommsen u. Chalybäus, Kirchengemeinde- u. Synodal-Ordn. S. 21. Diesen Auffassungen, welchen die erste ordentliche Generalsynode beigetreten ist, hat der ev. O.K.R. in dem Cirk.Erl. v. 19. Aug. 1882, kirchl. Ges. u. Verordn.Bl. v. 1882 S. 71, nunmehr in so weit nachgegeben, als er erklärt hat, es dem eigenen pflichtmäßigen Ermessen der Geistlichen überlassen zu wollen, ob und in wie weit sie ohne Gefährdung ihrer amtlichen Stellung in der Gemeinde an den Wahlabstimmungen glauben Theil nehmen zu können.

Der Patron, so fern er die Requisite des §. 34 erfüllt, ist nicht ausgeschlossen (s. auch §. 37 Al. 2).

67) H. D. h. ihren Wohnsitz in der Gemeinde haben, vgl. auch §§. 260 ff. d. T.

68) H. Wer überhaupt eine solche Verpflichtung nicht hat, ist nicht ausgeschlossen, R. d. ev. O.K.R. v. 19. Dez. 1873. Ebenso wenig derjenige, dessen Verpflichtung streitig ist, R. d. ev. O.K.R. v. 11. Dez. 1873, Aktenstücke 7 S. 273, 271, s. auch S. 285.

69) H. Vgl. revid. Instruktion Nr. 2: Anmeldungen zur Eintragung in die vom G.K.R. geführte Wählerliste können jederzeit erfolgen; alljährlich an mindestens zwei Sonntagen des Monats August ergeht von der Kanzel die Aufforderung zur Anmeldung derjenigen, welche in die frühere Wählerliste noch nicht eingetragen sind. In den betr. Kanzelabkündigungen ist anzugeben, von wem, wie und zu welcher Zeit Anmeldungen entgegengenommen werden.

Nr. 3: Die Anmeldung erfolgt mündlich bei dem Vorsitzenden oder den mit Entgegennahme von Anmeldungen beauftragten Mitgliedern des G.K.R. Dabei ist ein Protokoll aufzunehmen oder ein Anmeldungsformular auszufüllen, welches sich auf folgende Punkte erstrecken muß: a. Vor- und Zuname. b. Lebensalter. c. Stand oder Gewerbe. d. Wohnung. e. Wie lange in der Gemeinde (am Orte) wohnhaft? f. Ob selbstständig? g. Ob der sich Anmeldende nach Maßgabe der dazu bestehenden Verpflichtung zu den kirchlichen Gemeindelasten beiträgt? h. Bemerkungen (etwaiger Verlust bürgerlicher oder kirchlicher Rechte).

Die Frage der Selbstständigkeit ist nach §. 34 Abs. 4 K.O. zu beurtheilen.

Das Protokoll bez. Anmeldungsformular, welches mit dem Datum des Anmeldungstages zu versehen ist, hat sowohl der sich Anmeldende, als das die Anmeldung entgegennehmende Mitglied des G.Kirch.R. zu unterzeichnen. Vgl. auch Erl. d. ev. O.K.R. v. 12. Juli 1882, kirchl. Ges. u. Verordn.Bl. v. 1872 S. 70.

70) H. deren häusliche Einrichtung durch ihren eigenen Willen maßgebend bestimmt wird; daher hat auch derjenige, welcher nur als Chambregarnist wohnt, einen eigenen Hausstand, aber nicht der volljährige Sohn in väterlicher Gewalt, welcher von seinem Vater Wohnung erhält, ausgenommen wenn er in die zu Anm. 71 u. 72 erwähnten Kategorien fällt. Ebenso wenig

eigenes Geschäft [72]), beziehungsweise nicht als Mitglied einer Familie [73]) deren Geschäft führen;

2) welche unter Kuratel stehen oder sich im Konkurs befinden;

3) welche im letzten Jahre vor der Wahl armuthshalber Unterstützung aus Armenmitteln oder Erlaß der Staatssteuern oder der kirchlichen Beiträge genossen haben.

Ausgeschlossen vom Wahlrecht ist:

1) wer nicht im Vollbesitz der bürgerlichen Ehrenrechte sich befindet;

2) wer wegen eines Verbrechens oder wegen eines solchen Vergehens, welches die Untersagung der Ausübung der bürgerlichen Ehrenrechte nach sich ziehen muß oder kann, in Untersuchung [74]) sich befindet, bis zur Beendigung der Sache;

3) wer durch Verachtung des göttlichen Wortes [75]) oder unehrbaren Lebenswandel ein öffentliches, noch nicht durch nachhaltige Besserung gesühntes Aergerniß gegeben hat;

4) wer wegen Verletzung besonderer kirchlicher Pflichten nach Vorschrift eines Kirchengesetzes des Wahlrechts verlustig erklärt ist [76]).

Das Wahlrecht ruht bei Allen, welche mit Bezahlung kirchlicher Umlagen über ein Jahr im Rückstande sind.

§. 35. Wählbar in die Gemeindevertretung sind alle Wahlberechtigten [77]), sofern sie nicht

---

sind Dienstboten und Gesellen selbstständig, letztere aber nur dann nicht, wenn sie keinen eigenen Hausstand haben.

71) H. ein Staatsamt oder ein Amt einer öffentlichen Korporation, also namentlich ein Kommunalamt. Bei diesen Personen ist es gleichgültig, ob sie einen eigenen Hausstand haben oder nicht.

72) H. D. h. ein für sich und auf eigene Rechnung geleitetes und betriebenes Gewerbe.

73) H. Also das Gewerbe für Rechnung aller oder einzelner Mitglieder der Familie, z. B. der majorenne Sohn das auf die Mutter und seine minorennen Brüder übergegangene väterliche Geschäft. Sämmtliche Familienglieder brauchen dabei nicht betheiligt sein, da die Familie enger und weiter begrenzt werden kann.

74) H. Die Eröffnung eines bloßen Ermittelungs- oder Skrutinialverfahrens oder einer Voruntersuchung schließt aber nicht vom Wahlrecht aus. Vgl. Anm. 10 zu §. 16 von Zus. 10 bei §. 60 d. T. und Anm. 73 zu §. 27 Zus. 25.

75) H. Der bloße Mangel der s. g. Kirchlichkeit, d. h. der Theilnahme der betreffenden Person am öffentlichen Gottesdienst und an den Sakramenten ist noch nicht ein Zeichen der Verachtung des göttlichen Wortes, s. auch Verf. des ev. O.K.R. v. 18. Dez. 1873, Aktenstücke 7 S. 272.

76) H. §. 41 u. Kirchenges. v. 30. Juli 1880 §§. 4 bis 7, s. Zus. 43 zu §. 452 d. T.

77) H. Also nicht die Geistlichen der Gemeinde, s. Anm. 66 zu §. 34 dies. Ordn., und dies um so weniger, als ihre Funktion mit der der Aeltesten unvereinbar ist.

H. Ebenso wenig wird aber der Patron für wählbar erachtet werden können, wenn er nicht auf sein Patronatrecht verzichtet. Das Gegentheil nimmt zwar das R. d. ev. O.K.R. v. 18. Dez. 1873, Aktenstücke 7 S. 253; Allgm. Kirchenbl. f. d. evangl. Deutschld. Jahrg. 1874 S. 351 an, welchem Frantz, die Patronatsbefugnisse in Bezug auf den Gemeindekirchenrath S. 73, beigetreten ist. Indessen hat er als Patron seine Interessen zu vertreten, die von denen der übrigen Aeltesten verschieden sein und mit diesen kollidiren können, und die K.G.O. rechnet ihn auch nicht in Bezug auf die Bildung des Gemeindekirchenraths und die Wahl zu den Gemeindegliedern, weist ihm vielmehr in dieser Hinsicht eine besondere Stellung an, s. §§. 6, 34, 37. Läßt man ihn als gewählten Aeltesten zu, so kann ihm das Recht, in seiner Eigenschaft als Patron einen Aeltesten zu ernennen, nicht genommen werden, und dies führt dazu, daß er der Kirchen-Ordnung entgegen im Gemeindekirchenrath zwei Stimmen führt. Ueberdies ist es widersinnig, daß Jemand, welcher ohne weiteres das Recht hat, in eine Körperschaft einzutreten, sich in dieselbe als Mitglied auf eine bestimmte Anzahl von Jahren soll wählen lassen können. Ferner entstehen Schwierigkeiten, wenn der Patron sich als Aeltester grobe Pflichtwidrigkeiten zu Schulden kommen läßt (s. §. 44), weil man ihm das Verbleiben als Patron im Gemeinderath nicht nehmen kann, vgl. auch Frantz a. a. O. S. 66.

H. Darüber, ob Küster und andere niedere Kirchenbediente und Organisten wählbar sind, hat der ev. O.K.R. bisher eine prinzipielle Entscheidung abgelehnt, Aktenstücke 7 S. 286. Sie können mangels jeder fehlenden Bestimmungen nicht für unfähig erachtet werden. Auch nicht aus prinzipiellen Gründen. Dem Geistlichen und Patron ist als solchen das Recht der Theilnahme am Gemeindekirchenrath gegeben, den hier fraglichen Angestellten aber nicht. Ebenso wenig kann es ein rechtliches Hinderniß bilden, daß der Gemeinde-

durch beharrliche Fernhaltung vom öffentlichen Gottesdienste und von der Theilnahme an den Sakramenten ihre kirchliche Gemeinschaft zu bethätigen aufgehört haben[78]).

Wählbar in den Gemeinde-Kirchenrath sind alle zum Eintritt in die Gemeindevertretung befähigten Personen, welche das dreißigste Lebensjahr vollendet haben[79]).

§. 36. Der Gemeinde-Kirchenrath ordnet die Wahl für die Gemeinde-Organe an und legt die von ihm aufgestellte Liste[80]) der Wahlberechtigten (§. 18.) in einem Jedermann zugänglichen Lokale 14 Tage lang öffentlich aus.

Ort und Zeit der Auslegung sind im Hauptgottesdienste von der Kanzel bekannt zu machen, mit dem Beifügen, daß nach Verlauf der Auslegungsfrist Reklamationen gegen die Liste nicht mehr angebracht werden können. Nach dem Ermessen des Gemeinde-Kirchenraths kann die Bekanntmachung auch noch in anderen, den örtlichen Verhältnissen entsprechenden Formen erfolgen.

Die eingehenden Reklamationen hat der Gemeinde-Kirchenrath zu prüfen und geeignetenfalls die Liste zu berichtigen; gegen einen ablehnenden Bescheid steht dem dadurch von der Wahl Ausgeschlossenen binnen 14 Tagen der Rekurs an den Vorstand der Kreissynode zu. Durch Einlegung des Rekurses wird die anstehende Wahl nicht aufgehalten. Zwischen dem Ende der Reklamationsfrist und dem Tage der Wahl müssen mindestens 14 Tage in der Mitte liegen[81]).

§. 37. Die Einladung der Gemeindeglieder zur Wahl hat unter Angabe der Zeit und des Ortes der Wahl[82]), sowie der Zahl der für den Gemeinde-Kirchenrath und für die Gemeindevertretung zu wählenden Personen von der Kanzel in allen von der Anordnung der Wahl an bis zum Wahltage stattfindenden Hauptgottesdiensten zu geschehen. Anderweite den örtlichen Verhältnissen entsprechende Bekanntmachungen zu veranstalten, bleibt dem Ermessen des Gemeinde-Kirchenraths überlassen[83]).

Der Patron oder Patronatsvertreter (§. 6.) ist zur Theilnahme an der Wahlhandlung besonders einzuladen[84]).

§. 38[85]). Die Wahl geschieht in der Kirche der Wahlgemeinde an einem Sonntage nach Schluß des Hauptgottesdienstes.

---

kirchenrath die vorgesetzte Behörde dieser Beamten ist (§. 21 d. Ordn.), denn in den betreffenden Sachen hat sich der Betheiligte der Abstimmung zu enthalten, §. 11 a. a. O.

78) H. Die erste, jetzt beseitigte Instruktion I. Nr. 31 (Anm. 77 zu §. 1 dieser Ordn.) hatte bestimmt: „Die Absicht der Gesetzgebung ist dahin gegangen, nur diejenigen von der Wählbarkeit auszuschließen, von denen es notorisch ist, daß sie durch beharrliche, d. i. andauernde und geflissentliche Fernhaltung von den sämmtlichen in §. 35 bezeichneten Aeußerungen kirchlichen Lebens aufgehört haben, ihre Eigenschaft als Glieder der evangelischen Kirche thatsächlich zu erweisen. Es kann daher, wenn Einsprüche gegen eine Wahl auf diese Bestimmungen des Gesetzes gegründet werden, nicht darauf ankommen, ein Urtheil über die größere oder geringere Kirchlichkeit der Person zu fällen, sondern nur darauf, ob die Thatsache des völligen Abbruchs ihrer kirchengliedlichen Beziehung als notorisch festzustellen ist. Bei eintretendem Schwanken darüber, ob der gesetzliche Ausschließungsgrund vorliegt, wird versucht werden müssen, durch Einholung einer Erklärung des Beanstandeten über die ausschließenden Thatsachen ins Klare zu kommen und wird im Zweifel gegen das Vorhandensein des Ausschließungsgrundes zu entscheiden sein. — Ueberhaupt ist bei Anwendung des §. 35 Alles zu vermeiden, was den Anschein hervorruft, als könnte auf Grund desselben ein Glaubensgericht gehalten oder als dürften persönliche Mißverhältnisse zu dem Geistlichen, Bedenken gegen einzelne Kultusformen, das Sichhalten zu den Gottesdiensten einer andern Gemeinde und dergleichen als Ausschließungsgründe benutzt werden." Die revidirte Instruktion hat diese Anweisung aber fallen lassen.

79) H. Daher ist auch die Wahl von Gemeindevertretern zu Aeltesten an sich nicht ausgeschlossen, Erk. d. ev. O.K.R. v. 1. Febr. 1877, kirchl. Ges. u. Verordn.Bl. v. 1876/1877 S. 58. Dagegen ist die gleichzeitige Bekleidung der Aemter eines Aeltesten und Gemeindevertreters unzulässig, Aktenstücke d. ev. O.K.R. 7 S. 252.

80) H. Es ist eine Liste der Wahlberechtigten, nicht aber der Wählbaren aufzustellen. Vgl. Verf. d. ev. O.K.R. v. 18. Dez. 1873. Vgl. Anm. 75 u. revid. Instr. Nr. 6.

81) H. Vgl. hierzu revid. Instr. Nr. 4—8.

82) H. Die Nichtangabe der Zeit und des Orts macht die Wahl nichtig, R. des ev. O.K.R. v. 7. März 1874, Aktenstücke 7 S. 279.

83) H. Vgl. revid. Instr. Nr. 10 11 15 17.

84) H. Schriftlich, s. revid. Instr. Nr. 16.

Die Wahlhandlung wird von dem Vorsitzenden des Gemeinde-Kirchenraths geleitet, welchem die übrigen Mitglieder des Gemeinde-Kirchenraths und erforderlichenfalls einige von diesem zu bezeichnende Gemeindeglieder als Wahlvorstand zur Seite stehen. Der Patron oder der Patronatsvertreter ist immer berechtigt, in den Wahlvorstand einzutreten.

Der Vorsitzende eröffnet die Wahlhandlung. Er ermahnt die Wähler, ihre Wahl auf Männer von unsträflichem Wandel, christlicher Gesinnung, bewährter Liebe zur evangelischen Kirche und fleißiger Theilnahme an Wort und Sakrament zu richten[86]).

Nur die persönlich erschienenen Wähler sind stimmberechtigt. Die Abstimmung erfolgt schriftlich mittelst Stimmzettel[87]). Durch Beschluß des Gemeinde-Kirchenraths kann eine mündliche Abstimmung zu Protokoll angeordnet werden.

Zunächst ist die Wahl der Aeltesten, danach die der Mitglieder der Gemeindevertretung zu vollziehen[88]).

Gewählt sind diejenigen, auf welche die absolute Mehrheit der abgegebenen Wahlstimmen gefallen ist[89]). Hat der erste Wahlgang eine absolute Mehrheit für die zur Bildung oder Ergänzung der Gemeindeorgane erforderliche Zahl von Personen nicht ergeben, so ist, bis dies erreicht wird, das Verfahren durch engere Wahl fortzusetzen. Bei Stimmengleichheit entscheidet das Loos[90]).

Ueber die Wahlhandlung wird ein Protokoll aufgenommen, welches den wesentlichen Hergang beurkundet. Das Protokoll wird von dem Vorsitzenden und mindestens zwei Mitgliedern des Gemeinde-Kirchenraths unterzeichnet[91]).

§. 39. Die Namen der Gewählten werden, nachdem der Gemeinde-Kirchenrath die Legalität der Wahl geprüft und anerkannt hat, an zwei auf einander folgenden Sonntagen[92]) im Hauptgottesdienste der Gemeinde bekannt gemacht[93]).

---

85) H. Vgl. hierzu auch die revid. Instr. Nr. 23, welche bei großen Gemeinden Erleichterungen gewährt.

86) H. Vgl. revid. Instr. Nr. 18.

87) H. Auch gedruckte Stimmzettel sind zulässig, vgl. die cit. Instr. Nr. 18 a. E. Eben so auch korrigirte, R. d. ev. O.K.R. v. 13. Febr. 1874, Aktenstücke 7 S. 278. Aber sie müssen deutlich erkennen lassen, wer gewählt werden soll. Ungültig sind sie, wenn sie noch etwas anderes als die Namen der Kandidaten enthalten, z. B. Proteste, Vorbehalte. Dasselbe gilt von Zetteln, welche die Person nicht genügend bezeichnen, z. B. solchen, welche bloß den Namen: Müller, Schulze, u. s. w. tragen, wenn mehrere Personen dieses Namens vorhanden sind. Finden sich auf einem Zettel mehr Namen, als Personen zu wählen sind, so ist er ebenfalls ungültig. Man ist nicht berechtigt, die zuletzt geschriebenen Namen zu streichen, da die Reihenfolge der Aufzeichnung derselben keinen sicheren Schluß auf die Willensmeinung des Stimmenden gestattet. Im umgekehrten Fall, wenn der Zettel weniger Stimmen enthält, ist er gültig, weil eine theilweise Ausübung des Wahlrechts gestattet ist, R. d. ev. O.K.R. v. 30. April 1874, Aktenstücke 7 S. 282, v. 14. Juni 1877, kirchl. Ges. u. Verordn.Bl. v. 1876/1877 S. 149 u. revid. Instr. Nr. 18 a. E.

Daß ein Mitglied des Wahlvorstandes Stimmzettel am Wahltisch schreibt und vertheilt, ist unangemessen, macht aber die Wahl nicht ungültig, R. v. 30. April 1874, Aktenstücke a. a. O. S. 283.

88) H. Vgl. revid. Instr. Nr. 19, 20, 22.

89) H. Ist ein unberechtigter Wähler zugelassen, so kann die Wahl dann nicht für nichtig erklärt werden, wenn nach Abzug seiner Stimme noch die erforderliche Majorität übrig bleibt, R. d. ev. O.K.R. v. 30. April 1874, Aktenstücke 7 S. 282.

90) H. Vgl. revid. Instr. Nr. 21.

91) Vgl. a. a. O. Nr. 24, 25.

92) H. Auch diejenigen, gegen welche nach der ersten Bekanntmachung Einspruch erhoben ist, R. v. 28. Febr. 1874, a. a. O. S. 285.

Der Name des vom Patron ernannten Aeltesten wird ebenfalls in der gedachten Weise bekannt zu machen sein, da er die Qualifikation eines solchen haben muß (§. 6) und ein anderes Verfahren zur Feststellung derselben nicht vorgeschrieben ist. Allgem. Kirchenbl. f. d. ev. Deutschld. 1876 S. 16 u. cit. Instr. Nr. 27. Vorher hat aber der Gemeindekirchenrath die Legalität der Ernennung zu prüfen, Frantz, die Patronatsbefugnisse in Bezug auf den Gemeindekirchenrath S. 51.

93) H. Nach dem R. des Kult.Min. v. 15. Juli 1874 (M.Bl. f. d. i. Verw. S. 198, Akten-

§. 40. Einsprüche gegen die Wahl[94]) können bis zur zweiten Bekanntmachung derselben (§. 39.) von jedem wahlberechtigten Gemeindegliede (§. 34.) erhoben werden.

Ueber solche Einsprüche entscheidet der Gemeinde-Kirchenrath[95]) und, auf eingelegten Rekurs, für welchen von Zustellung der Entscheidung an eine vierzehntägige präklusivische Frist läuft, der Vorstand der Kreissynode (§. 56. Nr. 8.)[96]).

Der letztere hat auch von Amtswegen die Wahl zu prüfen[97]).

§. 41. Die Gewählten können das Gemeindeamt nur ablehnen oder niederlegen,

1) wenn sie das sechszigste Lebensjahr vollendet, oder
2) schon sechs Jahre das Aeltestenamt bekleidet haben, oder
3) wegen anderer erheblicher Entschuldigungsgründe, z. B. Kränklichkeit, häufiger Abwesenheit, unvereinbarer Dienstverhältnisse[98]). Ueber die Erheblichkeit und thatsächliche Begründung entscheidet der Gemeinde-Kirchenrath[99]), und auf eingelegten Rekurs, für welchen von Zustellung der Entscheidung an eine vierzehntägige präklusivische Frist läuft, der Vorstand der Kreissynode.

Wer ohne solchen Grund die Uebernahme oder die Fortsetzung des Gemeindeamts verweigert, verliert das kirchliche Wahlrecht[100]). Dasselbe kann ihm jedoch auf sein Gesuch von dem Gemeinde-Kirchenrath wieder beigelegt werden.

Die Ablehnung oder Niederlegung des vom Patron übertragenen Aeltestenamts unterliegt keinen beschränkenden Bestimmungen.

§. 42. Ist für die Aeltestenwahl zweimal vergeblich Termin abgehalten, weil Wahlberechtigte nicht erschienen sind, oder die Erschienenen die Vornahme der Wahl verweigert haben oder weil nicht wählbare Personen gewählt worden sind, so hat für dieses Mal der Vorstand der Kreissynode die Aeltesten zu ernennen[1]).

---

stücke 7 S. 289) u. d. Just.Min. v. 3. Juli 1874, Aktenstücke 7 S. 288, bedürfen Staatsbeamte zur Uebernahme des Aeltesten-Amtes keiner Genehmigung ihrer vorgesetzten Dienstbehörde.

Vgl. zu §. 34 auch revid. Instr. Nr. 26.

94) H. D. h. auch gegen die Legalität der Wahl, nicht bloß die Qualifikation der Gewählten, Erl. d. ev. O.K.R. v. 3. März 1877, kirchl. Ges. u. Verordn.Bl. v. 1876/1877 S. 113. Die Einsprüche gegen die erstere können aber nicht mehr auf Reklamationen gegen die Wahlliste gestützt werden, §. 36 Abs. 2, s. auch Aktenstücke d. ev. O.K.R. 7. S. 282, 285, wodurch allerdings die Anfechtung der Wählbarkeit nicht ausgeschlossen ist, a. a. O. S. 275.

95) H. Bei vereinigten Parochien (s. §. 2 Abs. 2) der Gemeindekirchenrath der Parochie, um deren Organe es sich handelt, Erl. d. ev. O.K.R. v. 22. März 1878, kirchl. Ges. u. Verordn.-Bl. v. 1878 S. 66.

96) H. Vgl. revid. Instr. Nr. 30.

97) H. Der Kreissynodalvorstand hat demnach nicht die Aufgabe, die sämmtlichen Wahlen in seinem Bezirke von Amtswegen zu prüfen, es ist ihm nur das Recht gegeben, in besonderen dazu angethanen Fällen auch über die durch Einspruch geltend gemachten Gründe hinaus in eine Prüfung der Wahl einzutreten, revid. Instr. Nr. 52.

Der Kreissynodalvorstand hat seine Beschlüsse nach §. 55 Nr. 8 in der Versammlung aller Mitglieder zu fassen, daher muß auch dasjenige Mitglied, welches sich etwa bei dem Einspruch betheiligt hat, theilnehmen, Aktenstücke d. ev. O.K.R. 7 S. 275. Seine Entscheidungen sind endgültig, es steht also den Konsistorien und dem Oberkirchenrathe keine weitere Kognition über dieselben zu, also auch nicht in formeller Hinsicht, so Trusen, preuß. Kirchenrecht S. 86 Anm. Die kirchenregimentlichen Behörden haben etwaige Beschwerden einfach wegen ihrer Unzuständigkeit zurückzuweisen (s. aber Aktenstücke 7 S. 275) und können nur, wenn sie Inkorrektheiten des Kreissynodalvorstandes wahrnehmen, diesen darauf aufmerksam machen, damit solche für künftige Fälle verhütet werden.

98) H. Auf einem öffentlichen Amte brauchen diese nicht zu beruhen.

99) H. Durch schriftlichen Bescheid, wie das Wort: „Zustellung" ergiebt.

100) H. Und damit auch die Wählbarkeit (s. §. 35).

1) H. Das findet auch Anwendung, wenn zum zweiten Mal die zuerst gewählten, aber rechtskräftig für nicht wählbar erklärten Personen wieder gewählt sind, Aktenstücke d. ev. O.K.O. 7 S. 290.

Ist aus denselben Gründen die Wahl der Gemeindevertretung nicht zu Stande gekommen, so werden bis dahin die Rechte derselben durch den Gemeinde-Kirchenrath ausgeübt.

§. 43. Das Amt der gewählten Aeltesten und der Gemeindevertreter dauert sechs Jahre. Von drei zu drei Jahren scheidet die Hälfte aus[2]). Die Ausscheidenden sind wieder wählbar und bleiben jedenfalls bis zur Einführung ihrer Nachfolger im Amte.

Der Austritt wird durch die Dienstzeit, das erste Mal durch Ausloosung, bestimmt.

Bei einer außer der Zeit eintretenden Erledigung wählt die Gemeindevertretung[3]) in ihrer nächsten Versammlung einen Ersatzmann, dessen Funktion sich auf die Restzeit der Amtsdauer des Ausgeschiedenen erstreckt.

§. 44. Die Entlassung eines Aeltesten oder Gemeindevertreters erfolgt durch den Vorstand der Kreissynode nach Anhörung des Gemeinde-Kirchenraths:

1) wegen Verlustes einer zur Wählbarkeit erforderlichen Eigenschaft (§. 34.)[4]),
2) wegen grober Pflichtwidrigkeit[5]).

Gegen die Entscheidung des Vorstandes der Kreissynode steht sowohl dem Betroffenen, als auch dem Gemeinde-Kirchenrath binnen 14 Tagen die Berufung an das Konsistorium zu[6]), welches mit Zuziehung des Vorstandes der Provinzialsynode endgültig entscheidet (§. 55. Nr. 9.).

§. 45. Wenn eine Gemeindevertretung beharrlich die Erfüllung ihrer Pflichten vernachlässigt oder verweigert[7]), so kann das Konsistorium auf den Antrag des Vorstandes der Kreissynode dieselbe auflösen und den erwiesen Schuldigen die Wählbarkeit auf bestimmte Zeit entziehen.

Die Neubildung der Gemeindevertretung ist unter Leitung eines von dem Konsistorium zu bestellenden Kommissarius zu bewirken.

Bis dahin werden die Rechte der Gemeindevertretung durch den Gemeinde-Kirchenrath ausgeübt.

V. Schlußbestimmungen.

§. 46. Mittelst statutarischer Bestimmung können in einer Gemeinde besondere, die vorstehende Ordnung ergänzende oder modifizirende Einrichtungen aufrecht erhalten oder neu eingeführt werden.

Geeignetenfalls ist das Ganze der Gemeindeordnung in einem förmlichen Gemeindestatut zusammenzufassen.

Zur Festsetzung statutarischer Ordnungen bedarf es der Zustimmung der Gemeindevertretung, der Prüfung durch die Kreis-[8]) und Provinzialsynode, der Anerkennung der letzteren,

---

2) H. Bei ungerader Anzahl das erste Mal ein Mitglied über die Hälfte. Der Patron oder der von ihm ernannte Aelteste kommt nicht in Betracht.

3) H. D. h. zusammen mit dem Gemeindekirchenrath, s. Anm. 34 zu §. 29 u. R. des ev. O.K.R. v. 15. März 1875, Allgem. Kirchenbl. f. d. ev. Deutschld. v. 1875 S. 456. Hierbei wählt auch der Geistliche mit, denn hier handelt es sich nicht um eine allgemeine Gemeindewahl, s. Anm. 66 zu §. 34. In den §. 29 bezeichneten Gemeinden hat die ganze Gemeinde zu wählen, und zwar wie bei Neuwahlen, nur fällt die Aufstellung und Auslegung der Wählerliste fort. Erl. d. ev. O.K.R. v. 22. Nov. 1879, kirchl. Ges. u. Verordn.Bl. v. 1879 S. 236.

4) H. Dazu gehört nach §. 34 auch das Verziehen aus der Parochie.

5) H. D. h. schwere Verletzung der durch das Amt auferlegten Pflichten, z. B. absichtliches regelmäßiges, durch nichts gerechtfertigtes Fortbleiben aus den Sitzungen, liederliche Führung der übertragenen Geschäfte, hartnäckige Weigerung die geschlossene Ehe kirchlich einsegnen zu lassen.

6) H. Der §. 55 Nr. 8 läßt aber dem Beschuldigten gegen eine Disziplinar-Untersuchung eine 4wöchentliche Frist offen. An diese hält sich in Betreff des letzteren die durch R. d. ev. O.K.R. v. 4. Dez. 1880 gebilligte Praxis, s. Trusen, preuß. Kirchenrecht S. 91 u. 99, und revid. Instr. Nr. 51.

7) H. Bei Pflichtverletzungen des Gemeindekirchenraths kommt §. 44 zur Anwendung.

8) H. Die Prüfung der Kreissynode hat für die Provinzialsynode und das Konsistorium nicht bloß eine informatorische Bedeutung, vielmehr ist ihre Zustimmung nöthig; verwirft sie das Statut, so bleibt für die Thätigkeit der höheren Instanzen kein Raum mehr, Cirk.V. d. ev. O.K.R. v. 5. Nov. 1878, kirchl. Ges. u. Verordn.Bl. v. 1878 S. 154. Vgl. auch §. 65 Nr. 5.

daß die entworfene Bestimmung zweckmäßig und wesentlichen Vorschriften der Kirchenordnung nicht zuwider sei[9]), so wie der abschließenden Genehmigung des Konsistoriums[10]).

§. 47. Das in den bestehenden Gesetzen begründete Recht sowohl der Staatsbehörden als der vorgesetzten Kirchenbehörden[11]), die Gemeinden und ihre Organe zu einer pflichtmäßigen Thätigkeit anzuhalten, zu diesem Behufe ihnen Weisungen zu ertheilen und erforderlichenfalls die gesetzlich statthaften Zwangsmittel anzuwenden, erfährt durch diese Ordnung keine Veränderung[12]).

§. 48. Die Vorschriften dieses Abschnitts finden keine Anwendung:

1) auf diejenigen französisch-reformirten Gemeinden, in welchen ein nach Vorschrift der discipline des églises reformées de France gebildetes consistoire oder Presbyterium eingerichtet ist[13]);
2) auf diejenigen Immediatgemeinden, welche eine Allerhöchst sanktionirte Verfassung und ein für die Interna und Externa der Gemeinde gebildetes Kirchenkollegium besitzen;
3) auf die Unitätsgemeinden der Provinz Posen[14]);
4) auf die Militair- und Anstaltsgemeinden[15]).

Hinsichtlich aller dieser Gemeinden bewendet es bis auf Weiteres bei der bestehenden Verfassung.

Zweiter Abschnitt.
Kreissynode.

§. 49. Die zu einer Diözese vereinigten Gemeinden bilden in der Regel den Kreis-Synodalverband.

Gemeinden, welche keiner Diözese angehören, sind einem benachbarten Synodalverbande anzuschließen.

---

9) H. Die Aufstellung des Besitzes von Grundeigenthum als Requisit der Wählbarkeit widerspricht einer wesentlichen Vorschrift der Kirchengemeinde-Ordn. R. d. ev. O.K.R. v. 22. Okt. 1878, a. a. O. S. 152.

Nicht aber die Bildung einer Gemeinde-Vertretung bei Gemeinden unter 500 Seelen (s. §. 21), wenn wegen der zerstreuten Wohnsitze der wahlberechtigten Gemeindeglieder eine allgemeine Versammlung derselben nur sehr selten abgehalten werden kann.

Die betreffende Befugniß erstreckt sich jedenfalls nicht auf Abänderung von gesetzlichen Bestimmungen, welche auf die Kirchengemeinde-Ordn. nur Bezug nimmt. Also ist eine statutarische Festsetzung, daß diejenigen, welche einen Kirchenstuhl in der Gemeinde gemiethet haben, ohne dort domizilirt zu sein, vollberechtigte Gemeindemitglieder sein sollen, unzulässig, eben so diejenige, daß der aus der Gemeinde Verzogene noch die Gemeinderechte behält.

10) H. Diese hat aber nur Bedeutung für das kirchliche Gebiet, wegen des staatlichen vergl. Art. 5 des Ges. v. 25. Mai 1874 (Zus. 19). Die zuständige Staatsbehörde ist der Regierungs-, in Berlin der Polizei-Präsident, V. v. 9. Sept. 1876, Art. 3 Nr. 2, Zus. 24 zu dies. §.

11) Also auch der Superintendenten, V. d. Kult.Min. v. 26. März 1877, kirchl. Ges. u. Verordn.Bl. v. 1876/1877 S. 143.

12) H. Vgl. aber Ges. v. 3. Juni 1876 Art. 21 ff., Zus. 22 zu dies. §.

13) H. Vgl. Jacobson, K.R. S. 271.

14) H. Vgl. a. a. O. S. 52, 313.

15) H. Der Erlaß des ev. O.K.R. v. 24. Dez. 1873 (Aktenstücke 7 S. 293) bemerkt, „daß von den §. 48 a. a. O. benannten Gemeinden nur die Militär- und Anstaltsgemeinden, letztere, in so weit sie nicht nach den besonderen Verhältnissen ausnahmsweise die allgemein vorgeschriebenen Gemeindekörperschaften zu bilden vermögen (vgl. auch a. a. O. S. 294), an der Kreis-Synode nicht Theil nehmen, vielmehr mit dieser nur durch ihre Geistlichen, welche nach §. 50 sub 2 daselbst Mitgliedschaft mit berathender Stimme genießen, in Beziehung stehen. Dagegen sind die §. 48 K.G.O. sub 1, 2 und 3 genannten französisch-reformirten, Immediat- und Unitätsgemeinden bereits nach ihrer bestehenden Gemeindeverfassung für genügend organisirt erachtet, um vollberechtigt in die Kreis-Synode einzutreten, resp. wo dies zutrifft, selbst eine Kreis-Synode zu bilden. Daher sind auch ihre Geistlichen durch die Fassung des §. 50 sub 2 unter die stimmberechtigten Mitglieder der Kreis-Synoden mit aufgenommen, und werden die abzuordnenden weltlichen Mitglieder der Kreis-Synoden durch das nach ihrer speziellen Verfassung den Gemeindekirchenrath bildende Consistoire, Presbyterium, Kirchenkollegium 2c. gemäß §. 50 Nr. 3 daselbst zu wählen sein."

Kleinere Diözesen können ganz oder getheilt mit benachbarten zu dem Verbande einer Kreissynode vereinigt werden.

Ueber Veränderungen bestehender Kreis-Synodalverbände trifft das Konsistorium mit Einwilligung der betreffenden Kreissynoden oder im Falle des Widerspruchs unter Zustimmung der Provinzialsynode Entscheidung.

§. 50 [16]). Die Kreissynode besteht aus:

1) dem Superintendenten der Diözese als Vorsitzenden.

Unter mehreren zur Synode gehörigen Superintendenten gebührt der Vorsitz dem im Ephoralamt älteren;

2) sämmtlichen innerhalb des Kirchenkreises ein Pfarramt definitiv oder vikarisch verwaltenden Geistlichen. Geistliche an Anstalten, welche keine Parochialrechte haben [17]), Militär-Geistliche und ordinirte Hülfsgeistliche [18]) sind nur befugt, mit berathender Stimme an der Synode Theil zu nehmen. Zweifel über den Umfang der Theilnahmeberechtigung einzelner Geistlichen entscheidet das Konsistorium [19]);

3) der doppelten Anzahl gewählter Mitglieder. Die Hälfte derselben wird aus den derzeitigen Aeltesten oder aus der Zahl der früheren Aeltesten gewählt, in der Weise, daß jede Gemeinde [20]) so viele Mitglieder entsendet, als sie stimmberechtigte Geistliche in der Synode hat. Die andere Hälfte wird aus den angesehenen, kirchlich erfahrenen und verdienten Männern des Synodalkreises [21]) von den an Seelenzahl stärkeren Gemeinden gewählt. — Diejenigen Gemeinden, welche hiernach noch ein oder mehrere Mitglieder zu wählen haben, sowie die Zahl dieser Mitglieder, werden unter Berücksichtigung der Seelenzahl, sowie der sonstigen örtlichen Verhältnisse der Gemeinden und des Kreises, das erste Mal nach Anhörung des Kreis-Synodalvorstandes durch Anordnung des durch den Provinzial-Synodalvorstand verstärkten Konsistoriums, demnächst endgültig nach Anhörung der Kreissynode durch Beschluß der Provinzial-Synode bestimmt.

Die Wahl dieser Mitglieder erfolgt auf 3 Jahre und wird durch die vereinigten Gemeinde-Organe, bei verbundenen Gemeinden der Gesammt-Parochie, vollzogen [22]); wo ver-

---

16) H. In der Fassung der General-Synodal-Ordn., Zus. 23 zu dies. §., welche im §. 42 den ursprünglichen §. 50 aufgehoben hat.

17) H. Geistliche, deren Amt nicht innerhalb der kirchlichen Organisation steht, welche vielmehr nur als Vereins- oder Privatbeamte an einer freien, der kirchlichen Verwaltung nicht untergeordneten Anstalt fungiren, haben gar kein Recht der Theilnahme, V. d. ev. O.K.R. v. 30. Nov. 1876, kirchl. Ges. u. Verord.Bl. v. 1876/1877 S. 50; s. auch revid. Instr. Nr. 45.

18) H. So fern sie zu einem innerhalb der Kreissynode bestehenden Pfarramte oder wenigstens zu der Kreissynode in einer geordneten Verbindung stehen, Erl. d. ev. O.K.R. v. 9. März 1882, kirchl. Ges. u. Verordn.Bl. v. 1882. S. 46.

19) H. Die Kreissynode kann also nicht über die Legitimation entscheiden, sondern nur ihre Auffassung darlegen, s. den vor. Anm. citirten Erl.

20) H. Wegen der Gesammt- und Vagantengemeinden s. §. 2 Kirch.Ordn. In andern Fällen kann der Umstand, daß die Pfarrämter beider Gemeinden in der Person eines Geistlichen vereinigt sind, also weder jede Gemeinde einen Geistlichen bei sich hat, noch das Pfarramt ein beiden Gemeinden gemeinschaftliches ist, dem Rechte jeder Gemeinde, weltliche Mitglieder zu entsenden, nicht präjudiziren. Der betreffende Geistliche gehört in doppelter Eigenschaft der Kreissynode an, hat aber deswegen nicht zwei Stimmen, Entsch. d. ev. O.K.R. v. 20. Juli 1874, Aktenstücke 7 S. 296 u. Allgem. Kirchenbl. f. d. ev. Deutschld. Jahrg. 1876 S. 278.

21) H. Gleichviel, ob aktiven, emeritirten Geistlichen oder Nichtgeistlichen. Eine Prüfung der Qualifikation steht der Kreissynode nicht zu, weil die Requisite nicht in den Bereich der Thatsachen, sondern den der Beurtheilung fallen, R. d. ev. O.K.R. v. 6. Okt. 1874, Aktenstücke 7 S. 298. Ein in dieser Kategorie gewähltes Mitglied verliert seine Stellung als Kreissynodal-Deputirter nicht dadurch, daß er später zum Aeltesten gewählt wird, V. d. ev. O.K.R. v. 27. Dez. 1876, kirchl. Ges. u. Verordn.Bl. v. 1876/1877 S. 58, weil die Wahl von Aeltesten in der zweiten Kategorie nicht ausgeschlossen ist.

H. Selbstverständlich ist, daß auch ein Patron des Synodalkreises, welcher in der zweiten Kategorie gewählt wird, innerhalb desselben seinen Wohnsitz haben muß. Die Ausnahme des §. 34 Abs. 3 findet hier keine Anwendung, Aktenstücke d. ev. O.K.R. 7 S. 295.

fassungsmäßig eine Gemeinde-Vertretung nicht vorhanden ist[23]), erfolgt die Wahl durch den Gemeinde-Kirchenrath[24]). Diejenigen weltlichen Mitglieder der Kreissynode, welche noch kein Gelübde als Aelteste abgelegt haben, werden von dem Vorsitzenden der Kreissynode mit demjenigen Gelübde verpflichtet, welches die Mitglieder der Provinzial-Synode nach §. 63. der Kirchengemeinde- und Synodal-Ordnung vom 10. September 1873. zu leisten haben. Die Gewählten müssen das 30. Lebensjahr zurückgelegt haben.

Seitens der Kirchenregierung ist darauf hinzuwirken, daß durch Theilung der größeren Diözesen eine übermäßig große Zahl der zu einer Kreissynode gehörigen Mitglieder vermieden werde.

§. 51. Die Kreissynode tritt jährlich in der Regel einmal zusammen. Außerordentliche Versammlungen können mit Genehmigung oder auf Anordnung des Konsistoriums stattfinden. Die Dauer der Versammlung soll zwei Tage nicht überschreiten.

Ausnahmsweise ist das Konsistorium befugt, eine schriftliche Abstimmung der Mitglieder außerhalb der Versammlung zu veranstalten[25]).

§. 52. Der Vorsitzende beruft, eröffnet und schließt die Versammlung und sorgt für die vorbereitenden Arbeiten, die er auf Mitglieder des Synodalvorstandes (§. 54.) und andere geeignete Synodalen nach Bedürfniß vertheilen kann.

Er leitet die Verhandlungen, bestimmt die Reihenfolge der zu verhandelnden Gegenstände und sorgt für Aufrechthaltung der Ordnung. In diesen Geschäften kann er sich durch ein anderes Mitglied der Synode vertreten lassen.

Zur Beschlußfähigkeit der Synode bedarf es der Anwesenheit von zwei Dritteln ihrer Mitglieder[26]).

Die Beschlüsse werden nach absoluter Stimmenmehrheit[27]) gefaßt. Wahlhandlungen sind, wenn zunächst relative Mehrheiten sich ergeben, durch engere Wahl bis zur Erreichung einer absoluten Majorität fortzusetzen. Bei Stimmengleichheit giebt die Stimme des Vorsitzenden den Ausschlag, bei Wahlen entscheidet das Loos[28]).

Jede Sitzung wird mit Gebet eröffnet, die Schlußsitzung auch mit Gebet geschlossen.

§. 53[29]). Der Wirkungskreis der Kreissynode umfaßt nachstehende Befugnisse und Obliegenheiten:

1) die Erledigung der vom Konsistorium oder von der Provinzialsynode ihr zugehenden Vorlagen;
2) die Berathung von Anträgen an das Konsistorium und die Provinzialsynode, welche von den Mitgliedern der Synode, von den Gemeinde-Kirchenräthen oder auch einzelnen Gemeindegliedern des Synodalkreises ausgehen;
3) die Mitaufsicht über die Gemeinden, Geistlichen, Kandidaten und alle in kirchlichen Berufsämtern stehenden Personen ihres Kreises.

---

22) H. Hier wählt also der Geistliche mit, kirchl. Ges. u. Verordn.Bl. v. 1876/1877 S. 117, auch Anm. 34 zu §. 29.

23) H. Vgl. §§. 27 u. 42 d. K.G. u. S.O.

24) H. Scheidet ein Mitglied während der 3jährigen Periode aus, so ist ein Ersatzmann zu wählen, R. d. ev. O.K.R. v. 12. Jan. 1880, kirchl. Ges. u. Verordn.Bl. v. 1880 S. 2 u. revid. Instr. Nr. 46.

25) H. Dies ist aber nicht statthaft in den §. 54 Nr. 5—8 erwähnten Angelegenheiten s. Ges. v. 3. Juni 1876 Art. 2, Zus. 22 zu dies. §.

26) H. Was die Legitimationsprüfung betrifft, so kann sich diese nur auf die ordnungsmäßige Vollziehung der Wahl erstrecken, nicht aber auf das Vorhandensein der die Wählbarkeit bedingenden Eigenschaften, insbesondere nicht darauf, ob der in der zweiten Kategorie Gewählte (s. §. 50 Nr. 3) zu den kirchlich erfahrenen und verdienten Männern gehört, Aktenstücke 7 S. 298 u. kirchl. Ges. u. Verordn.Bl. v. 1876/1877 S. 135.

27) H. Pfarrer, die zwei Parochien verwalten, haben nur eine Stimme, R. d. ev. O.K.R. v. 21. Juli 1874, Aktenstücke 7 S. 298.

28) H. Vgl. revid. Instr. Nr. 47 49.

29) Vgl. hierzu Ges. v. 3. Juni 1876 Art. 2—4, Zus. 22 zu dies. §.

Zu diesem Behufe erhält sie bei ihrem jedesmaligen Zusammentreten zu ordentlicher Versammlung durch den Superintendenten oder die von ihm dazu bestellten Referenten einen Bericht über die kirchlichen und sittlichen Zustände der Gemeinden.

Sie ist berufen, von anstößigen Vorgängen in Leben und Wandel der Geistlichen, der Gemeindebeamten und der niederen Kirchendiener Kenntniß zu nehmen, dagegen die Mittel der brüderlichen Ermahnung und Warnung in Anwendung zu bringen, geeigneten Falls aber, wenn diese fruchtlos bleiben, die Sache der zuständigen Disziplinarinstanz zu übergeben;

4) die Uebung der Kirchendisziplin in zweiter Instanz, wo in erster Instanz der Gemeinde-Kirchenrath disziplinarische Entscheidung getroffen hat (§. 14., vergl. jedoch §. 55. Nr. 7.);

5) die Mitaufsicht über die in den Kirchengemeinden bestehenden Einrichtungen für christliche Liebeswerke (§. 17.), sowie die Verwaltung und Leitung der den Kirchengemeinden des Synodalkreises gemeinsamen derartigen Institute, jedoch unbeschadet abweichender statutarischer Ordnungen;

6) die Prüfung des Kassen- und Rechnungswesens in den einzelnen Gemeinden.

Die Synode ist berechtigt[30]), durch einen zu bestellenden Ausschuß von der Verwaltung des lokalen Kirchen- und kirchlichen Stiftungsvermögens (§. 22.), sowie von der Verwaltung der durch eigene Vorstände vertretenen lokalen und allgemeinen kirchlichen Stiftungen innerhalb des Kreises Kenntniß zu nehmen und die Beseitigung etwaiger Mißstände anzuordnen.

Sind an Stiftungen der letzteren Art mehrere Synodalkreise betheiligt, so stehen diese Befugnisse nur derjenigen Kreissynode zu, in deren Bereiche der Stiftungsvorstand seinen Sitz hat;

7) die Verwaltung der Kreis-Synodalkasse[31]), die Bestellung eines Kreis-Synodalrechners, die Festsetzung des Etats der Kasse, diese unter Genehmigung des Konsistoriums[32]), die Repartition der zur Kreis-Synodalkasse erforderlichen Beiträge der Kirchenkassen und Gemeinden[33]);

---

30) H. Aber auch verpflichtet, s. den Eingang des §. Ueber die Ausführung dieser Anordnung vgl. Cirk.Erl. d. ev. O.K.R. v. 28. März 1878, kirchl. Ges. u. Verordn.Bl. v. 1878 S. 67, u. v. 21. Mai 1880, a. a. O. v. 1880 S. 53.

31) H. Ueber die Kreissynodalkassen vgl. d. K.O. v. 15. Juni 1864 (G.S. S. 351), Erl. des ev. O.K.R. v. 25. Juni 1864, Instr. v. 25. Juni 1864 (Aktenstücke 5 S. 374, 380), Cirk. Erl. v. 28. März 1878, kirchl. Ges. u. Verordn.Bl. v. 1878 S. 67.

32) H. Den Etat kann nur die Kreissynode aufstellen, kirchl. Ges. u. Verordn.Bl. v. 1876/1877 S. 213. Auch hat das Konsistorium nicht das Recht, denselben beliebig zu verwerfen, sondern nur dann, wenn die Kreissynode die rechtlich nothwendigen Posten nicht aufgenommen, ihre Befugnisse überschritten oder da, wo sie Freiheit hat und ihre alleinige Kompetenz nicht begründet ist, nach Ansicht des Konsistoriums unzweckmäßig gehandelt hat.

33) H. Diese, also auch die Bestimmung über die Art der Repartition, steht der Kreissynode ausschließlich zu, dagegen haben die Gemeinden nach Art. 3, 27 des Ges. v. 3. Juni 1876, Zus. 22 zu dies. §., u. d. V. v. 9. Sept. 1876 Art. 3 Nr. 1 u. 4 die Beschwerde an den Regierungs-, in Berlin an den Polizei-Präsidenten, eventuell eine weitere Beschwerde an den Ober-Präsidenten. Die kirchlichen Behörden haben in dieser Hinsicht kein Genehmigungsrecht. Folglich kann auch, s. d. vor. Anm., das Konsistorium den Etat deshalb nicht verwerfen, weil es den von der Kreissynode beschlossenen Repartitionsfuß nicht für angemessen hält oder dieselbe einen anderen als den ihm angemessen erscheinenden adoptirt hat. Allerdings hatte d. ev. O.K.R. i. d. Cirk.Erl. v. 5. Juni 1877, kirchl. Ges. u. Verordn.Bl. v. 1876/1877 S. 135 angeordnet, daß für das gesammte Vertheilungsgeschäft in Betreff der Beiträge zu den Synodalkassen aller Stufen als einheitlicher Maßstab die Steuerkraft der Mitglieder der einzelnen Gemeinden zur Anwendung zu bringen ist. Einen gesetzlichen Anhalt hatte dies indessen nicht, denn die §§. 71 ff. (s. unten) enthalten nichts über den Repartitionsfuß, und es ist auch i. d. Cirk.Erl. v. 28. Juni 1881, kirchl. Ges. u. Verordn.Bl. v. 1881 S. 79 anerkannt worden, daß der frühere Grundsatz nicht mehr festgehalten werden könne.

Die Patrone haben kein Recht, eine Befreiung hinsichtlich ihrer Steuerkraft zu beanspruchen, kirchl. Ges. u. Verordn.Bl. v. 1876/1877 S. 214.

8) die Prüfung statutarischer Ordnungen der Gemeinden (§. 46.), sowie die Errichtung solcher Ordnungen in dem den Kreissynoden angewiesenen Geschäftsgebiete. Auch die letzteren bedürfen der Billigung der Provinzialsynode und der abschließenden Bestätigung des Konsistoriums;
9) die Wahl ihres Vorstandes nach Maßgabe des §. 54.;
10) die Wahl von Abgeordneten zur Provinzialsynode nach Maßgabe der §§. 58. ff.

§. 54. Der Vorstand der Kreissynode[34]) besteht aus dem vorsitzenden Superintendenten (Präses) und aus vier von der Synode aus ihrer Mitte auf drei Jahre gewählten Beisitzern (Assessoren), von denen mindestens einer ein Geistlicher sein muß. Der geistliche Beisitzer und, wenn deren mehrere in dem Synodalvorstand sind, der an erster Stelle gewählte, hat den Vorsitzenden im Falle seiner Verhinderung[35]) in allen Synodalgeschäften zu vertreten. Das Konsistorium kann jedoch, wenn die Vertretung eines Superintendenten in allen Ephoralfunktionen angeordnet werden muß, auch den Synodalvorsitz dem ernannten Vertreter der Superintendentur übertragen.

§. 55. Der Synodalvorstand hat
1) den Vorsitzenden in den Präsidialgeschäften zu unterstützen,
2) für die Aufzeichnung, Redaktion und Beglaubigung der Protokolle zu sorgen, zu welchem Behufe er unter seiner Verantwortlichkeit auch einige Synodalmitglieder zur Unterstützung zuziehen kann,
3) die Synodalprotokolle an das Konsistorium zu befördern und die von letzterem bestätigten Beschlüsse, soweit ihm die Vollziehung aufgetragen wird, zur Ausführung zu bringen,
4) zur Versammlung der Kreissynode die erforderlichen Einleitungen zu treffen, insbesondere die Vorlagen für dieselbe vorzubereiten,
5) dem Konsistorium auf Erfordern Gutachten abzustatten,
6) in eiligen Fällen der nach §. 53. Nr. 5. und 6. der Synode übertragenen Mitaufsicht die vorläufige, bis zur nächsten Synodalversammlung wirksame Entscheidung zu treffen[36]),
7) wenn die Kreissynode nicht versammelt ist, die ihr im §. 53. Nr. 4. übertragene Zuständigkeit auszuüben,
8) auf eingelegten Rekurs über Einsprüche gegen die Wahl von Aeltesten oder Gemeindevertretern (§. 40.), über die Zulässigkeit einer Amtsablehnung oder Niederlegung von Aeltesten oder Gemeindevertretern (§. 41.), sowie über den Ausschluß vom Wahlrechte (§. 36.) zu entscheiden,
9) darüber zu befinden, ob der Fall des §. 44. Nr. 1. vorliegt, sowie die Disziplinargewalt über die Mitglieder des Gemeinde-Kirchenraths und der Gemeindevertretung auszuüben mit dem Rechte, Ermahnung, Verweis und wegen grober Pflichtwidrigkeit Entlassung aus dem Amte zu verfügen (§. 44. Nr. 2.).

Die Disziplinar-Entscheidung erfolgt nach Untersuchung der Sache und Vernehmung des Beschuldigten durch eine schriftlich mit Gründen abzufassende Resolution, welche im Falle der Verurtheilung zugleich über die Nothwendigkeit der Suspension zu bestimmen hat. Binnen vier Wochen[37]) nach Zustellung der Resolution steht dem Beschuldigten der Rekurs an das Konsistorium zu, welches endgültig entscheidet. Lautet die angefochtene Verfügung

---

34) H. O.Tr. Str.S. II v. 14. Jan. 1878, Oppenhoff, Rechtsspr. 19 S. 35: Der Vorstand ist eine Behörde und demgemäß ist eine Beleidigung desselben als solchen möglich. S. auch Anm. 29 zu §. 17 d. T. a. E.

35) H. Ist er nicht verhindert, so kann er von der ihm in §. 52 Abs. 2 gewährten Befugniß Gebrauch machen. In einem Spezialfall hat der ev. O.K.R. entschieden, daß eine materielle Betheiligung des Superintendenten an der Diskussion keine Verhinderung für ihn bildet, den Vorsitz beizubehalten. Das widerspricht allen Regeln über eine ordnungsmäßig und unparteiisch zu leitende Diskussion.

36) H. Vgl. Art. 6 des Ges. v. 3. Juni 1876, Zus. 22 zu dies. §.

37) Vgl. Anm. 6 zu §. 44.

auf Entlassung, so kann das Konsistorium nur unter Zuziehung des Vorstandes der Provinzialsynode entscheiden,

10) bei Pfarrbesetzungen, vorbehaltlich des Rekurses an das Konsistorium, über Einwendungen der Gemeinde gegen Wandel und Gaben des Designirten, sowie über Einwendungen von einer Zweidrittelmehrheit der Gemeindeglieder zu entscheiden.

Ueber Einwendungen wegen der Lehre des Designirten trifft in erster Instanz das Konsistorium die Entscheidung unter Mitwirkung des Vorstandes der Provinzialsynode (Vergl. §. 68. Nr. 6.). In den Fällen der Nr. 7. 8.[38]) 9. 10. müssen sämmtliche Mitglieder des Synodalvorstandes an den Beschlüssen desselben Theil nehmen[39]). Für die übrigen ihm übertragenen Geschäfte reicht die Mitwirkung von drei Mitgliedern, einschließlich des Vorsitzenden, aus.

§. 56. Bei den Versammlungen der Kreissynode findet eine beschränkte Oeffentlichkeit statt. Die Kandidaten und nicht ordinirten Geistlichen des Synodalkreises, die Aeltesten desselben, die evangelischen Kirchenpatrone, die evangelischen Mitglieder der an der Kirchenverwaltung betheiligten Kreis- und Provinzialbehörden, sowie der Centralbehörden haben als Gäste Zutritt.

Andere Personen als Zuhörer zuzulassen, hängt von dem Ermessen des Synodalvorstandes ab.

Der General-Superintendent, sowie ein vom Konsistorium etwa abgeordnetes Konsistorialmitglied, desgleichen der Präses der Provinzialsynode (§. 66.) hat das Recht, jederzeit den Verhandlungen der Kreissynode beizuwohnen, dabei das Wort zu ergreifen und Anträge zu stellen.

§. 57. In Städten, welche mehrere Synodalkreise umfassen, ist auf das Zusammentreten von mehreren Kreissynoden zur Behandlung gemeinsamer kirchlicher Angelegenheiten der Stadt Bedacht zu nehmen [40]). Die Anordnung desselben erfolgt mit Einwilligung der einzelnen Kreissynoden, im Fall ihres Widerspruchs unter Zustimmung der Provinzialsynode durch das Konsistorium [41]), welches zugleich den Vorsitz und die Geschäftsordnung der so gebildeten synodalen Körperschaft regelt.

Dem Konsistorium bleibt vorbehalten, den Wirkungskreis einer Kreissynode oder einer nach Absatz 1. gebildeten Vereinigung von Kreissynoden sowie ihres Vorstandes mit Rücksicht auf eigenthümliche Einrichtungen oder Bedürfnisse des Kreises, im Einverständniß mit den betreffenden Kreissynoden, oder, wenn dasselbe nicht zu erreichen, unter Zustimmung der Provinzialsynode [41]), zu erweitern [42]).

---

38) H. In diesem Fall selbst dann, wenn das Mitglied des Vorstandes an der angefochtenen Entscheidung des Gemeindekirchenrathes als dessen Mitglied in erster Instanz Theil genommen hat, Aktenstücke 7 S. 300. Vgl. auch Anm. 97 zu §. 40.

39) D. h. vorhandene; ist eins durch Tod ausgeschieden und noch nicht ersetzt, so genügt die Anwesenheit der übrigen, a. a. O. S. 301, s. auch revid. Instr. Nr. 50.

40) H. Vgl. Art. 6 des Ges. v. 3. Juni 1876, Zus. 22 zu dies. §.

41) H. Ist jetzt gegenüber dem cit. Art. 6 nicht mehr statthaft. Vgl. auch Art. 1 u. 9.

42) Vgl. hierzu in betreff Berlins Art. 8 des cit. Gesetzes v. 1876 und Regulativ für die vereinigten Kreissynoden der Haupt- und Residenzstadt Berlin (kirchl. Ges. u. Verordn.Bl. v. 1881 S. 80 ff. in der unterm 26. Juni bez. 28. Aug. und 15. Sept. geänderten Fassung des §. 4 Nr. 6, a. a. O. v. 1882 S. 81.

§. 1. Die vereinigten Kreissynoden von Berlin bestehen:

1) aus dem General-Superintendenten für die Stadt Berlin, und

2) aus sämmtlichen stimmberechtigten Mitgliedern der vier Berliner Kreissynoden.

Diejenigen Geistlichen, welche an den letzteren mit berathender Stimme theilzunehmen befugt sind, haben dasselbe Recht hinsichtlich der vereinigten Kreissynoden.

§. 2. Die vereinigten Kreissynoden treten zu ordentlicher Versammlung jährlich einmal an einem zwischen dem Königlichen Konsistorium und dem Synodal-Vorstand zu vereinbarenden Termin zusammen. Die Dauer der ordentlichen Versammlung soll drei Sitzungstage innerhalb eines Zeitraums von zwei Wochen nicht überschreiten.

Außerordentliche Versammlungen können mit Genehmigung oder auf Anordnung des Konsistoriums stattfinden.

§. 3. Der Vorsitzende beruft, eröffnet und schließt die Versammlung. Er vertheilt die vorbereitenden Arbeiten, soweit letztere nicht dem geschäftsführenden Ausschuß zufallen, auf Mitglieder des Synodal-Vorstandes oder nach Bedürfniß auf andere geeignete Synodalen.

Er leitet die Verhandlungen und sorgt für die Aufrechterhaltung der Ordnung. In diesen Geschäften kann er sich durch einen der Beisitzer (§. 7) vertreten lassen.

Zur Beschlußfähigkeit der vereinigten Synoden bedarf es der Anwesenheit von zwei Dritteln ihrer Mitglieder.

Die Beschlüsse werden nach absoluter Stimmenmehrheit gefaßt, Wahlhandlungen sind, wenn sich relative Majoritäten ergeben, durch engere Wahl bis zur Erreichung einer absoluten Majorität fortzusetzen. Bei Stimmengleichheit entscheidet die Stimme des Vorsitzenden, bei Wahlen das Loos. Für die Wahl zu Kommissionen genügt die relative Mehrheit.

Jede Sitzung wird mit Gebet eröffnet, die Schlußsitzung mit Gebet geschlossen.

Des Näheren regelt die Synode mit Genehmigung des Konsistoriums ihre Geschäftsordnung.

§. 4. Der Wirkungskreis der vereinigten Kreissynoden umfaßt nachstehende Befugnisse und Obliegenheiten:

1) die Erledigung der vom Konsistorium oder von der Provinzialsynode gemachten, gemeinsame kirchliche Angelegenheiten der Stadt betreffenden Vorlagen;
2) die Erledigung der von den einzelnen Kreissynoden an sie verwiesenen, die ganze Stadt betreffenden Anträge;
3) die Berathung von Anträgen an das Konsistorium und die Provinzialsynode, welche von Mitgliedern der Synode, von den Kreissynoden oder den Gemeinde-Kirchenräthen des gesammten Bezirks ausgehen, sofern die Anträge gemeinsame kirchliche Angelegenheiten der Stadt betreffen;
4) die Einholung von Berichten über die kirchlichen Bedürfnisse der Gemeinden und Kreissynodal-Bezirke seitens der Gemeinde-Organe, der Kreissynoden und ihrer Vorstände, sowie die Befugniß und Pflicht, den gedachten Vertretungen die Abhülfe etwaiger äußerer Nothstände in Erwägung zu geben;
5) die Beschlußfassung über die Veränderung, Aufhebung oder Einführung allgemeiner Gebührentaxen für alle Gemeinden (Art. 8 Nr. 1 des Gesetzes vom 3. Juni 1876);
6) die Ausschreibung allgemeiner Umlagen
   a. behufs Ersatz für die aufzuhebenden Stolgebühren (Art. 8 Nr. 2 a des Gesetzes vom 3. Juni 1876),
   b. zur Gewährung von Beihülfen an ärmere Parochieen behufs Befriedigung dringender kirchlicher Bedürfnisse (Art. 8 Nr. 2 b des Gesetzes vom 3. Juni 1876),
   c. behufs Berichtigung des Antheils aller Gemeinden an den Kreis-, Provinzial- und Generalsynodal-Kosten, sowie an den im Wege kirchlicher Gesetzgebung festgestellten Umlagen für provinzielle und landeskirchliche Zwecke (Art. 8 Nr. 2 c des Gesetzes vom 3. Juni 1876 und Gesetz vom 6. März 1882);
7) die Errichtung einer Synodal-Kasse für die Einnahme und Verwendung der ausgeschriebenen Umlage.

§. 5. Wird die Ausschreibung einer allgemeinen Umlage von den vereinigten Kreissynoden beschlossen (Art. 8 Nr. 2 des cit. Gesetzes), so wird der Betrag derselben nach dem vorliegenden Bedürfniß (Art. 8 Nr. 2 a und b daselbst), wie dasselbe von den gesetzlichen Organen der einzelnen Gemeinden aufgestellt ist, von den vereinigten Kreissynoden festgesetzt, nachdem alle zur Prüfung erforderlich erachteten Unterlagen gewährt sind.

Die Vertheilung oder Ueberweisung von Umlage-Erträgen an die einzelnen Gemeinden erfolgt für die §. 4 Nr. 6 b vorgeschriebenen Beihülfen nach Maßgabe des anerkannten Bedürfnisses.

Den vereinigten Kreissynoden steht die Aufsicht und Rechenschafts-Einforderung über die Verwendung derselben durch die Empfangsberechtigten zu.

Im Falle der Errichtung einer Synodalkasse (§. 4 Nr. 7) bedarf die Anstellung der für die Verwaltung derselben erforderlichen Beamten und die für sie zu erlassende Geschäftsanweisung der Genehmigung der vereinigten Kreissynoden; denselben gebührt auch die Aufstellung der Voranschläge für die Verwaltung der Kasse, die Abnahme der von dem geschäftsführenden Ausschuß darüber zu legenden Rechnungen und die Ertheilung der Entlastung über diese.

§. 6. Die vereinigten Kreissynoden wählen für die Dauer jeder Synodal-Periode einen Vorstand und einen geschäftsführenden Ausschuß (letzteren mit Ausschluß des Vorsitzenden). Beide bleiben bis zur Bildung eines neuen Vorstandes und Ausschusses in Thätigkeit.

§. 7. Der Vorstand besteht: aus dem Vorsitzenden, dem Stellvertreter desselben und drei Beisitzern.

Für die Beisitzer werden Stellvertreter gewählt.

Diese werden nach der Reihenfolge ihrer Wahl zur Vertretung behinderter Beisitzer vom Vorsitzenden oder dessen Stellvertreter in den Vorstand einberufen. Entweder der Vorsitzende oder dessen Stellvertreter muß ein Geistlicher sein, desgleichen je einer von den Beisitzern und deren Stellvertretern.

§. 8. Der Vorstand der vereinigten Kreissynoden hat:

1) den Vorsitzenden in den Präsidialgeschäften zu unterstützen;
2) für die Aufzeichnung, Redaktion und Beglaubigung der Protokolle zu sorgen, zu welchem Behufe er unter seiner Verantwortlichkeit einige Mitglieder der Synoden zur Unterstützung zuziehen kann;
3) die Synodal-Protokolle an das Konsistorium zu befördern und die von letzterem bestätigten Beschlüsse, soweit ihm die Vollziehung übertragen wird, zur Ausführung zu bringen;
4) zur Versammlung der vereinigten Kreissynoden die erforderlichen Einleitungen zu treffen und die seinerseits in Betreff gemeinsamer kirchlicher Angelegenheiten der Stadt einzubringenden Anträge festzustellen;
5) dem Konsistorium auf Erfordern Gutachten abzustatten.

Zur Beschlußfähigkeit des Vorstandes ist die Anwesenheit des Vorsitzenden oder seines Stellvertreters, sowie zweier Mitglieder oder der für dieselben einberufenen Stellvertreter erforderlich.

§. 9. Der geschäftsführende Ausschuß besteht:

1) aus dem General-Superintendenten für die Stadt Berlin als Vorsitzenden und
2) aus sechs Mitgliedern.

Für Letztere werden Stellvertreter gewählt. Dieselben werden nach der Reihenfolge ihrer Wahl zur Vertretung verhinderter Mitglieder vom Vorsitzenden in den Ausschuß einberufen. Für den Fall vorübergehender Behinderung des General-Superintendenten bestellt das Konsistorium einen Stellvertreter des Vorsitzenden.

§. 10. Der geschäftsführende Ausschuß hat:

1) für die Einziehung der beschlossenen Umlagen zu sorgen, die Verwaltung der Umlage-Erträge zu führen, über dieselbe Bericht zu erstatten und Rechnung zu legen, sowie die Voranschläge für die Verwaltung zu entwerfen;
2) vorbehaltlich der Zustimmung der vereinigten Kreissynoden die Anstellungsverträge mit den besoldeten Verwaltungsbeamten abzuschließen und die Geschäftsanweisungen für dieselben zu entwerfen.

Er ist berechtigt, in Betreff der zu seiner Zuständigkeit gehörenden Angelegenheiten mit den kirchenregimentlichen und anderen Behörden, sowie den Gemeinde- und Synodal-Körperschaften in unmittelbaren Verkehr zu treten. Die Zuschriften an diese ergehen unter Unterschrift des Vorsitzenden, der die laufenden Geschäfte führt.

Zur Beschlußfähigkeit des Ausschusses ist die Anwesenheit des Vorsitzenden und die von drei Mitgliedern oder Stellvertretern erforderlich.

§. 11. Die zu seiner Zuständigkeit gehörigen Angelegenheiten und Anträge bereitet der geschäftsführende Ausschuß für die vereinigten Kreissynoden vor, und giebt dem Vorstande davon vor Festsetzung der Tagesordnung Kenntniß.

Der letztere ist verpflichtet, derartige Vorlagen und Anträge auf die Tagesordnung zu setzen.

Der geschäftsführende Ausschuß ist berechtigt, in dringenden Fällen die Berufung einer außerordentlichen Versammlung durch den Vorstand zu verlangen und gleichzeitig mit diesem Antrage seinerseits die Genehmigung des Konsistoriums (§. 2) nachzusuchen. Ist die letztere ertheilt, so ist der Vorstand nicht befugt, die Einberufung der Versammlung abzulehnen.

Zur Feststellung der Tagesordnung für die Sitzungen der vereinigten Kreissynoden ist der geschäftsführende Ausschuß als Beirath vom Vorstande zuzuziehen. Der Ausschuß kann sich durch seinen Vorsitzenden oder eines oder mehrere seiner Mitglieder vertreten lassen.

§. 12. Die Versammlungen der vereinigten Kreissynoden sind öffentlich.

Sie können die Oeffentlichkeit auf Antrag ihres Vorsitzenden oder von zwanzig ihrer Mitglieder ausschließen. Die Berathung darüber erfolgt unter Ausschluß der Oeffentlichkeit.

Bei den Verhandlungen der vereinigten Kreissynoden hat der Kommissarius des Königlichen Konsistoriums das Recht, jederzeit das Wort zu ergreifen und Anträge zu stellen, und ist berechtigt, die Schließung der Sitzung herbeizuführen, indem er den Vorsitzenden zur Vornahme des Schließungsaktes veranlaßt. Dasselbe Recht zur Wortergreifung und Antragstellung steht dem General-Superintendenten für die Stadt Berlin und dem Präses der Provinzialsynode zu.

Wenn Gegenstände auf die Tagesordnung gesetzt sind, welche das Konsistorium als nicht zur Zuständigkeit der vereinigten Kreissynoden (§. 4) gehörig erachtet, so hat der Kommissar desselben vor Beginn der Berathung die Absetzung von der Tagesordnung zu beantragen.

Will die Versammlung diesem Antrage keine Folge geben, so kann sie die Entscheidung des Evangelischen Ober-Kirchenraths herbeiführen, ob der beanstandete Gegenstand auf die Tagesordnung der nächsten Sitzung zu setzen ist.

Dritter Abschnitt.

Provinzialsynode.

§. 58. Die Kreissynoden jeder Provinz bilden zusammen den Verband einer Provinzialsynode.

§. 59[43]). Die Provinzialsynode wird zusammengesetzt aus

1) den von den Kreissynoden oder Synodal-Verbänden der Provinz zu wählenden Abgeordneten[44]);
2) einem von der evangelisch-theologischen Fakultät der Provinzial-Universität (für Posen der Universität Breslau) zu wählenden Mitgliede dieser Fakultät[45]);
3) den vom Könige zu ernennenden Mitgliedern, deren Zahl den sechsten Theil der nach Nr. 1. zu wählenden Abgeordneten nicht übersteigen soll.

Die Berufung aller Synodal-Mitglieder erfolgt für eine Synodal-Periode von drei Jahren.

§. 60. Die Mitglieder des von der vorangegangenen ordentlichen Provinzialsynode gewählten Vorstandes, des Provinzial-Konsistoriums und des Evangelischen Ober-Kirchenraths sind berechtigt, mit berathender Stimme an den Verhandlungen der Synode Theil zu nehmen.

Außerdem wohnt ein Königlicher Kommissar den Verhandlungen bei, welcher jederzeit das Wort ergreifen und Anträge stellen kann[46]). Das gleiche Recht steht den General-Superintendenten der Provinz zu.

§. 61[47]). Jeder Kreis-Synodal-Bezirk ist ein Wahlkreis, seine Kreissynode der Wahlkörper. Ist jedoch in der Provinz eine größere Anzahl von Kreissynoden vorhanden, so ist durch Vereinigung mehrerer Kreissynoden zu einem Wahlverbande die Zahl der Wahlkreise auf fünfunddreißig, in den Provinzen Brandenburg und Sachsen auf vierzig zu verringern. In dem Wahlverbande bilden die vereinigten Kreissynoden den Wahlkörper[48]).

Die Anzahl und die Begrenzung der durch Zusammenlegung von Kreissynoden gebildeten Wahlkreise wird bis zur anderweiten kirchengesetzlichen Regelung durch Königliche Verordnung bestimmt[49]).

In Gemäßheit der Artikel 7 und 4 des Gesetzes vom 3. Juni 1876 (Gesetz-Samml. S. 125) und des Artikels I. Nr. 1 der Verordnung vom 9. September 1876 (Gesetz-Samml. S. 395) erkenne ich hierdurch an, daß die Bestimmungen des vorstehenden, von den vereinigten Kreissynoden der Haupt- und Residenzstadt Berlin beschlossenen „Regulativs" dem Gesetze vom 25. Mai 1874 (Gesetz-Samml. S. 147) und dem vorgedachten Gesetze vom 3. Juni 1876 nicht zuwider sind.

Berlin, den 8. Juni 1881.

Der Minister der geistlichen, Unterrichts- und Medizinal-Angelegenheiten.
v. Puttkamer.

Das vorstehende Regulativ für die vereinigten Kreissynoden der Haupt- und Residenzstadt Berlin wird unter Bezugnahme auf die obige Anerkennung von Seiten des Ministers der geistlichen, Unterrichts- und Medizinal-Angelegenheiten, sowie unter Aufhebung des bisher in Geltung gewesenen Regulativs v. 10. und. 17. Sept. 1877 mit Genehmigung des Evangelischen Oberkirchenraths hiermit von uns bestätigt.

Berlin, den 13. Juni 1881.

Königliches Konsistorium der Provinz Brandenburg.

Vergl. auch die Beschlüsse der vereinigten Berliner Kreissynoden über die theilweise Aufhebung der Stolgebühren und Einführung einer Kirchensteuer im kirchl. Ges. u. Verordn.Bl. v. 1881 S. 86 ff.

43) H. In der Fassung der Generalsynodal-Ordn. Zus. 23 (§§. 42 u. 44 ders.).
44) H. Vgl. hierzu revid. Instr. Nr. 56.
45) S. revid. Instr. Nr. 57.
46) S. a. a. O. Nr. 63.
47) H. In der Fassung der Generalsynodal-Ordn., s. §§. 42, 45, Zus. 23 zu dies. §.
48) H. Derjenige, welcher zwei Kreissynoden als Mitglied angehört, kann deshalb nicht in einem solchen Wahlkörper bei der Wahl zur Provinzialbehörde zwei Stimmen abgeben, R. d. ev. O.K.R. v. 9. Nov. 1880, kirchl. Ges. u. Verordn.Bl. v. 1880. S. 143.

Die Zahl der von den Kreissynoden und Wahlverbänden zu wählenden Abgeordneten beträgt das Dreifache der in der Provinz vorhandenen Wahlkreise.

Für jeden Abgeordneten wird gleichzeitig ein Stellvertreter gewählt.

§. 62 [50]). Die Wahl erfolgt in der Weise, daß in jedem Wahlkreise

1) ein Abgeordneter aus den innerhalb des Wahlkreises in geistlichen Aemtern der Landeskirche angestellten Geistlichen [51]);
2) ein Abgeordneter aus solchen Angehörigen des Wahlkreises gewählt wird, welche in Kreissynoden oder in den Gemeinde-Körperschaften [52]) desselben als weltliche Mitglieder zur Zeit der Kirche dienen oder früher gedient haben [53]);
3) das letzte Drittheil der Abgeordneten wird von den an Seelenzahl stärkeren Kreissynoden und Wahlverbänden aus den angesehenen, kirchlich erfahrenen und verdienten Männern des Provinzialbezirks gewählt. Diejenigen Wahlkörper, welche hiernach eines oder mehrere dieser Mitglieder zu wählen haben, sowie die Zahl dieser Mitglieder werden unter Berücksichtigung der Seelenzahl das erste Mal durch Anordnung des Evangelischen Ober-Kirchenraths [54]), demnächst endgültig durch den Beschluß der Provinzial-Synode bestimmt. Dieser Beschluß bedarf der Bestätigung des durch den Vorstand der General-Synode verstärkten Evangelischen Ober-Kirchenraths [55]).

Die weltlichen Mitglieder müssen das 30. Lebensjahr zurückgelegt haben.

§. 63. Die Mitglieder der Provinzialsynode legen bei ihrem Eintritt in die Synode nachstehendes Gelöbniß ab:

„Ich gelobe vor Gott, daß ich meine Obliegenheiten als Mitglied der Synode sorg-
„fältig und treu, dem Worte Gottes und den Ordnungen der evangelischen Landeskirche
„gemäß, erfüllen und darnach trachten will, daß die Kirche in allen Stücken wachse an dem,
„der das Haupt ist, Christus.“

§. 64. Die Provinzialsynode versammelt sich alle drei Jahre [56]) auf Berufung des Konsistoriums in einer Stadt der Provinz. Außerordentliche Versammlungen kann mit Zustimmung des Synodalvorstandes das Konsistorium, unter Genehmigung des Evangelischen Ober-Kirchenraths, berufen. Anfangstermin, Ort und Dauer der Versammlung werden zwischen dem Konsistorium und dem Synodalvorstande vereinbart.

Eine Verlängerung der vereinbarten Dauer bedarf der Zustimmung des landesherrlichen Kommissars.

§. 65 [57]). Der Wirkungskreis der Provinzialsynode umfaßt nachstehende Befugnisse und Obliegenheiten:

1) Sie hat die Zustände und Bedürfnisse ihres Bezirks in Obacht zu nehmen, über die Erhaltung der kirchlichen Ordnung in Lehre, Kultus und Verfassung zu wachen und die Hebung der wahrgenommenen Mißstände durch Anträge [58]) oder Beschwerden im kirchenordnungsmäßigen Wege zu betreiben.

---

49) H. Diese ist unterm 9. April 1877 ergangen, kirchl. Ges. u. Verordn.Bl. v. 1876/1877 S. 101.

50) H. S. Generalsynodal-Ordn. §§. 42, 46, Zus. 23 zu dies. §.

51) H. D. h. definitiv angestellten. Pfarrvikare können also nicht gewählt werden.

52) H. Also auch der Gemeindevertretung.

53) H. Durch einen Wohnungswechsel innerhalb der Provinz erlischt das Mandat nicht, R. d. ev. O.K.R. v. 27. Mai 1875, Aktenstücke 7 S. 301; s. auch revid. Instr. Nr. 59.

54) H. Vgl. Cirk.Verf. d. ev. O.K.R. v. 10. April 1877, kirchl. Ges. u. Verordn.Bl. v. 1876/1877 S. 104.

55) H. Vgl. Bekanntm. des ev. O.K.R. v. 27. Mai 1880, a. a. O. v. 1880 S. 67.

56) H. Diese dreijährige Periode hat mit dem Jahre 1875 begonnen, s. revid. Instr. Nr. 65.

57) Vgl. Ges. v. 3. Juni 1876 Art. 10, Zus. 22 zu dies. §., u. Generalsynodal-Ordn. §. 18, Zus. 23 zu dies. §.

58) Vgl. hierzu kirchl. Ges. u. Verordn.Bl. v. 1879 S. 82.

2) Ueber die von der Kirchenregierung gemachten Vorlagen, sowie über die von den Kreissynoden oder aus ihrer eigenen Mitte an sie gelangenden Anträge hat sie zu berathen und die zu ihrer Erledigung erforderlichen Gutachten zu erstatten und Beschlüsse zu fassen.

Die letzteren bedürfen der Bestätigung der Kirchenregierung.

3) Die Provinzialsynode übt eine selbstständige Theilnahme an der kirchlichen Gesetzgebung dergestalt, daß kirchliche Gesetze, deren Geltung sich auf die Provinz beschränken soll, durch das Kirchenregiment nicht ohne ihre Zustimmung erlassen werden können.

Neue Katechismus-Erklärungen, Religionslehrbücher, Gesangbücher und agendarische Normen dürfen in dem Provinzialbezirk nicht ohne Zustimmung der Provinzialsynode eingeführt werden[59]).

Kirchliche Ordnungen und Gesetze, welche mit Zustimmung der Generalsynode in Gemäßheit der künftigen General-Synodalordnung erlassen werden, gehen den provinziellen Ordnungen und Gesetzen vor[60]).

4) Zur Einführung neuer, regelmäßig wiederkehrenden Provinzial-Kirchenkollekten bedarf es der Zustimmung der Provinzialsynode.

5) Die von den Kreissynoden beschlossenen statutarischen Bestimmungen[61]) unterliegen der Prüfung der Provinzialsynode und gelangen erst nach deren Zustimmung zur Bestätigung an das Konsistorium (§. 53. Nr. 8.)[62]).

6) Die Provinzialsynode erhält Einsicht von dem Zustande der Synodal-Wittwen- und Waisenkassen, des Provinzial-Emeritenfonds und anderer provinzieller, von dem Konsistorium oder andern Königlichen Behörden verwalteter, kirchlichen Stiftungen.

Sie führt die Mitaufsicht über die Kreis-Synodalkassen und ordnet durch ihre Beschlüsse die Verwaltung der Provinzial-Synodalkasse[63]).

7) Neue kirchliche Ausgaben zu provinziellen Zwecken, soweit sie durch Leistungen der Kirchenkassen oder Kirchengemeinden gedeckt werden sollen, bedürfen der Bewilligung der Provinzialsynode und der Zustimmung des Konsistoriums.

8) Die Provinzialsynode beschließt über die Verwendung des Ertrages einer vor ihrem jedesmaligen regelmäßigen Zusammentritt in der Provinz einzusammelnden Kirchen- und Hauskollekte zum Besten der dürftigen Gemeinden ihres Bezirks. Sie ist befugt, eine jährliche Einsammlung dieser Kirchen- und Hauskollekte anzuordnen[64]).

Ueber die Verwendung der Kollekte kann das Konsistorium Vorschläge an die Synode richten.

9) Sie ist berechtigt, zu den durch das Konsistorium veranstalteten Prüfungen der theologischen Kandidaten zwei bis drei Abgeordnete aus ihrer Mitte als Mitglieder der Prüfungskommission mit vollem Stimmrecht zu entsenden.

10) Sie wählt ihren Vorstand nach Maßgabe des §. 66.

11) Sie wählt Abgeordnete zur Generalsynode nach Maßgabe der demnächst zu erlassenden General-Synodalordnung.

§. 66. Der Vorstand der Provinzialsynode wird für eine laufende Synodalperiode gewählt, bleibt aber bis zur Bildung des neuen Vorstandes in Thätigkeit.

Er besteht

1) aus einem Vorsitzenden (Präses),
2) aus mehreren (nicht über sechs) Beisitzern, geistlichen und weltlichen in gleicher Zahl (Assessoren).

---

59) H. Vgl. auch Generalsynodal-Ordn. §. 7 Nr. 3.
60) H. Vgl. Art. 13 des Ges. v. 3. Juni 1876, Zus. 22 zu dies. §.
61) H. Vgl. Anm. 8 ff. zu §. 46.
62) H. Vgl. zu Nr. 5, 7 u. 8 Ges. v. 3 Juni 1876 Art. 10, 11.
63) H. S. hierzu Cirk.Erl. d. ev. O.K.R. v. 18. Mai 1878, kirchl. Ges. u. Verordn.Bl. v. 1878 S. 129, u. v. 24. Dez. 1878, a. a. O. v. 1879 S. 15.
64) H. Die formelle Ausschreibung erfolgt durch das Konsistorium, V. d. ev. O.K.G. v. 26. Juni 1877, a. a. O. v. 1876/1877 S. 150.

Die Feststellung der Zahl für jede einzelne Provinz erfolgt durch einen Beschluß der Provinzialsynode, welcher der Bestätigung durch den Evangelischen Ober-Kirchenrath bedarf.

Für sämmtliche Beisitzer werden Stellvertreter gewählt, welche in Verhinderungsfällen für jene in den Vorstand eintreten.

Die Wahl des Präses unterliegt der Bestätigung des Evangelischen Ober-Kirchenraths.

§. 67 [65]). Der Präses eröffnet die Synode, leitet ihre Verhandlungen und handhabt die äußere Ordnung. Seine Stimme entscheidet bei Stimmengleichheit. Er repräsentirt die Synode nach außen, insbesondere bei kirchlichen Feierlichkeiten von provinzieller Bedeutung. Er ist befugt, den Kreissynoden der Provinz mit berathender Stimme beizuwohnen. Bei vorübergehender Behinderung kann er sich durch einen Beisitzer vertreten lassen. Er ist der Vorsitzende des Synodalvorstandes als eigenen Kollegiums.

Der Präses wird bei den Präsidialgeschäften von den Beisitzern unterstützt. Im Falle seiner bleibenden Verhinderung oder seines definitiven Ausscheidens wählen bei nicht versammelter Synode die Beisitzer unter sich einen stellvertretenden Vorsitzenden.

Die Korrespondenz führt, insoweit nicht der Vorstand in Gesammtheit zu handeln berufen ist, der Präses allein. Demselben steht frei, die Mitunterschrift der Beisitzer einzuholen.

§. 68. Dem Vorstande der Provinzialsynode liegt ob:

1) die Sorge für die Redaktion und Beglaubigung der Synodalprotokolle. Für die Aufzeichnung kann der Vorstand mit Zustimmung der Synode ein Mitglied derselben oder mehrere heranziehen. Auch in diesem Falle ist er für die Redaktion und die Richtigkeit des Protokolls verantwortlich;
2) die Einreichung der Synodalprotokolle an das Konsistorium, sowie deren Mittheilung an sämmtliche Pfarrer und Gemeinde-Kirchenräthe der Provinz;
3) die zur Ausführung der Synodalbeschlüsse erforderlichen Maßnahmen;
4) die Vorbereitung der Geschäfte für die nächste Synodalversammlung, insbesondere die Prüfung der Legitimationen (§. 69.);
5) die Abstattung von Gutachten, welche von dem Konsistorium erfordert werden;
6) die Theilnahme an wichtigen Geschäften des Konsistoriums [66]). Sie muß eintreten bei Vorschlägen über die Besetzung kirchenregimentlicher Aemter [67]), bei Entscheidungen, sowohl in der Rekursinstanz über die Entlassungen von Aeltesten (§. 44.) als auch in erster Instanz über Einwendungen der Gemeinde gegen die Lehre eines zum Pfarramt Designirten (§. 55. Nr. 10.); ferner bei Entscheidungen, durch welche wegen Mangels an Uebereinstimmung mit dem Bekenntnisse der Kirche die Berufung eines sonst Anstellungsfähigen zu einem geistlichen Amte für unzulässig erklärt wird [68]); endlich in allen Fällen, in welchen gegen einen Geistlichen wegen Irrlehre die Untersuchung eingeleitet [69]) oder eine Entscheidung gefällt werden soll.

Auch in andern, durch ihre Wichtigkeit dazu geeigneten Angelegenheiten kann das Konsistorium den Synodalvorstand zuziehen.

Die Mitwirkung des Vorstands findet in der Weise statt, daß die Mitglieder desselben

---

65) H. Vgl. revid. Instr. Nr. 56 ff.

66) Vgl. a. a. O. Nr. 61.

67) H. Wenn das Konsistorium den Vorschlag zu machen hat, nicht aber, wenn Präsentationsrechte auf derartige Stellen bestehen, s. Verhandlungen d. außerordentl. Generalsynode d. ev. Landeskirche Preußens v. 1875, Berlin 1876 S. 404, ebenso wenig wenn der O.K.R. es für gut befindet, das Konsistorium, welches in dem betreffenden Falle an sich kein Vorschlagsrecht hat, ungehört zu lassen, Erl. d. O.K.R. v. 20. Sept. 1875, Aktenstücke 7 S. 304.

68) H. Vgl. K.O. v. 2. Dez. 1874 §. 8, Zus. 40 zu §. 324 d. T..

69) H. Die Theilnahme bei Einleitung der Untersuchung fällt fort, weil nach den Vorschriften der Generalsynodal-Ordn. §. 7 Nr. 6, Zus. 23, die Untersuchung nicht mehr durch das Konsistorium, sondern durch den ev. O.K.R. eingeleitet wird, s. Cirk.Verf. des letzteren v. 24. Mai 1876, kirchl. Ges. u. Verordn.Bl. v. 1876/1877 S. 41, vgl. auch Zus. 51 zu §. 533 d. T.

an den betreffenden Berathungen und Beschlüssen als außerordentliche Mitglieder des Konsistoriums mit vollem Stimmrechte Theil nehmen. Ihrer Theilnahme ist in der Ausfertigung des Beschlusses Erwähnung zu thun;

7) die Berichterstattung über seine Wirksamkeit an die nächste ordentliche Provinzialsynode.

§. 69. Nachdem der Präses die Synode eröffnet hat, berichtet er Namens des Synodalvorstandes über die Legitimation der Synodalmitglieder, über welche die Versammlung beschließt[70]). Beanstandete Mitglieder stimmen hierbei nicht mit. Die eintretenden Mitglieder legen das Synodalgelöbniß in die Hand des Präses ab. Demnächst erstattet der Präses den Bericht über die Wirksamkeit des bisherigen Synodalvorstandes und leitet die Wahl des neuen.

Am Tage nach der Eröffnung der Synode findet ein feierlicher Synodal-Gottesdienst statt. Jede einzelne Sitzung wird mit Gebet eröffnet, die Synode auch mit Gebet geschlossen.

Die Verhandlungen sind öffentlich. Eine vertrauliche Berathung kann durch Beschluß der Synode verfügt werden.

Die Geschäftsordnung wird von der Synode mit Genehmigung des Evangelischen Ober-Kirchenraths geregelt. Bis dahin ist eine von dem letzteren ertheilte Geschäftsordnung maßgebend.

§. 70. Die Synode ist beschlußfähig, wenn zwei Drittheile ihrer Mitglieder anwesend sind.

Die Beschlüsse werden nach absoluter Mehrheit der Abstimmenden gefaßt. Wahlhandlungen sind, wenn zunächst relative Mehrheiten sich ergeben, durch engere Wahl bis zur Erreichung einer absoluten Mehrheit fortzusetzen. Bei Stimmengleichheit entscheidet das Loos. Für die Wahl zu Kommissionen genügt die relative Mehrheit.

Bei Fragen, deren Entscheidung nur aus einem der für den Bereich der Provinz zu Recht bestehenden evangelischen Bekenntnisse geschöpft werden kann, haben die dem betreffenden Bekenntnisse persönlich nicht angehörenden Mitglieder sich an der Abstimmung insoweit, als sie die konfessionelle Vorfrage betrifft, nicht zu betheiligen. Die Entscheidung dieser Vorfrage ist demnächst der Beschlußfassung über die Sache selbst, welche durch die ungetheilte Synode erfolgt, zu Grunde zu legen.

Vierter Abschnitt.

Kosten[71]).

§. 71. Die Kosten der Synoden werden aus den Provinzial- und Kreis-Synodalkassen bestritten. Diese erhalten ihren Bedarf, soweit nicht andere Mittel für jenen Zweck gewidmet sind, theils durch die Aufkünfte ihres etwaigen eigenen Vermögens, theils durch die Beiträge der Synodalkreise und Gemeinden.

§. 72[72]). Die Provinzial-Synodalkasse bezieht die erforderlichen Beiträge aus den Kreis-Synodalkassen nach Maßgabe einer Matrikel[73]), welche vorläufig vom Konsistorium, definitiv von der Provinzialsynode unter Zustimmung des Konsistoriums aufzustellen ist. Die Verwaltung der Provinzial-Synodalkasse wird unter der Aufsicht der Synode durch einen von ihr zu bestellenden Synodalrechner oder von der Konsistorialkasse der Provinz geführt.

Die Kreis-Synodalkassen ziehen die erforderlichen Beiträge von den Gemeinden ein (§. 53. Nr. 7.).

§. 73. In den Gemeinden[74]) werden sowohl die Synodal-Kostenbeiträge als auch die aus der Bildung und Wirksamkeit der Gemeinde-Kirchenräthe und Gemeindevertretungen entstehenden

70) H. Vgl. revid. Instr. Nr. 59.

71) H. Vgl. Art. 12 des Ges. v. 3. Juni 1876, Zus. 22 zu dies. §. und Cirk.Verf. d. ev. O.K.R., betr. d. Regelung der Etatsverhältnisse bei den Provinzialsynodalkassen, v. 17. April 1883, kirchl. Ges. u. Verordn.Bl. 1883 S. 60.

72) H. Vgl. Anm. 33 zu §. 53 Nr. 7.

73) H. Vgl. Art. 11 des Ges. v. 3. Juni 1876.

74) H. Die Patrone sind davon nicht frei, Erl. d. ev. O.K.R. v. 10. Okt. 1877, kirchl. Ges. u. Verordn.Bl. v. 1876/1877 S. 214.

Kosten aus den Kirchenkassen, soweit diese dazu bei Berücksichtigung ihrer übrigen Verpflichtungen im Stande sind [75]), sonst durch Gemeindeumlagen bestritten. Beide Arten von Kosten haben die Natur von nothwendigen kirchlichen Aufwendungen.

§. 74. Den Mitgliedern der Synoden und Synodalvorstände, sowie den Abgeordneten zur Prüfungskommission (§. 65. Nr. 9.) gebühren, soweit sie nicht am Orte der Versammlung wohnhaft sind, Tagegelder und Reisekosten [76]). Dieselben gehören zu den Synodalkosten und werden nach den vom Konsistorium vorläufig, nach Vernehmung der Provinzialsynode definitiv festzustellenden Sätzen aus den betreffenden Synodalkassen gewährt.

Fünfter Abschnitt.

Uebergangsbestimmungen.

§. 75. In allen Gemeinden ist mit der Bildung der Gemeinde-Kirchenräthe und Gemeindevertretungen in Gemäßheit dieser Ordnung ungesäumt vorzugehen. Dabei üben

1) bestehende Gemeinde-Kirchenräthe der früheren Ordnung diejenigen Befugnisse aus, welche den Gemeinde-Kirchenräthen der neuen Ordnung für die Bildung der Gemeindevertretung, sowie für die Vorbereitung und Leitung der Wahl des Gemeinde-Kirchenraths (§§. 18., 36., 38.) übertragen sind,
2) bestehende Vorstände der Kreissynoden früherer Ordnungen diejenigen Befugnisse, zu welchen diese neue Ordnung die Kreis-Synodalvorstände beruft (§§. 36. 40. 42.).

§. 76. Nachdem die Gemeinde-Kirchenräthe eines Synodalkreises gebildet sind, ist zur Bildung der Kreissynode in Gemäßheit dieser Ordnung zu schreiten. Dabei übt der Vorstand der bisherigen Kreissynode diejenigen Befugnisse aus, welche die neue Ordnung dem Kreis-Synodalvorstande beilegt (§. 52.).

§. 77. Sind die Kreissynoden in einer Provinz eingerichtet, so erfolgen auf ihrer erstmaligen Versammlung die Wahlen zur Provinzialsynode (§. 53. Nr. 10.).

Bis zum Zusammentritt der letzteren werden die auf ihre Vorbereitung und Eröffnung bezüglichen Befugnisse, welche der Provinzialsynode selbst oder ihrem Vorstande beziehungsweise dem Präses eingeräumt sind (§§. 64., 68. Nr. 4.), von dem Konsistorium, beziehungsweise dessen Vorsitzenden ausgeübt.

§. 78. Fehlt es an Gemeinde-Kirchenräthen oder Kreissynoden der früheren Ordnung, oder ergeben sich bei Bildung der neuen Gemeindeorgane und Synoden anderweite Hindernisse, so ist das Konsistorium befugt, die zur Ueberleitung in die neue Ordnung erforderlichen Verfügungen zu treffen.

§. 79. Die Amtsthätigkeit der jetzigen Gemeinde-Kirchenräthe, Kreissynoden und Kreis-Synodalvorstände erlischt mit dem Tage, an welchem die nach der gegenwärtigen Ordnung gebildeten Gemeindeorgane und Synoden in Wirksamkeit treten.

§. 80. Die zur Ausführung dieser Ordnung erforderlichen Instruktionen werden von dem Evangelischen Ober-Kirchenrath im Einverständniß mit dem Minister der geistlichen, Unterrichts- und Medizinalangelegenheiten erlassen [77]).

21. Allerhöchster Erlaß vom 30. Dezember 1874., betreffend die Einfügung der Kreissynoden Stolberg-Wernigerode, Stolberg und Roßla in den Synodalverband der Provinz Sachsen. (G.S. 1875 S. 2.)

Aus dem Mir erstatteten Bericht über die Ausführung des §. 59. Schlußabsatz der Kirchengemeinde- und Synodalordnung vom 10. September v. J. habe ich mit Befriedigung ersehen,

75) H. Da die Synodalkostenbeiträge die Natur von nothwendigen kirchlichen Aufwendungen haben, so bedarf es zu ihrer Entrichtung nicht der Zustimmung des Patrons und der geistlichen Oberen (s. §. 687 d. T.). Der Patron kann nur widersprechen, wenn dadurch die Erfüllung der übrigen Verpflichtungen der Kasse gehindert wird, und es ist dieser Widerspruch nach §§. 11, 23 d. K.G. u. S.O. zu erledigen, Erl. d. ev. O.K.R. v. 6. Juni 1878, a. a. v. O. 1878 S. 131.

76) H. Vgl. Cirk.Verf. dess. v. 30. v. Okt. 1876, a. a O. 1876/1877 S. 49.

77) H. S. Anm. 77 zur Ueberschrift dieser Ordn.

daß die regierenden Grafen zu Stolberg-Wernigerode, Stolberg und Roßla Sich bereit erklärt haben, für die Pfarrstellen in den Stolbergischen Grafschaften, welche bisher der freien kirchenregimentlichen Besetzung unterlegen haben, dieselbe alternirende Mitwirkung der Gemeinden bei der Besetzung eintreten zu lassen, welche in §. 32. Nr. 2. der gedachten Ordnung für die der freien Besetzung durch Meine landesherrlichen Kirchenbehörden unterliegenden Pfarrstellen vorgeschrieben ist. Zur Ausführung des §. 59. Schlußabsatz a. a. O. verordne Ich hienächst was folgt:

§. 1. Die drei Kreissynoden der Grafschaften Stolberg-Wernigerode, Stolberg und Roßla treten vom 1. Januar 1875. ab als selbstständige, gemäß Abschnitt II. der Kirchengemeinde- und Synodalordnung organisirte Kreissynoden in den Verband der Provinzialsynode der Provinz Sachsen ein. Demzufolge erstreckt sich der Wirkungskreis der Sächsischen Provinzialsynode und die auf die letztere bezügliche Amtswirksamkeit des Sächsischen Provinzialkonsistoriums auch auf die genannten drei Stolbergschen Grafschaften. Die Beschlüsse der Provinzialsynode treten hier ebenfalls in Kraft, sobald sie die Bestätigung der Kirchenregierung erhalten haben.

§. 2. Die drei Stolbergschen Kreissynoden bilden zusammen einen Wahlkreis, welcher drei Abgeordnete zur Provinzialsynode entsendet. Die Wahl derselben erfolgt in der Weise, daß jede der drei Kreissynoden für sich je einen Abgeordneten, sowie den Stellvertreter desselben wählt, und zwar die eine Synode einen Abgeordneten aus den angesehenen, kirchlich erfahrenen und verdienten Männern des Provinzialbezirks (§. 62. Kirchengemeinde- und Synodalordnung), die zweite einen geistlichen, die dritte einen nichtgeistlichen Abgeordneten gemäß §. 61. daselbst. Unter den drei Kreissynoden findet hierin bei jeder neuen Synodalperiode ein Wechsel statt; für das erste Mal ist 1) der freigewählte Abgeordnete im Sinne des §. 62. a. a. O. von der Kreissynode Wernigerode, 2) der geistliche Abgeordnete nach §. 61. daselbst von der Kreissynode Stolberg, 3) der weltliche Abgeordnete nach §. 61. daselbst von der Kreissynode Roßla zu wählen, bei jeder nachfolgenden Wahl tritt nach der eben angegebenen Reihenfolge die bis dahin in der ersten Wahlkategorie befindlich gewesene Kreissynode in die dritte, die beiden anderen Kreissynoden rücken um eine Stelle in der Reihenfolge vor.

§. 3. Die in §. 60. der Kirchengemeinde- und Synodalordnung den Mitgliedern des Provinzialkonsistoriums gewährte Befugniß, mit berathender Stimme an den Verhandlungen der Provinzialsynode Theil zu nehmen, steht auch je einem Deputirten der drei Gräflich Stolbergschen Konsistorien zu.

§. 4. Gegenüber den Kreissynoden der Stolbergschen Grafschaften nehmen die betreffenden Gräflichen Konsistorien die in den §§. 51. 53. 55. und 56. erwähnten Befugnisse des Konsistoriums wahr. Jedoch haben dieselben solche Anordnungen, welche das Sächsische Provinzialkonsistorium in Betreff aller Kreissynoden der Provinz erläßt, auch in Betreff der ihnen unterstellten Kreissynode zur Ausführung zu bringen. Findet der Evangelische Ober-Kirchenrath es unter besonderen Verhältnissen für erforderlich, außerordentliche Kommissarien zu den Versammlungen einer Stolbergschen Kreissynode abzuordnen, so haben solche dort diejenigen Befugnisse, welche nach der Regel des §. 56. a. a. O. einem Kommissarius des Konsistoriums auf der Kreissynode zustehen.

§. 5. Die dem Konsistorium zustehende Entscheidung sowohl in der Rekursinstanz über die Entlassung von Aeltesten (§. 44. Kirchengemeinde-Ordnung) als auch in erster Instanz über Einwendungen der Gemeinde gegen die Lehre eines zum Pfarramt Designirten (§. 55. Nr. 10. daselbst), ferner die Entscheidungen, durch welche wegen Mangels an Uebereinstimmung mit dem Bekenntnisse der Kirche die Berufung eines sonst Anstellungsfähigen zu einem geistlichen Amt für unzulässig erklärt wird, und endlich die Beschlußfassungen in solchen Fällen, in welchen gegen einen Geistlichen wegen Irrlehre die Untersuchung eingeleitet werden soll, geht auch für die Stolbergschen Grafschaften auf das Sächsische Provinzialkonsistorium über. An der Beschlußfassung nimmt jedoch in solchen aus den Stolbergschen Grafschaften stammenden Angelegenheiten außer den Mitgliedern des Vorstandes der Provinzialsynode auch ein Mitglied des Konsistoriums der betreffenden Grafschaft mit vollem Stimmrechte Theil und es ist dieser Theilnahme in der

Ausfertigung des Beschlusses Erwähnung zu thun. Die regierenden Grafen werden jedesmal für den Zeitraum von fünf Jahren im Voraus dasjenige Mitglied ihres Konsistoriums bezeichnen, welches in erster Stelle, und dasjenige, welches bei Behinderung des ersteren an der Beschlußfassung des Provinzialkonsistoriums Theil nimmt. Die Vorbereitung der Entscheidung liegt dem betreffenden Gräflich Stolbergschen Konsistorium ob, welches den Requisitionen des Provinzialkonsistoriums in diesen Angelegenheiten Folge zu leisten hat.

§. 6. Die bisher dem Gräflich Stolberg-Stolberg und Stolberg-Roßlaschen Gesammtkonsistorium unterstehenden Parochieen Ostramondra und Roldisleben, Kreis Eckartsberga, scheiden, nachdem die Zustimmung der regierenden Grafen hiezu ertheilt ist, zum 1. Januar k. J. aus diesem Konsistorialverbande aus und treten unter die Jurisdiktion des Provinzialkonsistoriums, sowie in den Verband der örtlichen Kreissynode.

Dieser Mein Erlaß ist durch die Gesetz-Sammlung zur öffentlichen Kenntniß zu bringen [78]).

---

78) H. Neben den für die östlichen Provinzen ergangenen Bestimmungen (s. Zus. 19—21) kommt für das Geltungsgebiet des L.R. in Westfalen noch in Betracht die Kirchenordnung für die evangelischen Gemeinden der Provinz Westfalen und der Rheinprovinz v. 5. März 1835 (Annal. 19 S. 104) nebst den durch d. K.O. v. 22. Aug. 1847 (Min.Bl. f. d. Verw. S. 284, Bluhme, Kodex d. rhein. evang. Kirchenrechts S. 179) gemachten Aenderungen, den vom Minister der geistlichen Angelegenheiten auf Grund der K.O. v. 31. Juli 1853 (M.Bl. f. d. i. Verw. S. 229) bestätigten, sowie den durch die K.O. v. 8. Dez 1866 (a. a. O. J. 1867 S. 32), v. 22. Juli 1867 (a. a. O. S. 298) u. v. 4. Dez. 1868 (Bluhme a. a. O. S. 259) publizirten Zusätzen und Aenderungen. Die Kirchen-Ordnung in ihrer jetzigen Gestalt (vgl. dazu Bluhme a. a. O. S. 267 ff., sowie die Ausgabe von F. Bluhme, 4. Aufl. besorgt von Hälschner. Bonn 1878, ferner die Kommentare dazu von Hagens. Bielefeld 1856, und von Bramesfeld. Gütersloh 1865) lautet:

Von dem Bekenntnißstande der evangelischen Landeskirche in Rheinland und Westfalen. (Vgl. K.O. v. 25. Nov. 1855.)

§. I. Die evangelische Kirche Westfalens und der Rheinprovinz gründet sich auf die Heilige Schrift Alten und Neuen Testaments, als die alleinige und vollkommene Richtschnur ihres Glaubens, ihrer Lehre und ihres Lebens und erkennt die fortdauernde Geltung ihrer Bekenntnisse an.

§. II. Diese in Geltung stehenden Bekenntnisse sind, außer den alten, allgemeinen der ganzen Christenheit, lutherischerseits: die Augsburgische Konfession, die Apologie der Augsburgischen Konfession, die Schmalkaldischen Artikel und der kleine und große Katechismus Luthers; reformirterseits: der Heidelberger Katechismus. Da, wo lutherischerseits die Konkordienformel, oder reformirterseits die Augsburgische Konfession kirchenordnungsmäßig besteht, bleiben auch diese in Geltung. Die unirten Gemeinden bekennen sich theils zu dem Gemeinsamen der beiderseitigen Bekenntnisse, theils folgen sie für sich dem lutherischen oder reformirten Bekenntnisse, sehen aber in den Unterscheidungslehren kein Hinderniß der vollständigen Gemeinschaft am Gottesdienst, an den heiligen Sakramenten und den kirchlichen Gemeinderechten.

§. III. Unbeschadet dieses verschiedenen Bekenntnißstandes pflegen sämmtliche evangelische Gemeinden, als Glieder einer evangelischen Kirche, Gemeinschaft in Verkündigung des göttlichen Wortes und in der Feier der Sakramente und stehen mit gleicher Berechtigung in einem Kreis- und Provinzial-Synodal-Verbande und unter derselben höheren kirchlichen Verwaltung.

Abschnitt I. Von den Ortsgemeinden, Presbyterien und den größeren Gemeinde-Repräsentationen.

§. 1. Jede evangelische Gemeinde bildet nach ihrer örtlichen Begrenzung, welche durch Herkommen oder urkundlich bestimmt ist, eine Parochie.

§. 2. Der Wohnsitz in der Parochie begründet die Einpfarrung und die daraus entstehenden Rechte und Verpflichtungen für jeden evangelischen Glaubensgenossen. Mitglieder der Gemeinde sind jedoch nur diejenigen, welche durch die Confirmation oder auf ein eingereichtes Kirchenzeugniß in dieselbe aufgenommen worden. Wer eine Gemeinde verläßt, ist gehalten, zuvor beim Pfarrer das erforderliche Kirchenzeugniß zu begehren und dem Pfarrer der Gemeinde seines neuen Wohnorts dasselbe einzureichen.

Das Namensverzeichniß derer, welche bei ihrem Abzuge ein solches Zeugniß begehren, wird von der Kanzel verlesen. Die Zeugnisse der neuen Mitglieder der Gemeinde werden dem Presbyterio vorgelegt.

Zus. 1. 1) Der in eine Gemeinde neu Einziehende hat sich durch Einreichung eines Kirchenzeugnisses, oder, wo dieses nicht füglich beigebracht werden kann, durch eine glaubhafte Erklärung vor dem Pfarrer darüber auszuweisen, daß er zur evang. Kirche gehört. Diese Zeugnisse und Erklärungen sind vom Pfarrer dem Presbyterium mitzutheilen. Erst nachdem der neu Eingezogene durch Einreichung des Kirchenzeugnisses oder abgegebene Erklärung sich dem Präses des Presbyterii bekannt gemacht hat, wird er zur Theilnahme an Wahlen und kirchlichen Aemtern berechtigt.

2) Keinem Eingepfarrten ist es gestattet, ohne daß er den Parochialbezirk verläßt, willkürlich eine andere Parochie zu wählen.

3) Jedes an einen Ort mit Parochien verschiedenen evang. Bekenntnisses zuziehende Gemeindeglied ist verpflichtet, innerhalb eines Vierteljahres nach seinem Anzuge zu erklären, welcher Parochie es angehören will, es sei denn, daß seine Angehörigkeit in einer bestimmten Parochie schon vorher durch eine darin empfangene Handlung festgestellt ist.

§. 3. Die Pflichten eines Gemeindegliedes sind: 1) Die Gnadenmittel der Kirche in der Gemeinde fleißig zu gebrauchen, 2) ein erbauliches Leben zu führen, 3) sich der bestehenden Kirchen-Ordnung zu unterwerfen, und 4) die für die kirchlichen Bedürfnisse erforderlichen Beiträge zu leisten.

Dagegen hat jedes Mitglied der Gemeinde Antheil an allen kirchlichen Gnadenmitteln, Anstalten und Gerechtsamen derselben und Anspruch auf die Dienste der Kirchenbeamten. Jedes selbstständige und sonst qualifizirte Gemeindeglied kann zum Gliede des Presbyterii gewählt werden und hat ein mittel- oder unmittelbares Stimmrecht bei der Wahl der Pfarrer und anderer Kirchenbeamten.

Zus. 2. Die in diesem §. bezeichneten Pflichten liegen auch denjenigen Eingepfarrten ob, welche noch nicht die aktiven Rechte eines Gemeindegliedes nachgesucht und erworben haben.

§. 4. Bei Kirchen, welche keinen Patron haben, hat die Gemeinde das Recht, ihre Geistlichen zu wählen.

§. 5. Jede Ortsgemeinde wird in ihren Gemeinde-Angelegenheiten durch ein Presbyterium vertreten, bestehend aus dem Pfarrer oder den Pfarrern, aus Aeltesten, Kirchenmeistern und Diakonen.

§. 6. Den Vorsitz im Presbyterium führt der Prediger. Wo mehrere sind, alternirt das Präsidium unter ihnen nach dem Herkommen. Der Präses eröffnet und schließt die Verhandlungen mit Gebet.

Zus. 3. 1) Wo sich ein bestimmtes Herkommen über das Alterniren des Präsidiums im Presbyterium nicht gebildet hat, wechselt dasselbe unter mehreren mit gleichem Recht angestellten Pfarrern einer Gemeinde jährlich.

2) In dringenden Verhinderungsfällen des Präses kann da, wo kein anderer Pfarrer vorhanden ist, der Vorsitz einem Aeltesten übertragen werden.

3) Ordinirte Hülfsgeistliche haben das Recht, den Sitzungen des Presbyteriums mit berathender Stimme beizuwohnen.

§. 7. Die Zahl der Mitglieder des Presbyteriums richtet sich nach der Größe der Gemeinde; doch sollen derer außer dem Pfarrer zum wenigsten 4 sein, nämlich 2 Aelteste, 1 Kirchmeister und 1 Diakonus oder Armenpfleger.

§. 8. Die Mitglieder des Presbyterii werden, mit Ausnahme der Prediger, auf 4 Jahre, in kleinen Gemeinden, deren Seelenzahl nicht über 200 ist, von allen bei der Predigerwahl stimmfähigen Mitgliedern und in größeren Gemeinden von dem Presbyterium und der größeren Repräsentation der Gemeinde (siehe §. 18.), unter Vorsitz des Pfarrers, auf 2 Jahre gewählt. Jedes Jahr geht bei Gemeinden über 200 Seelen die Hälfte der Mitglieder ab, doch können die Abgehenden, wenn sie sich dazu qualifiziren, wieder gewählt werden. Es kann aber der Wiedererwählte die Stelle ablehnen.

Zus. 4. 1) Die Wahl der Kirchenältesten und Diakonen erfolgt in Zukunft der Regel nach jedesmal auf die Dauer von 4 Jahren, und scheidet alsdann nur alle 2 Jahre die Hälfte derselben aus. Jedoch kann, wo es nach den Verhältnissen zweckmäßig erscheint, mit Zustimmung der Kreis-Synode die bisherige zweijährige Amtsdauer beibehalten werden, in welchem Falle alle Jahre die Hälfte ausscheidet.

2) Scheidet ein Glied des Presbyteriums vor Ablauf seiner Dienstzeit aus, so wird an dessen Stelle durch das Presbyterium ein Substitut gewählt, welcher so lange das Amt bekleidet, als der Ausgeschiedene dasselbe bekleidet haben würde.

§. 9. Ohne erhebliche Gründe, zu welchen ein Alter über 60 Jahre, notorische Kränklichkeit, oder ein Geschäft, welches mit öfterer oder langer Abwesenheit von der Gemeinde nothwendig verbunden ist, sowie zwei mit Vermögensadministration verbundene Vormundschaften zu zählen sind, dürfen die in das Presbyterium Gewählten sich dem Amte, wozu sie erwählt wurden, nicht entziehen. Wer ohne erhebliche Gründe das Amt eines Presbyter ablehnt, verliert dadurch das Recht, in Zukunft als Glied des Presbyterii und der größeren Gemeinde-Repräsentation gewählt zu werden. Ueber die Gültigkeit der Entschuldigungsgründe hat, auf Antrag des Presbyterii, die Kreis-Synode zu entscheiden.

Zus. 5. 1) Bei einer unmittelbaren Wiederwahl in das Presbyterium kann der Wiedergewählte auch ohne das Vorhandensein der im §. 9 aufgeführten Entschuldigungsgründe die Stelle ablehnen.

2) Ueber die Gültigkeit der Entschuldigungsgründe entscheidet zunächst das Presbyterium und auf dem Wege des Rekurses, welcher jedoch innerhalb 14 Tagen präklusivischer Frist, vom Tage der Mittheilung der Entscheidung des Presbyteriums an gerechnet, eingelegt werden muß, das Moderamen der Kreis-Synode in letzter Instanz.

§. 10. Es dürfen nur solche selbstständige Mitglieder der Gemeinde zu Mitgliedern des Presbyteriums gewählt werden, welche einen ehrbaren Lebenswandel führen und an dem öffentlichen Gottesdienste und heiligen Abendmahle fleißig Theil nehmen. Die Aeltesten und Kirchmeister müssen das 30ste Lebensjahr erreicht, die Diakonen das 24ste vollendet haben. (Zus. 6 v. 1847.) Auch dürfen nicht Vater und Sohn, nicht Großvater und Enkel, auch nicht Brüder zu gleicher Zeit Glieder des Presbyterii sein.

Zus. 6. 1) Es dürfen nur solche im §. 21 bezeichnete selbstständige Gemeindeglieder zu Mitgliedern des Presbyteriums gewählt werden, deren Wandel unsträflich ist, die ein gutes Gerücht in der Gemeinde haben, überhaupt ihre Liebe zur evang. Kirche namentlich durch Erziehung ihrer Söhne im evang. Bekenntnisse bethätigen und durch Theilnahme an dem öffentlichen Gottesdienst und heiligen Abendmahl ihre kirchliche Gesinnung beweisen. Ausnahmen in Bezug auf evang. Kindererziehung können unter ganz besonderen Verhältnissen durch das Konsistorium gestattet werden.

2) Die Schlußbestimmung des §. 10 bezieht sich auch für die Rheinprovinz nur auf Verwandte der wechselnden Glieder des Presbyteriums, nicht des Pfarrers. Für die Provinz Westphalen behält es bei den desfallsigen übereinstimmenden Beschlüssen der 3. westph. Provinzial-Synode 57 u. 58 sein Bewenden.

§. 11. Die erwählten Mitglieder sollen öffentlich von der Kanzel der Gemeinde an zwei auf einander folgenden Sonntagen angezeigt und darauf vor der Gemeinde durch den Pfarrer nach dem in der Agende befindlichen Formular eingeführt werden.

Zus. 7. Gegen die Wahl eines Aeltesten oder Diakons können nur bis zur vollzogenen zweiten Verkündigung Einsprüche eingelegt werden. Ueber diese Einsprüche entscheidet zunächst das Moderamen der Kreis-Synode auf erforderten gutachtlichen Bericht des Presbyteriums, und auf Rekurs, welcher jedoch innerhalb 14 Tagen präklusivischer Frist, von der Bekanntmachung des Beschlusses des Moderamens an gerechnet, eingelegt werden muß, das Konsistorium.

Zus. 1 v. 8. Dez. 1866. Der Rekurs an das Konsistorium, welches in letzter Instanz entscheidet, ist nur demjenigen, gegen welchen der Einspruch gerichtet worden ist, nicht auch dem Opponenten gestattet. Bis zur endgültigen Entscheidung über die erhobenen Einsprüche verbleibt der Amtsvorgänger des Beanstandeten in seinen Funktionen, und falls nicht zu ermitteln ist, an wessen Stelle der Beanstandete treten sollte, entscheidet das Loos darüber, welcher von den ausscheidenden Presbytern bis zu jenem Zeitpunkte in seinen Funktionen zu verbleiben hat. Einsprüche gegen die Persönlichkeit des Gewählten und die Legalität der Wahlhandlung werden hierbei überall gleichmäßig behandelt.

§. 12. Das Presbyterium versammelt sich, auf schriftliche Aufforderung des Präses, welche den Mitgliedern wenigstens 3 Tage vor der Sitzung bekannt gemacht werden muß, in der Regel jeden Monat einmal, in der Sakristei, oder einem andern bestimmten, angemessenen Lokale in einem der kirchlichen Gemeindegebäude. Der Präses hat darauf zu halten, daß Ordnung, Anstand und Würde in der Versammlung nicht verletzt und nur über kirchliche Gegenstände gesprochen werde.

Der Präses kann auch, wo es erforderlich ist, außergewöhnlich das Presbyterium zusammenberufen. Zur Fassung eines Beschlusses müssen $^2/_3$ der Glieder versammelt sein. Bei Gleichheit der Stimmen gebührt dem Präses die Schiedsstimme.

Zus. 8. 1) Die Einladung des Präses muß den Mitgliedern des Presbyteriums spätestens am Tage vor Abhaltung der Versammlung zukommen.

2) Statt der schriftlichen Form kann auch die sonst herkömmliche Form der Einladung benutzt werden.

3) Ist die Einladung schriftlich und unter Angabe der Berathungsgegenstände erfolgt, so ist schon die Hälfte der Mitglieder des Presbyteriums beschlußfähig.

4) Der Präses eröffnet und schließt die Verhandlung mit Gebet.

§. 13. Ueber die Verhandlungen wird ein Protokoll geführt und dasselbe in das Protokollbuch eingetragen. Die Protokolle werden von allen anwesenden Mitgliedern unterzeichnet, und das Protokollbuch wird dem Superintendenten bei der Kirchenvisitation vorgelegt.

§. 14. Zu dem Geschäftskreis des Orts-Presbyterii gehört:

a. die Handhabung der Kirchendisziplin in der Gemeinde innerhalb der gesetzlichen Grenzen;
b. die Einleitung zur Wahl des Predigers nach den Bestimmungen des Wahlreglements;
c. es gebührt ihm die Wahl der untern Kirchenbedienten, die verfassungsmäßige Theilnahme an der Wahl der Elementar-Schullehrer und der §. 8. bezeichnete Antheil an der Wahl der Presbyter;
d. die Aufnahme der vor ihm und der Gemeinde durch den Prediger geprüften Konfirmanden;
e. nach der Bestimmung des §. 2. die Ertheilung der Kirchenzeugnisse für die aus der Gemeinde zu entlassenden Glieder;
f. Sitz und Stimme in der Kreis-Synode durch den Prediger und einen von dem Presbyterio deputirten Aeltesten;
g. die Verwaltung des Kirchen-, Pfarr-, Schul- und Armenvermögens.

Zus. 9. Zu den Obliegenheiten des Presbyterii gehört ferner:
h. die Aufsicht über die ganze Gemeinde und die Aufrechterhaltung guter Ordnung bei dem öffentlichen Gottesdienste;
i. die Pflicht, zur Zeit einer Vakanz der Pfarrstelle nach Anweisung des Superintendenten dafür zu sorgen, daß der Gottesdienst und der katechetische Unterricht der Jugend gehörig wahrgenommen werde;
k. die Leitung der kirchlichen Einrichtungen für Armen- und Krankenpflege;
l. es bildet innerhalb der verfassungsmäßigen Grenzen den Schulvorstand der Pfarrschulen, führt die Aufsicht über sämmtliche Schulen in der Gemeinde in Beziehung auf christliche Unterweisung und Erziehung der Jugend und wahrt im Bereiche der Parochie die der Kirche über die Schule zustehenden Rechte.

§. 15. Die Pflichten der Aeltesten (§. 5) sind: dem Prediger zur Erreichung des Zwecks in seinen Amtsverrichtungen hülfreiche Hand zu leisten. Insbesondere haben sie:
1) beim öffentlichen Gottesdienste über gute Ordnung zu wachen;
2) sollen sie diejenigen, welche durch Nichtbesuchung des Gottesdienstes oder sonst durch Uebertretung der im vorigen Kapitel bemerkten Pflichten der Gemeindeglieder Anstoß geben, dem Prediger anzeigen;
3) sind sie verbunden, abwechselnd den Prediger bei den jährlichen Hausbesuchen, wo dieselben üblich sind, zu begleiten;
4) müssen sie zur Zeit der Vakanz der Predigerstelle nach Anweisung des Superintendenten dafür sorgen, daß der Gottesdienst und der katechetische Unterricht der Jugend gehörig wahrgenommen werde;
5) überhaupt durch Ermahnen und Bitten christliche Ordnung, gewissenhafte Kinderzucht und einen frommen Lebenswandel der Gemeindeglieder fördern; und endlich
6) den Synodal-Versammlungen, wenn sie dazu erwählt werden, beiwohnen.

§. 16. Die Kirchmeister haben folgende besondere Obliegenheiten:
1) sie empfangen alle Einnahme der Kirche, und bestreiten von denselben die Ausgaben auf Assignationen, welche von dem Präses des Kirchenvorstandes unterschrieben sind;
2) legen sie jährlich dem Presbyterio Rechnung von ihrer Verwaltung ab und haben sich jeder besondern, von dem Presbyterio angeordneten Kassenrevision zu unterwerfen;
3) führen sie die besondere Aufsicht über die der Gemeinde gehörenden Gebäude, Kirchengeräthe und andere Inventarienstücke der Kirche und machen in der Versammlung des Kirchenvorstandes die Anträge zu nöthigen Bauunternehmungen.
4) (A.E. v. 4. Mai. 1868.) Sie vertreten im Gebiete des Französischen Rechts die Ortsgemeinden bei allen Prozessen, so daß alle erforderlichen Zustellungen von ihnen rechtsgültig ausgehen und an sie rechtsgültig erfolgen.

§. 17. Pflichten der Armenpfleger oder Diakonen.
die besonderen Obliegenheiten der Armenpfleger sind folgende:
1) die Sorge für die Armen der Gemeinde: sie untersuchen deren Familienverhältnisse, ihren häuslichen und ihren sittlichen Zustand, erforschen deren Bedürfnisse, machen die nöthigen Anträge zur Befriedigung derselben in der Versammlung des Kirchenvorstandes und vollziehen in dieser Hinsicht die gefaßten Beschlüsse;
2) sie verwalten den Armenfonds der Gemeinde, besorgen nach den ihnen zu ertheilenden Anweisungen des Präses die Einnahmen und Ausgaben, und legen jährlich dem Presbyterio, welches für die richtige Kassenführung verantwortlich ist, Rechnung von ihrer Verwaltung ab. Auch haben sie sich jeder von dem Presbyterio angeordneten besondern Kassenrevision zu unterwerfen;
3) besorgen sie die Sammlungen der Beiträge für die Kirche und Armen der Gemeinde und die vom Staate angeordneten kirchlichen Kollekten.

Zus. 10. Auf den Antrag des Presbyteriums kann es der Superintendent gestatten, daß die Rendantur der Armenkasse gegen Remuneration einem besonderen Rendanten, der dadurch nicht Mitglied des Presbyteriums wird, übergeben werde. Auch kann ein anderes Mitglied des Presbyteriums diese Rendantur übernehmen.

§. 18. Von der größern Repräsentation der Ortsgemeinde.

Jede evangelische Gemeinde, welche über 200 Seelen zählt, erhält außer dem Presbyterium eine größere Vertretung, welche gemeinschaftlich mit dem Presbyterium:

a. die Prediger wählt;
b. über die Veränderung in der Substanz des Grundeigenthums der Gemeinde, Erwerbung oder Veräußerung, wozu auch Erbverpachtungen und Konzessionen gegen Erbzins gehören, berathet und beschließt;
c. Gehälter und Gehaltszulagen für Kirchenbeamte oder Kirchendiener bestimmt;
d. bei Unzulänglichkeit des kirchlichen Vermögens der Gemeinde die Herbeischaffung der nöthigen Bedürfnisse beräth, nöthigenfalls die Umlage auf die Mitglieder der kirchlichen Gemeinde nach Verhältniß der von denselben zu zahlenden direkten Staats- und Kommunalsteuern bewirkt und dieselbe der Regierung zur Vollziehung vorlegt.

Zus. 11. 1) Die auf die Gemeinde nöthig werdenden Umlagen werden nach Verhältniß der von den Mitgliedern derselben zu zahlenden direkten Staats- und Kommunalsteuern umgelegt.

2) Es steht dem Presbyterium frei, auch in innern Angelegenheiten, wo es ihm angemessen erscheint, die Unterstützung der Gemeinde-Vertreter in Anspruch zu nehmen. H. Vgl. hierzu auch Erl. d. ev. O.K.R. v. 15. Dez. 1877, kirchl. Ges. u. Verordn.Bl. v. 1878 S. 4.

§. 19. Die Anzahl dieser Vertreter wird nach der Größe der Seelenzahl der Gemeinde nach folgender Progression festgestellt. In Gemeinden von 200 Seelen und darunter werden alle stimmfähigen Gemeindeglieder berufen, — die Zahl der Erschienenen ist für die Beschlußfähigkeit gleichgültig, wenn nur die Berufung schriftlich und unter Bezeichnung des Gegenstandes worüber Beschluß gefaßt werden soll, resp. nach dem Ges. v. 23. Jan. 1846 erfolgt ist, Cirk.R. des Min. der geistl. Angel. v. 11. Dez. 1861 (Aktst. 5, 218; V.M.Bl. 1862 S. 4). — a) Auf Gemeinden von 200 bis incl. 500 Seelen 16, b) für Gemeinden von 500—1000 Seelen 20, c) von 1000—2000 Seelen 24, d) von 2000—5000 Seelen 40, e) bei Gemeinden über 5000 Seelen 60 Repräsentanten.

§. 20. Die sämmtlichen Repräsentanten werden zum erstenmale gewählt unter dem Vorsitze des Kreis-Superintendenten mit Zuziehung des Pfarrers oder der Pfarrer der Gemeinde und im Beisein des Ortsbürgermeisters, wenn dieser evangelischer Konfession ist, im entgegengesetzten Falle eines evangelischen Beigeordneten oder eines evangelischen Mitgliedes des Stadtraths wenn ein solcher vorhanden sein sollte.

§. 21. Wähler der Repräsentanten sind alle Gemeindeglieder, welche das 24ste Lebensjahr zurückgelegt haben, zu den Bedürfnissen der Gemeinde, wo es erforderlich ist, konkurriren und a) entweder ein öffentliches Amt bekleiden, oder b) einem eigenen Geschäfte vorstehen oder c) eine eigene Haushaltung führen.

Zus. 12. 1) Das Presbyterium ist befugt, einem Gemeindegliede wegen gegebenen öffentlichen Aergernisses durch einen förmlichen Beschluß das Wahlrecht zu entziehen.

2) Sofern die Gemeinde-Vertretung einzelne Klassen der Gemeinde von der Beitragspflicht durch Beschluß freiläßt, erlischt das Wahlrecht derselben nicht.

3) Der Sohn einer Wittwe, welcher deren Geschäft führt und das 24. Lebensjahr vollendet hat, besitzt das aktive und passive Wahlrecht.

§. 22. Wählbar zu Repräsentanten sind diejenigen selbstständigen Gemeindeglieder, welche das 24ste Jahr zurückgelegt, einen unbescholtenen Ruf haben, ehrbaren Lebenswandel führen und an dem Gottesdienste und heiligen Abendmahle fleißig Theil nehmen.

§. 23. Die Wahl erfolgt auf die Weise, daß jeder Wählende so viele Namen von Wählbaren als Stellvertreter der Gemeinde zu ernennen sind, in einem, dem die Wahl leitenden Kirchenbeamten zu übergebenden verschlossenen Zettel benennt, damit die Stimmen ganz frei von allem fremdartigen Einflusse bleiben.

Zus. 13. 1) Statt der Abstimmung durch verschlossene Stimmzettel kann das Presbyterium durch Beschluß auch die Wahl durch öffentliche Stimmgebung zu Protokoll anordnen.

2) Wo die örtlichen Verhältnisse dies nöthig machen, kann die Wahl auch mit Berücksichtigung der einzelnen Abtheilungen der Gemeinde erfolgen.

3) Die nach den Ortsverhältnissen erforderlichen näheren Bestimmungen der Wahlform bleiben besonderen Wahlordnungen vorbehalten, die nach Anhörung des Presbyteriums auf Antrag des Superintendenten durch das Konsistorium festgestellt werden.

§. 24. Die Namen der durch die relative Mehrheit erwählten Gemeindevertreter werden an zwei nacheinanderfolgenden Sonntagen von der Kanzel verkündiget, und können nur bis zur vollzogenen zweiten Bekanntmachung Einsprüche gegen die Wahl angenommen werden (mit Zus. 4 v. 1847).

Zus. 2 v. 8. Dez. 1866. Im Uebrigen finden die Bestimmungen im §. 11 und de dazu erlassenen Ergänzungen, betreffend das Verfahren bei Einsprüchen gegen Presbyter-Wahlen, auch hier Anwendung.

§. 25. Wenn eine Gleichheit der Stimmen eintritt, so bestimmt das Loos den künftigen Repräsentanten.

§. 26. Von diesen Repräsentanten tritt alle zwei (Zus. 1 v. 1847) Jahre der vierte Theil ab.

§. 27. Die zuerst Austretenden werden durch das Loos bestimmt.

§. 28. Die an der Ausgeschiedenen Stelle tretenden neuen Repräsentanten werden von den stimmberechtigten Gemeindegliedern unter dem Vorsitze des Pfarrers erwählt, wo mehrere Pfarrer sind, unter dem Vorsitze des Präses des Presbyteriums. Die Abgehenden sind wieder wählbar.

§. 29. Wenn in der Zwischenzeit der regelmäßigen Wahlen ein Repräsentant mit Tode abgeht, die Gemeinde verläßt oder in das Presbyterium gewählt wird, so wird dessen Stelle in der ersten Sitzung der Gemeindevertretung von derselben durch eine neue Wahl wieder in der Art besetzt, daß der neu Gewählte die Stelle seines Vorgängers bis zu dem Zeitpunkt behält, wo letzterer durch den regelmäßigen Wechsel ausgeschieden sein würde (mit Zus. 3 v. 1847).

§. 30. Die Gemeindevertretung beschließt unter dem Vorsitze des Präses des Presbyterii durch Stimmenmehrheit gemeinschaftlich mit dem Presbyterium über die von demselben zur Berathung vorgelegten Gegenstände; bei Gleichheit der Stimmen giebt der Präses des Presbyterii den Ausschlag. Das Presbyterium führt die gefaßten Beschlüsse aus, wobei demselben auf sein Ansuchen die nöthige Unterstützung von Mitgliedern der größern Gemeinde-Repräsentation gewährt wird.

§. 31. Der Präses des Presbyterii ist der Präses der größern Gemeindevertretung.

Zus. 14. Die Gemeindevertreter versammeln sich auf Einladung des Präses des Presbyterii, welche in der Regel wenigstens am Tage vorher und unter Angabe der Hauptgegenstände der Verhandlung den Mitgliedern bekannt gemacht werden muß.

§. 32. Um einen Beschluß fassen zu können, muß die absolute Majorität des aus der Gemeindevertretung und dem Presbyterio bestehenden Kollegiums an der Versammlung Theil genommen haben (mit Zus. 2 v. 1847).

§. 33. Die Beschlüsse des Kollegii werden von allen bei der Abstimmung Anwesenden jedesmal unterschrieben.

Zus. 5 v. 1847. §. 33a. Eine Versammlung der Gemeinde-Vertreter, welche wiederholt und hartnäckig ihre Pflichten vernachlässigt und in Unordnung oder Parteiung verfällt, ist von dem Provinzial-Konsistorium aufzulösen, und ebenso den erwiesen Schuldigen die Wählbarkeit auf eine Zeit oder immer zu entziehen.

Zus. 15. §. 33b. Bestehen in einer Gemeinde herkömmlich besondere, die Kirchenordnung ergänzende, näher bestimmende oder modifizirende Einrichtungen, deren Anerkennung sie wünscht, oder fühlt sie sonst das Bedürfniß, neue eigenthümliche Einrichtungen zu treffen, so können solche zu einer statutarischen Bestimmung, oder insofern sie Gemeinde-Angelegenheiten im Ganzen betreffen, zu einem förmlichen Gemeinde-Statut zusammengefaßt werden. Es ist deshalb nach Vorberathung und auf Antrag des Presbyteriums ein Beschluß der Gemeinde oder ihrer Vertreter zu fassen und für denselben nach vorgängiger Begutachtung durch die Kreis-Synode die Anerkennung der Provinzial-Synode, daß die statutarische Bestimmung zweckmäßig und wesentlichen Bestimmungen der Kirchenordnung nicht zuwider sei, sowie die schließliche Bestätigung des Konsistoriums nachzusuchen.

Zweiter Abschnitt. Von der Kreisgemeinde und der Kreissynode.

§. 34. Die Gesammtheit mehrerer Ortsgemeinden, welche ein gemeinschaftliches Presbyterium haben, heißt Kreisgemeinde.

Zus. 16. Der Umfang der Kreisgemeinden wird durch das Herkommen oder durch einen von dem Konsistorium mit Genehmigung der höheren Kirchenbehörde und nach Anhörung der betheiligten Presbyterien und Kreissynoden sowie der Provinzial-Synode gefaßten Beschluß bestimmt.

§. 35. Dieses Presbyterium wird die Kreissynode genannt, und besteht aus den Pfarrern des Kreises und ebenso vielen deputirten Aeltesten, als Gemeinden zum Kreise gehören.

Zus. 17. 1) Die Presbyterien können anstatt eines Aeltesten auch einen der Diakonen zur Kreis-Synode deputiren.

2) Die innerhalb der Kreis-Gemeinden fungirenden Anstaltsgeistlichen und Militärprediger sowie die ordinirten Hülfsgeistlichen, Adjunkten und Vikare sind zur Theilnahme an den Kreis-Synoden mit berathender Stimme berechtigt. Pfarrverweser, welche die Stelle des ordentlichen Pfarrers in der Gemeinde vollständig vertreten, haben auch auf der Kreis-Synode eine volle Stimme.

§. 36. Jeder Kreissynode ist ein von derselben aus Geistlichen gewähltes Direktorium vorgesetzt, welches aus dem Superintendenten, dem Assessor und dem Scriba besteht. Der

Assessor ist der Substitut des Superintendenten, und der Scriba führt bei Synodal-Zusammenkünften das Protokoll. Das Direktorium wird von der Synode auf 6 Jahre gewählt und kann nach Verlauf dieses Zeitraums wieder gewählt werden. Die getroffene Wahl des Superintendenten und Assessors wird durch das Königliche Konsistorium (jetzt dem Oberkirchenrath und) dem Ministerio der geistlichen Angelegenheiten zur Bestätigung vorgelegt. Stirbt der Superintendent, oder hört er auf, Pfarrer in dem Synodalkreise zu sein, so verwaltet der Assessor das Amt des Superintendenten bis zur nächsten Synodal-Zusammenkunft.

Zus. 18. 1) Für den Assessor und Skriba werden Stellvertreter gewählt.

2) Nach dem Beschlusse der Kreis-Synode können in wichtigen Angelegenheiten nach Maßgabe der Geschäftsordnung zwei von der Kreis-Synode auf ein Jahr gewählte Aelteste zu den Verhandlungen des Moderamens mit Stimmrecht zugezogen werden. Die Wahl derselben bedarf der Bestätigung des Konsistoriums.

§. 37. Zu dem Geschäftskreis der Kreissynode gehört:

a. Berathung der Anträge an die Provinzial-Synode über alle kirchlichen Gegenstände, worüber die Beschlußnahme nach §. 49. der Provinzial-Synode zusteht;
b. die Aufsicht über die Pfarrer, Orts-Presbyterien, Kandidaten, Pfarr-Schullehrer und Kirchendiener des Kreises;
c. die Handhabung der Kirchendisziplin innerhalb der gesetzlichen Grenzen;
d. die Aufsicht über die Verwaltung des Kirchen- und Armenvermögens aller Gemeinden des Kreises;
e. die Verwaltung der Prediger-Wittwenkasse des Kreises und der Synodalkasse;
f. die Leitung der Wahlangelegenheiten der Pfarrer des Kreises sowie die Ordination derselben und Introduktion;
g. die Wahl des Direktorii der Synode und der Deputirten zur Provinzial-Synode.

§. 38. Der Superintendent hat:

1) in allen kirchlichen Angelegenheiten über Erhaltung und Ausführung der Kirchenordnung und Synodalbeschlüsse zu wachen und die Rechte der Kirche wahrzunehmen;
2) er führt die Aufsicht über die Presbyterien, über das Fortstudiren und die Führung der Kandidaten des Kreises, wie auch über die Amtsverwaltung und den Lebenswandel der Geistlichen, Kirchenbedienten und Schullehrer nach den Grundsätzen der Kirchen-Ordnung. Er sucht Mißhelligkeiten, welche zwischen Gemeinden, Predigern, Presbyterien, diesen und der Gemeinde entstehen, zu vermitteln und auszugleichen und führt die Disziplinar-Untersuchungen gegen Geistliche, Kirchenbediente und Schullehrer und Presbyterien seines Kreises allein, oder, in sofern es der Zuziehung richterlicher Personen bedarf, mit denselben gemeinschaftlich;
3) er hält in der Regel in jeder Gemeinde alle 2 Jahre die Kirchenvisitation nach der vorgeschriebenen Instruktion und stattet darüber Bericht an die geistliche Behörde und an die Synode bei ihrer Versammlung ab. Im Nothfalle kann er sich in diesem Geschäfte von seinem Assessor vertreten lassen, sowie letzterer in der Gemeinde des Superintendenten jedesmal die Kirchenvisitation übernimmt;
4) er ordnet die Geschäfte, welche bei einer vakanten Gemeinde zu besorgen sind, bestimmt daher den Turnus, nach welchem die geistlichen Amtsverrichtungen während der Vakanz einer Pfarrstelle von den Predigern der Kreissynode und Kandidaten verrichtet werden, führt das Präsidium des Presbyteriums der vakanten Gemeinde und besorgt
5) die Wahlangelegenheiten in der Gemeinde nach der vorgeschriebenen Ordnung, leitet die Predigerwahl und verrichtet die Ordination und die Introduktion der Geistlichen in Verbindung mit dem Assessor und Scriba;
6) er leitet die Synode bei ihrer Versammlung, ordnet den Gang der Verhandlungen an, hat den Vorsitz und das Recht der Entscheidung bei Gleichheit der Stimmen und steht an der Spitze in den von der Synode ernannten Kommissionen;
7) er hat die Verordnungen der Behörden in Ausführung zu bringen. Die Verfügungen derselben, soweit sie die kirchlichen Angelegenheiten und die Amtsführung der Geistlichen betreffen, gelangen allein durch ihn an die Prediger und Gemeinden des Kreises, und durch ihn gehen die Gesuche der Prediger und Gemeinden wieder zu den Behörden;
8) er ist in der Regel Schul-Inspektor, oder es kommen doch alle die Schule betreffenden Angelegenheiten, wenn ein anderer Geistlicher mit der Schulpflege beauftragt ist, an ihn und durch ihn an die Staatsbehörde, und von dieser durch ihn an die Schul-Inspektoren. Er ist hiernach das Organ sowohl der dem Kirchen- und Schulwesen vorgesetzten Königlichen Behörden, als der Synode.

§. 39. Die Kreissynode versammelt sich in der Regel jährlich einmal an dem Orte, der von derselben bestimmt wird. Die Berufung geschieht durch den Superintendenten, wenigstens vier Wochen vor der Zusammenkunft. In dringenden Fällen kann er sie auch außerordentlich berufen oder die schriftlichen Stimmen der Mitglieder einholen.

§. 40. Nach vorhergegangenem Gottesdienst, wobei derjenige Geistliche, welcher in der vorigen Sitzung dazu gewählt worden, die Predigt hält, eröffnet der Superintendent die Verhandlungen mit einem Gebete, stattet Bericht über den innern und äußern Zustand der Gemeine des Synodalkreises ab und legt die Gegenstände der Berathung vor. Es können nur kirchliche Gegenstände, welche nach §. 37. zum Geschäftskreise der Synode gehören, berathen werden. Der Superintendent schließt die Verhandlungen mit Gebet.

§. 41. Die Beschlüsse werden durch Mehrheit der Stimmen gefaßt. Zur Fassung eines Beschlusses wird die Anwesenheit von zwei Drittel der Glieder der Kreissynode erfordert.

§. 42. Die Verhandlungen werden protokollirt, und die Protokolle müssen von dem Superintendenten, Assessor, Protokollführer und allen anwesenden Gliedern der Kreissynode unterschrieben werden.

§. 43. Die Protokolle werden spätestens 14 Tage nach gehaltener Synode von dem Superintendenten durch den General-Superintendenten an das Konsistorium gesandt; außerdem cirkuliren dieselben bei den Pfarrern der Kreissynode zur Abschriftsnahme und Aufbewahrung im Kirchenarchiv, nachdem dieselben zuvor dem Presbyterio mitgetheilt worden.

Zus. 19. Die Protokolle der Kreis-Synoden werden auch dem Präses der Provinzial-Synode und in der Regel sämmtlichen Kreis-Synoden der Provinz mitgetheilt und zu diesem Ende der Regel nach durch den Druck vervielfältigt.

Zus. 20. §. 43a. Wie für die einzelnen Gemeinden, so können auch für die Kreis-Synoden besondere der Kirchenordnung nicht widersprechende Einrichtungen getroffen werden. Solche statutarische Bestimmungen sind von der versammelten Kreis-Synode zu beschließen und bedürfen zu ihrer Rechtsgültigkeit der Anerkennung der Provinzial-Synode und der Bestätigung des Konsistoriums unter Genehmigung der oberen Kirchenbehörde.

Dritter Abschnitt. Von der Provinzialgemeinde und Provinzialsynode.

§. 44. Die in derselben Provinz zu einem kirchlichen Verbande vereinigten Kreisgemeinden bilden die Provinzialgemeinde.

§. 45. Die Provinzialgemeinde hat ein Presbyterium, genannt Provinzialsynode, zur Besorgung der Angelegenheiten der Provinzialgemeinde.

Die Provinzialsynode besteht aus dem Präses, Assessor und Scriba dieser Synode, aus den Superintendenten der Provinz, und aus geistlichen und weltlichen Deputirten der Kreissynoden. Jede Kreissynode wählt dazu einen Pfarrer und einen Aeltesten aus dem Kreise.

Zus. 21. 1) Statt eines Aeltesten können die Kreis-Synoden auch einen der Diakonen zur Provinzial-Synode deputiren.

2) Für die deputirten Pfarrer und Aeltesten oder Diakonen werden Stellvertreter gewählt.

3) Verzieht ein Abgeordneter aus dem Kreissynodal-Bereiche, so tritt eine Neuwahl ein.

4) Außerdem hat die evangelisch-theologische Fakultät das Recht, sowohl zur Westphälischen als zur Rheinischen Provinzial-Synode einen aus ihrer Mitte gewählten Deputirten mit vollem Stimmrecht abzusenden, unter Voraussetzung der Fortdauer ihrer statutarischen kirchlichen Stellung und einer angemessenen Einwirkung der Kirche auf die Besetzung der Fakultät.

§. 46. Das Präsidium der Provinzialsynode besteht aus einem Geistlichen, welcher den Titel: „Präses der Provinzial-Synode" führt, und einem geistlichen Substituten, welcher „Assessor der Provinzial-Synode" heißt.

Beide werden von der Provinzial-Synode, aus Geistlichen des Provinzial-Synodalbereichs durch relative Stimmenmehrheit auf sechs Jahre gewählt und treten in ihre Funktionen, wenn sie die Bestätigung des Ministerii der geistlichen Angelegenheiten (jetzt des ev. Ober-Kirchenraths) erhalten haben.

Für die Dauer der Versammlung wird ein Geistlicher aus ihrer Mitte zum Scriba (Protokollführer) gewählt.

Der Präses und der Assessor können nach Ablauf der sechsjährigen Frist wieder gewählt werden.

Zus. 22. 1) Die Wahl des Präses und des Assessors erfolgt durch absolute Stimmenmehrheit.

2) Für den Assessor wählt die Synode einen Stellvertreter auf sechs Jahre.

§. 47. Die Provinzial-Synode versammelt sich in der Regel alle 3 Jahre in einer Stadt des Synodalbereichs nach Wahl der Synode.

Zus. In außerordentlichen und dringenden Fällen kann der Präses mit Genehmigung des Kirchenregiments die Stimmen der Mitglieder schriftlich erfordern, oder auch die Provinzialsynode außerordentlich versammeln (Reskr. d. Kult.Min. v. 6. Sept. 1836 und des ev. O.K.R. v. 20. Aug. 1853.

§. 48. Im Verhinderungsfalle wird der Präses durch den Assessor vertreten. Beim Absterben oder Abzuge desselben schreitet die Provinzial-Synode bei der nächsten Versammlung zu einer neuen Wahl, bis wohin der Assessor die Stelle des Präses vertritt.

§. 49. Die Provinzial-Synode wacht über die Erhaltung der Reinheit der evangelischen Lehre in Kirchen und Schulen und der in der Provinz geltenden Kirchenordnung.

Sie bringt ihre Beschwerden über Verletzung der kirchlichen Ordnung, über eingeschlichene Mißbräuche in Kirch- und Schulwesen, sowie über die Führung von Geistlichen und Kirchenbeamten und ihre desfallsigen Anträge an die betreffenden Staatsbehörden.

Sie beräth die Anträge und Gutachten der Kreissynoden ihres Bereichs und faßt über die innern kirchlichen Angelegenheiten Beschlüsse.

Die Beschlüsse der Provinzial-Synode treten aber erst dann in Kraft und Ausführung, wenn sie Bestätigung der kompetenten Staatsbehörden erhalten haben.

Sie nimmt an den Prüfungen der Kandidaten pro licentia et ministerio durch Abgeordnete aus ihrer Mitte, deren Zahl der der Räthe des Konsistoriums der Provinz gleich ist, mit vollem Stimmrechte Antheil.

Sie begutachtet die kirchlichen Gegenstände, welche ihr von der geistlichen Staatsbehörde zur Begutachtung vorgelegt werden.

Sie führt die Aufsicht über die Kreissynodal-Wittwen- und die Synodalkassen ihres Bereichs.

Sie wählt ihren Präses, Assessor und Scriba.

§. 50. Der Präses der Provinzial-Synode, im Behinderungsfalle der Assessor beruft die Provinzial-Synode, leitet die Verhandlungen derselben, sorgt für die Beobachtung der äußern Ordnung, sammelt die Stimmen, giebt bei Gleichheit der Stimmen durch seine Stimme den Ausschlag, und faßt die Beschlüsse nach der Mehrheit der Stimmen ab.

Er ist der erste Abgeordnete der Provinzial-Synode zu den Prüfungen der Kandidaten.

Er hat das Recht, den Kreissynodal-Versammlungen mit vollem Stimmrechte beizuwohnen.

Er führt die Korrespondenz mit den Staatsbehörden über alle Angelegenheiten der Provinzial-Synode.

Zus. 23. Zur Fassung eines Beschlusses der Provinzial-Synode wird die Anwesenheit von zwei Dritteln der Glieder derselben erfordert.

§. 51. Die Provinzial-Synode wird mit Gebet und Rede des Präses eröffnet und geschlossen. Nachdem die Arbeiten des ersten Tages beendigt sind, wird in der Kirche eine kurze Vorbereitungsandacht zur Abendmahlsfeier gehalten.

Am zweiten Tage ist feierlicher Gottesdienst, und die Synode feiert die Kommunion.

Die Predigt wird von demjenigen gehalten, welcher von der Provinzial-Synode beauftragt worden.

Der Präses theilt das heilige Abendmahl aus, wobei ihm der Geistliche, welcher die Synodal-Predigt gehalten hat, assistirt.

§. 52. Die Akten der Provinzial-Synode cirkuliren bei allen Predigern der Provinz, welche eine Abschrift davon im Archive aufbewahren.

Imgleichen werden von dem Präses die Akten an die landesherrliche Behörde eingesandt.

Zus. 24. §. 52a. Für den Zweck einer einheitlichen Fortbildung und weiteren Entwickelung der die Provinzen Westphalen und Rheinland verbindenden Kirchen-Verfassung werden die beiden Provinzial-Synoden ihre Sitzungen möglichst gleichzeitig halten und sonst in angemessener Weise mit einander in Vernehmen treten.

§. 52b. Die Mitglieder des Konsistoriums sind berechtigt, den Versammlungen der Provinzial-Synode so wie auch der Kreis-Synoden mit berathender Stimme beizuwohnen.

Vierter Abschnitt. Von der Erledigung, Wiederbesetzung und Vertretung des Pfarramts.

§. 53. Das Predigeramt wird erledigt durch freiwillige Niederlegung, Entsetzung, Versetzung und Absterben des Pfarrers. — Einem Pfarrer steht es frei, der Berufung zu einer andern Gemeinde zu folgen. Wenn jedoch ein dienstfähiger Prediger vor Verlauf von zwei Jahren nach seinem Amtsantritte seine Stelle verläßt, so ist die Gemeinde, welche ihn berufen hat, gehalten, die Kosten seiner Erwählung, Berufung und Einsetzung der Gemeinde, die er verläßt, zu erstatten, welche Kosten von dem Presbyterium der letztern spezifizirt und summirt, und von dem Superintendenten festgestellt werden, jedoch die Summe von 80 Thlrn. nicht übersteigen dürfen.

§. 54. Bei Erledigung des Predigtamts ist Folgendes zu beobachten:

1) Das Presbyterium muß die Erledigung der Stelle sofort dem Superintendenten berichten.
2) Der sein Amt niederlegende Prediger setzt seine Amtsführung noch sechs Wochen nach seiner Niederlegungs-Erklärung fort, und beschließt dieselbe durch eine Abschiedspredigt, mit welcher seine Funktionen und die Beziehung des Gehalts aufhören.
3) Bei Niederlegung seines Amtes übergiebt der abziehende Prediger alle bei ihm beruhenden

Kirchenakten und Kirchenbücher dem Presbyterio. Dieses geschieht in Gegenwart des Superintendenten oder seines Substituten, welcher ein Inventarium aller Kirchenpapiere anfertigen läßt, wovon er das Duplikat behält.

4) Der Superintendent giebt ihm, wenn er die Kreissynode verläßt, nach vorhergehendem Bericht des Presbyterii und eingeholtem Gutachten der Kreissynode ein Zeugniß über seine Amtsführung.

5) Wenn ein Pfarrer mit Tode abgeht, so nimmt das Presbyterium binnen 8 Tagen nach seiner Beerdigung die Kirchensachen und Schriften, welche der Verstorbene in Händen hatte, in Gegenwart des Superintendenten in Empfang.

§. 55. Die Bedienung einer erledigten Stelle, wenn kein Wittwenjahr stattfindet, geschieht also:

a. Während der Vakanz predigen die Kandidaten der Synode und diejenigen Kandidaten aus andern Synoden, welche der Superintendent aus eigener Bewegung oder auf den Wunsch der Gemeinde zu Gastpredigten auffordern wird. — Sie haben auch Nachmittags öffentliche Katechisation zu halten.

b. Zu den übrigen Amtshandlungen sind, wenn kein zweiter Prediger bei der Gemeinde ist, dem Herkommen gemäß, die benachbarten Prediger gegen die jura stolae verpflichtet.

§. 56. Die Bedienung einer erledigten Pfarrstelle, wenn die Wittwe oder Waisen die Wohlthat des Nachjahres haben, geschieht also:

a. Bei Gemeinden, bei denen kein zweiter Prediger ist, predigen die Prediger und Kandidaten der Kreissynode und katechesiren Sonntags nach einem vom Superintendenten zu bestimmenden Turnus. Sie haben weder Remuneration, noch Reisekosten zu fordern, werden aber von der Wittwe oder den Waisen bewirthet.

b. Ist der Turnus einmal beendigt, so predigen die Kandidaten, welche zu Probepredigten aufgefordert worden sind.

c. Hierauf beginnt der Turnus von Neuem, bis das Jahr beendigt ist.

d. Die vorfallenden Kindtaufen und Kopulationen werden so viel wie möglich auf den Sonntag verlegt, damit dieselben von den Cirkular-Predigern verrichtet werden. — Diejenigen Amtshandlungen aber, welche sich nicht auf den Sonntag verlegen lassen, werden von den benachbarten Predigern verrichtet. Diese alterniren wöchentlich, jedoch steht es ihnen frei, ein Abkommen unter sich zu treffen, nach welchem jedem der Theil der Gemeinde, welcher ihm am nächsten liegt, angewiesen wird.

Für alle sonst vorkommenden Fälle, besonders die Führung der Kirchenbücher, ernennt der Superintendent einen Stellvertreter des Pfarrers. Die Geistlichen, welche die kirchlichen Amtshandlungen verrichtet haben, sind verpflichtet, sofort dem Stellvertreter die zur Eintragung ins Kirchenbuch erforderlichen Notizen schriftlich mitzutheilen.

§. 57. Wenn noch ein zweiter Prediger bei der Gemeinde ist, übernimmt derselbe alle während der Vakanz vorfallenden geistlichen Amtshandlungen, die Führung der Kirchenbücher, das Präsidium im Presbyterio und die ganze spezielle Seelsorge. — In Betreff der Predigten an den Sonn- und Festtagen findet aber die §. 56. angeordnete Einrichtung auch in diesem Falle Statt.

§. 58. Bei Erledigung einer Stelle ohne Nachjahr wind binnen 3 Monaten von dem Tage ab, an welchem die Erledigung der Stelle der Gemeinde bekannt gemacht worden ist, und wo das Nachjahr stattfindet, 9 Monate nach dem Tode des Predigers zur Wahl geschritten. Die Dauer des Nachjahrs wird auf 1 Jahr und 6 Wochen, vom Todestage an gerechnet, bestimmt.

§. 59. Die Wiederbesetzung einer erledigten Pfarrstelle durch freie Wahl der Gemeinde oder deren Repräsentanten erfolgt auf folgende Weise:

1) Der Superintendent ladet die Kandidaten, welche die Repräsentation, oder, wo keine ist, die Gemeinde zu hören wünscht, und die er außer diesen der Gemeinde empfohlen hat, zur Haltung einer Probepredigt und Katechesation ein. Unter den Eingeladenen müssen sich sämmtliche Kandidaten der Kreissynode befinden.

2) Die Kandidaten haben keine Ansprüche auf Reise- und Zehrungskosten zu machen. In der Gemeinde aber werden sie unentgeldlich anständig bewirthet.

3) Wünscht die Gemeinde einen schon im Amte stehenden Prediger, so darf er sich weder zu einer Probepredigt anbieten, noch von der Gemeinde dazu aufgefordert werden. Die Wahlmitglieder werden in diesem Falle aus ihrer Mitte eine Deputation ernennen, welche den Prediger an seinem Wohnorte hört, sich nach seinen Eigenschaften erkundigt und den Wahlberechtigten darüber Bericht erstattet. Zus. 25. Die Aufforderung zur Gastpredigt ist gestattet.

4) Der Tag der Wahl wird der Gemeinde wenigstens 14 Tage vor derselben durch eine Proklamation von der Kanzel bekannt gemacht.

5) Der Superintendent, oder im Fall seiner Abwesenheit der Assessor begiebt sich in Begleitung des Scriba am Wahltage zur bestimmten Zeit in die Kirche der vakanten Gemeinde.

6) Die Handlung wird mit Gottesdienst eröffnet.
7) Unmittelbar nach dem Gottesdienste wird zur Wahl geschritten. Der Superintendent leitet die Wahl. Nur Stimmberechtigte nehmen daran Antheil.
8) Die Stimmberechtigten werden aufgerufen: einzeln, nach der Ordnung, wie sie in dem Verzeichniß aufgeführt sind, an den Chortisch zu treten und ihre Stimme abzugeben.
9) Niemand kann seine Stimme durch einen andern abgeben lassen, ausgenommen, wenn nachgewiesen worden, daß er krank oder verreist ist.
10) Wer auf die Aufforderung oder vor dem Schluß der Wahl nicht erscheint, wird als abwesend notirt und seine Stimme nicht mehr angenommen.
11) Der Scriba und ein vom Presbyterio deputirtes Mitglied desselben schreiben zu dem Namen des Stimmenden den Namen dessen, welchem die Stimme gegeben worden ist.
12) Nachdem alle anwesenden Stimmberechtigten ihre Stimme abgegeben haben, wird zum Zählen der Stimmen geschritten.

Zus. 26. 1) Wer unter den Konkurrirenden die absolute Mehrheit, d. h. mehr als die Hälfte aller abgegebenen Stimmen hat, ist der erwählte Prediger. Wenn von zwei Konkurrenten jeder die Hälfte derselben hat, so entscheidet das Loos.

2) Ist Beides nicht der Fall, so werden diejenigen, welche die meisten Stimmen haben, auf eine engere Wahl gebracht und zwar zunächst auf eine Dreizahl, weiter erforderlichen Falls auf eine Zweizahl, bis die absolute Mehrheit erreicht ist. Die durch Stimmengleichheit entstehende Frage, wer in die engere Wahl aufzunehmen sei, wird durch das Loos entschieden.

3) Jede Wahlstimme, welche auf einen andern als die in der Wahl gebliebenen Kandidaten fällt, ist ungültig und wird nicht mitgezählt.

4) Wenn von zwei in die engere Wahl Gekommenen jeder die Hälfte der abgegebenen Stimmen erhält, so entscheidet wie ad 1 das Loos.

5) Abwesende (§. 59 Nr. 9) können ihr Wahlrecht nur durch die Vermittelung eines andern Wahlberechtigten ausüben, und muß ihre Vollmacht den bestimmten Namen desjenigen Kandidaten enthalten, welchem sie ihre Stimme geben wollen. Ihre Stimme wird auch bei den engeren Wahlgängen so lange mitgezählt, als der von ihnen bezeichnete Kandidat bei denselben konkurrirt. K.O. v. 22. Juli 1867 (M.Bl. f. d. i. Verw. S. 298, Bluhme a. a. O. S. 258). Der Superintendent verkündet das Resultat der Wahl.

13) Es wird ein Wahlprotokoll aufgenommen und vom Superintendenten und seinen Assistenten, sowie von dem Presbyterio unterschrieben. An den nächsten 3 Sonntagen wird das Resultat der Wahl der Gemeinde vor Schluß des öffentlichen Gottesdienstes vor der Kanzel bekannt gemacht.
14) Geschehen Einsprüche gegen den Gewählten, welche jedoch innerhalb der auf die erste Bekanntmachung von der Kanzel folgenden 14 Tage bei dem Superintendenten eingelegt werden müssen, so werden dieselben auf der Stelle von demselben mit Zuziehung des Presbyterii untersucht und der betreffenden Regierung (jetzt Konsistorium) mit gutachtlichem Bericht des Superintendenten zur Entscheidung vorgelegt.
15) Der Erwählte erhält eine vom Presbyterio Namens der Gemeinde unterschriebene, vom Superintendenten als richtig bescheinigte und von der Königl. Regierung (Konsistorium) bestätigte Vokation.
16) Der Erwählte kann sich eine Bedenkzeit von vier Wochen nehmen, jedoch muß er im Fall der Annahme des Berufs, spätestens innerhalb sechs Wochen nach gegebener Zusage sein Amt antreten.

Zus. 27. 1) Die Frist zum Antritte des Amts wird auf 9 Wochen verlängert.

2) Stand der Berufene schon in einem Amte, so tritt er in dem Augenblick, in welchem er von dessen Verwaltung enthoben wird, in die Rechte und Einkünfte des neuen Pfarramts ein.

17) Nimmt der Erwählte die Berufung nicht an, so muß innerhalb vier Wochen nach der ablehnenden Antwort des Berufenen zu einer neuen Wahl geschritten werden.
18) Die Kosten der Wahl werden aus den Einkünften der Kirche, und wo diese mangeln, von der Gemeinde bestritten.

Zus. Haben zwei Schwestergemeinden, von denen eine über, die andere unter 200 Seelen stark, den Pfarrer zu wählen, ohne daß der Wahlmodus verfassungsmäßig oder herkömmlich feststeht, so soll die kleinere Gemeinde auch Repräsentanten wählen und zwar so viel, daß sich die Gesammtzahl ihrer Presbyter und Repräsentanten zu der der größeren Gemeinde, wie die Seelenzahl beider Gemeinden zu einander verhält. R. des Min. der geistl. Angel. v. 28. Aug. 1840 (M.Bl. f. d. i. Verw. S. 351).

§. 60. Damit die Berufungsurkunde der Gemeinde an den erwählten Pfarrer nichts enthalte, was der Kirchen-Ordnung zuwider, und alles enthalte, was die Gemeinde von dem Berufenen zu fordern berechtigt ist, und was der Prediger an festem Einkommen und Stolgebühren und Gerechtsamen in Anspruch zu nehmen hat, so wird jede Vokation nach einem von der Provinzial-Synode entworfenen und von dem Königlichen Ministerio der geistlichen ꝛc. Angelegenheiten genehmigten Formular angefertigt und vollzogen werden.

§. 61. Die Abholung des Erwählten an den Ort seiner Bestimmung geschieht auf Kosten der Gemeinde, welche auch verpflichtet ist, seine Familie und Effekten unentgeldlich abzuholen, imgleichen die mit der Ordination und Introduktion verbundenen Kosten zu tragen.

§. 62. Ist der Berufene ein nicht ordinirter Kandidat, so wird er am Tage seiner Introduktion vor der versammelten Gemeinde, bei welcher er sein Amt antritt, ordinirt, und zwar an einem Wochentage. Die Ordination geschieht durch den Superintendenten im Beistande des Assessors und Scriba und derjenigen Pfarrer der Kreissynode, welche auf die Einladung des Superintendenten, welcher alle Pfarrer der Kreissynode zur Beiwohnung dieser Feierlichkeit einladen muß, erscheinen werden.

Nach einer kurzen Rede des Superintendenten wird der Einzuführende nach Vorschrift der Kirchen-Agende unter Ablegung seines Gelübdes verpflichtet, und erhält demnächst unter Auflegung der Hände der anwesenden Geistlichen die Weihe zu seinem Amte unter Segenswunsch und Gebet, alles nach Vorschrift der Landes-Agende. Unmittelbar nach der Ordination hält der Ordinirte seine Eintrittspredigt.

§. 63. Ist der Berufene schon ordinirt, so findet bloß durch den Superintendenten die Introduktion Statt, worauf der berufene Geistliche seine Einführungspredigt hält.

§. 64. Ueber die geschehene Ordination und Introduktion hat der Superintendent Bericht durch den General-Superintendenten an das Konsistorium zu erstatten.

Zus. 28. §. 64a. 1) Die für Wiederbesetzung erledigter Pfarrstellen gegebenen gesetzlichen Bestimmungen kommen auch bei Pfarrverwesern, die mit dem Rechte der Nachfolge angestellt werden, sowie bei allen lebenslänglich angestellten ordinirten Hülfsgeistlichen in Anwendung.

2) Bei der Anstellung ordinirter oder nicht ordinirter Kandidaten für unbestimmte Zeit, welche die Gemeinde besoldet, genügt es, daß der Superintendent mit der Gemeindevertretung ein Wahlprotokoll abfaßt und zur ordentlichen Bestätigung vorlegt. Bei Anstellung von Gehülfen, die der Pfarrer selbst besoldet, findet keine Wahl durch die Gemeindevertretung statt; die Anstellung selbst aber unterliegt der Zustimmung des Presbyteriums und des Superintendenten.

§. 65. Ueber das Nachjahr der Prediger-Wittwen gelten folgende Bestimmungen:

1) Die Wittwe oder die noch unversorgten unmündigen Kinder des Predigers bleiben, von seinem Todestage an gerechnet, noch **ein** Jahr und 6 Wochen in dem vollen Genuß des Pfarrhauses und aller Pfarreinkünfte.

   Diese Wohlthat kommt den Wittwen und Waisen aller verstorbenen evangelischen Prediger zu, K.O. vom 17. Dez. 1839 (M.Bl. f. d. i. Verw. 1840 S. 49), und nicht bloß den unversorgten unmündigen, sondern allen noch unversorgten, beim Ableben des Predigers in seiner väterlichen Gewalt befindlichen majorennen oder minorennen Kindern, K.O. v. 29. Juli 1840 (M.Bl. f. d. i. Verw. S. 352).

2) Nur die Gattin, welche mit dem Pfarrer verheirathet war, während er noch im Amte stand, nicht aber die, welche er als Emeritus geheirathet hat, so auch nur die eheleiblichen Kinder des verstorbenen Pfarrers, welche zur Zeit seines Todes oder seiner Emeritirung bereits vorhanden waren, können auf den Genuß des Ruhegehalts während des Gnadenjahres Anspruch machen.

3) Wenn die Gemeinde vor Ablauf des Nachjahres einen neuen Prediger zu haben wünscht, so muß sie sich mit der Wittwe oder den Waisen abfinden.

Zus. 29 v. 25. August 1853 (M.Bl. f. d. i. Verw. S. 229). Die Abfindung des früher eintretenden Nachfolgers mit der Wittwe und den Waisen des Vorgängers kann unbeschadet der Ansprüche der letzteren auf das gesetzliche Nachjahr dahin erfolgen, daß dieselben es sich müssen gefallen lassen, 6 Monate und 6 Wochen im Besitze der Einkünfte zu bleiben und dann ein Jahr lang die Einkünfte einschließlich der Wohnung oder Miethe während desselben mit dem neuen Pfarrer zu theilen.

Fünfter Abschnitt. Von den Pflichten des Pfarrers.

§. 66. Dem Pfarrer liegt ob, nach Anleitung der eingeführten Kirchen-Agende den Gottesdienst abzuhalten, die Sakramente zu verwalten und alle geistlichen Amtshandlungen zu verrichten; den Unterricht der Jugend im Christenthum vorzunehmen, die ihm überwiesene Aufsicht über die Schulen zu führen, und sich allen zur Seelsorge gehörenden Geschäften zu unterziehen.

§. 67. Er muß mit einem unbescholtenen exemplarisch-christlichen Lebenswandel der Gemeinde, welche ihm anvertraut ist, vorleuchten und überall den Ernst und die Würde eines Geistlichen behaupten.

§. 68. Er hat die Kirchenbücher nach den darüber bestehenden Gesetzen zu führen, und für die Aufbewahrung aller Bücher, Dokumente und Nachrichten, welche den Zustand und das Vermögen der Gemeinde betreffen, Sorge zu tragen.

§. 69. Als Vertreter der Gemeinde in den Kreis- und Provinzial-Synoden soll er sowohl das Beste der ganzen Kirche, als auch besonders seiner Gemeinde vor Augen haben und zu befördern suchen.

§. 70. Für die genaue Besorgung derjenigen Verrichtungen, welche der Staat den Predigern, insbesondere bei Eheverhältnissen, Aufgeboten, Trauungen, Taufen, Begräbnissen, Führung der Kirchenbücher, und der aus denselben auszustellenden Zeugnisse aufträgt, ist er der Obrigkeit verantwortlich.

Zus. 30. Die Zeit der Amtshandlungen des Pfarrers ist mit Einwilligung desselben nach billiger Anordnung des Presbyteriums zu bestimmen.

§. 71. Der Prediger darf zwar die Grundstücke, deren Benutzung ihm zu seiner Salarirung angewiesen ist, selbst bewirthschaften, mit schriftstellerischen Arbeiten und der Erziehung fremder Kinder, auch gegen Pension, sich beschäftigen, aber kein bürgerliches Gewerbe treiben.

§. 72. Wenn ein Prediger eine Reise zu machen beabsichtigt, welche nicht über 14 Tage währt, so hat er davon dem Presbyterio Anzeige zu machen. Zu längerer Abwesenheit hat er den Urlaub von seinem Superintendenten nachzusuchen, welcher ihm denselben auf 4 Wochen geben kann. Ein noch längerer Urlaub kann nur vom General-Superintendenten gegeben werden, welcher indeß die Zeit von acht Wochen nicht überschreiten darf. Ein Urlaub von mehr als 8 Wochen ist durch den General-Superintendenten bei dem Präsidenten des Konsistorii nachzusuchen.

§. 73. Der Pfarrer hat im Falle eines Reiseurlaubs für seine Vertretung zu sorgen.

§. 74. Der Prediger, den eine langwierige Krankheit verhindert, seine Stelle selbst zu versehen, kann auf einen Substituten antragen, welcher auf den Vorschlag des Pfarrers vom Superintendenten für die Zeit der Krankheit des Pfarrers angeordnet wird. Für die Entschädigung des Substituten muß der Pfarrer sorgen. Wird ein Pfarrer durch Alterschwäche oder unheilbare Krankheit verhindert, sein Amt fortzusetzen, so wird derselbe emeritirt. Der emeritirte Pfarrer behält wenigstens die Hälfte seines bisherigen Diensteinkommens.

Die Gemeinde hat dafür zu sorgen, daß der Nachfolger bis zum Tode des emeritirten Pfarrers anständig besoldet werde.

Sechster Abschnitt. Von dem öffentlichen Gottesdienst und andern heiligen Handlungen.

1) Von der Feier des öffentlichen Gottesdienstes. a) Allgemeine Bestimmungen. §. 75. Die Kirchen sind lediglich zur Abhaltung des Gottesdienstes und Verrichtung anderer kirchlicher Handlungen bestimmt und dürfen zu andern Zwecken, ohne Genehmigung des Presbyteriums, des Superintendenten und des Konsistoriums der Provinz, nicht benutzt werden.

§. 76. Für eine ihrem Zwecke entsprechende Einrichtung der Kirchen ist möglichst Sorge zu tragen.

§. 77. Die Gesänge beim öffentlichen Gottesdienst dürfen nur aus der von der Provinzial-Synode zu diesem Zweck vorgeschriebenen, und landesherrlich bestätigten Liedersammlung gewählt werden.

§. 78. Die Predigt, als ein Hauptstück des Gottesdienstes, sei einfach und deutlich, würdevoll und kräftig, der heiligen Schrift und dem evangelischen Glaubensbekenntniß gemäß und erbaulich.

§. 79. Die Wahl der Texte wird in der Regel den Predigern überlassen. Sie müssen jedoch aus den kanonischen Büchern der Bibel genommen werden.

§. 80. Es dürfen in der Kirche Publikationen bürgerlicher Verfügungen oder Handlungen freiwilliger Gerichtsbarkeit nicht stattfinden.

b) Besondere Bestimmungen. Von dem Gottesdienst an Sonn- und Feiertagen. §. 81. Der öffentliche Gottesdienst und alle andere gottesdienstliche Handlungen sind nach den in der Agende für die Preußischen Lande mit besondern Bestimmungen für die Rheinprovinz und Westphalen enthaltenen Anordnungen vorzunehmen.

§. 82. Alle Sonn- und Festtage soll in jeder Gemeinde so oft Gottesdienst gehalten werden, als es herkömmlich ist. Der Wochengottesdienst richtet sich ebenfalls nach dem Herkommen.

§. 83. Dieses Herkommen kann nur auf Antrag der Gemeinde und den Bericht des Superintendenten von dem Konsistorio abgeändert werden.

§. 84. Der Vormittags-Gottesdienst fängt im Sommerhalbjahr um 9 Uhr an, im Winterhalbjahr, vom 1. Oktober bis zum 1. April, kann derselbe bei zerstreuten Gemeinden um 10 Uhr seinen Anfang nehmen.

§. 85. Das Zusammenberufen der Gemeinde zum Gottesdienste, sowie auch das Ankündigen der sonn- und festtäglichen Feier am Vorabende geschieht nach der Observanz jedes Orts.

Der Gottesdienst darf erst fünf Minuten nach dem letzten Geläute anfangen, damit die Gemeinde Zeit habe, ihre Plätze einzunehmen.

2) Von der Feier der Sakramente. §. 86. Die evangelische Kirche feiert unter dem Namen der Sakramente nur zwei, von dem Erlöser selbst angeordnete Handlungen: die heilige Taufe und das heilige Abendmahl.

§. 87. Die Verwaltung der beiden Sakramente darf nur von einem kirchenordnungsmäßig berufenen und ordinirten Prediger der evangelischen Kirche geschehen; er darf sie auch nur in der ihm angewiesenen Gemeinde und außerhalb derselben nicht anders, als mit Genehmigung des Pfarrers der Gemeinde verrichten.

Zus. 31. Eine Ausnahme von dieser Regel findet nur im Falle einer Nothtaufe statt.

§. 88. Beide Sakramente werden in der Regel bei dem öffentlichen Gottesdienste in Gegenwart der versammelten Gemeinde verwaltet.

a) Von der heiligen Taufe. §. 89. Alle Kinder evangelischer Christen sollen innerhalb sechs Wochen nach ihrer Geburt durch die heilige Taufe in die christliche Kirchengemeinschaft aufgenommen werden.

§. 90. Von den Erwachsenen, welche in die evangelische Kirchengemeinschaft eintreten wollen, werden nur diejenigen getauft, welche aus einem nicht christlichen Glaubensbekenntniss zur evangelischen Kirche übergehen. — Zus. 22. Dasselbe findet statt, wenn von ihnen nicht erweislich ist, daß sie das Sakrament der Taufe nach der Vorschrift des Herrn empfangen haben.

§. 91. Bei der Taufe eines Kindes müssen der Vater desselben, wenn nicht dringende Umstände es unmöglich machen, und wenigstens zwei Taufzeugen gegenwärtig sein.

§. 92. Die Taufzeugen sollen aus den Gliedern der evangelischen Kirche oder doch aus einer Kirche christlichen Glaubensbekenntnisses gewählt werden. Sie müssen bereits zum heiligen Abendmahle zugelassen sein.

§. 93. Bei der Taufe eines Kindes ist nur die Beilegung solcher Namen zuzulassen, welche unter die bei den Christen üblichen Taufnamen gehören.

§. 94. Privattaufen in den Wohnungen der Gemeindeglieder können als Ausnahmen bewilligt werden: bei erwiesener Schwächlichkeit des Täuflings und bei anhaltend übeler Witterung. Es müssen dabei wo möglich ein Presbyter der Gemeinde und jedenfalls zwei Zeugen gegenwärtig sein. — Zus. 33. Auch außerhalb der im §. 94 aufgeführten beiden Ausnahmefälle können Privattaufen bewilligt werden. Die Anwesenheit von zwei Zeugen dabei ist unerläßlich.

§. 95. Es sollen dem Prediger die Namen des Kindes, der Tag und die Stunde der Geburt, die Namen und der Stand der Eltern vor der Taufe schriftlich eingereicht werden.

b) Von dem heiligen Abendmahle. §. 96. Das heilige Abendmahl wird nach der Einsetzung unseres Herrn Jesu Christi, wonach das Brot gebrochen, und bei Austheilung des Brots (und des Weines) die Einsetzungsworte des Herrn gesprochen werden, an den dem öffentlichen Gottesdienste gewidmeten Orten auf eine dem Zwecke desselben entsprechende Weise gefeiert.

§. 97. Das heilige Abendmahl wird nach der Größe der Gemeinde vier, acht oder zwölf Mal im Jahre in den vormittägigen gottesdienstlichen Versammlungen ausgetheilt, wenn nicht das Bedürfniß der Gemeinde eine öftere Austheilung nöthig oder wünschenswerth macht.

§. 98. Wer das heilige Abendmahl in einer evangelischen Gemeinde, deren Mitglied er nicht ist, genießen will, muß ein Dimissorial von dem Pfarrer der Gemeinde, zu welcher er gehört, beibringen. Wird dieses Dimissorial verweigert, so entscheidet der Superintendent und kann das Dimissorial, wenn er es nöthig findet, ausstellen.

§. 99. Alle konfirmirte und von den Sakramenten nicht ausgeschlossene Glieder der Gemeinde dürfen an der Feier des heiligen Abendmahls Theil nehmen, jedoch mit Ausnahme derer, welche wegen ihres temporairen Zustandes, z. B. Schwachsinnigkeit, den Zweck und die Bedeutung dieser heiligen Handlung nicht verstehen, und sich selbst nicht prüfen können.

§. 100. Einen oder mehrere Tage vor der Abendmahlsfeier oder am Morgen derselben soll eine Vorbereitung gehalten werden, in welcher sowohl der Zweck und die Bedeutung dieser Handlung auseinandergesetzt, als auch jeder auf seinen Gemüthszustand aufmerksam gemacht und zu einer würdigen Begehung der Feier aufgemuntert wird. Die an manchen Orten herrschende Sitte, daß das ganze Presbyterium bei der Vorbereitung gegenwärtig ist, soll beibehalten und auch bei den übrigen Gemeinden eingeführt werden, damit dem Prediger die Personen, welche einer besondern Vorbereitung bedürfen, bekannt werden.

§. 101. Ein Taubstummer kann, wenn er übrigens die Erfordernisse eines würdigen Kommunikanten an sich trägt, zum Genusse des heiligen Abendmahls zugelassen werden.

§. 102. Wenn Kranke ein Verlangen nach dem Genuss des heiligen Abendmahls äußern, so soll ihnen derselbe gewährt werden, jedoch muß der Pfarrer die unchristlichen Irrthümer, welche dem Verlangen zum Grunde liegen möchten, zu entfernen bemüht sein.

3) Vom Religions-Unterricht der Jugend und der Konfirmation. §. 103. Den ersten

Religions-Unterricht empfangen die Kinder in den Schulen. Der umfassendere Unterricht, den der Pfarrer ertheilt, darf nicht später als mit dem Eintritt in das 13te Lebensjahr beginnen. Zur Aufnahme eines Kindes in den Religions-Unterricht des Pfarrers wird erfordert, daß es lesen könne. Durch die Aufnahme selbst wird es indeß der Schulpflichtigkeit nicht entbunden, und bleibt dem Pfarrer überlassen, zu beurtheilen, ob ihm ein fernerer Schulunterricht noch nöthig sei.

§. 104. Der Religions-Unterricht muß wenigstens zweimal in der Woche ertheilt werden.

§. 105. Wo mehr als 50 Kinder im Christenthum von demselben Prediger zu unterrichten sind, müssen dieselben in zwei oder mehrere Coetus getheilt werden, deren keiner über die Zahl 50 hinausreicht.

Zus. 34. In Nothfällen kann auch die Ueberschreitung der Zahl von 50 Kindern für einen Coetus gestattet werden.

§. 106. Die Bibel ist das Hauptbuch beim Religions-Unterricht. Es darf weder ein Lehrbuch, noch ein Katechismus, als Leitfaden des Unterrichts, ohne Genehmigung der Provinzial-Synode und des Konsistorii der Provinz gebraucht werden.

§. 107. Vor zurückgelegtem 14ten Jahre soll kein Kind zur Konfirmation zugelassen werden. Wenn ein Kind in diesem Alter konfirmirt wird, so muß es den Unterricht wenigstens 2 Jahre ununterbrochen genossen haben.

Zus. 35. Wo herkömmlich ein höheres Alter zur Konfirmation erfordert wird, da soll dies aufrecht erhalten werden.

§. 108. Der besondere Konfirmanden-Unterricht wird in den letzten 4 Monaten vor der Konfirmation wöchentlich wenigstens in 4 Stunden ertheilt.

§. 109. Jedes Kind wird in derjenigen Gemeinde im Christenthum unterrichtet und konfirmirt, welcher die Eltern angehören. Ausnahmen hiervon können nur Statt haben, auf Dispensation des Pfarrers, dem die Konfirmation zusteht, welcher aber die Dispensation nicht verweigern kann, wenn das Kind in einer andern Gemeinde erzogen wird. Sind die Eltern nicht mehr am Leben, so wird es da unterrichtet und konfirmirt, wo es untergebracht ist.

§. 110. Vor der Konfirmation selbst muß durch den Pfarrer eine Prüfung der Konfirmanden in Gegenwart des Kirchenvorstandes gehalten werden. Nach geendigter Prüfung bestimmt der Kirchenvorstand nach der absoluten Mehrheit der Stimmen, ob der Geprüfte würdig sei, aufgenommen zu werden.

Von dem Beschlusse der Abweisung kann von demjenigen, der denselben für ungegründet hält, an den Superintendenten appellirt werden, welcher nach vorhergegangener Prüfung des Abgewiesenen den Beschluß bestätigt oder verwirft.

Wo es gewünscht oder erbaulich gefunden wird, kann die Prüfung auch vor der Gemeinde geschehen.

§. 111. Die Konfirmation geschieht in der Kirche vor der versammelten Gemeinde. Zu einer Konfirmation in einem Privathause bedarf es der Erlaubniß des Superintendenten, welcher dieselbe nur in dringenden Fällen ertheilen wird, und ist bei solcher Konfirmation auch die Gegenwart des Presbyterii nothwendig.

4) Von der Ordination. §. 112. Es dürfen nur solche durch die Ordination zum Predigtamte eingeweiht werden, welche auf die, in dieser Kirchen-Ordnung näher bestimmte Weise zu demselben erwählt und berufen sind.

Ausnahmen können nur dann Statt finden, wenn, in dringenden Fällen, auf den Antrag des Generalsuperintendenten, die landesherrliche geistliche Behörde (d. h. der Oberkirchenrath) die Erlaubniß ertheilt.

§. 113. Die Ordination zum Predigtamte geschieht in einer öffentlichen gottesdienstlichen Versammlung, unter Mitwirkung der Moderatoren der Kreissynode, von dem Superintendenten, an einem von diesem bestimmten Tage, vor der Gemeinde des Ordinanden.

5) Von der Einsegnung der Ehe. §. 114. Die Ehe, als eine christliche, von Gott geheiligte Verbindung wird von der Kirche eingesegnet nach den von derselben festgesetzten Bestimmungen.

1) Die kirchliche Einsegnung der Ehe findet nur Statt bei Ehen, welche nach den Landesgesetzen erlaubt sind.

Zus. 36. Die kirchliche Einsegnung muß vor mindestens zwei Zeugen geschehen.

2) Der Ehe-Einsegnung geht die dreimalige Proklamation nach den darüber bestehenden gesetzlichen Bestimmungen vorher.

3) Welchem Pfarrer die Trauung gebühre, ist nach den darüber bestehenden allgemeinen Vorschriften zu beurtheilen.

4) Die Verlobten, welche die kirchliche Einsegnung von einem andern Pfarrer, als dem berechtigten, zu empfangen wünschen, werden durch ein Dimissorial ihres Pfarrers dazu autorisirt.

6) Von den Beerdigungs-Feierlichkeiten. §. 115. Die nächsten Angehörigen des Ver-

storbenen sind verbunden, längstens innerhalb 24 Stunden nach dem Absterben desselben den Todesfall, auch wie sie die Beerdigung zu veranstalten gesonnen sind, dem Prediger anzuzeigen.

7) Von der Sonn- und Festtags-Feier. §. 116. Das Presbyterium sorgt dafür, daß alles entfernt werde, was die Ruhe der heiligen Tage stören, die Theilnahme am öffentlichen Gottesdienste hindern und einer gesegneten Feier in den Weg treten könnte. Es wacht insbesondere über die Befolgung der, die Sonn- und Festtags-Feier betreffenden obrigkeitlichen Verordnungen.

Siebenter Abschnitt. Von der Schulaufsicht.

§. 117. Die Erziehung der Jugend zur christlichen Erkenntniß und Frömmigkeit in den Schulen steht unter der Aufsicht der Kirche, welche dieselbe über die Schulen der einzelnen Gemeinden durch den Ortspfarrer und über die Gesammtheit der Schulen des Kreises durch den Superintendenten führt.

Achter Abschnitt. Von der Kirchendisziplin.

§. 118. Der Pfarrer hat das Recht und die Verpflichtung, nicht allein in seinen öffentlichen Vorträgen seine Gemeinde zu einem christlichen Leben zu ermahnen, und vor herrschenden Lastern und unchristlichen Grundsätzen zu warnen, sondern auch die spezielle Seelsorge zu üben und jedes einzelne Gemeindeglied zu bitten, zu ermahnen, zu warnen und zu trösten.

§. 119. Auch die Aeltesten haben das Recht und die Verpflichtung, durch Bitte und Ermahnung christliche Ordnung und einen frommen Wandel der Gemeindeglieder zu fördern.

§. 120. Ueber die Ausübung der Kirchenzucht in der Gemeinde wird nach näherer Berathung dieses Gegenstandes in der Provinzial-Synode, auf deren Antrag das Nähere festgesetzt werden.

Zus. In Betreff der Ausübung der Kirchenzucht behält es bei den bestätigten Beschlüssen 206—207 der vierten Westphälischen Provinzialsynode und der dritten Rheinischen Provinzialsynode §. 51 sein Bewenden. (Vgl. Bluhme a. a. O. S. 344 und Hagens a. a. O. S. 86.)

§. 121. Ueber die Prediger und Kirchenvorstände führt der Superintendent die Aufsicht, und ist verpflichtet, Jeden, wo er es nöthig findet, mündlich oder schriftlich zu ermahnen und zu warnen.

§. 122. Bei solchen Vergehungen, die noch keinen Antrag auf Suspension oder Amtsentsetzung begründen, wird ein Verweis ertheilt, was nur in Folge eines Urtheils der Moderatoren der Kreis-Synode geschehen kann.

§. 123. Der Verweis wird von dem Superintendenten vor dem versammelten Moderamen oder vor dem versammelten Kirchenvorstand, nach näherer Bestimmung des Urtheils, ertheilt.

§. 124. Dieser Verweis wird, wenn er unwirksam war, nach einiger Zeit wiederholt, und zwar in Folge eines Urtheils, welches das Moderamen der Kreissynode spricht.

§. 125. Ist auch dieser Verweis ohne Erfolg, so muß der Superintendent dem Konsistorio den Fall zur Verfügung anzeigen.

§. 126. Bei Vergehungen, die einen Antrag auf Amtsentsetzung begründen, macht das Direktorium der Kreissynode den Antrag an das Konsistorium. Das Konsistorium ist berechtigt und verpflichtet, ex officio einzuschreiten, ohne den Antrag des Direktoriums der Kreissynode abzuwarten.

Zus. 37. Dasselbe gilt von solchen Vergehungen, welche auch nur eine Suspension oder Dienstentlassung mit Ruhegehalt zur Folge haben.

§. 127. Wegen Nachlässigkeit im Amte oder kirchenordnungswidriger Verrichtung der Amtsgeschäfte, sowie auch wegen des Nichterscheinens im Presbyterio, dem Kollegio der Gemeinde-Repräsentanten, sowie in Kreis- und Provinzial-Synodal-Versammlungen werden die Pfarrer und die Mitglieder der Presbyterien und der größern Gemeinde-Repräsentation mit angemessener Ordnungsstrafe belegt.

§. 128. Diese Ordnungsstrafen werden auf den Antrag des Superintendenten von der Kreissynode bestimmt.

Zus. 38. Der Superintendent hat das Recht, die von der Synode bestimmten Ordnungsstrafen in Gemäßheit des von der Provinzial-Synode dafür aufgestellten und bestätigten Reglements festzusetzen und einzuziehen.

§. 129. Ueber Klagen gegen die Mitglieder der Direktorien der Kreis- und Provinzial-Synoden entscheiden die betreffenden Staatsbehörden (d. h. der Oberkirchenrath).

Zus. 39. Das Konsistorium übt die Disziplin über alle Gemeindebeamten, insoweit das Moderamen der Kreis-Synode über dieselben die erste Instanz bildet, in zweiter; über die Beamten des Kreises aber, als Superintendenten, Moderamen der Kreis-Synode und die Kreis-Synodal-Versammlung selbst, in erster Instanz. Gegen die Gemeindebeamten kann es in erster Instanz nur auf Antrag des Moderamens der Kreis-Synode, oder wenn dieses seine Disziplinarbefugniß versäumt, ex officio einschreiten. Das Konsistorium kann auf Verweis, Ordnungsstrafen bis zu 20 Thlr., Suspension mit Entziehung des halben Gehalts, Dienstentlassung mit Pension und Amtsentsetzung erkennen. Der Rekurs von den Straferkenntnissen des Konsistoriums, wenn solches in erster Instanz gesprochen, geht an die obere Kirchenbehörde.

Neunter Abschnitt. Von den Gehältern und Remunerationen der verschiedenen Kirchenbeamten.

§. 130. Die Kirchenvorstände verrichten die ihnen obliegenden Geschäfte unentgeldlich; doch sollen ihnen die Auslagen, welche dieselben erfordern, von ihren Gemeinden erstattet werden.

§. 131. Jede Gemeinde ist verpflichtet, für eine freie Dienstwohnung und ein angemessenes Diensteinkommen ihres Pfarrers zu sorgen; und bei Unzulänglichkeit der fundirten Pfarreinkünfte und der Stolgebühren aus Kirchenmitteln das Fehlende zu ergänzen. In Ermangelung disponibler Kirchenmittel ist da, wo die Gesetze die Kommunen zur Aushülfe verpflichten, der Kommunalfonds in Anspruch zu nehmen. Wenn aber auf diese Weise das Erforderliche nicht herbeigeschafft werden kann, so ist von der Pfarrgemeinde durch Beiträge der Pfarrgenossen nach dem Kommunal-Steuerfuße die Aufbringung des Ergänzungsgehalts zu bewirken.

Zus. 40. 1) Die Verpflichtung der Gemeinden zur Beschaffung einer freien Dienstwohnung begreift auch die Verpflichtung zur Beschaffung der nöthigen Wirthschaftsgebäude in sich.

2) Die Beiträge der Pfarrgemeinden zur Aufbringung des Ergänzungsgehalts sind nach dem Fuße der direkten Staats- oder Kommunalsteuern umzulegen.

§. 132. Wenn der Prediger es verlangt, so sollen die Kirchenvorstände die Erhebung seiner Gehaltseinkünfte besorgen, und dieselben an den Verfalltagen dem Prediger abliefern.

§. 133. Die Moderatoren der Kreis- und Provinzial-Synode erhalten für die Auslagen und Reisekosten, welche durch Wahlen, Ordinationen, Introduktionen, Kirchenvisitationen verursacht werden, von den betreffenden Gemeinden eine Entschädigung, welche von der Provinzial-Synode festzustellen ist.

§. 134. Jede Gemeinde muß ihre Deputirten zur Kreissynode, jede Kreissynode ihre Deputirten zur Provinzial-Synode, und die Provinzial-Synode den Präses und Assessor für die Auslagen, welche diese Deputationen erfordern, entschädigen. Diese Entschädigungen werden für jeden, in einer feststehenden Summe, Ein für allemal von der Provinzial-Synode normirt.

Zus. 41. Die Reisekosten der Deputirten zur Kreis-Synode werden aus der Synodal-Kasse, die der Deputirten zur Provinzial-Synode aus der Provinzial-Synodalkasse; die Tagegelder dagegen im ersten Falle von den Gemeinden, im andern von den Kreis-Synoden gezahlt.

§. 135. Die Provinzial-Synodalkosten werden von der Provinzial-Synode auf die zu ihr gehörigen Kreissynoden nach den durch die Matrikel bestimmten Sätzen repartirt, worauf die Kreis-Synode den auf sie gefallenen Antheil auf die Gemeinden vertheilt. Fehlt in der Matrikel eine solche Bestimmung, so ist dieselbe durch Beschluß der Provinzial-Synode zu ergänzen.

§. 136. Die Kandidaten erlegen bei ihrer jedesmaligen Prüfung die Summe von 10 Thlrn. in die Provinzial-Synodalkasse, aus welcher die Mitglieder der Prüfungs-Kommission für Reise- und Zehrungskosten an dem Orte der Prüfung schadlos gehalten werden.

§. 137. Es wird jährlich eine Kirchen- und Hauskollekte zur Unterstützung dürftiger Gemeinden der Provinz gehalten werden. — Eine Kommission der Provinzial-Synode vertheilt den Betrag der Kollekten und legt davon Rechnung ab, so oft sich die Provinzial-Synode versammelt.

Zehnter Abschnitt. Von den untern Kirchenbeamten.

§. 138. Zu den untern Kirchenbeamten werden gerechnet: Küster und ihre Gehülfen, Vorsänger und Organisten. Zus. 42. Zu den untern Kirchenbeamten werden, wo es herkömmlich, auch die Todtengräber gezählt.

§. 139. Den Küstern und ihren Gehülfen, wo deren vorhanden sind, liegt es ob, die Kirche auf- und zuzuschließen, für die Reinlichkeit in derselben und das Geläute zu sorgen, den Prediger zu denjenigen Amtshandlungen, zu denen ihr Dienst erforderlich ist, zu begleiten, und das dabei Nöthige zur Stelle zu schaffen, den Kirchenvorstand auf Verordnung des Predigers zu berufen und Amtsbriefe zu befördern, auch bei Versammlung der Presbyterien die Aufwartung zu besorgen.

Zus. 43. Die Dienstpflicht der Küster und ihrer Gehülfen erstreckt sich auf die Berufung der Gemeindevertretungen und auf die bei deren Versammlungen nöthigen Dienstleistungen.

§. 140. Die Wahl der untern Kirchenbeamten geschieht, wo dieselbe nicht durch Patronatrechte beschränkt ist, vom Presbyterio aus drei Subjekten, welche der Prediger in Vorschlag bringt. Die Wahl unterliegt der Bestätigung des Superintendenten.

§. 141. Die untern Kirchenbediente werden von der Gemeine, bei welcher sie angestellt sind, besoldet.

§. 142. Sie behalten ihren Dienst lebenslänglich und können im Wege der kirchlichen Disziplin nur durch ein Urtheil der Moderatoren der Kreissynode, welches zufolge einer Klage des Kirchenvorstandes und einer vom Superintendenten angestellten Untersuchung gesprochen

Zus. 44. 1) Die obere Disziplin über die untern Kirchenbeamten wird von dem Konsistorium geübt.

2) Das Konsistorium ist auch von Amtswegen berechtigt, dem Superintendenten die Einleitung einer Untersuchung gegen einen untern Kirchenbeamten aufzugeben.

§. 143. Die untern Kirchenbeamten sollen nach einer besondern, von der Provinzial-Synode abgefaßten und von der Regierung (jetzt dem Konsistorium) bestätigten Dienst-Instruktion verpflichtet werden.

Eilfter Abschnitt. Von der Kirchenvisitation.

§. 144. Die Kirchenvisitation wird von dem Superintendenten gehalten, und dies in den betreffenden Gemeinden den Sonntag vorher von der Kanzel bekannt gemacht. Zu dieser Handlung versammelt sich das Presbyterium mit dem Prediger oder den Predigern, und der Superintendent eröffnet sie mit Gebet und einer kurzen angemessenen Anrede.

Zus. 5. Nach Beschluß der Kreis-Synode kann die Visitation auch vor versammelter Gemeinde und mit einem Gottesdienste eröffnet werden.

§. 145. Die Gegenstände, auf welche der Superintendent seine Aufmerksamkeit zu richten hat, sind folgende:

1) Lehre und Betragen des Pfarrers und Zustand des Presbyteriums. Der Prediger tritt ab, und der Superintendent befragt das Presbyterium, ob es etwas gegen denselben vorzubringen habe. Dasselbe geschieht darauf in Ansehung des Presbyteriums. Nun werden die Glieder der Gemeinde, welche sich mit Anliegen und Beschwerden eingefunden und nach vorheriger Anzeige an das Presbyterium keine Remedur gefunden haben, vorgelassen und gehört. — Der Superintendent versucht bei Mißhelligkeiten Ausgleichung, ertheilt freundliche Erinnerung und behält für solche Fälle, welche sich nicht von ihm schlichten lassen, die höhere Entscheidung vor.

2) Zustand der innern Angelegenheiten der Gemeinde, würdige Feier der Sonn- und Festtage, Besuch des öffentlichen Gottesdienstes, Theilnahme an den Sakramenten, Konfirmanden-Unterricht, Uebung der Kirchen-Disziplin, herrschende Sünden und Laster, eingerissene Mißbräuche u. s. w., Berathung, wie ihnen abzuhelfen und Einhalt zu thun.

Zus. 46. Zu den Gegenständen, auf welche der Superintendent sein Augenmerk zu richten hat, gehört auch die Theilnahme der Gemeinde an der äußeren und inneren Mission.

3) Aeußerer Bestand der Gemeinde. Aufsicht über die Verwaltung des Kirchen- und Armenvermögens, je nachdem er verfassungsmäßig einzuwirken hat. Vorlegung der Inventarien und Lagerbücher, Kirchenrechnungen, Besichtigung, wenn es erforderlich ist, der Schulen in Ansehung des Bestandes und der Utensilien, Inspektion der Schule nach den darüber bestehenden Vorschriften, Nachfrage über Verwaltung der etwanigen Ortswittwenkassen und besonderer Stiftungen, worüber die Rechnungen vorzulegen sind, Einsicht der Kirchenregister, der Tauf- und Kopulations- und Begräbniß-, wie auch der Konfirmanden- und Kommunikanten-Register, welche allgemein einzuführen sind, der Protokollbücher des Kirchenraths, der Abschriften von den Verhandlungen der Kreis- und Provinzial-Synode und der Verordnungen der Behörden.

§. 146. Nach gehaltener Visitation trägt der Superintendent über den Zustand der Gemeinde und ihrer kirchlichen Verhältnisse den Befund ins Presbyterial-Protokoll ein, welches von den anwesenden Predigern und Presbyterial-Gliedern unterzeichnet wird.

Den allgemeinen Visitationsbericht hat der Superintendent sowohl der Kreis-Synode vorzulegen, als durch den General-Superintendenten dem Konsistorio einzusenden.

Zwölfter Abschnitt. Von dem Kirchenvermögen und dessen Verwaltung.

§. 147. Das Vermögen der Kirchen-Gemeine, es mag zu kirchlichen, Schul- oder Armenzwecken bestimmt sein, wird von dem Presbyterio unter Aufsicht der Synode in der bisherigen Weise verwaltet, bis zur Beseitigung der vorhandenen Verschiedenheit der darin bestehenden Vorschriften und Observanzen die Provinzial-Synode eine Verwaltungs-Ordnung entworfen, und dieselbe die Genehmigung der die Oberaufsicht auf die äußern Kirchen-Angelegenheiten führenden höchsten Staatsbehörde erhalten hat.

Dreizehnter Abschnitt. Von der Staatsaufsicht über das Kirchenwesen.

§. 148. Die Aufsichtsbehörden über das Kirchenwesen sind (jetzt der evangelische Oberkirchenrath) das Ministerium der geistlichen Angelegenheiten, das Provinzial-Konsistorium und die Regierungen (letztere nicht mehr). Neben dem Konsistorio und den Regierungen beaufsichtigt in jeder Provinz ein vom Landesherrn ernannter Geistlicher, welcher dirigirendes Mitglied des Provinzial-Konsistoriums ist, unter dem Titel: General-Superintendent, nach den ihm von dem Ministerium der geistlichen Angelegenheiten ertheilten Instruktionen, die Superintendentur-

22. Gesetz, betreffend die evangelische Kirchenverfassung in den acht ältern Provinzen der Monarchie. Vom 3. Juni 1876. (G.S. S. 125.)

Wir Wilhelm, von Gottes Gnaden König von Preußen rc. verordnen, mit Zustimmung der beiden Häuser des Landtages der Monarchie, für die Provinzen Preußen, Brandenburg, Pommern, Posen, Schlesien, Sachsen und Westfalen und die Rheinprovinz, was folgt:

Art. 1. Die in der Kirchengemeinde- und Synodalordnung vom 10. September 1873. (Ges.Samml. 1874. S. 151.)[1]) und in der anliegenden General-Synodalordnung vom 20. Januar 1876.[2]) bestimmten und nach diesen Vorschriften zusammengesetzten Synodalorgane üben die nachstehenden Rechte nach Maßgabe dieses Gesetzes[3]).

Art. 2. Die Kreissynode übt die ihr in der Kirchengemeinde- und Synodalordnung vom 10. September 1873. zugewiesenen Rechte in Betreff

1) der in den Kirchengemeinden bestehenden und der den Kirchengemeinden des Synodalkreises gemeinsamen Einrichtungen und Institute für christliche Liebeswerke (§. 53. Nr. 5.);

2) des Kassen- und Rechnungswesens der einzelnen Gemeinden und der kirchlichen Stiftungen innerhalb des Bezirks (§. 53. Nr. 6);

3) der Kreis-Synodalkasse, des Kreis-Synodalrechners, des Etats der Kasse und der Repartition der zu derselben erforderlichen Beiträge der Kirchenkassen und Gemeinden (§. 53. Nr. 7.);

4) der statutarischen Ordnungen (§. 53. Nr. 8.).

Die zur Ausübung dieser Rechte erforderlichen Beschlüsse werden nach §. 52. Absatz 3. 4. gefaßt[4]).

Art. 3. Den Gemeinden steht gegen Beschlüsse der Kreissynode wegen Repartition der zur Kreis-Synodalkasse erforderlichen Beiträge[5]) binnen einundzwanzig Tagen seit Zustellung des Beschlusses Beschwerde zu.

Ueber die Beschwerde entscheidet die Staatsbehörde[6]).

Art. 4. Zur Feststellung statutarischer Ordnungen[7]) in dem der Kreissynode überwiesenen Geschäftsgebiete (§. 53. Nr. 8., §. 65. Nr. 5.) bedarf es der vorgängigen Anerkennung seitens der Staatsbehörde[8]), daß die entworfenen Bestimmungen dem Gesetz vom 25. Mai 1874. und diesem Gesetz nicht zuwider seien.

Sprengel der Provinz. Der General-Superintendent wohnt den jedesmaligen Verhandlungen der Provinzial-Synode bei, um die Rechte des Staats wahrzunehmen, und kann an die Synode Anträge machen.

Zus. 47. Ueber die Ressortverhältnisse der mit der Ausübung des landesherrlichen Kirchenregiments beauftragten evangelischen Kirchenbehörden und der Staatsbehörden in evangelischen Kirchen-Sachen entscheiden die darüber ergangenen und künftig ergehenden landesherrlichen Verordnungen.

An Stelle des General-Superintendenten kann auch ein anderer Königlicher Kommissarius evangelischen Bekenntnisses als Vertreter des landesherrlichen Kirchenregiments zu der Proinzial-Synode abgeordnet werden, welcher den Verhandlungen beizuwohnen, das Wort in denselben jederzeit zu ergreifen und Anträge an die Synode zu machen befugt ist.

1) H. S. o. Zus. 20.

2) H. S. den folgenden Zus. 23.

3) H. Daraus folgt, daß Aenderungen, welche nicht auf einem bereits schon durch die Ordnungen und die Gesetze zugelassenen Wege erfolgen können, insbesondere Aenderungen der die jetzige Verfassung beherrschenden Grundprinzipien einer Genehmigung durch Staatsgesetz bedürfen.

4) H. D. h. es ist eine schriftliche Abstimmung nicht statthaft, Zus. 20. §. 51. Anm. 25.

5) H. Gleichviel, ob die Beiträge für Bedürfnisse der Kreis-, der Provinzial- oder Generalsynode oder der Provinz oder der ganzen Landeskirche erfordert werden, s. K. u. S.O. §. 71, 65 Nr. 7; Generalsyn.Ordn. §§. 38, 14. Müssen von den einzelnen Gemeinden zur Aufbringung der auf sie repartirten Summen Umlagen ausgeschrieben werden, so findet Art. 3 des Ges. v. 25. Mai 1874, o. Zus. 19, Anwendung.

6) H. D. h. der Regierungs-, in Berlin der Polizei-Präsident, V. v. 9. Sept. 1876. Art. 3, u. Zus. 24.

7) H. Wie die Citate ergeben, gehören dazu die Geschäftsordnungen nicht.

8) H. D. h. des Regierungs-, in Berlin des Polizei-Präsidenten.

Art. 5. Der Kreis-Synodalvorstand übt in Bezug auf die nach §. 53. Nr. 5. und 6. der Synode übertragene Mitaufsicht das Recht, in eiligen Fällen die vorläufige Entscheidung zu treffen (§. 55. Nr. 6.).

Art. 6. Die Rechte, welche nach den Artikeln 2. bis 5. der einzelnen Kreissynode und deren Vorstande zustehen, werden in dem Fall des §. 57. Absatz 1. den vereinigten Kreissynoden und deren Vorständen für die gemeinsamen Angelegenheiten beigelegt [9]), wenn die Vereinigung mit Einwilligung der einzelnen Kreissynoden erfolgt [10]).

Art. 7. Wenn der Wirkungskreis einer Kreissynode oder einer nach §. 57. Absatz 1. gebildeten Vereinigung von Kreissynoden, sowie ihres Vorstandes nach Absatz 2. dieses Paragraphen mit Rücksicht auf eigenthümliche Einrichtungen oder Bedürfnisse des Kreises erweitert werden soll [11]), so ist ein Regulativ zu erlassen, für welches die Bestimmungen des bezeichneten Absatzes maßgebend sind [12]). Auf die Feststellung desselben findet Artikel 4. dieses Gesetzes Anwendung.

Art. 8. In dem Regulativ für die vereinigten Kreissynoden der Haupt- und Residenzstadt Berlin kann denselben das Recht beigelegt werden [13]),

1) über die Veränderung, Aufhebung oder Einführung allgemeiner Gebührentaxen für alle Gemeinden Beschluß zu fassen;
2) allgemeine Umlagen auszuschreiben, und zwar:
   a) Behufs Ersatz für die aufzuhebenden Stolgebühren,
   b) zur Gewährung von Beihülfen an ärmere Parochieen Behufs Befriedigung dringender kirchlicher Bedürfnisse.

      Soll die Umlage für diesen letzteren Zweck drei Prozent der Summe der von den pflichtigen Gemeindegliedern jährlich an den Staat zu entrichtenden Personalsteuern (Klassen- und Einkommensteuer) übersteigen, so bedarf es der Genehmigung des Staatsministeriums.

   c) [14]) Behufs Berichtigung des Antheils aller Gemeinden an den Kreis-, Provinzial- und General-Synodalkosten, sowie an den im Wege kirchlicher Gesetzgebung festgestellten Umlagen für provinzielle und landeskirchliche Zwecke.

      Beschlüsse über den Repartitionsfuß solcher Umlagen bedürfen der Genehmigung der Staatsbehörde. [15])

---

9) H. Hier handelt es sich nur um solche Rechte, welche innerhalb der Zuständigkeit der einzelnen Kreissynoden liegen.

10) H. Vgl. hierzu zu dem cit. §. 57.

11) H. Rechte, welche gesetzlich den Einzelgemeinden zustehen, können aber den Kreissynoden, bez. ihren Vorständen nicht beigelegt werden, denn das würde eine Aenderung der Fundamentalsätze der bestehenden Ordnung sein. Ebenso wenig Besteuerungsrechte. S. indessen den folgenden Art.

12) H. Die nach Art. 4 erforderliche Anerkennung hat der Regierungspräsident zu geben, V. v. 9. Sept. 1876 Art. 3 Nr. 4, Zus. 24.

13) H. Dasselbe ist bereits erlassen und Anm. 42 zur K.G. u. S.O. (Zus. 20) §. 57 mitgetheilt. Die staatliche Anerkennung (s. Art. 4 dies. Ges.) gehört zur Kompetenz des Minist. d. geistl. Angelegenheiten, V. v. 9. Sept. 1876 Art. 1 Nr. 1, Zus. 24.

14) H. S. Gesetz zur Ergänzung des Gesetzes, betreffend die evangelische Kirchenverfassung in den acht älteren Provinzen der Monarchie, vom 3. Juni 1876 (Gesetz-Samml. S. 125). Vom 6. März 1882 (G.S. S. 14).

Wir Wilhelm, von Gottes Gnaden König von Preußen ꝛc. verordnen, mit Zustimmung beider Häuser des Landtages der Monarchie, was folgt:

Der Bestimmung unter Nr. 2 im Artikel 8 des Gesetzes, betreffend die evangelische Kirchenverfassung in den acht älteren Provinzen der Monarchie, v. 3. Juni 1876 (Gesetz-Samml. S. 125) über das Recht der vereinigten Kreissynoden der Haupt- und Residenzstadt Berlin, allgemeine Umlagen auszuschreiben, tritt hinter dem zweiten Absatz der littr. b die nachstehende Vorschrift hinzu (s. die beiden in den Text eingeschalteten Absätze).

Urkundlich ꝛc.

15) H. D. h. des Regierungs- bez. in Berlin des Polizei-Präsidenten, s. diesen Artikel im nunmehrigen Absatz 6 von Nr. 2 und V. v. 9. Sept. 1876 Art. 3 Nr. 1, Zus. 24.

Die Umlagen müssen gleichzeitig in allen Gemeinden nach gleichem Maßstabe erhoben werden, und gilt für den Repartitionsfuß die Vorschrift des §. 31. Nr. 6. der Kirchengemeinde- und Synodalordnung vom 10. September 1873.

Auf die Beschlüsse über solche Umlagen findet Artikel 3. Absatz 3. 4. des Gesetzes vom 25. Mai 1874. Anwendung;

3) eine Synodalkasse für die Einnahme und Verwendung der ausgeschriebenen Umlagen zu errichten [16]).

Zur Uebertragung der in diesem Gesetze den Provinzialsynoden zugestandenen Rechte auf die demnächst zu bildende Provinzialsynode Berlin [17]) bedarf es eines Staatsgesetzes.

Art. 9. In anderen Ortschaften, die mehrere unter einem gemeinsamen Pfarramt nicht verbundene Parochieen umfassen [18]), können die im Artikel 8. bezeichneten Zwecke auf den Antrag aller oder der Mehrheit der Parochieen im Sinne des Artikel 4. des Gesetzes vom 25. Mai 1874. für gemeinsame Angelegenheiten durch das Konsistorium erklärt werden [19]).

Beim Widerspruch der Vertretung auch nur einer Parochie kann dies nur unter Zustimmung der Provinzialsynode geschehen.

Art. 10. Die Provinzialsynode übt die ihr in der Kirchengemeinde- und Synodalordnung vom 10. September 1873. zugewiesenen Rechte in Betreff

1) der von den Kreissynoden beschlossenen statutarischen Bestimmungen (§. 65. Nr. 5.);
2) der Synodalwittwen- und Waisenkassen, der provinziellen Fonds und Stiftungen; der Kreis-Synodalkasse und der Provinzial-Synodalkasse (§. 65. Nr. 6.);
3) neuer kirchlicher Ausgaben zu provinziellen Zwecken (§. 65. Nr. 7.);
4) der Verwendung des Ertrages der vor dem jedesmaligen Zusammentritt der Provinzialsynode oder alljährlich in der Provinz einzusammelnden Kirchen- und Hauskollekten zum Besten der dürftigen Gemeinden des Bezirks (§. 65. Nr. 8.).

Die Befugniß, eine Einsammlung dieser Hauskollekte anzuordnen, bedarf nicht der besonderen Ermächtigung einer Staatsbehörde; die Zeit der Einsammlung muß aber dem Oberpräsidenten vorher angezeigt werden.

Die zur Ausübung dieser Rechte erforderlichen Beschlüsse werden nach §. 70. Absatz 1. 2. gefaßt.

Art. 11. Die von der Provinzialsynode beschlossenen neuen kirchlichen Ausgaben zu provinziellen Zwecken (§. 65. Nr. 7. der Kirchengemeinde- und Synodalordnung vom 10. September 1873.) werden auf die Kreis-Synodalkassen nach Maßgabe der in den §§. 72. 73. daselbst aufgestellten Normen repartirt.

Sowohl der Beschluß über die Bewilligung der Ausgabe als die Matrikel bedarf der Bestätigung durch die Staatsbehörde [20]). Die Bestätigung ist insbesondere zu versagen, wenn Bedenken hinsichtlich der Ordnungsmäßigkeit des Beschlusses, der Angemessenheit des Vertheilungsmaßstabes oder der Leistungsfähigkeit des Bezirks bestehen.

Art. 12. Die Bestimmungen der §§. 71—74. der Kirchengemeinde- und Synodalordnung vom 10. September 1873. über die Kosten der Kreis- und Provinzialsynoden kommen zur Anwendung, sobald die neuen Synodalorgane gemäß den §§. 43. bis 46. der General-Synodalordnung vom 20. Januar 1876. gebildet sind [21]).

---

16) H. Aus diesen Vorschriften folgt, daß die vereinigten Kreissynoden juristische Persönlichkeit haben, aber freilich nicht weiter, als ihnen dies durch das Gesetz gewährt ist. Anleihen können sie daher nicht aufnehmen.

17) H. S. Gen.Syn.Ordn. §. 4, Zus. 23.

18) H. Bildet eine Deklaration des §. 2 Abs. 3 d. K.G. u. S.O., s. Zus. 20; vgl. Anm. 82 dazu.

19) H. Eine Beschränkung der Umlage ihrer Höhe nach ist nicht festgesetzt, weil es sich hier um die Beschlußfassung der Gemeinde-Organe selbst, nicht wie im Falle des Art. 8 um die der Deputirten der Kreissynode handelt.

20) H. D. h. den Oberpräsidenten, V. v. 9. Sept. 1876 Art. 2 Nr. 1, Zus. 24.

Art. 13. Kirchliche Gesetze und Verordnungen, sie mögen für die Landeskirche oder für einzelne Provinzen oder Bezirke erlassen werden, sind nur soweit rechtsgültig, als sie mit einem Staatsgesetz nicht in Widerspruch stehen [22]).

Bevor ein von einer Provinzialsynode oder von der Generalsynode beschlossenes Gesetz dem Könige zur Sanktion vorgelegt wird, ist durch eine Erklärung des Staatsministeriums festzustellen [23]), daß gegen das Gesetz von Staatswegen [24]) nichts zu erinnern ist [25]). In der Verkündigungsformel ist diese Feststellung zu erwähnen [25 a]).

Abs. 4. des §. 6. der General-Synodalordnung vom 20. Januar 1876. findet auch auf provinzielle kirchliche Gesetze Anwendung [26]).

Die Bestimmungen dieses Artikels gelten auch in dem Bezirk der Kirchenordnung vom 5. März 1835. für die Provinz Westfalen und die Rheinprovinz [27]).

Art. 14. Die Generalsynode übt die ihr in der General-Synodalordnung vom 20. Januar 1876. zugewiesenen Rechte in Betreff

1) der unter die Verwaltung und Verfügung des Evangelischen Ober-Kirchenraths gestellten kirchlichen Fonds (§§. 11. 12.);
2) neuer Ausgaben für landeskirchliche Zwecke (§. 14.);
3) der Heranziehung der Einkünfte des Kirchenvermögens [28]) und der Pfarrpfründen zu Beiträgen für kirchliche Zwecke (§. 15.).

Die zur Ausübung dieser Rechte erforderlichen Beschlüsse werden nach §. 32. Absatz 2. und 4. gefaßt.

Art. 15. Kirchengesetze, durch welche neue Ausgaben zu landeskirchlichen Zwecken bewilligt werden (§. 14. der General-Synodalordnung vom 20. Januar 1876.), und die endgültige Vereinbarung zwischen der Generalsynode und der Kirchenregierung über die Vertheilung der Umlage auf die Provinzen (§. 14. Absatz 2. daselbst) bedürfen, bevor sie dem Könige zur Sanktion vorgelegt werden, der Zustimmung des Staatsministeriums. Die Zustimmung ist in der Verkündigungsformel zu erwähnen [29]).

Die Königliche Verordnung über vorläufige Feststellung des Vertheilungsmaßstabes (§. 14. Absatz 2.) ist von dem Staatsministerium gegenzuzeichnen.

Für die Untervertheilung in den Provinzen Preußen, Brandenburg, Pommern, Posen, Schlesien und Sachsen kommt Artikel 11. zur Anwendung. Die Untervertheilung in der Provinz Westfalen und der Rheinprovinz erfolgt nach Maßgabe des §. 135. der Kirchenordnung vom 5. März 1835 [30]). Wegen der Bestätigung der Martikel für die Vertheilung auf die Kreissynoden findet

---

21) H. Dies ist bereits geschehen.

22) H. Im umgekehrten Falle sind sie sowohl für das staatliche wie auch kirchliche Gebiet nichtig. Die Prüfung hat in jedem Einzelfall die Behörde, welche das Gesetz anzuwenden hat, vorzunehmen. Von einer Anwendung des Art. 106 d. Verf.Urk. v. 31. Jan. 1850, welcher sich nur auf staatliche Gesetze und Verordnungen bezieht, kann keine Rede sein.

23) H. Diese Vorlegung ist also weitere Voraussetzung der Rechtsgültigkeit des kirchlichen Gesetzes.

24) H. D. h. vom Standpunkt des Staates, seiner Rechtsordnung oder seiner Interessen aus.

25) H. Freilich kann eine solche Erklärung die Rechtsgültigkeit nicht herbeiführen, wenn in der That gegen Abs. 1 verstoßen ist, d. h. sie kann die Gerichte und andere Behörden bei der Prüfung, ob dem Erforderniß des Abs. 1 genügt ist, nicht binden.

Findet sich etwas zu erinnern, so hat das Staatsministerium die geeigneten Schritte zu thun, um die Autorität der Staatsgesetze zur Geltung zu bringen.

25a) H. Auch das ist weiteres Erforderniß der Rechtsgültigkeit.

26) H. Ihre verbindliche Kraft erhalten die allgemeinen und provinziellen Kirchengesetze, ihre Rechtsgültigkeit (s. die vor. Anmerkungen) vorausgesetzt, durch die Verkündigung in dem kirchl. Ges. u. Verordn.Bl. s. §. 6 d. Gen.Syn.Ordn., Zus. 23.

27) H. Mitgetheilt Anm. 78 Zus. 21.

28) H. Dazu gehören aber nicht die in die Kirchenkassen fließenden Gemeinde-Umlagen.

29) H. Die Zustimmung und die Erwähnung sind wesentliche Erfordernisse der Rechtsgültigkeit des Gesetzes.

30) H. Vgl. die vorhergehende Anm. 27.

Artikel 11. Absatz 2., und wegen der Vertheilung der Antheile der Kreissynoden auf die Gemeinden Artikel 3. Anwendung.

Art. 16. Die Gesammtsumme der auf Grund der Artikel 10. Nr. 3. und 14. Nr. 2. zu beschließenden Umlagen darf — abgesehen von den Synodalkosten — für provinzielle und landeskirchliche Zwecke vier Prozent der Gesammtsumme der Klassen- und Einkommensteuer der zur evangelischen Landeskirche gehörigen Bevölkerung [31]) nicht übersteigen.

Wie viel von den innerhalb dieser Grenzen zulässigen Umlagen durch die Provinzialsynoden und wie viel durch die Generalsynode ausgeschrieben werden kann, wird durch landeskirchliches Gesetz bestimmt [31a]).

---

31) Vgl. Gen.Syn.Ordn. §. 14 in Zus. 23 und Cirk.Erl. des ev. O.K.R. betr. die Feststellung der auf die evangelischen Gemeindeglieder innerhalb der gesammten Landeskirche veranlagten Staats-, Klassen- und Einkommensteuer behufs Berechnung der landeskirchlichen Umlagebeträge v. 12. Mai 1883 (kirchl. Ges. u. Verordn.Bl. v. 1883 S. 62) . . . „Bei dem früheren Verfahren sind Zweifel besonders darüber entstanden, ob bei den Ermittelungen mit in Rechnung zu stellen sind die Steuerbeträge a. der Mitglieder von evangelischen Militärgemeinden, b. der herkömmlich von Beiträgen zur Unterhaltung des örtlichen Kirchenwesens befreiten Bewohner, namentlich Beamten von solchen Anstalten, deren Geistlichen gemäß §. 78 A.L.R. II. 19 pfarramtliche Befugnisse zustehen, c. der Geistlichen und Kirchenbeamten hinsichtlich ihres zu kirchlichen Abgaben nicht heranzuziehenden Diensteinkommens, d. der Mitglieder von Gast- und vagirenden Gemeinden oder etwaiger Ortschaften, deren kirchliche Gemeindezugehörigkeit noch nicht fest geordnet ist, e. der evangelischen Bewohner von Grenzorten, welche zu Gemeinden auswärtiger Landeskirchen eingepfarrt sind. Da es bei der hier fraglichen Feststellung auf die Steuerbeträge der zur evangelischen Landeskirche gehörigen Bevölkerung überhaupt ankommt, so gehört grundsätzlich auch das Steuersoll aller vorgedachten Klassen dieser Bevölkerung zu der zu ermittelnden Gesammtsumme. Namentlich giebt hier, wie in anderer Beziehung der Umstand nicht zu Bedenken Anlaß, daß nicht überall dieselben Gesichtspunkte, nach welchen die von den Provinzen im Ganzen aufzubringenden Umlagebeträge berechnet werden, weiterhin bei der Untervertheilung auf die Kreissynoden, Parochien und Gemeindeglieder Anwendung finden können (vgl. die Ausführungen in der Entscheidung des Oberverwaltungsgerichts v. 11. Nov. 1882 auf S. 25 des kirchl. Ges. u. Verordn.Bl. v. 1883). Wenn gleichwohl bei der früheren Ermittelung des Steuersolls für die gleichen Zwecke, so viel hier bekannt, thatsächlich die Angehörigen von Militärgemeinden überall nicht mit in Betracht gezogen und für eine Provinz, wo letzteres geschehen war, diesseits wieder abgesetzt worden sind, so findet dies seine Rechtfertigung in der Ausnahmestellung, welche die Militärgemeinden in Betreff ihrer Gemeindeverhältnisse wie ihrer Beziehungen zum Synodalwesen und zum Pensionsfonds der Landeskirche einnehmen, und in dem billigen Wunsche, thatsächliche Schwierigkeiten thunlichst zu verhüten, welche aus dem Unterschiede der Grundsätze für die Berechnung der Gesammtleistung und für die demnächstige Einzelerhebung hervorgehen könnten. Aus diesen Gründen sind wir daher auch bis auf weiteres geneigt, event. nach Benehmen mit dem Generalsynodal-Vorstande, die Steuerbeträge aus den Militärgemeinden außer Ansatz zu lassen. Behufs endgültiger Beschlußfassung hierüber bedürfen wir aber der Mittheilung über die Höhe derselben. Während daher die Steuersummen zu b bis e in die allgemeine Feststellung ohne weiteres aufzunehmen sind, werden die Beträge zum Schlusse jedes betreffenden Verzeichnisses besonders aufzuführen sein.

Weiter ist Folgendes zu beachten: 2. Fingirte Steuerbeträge sind auch da, wo die Kirchengemeinden etwa an der durch §. 9 des Ges. v. 1. Mai 1851/25. Mai 1873 (G.S. 1873 S. 213) dargebotenen Möglichkeit, solche zu Steuerzuschlägen heranzuziehen, Gebrauch machen, nicht in Berechnung zu stellen. Dagegen sind alle vom Staate wirklich veranlagten Steuerbeträge aufzunehmen, auch diejenigen, welche nach dem Ges. v. 26. März 1883 (G.S. S. 37) neuerdings für den Staat dauernd außer Hebung gesetzt sind (vgl. §. 4 a. a. O.), und eben so diejenigen der unteren Klassensteuerstufen, welche in einzelnen Gemeinden bei der Umlagevertheilung von Zuschlägen frei gelassen werden. 3. Die Steuern aus Ortschaften an der Provinzialgrenze, welche der Parochie einer benachbarten landeskirchlichen Provinz angehören, sind bei der letzteren in Ansatz zu bringen. 4. Steuern von Personen, welche einen doppelten Wohnsitz innerhalb der Landeskirche haben, werden nur da verzeichnet, wo sie von der Staatsbehörde veranlagt und erhoben werden. 5. Die Klassensteuer ist von der Einkommensteuer getrennt aufzuführen. 6. Etwaige Kosten der Ermittelung und Zusammenstellung werden von den Kirchenkassen und, sofern sie in der Diözesaninstanz entstanden sind, von der Synodalkasse getragen." Vgl. auch Anm. 56 Abs. 3 zu §. 31 des Zus. 20.

Kirchengesetze, welche diesen Prozentsatz überschreiten, bedürfen der Bestätigung durch ein Staatsgesetz. Dasselbe gilt, wenn Kirchengesetze eine Belastung der Gemeinden zu Gemeindezwecken anordnen oder zur Folge haben[32]).

Art. 17. Kirchengesetze, durch welche die Einkünfte des Kirchenvermögens oder der Pfarrpfründen zu Beiträgen für kirchliche Zwecke herangezogen werden (§. 15. der General-Synodalordnung vom 20. Januar 1876.), dürfen die Pfründeninhaber in ihren schon vor Erlaß dieses Gesetzes erworbenen Rechten nicht schmälern, müssen die Heranziehung in den einzelnen Kategorien der Kirchenkassen oder Pfründen[33]) nach gleichen Prozentsätzen anordnen und bedürfen, bevor sie dem Könige zur Sanktion vorgelegt werden, der Zustimmung des Staatsministeriums. Die Zustimmung ist in der Verkündigungsformel zu erwähnen.

Die Zustimmung darf nicht versagt werden, wenn das Gesetz ordnungsmäßig zu Stande gekommen ist und der Inhalt desselben dem §. 15. der General-Synodalordnung vom 20. Januar 1876. und diesem Artikel entspricht.

Kirchengemeinden, welche den Nachweis führen, daß sie die vollen Ueberschüsse ihrer Kirchenkasse zu bestimmten, innerhalb der nächstfolgenden Jahre zu befriedigenden Bedürfnissen nicht entbehren können, sind von dieser Beitragspflicht zeitweilig zu entbinden.

Die Beiträge können im Wege der Administrativ-Exekution beigetrieben werden.

Zur Abwendung der Exekution steht den Betheiligten binnen einundzwanzig Tagen seit Empfang der Zahlungsaufforderung die Beschwerde dahin zu, daß die Heranziehung nicht dem Gesetz entspricht oder die Berechnung des Beitrages unrichtig, oder die Kirchenkasse nach Absatz 3. von der Beitragspflicht zu entbinden ist.

Ueber die Beschwerde entscheidet die Staatsbehörde[34]).

Art. 18. Der General-Synodalvorstand übt die ihm in den §§. 11. 12. der General-Synodalordnung vom 20. Januar 1876. zugewiesenen Rechte und verwaltet die General-Synodalkasse (§. 34. Nr. 6.).

Die zur Ausübung dieser Rechte erforderlichen Beschlüsse werden nach §. 35. Absatz 2. gefaßt.

Art. 19. Die Vertretung der evangelischen Landeskirche in ihren vermögensrechtlichen Angelegenheiten erfolgt durch den Evangelischen Ober-Kirchenrath unter Mitwirkung des General-Synodalvorstandes (§. 36. Nr. 4. der General-Synodalordnung vom 20. Januar 1876.). Die Befugniß zur Aufnahme von Anleihen ist darin nicht einbegriffen.

Schriftliche Willenserklärungen, welche die Landeskirche Dritten gegenüber rechtlich ver-

---

31a) Vgl. Kirchengesetz betr. die Ausschreibung von Umlagen für provinzielle und landeskirchliche Zwecke. Vom 2. Sept. 1880, kirchl. Ges. u. Verordn.Bl. v. 1880 S. 134.

Wir Wilhelm 2c. verordnen, unter Zustimmung der Generalsynode und nachdem durch Erklärung Unseres Staatsministeriums festgestellt worden, daß gegen dieses Gesetz von Staatswegen nichts zu erinnern ist, für die evangelische Landeskirche der älteren Provinzen was folgt:

Einziger Paragraph.

Von demjenigen Betrage an Umlagen, welcher nach Art. 16 Absatz 1 des Gesetzes vom 3. Juni 1876 (Gesetz-Sammlung Seite 125) bis zur Höhe von vier Prozent der gesammten Klassen- und Einkommensteuer der zur evangelischen Landeskirche gehörigen Bevölkerung ohne Hinzutreten eines Staatsgesetzes beschlossen werden darf, kann eine Summe bis zu drei Prozent der bezeichneten Steuern durch die Generalsynode, bis zu einem Prozent der in jeder Provinz aufzubringenden Klassen- und Einkommensteuer durch die betreffende Provinzialsynode ausgeschrieben werden.

32) H. Dadurch ist den Gemeinden ein Schutz dagegen gegeben, daß ihnen nicht durch Gesetze über neue Organisationen, Gehälter, Altersversorgungen der Geistlichen neue Lasten auferlegt werden.

33) H. Zu diesem Behufe haben die Kirchenkassen und Pfründen in Kategorien oder Klassen mit Rücksicht auf ihr Vermögen eingetheilt werden müssen, vgl. die Zusammenstellungen in Betreff der Kirchenkassen kirchl. Ges. u. Verordn.Bl. v. 1878 S. 127 und in Betreff der letzteren a. a. O. v. 1876/1877 S. 221.

34) H. D. h. der Regierungs- bez. in Berlin der Polizei-Präsident, V. v. 9. Sept. 1876 Art. 4, Zus. 24.

pflichten, bedürfen in ihrer Ausfertigung des Vermerks, daß der General-Synodalvorstand bei dem Beschluß mitgewirkt hat, der Unterschrift des Präsidenten des Evangelischen Ober-Kirchenraths oder dessen Stellvertreters und der Beidrückung des Amtssiegels[35]).

Art. 20. Für die Kosten der Generalsynode, deren Vorstände, Ausschüsse und Kommissionen, sowie des Synodalraths kommen die §§. 38.—40. der General-Synodalordnung vom 20. Januar 1876. zur Anwendung.

Art. 21. Die Verwaltung der Angelegenheiten der evangelischen Landeskirche geht, soweit solche bisher von dem Minister der geistlichen Angelegenheiten und von den Regierungen geübt worden ist, auf den Evangelischen Ober-Kirchenrath und die Konsistorien als Organe der Kirchenregierung über.

Der Zeitpunkt und die Ausführung des Ueberganges bleibt Königlicher Verordnung vorbehalten[36]).

Veränderungen der kollegialen Verfassung dieser Organe bedürfen der Genehmigung durch ein Staatsgesetz (General-Synodalordnung vom 20. Januar 1876. §. 7. Nr. 5.).

Art. 22. In Beziehung auf die Patronatsverhältnisse, sowie auf die kirchlichen Angelegenheiten bei dem Militair und öffentlichen Anstalten wird in den Zuständigkeiten der Behörden durch dieses Gesetz nicht geändert[37]).

Art. 23. Den Staatsbehörden[38]) verbleibt:

1) die Anordnung und Vollstreckung der zur Aufrechthaltung der äußeren kirchlichen Ordnung erforderlichen polizeilichen Vorschriften;
2) die Regelung der streitigen Kirchen-, Pfarr- und Küstereibausachen, sowie die Vollstreckung der einstweiligen Entscheidungen in diesen Sachen;
3) die Beitreibung kirchlicher Abgaben;
4) die Leitung der Kirchenbuchführung, soweit die Kirchenbücher noch zur Beurkundung des Personenstandes dienen;
5) die Ausstellung von Attesten über das Vorhandensein derjenigen Thatsachen, welche den Anspruch auf Kostenfreiheit begründen[39]);
6) die Mitwirkung bei der Veränderung bestehender, sowie bei der Bildung neuer Pfarrbezirke;
7) die Mitwirkung[40]) bei der Besetzung kirchenregimentlicher Aemter oder bei der Anordnung einer kommissarischen Verwaltung derselben. Diese Mitwirkung bleibt in dem bisherigen Umfange bestehen. Insbesondere hat die Anstellung der Mitglieder der kirchenregimentlichen Behörden[41]) unter Gegenzeichnung des Ministers der geistlichen Angelegenheiten zu erfolgen.

---

35) H. Durch diesen Art. ist anerkannt, daß die evangelische Landeskirche eine juristische Person ist, welcher freilich die Fähigkeit Anleihen aufzunehmen fehlt. Die anscheinend gegentheilige Erklärung der Staatsregierung bei den Kommissionsverhandlungen des Abgeordnetenhauses, Drucksachen 12. Legisl. Per. III. Sess. 1876 Nr. 153 S. 27, steht mit dem Inhalte des Artikels in direktem Widerspruch, und ist auch mit den von dem Kultusminister selbst im Abgeordnetenhause gemachten Aeußerungen, Sitzung v. 30. Mai 1876, stenogr. Berichte S. 1888, sowie den Motiven des Gesetzes, s. cit. Drucksachen Nr. 31 S. 31, unvereinbar.

36) Diese V. ist unterm 5. Sept. 1877 ergangen, s. Zus. 17 zu §. 144 d. T. und die Ausführungs-Verordnungen daselbst Anm. 42.

37) H. Besondere Bestimmungen darüber enthält aber Art. 3 Nr. 3 d. V. v. 9. Sept. 1876, Zus. 24, im Hinblick auf das Ges. v. 25. Mai 1874 Art. 8, Zus. 19.

38) H. So weit es sich um die Nr. 1—6 handelt, den bisher zuständigen Organen, also den Regierungen und dem Kultusminister, s. Anm. 35 zu §. 144, nur für Berlin ist die Aenderung gemacht, V. v. 5. Sept. 1877 Art. 3, Zus. 17, daß der Polizei-Präsident an Stelle des Konsistoriums tritt.

39) H. Vgl. hierzu Gerichtskostengesetz für d. Deutsche Reich v. 18. Juni 1878, R.G.Bl. S. 141, §. 98.

40) H. Des Kultusministers.

41) H. D. h. der Mitglieder des Oberkirchenraths, der Konsistorien und der Superintendenten.

Art. 24. Die Beschlüsse der kirchlichen Organe bedürfen zu ihrer Gültigkeit der Genehmigung der staatlichen Aufsichtsbehörde[42]) in folgenden Fällen:

1) bei dem Erwerb, der Veräußerung oder der dinglichen Belastung von Grundeigenthum[43]);
2) bei der Veräußerung von Gegenständen, welche einen geschichtlichen, wissenschaftlichen oder Kunstwerth haben[44]);
3) bei Anleihen, soweit sie nicht blos zu vorübergehender Aushülfe dienen und aus der laufenden Einnahme derselben Voranschlagsperiode zurückerstattet werden können[45]);
4) bei der Einführung und Veränderung von Gebührentaxen[46]);
5) bei der Errichtung neuer, für den Gottesdienst[47]), die Geistlichen oder andere Kirchendiener bestimmter Gebäude;
6) bei der Anlegung[48]) oder veränderten Benutzung von Begräbnißplätzen;
7) bei der Ausschreibung[49]), Veranstaltung oder Abhaltung von Sammlungen außerhalb der Kirchengebäude, unbeschadet des Artikels 10. Nr. 4;
8) bei einer Verwendung des kirchlichen Vermögens zu andern, als den bestimmungsmäßigen Zwecken.

Bewilligungen aus der Kirchenkasse an andere Gemeinden oder zur Unterstützung evangelischer Vereine und Anstalten, sofern dieselben einzeln zwei Prozent und im Gesammtbetrage eines Etatsjahres fünf Prozent der Solleinnahme nicht übersteigen, bedürfen nicht der Genehmigung der Staatsbehörde[50]).

Art. 25. In Betreff der Schenkungen und letztwilligen Zuwendungen bewendet es bei dem Gesetz vom 23. Februar 1870[51]).

Art. 26. Die kirchlichen Organe bedürfen zur Führung von Prozessen keiner Ermächtigung von Seiten einer Staatsbehörde.

Art. 27. Die Staatsbehörde[52]) ist berechtigt, von der kirchlichen Vermögensverwaltung Einsicht zu nehmen, zu diesem Behuf die Etats und Rechnungen einzufordern, sowie außerordentliche Revisionen vorzunehmen und auf Abstellung der etwa gefundenen Gesetzwidrigkeiten[53]) durch Anwendung der gesetzlichen Zwangsmittel zu dringen.

Weigert sich ein Gemeindekirchenrath oder eine Gemeindevertretung, gesetzliche Leistungen, welche aus dem kirchlichen Vermögen zu bestreiten sind, oder den Pfarreingesessenen obliegen, auf den Etat zu bringen, festzusetzen oder zu genehmigen, so ist sowohl das Konsistorium als auch die Staatsbehörde[54]) unter gegenseitigem Einvernehmen befugt, die Eintragung[55]) in den Etat zu bewirken und die weiter erforderlichen Anordnungen zu treffen.

---

42) H. Diese ist stets der Kultusminister, wenn es sich um Geltendmachung der staatlichen Rechte gegenüber dem Oberkirchenrath handelt, V. v. 9. Sept. 1876 Art. 2 Nr. 7, Zus. 24, im Uebrigen s. die folgenden Anmerkungen.

43) H. Des Kultusministers, falls der Werth des Gegenstandes oder der Betrag der Belastung 10,000 Mark übersteigt, sonst des Regierungs- bez. in Berlin des Polizei-Präsidenten, cit. V. v. 9. Sept. 1876 Art. 1 Nr. 1 u. Art. 3 Nr. 4.

44) H. Des Kultusministers, s. cit. V. Art. 1 Nr. 2.

45) H. Des Regierungs- bez. in Berlin Polizei-Präsidenten, a. a. O. Art. 3 Nr. 4.

46) H. Desgleichen.

47) H. Des Kultusministers, a. a. O. Art. 1 Nr. 4, sonst des Regierungs- bez. des Polizei-Präsidenten.

48) H. Des Kultusministers, a. a. O. Art. 1 Nr. 5, bei veränderter Benutzung des Regierungs- bez. Polizei-Präsidenten.

49) H. Wenn die Sammlung in mehr als einer Provinz erfolgen soll, des Kultus-Ministers in Gemeinschaft mit dem des Innern, wenn in mehr als einem Regierungsbezirk, des Ober-Präsidenten, in anderen Fällen des Regierungs- bez. Polizei-Präsidenten, a. a. O. Art. 1 Nr. 6, Art. 2 Nr. 2 u. Art. 3 Nr. 4.

50) Vgl. Anm. 61 zu §. 31 Nr. 10 d. K.G. u. S.O., Zus. 20.

51) H. S. Zus. zu I. 12. §. 39.

52) H. Gegenüber dem Oberkirchenrath der Kultus-Minister Art. 1 Nr. 7, a. a. O., sonst der Regierungs- bez. Polizei-Präsident, Art. 3 Nr. 4 a. a. O.

53) H. Nur darauf hat sich also die Prüfung zu erstrecken.

54) H. D. h. der Regierungs- bezw. Polizei-Präsident, Art. 3 Nr. 4 a. a. O.

Bestreiten die Gemeindeorgane die Gesetzwidrigkeit der beanstandeten Posten oder die Verpflichtung zu der auf Anordnung des Konsistorii und der Staatsbehörde in den Etat eingetragenen Leistungen, so entscheidet auf Klage der Gemeindeorgane im Verwaltungsstreitverfahren das Ober-Verwaltungsgericht[56]).

Art. 28. Durch Königliche Verordnung[57]) werden diejenigen Staatsbehörden bestimmt, welche die in den Artikeln 3. 5. und 8. des Gesetzes vom 25. Mai 1874. und in den Artikeln 3. 4. 7. 8. 11. 17. Absatz 6. Artikel 23. 24., 27. dieses Gesetzes erwähnten Rechte auszuüben haben.

Art. 29. Alle diesem Gesetz, der Kirchengemeinde- und Synodalordnung vom 10. September 1873. Abschnitt 2—5. und der anliegenden General-Synodalordnung vom 20. Januar 1876. entgegenstehenden Bestimmungen, mögen dieselben in den allgemeinen Landesgesetzen, in Provinzial- oder Lokalgesetzen und Lokalordnungen enthalten, oder durch Observanz oder Gewohnheit begründet sein, treten außer Kraft.

Urkundlich 2c.

---

55) H. Dies kann nur mit gesetzlich feststehenden Leistungen geschehen, d. h. solchen, zu welchen auch die erforderliche Staatsgenehmigung gegeben ist.

56) H. Vgl. Ges. betr. d. Verfassung der Verwaltungsgerichte v. 3. Juli 1875 §§. 17 ff. 35 ff. Zus. zu II 17.

H. Die Entscheidung des Oberverwaltungserichts kann nur darauf gehen, ob der in dem Etat gedachte Posten ganz oder theilweise oder nicht zu streichen ist, nicht auf eine darüber hinausgehende materielle Festsetzung, z. B. über den zur Vertheilung von Synodalkosten anzuwendenden Maßstab. Dabei hat das gedachte Gericht nicht völlig frei über die Begründetheit jeder Verpflichtung der Gemeinden und Kirchen zu befinden, also alle dafür in Frage kommenden gesetzlichen Erfordernisse in Betracht zu ziehen, vielmehr ist das Gericht bei denjenigen Leistungen, welche von anderen Organen und Behörden nach ihrer gesetzlichen Zuständigkeit in einem besonders geregelten Verfahren festgestellt worden sind, lediglich auf die Prüfung der Rechtsfragen beschränkt, welche die Zwangsvollstreckung im Gegensatz zur Feststellung der Verpflichtung betreffen. Ebensowenig wie das Oberverwaltungsgericht bei einer durch civilgerichtliches Erkenntniß festgestellten und zwangsweise in den Etat eingetragenen Verpflichtung nochmals über die Gültigkeit der letzteren zu befinden hat, kann es dies bei Zwangsetatisirung von Synodalkosten, welche nach Maßgabe des Ges. v. 25. Mai 1874 Art. 3 (Zus. 19) und Art. 3 des obenstehenden Gesetzes nach Erledigung oder wegen Versäumniß des Beschwerdeverfahrens endgültig festgestellt und vollstreckbar geworden sind, O.V.G. I v. 27. Nov. 1880 u. 11. Nov. 1882, Entsch. 7 S. 208 u. 9 S. 98, kirchl, Ges. u. Verordn.Bl. v. 1881 S. 35 u. v. 1883 S. 23.

Eine mit dieser korrekten Auffassung des Oberverwaltungsgerichts nicht übereinstimmende Stellung zu Art. 27 hat das R.G. IV v. 24. Febr. 1883, Entsch. 8 S. 280, kirchl. Ges. u. Verordn.Bl. v. 1883 S. 67 eingenommen, welches auf Grund des Art. 27 den Rechtsweg für unzulässig erklärt hat für den Fall, daß eine Kirchengemeinde gegen einen von ihr entlassenen Kassenbeamten dahin klagt, daß derselbe anerkennen solle, sie sei nicht verpflichtet, das vom Konsistorium fest gesetzte Ruhegehalt an ihn zahlen. Hier wird ausgeführt: „Der Art. 27 spricht in Abs. 3 vom Bestreiten der Verpflichtung zu den im Etat „eingetragenen“ Leistungen, legt indes kein Gewicht darauf“ (warum nicht?), „daß die formale Eintragung der Leistung in den schriftlich aufgestellten Etat stattgefunden hat, widrigenfalls das Verfahren vor dem Oberverwaltungsgericht nicht zulässig sein soll. Durch Nichtbefolgung der behördlichen Verfügung, welche die Eintragung der Leistung in den Etat zur Folge hat“ (richtiger zur Folge haben kann), „kann Klägerin sich nicht den ordentlichen Rechtsweg eröffnen. Es ist nichts weiter erforderlich für die Zuständigkeit des Oberverwaltungsbehörde als daß m a t e r i e l l und mit voller Wirkung bis zur anderweitigen Entscheidung im gesetzlichen Verfahren die Leistung in den Etat aufgenommen ist, und dies ist geschehen, sobald die kirchliche Behörde die Leistung festgesetzt und damit ihre Einstellung in den Etat und die Zahlung verfügt hat.“ Das Reichsgericht, welches hier Nichteintragung in den Etat und Eintragung in denselben, ferner Festsetzung einer Verpflichtung durch die Behörde und Eintragung in den Etat als in jeder Hinsicht identisch setzt, verkennt völlig den Zweck des Artikels. Er soll einen Schutz gegen Zwangsetatisirungen gewähren, aber nichts anderes. Ob sonst, so weit es sich um die Feststellung der Gesetzmäßigkeit einer Leistung handelt, der Rechtsweg deswegen zulässig ist oder nicht, darüber bestimmt Art. 27 nichts, das entscheidet sich nach dem sonst geltenden Recht. Wäre die Ausführung des Reichsgerichts richtig, so würde von seinen Prämissen aus folgen, daß wenn das Konsistorium der Kirchengemeinde aufgiebt, eine civilrechtliche Schuld zu zahlen, diese darüber mit dem Gläubiger nicht im Rechtswege streiten könnte, denn die Anweisung des Konsistoriums steht nach dem Reichsgericht der Eintragung der Schuld in den Etat gleich und deshalb wäre das Oberverwaltungsgericht zuständig.

Vgl. auch Anm. 2 zu Art. 3 d. V. v. 9. Sept. 1876, Zus. 24.

57) H. S. die wiederholt citirte V. v. 9. Sept. 1876, u. Zus. 24.

23. **Allerhöchster Erlaß vom 20. Januar 1876., betreffend die Einführung einer General-Synodalordnung für die evangelische Landeskirche der acht älteren Provinzen der Monarchie.** (G.S. S. 133.)

Nachdem in Gemäßheit Meines Erlasses vom 10. September 1873. eine außerordentliche Generalsynode den von dem Evangelischen Ober-Kirchenrath in Vereinigung mit dem Minister der geistlichen Angelegenheiten festgestellten und von Mir genehmigten Entwurf einer General-Synodalordnung berathen hat, ertheile Ich kraft der Mir als Träger des landesherrlichen Kirchenregiments zustehenden Befugnisse der als Anlage beifolgenden General-Synodalordnung für die evangelische Landeskirche der acht älteren Provinzen der Monarchie hierdurch Meine Sanktion und verkünde dieselbe als kirchliche Ordnung. Das wichtige Werk einer selbstständigen Verfassung für die evangelische Landeskirche ist hiermit in allen ihren Entwickelungsstufen begründet; überall sind den Gemeindegliedern wesentliche Befugnisse der Theilnahme an der kirchlichen Gesetzgebung und Verwaltung übertragen.

Ich vertraue auf die Barmherzigkeit Gottes, an dessen Segen Alles gelegen ist, daß auch diese neue Ordnung dienen wird zur Hebung des kirchlichen Lebens, zur Herstellung des kirchlichen Friedens und zur Anregung eines kräftigen und ersprießlichen Zusammenwirkens aller Betheiligten für die Wahrung des evangelischen Glaubens und guter Sitte.

Soweit es zur Ausführung der General-Synodalordnung nicht noch einer Mitwirkung der Landesgesetzgebung bedarf, wegen deren Herbeiführung von Mir das Erforderliche veranlaßt ist, hat der Evangelische Ober-Kirchenrath mit dem Minister der geistlichen Angelegenheiten wegen dieser Ausführung die weiteren Einleitungen zu treffen. Zugleich bestimme Ich, daß die Vorschriften des §. 7. Nr. 6. der General-Synodalordnung über das förmliche Disziplinarverfahren auf diejenigen Disziplinaruntersuchungen, welche am Tage der Verkündung dieses Erlasses bereits eingeleitet sind, keine Anwendung finden, diese Untersuchungen vielmehr nach dem bisherigen Verfahren zu Ende zu führen sind.

Der gegenwärtige Erlaß ist durch die Gesetz-Sammlung zur öffentlichen Kenntniß zu bringen.

General-Synodalordnung

für die evangelische Landeskirche der acht älteren Provinzen der Monarchie.

§. 1. Der Verband der Generalsynode erstreckt sich auf die evangelische Landeskirche der acht älteren Provinzen der Monarchie[58]).

Der Bekenntnißstand und die Union[59]) in den genannten Provinzen[60]) und den dazu gehörenden Gemeinden werden durch dieses Verfassungsgesetz nicht berührt.

I. Zusammensetzung.

§. 2. Die Generalsynode wird zusammengesetzt:

1) aus 150 Mitgliedern, welche von den Provinzialsynoden der Provinzen Preußen, Brandenburg, Pommern, Posen, Schlesien, Sachsen, Westfalen und der Rheinprovinz gewählt werden;
2) aus sechs Mitgliedern, von welchen jede evangelisch-theologische Fakultät an den Universitäten Königsberg, Berlin, Greifswald, Breslau, Halle und Bonn eines aus ihrer Mitte wählt;
3) aus den General-Superintendenten der im Generalsynodalverbande stehenden Provinzen;
4) aus dreißig vom Könige zu ernennenden Mitgliedern.

Die Berufung der Synodalmitglieder erfolgt für eine Synodalperiode von sechs Jahren.

---

58) H. Also auch auf Rheinland und Westfalen, für welche freilich eine besondere, die Zus. 21 Anm. 78 mitgetheilte Kirchen-Ordnung gilt.

59) H. S. Anm. 49 zu §. 39 d. T.

60) H. Wenn eine General-Synode daran eine Aenderung machen, also die Union aufheben sollte, so wäre damit der Bestand der Landeskirche vernichtet. Der Staat würde der etwaigen neuen kirchlichen Bildung vollkommen frei gegenüber stehen.

§. 3. Die zufolge §. 2. Nr. 1. zu wählenden Mitglieder werden auf die acht Provinzialsynoden dergestalt vertheilt, daß die Synode

der Provinz	Preußen	. . . . .	24,
„	„ Brandenburg	. . .	27,
„	„ Pommern	. . .	18,
„	„ Posen	. . . . . .	9,
„	„ Schlesien	. . . .	21,
„	„ Sachsen	. . . . .	24,
„	„ Westfalen	. . . .	12,
„	Rheinprovinz	. . . . . .	15

Mitglieder wählt.

Die Wahl erfolgt in der Weise, daß

1) ein Drittheil aus den innerhalb der Provinz in geistlichen Aemtern der Landeskirche[61]) angestellten Geistlichen,

2) ein Drittheil aus solchen Angehörigen der Provinz gewählt wird, welche in Kreis- oder Provinzialsynoden oder in den Gemeindekörperschaften derselben als weltliche Mitglieder entweder zur Zeit der Kirche dienen oder früher gedient haben;

3) die Wahlen für das letzte Drittheil sind an diese Beschränkungen nicht gebunden, sondern können auch auf andere angesehene, kirchlich erfahrene und verdiente Männer gerichtet werden, welche der evangelischen Landeskirche angehören.

Alle Gewählte müssen das dreißigste Lebensjahr zurückgelegt haben.

§. 4. Königlicher Verordnung[61a]) bleibt es vorbehalten, die Aussonderung der Residenzstadt Berlin und ihrer Umgebung aus dem Synodalverbande der Provinz Brandenburg, die Einrichtung einer besonderen Provinzial- (Stadt-) Synode Berlin und die Vertheilung der Zahl der Mitglieder anzuordnen, welche demnächst die Synoden der Provinz Brandenburg und der Stadt Berlin nach dem Maßstabe der in ihnen vorhandenen evangelischen Bevölkerung in die Generalsynode zu entsenden haben.

Ueber die einzelnen hierzu erforderlichen Bestimmungen[62]) sind die vereinigten Kreissynoden von Berlin und die Provinzialsynode der Provinz Brandenburg zu hören.

Veränderungen der hiernach getroffenen Anordnungen, welche durch spätere landesgesetzliche Feststellung eines besonderen provinziellen Verbandes für die Stadt Berlin und ihre Umgebung bedingt werden sollten, erfolgen gleichfalls durch Königliche Verordnung.

II. Wirkungskreis.

§. 5. Die Generalsynode hat mit dem Kirchenregimente des Königs der Erhaltung und dem Wachsthum der Landeskirche[63]) auf dem Grunde des evangelischen Bekenntnisses zu dienen; Regiment, Lehrstand und Gemeinden zur Gemeinschaft der Arbeit an dem Aufbau der Landeskirche zu verbinden; auf Innehaltung der bestehenden Kirchenordnung in den Thätigkeiten der Verwaltung zu achten; über die gesetzliche Fortbildung der landeskirchlichen Einrichtungen zu beschließen; die Fruchtbarkeit der Landeskirche an Werken der christlichen Nächstenliebe zu fördern; die Einheit der Landeskirche gegen auflösende Bestrebungen zu wahren; der provinziellnn kirchlichen Selbstständigkeit ihre Grenzen zu ziehen und sie in denselben zu schützen; die Gemeinschaft zwischen

---

61) H. D. h. defintiv.

61a) H. Zur Uebertragung der im Ges. v. 3. Juni 1876 (s. d. vorhergehenden Zusatz) den Provinzialsynoden eingeräumten Rechte an die Berliner Provinzialsynode bedarf es eines Staatsgesetzes, Art. 8 a. a. O.

62) H. Also nicht über die Frage, ob Berlin eine eigene Provinzialsynode erhalten soll.

63) H. „Die Generalsynode ist nicht dem landesherrlichen Kirchenregimente als beschränkende oder kontrolirende Instanz gegenübergestellt, sondern wird mit ihm zur gemeinsamen Arbeit für Erhaltung uud Wachsthum der Landeskirche verbunden, Motive i. d. Verhandl. der außerordentl. Generalsynode v. 1875. Berlin 1876 S. 770.

der Landeskirche und anderen Theilen der evangelischen Gesammtkirche zu pflegen; zur interkonfessionellen Verständigung der christlichen Kirchen zu helfen, und überhaupt sowohl aus eigener Bewegung als auf Anregung der Kirchenregierung, in Gemäßheit dieser Ordnung, Alles zu thun, wodurch die Landeskirche gebaut und gebessert und die Gesammtkirche in der Erfüllung ihrer religiösen und sittlichen Aufgabe gefördert werden mag.

Gesetzgebung.

§. 6. Landeskirchliche Gesetze bedürfen der Zustimmung der Generalsynode und werden von dem Könige, kraft seines Rechts als Träger des Kirchenregiments, erlassen. Sie werden Behufs der Beglaubigung von dem Präsidenten des Evangelischen Ober-Kirchenraths gezeichnet.

Die Generalsynode hat das Recht, landeskirchliche Gesetze vorzuschlagen.

Bevor ein von der Generalsynode angenommenes Gesetz [64]) dem Könige zur kirchenregimentlichen Genehmigung vorgelegt wird [65]), ist die Erklärung des Ministers der geistlichen Angelegenheiten darüber herbeizuführen, ob gegen den Erlaß desselben von Staatswegen etwas zu erinnern sei [66]).

Ein Kirchengesetz [67]) erhält seine verbindliche Kraft durch die Verkündung in dem unter Verantwortlichkeit des Evangelischen Ober-Kirchenraths erscheinenden kirchlichen Gesetz- und Verordnungsblatt [68]). Sie beginnt, sofern in dem Gesetze kein anderer Anfangstermin bestimmt ist, mit dem vierzehnten Tage nach demjenigen Tage, an welchem das betreffende Stück des genannten Blattes in Berlin ausgegeben worden ist.

§. 7. Folgende Gegenstände unterliegen ausschließlich [69]) der landeskirchlichen Gesetzgebung:

1) die Regelung der kirchlichen Lehrfreiheit;
2) die ordinatorische Verpflichtung der Geistlichen;
3) die zu allgemeinem landeskirchlichen Gebrauche bestimmten agendarischen Normen [70]).

Soll die Einführung agendarischer Normen nur für einzelne Provinzialbezirke erfolgen, so bedarf es der Zustimmung der betreffenden Provinzialsynode.

Insofern bestehende agendarische Ordnungen die Verwaltung der Sakramente betreffen, dürfen sie in den einzelnen Gemeinden nicht ohne Zustimmung der Gemeindeorgane [71]) verändert werden, gleichviel, ob die Aenderung durch landeskirchliche oder provinzielle Gesetzgebung beschlossen ist.

Durch vorübergehende Verhältnisse bedingte und daher nur zeitweilige liturgische Anordnungen werden mit Ermächtigung des Königs vom Evangelischen Ober-Kirchenrathe getroffen.

Die Zulassung von Katechismuserklärungen, Religionslehrbüchern und Gesangbüchern

---

64) H. Richtiger wäre: Gesetz-Entwurf.

65) H. Wegen der Besonderheiten bei Abänderung der Kirchenordnung für Rheinland und Westfalen s. u. §. 10.

66) H. Das ist Bedingung der kirchlichen Gültigkeit. Für die volle Rechtswirksamkeit ist aber noch die Erfüllung der im Art. 13 des Ges. v. 3. Juni 1876 vorgeschriebenen staatlichen Erfordernisse nothwendig. Diese beziehen sich auch auf kirchliche Provinzialgesetze.

67) H. Das O.Tr. Str.S. I hat in dem Erk. v. 4. Dez. 1878, Entsch. 82 S. 339, Oppenhoff, Rechtspr. 19 S. 566; kirchl. Ges. u. Verordn.Bl. v. 1879 S. 37, ausgesprochen, daß das Vergehen des §. 110 R.Str.G.B. auch hinsichtlich solcher Gesetze begangen werden kann, welche der Landesherr als Inhaber des obersten Kirchenregiments und der evangelischen Kirche erlassen hat. Das erscheint aber bedenklich, denn bei Erlaß eines sog. Kirchengesetzes handelt der Landesherr als Träger der Kirchengewalt, nicht der Staatsgewalt, und das Gesetz wird dadurch kein staatliches, daß der Landesherr dabei das jus circa sacra insofern ausübt, als er stillschweigend durch die Sanktion das Kirchengesetz mit den Staatsgesetzen für vereinbar erklärt.

68) H. Das Gesetzblatt erscheint unter der Redaktion im Büreau des Oberkirchenraths seit dem 28. Nov. 1878 in Berlin.

69) H. Also weder der Regelung durch die Provinzial-Synodal-Gesetzgebung noch durch die kirchliche Verwaltung.

70) H. Vgl. hierzu §. 9 a. E.

71) H. D. h. der Gemeindekirchenrath und die Gemeindevertretung müssen beide zustimmen.

erfolgt für den allgemeinen landeskirchlichen Gebrauch nach ertheilter Billigung der Generalsynode, für den provinziellen Gebrauch nach ertheilter Billigung der Provinzialsynode, durch Verfügung des Kirchenregiments. Gegen obligatorische Einführung solcher kirchlicher Bücher steht jeder einzelnen Gemeinde [72]) ein Widerspruchsrecht zu [73]);

4) die Einführung oder Abschaffung allgemeiner kirchlicher Feiertage;

5) Aenderungen der Kirchengemeinde- und Synodalordnung vom 10. September 1873. und dieser Ordnung, sowie Aenderungen der Kirchenverfassung, welche den Grundsatz betreffen, wonach das Kirchenregiment des Königs durch kollegiale, mit geistlichen und weltlichen Mitgliedern besetzte Kirchenbehörden auszuüben ist [74]).

6) die Kirchenzucht wegen Verletzung allgemeiner Pflichten der Kirchenglieder, sowie die Disziplinargewalt über Geistliche und andere Kirchendiener [75]). Bis zur anderweiten kirchengesetzlichen Regelung der Disziplinargewalt bei Dienstvergehen der Superintendenten, Geistlichen und niederen Kirchendiener finden auf das förmliche Disziplinarverfahren [76]), sowie auf die vorläufige Dienstenthebung gegen dieselben die Bestimmungen der §§. 22. 23. Nr. 1. 24. 27. 28. 31. bis 45. und 48. bis 54. des Gesetzes vom 21. Juli 1852. (Gesetz-Samml. S. 465.) mit der Maßgabe Anwendung, daß die in dem genannten Gesetze dem Disziplinarhofe und den Provinzialbehörden beigelegten Befugnisse von den Provinzialkonsistorien nach den für das Verfahren bei den Provinzialbehörden vorgeschriebenen Bestimmungen zu üben sind, die dem Disziplinarhof beigelegte gutachtliche Thätigkeit fortfällt und die Zuständigkeiten des Ministerial- beziehungsweise Staatsministerial-Ressorts dem Evangelischen Ober-Kirchenrathe zukommen;

7) die kirchlichen Erfordernisse der Anstellungsfähigkeit und die kirchlichen Grundsätze über die Besetzung der geistlichen Aemter;

8) die kirchlichen Bedingungen der Trauung.

---

72) H. D. h. ihrer Organe, vgl. Abs. 3 dieser Nr. Sind beide im Widerspruch nicht einig, so ist ein solcher nicht vorhanden, denn nur ihr übereinstimmender Wille kann als Wille der Gemeinde gelten.

73) H. Mit Rücksicht auf alle in Frage kommenden Vorschriften ist das geltende Recht in Betreff der in Nr. 3 erwähnten Normen und Bücher folgendes:

1. Agendarische Normen, welche a. für die ganze Landeskirche gelten sollen, können nur durch ein allgemeines zwischen dem Kirchenregiment und der Generalsynode, und zwar der Regel nach nach vorheriger Anhörung der Provinzialsynoden (§. 9) vereinbartes Gesetz eingeführt werden, in jeder Einzelgemeinde aber auch nicht ohne die Zustimmung der Organe derselben, sofern sie die Verwaltung der Sakramente betreffen, §. 7 Nr. 3 Abs. 1 u. 3; b. solche, welche nur für eine einzelne Provinz Geltung haben sollen, entweder durch ein allgemeines landeskirchliches Gesetz, zu welchem es der Zustimmung der Provinzialsynode bedarf, §. 7 Nr. 3 Abs. 1 u. 2 oder durch ein provinzialkirchliches zwischen dem Kirchenregiment und der Provinzialsynode vereinbartes Gesetz, §. 65 Nr. 3 Abs. 2 d. K.G. u. S.O., Zus. 20 zu §. 156 d. T., welches aber nach §. 18 d. Gen.Syn.Ordn. der Generalsynode vorzulegen ist, und so weit es die Verwaltung der Sakramente betrifft, in der Einzelgemeinde nur bei Zustimmung ihrer Organe Geltung erlangt, §. 7 Nr. 3 Abs. 3 a. a. O.

2. Die Einführung von Religionslehrbüchern, Gesangbüchern, Katechismuserklärungen für den allgemeinen Landeskirchen-Gebrauch bedarf nur der Zustimmung der General-, nicht der Provinzialsynode, §. 7 Nr. 3 Abs. 4, für den Gebrauch in einer kirchlichen Provinz allein der der betreffenden Provinzialsynode, a. a. O. u. §. 65 Nr. 3 Abs. 2 d. K.G. u. S.O., nachdem der Beschluß der Generalsynode nach §. 18 d. Gen.Syn.Ordn. vorgelegt ist. Doch kann der Gebrauch solcher Bücher in beiden Fällen bei Widerspruch einer Gemeinde, d. h. ihrer Organe, nicht in derselben obligatorisch vorgeschrieben werden, §. 7 Nr. 3 Abs. 4.

74) H. Vgl. hierzu Ges. v. 3. Juni 1876 Art. 21 Abs. 3.

75) H. Aber selbstverständlich innerhalb der Schranken der Ges. v. 13. u. 12. Mai 1873, s. Zus. 9 zu §. 57 d. T. u. Zus. 15 zu §. 124 d. T.

76) H. Durch diese Bestimmungen wird weder das materielle Disziplinarrecht mit seinen Disziplinarstrafen noch das Verfahren bei dem im Dienstaufsichtswege aufzuerlegenden Rügen und Ordnungsstrafen berührt, Cirk.Verf. d. ev. O.K.R. v. 24. Mai 1876, kirchl. Ges. u. Verordn.Bl. v. 1876/1877 S. 39. S. auch zu §. 533 d. T.

§. 8. Der Kirchenregierung wie der Generalsynode bleibt unbenommen, auch über andere Gegenstände der kirchlichen Ordnung, deren allgemeine kirchengesetzliche Regelung heilsam erachtet wird, Gesetzesvorschläge zu machen.

Ist diese Regelung erfolgt, so kann weder eine Veränderung derselben noch deren Ueberlassung an die provinzialkirchliche Gesetzgebung oder an das kirchenregimentliche Verordnungsrecht anders als im Wege der landeskirchlichen Gesetzgebung geschehen.

§. 9. Es hängt vom Ermessen der Kirchenregierung ab, über Gesetzesvorschläge, welche sie der Generalsynode zu machen beabsichtigt, zuvor die Provinzialsynoden, beziehungsweise die ausschließlich betheiligten, zu gutachtlicher Aeußerung zu veranlassen. Bei Veränderungen, welche die Liturgie betreffen (§. 7. Nr. 3.), soll diese Anhörung der Provinzialsynoden in der Regel geschehen.

§. 10. Veränderungen der revidirten Kirchenordnung für Westfalen und die Rheinprovinz können, wie bisher, von den Provinzialsynoden dieser Provinzen beschlossen und durch Bestätigung der Kirchenregierung in Kraft gesetzt werden.

Werden Bestimmungen der genannten Kirchenordnung durch ein von der Kirchenregierung beabsichtigtes landeskirchliches Gesetz betroffen, so müssen die Synoden der beiden Provinzen, bevor der Gesetzesvorschlag an die Generalsynode gelangt, gutachtlich gehört werden.

Gehen solche Gesetzesvorschläge von der Generalsynode aus, so sind die Gutachten der genannten Provinzialsynoden vor der Einholung der Königlichen Sanktion zu veranlassen.

Aeußern sich beide Synoden übereinstimmend gegen die Veränderung ihrer Kirchenordnung, so bleiben diese Provinzen von dem Geltungsbereiche der betreffenden landeskirchlichen Vorschrift ausgenommen,

Kirchliche Vermögensrechte und Besteuerung.

§. 11 [77]). Die Generalsynode übt eine Kontrole über die vom Evangelischen Ober-Kirchenrathe verwalteten oder unter seine Verfügung gestellten kirchlichen Fonds und sonstigen kirchlichen Einnahmen, und vereinbart mit ihm die leitenden Grundsätze für ihre Verwendung. Der Generalsynode, und in den Jahren, in welchen sie sich nicht versammelt, dem Synodalvorstande ist die Jahresrechnung über diese Fonds zur Prüfung und Ertheilung der Entlastung [78]) vorzulegen.

§. 12. Von der Verwendung der unter der Verwaltung des Ministers der geistlichen Angelegenheiten stehenden kirchlichen Fonds und der im Staatshaushalts-Etat für kirchliche Zwecke bewilligten Mittel giebt der Evangelische Ober-Kirchenrath auf Grund der Nachrichten, welche er darüber vom Minister der geistlichen Angelegenheiten erhalten hat, der Generalsynode Kenntniß. Sobald solche Fonds oder Mittel in die Verwaltung der Kirche übergehen, erweitert sich die synodale Kenntnißnahme zur Kontrole (§. 11.).

§. 13. Anordnungen der Kirchenregierung wegen Einführung neuer, regelmäßig wiederkehrender, sowie wegen Abschaffung bestehender landeskirchlicher Kollekten bedürfen der Zustimmung der Generalsynode [79]).

§. 14. Die Bewilligung neuer Ausgaben [80]) für landeskirchliche Zwecke [81]), soweit sie durch Umlagen auf die Kirchenkassen oder Kirchengemeinden gedeckt werden sollen, erfolgt im Wege der kirchlichen Gesetzgebung.

Der bewilligte, durch Umlage aufzubringende Betrag wird über die Provinzen der Landeskirche nach einem Maßstabe repartirt, welcher vorläufig durch Königliche Verordnung aufgestellt, endgültig zwischen der Generalsynode und der Kirchenregierung vereinbart wird [82]).

---

77) H. Zu §§. 11 u. 12 s. Art. 14, 18 des Ges. v. 3. Juni 1876.

78) H. Die vom Synodalvorstande ertheilte Entlastung ist also für die betreffenden Jahre eine endgültige, die Generalsynode bindende.

79) H. Vgl. hierzu Art. 24 Nr. 7 des Ges. v. 3. Juni 1876.

80) H. Vgl. hierzu Art. 14—16 des Ges. v. 3. Juni 1876.

81) H. D. h. solcher, welche der ganzen Landeskirche gemeinsam sind.

82) H. Vgl. Kirchengesetz, betr. d. Vertheilung der Generalsynodalkosten

Die auf die einzelnen Provinzen entfallenden Beträge werden nach den in den §§. 72. 73. der Kirchengemeinde- und Synodalordnung vom 10. September 1873. aufgestellten Normen, für die Provinzen Rheinland und Westfalen nach Maßgabe des §. 135. der Kirchenordnung vom 5. März 1835., einer Unterrepartition unterworfen und an die Konsistorialkassen und von diesen an den Evangelischen Ober-Kirchenrath abgeführt[83]).

---

und der landeskirchlichen Umlagen auf die einzelnen Provinzen vom 2. September 1880. (Kirchl. Ges. u. Verordn.Bl. v. 1880 S. 133.)

Wir Wilhelm rc. verordnen unter Zustimmung der Generalsynode und nachdem durch die Erklärung Unseres Staatsministeriums festgestellt worden, daß gegen dieses Gesetz von Staatswegen nichts zu erinnern ist, sowie nach erfolgter Zustimmung unseres Staatsministeriums, was folgt:

Einziger Paragraph.

Umlagen zur Bestreitung von Ausgaben für landeskirchlichen Zweck (§. 14 der General-synodal-Ordnung vom 20. Januar 1876) und die Kosten der Generalsynode, sowie der Vorstände derselben und der von den letzteren bestellten Ausschüsse und Kommissionen (§. 38 a. a. O.) sind nach Maßgabe der von den evangelischen Gemeindegliedern aufzubringenden Klassen- und klassifizirten Einkommensteuer auf die Provinzen der Landeskirche zu vertheilen.

Urkundlich rc.

Dadurch ist die frühere königl. Verordnung v. 11. Okt. 1879 (a. a. O. 1879 S. 213) entfallen.

Vgl. auch die Anm. 31 zu Art. 16, Zus. 22.

83) H. Mit diesem §. ist für die 6 östlichen Provinzen, welche der evangelischen Landeskirche angehören, das Umlage- oder Besteuerungsrecht zur vollen Durchbildung gelangt. Dasselbe ist nach den in Frage kommenden kirchlichen und staatlichen Normen folgendermaßen gestaltet:

1. Für die Bedürfnisse der Einzelgemeinde kann der Gemeindekirchenrath unter Zustimmung der Gemeindevertretung, soweit die erforderlichen Mittel nicht aus dem Kirchenvermögen oder vom Patrone oder von sonst speziell Verpflichteten zu gewähren sind, Umlagen oder Steuern auferlegen und diese auf die einzelnen Gemeindemitglieder, jedoch nur nach einem Repartitionsfuß, welcher nach Maßgabe direkter Staatssteuern oder am Orte erhobener Kommunalsteuern festgesetzt werden muß, vertheilen, §. 31 Nr. 6 d. K.G. u. S.O. (Zus. 20 zu §. 156 d. T.) Die Umlage bedarf der Genehmigung des Konsistoriums und zur Rechtsgültigkeit und Vollstreckbarkeit der Vollstreckbarkeitserklärung durch den Regierungs-Präsidenten, bez. in Berlin den Polizei-Präsidenten, welcher diese aber zu versagen hat, so fern Bedenken hinsichtlich der Ordnungsmäßigkeit bei der Auferlegung, der Angemessenheit des Beitragsfußes oder der Leistungsfähigkeit der Pflichtigen bestehen. Gegen seine Entscheidung ist die Beschwerde an den Oberpräsidenten, aber keine weitere offen gelassen, Ges. v. 25. Mai 1874 Art. 3, (Zus. 19 a. a. O.) u. Verordn. v. 9. Sept. 1876 Art. 3, Zus. 24 zu §. 156 d. T.

2. Die Kreissynode als solche hat ein selbstständiges Besteuerungsrecht allein für die Beschaffung der durch sie verursachten Kosten, so weit dafür nicht besondere Mittel vorhanden sind oder sie nicht eigenes Vermögen besitzt, §§. 71, 72 d. K.G. u. S.O. Sie repartirt diese selbstständig auf die zu ihr gehörigen Gemeinden, §. 53 Nr. 7 u. §. 72 a. a. O. Gegen diese Repartition steht diesen die Beschwerde binnen 21 Tagen angerechnet von Zustellung des Beschlusses an die zu Nr. 1 genannten Behörden zu, Art. 3 des Ges. v. 3. Juni 1876, Zus. 22 zu §. 156 d. T., u. V. v. 9. Sept. 1876 Art. 2.

3. Die Provinzialsynode übt ein Besteuerungsrecht für provinzielle kirchliche Zwecke mit Zustimmung des Konsistoriums, §. 65 Nr. 7 d. K.G. u. S.O., und ferner für die Beschaffung der durch sie verursachten Kosten, §§. 72, 74. Alle erforderlichen Beiträge werden auf die Kreissynoden nach Maßgabe einer von ihr unter Zustimmung des Konsistoriums aufzustellenden Matrikel vertheilt. Die Beschlüsse über neue Ausgaben, wie die Matrikel bedürfen der Bestätigung des Oberpräsidenten, welche zu versagen ist, wenn Bedenken, hinsichtlich der Ordnungsmäßigkeit des Beschlusses, der Angemessenheit des Vertheilungsmaßstabes oder der Leistungsfähigkeit des Bezirks obwalten. Die Beschwerde geht an den Kultusminister, Art. 11 des Ges. v. 3. Juni 1876, V. v. 9. Sept. 1876 Art. 2.

4. Die Generalsynode hat ein Besteuerungsrecht für allgemeine landeskirchliche Zwecke und zur Deckung der durch sie verursachten Kosten, §§. 14, 38, 40 d. Gen.Syn.Ordn. Das erstgedachte Recht kann nur im Wege der landeskirchlichen Gesetzgebung, §. 6 a. a. O. ausgeübt werden, d. h. es bedarf des Erlasses eines Kirchengesetzes durch den König. Dasselbe gilt für die Repartirung des aufzubringenden Betrages auf die einzelnen Provinzen. Sowohl das eine wie das andere Kirchengesetz ist aber vor Einholung der Sanktion des Königs dem Staatsministerium zur Zustimmung vorzulegen, deren Ertheilung in der Verkündigungsformel zu er-

§. 15[84]). Auch die Einkünfte des Kirchenvermögens und der Pfarrpfründen können durch ein Kirchengesetz zu Beiträgen für kirchliche Zwecke herangezogen werden.

Dies ist nur zulässig bei Kirchenkassen, sofern die etatsmäßige Solleinnahme derselben die etatsmäßige Sollausgabe um mehr als ein Drittheil der letzteren, und wenigstens um dreihundert Mark jährlich, übersteigt[85]), bei Pfarrpfründen, sofern der jährliche Ertrag derselben ausschließlich des Wohnungswerths auf mehr als sechstausend Mark sich beläuft[86]). Diese Beiträge dürfen zehn Prozent des jährlichen Ueberschusses der Solleinnahme der Kirchenkasse und des über die Summe von sechstausend Mark hinausgehenden Pfründenertrages nicht überschreiten.

Anträge und Beschwerden.

§. 16. Die Generalsynode kann durch Anträge, welche sie beschließt, das Kirchenregiment in dem ganzen Bereiche seiner Thätigkeit zu den Maßregeln anregen, die sie dem landeskirchlichen Bedürfniß entsprechend erachtet. Auf jeden solchen Antrag muß ein Bescheid, im Falle der Ablehnung mit den Gründen derselben, ertheilt werden.

§. 17. Behufs Erhaltung der kirchengesetzlichen Ordnung in den Thätigkeiten der Verwaltung steht der Generalsynode auch der Weg der Beschwerde offen. Gegenstand derselben sind Verletzungen kirchengesetzlicher Vorschriften durch Verfügungen der Kirchenbehörden, welche im kirchlichen Instanzenwege keine Abhülfe gefunden haben. Die von der Generalsynode darüber gefaßten Beschlüsse gehen an den Evangelischen Ober-Kirchenrath zur Prüfung und Bescheidung.

Wahrung der Einheit der Landeskirche.

§. 18. Der Generalsynode werden die von den Provinzialsynoden gefaßten Beschlüsse vorgelegt. Findet die Generalsynode, daß ein Beschluß der Provinzialsynode mit der Einheit der evangelischen Landeskirche in Bekenntniß und Union, in Kultus und Verfassung nicht vereinbar ist, so ist demselben die kirchenregimentliche Bestätigung zu versagen. Ist solche bereits ertheilt, so hat die Kirchenregierung ihn außer Kraft zu setzen.

Verhältniß zu anderen Kirchengemeinschaften.

§. 19. Die Generalsynode nimmt Kenntniß von den Beziehungen der Landeskirche zu den übrigen Theilen der Deutschen evangelischen Kirche, beschließt über die der weiteren Entwickelung ihres Gemeinschaftsbandes dienenden Einrichtungen und betheiligt sich durch von ihr gewählte Abgeordnete an etwaigen Vertretungskörpern der Deutschen evangelischen Kirche.

Zur Theilnahme der Landeskirche an anderen kirchlichen Versammlungen, insbesondere denen von internationaler und interkonfessioneller Art, bedarf es der Zustimmung der Generalsynode.

---

wähnen ist, Art. 15 des Ges. v. 3. Juni 1876. Die Provinzialsynoden haben den auf sie entfallenden Betrag auf die Kreissynoden in derselben Weise, wie die von ihnen selbst beschlossenen Auflagen (s. unter 3) zu vertheilen. Bei dieser Vertheilung konkurrirt der Oberpräsident ebenfalls nach Maßgabe des zu 3 Angeführten, Art. 15 a. a. O.

Die Kreissynoden haben die von ihnen nach Nr. 3 und 4 zu leistenden Beiträge nach Maßgabe des zu 2 Bemerkten auf die Gemeinden zu vertheilen, und diesen steht gegen die Repartition ebenfalls der schon zu 2 bezeichnete Beschwerdeweg zu, Art. 3 u. Art. 15 des Ges. v. 3. Juni 1876.

Die Gesammtsumme der für provinzielle und allgemeine landeskirchliche Zwecke aufzulegenden Steuern, — die Beiträge für Synodallasten bleiben außer Ansatz — darf 4 Prozent der Gesammtsumme der Klassen- und Einkommensteuer der zur evangelischen Landeskirche gehörigen Bevölkerung nicht übersteigen. Eine höhere Besteuerung bedarf der Bestätigung durch Staatsgesetz, Art. 16 a. a. O.

Ueber die Besonderheiten, welche Berlin betreffen, s. Art. 8 a. a. O.

84) H. Vgl. Art. 14, 17 des cit. Ges.

85) H. Vgl. hierzu Cirk.Erl. d. ev. O.K.R. v. 29. Juni 1877, kirchl. Ges. u. Verordn.Bl. v. 1876 u. 1877 S. 152 u. Anm. 33 zu Art. 17 Zus. 22.

86) H. Vgl. hierzu Cirk.Erl. d. ev. O.K.R. v. 29. Juni 1877, a. a. O. S. 153 u. Anm. 33 zu Art. 17 Zus. 22.

Wahl des Präsidiums, des Synodalvorstandes und Synodalraths.

§. 20. Die Generalsynode wählt beim Beginne ihrer jedesmaligen Versammlung (§. 29.) und für die Dauer derselben ihr Präsidium[87]), bestehend aus einem Präsidenten, einem Vizepräsidenten und vier Schriftführern.

§. 21. Am Schlusse jeder ordentlichen Versammlung (§. 24.) wählt die Generalsynode den Synodalvorstand und Synodalrath auf eine Synodalperiode von sechs Jahren. Wird die Versammlung geschlossen, bevor diese Wahl stattgefunden hat, so treten die für die frühere Synodalperiode Gewählten wieder in Funktion.

§. 22. Der Synodalvorstand besteht aus einem Vorsitzenden, aus einem Stellvertreter desselben und aus fünf Beisitzern. Für die Beisitzer werden Ersatzmänner gewählt, welche bei Verhinderung der ersteren in den Vorstand berufen werden. Scheiden bei nicht versammelter Synode sowohl der Vorsitzende als sein Stellvertreter aus[88]), so wählen die Beisitzer unter sich für die Restzeit einen Vorsitzenden.

Der Synodalvorstand tritt außer Funktion, sobald die nächste ordentliche Versammlung der Generalsynode ihr Präsidium gewählt hat.

§. 23. Zum Synodalrath wählt die Generalsynode achtzehn Mitglieder, welche zusammen mit dem Vorstande den Synodalrath bilden.

Von den Gewählten müssen je drei den Provinzen Preußen, Brandenburg und Sachsen, je zwei den Provinzen Pommern, Schlesien, Westfalen und der Rheinprovinz, eines der Provinz Posen angehören. Für dieselben werden Ersatzmänner gewählt, welche bei Verhinderung der ersteren zur Funktion berufen werden.

Der Synodalrath endet seine Funktion mit der Eröffnung der nächsten ordentlichen Generalsynode.

III. Versammlungen der Generalsynode.

§. 24. Die Generalsynode tritt auf Berufung des Königs und zwar alle sechs Jahre zu ordentlicher Versammlung zusammen. Zu außerordentlicher Versammlung kann sie nach Anhörung des Synodalvorstandes jederzeit berufen werden.

Dem Könige steht es zu, jederzeit die Versammlung zu schließen oder zu vertagen.

§. 25. Während der Versammlung der Synode findet in allen evangelischen Hauptgottesdiensten der Landeskirche eine Fürbitte für die Synode statt.

§. 26. Als Königlicher Kommissar zur Wahrnehmung der Zuständigkeiten des obersten Kirchenregiments bei der Synode fungirt der Präsident des Evangelischen Ober-Kirchenraths. In Vakanzfällen oder bei dauernder Verhinderung ernennt der König einen anderen Kommissar.

Der Königliche Kommissar ist befugt, jederzeit das Wort zu ergreifen und Anträge zu stellen. Er kann Mitglieder des Evangelischen Ober-Kirchenraths mit seiner Beihülfe und vorübergehenden Vertretung beauftragen.

Der Minister der geistlichen Angelegenheiten und die von ihm ernannten Kommissarien sind berechtigt, den Sitzungen beizuwohnen und jederzeit das Wort zu ergreifen, sofern sie es im Interesse des Staates für erforderlich erachten.

§. 27. Die Synode regelt ihren Geschäftsgang. Bis dies geschieht, ist eine provisorische Geschäftsordnung maßgebend, welche der Evangelische Ober-Kirchenrath ertheilt.

§. 28. Der Präsident der Synode leitet die Verhandlungen und handhabt die äußere Ordnung.

§. 29. Der Vorsitzende des Synodalvorstandes eröffnet die Synode, berichtet über die bisherige Wirksamkeit des Synodalvorstandes während der verflossenen Synodalperiode, sowie über die Verhandlungen der während derselben Zeit abgehaltenen Provinzialsynoden, soweit sie

---

87) H. Dieses ist ein vom Synodalvorstand verschiedenes Organ.

88) H. Ein Ausscheiden erfolgt nicht durch einen Domizil-Wechsel innerhalb der zur Landeskirche gehörigen Provinzen.

für die gesammte Landeskirche von Bedeutung sind; er berichtet ferner über die Legitimation der Synodalmitglieder und leitet die Wahl des Präsidiums.

Die Versammlung beschließt über die Legitimation ihrer Mitglieder.

§. 30. Die Mitglieder werden nach Konstituirung des Präsidiums von dem Präsidenten mit dem in der Kirchengemeinde- und Synodalordnung vom 10. September 1873. §. 63. vorgeschriebenen Gelöbniß verpflichtet.

§. 31. Am Tage nach der Eröffnung der Synode findet ein feierlicher Synodal-Gottesdienst statt.

Jede einzelne Sitzung beginnt mit einer kurzen Schriftvorlesung und Gebet und schließt mit einem Segenswunsch. Die Synode wird mit Gebet geschlossen.

§. 32. Die Verhandlungen sind öffentlich. Eine vertrauliche Berathung kann durch Beschluß der Synode verfügt werden.

Zur Beschlußfähigkeit ist die Anwesenheit der Mehrheit der gesetzlichen Zahl der Mitglieder erforderlich. Die Beschlußfassung erfolgt mit absoluter Mehrheit der abgegebenen Stimmen. Bei Stimmengleichheit gilt der Antrag als abgelehnt.

Wahlhandlungen sind, wenn zunächst relative Mehrheiten sich ergeben, durch engere Wahl bis zur Erreichung einer absoluten Mehrheit fortzusetzen. Für die Wahl zu Kommissionen genügt die relative Mehrheit. Bei Stimmengleichheit entscheidet das Loos.

Einer zweimaligen Berathung und Beschlußfassung bedarf es, wenn es sich um Kirchengesetze (§. 6.) oder um Bewilligung neuer Ausgaben (§§. 14. 15.) handelt.

Aenderungen der Kirchenverfassung in Bezug auf die Zusammensetzung oder die Befugnisse der Gemeindeorgane oder der Synoden können nur mit einer Mehrheit von zwei Dritteln der abgegebenen Stimmen in der Generalsynode beschlossen werden.[89])

§. 33. Das Präsidium sorgt für die Aufzeichnung, Redaktion und Beglaubigung der Sitzungsprotokolle. Bei der Aufzeichnung kann es von Mitgliedern der Synode unterstützt werden, welche sich auf Einladung des Präsidiums diesem Geschäfte unterziehen.

IV. Synodalvorstand und Synodalrath.

§. 34. Als selbstständiges Kollegium hat der Vorstand der Generalsynode den folgenden Wirkungskreis:

1) Er erledigt die ihm von der Kirchenregierung gemachten Vorlagen.

2) Er beschließt über die in seiner eigenen Mitte gestellten Anträge auf Beseitigung von Mängeln, welche bei der kirchlichen Gesetzgebung und Verwaltung hervortreten. Beschlüsse der letzteren Art gehen, sofern ihnen im Verwaltungswege entsprochen werden kann, als Anträge an den Evangelischen Ober-Kirchenrath. Verlangt ihre Ausführung den Weg der Gesetzgebung, so kann der Synodalvorstand entweder die Beschreitung desselben bei der Kirchenregierung beantragen, oder selbst einen Gesetzentwurf Behufs seiner Einbringung in der Generalsynode ausarbeiten (§. 6.).

3) Er vertritt die nicht versammelte Generalsynode, wenn Anordnungen, welche regelmäßig der beschließenden Mitwirkung der Generalsynode bedürfen, wegen ihrer Unaufschieblichkeit durch kirchenregimentlichen Erlaß provisorisch getroffen werden sollen. Solche Erlasse können nur ergehen, wenn der Synodalvorstand sowohl die Unaufschieblichkeit anerkennt als auch ihrem Inhalte zustimmt und mit ausdrücklicher Erwähnung dieser seiner Mitwirkung. Sie sind der nächsten Generalsynode zur Prüfung und Genehmigung vorzulegen und, wenn die letztere versagt wird, außer Wirksamkeit zu setzen.

4) Er bereitet die nächste Versammlung der Generalsynode, soweit ihm dies obliegt, vor, insbesondere durch Prüfung der Legitimationen und Feststellung des der Generalsynode abzustattenden Berichts (§. 29.).

---

89) H. Vgl. Art. 1 des Ges. v. 3. Juni 1876, Zus. 22.

5) In Bezug auf die vorangegangene Versammlung erledigt er die zur Ausführung ihrer Beschlüsse erforderlichen Geschäfte und sorgt für den Druck und die Vertheilung der Synodalprotokolle.
6) Er verwaltet die General-Synodalkasse (§. 38.) und übt die ihm in §. 11. zugewiesenen Funktionen [90]).

Verlangt der Synodalvorstand, bevor er sich in Angelegenheiten der unter Nr. 2. und 3. bezeichneten Art schlüssig macht, eine gemeinschaftliche Berathung mit dem Evangelischen Ober-Kirchenrath, so hat der letztere eine solche zu veranstalten.

§. 35. Der Synodalvorstand wird zur Erledigung derjenigen Geschäfte, welche ihm selbstständig bei nicht versammelter Synode obliegen (§. 34.), nach Vereinbarung mit dem Evangelischen Ober-Kirchenrath von seinem Vorsitzenden nach Berlin berufen.

Zu einem gültigen Beschlusse des Synodalvorstandes bedarf es der Anwesenheit von wenigstens fünf Mitgliedern. Bei Stimmengleichheit giebt die Stimme des Vorsitzenden den Ausschlag.

Die Erledigung einzelner Geschäfte im schriftlichen Wege ist ausnahmsweise nach dem Ermessen des Vorsitzenden zulässig.

Der Synodalvorstand regelt seinen Geschäftsgang durch seine Beschlüsse. Es steht ihm frei, aus seiner Mitte für bestimmte Geschäfte Ausschüsse zu bilden oder auch einzelne Mitglieder mit solchen zu beauftragen.

§. 36. Mit dem Evangelischen Ober-Kirchenrath wirkt der Synodalvorstand zusammen:
1) wenn in der Rekursinstanz entweder über Einwendungen der Gemeinde gegen die Lehre eines zum Pfarramt Designirten, oder über die wegen Mangels an Uebereinstimmung mit dem Bekenntniß der Kirche angefochtene Berufung eines sonst Anstellungsfähigen zu einem geistlichen Amte, oder in einer wegen Irrlehre gegen einen Geistlichen geführten Disziplinaruntersuchung Entscheidung abgegeben werden soll;
2) bei der Feststellung der von der Kirchenregierung der Generalsynode vorzulegenden Gesetzentwürfe und der zur Ausführung der landeskirchlichen Gesetze erforderlichen Instruktionen;
3) bei den dem Evangelischen Ober-Kirchenrath zustehenden Vorschlägen für die Besetzung der General-Superintendenturen;
4) bei Vertretung der evangelischen Landeskirche in ihren vermögensrechtlichen Angelegenheiten [91]);
5) in anderen Angelegenheiten der kirchlichen Centralverwaltung von vorzüglicher Wichtigkeit, in welchen der Evangelische Ober-Kirchenrath die Zuziehung des Synodalvorstandes beschließt.

Die Mitwirkung des Vorstandes findet in der Weise statt, daß die Mitglieder desselben, nach vorheriger Mittheilung der Gegenstände der Berathung, auf Berufung durch den Präsidenten des Evangelischen Ober-Kirchenraths an den betreffenden Berathungen und Beschlüssen als außerordentliche Mitglieder des Evangelischen Ober-Kirchenraths mit vollem Stimmrecht Theil nehmen. In der Ausfertigung solcher Beschlüsse ist ihrer Mitwirkung Erwähnung zu thun. Dem Erforderniß der Mitwirkung ist entsprochen, wenn wenigstens vier Mitglieder des Vorstandes Theil genommen haben.

§. 37. Der Synodalrath (§. 23.) wird in jedem Jahre einmal in Berlin versammelt, um mit dem Evangelischen Ober-Kirchenrath in dessen Sitzung über Aufgaben und Angelegenheiten der Landeskirche zu berathen, in welchen die Kirchenregierung zur Feststellung leitender Grundsätze den Beirath dieses landeskirchlichen Synodalorgans für nothwendig erachtet.

Die Berufung erfolgt durch den Evangelischen Ober-Kirchenrath.

Die Versammlung des Synodalraths kann in den Jahren ausfallen, in welchen die Generalsynode sich versammelt.

---

90) H. Vgl. Art. 18 a. a. O.
91) H. Vgl. Art. 19 a. a. O.

V. Kosten[92]).

§. 38. Zur Bestreitung der Kosten der Generalsynode, sowie der Vorstände derselben und der von den letzteren bestellten Ausschüsse und Kommissionen wird eine General-Synodalkasse gebildet. Diese erhält ihren Bedarf, soweit nicht andere Mittel für jenen Zweck gewidmet sind, durch die Beiträge der Provinzial-Synodalkassen. Für die Vertheilung dieser Beiträge über die einzelnen Provinzen und die Beschaffung der auf diese entfallenden Summen sind die Bestimmungen des §. 14. Satz 2. und 3. maßgebend. Die Abführung geschieht an den Vorstand der Generalsynode.

§. 39. Der Synodalvorstand legt die Rechnung der General-Synodalkasse. Die Prüfung und Entlastung dieser Rechnung erfolgt durch die Generalsynode.

Beschließt die Generalsynode auf den Antrag ihres Vorstandes die Verwaltung der Synodalkasse durch den Evangelischen Ober-Kirchenrath, so erfolgt sie bei diesem; Rechnungslegung und Entlastung richten sich dann nach den Vorschriften des §. 11.

§. 40. Den Mitgliedern der Generalsynode, ihres Vorstandes und des Synodalrathes gebühren Tagegelder und, soweit sie nicht am Orte ihrer synodalen Wirksamkeit ihren Wohnsitz haben, Reisekosten. Dieselben gehören zu den Synodalkosten und werden nach den vom Evangelischen Ober-Kirchenrath vorläufig zu bestimmenden[93]), definitiv mit der Generalsynode zu vereinbarenden Sätzen aus der General-Synodalkasse bestritten.

VI. Schlußbestimmungen.

§. 41. Die Neuregelung der Ressortverhältnisse zwischen den Staatsbehörden einerseits und den Kirchenbehörden andererseits bleibt staatlicher Anordnung[94]) vorbehalten.

§. 42. Die §§. 50. 59. 61. und 62. der Kirchengemeinde- und Synodalordnung vom 10. September 1873 sind aufgehoben.

An die Stelle derselben treten die Bestimmungen der nachfolgenden §§. 43. bis 46.

§. 43[95]).

§. 44[96]).

§. 45[97]).

§. 46[98]).

§. 47. Die Amtsthätigkeit der jetzigen Kreissynoden und Kreis-Synodalvorstände, Provinzialsynoden und Provinzial-Synodalvorstände erlischt mit dem Tage, an welchem die nach der gegenwärtigen Ordnung gebildeten Synoden und Synodalvorstände in Wirksamkeit treten.

§. 48. Bis zur Konstituirung des Präsidiums[99]) der ersten Generalsynode werden die dem Synodalvorstand oder seinem Vorsitzenden beigelegten Funktionen durch den Evangelischen Ober-Kirchenrath oder dessen Präsidenten ausgeübt.

§. 49. Die zur Ausführung dieser Ordnung erforderliche Instruktion wird von dem Evangelischen Ober-Kirchenrath im Einverständniß mit dem Minister der geistlichen Angelegenheiten erlassen.

24. Verordnung über die Ausübung der Rechte des Staats gegenüber der evangelischen Landeskirche der acht älteren Provinzen der Monarchie. Vom 9. September 1876. (G.S. S. 395.)

Wir Wilhelm, rc. verordnen, in Gemäßheit des Artikels 28. des Gesetzes vom 3. Juni 1876. (Gesetz-Samml. S. 125), auf den Antrag Unseres Staatsministeriums, für die Provinzen

---

92) H. Vgl. Art. 20 a. a. O.
93) H. Vgl. hierzu Erl. d. ev. O.K.R. betr. die Tagegelder und Reisekosten für die Mitglieder der General-Synode v. 11. Juli 1879, kirchl. Ges. u. Verordn.Bl. v. 1879 S. 97.
94) H. S. das vorhergehende Ges. v. 3. Juni 1876, Zus. 22.
95) H. Ist oben mitgetheilt als §. 50 d. K.G. u. S.O., s. Zus. 20.
96) H. S. §. 59 a. a. O.
97) H. S. §. 61 a. a. O.
98) H. S. §. 62 a. a. O.
99) H. S. §. 20 dieser Ordnung.

Preußen, Brandenburg, Pommern, Posen, Schlesien, Sachsen, Westfalen und die Rheinprovinz über die Ausübung der Rechte des Staats gegenüber der evangelischen Landeskirche dieser Provinzen, was folgt:

Art. I. Die Rechte des Staats werden von dem Minister der geistlichen Angelegenheiten ausgeübt:

1) bei Feststellung des Regulativs für die vereinigten Kreissynoden der Haupt- und Residenzstadt Berlin (Gesetz vom 3. Juni 1876. Art. 8.);
2) bei dem Erwerb, der Veräußerung oder der dinglichen Belastung von Grundeigenthum, wenn der Werth des zu erwerbenden oder des zu veräußernden Gegenstandes[1]), oder wenn der Betrag der Belastung die Summe von zehntausend Mark übersteigt (Art. 24. Nr. 1.);
3) bei der Veräußerung von Gegenständen, welche einen geschichtlichen, wissenschaftlichen oder Kunstwerth haben (Art. 24. Nr. 2.);
4) bei der Errichtung neuer, für den Gottesdienst bestimmter Gebäude (Art. 24. Nr. 5.);
5) bei der Anlegung von Begräbnißplätzen (Art. 24. Nr. 6.);
6) bei der Bewilligung von Sammlungen außerhalb der Kirchengebäude, wenn die Sammlung in mehr als einer Provinz stattfinden soll (Art. 24. Nr. 7.), und zwar in diesem Falle in Gemeinschaft mit dem Minister des Innern;
7) in allen Fällen der Art. 24. und 27. Abs. 1. a. a. O., wenn die Rechte des Staats gegenüber dem Evangelischen Ober-Kirchenrath geltend zu machen sind.

Art. II. Die Rechte des Staats werden durch den Oberpräsidenten ausgeübt:

1) bei den von der Provinzialsynode beschlossenen neuen kirchlichen Ausgaben (Gesetz vom 3. Juni 1876., Art. 11. Abs. 2.);
2) bei der Bewilligung von Sammlungen außerhalb der Kirchengebäude, wenn die Sammlung in mehr als einem Regierungsbezirk stattfinden soll (Art. 24. Nr. 7.).

Gegen die Verfügung des Oberpräsidenten findet in den Fällen zu 1. die Beschwerde an den Minister der geistlichen Angelegenheiten, in den Fällen zu 2. an die Minister des Innern und der geistlichen Angelegenheiten statt.

III. Die Rechte des Staats werden durch den Regierungspräsidenten, in der Haupt- und Residenzstadt Berlin durch den Polizeipräsidenten ausgeübt:

1) in Betreff der Vollstreckbarkeit der Beschlüsse über Gemeindeumlagen (Art. 3. des Gesetzes vom 25. Mai 1874.);
2) bei Feststellung der Gemeindestatuten (Art. 5. des Gesetzes vom 25. Mai 1874.);
3) in Betreff der Ausübung der Patronatsrechte (§. 23. der Kirchengemeinde- und Synodalordnung vom 10. September 1873. und Art. 8. des Gesetzes vom 25. Mai 1874.);
4) in den Fällen der Art. 3. 4. 7. 17. Abs. 6. der Art. 24. und 27. des Gesetzes vom Juni 1876., soweit nicht in den Art. 1. und 2. dieser Verordnung die Ausübung der Rechte dem Minister der geistlichen Angelegenheiten oder dem Oberpräsidenten übertragen ist.

Gegen die Verfügung des Regierungspräsidenten geht, sofern nicht die Klage bei dem Oberverwaltungsgerichte nach Art. 27. Abs. 3. des Gesetzes vom 3. Juni 1876. stattfindet[2]), die Beschwerde an den Oberpräsidenten. Derselbe beschließt auf die Beschwerde endgültig.

---

1) H. Bei gleichzeitiger Erwerbung oder Veräußerung mehrerer Grundstücke, welche zusammen den Werth von 10,000 Mark, aber nicht einzeln übersteigen, kommt in Frage, ob ein einheitliches Rechtsgeschäft über alle oder ob mehrere selbstständige Rechtsgeschäfte, welche bloß äußerlich verbunden sind, vorliegen. Im letzteren Fall entscheidet der Werth jedes Grundstücks allein. Die Genehmigung gehört dann nicht zur Zuständigkeit des Ministers, s. auch Erl. d. ev. O.K.R. im kirchl. Ges. u. Verordn.Bl. v. 1883 S. 66.

2) H. Vgl. hierzu O.V.G. I v. 27. Nov. 1880, Entsch. 7 S. 214: „Die hier durch den Hinweis auf die Klage aus Art. 27 Abs. 3 bezeichnete Beschränkung erklärt sich daraus, daß unmittelbar vorausgehend unter Position 4 des Art. III der Verordn. auch die Zuständigkeit der Staatsbehörden für das Recht der Zwangsvollstreckung nach Art. 27 a. a. O. geregelt ist. Für die nach dieser letzteren Bestimmung ergehenden Zwangsverfügungen war das Recht der Beschwerde auszuschließen, da das Gesetz das Rechtsmittel der Klage gegeben hat. Ein Mehreres

Art. IV. Ob und welche Aenderung in der Zuständigkeit der Staatsbehörden für die im Art 23. des Gesetzes vom 3. Juni 1876. bezeichneten Rechte einzutreten hat, bleibt der in Gemäßheit des Art. 21. a. a. O. später zu erlassenden Verordnung vorbehalten[3]).

Urkundlich ꝛc.

§. 157*. Diesen kommt die Verwaltung der äußeren Rechte der Kirchengesellschaft zu[4]).

25. Gesetz über die Vermögensverwaltung in den katholischen Kirchengemeinden. Vom 20. Juni 1875. (G.S. S. 241.)[5])

Wir ꝛc. verordnen, mit Zustimmung beider Häuser des Landtages, für den Umfang der Monarchie, was folgt:

§. 1. In jeder katholischen[6]) Pfarrgemeinde[7]) sind die kirchlichen Vermögensangelegenheiten[8]) durch einen Kirchenvorstand und eine Gemeindevertretung nach Maßgabe dieses Gesetzes[9]) zu besorgen[10]).

§. 2. Die Vorschrift des §. 1. findet auch auf Missionspfarrgemeinden[11]), sowie auf solche anderen Kirchengemeinden (Filial-, Kapellen- ꝛc. Gemeinden) Anwendung, für welche besonders bestimmte kirchliche Vermögensstücke[12]) vorhanden sind oder deren Gemeindegliedern besondere Leistungen[13]) zur Bestreitung der kirchlichen Bedürfnisse dieser Gemeinde obliegen.

§. 3. Zu dem kirchlichen Vermögen im Sinne dieses Gesetzes[14]) gehören:

---

ist durch jenen mit „sofern" eingeführten Zwischensatz des Schlußaliena des Art. III nicht zum Ausdruck gekommen, insbesondere die Beschwerde keineswegs überall in so weit ausgeschlossen, als sich etwa an Verfügungen der Staatsbehörde, die nicht auf Grund des Abs. 2 des Art. 27, sondern auf Grund anderer Bestimmungen ergehen, einmal die Möglichkeit einer Zwangsvollstreckung nach Art. 27 knüpfen und daraus die Zulässigkeit der Klage im Streitverfahren ergeben kann." Vgl. auch Anm. 56 zu Art. 27 Zus. 22.

3) H. Vgl. Verordn. v. 5. Sept. 1877 Art. 3 u. 4, Zus. 17 zu §. 144 d. T.

4) H. An Stelle der Kirchenkollegien sind in der evangelischen Kirche die Presbyterien in Westfalen und in den östlichen Provinzen die Gemeindekirchenräthe getreten, s. die Zusätze zu §. 156; für die katholische Kirche die Kirchenvorstände nach Maßgabe des Zusatzes 25 (s. o. im Text).

5) H. Vgl. hierzu P. Hinschius, d. preuß. Kirchengesetze d. J. 1874 u. 1875 mit Kommentar. Berlin 1875 S. 105 ff.; Lud. Heinrich, d. Verwaltung des Kirchenvermögens nach Erlaß des Ges. v. 20. Juni 1874. Köln 1876; H. Vandenesch, Handbuch d. ges. Vermögensverwaltung i. d. kathol. Kirchengemeinden. Düsseldorf 1876.

6) H. Die Möglichkeit der Aufrechterhaltung der bisherigen Einrichtungen über den 1. Okt. 1875 (vgl. §. 57) hinaus gewährt §. 60 Abs. 2.

7) H. Dazu gehören auch die Pfarrgemeinden der Altkatholiken, vgl. Ges. v. 4. Juli 1875, Zus. 28 zu §. 235 d. T.

8) H. Aber auch einzelne andere Angelegenheiten, vgl. §. 57 Abs. 2.

9) H. Dieses Gesetzes, also auch der durch dasselbe aufrecht erhaltenen Bestimmungen, s. §. 47.

10) H. Das Wort ist absichtlich im Gegensatz zu dem Ausdruck: verwalten im §. 8 Abs. 1 gewählt, weil nicht bloß das Verwalten, sondern auch die Rechtsvertretung des Kirchenvermögens hier mit bezeichnet werden mußte.

11) Den mit landesherrlicher Genehmigung errichteten Pfarreien dieser Art sind vielfach die Rechte eigentlicher Parochien, insbesondere auch Korporationsrechte ausdrücklich verliehen worden. Vgl. ferner Anm. 23 zu §. 18 des Ges. v. 11. Mai 1873, Zus. 10 zu §. 60 d. T.

12) H. Wenn ein besonderes Vermögen vorhanden ist, das ihren, nicht den kirchlichen Zwecken der Hauptgemeinde dient, ist für dieses eine eigene von der letzteren getrennte Verwaltung nothwendig.

13) H. Für die Zwecke der Filial-, Kapellen- ꝛc. Gemeinde, gleichviel ob die Gemeindeglieder noch Abgaben für die Hauptpfarrei zu leisten haben oder nicht.

Nur wenn die eine dieser beiden Voraussetzungen (s. auch Anm. 12) vorliegt, ist ein besonderer Filial-, Kapellen- ꝛc. Kirchenvorstand zu bilden.

14) H. Blos in so weit als die Verwaltung und vermögensrechtliche Vertretung den nach diesem Gesetze zu bildenden Organen obliegt. Ueber die Eigenthumsfrage entscheidet das Gesetz, welches nur Verwaltungsorgane schafft, nichts. Es wird also an den bisherigen Eigenthumsverhältnissen der im §. 3 aufgezählten Vermögensmassen nichts geändert, ebenso wenig etwas darüber bestimmt, wer das Subjekt des Eigenthums am Kirchengut oder Kirchenvermögen ist. In dieser Beziehung verbleibt es bei dem bisher geltenden Recht. Vgl. §§. 160 ff., 618 ff. d. T.

1) das für Kultusbedürfnisse bestimmte Vermögen[15]), einschließlich des Kirchen- und Pfarrhausbaufonds, der zur Besoldung der Geistlichen[16]) und anderen Kirchendiener bestimmten Vermögensstücke und der Anniversarien[17]);
2) die zu irgend einem sonstigen kirchlichen Zwecke[18]) oder zu wohlthätigen[19]) oder Schulzwecken bestimmten kirchlichen Vermögensstücke[20]);
3) die Erträge der durch kirchliche Organe[21]) zu kirchlichen, wohlthätigen oder Schulzwecken

---

15) H. Dasjenige, welches zur Bestreitung sämmtlicher, für die ordnungsgemäße Unterhaltung und Fortführung des Gottesdienstes nöthigen Bedürfnisse unmittelbar oder mittelbar (s. die nachfolgenden Worte von einschließlich ab) dient, ohne daß es auf das Eigenthum ankommt. Dagegen muß aber das Vermögen, wie sich aus dem Zusammenhang ergiebt, für die Kultuszwecke der Pfarr-, bez. der Filial-, Missions-, Kapellen- ꝛc. Gemeinde bestimmt sein. Da das Gesetz schlechthin den Ausdruck: Vermögen gebraucht, so ist darunter nicht bloß das Stammvermögen, sondern auch der Ueberschuß aus den Einkünften dieses ersteren begriffen, ferner gehören dazu auch die Grundstücke und Kirchengebäude. Letztere können als Vermögensstücke in Betracht kommen, so fern es sich um die Benutzung derselben zu andern als den kirchlichen Zwecken der Gemeinde, für welche sie bestimmt sind, handelt, z. B. zur Aufführung religiöser Musiken, zu Verhandlungen kirchlicher Behörden, ja auch zum Gottesdienst anderer Religionsgesellschaften. Vgl. §. 173 d. T.

16) H. Der für die Zwecke der Gemeinde angestellten Geistlichen, mögen sie Pfarrer, Kapläne oder sonstige Hülfsgeistliche sein. Daher ist, s. R.G. III v. 30. April 1880, Annal. 2 S. 86, der Kirchenvorstand auch legitimirt, Verfügungen, welche über ein zur Dotirung einer Hülfspriesterstelle bestimmtes Stiftungskapital vor seinem Amtsantritt ungerechtfertigter Weise getroffen sind, anzufechten. Daß diejenigen Fonds, welche nicht für die Kultusbedürfnisse der betreffenden Gemeinde bestimmt sind, aus denen aber ein in derselben amtirender Geistlicher unterhalten wird, z. B. eine unter der Verwaltung des Bischofs stehende Stiftung für die Beschaffung von Hülfskräften in der Seelsorge, nicht der Vorschrift der Nr. 1 unterliegen, ergiebt sich daraus, daß diese nur von dem den Kultusbedürfnissen der Gemeinde ausschließlich gewidmeten Vermögen handelt.

17) H. D. h. hier die Stiftungskapitalien für die am Jahrestage des Todes verstorbener Gläubigen abzuhaltenden Seelenmessen, vgl. Philipps, Lehrb. des Kirchenrechts 2. Aufl. S. 553 u. Richter-Dove, Kirchenrecht 7. Aufl. S. 759 Anm. 9. Diese fallen in so weit unter die Nr. 1, als die Begehung der Jahrestage dem Pfarrer zukommt und dieser dafür den stiftungsmäßig ausgeworfenen Betrag erhält. Sie bilden daher ein dauerndes Einkommen für denselben, welches dem Stammvermögen gleichgestellt werden kann, s. auch Kommissionsbericht (Drucks. d. Abg.H. 12. Legisl.Per. II. Sess. 1875 Nr. 259) S. 9, 10.

18) H. Die Fassung soll solche Vermögensstücke begreifen, welche wie Küster- und Lehrerwohnungen und Emolumente des Küsters und Schullehrers zwar nicht zum Stammvermögen der Kirche und Pfarre zu rechnen, wohl aber als ein Theil des kirchlichen Vermögens bisher von kirchlichen Organen verwaltet worden sind. Nicht gemeint sind damit Schulinstitute und andere bisher unter einer gesonderten Schulverwaltung stehende Einkünfte, wohl aber die aus kirchlichen Mitteln zu Schulzwecken gemachten und von kirchlichen Organen verwalteten Zuwendungen. Unter dem sonstigen kirchlichen Zwecke ist ein solcher zu verstehen, welcher nicht für die Kultusbedürfnisse der Gemeinde berechnet ist, z. B. das Lesen von Messen für bestimmte Personen.

19) H. Hierher gehört dasjenige Vermögen, welches die Kirche behufs Errichtung oder Unterhaltung eines Kranken-, Siechen- oder Altersversorgungshauses für die Pfarreingesessenen erhalten hat.

20) H. Solche, welche im Eigenthum der betreffenden Kirche, bez. Kirchengemeinde stehen oder den Zwecken der betreffenden Kirche oder kirchlichen Gemeinde dienen. Daß nicht andere Vermögensstücke, welche überhaupt für allgemeine oder anderweite kirchliche Zwecke bestimmt sind, wie z. B. die der Priesterseminare, der Klöster u. s. w., hierher gehören, ergiebt der Zusammenhang, sowie der Umstand, daß derartiges Vermögen, weil es mit der Lokal-Kirchengemeinde gar nichts zu thun hat, füglich nicht unter die Verwaltung von Gemeinde-Organen gestellt werden konnte. Kirchliche Vermögensstücke im Sinne des §. können nur die Vermögensstücke der Kirchen und für solche Kirchen sein, von denen das Gesetz überhaupt seinem Gegenstande und Zwecke nach handelt. Vgl. auch das Ges. v. 7. Juni 1876, s. Zus. 62 zu §. 950 d. T.

21) H. D. h. kirchliche Beamte, gleichviel, ob sie Organe der betreffenden Gemeinden, wie z. B. der Ortspfarrer, sind oder nicht, ob die Gemeinde ihrer Leitung, wie dem Diözesanbischofe, oder einem anderen geistlichen Oberen untersteht. Den Gegensatz bilden die Personen, welche nicht Kirchenbeamte sind, also gehört das Geld, welches Damen zur Beschaffung eines Altar-

des Gemeindebezirks [22]) innerhalb und außerhalb der Kirchengebäude veranstalteten [23]) Sammlungen, Kollekten 2c. [24]);

4) die zu kirchlichen, wohlthätigen oder Schulzwecken innerhalb des Gemeindebezirks [25]) bestimmten und unter die Verwaltung kirchlicher Organe [26]) gestellten [27]) Stiftungen [28]).

§. 4. Die dem Staate oder den bürgerlichen Gemeinden [29]) zustehenden Rechte [30]) an

---

teppichs, andere Personen zur Schenkung von Altarleuchtern u. s. w. für die Ortskirche sammeln, nicht zum kirchlichen Vermögen im Sinne des §. 3.

22) H. Diejenigen Kollekten, welche, sei es von kirchlichen Organen, sei es von anderen Personen veranstaltet werden, und nicht zu Zwecken des betreffenden kirchlichen Gemeindebezirkes oder Gemeindeverbandes, also z. B. zum Bau einer Kirche in einer anderen, armen Pfarrei bestimmt sind, fallen nicht unter Nr. 3.

23) H. Es kommt darauf an, auf wessen Anordnung die Sammlungen oder Kollekten gemacht werden, wer der Urheber derselben ist, nicht aber auf die Personen, welche die Gelder einsammeln. Daher ist das Geld aus einer durch nicht kirchliche Organe eingesammelten Kollekte, welche aber von solchen angeordnet worden ist, kirchliches Vermögen im Sinne des §. 3.

24) H. Unter das 2c. würden z. B. Lotterien zur Beschaffung von Baufonds fallen. Freiwillige Opfergaben gehören nicht unter Nr. 3, denn hierbei fehlt es an der danach nothwendigen Veranstaltung der Sammlung, s. Arch. f. kath. K.R. 35 S. 166.

25) H. Die Worte: innerhalb des Gemeindebezirkes sind zu den vorhergehenden Worten zu ziehen, sie bedeuten also so viel: als Stiftungen, deren Zweck nicht über den Gemeindebezirk hinausgeht, nicht aber alle Stiftungen, welche in demselben ihr Domizil haben. Für diese Auslegung spricht das Anm. 20 hervorgehobene Moment, ferner der Umstand, daß die Nr. 3 ebenfalls die gleiche Beschränkung aufweist.

26) H. Die Nr. 4 findet keine Anwendung, wenn die Stiftung nicht ausschließlich unter die Verwaltung kirchlicher Organe gestellt ist.

27) H. D. h. rechtsgültig gestellten, nicht bloß faktisch in deren Verwaltung befindlichen. Ein Krankenhaus, welches in einer aus einer kleinen Stadt und einem Landbezirke gebildeten Pfarrei nur für die Zwecke der ersteren stiftungsmäßig bestimmt ist und unter bischöflicher Verwaltung steht, fällt unter die Nr. 4.

28) H. Also selbstständige für die gedachten Zwecke gewidmete Vermögensstücke, welche die juristische Persönlichkeit haben. Darin liegt der Unterschied von den Nr. 2 aufgeführten kirchlichen Vermögensstücken. Es gehören also hierher derartige Hospitäler, Siechen-, Waisenhäuser und ähnliche Anstalten.

H. So fern solche Stiftungen unter die Leitung anderer als kirchlicher Organe gestellt sind, bleibt diesen selbstverständlich die Verwaltung.

H. Die Verwaltung derjenigen Stiftungen, welche nach der Stiftungsurkunde den bisherigen kirchlichen Organen zustand, geht nach dem Gesetze in die Hände der neuen Gemeinde-Organe über. Für den Fall, daß der Stifter zwar ein kirchliches Organ mit der Verwaltung betraut, aber zu erkennen gegeben hat, daß er gerade dieses allein unter Ausschluß des neuen Kirchenvorstandes habe wählen wollen, wenn er also z. B. angeordnet hat, ich will, daß die Stiftung durch den Pfarrer und durch niemand Anderes verwaltet werde, kann diese nicht in das Leben treten. Der Wille des Stifters ist der Vorschrift der Nr. 4 gegenüber nicht realisirbar, weil nach derselben die neuen Gemeinde-Organe eintreten sollen, der Stifter diese aber ausgeschlossen hat. Andererseits hat das Gesetz den Grundsatz, daß der Wille des Stifters nicht zu achten ist und daß trotz seiner entgegenstehenden Erklärung andere Organe eintreten können, nicht ausgesprochen; mangels einer derartigen ausdrücklichen Anordnung kann daher der Wille des Stifters nicht durch Nr. 4 für den hier in Frage stehenden Fall als beseitigt erachtet werden. Vgl. auch R.G. IV v. 26. Febr. 1883, Gruchot 27 S. 986: „Der Belastete muß mit dem Rechtsbehelfe gehört werden, daß die Stiftung, wenn sie in der Gestalt, welche sie nach der (staatlichen) Genehmigungsurkunde haben solle, in das Leben gerufen würde, als eine in wesentlichen Punkten außerhalb des Willens des Stifters liegende und durch den Willen des Stifters ausgeschlossene angesehen werden müßte... Die Bedeutung, daß der Wille des Stifters in seiner Richtung auf wesentliche Verfassungsbedingungen der Stiftung beseitigt und eine andere Verfassung an die Stelle der vom Stifter gewollten gesetzt wird, kann dem in der Staatshoheit begründeten Aufsichtsrechte über Stiftungen nicht beigelegt werden."

29) H. Der Rechte anderer Personen, als des Staats und der bürgerlichen Gemeinden, erwähnt der §. 4 nicht. Daraus ist aber nicht zu folgern, daß Kapitalien, welche Privatpersonen, z. B. Patrone oder Zehntherren aufgesammelt, um ihren kirchlichen Verpflichtungen, wie der Baulast, eintretenden Falles sicher genügen zu können, der Verwaltung ihrer Eigenthümer entzogen werden sollen. Solche Fonds dienen erst in der That den kirchlichen Zwecken, wenn sie von den Betheiligten zur Erfüllung ihrer Verpflichtung an das berechtigte kirchliche Institut ausgezahlt sind, vorher handelt es sich um eine den Zwecken des Eigenthümers, nämlich seiner

Begräbnißplätzen [31]) oder solchen Vermögensstücken, welche zu kirchlichen Zwecken bestimmt sind, werden durch dieses Gesetz nicht berührt.

Unter kirchlichem Vermögen im Sinne dieses Gesetzes ist dasjenige nicht begriffen [32]), welches zwar zu kirchlichen Zwecken bestimmt, aber unter dauernde Verwaltung des Staates oder der bürgerlichen Gemeinden und Kommunalverbände gestellt ist.

I. Kirchenvorstand.

§. 5. Der Kirchenvorstand [33]) besteht:

1) in Pfarrgemeinden aus dem Pfarrer [34]), in Filial-, Kapellen- rc. Gemeinden, welche eigene Geistliche haben [35]), aus dem der Anstellung [36]) nach ältesten;

2) aus mehreren Kirchenvorstehern, welche durch die Gemeinde gewählt werden;

3) in dem Falle des §. 39. aus dem daselbst bezeichneten Berechtigten oder dem von ihm ernannten Kirchenvorsteher.

§. 6. Die Zahl der für jede Gemeinde zu wählenden Kirchenvorsteher [37]) beträgt in Gemeinden bis 500 Mitglieder [38]) vier, bei mehr als 500 bis 2000 Mitgliedern sechs, bei mehr als 2000 bis 5000 Mitgliedern acht, bei mehr als 5000 Mitgliedern zehn.

---

eigenen Sicherung dienende Ansammlung von Geldern, denen derselbe bis zu dem genannten Zeitpunkt jeden Augenblick kraft seines Eigenthums eine andere Verwendung geben kann.

30) H. In Frage kommen hauptsächlich das Eigenthumsrecht und das Recht auf Verwaltung. Wo beides bisher dem Staate, bez. den Kommunen zustand, verbleibt es dabei. War aber die Verwaltung bisher schon in die Hände eines kirchlichen Organs gelegt, so tritt statt derselben der neue Kirchenvorstand ein. Für das Gebiet des rheinischen Rechtes z. B. ergiebt sich daraus, daß das Kirchenfabrikgut, welches dort von dem Fabrikrath verwaltet wurde, von der Vorschrift dieses §. in so weit nicht betroffen wird, als es sich um die Verwaltung handelt.

31) H. Diese sind ausdrücklich erwähnt, um den Kommunen ihre Eigenthums- und Verwaltungsrechte an ihren Kommunalkirchhöfen vorzubehalten. Die im Eigenthum der Kirche, oder der kirchlichen Gemeinde befindlichen Begräbnißplätze fallen dagegen unter §. 3 Nr. 1.

32) H. Während Abs. 1 dieses §. je nach der Art des vorbehaltenen Rechts die Frage nach der Uebernahme der Verwaltung der betreffenden Vermögensstücke seitens der neuen Gemeinde-Organe entscheidet, schließt dieser Absatz gewisse Stücke von derselben überhaupt dadurch aus, daß er sie nicht zu dem kirchlichen Vermögen im Sinne des Gesetzes rechnet. Das entscheidende Kriterium ist, daß sie unter dauernde Verwaltung des Staats oder der bürgerlichen Gemeinden und Kommunalverbände gestellt sind, und es macht daher nicht einmal der Umstand eine Ausnahme, daß das betreffende Vermögen im Eigenthum der Pfarrei oder kirchlichen Gemeinde steht. Man hatte dabei vor allem die Fälle im Auge, in welchen Küstereigebäude und dergleichen in Folge der früheren Identität der bürgerlichen und kirchlichen Gemeinde von der ersteren vollständig unterhalten und deshalb auch verwaltet werden. Diese Verhältnisse sollten durch das gegenwärtige Gesetz nicht alterirt werden, auch wenn der kirchlichen Gemeinde ein Eigenthumsrecht an solchen Objekten zusteht.

33) H. Neben dem Kirchenvorstand der Pfarrgemeinde muß, wenn die Voraussetzungen des §. 2 vorliegen, noch ein besonderer Vorstand der Filial-, Kapellen- rc. Gemeinde gebildet werden.

34) H. Das Recht des Pfarrers haftet an seiner Person, er kann sich daher z. B. nicht durch einen Kaplan vertreten lassen. Selbstverständlich muß der Pfarrer gesetzmäßig angestellt sein, Ges. v. 11. Mai 1873 (Zus. 10 zu §. 50 d. T.). Ist ein solcher nicht vorhanden, so kann der Kirchenvorstand auch ohne ihn amtiren, da seine Abwesenheit die Beschlußfassung nicht nichtig macht, s. §. 17.

35) H. Für den Fall, daß es an einem eigenen Geistlichen fehlt, und der Pfarrer der Pfarrgemeinde auch die Filiale versieht, tritt derselbe nicht in den Kirchenvorstand der letzteren ein, da der §. den Pfarrer nur für das geborene Mitglied des Kirchenvorstandes in der Pfarrgemeinde erklärt. So auch im Min.Reskr. v. 22. März 1876, welches aber i. J. 1881 nach Arch. f. kath. K.R. 47 S. 161 zu Gunsten der Auffassung, daß der Pfarrer der Muttergemeinde einzutreten habe, zurückgenommen sein soll.

36) H. Und zwar in der betreffenden Gemeinde. Der dauernd angestellte muß aber dem provisorisch angestellten, auch wenn dieser früher in der Gemeinde fungirt hat, vorgehen, denn der erstere ist der eigentliche, im vollsten Sinne des Wortes angestellte Geistliche.

37) H. Der nach §. 5 Nr. 2 von der Gemeinde zu wählenden. Zu diesen treten dann noch hinzu der Geistliche und der Patron oder andere Berechtigte, bez. der von diesen ernannte Kirchenvorsteher. Diese sind also in den festgesetzten Zahlen nicht mit einbegriffen.

38) H. Seelen, nicht aktiv berechtigte Mitglieder. Das Wort: „Seelenzahl" im §. 6 Abs. 3 bestätigt diese Auffassung.

Eine Abänderung der Zahl kann durch Beschluß der Gemeindevertretung bewirkt werden; die Zahl soll jedoch nicht mehr als zwölf und nicht weniger als vier betragen.

Mit Rücksicht auf die Seelenzahl oder die besonderen Verhältnisse einer Gemeinde kann die Zahl mit Genehmigung des Oberpräsidenten bis auf zwei[39]) herabgesetzt werden[40]).

§. 7. Das Amt der Kirchenvorsteher ist ein Ehrenamt.

Für außergewöhnliche Mühwaltungen kann auf Antrag des Kirchenvorstandes eine angemessene Entschädigung durch die Gemeindevertretung bewilligt werden.

§. 8. Der Kirchenvorstand verwaltet[41]) das kirchliche Vermögen[42]).

Er vertritt die seiner Verwaltung unterstehenden Vermögensmassen und die Gemeinde in vermögensrechtlicher Beziehung[43]).

Die Rechte der jeweiligen Inhaber an den zur Besoldung der Geistlichen und anderen Kirchendiener bestimmten Vermögensstücken werden hierdurch nicht berührt.

§. 9. Die Mitglieder des Kirchenvorstandes haften für die Sorgfalt eines ordentlichen Hausvaters[44]).

§. 10. Die Kassenverwaltung und die Rechnungsführung ist einem Kirchenvorsteher[45]) zu übertragen, welcher von dem Kirchenvorstande gewählt wird.

Durch Beschluß des Kirchenvorstandes kann ein demselben nicht angehöriger, besonderer Rendant oder Rechnungsführer angestellt werden[46]). Ein solcher Rendant oder Rechnungsführer gehört zu den Kirchendienern im Sinne des Gesetzes vom 12. Mai 1873.[47]).

---

39) H. In denjenigen Fällen, wo nach Lage der Verhältnisse die Vermuthung gerechtfertigt erscheint, daß es sobald nicht zur gesetzmäßigen Anstellung eines Geistlichen kommen, also ein drittes Mitglied fehlen werde, erscheint es aber zweckmäßig, nur bis auf die Zahl 3 herabzugehen.

40) H. Nach Abs. 2 von der Gemeindevertretung.

41) H. Nach den bestehenden gesetzlichen Bestimmungen (s. auch §. 47) und mit Rücksicht auf die Rechtsverhältnisse, welche für die einzelnen Vermögensmassen maßgebend sind. Bei den Stiftungen sind also die Anordnungen des Stifters zu beachten; Kollekten und Sammlungen dürfen dem Zwecke, zu welchem sie veranstaltet worden sind, nicht entfremdet werden.

42) H. D. h. die §§. 3 und 4 näher bezeichneten Vermögensmassen, vorbehaltlich der Ausnahme im Abs. 3 dieses §.

43) H. Also in allen nicht streitigen Rechtsangelegenheiten und in Prozessen. Der Geistliche hat diese Befugniß allein nicht. Mithin kann auch, s. O.Tr. I v. 6. Febr. 1874 (Str. Arch. 92 S. 123), durch Handlungen, welche er allein zum Zwecke der Ausübung kirchlicher Andachten vornimmt, für die Kirchengesellschaft kein Besitz begründet, und ebenso wenig durch Wiederholung solcher Handlungen ein Recht durch Verjährung erworben werden. Es erscheint nicht ausgeschlossen, daß sich der Kirchenvorstand zur Abschließung einzelner Geschäfte durch Bevollmächtigte vertreten läßt. Jedoch muß die Vollmacht und die Instruktion ordnungsmäßig beschlossen sein und die letztere genau feststellen, welche Erklärungen seitens der Bevollmächtigten abzugeben sind, da sonst an Stelle des Kirchenvorstandes die Bevollmächtigten die Willensentschließungen zu fassen hätten und diese ihm nicht substituirt werden können. Vgl. ferner §. 19. Die weiteren Funktionen, welche der Kirchenvorstand hat, ergeben die §. 32 Abs. 2; §§. 37, 57, und Wahlordnung Art. 1, 2, 3, 4, 12, 13; s. auch §. 22 Anm. 67.

44) H. Diese Bestimmung ist deshalb getroffen, weil in den verschiedenen Rechtsgebieten der Monarchie, namentlich in dem Geltungsgebiete des L.R., des französischen und des gemeinen Rechts, die Entwickelung der Lehre von der Kulpa und der sich daraus ergebenden Folgen zu verschiedenen Resultaten auch auf dem Gebiete der Gesetzgebung geführt hat. Für die Frage, ob eine Vertretungs- oder Entschädigungspflicht der Kirchenvorsteher vorliegt, entscheidet also nicht das in dem betreffenden Landestheil geltende Civilrecht, vielmehr kommt es darauf an, ob die beschädigende Handlung eine Verletzung der im §. 9 vorgeschriebenen Diligenzpflicht gebildet hat oder nicht. Der §. 623 d. T. ist daher in so weit beseitigt.

45) H. Nicht aber dem zum Kirchenvorstande gehörigen Geistlichen, denn dieser ist nicht Kirchenvorsteher, s. §§. 5, 12 dies. Ges. So auch R. d. Kult. Min. v. 13. Sept. 1875, Arch. f. kath. K.R. 35 S. 168, vgl. auch das. 36 S. 178, Heinrich a. a. O. S. 44 u. 2, dagegen Bahlkamp, cit. Arch. 35 S. 169.

46) H. Die Anstellungsbedingungen (namentlich die Zeitdauer der Anstellung, ob auf Lebenszeit, gegen Kündigung u. s. w.) hat der Kirchenvorstand festzustellen, welcher auch zugleich die Höhe der von dem Rendanten etwa zu fordernden Kaution und seine Besoldung zu be-

§. 11. Der Kirchenvorstand hat ein Inventar über das von ihm verwaltete kirchliche Vermögen (§. 3.) zu errichten und fortzuführen.

Er hat einen Voranschlag der Jahreseinnahmen und Ausgaben aufzustellen [48]) und einen vollständigen Bericht über den Stand des kirchlichen Vermögens alljährlich [49]) an die Gemeindevertretung zu erstatten.

Am Schlusse jedes Rechnungsjahres hat der Kirchenvorstand die Rechnung zu prüfen.

§. 12. Der Kirchenvorstand wählt aus seinen im §. 5. Nr. 2. und 3. bezeichneten Mitgliedern [50]) bei dem Eintritt der neuen Kirchenvorsteher einen Vorsitzenden und einen Stellvertreter desselben, beide auf drei Jahre.

§. 13. Der Kirchenvorstand versammelt sich auf Einladung des Vorsitzenden, so oft es die Erledigung der Geschäfte erforderlich macht. Durch Beschluß können regelmäßige Sitzungstage festgesetzt werden.

§. 14. Der Kirchenvorstand ist zu berufen, wenn dies verlangt wird:

1) von der bischöflichen Behörde [51]),
2) von dem Landrath (Amtshauptmann, Amtmann), in Stadtkreisen von dem Bürgermeister,
3) von der Hälfte der Mitglieder des Kirchenvorstandes,
4) durch Beschluß der Gemeindevertretung,

in den beiden letzten Fällen sofern ein innerhalb der Zuständigkeit des Kirchenvorstandes liegender Zweck angegeben wird.

§. 15. Kommt der Vorsitzende dem Verlangen nicht nach oder ist ein Vorsitzender nicht vorhanden, so kann die Berufung sowohl durch die bischöfliche Behörde, als auch durch die im §. 14. Nr. 2. genannten Beamten erfolgen.

In diesen Fällen bestimmt die berufende Behörde den Vorsitzenden aus den im §. 5. Nr. 2. und 3. bezeichneten Mitgliedern des Kirchenvorstandes.

§. 16. Zu den Sitzungen sind sämmtliche Mitglieder des Kirchenvorstandes einzuladen [52]),

---

stimmen hat. Liegen aber die Voraussetzungen des §. 21 Nr. 10 vor, so muß die Gemeindevertretung ihre Zustimmung ertheilen.

H. Nach R.G. I v. 20. Jan. 1881, Annal. 3 S. 157 ist ein solcher Rendant mittelbarer Staatsbeamter, was indessen nicht richtig ist, er ist nur öffentlicher, aber kein Staatsbeamter, s. Anm. 29 a. E. zu §. 17 d. T. und Anm. 31 a. E. zu §. 19.

47) H. Vgl. Zus. 15 zu §. 124 d. T.

48) H. Die Periode, für welche der Etat aufgemacht werden soll, ist im Gesetze nicht angegeben, weil sie mit der Gemeindevertretung festzustellen ist, s. §. 21 Nr. 13. Kommt es nicht zu einer Einigung, so liegt es in der Natur der Sache, daß der Voranschlag für ein Jahr gemacht werden muß.

49) H. Auch dann, wenn die Vorschlagsperiode eine längere ist.

50) H. Der als geborenes Mitglied zum Kirchenvorstand gehörige Pfarrer oder andere Geistliche (s. §. 5 Nr. 1) ist damit für rechtlich unfähig zum Vorsitz erklärt worden.

51) H. D. h. dem Bischof, dem General-Vikariat (oder Ordinariat oder bischöflichen Konsistorium) und dem Kapitelsverweser. Ob die bischöfliche Behörde die Aufsicht in Folge der bischöflichen Jurisdiktion oder zufolge einer päpstlichen Delegation hat, ist gleichgültig, weil das Gesetz in dieser Hinsicht nicht unterscheidet. Selbstverständlich ist auch hier, daß die bischöfliche Behörde eine von den Staatsgesetzen anerkannte sein muß. Der durch gerichtliches Erkenntniß abgesetzte oder zur Bekleidung des Amtes unfähig erklärte oder nicht landesherrlich anerkannte Bischof, der nicht gesetzmäßig fungirende General- oder Kapitelsvikar hat das Recht nicht. Wenn in einer Diözese ein Staatskommissarius auf Grund des Ges. v. 20. Mai 1874 (s. Zus. 67 zu §. 1043 d. T.) eingesetzt ist, so hat dieser die Funktionen der bischöflichen Behörde wahrzunehmen.

Ein vom Bischof delegirter Beamter, z. B. der Dechant, kann diese Befugniß gleichfalls ausüben.

Hat die Hälfte der Kirchenvorsteher oder die Gemeindevertretung erfolglos den Antrag bei dem Vorsitzenden gestellt, so werden sie sich an eine der hier genannten Behörden wenden müssen, damit diese den Kirchenvorstand zusammenberuft.

52) H. Auf die ortsübliche oder eine durch Beschluß des Kirchenvorstandes festzustellende Weise.

die Einladung ist, wenn der Beschluß der Zustimmung der Gemeindevertretung bedarf[53]), schriftlich unter Angabe des Gegenstandes spätestens den Tag vor der Sitzung zuzustellen[54]).

§. 17. Die Beschlüsse werden durch Stimmenmehrheit der Anwesenden gefaßt. Bei Stimmengleichheit entscheidet die Stimme des Vorsitzenden, bei Wahlen das Loos.

Zur Gültigkeit eines Beschlusses ist erforderlich, daß mindestens die Hälfte der Mitglieder des Kirchenvorstandes an der Abstimmung Theil genommen hat.

Mitglieder, welche an dem Gegenstande der Beschlußfassung persönlich betheiligt sind, haben sich der Abstimmung zu enthalten.

Bei nicht vorschriftsmäßig erfolgter Einladung kann eine Beschlußfassung nur dann stattfinden, wenn der Kirchenvorstand vollzählig versammelt ist und Widerspruch nicht erhoben wird.

§. 18. Die Beschlüsse sind unter Angabe des Tages und der Anwesenden in ein Protokollbuch zu verzeichnen. Die Protokolle werden von dem Vorsitzenden und mindestens noch einem Mitgliede des Kirchenvorstandes unterschrieben.

§. 19[55]). Zu jeder die Gemeinde und die von dem Kirchenvorstande vertretenen Vermögensmassen verpflichtenden schriftlichen Willenserklärung des Kirchenvorstandes bedarf es der Unterschrift des Vorsitzenden und noch zweier Mitglieder des Kirchenvorstandes, sowie der Beidrückung des Amtssiegels[56]). Hierdurch wird Dritten gegenüber die ordnungsmäßige Fassung des Beschlusses festgestellt, so daß es eines Nachweises der einzelnen Erfordernisse desselben, insbesondere der erfolgten Zustimmung der Gemeindevertretung, wo eine solche nothwendig ist, nicht bedarf.

§. 20. Die Zahl der Gemeindevertreter soll drei Mal so groß sein, wie diejenige der gewählten Kirchenvorsteher[57]). II. Gemeindevertretung.

Mit Rücksicht auf die Seelenzahl oder die besonderen Verhältnisse einer Gemeinde kann die Zahl mit Genehmigung des Oberpräsidenten herabgesetzt werden[58]).

§. 21. Die Beschlüsse des Kirchenvorstandes bedürfen der Zustimmung der Gemeindevertretung[59]) in folgenden Fällen:

1) bei dem Erwerb, der Veräußerung oder der dinglichen Belastung von Grundeigenthum, bei der Vermiethung oder Verpachtung desselben auf länger als zehn Jahre und bei der Vermiethung oder Verpachtung der den Geistlichen und anderen Kirchendienern zum Gebrauch oder zur Nutzung überwiesenen Grundstücke über die Dienstzeit des jeweiligen Inhabers hinaus[60]);
2) bei Veräußerung[61]) von Gegenständen, welche einen geschichtlichen, wissenschaftlichen oder Kunstwerth haben;

---

53) H. S. außer §. 21 noch §. 7 Abs. 2.

54) H. Ist nicht ordnungsgemäß eingeladen, so kann bei Strafe der Nichtigkeit in der Sitzung nichts beschlossen werden, falls nicht die Ausnahme des §. 17 Abs. 4 vorliegt.

55) H. Vgl. Anm. 19 zu §. 22 Abs. 2 der Kirchengemeinde- u. Synodal-Ordn. v. 1873 (Zus. 20 zu §. 156 d. T.). Eben so wie die evangelischen Gemeindekirchenräthe müssen auch die katholischen Kirchenvorstände für öffentliche Behörden erachtet werden, s. a. a. O.

56) H. Diese Form ist wesentlich. Der Mangel des Amtssiegels kann nicht durch eine notarielle Beglaubigung der Unterschriften ersetzt werden, Johow, Jahrb. d. Kammer.-Ger. 1 S. 104.

57) H. Derjenigen, welche entweder mit Rücksicht auf die gesetzliche Festsetzung und die Erhöhung oder Herabminderung der gesetzlich vorgeschriebenen Zahl (s. §. 6) zu wählen sind.

58) H. Von der Gemeindevertretung, s. §. 6.

59) H. Ohne diese haben sie keine rechtliche Wirkung. Der betreffende Beschluß gilt auch nicht als rechtsgültige Willenserklärung des Kirchenvorstandes, so daß etwa die höhere (geistliche oder weltliche) Behörde denselben genehmigen und dadurch zum Effekt bringen könnte. Ueber die Ausnahme Dritten gegenüber s. §. 19. Wegen der Fälle, in denen keine Gemeindevertretung vorhanden, vergl. §§. 35, 46.

60) H. Vgl. zu Nr. 1 die Anm. 40—44 zu §. 31 der Anm. 55 cit. Ordn.

61) Diese ist hier als Eigenthumsentäußerung aufzufassen.

3)[62]) bei außerordentlicher Benutzung des Vermögens, welche die Substanz selbst angreift, sowie bei Kündigung und Einziehung von Kapitalien, sofern sie nicht zur zinsbaren Wiederbelegung erfolgt;

4) bei Anleihen, sofern sie nicht bloß zur vorübergehenden Aushülfe dienen und aus den Ueberschüssen der laufenden Einnahmen über die Ausgaben derselben Voranschlagsperiode zurückerstattet werden können;

5) bei Anstellung von Prozessen, soweit dieselben nicht die Eintreibung fortlaufender Zinsen und Gefälle oder die Einziehung ausstehender Kapitalien, deren Zinsen rückständig geblieben sind, betreffen, und bei Abschließung von Vergleichen;

6) bei Neubauten oder erheblichen Reparaturen an Baulichkeiten, sofern nicht über die Nothwendigkeit der Bauausführung bereits durch die zuständigen Behörden endgültig entschieden ist. Für erheblich gelten Reparaturen, deren Kostenanschlag 200 Mark übersteigt. Im Falle des Bedürfnisses kann die Gemeindevertretung ein für alle Mal die Vollmacht des Kirchenvorstandes zur Vornahme höher veranschlagter Reparaturen, jedoch nicht über die Summe von 1000 Mark hinaus, erweitern;

7) bei Beschaffung[63]) der zu den kirchlichen Bedürfnissen erforderlichen Geldmittel oder Leistungen, soweit solche nicht nach dem bestehenden Rechte aus dem Kirchenvermögen oder von dem Patron oder von sonst besonders Verpflichteten zu gewähren sind;

8) bei Festsetzung der auf die Gemeindeglieder zu vertheilenden Umlagen und bei Bestimmung des Vertheilungsmaßstabes; letzterer ist entweder nach Maßgabe der direkten Staatssteuer oder der Kommunalsteuer festzusetzen;

9) bei Einführung oder Veränderung von Gebührentaxen;

10) bei Bewilligungen aus der Kirchenkasse zur Ausstattung neuer Stellen für den Dienst der Gemeinde, sowie zur dauernden Verbesserung des Einkommens bestehender Stellen, und bei Umwandlung von veränderlichen Einnahmen der Geistlichen und anderer Kirchendiener in feste Hebungen oder von Naturaleinkünften in Geld, letzteres, soweit nicht die Umwandlung in dem durch die Staatsgesetze geordneten Ablösungsverfahren erfolgt;

11) bei einer Verwendung des kirchlichen Vermögens, welche nicht kirchliche, wohlthätige oder Schulzwecke innerhalb der Gemeinde selbst betrifft;

12) bei Feststellung des Etats[64]) und der Voranschlagsperiode;

13) bei Abnahme der Jahresrechnung[65]) und Ertheilung der Entlastung.

Der Etat ist nach erfolgter Feststellung, die Jahresrechnung nach ertheilter Entlastung auf zwei Wochen zur Einsicht der Gemeindeglieder nach vorgängiger ortsüblicher Bekanntmachung öffentlich auszulegen[66]).

---

62) H. Zu Nr. 3 ff. vgl. die Anm. 45 ff. zu §. 31 der Anm. 55 cit. Ordn.

63) H. Die von den aus besonderen Rechtstiteln verpflichteten Personen zu beschaffenden Leistungen, ferner Anleihen (vgl. Nr. 4) gehören nicht unter den Fall Nr. 7. Somit kann sich diese Nr. nur auf die Auflage von Kirchensteuern oder anderer Umlagen auf die Gemeindeglieder beziehen. Andererseits behandelt aber Nr. 8 die Festsetzung von Umlagen. Bei der gesonderten Stellung der letzteren Nummer läßt sich nicht annehmen, daß sie nur eine nähere Exemplifikation der Nr. 7 sein soll. Demnach kann Nr. 8 nur auf die Festsetzung der Höhe der Umlage, namentlich wenn das Prinzip der Umlagepflichtigkeit bereits feststeht, bezogen werden.

64) H. Wegen der Bedeutung des Etats s. Anm. 59 zu §. 31 Nr. 9 der citirten Ordnung. Der dort vertretenen Auffassung, daß die Genehmigung des Etats durch die Gemeindevertretung ihre in Nr. 1 bis 11 erforderte Zustimmung nicht ersetzt, auch Heinrich S. 70. Dagegen Vandenesch S. 37 Anm., welcher aber übersieht, daß der Etat nicht die rechtliche Basis für die Einnahmen und Ausgaben ist und daß bei bloßer Bewilligung von Ausgaben für dauernde Perioden (s. z. B. Nr. 10) die bloße Aufnahme des Postens in den Etat den Kirchenvorstand allein berechtigen würde, die Summe für die Etatsperiode auszuzahlen, nicht aber für die Folgezeit, wenn sie, wozu dann keine rechtliche Verpflichtung besteht, nicht wieder von der Gemeindevertretung bewilligt wird.

65) H. Welche nach §. 11 dem Kirchenvorstande jährlich vorzulegen und von ihm zu prüfen ist.

66) H. Die sonstigen Funktionen der Gemeindevertretung ergeben sich aus §§. 6, 7, 14, 20 Abs. 2, §§. 34, 57; Wahlordnung Art. 2.

§. 22. Die Gemeindevertretung wählt bei dem Eintritt der neuen Gemeindevertreter einen Vorsitzenden und einen Stellvertreter desselben, beide auf drei Jahre.

Sie versammelt sich auf Einladung des Vorsitzenden, so oft es die Erledigung der Geschäfte erforderlich macht.

In Betreff der Berufung der Gemeindevertretung finden die Vorschriften der §§. 14. und 15. sinngemäße Anwendung[67]), jedoch mit der Maßgabe, daß auf Verlangen eines Drittheils der Mitglieder der Gemeindevertretung die Berufung erfolgen muß.

§. 23. Der Vorsitzende des Kirchenvorstandes oder ein von ihm abgeordneter Kirchenvorsteher (§. 5. Nr. 2. und 3.)[68]) sind befugt, den Sitzungen der Gemeindevertretung mit berathender Stimme beizuwohnen.

§. 24. Zu den Sitzungen sind sämmtliche Gemeindevertreter sowie der Vorsitzende des Kirchenvorstandes schriftlich unter Angabe des Gegenstandes spätestens den Tag vor der Sitzung einzuladen.

Im Uebrigen finden die Bestimmungen der §§. 17. und 18. sinngemäße Anwendung, jedoch genügt zur Beschlußfähigkeit der Versammlung die Anwesenheit eines Drittheils der Mitglieder.

Die Gemeindevertretung hat das Recht, die Oeffentlichkeit ihrer Sitzungen zu beschließen.

Die Beschlüsse werden dem Kirchenvorstande in einem von dem Vorsitzenden und zwei Gemeindevertretern unterschriebenen Auszuge[69]) aus dem Protokollbuche zugestellt.

III. Wahl der Kirchenvorsteher und der Gemeindevertreter.

§. 25. Wahlberechtigt sind alle männlichen, volljährigen, selbstständigen Mitglieder der Gemeinde, welche bereits ein Jahr in derselben, oder wo mehrere Gemeinden am Orte sind, an diesem Orte wohnen[70]) und zu den Kirchenlasten nach Maßgabe der dazu bestehenden Verpflichtung beitragen.

[71]) Selbstständig sind diejenigen, welche einen eigenen Hausstand haben oder ein öffentliches Amt bekleiden oder ein eigenes Geschäft oder als Mitglied einer Familie deren Geschäft führen.

Als selbstständig sind nicht anzunehmen diejenigen, welche unter Vormundschaft oder Pflegschaft stehen oder welche im letzten Jahre vor der Wahl armuthshalber aus öffentlichen Mitteln Unterstützung erhalten oder Erlaß der kirchlichen Beiträge genossen haben[72]).

§. 26. Von der Ausübung des Wahlrechts sind ausgeschlossen diejenigen:

1) welche nicht im Besitze der bürgerlichen Ehrenrechte sich befinden;

---

67) H. Die Gemeindevertretung ist also zu berufen, wenn dies von ihrem Vorsitzenden verlangt wird, 1) seitens der bischöflichen Behörde, 2) seitens des Landraths (Amtshauptmanns, Amtmanns, Bürgermeisters), 3) durch Beschluß des Kirchenvorstandes und 4) durch ein Drittel der Mitglieder der Gemeindevertretung; in den beiden letzteren Fällen muß aber ein innerhalb der Zuständigkeit der Gemeindevertretung liegender Zweck angegeben werden. Weigert sich der Vorsitzende, diesem Verlangen nachzukommen, so hat die berufene Behörde denselben aus den Mitgliedern der Gemeindevertretung zu bestimmen, denn in dieser giebt es nur gewählte Mitglieder, s. §§. 27 ff., 39 ff.

68) H. Der Pfarrer oder Geistliche darf nicht als Vertreter des Kirchenvorstandes abgeordnet und kann als solcher nicht von der Gemeindevertretung mit berathender Stimme zugelassen werden.

69) H. D. h. in einer Abschrift des Beschlusses. Auszug heißt sie, weil sie aus dem Protokolle ausgezogen ist; ein Auszug aus dem Beschlusse, eine verkürzte Angabe seines Inhalts ist nicht gemeint.

70) H. Nur durch den Wohnsitz wird man Mitglied der Gemeinde.

71) H. Vgl. die Anm. 70 ff. zu §. 34 der in Anm. 55 dieses Zus. citirten Ordn.

72) H. Wahlberechtigt sind demnach die mit kirchlichen Strafen und Censuren belegten, namentlich die in den großen Kirchenbann gethanen Personen, ferner die Altkatholiken, falls sie nicht zu einer eigenen altkatholischen Parochie gehören, weil sie Katholiken sind und ihre etwaige Exkommunikation sie nicht vom Wahlrecht ausschließt, s. Ges. v. 4. Juli 1875 (Zus. 28 zu §. 235 d. T.).

Auch der Patron und der Drittberechtigte (s. §. 39) sind, wenn sie die Qualifikation haben, nicht ausgeschlossen.

2) welche wegen eines Verbrechens oder wegen eines solchen Vergehens, welches die Aberkennung der bürgerlichen Ehrenrechte nach sich ziehen kann, in Untersuchung [73]) sich befinden;
3) welche im Konkurse sich befinden;
4) welche mit der Bezahlung kirchlicher Umlagen über ein Jahr im Rückstande sind.

§. 27. Wählbar sind die wahlberechtigten Mitglieder der Gemeinde, welche das dreißigste Lebensjahr vollendet haben, sofern sie nicht nach §. 26. von der Ausübung des Wahlrechts ausgeschlossen sind.

§. 28. Geistliche [74]) und andere Kirchendiener [75]) gehören nicht zu den wahlberechtigten und wählbaren Mitgliedern der Gemeinde.

§. 29. Niemand kann zugleich Mitglied der Kirchenvorstandes und der Gemeindevertretung sein.

§. 30. Das Wahlverfahren bestimmt sich nach der beiliegenden Wahlordnung [76]).

§. 31. Die Kirchenvorsteher und Gemeindevertreter sind in ihr Amt einzuführen und auf treue Erfüllung ihrer Obliegenheiten zu verpflichten.

§. 32. Die Gewählten können das Amt eines Kirchenvorstehers oder eines Gemeindevertreters nur ablehnen oder niederlegen:
1) wenn sie das sechszigste Lebensjahr vollendet, oder
2) schon sechs Jahre das Amt bekleidet haben, oder
3) wenn andere erhebliche Entschuldigungsgründe vorliegen, z. B. Kränklichkeit, häufige Abwesenheit, oder Dienstverhältnisse, welche mit dem Amte unvereinbar sind.

Ueber die Erheblichkeit und thatsächliche Richtigkeit entscheidet der Kirchenvorstand und auf eingelegte Berufung, für welche von Zustellung der Entscheidung an eine Ausschlußfrist von zwei Wochen läuft, die bischöfliche Behörde im Einvernehmen mit dem Regierungspräsidenten (Landdrosten).

Wer ohne solchen Grund die Uebernahme oder die Fortführung des Amts verweigert, verliert das durch dieses Gesetz begründete kirchliche Wahlrecht [77]). Dasselbe kann ihm auf sein Gesuch von dem Kirchenvorstande wieder beigelegt werden.

§. 33. Das Amt der gewählten [78]) Kirchenvorsteher und der Gemeindevertreter dauert sechs Jahre.

Von drei zu drei Jahren scheidet die Hälfte aus. Die Ausscheidenden sind wieder wählbar und bleiben jedenfalls bis zu dem Eintritt ihrer Nachfolger im Amt.

Der Austritt wird durch die Dienstzeit, das erste Mal durch Auslosung bestimmt.

§. 34. Ist das Amt eines gewählten Kirchenvorstehers oder eines Gemeindevertreters

---

73) H. D. h. das Hauptverfahren eröffnet ist, s. Anm. 74 zu §. 34 der Anm. 55 cit. Ordn. u. Gerichtsh. f. kirchl. Angelegenh. v. 18. Dez. 1880, Zeitschr. f. K.R. 17 S. 340 und Hartmann, Zeitschr. f. öffentl. Recht 6 S. 522.

74) H. Jedenfalls diejenigen, welche in der betreffenden Gemeinde angestellt sind. Das ist damit gerechtfertigt worden, daß, wenn die Gemeinde durch Zuziehung des Laienelements in wirksamer Weise an der Vermögensverwaltung betheiligt werden soll, dies naturgemäß dahin führt, den Geistlichen und anderen Kirchendienern das aktive und passive Wahlrecht zu entziehen, und daß dem geistlichen Stande schon durch Verleihung der ständigen Mitgliedschaft im Kirchenvorstande die Gelegenheit zu hervorragender Mitwirkung bei der Vermögensverwaltung geboten ist. Diese Begründung paßt nicht für Geistliche, welche ihr Amt niedergelegt haben und nur als Privatleute in einer Kirchengemeinde leben. Indessen bleiben dieselben wegen des unauslöschlichen Charakters der Ordination immer noch Geistliche, vgl. auch §. 107 d. T., und da das Gesetz schlechthin die Geistlichen ohne jede Beschränkung ausschließt, so müssen sie ebenfalls als nicht wahlberechtigt und nicht wählbar betrachtet werden.

75) H. Kirchendiener, welche Laien sind und ihr Amt niedergelegt haben, sind wählbar und wahlberechtigt, denn diese haben die ihre Unfähigkeit bedingende Eigenschaft verloren.

76) H. Diese bildet einen integrirenden Theil des Gesetzes, daher gilt Alles, was vom Gesetze gilt, auch von ihr, s. z. B. §§. 43, 57, 59, 60.

77) H. Und damit auch die Wählbarkeit, s. §. 27.

78) H. Der von den Gemeindemitgliedern gewählten; auf die von den Patronen u. s. w. nach §. 39 ernannten bezieht sich die Vorschrift nicht, vgl. §. 5 Nr. 2 und 3.

außer der Zeit erledigt, so wählt die Gemeindevertretung für die Restzeit der Amtsdauer des Ausgeschiedenen einen Ersatzmann[79]).

§. 35. In Gemeinden, in denen besondere Verhältnisse, z. B. geringes Vermögen, zerstreute Wohnsitze ꝛc., die Bildung einer Gemeindevertretung unzweckmäßig oder unthunlich erscheinen lassen, kann die bischöfliche Behörde im Einvernehmen mit dem Oberpräsidenten anordnen, daß eine Gemeindevertretung nicht zu bilden, sofern in einer hierzu anzuberaumenden Versammlung der wahlberechtigten Gemeindeglieder die Mehrheit derselben nicht widerspricht. IV. Fortfall der Gemeindevertretung.

§. 36. In dem Falle des §. 35. werden die der Gemeindevertretung nach §. 7. zustehenden Befugnisse[80]) von dem Kirchenvorstande wahrgenommen.

Ersatzmänner werden durch die Gesammtheit der Wahlberechtigten gewählt.

§. 37. Die Entlassung eines Kirchenvorstehers[81]) oder eines Gemeindevertreters erfolgt: V. Entlassung und Auflösung.

1) wegen Verlustes einer zur Wählbarkeit erforderlichen Eigenschaft[82]);

2) wegen grober Pflichtwidrigkeit.

In dem letzteren Falle kann die Wahlberechtigung dauernd[83]) oder auf Zeit[84]) entzogen werden.

Die Entlassung kann sowohl von der bischöflichen Behörde[85]), als auch von dem Regierungspräsidenten (Landdrosten) nach Anhörung des Beschuldigten und des Kirchenvorstandes verfügt werden. Gegen die Entscheidung steht dem Beschuldigten binnen einer Ausschlußfrist von vier Wochen nach erfolgter Zustellung die Berufung an den Gerichtshof für kirchliche Angelegenheiten[86]) zu. Die Berufung kann auf neue Thatsachen und Beweise gegründet werden.

---

79) H. Für die Wahl müssen die Vorschriften der §§. 24, 17 des Ges. zur Anwendung kommen. Nach d. R. d. Kult.Min. v. 18. Sept. 1878, Arch. f. kath. K.R. 36 S. 464, soll dagegen das Verfahren der im §. 30 in Bezug genommenen Wahlordnung beobachtet werden. Diese bezieht sich aber auf derartige Wahlen nicht.

80) H. Von sonstigen Funktionen der Gemeindevertretung, welche dieser §. nicht erwähnt, kommen in Frage: 1) die Abänderung der Normalzahl der zu wählenden Kirchenvorsteher (§. 6 Abs. 2 u. 3). Diese Funktion kann nicht ausgeübt werden. Daher ist in den betreffenden Gemeinden eine Herabsetzung der Zahl nicht möglich. Weiter fällt fort: 2) die Berufung des Kirchenvorstandes nach §. 14 Nr. 4, und 3) die Nothwendigkeit der Zustimmung zu den im §. 21 aufgeführten Akten der Vermögensverwaltung. 4) Wegen der Wahl der Ersatzmänner (§. 34) ist das Nöthige im Abs. 2 dieses §. bestimmt. Vgl. ferner §. 57 und Wahlordnung Art. 2.

81) H. D. h. eines gewählten oder vom Patron (§. 39) ernannten, denn auch der letztere ist Kirchenvorsteher im Sinne des Gesetzes, s. §. 5 Nr. 3.

82) H. Hinzu tritt der Verlust der Mitgliedschaft durch Aufgabe des Domizils in der Gemeinde.

83) H. Also für immer. In diesem Falle kann sie später nicht wieder erlangt werden, denn eine dem §. 32 Abs. 3 entsprechende Vorschrift fehlt hier.

Wirkt die Entziehung der Wahlberechtigung nur für die bestimmte Gemeinde, so daß der davon Betroffene, wenn er in eine andere verzieht, in dieser wählbar ist, oder allgemein, so daß er überhaupt, er mag seinen Wohnsitz nehmen, wo er will, vom Wahlrecht ausgeschlossen bleibt? Das letztere ist anzunehmen, denn sonst würde einmal von einer dauernden Entziehung nicht die Rede sein können, und der Grund der Vorschrift, daß derjenige, welcher sich unfähig und unwürdig gezeigt kirchliche Angelegenheiten zu verwalten, nicht bei der Wahl der Verwaltungsorgane betheiligt sein soll, ist ein allgemeiner, der nicht bloß auf eine bestimmte Gemeinde Beziehung hat.

84) H. Auf eine bestimmte Zeitperiode. Auf unbestimmte Zeit, etwa bis der Kirchenvorstand die Wahlberechtigung wieder beilegt, kann die Entziehung nicht ausgesprochen werden. Darin würde ein Drittes, nicht vom Gesetze Zugelassenes, nämlich die Kombination der zeitweisen und dauernden Entziehung nach Belieben und Willkür des Kirchenvorstandes liegen. Hätte das Gesetz dies gestatten wollen, so wären auch besondere Vorschriften nöthig gewesen, unter welchen Voraussetzungen der Betroffene die Wiederbeilegung des Wahlrechtes hätte beanspruchen können.

85) H. Im Sinne dieses §. ist der Staatskommissar für die bischöfliche Verwaltung nicht bischöfliche Behörde, Gerichtshof f. kirchl. Angelegenh. v. 9. April 1881, Zeitschr. f. K.R. 16 S. 349.

86) H. Durch diese Vorschrift ist die Frage, in wie fern die Kirchenvorsteher und Gemeindevertreter Kirchendiener im Sinne des Gesetzes v. 12. Mai 1873 sind (Zus. 15 zu §. 124 d. T.),

Im Uebrigen finden die Vorschriften der §§. 13. bis 23. des Gesetzes vom 12. Mai 1873. sinngemäße Anwendung [87]).

§. 38. Wenn der Kirchenvorstand oder die Gemeindevertretung beharrlich die Erfüllung ihrer Pflichten vernachlässigen oder verweigern, oder wiederholt Angelegenheiten, welche nicht zu ihrer Zuständigkeit gehören, zum Gegenstande einer Erörterung oder Beschlußfassung machen, so können sie sowohl durch die bischöfliche Behörde, als auch durch den Oberpräsidenten, unter gegenseitigem Einvernehmen, aufgelöst werden.

Mit der Auflösung sind sofort die erforderlichen Neuwahlen anzuordnen [88]).

VI. Stellung der Patrone und anderer Berechtigter.

§. 39. Der Patron, welchem auf Grund des Patronats, oder ein anderer Berechtigter, welchem auf Grund eines besonderen Rechtstitels [89]) die Mitgliedschaft in dem Kirchenvorstande oder die Berechtigung zugestanden hat, Kirchenvorsteher zu ernennen, zu bestellen oder zu präsentiren, ist fortan befugt, entweder selbst in den Kirchenvorstand einzutreten oder einen Kirchenvorsteher zu ernennen [90]).

---

gesetzlich geregelt. Den Kirchendienern, zu welchen nach Ansicht der Regierungskommissarien die Gemeindevertreter nicht gehören, s. Kommissionsbericht S. 34, sind sie dadurch gegenüber gestellt, daß das Rechtsmittel, wenngleich es ebenfalls als Berufung bezeichnet wird, doch seiner inneren Natur nach von der Berufung des Ges. v. 12. Mai 1873 (s. §§. 10 ff.) verschieden ist. Letztere hat die Natur einer Kassationsklage, die hier zugelassene Berufung aber die der Appellation, d. h. eines Rechtsmittels, welches durch die Iniquität der Entscheidung begründet werden kann. Denn es ist 1) an keine bestimmten Voraussetzungen gebunden, 2) es sind neue Thatsachen und Beweise zulässig und 3) paßt nur ein der Appellation ähnliches Rechtsmittel in den Rahmen der betreffenden Vorschrift hinein, weil es sich in den hier in Rede stehenden Fällen nicht um die Ausübung einer ausschließlich kirchlichen Disziplinargerichtsbarkeit und staatlichen Schutz gegen dieselbe, sondern um die Schaffung einer höhern Instanz über der erstinstanzlichen Disziplinarbehörde handelt, endlich der Zweck der gewährten Berufung ersichtlich der ist, die materielle Entscheidung nicht endgültig in die Hände der bischöflichen Behörde oder des Regierungspräsidenten zu legen.

87) H. Die Berufung, welche hier nur dem Beschuldigten, nicht aber dem Oberpräsidenten im öffentlichen Interesse zusteht (s. Abs. 3 dieses §.), ist schriftlich bei dem erwähnten Gerichtshof anzumelden. Sie suspendirt die Wirksamkeit der Entscheidung (s. §§. 13 u. 14 des Ges. v. 12. Mai 1873). Zur Rechtfertigung hat der Beschuldigte eine von der Anmeldung ab zu berechnende Frist von 14 Tagen, welche auch auf seinen Antrag verlängert werden kann (s. §. 15 des citirten Gesetzes). Die Anmeldung und Rechtfertigung wird der bischöflichen Behörde oder dem Regierungspräsidenten zur Abgabe der Erklärung binnen 4 Wochen mit dem Auftrage, die Akten einzureichen, zugefertigt (§. 16 a. a. O.), und zu den weiteren Verhandlungen ist die betreffende Behörde außer dem Beschuldigten zuzuziehen (s. §. 19 a. a. O.), wogegen eine Benachrichtigung und Vertretung des Ministers der geistlichen Angelegenheiten (s. §§. 19—21) nicht stattfindet, weil das staatliche Interesse nicht in Frage kommt. Die §§. 17, 18, 22, 23 a. a. O. sind ohne weiteres auf den hier in Rede stehenden Fall anwendbar.

88) H. Von der bischöflichen Behörde im Einvernehmen mit dem Regierungspräsidenten. Art. 14 Abs. 2 der Wahl-Ordnung. — Vergl. auch §. 46 Abs. 1 u. Ges. v. 4. Juli 1875 §. 4 Abs. 2 (Zus. 28 zu §. 235 d. T.).

89) H. Damit haben eigenthümliche Gestaltungen gedeckt werden sollen, so die in einzelnen Städten und Ortschaften bestehende Befugniß zur Wahl und Präsentation von Mitgliedern der Kirchenvorstände, z. B. in Telgte (Regierungsbezirk Münster) das Recht der politischen Gemeinde, dem Bischof zwei Mitglieder des Kirchenvorstandes zu präsentiren. In Balve und Bremen (Regierungsbezirk Arnsberg), sowie im Kreise Recklinghausen und zu Havixbeck (Regierungsbezirk Münster) waren die Besitzer zweier Güter geborene Mitglieder des Kirchenvorstandes.

90) H. Der Patron oder sonstige Berechtigte hat also die Wahl zwischen beiden Befugnissen. Ernennt er einen Kirchenvorsteher, so amtirt dieser so lange, bis seine Ernennung von seinem Machtgeber widerrufen wird, seine Funktion ist nicht an die Amtsperiode der gewählten Kirchenvorsteher (s. §. 33) gebunden. Uebrigens ist der Patron, der von ihm ernannte Vertreter oder der sonst Drittberechtigte nur als accessorisches Mitglied des Kirchenvorstandes anzusehen, von dessen Eintritt die rechtliche Existenz desselben unabhängig ist. Kompatrone haben sich über die Ausübung des Rechts zum Eintritt in den Kirchenvorstand, beziehungsweise zur Ernennung eines Kirchenvorstehers unter einander zu einigen; so fern und so lange eine solche Einigung nicht zu Stande kommen sollte, ruhen ihre Befugnisse.

So weit in einzelnen Fällen die Wahl oder die Präsentation von Kirchenvorstehern im Ein

Der Berechtigte, welcher in den Kirchenvorstand eintritt, und der von ihm ernannte Kirchenvorsteher müssen die in den §§. 27. bis 29. vorgeschriebene Wählbarkeit[91]) besitzen.

§. 40. Außer der im §. 39. festgesetzten Befugniß zur Betheiligung an dem Kirchenvorstande verbleiben dem Patron da, wo derselbe Patronatslasten für die kirchlichen Bedürfnisse trägt[92]), die Aufsicht über die Verwaltung der Kirchenkasse und das Recht der Zustimmung zu den nach den bestehenden Gesetzen seiner Genehmigung unterliegenden Geschäften der Vermögensverwaltung.

Die Beschlüsse des Kirchenvorstandes und der Gemeindevertretung sind dem Patron abschriftlich mitzutheilen. Erklärt er sich auf dieselben nicht binnen dreißig Tagen nach dem Empfange, so gilt er als zustimmend. Widerspricht der Patron, so steht dem Kirchenvorstande die Berufung an die Bezirksregierung, in der Provinz Hannover an das Königliche katholische Konsistorium[93]) zu, welche den Widerspruch verwerfen und die Zustimmung des Patrons ergänzen können.[93a])

Eine solche Ergänzung ist unzulässig, wenn es sich um Ausgaben handelt, für welche die Kirchenkasse bisher nicht bestimmt gewesen ist.

Kommt es für Urkunden auf die formelle Feststellung der Zustimmung des Patrons an und ist die letztere wegen Verabsäumung der dem Patron offen stehenden Frist für ertheilt zu erachten, so wird die fehlende Unterschrift durch die im Absatz 2. genannten Aufsichtsbehörden ergänzt.

§. 41. In den Landestheilen, in welchen die bürgerliche Gemeinde zur Aufbringung von Kosten für die kirchlichen Bedürfnisse der Pfarrgemeinden gesetzlich verpflichtet ist, muß sowohl der Etat, als auch die Jahresrechnung zugleich mit der im §. 21. angeordneten öffentlichen Auslegung dem Bürgermeister abschriftlich mitgetheilt werden.

§. 42. Anweisungen über die Geschäftsführung können dem Kirchenvorstande oder der Gemeindevertretung sowohl von der bischöflichen Behörde[94]), als auch von dem Oberpräsidenten, unter gegenseitigem Einvernehmen[95]), ertheilt werden. VII. Ausführungsbestimmungen.

verständnisse mit dem Pfarrer oder auch gemeinschaftlich mit demselben von dem Patron ausgeübt worden ist, wie z. B. im Kreise Recklinghausen und bei der Pfarrkirche zu Raesfeld (Regierungsbezirk Münster), ferner zu Rellinghausen (Regierungsbezirk Düsseldorf), wo der Besitzer des adligen Guts Schellenberg als Patron mit dem Pfarrer die beiden Mitglieder des Kirchenvorstandes wählte und demnächst der bischöflichen Behörde zur Bestätigung präsentirte, ist eine solche Mitwirkung des Pfarrers durch den §. 39 beseitigt worden.

91) H. Nur braucht der Patron oder Drittberechtigte nicht Mitglied der Gemeinde zu sein, weil ihm das Recht mit Rücksicht auf seine besondere Stellung gewährt ist. Entsteht bei dem Eintritt der betreffenden Personen in den Kirchenvorstand Streit darüber, ob sie die Qualifikation besitzen, oder später darüber, ob sie die Wählbarkeit verloren und deshalb austreten müssen, so kann darüber nur die Aufsichtsbehörde, also die Regierung, bez. der Minister der geistlichen Angelegenheiten entscheiden, weil das Gesetz andere Organe nicht bestimmt, vgl. auch Arch. f. kath. K.R. 36 S. 462.

92) H. Kraft des Patronates. Insbesondere gehört hierher die Baulast, was merkwürdiger Weise bestritten worden ist, s. O.V.G. I v. 18. Dez. 1878, Entsch. 4 S. 165. Wenn der Patron aber als Grundbesitzer oder als Zehntherr kontributionspflichtig ist, so steht ihm das im §. 40 Abs. 1 gewährte Recht nicht zu. Dasselbe muß auch für die wenigen Fälle gelten, wo sich der Grundsatz des katholischen Kirchenrechts erhalten hat, daß der Patron zwar keine Pflicht hat, zum Kirchenbau beizutragen, aber durch eine desfallsige Weigerung sein Patronatrecht verliert. Denn unter dieser Voraussetzung liegt dem Patron keine erzwingbare Pflicht zur Tragung von Lasten ob, und dies ist allein das Entscheidende.

93) H. Nach Fortfall der dortigen katholischen Konsistorien mit dem auf den 1. Juli 1885 festgesetzen Inkrafttreten des Ges. über die allgemeine Landesverwaltung v. 30. Juli 1883 (G.S. S. 175) §§. 26, 155 gleichfalls die Regierung, Kreisordnung für Hannover v. 6. Juni 1884 §. 120, G.S. S. 187.

93a) H. R.G. IV v. 27. Nov. 1882, Gruchot 27 S. 1046: „Dem Patron steht gegen eine Verfügung, welche seinen Widerspruch in Betreff der Verwendung von während der Vakanz ersparten Pfarreinkünften verwirft, der Rechtsweg nicht zu.“

94) H. Das ist hier auch der Staatskommissar für die bischöfliche Verwaltung, O.V.G. I v. 18. Jan. 1879, Entsch. 5 S. 167.

§. 43. Macht die bischöfliche Behörde in denjenigen Fällen, in welchen sie eine Anordnung oder Entscheidung im Einvernehmen[96]) mit der Staatsbehörde[97]) zu treffen hat, von ihren Befugnissen keinen Gebrauch, so ist sie zur Ausübung derselben von der Staatsbehörde aufzufordern. Leistet sie dieser Aufforderung binnen dreißig Tagen nach dem Empfange derselben keine Folge, so geht die Ausübung der Befugnisse auf die Staatsbehörde über.

In denjenigen Fällen, in welchen die bischöfliche oder die Staatsbehörde, jede jedoch im Einvernehmen mit der andern[98]), eine Anordnung oder Entscheidung zu treffen hat, muß die um ihre Zustimmung angegangene Behörde sich binnen dreißig Tagen nach dem Empfange der Aufforderung erklären. Erklärt sie sich nicht, so gilt sie als zustimmend.

Bei erhobenem Widerspruch entscheidet in allen Fällen über Meinungsverschiedenheiten zwischen der bischöflichen Behörde und dem Regierungspräsidenten (Landdrosten) der Oberpräsident[99]), über Meinungsverschiedenheiten zwischen diesem und der bischöflichen Behörde der Minister der geistlichen Angelegenheiten[100]).

§. 44. In den getroffenen Anordnungen ist erkennbar zu machen, ob das Einvernehmen erreicht oder ob die Zustimmung wegen Verabsäumung der Frist für ertheilt zu erachten oder ob die Entscheidung in Folge erhobenen Widerspruchs getroffen ist.

§. 45. Weigert sich ein Kirchenvorsteher, sein Amt zu übernehmen oder auszuüben, so ist eine Neuwahl anzuordnen[1]).

Weigert sich auch der neu gewählte Kirchenvorsteher, sein Amt zu übernehmen oder auszuüben, so ist der Regierungspräsident (Landdrost) befugt, den Kirchenvorsteher aus den wählbaren Mitgliedern der Gemeinde zu bestellen.

§. 46. Kommt die Wahl der Kirchenvorsteher überhaupt nicht zu Stande[2]) oder weigert sich die Mehrzahl der gewählten Kirchenvorsteher, ihr Amt zu übernehmen oder auszuüben, oder muß der nach erfolgter Auflösung neu gewählte Kirchenvorstand aufgelöst werden, so ist der Regierungspräsident (Landdrost) befugt, eine kommissarische Besorgung der kirchlichen Vermögensangelegenheiten unter sinngemäßer Anwendung der §§. 9. bis 11. des Gesetzes vom 20. Mai 1874.[3]) anzuordnen[4]).

---

95) H. Dies gilt auch von Instruktionen für die Wahl der Kirchenvorsteher und Gemeindevertreter, vgl. Arch. f. kath. K.R. 35 S. 175.

96) H. S. §§. 32, 35 u. Wahlordnung Art. 2, 13, 14.

97) H. Diese ist der Oberpräsident im Falle des §. 35, in allen andern vor. Anm. bezeichneten Fällen der Regierungspräsident (Landdrost).

98) H. S. §§. 38, 42, 53, in den §§. 38, 42 ist die betheiligte weltliche Behörde der Oberpräsident, im §. 53 die nach §. 55 zu bestimmende staatliche Aufsichtsbehörde.

99) H. Also in den Fällen des §. 32 und der Wahlordnung Art. 2, 13, 14.

100) H. In den Fällen der §§. 35, 38, 42.

1) H. Vom Kirchenvorstand, s. Art. 1 der Wahlordnung. Bei beharrlicher Weigerung desselben ist von dem §. 38 gewährten Mittel Gebrauch zu machen.

2) H. Ist bloß ungültig gewählt und wird die Wahl kassirt, so findet §. 46 keine Anwendung, vielmehr muß eine Neuwahl angeordnet werden.

3) H. S. Zus. 67 zu §. 1043 d. T. Demnach wird der Regierungspräsident die Ernennung des Kommissars nach §. 11 des cit. Gesetzes mit Angabe des Beginns seiner Amtsthätigkeit, auch das Erlöschen derselben durch das Amts- und Kreisblatt bekannt zu machen, auch dem Kommissar nach §. 9 Abs. 4 a. a. O. die ihn Dritten gegenüber legitimirende Ernennungsurkunde zu ertheilen haben. Wie nach demselben §. Abs. 1 und 2 die Verwaltungsbefugnisse und die Vertretung nach außen auf den Staatskommissar des Bisthums übergehen, so erhält der Kommissar hier die Vertretungsbefugniß und die Verwaltung der §§. 3 und 4 aufgezählten Massen, und zwar letztere in demselben materiellen Umfange, wie sie der Kirchenvorstand hat. Er ist ferner nur den vorgesetzten Staatsbehörden, nicht aber den kirchlichen Behörden für seine Verwaltung verantwortlich. Die Anordnung der Revision der Rechnungen durch die Oberrechnungskammer kann aber auf den vorliegenden Fall nicht übertragen werden, wie dies auch nicht im Ges. v. 21. Mai 1874 Art. 3 (s. Zus. 11 zu §. 60 d. T.) vorgeschrieben worden ist. Eine derartige Belastung der Oberrechnungskammer entspricht nicht der verhältnißmäßig geringen Bedeutung solcher Vermögensverwaltungen, die der Administration eines ganzen Bisthums nicht im entferntesten an die Seite gesetzt werden können. Die Kosten der kommis-

Kommt die Wahl der Gemeindevertretung nicht zu Stande oder weigert sich die Mehrzahl der Gemeindevertreter, ihr Amt zu übernehmen oder auszuüben, oder muß die nach erfolgter Auflösung neu gewählte Gemeindevertretung aufgelöst werden[5]), so ist der Regierungspräsident (Landdrost) befugt, sowohl die Geschäfte des Kirchenvorstandes, als auch die der Gemeindevertretung kommissarisch[6]) besorgen zu lassen.

---

sarischen Verwaltung, zu denen auch die etwaige vom Regierungspräsidenten zu bewilligende Remuneration des Kommissars gehört, fallen den von dem Kommissar verwalteten Vermögensmassen zur Last.

4) H. Ob eine Gemeindevertretung in diesem Falle gebildet werden soll, darüber sagt das Gesetz nichts. Auch aus den Verhandlungen der Kommission, welche die entsprechende Regierungsvorlage (dahin lautend: „§. 46. Weigert sich ein Kirchenvorsteher oder ein Gemeindevertreter, sein Amt zu übernehmen oder auszuüben, so ist eine Neuwahl anzuordnen. — Weigert sich auch der neu gewählte Kirchenvorsteher oder Gemeindevertreter, sein Amt zu übernehmen oder auszuüben, so ist der Regierungspräsident (Landdrost) befugt, den Kirchenvorsteher oder den Gemeindevertreter, wenn möglich aus den wählbaren Mitgliedern der Gemeinde; zu bestellen. — Diese Befugniß steht dem Regierungspräsidenten (Landdrosten) auch zu, so weit die Wahl der Kirchenvorsteher oder der Gemeindevertreter nicht zu Stande kommt." — „§. 47. Kommt die Wahl der Kirchenvorsteher überhaupt nicht zu Stande oder weigern sich die gewählten Kirchenvorsteher sämmtlich, ihr Amt zu übernehmen oder auszuüben, so ist der Regierungspräsident (Landdrost) zugleich befugt, den Vorsitzenden zu ernennen. — In den Fällen des Absatzes 1 wird eine Gemeindevertretung nicht gebildet und finden die Vorschriften des §. 38 (jetzt §. 36) Anwendung."), wie ersichtlich, ganz umgeändert hat, ergiebt sich nichts Entscheidendes. Es ist nämlich in der Kommission geltend gemacht worden (s. Kommissionsbericht S. 38):

„1) Bei dem Kirchenvorstand, der die laufende Verwaltung führe, sei ein eventuelles Ernennungsrecht durch die Aufsichtsbehörde unentbehrlich. Komme daher die Wahl der Vorsteher überhaupt nicht zu Stande, oder weigere sich die Mehrheit, das Amt zu übernehmen, oder müsse eine wiederholte Auflösung des Kirchenvorstandes eintreten, so sei eine Ernennung hier unvermeidlich .... Diesem Gesichtspunkt entsprechend einigte sich die Kommission mit allen gegen 4 Stimmen zur Annahme der Regierungsvorlage §. 46 in Bezug auf den Kirchenvorstand, jedoch mit Streichung der Gemeindevertreter unter Weglassung des Alinea 3, welches vielmehr unter das folgende Gebiet der Beschließung gezogen wurde. 2) Im Falle, daß eine Gemeindevertretung nicht zu Stande kommt oder die Mehrzahl der Gewählten sich weigert, das Amt zu übernehmen oder eine Auflösung von neuem eine renitente Vertretung ins Leben ruft, wurde von einer Seite beantragt, in diesem Falle die Verwaltung durch den Kirchenvorstand allein führen zu lassen; dagegen aber erinnert, daß ein solcher Grundsatz sehr leicht das plausible Motiv werden würde, um die Gemeindevertretung ganz zu beseitigen, die ohnehin auf kirchlicher Seite bereits Widerspruch finde. Wo eine Gemeindevertretung unter solchen Umständen nicht zu Stande komme, sei überhaupt das System des Gesetzes durchbrochen; man könne dann auch den Vorstand nicht weiter fungiren lassen. Die Mehrheit einigte sich dahin, daß für diese Fälle eine kommissarische Verwaltung sowohl der Funktionen der Gemeindevertretung wie des Kirchenvorstandes als einzig annehmbarer Ausweg erscheine."

Trotzdem wird man sich für die Ansicht entscheiden müssen, daß eine Gemeindevertretung in dem erwähnten Falle zu bilden ist. Dies ergiebt der Gegensatz, in den die beiden Absätze gestellt sind, und ferner der Gegensatz der Ausdrücke: kommissarische Besorgung der kirchlichen Vermögensangelegenheiten und Geschäfte des Kirchenvorstandes als auch die der Gemeindevertretung. Dazu kommt der Umstand, daß das Prinzip der Regierungsvorlage (s. §. 47 Abs. 2 ders.) von der Kommission nicht adoptirt worden ist, und ferner, daß es, da die Gemeindevertretung für die Regel zu bilden ist, einer besonderen Bestimmung bedurft hätte, daß in diesem Falle eine Ausnahme statthaben soll. Ueberdies müßten, wenn bloß ein Kommissar mit den Befugnissen des Kirchenvorstandes ernannt würde, alle die Geschäfte, für welche die Gemeindevertretung ihre Zustimmung zu geben hat, also z. B. erhebliche Reparaturen (s. §. 21 Nr. 6), unerledigt bleiben, und so könnte ein Zustand herbeigeführt werden, welcher auf die Dauer unerträglich sein würde.

5) H. S. §. 38. Gleichgültig ist übrigens, ob der Kirchenvorstand hat gebildet werden können oder nicht, s. vorige Anm.

6) H. Durch einen Kommissar. Die Bestellung zweier Kommissare, eines für den Kirchenvorstand und eines andern für die Gemeindevertretung, hätte keinen Sinn und wird auch durch den Ausdruck des Gesetzes nicht gefordert, s. auch Anm. 4 zu diesem §. Darüber, unter welchen Voraussetzungen die kommissarische Verwaltung beseitigt werden kann, sagt das Gesetz nichts. Voraussetzung ist die Herstellung geordneter Zustände, d. h. die sichere Aussicht, daß es zu einer Wahl des Kirchenvorstandes und der Gemeindevertretung kommt. Liegt eine Garantie dafür

VIII. Aufsichtsrechte. §. 47. Die gesetzlichen Verwaltungsnormen [7]) werden durch dieses Gesetz nicht berührt. Die den vorgesetzten Kirchenbehörden [8]) gesetzlich zustehenden Rechte der Aufsicht [9]) und der Einwilligung zu bestimmten Handlungen [10]) der Verwaltung werden mit den in den nachfolgenden Bestimmungen enthaltenen Einschränkungen [11]) geübt.

§. 48. Macht die vorgesetzte Kirchenbehörde von den ihr gesetzlich zustehenden Rechten der Aufsicht oder der Einwilligung zu bestimmten Handlungen der Verwaltung keinen Gebrauch, so ist sie zur Ausübung derselben von der staatlichen Aufsichtsbehörde [12]) aufzufordern. Leistet sie dieser Aufforderung binnen dreißig Tagen nach dem Empfange derselben keine Folge, so geht die Ausübung der Befugnisse auf die staatliche Aufsichtsbehörde über [13]).

§. 49. Gegen Verfügungen der vorgesetzten Kirchenbehörde, durch welche die Einwilligung zu bestimmten Handlungen der Verwaltung versagt wird, steht dem Kirchenvorstande die Berufung an den Oberpräsidenten zu, welcher endgültig entscheidet.

§. 50. Die Beschlüsse des Kirchenvorstandes und der Gemeindevertretung bedürfen zu ihrer Gültigkeit der Genehmigung der staatlichen Aufsichtsbehörde [14]) in folgenden Fällen [15]):

1) bei dem Erwerb, der Veräußerung oder der dinglichen Belastung von Grundeigenthum;
2) bei Veräußerung von Gegenständen, welche einen geschichtlichen, wissenschaftlichen oder Kunstwerth haben;
3) bei Anleihen im Sinne des §. 21. Nr. 4.;
4) bei dem Bau neuer, für den Gottesdienst, die Geistlichen oder andere Kirchendiener bestimmter Gebäude [16]);
5) bei der Anlegung oder veränderten Benutzung von Begräbnißplätzen;
6) bei Einführung oder Veränderung von Gebührentaxen;
7) bei Ausschreibung, Veranstaltung und Abhaltung von Sammlungen, Kollekten 2c. für kirchliche, wohlthätige oder Schulzwecke außerhalb der Kirchengebäude [17]);
8) bei einer Verwendung des kirchlichen Vermögens, welche nicht kirchliche, wohlthätige oder Schulzwecke innerhalb der Gemeinde selbst betrifft.

---

vor, so kann die bischöfliche Behörde, und im Fall ihrer Weigerung der Regierungspräsident (Landdrost) die Wahl veranlassen, s. Art. 14 der Wahlordnung und §. 43 des Gesetzes.

7) H. Vergl. Anm. 20 zu §. 22 der in Anm. 55 dieses Zus. cit. Ordn. u. O.V.G. I v. 18. Jan. 1879, Entsch. 5 S. 171: „Verwaltungsnormen sind nur Vorschriften über den Inhalt der Verwaltungsbefugnisse und über die Art der Verwaltung, nicht aber rein formelle Bestimmungen über die Geschäftsführung und die Geschäftsverbindung zwischen den einzelnen Organen.“

8) H. D. h. für die Regel den Bischöfen, bez. auch den Erzpriestern oder Landdekanen.

9) H. So z. B. §§. 167—169, 695—698 d. T. Daß die Bischöfe die Aufsicht über die Verwaltung des Kirchenvermögens haben, ist auch durch den Art. 15 der Verfassungsurkunde anerkannt gewesen, und dieses Anerkenntniß durch die Aufhebung des Artikels nicht beseitigt, s. übrigens auch §. 9 des Ges. v. 20. Mai 1874 (Zus. zu §. 1043 d. T.).

10) H. §§. 180, 181, 220; Anh. §. 126 zu §. 222; §§. 227, 626, 638—642, 645, 648, 662, 673, 677, 680, 687, 702—704, 706, 707, 830 d. T.

11) H. Diese ergeben §§. 48, 49, 51.

12) H. Dies ist der Regierungspräsident, s. §. 55 und den nachfolgenden Zus. 26.

13) H. Deren Zustimmung ersetzt dann die zur Rechtsgültigkeit erforderliche Zustimmung des Bischofs.

14) H. Diese ist in den Fällen der Nr. 1, 2, 4 (so weit es sich um den Bau gottesdienstlicher Gebäude), 5 (so weit es sich um die Anlegung von Begräbnißplätzen handelt) der Minister der geistlichen Angelegenheiten, in den Fällen der Nr. 7 der Oberpräsident, in den andern der Regierungspräsident, s. den nachfolgenden Zus. 26.

15) H. Vergl. hierzu die Anmerkungen zu §. 31 der Kirchengemeinde- und Synodal-Ordn. von 1873 (Zusatz 20 §. 156 d. T.) und zu §. 21 dies. Zus.

16) H. Nicht aber bei Neubauten schon vorhandener Gebäude, Heinrich a. a. O. S. 108, 109.

17) H. Die Nr. 7 schließt nicht aus, daß Kollekten innerhalb der Kirchen im Interesse der öffentlichen Ordnung einer polizeilichen Regelung unterworfen, insbesondere durch Polizei-Verordnung von der Genehmigung des Oberpräsidenten abhängig gemacht werden, O.Tr. Str.S. II v. 21. Dez. 1876, Oppenhoff, Rechtspr. 17 S. 875.

In dem Falle zu 8. gilt die Genehmigung als ertheilt, wenn die staatliche Aufsichtsbehörde nicht binnen 30 Tagen nach Mittheilung des Beschlusses widerspricht;

9) bei Umlagen auf die Gemeindeglieder[18]).

In dem Falle zu 9. ist die Genehmigung insbesondere zu versagen, sofern Bedenken hinsichtlich der Ordnungsmäßigkeit der Auferlegung[19]), der Angemessenheit des Beitragsfußes oder der Leistungsfähigkeit der Pflichtigen bestehen.

Wegen der Schenkungen und letztwilligen Zuwendungen bewendet es bei dem Gesetze vom 23. Februar 1870.[20])

§. 51. Der Kirchenvorstand bedarf zur Führung von Prozessen keiner Ermächtigung von Seiten einer Staats- oder Kirchenbehörde.

Atteste über die Legitimation des Kirchenvorstandes zur Besorgung von Rechtsangelegenheiten oder Atteste über das Vorhandensein derjenigen Thatsachen, welche den Anspruch auf Kostenfreiheit begründen, können gültig nur von der staatlichen Aufsichtsbehörde[21]) ertheilt werden.

§. 52. Die staatliche Aufsichtsbehörde[22]) ist berechtigt, Einsicht von dem Etat zu nehmen[23]) und die Posten, welche den Gesetzen widersprechen, zu beanstanden. Die beanstandeten Posten dürfen nicht in Vollzug gesetzt werden[24]).

§. 52. Weigert sich der Kirchenvorstand oder die Gemeindevertretung, Leistungen[25]), welche aus dem kirchlichen Vermögen zu bestreiten sind, oder den Pfarreingesessenen oder sonstigen Verpflichteten obliegen, auf den Etat zu bringen, festzusetzen oder zu genehmigen, so ist sowohl die bischöfliche Behörde, als auch die staatliche Aufsichtsbehörde[26]), unter gegenseitigem Einvernehmen, befugt, die Eintragung in den Etat zu bewirken und die weiter erforderlichen Anordnungen zu treffen.

---

18) H. In der Genehmigung als solcher liegt aber noch nicht die Vollstreckbarkeitserklärung, Heinrich a. a. O. S. 111.

19) H. Die Prüfung hat sich darauf zu erstrecken, ob die zuständigen Organe und zwar in der für ihre Beschlüsse vorgeschriebenen Form die Umlage festgesetzt haben und ob die Voraussetzungen ihrer Zulässigkeit, also der erforderliche Konsens der geistlichen Oberen, bez. die Supplirung desselben (s. §§. 48, 49) vorliegen.

Wird eine der unter Nr. 1—9 erwähnten Handlungen ohne Einholung oder trotz der Versagung der staatlichen Aufsichtsbehörde vorgenommen, so ist sie von dieser, so weit noch möglich zu inhibiren, auch tritt, so weit es der Natur der Sache nach denkbar ist, also in den Fällen der Nr. 1, 2, 3, 6, 8, 9, Nichtigkeit des Rechtsgeschäfts, bez. der Verfügung ein. In Betreff der Umlagen ist in der Kommission ausdrücklich hervorgehoben worden, daß nicht bloß ihre Vollstreckbarkeit, sondern auch ihre Rechtsgültigkeit durch die Genehmigung bedingt ist.

Fraglich erscheint es aber, ob die Nichtigkeit Rechtsgeschäfte trifft, wenn diese zur Ausführung der versagten Handlungen, welche an und für sich, wie z. B. ein Bau, nicht der Nichtigkeit unterworfen sind, abgeschlossen werden, z. B. die Entreprisen-Kontrakte mit dem Baumeister über einen nicht genehmigten Neubau (s. Nr. 4), die Annahme eines Kollekteurs gegen Entgelt für die entgegen der Nr. 7 veranstalteten Kollekten, ferner solche Verträge, welche die Genehmigung zur Voraussetzung haben, z. B. die Uebernahme der Verpflichtung gegenüber dem neu angestellten Geistlichen, für ihn ein neues Pfarrhaus bauen zu wollen. Meines Erachtens ist dies zu bejahen. Wenn das Gesetz zu gewissen Handlungen die Zustimmung der Aufsichtsbehörde fordert, so hat der Kirchenvorstand zu denselben keine ausschließliche Kompetenz, also auch nicht zu denjenigen Rechtsgeschäften, welche die betreffende Maßregel in das Leben rufen oder eine Verpflichtung zu derselben begründen sollen.

20) H. Vergl. Zus. zu I. 12 §. 39.

21) H. Dies ist der Regierungspräsident, s. §. 55 und Zus. 26.

22) H. S. vor. Anm.

23) H. Die Einforderung des Inventars (§. 11) liegt darin nicht, vgl. über diese Frage Arch. f. kath. K.R. 35 S. 165 u. 36 S. 268. Die bischöfliche Behörde und der dieselbe vertretende Staatskommissar hat aber dieses Recht, O.V.G. I v. 18. Jan. 1879, Entsch. 5 S. 167.

24) H. Ueber die Nichtigkeit der etwa zur Vollziehung solcher Posten abgeschlossenen Geschäfte gilt das Anm. 19 zu §. 50 Bemerkte.

25) H. D. h. gesetzlich feststehende.

26) H. D. h. der Regierungspräsident, s. §. 55 und Zus. 20,

Unter derselben Voraussetzung sind diese Behörden befugt, die gerichtliche Geltendmachung von Ansprüchen der Kirche, der Pfarrei, der Gemeinde und der in der Verwaltung des Kirchenvorstandes befindlichen Vermögensmassen, insbesondere auch der aus der Pflichtwidrigkeit eines Geistlichen oder anderen Kirchendieners entstehenden Entschädigungsforderung, anzuordnen und die hierzu nöthigen Maßregeln zu treffen[27]).

§. 54. Die Jahresrechnung ist der staatlichen Aufsichtsbehörde[28]) zur Prüfung, ob die Verwaltung etatsmäßig geführt worden ist, mitzutheilen.

§. 55. Welche Staatsbehörden die in den §§. 48. 50. bis 52. 53. 54. angegebenen Befugnisse der Aufsicht auszuüben haben, wird durch Königliche Verordnung[29]) bestimmt.

IX. Schluß- und Uebergangsbestimmungen.

§. 56. Die Vorschriften dieses Gesetzes finden auf Dom-, Militair- und Anstaltsgemeinden keine Anwendung.

§. 57. Vom 1. Oktober 1875. ab können die dem Kirchenvorstande und der Gemeindevertretung nach diesem Gesetze zustehenden Befugnisse nicht durch andere Personen oder Behörden[30]), als durch die in diesem Gesetz bezeichneten, wahrgenommen werden.

Sofern nach bisherigem Rechte[31]) den kirchlichen Organen (Kirchenvorständen, Kirchenkollegien, Fabrikräthen, Kirchmeistern, Repräsentanten rc.) noch andere Befugnisse, als die der Vermögensverwaltung zugestanden haben, gehen diese, wenn sie von den unmittelbar zur Vermögensverwaltung berufenen Organen ausgeübt worden sind, auf den Kirchenvorstand, in allen anderen Fällen auf die Gemeindevertretung über[32]). Ist eine solche nicht vorhanden, so werden auch die der Gemeindevertretung zustehenden Befugnisse von dem Kirchenvorstande wahrgenommen.

§. 58. Die den bischöflichen Behörden gesetzlich zustehenden Rechte[33]) in Bezug auf die Vermögensverwaltung in den Kirchengemeinden ruhen[34]), so lange die bischöfliche Behörde diesem Gesetze Folge zu leisten verweigert, oder so lange das betreffende Amt[35]) nicht in gesetzmäßiger Weise besetzt[36]) oder verwaltet[37]) ist.

Eine solche Weigerung ist als vorhanden anzunehmen, wenn die bischöfliche Behörde auf eine schriftliche Aufforderung des Oberpräsidenten nicht binnen 30 Tagen die Erklärung abgiebt, den Vorschriften dieses Gesetzes Folge leisten zu wollen.

Die den bischöflichen Behörden zustehenden Befugnisse gehen in solchen Fällen auf die betreffende Staatsbehörde über[38]).

---

27) H. D. h. namentlich einen Bevollmächtigten zur Prozeßführung zu bestellen und diesem die für seine Information erforderlichen Akten und sonstigen Schriftstücke nöthigenfalls unter Anwendung der Administrativ-Exekution gegen die renitenten Gemeindeorgane zustellen zu lassen. Der bischöfliche Staatskommissarius kann auch selbst klagen, O.Tr. I v. 3. Febr. 1879, J.M.Bl. S. 97; Arch. f. kath. K.R. 42 S. 166.

28) H. D. h. dem Regierungspräsidenten, s. §. 55 und Zus. 26.

29) H. Vergl. die als Zus. 26 nachfolgende Verordn. v. 27. Sept. 1875.

30) H. D. h. die Legitimation der bisherigen Kirchenvorsteher, Fabrikräthe und aller anderen, auf Grund früherer Gesetze fungirenden Organe zur Vertretung der Kirchengemeinden ist (vorbehaltlich der Ausnahme des §. 60) mit dem 1. Oktober 1875 entfallen und alle von ihnen vorgenommenen rechtlichen Akte sind nichtig.

31) H. Vgl. §§. 323, 354, 376, 388, 239, 159 d. T.

32) H. Diese ist also (s. §§. 239, 159 d. T.) statt der bisherigen Repräsentanten bei einer beabsichtigten Parochialveränderung zu hören.

33) S. §§. 14, 15, 32, 37, 38, 47, 53; Wahlordnung Art. 13.

34) H. D. h. können nicht ausgeübt werden, s. aber auch Anm. 38.

35) H. D. h. das Amt der bischöflichen Behörde, also das Bisthum.

36) H. D. h. mit einem staatlich anerkannten Bischofe.

37) H. In Gemäßheit der §§. 1—3 des Ges. v. 20. Mai 1874, u. Zus. zu §. 1043 d. T.

38) H. Damit ist nicht die Staatsaufsichtsbehörde, sondern die Staatsbehörde, auf die jetzt die Befugnisse der bischöflichen Behörden übergehen, der nach §§. 6—9 des Ges. v. 20. Mai 1874 zur Verwaltung eines Bisthums eingesetzte Staatskommissar, gemeint. Sonst würde die Festsetzung in Abs. 1, daß die bischöflichen Rechte ruhen sollen, unverständlich sein. Ein Ruhen derselben läge nicht vor, wenn sie in Gemäßheit des §. 48 auf die staatliche Aufsichts-

§. 59. Alle diesem Gesetze entgegenstehenden Bestimmungen, mögen dieselben in dem in den verschiedenen Landestheilen geltenden allgemeinen Rechte, in Provinzialgesetzen, in Lokalgesetzen oder Lokalordnungen enthalten, oder durch Observanz oder Gewohnheit begründet sein, werden aufgehoben.

§. 60. Der Minister der geistlichen Angelegenheiten ist mit der Ausführung dieses Gesetzes beauftragt.

Derselbe ist befugt, mit Rücksicht auf besondere örtliche oder sonstige Verhältnisse und besondere für die Vermögensverwaltung bestehende Einrichtungen den im §. 57. Absatz 1. festgesetzten Termin der Ausführung zu verlängern.

Urkundlich :c.

Anlage.

Wahlordnung.

Art. 1. Der Kirchenvorstand ordnet die Wahl der Kirchenvorsteher und der Gemeindevertreter an, stellt die Liste der Wahlberechtigten[39]) auf und legt dieselbe in einem Jedermann zugänglichen Lokale zwei Wochen lang[40]) öffentlich aus.

---

behörde übergingen und durch diese wahrgenommen werden könnten. Man hat die durch §§. 43, 48 vorgeschriebene Aufforderung für jeden einzelnen Fall nach bereits festgestellter Renitenz der Bischöfe als überflüssig beseitigen wollen, und mußte dann konsequenter Weise auch von einer Nothwendigkeit der Konkurrenz des Bischofs absehen. Erforderlich war dies aber nicht für die Fälle, wo ein Staatskommissarius bestellt ist, weil hier eine Behörde besteht, welche die obere Verwaltung und Aufsicht über das kirchliche Vermögen des Sprengels führt, und daran, daß diese sich dem Gesetze fügt, kein Zweifel obwaltet. — Für die Fälle der §§. 32, 35, Wahlordnung Art. 2, 13, 14 war ferner eine besondere Vorschrift nothwendig, weil hier die bischöfliche Behörde die Initiative hat, und diese daher an ihrer Stelle einer andern Behörde beigelegt werden mußte. Diese ist diejenige, deren Einvernehmen sonst erforderlich ist.

Demnach löst sich der scheinbare Widerspruch zwischen dem Abs. 1, der ein Ruhen, und dem Abs. 3, welcher einen Uebergang der betreffenden Befugnisse vorschreibt, dahin auf, daß bei besetztem Stuhle (und bei einer gesetzmäßigen Verwesung während einer Vakanz) im Falle der Renitenz des Bischofs, bez. Bisthumsverwesers oder in anderen Fällen der Vakanz bis zum Eintritt der staatlichen Verwaltung nach §§. 6—8 des citirten Gesetzes, das Ruhen der nach Anm. 33 zu diesem §. beseitigten Befugnisse, und nur der Uebergang der im vorigen Absatz gedachten auf die bezeichneten Behörden erfolgt, daß aber mit der Uebernahme der Verwaltung des Bisthums seitens eines Staatskommissars die Ausübung aller Befugnisse durch letzteren eintritt. Dieselbe Auffassung in d. Reskr. d. Kult.Min. v. 29. Jan. 1876, bei Vandenesch a. a. O. S. 15; bei Heinrich a. a. O. S. 129, im Arch. f. kath. K.R. 36 S. 469, u. O.Tr. Str.S. II v. 3. Nov. 1877, Entsch. 81 S. 426, Oppenhoff, Rechtspr. 18 S. 698, Hartmann, Ztschr. 4 S. 545, O.V.G. I v. 11. Okt. 1878, Entsch. 4 S. 146; s. auch O.Tr. Str.S. II v. 31. Okt. 1878, Oppenhoff 19 S. 498, Str.S. I v. 3. Febr. 1879, J.M.Bl. S. 97 und Johow, Jahrb. der Appell.Ger. 8 S. 147. Dagegen Heinrich a. a. O. S. 123 ff., welcher die Vorschrift des §. 9 des Ges. v. 20. Mai 1874 für aufgehoben erklärt; s. ferner Arch. f. kath. K.R. 36 S. 267, 470.

Da der bischöfliche Kommissar das Recht der Aufsicht hat, so kann er auch die Kirchenvorstände durch Geldstrafen zwingen, seine ihnen portopflichtig zugesandten dienstlichen Schreiben anzunehmen, O.V.G. I v. 11. Okt. 1878, Entsch. 4 S. 146; eben so ihm den Etat und das Inventarium einzureichen, Erk. dess. Ger. I v. 25. Okt. 1878, a. a. O. S. 161 u. 18. Jan. 1879, a. a. O. 5 S. 167, und den Patronen die im §. 40 vorgeschriebenen Mittheilungen zu machen, Erk. dess. Ger. I v. 18. Dez. 1878, a. a. O. 4 S. 165. Nach Arch. f. kath. K.R. 37 S. 357 hat übrigens der päpstliche Stuhl entschieden, daß mit dem bischöflichen Kommissar korrespondirt werden dürfe, wenn die Korrespondenz mit ihm unter Androhung oder Verfügung von Strafen z. B. Geldstrafen, erzwungen und jedesmal gegen seine Anerkennung als berechtigten Vertreters des bischöflichen Stuhles protestirt werde.

Mit dem Aufhören der Funktionen des Staatskommissars kann der neue staatlich anerkannte Bischof, bez. der gesetzmäßig angestellte Bisthumsverweser die ihm zustehenden Befugnisse ausüben. Falls einer derselben aber den Gehorsam verweigert, müssen die bezüglichen Rechte der Vorschrift des Abs. 1, d. h. der Regel gemäß ruhen, bez. durch die betreffenden Staatsbehörden ausgeübt werden.

Unter welchen Bedingungen der staatlich anerkannte Bischof und gesetzmäßig bestellte Bisthumsverweser, welche in Folge ihrer Weigerung ihrer Rechte verlustig gegangen sind, diese

Zeit und Ort der Auslegung sind der Gemeinde öffentlich durch Aushang bekannt zu machen, mit dem Beifügen, daß nach Ablauf der Auslegungsfrist Einsprüche gegen die Liste nicht mehr zulässig sind. Nach dem Ermessen des Kirchenvorstandes kann die Bekanntmachung auch noch in anderen, den örtlichen Verhältnissen entsprechenden Formen erfolgen.

Zur Erhebung des Einspruchs ist jedes wahlberechtigte Mitglied der Kirchengemeinde befugt.

Art. 2. Der Kirchenvorstand entscheidet über die Einsprüche und berichtigt die Liste[41]). Gegen den ablehnenden Bescheid steht dem dadurch von der Wahl Ausgeschlossenen binnen einer Ausschlußfrist von zwei Wochen nach erfolgter Zustellung die Berufung an die Gemeindevertretung, in dem Falle, daß eine solche nicht vorhanden ist[42]), an die bischöfliche Behörde zu. Letztere hat im Einvernehmen mit dem Regierungspräsidenten (Landdrosten) die Entscheidung zu treffen. Durch Einlegung der Berufung wird die anstehende Wahl nicht aufgehalten. Zwischen dem Ablauf der Einspruchsfrist und dem Tage der Wahl müssen mindestens zwei Wochen in der Mitte liegen.

Art. 3. Die Einladung zur Wahl muß die Zeit[43]) und den Ort der Wahl, sowie die Zahl der zu wählenden Personen[44]) enthalten und ist der Gemeinde öffentlich durch Aushang bekannt zu machen. Nach dem Ermessen des Kirchenvorstandes kann die Bekanntmachung auch noch in anderen den örtlichen Verhältnissen entsprechenden Formen erfolgen.

Art. 4. Aus dem Vorsitzenden des Kirchenvorstandes und aus 4 Beisitzern, welche der Vorsitzende aus den wählbaren Mitgliedern der Gemeinde beruft, wird ein Wahlvorstand gebildet.

Art. 5. Die Wahlhandlung[45]) wird durch den Vorsitzenden geleitet.

Art. 6. Das Wahlrecht wird in Person[46]) durch verdeckte[47]), in eine Wahlurne[48]) niederzulegende Stimmzettel[49]) ohne Unterschrift ausgeübt.

---

wieder erlangen können, ist nicht angeordnet. Es wird also eine desfallsige Erklärung der geistlichen Behörde nöthig sein, und nach Prüfung derselben durch den Kultusminister von diesem eine Anweisung an die betheiligten Behörden (s. §§. 43, 48) erlassen werden müssen, daß die bischöfliche Behörde nunmehr die ihr zustehenden Befugnisse wieder auszuüben berechtigt sei und erstere wieder in den durch das Gesetz vorgeschriebenen Verkehr mit derselben zu treten haben.

39) H. S. §§. 25, 26, 32 Abs. 3 u. 37 Abs. 2 des Ges.

40) H. Die Frist ist auch zugleich die Einspruchsfrist, s. Abs. 2 des Artikels.

41) H. Diese in ihrer Gestalt, wie sie durch die etwaigen Einsprüche festgestellt ist, entscheidet dann, so daß nicht aufgeführte Wahlberechtigte zurückgewiesen, solche aber, deren Wahlberechtigung nicht zweifellos ausgeschlossen, wie dies z. B. bei den Geistlichen der Fall, zugelassen werden müssen.

42) H. S. §. 35 des Ges.

43) H. Der Kirchenvorstand hat also auch zu bestimmen, wie lange die Wahlhandlung dauern, d. h. binnen welchen Stunden der Wahlvorstand die Stimmzettel entgegenzunehmen verpflichtet sein soll.

44) H. Und zwar wie viel als Kirchenvorsteher, wie viel als Gemeindevertreter zu wählen sind.

45) H. Für diese wird vom Vorsitzenden ein Protokollführer zu bestellen sein, wenn er sich nicht selbst dieser Funktion unterzieht (s. Art. 10).

Wie viel Mitglieder des Wahlvorstandes bei der Wahlhandlung anwesend sein müssen, sagt die Ordnung nicht. Daher wird die Zahl von drei, die absolute Majorität, als erforderlich zu gelten haben. Entfernt sich der Protokollführer, so hat der Vorsitzende für ihn einen Stellvertreter aus der Zahl der Beisitzer zu bestellen.

46) H. Stellvertretung ist nicht zulässig. Derjenige, welcher seinen Stimmzettel abgeben will, hat seinen Namen zu nennen, und der Wahlvorstand nach der Wahlliste (s. Art. 1) zu kontroliren, ob er nach derselben wahlberechtigt ist. Wenn letzteres nicht der Fall ist, muß der Stimmzettel zurückgewiesen werden. Andernfalls ist vom Protokollführer zu vermerken, daß der Wahlberechtigte seinen Stimmzettel abgegeben hat, damit nicht ein zweiter nochmals auf dessen Namen stimmen kann.

47) H. Die Wahl soll eine geheime sein, offene oder solche Stimmzettel, welche die Namen erkennen (z. B. deutlich durchscheinen) lassen, dürfen nicht angenommen werden.

48) H. Die auf den Wahltisch niedergelegten Zettel können nicht mitgezählt werden.

49) H. S. Anm. 87 zu §. 38 d. K.G. u. Syn.Ordn. v. 1873, Zus. 20 zu §. 156 d. T.

Art. 7. Wird in dem ersten Wahlgange eine Mehrheit[50]) für die zur Bildung des Kirchenvorstandes oder der Gemeindevertretung erforderliche Zahl von Personen nicht erreicht, so findet eine engere Wahl zwischen denjenigen statt, welche die meisten Stimmen auf sich vereinigt haben. Beläuft sich die Zahl derselben auf mehr als das Doppelte der zu wählenden Kirchenvorsteher oder Gemeindevertreter, so scheiden von denjenigen, welche die wenigsten Stimmen[51]) erhalten haben, so viele aus, daß die Zahl der Wählbaren die doppelte Zahl der zu Wählenden beträgt.

Bei Stimmengleichheit entscheidet überall das Loos[52]).

Art. 8. Nachdem der Vorsitzende die Abstimmung für geschlossen erklärt hat[53]), darf eine Stimmenabgabe nicht mehr zugelassen werden[54]).

Art. 9. Ueber die Gültigkeit oder Ungültigkeit der Stimmzettel entscheidet der Wahlvorstand[55]).

Art. 10. Ueber die Wahlhandlung wird ein Protokoll aufgenommen, welches den wesentlichen Hergang beurkundet. Dasselbe ist von dem Vorsitzenden und mindestens zwei Mitgliedern des Wahlvorstandes zu unterschreiben.

Art. 11. Die Wahl der Kirchenvorsteher muß derjenigen der Gemeindevertreter vorangehen[56]).

Art. 12. Die Namen der Gewählten werden der Gemeinde öffentlich durch Aushang bekannt gemacht. Nach dem Ermessen des Kirchenvorstandes kann die Bekanntmachung auch noch in anderen, den örtlichen Verhältnissen entsprechenden Formen erfolgen.

Art. 13. Einsprüche gegen die Wahl[57]) sind innerhalb einer von dem letzten Tage des

---

50) H. D. h. absolute Mehrheit der abgegebenen gültigen Stimmen, wie die folgenden Vorschriften zeigen.

51) H. Haben erhalten bei einer auf 4 Kirchenvorsteher zu richtenden Wahl von 200 Stimmen vier Kandidaten 100, drei 99, einer 98, einer 97, einer 96, der nächste 95, so können überhaupt nur diejenigen acht, welche es mindestens bis auf 98 Stimmen gebracht haben, in Betracht kommen. Sind aber statt des einen mit 98 Stimmen drei mit dieser Anzahl gewählt, so muß zwischen diesen dreien nach Abs. 2 darüber gelost werden, wer von ihnen auf die engere Wahl kommt.

52) H. Außer dem in vor. Anm. gedachten Fall kann diese Entscheidung nothwendig werden, wenn mehr Kandidaten, als die Zahl der zu wählenden Kirchenvorsteher beträgt, die absolute Majorität erhalten haben.

53) H. Dies darf erst geschehen, wenn der festgesetzte Zeitraum für die Stimmzettel-Abgabe verflossen ist. Ist nur der Anfangstermin für die Wahlhandlung vom Kirchenvorstande festgesetzt, so bleibt es dem pflichtmäßigen Ermessen des Vorsitzenden überlassen, einen Zeitpunkt für den Schluß des Wahlaktes festzusetzen.

Wie sich aus Art. 7 und Art. 11 ergiebt, ist für die Wahlhandlung nicht ein ganzer Tag, sondern nur ein ausreichender Zeitraum von etwa 1—2 Stunden vorausgesetzt, damit die Wähler warten können, wenn etwa eine engere Wahl vorzunehmen ist, und auch in der Lage sind, gleich an demselben Tage noch die Gemeindevertreter zu wählen (s. Art. 11).

54) H. Die betreffenden Stimmzettel sind ungültig, wenn dies dennoch geschehen ist. Zur Kontrole darüber wird der Zeitpunkt der Erklärung des Schlusses im Protokoll zu vermerken sein.

55) H. Die Beschlüsse über die Ungültigkeit von Stimmzetteln müssen im Protokoll (Art. 10) unter Beifügung derselben vermerkt, auch die anderen Stimmzettel (am besten versiegelt) aufgehoben werden, weil die Wahl angefochten werden kann (s. Art. 12), und daher das für die Entscheidung der höreren Behörde erforderliche Material aufzubewahren ist.

56) H. Die vorgängige Wahl der Kirchenvorsteher ist nicht absolutes Erforderniß der Wahl der Gemeindevertreter. Wenn die Wahl der ersteren nicht zu Stande gekommen ist, kann mit Rücksicht auf §. 46 versucht werden, ob nicht etwa die Wahl der Gemeindevertreter Erfolg hat. Sonst wäre das Eintreten der Voraussetzung des Abs. 1 des §. 46 gar nicht denkbar.

57) H. So weit sie sich nicht auf die Wahlberechtigung beziehen, denn diese müssen vorher nach Maßgabe des Art. 1 und 2 angebracht werden. Sie sind also zulässig gegen die Wahl der als gewählt Proklamirten wegen irriger Feststellung eines falschen Resultats und der Art

Aushanges ab zu berechnenden Ausschlußfrist von zwei Wochen bei dem Kirchenvorstande zu erheben, welcher über dieselben entscheidet. Gegen den ablehnenden Bescheid[58]) steht binnen einer Ausschlußfrist von zwei Wochen nach erfolgter Zustellung die Berufung an die bischöfliche Behörde zu, welche im Einvernehmen mit dem Regierungspräsidenten (Landdrosten) die Entscheidung zu treffen hat.

Art. 14. Für die erste Wahl ernennt die bischöfliche Behörde im Einvernehmen mit dem Regierungspräsidenten (Landdrosten) den Wahlvorstand und den Vorsitzenden desselben. Der Wahlvorstand übernimmt die dem Kirchenvorstande obliegenden Verrichtungen.

Dasselbe gilt für den Fall der Auflösung des Kirchenvorstandes[59]).

26. Verordnung über die Ausübung der Aufsichtsrechte des Staats bei der Vermögensverwaltung in den katholischen Kirchengemeinden. Vom 27. September 1875. (G.S. S. 571.)

Wir rc. verordnen in Gemäßheit des §. 55. des Gesetzes über die Vermögensverwaltung in den katholischen Kirchengemeinden vom 20. Juni 1875., auf den Antrag Unseres Staatsministeriums, für den Umfang der Monarchie, was folgt:

Art. 1. Die in den §§. 48. 50. bis 52. 53. und 54. des Gesetzes vom 20. Juni 1875. angegebenen Aufsichtsrechte des Staats werden ausgeübt:

1) von dem Minister der geistlichen Angelegenheiten
   bei dem Erwerb, der Veräußerung oder der dinglichen Belastung von Grundeigenthum (§. 50. Nr. 1.), wenn der Werth des zu erwerbenden oder zu veräußernden Gegenstandes oder wenn der Betrag der Belastung die Summe von zehntausend Mark übersteigt,
   bei der Veräußerung von Gegenständen, welche einen geschichtlichen, wissenschaftlichen oder Kunstwerth haben (§. 50. Nr. 2.),
   bei dem Bau neuer, für den Gottesdienst bestimmter Gebäude (§. 50. Nr. 4.),
   bei der Anlegung von Begräbnißplätzen (§. 50. Nr. 5.);
2) von dem Oberpräsidenten
   in den Fällen des §. 50. Nr. 7.;
3) von dem Regierungspräsidenten (Landdrosten)
   in den übrigen Fällen des §. 50., sowie in den Fällen des §. 48. und der §§. 51. bis 54.

Art. 2. Dem Kirchenvorstande steht die Berufung zu, und zwar
   gegen Verfügungen des Oberpräsidenten — Artikel 1. Nr. 2. — an den Minister des Innern und den Minister der geistlichen Angelegenheiten,
   gegen Verfügungen des Regierungspräsidenten (Landdrosten) — Artikel 1. Nr. 3. — an den Oberpräsidenten, welcher endgültig entscheidet.

Urkundlich rc.

§. 158. Sie sind der Aufsicht der Erzpriester oder Inspektoren untergeordnet[60]).

---

der Wahl (wegen Verletzung wesentlicher Förmlichkeiten oder der Wahlfreiheit), gegen die Wählbarkeit auch dann, wenn der Protest diejenigen Eigenschaften trifft, welche gemeinsame Erfordernisse der Wahlberechtigung und Wählbarkeit bilden. Denn der nach Art. 1 u. 2 statthafte Einspruch bezieht sich nur auf die erstere, nicht auf die letztere, weil die auszulegende Liste nur eine Liste der Wähler, nicht aber der Wählbaren ist.

58) H. D. h. eine Zurückweisung des Einspruches. Hat der letztere dagegen Erfolg, so kann der davon Betroffene, z. B. derjenige, dem die Wählbarkeit auf Einspruch vom Kirchenvorstand abgesprochen ist, nicht die Berufung einlegen.

59) Für den Fall der Auflösung der Gemeindevertretung bedarf es einer derartigen Vorschrift nicht, weil dann ein Kirchenvorstand vorhanden ist und die ihm obliegenden Verrichtungen wahrnehmen kann.

Als erste Wahl im Sinne des Abs. 1 wird aber auch eine Wahl betrachtet werden müssen, welche nach der Beendigung der kommissarischen Verwaltung des §. 46 vorzunehmen ist.

§. 159*. In außerordentlichen Fällen und Angelegenheiten müssen von der Gemeine Bevollmächtigte und Repräsentanten gewählt, und mit der erforderlichen Instruction versehen werden[60a]).

26a. Gesetz 1846., betreffend die Form der Zusammenberufung von Kirchengemeinden. Vom 23. Januar (G.S. S. 23.)[61])

Wir ꝛc. ꝛc. Um in der Art und Weise, wie die Zusammenberufung von Kirchengemeinden zu bewirken ist, eine Erleichterung eintreten zu lassen, verordnen Wir für diejenigen Theile Unserer Monarchie, in welchen das Allgemeine Landrecht Gesetzeskraft hat, auf den Antrag Unseres Staatsministeriums und nach vernommenem Gutachten Unseres Staatsraths, was folgt:

§. 1. Die Einladung der Mitglieder einer Kirchengemeinde zu einer Versammlung, in der ein Gemeindebeschluß gefaßt werden soll, kann nicht blos, wie bisher, durch die im §. 57 Titel 6. Theil II. des Allgemeinen Landrechts vorgeschriebene Insinuation an jedes Gemeindemitglied, sondern mit gleicher rechtlicher Wirkung auch dadurch geschehen, daß solche der zum Hauptgottesdienste in der Kirche versammelten Gemeinde, auf die im §. 2. näher bestimmte Weise, bekannt gemacht wird.

§. 2. Die Einladung muß den Gegenstand, über welchen beschlossen werden soll, so wie die Zeit und den Ort zu der Versammlung angeben.

Sie muß in der Pfarrkirche der Gemeinde an drei auf einander folgenden Sonntagen, an welchen ein Hauptgottesdienst gehalten wird, bei demselben vorgelesen werden[62]).

Besitzt dieselbe Gemeinde noch andere Kirchen, in welchen an Sonntagen Hauptgottesdienst gehalten wird, so muß auch in diesen Kirchen die Vorlesung der Einladung wenigstens an einem Sonntage beim Hauptgottesdienste geschehen.

Sind jedoch mehrere Gemeinden, deren jede eine Kirche besitzt, unter einem Pfarrer vereinigt, so muß die Vorlesung in der Kirche jeder dieser Gemeinden, in sofern die Einladung auch an sie gerichtet ist, bei drei auf einander folgenden sonntäglichen Hauptgottesdiensten erfolgen.

§. 3. Ueber die geschehene Vorlesung hat der ordentliche Pfarrer ein Attest zu ertheilen, welches den Inhalt der Einladung, sowie die Sonntage, an welchen, und die Kirchen, in welchen das Vorlesen erfolgt ist, angegeben und mit dem Kirchensiegel versehen sein muß. Ein diesen Vorschriften gemäß ausgestelltes Attest hat volle Beweiskraft.

§. 4. Wo es nach dem Ermessen der einladenden Behörde den örtlichen Verhältnissen ent-

---

60) H. Aber auch den anderen kirchlichen und Staatsbehörden. Das Nähere ergeben die Zus. 20 ff. und Anm. 78 zu Zus. 21 angeführten Bestimmungen.

60a) H. Durch die in vor. Anm. aufgeführten Bestimmungen, welche neben dem verwaltenden Kollegium noch ein kontrolirendes und bei den wichtigsten Geschäften mitwirkendes Organ, die Gemeindevertretung oder Gemeinderepräsentation eingeführt haben, vgl. namentlich auch §. 22 Abs. 4 der K.G. u. S.O. v. 20. Sept. 1873 (Zus. 20 zu §. 156 d. T.), ist dieser § theils direkt aufgehoben, theils beseitigt worden.

61) H. Aus den in vor. Anm. angegebenen Gründen hat dieses Gesetz für die Gemeinden der evangelischen Landeskirche, der katholischen Kirche und der Altkatholiken keine praktische Bedeutung mehr.

62) Die Einladung muß also verlesen werden: 1. in der Pfarrkirche; die Verlesung in einem, an einem von der Pfarrkirche entfernt liegenden Orte erbauten Bethause allein genügt nicht; 2. an Sonntagen, an welchen ein Hauptgottesdienst gehalten wird. Hauptgottesdienst ist der Gottesdienst, bei dessen Uebung Hauptbestandtheile des Gottesdienstes (wesentliche liturgische Handlungen) vorkommen. Die Hauptbestandtheile des Gottesdienstes sind: in der katholischen Kirche die Messe, die Predigt und die sich daran knüpfenden Fürbitten; in der evangelischen Kirche der Altardienst und die Predigt, welche der Mittelpunkt ist, um welchen sich die übrigen Theile des Kultus, die Gebete, Gesänge und Verlesung des Schriftworts bewegen. Diese wesentlichen liturgischen Handlungen können nur von dem Geistlichen vollzogen werden; wogegen andere liturgische Handlungen, wie Gebete und Gesänge, auch von Laien (Küster, Schullehrer ꝛc.) gefeiert werden können. Nach dem Gesagten ist also auch bei den Protestanten Hauptgottesdienst derjenige Gottesdienst, in welchem wesentliche liturgische Handlungen unter Mitwirkung des Geistlichen gefeiert werden.

sprechend erscheint, kann die Einladung, außer deren Verkündigung in der Kirche, auch noch durch die öffentlichen Blätter bekannt gemacht werden.

§. 5. Die Order vom 9. Mai 1829. (Gesetzsammlung 1829. Seite 40.) wegen Zusammenberufung der Kirchengemeinden in großen Städten wird hierdurch aufgehoben.

Vierter Abschnitt.

Von den Gütern und dem Vermögen der Kirchengesellschaften.

Was Kirchenvermögen sei. §. 160. Zu dem Vermögen der Kirchengesellschaften [63]) gehören die Gebäude, liegende Gründe, Capitalien und alle Einkünfte, welche zur anständigen Unter-

---

63) H. Das L.R. folgt der auch von J. H. Boehmer, jus eccles. protest. III 5 §§. 29 sqq. angenommenen Theorie, daß die Kirchengesellschaft oder Kirchengemeinde als Korporation Eigenthümerin des Kirchenvermögens ist, vgl. Erk. des O.Tr. v. 1840, Centr.Bl. f. preuß. Jur. v. 1840 S. 798, 822, 847; Löwenberg, Beiträge zur Kenntn. der Motive der preuß. Gesetzgebung. Berlin 1843 Bd. 1 S. 551 ff.; Jacobson, Kirchenrecht S. 638; Förster, preuß. Pr. R. Bd. 4 §. 284. Durch die Verfassungsurkunde v. 31. Jan. 1850 Art. 15 ist diese Vorschrift des L.R. (so z. B. anscheinend Schulte, kathol. Kirchenrecht Bd. 2 S. 491) nicht beseitigt worden. In den Erläuterungen des Ministers v. Ladenberg zu dem gleichlautenden Artikel 12 der Verfassungsurkunde v. 5. Dez. 1848 (Beiträge z. preuß. Kirchenrechte Heft 1 S. 7) wird ausdrücklich hervorgehoben, daß es nicht die Absicht gewesen sei, einen neuen Grundsatz in Beziehung auf das Subjekt des Eigenthums aufzustellen. Abgesehen davon ist auch die Frage nach dem Eigenthumssubjekt des Kirchengutes eine privatrechtliche, weil das Vermögensrecht dem Gebiete des Staates angehört und die Kirche mit ihrem Vermögen in dasselbe eintritt, s. Hübler, der Eigenthümer des Kirchengutes. Leipzig 1868 S. 149 ff. Die Regelung privatrechtlicher Verhältnisse gehört aber nicht zur Kompetenz der Kirche, und demnach auch nicht zu den Angelegenheiten, welche innerhalb der ihr durch den erwähnten Verfassungsartikel gewährten Autonomie liegen, so auch die Praxis des Kammergerichts, Johow, Jahrb. 2 S. 106. Nach dem Beschluß desselben a. a. O. ist deshalb auch die Kirchengemeinde als Eigenthümerin jeder Art kirchlichen Vermögens anzusehen und als Eigenthümerin solcher Grundstücke einzutragen, welche in den beigebrachten Urkunden als der „Kirche", „Propstei", „Organistei" oder sonstigen kirchlichen Instituten gehörig bezeichnet sind. Indessen hat ein Beschluß v. 25. Sept. 1882, a. a. O. 3 S. 117, kirchl. Ges.- u. Verordn.Bl. v. 1883 S. 83, dies dahin modifizirt, daß die beantragte Eintragung für kirchliche Institute, wie die Pfarre, Küsterei, nicht abgelehnt werden könne, da einer solchen Eintragung dieselbe Bedeutung, wie der für die Kirchengemeinde, beizumessen sei und durch dieselbe nur in zulässiger Weise kundgegeben werde, zu welcher Art kirchlichen Vermögens die einzelnen Grundstücke gehören. Das letztere erscheint bedenklich. Wenngleich das L.R. selbst, s. §§. 219 ff., 321, 645, 722 ff. d. T., nicht ganz korrekt vom Vermögen der Kirche spricht, so soll sich doch die Gerichtssprache möglichster Genauigkeit befleißigen, und gerade hier ist dieselbe geboten, weil provinzialrechtlich die landrechtliche Auffassung von dem Eigenthum der Kirchengemeinde nicht gilt (s. unten), und ferner katholischerseits aus dergleichen Eintragungen, wie sie das Kammergericht zulassen will, Folgerungen zu Gunsten der Ansicht, daß der landrechtliche Grundsatz durch die Verfassungsurkunde beseitigt und das kanonische Recht in Kraft getreten sei, gezogen werden könnten. Bei korrekter Eintragung, d. h. der Eintragung der Kirchengemeinde als Eigenthümerin, hindert nichts, die Zweckbestimmung des einzelnen Vermögensstücks, z. B. als Pfarrgut, kenntlich zu machen.

H. Zu bemerken ist aber, daß der §. 160 sich nur auf die einzelnen Kirchengemeinden bezieht (s. Anm. 25 zu §. 11 d. T.), also nichts über das Eigenthumssubjekt desjenigen Vermögens bestimmt, welches anderen kirchlichen Zwecken als denen einer einzelnen Kirchengemeinde gewidmet ist, und daß §. 160 in dieser Beziehung nur in so weit in Betracht kommt, als er gewisse Theorien über das Eigenthum am Kirchengut, so die neuerdings katholischerseits vielfach vertheidigte Annahme von dem Eigenthum der allgemeinen katholischen Kirche, s. Vering, Lehrb. d. kathol. Kirchenrechts 2. Aufl. S. 766 Note 3 (oder ein im Diözesanrecht des Bischofs liegendes allgemeines Eigenthum aller kirchlichen Anstalten der Diözese, dagegen auch O.Tr. I v. 19. Juni 1878, Rechtsfälle 4 S. 170) ausschließt.

H. Die allgemeine katholische Kirche oder auch nur ihr in Preußen bestehender Theil ist als Ganzes im preußischen Recht nicht als juristische Persönlichkeit anerkannt. Man hat eine solche Anerkennung allerdings im Art. 15 der preuß. Verf.Urk. finden wollen, s. Denkschrift des ev. O.K.R. v. 4. Dez. 1851, Aktenstücke desselb. 1. Hft. 4, 35, Dernburg, preuß. Privatrecht 4. Aufl. 1 S. 108. Indessen, wenn der Artikel den Kirchen und jeder anderen Religionsgesellschaft den Besitz und Genuß der für ihre Kultus-, Unterrichts- und Wohl-

haltung des äußeren Gottesdienstes für jede Kirchengemeine nach deren Verfassung bestimmt sind.

§. 161. Das Kirchenvermögen steht unter der Oberaufsicht und Direction des Staats. Verhältniß desselben gegen den Staat;

§. 162. Der Staat ist berechtigt, darauf zu sehen, daß die Einkünfte der Kirchen zweckmäßig verwendet werden.

§. 163. Ihm kommt es zu, dafür zu sorgen, daß nützliche Anstalten aus Mangel des Vermögens nicht zu Grunde gehen [64]).

---

thätigkeitszwecke bestimmten Anstalten, Stiftungen und Fonds zusichert, so hat er ihnen nur gegenüber dem Staat die Unverletzlichkeit ihres Gutes sowie die eigene Verwaltung desselben garantiren wollen. Der Artikel regelt nur die staatsrechtliche Stellung der Religionsgesellschaften, mit privatrechtlichen Bestimmungen als solchen hat er, wie die ganze Verfassungsurkunde, nichts zu thun. Ferner gebraucht er nicht einmal und offenbar absichtlich das Wort Eigenthum. Endlich kommt noch Folgendes in Betracht. Wenn man aus dem Artikel die Anerkennung der juristischen Persönlichkeit der Kirche als Ganzes herleitet, so muß man konsequenter Weise, da der Art. 15 alles kirchliche Vermögen begreift, auch annehmen, daß er diesem Rechtssubjekt das Eigenthum an der Gesammtheit desselben zugeschrieben, also das Eigenthum aller kirchlichen Einzelorganisationen, z. B. der Kirchengemeinden an ihrem Vermögen vernichtet, ja weiter, daß er auch jede Religionsgesellschaft zum Rechtssubjekt erhoben hat, denn er stellt alle derartigen Gesellschaften den christlichen Kirchen gleich. Diese Konsequenzen zeigen recht deutlich die Unhaltbarkeit jener Meinung, um so mehr als die in Betreff der Religionsgesellschaften gezogenen in direkten Widerspruch zu Art. 13, wonach diese nur durch Gesetz Korporationsrechte erlangen können, tritt. Der hier vertretenen Ansicht wohl auch Förster, preuß. Pr.R. 4 S. 400 (s. aber S. 397, wo anscheinend eine andere Auffassung vertreten wird).

H. Gesetzliche Anerkennung hat dagegen im Preußischen Recht die juristische Persönlichkeit der evangelischen Landeskirche (s. Zus. 22 Anm. 35 zu §. 156 d. T.), ferner der katholischen Bisthümer (s. Anm. 29 z. §. 1034 d. T., Zus. 67 Anm. 65 zu §. 1043, der Dom- und Kollegiat-Kapitel und der Klöster, §§. 940, 941, 1025, 1026, 1054, 1055 1057, 1185 ff. d. T.), sodann die der Kreis- (vereinigten Kreis-), Provinzial- und General-Synodal-Kassen, s. K.G. u. S.O. (Zus. 20) §§. 71 ff. (namentlich §. 71 „durch die Aufkünfte ihres etwaigen eigenen Vermögens"), s. auch Anm. 42 zu §. 57 a. a. O., Gen.Syn.-Ordn. (Zus. 23) §. 38, Ges. v. 3. Juni 1876 (Zus. 22) Art. 2, 8, 10, 18 gefunden.

H. Endlich ist darauf hinzuweisen, daß die Vorschriften des L.R. über das Eigenthumssubjekt der verschiedenen kirchlichen Vermögensmassen nicht absoluten Rechtes sind, d. h. es können zur Erfüllung der betreffenden Zwecke auch Vermögensmassen mit der Qualität als selbstständiger Stiftung, also mit eigener juristischer Persönlichkeit, gegründet werden. Das Pfarrvermögen steht wie das für die Gemeinde allgemein bestimmte Vermögen im Eigenthum der Kirchengemeinde, vgl. auch §§. 772 ff. d. T., nichtsdestoweniger ist es aber zulässig, derartige Stiftungen zum Besten gewisser lokaler kirchlicher Zwecke oder zum Unterhalt des Pfarrers und Geistlichen zu machen, vgl. K.G. u. S.O. (Zus. 20) §. 22 Abs. 1 u. Ges. v. 20. Juni 1875 (Zus. 25 zu §. 157) §. 2. In Betreff der Vermögensmassen, welche nicht nur lokalen Zwecken dienen, s. ferner cit. K.G. u. S.O. §. 65 Nr. 6; Gen.Syn.Ordn. (Zus. 23) §§. 11, 12, Ges. v. 7. Juni 1876 §. 1 (Zus. 62 zu §. 950 d. T.) u. Ges. v. 20. Mai 1874 §. 6 (Zus. 67 zu §. 1043 d. T.). Selbstverständlich ist hierbei, daß die juristische Persönlichkeit den bestehenden gesetzlichen Bestimmungen gemäß erworben wird.

H. Nach märkischem Provinzialrecht bilden die ursprünglich von dem Landesherrn errichteten oder mit dessen Genehmigung von Patronen gegründeten Patronatkirchen selbstständige, mit eigener juristischer Persönlichkeit versehene Stiftungen und ihnen gehört das Kirchenvermögen als Eigenthümer, s. Scholtz v. Hermensdorf, Provinzialr. der Kurm. Brandenburg 2. Ausg. 1 S. 83, 2 S. 278 u. Instr. d. Min. d. geistl. Angel. v. 6. Aug. 1845, a. a. O. S. 298; Min.Bl. f. d. i. Verw. S. 212.

64) H. Die in den §§. 161—163 angegebenen, aus dem jus circa sacra fließenden Rechte des Staates haben, so weit es sich um die katholische Kirche handelt, ihre nähere Ausbildung in dem Ges. v. 20. Juni 1875 §§. 48, 49, 50, 52, 54, 55 (Zus. 25 zu §. 157 d. T.) — die Aufsichtsbehörden bestimmt die Verordn. v. 27. Sept. 1875 (Zus. 26 a. a. O.) — und dem Ges. v. 7. Juni 1876, sowie der dazu ergangenen Verordn. v. 29. Sept. 1876 (s. Zusätze zu §. 950 d. T.) gefunden. Für die evangelische Kirche kommt jetzt das Ges. v. 25. Mai 1874 und das Ges. v. 3. Juni 1876, Zus. 19 u. 22 zu §. 156 d. T., nebst den dazu ergangenen Anordnungen in Frage. Das Erk. des O.Tr. v. 30. April 1838, daß die Staatsbehörden (Regierungen) kraft ihres Aufsichtsrechts nicht die Befugniß haben, Prozesse wegen des Kirchen- und Pfarrvermögens zu führen,

§. 164. Für den Unterhalt der bei einer Kirchengesellschaft[65]) angesetzten Beamten muß die Gesellschaft selbst sorgen[66]).

---

wenn Patron und Vorsteher unter Zustimmung der geistlichen Oberen sich dessen weigern, sondern nur die, die geistlichen Oberen im Verwaltungswege zu veranlassen, gemäß §. 659 die Rechte der betheiligten Kirchengemeinde wahrzunehmen (Simon, Entsch. 4 S. 141) — in dem Falle handelte es sich um eine Kirche, deren Patronat dem Landesherrn gebührte und von der Regierung zu Posen verwaltet wurde, und die Regierung wollte in ihrer Patronatseigenschaft Namens der Kirche selbstständig gegen den Pfarrer einen Prozeß fortführen, während die Kirchenvorsteher, im Einverständnisse mit den geistlichen Oberen, d. h. dem erzbischöflichen Konsistorium, dagegen waren — ist jetzt nach §§. 53, 43 des Ges. v. 20. Juni 1875 obsolet. Das Gleiche gilt von dem Erk. des O.Tr. I v. 12. März 1860, Entsch. 43 S. 206. Wegen der evangelischen Kirchen vgl. jetzt die Verordn. v. 5. Sept. 1877, Zus. 17 zu §. 144 d. T. und den Cirk.Erl. des Min. d. geistl. Angel. v. 10. Sept. 1877, Anm. 42 lit. a zu der cit. Verordn. v. 5. Sept. 1877.

65) Zu der „Kirchengesellschaft", welche für den Unterhalt der bei ihr angesetzten Beamten zu sorgen hat, gehört der Patron als solcher nicht. O.Tr. I v. 16. Aug. 1847, Entsch. 14 S. 471, H. und v. 20. Okt. 1865, Str. Arch. 61 S. 140, s. §. 731 d. T.

66) H. Von dieser Bestimmung gilt in Betreff der katholischen Bisthümer und Domkapitel keine Ausnahme, indem die durch die Bulle de salute animarum v. 16. Juli 1821 (G.S. S. 113) regulirte Ausstattung nur in die Stelle der säkularisirten Güter getreten ist.

Die Verwaltungsbehörden haben darüber zu entscheiden, wie viel zum Unterhalte des Pfarrers nothwendig ist, und in welcher Weise die Beiträge unter die Mitglieder der Pfarrgemeinde zu vertheilen sind. Gegen diese Entscheidung ist der Rechtsweg unzulässig. Erk. des Komp.Ger.Hofes v. 18. März 1865 (J.M.Bl. S. 141). — Vergl. §. 298 und die Anm. dazu.

H. Erk. dess. Ger. v. 18. März 1865: Streitigkeiten über die Errichtung und Dotirung eines geistlichen Amts sind vom Rechtswege ausgeschlossen; eine Ausnahme findet jedoch statt, wenn der Anspruch einer Kirchengemeinde auf Gewährung einer angemessenen Dotation für die geistliche Stelle auf einem privatrechtlichen Titel beruht, insbesondere wenn der Beklagte in einem Vorprozesse rechtskräftig verurtheilt worden ist, eine in separato festzustellende Dotation für die Stelle herzugeben; in diesem Falle ist die Höhe der Dotation durch richterliches Erkenntniß festzustellen (J.M.Bl. S. 102), vgl. auch die Erk. dess. v. 10. Jan. 1842 (a. a. O. S. 171) und v. 9. Juni 1866 (a. a. O. S. 282). Erk. dess. Gerichtsh. v. 19. April 1873: Im Falle des von den geistlichen Oberen anerkannten Bedürfnisses der Unterhaltung einer Kirchenanstalt sind Streitigkeiten über den von denselben angeordneten Beitrag und die Vertheilung der Beiträge unter den Eingepfarrten vom Rechtswege ausgeschlossen, wenn nicht Kosten in Frage stehen, in Ansehung deren bei entstehendem Streite die Gesetze auf den Rechtsweg verweisen (M.Bl. f. d. i. Verw. S. 172).

H. Zufolge des Ges. v. 3. Juni 1876 Art. 21 u. d. V. v. 5. Sept. 1877 Art. 1, Zus. 22 zu §. 156 u. Zus. 17 zu §. 144 d. T. haben jetzt in der evangelischen Kirche die Konsistorien über die gedachte Angelegenheit zu bestimmen. Ein Exekutionsrecht in Betreff des von ihnen festgesetzten Betrages haben sie aber ebenso wenig, wie in der katholischen Kirche die Bischöfe, denn dies ist ihnen durch die erwähnten gesetzlichen Bestimmungen nicht übertragen worden, so auch O.V.G. I v. 1. März 1880, Entsch. 6 S. 157 u. Zeitschr. f. K.R. 17 S. 344. Bei Weigerung der Gemeinde-Organe, die erforderlichen Summen aufzubringen, kann das Mittel der Zwangsetatisirung eintreten, s. Ges. v. 3. Juni 1876 Art. 27 u. Ges. v. 20. Juni 1875 §. 53, Zus. 25 zu §. 157 d. T. Vgl. auch Drucks. d. Hauses d. Abgeordn. 12. Legisl.Per. III. Sess. 1876 Nr. 153 S. 27, Verhandlungen dess. stenogr. Berichte S. 1227, 1302; stenogr. Berichte des Herrenhauses v. 1878 S. 153 ff. Wenn bei diesen Verhandlungen wiederholt in Abrede gestellt ist, daß der §. 164 d. T. in Ansehung der Höhe des Gehaltes Etwas bestimme, also für das von den kirchlichen Behörden festgesetzte Maß keine gesetzliche Verpflichtung bestehe, so ist dabei verkannt, daß das Wort: Unterhalt das nöthige Fundament dafür gewährt. Denn der Unterhalt ist derjenige Betrag, welchen der Geistliche bez. Beamte zu einer seiner Stellung entsprechenden Lebensweise gebraucht. Bei Differenzen darüber kann naturgemäß nur die höhere Kirchenbehörde entscheiden, vorbehaltlich der in den citirten Gesetzen gegebenen Kautelen. Die Auffassung, daß das Konsistorium in der letztgedachten Beziehung zu bestimmen habe, ist in dem vorhin angeführten Erk. des O.V.G. verworfen, dasselbe bejaht zwar die Frage für die Zeit bis zur Ausführung des Ges. v. 3. Juni 1876, indem es bemerkt: „Vor diesem Zeitpunkte stand den Regierungen die Aufsicht und Verwaltung der äußeren Kirchenangelegenheiten, die Entscheidung über das Vorhandensein eines kirchlichen Bedürfnisses und die Abmessung seines Umfanges auf dem Gebiete der Externa im Einvernehmen mit den Konsistorien zu. Allein, auch wenn es sich hierbei um Akte der Verwaltung und Aufsicht über kirchliche Angelegenheiten handelte, so ist doch nicht zu übersehen, daß die Möglichkeit, dabei in einer die Gemeinden ver-

§. 165. Kirchen, welche, gleich anderen Gesellschaften im Staate, den Schutz desselben bei ihrem Vermögen genießen, sind auch von diesem Vermögen, so weit ihnen nicht aus besonderen Gesetzen und Verfassungen gewisse Freiheiten zu statten kommen, zu den Lasten des Staats beizutragen verbunden.

§. 166. Sind Kirchengesellschaften, vermöge besonderer Privilegien oder Verordnungen, von gewissen Lasten in Ansehung ihrer liegenden Gründe frei; so kann doch diese Befreiung, wofern das Privilegium, oder die Verordnung es nicht ausdrücklich festsetzt, auf nachher erst erworbene Grundstücke nicht ausgedehnt werden [67]).

---

mögensrechtlich verpflichtenden und zwingenden Weise zu verfahren, lediglich darin wurzelte, daß jene Funktionen der kirchlichen Aufsicht von Staatsbehörden geübt wurden. Niemals ist ein derartiges jus statuendi gegenüber den Gemeinden anderen Behörden als Staatsbehörden, insbesondere auch nicht den Kirchenbehörden als solchen im Gegensatz zu den Staatsbehörden zuerkannt worden." Bei dieser Ausführung ist aber übersehen, daß die gesetzliche Verpflichtung der Gemeinden früher nicht erst durch die Staatsbehörden begründet wurde, sondern daß diese durch §. 164 d. T. festgesetzt worden ist. Die Regierungen hatten also nur, weil sie die Aufsicht und oberste Verwaltung zu führen hatten, über die Beachtung des §. 164 zu befinden und zu entscheiden. Dies war keine ausschließlich staatliche Funktion, wie die ihnen gleichzeitig zustehende Befugniß zur Exekution ihrer desfallsigen Entscheidungen. Die erstgedachte Funktion konnte und mußte also auf die kirchlichen Behörden bei der Uebertragung der Aufsichtsrechte über die kirchliche Vermögensverwaltung mit übergehen. Daß vorher den Kirchenbehörden niemals ein derartiges Recht zuerkannt ist, beweist nichts. Das früher herrschende System des Staatskirchenthums, welches die Verwaltung aller Externa der Kirche in die Hand von Staatsbehörden gelegt hat, konnte selbstverständlich den Kirchenbehörden ein Recht, welches sich als Ausfluß dieser Verwaltung darstellt, gar nicht bewilligen, ja nicht einmal an eine solche Bewilligung denken. Bei der hier vertretenen Auffassung sind die Rechte des Staates und der Gemeinden einmal durch den cit. Art. 27 gewahrt, und weiter dadurch, daß wenn die Gemeinde in Folge der Etatisirung des Gehalts Umlagen ausschreibt, diese der Vollstreckbarkeits-Erklärung durch die staatlichen Behörden bedürfen.

67) H. Vergl. hierzu das Ges., betr. die anderweite Regelung der Grundsteuer. V. 21. Mai 1861 (G.S. S. 253) §. 4: „Befreit von der Grundsteuer bleiben: .... c. .... Kirchhöfe, Begräbnißplätze, ... e. diejenigen bisher von der Grundsteuer befreiten Grundstücke, welche zur Zeit des Erscheinens dieses Gesetzes zu dem Vermögen evangelischer oder römisch-katholischer Kirchen oder Kapellen, öffentlicher Schulen, höherer Lehranstalten oder besonderer, zur Unterhaltung von Kirchen, Schulen und höheren Lehranstalten stiftungsmäßig bestimmter Fonds oder milder Stiftungen, sowie zur Dotation der Erzbischöfe, Bischöfe, Dom- und Kurat- oder Pfarrgeistlichen oder sonstiger mit geistlichen Funktionen bekleideter Personen, oder der Küster und anderer Diener des öffentlichen Kultus und der an öffentlichen Schulen oder höheren Lehranstalten angestellten Lehrer gehören. — §. 10: Wenn steuerfreie Grundstücke (§. 4) diejenige Eigenschaft verlieren, welche die Befreiung von der Grundsteuer bedingt, so sind sie vom ersten Tage des Monats ab, welcher auf den Monat folgt, in welchem die Veränderung eingetreten ist, zu dem nach Ausführung der Vorschrift in §. 3. sich ergebenden Prozentsatze ihrem Reinertrage entsprechend mit Grundsteuer zu belegen. — Andererseits werden besteuerte Grundstücke, welche in die Klasse der im §. 4. zu a., c. und d. bezeichneten steuerfreien Grundstücke übergehen, von der Fortentrichtung der auf ihnen haftenden Grundsteuer vom ersten Tage des Monats ab entbunden, welcher auf den Monat folgt, in welchem die, die Steuerfreiheit begründende Veränderung eingetreten ist. — Wenn besteuerte Grundstücke in den Besitz evangelischer oder römisch-katholischer Kirchen u. s. w. (§. 4. zu e.) gelangen, so ist die auf diesen Grundstücken haftende Grundsteuer fortzuentrichten. Gehören dagegen die Grundstücke, welche in den Besitz evangelischer oder römisch-katholischer Kirchen u. s. w. übergehen, zu den im §. 4. zu a. bis d. bezeichneten, so ist für dieselben mit dem nach Ausführung der Vorschrift im §. 3. sich ergebenden Prozentsatz ihres Reinertrages die aufzuerlegende Grundsteuer neu zu veranlagen ....."

Von städtischen Kommunalabgaben sind nur diejenigen Grundstücke befreit, welche zu einem öffentlichen Dienste oder Gebrauch bestimmt sind, insonderheit Kirchhöfe, Begräbnißplätze, Kirchen, Kapellen und andere dem öffentlichen Gottesdienste gewidmete Gebäude, sofern sie zur Zeit des Erlasses der K.O. v. 8. Juni 1834 (G.S. S. 87) schon frei waren, ferner überhaupt die Dienstgrundstücke der Geistlichen, Kirchendiener und Elementarlehrer, Städteordnung v. 30. Mai 1853 §. 4 Al. 7 und v. 19. März 1856 §. 4, s. Zusätze zu II. 8 § 166 und Anm. dazu, Ges. v. 24. Febr. 1850, betr. die Aufhebung der Grundsteuerbefreiungen (G.S. S. 62).

Die Freiheit von dinglichen Auflagen in den Landgemeinden besteht in den östlichen

gegen die geistlichen Obern. §. 167. Das Kirchenvermögen steht unter der Aufsicht der geistlichen Obern [68]).

§. 168. Diese sind schuldig, für die Unterhaltung und zweckmäßige Verwendung desselben, nach der Verfassung einer jeden Kirchengesellschaft [69]) zu sorgen.

§. 169. Keinem auswärtigen geistlichen Obern soll erlaubt sein, sich irgend eine Aufsicht oder Direction über das Vermögen inländischer Kirchen unmittelbar anzumaßen [70]).

Kirchengebäude. §. 170. Kirchen und andere dahin gehörige Gebäude sind ausschließend das Eigenthum der Kirchengesellschaft, zu deren Gebrauche sie bestimmt sind [71]).

§. 171. Auch durch Veränderung ihrer Religionsgrundsätze verliert eine Kirchengesellschaft nicht das Eigenthum der ihr gewidmeten Kirchengebäude [72]).

§. 172. Wenn aber die Kirchengesellschaft ganz aufhört, so gilt von diesen Gebäuden alles das, was von dem Vermögen erloschener Gesellschaften überhaupt im sechsten Titel §. 189. sqq. verordnet ist.

§. 173. Kirchengebäude, so weit sie zur Feier des Gottesdienstes und zu gottesdienstlichen Handlungen bestimmt sind, dürfen ohne die Einwilligung der Gemeine [73]) zu anderen Zwecken [74]) nicht gebraucht werden.

Provinzen nur so weit, als die Geistlichen, Kirchendiener und die Kirchengemeinden von den Ausgaben der Gemeinden nicht unmittelbar Vortheil ziehen, §§. 775 u. 776 d. T., nach der Landgemeindeordn. für Westfalen v. 19. März 1856 §. 64 (Zus. zu II. 7 §. 86) in demselben Umfange wie in den Städten (s. vor. Abs.). Von Kreisabgaben sind die von der Staatsgrundsteuer freien Grundstücke, sowie bis zur anderweiten gesetzlichen Regelung auch die Dienstgrundstücke der Geistlichen, Kirchendiener und Elementar-Schullehrer frei, Kreisordn. v. 13. Dez. 1872 §§. 17, 18 (s. Zus. a. a. O.). Dasselbe gilt hinsichtlich der Provinzialabgaben nach der Provinzialordnung v. 29. Juni 1875 §. 107, Zus. zu II. 13 §. 18.

Vergl. ferner zu §. 174 d. T.

68) H. Vgl. Anm. 64 zu §. 163 d. T. Erk. des O.Tr. I v. 21. Sept. 1857 (Str. Arch. 28 S. 150): In dem bischöflichen Rechte der Oberaufsicht über die Institute und das Vermögen der Kirche — der lex dioecesana — ist die Befugniß, letztwilligen Dispositionen zu kirchlichen Zwecken eine von dem Willen des Stifters gänzlich abweichende Richtung zu geben, nicht enthalten.

69) H. Daher kommen auch für die katholische Kirche und für die katholischen Bischöfe die betreffenden Vorschriften des Tridentinischen Konzils in Betracht, O.Tr. v. 9. Sept. 1878, Hartmann, Ztschr. 5 S. 28, selbstverständlich, soweit nicht Vorschriften des preuß. Rechts entgegenstehen.

70) H. Vergl. Anm. 27 u. 28 zu §§. 135 u. 136 d. T.

71) Hagemann, von dem Eigenthume der protestantischen Kirchengebäude in dessen und v. Bülow, prakt. Erörterungen 1 Nr. 58.

72) H. Das L.R. geht davon aus, daß das Vermögen der einzelnen Kirchengemeinde dem religiösen Zwecke derselben dient, nicht aber dem Zwecke der Religionspartei, zu welcher die Gemeinde gehört. Mit dem Uebertritt fällt das bisherige Rechtssubjekt nicht zusammen, so fern er nicht zu einer Gemeinschaft erfolgt, die der Rechte der juristischen Persönlichkeit entbehrt. In letzterem Falle wird das Vermögen herrenlos und muß nach Analogie der Vorschriften über das Vermögen erloschener Parochien behandelt werden, s. §. 308 d. T. u. Zusatz dazu. Allerdings spricht §. 171 nur von den Kirchengebäuden, nicht von dem sonstigen Vermögen. Von diesem schweigt es, aber der hinsichtlich der ersteren ausgesprochene Grundsatz ist der Ausfluß eines allgemeinen Prinzipes, das auch auf das letztere angewendet werden muß. Vergl. Förster, Theor. des preuß. Ges. üb. das Eigenthum am Kirchenvermögen, in Suckow, Prophet 1846 Bd. 8 S. 244 ff.; Förster, preuß. Pr.R. 4 §. 284.

Auch über die Art und Weise des gültigen Zustandekommens eines solchen Konfessionswechsels sagt das L.R. nichts. Diese Lücke wird durch die Heranziehung der §§. 53 ff. II. 6 auszufüllen sein.

73) H. Nach d. K.G. u. S.O. v. 1873 §. 15 (Zus. 20 zu §. 156) steht die Entscheidung darüber dem Gemeindekirchenrathe ausschließlich zu, nach der rhein.-westf. K.O. §. 70 (Anm. 78 zu Zus. 21 a. a. O.) dem Presbyterium, Superintendenten und Konsistorium, nach dem Ges. v. 20. Juni 1875 §. 3 Nr. 1 u. Anm. 15 dazu (Zus. 25 zu §. 157) dem Kirchenvorstande, welcher sich jedoch in Zweifelsfällen an den Bischof zu wenden haben wird, s. v. Schulte, Lehrbuch des K.R. S. 551.

74) H. Die Gebrauchseinräumung findet ihre Schranke darin, daß die Benutzung den Ge-

§. 174. Die Kirchengebäude sind von den gemeinen Lasten des Staats frei [75]), und genießen alle Vorrechte der dem Staat zustehenden öffentlichen Gebäude.

§. 175. Sie sollen zu keinen Freistätten für Verbrecher dienen; sondern die weltliche Obrigkeit ist berechtigt, diejenigen, welche sich dahin geflüchtet haben, herausholen, und ins Gefängniß bringen zu lassen [76]).

§. 176. Neue Kirchen können nur unter ausdrücklicher Genehmigung des Staats erbaut werden [77]). Von Errichtung neuer Kirchen.

§. 177. Eine Kirchengesellschaft kann auf diese Erlaubniß nur alsdann Anspruch machen, wenn sie erhebliche Gründe der Nothwendigkeit oder des Nutzens,

---

brauch des Gebäudes zum Gottesdienste weder hindern noch schädigen, noch der Bestimmung der Kirche durch den profanen Charakter innerlich widerstreiten darf. Vergl. Herrmann, üb. d. R. d. Einräumung evang. Kirchen zu nichtgottesdienstlichem Gebrauch, Ztschr. f. K.R. 5 S. 234 ff., dagegen v. Scheurl a. a. O. 17 S. 409 und gegen letzteren wieder Herrmann a. a. O. 18 S. 208.

Musikalische Aufführungen können gestattet werden, wenn dabei nichts vorgeht, was dem Anstande und der Bestimmung der Kirche zu andächtigen Versammlungen entgegen ist. K.O. v. 18. März 1806 (Rabe 8 S. 511).

Wer Kirchen zu musikalischen Zwecken benutzen will, muß zuvor die Bescheinigung des betr. Pfarrers beibringen, daß der Text der aufzuführenden Musikstücke nichts für die Kirche Anstößiges enthalte. K.O. v. 31. Juli 1841 (M.Bl. f. d. i. Verw. S. 277). Auf die Bescheinigung hat bei evangelischen Kirchen das Konsistorium, aber nur in der Rheinprovinz und in Westfalen, und bei katholischen die bischöfliche Behörde die Erlaubniß ohne Anfrage bei dem Minister (früher sollte die Erlaubniß von dem Minister eingeholt werden) zu ertheilen. Verf. des Min. d. G., U. u. M.Ang. v. 29. Sept. u. 4. Dez. 1841 (M.Bl. S. 277, 324). Für Westfalen und die Rheinprovinz gilt die Bestimmung, daß die Unternehmer der musikalischen Aufführung die Regierung von der erfolgten Genehmigung, sowohl bei katholischen wie bei evangelischen Kirchen, rechtzeitig in Kenntniß zu setzen haben. Verf. dess. Min. v. 19. Juli 1843 und 27. Febr. 1844 (M.Bl. 1844 S. 68).

Schiedsmannswahlen dürfen in Kirchen nicht vorgenommen werden, R. v. 11. März 1834 (Annal. 19 S. 997), wohl aber in Ermangelung anderer Lokale die Wahlen der Stadtverordneten, R. v. 10. Juli 1828 (a. a. O. 12 S. 1029), und andere politische Wahlen, R. v. 27. Juli 1855; Bekanntmachungen, welche nicht kirchliche Angelegenheiten betreffen, Aufforderungen zur Unterschrift von Petionen rc. dürfen in den Kirchen nicht statthaben, R. v. 7. Nov. 1813 und R. v. 15. Sept. 1848 (M.Bl. f. d. i. Verw. S. 296), ebenso wenig der Aushang öffentlicher Bekanntmachungen in bürgerlichen und gewerblichen Angelegenheiten, R. v. 2. Dez. 1846 (a. a. O. S. 236).

Die Dachböden der Kirchen- und Schulgebäude sollen nicht zur Aufbewahrung von Waaren und Vorräthen, zum Trocknen von Wäsche rc. gebraucht werden. R. v. 26. April 1838 (Annal. 22 S. 115).

75) H. Gesetz, betreffend die Einführung einer allgemeinen Gebäudesteuer. Vom 21. Mai 1861 (G.S. S. 317) §. 3: Befreit von der Gebäudesteuer sind: .... 4) Kirchen, Kapellen und andere, dem öffentlichen Gottesdienste gewidmete Gebäude, sowie die gottesdienstlichen Gebäude der mit Korporationsrechten versehenen Religionsgesellschaften; — 5) die Diensthäuser der Erzbischöfe, der Bischöfe, der Dom- und Kurat- oder Pfarrgeistlichen und sonstiger mit geistlichen Funktionen bekleideter Personen der mit Korporationsrechten versehenen Religionsgesellschaften, ferner der Gymnasial-, Seminar- und Schullehrer, der Küster und anderer Diener des öffentlichen Kultus; — 6) Armen-, Waisen- und Krankenhäuser, Besserungs-, Aufbewahrungs- und Gefängnißanstalten, sowie Gebäude, welche milden Stiftungen angehören und für deren Zwecke unmittelbar benutzt werden; ..... Vgl. ferner §§. 166 und 228 d. T.

76) H. Dadurch ist das von der katholischen Kirche beanspruchte Asylrecht aufgehoben, vgl. Richter-Dove, K.R. §. 307.

77) H. Vgl. Cirk.R. des Kult.Min. v. 22. Juni 1874, lautend: Nach Erlaß der Verfassungsurkunde ist in mehreren diesseitigen Verfügungen gegenüber den Bestimmungen des §. 176 Titel 11 Theil II des Allgemeinen Landrechts und im Artikel 44 zur Konvention vom 26. Messidor IX ausgesprochen, daß für Kirchenbauten eine besondere Staatsgenehmigung, so weit solche früher aus der staatlichen Kirchenhoheit und Kirchenaufsicht abgeleitet wurde, nicht mehr erforderlich sei, und daß es einer Mitwirkung des Staates nur in sofern noch bedürfe, als die Errichtung gottesdienstlicher Gebäude mit einer Beihülfe aus Staatsmitteln erfolgen sollte, oder wenn die Mittel zum Bau zwangsweise von den Personen, für welche das Gebäude bestimmt sei, eingezogen, oder wenn demselben die Rechte einer Pfarrkirche beigelegt werden sollten. Diese Auffassung hat jedoch

und zugleich hinlängliche Mittel zum Baue und zur Unterhaltung eines solchen neuen Kirchensystems, ohne besorglichen Ruin der gegenwärtigen und künftigen Mitglieder, nachweisen kann.

§. 178. Durch Errichtung neuer Kirchen sollen die Rechte, oder vom Staat genehmigten Verfassungen anderer schon vorhandener Kirchengesellschaften nicht beeinträchtigt werden.

Kirchengeräthschaften. §. 179. Kirchengefäße, und andere zum unmittelbaren gottesdienstlichen Gebrauche gewidmete Sachen haben mit den Kirchengebäuden, der Regel nach, gleiche Rechte [78]).

§. 180. *Solche Geräthschaften können in der Regel nur wegen einer dringenden Nothwendigkeit, unter Genehmigung des Staats [79]) und der geistlichen Obern [80]), veräußert werden.

§. 181. Doch können der Staat und die geistlichen Obern dergleichen Veräußerung überflüssiger Kirchengeräthschaften, auch wegen eines für die Kirchengesellschaft zu hoffenden sicheren und überwiegenden Nutzens, zulassen.

§. 182. Wenn aber solche Geräthschaften aus Stiftungen herrühren, so finden dabei die Vorschriften des sechsten Titels §. 73. sqq. Anwendung.

Kirchhöfe [81]). §. 183. Kirchhöfe oder Gottesäcker und Begräbnißplätze, welche zu den einzelnen Kirchen gehören, sind der Regel nach das Eigenthum [82]) der Kirchengesellschaften [83]).

---

bei wiederholter Prüfung der einschlagenden Rechtsfrage als zutreffend nicht erkannt werden können, weshalb ich mich veranlaßt sehe, von derselben abzugehen. Die gedachten Vorschriften des Allgemeinen Landrechts und des französischen Rechts sind ein Ausfluß der negativen Befugnisse, auf welche der Staat gegenüber den Religionsgesellschaften bei Erlaß der Verfassungsurkunde, wie auch in den von dem damaligen Minister der geistlichen u. s. w. Angelegenheiten unter dem 15. Dez. 1848 veröffentlichten Erläuterungen der betreffenden Artikel der letzteren angeführt ist, nicht verzichtet hat. Wenn erwogen wird, wie die Errichtung neuer Kirchen einerseits die Interessen sowohl der betreffenden Parochianen als auch anderer schon vorhandener Kirchensysteme schädigen kann und andererseits mit den Parochialregulirungen in untrennbarem Zusammenhange steht, so läßt sich nicht verkennen, daß durch die Errichtung neuer Kirchen das Staatsinteresse nahe berührt wird. Hierzu kommt, daß nach §. 18 Tit. 11 Th. II des Allg. Landrechts die von den ausdrücklich aufgenommenen Kirchengesellschaften zur Ausübung ihres Gottesdienstes gewidmeten Gebäude als privilegirte Gebäude des Staates anzusehen sind, daß dieselben nach §. 174 a. a. O. von den gemeinen Lasten des Staates befreit bleiben, und daß sie alle Vorrechte der dem Staate zustehenden öffentlichen Gebäude genießen. Es muß daher der Vorschrift des §. 176 a. a. O., wonach neue Kirchen nur unter ausdrücklicher Genehmigung des Staats gebaut werden dürfen, eben so wie allen denjenigen Bestimmungen, welche dem kirchlichen Vermögenserwerbe gesetzlich bestimmte Schranken anweisen, ein wesentlich repressiver Charakter beigelegt werden, so daß eine Aufhebung des §. 176 durch Art. 15 der Verfassungsurkunde nicht angenommen werden kann.

Für die evangelische Landeskirche kommt jetzt in Betracht Art. 24 Nr. 5 des Ges. v. 3. Juni 1876, Zus. 22 zu §. 156 d. T., für die katholische Kirche §. 50 Nr. 4 des Ges. v. 20. Juni 1875, Zus. 25 zu §. 157 d. T. und §. 2 Nr. 5 des Ges. v. 7. Juni 1876, Zus. zu §. 950 d. T. Die Genehmigung ertheilt der Minister der geistlichen Angelegenheiten, V. v. 9. Sept. 1876 Art. 1 Nr. 5, Zus. 24 zu §. 156 d. T., V. v. 27. Sept. 1875 Art. 1 Nr. 1, Zus. 26 zu §. 157 d. T., u. V. v. 29. Sept. 1876 Art. 1 Nr. 1, Zus. 63 zu §. 950 d. T.

78) H. Wegen der Orgeln s. Anm. 4 zu §. 712 d. T.

79) H. Nach Art. 24 Nr. 2 des Ges. v. 3. Juni 1876 ist in der evangelischen Landeskirche, ferner auch für die katholische Kirche, §. 50 Nr. 2 des Ges. v. 20. Juni 1875 u. §. 2 Nr. 1 des Ges. v. 7. Juni 1876, eine solche Genehmigung und zwar seitens des Kultusministers (vgl. die Anm. 77 cit. Verordnungen) nur dann nöthig, wenn es sich um Gegenstände von wissenschaftlichem, geschichtlichem oder Kunstwerth handelt.

80) Nach kanonischem Rechte ist zur Gültigkeit der Veräußerung kostbarer Kirchenmobilien nicht nur eine rechtmäßige Ursache, sondern auch die Genehmigung der geistlichen Oberbehörde erforderlich. Arch. für das Civil- und Kriminalrecht der königl. preuß. Rheinprovinzen 13 S. 8.

81) H. Vgl. v. Wittken, Rechtsverhältnisse der Kirchhöfe, einschließlich der erblichen Familienbegräbnisse bei Gruchot 26 S. 662.

82) H. Und in so weit, als ihre Bestimmung es bedingt, dem Verkehr entzogen, d. h. es ist

§. 184. In den Kirchen[84]), und in bewohnten Gegenden der Städte[85]), sollen keine Leichen beerdigt werden[86]).

§. 185. Bei Verlegungen der Begräbnißplätze[87]) können diejenigen, welche

---

die Konstituirung von Rechten, welche jene hindert, ausgeschlossen (s. I. 4 §. 15 vgl. auch R.G. II H. v. 17. April 1882, Gruchot 226 S. 1022 und Wappäus, Zur Lehre von den dem Rechtsverkehr entzogenen Sachen. Göttingen 1867. S. 70). Daher können durch die erwerbende Verjährung Grundgerechtigkeiten an Kirchhöfen und Begräbnißstätten nicht erworben werden, O.Tr. II v. 24. Okt. 1871 (Entsch. 66 S. 200). Kirchhöfe und Begräbnißplätze dürfen nicht subhastirt, K.O. v. 14. April u. 26. Okt. 1840 (M.Bl. f. d. i. Verw. S. 154, 457) — eine Vorschrift, welche durch das Ges. betr. die Zwangsvollstreckung in d. unbewegliche Vermögen v. 13. Juli 1883, G.S. S. 131, nicht berührt wird —, noch sollen Chausseen darüber geführt, R. d. Min. d. J. v. 13. Jan. 1833 (Annal. 17 S. 214), auch nicht Wäsche auf denselben getrocknet werden, R. v. 8. Mai 1860 (M.Bl. f. d. i. Verw. S. 106).

Possessorienklagen, welche gegen das Eigenthumsrecht eines Kirchhofes und gegen die Befugniß zur Veräußerung von Begräbnißstellen auf demselben gerichtet werden, sind im Rechtswege zu entscheiden. Erk. des Komp.Ger.Hofes v. 10. März 1860 (J.M.Bl. 1861 S. 200).

83) H. Wenn das O.Tr. (vgl. Anm. 43 zu §. 761 d. T.) nicht die Kirchengesellschaft als Korporation, sondern die einzelnen Mitglieder als bloße Personenmehrheit für Eigenthümer des Kirchhofs erklärt, so widerspricht das dem §. 183, der nur von der Kirchengesellschaft als Korporation handelt. Von einem Miteigenthum der Gemeindeglieder kann ebenso wenig die Rede sein, und so würde gar kein bestimmter Eigenthümer übrigbleiben.

84) D. h. es ist die in älteren Zeiten gebräuchlich gewesene Leichenbestattung in Gräbern, welche unter dem Fußboden der Kirche selbst gemacht wurden, untersagt. Davon verschieden ist die Beisetzung der Leichen in besonderen, mit dem Kirchenraume in keiner Verbindung stehenden Gewölben: diese ist von dem Verbote nicht betroffen, nur ist dabei die Anwendung der nach der jedesmaligen Lokalität sich bestimmenden sanitätspolizeilichen Vorsicht vorausgesetzt. Besch. d. Min. d. Geistl. zc. Angel. v. 22. Nov. 1832 (Annal. 16 S. 927). H. Nach einer K.O. v. 21. Juli 1834 steht den katholischen Bischöfen das Ehrenrecht zu, sich in der Domkirche oder einer anderen Kirche ihrer Diözese bestatten zu lassen.

85) Auf dem platten Lande läßt sich auf Grund dieses Gesetzes die Verlegung der Begräbnißplätze nicht erzwingen. Besch. d. Min. d. Inn. v. 18. Juni 1819 (Annal. 3 S. 315).

86) Wird auf Grund dieses gesetzlichen Verbots von der Polizeibehörde der in einer bewohnten Gegend einer Stadt belegene Kirchhof geschlossen, so findet dieserhalb ein Entschädigungsanspruch nicht statt, weil der aus den §§. 73—75 der Einleitung zum L.R. sich ergebende Rechtsgrundsatz in dem Falle nicht Anwendung findet, wenn das Privat-Eigenthum des Einzelnen durch einen Akt der Gesetzgebung benachtheiligt wird oder verloren geht und in dem betreffenden Gesetze ein Schadensersatz nicht besonders vorgesehen ist. S. die Anm. zu jenen §§. 73 ff. und O.Tr. I v. 19. Juni 1863, Str. Arch. 50 S. 140.

87) H. Neue Begräbnißplätze sind i. d. R. von den Kirchengemeinden anzulegen, R. v. 30. Nov. 1822 (Annal. 16 S. 327), doch soll dies nach §. 764 d. T. nur aus erheblichen Ursachen (z. B. Unzulänglichkeit des bisherigen Platzes) erfolgen. Nach d. R. v. 26. Juli 1864 ist bei Anlegung neuer Kirchhöfe auf die Errichtung von Konfessions-Kirchhöfen Rücksicht zu nehmen, falls aber die Anlegung eines Kommunalkirchhofes nicht zu vermeiden, in geeigneter Weise dafür zu sorgen, daß über eine, die religiösen Interessen der betheiligten Konfession sicher stellende Begräbniß-Ordnung bei Zeiten und jedenfalls vor Ertheilung der erforderlichen Staatsgenehmigung eine entsprechende Verständigung, resp. Festsetzung herbeigeführt werde (M.Bl. f. d. i. Verw. S. 154), s. auch R. v. 22. Febr. 1870 (Aktenstücke des ev. O.K.R. Bd. 6 S. 353).

H. Die Ausübung des aus dem jus circa sacra herfließenden Genehmigungsrechtes zur Anlegung neuer Begräbnißplätze erfolgt nach Art. 24 Nr. 6 des Ges. v. 3. Juni 1876, V. v. 9. Sept. 1876 Art. 1 Nr. 5; Ges. v. 20. Juni 1875 §. 50 Nr. 5, V. v. 27. Sept. 1875 Art. 1 Nr. 1, Ges. v. 7. Juni 1876 §. 2 Nr. 6, V. v. 29. Sept. 1879 (s. auch Anm. 77 zu §. 177) durch den Kultusminister, an welchen die kirchliche Provinzialbehörde den Antrag durch Vermittelung der staatlichen Provinzialbehörde, welche sich ihrerseits vom staatlichen, namentlich sanitätspolizeilichen Standpunkt zu äußern hat (d. h. also jetzt des Regierungspräsidenten, und da, wo die Kreisordnung noch nicht eingeführt ist, der Regierung), gelangen läßt. Ueber die geschäftliche Behandlung einer solchen Angelegenheit seitens der evangelischen Gemeindekirchenräthe s. auch Allgem. Kirchenbl. f. d. evang. Deutschld. v. 1883 S. 341.

Verlegungen von Begräbnißplätzen sollen ebenfalls nur aus erheblichen Gründen erfolgen. §. 764. Solche werden selten eintreten, da auch in Städten nicht alle Kirchhöfe in den bewohnten Gegenden, sondern meistens entfernt liegen. Besch. d. Min. d. Inn. v. 18. Juni 1819 (Annal. 3 S. 315).

bisher erbliche Familienbegräbnisse in den Kirchen besessen haben[88]), die unentgeltliche Anweisung eines schicklichen Platzes dazu auf dem neuen Kirchhofe fordern[89]).

H. Die öffentlichen, außer Gebrauch gesetzten Begräbnißplätze sollen vor Ablauf von 40 Jahren nicht veräußert werden. Nur ausnahmsweise ist eine frühere Veräußerung bei kirchlichen Begräbnißplätzen mit Genehmigung des Kult.Min., bei kommunalen mit der des letzteren und des Min. des Innern statthaft, wenn die Lokalverhältnisse die Sicherung der erforderlichen sanitätspolizeilichen Rücksichten und die dem Andenken der Verstorbenen bei der noch lebenden Generation ihrer Angehörigen gebührende Berücksichtigung gestatten. Inzwischen können aber die Plätze zur Graswerbung, Baumpflanzung und auf andere unanstößige Weise genutzt werden, K.O. v. 8. Jan. 1830 (Annal. 14 S. 183), jedoch sollen 40 Jahre hindurch ohne ministerielle Genehmigung auf geschlossenen Kirchhöfen keine Planirungen zu Gartenanlagen vorgenommen werden. Was die Kompetenzbestimmungen der angeführten K.O. betrifft, so ist die Veräußerung der Konfessionskirchhöfe, weil sie zu den Immobilien gehören, jetzt nach den in d. vor. Anm. citirten Gesetzen und Verordnungen ebenfalls noch an die Genehmigung der Staatsbehörde gebunden, jedoch ist diese, wenn der Werth des Terrains nicht mehr als 10,000 Mark beträgt, nicht mehr der Kultusminister, sondern der Regierungs- bez. in Berlin der Polizei-Präsident. In Bezug auf die Kommunalkirchhöfe ist aber nichts geändert, denn auf diese beziehen sich die angeführten Gesetze nicht.

88) Und deren Schließung gleichfalls nöthig ist. Ist die Schließung des Kirchhofes nur aus Mangel an Raum oder aus Gesundheitsrücksichten nöthig, so dürfen deshalb noch nicht die Erbbegräbnisse geschlossen werden. Die K.O. v. 17. Okt. 1822 sagt darüber: „Wenn, wie die Wittwe des Post-Directors N. N. in ihrer beiliegenden Vorstellung bemerkt, Mangel an Raum die Schließung des dortigen Kirchhofs nöthig gemacht hat, so fällt dieser Grund bei Erbbegräbnissen weg, ist sie aber der Gesundheit wegen geschehen, so können die Gründe dafür nicht so überwiegend und dringend sein, um den Besitzern von Erbbegräbnissen oder erkauften Plätzen geradezu ihr Eigenthum zu nehmen; es ist vielmehr die Beerdigung und Beisetzung in den eigenthümlichen Ruhestätten und Erbbegräbnissen der geschlossenen Kirchhöfe nach wie vor zu gestatten, und Ich überlasse Ihnen dies allgemein anzuordnen, auch die Bittstellerin danach zu bescheiden. Sollten indessen unbekannte Gründe dagegen eintreten, so will Ich darüber Ihre Anzeige erwarten." (Annal. 7 S. 85.) H. Vgl. ferner R. v. 28. April 1845 (M.Bl. f. d. i. Verw. S. 160).

H. Die zu Erbbegräbnissen von einer Kirche ausgegebenen Grabstellen verbleiben immer im Eigenthum der Kirche, die Besitzer haben nur ein dingliches (s. aber jetzt Ges. üb. den Eigenthumserwerb v. 5. Mai 1872 §. 12, Zus. zu II. 21 §. 2) Recht auf Benutzung der Stellen zur Beerdigung für sich und ihre Erben. Die Erbbegräbnißstellen stehen nicht im bürgerlichen Verkehr, sie dürfen unter Lebenden gar nicht und von Todeswegen nur an Nachkommen übertragen, also auch nicht zur Subhastation gestellt werden. Mit dem Aussterben der Erbberechtigten erlischt das Recht. Festgestellt werden kann dies nach Analogie von L.R. I. 9 §§. 477, 478 durch gerichtliches Aufgebot. Geräth die bauliche Anlage in Verfall, so lange noch Berechtigte vorhanden sind, so kann die Ausbesserung oder Wegschaffung verlangt und nöthigenfalls auf Kosten der Berechtigten bewirkt werden, das Recht auf die Stelle muß aber den Berechtigten verbleiben. So Reskr. d. Just.Min. v. 2. Dez. 1841 (J.M.Bl. 1842 S. 7 u. M.Bl. f. d. i. Verw. 1842 S. 13). Die Ansicht von Koch, Erbrecht S. 611, daß solche Stellen in das Eigenthum des Erwerbers übergehen, ist nicht zu billigen. Denn zu uneingeschränkter Verfügung wird die Stelle nicht überlassen, nur zur Bestattung von Todten, mithin also nur zu einem bestimmten Gebrauche, vgl. auch Eichhorn, K.R. 2 S. 553, Sintenis, gem. Civilrecht §. 41 I, Wappäus a. a. O., s. Anm. 82 zu §. 183.

Eine Begräbnißstelle kann, als eine dem bürgerlichen Verkehr entzogene Sache, mittelst Verjährung durch Besitz nach den allgemeinen gesetzlichen Vorschriften nicht erworben werden; ebenso wenig ist es zulässig, daß ein Anderer — er sei der Eigenthümer des Kirchhofes oder sonst ein Dritter — durch Ersitzung das Recht erwerben könne, das Recht des Besitzers der Begräbnißstelle auf eine solche Weise zu beschränken, daß dadurch dessen nützlicher, seiner Natur wie dem ausdrücklich erklärten Zwecke seiner Bestellung gemäßer, Gebrauch vereitelt werden würde. Der Fall war der, daß die Gemeinde auf den Ueberbau über einem Erbbegräbnisse durch Ersitzung das Recht erworben haben wollte, in demselben Begräbnißutensilien unterzubringen. Erk. des O.Tr. I v. 17. April 1863, Str. Arch. 49 S. 165. S. hierüber jedoch Koch, Erbrecht S. 69. Das O.Tr. I giebt dazu nachfolgende Deklaration: Die K.O. v. 14. April 1840 hat ersichtlich nur ausdrücken wollen, daß die nur zur Beerdigung bestimmten Plätze, als solche, dem bürgerlichen Verkehr nicht unterworfen seien. Sie hat aber über die rechtliche Möglichkeit des Erwerbes eines Erbbegräbnisses, der Kirchengesellschaft gegenüber, um so weniger eine Verfügung treffen wollen, als die rechtliche Existenz eines Familienbegräbnisses dabei vorausgesetzt wurde. Ferner hatte auch die Entscheidung v. 17. April 1863 sich hierüber nicht ver-

§. 186. Ohne Anzeige bei den geistlichen Obern sollen Leichen anderswo, als auf einem öffentlichen Kirchhofe, nicht begraben werden[90]).

§. 187. Niemand kann, durch Veranstaltung eines solchen Privatbegräbnisses, der Kirchencasse und der Geistlichkeit die ihnen zukommenden Abgaben entziehen.

§. 188. Ohne Erkenntniß des Staats soll Niemandem das ehrliche Begräbniß auf dem öffentlichen Kirchhofe versagt werden[91]).

§. 189. Auch die im Staat aufgenommenen Kirchengesellschaften der ver-

---

breitet, indem dort mit Bezugnahme auf jene K.O. und I. 9 §. 581 L.R. ausgeführt wird, daß, weil eine Begräbnißstelle, als eine dem bürgerlichen Verkehr entzogene Sache, mittelst Verjährung durch Besitz nicht erworben werden könne, es auch nicht für zulässig zu erachten sei, daß ein Anderer durch Ersitzung das Recht erwerben könne, das Recht des Besitzers der Begräbnißstelle auf eine solche Weise zu beschränken, daß dadurch dessen nützlicher, seiner Natur und dem Zwecke seiner Bestellung gemäßer Gebrauch vereitelt werden würde. Es handelte sich nämlich um die Beschränkung eines anerkannten Erbbegräbnisses oder einer Familiengruft, keineswegs aber um die Frage über die rechtliche Möglichkeit des Erwerbes eines Erbbegräbnisses, der Kirchengesellschaft als Eigenthümerin des Kirchhofes gegenüber, sei es durch Verleihung oder durch Ersitzung. Fehlt es nun aber an einer gesetzlichen Vorschrift, nach welcher der Erwerb eines Erbbegräbnisses nur durch Verleihung und nicht auch durch Ersitzung begründet werden könnte, so muß auch die 44jährige Verjährung desselben durch Besitz der Kirche gegenüber nach den allgemeinen Grundsätzen für zulässig erachtet werden, Erk. v. 24. Mai 1869, Entsch. 61 S. 223, H. Str. Arch. 75 S. 49.

H. Vgl. auch P. Hinschius in Zeitschr. f. Gesetzgebung 4 S. 584.

H. Nach R.G. II H. v. 18. Sept. 1882, Entsch. 8 S. 200, hat der Erwerber eines Rechtes auf Begräbnißstellen auch die Befugniß, die Grabstellen zu verschönern und zu verzieren (mit Sträuchern und Bäumen zu besetzen) und Schutz gegen Beeinträchtigungen durch den Eigenthümer des Kirchhofes zu beanspruchen. Das ist richtig, aber insoweit zu beschränken, als der Berechtigte sich dabei an die festgestellte oder herkömmlich beobachtete Kirchhofsordnung zu halten hat. Wenn dagegen O.Tr. I v. 27. Nov. 1863, Str. Arch. 51 S. 248, angenommen hat, daß weder aus §§. 188—190 noch aus §§. 183, 453, 454 d. T. zu folgern sei, daß in dem Beerdigungsrechte des Gemeindegliedes das Recht miteinbegriffen sei, auch ohne Einwilligung der Kirchengesellschaft oder ihres Vorstandes als Eigenthümerin des Kirchhofes, das Grab mit einem Leichenstein zu belegen, so geht dies zu weit. Der Berechtigte hat, da dies ein herkömmlicher Gebrauch der Grabstelle ist, ein Recht darauf, so fern er dabei nur die Kirchhofsordnung beobachtet.

H. Aus der nur beschränkten Extrakommerzial-Qualität der Begräbnißstellen folgt auch, daß der Berechtigte sein Recht, ein Erbbegräbniß auf einem Kirchhof zu haben, petitorisch und possessorisch verfolgen kann, R.G. II H. v. 17. April 1882, Gruchot 26 S. 1022.

H. O.Tr. I v. 23. Okt. 1874, Entsch. 73 S. 66: Der Ehemann hat als Universal-Erbe seiner Frau keinen Anspruch auf das Miteigenthum an einem vom Vater der letzteren erworbenen Erbbegräbniß.

89) H. Wenn durch den Um- und Neubau einer Kirche dem Berechtigten sein Recht auf ein Erb- oder Familienbegräbniß entzogen wird, so kann zwar nicht unentgeltliche Gewährung einer Stelle auf dem Kirchhof, wohl aber Entschädigung von der Kirchengemeinde verlangt werden, s. Erk. des App.Ger. zum Hamm v. 26. April 1866 bei Gruchot 10 S. 432 u. bestätigend O.Tr. I v. 4. Jan. 1861, Str.Arch. 67 S. 14.

90) H. Die Uebertretung dieses Verbotes ist von den einzelnen Regierungen durch Polizeiverordnungen unter Strafe gestellt.

91) H. Dieser §. ist durch das Ges. v. 13. Mai 1873 (Zus. 9 zu §. 57 d. T.) nicht aufgehoben. Er stellt eine aus staatlichen, namentlich polizeilichen Gründen geforderte Regel auf. Die für den Fall eines Erkenntnisses des Staates, d. h. des Gerichts zugelassene Ausnahme des unehrlichen Begräbnisses kann nicht mehr vorkommen, da L.R. II. 20 §. 803, betr. die Beerdigung der Selbstmörder, und preuß. Krim.Ordn. §§. 550, 551, betr. die Verscharrung der vor der Hinrichtung verstorbenen Verurtheilten, schon durch preuß. Str.G.B. §. 9 („der Leichnam des Hingerichteten ist seinen Angehörigen auf ihr Verlangen zur einfachen, ohne Feierlichkeiten irgend einer Art vorzunehmenden Beerdigung zu verabfolgen") aufgehoben worden sind.

Die Verletzung der Vorschrift des §. 188 ist nach dem vorher citirten Gesetze, wenn sie den Thatbestand des §. 4 desselben enthält, strafbar.

H. Ueber die Beerdigung ungetauft verstorbener Kinder evangelischer Eltern vgl. Kirchenges. v. 30. Juli 1880 §. 14, u. Zus. 43 zu §. 452 d. T., und wegen der Versagung des feierlichen Begräbnisses durch den evangelischen Pfarrer z. B. bei Selbstmördern KG. u. S.O. §. 14, Zus. 20 zu §. 156 d. T.

schiedenen Religionsparteien [92]) dürfen einander wechselweise, in Ermangelung eigener Kirchhöfe, das Begräbniß nicht versagen [93]).

27. Verordnung, betreffend die Beerdigung auf fremden Kirchhöfen in der Provinz Westphalen. Vom 15. März 1847. (G.S. S. 116.)

Wir ꝛc. ꝛc. finden Uns .... bewogen, ... mit Rücksicht auf die Vorschrift des §. 189. Theil II. Titel 11. des Allgemeinen Landrechts, für den ganzen Umfang der Provinz Westphalen und unter Aufhebung aller entgegenstehenden Verordnungen, Rechte und Gewohnheiten hierdurch zu verordnen, daß die im Staate aufgenommenen Kirchengesellschaften der verschiedenen Religionsparteien einander wechselsweise, in Ermangelung eigener Kirchhöfe, ein nach dem Religionsgebrauche des Verstorbenen, und unter Mitwirkung eines Geistlichen seiner Konfession, zu feierndes Begräbniß nicht versagen dürfen [94]).

---

92) H. §. 189 ist auch heute noch auf diese Kirchengesellschaften, s. §. 17 d. T., zu beschränken.

93) Das K. Staatsministerium, bei welchem diese Frage aus Veranlassung eines Spezialfalles zur Erörterung gekommen ist, hat sich mittelst Beschlusses v. 30. Mai 1844 dahin ausgesprochen, daß eine Auffassung und Behandlung der Sache in nachstehender Weise dem Sinne und Wortlaute der Vorschrift des Allgem. Landrechts Th. II Tit. 11 §. 189 entspreche.

Wenn nämlich nicht etwa der öffentliche Begräbnißplatz Eigenthum der bürgerlichen Ortsgemeinde ist, oder auch der kirchlichen Gemeinde, welcher der Verstorbene angehörte, bestimmte Rechte des Mitgebrauchs am Gottesacker aus besonderen Rechtsgründen zustehen, als für welche beide Fälle ein Zweifel überhaupt nicht obwaltet, so soll es mit Beerdigung fremder Konfessionsverwandten folgendermaßen gehalten werden:

a) Befindet sich an dem Orte, wo sich der Sterbefall ereignet hat, eine Kirche oder ein Bethaus von der Konfession des Verstorbenen, wobei ein Geistlicher fungirt, so ist, wenn es der dazu gehörigen Gemeinde an einem eigenen Gottesacker mangelt, das Begräbniß auf dem Friedhofe der anderen Konfession durch den genannten Geistlichen liturgisch zu vollziehen.

b) Außer dem oben erwähnten Fälle steht es in der Wahl der Nachgebliebenen, entweder mit dem einer anderen Konfession angehörigen Ortspfarrer, dessen Gottesacker die Leiche aufzunehmen hat, wegen des Begräbnisses sich zu einigen, oder einen Geistlichen ihrer Konfession herbeizuholen, welcher den liturgischen Akt im Sterbehause vollzieht, worauf die Leiche in stiller Begleitung zu Grabe tragen wird (M.Bl. f. d. i. Verw. S. 239).

H. Nach dem R. v. 29. Sept. 1850 haben sich die Minister d. geistl. Angelegenheiten, des Innern u. der Justiz nicht für ermächtigt gehalten, die evangelischen Kirchengemeinden wider ihren Willen zu zwingen, auf ihren Kirchhöfen den Zutritt der getrennt-lutherischen Geistlichen und die Verrichtung geistlicher Amtshandlungen zu gestatten (M.Bl. f. d. i. Verw. S. 328).

H. Gegen polizeiliche Verfügungen über die Beerdigung von Leichnamen auf einem Begräbnißplatze sind Besitzstörungsklagen unzulässig. — Dagegen ist die Frage, ob eine Kirchengemeinde einer andern den Gebrauch des Begräbnißplatzes nach deren Ritus untersagen darf, der richterlichen Beurtheilung unterworfen, so fern das Recht dazu auf einen speziellen Titel, z. B. das Eigenthum am Kirchhofe, gestützt wird. Gerichtsh. zur Entsch. der Komp.Konfl. v. 3. Juni 1854 (J.M.Bl. S. 392).

H. Die Ueberweisung aller Einwohner eines Ortes auf einen bestimmten Begräbnißplatz unter Schließung der übrigen, speziellen Kirchhöfe involvirt keineswegs ohne weiteres eine Anwendung des §. 189 seitens der anweisenden Behörde; sie kann auch auf Grund der Annahme: daß der Begräbnißplatz ein allgemeiner sei, erfolgt sein. O.Tr. I v. 19. März 1866, Str. Arch. 63 S. 125.

Das Recht einer Kirchengesellschaft, auf einem fremden Kirchhofe die Todten zu beerdigen, giebt auch die Befugniß, die Gräber auszumauern und Grabdenkmäler und Umfriedigungen auf den Gräbern zu errichten. O.Tr. I v. 21. Okt. 1861, Str. Arch. 64 S. 25.

H. Ist der Kirchhof einer evangelischen Gemeinde zeither auch zur Beerdigung von Katholiken benutzt, so liegt in der eigenmächtigen Aufrichtung eines Kruzifixes seitens der katholischen Kirchengemeinde noch keine Besitzstörung, so Erk. dess. S. v. 11. Mai 1866, Str. Arch. 63 S. 184, weil die von dem Pfarrer der katholischen Gemeinde zur Genügung eines religiösen Bedürfnisses vorgenommene Handlung weder als auf Erwerb eines eigenen Besitzes noch als auf die Beeinträchtigung des klägerischen abzielend sich kundgiebt. Diese Motivirung erscheint ungenügend, denn in der Handlung liegt thatsächlich eine Beeinträchtigung des bisherigen Besitzes der evangelischen Gemeinde, und dies genügt zur Begründung der Besitzschutzklage.

Vgl. zu §. 761 u. H. wegen der Altkatholiken auch §. 2 des Ges. v. 4. Juli 1875 Zus. 28 zu §. 235 d. T.).

§. 190. Wo der Kirchhof erweislich nicht der Kirchengesellschaft, sondern der Stadt- oder Dorfgemeine gehört, da kann jedes Mitglied der Gemeine, ohne Unterschied der Religion, auch auf das Begräbniß daselbst Anspruch machen[95]).

§. 191. Das bei einer Kirche befindliche Geläute ist in der Regel als ein Eigenthum der Kirchengesellschaft anzusehen[96]). Geläute.

§. 192. Wo nach Verträgen, oder hergebrachter Observanz, auch eine andere Gemeine oder Religionspartei auf den Gebrauch desselben Anspruch machen kann, da kann dennoch dieser Mitgebrauch während des Gottesdienstes der Kirchengesellschaft, welcher die Glocken gehören, nicht verlangt werden.

§. 193. Die vom Staat ausdrücklich aufgenommenen Kirchengesellschaften sind, auch bei Erwerbung, Verwaltung und Veräußerung ihres Vermögens, anderen privilegirten Corporationen gleich zu achten. (Tit. 6. §. 70. 71. 72. 81. sqq.) Uebriges Vermögen.

§. 194. Keine Kirchengesellschaft kann, ohne ausdrückliche Bewilligung des Staats, liegende Gründe an sich bringen[97]).

§. 195. Ohne Vorwissen und besondere Erlaubniß des Oberhauptes im Staate darf, bei Strafe doppelten Ersatzes[98]), keiner ausländischen Kirche etwas verabfolgt werden.

§. 196. Die Strafe trifft denjenigen, auf dessen Veranstaltung die Sache oder Summe der ausländischen Kirche ausgehändigt worden.

§. 197. Aufgehoben[99]). Geschenke und Vermächtnisse.

---

94) H. Vgl. hierzu den Erlaß des Paderborner bischöflichen General-Vikariates v. 30. Aug. 1852, Arch. f. kath. K.R. 4 S. 220.

95) H. Ueber die Benutzung, Theilung und Verwaltung solcher Begräbnißplätze für verschiedene Konfessionen dürfen die Verwaltungsbehörden Anordnungen treffen, gegen welche der Rechtsweg nicht gestattet ist, Komp.Ger. v. 7. Okt. 1854 (J.M.Bl. 1855 S. 13).

96) H. Deshalb steht die Bestimmung darüber, in welchen Fällen die Benutzung des Kirchengeläutes für andere als kirchliche Zwecke zu gestatten sei, der kirchlichen Behörde zu. Besch. d. Min. d. geistl. Angel. v. 6. Mai 1842 (M.Bl. f. d. i. V. S. 263).

Der Gebrauch des Glockengeläutes zu den Bibelstunden der evangelischen Gemeinden darf nicht verboten werden. Besch. d. Min. d. geistl. Angel. u. d. Inn. v. 12. Aug. 1844 (M.Bl. f. d. i. V. S. 238).

97) Ohne Unterschied des Werths und des Titels. Pr. 1395 des O.Tr. (Entsch. 9 S. 305), s. Anm. zu I. 6 §. 83. Zu vergl. R. v. 1. Sept. 1806 (Rabe 8 S. 665) und Verf. d. Min. d. geistl. Angel. u. d. Inn. v. 15. Mai 1844 (M.Bl. f. d. i. V. S. 144); R. des Kult.Min. v. 15. März 1867 (M.Bl. f. d. i. V. 249).

Zur Beseitigung der Zweifel über die Staatsbehörde, welche die hier vorbehaltene Genehmigung zu ertheilen hat, setzt die Verf. des Min. d. geistl. Angel. v. 15. März 1832 fest, daß diese Genehmigung:

a) bei jedem Erwerbe von Grundstücken,

b) bei Veräußerung von ganzen Landgütern und Häusern bei dem Min. d. geistl. Angel. nachgesucht werden soll, und

c) in allen übrigen Fällen von den Reg. zu ertheilen ist, welche rücksichtlich der katholischen Bischöfe deren verfassungsmäßige Rechte auch hierbei, nach §. 18 der Dienstinstr. v. 23. Okt. 1817, zu beobachten haben (Annal. 16 S. 100).

Zu Vertauschungen von Kirchen- und Pfarrländereien ist, wegen der darin liegenden Erwerbung, allezeit die Genehmigung des Ministeriums erforderlich. Beschl. dess. Min. v. 3. Nov. 1845 (M.Bl. f. d. i. V. S. 314).

H. Durch die Verf.Urk. ist an der Vorschrift des §. 194 nichts geändert worden, Art. 42 derselben, R. v. 9. Juli 1849 (M.Bl. f. d. i. V. S. 165) u. v. 15. Mai 1851 (M.Bl. f. d. i. V. S. 110).

H. Vgl. übrigens jetzt die in Betreff der evangelischen Landeskirche, der katholischen Kirche und der Altkatholiken die zu Anm. 77 §. 176 d. T. citirten Gesetze und Verordnungen, wonach für Erwerbungen von Grundeigenthum, dessen Werth sich bis auf 10,000 Mark einschließlich beläuft, nur die Genehmigung des Regierungs-Präsidenten, bez. in Berlin des Polizei-Präsidenten erforderlich ist.

98) H. Der §. 5 Nr. 2 des Ges. v. 23. Febr. 1870 (Zus. zu I. 12 §. 39) läßt eine Geldstrafe bis zu 300 Thalern, im Unvermögensfalle entsprechende Gefängnißstrafe eintreten.

99) H. Diese Bestimmungen lauteten:

Anh. §. 125. Aufgehoben[99]).

§. 198—216. Aufgehoben[99]).

Geschenke und Vermächtnisse.

„§. 197. Auch inländische Kirchen dürfen, ohne besondere Einwilligung des Staats, Geschenke und Vermächtnisse, welche die Summe von fünfhundert Thalern übersteigen, nicht annehmen.

Anh. §. 125. Wenn einer Kirche oder anderen frommen Anstalt ein Geschenk oder Vermächtniß zugewendet wird: so sind die Vorsteher in allen Fällen schuldig, der geistlichen vorgesetzten Behörde Anzeige davon zu machen. Beträgt das Quantum nur fünfhundert Thaler oder weniger: so muß die Bestätigung darüber sofort ohne weitere Rückfrage ausgefertigt werden; außer diesen Fällen aber muß darüber an das geistliche Departement berichtet, und in keinem Falle die Schenkung oder das Vermächtniß, ohne vorgängige Immediatanfrage, abgewiesen werden.

§. 198. Geschenke und Vermächtnisse von höherem Werthe erhalten erst durch die Genehmigung des Staats ihre Gültigkeit.

§. 199. Erst mit dem Tage, da diese Bestätigung dem Geschenkgeber oder Erben bekannt gemacht worden, nimmt dessen Verbindlichkeit zur Entrichtung des Geschenks oder Vermächtnisses ihren Anfang.

§. 200. Dergleichen Geschenke oder Vermächtnisse zur todten Hand können nur in so fern auf die Genehmigung des Staats Anspruch machen, als sie die Summe von fünfhundert Thalern nicht übersteigen.

§. 201. Mehrere Zuwendungen von einerlei Geschenkgeber oder Erblasser werden, wenn sie auch zu verschiedenen Zeiten bestimmt worden, in Eine Summe zusammengezogen, und auf obigen Betrag herabgesetzt.

§. 202. Besteht diese Zuwendung in einer jährlichen fortwährenden Prästation: so soll der Betrag derselben mit vier vom Hundert zu Capital gerechnet, und wenn er alsdann die erlaubte Summe übersteigt, bis auf so weit herabgesetzt werden.

§. 203. Ist das herabgesetzte Geschenk mehreren Kirchen gewidmet, so hängt die Vertheilung der von dem Staat gebilligten Summe von dem Gutbefinden des Gebers ab.

§. 204. Hingegen muß, bei einem für mehrere Kirchen bestimmten und herabgesetzten Vermächtnisse, die Vertheilung der gebilligten Summe vom Staat, nach der wahrscheinlichen Absicht des Erblassers bestimmt werden.

§. 205. Auch kann der Staat, wenn es dieser Absicht nicht offenbar entgegen ist, die ganze gebilligte Summe, der unter mehreren berufenen Kirchen befindlichen unvermögenden, mit Ausschließung der hinlänglich versorgten Kirchen, zuwenden.

§. 206. Unter dem auf fünfhundert Thaler eingeschränkten Betrage der Geschenke und Vermächtnisse soll dasjenige nicht mit begriffen sein, was für Seelenmessen, die gleich nach dem Tode zu lesen sind, den katholischen Priestern auf die Hand vertheilt worden.

§. 207. Doch darf auch ein solches Vermächtniß die Summe von fünfhundert Thalern nicht übersteigen.

§. 208. Wenn ein Geschenk oder Vermächtniß zur Verbesserung des Auskommens der bei einer Kirche angestellten, und noch nicht hinlänglich versorgten Prediger, oder anderer Beamten, gewidmet ist: so soll darüber auch auf einen höheren Betrag, bis zur wirklichen Nothdurft, die Einwilligung des Staats in der Regel nicht versagt werden.

§. 209. Ein Gleiches findet statt, wenn das Geschenk oder Vermächtniß zur Wiederherstellung oder Reparatur eines schon vorhandenen kirchlichen Gebäudes bestimmt ist.

§. 210. Dem Staat allein aber gebührt die Beurtheilung: ob die Unterhaltung eines solchen Gebäudes für die Kirchengesellschaft, der es gewidmet ist, nothwendig und nützlich sei.

§. 211. Zum Baue neuer Kirchen finden Geschenke und Vermächtnisse nur in so fern statt, als der Staat nach §. 176. sqq. den Bau selbst genehmigt.

§. 212. Was Jemand an Sachen und Effecten, aus eignem Vorrathe, zur Auszierung einer Kirche schenkt, oder vermacht: dazu soll die Bestätigung in der Regel, wenn aus den Umständen eine Absicht, das Gesetz zu vereiteln, nicht erhellet, nicht versagt werden.

§. 213. Uebrigens finden eben die Gründe zum Widerrufe, welche bei Schenkungen überhaupt eintreten können, auch bei bestätigten Schenkungen an Kirchen Anwendung. (Th. 1. Tit. 11. §. 1089. sqq.)

§. 214. Kirchenvorsteher, welche den obigen Vorschriften zuwider, Schenkungen und Vermächtnisse annehmen, ohne davon dem Staat zur Bestätigung Anzeige zu machen, haben fiscalische Strafe verwirkt.

§. 215. Die Strafe soll, nach Bewandniß der Umstände, und je nachdem das Geschenk oder Vermächtniß an sich auf die Bestätigung Anspruch machen könnte, oder nicht, von der Hälfte bis zum doppelten Betrage des Werthes der angenommenen Sache oder Summe bestimmt werden.

§. 216. So weit das Geschenk oder Vermächtniß nicht bestätigt wird, fällt ersteres an den Geber, oder dessen Erben; so wie letzteres in den Nachlaß zurück.“

§. 217*. Die Verwaltung des Kirchenvermögens liegt den Kirchencollegien [100]), unter Aufsicht der geistlichen Oberen, ob. Verwaltung des Kirchenvermögens.

§. 218. Von diesen gilt, der Regel nach, Alles, was wegen der Beamten privilegirter Corporationen verordnet ist. (Tit. 6. §. 147. sqq.)

§. 219*. Grundstücke und Gerechtigkeiten [1]), die einer Kirche gehören, können, ohne ausdrückliche Genehmigung des Staats, nicht veräußert werden. Veräußerung.

§. 220*. Bei ganzen Landgütern oder Häusern ist die Genehmigung des geistlichen Departements nothwendig; bei einzelnen Grundstücken oder bloßen Gerechtigkeiten hingegen ist der Consens der unmittelbaren geistlichen Oberen hinreichend [2]).

§. 221. Die Genehmigung kann nur alsdann nachgesucht werden, wenn die Veräußerung zum Besten der Kirche nothwendig, oder von erheblichem Nutzen ist.

§. 222. Die öffentliche Subhastation ist zur Gültigkeit einer solchen Veräußerung nicht wesentlich nothwendig.

Anh. §. 126. Bei Veräußerung unbeweglicher Grundstücke der Kirchen und anderer geistlicher

---

H. An die Stelle dieser Vorschriften ist das Ges. v. 13. Mai 1833 (G.S. S. 49) und in dessen Stelle das Ges. v. 23. Febr. 1870 (G.S. S. 118 und Zus. 3 zu I. 12 §. 39) getreten. Die Bestimmungen desselben sind ausdrücklich im Art. 25 des Ges. v. 3. Juni 1876, im §. 50 des Ges. v. 20. Juni 1875 und im §. 11 des Ges. v. 7. Juni 1876, s. Anm. 77 zu §. 176 d. T. aufrecht erhalten.

H. Bei Einholung der nach §. 1 des Ges. v. 13. Mai 1833 erforderlichen Genehmigung sollten nach der durch Schreiben des Just.Min. mitgetheilten K.O. v. 1. Febr. 1834 folgende Punkte im Immediatberichte erörtert werden, a) ob nicht das Vermögen des betr. Institutes durch die Zuwendung zum Nachtheile des öffentlichen Verkehrs im Allgemeinen übermäßig vermehrt werde, b) ob nicht die betreffende Anstalt Mittel anhäufe, welche deren durch ihre Bestimmung begrenztes Bedürfniß überschreite, c) ob keine gemeinschädliche Anwendung an die Zuwendung geknüpft sei, d) ob dabei keine Verletzung einer Pflicht gegen hülfsbedürftige Angehörige stattfinde, oder e) eine Ueberredung zur Kränkung der Rechte dritter Personen stattfinde (Ergänzungen zu §§. 197, 216 d. T.). Auch nach Erlaß des Ges. v. 23. Febr. 1870 ist diese Ordre, obwohl sie sich auf dasselbe nicht bezieht, für maßgebend erachtet worden. Jedenfalls wird aber die Genehmigung, wenn andere als die angegebenen, selbst politische Bedenken obwalten, nicht ertheilt zu werden brauchen.

100) H. Vgl. Anm. 70 zu §. 156 d. T. u. Anm. 4 zu §. 157 d. T.

1) H. Jedoch nach den Anm. 77 zu §. 176 d. T. citirten Gesetzen allein Immobilien-Gerechtigkeiten, denn nur diese fallen unter den Begriff: Grundeigenthum. Die staatliche Genehmigung ertheilt bei einem Werth von mehr als 10,000 Mark der Kultusminister, sonst der Regierungs-Präsident, bez. in Berlin für evangelische Kirchen der Polizei-Präsident, s. die daselbst angeführten Verordnungen.

2) H. Die früheren Kontroversen, welche sich an diesen §. angeschlossen haben, s. auch §. 648 d. T., worüber Auskunft geben Schr. d. Just.Min. v. 10. Mai 1819, Annal. 3 S. 414 u. R. d. Min. d. geistl. Angel. v. 13. Mai 1875, J.M.Bl. 1875 S. 131, Ztschr. f. K.R. 13 S. 234, sind durch die in der vor. Anm. angegebenen Normen, soweit es sich um die Betheiligung des Staates handelt, erledigt. Der §. hat jetzt nur noch die Bedeutung einer Norm für die kirchlichen Organe. In der evangelischen Kirche ist mit Rücksicht auf die jetzt geltenden Ressortbestimmungen bei Landgütern und Häusern die Genehmigung des Oberkirchenrathes, in den andern Fällen die des Konsistoriums erforderlich, da diese Behörden nach Art. 21 des Ges. v. 3. Juni 1876 und der Verordn. v. 5. Sept. 1877, s. Zus. 17 zu §. 144 d. T., an Stelle des Kultusministers und der Regierungen getreten sind. Mit Rücksicht darauf, daß nach dieser Kompetenzenbegrenzung zwischen den kirchlichen Behörden und den in der vorhergehenden Anm. 1 angegebenen zwischen den Staatsbehörden sich die Konsequenz ergeben hat, daß in einzelnen Fällen bei Grundstückserwerbungen die obere staatliche Behörde neben der niederen kirchlichen und die obere kirchliche neben der niederen staatlichen zu konkuriren hatten, diese Kombination aber dem Grundsatze der V. v. 9. Sept. 1876 Art. I Nr. 7 (Zus. 24 zu §. 156) widerspricht, hat der ev. O.K.R. im Einverständniß mit dem Min. d. geistl. Angel. unterm 11. Dez. 1880 angeordnet, daß „weiterhin die Genehmigung zu dem Erwerb der Veräußerung und dinglichen Belastung von Grundeigenthum, wenn der Werth des zu erwerbenden oder zu veräußernden Gegenstandes oder wenn der Betrag der Belastung die Summe von 10,000 Mark übersteigt, bei dem ev. O.K.R. nachzusuchen, in allen sonstigen Fällen aber von dem Konsistorium zu ertheilen ist", kirchl. Ges. u. Verordn.Bl. v. 1880 S. 190. In der katholischen Kirche ist der geistliche Obere in allen Fällen der Bischof, s. Schr. d. Just.Min. v. 28. Jan. 1830 (Ergänzungen ad h. §.). Vgl. ferner Ges. v. 7. Juni 1876, Zus. 62 zu §. 950.

Stiftungen, so wie bei Erb- und Zeitverpachtungen (letztere über sechs Jahre), soll zwar in der Regel eine freiwillige Subhastation veranlaßt werden; es soll jedoch von dem Ermessen der geistlichen Obern abhängen: ob nach aufgenommener gerichtlichen Taxe, nach dem Gutachten der Untergerichte, Inspectoren und Prediger, die Subhastation noch erforderlich sei; und deren Unterlassung soll keine Ungültigkeit nach sich ziehen [3]).

§. 223. Die ohne den erforderlichen Consens geschehene Veräußerung eines solchen Eigenthums der Kirche ist nichtig.

§. 224. Dagegen kann dieselbe, wenn die Einwilligung der Behörde hinzugekommen ist, unter dem Vorwande, daß sie unnöthig oder nicht nützlich gewesen sei, nicht angefochten werden.

§. 225. Vielmehr finden dagegen nur eben die Einwendungen und Rechtsmittel, wie gegen jede andere Veräußerung statt.

§. 226. Doch bleibt derjenige, welcher durch unrichtige Vorspiegelungen oder sonst, vorsätzlich oder aus grobem Versehen, die Einwilligung zu einer nicht nothwendigen oder schädlichen Veräußerung bewirkt hat, der Kirche zur vollständigen Schadloshaltung verhaftet.

Verpfändung [4]).

§. 227. Zu Verpfändungen des unbeweglichen Kirchenvermögens ist die Einwilligung des Bischofs [5]), und bei protestantischen [6]) Kirchen, des Consistorii [7]) nothwendig.

Besondere Vorrechte des Kirchenvermögens.

§. 228. Die Kirchengesellschaften genießen, in Ansehung der mit ihnen selbst, oder mit ihren Repräsentanten und Vorstehern, über ihr Vermögen verhandelten Geschäfte und geschlossenen Verträge, die Rechte der Minderjährigen.

§. 229*. Wegen solcher zum Kirchenvermögen gehörenden beständig fortlaufenden Abgaben und Prästationen, welche, nach Gesetzen und Verfassungen, auf allen Grundstücken gewisser Art in einem Orte oder Districte haften, gebührt den Kirchen, bei entstandenem Concurse der Besitzer, ein vorzügliches Recht in der zweiten Classe [8]).

§. 230*. Eben dergleichen Vorzugsrecht kommt ihnen auch in Ansehung solcher beständig fortlaufenden persönlichen Abgaben zu, welche in einem Orte oder Districte von allen Einwohnern einer gewissen Classe zu entrichten sind.

§. 231*. Doch ist beiderlei Vorzugsrecht, nach näherer Vorschrift der Concursordnung [9]), nur auf den Rückstand zweier Jahre eingeschränkt.

§. 232*. Haften dergleichen beständig fortlaufende Prästationen auf liegenden Gründen nur vermöge besonderer Contracte oder letztwilliger Verordnungen, so

---

3) Aus dem R. v. 23. Okt. 1797, wodurch der Widerspruch zwischen dem §. 222 und der folgenden Vorschr. §§. 672, 673 gehoben worden. (Rabe 4 S. 322.)

4) Die Voraussetzung der Verpfändung ist das Vorhandensein einer gültigen Kirchenschuld. Wie und von wem dieselbe zu kontrahiren, ist nach Beschaffenheit des einzelnen Falles mit Rücksicht auf die Vorschriften der bei §§. 156 u. 157 mitgetheilten Gesetze und Ordnungen zu beurtheilen. Ueber die Wirksamkeit und Rechtmäßigkeit einer Kirchenschuld in Albrecht, Entscheidungen merkwürdiger Rechtsfälle 2 (Göttingen 1800) S. 104 ff. Der §. 227 enthält eine Spezialvorschrift über die hinzutretende Verpfändung eines Immobile.

5) H. Außerdem nach den Anm. 77 zu §. 176 citirten Gesetzen und Verordnungen die Staatsgenehmigung, welche bei Verpfändungen auf Summen von mehr als 10,000 Mark vom Kultusminister, in anderen Fällen von dem Regierungs-, in Berlin bei evangelischen Kirchen von dem Polizei-Präsidenten ertheilt wird.

6) Evangelische. S. Anm. 48 zu §. 39. d. T.

7) H. So auch nach der neuesten Ressortbestimmung des Ges. v. 3. Juni 1876 Art. 21, während vorher die Regierung an Stelle des Konsistoriums getreten war, vgl. wegen der jetzt stattfindenden Konkurrenz des ev. O.K.R. die vorhergehende Anm. 2.

8) H. Dieses Vorrecht ist neu bestimmt in der R.Konk.Ordn. §. 54 Nr. 3.

9) H. Nach der R.Konk.Ordn. nur wegen Rückständen aus dem letzten Jahre.

gebührt den Kirchen deswegen, bei ermangelnder gerichtlicher Eintragung, nur ein Vorrecht der fünften Classe[10]).

§. 233*. Eben dergleichen Vorrecht kommt den Kirchen in dem Vermögen derjenigen zu, mit welchen sie Contracte geschlossen, oder ihnen Vorschüsse gegeben haben[11]).

§. 234*. Hingegen gebührt ihnen das in der Concursordnung[12]) näher bestimmte Vorrecht der vierten Classe, in dem Vermögen ihrer Vorsteher und Administratoren, welchen die Verwaltung oder Aufbewahrung ihrer Gelder, oder anderer Vermögensstücke anvertraut worden.

§. 235. Die Verhältnisse zwischen den Kirchengesellschaften und deren Mitgliedern, in Ansehung der Güter und des Vermögens der Ersteren, sind nach den allgemeinen Grundsätzen von Corporationen überhaupt[13]), und demnächst nach der unter Genehmigung des Staats hergebrachten Verfassung[14]) einer jeden einzelnen Kirchengesellschaft bestimmt. Verhältnisse der Mitglieder.

28. Gesetz, betreffend die Rechte der altkatholischen Kirchengemeinschaften an dem kirchlichen Vermögen[15]). Vom 4. Juli 1875. (G.S. S. 333.)

Wir &c. verordnen, mit Zustimmung beider Häuser des Landtages, für den Umfang der Monarchie, was folgt:

---

10) H. Dieses Vorrecht war schon durch die preuß. Konk.Ordn. v. 1855 beseitigt.

11) Desgleichen.

12) Dieses Vorrecht entfällt nach d. R.Konk.Ordn. §. 54.

13) Die Kirchengemeinden können daher auch über die Aufbringung der Gemeindebedürfnisse Beschlüsse fassen, wodurch die einzelnen, selbst die widersprechenden Mitglieder verpflichtet werden; niemals aber können dadurch Ortseinwohner, welche nicht zu der Kirchengemeinde gehören, verbindlich gemacht werden. In dieser Beziehung hat das O.Tr. in der Sache eines Juden wider das Presbyterium der Domkirche zu Königsberg angenommen, daß zwar eine Kirchengemeinde gültig Beschlüsse fassen kann, durch welche nicht bloß der in der Gemeinde bestehende Personaldezem, sondern auch der Realdezem erhöht werden soll, und solche Beschlüsse, wenn sie nur in gehöriger Form von der Mehrheit gefaßt und von den Kirchenobern bestätigt worden, auch die widersprechende Minderheit verbinden, daß aber dergleichen Beschlüsse immer nur für diejenigen Realdezempflichtigen und deren Nachfolger verbindlich sein können, welche im Augenblicke des gefaßten Beschlusses Mitglieder der Kirchengemeinde sind. Dezempflichtige, welche einer anderen Konfession angehören, als der, zu welcher die betreffende Kirchengemeinde gehört, seien nicht Mitglieder derselben und würden durch ihre Beschlüsse nicht berührt. Sie hätten zur Zeit, wo sie das dezempflichtige Besitzthum erworben haben, dasselbe mit den damals darauf haftenden Reallasten übernommen, und müßten dieselben in alle Zukunft hinaus erfüllen. Die ihnen fremde Kirchengemeinde könne aber durch ihre Beschlüsse deren Leistungen nicht erschweren. Aus diesen Gründen verurtheilt das Erk. des O.Tr. v. 10. April 1833 den jüdischen Kaufmann M. zu dem erhöhten Satze des Realdezems nur unter der faktischen Voraussetzung, daß der Realzehnte schon zu einer Zeit erhöht worden, wo sich die Grundstücke noch in dem Besitze einer zur Domkirche eingepfarrten Besitzerin befunden haben. Besch. d. Min. d. geistl. Angel. v. 12. Jan. 1844 (M.Bl. f. d. i. V. S. 31).

Ist in einer Kirchengemeinde, in Ermangelung einer gültigen Observanz, beschlossen, das Kirchen-Defizit durch eine allgemeine Umlage unter sämmtlichen Pfarrgenossen nach den für solche allgemeine Korporationsverpflichtungen in Anwendung kommenden Grundsätzen, und zwar nach den von der Regierung zu bestätigenden und für exekutorisch zu erklärenden Umlagen aufzubringen; so ist gegen die solchergestalt erfolgte Festsetzung der Beitragspflicht der Rechtsweg nicht statthaft. O.Tr. I v. 30. Sept. 1864, Str. Arch. 56 S. 209 u. 217.

14) H. S. jetzt die zu §§. 156 u. 157 mitgetheilten Gesetze und Ordnungen, welche für die evangelische Landeskirche und die katholische Kirche prinzipaliter zur Geltung kommen.

15) H. Das Gesetz, welches aus der Initiative des Abgeordnetenhauses (Antrag Petri) hervorgegangen ist (Drucks. des Abg.H. 12. Legisl.Per. II. Session 1875 Nr. 77), hat den Zweck, den Altkatholiken, d. h. denjenigen Katholiken, welche die Beschlüsse des vatikanischen Konzils, formulirt in der Konstitution Pius IX.: Pastor aeternus v. 18. Juli 1870 (u. a. abgedruckt bei Friedberg, Aktenstücke zum vatikanischen Konzil. Tübingen 1872. S. 740), insbesondere die dadurch dogmatisirte päpstliche Unfehlbarkeit nicht anerkannt haben, vorläufig

§. 1. In denjenigen katholischen Kirchengemeinden, aus welchen eine erhebliche Anzahl von Gemeindemitgliedern [16]) einer altkatholischen [17]) Gemeinschaft [18]) beigetreten [19]) ist, wird die

---

die Benutzung des im Besitze der Anhänger des Konzils verbliebenen katholischen Kirchenvermögens, namentlich auch der zum Gottesdienste bestimmten Gegenstände, zu gewähren und zu sichern.

Seine Bedeutung und Tragweite geht weit über seinen unmittelbaren Zweck hinaus. Dasselbe enthält die erste gesetzliche Anerkennung der Stellung der Altkatholiken in Preußen, und zwar auf Grund der vollen Gleichberechtigung derselben mit den sog. Neukatholiken und ihrer Zugehörigkeit zu der im preußischen Staate als vollprivilegirt anerkannten katholischen Kirche.

Die Staatsregierung hatte von vornherein gegenüber dem Streite der beiden Parteien sich neutral verhalten, d. h. von dem Gesichtspunkte ausgehend, daß der Staat den dogmatischen Streit nicht entscheiden könne, hat sie weder den vatikanischen Katholiken ihre Privilegien als Mitglieder der katholischen Kirche entzogen, noch den Altkatholiken, welche nicht aus der katholischen Kirche austreten wollten, ihre Rechte genommen. Von diesem Standpunkte aus sind im Verwaltungswege Geistliche und Religionslehrer im Besitze ihrer Aemter erhalten (s. Friedberg, Aktenstücke, die altkatholische Bewegung betr., Tübingen 1873. S. 14 ff., 149, 162 ff.), die Civilstandsakte der altkatholischen Pfarrer als in die katholischen Kirchenbücher für eintragungsunfähig erklärt (s. Friedberg a. a. O. S. 166; Archiv für kath. Kirchenrecht 30 S. 162), und die gottesdienstlichen Einrichtungen der Altkatholiken geschützt worden (s. Friedberg a. a. O. S. 17, 166). Nachdem die letzteren in Folge ihrer weiteren Organisation den früheren Professor Dr. Reinkens durch ein aus Geistlichen und Laien bestehendes Wahlkollegium am 4. Juni 1873 zu Köln zum Bischof gewählt und dieser durch den jansenistischen Bischof von Deventer am 11. Aug. dess. J. zu Rotterdam die Weihe empfangen hatte, erhielt derselbe nach vorgängiger Ableistung des Treueides 1873 die landesherrliche Anerkennung als katholischer Bischof. Ein fernerer Schritt war die Errichtung besonderer altkatholischer Pfarreien, welche, in ziemlich weiten Sprengeln die zerstreut wohnenden Altkatholiken umfassend, einen den Missionspfarreien ähnlichen Charakter hatten und die staatliche Anerkennung erlangten.

Die Auffassung der Staatsregierung, welche sich in den erwähnten Verwaltungsmaßregeln kundgegeben hatte, fand im Jahre 1874 die Zustimmung der Landesvertretung dadurch, daß diese die im Etat für 1874 unter dem Titel: „Bedürfnißzuschüsse und einmalige Unterstützungen, insbesondere für einen katholischen Bischof" geforderte Summe von 16,000 Thlrn. ohne Veränderung des Titels bewilligte (s. stenogr. Berichte des Abgeordnetenhauses von 1874 Bd. 1 S. 905 ff.).

Nicht minder hat der höchste Gerichtshof des Landes denselben Standpunkt eingenommen. In den Erkenntnissen v. 24. Mai 1873 (J.M.Bl. S. 202, Oppenhoff, Rechtspr. 14 S. 399; Entsch. 70 S. 42*) u. v. 20. Okt. 1874 (Oppenhoff a. a. O. S. 687 und Gruchot Jahrg. 19 S. 249) hat das O.Tr. Str.S. II ausgesprochen, daß diejenigen, welche sich zur katholischen Kirche bekennen, rücksichtlich ihrer der katholischen Kirche eigenthümlichen Einrichtungen so lange ein Recht auf den Schutz des §. 166 des Deutschen Strafgesetzbuchs haben, als sie nicht ihren Austritt aus der Kirche erklärt haben, oder als nicht im gesetzlichen Wege festgestellt ist, daß auf sie die staatliche Anerkennung der katholischen Kirche keine Anwendung leidet und daß den Gerichten nicht zusteht, aus Gründen, welche lediglich dem kirchlichen Gebiete angehören, darüber zu entscheiden, ob gewisse Gemeinden, die sog. Altkatholiken, sich von der römisch-katholischen Kirche getrennt haben, vgl. weiter Erk. ders. Abthlg. v. 12. Juli 1875, Oppenhoff 16 S. 537, v. 15. Sept. 1877, a. a. O. 18 S. 587, O.Tr. I v. 17. Okt. 1877, a. a. O. S. 653, Hartmann, Ztschr. 4 S. 175; — ferner in dem Erk. I. v. 11. Sept. 1874 (Entsch. 73 S. 1 ff., Str. Arch. 92 S. 231; Gruchot a. a. O. S. 230), daß die Altkatholiken durch die bloße Erklärung: an die Beschlüsse des vatikanischen Konziles vom Jahre 1870, namentlich an das Unfehlbarkeitsdogma nicht zu glauben, nicht als aus der katholischen Kirche ausgeschlossen anzusehen, und deshalb oder in Folge des in dieser Kirche eingetretenen Schismas, nicht ohne weiteres von der ferneren Entrichtung von Kirchensteuern befreit sind, zu deren Zahlung sie vor Abgabe dieser Erklärung an die katholische Kirche ihres Wohnortes als Eingepfarrte verpflichtet gewesen, einer Entscheidung, in Folge deren der Kult.Min. i. d. R. v. 15. Juni 1877, Arch. f. kath. K.R. 37 S. 471 die Verweigerung der Administrativexekutiven gegen solche Altkatholiken für ungerechtfertigt erklärt hat.

Wenn das vorliegende Gesetz den Altkatholiken die Möglichkeit einer Benutzung der Kirchen und des Mitgenusses des Vermögens der katholischen Kirchengemeinde eröffnet, so sanktionirt es damit die bisher von der Verwaltung und dem höchsten Gerichtshof des Landes vertretene Anschauung.

16) H. Es sollte bei den in Frage stehenden, durchaus flüssigen Verhältnissen weder eine feste Minimalzahl aufgestellt, noch ein bestimmter Prozentsatz fixirt, auch von einem proportionalen Verhältniß abgesehen werden. Das Wort: erheblich hat also eine objektive Bedeutung und bedeutet: eine Zahl, für welche die Einrichtung einer besonderen Pastoration angemessen erscheint,

Benutzung[20]) des kirchlichen Vermögens[21]) im Verwaltungswege[22]) bis auf Weiteres nach Maßgabe der folgenden Bestimmungen geordnet.

---

siehe Bericht der XIII. Kommission des Abgeordnetenhauses, Drucks. 12. Legisl.Per. II. Sess. 1875 Nr. 284 S. 4; d. h. die erhebliche Anzahl muß fähig und bereit sein, für eine, wenn auch nicht sonntäglich regelmäßige, so doch immerhin bis auf einen gewissen Grad regelmäßige Seelsorge durch einen Geistlichen Sorge zu tragen und das Bedürfniß an den Tag legen, ihre gottesdienstlichen Verrichtungen und die Spendung der Heilsmittel in der Kirche zu suchen. Es ist der Begriff: „erhebliche Zahl" absolut zu nehmen, nicht erheblich im Verhältniß zu den übrigbleibenden Nicht-Altkatholiken, der Oberpräsident hat zu prüfen, ob eine Anzahl von 100 oder 50 in dem gegebenen konkreten Verhältniß als eine so erhebliche zu betrachten, daß es unrecht wäre, ihr die Verrichtung ihres Gottesdienstes in der Kirche vorzuenthalten.

17) H. Selbstverständlich genügt, um die Zugehörigkeit zu konstatiren, die Erklärung der in Frage stehenden Person.

18) H. s. §. 5 des Ges.

19) H. Eine bloße Erklärung bei dem Vorstande oder auch eine thatsächlich dauernde Theilnahme an dem altkatholischen, unter Fernhaltung von dem Gottesdienst der vatikanischen Katholiken, genügt. Die Form des §. 1 des Ges. v. 14. Mai 1873 (Zus. 8 zu §. 42) kann keine Anwendung auf den Beitritt finden, weil es sich hier gar nicht um ein Verlassen der katholischen Kirche, sondern nur um die Erklärung für die eine oder andere der beiden in ihr herrschenden Richtungen handelt.

Die Fassung: „in denjenigen katholischen Kirchengemeinden, aus welchen u. s. w. beigetreten ist", giebt zu der Frage Veranlassung: ob dieselben Altkatholiken, welche die erhebliche Anzahl bilden, vorher der katholischen Kirchengemeinde erst als vatikanische Katholiken angehört haben müssen, oder nicht, d. h. ob es genügt, daß die erhebliche Anzahl auch durch ausschließlich oder in einer die erhebliche Zahl ausmachenden Majorität zugezogene Altkatholiken, oder zum Altkatholizismus bekehrte (z. B. protestantische, jüdische) Konvertiten gebildet werden kann. Die Frage wird dahin zu beantworten sein, daß auch eine aus solchen Elementen zusammengesetzte erhebliche Anzahl von Katholiken die durch das Gesetz gewährten Rechte zu beanspruchen hat. Der zugezogene oder konvertirte Altkatholik ist Katholik und gehört von dem Standpunkte des Gesetzes immer zu der katholischen Kirchengemeinde, in welcher er seinen Wohnsitz genommen hat, wenngleich er diesen dort erst zu einer Zeit aufgeschlagen hat, wo er schon Altkatholik war. Er ist also auch ein aus der betreffenden katholischen Kirchengemeinde dem Altkatholizismus beigetretenes Mitglied. Für diese Auslegung spricht übrigens auch der Zweck des Gesetzes, das den Bedürfnissen der Altkatholiken auf Gottesdienst hat Rechnung tragen wollen und dabei nicht zwischen solchen, welche ursprünglich an dem betreffenden Orte noch als vatikanische Katholiken eine Zeit lang gewohnt, und denjenigen, welche sich schon als Altkatholiken dort niedergelassen haben, unterscheiden konnte. Vgl. auch §. 8.

20) H. D. h. der Gebrauch und die Nutznießung (s. auch §. 4). Ueber das Eigenthum bestimmt das Gesetz nichts, läßt dieses also intakt, wie es bisher war, bestehen. Es handelt sich lediglich um eine provisorische Regelung der Rechtsverhältnisse für die Dauer der Spaltung zur Aufrechterhaltung des Rechtszustandes und zur Fernhaltung jeder Selbsthülfe.

Ueber das Subjekt dieses Benutzungsrechtes s. u. zu §. 5 und den Schutz des letzteren zu §. 6.

21) H. Hierunter kann nicht das kirchliche Vermögen im Sinne des Ges. v. 20. Juni 1875 (s. Zus. 25 zu §. 157) verstanden werden, vielmehr nur dasjenige, was nach dem gewöhnlichen Sprachgebrauch und der gewöhnlichen Auffassung dazu gehört, also das Vermögen, welches Eigenthum der Kirchengemeinde oder der Pfarrei (Filiale 2c.), als Anstalt gedacht, ist, oder dasjenige, was zu den Zwecken der Kirchengemeinde kraft öffentlichen Rechts, wie z. B. die rheinischen Kirchenfabriken, bestimmt ist, nicht aber solches, das im Eigenthum anderer Personen als der Kirchengemeinde oder der Pfarrei, z. B. von Privatpersonen oder Stiftungen steht, weil hierbei die Disposition des Eigenthümers oder Stifters darüber entscheidet, in wiefern dasselbe den Altkatholiken zu Gute kommt. Insbesondere hebt das Gesetz als zum Kirchenvermögen gehörig hervor: die Kirchen, die Kapellen, die Begräbnißplätze, die kirchlichen Geräthschaften und die Pfründen (§§. 2, 3).

22) H. Das zuständige Organ ist der Oberpräsident, der auch über die Frage entscheidet, ob die Voraussetzung der Einräumung der Benutzung, d. h. die erhebliche Anzahl von Mitgliedern vorhanden ist. Dies hat allerdings keinen direkten Ausdruck im Gesetze gefunden, weil der §. 6 nur die §§. 2—5, nicht aber den §. 1 anzieht. Daß der Oberpräsident die betreffende Zuständigkeit haben soll, folgt aber daraus, daß er darüber entscheidet, ob die altkatholischen Vereine kirchlich organisirt sind (§. 5), und eine solche Entscheidung nur unter der Voraussetzung gegeben werden kann, daß ein die Einrichtung eines regelmäßigen Gottesdienstes rechtfertigendes Bedürfniß, also auch eine ausreichende, d. h. erhebliche Anzahl von Altkatholiken, welche dasselbe haben, vorhanden ist.

§. 2. Der altkatholischen Gemeinschaft [23]) wird der Mitgebrauch der Kirche [24]) und des Kirchhofs eingeräumt. Sind mehrere Kirchen (Kapellen u. s. w.) [25]) vorhanden, so kann eine Gebrauchstheilung nach bestimmten Objekten [26]) verfügt werden.

Die nämliche Gebrauchstheilung [27]) findet bezüglich der kirchlichen Geräthschaften [28]) statt [29]).

Ist der altkatholischen Gemeinschaft die Mehrheit der Gemeindemitglieder [30]) beigetreten, so steht der Gemeinschaft der Mitgebrauch der Kirche in den zur Abhaltung des Hauptgottesdienstes herkömmlich bestimmten Stunden, bei mehreren Kirchen der Gebrauch der Hauptkirche zu.

§. 3. Tritt ein Pfründeninhaber [31]) der altkatholischen Gemeinschaft [32]) bei, so bleibt er im Besitz und Genuß der Pfründe [33]).

In der Herrenhaus-Kommission ist eine ausdrückliche, aber abgelehnte Vorschrift zu §. 8 dahin beantragt worden: „Auf Domkirchen findet das Gesetz keine Anwendung." Es ward zugegeben, „daß mit einer Domkirche allerdings eine Pfarrgemeinde verbunden sein kann und das Gesetz daher formell auf sie anwendbar erscheint, allein dagegen bemerkt, daß die Staatsbehörde es unter den bestehenden Verhältnissen gewiß möglichst zu vermeiden suchen werde, gerade an den Domkirchen den Altkatholiken den Mitgebrauch oder alleinigen Gebrauch einzuräumen."

23) H. Im Sinne des §. 5.

24) H. Welche aber selbstverständlich nur zu gottesdienstlichen Zwecken und sonst ihrer Bestimmung gemäßen Zwecken gebraucht werden darf. Die Beerdigung von Leichen ist kein solcher Gebrauch, zu dem die Kirche eingeräumt werden kann, weil eine Bestattung von Todten in derselben nicht mehr üblich, ja sogar meistens verboten ist, s. §. 184 d. T.

25) H. D. h. solche Gotteshäuser, welche nicht zur Vornahme der eigentlichen Pfarr-Verrichtungen bestimmt sind. Durch das: u. s. w. haben alle zu gottesdienstlichen Handlungen bestimmten Gebäude, welches auch immer ihre Bezeichnung sein möge, also z. B. auch die Baptisterien, begriffen werden sollen.

26) H. Die Zuweisung des einen Gebäudes zur ausschließlichen Benutzung an die eine, des andern an die andere Partei. Der Abs. 3 des §. ergiebt aber in seiner Schlußbestimmung, daß bei mehreren kirchlichen Gebäuden die Haupt- (Pfarr-) Kirche den Altkatholiken, abgesehen von dem Falle, wo sie die Mehrheit bilden, für die Regel nicht zugewiesen werden kann. Das bloße Vorhandensein einer Mehrheit von Kirchen bedingt, wie das Wort: kann zeigt, nicht unter allen Umständen eine Theilung nach Objekten. Wo irgend angänglich, wird aber, wenn eine für den Gebrauch der Altkatholiken ausreichende Kirche vorhanden ist, die fragliche Theilung vorzuziehen sein.

27) H. D. h. nach Objekten.

28) H. alle Gegenstände, welche unmittelbar zum Gottesdienst gebraucht werden, wie z. B. die Kelche, Patenen, Tabernakel, Monstranzen, Taufbecken, Altarleuchter, mappae, Kelchtücher, Korporalien u. s. w. An und für sich gehören dazu auch die für den Gebrauch beim Gottesdienst bestimmten Gewänder, wiewohl sich hier in der Praxis schwerlich ein Bedürfniß nach Gebrauchstheilung herausstellen wird.

29) H. Demnach ist für diesen Fall ein Mitgebrauch der Geräthschaften durch beide Theile ausgeschlossen. Wie aber, wenn der Vorrath nicht ausreicht, also nicht jedes Stück in zwei Exemplaren vorhanden ist? Die Ausschließung jeder Theilung würde hier die Altkatholiken benachtheiligen und auch der Vorschrift des Abs. 2 zuwider sein. Es wird demnach auch in diesem Falle getheilt werden und jeder Partei überlassen bleiben müssen, sich die ihr dadurch entzogenen, bez. die nicht gewährten Stücke anderweit zu beschaffen.

30) H. Im Sinne des §. 8.

31) H. Da dieser §. den Zweck hat, die dem Altkatholizismus beitretenden Geistlichen in ihrem Einkommen zu schützen, so kann unter Pfründeninhaber nicht der Inhaber eines Beneficiums im kanonischen Sinne, s. Zus. 10 bei §. 60 Anm. 36 zu §. 1, verstanden werden, vielmehr ist unter Pfründeninhaber der Inhaber einer geistlichen oder kirchlichen Stelle, s. darüber Zus. 11 zu §. 60 Anm. 70, also auch z. B. ein nicht definitiv angestellter Kaplan, welchem bestimmte Einkünfte zugewiesen sind, zu verstehen.

32) H. S. §. 5. Ist aber auch erforderlich, daß die Gemeinschaft aus einer erheblichen Anzahl von Mitgliedern besteht (§. 1), oder bestimmt der vorliegende §. ganz allgemein, daß jeder Geistliche, welcher dem Altkatholizismus beitritt, wenn auch in der betreffenden Gemeinde gar keine oder nur wenige Altkatholiken vorhanden sind, den Genuß seiner Einkünfte behält? Das erstere ist anzunehmen. Der §. 1 stellt als Bedingung der Anwendbarkeit aller einzelnen Vorschriften des Gesetzes die Voraussetzung auf, daß aus einer katholischen Kirchengemeinde eine erhebliche Anzahl von Mitgliedern einer altkatholischen Gemeinschaft beigetreten sein muß.

Bei Erledigung der Pfründe [34]) wird dieselbe im Fall des §. 2. Abs. 3. [35]) der altkatholischen Gemeinschaft überwiesen [36]).

Sind mehrere Pfründen vorhanden, so kann bei deren Erledigung [37]) mit Rücksicht auf das Zahlenverhältniß beider Theile [38]) eine Genußtheilung nach bestimmten Pfründen verfügt werden.

§. 4. An dem übrigen, zu kirchlichen Zwecken bestimmten Vermögen [39]) wird der altkatholischen Gemeinschaft, mit Rücksicht auf das Zahlenverhältniß beider Theile [40]), der Mitgenuß [41]) eingeräumt.

Ferner kann das Wort: altkatholische Gemeinschaft hier nur den im §. 5 gesetzlich festgestellten Sinn haben (ein Umstand, welchen Thudichum, deutsch. K.R. 1 S. 285 bei seiner Polemik gegen die hier vertretene Ansicht völlig ignorirt). Mit der zweiten Alternative beschäftigt sich das Gesetz überhaupt nicht. Es läßt die betreffende Frage offen. Sie wird mit Rücksicht darauf, daß die Altkatholiken als vollberechtigte Mitglieder der katholischen Kirche anzusehen sind, dahin zu entscheiden sein, daß der Staat in dem Uebertritt keinen Grund finden kann, welcher den Geistlichen seiner Pfründe verlustig macht, und ihn nöthigenfalls in seinen Rechten zu schützen hat.

33) H. D. h. des Einkommens seiner Stelle. Dieses soll ihm nicht entzogen werden. Daß der übergetretene Geistliche auch im Dienste der altkatholischen Gemeinschaft verwendet wird, ist nicht Bedingung des Fortgenusses seines Einkommens.

Tritt der altkatholische Pfründeninhaber wieder zur vatikanischen Richtung zurück, so wird er ebenfalls geschützt, da die Basis des Gesetzes die Anerkennung der vatikanisch wie der altkatholisch gesinnten Personen als Katholiken ist. Daß der Pfründeninhaber durch den Uebergang von dem einen zum anderen Theile seine Pfründe nicht verliere, brauchte nur in Bezug auf die bisher gesetzlich noch nicht geschützte und von den Bischöfen in ihrem Rechte angegriffene Minderheit ausdrücklich ausgesprochen zu werden. Auch gewährt §. 3 Abs. 1 der altkatholischen Gemeinschaft als solcher kein Gebrauchs- und Genußrecht an der Pfründe, und daraus folgt ebenfalls, daß sie dieselbe beim Rücktritt des Geistlichen gar nicht beanspruchen kann.

34) H. Der Abs. 2 handelt überhaupt von der Pfründe in einer Kirchengemeinde, in der Mitglieder der altkatholischen Gemeinschaft beigetreten sind. Es ist also gleichgültig, ob der Inhaber derselben vorher Altkatholik geworden ist oder nicht. Für diese Auffassung spricht auch §. 2 Abs. 3.

35) H. D. h. wenn zur Zeit der Erledigung die Mehrheit der Gemeindeglieder der altkatholischen Gemeinschaft angehört.

36) H. Also zum Gebrauch und zur Nutzung, so daß sie die Pfründe an einen altkatholischen Geistlichen verleihen kann, das Eigenthumsverhältniß des Pfründen- und Stellenvermögens wird aber auch hier nicht berührt, s. §. 7.

37) H. Auch nur, wenn eine erledigt ist.

38) H. Wenn also z. B. in einer mit einer Pfarr- und einer Kaplanstelle dotirten Gemeinde der dritte Theil der Mitglieder der altkatholischen Gemeinschaft angehört, so wird es sich rechtfertigen, die Kaplanstelle der letzteren ausschließlich zu überweisen.

Daß nach Maßgabe der stattfindenden Veränderungen auch eine neue Theilung vorgenommen werden kann, also wenn die altkatholische Gemeinschaft mehr als die Hälfte erreicht hat, aber die Voraussetzung des §. 4 Abs. 2 nicht vorliegt, die Pfarrstelle derselben überlassen und den Neukatholiken die Kaplanei zugewiesen werden kann, ist nicht ausgeschlossen. Das Gesetz betrifft alle, nicht bloß die ersten nach seinem Inkrafttreten stattgehabten Erledigungsfälle.

39) H. Den nicht in den §§. 2 und 3 besonders hervorgehobenen Vermögensstücken, z. B. den für bauliche Unterhaltung der Gebäude, der Bestreitung der sächlichen Kosten des Gottesdienstes bestimmten Fonds, den Grundstücken und Kapitalien, deren Erträge allgemein zu kirchlichen Zwecken verwendet werden.

40) H. Dies gilt auch von dem Baufonds selbst in dem Falle, daß eine Realtheilung der mehreren Kirchen nach §. 2 Abs. 2 stattgefunden hat. Hier wird also der Mitgenuß nicht nach dem verhältnißmäßigen Beitrag dieses Fonds für die bauliche Unterhaltung der verschiedenen Gebäude bemessen.

Dies erklärt sich daraus, daß eine Theilung der Kirchenlasten zwischen den Mitgliedern der Kirchengemeinde nach Alt- und Neukatholiken (abgesehen von der Errichtung einer besonderen altkatholischen Parochie, s. §. 5 Abs. 2) nicht stattfindet, also die Unterhaltung des Kirchensystems allen Mitgliedern, gleichviel wie der Gebrauch und Genuß der Vermögensstücke getheilt worden ist, gleichmäßig, wie früher, obliegt.

41) H. Also das Recht auf die Verwendung der kirchlichen Einkünfte für die kirchlichen Zwecke der altkatholischen Gemeinschaft, nur müssen dies Zwecke sein, für deren Verwendung

Umfaßt die altkatholische Gemeinschaft die Mehrheit der Gemeindemitglieder[42]) und ist die Zahl der übrigen Gemeindemitglieder nicht mehr erheblich[43]), so kann die Einräumung des vollen Genusses an die Gemeinschaft verfügt werden.

Gleichzeitig hat in diesem Falle eine Neuwahl[44]) des Kirchenvorstandes und der Gemeindevertretung stattzufinden[45]).

§. 5. Altkatholische Gemeinschaften im Sinne dieses Gesetzes[46]) sind sowohl die zu gottes-

das zum Mitgenusse eingeräumte Vermögen seiner Art nach überhaupt bestimmt ist. So werden die Einkünfte des Baufonds von den Altkatholiken nur zur baulichen Unterhaltung des ihnen angewiesenen Kirchengebäudes, nicht aber zur Aufbesserung des Gehaltes des Geistlichen oder zu sächlichen Ausgaben für den Gottesdienst verausgabt werden dürfen. Das Recht auf Mitgenuß involvirt nicht eine andere Zweckbestimmung des Vermögens.

Ein Recht auf Mitverwaltung ist der altkatholischen Gemeinschaft nicht eingeräumt; die Verwaltung bleibt vielmehr in den Händen der ordentlichen Verwaltungsorgane der Gemeinde (s. auch Abs. 3 dieses §.), wird also nach Maßgabe des Ges. v. 20. Juni 1875 (s. o. Zus. 25 zu §. 157) von den neu zu wählenden Kirchenvorständen und Gemeindevertretungen, bei deren Wahl die Altkatholiken ebenfalls stimmberechtigt sind (a. a. O. §. 25 Anm. 72) zu führen sein. Die auf Grund des §. 6 den letzteren den Mitgenuß einräumenden Anordnungen des Oberpräsidenten gehören zu den gesetzlichen Verwaltungsnormen (§. 47 des Ges. v. 20. Juni 1875), welche die betreffenden Organe zu befolgen haben. Ferner können (nach §. 53 a. a. O.) die den Altkatholiken zu gewährenden Beträge auf den Etat gebracht, nöthigenfalls aber auch aus der Kirchenkasse im Wege der Verwaltungsexekution fortgenommen werden (s. §. 6 Abs. 3 dies. Ges.).

42) H. im Sinne des §. 8.

43) H. Vgl. Anm. 16 zu §. 1 dies. Ges.

Gilt auch das Umgekehrte, d. h. hat, wenn die Gebrauchstheilung wegen Beitrittes einer erheblichen Anzahl von Gemeindemitgliedern zur altkatholischen Gemeinschaft stattgefunden, aber demnächst diese durch Rücktritt so zusammengeschmolzen ist, daß sie nicht mehr als erheblich angesehen werden kann, die neukatholische Majorität das Recht, nunmehr wieder den vollen und ausschließlichen Genuß des Kirchenvermögens zu verlangen? Diese Frage muß bejaht werden. Dann liegt kein Bedürfniß zur Mitbenutzung für die Altkatholiken mehr vor, und es ist die Voraussetzung der letzteren (s. §. 1) fortgefallen. Uebrigens entspricht diese Konsequenz auch allein einer gerechten Behandlung beider Theile, welche die Basis des Gesetzes ist.

44) H. Daß dies auch in dem in der vor. Anm. 43 Abs. 2 gedachten Fall geschehen muß, ordnet das Gesetz nicht an, und hier wird, obwohl auch für diesen die gleiche Vorschrift gerechtfertigt gewesen wäre, keine Auflösung und Neuwahl erfolgen können.

45) H. Nach Maßgabe des Ges. v. 20. Juni 1875 (s. Zus. 25 zu §. 157), also nicht nach der Synodal- und Gemeinde-Ordnung für die Altkatholiken §§. 37 ff. (s. Beschlüsse der ersten Synode der Altkatholiken des deutschen Reichs. Amtliche Ausgabe. Bonn 1874 S. 23 ff.) Denn nach §. 60 des erwähnten Gesetzes kann der Minister der geistlichen Angelegenheiten wohl schon für die Vermögensverwaltung bestehende Einrichtungen bis über den 1. Okt. 1875 (s. §. 57 a. a. O.) hinaus verlängern, nicht aber erst für die Zukunft von dem Gesetze abweichende Gestaltungen gestatten.

46) H. Vgl. Kommissionsber. des Abgeordnetenh. S. 6: „§. 5 hat die Absicht, die bisher gebrauchte Bezeichnung: Gemeinschaft zu deklariren, indem er ausspricht, daß jener generelle Begriff die beiden Spezies Vereine und Parochien umfasse und daß beiden Spezies die durch den Gesetzentwurf eingeräumten Rechte zu Theil werden sollen, vorausgesetzt, daß die Vereine von der Staatsbehörde, konkret gesagt, von dem Oberpräsidenten als kirchlich organisirt anerkannt seien . . . An diesem Punkt kamen die eigenthümlichen Schwierigkeiten zur Verhandlung, welche der in dem vorliegenden Gesetzentwurf beabsichtigten Regelung dadurch erwachsen, daß der Staat auf dringendes Ersuchen der Altkatholiken zur Anerkennung altkatholischer Parochialbildungen vorgeschritten ist. Diese Einrichtung von eigenen Parochien wurde deshalb so lebhaft gewünscht, weil die altkatholischen Gemeinschaften nur auf diesem Wege Korporationsrechte erhalten, also erwerbsfähig werden konnten und weil ihre Geistlichen vor Erlaß des Civilehegesetzes nur dadurch die Vollmacht erhielten, Eheschließungen mit rechtlicher Wirksamkeit zu vollziehen. Solcher Parochien giebt es in Preußen bisher eilf. Sie sind zumeist in den größeren Städten und zwar aus Mitgliedern gebildet, welche aus mehreren Kirchengemeinden in die neue Parochie eingetreten sind. Die altkatholische Parochie ist also nicht ein Ausschnitt aus einer ihrer Mehrheit nach neukatholischen Kirchengemeinde, sondern sie greift geographisch in mehrere Kirchengemeinden hinein. In der Kommission wurde nun zunächst konstatirt, daß ein Anrecht auf die Mitbenutzung der Kirche, auf den Mitgenuß der Pfründen u. s. w. in der Kirchengemeinde A selbstverständlich nur denjenigen Mitgliedern der altkatholischen Parochie zustehen könne, welche

dienstlichen Zwecken gebildeten altkatholischen Vereine [47]), sofern dieselben von dem Oberpräsidenten als kirchlich organisirt [48]) anerkannt worden sind, als auch die altkatholischen Parochien [49]).

Die Mitglieder der altkatholischen Parochien bleiben verpflichtet [50]), zu der Unterhaltung der Kirche, des Kirchhofs und der sonstigen Vermögensstücke beizutragen [51]), deren Benutzung ihnen nach den §§. 2. bis 4. dieses Gesetzes zusteht.

---

bis jetzt zur Gemeinde A, nicht aber denen, welche zur Kirchengemeinde B oder C gehört hätten. Werde auf Grundlage des vorliegenden Gesetzentwurfes den Altkatholiken der Gemeinde A ein Mitgebrauch an der Kirche eingeräumt, so werde zwar ihren altkatholischen Gesinnungsgenossen aus B oder C freistehen, die für Jedermann offene Kirche bei dem Gottesdienste mitzubesuchen, ein rechtlicher Anspruch auf den Mitgenuß der Vermögensstücke von A werde ihnen aber auf der Grundlage des Gesetzentwurfes nicht gewährt. Die altkatholischen Mitglieder von A aber von ihren bisherigen Rechten an dem Vermögen der Kirchengemeinde auszuschließen, weil sie mit Gesinnungsgenossen aus anderen Kirchspielen zu einer besonderen Parochie verbunden seien, würde schon deshalb ungerecht sein, weil diese Parochialbildungen neuesten Datums und noch im Werden begriffen seien, und weil die Altkatholiken nur durch den Nothstand gezwungen und unter Vorbehalt ihrer Rechte sich von dem Gottesdienst der alten Gemeinschaft zurückgezogen hätten. Der Gerechtigkeit, so wurde in der Kommission anerkannt, entspreche es vielmehr, daß jetzt nachgeholt werde, was schon bei den ersten Parochialbildungen hätte geschehen sollen, nämlich die gesetzliche Feststellung des Nutzungsantheiles, welcher den Altkatholiken an den gottesdienstlichen Stätten und an dem Vermögen der alten Kirchengemeinde zustände."

47) H. D. h. die an einem Orte befindliche Gesammtheit der Altkatholiken, welche sich zu dem gedachten Zweck verbunden hat. Demnach umfaßt der Ausdruck: Vereine sowohl die Gemeinden als auch die Vereine im Sinne der Synodal- und Gemeindeordnung der Altkatholiken, so fern sie nicht mit Parochialrechten ausgestattet sind. Nach §§. 22, 35, 50 der gedachten Ordnung sind Gemeinden diejenigen Vereinigungen, welche eine größere Mitgliederzahl, einen besonderen Kirchenvorstand und auch für die Regel einen eigenen Geistlichen haben, Vereine dagegen solche, welche aus einer kleineren Zahl, etwa aus nicht mehr als 200 selbstständigen Männern bestehen, für die kein Kirchenvorstand nach Maßgabe der erwähnten Ordnung organisirt und für welche auch nicht stets ein besonderer Geistlicher angestellt ist. Beide Arten von Vereinigungen setzt der §. 5, welcher alle altkatholischen Gemeinschaften berücksichtigen mußte, den Parochien gegenüber. Blos die Vereine im Sinne der Synodal- und Gemeindeordnung konnte er unter dem Worte: Vereine um so weniger verstehen, als diese nicht immer die nach §. 1 erforderliche erhebliche Zahl aufzuweisen brauchen, während dies gerade bei den Gemeinden im Sinne der Ordnung für die Regel der Fall sein wird.

48) H. D. h. zu dem Zwecke zusammengetreten und vereinigt, um einen regelmäßigen Gottesdienst (wenn auch nicht gerade stets sonntäglich) und die Handhabung der Seelsorge zu ermöglichen, und so eingerichtet, daß dieser Zweck durch die getroffenen Maßregeln, Anstellung eines eigenen Geistlichen oder regelmäßige Pastorirung durch einen auswärtigen erreicht wird.

49) H. S. Anm. 15 zu dies. Ges. und Anm. 46 zu dies. §.

50) H. Ohne eine solche Vorschrift würde allerdings durch die Errichtung altkatholischer Parochien für die Mitglieder derselben ebensowohl das Recht der Mitbenutzung als auch die diesem Recht entsprechende kirchliche Beitragspflicht aufhören. Demgemäß war es nothwendig, daß das Gesetz, welches die Nutzungsrechte der Altkatholiken regelt, auch die Fortdauer ihrer Pflicht zu Beiträgen ausdrücklich feststellte.

51) H. Und zwar in derselben Weise, wie bisher, d. h. als ob sie noch Parochianen der Kirchengemeinde wären, innerhalb der sie eine zu einer altkatholischen Pfarre gehörige altkatholische Gemeinschaft bilden. Dies setzt jedoch voraus, daß die Beiträge und Lasten immer speziell zur Unterhaltung einzelner Vermögensstücke, deren Mitgebrauch und Mitgenuß den Altkatholiken zusteht, ausgeschrieben werden. Zu Kirchensteuern dagegen, welche überhaupt zur Deckung kirchlicher Bedürfnisse und nicht ausschließlich für die Unterhaltung der dem Benutzungsrecht der Altkatholiken unterliegenden Vermögensstücke bestimmt sind, haben die letzteren nicht voll beizutragen, vielmehr nur zu einem ihrer besonderen Verpflichtung entsprechenden Theile.

Zu §. 5 ist endlich noch auf Folgendes aufmerksam zu machen:

1. Aus der Vorschrift des §. 4 in Verbindung mit §. 1 ergiebt sich, daß das Subjekt der nach §§. 2, 3 Abs. 2 und 3 und §. 4 festzusetzenden Gebrauchs-, Nutzungs- und Genußrechte die Gesammtheit der zu einem kirchlich organisirten altkatholischen Verein gehörigen Mitglieder ist, welche innerhalb der katholischen Kirchengemeinde wohnen. Eine juristische Person bilden diese nicht, also entsteht auch kein neues Rechtssubjekt. Die Rechte der einzelnen Mitglieder, welche demnach als die Berechtigten anzusehen sind, werden aber durch ihren nach Maßgabe ihrer Ordnungen gewählten Vorstand wahrgenommen und vertreten, denn die §§. 2—4 gewähren

§. 6. Ueber die Art und den Umfang der den altkatholischen Gemeinschaften nach den §§. 2. bis 5. dieses Gesetzes einzuräumenden Rechte[52]) entscheidet der Oberpräsident.

Gegen die Entscheidung des Oberpräsidenten steht die Berufung[53]) an den Minister der geistlichen Angelegenheiten offen.

---

nicht jedem beliebigen, sondern nur den zu einem Verein organisirten Altkatholiken die betreffenden Ansprüche.

2. Für das eben dargelegte Resultat macht auch der Umstand keinen Unterschied, daß die in einer katholischen Kirchengemeinde gebrauchs- und nutzungsberechtigten Mitglieder den Theil einer sich durch mehrere neukatholische Kirchengemeinden hindurch erstreckenden altkatholischen Parochie bilden. Insbesondere wird die altkatholische Pfarrei als Inhaberin von Korporationsrechten nicht etwa Subjekt der dem gedachten Theil ihrer Parochianen auf Grund des Gesetzes zustehenden Befugnisse.

In einem solchen Falle haben die übrigen Mitglieder der altkatholischen Parochie, welche nicht in der betreffenden Kirchengemeinde (A) wohnen und daher nicht zu dem innerhalb dieser stehenden altkatholischen Verein gehören, kein Recht auf den Gebrauch und Nutzung. Bei der Festsetzung des Umfanges dieser Befugnisse kommen sie gar nicht in Betracht. Eine faktische Mitbenutzung, z. B. Beiwohnung des Gottesdienstes in der Kirche, Nachsuchung der Taufe und der Trauung, so weit diese sonst in fremden Kirchen gestattet ist, erscheint zulässig, aber unter der Beschränkung, daß dadurch der Umfang des Mitgebrauches der vatikanischen Katholiken nicht geschmälert wird. Für die fraglichen Handlungen muß, da das Gesetz in Betreff der Theilung des Gebrauches die altkatholischen Parochien gewissermaßen als nicht existent fingirt, der auswärtige Parochiane derselben altkatholischen Pfarrei als Angehöriger der fremden neukatholischen Kirchengemeinde (B) betrachtet werden, innerhalb deren er wohnt; in wie weit er als Mitglied der letzteren (von B) die Benutzung der kirchlichen Einrichtungen der erstgedachten Kirchengemeinde (A) beanspruchen könnte, in so weit kann er dies auch für denjenigen Theil der Vermögensstücke thun, welcher seinen altkatholischen Mitparochianen überwiesen ist, vorbehaltlich der oben gedachten, sich aus dem Rechte der Neukatholiken ergebenden Einschränkung. Er steht also in dieser Beziehung nicht anders, als ein ganz fremder Altkatholik, welcher an einem Orte, wo die Gebrauchs-Theilung stattgefunden hat, die Theilnahme an gottesdienstlichen Handlungen beansprucht.

3. Ueber das den altkatholischen Parochien gehörige, so wie das für die kirchlichen Zwecke derselben und der sonstigen altkatholischen Gemeinden und Vereine dienende Vermögen bestimmt das Gesetz nichts. Dieses fällt also nicht dem Mitgebrauch und dem Mitgenuß der Neukatholiken anheim.

Für die altkatholischen Parochien ist, so weit der Kultusminister nicht nach §. 60 Abs. 2 des Ges. v. 20. Juni 1875 (s. Zus. 25 zu §. 157) Ausstand gewährt, ein Kirchenvorstand, bez. eine Gemeinde-Vertretung auf Grund desselben zu bilden. Die Mitglieder solcher Parochien gehören nur noch in so weit zu den neukatholischen Pfarrgemeinden, als sie in denselben nach §§. 2—4 Gebrauchs- und Nutzungsrechte und nach §. 5 Beitragspflichten haben, sonst nicht, sie sind also auch bei den Wahlen der betreffenden Gemeinde-Organe nicht stimmberechtigt, s. Zus. 25 §. 25 Anm. 72. Die altkatholischen Vereine im Sinne dieses Gesetzes (oder die Gemeinden und Vereine im Sinne der altkatholischen Synodal- und Gemeinde-Ordnung) sind dagegen keine aus den bestehenden neukatholischen Pfarrgemeinden vollkommen ausgesonderten Kirchengemeinden, vielmehr gehören ihre Mitglieder zu den Parochianen derselben, und wie sie in ihnen beitragspflichtig bleiben, so haben sie in den Organen derselben auch ihre Vertretung. Allerdings steht daneben ihre besondere altkatholische Vereinsorganisation, auf diese kann aber das Ges. v. 20. Juni 1875 keine Anwendung finden, weil diese Vereine keine Kirchengemeinden sind.

52) H. So weit mit diesen Pflichten korrespondiren, wie z. B. wenn im Falle des §. 5 Abs. 2 Streit über den Antheil der Altkatholiken an den kirchlichen Lasten entsteht (s. vor. Anm. Abs. 1 a. E.), muß dasselbe gelten, weil die Pflicht das von dem Rechte untrennbare Korrelat ist.

53) H. Sowohl dem altkatholischen, wie dem neukatholischen Theile, welcher sich durch die Entscheidung des Oberpräsidenten beschwert fühlt. Legitimirt dazu ist in ersterer Beziehung die altkatholische Gemeinschaft durch ihren Vorstand, bez. im Falle des §. 3 Abs. 1 der Pfründeninhaber, nicht der einzelne Altkatholik, denn diesem gewährt das Gesetz als solchem, abgesehen von §. 3 Abs. 1 kein Recht; für den neukatholischen Theil der Kirchenvorstand der betreffenden Kirchengemeinde, weil diesem die Vertretung derselben in vermögensrechtlicher Beziehung zukommt, s. §. 8 des Ges. v. 20. Juni 1875, und es sich in den fraglichen Fällen stets um Gebrauch, Benutzung und Genuß der unter seiner Verwaltung stehenden Vermögensstücke und Vermögensmassen handelt.

Eine Frist für die Berufung ist nicht bestimmt, weil die Entscheidung des Oberpräsidenten sofort vollstreckbar ist (s. Abs. 3 des §.) und also das Interesse des beschwerten Theiles von selbst auf schleunige Einlegung des Rechtsmittels drängt.

Die Entscheidungen sind im Verwaltungswege [54]) vollstreckbar.

§. 7. In den Eigenthumsverhältnissen des kirchlichen Vermögens tritt durch dieses Gesetz keine Aenderung ein [55]).

§. 8. Gemeindemitglieder im Sinne dieses Gesetzes sind alle männlichen, volljährigen, selbstständigen Katholiken [56]), welche in der katholischen Kirchengemeinde [57]) wohnen [58]).

Selbstständig [59]) sind diejenigen, welche einen eigenen Hausstand haben, oder ein öffentliches Amt bekleiden, oder ein eigenes Geschäft oder als Mitglied einer Familie deren Geschäft führen und weder unter Vormundschaft noch unter Pflegschaft stehen.

§. 9. Der Minister der geistlichen Angelegenheiten ist mit der Ausführung dieses Gesetzes beauftragt.

Urkundlich 2c.

§. 236. Bei eigentlichen Parochialkirchen sind nähere Bestimmungen gesetzlich vorgeschrieben.

Fünfter Abschnitt.

Von Parochien [1]).

§. 237. Derjenige District, in welchem Glaubensverwandte einer vom Staat öffentlich aufgenommenen Religionspartei zu einer gemeinschaftlichen Kirche angewiesen sind, wird eine Parochie genannt [2]). Begriff.

---

54) H. Ob diejenigen Rechte, welche vom Oberpräsidenten auf Grund des §. 6 in Verbindung mit §§. 2—5 festgesetzt sind, nach stattgehabter Festsetzung im civilrechtlichen oder im Verwaltungswege Schutz beanspruchen können, ob also z. B. die altkatholische Gemeinschaft, wenn ihr der Mitgebrauch der Kirche durch Entscheidung des Oberpräsidenten eingeräumt worden und sie in den Besitz dieses Rechtes gelangt ist, bei späterer eigenmächtiger Störung oder Entziehung des Besitzes durch die Neukatholiken im Wege des Possessoriums zu klagen befugt ist oder sich um Schutz ihres Besitzes an den Oberpräsidenten wenden muß, ist nicht klar im Gesetze bestimmt, welches dem Oberpräsidenten nur die Entscheidung über die Art und den Umfang der einzuräumenden Rechte zuweist. Man wird sich aber für den Ausschluß des Rechtsweges auch in der eben erwähnten Beziehung erklären müssen. Den Anordnungen des Oberpräsidenten ist im Abs. 3 die Vollstreckbarkeit und zwar ohne Zeitbeschränkung beigelegt. Jede Verletzung der in einer solchen Entscheidung gewährten Rechte, gleichviel ob sie früher oder später stattfindet, bildet ein der Wirksamkeit der letzteren entgegengesetztes Hinderniß und bietet also einen genügenden Grund zur Anrufung der Administrativ-Exekution. Von diesem Standpunkt aus kann der Rechtsweg, für welchen gar kein Bedürfniß vorliegt, nicht in Frage kommen.

55) H. Den Nachweis, daß die Altkatholiken ein Anrecht auf Ueberlassung des Eigenthums am Kirchengut besitzen, haben zu führen versucht für das gem. R. v. Poschinger, das Eigenthum am Kirchenvermögen. München 1871 S. 334, und für das preußische F. v. Sybel, d. altkatholische Bisthum und das Vermögen der römisch-katholischen Kirchengesellschaften in Preußen. Bonn 1874 S. 44 ff., dessen Ausführungen aber viel Bedenkliches enthalten. Vgl. dagegen auch Hirschel i. Arch. f. kath. K.R. 35 S. 38. Nichts zeigt klarer als die Einbringung des Gesetzes von altkatholischer Seite und seine Annahme durch den Landtag, daß man allgemein die bedenklichen Seiten bloßer Rechtsdeduktionen zu Gunsten der Altkatholiken sehr wohl gefühlt hat. Die Frage hat durch die erfolgte, wenn auch nur provisorische Lösung der Schwierigkeiten ihre praktische Bedeutung verloren.

56) H. Gleichviel ob sie sich zur alt- oder neukatholischen Richtung halten.

57) H. Derjenigen, an deren Vermögen die betreffenden Gebrauchs- und Nutzungsrechte eingeräumt werden sollen.

58) H. ihren Wohnsitz (Domizil) haben. Hierher gehören auch solche Mitglieder, welche Parochianen einer altkatholischen Parochie sind, denn diese nimmt das Gesetz nicht aus. Es zeigt sich auch hier wieder, daß dasselbe diese Pfarreien gewissermaßen vermöge einer Fiktion, so weit es sich um seine Wirkungen handelt, als nicht existirend betrachtet.

59) H. S. Zus. 25 zu §. 157 Anm. 71.

1) H. J. H. Boehmer, jus parochiale ad gen. fundamenta revocatum. Halae 1702 u. ö.; Löwenberg, Beiträge zur Kenntniß der Motive der preuß. Gesetzgebung Bd. 1 S. 551 ff.

2) Zu vergl. zu §. 741 d. T. Die zu einer Kirche Eingepfarrten bilden in ihrer Gesammt-

Errichtung und Grenzen. §. 238. Neue Parochien können nur vom Staat[3]), unter Zuziehung der geistlichen Obern, errichtet, und die Grenzen derselben bestimmt werden.

heit eine Korporation, und können als solche, namentlich auch wegen der Kirchenbaulast, mit rechtlicher Wirkung in Anspruch genommen werden. Pr. 1816 des O.Tr. I v. 4. Jan. 1847, Entsch. 13 S. 525.

Wenn die zu einer Kirche Eingepfarrten gegen ihren Pfarrer, die Kirchenvorsteher und den Patron klagen, so erscheinen diese Eingepfarrten nicht als Kirchengemeinde, und ihnen steht nur die einfache Frist zu. Pr. 1525 dess. Sen. v. 15. Jan. 1845, Präj.S. 1 S. 424. Der Ausdruck „Kirchen- oder Pfarrgemeinde" ist nicht selten, und namentlich dann gleichbedeutend mit dem Worte „Mitglieder der Kirchen- oder Pfarrgemeinde resp. Eingepfarrte", wenn von Beiträgen der Kirchengemeinde, d. h. der Eingepfarrten, im Gegensatze zu dem Kirchenvermögen und beziehungsweise dem Patron die Rede ist. Daher ist bei der gegen eine Pfarrgemeinde, vertreten durch ihre erwählten Repräsentanten (§. 159 d. T.), auf Entrichtung von Pfarrbaukosten, welche nicht aus dem Korporationsvermögen, sondern lediglich durch Beiträge der Eingepfarrten aufgebracht werden sollen, gerichteten Klage nicht die moralische Person der Kirchengemeinde, sondern es sind die unter dem Kollektivnamen „Pfarrgemeinde" begriffenen Eingepfarrten als Beklagte anzusehen. O.Tr. I v. 24. Sept. 1856, Str. Arch. 22 S. 208, Gruchot 1 S. 116. Aber auch nur die Gesammtheit aller zu einer bestimmten Kirche Eingepfarrten kann als juristische Person oder Gemeinde belangt werden; die Eingepfarrten aus einer Ortsgemeinde machen keine Korporation aus, wenn außerdem noch Andere zu der betreffenden Kirche eingepfarrt sind, O.Tr. v. 24. Sept. 1834, Schles. Arch. 8 S. 458. H. Vgl. über diese zum Theil bedenklichen Entscheidungen Scheele bei Gruchot 7 S. 319.

O.Tr. I v. 29. Okt. 1855, Str.Arch. 18. S. 244: Der Begriff einer Kirchengemeinde als juristischer Person und Rechtssubjekts erfordert weder bestimmte Parochialgrenzen, noch eine kirchenordnungsmäßige Organisation. Vgl. c. 4 X. de parochiis (III, 29). — Durch das thatsächliche Bestehen des von dem Stifter mit gewissen Gütern und Einkünften verbundenen Kirchenamts sind diese Güter und Einkünfte für immer aus dem Vermögen des Stifters gegangen und selbst als Träger einer juristischen Persönlichkeit zu erachten. Cl. 2 §. 1 de religiosis domibus (III, 11). H. Die Richtigkeit dieser beiden Sätze dürfte sich ebenfalls anfechten lassen.

3) H. Die Staatsbehörden sind der Minister der geistl. Angel., bez. die Regierungen (H. in Berlin bei evangelischen Parochien der Polizeipräsident, V. v. 5. Sept. 1877. Art. III, Zus. 17 zu §. 144 d. T.), die dabei konkurrirenden geistlichen Behörden die Konsistorien und der ev. O.K.R. bei evangelischen, die Bischöfe bei katholischen, s. d. Anm. 35 zu §. 144 d. T.

Die im §. 238 gemeinte Staatsbehörde ist in Betreff der Katholiken nicht der Diözesanbischof. Denn die Parochialgemeinden einer vom Staate öffentlich aufgenommenen Religionspartei sind privilegirte Korporationen im Sinne der §§. 22 ff. I. 6, bei deren Errichtung die Ausschließlichkeit der Staatsbehörde zur Anwendung kommt. O.Tr. Str.S. v. 31. Mai 1861, Entsch. 46 S. 37*. H. Nach Erlaß der Verf.Urk. ward aber die Verwaltungspraxis eine andere. Man hatte den Bischöfen die Initiative und die selbstständige Entscheidung hinsichtlich der Errichtung neuer Pfarreien überlassen, die Einholung der staatlichen Genehmigung, welche der König ertheilte, erfolgte allerdings, aber nur behufs Nachsuchung der staatlichen Rechte, der Erlangung der juristischen Persönlichkeit, des Rechtes der administrativen Betreibung der Pfarrabgaben u. s. w., s. R. v. 8. Juni 1852 (Beiträge z. preuß. K.R. Paderborn 1856. Hft. 2 S. 8 u. 9; Richter, Zeitschr. f. K.R. 1 S. 116), vgl. ferner kath. K.R. 50 S. 94. Dies ist jetzt durch K.O. v. 27. Juli 1874 abgestellt. S. das nachfolgende R. des Min. d. geistl. Angel. v. 30. Sept. 1874:

„Mittelst A.O. v. 27. Juli cr. haben des Kaisers und Königs Majestät die Bestimmung der K.O. v. 7. April 1840, wonach vor der Bildung neuer katholischer Parochien überall die unmittelbare Allerhöchste Genehmigung einzuholen ist, außer Wirksamkeit zu setzen geruht. Indem ich die Kön. Regierung hiervon in Kenntniß setze, bemerke ich, anlangend das bei Errichtung und Veränderung von katholischen Parochien einzuhaltende formelle Verfahren, was folgt:

„Nach den Grundsätzen des preuß. Staatsrechts ist die Befugniß, Parochien zu errichten und die Grenzen derselben zu bestimmen, eine dem Staat vorbehaltene Attribution. Bei Ausübung derselben sollen die geistlichen Oberen ihres dabei obwaltenden Interesses wegen gehört werden. Die eigentliche Entscheidung gebührt dagegen überall der Staatsgewalt, die allein darüber zu bestimmen hat, zu welcher Parochie Jemand als beitragendes Mitglied gerechnet werden soll. Durch die Verf.Urk. sind diese Grundsätze, welche in dem A.L.R. (§§. 238 ff. II. 11) einen besonderen Ausdruck erhalten haben, und deren juristisches Motiv darin liegt, daß die Parochialgemeinden als privilegirte Korporationen gelten, weder aufgehoben noch geändert worden (Erk. d. O.Tr. v. 31. Mai 1861, Entsch. 46 S. 31*). Sie haben indeß während der letzten Jahrzehnte nicht mehr gleichmäßig Anwendung gefunden. Während bei evangelischen Ge-

§. 239. Bei Veränderungen [4]) in schon errichteten Parochien [5]) muß der Staat alle diejenigen, welche ein Interesse dabei haben, rechtlich hören [6]), und die ihnen etwa zukommenden Entschädigungen [7]) festsetzen [8]).

meinden die Aufstellung und Vollziehung der Erektions-Urkunden überall durch ein gemeinschaftliches Zusammenwirken der Staats- und Kirchenbehörden erfolgt, ist die Konstituirung katholischer Parochial-Verbände wesentlich den Bischöfen anheimgefallen. Sowohl die Einleitung und Führung der bezüglichen Vorverhandlungen, wie die Beschlußnahme und urkundliche Feststellung des neuen Verhältnisses geschieht durch die kirchliche Behörde. Eine Konkurrenz des Staats tritt erst in zweiter Linie mittelst bloßer Genehmigung der bereits ergangenen kirchlichen Anordnungen und regelmäßig nur in so weit ein, als die Wirkung der letzteren in die Sphäre des bürgerlichen Rechts hinübergreifen soll. Diese Anomalie zu beseitigen und das volle Recht des Staats auch der katholischen Kirche gegenüber zur Anerkennung zu bringen, erscheint aus prinzipiellen wie aus praktischen Gründen geboten. Demgemäß sind fortan auch bei katholischen Parochial-Innovationen die betreffenden Errichtungs-Urkunden von der zuständigen Bezirks-Regierung gemeinschaftlich mit dem geistlichen Oberen aufzustellen resp. zu vollziehen, vor ihrer Ausfertigung aber hierher mittelst besonderen Berichts zur Prüfung und Bestätigung einzureichen. Die Kön. Regierung veranlasse ich, hiernach in Zukunft zu verfahren, wobei es sich versteht, daß die vorberegten Grundsätze auch auf die Parochialbildung im Bereich des altkatholischen Kirchenverwesens Anwendung finden."

Ueber die Errichtung von sog. Missions-Pfarreien vgl. Ges. v. 11. Mai 1873 §. 19 Anm. 27 (Zus. 10 zu §. 60 d. T.).

Gegen Verfügungen der kirchlichen Verwaltungsbehörde, durch welche eine neue Parochie gebildet, oder eine Veränderung in einer schon bestehenden Parochie angeordnet wird, ist der Rechtsweg unzulässig. Gerichtsh. f. Komp.Konfl. v. 9. April 1864, J.M.Bl. S. 191, auch O.Tr. V v. 29. Jan. 1867, Str. Arch. 68 S. 19.

S. ferner §. 177 d. T., welcher die weiteren Voraussetzungen für die Errichtung neuer Parochien angiebt.

H. So weit bei der Neubegründung auch die Neueinrichtung eines gottesdienstlichen Gebäudes in Frage steht, kommen außerdem die Vorschriften des §. 176 d. T. und der dazu citirten Gesetze im Betracht.

4) Veränderungen in schon bestehenden Parochien können, in so fern alle Interessenten und auch die geistlichen Oberen damit einverstanden sind, von der Regierung ohne weiteres genehmigt werden; in Ermangelung des Einverständnisses ist die Genehmigung des Ministers erforderlich. Besch. d. Min. d. geistl. Angel. v. 5. Febr. 1824 (Annal. 8 S. 152). H. Vgl. übrigens Anm. 3 zu §. 258.

Die bei Gelegenheit von Auseinandersetzungen in den Parochialverhältnissen entstehenden Veränderungen sind nach Anleitung des §. 4 Nr. 2, §. 43 Nr. 4, §. 50 der V. v. 20. Juni 1817; §§. 10, 11 der V. v. 30. Juni 1834 von den Generalkommissionen unter Zuziehung der geistlichen Oberen — bei Katholiken des Bischofs — zu reguliren. Besch. dess. Min. v. 20. Dez. 1842, M.Bl. f. d. i. V. S. 415.

5) Die einstimmige Billigung aller kirchlichen Interessenten zur Trennung einer Parochie ist nicht erforderlich; es kommt nur auf Abfindung begründeter Entschädigungsansprüche an, wonächst dem Staate allein die durch nichts weiter beschränkte Verfügung zusteht. Die zur Verhandlung berufene Behörde ist aber nicht die Kirchenbehörde (das Konsistorium), sondern die Regierung, und die Entscheidung ist, nach §. 17 Nr. 7—9 der Geschäftsinstr. v. 23. Okt. 1817, von dem Minister einzuholen, mit Vorbehalt der Entschädigungsfrage, welche vor die Gerichte gehört. §. 240. Ebendass. R. v. 5. Febr. 1824 und Besch. v. 29. Juni 1829 (Annal. 8 S. 152 u. 17 S. 369). Zu vergl. die folg. Anm.

6) H. Zu hören sind alle Interessenten, also namentlich der Geistliche, der Patron und die Kirchengemeinde, welche nach der evang. Kirchengemeinde- und Synodal-Ordn. v. 10. Sept. 1873 §. 25 (Zus. 20 zu §. 156 d. T.) durch den Gemeindekirchenrath (vgl. auch V. d. Kult.-Min. v. 5. Jan. 1877, kirchl. Ges. u. Verordn.Bl. v. 1876/1877 S. 142), und nach dem Ges. v. 20. Juni 1875 §. 57 für die katholische Kirche (Zus. 25 zu §. 157 d. T.) durch die Gemeindevertretung repräsentirt wird.

7) H. Entschädigung kann nicht von jedem Interessenten, sondern nur nach dem allg. Grundsatze §§. 74 u. 75 der Einl. für besonders erworbene Vermögensvortheile gefordert werden, welche Einzelne durch die nothwendig gewordene Verordnung oder Theilung der Parochie zum Besten der Gesammtheit aufgeben, oder besondere Lasten und Beschwerden, welche Einzelne dieserhalb übernehmen müssen, z. B. Verluste der Kirchendiener an Einkommen — so fern diese nicht vokationsmäßig verpflichtet sind, sich Veränderungen ohne eine Entschädigung gefallen zu

§. 240. Alle dergleichen Streitigkeiten [9]), so wie diejenigen, welche über die Grenzen zwischen zwei oder mehreren Parochien entstehen [10]), müssen von der weltlichen Obrigkeit durch den ordentlichen Weg Rechtens entschieden werden.

§. 241. Sind die Grenzen eines Kirchspiels in öffentlichen Urkunden deutlich bestimmt, so findet dagegen die gewöhnliche Verjährung nicht statt. (Th. 1. Tit. 9. §. 660—663.)

§. 242. Fehlt dergleichen deutliche Bestimmung, so muß die bisherige Gewohnheit, zu welcher Kirche die Bewohner der streitigen Grundstücke sich in den letzten zehn Jahren gleichförmig gehalten haben, den Ausschlag geben.

§. 243. Kann keine solche gleichförmige Observanz ausgemittelt werden: so ist keine der streitenden Parochien zum Pfarrzwange über dergleichen Einwohner berechtigt, sondern es finden die Vorschriften §. 293. sqq. Anwendung.

Von Mutter- und Tochter- ingleichen von vereinigten Mutterkirchen.

§. 244. Zum Gebrauche einer Parochie können mehrere Kirchen errichtet, so wie mehrere Parochien zu Einer Kirche oder unter Einem gemeinschaftlichen Pfarrer zusammengeschlagen werden.

§. 245. Wenn in einer Parochie, außer der Haupt- und ursprünglichen Pfarrkirche, mehrere Nebenkirchen in entlegenen Gegenden, zur Bequemlichkeit der daselbst wohnhaften Eingepfarrten errichtet worden: so werden dieselben Tochterkirchen [11]) genannt.

29. Verordnung wegen allgemeiner Separation der Küstereien an Filialkirchen von den Küstereien an den Mutterkirchen [12]). (Vom 2ten Mai 1811.) (G.S. S. 193).

Die Verbindung der Küstereien an Filialkirchen mit den Küstereien der Mutterkirchen hat einen nicht zu verkennenden Nachtheil für die gehörige Besorgung des den Küstern in den

---

lassen, Reskr. d. Min. d. geistl. Angel. v. 29. Aug. 1841 (Aktenstücke des ev. O.K.R. 1 Heft 3 S. 50). Schuldner solcher Entschädigung sind diejenigen Betheiligten, zu deren kirchlichem Vortheile die Veränderung geschehen ist; die Abfindung gehört mit zu den Kosten der neuen Parochialeinrichtung. Zu vgl. Besch. d. Min. d. geistl. 2c. Angel. v. 29. Juni 1829 (Annal. 17 S. 369). Dergleichen Kosten sind aber nicht für Parochiallasten, d. h. Lasten, welche aus dem schon bestehenden Parochialverbande fließen, im Sinne der im Herzogthum Sachsen geltenden Verordn. v. 11. Nov. 1844 (G.S. S. 698) zu erachten. O.Tr. I v. 3. Juni 1859, Entsch. 41 S. 322.

8) H. Die Unterhaltung der neuen, von der alten Pfarre abgezweigten Parochie fällt den Eingepfarrten der letzteren zu. Durch die Abzweigung erhält die letztere nicht von selbst einen Anspruch auf einen verhältnißmäßigen Theil des Vermögens der Stammpfarrei, welcher mit der a. communi dividundo geltend zu machen wäre, wohl aber ist die die Abzweigung festsetzende Behörde befugt, eine den Verhältnissen angemessene Theilung des Vermögens vorzunehmen, s. auch d. Besch. v. 29. Juni 1829 (vor. Anm.). O.Tr. I v. 12. Sept. 1873, Str. Arch. 89 S. 231: Bei der Neubildung von Parochien aus abgezweigten Theilen bereits bestehender Parochien und damit verbundener Theilung der geistlichen Jurisdiktion ist die Annahme eines sich von selbst vollziehenden Ueberganges des Herkommens und der aus demselben herrührenden Lasten aus dem früheren Parochieverbande auf die neubegründete Pfarrei durchaus unbegründet.

9) H. D. h. über die Entschädigungen, nicht aber über die sonstigen Festsetzungen, vgl. Anm. 3 a. E. zu §. 238 d. T.

10) Nämlich wenn es zweifelhaft ist, wie weit die Grenzen einer jeden Pfarre sich erstrecken, was auch durch Verjährung, und zwar durch die gewöhnliche, nachgewiesen werden kann. §. 241. Sind die Pfarrgrenzen unter Zuziehung der geistlichen Oberen gehörig und urkundlich festgestellt, so findet dagegen nur in so fern, als ein Grenzrezeß aus allgemeinen Gründen angefochten werden kann, der Rechtsweg statt.

11) Zu vergl. §§. 333, 348, 366, 728 d. T. H. Ob bei der sog. Tochterkirche ein Hülfsgeistlicher angestellt ist oder nicht, ist gleichgültig.

12) Diese Verordn. wird auch in den ehemals sächsischen Landestheilen angewendet. V. d. Min. der geistl. 2c. Angel. v. 16. Dez. 1833 (Annal. 18 S. 712).

Durch die in Gemäßheit dieser Verordnung erfolgte Separation der Filialküstereien sind den Patronen keine Lasten erwachsen, welche ihnen vorher nicht oblagen. O.Tr. I v. 22. Juni

Mutterdörfern mit obliegenden Schul-Unterrichts. Die Auflösung derselben und Uebertragung der Küstergeschäfte bei den Filialkirchen mit ihren Emolumenten an die Schullehrer der Dörfer, worin diese befindlich sind, wird dagegen nicht allein jenen Nachtheil heben, sondern auch die schlechten Stellen der Schullehrer in Filialdörfern zu verbessern, und die große Unverhältnißmäßigkeit der Einnahme, welche zwischen ihnen und den Schullehrerstellen in den Mutterdörfern statt findet, so weit es zuträglich ist, auszugleichen dienen.

In Erwägung dessen verordnen Wir:

§. 1. Es sollen überall, wo die obgedachte Verbindung besteht, die Küstereien bei den Tochterkirchen in ihren Dienstgeschäften und Emolumenten von den Küstereien an den Mutterkirchen getrennt werden.

§. 2. Alle Küsterdienste bei den Tochterkirchen und in den zu diesen eingepfarrten Dörfern sollen den Schullehrern der Dörfer, in welchen die Tochterkirchen befindlich sind, übertragen, und diesen alle mit dem übernommenen Küstergeschäft verbundenen festgesetzten und zufälligen Einkünfte zugesprochen werden.

§. 3. Da die Schullehrer alsdann mit den übrigen Küstergeschäften auch das Vorsingen und Spielen der Orgel in den Filialkirchen übernehmen müssen, so soll, wenn bei einer vorzunehmenden Separation der Schullehrer in dem Dorfe einer Tochterkirche zu diesen Geschäften nicht geschickt ist, derselbe, damit weder seine Ungeschicklichkeit der Trennung entgegenstehn noch die kirchliche Andacht dadurch leide, mit einem andern im Singen und Orgelspielen geübten Schullehrer durch Versetzung vertauscht werden, es müßte denn die Gemeine einen besondern Organisten und Vorsänger neben ihm, jedoch unbeschadet dem durch die Küster-Emolumente verbesserten Einkommen des Schullehrers unterhalten wollen.

§. 4. Die Verbindlichkeit mancher Tochtergemeinen zur Unterhaltung der Schullehrer- und Küsterwohnungen bei der Mutterkirche beizutragen, wird bei eintretender Separation durch diese gänzlich und auf immer aufgehoben, wogegen die Schullehrer- und Küsterwohnung bei der Tochterkirche durch verhältnißmäßige Beiträge aller zu derselben eingepfarrten Dörfer [13]) gemeinschaftlich muß unterhalten werden [14]).

§. 5. Die Sonderung der Küstereien soll auf die angegebene Weise nicht blos in den Kirchspielen, deren Patron Wir allein sind, sondern auch in allen, wo das Patronatrecht über Mutter- und Tochterkirchen entweder einer Privatperson oder mehrern zusteht, oder auch zwischen Uns und Privatpersonen getheilt ist, ohne Unterschied vorgenommen werden.

§. 6. Sie soll nur allmählig und nicht anders als bei eintretenden Vakanzen von Küsterdiensten an den Mutterkirchen in Ausführung gebracht werden.

1848 (Rechtsfälle 4 S. 173) u. v. 23. Jan. 1857, Str. Arch. 23 S. 275. Daher findet die Vorschrift des §. 37 II. 12 in Beziehung auf den Patron der Tochterkirche auf den Fall keine Anwendung, wenn bei der Trennung der Küsterei der Tochterkirche von der Mutterkirche dem für die Tochterkirche bestellten besonderen Küster das bisherige Schulhaus der Tochtergemeinde zur Wohnung angewiesen, und dadurch das bisherige Schulhaus zugleich zum Küsterhause gemacht worden ist. Erk. dess. Sen. v. 15. Febr. 1861 u. v. 13. Okt. 1862, Entsch. 45 S. 348 u. 48 S. 321; Str. Arch. 47 S. 82.

13) D. h. der zur Filialkirche gehörigen Dörfer, nicht der zur Schule im Filialkirchdorfe gewiesenen Dörfer. O.Tr. I v. 1. März 1878, Entsch. 81 S. 259, Str. Arch. 98 S. 349.

14) Der Minister d. geistl. Angel. ist auf Grund dieser Bestimmung nicht der Meinung, daß in solchen Filialdörfern, wo dem Schullehrer in Folge dieses Ges. der Küsterdienst an der Filialkirche übertragen worden, von da ab der Patron der Kirche in Gemäßheit von II. 12 §. 37 die Verpflichtung überkomme, zur baulichen Unterhaltung des bisherigen bloßen Schulhauses in gleicher Art, wie bei den Kirchengebäuden, beizutragen. Besch. v. 6. März 1824 (Annal. 8 S. 186). Dies hat allerdings zureichenden Grund. Die Veränderung geschieht nicht im Interesse des Patronats (§. 239), und der §. 4 dieser Verordn. legt ihm deshalb auch keine Last auf, sondern verpflichtet die betheiligten Dörfer. Der §. 4 hat die Verbindlichkeit des Patrons der Tochterkirche, zur Unterhaltung der Küsterwohnung bei der Mutterkirche beizutragen, weder geändert noch aufgehoben, er hat diesem Patrone aber auch hinsichtlich der Unterhaltungskosten der neuen Küsterwohnung bei der Tochterkirche keine neuen Lasten aufgebürdet, O.Tr. I v. 13. Okt. 1862 (s. Anm. 12).

§. 7. In Fällen, wo durch die Separation eine so große Verschlechterung der Küstereien in den Mutterdörfern zu erwarten ist, daß der Inhaber sich von den Einkünften derselben zu nähren nicht mehr im Stande seyn würde, soll die Trennung ganz unterbleiben, oder wenigstens so lange ausgesetzt werden, bis Mittel ausfindig gemacht sind, der befürchteten Unzulänglichkeit gründlich vorzubeugen.

Diesen Unsern landesväterlichen Willen machen Wir hierdurch Unsern Verwaltungsbehörden zu seiner Vollziehung und den Privatpatronen in den Gegenden, wo das aufzuhebende Verhältniß statt findet, zur unweigerlichen Nachachtung bekannt.

§. 246. Wenn aber, nach Erforderniß der Umstände, und um die Kosten zur Unterhaltung des öffentlichen Gottesdienstes zu erleichtern, mehrere Parochien und deren Kirchen zusammengeschlagen werden: so heißen dieselben vereinigte Mutterkirchen [15]).

§. 247. Von dergleichen zusammengeschlagenen Mutterkirchen behält jede ihre ursprünglichen Rechte, und sie können, nach Beschaffenheit der Umstände, unter Genehmigung der geistlichen Obern, wieder getrennt werden.

§. 248. Es ändert darunter nichts, wenngleich derjenigen Kirche, bei welcher der Prediger nicht wohnt, im gemeinen Sprachgebrauche der Name Tochterkirche beigelegt worden.

§. 249. Eigentliche Tochterkirchen aber sind von der Haupt- oder Mutterkirche abhängig [16]), und können sich von ihr ohne Einwilligung der Hauptgemeine [17]) nicht trennen.

§. 250. Im zweifelhaften Falle streitet die Vermuthung gegen die Eigenschaft einer Tochterkirche.

§. 251. Wenn erhellet, daß die eine Kirche aus den Mitteln der anderen errichtet oder dotirt worden: so ist dies zum Beweise, daß jene [18]) eine Tochterkirche von dieser sei, wenn nicht das Gegentheil aus den vorhandenen Urkunden klar erhellet, hinreichend [19]).

---

15) Zu vergl. §§. 300, 302, 332, 367, 368, 608, 725, 745, 753—756, 790—792 d. T. — H. Das L.R. handelt hier von der sog. unio aeque principalis, bei welcher die beiden Pfarreien und ihr Bestand, namentlich das etwaige Kirchenvermögen völlig gesondert bleiben, und die Vereinigung nur darin besteht, daß die beiden Pfarrstellen dauernd durch einen Geistlichen versehen werden; P. Hinschius, Kirchenrecht 2 S. 425. Des Falles, wo durch eine Vereinigung oder Union ein Filialverhältniß der einen Kirche zur andern begründet wird (der sog. unio per subjectionem oder accessoria) gedenkt das L.R. nicht. Verboten ist aber dieselbe nicht, sie gehört zu den nach §. 239 d. T. allgemein gestatteten Parochialveränderungen, vgl. auch a. a. O. S. 470.

16) H. Wenn die Mutter- und die Tochterkirche in verschiedenen Regierungsbezirken liegen, so gehören die äußeren Angelegenheiten der ersteren zum Ressort der für ihren Bezirk kompetenten Regierung (jetzt des dafür zuständigen Konsistoriums), die Geistlichen sind aber dem Superintendenten und dem Konsistorium der Mutterkirche untergeben, R. d. Min. d. geist. Angel. v. 7. Sept. 1838 (Annal. 22 S. 631). Nach dem im Einverständniß mit dem Min. d. geistl. Angel. ergangenen Cirk.Erl. d. ev. O.K.R. v. 24. Juli 1880, kirchl. Ges. u. Verordn.Bl. v. 1880 S. 130, kommt aber der Grundsatz der Einheit des Pfarrverbandes auch in Betreff der kirchenregimentlichen Thätigkeit bezüglich der äußeren Angelegenheiten zur Anwendung, denn er bestimmt, daß „die Aufsicht über die kirchliche Vermögensverwaltung in den zu einer anderen Provinz als der ihres Pfarrortes gehörigen Gemeinden von demjenigen Konsistorium zu führen ist, in dessen Verwaltungsbezirk der Pfarrort liegt".

17) H. Diese Vorschrift hindert aber nicht, daß die kirchlichen und Staatsbehörden aus überwiegenden objektiven Gründen die Trennung auch ohne Einwilligung der Mutterkirche vornehmen, Erl. d. ev. O.K.R. v. 22. Juni 1882, kirchl. Ges. u. Verordn.Bl. 1882 S. 63.

18) Die Ausg. von 1822 hat hier, statt „jene", den Druckfehler „je".

19) H. Andererseits ist aber die angegebene Voraussetzung nicht absolut Bedingung für die Eigenschaft als Filialkirche, O.Tr. v. 30. März 1876 bei Sonnenschmidt, neue prakt. Erörterungen a. d. Geb. d. gem. Civ. u. preuß. Rechts. Berlin 1877 S. 227.

§. 252. In wie fern die vereinigten Kirchen zum Unterhalte des gemeinschaftlichen Pfarrers und seiner Gehülfen beitragen müssen, beruht hauptsächlich auf Verträgen, und ist in deren Ermangelung durch die hergebrachte Verfassung einer jeden Kirche bestimmt.

§. 253. Nach eben dieser Vorschrift ist auch, wenn diesseitige Unterthanen zu einer auswärtigen Kirche sich halten, oder inländische Kirchen durch auswärtige benachbarte Pfarrer mit besorgt werden, das Verhältniß der inländischen Unterthanen oder ihrer Kirche mit der auswärtigen Kirche, oder deren Pfarrer, zu beurtheilen. Von auswärtigen Parochien.

§. 254. In so fern aber die Zulässigkeit einer kirchlichen Handlung, oder deren rechtliche Folgen, durch bürgerliche Gesetze bestimmt sind [20]), müssen die diesseitigen Unterthanen lediglich nach hiesigen Gesetzen beurtheilt werden.

§. 255. Weigert sich der auswärtige Pfarrer, eine Handlung nach hiesigen Gesetzen zu vollziehen: so steht den Interessenten frei, bei ihrer Landesregierung den Auftrag zur Vollziehung an einen inländischen Geistlichen [21]) nachzusuchen.

§. 256. Auch die Rechte der inländischen mit einer auswärtigen verbundenen Kirche werden, so weit sie nicht durch Verträge oder Herkommen nach §. 252. bestimmt sind, nach hiesigen Gesetzen beurtheilt.

§. 257. Bei Amtshandlungen, welche auswärtige Pfarrer in hiesigen Kirchen vornahmen, müssen sie schlechterdings die hiesigen Landesgesetze befolgen; und nach den in hiesigen Landen vorgeschriebenen Bestimmungen wegen der Pfarrgebühren sich richten.

§. 258. Der ausländische Geistliche ist wegen derjenigen Amtshandlungen, die er innerhalb Landes verrichtet, der Aufsicht der hiesigen geistlichen Obern unterworfen.

§. 259. Den Befehlen derselben muß er, auch so weit sie in die Kirchen- oder allgemeine Landespolizei einschlagen, gebührende Folge leisten.

§. 260. Wer innerhalb eines Kirchspiels seinen ordentlichen Wohnsitz aufgeschlagen hat, ist zur Parochialkirche des Bezirks [23]) eingepfarrt [24]). Wer zur Parochie gehöre [22]).

20) H. Mit Rücksicht auf die Einführung der Civilstandsregister und der obligatorischen Civilehe haben diese §§. keine praktische Bedeutung mehr. Vgl. übrigens auch §. 75 des R.Ges. v. 6. Febr. 1875 (Zus. 11 zu II. 1 §. 145).

21) S. vor. Anm.

22) H. Die folgenden §§. entscheiden nur darüber, zu welcher Parochie der Einzelne gehört. Vorausgesetzt ist, daß er überhaupt Mitglied der Religionspartei oder Kirche ist, deren Parochie in Frage steht. Das konnte zur Zeit des L.R. nicht in derselben Schärfe wie jetzt hervortreten, weil in einzelnen Provinzen noch der Pfarrzwang für Andersgläubige bestand (s. die Zusätze zu §. 261 und §. 448 d. T.). Daraus folgt, daß ein Ausländer, z. B. Engländer, Nordamerikaner, welcher evangelischer Christ ist, dadurch, daß er unter Beibehaltung seines bisherigen Staatsbürgerrechtes ein wenn auch civilrechtlich entscheidendes Domizil in einer preußischen Stadt nimmt, nicht allein dadurch Mitglied der dortigen evangelischen oder katholischen Parochie wird.

23) Das L.R. versteht unter Kirchengemeinde den Inbegriff sämmtlicher Eingepfarrten und rechnet den Patron als solchen nicht zur Kirchengemeinde, stellt ihn vielmehr den Eingepfarrten gegenüber; daß der Patron, so fern er als Individuum zur Religionspartei der betreffenden Kirche sich bekennt und in deren Parochie seinen Wohnsitz hat, zu den Eingepfarrten mitgehören kann, ändert hierin nichts. Vergl. §§. 712 ff., 720 ff., 731. O.Tr. I v. 20. Okt. 1865, Str. Arch. 61 S. 146, vgl. Anm. 65 zu §. 164.

Die Entscheidung darüber: ob Jemand zur Parochie einer bestimmten kirchlichen Gemeinde gehöre, steht den Verwaltungsbehörden zu. Erk. des Komp.Gerichtsh. v. 30. Jan. 1858, J.M.Bl. S. 267. Dies bezieht sich nicht auf den Fall, wenn Jemand aus der Gemeinde seiner bisherigen Religionspartei ausgetreten und in eine andere eingetreten ist. S. Anm. 71 a. E. zu §. 3 des Ges. v. 14. Mai 1873 (Zus. 8 zu §. 42 d. T.).

24) Wo französische Kolonisten besondere Kirchen haben, da bilden die Mitglieder der Kolonie eine besondere Kirchengemeinde; sie wählen ihre Aeltesten, ihre Kirchen- und Schulvorsteher und verwalten ihr Kirchen- und Korporationsvermögen. Aber die polizeiliche Aufsicht über die

§. 261. Doch soll Niemand bei einer Parochialkirche von einer anderen, als derjenigen Religionspartei, zu welcher er selbst sich bekennt, zu Lasten oder Abgaben, welche aus der Parochial-Verbindung fließen [25]), angehalten werden; wenn er gleich in dem Pfarrbezirke wohnt, oder Grundstücke darin besitzt [26]).

30. Allerhöchste Kabinets-Order vom 3. Juni 1806, betreffend die Befreiung der Evangelischen vom katholischen Pfarrzwange. (N. C. C. XII. S. 657; Rabe VIII. S. 604.)

— Unter Zufertigung der anliegenden Vorstellung des Bischofs von Kulm gebe Ich Euch zu eröffnen, daß es Mir genügt, daß die protestantischen Unterthanen überall vom katholischen

---

Kirchen und Schulen und deren Vermögensverwaltung, die Disziplin über die Prediger und Schullehrer steht der ordentlichen Staatsbehörde zu. K.O. v. 30. Okt. 1809, Rabe 10 S. 170.

H. Da der Beitritt zur Union keinen Konfessionswechsel enthält (s. Anm. 49 zu §. 39 d. T.), so folgt daraus, daß diejenigen Reformirten, welche innerhalb einer lutherischen Parochie wohnen und nicht zu dieser gehören, dadurch, daß die lutherische Kirchengemeinde der Union beitritt, nicht ohne weiteres und von selbst Mitglieder derselben und der betreffenden Parochie werden. Diesen Standpunkt hat die Verwaltungspraxis seit langen Jahren eingenommen, vgl. Min.Reskr. v. 2. Mai 1826, Annal. 10 S. 351, u. Voigt, preuß. K.R. 2 S. 299, er ist weiter vertreten von R.G. IV v. 22. Sept. 1881, Entsch. 5 S. 303, J.M.Bl. 1882 S. 293. Wenn aber umgekehrt eine Kirchengemeinde und Parochie von vornherein als evangelische, also als unirte, beide Religionsparteien umfassend gegründet ist, und ein Reformirter hat in derselben seinen Wohnsitz oder nimmt ihn dort, so ist damit seine Parochialzugehörigkeit zu der gedachten Kirchengemeinde begründet, so O.Tr. v. 23. Febr. 1864, kirchl. Ges. u. Verordn.Bl. v. 1878 S. 172, vgl. dazu auch Entsch. des Reichsger. 5 S. 306 u. R.G. IV v. 12 Dez. 1882, Entsch. 6 S. 233. Weiter folgt endlich aus dem an die Spitze gestellten Grundsatz, daß ein einzelnes Mitglied einer der Union beigetretenen Gemeinde nicht durch Berufung auf sein spezielles lutherisches oder reformirtes Bekenntniß als Angehöriger einer anderen Religionspartei und darum als frei von der betreffenden Parochie und den Lasten derselben erachtet werden kann, Komp.Gerichtsh. v. 8. Febr. 1868, J.M.Bl. S. 108 u. v. 13. Nov. 1869, J.M.Bl. v. 1870 S. 47.

25) Solche Lasten und Abgaben sind persönliche. So auch in der Provinz Pommern, O.Tr. I v. 2. Mai 1851, Entsch. 23 S. 363, u. Pr. 2444, Pl.Beschl. v. 4. April 1853: In Alt-, Vor- und Hinterpommern sind in Beziehung auf die Baulast bei Kirchen-, Pfarr- und Küstergebäuden keine Provinzialgesetze oder ein provinzielles Herkommen vorhanden, welche der Vorschrift des §. 261 derogiren, Entsch. 25 S. 199, Str. Arch. 10 S. 27, J.M.Bl. S. 207.

Die Behauptung des Schuldners, daß er einer anderen Konfession oder Religion angehöre, ist auch nicht als ein solches Privilegium anzusehen, welches die ausnahmsweise Zulassung des Rechtsweges, gemäß §. 79 I. 14 und der K.O. v. 19. Juni 1836, begründen könnte. Gerichtsh. f. Kompetenzkonfl. v. 4. Okt. 1856, J.M.Bl. S. 386. Auch der Einwand des Zahlungspflichtigen, daß er als Forense zu dieser Steuer nicht verbunden, nicht. Erk. dess. v. 23. Juni 1858 J.M.Bl. 1859 S. 7. H. Vgl. Zus. 8 zu §. 42 Anm. 71.

Wird die Klage von solchen fremden Konfessionsverwandten auf Befreiung von allen Beiträgen und Leistungen, welche aus dem Parochialverbande fließen, gerichtet, so ist der Antrag in dieser Allgemeinheit zu unbestimmt, und kann deshalb nicht Gegenstand richterlicher Entscheidung sein Erk. dess. Gerichtsh. v. 30. Jan. 1858, J.M.Bl. S. 284. Zur Begründung einer solchen Klage ist erforderlich, daß die Frage: ob eine bestimmte Abgabe zu denen gehöre, welche aus der Parochialverbindung fließen, oder ob dieselbe nach besonderen Verhältnissen die Natur einer Parochialabgabe nicht habe, für einen konkreten Fall zur Entscheidung gebracht werde.

26) Dingliche Lasten und Abgaben an geistliche Institute oder Kirchenbeamten müssen von jedem Besitzer des belasteten Grundstücks ohne Unterschied der Religion entrichtet werden, O.Tr. I v. 17. Dez. 1852 und 8. Febr. 1854, Str. Arch. 8 S. 134 u. 12 S. 110.

Nach märkischem Prov.Recht ist jeder Grundbesitzer des Parochialbezirkes ohne Rücksicht auf die Konfession zu den dinglichen Parochial-(Bau-)Lasten verpflichtet, s. die vor. Abs. angef. Erkenntnisse. Zu vergl. auch §§. 715 u. 872.

H. Ueber die jetzt erledigte Kontroverse, in wie fern der Austritt aus der Kirche ohne Uebertritt zu einer andern vom Staate anerkannten Religionsgesellschaft von den bisherigen Parochiallasten befreit, vgl. das Anm. 23 a. E. cit. Ges. §. 3.

H. Hinsichtlich der Befreiung der Juden vgl. §. 9 des eben erwähnten Ges. Dadurch ist der §. 3 des Ges. v. 23. Juli 1847 über die Verhältnisse der Juden (G.S. S. 263) modifizirt worden, und die in dieser Hinsicht bestehende Streitfrage, s. einerseits O.Tr. I v. 21. Nov. 1859 (Entsch. 41 S. 462, Str. Arch. 34 S. 359), v. 10. Jan. 1862 (Entsch. 48 S. 290, Str. Arch 43 S. 322) u. v. 14. Dez. 1863, Str. Arch. 52 S. 176, andererseits Koch in der früheren Aufl. Anm. 96 zu §. 261, antiquirt.

Pfarrzwange, und den damit verknüpften Lasten und Abgaben freigelassen worden, und daß daher die Erfüllung der Mir als Patron bei katholischen Pfarr- und Kirchenbauten obliegenden Verpflichtungen nicht weiter an die Gestattung eines Simultanei als Bedingung geknüpft werden soll.

31. Allerhöchste Kabinets-Order vom 24. Mai 1809. Auch die Katholiken sind frei vom Pfarrzwange gegen evangelische Geistliche und deshalb nicht verbunden, diesen Stolgebühren zu entrichten[27]. (v. Kamptz, Annal. 3 S. 99.)

32 Allerhöchste Kabinetsorder vom 4ten September 1825., wegen Aufhebung des in der Oberlausitz noch bestehenden evangelischen und katholischen Pfarr-Zwanges. (G.S. S. 226.)

Ich ermächtige Sie auf Ihren Bericht vom 29sten v. M., den in der Ober-Lausitz noch bestehenden evangelischen und katholischen Pfarrzwang aufzuheben; es sollen jedoch diejenigen Geistlichen, Kirchen- und Schulbedienten beider Konfessionen, welche gegenwärtig im Amte stehen, während der Dauer ihrer Amtsführung, die Hebungen, welche der Pfarrzwang mit sich führt, fortbeziehen, solche aber auf die Nachfolger nicht übergehen.

33. Allerhöchste Kabinetsorder vom 15ten September 1826., betreffend die Aufhebung des Pfarrzwanges in der Niederlausitz. (G.S. S. 106.)

Auf Ihre Anzeige vom 31sten v. M. will Ich Meine wegen Aufhebung des Pfarrzwanges in der Oberlausitz am 4ten September v. J. an Sie erlassene Order auch auf die Niederlausitz ausdehnen.

34. Allerhöchste Kabinetsorder vom 16ten Juni 1831., wegen Wiederherstellung der Schlesischen Zehentverfassung, sowie sie nach der Order, vom 3ten März 1758. bis zum 6ten Februar 1812. bestandrn hatte. (G.S. S. 169.)

In Meiner Order vom 6ten Februar 1812. (No. 167. Gesetzsammlung) habe Ich mit Abänderung der Order vom 3ten März 1758. bestimmt, daß die zu damaliger Zeit gangbaren, oder auf spätere Erwerbung eines zur Konfession der zehentberechtigten Kirchenanstalt gehörigen Eigenthümers gangbar werdenden Zehentabgaben in Schlesien nie wieder ruhen sollen, wenn auch weiterhin die zehentpflichtigen Grundstücke in die Hände eines Nicht-Konfessionsverwandten der zehentberechtigten Kirchenanstalt zurückgelangen würden. Die Erfahrung hat ergeben, daß die hierbei beabsichtigten Zwecke nicht ohne Nebenwirkungen, deren Nachtheile überwiegend sind, haben erreicht werden können. Ich setze daher auf Veranlassung einer die Modifikation der gegenwärtigen Einrichtung bevorwortenden Petition des Schlesischen Provinzial-Landtages und in Berücksichtigung der Gründe, welche das Staatsministerium im Berichte vom 21sten April d. J. anderweit entwickelt hat, nach dem Antrage desselben hierdurch fest: daß die Schlesische Zehentverfassung ganz so, wie sie nach der Order vom 3ten März 1758. bis zum 6ten Februar 1812. bestanden hatte, allgemein wieder hergestellt werden soll....

35. Allerhöchste Kabinets-Ordre vom 3. März 1758. (Suarez, Samml. Bd. 2 Abth. 2 S. 828.)

Diejenigen Abgaben an Zehnten, Garben, Broten und dergleichen, so die evangelischen Eingepfarrten denen katholischen Pfarrern zeithero entrichten müssen, sollen zum Nutzen und Besten der Unterthanen gänzlich cessiren und wegfallen[28].

---

27) Dies gilt in Westfalen. Besch. des Min. d. geistl. rc. Angel. v. 27. Febr. 1834 (Annal. 18 S. 78).

28) Die durch die königl. K.O. v. 3. März 1758 den evangelischen Eingepfarrten eines katholischen Kirchensprengels zugesicherte Befreiung von den, dem katholischen Pfarrer zustehenden Zehnten und ähnlichen Abgaben bezieht sich nur auf die Mitglieder der in Preußen gesetzlich anerkannten protestantischen Konfessionen und kommt also einem zur anglikanischen Kirche sich bekennenden Einwohner nicht zu Statten. O.Tr. I v. 26. April 1852, Entsch. 23 S. 375; Str. Arch. 5 S. 196. Eine ansehnliche Minderheit im Kollegium war der entgegengesetzten Meinung aus sehr gewichtigen Gründen. Anm. a. a. O. S. 380.

Die evangelische Brüderunität gehört zu den in Preußen gesetzlich anerkannten Augsburgischen Konfessionsverwandten und ist deshalb von ihrem Grundbesitze den Zehnten an katholische Pfarrer zu entrichten nicht verpflichtet. O.Tr. I v. 6. Sept. 1847, Entsch. 28 S. 360.

36. Gesetz, betreffend die Regulirung der Schlesischen Zehntverfassung[29]). Vom 10. April 1865. (G.S. S. 172.)

Wir rc. verordnen, mit Zustimmung beider Häuser des Landtages Unserer Monarchie, was folgt:

§. 1. Die Bestimmungen der Kabinets-Order vom 16. Juni 1831. wegen Wiederherstellung der Schlesischen Zehntverfassung, wie sie nach der Order vom 3. März 1758. bis zum 6. Februar 1812. bestanden hatte (Gesetz-Samml. von 1831. S. 169.), werden, wie folgt, abgeändert.

§. 2. Die Reallasten, welche den Bestimmungen der Order vom 16. Juni 1831. unterliegen, werden hiermit für ablösbar nach den Vorschriften des gegenwärtigen Gesetzes erklärt.

§. 3. Die Ablösung derselben erfolgt ohne besonderen Antrag der Betheiligten von Amtswegen.

Sofern es dabei auf den Tag der Provokation ankommt, ist der Tag dafür anzusehen, an welchem das gegenwärtige Gesetz in Kraft tritt.

§. 4. Die Ermittelung des Jahreswerthes der Reallasten erfolgt nach den Vorschriften des Gesetzes vom 2. März 1850., betreffend die Ablösung der Reallasten rc. (Gesetz-Samml. von 1850. S. 77. ff.). Dabei findet jedoch weder der im §. 26. a. a. O. vorgeschriebene Abzug von fünf Prozent wegen der geringeren Beschaffenheit des Zinsgetreides, noch eine Kürzung der Rente bis auf zwei Drittel des Reinertrages der pflichtigen Stelle statt (§. 63. a. a. O. und §. 6. des Gesetzes vom 11. März 1850., betreffend die auf Mühlengrundstücken haftenden Reallasten).

§. 5. Der nach §. 4. festgestellte Geldbetrag wird

a) bei denjenigen Reallasten, welche an dem Tage, an welchem das gegenwärtige Gesetz in Kraft tritt, gesetzlich gangbar sind, zum 22²/₉fachen Betrage, und

b) bei denjenigen Reallasten, welche an dem Tage, an welchem das gegenwärtige Gesetz in Kraft tritt, gesetzlich ruhen, zum 2²/₉fachen Betrage durch Kapital abgelöst.

Die Abfindung erfolgt durch die Vermittelung der Rentenbanken. Dem Verpflichteten steht jedoch frei, baar zum 22²/₉fachen, beziehungsweise dem 2²/₉fachen Betrage abzulösen.

§. 6. Für die Vermittelung der Rentenbank ist das Gesetz vom 2. März 1850. (Gesetz-Samml. von 1850. S. 112. ff.) maaßgebend. Dabei bleiben aber diejenigen Bestimmungen, welche eine Tilgungsperiode von 41¹/₁₂ Jahren voraussetzen, außer Betracht und überdies treten nachstehende Abänderungen des Rentenbank-Gesetzes ein:

a) die berechtigte Anstalt erhält den nach §. 5. berechneten Betrag in Rentenbriefen nach deren Nennwerth und, soweit dies durch solche nicht vollständig geschehen kann, im baaren Gelde;

b) der Besitzer des pflichtigen Grundstücks hat ohne Rücksicht auf seine Konfession von dem Zeitpunkte der Rentenübernahme und während der Tilgungsperiode von 56¹/₁₂ Jahren an die Rentenbank eine Jahresrente zu entrichten, welche 4¹/₂ vom Hundert der an die Berechtigte zu gewährenden Abfindung beträgt; Rententheile unter einem vollen Silbergroschen werden von der Rentenbank nicht übernommen, vielmehr wird der 22²/₉ oder 2²/₉fache Betrag derselben, je nachdem die Abfindung gemäß §§. 5. a. oder 5. b. erfolgt, von dem Besitzer des verpflichteten Grundstücks unmittelbar an die berechtigte Anstalt gezahlt;

c) die Ueberweisung von Abgabenrückständen auf die Rentenbank nach Vorschrift des §. 99. des Ablösungsgesetzes vom 2. März 1850. ist unzulässig.

§. 7. Wenn ein zur Konfession der berechtigten Anstalt nicht gehöriger Besitzer eines pflichtigen Grundstücks an dem Tage, an welchem das gegenwärtige Gesetz in Kraft tritt, die Reallasten lediglich um deswillen entrichten muß, weil eine vor Erlaß der Order vom 16. Juni 1831. empfangsberechtigt gewesene Person bei dem Eintritt der Rechtskraft dieses Gesetzes noch im Amte ist, so ist dieser Fall in Betreff der endgültigen Regulirung ebenso zu behandeln, als

---

Grundbesitzer jüdischen Glaubens sind nach schles. Provinzialrechte von der Entrichtung des Zehnten an die katholische Geistlichkeit nicht befreit. O.Tr. I v. 1. Juli 1847, Entsch. 15 S. 410.

29) H. Vgl. dazu Friedberg, die schlesische Zehntverfassung und das Ges. v. 10. April 1865 in Zeitschr. f. K.R. 6 S. 367.

ob die Reallasten an dem Tage, an welchem das gegenwärtige Gesetz in Kraft tritt, geruht hätten.

Während der Amtsdauer des Berechtigten müssen demselben aber von dem Besitzer des pflichtigen Grundstücks die Reallasten bis zum Tage der Uebernahme der Rente auf die Rentenbank unverkürzt, von dem gedachten Tage an, zu neun Zehnteln fortentrichtet werden.

§. 8. Die Ausführung der Bestimmungen der §§. 2. bis 7. des gegenwärtigen Gesetzes erfolgt durch die zuständigen Auseinandersetzungsbehörden und Rentenbanken.

§. 9. Wenn Rezesse oder Verträge von den vorstehenden Bestimmungen abweichende Festsetzungen enthalten, so sind diese bei der Ablösung maaßgebend.

§. 10. Der §. 8. des Gesetzes vom 15. April 1857., betreffend die Ablösung der den geistlichen Instituten zustehenden Reallasten (Gesetz-Samml. von 1857. S. 363.), wird aufgehoben.

Die nach dem Gesetze vom 26. April 1858. (Gesetz-Samml. S. 273.) erfolgte Schließung der Rentenbanken steht der Ausführung des gegenwärtigen Gesetzes nicht im Wege.

§. 11. Die Kosten des Verfahrens über die Ablösung der Reallasten nach dem gegenwärtigen Gesetze übernimmt der Staat.

Nur die Prozeßkosten haben die Parteien zu entrichten.

Urkundlich 2c.

37. Verordnung, betreffend die an die evangelischen Geistlichen und Kirchendiener in dem großen und kleinen Marienburger Werder zu entrichtenden Abgaben und Leistungen. Vom 30. Januar 1846. (G.S. S. 87.)[30])

Wir 2c. 2c. Um die Abgaben und Leistungen, welche von den evangelischen Grundbesitzern in dem großen und kleinen Marienburger Werder an die dortigen evangelischen Geistlichen und Kirchendiener entrichtet werden, in gleicher Weise, wie die Abgaben und Leistungen an die katholischen Pfarrer, bei künftigen Besitzveränderungen dauernd sicher zu stellen, verordnen Wir — wie folgt:

§. 1. Diejenigen Abgaben und Leistungen, welche gegenwärtig von evangelischen Grundbesitzern in dem großen und kleinen Marienburger Werder in Rücksicht auf ihren Grundbesitz zum Unterhalt der evangelischen Geistlichen und Kirchendiener entrichtet werden, sollen künftig auf jeden neuen Erwerber des Grundstücks, ohne Unterschied des Glaubensbekenntnisses, und zwar in der Eigenschaft als gemeine, in der kirchlichen Verfassung dieser beiden Werder gegründete Reallasten (§. 48. Tit. I. der Hypotheken-Ordnung) unverändert übergehen[31]).

§. 2. In Ansehung derjenigen Leistungen, welche schon jetzt von nicht evangelischen Grundbesitzern in den genannten beiden Werdern (§. 1.) an evangelische Geistliche und Kirchendiener entrichtet werden, sowie in Ansehung der Lasten, welche auf dem mit dem Besitz freiköllmischer Grundstücke verbundenen Patronat über evangelische Kirchen ruhen, wird durch die gegenwärtige Verordnung nichts geändert.

§. 262. Wer noch keinen beständigen Wohnsitz hat, wird als Eingepfarrter derjenigen Parochie, zu welcher seine Aeltern gehört haben[32]), betrachtet.

§. 263. Wer den Wohnsitz seiner Aeltern aufgegeben, und keinen anderen erwählt hat, ist nirgends eingepfarrt.

---

30) H. O.Tr. I v. 10. Jan. 1879, Entsch. 83 S. 132: „Die Verordnung hat in dem links der Nogat belegenen Theile des Elbinger Kreises keine Geltung."

31) H. Hieran ist durch Ges. v. 12. Juni 1874 §. 3, Zus. 5 zu §. 10 d. T., nichts geändert worden, O.Tr. I v. 25. März 1878, Entsch. 81 S. 250 u. R.G. IV v. 20. Nov. 1879, Gruchot 24 S. 462. Vgl. O.Tr. I v. 10. Juni 1874, Entsch. 72 S. 170: „Ein mennonitischer Grundbesitzer, welcher Forense ist, ist zu denjenigen Abgaben und Leistungen verpflichtet, welche dem evangelischen Grundbesitzer einer in den Marienburger Werdern belegenen, in ein schon bestehendes evangelisches Kirchspiel neueingepfarrten Ortschaft durch die Einpfarrungsurkunde in der Weise auferlegt sind, daß die Evangelischen der Ortschaft die Abgaben an Pfarrer und Organisten in gleicher Weise, wie die schon bisher zu dem Kirchspiele gehörigen Evangelischen zu entrichten haben. Eben so ist ein solcher Grundbesitzer auch zu den Lasten verpflichtet, welche auf dem mit dem Besitze freiköllmischer Grundstücke verbundenen Patronate über evangelische Kirchen ruhen."

32) D. h. der Parochie desjenigen Theiles seiner Eltern, zu dessen Religion er sich bekennt. §. 272.

§. 264. Wer einen doppelten Wohnsitz [33]) hat, ist bei der Parochialkirche eines jeden derselben als Eingepfarrter verpflichtet [34]).

§. 265. In Ansehung seiner Grundstücke trägt er die Lasten der Parochialverbindung nur bei derjenigen Kirche, in deren Pfarrbezirk die Grundstücke liegen [35]).

§. 266. Bei Trauungen [36]), Taufen und anderen kirchlichen Handlungen, die zu gleicher Zeit nur an Einem Orte vorgenommen werden können, hat er die Wahl, welcher von beiden Kirchenanstalten er sich bedienen wolle.

§. 267. Hat Jemand an einem Orte, wo mehrere Parochien seiner Religionspartei sind, seinen Wohnsitz aufgeschlagen: so bestimmt die Lage des Hauses, in dem er wohnt, die Parochie, zu welcher er gehört [37]).

§. 268. Durch den bloßen Aufenthalt in einem Kirchspiel, so lange der Vorsatz, seinen Wohnsitz darin aufzuschlagen, noch nicht erhellet, wird die Einpfarrung nicht begründet.

§. 269. Die Frau gehört zur Parochie des Mannes nur in so fern, als sie mit ihm einerlei Glaubensbekenntnisse zugethan ist.

§. 270. Ist sie von einer verschiedenen Religionspartei, so gehört sie, der Regel nach, in diejenige Parochie, welcher die übrigen Mitglieder ihrer eigenen Religionspartei, in dem Bezirke, wo der Mann seinen Wohnsitz hat, unterworfen sind.

§. 271. Sind diese zu keiner Parochie geschlagen, so ist auch eine solche Frau von dem Pfarrzwange frei.

§. 272. Kinder, die noch unter der Aeltern Gewalt stehen, gehören zur Parochie desjenigen von den Aeltern, in dessen Glaubensbekenntnisse sie unterrichtet worden, oder deren Religionspartei sie gewählt haben [38]).

---

33) H. Der Begriff des doppelten Wohnsitzes bestimmt sich aus dem noch geltenden §. 15 A. G.O. I 1., so auch R. v. 8. Aug. 1865 (M.Bl. f. d. i. Verw. S. 245).

34) Er muß also in beiden Parochien zu den Parochiallasten beitragen. §§. 721 u. 739. Dies ist aber von verschiedenen Parochialkirchen in örtlich ganz getrennten Bezirken zu verstehen, und es wird in Ansehung dessen, der bei beiden den Parochiallasten unterworfen sein soll, vorausgesetzt, daß er Wohnsitze habe, von denen der eine in diesem, der andere in jenem Kirchsprengel gelegen. Eine doppelte Parochie und daher die Schuldigkeit zu zweifacher Beisteuer wird mithin nicht dadurch begründet, daß Jemand seinen einzigen Wohnsitz, mit oder ohne Grundbesitz daselbst, an einem Orte oder in einem Bezirke desselben genommen, für welchen zwei Parochiallasten, folglich auch zwei Parochien, bestehen. Jeder Einwohner resp. Einsasse eines solchen Ortes oder Bezirks hat nur eine Parochie, nämlich bei der Kirche derjenigen Glaubensverwandten, zu denen er gehört. §§. 237, 270. Es enthält hiernach eine rechtsirrthümliche Anwendung des § 721, wenn, wie geschehen, daraus gefolgert worden, es würde ein Jude, wenn er Christ wäre, eine doppelte Parochie haben, weil sich der Sprengel einer katholischen Kirche eben so wie der einer evangelischen Kirche über seinen Wohnort erstrecke, und er müsse hiernach bei jeder dieser Kirchen die Baulast mittragen. O.Tr. I v. 10. Jan. 1862, Entsch. 48 S. 291.

35) Der §. setzt einen doppelten Wohnsitz, also den Fall voraus, wo die in Rede stehenden Grundstücke an dem einen der beiden Wohnsitze besessen werden, bezieht sich mithin nicht auf Forensen, d. h. solche, die ihren Wohnsitz nicht in der Parochie haben, mithin, wenngleich sie Grundstücke in derselben besitzen, keine Eingepfarrten sind. Pr. 148 d. O.Tr. I v. 23. Jan. 1837 (Centralbl. 1837 Sp. 585), wiederholt am 20. Sept. 1854, Entsch. 28 S. 355, u. 8. März 1867, Entsch. 58 S. 370, Str. Arch. 66 S. 256. S. auch R. d. Min. d. geistl. Angel. v. 8. Okt. 1872 (M.Bl. f. d. i. Verw. 1873 S. 115).

36) H. Das Wahlrecht bei Trauungen ist aber nach dem Kirchenges. betr. die Trauungs-Ordnung v. 27. Juli 1880 §. 9 Zus. 42 zu §§. 435—445 d. T. umfassender.

37) H. Ueber das in Berlin bestehende Recht der neuanziehenden Evangelischen, zwischen der Lokalparochie oder der Gemeinde des Doms, resp. der Parochialkirche binnen Jahresfrist zu wählen, widrigenfalls sie als Mitglieder ihrer Lokalparochie betrachtet werden, vgl. das auf Grund der K.O. v. 6. Sept. 1858 ergangene Publikandum des Brandenburger Konsistoriums v. 21. Nov. 1859 (M.Bl. f. d. i. Verw. S. 86, auch bei Th. Meier, preuß. K.R. S. 166 Note 132a). Ein derartiges Wahlrecht findet sich öfters, s. auch K.O. v. 4. Sept. 1868 (Aktenst. des ev. O.K.R. 6 S. 114). Vgl. auch Anm. 48 zu Zus. 38 bei §§. 283—287 d. T.

§. 273. Sind dergleichen Kinder von einem anderen Glaubensbekenntnisse als beide Aeltern, so finden die Vorschriften §. 270. 271. Anwendung.

§. 274. Wo es durch besondere Gesetze oder wohlhergebrachte Gewohnheiten zwischen den verschiedenen protestantischen[39]) Gemeinen bisher eingeführt gewesen, daß die Parochialeigenschaft der sämmtlichen Mitglieder einer Familie nach der Religionspartei, zu welcher das Haupt derselben sich bekennt, beurtheilt worden, hat es auch ferner dabei sein Bewenden.

§. 275. Das Gesinde gehört zu der Parochie seiner Religionspartei an dem Orte, wo es im Dienste der Herrschaft sich aufhält.

Anh. §. 127. Fällt weg[40]).

§. 276. Eben das gilt von Handwerksgesellen und Lehrburschen, in Beziehung auf den Wohnort des Meisters.

§. 277. Aus der Befreiung[41]) von der ordentlichen Gerichtsbarkeit des Ortes folgt noch nicht die Ausnahme von der Parochie. Exemtionen von der Parochie.

§. 278. Sämmtliche zum Militairstande gehörende Personen sind der ordentlichen Parochie ihres Wohnortes oder Standquartiers nicht unterworfen.

§. 279. Vielmehr gehören dieselben, nach näherer Bestimmung der Militair-Consistorial-Ordnung[42]), zu der Parochie des Regiments oder der Garnison, zu welcher sie in Absicht ihres Dienstes gewiesen sind.

§. 280. Besitzen sie aber Grundstücke: so müssen von diesen die Parochiallasten an die Kirche ihrer Religionspartei, in deren Bezirke die Grundstücke liegen, entrichtet werden[43]).

§. 281. Wo an einem Orte ein Feld- und ein Garnison-Prediger sich befinden, da hat Ersterer nur auf diejenigen als seine Eingepfarrten Anspruch, welche zu dem Regiment oder Bataillon, bei welchem er angesetzt ist, gehören.

§. 282. Wo aber kein besonderer Garnisonprediger ist, da gehören alle am Orte befindliche, unter Militairgerichtsbarkeit stehenden Personen, zu der Gemeine des Feldpredigers; und unter mehreren desjenigen, welchem der Gouverneur oder Commandant die Geschäfte des Garnisonpredigers aufgetragen hat.

§§. 283—287[44]) aufgehoben[45]).

---

38) Gewählt haben, nämlich nach vollendetem Religionsunterrichte oder nach zurückgelegtem 14. Jahre. II. 2 §. 84.

39) Anm. 48 zu §. 39 d. T.

40) Weil er über „unterthäniges" Gesinde Bestimmung trifft. Der §. 127 lautete nämlich: „Auch beim unterthänigen Gesinde findet keine Ausnahme statt."

41) D. h. jetzt aus der ehemaligen Befreiung, nachdem der eximirte Gerichtsstand aufgehoben worden ist.

42) Der ursprüngliche Text enthält dafür: Militär-Konsistorial-Ordnung. H. Die Militärkirchen-Ordnung v. 12. Febr. 1832, deren §§. 34—37 in Betracht kommen, ist abgedruckt G.S. v. 1832 S. 69, auch unter Anmerkung der neueren dazu ergangenen Bestimmungen bei Th. Meier, preuß. K.R. S. 448 ff. Vgl. noch Erl. d. Kriegsministeriums v. 12. Febr. 1879, kirchl. Ges. u. Verordn.Bl. v. 1879 S. 244, wonach §. 34 dieser Ordnung, nach welchem die Civilbeamten der Militär-Verwaltung, ausschließlich der Lazarethbeamten, in offenen Orten zu der Civilgemeinde gehören, auch noch jetzt in Geltung steht.

43) Vorausgesetzt ist dabei, daß die Parochiallasten auf die Grundstücke vertheilt sind oder werden; außerdem haben nur die Eingepfarrten für ihre Personen beizutragen. Anm. 25 u. 26 zu §. 261.

44) Diese §§. lauteten: „§. 283. Sämmtliche zum Civilstande gehörige Königliche, in wirklichen Diensten stehende, oder Titular-Räthe, und andere Bediente, sind der Regel nach von der ordentlichen Parochie ihres Wohnortes ausgenommen. — §. 284. Wo jedoch dergleichen Civilbediente unter der ordentlichen Gerichtsbarkeit des Ortes stehen, da gilt die Vermuthung, daß sie auch zur Parochie desselben gehören. — §. 285. Dagegen wird durch bloße Uebertragung

38. Gesetz, betreffend die Aufhebung der Parochialexemtionen. Vom 3. Juni 1876. (G.S. S. 154.)

Wir Wilhelm rc. verordnen, mit Zustimmung beider Häuser des Landtages der Monarchie, was folgt:

§. 1. Die nach dem Allgemeinen Landrecht §§. 283. bis 287. Titel 11. Theil II., sowie die in einzelnen Landestheilen oder Ortschaften nach besonderem Recht oder Herkommen für bestimmte Personen[46]) oder Grundstücke[47]) bestehenden Parochialexemtionen werden mit allen ihren Folgen vom 1. Januar 1877. ab aufgehoben.

§. 2. Bestehen an einem Orte mehrere Parochien, so haben die bisherigen Eximirten, sofern sie nicht bereits früher einer bestimmten Parochie zugewiesen oder dauernd beigetreten sind, das Recht, bis zum 31. Dezember 1876. diejenige Parochie zu wählen, welcher sie als Mitglieder dauernd beitreten wollen. Die Wahl geschieht durch ausdrückliche Erklärung bei dem Gemeindekirchenrath oder Kirchenvorstand.

Wird die Wahl nicht innerhalb der Frist ordnungsmäßig ausgeübt, so gelten die Eximirten als Mitglieder derjenigen Parochie, innerhalb welcher ihre Wohnung belegen ist[48]).

Urkundlich rc.

§. 288. Alle vom Pfarrzwange Ausgenommenen haben in jedem einzelnen Falle die Wahl, welcher Kirchenanstalt sie sich bedienen wollen.

(Delegation) der Gerichtsbarkeit, von dem Ober- an die ordentlichen Gerichte des Ortes, die Befreiung von der Parochie nicht aufgehoben. — §. 286. In so fern Landesunterthanen, welche einen auswärtigen Charakter erhalten haben, von der ordentlichen Gerichtsbarkeit ausgenommen worden, sind sie auch von dem bisherigen Pfarrzwange befreit. — §. 287. Sind gewisse innerhalb der Grenzen des Kirchspiels gelegene Häuser von der Parochie ausgenommen, so kommt diese Exemtion allen Bewohnern zu statten."

H. Vgl. Denkschrift, betr. die Exemtion der Civilbeamten von den ordentlichen Parochien v. 15. März 1849 i. d. Aktenstücken aus der Verw. d. Abth. G. d. geistl. Minist. f. d. inneren evang. Kirchensachen S. 104. Die Exemtionen, welche vor Einführung des L.R. in Schlesien und der Kurmark Brandenburg statthatten, s. die Denkschrift S. 105 ff., fanden auf Grund des Herkommens keine Anwendung in der Altmark (Götze, Prov.R. d. Altmark Th. II Abthl. 2 S. 179) und im Kreis Langensalza, ferner waren sie beseitigt in Rheinland und Westfalen, gemäß §. 2 der Kirch.Ordn. v. 5. März 1835 (s. d. Anm. 78 zu Zus. 21 bei §. 156) und in der Grafschaft Stolberg-Wernigerode gemäß Rezeß v. 13. Aug. 1822 §. 27 (Annal. 7 S. 525). Durch Art. 4 der Verf.Urk. war der §. 283 nicht aufgehoben, s. R. v. 14. Jan. 1850 in den citirten Aktenstücken S. 110. Es handelt sich dabei nicht um innerhalb des staatlichen Gebietes liegende Vorrechte.

45) H. S. das im Text mitgetheilte Gesetz.

46) Nur Königliche, in wirklichen Diensten stehende oder Titularräthe und andere Bediente hatten die Exemtion, sie kam aber nicht sämmtlichen Civilbeamten, insbesondere nicht einem Landschafts-Syndikus zu Statten, O.Tr. I v. 6. April 1856 (Entsch. 35 S. 448; Str. Arch. 24 S. 189), ebenso wenig nicht königlichen Beamten, wie Rechtsanwalten und Notaren, R. des ev. O.K.R. v. 19. März 1856 (Aktenstücke Bd. 2 S. 114), und auch nicht den mittelbaren Staatsbeamten, wie Oberbürgermeistern, R. v. 13. Juli 1828 (Annal. 12 S. 682, s. auch Aktenstücke Bd. 7 S. 308), ebenso wenig den mit dem Titel: Königl. Musikdirektor versehenen Personen (Aktenstücke Bd. 7 S. 308), wohl aber den Titularräthen, wie Kommerzienräthen, welche nicht Handlung treiben (vgl. A.G.O. I. 2 §. 80), ferner Navigationslehrern, R. v. 29. März 1862 (Aktenstücke des ev. O.K. Bd. 5 S. 242). Durch Pensionirung wurde die Exemtion nicht verloren, s. Jacobson, preuß. K.R. S. 241.

47) Bezieht sich auf den Anm. 44 mitgetheilten §. 287. Hierher gehörten auch Armen-, Zucht- und Krankenhäuser, welche besondere Kirchen oder Kapellen haben, vgl. §§. 78, 79 II. 19 L.R. Die außerhalb dieser Anstalten vorhandenen Beamten, welche nach §§. 283 ff. d. T. nicht eximirt sind, gehören aber zur ordentlichen Parochie ihres Wohnortes, R. v. 22. Juni 1841 (M.Bl. f. d. i. Verw. S. 214) u. v. 31. März 1862 (M.Bl. f. d. i. Verw. S. 128). Auf selbstständige Anstaltsparochien bezieht sich aber das Gesetz nicht.

48) H. Die Anm. 37 zu §. 261 d. T. gedachten Wahlrechte können durch das Gesetz nicht für aufgehoben erachtet werden, denn dabei handelt es sich nicht um Exemtionen von der Parochie, so auch die Motive zu §. 1 des Gesetzes, Ztschr. f. K.R. 15 S. 171.

Anh. §. 128. Sie können daher die geistlichen Handlungen auch von einem Geistlichen einer anderen Religionspartei verrichten lassen[49]).

§. 289. Doch müssen sie sich, bei jeder solchen Handlung, allen Anordnungen und Abgaben derjenigen Kirchenanstalt, deren sie sich bedienen, gleich den wirklich Eingepfarrten unterwerfen.

§. 290*. Bei den Heirathen derselben muß das Aufgebot nothwendig in der Pfarrkirche des Wohnortes geschehen[50]).

§. 291. In allen Fällen, wo bei einer ihrer kirchlichen Handlungen Ausnahmen von gewissen die Civilpersonen überhaupt bindenden Gesetzen gemacht werden sollen, muß die Dispensation dazu, wenngleich die Handlung selbst von einem zum Militärstande gehörigen Geistlichen verrichtet wird, dennoch bei der gehörigen Civilinstanz nachgesucht werden.

§. 292. An Orten, wo kein ordentlich eingerichteter Garnison-Gottesdienst ist, können auch Eximirte vom Civilstande sich eines Feldpredigers zu wirklichen Parochialhandlungen nicht bedienen[51]).

Von vagirenden Districten und Einwohnern[52]).

§. 293. Einzelne Einwohner des Staats, welche nach obigen Grundsätzen weder zu einer Parochie gehören, noch vom Pfarrzwange ausdrücklich eximirt sind, müssen eine Kirche ihrer Religionspartei wählen, zu welcher sie sich halten wollen[53]).

---

49) Aus dem R. v. 4. Febr. 1799, Rabe 5 S. 310.

50) Dieser §. war schon durch die zufolge Einführung der Civilehe erlassene Verfügung des ev. O.K.R. v. 21. Sept. 1874 Nr. 2 u. 7 geändert. Jetzt kommt in Betracht das Kirchenges. betr. die Trauungsordnung v. 27. Juli 1880, §§. 6, 21.

51) Militärkirchen-Ordnung v. 12. Febr. 1832 §§. 47, 48. H. Ist jetzt bedeutungslos wegen der Aufhebung der §§. 283 ff.

52) H. Die Vorschriften haben nur noch Bedeutung für die außer Schlesien vereinzelt (z. B. in der Mark Brandenburg) vorkommenden vagirenden Gemeinden, vgl. Zeitschrift f. K.R. 15 S. 176 ff. Für Schlesien sind sie beseitigt durch

Gesetz, betreffend die Aufhebung des Verhältnisses der vagirenden und Gastgemeinden in der evangelischen Kirche der Provinz Schlesien. Vom 16. Februar 1880. (G.S. S. 51.)

§. 1. Den evanglischen vagirenden und Gastgemeinden in der Provinz Schlesien wird bis zum 1. Januar 1883 Frist gegeben, entweder eine selbstständige Parochie zu bilden oder sich nach Maßgabe der nach §. 46 der Kirchengemeinde- und Synodalordnung vom 10. September 1873 besonders zu treffenden statutarischen Bestimmungen einer bereits bestehenden Parochie einzuverleiben.

§. 2. Mit dem 1. Januar 1883 treten die §§. 294 bis 302, 370, 371, 723, 724, 743 und 744 Titel 11 Theil II Allgemeinen Landrechts, sowie alle auf das Verhältniß der vagirenden und Gastgemeinden bezüglichen Observanzen, statutarischen Bestimmungen und Zuschlagsdekrete für die evangelische Kirche der Provinz Schlesien außer Kraft.

§. 3. Die bis zum 1. Januar 1883 nicht in Gemäßheit des §. 1 selbstständig gewordenen oder einer Parochie einverleibten vagirenden und Gastgemeinden gelten von diesem Zeitpunkte ab als zu den Kirchen eingepfarrt, zu welchen sie bisher zugeschlagen waren, beziehungsweise sich gehalten haben.

Die Mitglieder der den bestehenden Parochien zutretenden vagirenden und Gastgemeinden erhalten gleiche Rechte und Pflichten mit den übrigen Eingepfarrten.

Unberührt bleiben durch dieses Gesetz die den seither Eingepfarrten oder den Mitgliedern der vagirenden und Gastgemeinden obliegenden Reallasten.

§. 4. Für Veränderungen der in Folge dieses Gesetzes erweiterten oder neu gebildeten Parochien sind die §§. 238 ff. Titel 11 Theil II Allgemeinen Landrechts und Artikel 23 Nr. 6 des Gesetzes vom 3. Juni 1876 (Gesetz-Samml. S. 125) maßgebend.

Urkundlich 2c.

Vergl. den Ausführungserlaß des Kultusministers v. 1. Mai 1880, Allg. Kirchenbl. für d. evangel. Deutschl. Jahrg. 1882 S. 14 und die Motive; Ztschr. f. K.R. 15 S. 175.

53) Die Zuschlagung ist nicht lediglich den geistlichen Obern überlassen, sondern es kommt auch hier der allgemeine Grundsatz des §. 111 d. T. zur Anwendung. Besch. d. Min. d. geistl. 2c. Angel. v. 5. Febr. 1824 (Annal. 8 S. 152). — Vergl. ferner §§. 238 ff. d. T. u. §. 19 der K.G. u. S.O. v. 10. Sept. 1873 (Zus. 20 zu §. 156 d. T.).

§. 294. Auch ganze Gemeinen, welche noch zu keinem Kirchspiel gewiesen sind, müssen sich, unter Vorwissen und Genehmigung der geistlichen Obern, zu einer benachbarten Kirche schlagen[54]).

§. 295. Der Regel nach hängt die Bestimmung, zu welcher sie sich halten wollen, von der Mehrheit der Stimmen einer solchen Gemeine ab[55]).

§. 296. Doch können, wenn keine Vereinigung statt findet, die geistlichen Obern, nach Bewandniß der Umstände, einen Theil der Gemeine zu dieser, und die Uebrigen zu einer anderen Kirche weisen.

§. 297. Bei der Zuschlagung solcher Gemeinen zu benachbarten Kirchen müssen die Abgaben und Beiträge derselben, so wie ihre Theilnehmung an einem der Gemeine bei Besetzung der Pfarrstelle zukommenden Wahlrechte, unter Direktion der geistlichen Obern[56]), durch Verträge bestimmt werden[57]).

§. 298. Sind damals keine Verträge geschlossen worden: so muß die fehlende Bestimmung, in vorkommenden streitigen Fällen, von den geistlichen Obern, nach der Billigkeit, und nach dem, was unter ähnlichen Umständen im Kreise oder in der Provinz üblich ist, ergänzt werden[58]).

---

54) Vor. Anm. — Zu vergl. die §§. 370, 743, 744. H. O.Tr. I v. 3. Jan. 1868, Entsch. 59 S. 305: Die Generalsynode der beiden evangelischen Konfessionen im ehemaligen Großpolen (zu dem das gegenwärtige Großherzogthum Posen gehörte) war befugt, die Einpfarrung evangelischer Einwohner zu einer benachbarten evangelischen Kirche mit rechtlicher Wirkung vorzunehmen.

55) H. In der Altmark ist es Observanz, daß der Patron bestimmt, zu welcher Kirche sich die Gemeinde als Gast zu halten hat, sie hat aber ein Widerspruchsrecht aus solchen Gründen, welche sie bei der Wahl eines neuen Predigers geltend machen könnte, oder nach welchen die Erreichung des Zweckes der Zuschlagung vereitelt oder ohne genügende Veranlassung erheblich erschwert werden würde. Beschließt der Patron die Zuschlagung wegen zu geringer Pfarreinkünfte, so kann die Gemeinde die Annahme eines eigenen Predigers verlangen, wenn sie die Pfarreinkünfte genügend aufbessert, s. Götze, Prov.Recht der Altmark Th. I Abth. 2 S. 180; Th. II S. 63.

56) H. Vergl. Anm. 55 und die §§. 730, 723 ff. d. T. — Wenn bei einer Veränderung der Parochial-Verhältnisse von der Regierung die Festsetzung getroffen worden ist, daß die Neu-Eingepfarrten dieselben Natural- und Geldabgaben an den Pfarrer zu entrichten haben, wie die bisherigen Mitglieder der Parochie, so ist dies nicht als eine solche Umlage im Sinne des Ges. v. 24. Mai 1861 §. 15 anzusehen, gegen welche der Rechtsweg nur in so weit stattfindet, als dies bei Einziehung der öffentlichen Abgaben zulässig ist. Erk. des Komp.Gerichtsh. v. 11. Febr. 1871, J.M.Bl. S. 103.

57) H. Wegen der Regelung der Theilnahme zugeschlagener Vagantengemeinden an dem Gemeinde-Kirchenrath und der Gemeindevertretung s. K.G. u. S.O. v. 1873 §§. 2, 46 (Zus. 20 zu §. 156 d. T.).

58) Gegen diese Festsetzung hinsichtlich der Höhe der Beiträge ist der Rechtsweg zulässig. §. 709. O.Tr. I v. 21. März 1859, Str. Arch. 33 S. 83. — Der Gerichtshof f. Kompetenzkonflikte hat jedoch durch das Erk. v. 14. März 1863 das gerade Gegentheil erkannt. Die Vorschrift des §. 15 des Ges. v. 24. Mai 1861 (Zus. 14 zu §. 110 d. T.), wonach das rechtliche Gehör in Beziehung auf die in Nr. 1 der K.O. v. 19. Juni 1836 (Zus. 13 a. a. O.) aufgeführten Abgaben und Leistungen an Kirchen und deren Beamten ꝛc. fortan unbedingt gestattet ist, wird auf den Fall der §§. 297, 298 für nicht passend erklärt. Auf die Gründe des älteren Erk. des O.Tr. I v. 21. März 1859 wird nicht eingegangen. Es wird bemerkt: Der Maßstab, welcher bei einer solchen Festsetzung (§. 298) angelegt werden soll, nämlich „die Billigkeit" und das, „was unter ähnlichen Umständen — üblich ist", eigne sich offenbar nicht zur Handhabung für gerichtliche, sondern nur für Verwaltungsbehörden. J.M.Bl. S. 133.

H. Erk. des Gerichtsh. f. Kompetenzkonfl. v. 18. März 1865 (J.M.Bl. S. 141; Aktenstücke des ev. O.K.R. Bd. 5 S. 466): Der §. 298 enthält das allgemeine Prinzip, daß in den Fällen des von den geistlichen Obern anerkannten Bedürfnisses der Unterhaltung einer Kirchenanstalt dieselbe auch die Befugniß habe, den Betrag und die Vertheilung der Beiträge unter die Eingepfarrten schließlich festzusetzen, wenn nicht Lasten in Frage sind, in Ansehung deren bei entstandenem Streite die Gesetze auf den Rechtsweg verweisen, wie z. B. der §. 709 d. T., ein Prinzip, das nicht nur durch den §. 163 d. T., im §. 18 der Regierungsinstruktion v.

§. 299. Dergleichen Zuschlag hat zwar nicht die Wirkung einer beständigen Einpfarrung;

§. 300. Es können aber die zugeschlagenen Gemeinen nur aus erheblichen Ursachen[59]), und nur unter Approbation der geistlichen Obern, von der einmal gewählten Kirche wieder abgehen.

§. 301. So lange der Pfarrer, welcher für diese zugeschlagene Gemeine mit berufen worden, noch im Amte steht, kann zu seinem Nachtheil eine Abtrennung dieser Gemeine nicht gestattet werden.

§. 302. Dagegen hat der Prediger, während dessen Amtsführung die Zuschlagung geschehen ist, gegen eine von den geistlichen Obern genehmigte Wiederabtrennung kein Recht zum Widerspruche[60]).

§. 303. Wer von einer Religionspartei zur anderen übergeht[61]), verläßt seine bisherige Parochie[62]). Verlassung der Parochie.

§. 304. Wer seinen Wohnsitz außer den Grenzen seiner bisherigen Parochie verlegt, wird dadurch zugleich von dem Pfarrzwange derselben frei.

§. 305*. Ein Gleiches geschicht durch Erlangung eines Standes, Amtes, oder Titels, mit welchem die Befreiung von der ordinairen Parochie gesetzlich verbunden ist[63]).

§. 306. Die unter Genehmigung des Staats[64]) einmal bestehenden Parochien können, ohne dergleichen Genehmigung, nicht wieder aufgehoben werden. Aufhebung der Parochie.

§. 307. Dadurch, daß aus Mangel an Eingepfarrten in einer Kirche eine Zeitlang keine gottesdienstliche Handlungen haben vorgenommen werden können, verliert dieselbe noch nicht die Rechte einer Parochialkirche.

§. 308. Wenn aber, aus Mangel an Eingepfarrten, die Stelle des Pfarrers länger als zehn Jahre hindurch unbesetzt geblieben ist: so kann der Landesherr, wo nicht besondere Landesverfassungen oder Tractate entgegenstehen, über die vacante Kirche verfügen; und alsdann erlöschen auch die etwanigen Parochialrechte derselben[65]).

---

23. Okt. 1817 und in §§. 3, 5 der V. v. 27. Juni 1845 unterstützt wird, sondern als auch in der Natur der Verhältnisse begründet, in den Erk. des gedachten Gerichtsh. v. 17. Febr. 1855 (J.M.Bl. S. 115) u. v. 30. Jan. (a. a. O. S. 267) Ausdruck erhalten hat.

H. Die §§. 297, 298 finden nur auf die aus dem Parochialverhältnisse herfließenden Abgaben und Beiträge, nicht auf die Kreissynodalkostenbeiträge Anwendung. Verf. d. Kult.Min. v. 20. Nov. 1880, kirchl. Ges. u. Verordn.Bl v. 1880 S. 193. Vgl. auch Anm. 31 zu Art. 16 des Ges. v. 3. Juni 1876, Zus. 22 zu §. 156 d. T.

59) Wie z. B. im Falle des §. 371 d. T.

60) Und auch keinen Anspruch auf Entschädigung, weil er bei seiner Vokation keine Zusicherung auf die Vermehrung seines Einkommens durch Zuschlagung einer anderen Gemeinde erhalten hat. Vergl. §. 301 und Anm. 7 zu §. 239.

61) In wie fern dieser Uebertritt in dem Beitritt zur Union liegt, darüber s. Anm. 49 zu §. 39 d. T.

62) H. Wegen der weiteren Verhaftung für die bisherigen kirchlichen Abgaben vgl. das Ges. v. 14. Mai 1873 (Zus. 8 zu §. 42 d. T.).

63) H. Dieser §. ist gegenstandslos geworden, s. Zus. 38 zu §§. 283 ff. d. T.

64) Vergl. Anm. 3 zu §. 238 d. T.

65) Der §. 308 stellt Parochial- und Vermögensrecht nicht zu einander in einen Gegensatz, so daß das eine das andere ausschließen würde. Unter den „etwaigen" Parochialrechten der vakanten Kirche sind diejenigen Rechte zu verstehen, welche aus der Parochial-Verbindung und den dadurch begründeten Subjektions-Verhältnissen der Eingepfarrten fließen. Die Beschränkung „etwaige" bezieht sich darauf, daß nicht alle Kirchen mit Parochial-Rechten versehene Pfarrkirchen sind. Die Parochial-Rechte sind in den §§. 237 ff. d. T. bestimmt. Dazu gehören auch die aus dem Parochial-Verbande fließenden Verpflichtungen der Eingepfarrten (§. 261), und es kann davon der Zehnt nicht ausgenommen werden, der in einer Abgabe von Früchten besteht, die auf der zur Parochie gehörigen Feldmark erzeugt werden (§. 857), und der zur

39. Gesetz, über erloschene Parochien und über die Behandlung des Vermögens derselben. Vom 13. Mai 1833. (G.S. S. 51.)

Wir &c. &c. thun kund und fügen hiermit zu wissen:

Da es zweifelhaft geworden ist, in welchen Fällen eine Parochie als erloschen zu betrachten, und wie das Vermögen einer erloschenen Parochie zu behandeln sey, so verordnen Wir mittelst Deklaration der §§. 177. 179. 189. 192. ff. Thl. II. Tit. 6. und §. 308. Thl. II. Tit. 11. des Allgemeinen Landrechts, für diejenigen Landestheile, worin das Allgemeine Landrecht Gesetzeskraft hat, auf den Antrag Unsers Staatsministeriums und nach eingeholtem Gutachten Unsers Staatsraths, wie folgt:

§. 1. Eine Parochie ist als erloschen anzusehen, wenn binnen Zehen Jahren:

a) entweder gar keine Mitglieder ihrer Religionspartei in dem Pfarrbezirke einen ordentlichen Wohnsitz gehabt haben;
b) oder gar kein Pfarrgottesdienst daselbst stattgefunden hat;
c) oder endlich die Zahl der Eingepfarrten fortwährend so gering gewesen, daß zu einem ordentlichen Pfarrgottesdienst kein Bedürfniß vorhanden war[66]),

§. 2. Entstehen Zweifel über das Daseyn der im §. 1. aufgestellten Bedingungen, so sollen dieselben zu Unserer Allerhöchsten landesherrlichen Entscheidung vorgelegt werden.

§. 3. Das einer Parochie zustehende Vermögen, welches bei ihrem Erlöschen (§§. 1., 2.) als herrenlos Unserer landesherrlichen Verfügung anheimfällt, soll zum Vortheil derjenigen Religionspartei derselben Provinz verwendet werden, welcher die erloschene Parochie angehört hat.

§. 4. Von der Vorschrift des §. 3. tritt in Ansehung des vakant gewordenen Kirchengebäudes eine Ausnahme ein, indem dasselbe der an diesem Ort vorhandenen Parochie einer andern christlichen Religionspartei zugewiesen werden soll, insofern dazu ein Bedürfniß vorhanden ist.

§. 5. War ein Theil des übrigen Vermögens der Parochie ausschließend und unzweifelhaft zur Erhaltung des Kirchengebäudes bestimmt, so soll derselbe auch ferner mit dem nach §. 4. zu verwendenden Kirchengebäude verbunden bleiben.

§. 6. Die gegenwärtige Verordnung soll in allen oben bezeichneten Landestheilen, ohne Ausnahme irgend einer Provinz, zur Anwendung kommen.

Vom Simultaneo[67]). §. 309. Wenn zwei Gemeinen verschiedener Religionsparteien zu Einer Kirche berechtigt sind, so müssen die Rechte einer jeden hauptsächlich nach den vorhandenen besonderen Gesetzen oder Verträgen beurtheilt werden.

§. 310. Mangelt es an solchen Bestimmungen, so wird vermuthet, daß eine jede dieser Gemeinen mit der anderen gleiche Rechte habe.

§. 311. Die näheren Maaßgaben wegen der Ausübung dieser Rechte müssen,

---

ursprünglichen Bestimmung hat, zum Unterhalte des Pfarrers zu dienen. Allein der Satz im §. 308, daß sie erlöschen, steht im unmittelbaren Zusammenhange mit dem vorangegangenen, daß der Landesherr über die vakante Kirche verfügen kann. Er drückt nur aus, daß das betreffende Recht nicht mehr als ein Parochial-Recht der supprimirten Kirche bestehe, nicht aber auch, daß die entsprechende Verbindlichkeit der Eingepfarrten gänzlich untergegangen sei. Es würde vielmehr darauf ankommen, ob das Recht seiner Natur und Beschaffenheit nach ein solches war, daß es eine anderweite Verfügung darüber durch landesherrliche Verfügung, die der §. 308 in Folge einer Suppression der Kirche vorbehalten hat, zuließ. O.Tr. I v. 7. Jan. 1867, Str. Arch. 67 S. 16. S. den folgenden Zus. §. 3.

66) H Wenn auch die Voraussetzungen des §. 1 bei einer in der Hauptparochie liegenden Filialkirche eintreffen, so soll auf sie das Gesetz nicht angewendet werden, weil die Filialisten immer Eingepfarrte der Hauptkirche sind, wohl aber auf eine von zwei vereinigten Mutterkirchen, s. R. des Min. d. geistl. Angel. v. 6. Mai 1836 (Jacobson, Gesch. d. Quellen d. K.R. Th. I Bd. 1 Anh. S. 324).

67) Auf das Verhältniß von Alt- und Neukatholiken sind diese Vorschriften nicht anwendbar, s. Zus. 28 zu §. 235 d. T.

bei entstehendem Streite, nach dem Einverständnisse der beiderseitigen Obern, und wenn dies nicht statt findet, durch unmittelbare landesherrliche Entscheidung, festgesetzt werden [68]).

§. 312. Dabei ist jedoch auf dasjenige, was bisher üblich gewesen, hauptsächlich Rücksicht zu nehmen.

§. 313. Wird aber darüber gestritten: ob eine oder die andere Gemeine zu der Kirche wirklich berechtigt sei, so gehört die Entscheidung vor den ordentlichen Richter [69]).

§. 314. Wenn nicht erhellet, daß beide Gemeinen zu der Kirche wirklich berechtigt sind: so wird angenommen, daß diejenige, welche zu dem gegenwärtigen Mitgebrauche am spätesten gelangt ist, denselben nur bittweise, d. h. als eine widerrufliche Gefälligkeit erhalten habe.

§. 315. Selbst ein vieljähriger Mißbrauch kann, für sich allein, die Erwerbung eines wirklichen Rechts durch Verjährung in der Regel nicht begründen. (Th. 1. Tit. 9. §. 589.)

§. 316. Wenn jedoch, außer diesem Mitgebrauche, auch die Unterhaltung der Kirche von beiden Gemeinen gemeinschaftlich bestritten worden: so begründet dieses die rechtliche Vermuthung, daß auch der später zum Mitgebrauche gekommenen Gemeine ein wirkliches Recht darauf zustehe.

§. 317. So lange eine Gemeine den Mitgebrauch nur bittweise hat, muß sie bei jedesmaliger Ausübung einer bisher nicht gewöhnlichen gottesdienstlichen Handlung die besondere Erlaubniß der Vorsteher dazu nachsuchen.

Sechster Abschnitt.

Von dem Pfarrer und dessen Rechten [1]).

§. 318. Derjenige Geistliche, welcher zur Direction und Verwaltung des Gottesdienstes bei einer Parochialkirche bestellt worden, wird der Pfarrer des Kirchspiels genannt. Begriff.

§. 319. Ein Pfarrer muß die von einem geschickten und tugendhaften Geistlichen erforderten Eigenschaften im vorzüglichen Grade besitzen. Erfordernisse und

---

68) H. In Kirchen, wo ein Simultangottesdienst zweier evangelischer Gemeinden stattfindet, sollen die zur Ausschmückung des Altars dienenden Gegenstände nur dann weggenommen werden, wenn es die im Gottesdienste nachfolgende Gemeinde verlangt, R. v. 23. Mai 1838 (Annal. 12 S. 367). — Vgl. ferner §. 120 der Mil.Kirch.Ordn. v. 12. Febr. 1832.

69) Die Polizeibehörden sind berechtigt, hinsichtlich der Benutzung von Kirchen, welche zum gemeinschaftlichen Gebrauche mehrerer Konfessionen bestimmt sind, im Interesse der Ruhe und Ordnung die erforderlichen Verfügungen zu treffen. So fern dadurch ein Interimistikum unter den streitenden Parteien festgestellt wird, ist zwar der Rechtsweg dagegen zulässig, es muß aber bis zur rechtskräftigen Entscheidung der Gerichte der polizeilichen Anordnung Folge geleistet werden, und die Polizeibehörde ist befugt, die betheiligten Personen nöthigenfalls durch Androhung und Einziehung von Geldstrafen dazu anzuhalten. Komp.Ger.Hof v. 10. Okt. 1863, J.M.Bl. 1864 S. 4.

Streitigkeiten zwischen verschiedenen Konfessionen über das Recht, ihre Simultankirche in größerem oder geringerem Umfange zu benutzen, sind der gerichtlichen Kognition unterworfen; dagegen ist der Rechtsweg unzulässig, wenn die Klage gegen polizeiliche Anordnungen über die Benutzung der Simultankirche gerichtet ist. Erk. deff. Gerichtsh. v. 9. April 1864, J.M.Bl. S. 273. — Die Anstellung einer Possessorien-Klage gegen Anordnungen der Landes-Polizeibehörde über die Benutzung einer Simultankirche von Seiten verschiedener Konfessionen ist unzulässig. Komp.Ger.Hof v. 9. Dez. 1865, J.M.Bl. 1866 S. 95.

1) H. K. G. Boche, d. preuß. legale evang. Pfarrer. Eine übersichtl. Darstellung des preuß. evang. Kirchenrechts. 5. Ausg., unter Mitwirkung von W. Altmann besorgt von A. Altmann. Braunschweig 1875.

allgemeine Pflichten desselben. §. 320. Er muß sich den Wohlstand der Kirche, den Unterricht der Gemeine, und die Beförderung eines guten moralischen Verhaltens ihrer sämmtlichen Mitglieder besonders angelegen sein lassen.

§. 321*. Die Sorge für die Gebäude und das Vermögen der Kirche hat er mit den Vorstehern [2]) gemein.

§. 322. Wenn Letztere in ihren Pflichten nachlässig sind, ist er seiner geistlichen Behörde davon Anzeige zu machen schuldig.

§. 323. Dagegen sind aber auch die Vorsteher verbunden, eben dieser Behörde es anzuzeigen, wenn der Pfarrer seine Amtspflichten vernachlässigt, oder in seinem sittlichen Verhalten zu gegründetem Tadel und Aergerniß der Gemeine Veranlassung giebt [3]).

Wahl des Pfarrers überhaupt; §. 324. Ob die Wahl des Pfarrers von dem Bischof, dem Consistorio, einem Privatpatron [4]), oder den Gliedern der Gemeine abhange, wird durch die besonderen Verfassungen jeder Provinz und jedes Ortes näher bestimmt [5]).

40. Allerhöchster Erlaß vom 2. Dezember 1874., betreffend das im §. 32. der Kirchengemeinde- und Synodalordnung vom 10. September 1873. vorgesehene Pfarrwahlrecht [6]). (G.S. S. 355.)

Auf den von dem Evangelischen Ober-Kirchenrath im Einverständniß mit dem Minister der geistlichen, Unterrichts- und Medizinal-Angelegenheiten erstatteten Bericht vom 25. November d. J. habe Ich die anliegende Verordnung zur Ausführung des §. 32. der Kirchengemeinde- und

---

2) H. Mit dem Gemeindekirchenrath, bez. dem Presbyterium, und in katholischen Gemeinden dem Kirchenvorstand, s. K.G. u. S.O. v. 10. Sept. 1873 §. 22 (Zus. 20 zu §. 156 d. T.), Rhein.-westf. Kirch.Ordn. v. 1835 §§. 14, 147 (Anm. 78 zu Zus. 21 bei §. 156 d. T.), Ges. v. 20. Juni 1875 §§. 8 ff. (Zus. 25 zu §. 157 d. T.).

3) H. Vgl. auch §. 14 der vor. Anm. cit. K.G. u. S.O. v. 1873; §. 57 des Ges. v. 20. Juni 1875 (Zus. 25 zu §. 157 d. T.).

4) H. O.Tr. I v. 25. Jan. 1873: Unter dem Ausdruck: Privatpatron im §. 324 ist einerseits der Gegensatz von demjenigen, welchem aus kirchlichem Rechte (Bischof oder Konsistorium) das Besetzungsrecht zusteht, und andererseits von einem Patron, der keine Privatperson ist, zu verstehen (Str. Arch. 88 S. 37). Das O.Tr. will also hierin einen bewußten Gegensatz zu dem sog. landesherrlichen Patronatrechte in dem Sinne eines dem Landesherrn oder Staate zustehenden wirklichen Patronatsrechtes finden. Das ist nicht richtig. Denn der §. hat offenbar den Zweck, die verschiedenen Arten der Stellenbesetzung, nämlich: freies Kollationsrecht der geistlichen Oberen, Patronatrecht und Gemeindewahlrecht anzugeben. Da das landesherrliche Patronatrecht in dem gedachten Sinne immer ein Patronatrecht ist, nicht aber ein aus dem Kirchenregimente herfließendes Kollationsrecht, so ist es dem Ausdruck Privatpatron an die Seite, nicht in einen Gegensatz dazu zu stellen (vgl. auch §. 327 u. §. 353 d. T., sowie das Marginale dazu.) S. überhaupt über das begründeten Zweifeln unterliegende cit. Erkenntniß Tophoff in d. Ztschr. f. K.R. 12 S. 153.

5) In Betreff des Rechts zur Besetzung der schles. katholischen Erzpriestereien, Pfarreien, Kuratien und Pfarrschulen hat, zur Beseitigung der nach der erfolgten Aufhebung der geistlichen Stifter und Klöster in Schlesien entstandenen Zweifel, die K.O. v. 30. Sept. 1812, G.S. S. 185, die Alternativa mensium festgesetzt. H. Nach Erlaß der Verf.Urk. entstanden Zweifel darüber, ob die letztere, so weit sie der Landesherr ausgeübt hatte, beseitigt sei. Beigelegt ist der Streit durch das Allerhöchst am 16. März 1868 bestätigte Abkommen v. 30. Sept. 1867, wonach die Alternativa mensium aufgehoben und statt dessen eine reale Scheidung der Pfarreien und Kuratien in solche landesherrlichen Patronates und in solche freier bischöflicher Besetzung erfolgt ist, s. Archiv f. kath. K.R. 20 S. 298.

Es ist den Rechten nicht zuwider, daß Jemand mit der kirchlichen Gemeinde an der Wahl ihres Pfarrers sich betheilige, ohne ihrer Konfession anzugehören, also auch ohne Glied dieser Gemeinde zu sein. Daher kann auch der Magistrat eines Orts, als städtische Behörde, mit den Geistlichen und anderen Deputirten der bürgerlichen oder kirchlichen Gemeinde zusammen den Pfarrer wählen. O.Tr. I v. 27. März 1854, Str. Arch. 12 S. 293.

6) H. Wegen der Anwendbarkeit auf die Stolbergischen Grafschaften vergl. den Erlaß v. 30. Dez. 1874, Zus. 21 zu §. 156 d. T.

Synodalordnung vom 10. September 1873.[7]) heut vollzogen. Gleichzeitig bestimme Ich, daß die in §. 3. dieser Verordnung festgesetzte Beschränkung auch in denjenigen Fällen zu beobachten ist, in welchen die Kirchenbehörde in Gemäßheit des §. 32. Nr. 2. Abs. 1. der Kirchengemeinde- und Synodalordnung den Pfarrer ohne Konkurrenz einer Gemeindewahl beruft.

Der gegenwärtige Erlaß ist durch die Gesetz-Sammlung zur öffentlichen Kenntniß zu bringen.

Verordnung

zur Ausführung des §. 32. Nr. 2. der Kirchengemeinde- und Synodalordnung vom 10. September 1873. Vom 2. Dezember 1874.

Zur Ausführung der Bestimmung des §. 32. Nr. 2. der Kirchengemeinde- und Synodalordnung vom 10. September 1873. (Gesetz-Samml. S. 417.) verordne Ich für den Geltungsbereich derselben, was folgt:

§. 1. Das nach §. 32. Nr. 2. der Kirchengemeinde- und Synodalordnung vom 10. September 1873. den Gemeinden verliehene Pfarrwahlrecht findet Anwendung auf jede bei der betreffenden Kirchengemeinde bestehende fundirte geistliche Stelle, deren freie Besetzung dem Kirchenregiment ohne Mitwirkung einer anderen Behörde oder eines anderen Berechtigten [8]) zusteht.

Die Ernennung eines Pfarradjunkten mit dem Rechte der Nachfolge gilt als definitive Besetzung.

Ausgeschlossen von der Besetzung durch Gemeindewahl sind diejenigen geistlichen Stellen, welche mit einem anderen, nicht derselben Parochie oder Gesammt-Parochie (Kirchengemeinde-Ordnung §. 2. Abs. 2.) angehörenden geistlichen Amte dauernd verbunden sind[9]).

§. 2. Sobald durch den Gemeinde-Kirchenrath die Erledigung der Pfarrstelle angezeigt worden ist, hat das Konsistorium die Erledigung mit dem Bemerken öffentlich bekannt zu machen, daß die Wiederbesetzung durch Gemeindewahl nach Maßgabe dieser Verordnung erfolgt.

§. 3. Die vereinigten Gemeinde-Organe (§. 29. der Kirchengemeinde-Ordnung) können bei Ausübung des ihnen beigelegten Wahlrechts die Auswahl auf alle für die Verwaltung des geist-

---

H Wenn Thudichum, deutsch. Kirchenrecht 2 S. 163 Anm. 1, die derogatorische Kraft des §. 32 d. K.G. u. S.O. und der auf Grund desselben erlassenen V. v. 2. Dez. 1874 gegenüber den landrechtlichen Bestimmungen bezweifelt, so widerlegt sich dies durch die allgemeine kassatorische Klausel des Art. 9 des Ges. v. 24. Mai 1874, Zus. 19 zu §. 156 d. T., welche sich nicht, wie Thudichum fälschlich annimmt, bloß auf die vermögensrechtlichen Befugnisse der neuen Gemeindeorgane bezieht. Die derogatorische Kraft der V. geht allerdings nur so weit, als ihre Vorschriften sich nicht mit dem L.R. vereinigen lassen (s. auch Anm. 14 zu §. 10 der V.). Hartmann in Ztschr. f. K.R. 16 S. 388, welcher alle Vorschriften des Landrechts für die in der Verordnung bezeichneten Stellen für aufgehoben erklärt, beachtet nicht, daß die kassatorische Klausel des Art. 9 des Ges. v. 24. Mai 1874 nur die „entgegenstehenden Bestimmungen“, nicht alle, welche eine betreffende Materie regeln, beseitigt.

7) H. Vgl. Zus. 20 zu §. 156 d. T.

8) H. Daß hierzu auch Stellen des landesherrlichen oder fiskalischen Patronats gehören, ergiebt der citirte §. 32 d. K.G. u. S.O. Bei Muttergemeinden landesherrlichen Patronats mit Filialgemeinden Privatpatronats tritt gleichfalls an Stelle der landesherrlichen Patronatsbesetzung die Wahl der Muttergemeinde, der Patron der Tochterkirche hat aber das ihm nach §. 348 (§§. 336, 337) zustehende Einwendungsrecht auch in diesem Falle vor der Berufung zu üben, s. auch R. des ev. O.K.R. v. 29. Dez. 1876, kirchl. Ges. u. Verordn.Bl. v. 1876 1877 S. 119.

Dagegen sind der Gemeindewahl nicht unterworfen Pfarrstellen, mit deren Verleihung die gleichzeitige Uebertragung eines kirchenregimentlichen Amtes verbunden ist, §. 32 Nr. 2 a. a. O.

9) H. Nach dem R. des ev. O.K. v. 6. Jan. 1875 (A.K.Bl. f. d. ev. Deutschl. d. Jahrg. 1875 S. 432, Aktenstücke Bd. 7 S. 247) hat dieser Vorbehalt mit dem hinsichtlich der mit einem kirchenregimentlichen Amte verbundenen Pfarrstellen nichts (s. vor. Anm.) gemein, sondern bezieht sich auf die hin und wieder vorkommenden Fälle, daß mit dem Pfarr-, Diakonat- rc. Amt an einer Gemeinde ein zweites geistliches Amt an einer andern Gemeinde als Nebenamt verbunden ist, ohne daß die beiden Gemeinden, denen der Geistliche dient, unter sich in einer rechtlichen Verbindung stehen.

lichen Amts in der evangelischen Landeskirche qualifizirte Personen richten, jedoch mit der Beschränkung, daß in Pfarrstellen, deren Jahreseinkommen, ausschließlich der Dienstwohnungs-Nutzung, zwölfhundert Thaler [10]) übersteigt, nur Geistliche von mindestens zehn Dienstjahren, in Pfarrstellen, deren Jahreseinkommen, ausschließlich der Dienstwohnungs-Nutzung, achtzehnhundert Thaler übersteigt, nur solche von mindestens fünfzehn Dienstjahren gewählt werden dürfen.

Das Dienstalter ist vom Zeitpunkt der Ordination ab zu berechnen, jedoch ist diejenige Zeit, während welcher ein Geistlicher im Schulamte fest angestellt gewesen ist, auf das kirchliche Dienstalter mit in Anrechnung zu bringen.

Ist die Höhe des Jahreseinkommens zweifelhaft, so stellt das Konsistorium, nach Anhörung der Gemeindevertretung, den Ertrag der Stelle fest.

§. 4. Die Bewerbung ist schriftlich bei dem Konsistorium oder bei dem Gemeinde-Kirchenrathe anzubringen. Die bei dem Konsistorium eingegangenen Meldungen sind dem Gemeinde-Kirchenrathe zu übersenden.

§. 5. Der Gemeinde-Kirchenrath hat alle zu einer guten Wahl erforderlichen Vorbereitungen zu treffen.

Sowohl die vereinigten Gemeinde-Organe, als auch der Gemeinde-Kirchenrath für sich können verlangen, daß die zur Besetzung der Stelle in Aussicht genommenen Geistlichen in den Kirchen des Gemeindebezirks predigen; von den Kandidaten des Predigtamts kann auch eine Katechisation verlangt werden. Die Wahl ist nicht auf diejenigen beschränkt, welche eine Predigt oder Katechesation gehalten haben.

Der Gemeinde-Kirchenrath ist in Vereinigung mit der Gemeindevertretung berechtigt, Mitglieder der Gemeinde an den Wohnort des Bewerbers zu senden, um ihn predigen zu hören und Erkundigungen über ihn einzuziehen.

§. 6. Der Superintendent bestimmt im Einverständniß mit dem Gemeinde-Kirchenrath den Wahltermin mit einer Frist nicht unter zwei Wochen und leitet die Wahlverhandlung.

§. 7. Die Wahl erfolgt mittelst schriftlicher Stimmzettel. Wird bei der ersten Wahl die absolute Mehrheit nicht erreicht, so findet eine engere Wahl zwischen denjenigen Drei statt, welche die meisten Stimmen auf sich vereinigt haben. Ergiebt auch diese Wahl eine absolute Mehrheit nicht, so scheidet bei der ferneren Wahl derjenige aus, welcher die mindeste Stimmenzahl erhalten hat.

Bei Stimmengleichheit entscheidet überall das Loos. Stimmen Abwesender dürfen nicht zugelassen werden.

Erörterungen über die zur Wahl stehenden Personen sind verboten.

Im Uebrigen finden die Wahlvorschriften der Kirchengemeinde- und Synodalordnung vom 10. September 1873. entsprechende Anwendung.

Sofort nach beendigter Wahl prüft der Gemeinde-Kirchenrath unter Vorsitz des Superintendenten die Ordnungmäßigkeit der Wahlhandlung.

§. 8. Das Ergebniß der Wahl ist der Gemeinde in den beiden nächstfolgenden sonntäglichen Hauptgottesdiensten in allen Kirchen der Parochie von der Kanzel bekannt zu machen.

---

10) H. Bei der Wiederbesetzung einer durch Emeritirung erledigten Stelle ist für die Berechnung des erforderlichen Dienstalters das gesammte Stelleneinkommen, nicht die nach Abzug der Emeritalpension verbleibende Einnahme maßgebend, R. des O.K.R. v. 4. Juni 1875, s. Allgem. Kirchenbl. a. a. O. S. 591, u. R. dess. v. 4. Juni 1878 Jahrg. 1878 S. 690. Mit Rücksicht auf das Ges. v. 26. Jan. 1880 §§. 1 ff. 14, 19 (Zus. 46 zu §. 529. d. T.) kann aber bei denjenigen Stellen, welche vom Tage der Emeritirung des Geistlichen bez. vom Zeitpunkt der Uebernahme des Emeritalgehaltes auf den Pensionsfonds acht Jahre lang ein Viertel ihres gesammten Pfründen- oder etatsmäßigen Einkommens an den Pensionsfonds abzugeben haben, rücksichtlich des Dienstalters die Zulassung bei Stellenbesetzungen nur davon abhängig gemacht werden, daß der Adjunktus zur Zeit seiner Berufung das dem Stelleneinkommen nach Abzug des Viertels und zur Zeit des Wegfalls dieser Abgabe das dem unverkürzten Stelleneinkommen (in beiden Fällen unter Ausschließung der Dienstwohnungsnutzung) entsprechende Dienstalter hat. Erl. des ev. O.K.R. v. 13. April 1881, kirchl. Ges. u. Verordn.Bl. v. 1881 S. 32.

Innerhalb zwei Wochen nach der ersten Bekanntmachung kann jedes Gemeindeglied[11]) gegen Lehre, Gaben und Wandel des Gewählten und gegen die Gesetzlichkeit der Wahl bei dem Superintendenten Einspruch erheben.

Wegen der Entscheidung über den Einspruch verbleibt es bis zur anderweitigen staatsgesetzlichen Regelung der über die Kreis- und Provinzial-Synoden in der Synodalordnung vom 10. September 1873. enthaltenen Bestimmungen bei der bisherigen Zuständigkeit der Konsistorien und des Evangelischen Ober-Kirchenraths, mit der Maßgabe, daß bei den Entscheidungen über Einsprüche gegen die Lehre von dem Konsistorium die Mitglieder des Provinzial-Synodalvorstandes mit vollem Stimmrecht (cfr. Kirchengemeinde- und Synodalordnung §. 68. Nr. 6.)[12]) als außerordentliche Mitglieder zuzuziehen sind.

Ueber Einwendungen aus der Gemeinde gegen Gaben und Wandel des Gewählten, sowie über Einwendungen einer Zweidrittelmehrheit der Gemeindeglieder ist von dem Kreissynodalvorstand vorbehaltlich des Rekurses an das Konsistorium zu entscheiden[13]).

§. 9. Der Gewählte erhält von dem Gemeinde-Kirchenrath eine schriftliche Benachrichtigung über seine Wahl, in welcher das Diensteinkommen der Stelle angegeben sein muß.

Der Gewählte hat sich innerhalb vier Wochen nach Zustellung der Benachrichtigung über die Annahme der Wahl zu erklären.

Lehnt er ab, oder erklärt er sich nicht, so ist innerhalb sechs Wochen zu einer Neuwahl zu schreiten.

§. 10. Der Gemeinde-Kirchenrath hat, nachdem der Gewählte angenommen hat, die Wahlverhandlungen durch den Superintendenten dem Konsistorium zur Berufung des Gewählten einzureichen.

Die Berufung darf nur versagt werden[14]):

1) wegen Gesetzwidrigkeit des Wahlverfahrens,

---

11) H. Zu den Wahlen der Aeltesten und Gemeindevertreter braucht dasselbe nicht berechtigt zu sein.

12) H. Und vom Evangelischen Oberkirchenrath in der Rekursinstanz die Mitglieder des General-Synodalvorstandes, §. 36 Nr. 1 d. Gen.Syn.Ordn. (Zus. 23 zu §. 156 d. T.)

13) H. Diese Worte treten an Stelle der ursprünglichen Fassung d. V.: „Konsistorium vor der Entscheidung der Kreissynodalvorstand zu hören", da jetzt die in Abs. 2 gedachte staatsgesetzliche Regelung durch das Ges. v. 3. Juni 1876 (Zus. 22 zu §. 156 d. T.) erfolgt und nunmehr §. 55 Nr. 10 d. K.G. u. S.O. maßgebend geworden ist, so auch B. d. ev. O.K.R. v. 31. Jan. 1878, kirchl. Ges. u. Verordn.Bl. v. 1878 S. 48. Die erstinstanzliche Entscheidung des Kreis-Synodal-Vorstandes erstreckt sich aber nicht auf Einsprüche gegen die Lehre.

14) H. Daß in allen Fällen die Berufung des Gewählten nur aus den im §. 10 Nr. 1 bis 4 angegebenen Gründen versagt werden darf, ist in der Entscheidung d. ev. O.K.R. v. 31. Jan. 1878, kirchl. Ges. u. Verordn.Bl. v. 1878 S. 45, 49 ff., in Abrede gestellt mit Rücksicht darauf, daß die im Text mitgetheilte Verordn. sowohl ihrem ausgesprochenen Inhalte als ihrer Entstehungsgeschichte nach die im §. 32 d. K.G. und S.O., Zus. 20 zu §. 156 d. T., angeführten §§. 330—339 d. T. auch neben dem neuen Gemeindewahlrecht durchaus im Sinne des älteren Rechtes aufrecht erhalten habe. Dieser Ausgangspunkt für die weiteren Ausführungen des O.K.R. ist schon nicht vollkommen korrekt genommen. Der §. 32 beläßt den Gemeinden allerdings das landrechtliche Einspruchsrecht, aber mit der Maßgabe einer näheren Regelung der bisherigen Besetzungsweise durch königliche Verordnung. Diese (die im Text mitgetheilte) geht also den Vorschriften der §§. 330 ff. d. T., soweit sie damit unvereinbar sind, vor (s. auch Anm. 6 zu Zus. 40. o. E.) und es dürfte daher z. B. keinem Zweifel unterliegen, daß §. 334, welcher die Vernehmung der Gemeinde über den gewählten Kandidaten binnen 8tägiger Frist obligatorisch vorschreibt, durch den widersprechenden §. 8 d. Verordn., ebenso §§. 330—333 durch §. 5 d. Verordn. aufgehoben sind. An Stelle der unrichtigen Behauptung, daß die §§. 330 ff. durchaus im Sinne des älteren Rechtes in Geltung bleiben, ergiebt sich demnach als richtige Auffassung die, daß die §§. 330 ff. noch soweit Kraft behalten haben, als sie durch die Verordn. nicht modifizirt worden sind, und daher kann der fernere Schluß des O.K.R., daß das Kirchenregiment bei der Entscheidung über die Erheblichkeit eines erhobenen Einspruches nicht weiter beschränkt ist, als nach dem alten Recht, d. h. nach §§. 336—339, nicht für richtig erachtet werden. Es kommt vielmehr darauf an, ob nicht die Verordn. in §§. 8 u. 10 dasselbe abgeändert hat, und in wie weit. In dieser Beziehung wird

das Verhältniß des §. 8 zum §. 10 von Bedeutung. Der O.K.R. meint in dieser Hinsicht, daß die Verordn. das Verfahren dreifach, in das Wahlverfahren, Einspruchsverfahren und das kirchenregimentliche Berufungsverfahren gliedert, und daß die Bestimmungen über die Gründe, aus denen dem Gewählten nach §. 10 die Berufung versagt werden kann, sich auf das Einspruchsverfahren nicht beziehen. Hierbei wird aber auch unberechtigter Weise die Entscheidung und die Bestimmung über die Entscheidungsnormen hinsichtlich des Einspruches in das Einspruchsverfahren hineingezogen. Der §. 8 verlangt die Verkündigung des Wahlresultates und gewährt das Einspruchsrecht jedem Gemeindemitglied innerhalb zweier Wochen. Der Einspruch hindert aber, wie §. 9 angiebt, die Benachrichtigung des Gewählten und die Einholung der Annahme-Erklärung desselben nicht, und kann sie auch naturgemäß nicht hindern, denn wenn der Gewählte ablehnt, ist eine vorherige Entscheidung über den Einspruch völlig überflüssig. Das Bedürfniß dazu tritt erst ein, wenn der Gewählte angenommen hat, und nunmehr die Sache in das Stadium des vom O.K.R. so genannten Berufungsverfahrens (§. 10) gelangt. Diese Auffassung wird auch dadurch bestätigt, daß §. 8 einen Einspruch gegen die Gesetzlichkeit der Wahl gestattet und der §. 10 gerade unter den im Berufungsverfahren zu erörternden Gründen für Versagung der Berufung die Gesetzwidrigkeit des Wahlverfahrens anführt. Hat dies mit dem gedachten Einspruch zu geschehen, so muß dasselbe der Fall sein, wenn ein anderer Einspruch (gegen Lehre, Gaben und Wandel des Geistlichen) erhoben ist, denn der §. 8 macht in dieser Hinsicht keinen Unterschied. Daran ändern auch die Vorschriften der Absätze 3 u. 4 des gedachten §. nichts. Sie regeln nur die Kompetenz zur Entscheidung, und zwar zu der Entscheidung darüber, ob der Einspruch für begründet zu erachten ist oder nicht. Darüber, ob die Berufung zu ertheilen ist oder nicht, haben weder das verstärkte Konsistorium, noch der Kreissynodalvorstand, sondern allein das Konsistorium zu befinden, und die Entscheidung über den Einspruch kann nur Material für die Versagung der Berufung abgeben. Demnach kann also gar nicht davon die Rede sein, daß der §. 8 irgend welche Vorschriften über die Voraussetzungen, unten denen die Berufung zu versagen ist, ertheilt, und daraus folgt weiter, daß der §. 10, wie er dies auch durch das deutliche: nur ausdrückt, allein in dieser Beziehung maßgebend ist. Auch aus der Erwähnung der Zweidrittelmajorität in §. 8 Abs. 4 folgt nichts. Denn wenn festgestellt wird, daß ein Einspruch mit solcher Majorität erhoben und daß derselbe nicht durch Verhetzungen und Aufwiegeleien (§. 339 d. T.) veranlaßt ist, so liegt der Fall Nr. 2 des §. 10 d. Verordn., der Mangel der gesetzlichen Wählbarkeit, d. h. Anstellungsfähigkeit des Gewählten vor, während begründete Einwendungen gegen die Lehre und den Wandel ebenfalls den a. a. O. erwähnten Versagungsgrund, solche gegen die Gaben den unter Nr. 4 gedachten bilden können. Wäre die Auffassung des O.K.R. richtig, so müßte, weil der durch Annahme des Gewählten vollendeten Wahl ihre Rechtswirksamkeit nicht anders als durch Versagung der Berufung genommen werden kann, in §. 10 bemerkt worden sein, daß die letztere verweigert werden darf, wenn der Einspruch gegen den Gewählten für erheblich erklärt worden ist. Eben weil dies nicht geschehen, kann die Erheblichkeit, welche zur Versagung der Berufung berechtigt, nur nach Maßgabe des §. 10 beurtheilt werden. Soll darüber willkürlich befunden werden, so ist, was freilich der O.K.R. leugnet, das Wahlrecht der Gemeinde illusorisch gemacht und der §. 10 hat gar keine Bedeutung und keinen Sinn. Der O.K.R. hebt zwar weiter zur Unterstützung seiner Ansicht hervor, daß es der Vorschriften über ein besonderes Einspruchsrecht gar nicht bedurft haben würde, falls es die Absicht gewesen wäre, den Einspruch auf solche Fälle zu beschränken, zu deren Berücksichtigung die Behörde schon von Amtswegen kraft des Gesetzes berechtigt und verpflichtet sei. Dem steht aber entgegen, daß die besondere Aufrechterhaltung des Einspruchsrechtes der Gemeindeglieder nur deshalb nöthig war, weil dasselbe prinzipiell in Fällen, wo die Organe der Gemeinde wählen, und diese vertreten, ausgeschlossen gewesen wäre, und weil ferner durch dasselbe Verhältnisse zur Sprache gebracht werden können, welche den Behörden möglicher Weise unbekannt bleiben. Dazu kommt endlich, daß der Grundsatz, daß die Zweidrittel-Majorität die Berufung hindert, aufrecht erhalten bleiben sollte, und zwar aus dem guten Grunde, daß in diesem Falle die rechtliche Vertretung der Gemeinde-Organe in der That eine solche gewesen ist, welche der überwiegenden Majorität der Mitglieder nicht entspricht. Endlich weist der O.K.R. darauf hin, daß bei seiner Auffassung die Gründe, aus denen Einwendungen gegen den Gewählten erhoben werden können, über diejenigen hinausreichen, aus denen nach §. 10 die Berufung versagt werden dürfe, daß es also nur bei dieser möglich sei, dem Gewählten die Berufung zu verweigern, wenn sein Organ für die Kirche nicht ausreiche, sein Dialekt das Verständniß seiner Predigten erschwere, wenn der Gewählte sich als herrschsüchtiger und taktloser Mann, welcher für die Gemeinde nicht passe, gezeigt habe, wenn die Lehrart desselben sich als eine verkehrte erzeige oder endlich seine Lehrmethode zu Einwendungen Veranlassung geben könne. Aber hierbei handelt es sich um Momente, welche so dehnbar sind, daß über sie gerade allein, wenn das Wahlrecht eine Realität haben soll, die wählenden Organe entscheiden müssen, und es ist eben die Frage, ob die Verordn. dem Kirchenregiment das Recht gewährt, aus solchen Gründen die Berufung zu verweigern. Wie gezeigt, ist dies nicht der Fall, und kann es nicht sein, wenn man das den Gemeinden mit der

2) wegen Mangels der gesetzlichen Wählbarkeit des Gewählten[15]),
3) wegen Verletzung der Vorschriften des §. 3. dieser Verordnung,
4) wegen geistiger oder körperlicher Unfähigkeit des Gewählten, das Amt zu verwalten.

§. 11. Die Kosten des Wahlverfahrens fallen der Gemeinde zur Last. Es ist zulässig, diese Kosten aus der Kirchenkasse zu bestreiten.

§. 12. Das Wahlrecht der Gemeinde tritt in Wirksamkeit für die vom 1. Januar 1875. ab eintretenden Stellenerledigungen.

Fällt die erste von diesem Tage ab durch Tod eintretende Stellenerledigung in einen ungeraden Monat, so wählt die Gemeinde, wenn auf einen geraden Monat, so beruft die Kirchenbehörde ohne Gemeindewahl.

Erfolgt die erste Erledigung vom 1. Januar 1875. ab auf andere Weise als durch den Tod des Stelleninhabers, so wählt die Gemeinde.

Wird von dem 1. Januar 1875. ab eine neue Stelle besetzt, so beruft die Kirchenbehörde ohne Gemeindewahl.

Jede Besetzung gilt erst mit Einführung des Geistlichen in das Amt als vollendet.

§. 13. Das Konsistorium kann eine angemessene Frist zur Vornahme der Wahl anordnen. Wird die Frist nicht inne gehalten, so erlischt das Wahlrecht der Gemeinde für diesen Fall[16]).

---

einen Hand gegebene Wahlrecht nicht mit der anderen wieder nehmen wollte. Uebrigens bietet auch der §. 10 Nr. 4 ein Mittel in dem Falle, wo dergleichen Momente in wirklich greller Weise hervortreten, die Berufung zu verweigern, denn die dort als Grund aufgeführte: geistige Unfähigkeit, das Amt zu verwalten, braucht nicht in dem strengen Sinne von Geisteskrankheit ausgelegt zu werden, vielmehr ist darunter jede desfallsige geistige Beschaffenheit, unter „dem Amt" nicht ein kirchliches Amt überhaupt, sondern „das gerade zu besetzende" — es heißt nicht ein, sondern das Amt — zu verstehen, wie denn nicht minder der vom O.K.R. angeführte Fall, daß der Gewählte sich in der betreffenden Kirche gar nicht verständlich machen könne, als körperliche Unfähigkeit, das für dieselbe bestehende Amt zu verwalten, betrachtet werden muß.

H. Gegenüber der hier dargelegten Auffassung hat Hartmann, Zeitschr. f. K.R. 18 S. 374, 411, welcher ebenfalls die Ausführung des O.K.R. bekämpft, s. S. 398, die Ansicht aufgestellt, daß das Konsistorium die Bestätigung versagen müsse, wenn der Kreissynodalvorstand den Einspruch als erheblich befunden, sie aber nicht verweigern dürfe, wenn er denselben verworfen hat. Er meint, daß die Mitwirkung des Kreissynodalvorstandes keinen Sinn habe, wenn er ebenfalls an die vier im §. 10 genannten Gründe gebunden werde, und S. 413 hebt er hervor, daß für die Entscheidung des Vorstandes keine festen Normen aufgestellt seien, daß also derselbe seine Beurtheilung nach bester Ueberzeugung und freiem Ermessen abzugeben, und das Konsistorium bei begründet und erheblich erachtetem Einspruch formell die Berufung zu versagen habe, bei Verwerfung des Einspruches aber nur noch aus den im §. 10 genannten Gründen die Berufung ablehnen könne. Hartmann übersieht hierbei, daß er dadurch im Falle des Einspruches den Kreissynodalvorstand zu der materiell über die Berufung entscheidenden Behörde macht, obwohl sich in der Verordnung für eine solche Beschränkung der Kompetenz des Konsistoriums nicht der mindeste Anhalt findet, insbesondere der §. 10, wenn das Konsistorium verpflichtet wäre, stets bei einem durch den Kreissynodalvorstand für begründet erklärten Einspruch die Berufung zu versagen, nicht lauten könnte: „Die Berufung darf nur versagt werden". Weiter beachtet Hartmann nicht, daß die Entscheidung über den Einspruch nur dahin gehen kann, ob die dadurch geltend gemachten Thatsachen auf Wahrheit beruhen und die für erwiesen erachteten Thatsachen einen Mangel und welchen Mangel in Betreff der Gaben und des Wandels des Geistlichen ergeben, bez. ob ein Widerspruch der Zweidrittel-Majorität durch Verhetzungen (§. 339 d. T.) veranlaßt ist. Was der Kreissynodalvorstand in dieser Beziehung entschieden hat, hat allerdings das Konsistorium als für sich maßgebend anzuerkennen, aber seinerseits, da ihm die kirchenregimentliche Befugniß der Bestätigung oder Berufung des Gewählten nicht genommen ist, darüber zu befinden, ob deswegen die Berufung zu verweigern oder zu gewähren ist. Der Fehler der Hartmann'schen Ausführung liegt also darin, daß er die Befugniß des Kreissynodalvorstandes auch auf die Entscheidung der Frage, ob aus den im Einspruch geltend gemachten Gründen die Berufung abzulehnen oder zu ertheilen ist, ausdehnt.

15) H. Das gegen einen Gewählten eingeleitete Disziplinarverfahren bildet keinen Grund zur Versagung der Berufung, vielmehr ist nur die Entscheidung über die letztere bis zur Erledigung des Verfahrens auszusetzen, Erl. des ev. O.K.R. v. 26. Nov. 1877, kirchl. Ges. u. Verordn.Bl. v. 1878 S. 1.

16) H. Wenn die Berufung aus den im §. 10 gedachten Gründen versagt wird, ist eine

Eine Verlängerung der Frist ist zulässig.

Gegenwärtige Verordnung ist durch die Gesetz-Sammlung bekannt zu machen.

41. **Allerhöchster Erlaß vom 28. Juli 1876., betreffend die Mitwirkung der evangelischen Kirchengemeinden in der Provinz Westfalen und der Rheinprovinz bei der Besetzung der unter der freien kirchenregimentlichen Kollatur stehenden Pfarrstellen.** (Kirchl. Ges. und Verordn.Bl. von 1876/1877. S. 17.)

Auf den von dem Evangelischen Ober-Kirchenrath im Einverständniß mit dem Minister der geistlichen Angelegenheiten erstatteten Bericht vom 5. Juli d. Js. will Ich genehmigen, daß die in der Kirchengemeinde-Ordnung vom 10. September 1873. §. 32. den evangelischen Kirchengemeinden beigelegte Mitwirkung bei der Besetzung der unter der freien kirchenregimentlichen Kollatur stehenden Pfarrstellen auf den Geltungsbereich der Kirchen-Ordnung vom 5. März 1835. übertragen werde. Demgemäß bestimme Ich für die nach dieser Kirchen-Ordnung organisirten evangelischen Kirchengemeinden der Provinz Westfalen und der Rheinprovinz was folgt:

I. Alle Pfarrstellen, welche bisher auf Grund des Patronats, spezieller Statuten oder aus anderen Gründen der freien kirchenregimentlichen Verleihung unterlegen haben, sind in Zukunft dergestalt zu besetzen, daß die Kirchenbehörde in dem einen Falle mit, in dem anderen ohne Konkurrenz einer Gemeindewahl den Pfarrer beruft.

II. Für das Verfahren bei der Gemeindewahl sind die Bestimmungen des §. 59. der Kirchen-Ordnung vom 5. März 1835. mit den dazu ergangenen oder künftig zu erlassenden Ergänzungen maßgebend. [17])

III. Die Wahl der Gemeinde kann auf alle für die Verwaltung des geistlichen Amts in der evangelischen Landeskirche qualifizirte Personen sich richten, jedoch mit der Beschränkung, daß in Pfarrstellen, deren Jahreseinkommen, ausschließlich der Dienstwohnungs-Nutzung, Dreitausend sechshundert Mark übersteigt, nur Geistliche von mindestens zehn Dienstjahren und in Pfarrstellen, deren Jahreseinkommen, ausschließlich der Dienstwohnungs-Nutzung, Fünftausend vierhundert Mark übersteigt, nur solche von mindestens fünfzehn Dienstjahren gewählt werden dürfen.

Das Dienstalter ist vom Zeitpunkt der Ordination ab zu berechnen, jedoch ist diejenige Zeit, während welcher ein Geistlicher im Schulamte fest angestellt gewesen ist, auf das kirchliche Dienstalter mit in Anrechnung zu bringen.

Ist die Höhe des Jahreseinkommens zweifelhaft, so stellt das Konsistorium, nach Anhörung der Gemeinde-Vertretung, den Ertrag der Stelle fest.

IV. Die Vokation auf Grund der Gemeindewahl stellt das Konsistorium aus. Die Ertheilung derselben darf nur versagt werden: 1. wegen Gesetzwidrigkeit des Wahlverfahrens, 2. wegen Mangels der gesetzlichen Wählbarkeit des Gewählten, 3. wegen Verletzung der vorstehend über das erforderliche Dienstalter der zu Berufenden gegebenen Vorschriften, 4. wegen geistiger oder körperlicher Unfähigkeit des Gewählten, das Amt zu verwalten.

V. Das Wahlrecht der Gemeinden tritt in Wirksamkeit für die vom 1. September d. Js. ab eintretenden Stellenerledigungen. Fällt die erste von diesem Tage ab eintretende Stellenerledigung in einen ungeraden Monat, so wählt die Gemeinde, wenn auf einen geraden Monat, so beruft die Kirchenbehörde ohne Gemeindewahl. Erfolgt die erste Erledigung vom 1. September d. J. ab auf andere Weise als durch den Tod des Stelleninhabers, so

---

neue Wahl anzuordnen, und erst dann, wenn dieser Fall auch in Betreff der zweiten Wahl eintritt, hat die Besetzung durch das Konsistorium zu erfolgen, vgl. §. 391 d. T. u. §§. 163—165 II. 6, Vorschriften, welche in Ermangelung besonderer Bestimmungen in der Verordn. auch für die von dieser angeordnete Wahl zur Anwendung gebracht werden müssen. Hartmann, Zeitschr. f. K.R. 18 S. 405 Note 26, hält die gedachten Bestimmungen zufolge seiner schon Anm. 6 zu dies. Zusatz besprochenen irrigen Auffassung für den vorliegenden Fall für beseitigt und kommt zu dem Resultat, daß über die hier in Rede stehende Frage gar nichts Rechtens sei (!) und die Lücke durch die Gesetzgebung ausgefüllt werden müsse.

17) H. Vgl. Anm. 78 zu Zus. 21 zu §. 156 d. T.

wählt die Gemeinde. Wird von dem 1. September d. Js. ab eine neue Stelle besetzt, so beruft die Kirchenbehörde ohne Gemeindewahl. Jede Besetzung gilt erst mit Einführung des Geistlichen in das Amt als vollendet.

Zugleich bestimme Ich, daß die vorstehend hinsichtlich des Dienstalters der zu berufenden Geistlichen festgesetzten Beschränkungen auch in denjenigen Fällen zu beobachten sind, in denen die Kirchenbehörde den Pfarrer ohne Konkurrenz einer Gemeindewahl beruft.

Der Evangelische Ober-Kirchenrath hat diesen Meinen Erlaß zur öffentlichen Kenntniß zu bringen.

§. 325. Niemals soll ein Subject, welches mit der Gemeine in Streit und Feindschaft lebt, oder gegen dessen Grundsätze [18]), oder moralisches Verhalten, die Gemeine erhebliche Einwendungen hat, derselben zum Pfarrer aufgedrängt werden.

§. 326. In allen Fällen muß daher das Subject, welches zum Pfarrer bestellt werden soll, der Gemeine zuvor bekannt gemacht werden [19]).

§. 327. Hat die Pfarrkirche ihren eignen Patron [20]), so gebührt diesem, der Regel nach [21]), die Berufung eines neuen Pfarrers [22]). insonderheit der Patronatkirchen;

§. 328. Auch Patrone können, bei ihrer anzustellenden Auswahl, nur auf solche Subjecte Rücksicht nehmen, die entweder schon in einem geistlichen Amte stehen, oder doch als Candidaten, von den geistlichen Obern ihrer Provinz, nach angestellter vorläufiger Prüfung, die Erlaubniß zum Predigen erhalten haben [23]).

18) H. Bei denjenigen Gemeinden, bei welchen der Unionsritus eingeführt ist, sollen nur solche zu Pfarrern, Diakonen u. s. w. ernannt und bestätigt werden, welche ihren Beitritt zur Union dem Konsistorium der Provinz schriftlich erklärt haben. Verf. d. Min. d. geistl. 2c. Angel. v. 17. Okt. 1822 (Annal. 6 S. 887). Ferner soll nach der K.O. v. 30. April 1830 (Annal. 14 S. 329) bei der Besetzung evangelischer Pfarrstellen landesherrlichen Patronates, soweit es ohne Erregung von Unzufriedenheit in der Gemeinde geschehen kann, die reformirte oder lutherische Konfession nicht weiter berücksichtigt werden; der Anzustellende muß sich aber bei solchen Gemeinden, welche der Union noch nicht beigetreten sind, nach den bei denselben üblichen Gebräuchen richten. Vgl. auch Anm. 49 zu §. 39 d. T.

H. Der §. bezieht sich nicht auf die durch §. 32 der K.G. u. Syn.Ordn. u. die Verordn. v. 2. Dez. 1874, Zus. 40, eingeführte Wahl, denn wenn die Gemeinde-Organe in Vertretung der Gemeinde gewählt haben, kann von einem Aufdrängen keine Rede sein, wie denn auch der §. 32 a. a. O. nur die §§. 330 ff., nicht aber diesen §. auf die vorgedachten Wahlen für anwendbar erklärt, vgl. auch die in Anm. 14 besprochene Entscheidung, a. a. O. S. 52.

19) Gilt nicht für die katholische Kirche und auch nicht in allen Landestheilen bei der evangelischen, z. B. nicht in Ostpreußen. Ostpreuß. Prov.R. Zus. 177.

20) H. Darunter will Hartmann, Zeitschr. f. K.R. 18 S. 390 Note 28, einen Privatpatron im Gegensatz zu dem sog. allgemeinen Patronate des Staates über alle Kirchen verstehen, und die §§. 329 ff. nur auf den Fall der Berufung eines Geistlichen durch einen solchen Patron angewendet wissen. Eigener Patron ist aber, wie das Marginale zeigt, nur ein Pleonasmus für Patron. Außerdem wirft Hartmann das kraft speziellen Titels begründete Patronatrecht des Landesherrn oder Staates (s. Anm. 4 zu §. 324) mit dem sog. allgemeinen Patronate des Staates, welches nicht existirt, s. zu §. 573 d. T., zusammen.

21) Eine Ausnahme macht u. A. ein Andersgläubiger. — Vgl. auch Anm. zu §. 587.

22) Die dem Kirchenpatron zustehende Befugniß, einen neuen Pfarrer zu berufen, bildet, wie das Patronatsrecht selbst, einen Gegenstand des Privateigenthums. Die Bestimmung der Konsistorial-Ordnung für die Mark Brandenburg vom Jahre 1573: „Die Kapläne und Prediger sollen von den Pfarrern und Räthen in den Städten zugleich vozirt und angenommen werden" ist kein Ausfluß des öffentlichen Rechts; sie kann als eine auch für Patronatsverhältnisse Geltung habende Vorschrift des öffentlichen Rechts nicht angesehen werden. O.Tr. III v. 7. Juni 1869, Str. Arch. 75 S. 143. H. Als Privatrecht kann der Patronat nicht aufgefaßt werden, s. P. Hinschius, Zeitschr. f. K.R. 7 S. 25, 26. Vgl. auch zu §. 568.

23) Die Patrone katholischer Pfründen sollen nur Inländer zu den vakanten Stellen präsentiren, welche den Oberbehörden aus ihren Leistungen als Kapläne bereits bekannt sind. V. d. Min. d. geistl. 2c. Angel. v. 5. Juni 1826 (Annal. 10 S. 472). H. Nach dem §. 1 des Ges. v. 11. Mai 1873, s. Zus. 10 zu §. 60 d. T., kann aber nur staatlicher Einspruch erhoben werden, wenn der Anzustellende nicht deutscher Reichsangehöriger ist.

§. 329. Das von dem Patron ausgewählte Subject muß der Gemeine vorgestellt, und zur Haltung einer Probepredigt und Catechisation angewiesen werden [24]).

§. 330. Hat der Gewählte schon vorhin in einem geistlichen Amte gestanden, so muß er dennoch, wenn die Gemeine ihn nicht schon hinlänglich kennt, eine Gastpredigt und Catechisation halten.

§. 331. Der Tag der zu haltenden Probe- oder Gastpredigt muß der Gemeine wenigstens vierzehn Tage vorher bekannt gemacht werden [25]).

§. 332. Sind zwei oder mehrere Kirchen unter Einem Pfarrer zusammengeschlagen, so muß in jeder eine Probepredigt gehalten werden.

§. 333. Ob auch in eigentlichen Filialkirchen die Haltung einer Probepredigt nöthig sei, oder ob die Mitglieder einer solchen Tochtergemeine zu deren Anhörung in der Mutterkirche sich einfinden müssen, bleibt der hergebrachten Verfassung bei einem jeden Kirchensystem überlassen.

§. 334. Die Gemeine muß, nach Verlauf von wenigstens acht Tagen, mit ihrer Erklärung über das von dem Patron ausgewählte Subject vernommen werden [26]).

§. 335. Ist der Candidat aus einer andern Diözes oder Consistorialdepartement, so kann die Gemeine eine längere Frist, allenfalls bis vier Wochen, zu ihrer Erklärung verlangen [27]).

§. 336. Ist die Gemeine mit dem Patron über die Würdigkeit des von Letzterem ausgewählten Subjects uneins: so müssen die vorgesetzten geistlichen Obern, ohne prozessualische Weitläuftigkeiten, über die Erheblichkeit der Einwendungen entscheiden [28]).

§. 337. Wer rechtlich überführt wird, daß er sich durch Bestechungen, oder

---

24) Die ganze Lehre von der Probepredigt gilt nicht nach katholischem Kirchenrechte und wird daher bei keiner katholischen Kirche befolgt. Die Gemeinde hat dort nichts mitzureden, weil der Laie in religiösen Dingen und in Kirchensachen, nach katholischen Religionsgrundsätzen, keine Stimme haben kann. H. In der Mark Brandenburg hat die Gemeinde das Recht des Widerspruchs gegen die Wahl des Patrons, wenn sie erhebliche Einwendungen gegen die Lehre oder den Wandel des Erwählten erweislich machen kann. Die Probepredigt wird im Beisein des Patrons und des Superintendenten gehalten. Nach Beendigung derselben wird die Erklärung der Gemeinde aufgenommen, Scholz v. Hermensdorf, Prov.R. der Kurmark Brandenburg, 2. Ausg. 1 S. 81, 287. Dasselbe gilt im Herzogthum Magdeburg nach der revidirten Kirch.Ordn. v. 9. Mai 1739 Kap. 16 §. 18, vgl. v. Klewitz, Prov.R. des Herzogthums Magedeburg S. 192.

25) H. Die Nichtinnehaltung der Frist begründet aber keinen Nichtigkeitsgrund der vom Patron getroffenen Wahl, R. des ev.. O.KR. v. 13. Juli 1857 (Aktenstücke 2 S. 204).

26) Nach einer Verf. des Min. der geistl. Angel. v. 26. Jan. 1839 soll die Vernehmung der Kirchengemeinde über das von dem Patrone zum Pfarrer ausgewählte Subjekt nicht in der Art erfolgen, daß sie sich zu einer Wahlabstimmung zwischen diesem und anderen Subjekten gestaltet, vielmehr sollen dabei die §§. 336, 338, 339 gehörig berücksichtigt werden. (Annal. 16 S. 98.) Dort ist jedoch kein Modus der Vernehmung vorgeschrieben, und es ist nicht findbar, wie anders als durch Abstimmung herausgebracht werden soll: ob die Gemeinde mit dem Patrone uneins sei. Der §. 339 weiset auch ausdrücklich auf eine Abstimmung hin. H. Dabei kommt der Anh.-§. 129 zu §. 356 d. T. ebenfalls zur Anwendung, R. des ev. O.K.R. v. 26. Okt. 1855 (Aktenstücke Bd. 2 S. 112).

In der Oberlausitz ist durch das sächsische Oberamtspatent v. 19. Nov. 1726 das Einspruchsverfahren dahin regulirt, daß die Kirchengemeindemitglieder etwaige Einwendungen gegen den Kandidaten binnen 8 Tagen nach stattgehabter Probepredigt ihrerseits dem Superintendenten vorzutragen haben, Allgem. Kirchenbl. f. d. ev. Deutschl. Jahrg. 1879 S. 469.

27) H. Die Modifikationen, welche in Betreff der §§. 330—335 bei dem Wahlverfahren nach der Verordn. v. 2. Dez. 1874, Zus. 40 zu §. 324 d. T., eintreten, sind aus den §§. 5 u. 8 ders. ersichtlich.

28) H. Vgl. hierzu Anm. 14 zu Zus. 40 u. Zus. 20 §. 55 Nr. 10 zu §. 156 d. T.

andere unerlaubte Wege, in ein geistliches Amt einzuschleichen gesucht habe, wird eines solchen Amtes auf immer unfähig [29]).

§. 338. Auf den bloßen, mit keinen erheblichen Gründen unterstützten, Widerspruch einzelner Mitglieder der Gemeine soll keine Rücksicht genommen werden.

§. 339. Wenn aber ein Subject wenigstens zwei Drittel der Stimmen sämmtlicher Gemeineglieder gegen sich hat, soll er zu der Pfarrstelle nicht anders gelassen werden, als wenn sich bei der Untersuchung findet, daß der Widerspruch durch bloße Verhetzungen und Aufwiegelungen veranlaßt worden [30]).

§. 340. Ist der Patron dem römisch-katholischen, die Gemeine aber dem protestantischen Glaubensbekenntnisse zugethan, oder umgekehrt [31]): so muß der Patron wenigstens drei Subjecte zur Probepredigt zulassen [32]).

§. 341. Demjenigen unter diesen, welcher bei der Gemeine, nach der Mehrheit der Stimmen derselben, den vorzüglichsten Beifall hat, kann er die Vocation nicht versagen.

§. 342. In diesem sowohl, als in allen übrigen Fällen, wo es hergebracht ist, daß der Patron der Gemeine mehrere Subjecte zur Auswahl vorschlage, muß die Gemeine nothwendig eins derselben wählen, in so fern sie nicht allen dreien erhebliche Einwendungen nach Vorschrift §. 319. 325. 328. 337. entgegensetzen kann.

§. 343. Eben dieses findet, im umgekehrten Falle, in Ansehung des Patrons statt, wenn nach wohlhergebrachter Verfassung demselben mehrere Subjecte zur Auswahl von der Gemeine vorgeschlagen werden.

§. 344. Nehmen mehrere Patrone mit gleichem Rechte an Besetzung der Pfarren Theil [33]), so entscheidet, wenn sie sich nicht vereinigen können, die Mehrheit [34]) der Stimmen.

---

29) H. Einem solchen fehlt auch die gesetzliche Wählbarkeit im Sinne des §. 10 Nr. 2 d. Verordn. v. 2. Dez. 1874, Zus. 40 zu §. 324.

30) H. Ueber die Entstehung dieses §. berichtet Suarez in den Vorträgen über die Schlußrevision: „Bekanntermaßen war durch verschiedene, in den letzten Regierungsjahren des hochseligen Königs ergangene K.O. das Recht der Patrone in Besetzung vakanter Pfarrstellen dergestalt eingeschränkt worden, daß es fast lediglich auf die Gemeinde (oder vielmehr auf einige präponderirende und unruhige Mitglieder derselben) ankam: in wie fern sie den von dem Patrone rechtmäßig vozirten und in jeder Rücksicht hinlänglich qualifizirten Pfarrer annehmen wollten, oder nicht. Diese ohnehin nur in einzelnen Fällen deklarirten und nie in die Form eines wirklichen Gesetzes übergegangenen principia nach ihrem ganzen Umfange in das Gesetzbuch aufzunehmen, hielt man für bedenklich, weil dadurch in der That die wesentlichsten jura quaesita des Patronats, ohne die Berechtigten darüber zu hören, evertirt wurden. Dagegen ward es für billig, dem Zwecke des Predigtamts gemäß, und sogar zur Schonung der durch die Nachgiebigkeit des hochseligen Königs bei den Mitgliedern sehr vieler Kirchgemeinden einmal in Umlauf gebrachten Ideen für nothwendig angesehen, nicht zu gestatten, daß ein Patron einer Gemeinde ein subjectum aufdringen könne, gegen welches bei einer überwiegenden Mehrheit derselben ein deklarirter Widerwille obwaltet; auch wenn dieser Widerwille just nicht aus legalen Gründen, selbst wenn er aus einem Vorurtheile entspringt, sobald nur nicht eine unerlaubte und unlautere Quelle desselben nachgewiesen werden kann. Daraus entstand der §. 339." (Jahrb. 41 S. 177.) Das paßt nur auf evangelische Gemeinden.

Vgl. auch Anm. 14 zu Zus. 40 bei §. 324 d. T. u. Zus. 20 §. 55 Nr. 11 zu §. 156 d. T.

31) H. Damit sanktionirt das L.R. das auf Grund des Westfälischen Friedens J.P.O. Art. V. §. 31 entstandene deutsche Gewohnheitsrecht (vgl. Richter-Dove, K.R. § 189 Anm. 23).

Nach dem R. des O.K.R. v. 1. Aug. 1861 (Aktenstücke Bd. 5 S. 178) finden §§. 340 ff. keine Anwendung auf griechisch-katholische Patrone. Falls ein solcher die patronatischen Gerechtsame erworben hat, ruhen diese vielmehr, s. ferner Dove i. s. Ztschr. f. K.R. 1 S. 122. Dagegen Boche-Altmann a. a. O. S. 125 Anm. 27, vgl. auch zu §. 582 d. T.

32) H. Sommer in Ulrich's Arch. 10 S. 638 will diese Vorschrift auch auf fiskalische Patronate anwenden, wofür kein ausreichender Grund spricht.

33) H. Ob hier bloß der Fall des Kompatronates oder auch der Fall, daß zwei patronatspflichtige Kirchen- und Muttergemeinden aeque principaliter unirt sind (s. §§. 246, 247 d. T.) gemeint ist, ergiebt sich nicht aus dem Wortlaute des §. Er lautet indessen so allgemein, daß

§. 345. Ist keine überwiegende Mehrheit der Stimmen vorhanden, so müssen die geistlichen Obern den Patronen aufgeben, sich, binnen einer gewissen nach den Umständen zu bestimmenden Frist, über ein vorzuschlagendes Subject zu vereinigen [35]).

§. 346. Erfolgt in der bestimmten Frist kein Einverständniß, so fällt die Besetzung der Stelle für diesmal den geistlichen Obern anheim.

§. 347. Diese müssen aber die Stelle in der Regel einem Dritten, welcher von keinem der uneinigen Patrone vorgeschlagen worden, verleihen.

§. 348. Hat eine eigentliche Tochterkirche einen besonderen Patron: so muß dieser in der Regel dem Patron in der Mutterkirche beitreten, wenn er nicht gegen das von Letzterem ausgewählte Subject erhebliche Einwendung nach §. 319. 325. 328. 337. machen kann [36]).

§. 349. Wenn in dem Falle des §. 340. 342. der Gemeine von den mehreren Patronen drei Subjecte vorgeschlagen werden sollen: so finden, wenn die Patrone sich über diese Auswahl nicht vereinigen können, die Vorschriften §. 344—347. Anwendung.

§. 350. Wenn also die mehreren Patrone ohne ein vorhandenes Uebergewicht von Stimmen auf mehr als drei Subjecte Rücksicht nehmen, so müssen die geistlichen Obern der Gemeine drei andere vorschlagen.

§. 351. Wenn jedoch alle, oder die meisten Patrone sich über ein oder zwei Subjecte vereinigt hatten: so müssen diese auch von den geistlichen Obern mit vorgeschlagen; und nur statt derjenigen, wegen welcher kein solches Einverständniß getroffen werden kann, andere genommen werden.

§. 352. In allen Fällen, wo es auf die Stimmenmehrheit unter den Patronen ankommt, werden die Stimmen, wenn das Patronatrecht bloß persönlich ist, nach

auch der letztere Fall darunter begriffen werden kann, und dafür, daß diese Auslegung die richtige ist, spricht die Nichterwähnung der Muttergemeinden in den folgenden §§., welche der Tochterkirche (§. 348) gedenken; ferner der Umstand, daß auch §. 352 ebenso allgemein wie §. 344 gefaßt ist. Allerdings ist die Festsetzung des L.R. nicht richtig, da die unio aeque principalis jedes Amt und jedes Patronatrecht selbstständig bestehen läßt, also konsequenter Weise die beiden Patrone jeder zu präsentiren haben und mangels einer Einigung über den Kandidaten die kirchenregimentliche Verleihung eintritt, s. P. Hinschius, K.R. 2 S. 416.

H. Für den Fall, daß von zwei vereinigten Muttergemeinden die eine einem landesherrlichen oder privaten Patronate untersteht, so soll nach Trusen, preuß. K.R. S. 341, zunächst der Patron seinen Kandidaten auszuwählen und dann die Gemeinde sich nach §. 334 über die Person zu erklären haben. Aber die patronatische Präsentation einerseits und andererseits kirchenregimentliche Verleihung (so fern sie nicht von derselben Behörde wie der mit der Ausübung des Patronatrechtes betrauten geübt wird, also thatsächlich der freien Kollation gleichkommt, s. Anm. 60 zu §. 387 d. T.) oder das Gemeinde-Wahlrecht lassen sich nicht kombiniren, ohne den einem oder anderen Berechtigten seine Befugnisse zu schmälern. Es bleibt daher hier naturgemäß nur eine Alternative der Besetzung, das eine Mal bei einem Vakanzfall patronatisch, das andere Mal freie Besetzung oder Besetzung durch Wahl übrig, s. P. Hinschius a. a. O.

Vergl. zu §. 352.

34) H. Das kann namentlich mit Rücksicht auf §. 345 d. T. (überwiegende Mehrheit) nur so viel als absolute Mehrheit heißen. A. M. Trusen, preuß. K.R. S. 365 Anm.

35) Vergl. vor. Anm.

36) H. D. h. der Patron der Tochterkirche hat eigentlich keine eigene Wahlstimme, sondern nur ein Widerspruchsrecht, wenn er gegen den von dem Patrone der Mutterkirche gewählten Kandidaten Einwendungen in Gemäßheit der §§. 336, 337 machen kann. Beide Stimmen zählen, wenn Patrone mehrerer vereinigter Mutterkirchen konkurriren, nur für Eine. Besch. des Großkanzlers v. 12. April 1802 (Rabe 7 S. 137).

H. In der Mark Brandenburg hat der Landesherr, wenn er Patron der Tochterkirche ist, eine unabhängige Stimme, und der vom Patron der Mutterkirche Gewählte ist auch von der die landesherrlichen Patronatrechte ausübenden Behörde zu bestätigen, Scholtz v. Hermensdorf, Pr.R. d. Kurmark Brandenburg Bd. 1 S. 84, 2 S. 287, und wegen der Neumark v. Kunow, Pr.R. d. Neumark Abth. 1 S. 172; Abth. 2 S. 228.

den Personen[37]); wenn es aber auf Gütern haftet, nach den Gütern, ohne Rücksicht auf den Werth oder die Größe derselben, gezählt[38]); in so fern nicht, vermöge vorhandener Verträge, oder einer rechtsverjährten[39]) Gewohnheit, ungleiche Antheile für die mit dem Patronatrechte versehenen Güter bestimmt sind.

§. 353. Bei Kirchen, welche keinen eigenen Patron haben, gebührt der Regel nach[40]) die Wahl des Pfarrers[41]) der Gemeine[42]). bei Kirchen, welche keinen Patron haben.

§. 354*. In diesem Falle müssen die Kirchenvorsteher[43]) der Gemeine drei Subjecte vorschlagen.

---

37) Nach den Personen oder der Kopfzahl werden die Stimmen gezählt, wenn die ursprünglichen Patrone zu wählen haben. Sterben sie aber und vererben ihr Patronatrecht, so wird in stirpes succedirt und votirt. „Plures ab uno ex patronis ecclesiae relicti heredes vocem dumtaxat unius habebunt“ Cl. 2. de jure patron. (III, 12). Dieser Grundsatz ist auch angewendet von dem O.Tr. in dem Erk. v. 5. Dez. 1825 (Simon, Rechtsspr. 3 S. 140). H. Die Uebertragung des Grundsatzes der Clem. 2, welche offenbar das Stimmverhältniß mehrerer Patrone nach dem bei der Intestaterbfolge in stirpes für gerecht anerkannten Prinzip ordnet, erscheint bedenklich, da der §. 352 schlechthin das Stimmen nach Personen vorschreibt, und nicht, wie Koch, zwischen ursprünglichen Patronen und Patronatssuccessoren unterscheidet.

38) Zu vgl. §. 605. Hier im §. 352 und dort im §. 605 ist der Fall vorausgesetzt, wenn mehreren selbstständigen Gütern das Patronatrecht gemeinschaftlich zusteht. Der Fall aber, wo das Patronatrecht Einem Gute zusteht, dieses aber mehrere zu ungleichen ideellen Theilen gemeinschaftlich besitzen, ist nicht ausdrücklich vorgesehen. Nach allgemeinen Grundsätzen über gemeinschaftliches Eigenthum werden die Stimmen der Mitbesitzer nach Verhältniß der Antheile gezählt. Dies ist auch anerkannt von dem O.Tr. in dem vorhin gedachten Rechtsfalle. Zu vgl. Simon, Rechtsspr. 4 S. 244. H. Dieser Annahme wird ebenfalls nicht beigetreten werden können, denn das Präsentationsrecht ist ein untheilbares Recht, bei welchem nur durch die Konkurrenz der mehreren Patrone, also unabhängig von ihrem ideellen Grundstücksantheil eine gemeinschaftliche Ausübung bedingt wird, vgl. Hinschius, Ztschr. f. K.R. 7 S. 20.

Wird ein zum Patronate berechtigtes Gut dismembrirt, so ist das Patronatrecht von allen Erwerbern der Trennstücke zusammen, wie von einer moralischen Person, gemeinschaftlich und unzertheilt auszuüben, R. auf königl. Spezialbefehl v. 15. März 1809 (Mathis 10 S. 69), H. d. h., wie es korrekter in dem R. des ev. O.K.R. v. 9. Sept. 1857 ausgedrückt ist, die Stimmen werden nach der Zahl der selbstständigen Trennstücke gezählt (Aktenstücke Bd. 2 S. 200), vgl. auch P. Hinschius in Ztschr. f. K.R. 7 S. 17 ff. S. ferner Anm. 21 zu §. 581.

Vergl. noch über verschiedene Fragen, betreffend die Ausübung eines Mehreren gemeinschaftlich zustehenden Patronatsrechts: W. Pfeiffer, neue Sammlung bemerkenswerther Entscheidungen des O.A.G. zu Cassel. Bd. I, Hannover 1818, S. 18.

39) Observanzen in kirchlichen Gemeindeverhältnissen können zwar schon aus zwei gleichartigen Fällen erwiesen werden, bedürfen jedoch eines verjährungsmäßigen, wenn auch nicht eben dreißigjährigen Zeitverlaufs. O.Tr. I v. 18. Juni 1848, Entsch. 17 S. 365. Man verlangt ein longum tempus oder 10 Jahre. Ebd. S. 371. Zu vergl. §. 242 d. T.

40) Die hiernach möglichen Ausnahmen können nicht willkürlich gemacht werden, sie müssen auf besonderen Rechtstiteln beruhen, und die Staatsbehörden, welche zur Ausübung des Aufsichtsrechts des Staats über das Kirchenwesen bestellt sind, haben außerdem nach Art. 18 der Verf.Urk. gar kein Recht zur Wahl und Ernennung bei Besetzung kirchlicher Stellen. Diese Behörden (Ministerium der geistlichen Angelegenheiten, Provinzialkonsistorien, Bezirksregierungen) haben auch kein Vorschlagsrecht außer dem Falle eines besonderen Rechtstitels. H. Für die katholische Kirche kann aber der §. nicht als maßgebend erachtet werden, hier gilt als Regel die freie Kollation des Bischofs, die nach Art. 15, 18 der Verf.Urk. auch staatlich als solche anzuerkennen ist, weil die positive Einwirkung auf die Besetzung der Aemter ein Internum der Kirche bildet.

41) H. Diese §§. beziehen sich nicht auf die Fälle, in denen die Gemeinde nach §. 4 der Verordn. v. 20. Dez. 1874 zu wählen hat (s. Zus. 40 zu §. 324 d. T.), ebenso wenig auf die Gemeindewahlen nach §. 15 des Ges. v. 20. Mai 1874 (Zus. hinter §. 1043).

42) Wenn zwei ungleich große Schwestergemeinden einen Pfarrer zu wählen haben, so hat die kleinere Gemeinde so viele Repräsentanten zu wählen, daß die Gesammtzahl ihrer Presbyter und Repräsentanten sich zu den Presbytern und Repräsentanten der größeren Gemeinde so verhalte, wie die Seelenzahl der kleinen Gemeinde zur Seelenzahl der größeren Gemeinde sich verhält, in sofern nämlich die hergebrachte Verfassung nicht irgend ein Anderes mit sich bringt. Besch. des Min. d. geistl. 2c. Angel. v. 28. Aug. 1840 (Min.Bl. f. d. i. V. S. 351).

43) H. Im Bereiche der K.G. u. S.O. v. 10. Sept. 1873 §. 32 Nr. 1 (s. Zus. 20 zu

§. 355. Bei diesem Vorschlage aber müssen sie nur auf solche Subjecte, die der Gemeine durch Probepredigten oder sonst hinlänglich bekannt sind, Rücksicht nehmen; und besonders solche, von welchen sie Ursache haben, zu glauben, daß mehrere Mitglieder der Gemeine Zuneigung und Vertrauen gegen sie hegen, nicht übergehen.

§. 356. Bei der Wahl selbst hat in der Regel jedes Mitglied der Gemeine, welches nicht einem mitwählenden Familienhaupte untergeordnet[44]) ist, ein Stimmrecht[45]).

Anh. §. 129. Auch Wittwen und unverheiratheten Frauenzimmern ist hierbei, und unter der gedachten Einschränkung, die Concurrenz durch qualificirte Stellvertreter[46]) nicht zu versagen[47]).

§. 357. Durch Streitigkeiten über die Befugnisse zum Stimmrechte soll die Wahl niemals aufgehalten werden.

§. 358. Wer entweder selbst schon in einem ähnlichen Falle ein Stimmrecht bei der Gemeine ausgeübt hat; oder wer zu einer Classe gehört, deren Mitglieder in vorigen ähnlichen Fällen zum Stimmen zugelassen worden, dem muß auch bei der gegenwärtigen Wahl die Abgebung seiner Stimme verstattet werden.

§. 359. Ein Gleiches gilt von demjenigen, der ein Grundstück besitzt, dessen vorige Inhaber, als Glieder der Gemeine, in ähnlichen Fällen zur Wahl gelassen worden.

§. 360. Niemand aber kann ein Stimmrecht sich anmaßen, der zu einer anderen als derjenigen Religionspartei gehört, für welche der Pfarrer gewählt werden soll.

§. 361. Die Festsetzung: wie nach diesen Grundsätzen ein streitig gewordenes Stimmrecht in dem gegenwärtigen Falle ausgeübt werden soll, kommt den geistlichen Obern zu[48]).

---

§. 156 d. T.), der Gemeindekirchenrath und die Gemeindevertretung, nach dem Ges. v. 20. Juni 1875 §. 57 (s. Zus. 25 zu §. 157 d. T.) der Kirchenvorstand; vergl. ferner die rhein.-westfäl. Kirch.Ordn. v. 1835 §§. 4 u. 59 (Anm. 78 zu Zus. 21 bei §. 156 d. T.). Zum §. 4 der letzteren ist noch anzumerken O.Tr. I v. 25. Jan. 1873, Str. Arch. 88 S. 37: Der §. 4 hat unter „Kirchen, die keinen Patron haben", solche Kirchen gemeint, die nicht bloß keinen Privatpatron im Sinne des L.R. II. 11 Abschn. 8 haben, sondern auch nach der bisherigen, namentlich der vor der Fremdherrschaft bestehend gewesenen Kirchenverfassung keinem landesherrlichen Patronat unterworfen gewesen sind, das freilich begründeten Bedenken unterliegt, s. auch Tophoff, Ztschr. f. K.R. 12 S. 153.

44) Minderjährige stimmen durch ihre Vormünder. R. v. 13. Nov. 1801 (Rabe 7 S. 62).

45) Es sollen nicht Stimmen für einen Bewerber um die Pfarrstelle durch Unterschriften gesammelt werden. Verf. deff. Min. v. 15. Aug. 1817 (Annal. 2 S. 80).

46) In Person können Wittwen und ledige Frauenzimmer, qua mulieres nicht stimmen. Der Stellvertreter muß sich selbstverständlich durch Vollmacht ausweisen.

47) Aus der Entsch. d. Ges.Kommission v 6. Febr. 1702 (Rabe 6 S. 62).

48) Diese Vorschrift bezieht sich nur auf den Fall, wo die Pfarrkirche keinen eigenen Patron hat, deshalb die Wahl des Pfarrers der Gemeinde gebührt, und wo das Stimmrecht eines Gemeindemitgliedes bei der Pfarrwahl durch die Gemeinde streitig geworden ist. In diesem Falle sollen die geistlichen Oberen zu entscheiden haben: ob das betroffene Mitglied für diesmal zuzuziehen sei oder nicht; nur von einem streitigen Stimmrechte eines Gemeindegliedes als solches ist hier die Rede. Nicht anwendbar ist die Vorschrift in dem Falle, wenn die Kirche einen eigenen und zwar nur Einen (§. 364) Patron hat, welchem unbestritten das Berufungsrecht zusteht, und bei der Wahl eines Nebengeistlichen von dem Pfarrer nur behauptet wird, ein Votum negativum in Bezug auf die Person des Gewählten zu haben und er deshalb zugezogen werden müsse: ein diesfälliger Anspruch fällt nicht — wie man es prätendirt hat — unter die Entscheidung der geistlichen Obern, muß vielmehr in possessorio oder petitorio bei den Gerichten angebracht werden, und fällt, wenn der Prätendent nicht im Besitze des Rechts ist, für die gegenwärtige einzelne Wahl fort. Komp.Ger.Hof v. 14. Juli 1866 (J.M.Bl. S. 274). Vgl. unten §§. 576, 577 und die Anm. dazu.

§. 362. Die Entscheidung über das streitige Stimmrecht selbst aber gehört vor den ordentlichen weltlichen Richter.

§. 363. Die nach der Festsetzung der geistlichen Obern vorgenommene Wahl (§. 361.) verliert für den gegenwärtigen Fall nichts von ihrer Gültigkeit, wenn auch hiernächst durch richterliches Erkenntniß Jemandem das ausgeübte Stimmrecht ab-, oder wenn dasselbe einem Ausgeschlossenen zugesprochen wird [49]).

§. 364. Was vorstehend §. 357—363. wegen eines über das Stimmrecht gewisser Gemeineglieder entstehenden Streits verordnet ist, gilt, jedoch mit Ausschließung des §. 360., auch in Fällen, wo unter mehreren Patronen [50]) das Berufsrecht streitig wird [51]).

§. 365. Uebrigens findet, bei der von einer Gemeine anzustellenden Pfarrwahl, dasjenige statt, was wegen Verhandlung und Entscheidung gemeinschaftlicher Angelegenheiten bei Gemeinen überhaupt verordnet ist [52]). (Tit. 6. §. 167. 168.)

§. 366. Nehmen mehrere Gemeinen an der Pfarrwahl Theil: so sind, wenn nicht ein Vertrag, oder eine seit rechtsverjährter [53]) Zeit wohlhergebrachte Gewohnheit etwas Anderes bestimmt, die Mitglieder der Filialgemeine ihre Stimmen unter der Hauptgemeine abzugeben befugt.

§. 367. Sind mehrere Pfarrgemeinen unter einem gemeinschaftlichen Pfarrer vereinigt, so hat jede solche Gemeine nach der Regel ihre eigene Stimme.

§. 368. Entsteht durch Zählung der Stimmen dieser vereinigten Kirchengemeinen keine überwiegende Mehrheit [53a]), so müssen die einzelnen Stimmen der Mitglieder, ohne Rücksicht auf die verschiedenen Gemeinen, gezählt werden.

§. 369. In allen Fällen, wo keine entscheidende Mehrheit der Stimmen zu finden ist, gebührt den geistlichen Obern die Ernennung, unter den mit gleich vielen Stimmen gewählten Personen.

§. 370. Mitglieder bloß zugeschlagener Gemeinen nehmen, wenn nicht bei der Zuschlagung nach §. 297. ein Anderes festgesetzt worden, an der Pfarrwahl keinen Theil [54]).

---

49) H. Ger.Hof f. Komp.Konfl. v. 10. Jan. 1852 (J.M.Bl. S. 67): Die Wahl eines Predigers soll durch Streitigkeiten über das Wahlrecht niemals aufgehalten, sondern, derselben ungeachtet, nach Festsetzung der geistl. Oberen vorgenommen werden und, wenn dieselbe erfolgt, für den gegenwärtigen Fall einer prozessualischen Anfechtung nicht unterliegen. Deshalb kann, nachdem die Gültigkeit des Wahlaktes von dem Kgl. Konsistorium und der Regierung anerkannt und deren Bestätigung ausgesprochen ist, dieselbe im Rechtswege als nichtig nicht angefochten werden.

50) Wenn auch der Fiskus unter den Patronen ist und die Regierung bei der Wahl handelt und entscheidet. Denn — so wird angenommen — die Regierung handelt hierbei nicht als Patron, sondern als Ober-Aufsichtsbehörde. Beschl. d. Just.Min. v. 23. Sept. 1831. (Erg. ad h. §.) Vgl. aber jetzt §. 2 d. Verordn. v. 27. Juni 1845 (Anm. 35 zu §. 144 d. T.).

51) Auch ein Possessorienprozeß findet nicht statt, obgleich der Fiskus zu den mehreren Patronen gehört und die Regierung zum Vortheile desselben entscheidet. Vor. Anm.

52) II. Die Wahl erfolgt in außerordentlicher Versammlung der Gemeinde nach II. 6 §. 168 L.R. Sie ist dazu, falls nicht partikularrechtlich oder observanzmäßig andere Formen maßgebend sind, nach den Vorschriften des Ges. v. 23. Jan. 1846 (Zus. 26a zu §. 159 d. T.) zusammenzuberufen, R. des ev. O.K.R. v. 14. Juli 1857 (Aktenstücke Bd. 2 S. 204) u. des Min. d. geistl. Angel. v. 31. Dez. 1866 (Min.Bl. f. d. i. V. v. 1867 S. 64).

53) Anm. 39 zu §. 352 d. T.

53a) H. In der Praxis, ebenso von Trusen, preuß. K.R. S. 348 Anm., wird dies als relative Mehrheit gefaßt. Aber eine überwiegende oder entscheidende Mehrheit (§. 368 d. T.) ist nicht bloße oder relative Mehrheit, sondern verstärkte Mehrheit. Wenn man in §. 368 die überwiegende Mehrheit als bloß relative Mehrheit auffaßt, so kann darunter nur der Fall verstanden werden, daß mehrere Kandidaten gleiche Stimmenzahl erhalten haben, denn in allen anderen Fällen muß eine relative, also überwiegende Mehrheit vorhanden sein, d. h. §. 368 würde für den seltener, nicht aber für den häufiger vorkommenden Fall Bestimmung getroffen haben.

54) H. Vgl. §. 294 d. T.

§. 371. Doch ist, wenn von den übrigen Gemeinen ein Pfarrer gewählt worden, zu welchem der größere Theil der Gastgemeine kein Vertrauen hat, dieses für einen erheblichen Grund, aus welchem Letztere auf die Wiederabtrennung antragen kann, zu achten.

§. 372. Uebrigens kommt es, auch bei Pfarrwahlen, der Gerichtsobrigkeit [55]) des Kirchspiels in allen Fällen zu, die Wahl zu dirigiren, und auf Ruhe und Ordnung dabei zu sehen.

§. 373. Sind in dem Kirchspiel mehrere Gerichtsobrigkeiten vorhanden, so gebührt die Wahldirection der Gerichtsobrigkeit des Ortes, wo jede Stimmensammlung geschieht.

Vocation. §. 374. Demjenigen, welcher von dem Patron, oder der Gemeine, zu der erledigten Pfarrstelle rechtmäßig gewählt worden, muß eine schriftliche Vocation zugefertigt werden [56]).

§. 375. Wo es bisher gebräuchlich gewesen, daß die Vocation erst nach erfolgter Prüfung ertheilt worden [57]), da muß dem Gewählten eine schriftliche Bekanntmachung, welche die Bedingungen zur künftig zu ertheilenden Vocation enthält, geschehen.

§. 376*. Die Ausfertigung der Vocation gebührt dem Patron [58]), und in dessen Ermangelung den Kirchenvorstehern [59]).

§. 377. Die Bestimmung der Zeit, binnen welcher der Berufene sich über die Annahme der Vocation erklären muß, ist willkürlich; und hängt von dem Gutbefinden der Wählenden ab.

§. 378. Kommt binnen dieser Frist die Erklärung des Berufenen nicht ein, so sind der Patron, oder die Gemeine, zu einer neuen Wahl zu schreiten sofort berechtigt.

§. 379. Ist keine Zeit zur Erklärung bestimmt, so kann der Berufene die Vocation so lange annehmen, als ihm nicht ein geschehener Widerruf derselben bekannt gemacht worden.

§. 380. Hat er sich aber binnen vierzehn Tagen, nach erhaltener Vocation, über die Annahme derselben nicht erklärt; und sind, nach Verlauf dieser Frist, der Patron und die Gemeine zu einer neuen Wahl geschritten: so hat eine später erfolgte Annahme keine rechtliche Wirkung.

§. 381. Uebrigens gelten von der Annahme der Vocationen die von der Annahme bei Verträgen überhaupt vorgeschriebenen Gesetze. (Th. 1. Tit. 5. §. 78. sqq.)

§. 382. Ist die Vocation von Mehreren ausgefertigt, so ist es hinlänglich, wenn die Annahme auch nur gegen Einen derselben erklärt worden.

---

55) Darunter ist nach Aufhebung der Patrimonialgerichtsbarkeit die Ortspolizeiverwaltung zu verstehen. H. Da diese aber ihrer Zuständigkeit nach die Wahl nicht zu leiten hat, so treten jetzt die Superintendenten im Auftrage des Konsistoriums ein.

56) Erst durch Ertheilung und Annahme der Vokation wird der Dienstkontrakt geschlossen; vorher hat der Gewählte keinen Anspruch auf die Stelle. H. R. v. 2. Aug. 1824, s. Ergänzungen ad h. §.

H. Der Patron ist nicht befugt, in der Vokation Schmälerungen des Einkommens des Geistlichen vorzunehmen, s. Westpr. Prov.R. §. 24 und die allgemeine Anordnung im R. des Min. der geistl. Angel. v. 30. April 1836 (Annal. 20 S. 341).

57) H. Nach der K.O. v. 15. Aug. 1810 (s. v. Mühler in Jacobson und Richter, Ztschr. f. d. R. d. Kirche, Heft 2 S. 151) sollen nur bereits pro ministerio geprüfte und tüchtig befundene Kandidaten wahl- und präsentationsfähig sein.

58) Bei landesherrlichen Patronaten stellt das Konsistorium die Vokation aus, §. 2 d. Verordn. v. 27. Juni 1845 (s. Anm. 35 zu §. 144).

59) S. Anm. 2 zu §. 321 d. T.

§. 383. Die von dem Berufenen einmal gültig angenommene Vocation kann ohne erhebliche Ursache nicht widerrufen werden.

§. 384. Nur aus eben den Gründen, aus welchen ein schon bestellter Pfarrer seines Amtes entsetzt werden kann, ist auch der Widerruf einer zu rechter Zeit angenommenen Vocation zulässig.

§. 385. Es macht dabei keinen Unterschied: ob diese Gründe schon vor Erlassung der Vocation vorhanden und bekannt gewesen, oder ob sie erst nachher entstanden, oder zur Wissenschaft des Patrons oder der Gemeine gelangt sind.

§. 386. Sobald der Berufene die Vocation angenommen hat, muß er den geistlichen Obern der Diözes, oder des Departements, zur Bestätigung präsentirt werden. Präsentation.

§. 387. Die Präsentation muß von dem Patron[60]), und wo deren mehrere sind, von allen geschehen, welche zur Theilnehmung an der Wahl und Vocation berechtigt sind.

§. 388*. In Ermangelung von Patronen geschieht die Präsentation durch die Vorsteher[61]).

§. 389. Der Präsentation muß eine Abschrift der ertheilten oder noch zu ertheilenden Vocation, ingleichen das Protocoll über die Probe- oder Gastpredigt[62]), beigelegt werden.

§. 390. In allen Fällen, wo eine Wahl der Gemeine statt gefunden hat, ist auch die Beilegung des Wahlprotocolls erforderlich.

§. 391. Wird von den geistlichen Obern der Präsentirte untauglich, oder die Wahl unregelmäßig befunden: so muß eine neue Wahl und Präsentation erfolgen[63]).

---

60) H. Bei den dem landesherrlichen Patronatrecht unterworfenen Stellen wird die Ernennung durch die Konsistorien ausgeübt, s. Verordn. v. 28. Juni 1845 §. 2, Anm. 35 zu §. 144 d. T., vgl. auch Ressortreglement v. 1. Okt. 1847 Nr. 5 a. a. O. Von der Erledigung einer jeden mehr als 700 Thaler eintragenden evangelischen Pfarrstelle landesherrlichen Patronats war nach der K.O. v. 22. Aug. 1847 durch die Konsistorien dem Minister der geistl. Angelegenheiten Anzeige zu machen und, falls letzterer einen versorgungsberechtigten Militärgeistlichen für dieselbe zu bezeichnen, Veranlassung fand, hiernach bei Wiederbesetzung der Stelle zu verfahren. Auch sollte es bei dem Kabinetsbefehl v. 8. Okt. 1812 sein Bewenden behalten, wonach der erwähnte Minister in einzelnen Fällen aus überwiegenden Gründen selbst die Besetzung solcher Stellen verfügen konnte. Nach dem R. des ev. O.K.R. v. 28. Nov. 1868 sind aber jetzt die Anzeigen über die Erledigung der erstgedachten Stellen an denselben zu erstatten, und dieser letztere setzt sich seinerseits mit dem Minister in Benehmen. Das bezieht sich aber nicht auf die Fälle, in denen nach der Verordn. v. 2. Dez. 1874 (Zus. 40 zu §. 324 d. T.) den vereinigten Gemeinde-Organen die Wahl zusteht, wohl aber auf solche, wo die Stelle nicht der kirchenregimentlichen Verleihung unterliegt, aber die Kirchenbehörde berechtigt ist, bei vorkommenden Erledigungen der Gemeinde drei Kandidaten zur Auswahl zu präsentiren, R. d. ev. O.K.R. v. 28. Sept. 1875. Vgl. Trusen, preuß. Kirchenrecht S. 336 Note 133.

H. Bei den katholischen Stellen königlichen Patronates präsentiren für die Regel die Oberpräsidenten, s. Verordn. betr. die Ressortverh. der Provinzialbehörden in kath.-kirch. Angel. v. 27. Juni 1845 (Anm. 75 a. E. zu §. 113 d. T.).

61) H. Vgl. Anm. 2 zu §. 321 d. T.

62) H. Vergl. Anm. 24 zu 329 d. T.

63) Die Bestätigung hängt lediglich von dem Ermessen der Behörde über die Tauglichkeit des Vozirten ab und kann deshalb nicht durch den Richter erzwungen werden. Weder der Patron noch die Gemeinde hat ein Klagerecht und der Rechtsweg ist an sich unzulässig, Besch. des Just.-Min. v. 20. Juli 1830 (Jahrb. 30 S. 141).

H. Nach d. R. des ev. O.K.R. v. 7. Juni 1854 (Aktenstücke Bd. 2 S. 18) steht der Kirchenbehörde die Befugniß zu, der Präsentation aus sachlichen, in den besonderen Verhältnissen der Gemeinde oder des Designaten liegenden Gründen die Bestätigung zu versagen. Die Ablehnung einer Bestätigung in derartigen Fällen ist, wenngleich sie, um das Präsentationsrecht der Patrone und wahlberechtigten Korporationen nicht in einer seine Bedeutung beeinträchtigenden Art zu beschränken, nur als Ausnahme zur Anwendung kommen kann, als außerordentliche Maßregel des Kirchenregiments zulässig.

H. Vgl. auch Anm. 16 zu Zus. 40 bei §. 324 d. T.

§. 392. Ist der Patron, welcher ein untaugliches Subject vorgeschlagen hat, selbst ein Geistlicher: so verliert er für diesen Fall sein Präsentationsrecht, und die Besetzung der Pfarre geschieht durch die geistlichen Obern [64]).

§. 393. Die Präsentation zu einem erledigten Pfarramte muß innerhalb sechs Monaten [65]) von Zeit der Erledigung geschehen.

§. 394. Ist der Pfarrer auswärts verstorben, so läuft die Frist von der Zeit an, wo sein Tod dem Patron oder den Kirchenvorstehern bekannt geworden.

§. 395. Während der Vacanz muß der Gottesdienst in der Pfarrkirche, auf Veranstaltung des Erzpriesters oder Kreisinspectors, durch dazu qualificirte Personen versehen werden [66]).

§. 396. In der Regel sind bei Pfarrkirchen, wo nur ein Geistlicher angesetzt ist, die benachbarten Pfarrer derselben Inspektion, nach der Anweisung des Erzpriesters oder Inspectors, gegen die hergebrachte Vergütung aus den Einkünften [67]) der erledigten Pfarre, dazu verpflichtet.

§. 397. Auch bei Kirchen, wo mehrere Geistliche sind, findet eine solche Vertretung der vacanten Stelle statt, wenn nach dem Befinden des Inspectors die übrigen Geistlichen die Arbeit allein nicht bestreiten können.

Devolutionsrecht. §. 398. Kommt die Präsentation innerhalb sechs Monaten nicht ein; und ist auch vor Ablauf dieser Frist eine Verlängerung derselben nicht gesucht, oder nicht zugestanden worden: so fällt die Besetzung der Pfarre für diesen Fall den geistlichen Obern anheim.

§. 399. Wenn ein hiernächst bei der Prüfung untauglich befundenes Subject präsentirt worden; und darüber die gesetzmäßige Frist verlaufen ist: so kommt, außer dem Falle des §. 392., dem Präsentirenden noch eine Nachfrist von sechs Wochen zu statten.

§. 400. Muß nach §. 343. die Gemeine dem Patron Subjecte zur Auswahl vorschlagen; oder muß, nach §. 340. 342. ein solcher Vorschlag der Gemeine von dem Patron geschehen: so fällt nur das Recht desjenigen, welcher in seiner Obliegenheit säumig gewesen ist, den geistlichen Obern anheim.

§. 401. So lange die geistlichen Obern von ihren Anfallsrechten noch keinen Gebrauch gemacht haben, kann der Patron oder die Gemeine das Versäumte nachholen.

64) H. Dieser §. hat seinen Anhalt in dem kanonischen Recht, welches freilich nicht bei dem Geistlichen, als solchem, wohl aber bei dem geistlichen Patronat den gedachten Verlust bei wissentlicher Präsentation eines Unfähigen eintreten läßt (s. Richter-Dove, K.R. S. 571). Während der Grund für diese kanonische Vorschrift der ist, daß das Präsentationsrecht des geistlichen Patrons mehr vom Standpunkt der Kollation der Kirchenämter überhaupt behandelt wird, bemerkt Suarez zu diesem §. bei der Revisio monitorum Mater. LXXX 150 (auch bei Jacobson, preuß. K.R. S. 380 Anm. 15): „Der allgemeine Grund dieser Disposition ist, weil ein Geistlicher, der selbst einen Taugenichts präsentirt, den Verdacht, daß solches aus unlauteren Absichten geschah, wider sich hat. Der besondere Grund kommt aus Schlesien, wo so viele katholische Klöster und Stifter das jus patronatus über lutherische Kirchen haben, die nur allzu geneigt sind, untaugliche Subjekte einschleichen zu lassen."

65) H. Für den Patronat ist damit die gemeinrechtliche Unterscheidung zwischen Laien- und geistlichem Patronat, von denen beim ersteren die Frist nur 4 und beim letzteren allein 6 Monate beträgt (s. Richter-Dove, K.R. S. 567), beseitigt.

Abweichungen von dieser landrechtlichen Präsentationsfrist kommen vor nach ostpreuß. Prov.R. 178; nach dem im Herzogthum Magdeburg geltenden Recht, v. Klewitz, Prov.R. d. Herzogth. Magdeburg I S. 49; nach der rhein.westfäl. Kirch.Ordn. §. 58 (Anm. 78 zu Zus. 21 bei §. 156 d. T.). Die Verordn. v. 2. Dez. 1874 §. 13 (Zus. 40 zu §. 324 d. T.) hat keine feste Frist, sondern läßt diese durch das Konsistorium für jeden Einzelfall festsetzen.

66) H. Vgl. hierzu Verf. des Min. d. geistl. Angel., die interimistische Verwaltung erledigter Pfarrstellen betreffend, v. 22. März 1847 (Min.Bl. f. d. i. Verw. S. 250).

67) Vergl. §§. 852 ff.

§. 402. Auch die geistlichen Obern müssen, so oft ihnen die Ernennung des Pfarrers anheimfällt, wegen Auswahl eines tauglichen Subjects, die allgemeinen gesetzlichen Vorschriften beobachten.

§. 403. Ist der Präsentirte bestätigt: so muß ihm die Ordination, wenn er selbige nicht wegen eines vorher bekleideten geistlichen Amtes schon erhalten hat, verliehen werden. Ordination.

§. 404. Der erwählte und bestätigte Pfarrer muß in sein Amt, und zu allen Verrichtungen desselben, ordentlich eingewiesen werden [68]). Einweisung.

§. 405. Die Einweisung wird, der Regel nach, durch den Erzpriester oder Kreisinspector vollzogen [69]).

§. 406. Die Kosten der Vocation [70]), Präsentation und Einweisung, wozu auch die Reisekosten der zur Einweisung nöthigen Personen gehören [71]), müssen, wo nicht besondere Provinzialverordnungen ein Anderes festsetzen, aus den Einkünften der Kirche, und in deren Ermangelung, von der Gemeine bestritten werden.

§. 407. Die Kosten der Prüfung und Ordination hingegen [72]) muß der neue Pfarrer tragen.

§. 408. Auch muß, der Regel nach, der neue Pfarrer sich auf seine eigenen Kosten an den Ort seiner Bestimmung hinbegeben.

---

68) Die evangelischen Geistlichen sollen nach der Verf. d. Min. d. geistl. rc. Angel. v. 24. April 1815 folgenden Diensteid leisten: „Ich N. N. schwöre einen Eid zu Gott, dem Allwissenden und Heiligen, daß, nachdem ich zum evangelischen Prediger bei der Gemeinde N. berufen worden bin, in diesem und in jedem anderen geistlichen Amte, zu welchem ich künftig berufen werden möchte, ich, so wie es einem Diener der christlichen Kirche [und des Staats] — H. diese eingeklammerten Worte fallen nach der K.O. v. 8. April 1850 (Aktenstücke v. d. Verw. d. Abthlg. d. geistl. Minister. S. 55) aus — geziemt, Sr. Königl. Majestät von Preußen (Name des Königs), meinem allergnädigsten Könige und Herrn, und dem Königl. Hause treu und gehorsam sein, das Wohl des Landes in dem mir angewiesenen oder noch anzuweisenden Wirkungskreise, so viel in meinen Kräften steht, befördern, die mir wohlbekannten Pflichten des mir anvertrauten Amts mit Gewissenhaftigkeit erfüllen, und in meiner Gemeinde als ein treuer Seelsorger mit allem Ernste und Eifer bemüht sein will, durch Lehre und Wandel das Reich Gottes und meines Herrn und Meisters Jesu Christi zu bauen. Alles so wahr mir Gott helfe, durch Jesum Christum!"

Bei dieser Formel ist es auch nach Erlaß der K.O. v. 5. Nov. 1833, an deren Stelle die Verordn. v. 6. Mai 1867 betr. den Diensteid der Beamten, getreten ist (Zus. zu II. 10 §. 3), verblieben, indem diese K.O. bez. Verordnung auf die Geistlichen nicht Anwendung finden soll. Verf. des Min. d. geistl. rc. Angel. v. 24. April 1835 (Annal. 19 S. 386). H. Eine Vereidigung auf die Verfassung findet nicht statt, s. R. des Min. d. geistl. Angel. v. 6. März 1850 (citirte Aktenstücke S. 17).

Wenn ein evangelischer Geistlicher den Diensteid noch nicht geleistet hat, so soll er bei seiner Einführung in ein neues Amt auf denselben verpflichtet werden. Schr. dess. Min. v. 5. Juli 1838 (Annal. 22 S. 640). H. Bei Versetzungen genügt die schriftliche oder protokollarische Erklärung, daß der Geistliche durch den früher geleisteten Eid auch für das neue Amtsverhältniß sich verpflichtet halte, K.O. v. 10. Febr. 1835 (Annal. 19 S. 9).

H. Die Abnahme des Unterthaneneides bei katholischen Geistlichen (s. R. v. 18. Dez. 1810 Nr. 5, Rabe 10 S. 494) ist durch R. des Min. d. geistl. Angel. v. 14. März 1850 in Wegfall gebracht.

69) H. Vgl. R. d. Min. d. geistl. Angel. v. 9. Nov. 1836 (Annal. 21 S. 959; Vogt, preuß. K.R. 1 S. 303) u. rhein.-westf. Kirch.Ordn. v. 1835 §§. 62 ff. (Anm. 78 zu Zus. 21 bei §. 156 d. T.).

70) Nicht aber die Bestätigungskosten. Anm. 72.

71) So wie die Diäten und Reisekosten der Superintendenten für Anhörung der Gast- und Probepredigten der Pfarramtskandidaten. Besch. dess. Min. v. 14. Dez. 1837, Annalen 21 S. 958.

H. Die provinzialrechtlichen Abweichungen (für Ost- und Westpreußen, Brandenburg, Pommern, Magdeburg, Halberstadt, in den ehem. sächs. Landestheilen, Westfalen) sind zusammengestellt bei Jacobson, preuß. K.R. S. 395; Meier, preuß. K.R. S. 192; Vogt a. a. O. 1 S. 302; Trusen, preuß. K.R. S. 356.

72) Auch die Kosten für die Bestätigung der Vokation. Erk. des O.Tr. v. 7. Febr. 1820 (Jahrb. 14 S. 279 ff.).

§. 409. Wo es aber durch Provinzialgesetze, oder nach einem ununterbrochenen Herkommen, eingeführt ist, daß die Reisekosten aus der Kämmerei- oder Gemeinecasse gegeben, oder daß die Fuhren von den Mitgliedern der Gemeine unentgeltlich verrichtet werden, da hat es noch ferner dabei sein Bewenden.

§. 410. Doch soll in keinem Falle der Gemeine zugemuthet werden, einen Prediger, welchen sie nicht selbst gewählt hat, weiter, als in einer Entfernung von zwei Tagereisen, abzuholen.

§. 411. An Orten, wo die Gemeine den Prediger zu holen schuldig ist, muß sie auch die zu seiner Familie gehörenden Personen, und was er an Kleidung, Wäsche, Hausrath, und Büchern mitbringt, herbeiführen.

Bestellung der Feld- und Garnison-prediger.

§. 412. Aufgehoben [73]).

Amtspflichten der Pfarrer.

§. 413. Die Pfarrer müssen sich bei ihren Kirchen beständig aufhalten, und dürfen die ihnen anvertraute Gemeine, selbst bei einer drohenden Gefahr, eigenmächtig nicht verlassen.

§. 414. Wenn sie zu verreisen genöthigt sind, so kann es nur mit Vorwissen und Erlaubniß des Inspectors oder Erzpriesters geschehen [74]).

§. 415. Dieser muß die Genehmigung der geistlichen Obern einholen, wenn die Zeit der Abwesenheit mehr, als Einen Sonntag, in sich begreift [75]).

§. 416. In allen Fällen muß der Pfarrer, unter Direction des Erzpriesters

---

73) H. Durch die Mil.Kirch.Ordn. v. 12. Febr. 1822 §§. 7—10, 16 u. 19. Der §. lautete: „Die Berufung der Feld- oder Garnisonprediger geschieht von dem Regimentschef oder Gouverneur; und dieser steht dabei gegen die geistlichen Obern des Militairstandes in eben dem Verhältnisse, wie der Patron gegen das Consistorium."

74) H. Hinsichtlich der Militärprediger s. §. 22 d. Mil.K.O.; in Betreff der Civilgeistlichen s. d. Verordn. v. 27. Juni 1845 §. 1 Nr. 4 (Anm. 35 zu §. 144). Bei den katholischen Geistlichen ertheilt der Bischof, bez. in dessen Auftrag der Erzpriester oder Dekan den Urlaub.

75) Zu vergl. §. 508 d. T. H. u. Cirk. d. ev. O.K.R. v. 20 Jan. 1879, kirchl. Ges. u. Verordn.Bl. v. 1879 S. 36: „Nach Vorschrift der §§. 413—415 A. L.R. II. 11, haben die Pfarrgeistlichen zu jeder in Privatangelegenheiten anzutretenden Reise, welche ein Verlassen der Parochie über Nacht mit sich bringt, die Genehmigung des Superintendenten nachzusuchen. Dieser ist, sofern die Abwesenheit mehr als einen Sonntag umfaßt, verpflichtet, die Genehmigung des Konsistorial-Präsidenten (§. 1 Nr. 4 d. Verordn. v. 27. Juni 1845) — s. Anm. 35 zu §. 144 — einzuholen. Die Superintendenten haben für sich selbst den Urlaub nach Analogie derselben Bestimmungen und des §. 92 A. L.R. II. 10 in jedem Falle, auch wenn es sich um eine Abwesenheit von weniger als 14 Tagen handelt, bei dem Konsistorial-Präsidenten nachzusuchen. — Der Konsistorial-Präsident ertheilt den bei ihm beantragten Urlaub an Pfarrgeistliche und Superintendenten bis zur Dauer von 6 Wochen allein, und zwar gleichmäßig für das Ausland als für das Inland. Ueber die Bewilligung einer längeren Urlaubszeit hat derselbe an uns zu berichten. — Sollten unvorhergesehene Nothfälle die rechtzeitige Nachsuchung des Urlaubs vor einer Abreise unmöglich machen, so ist unter Rechtfertigung der Unterlassung sofort der vorgesetzten Behörde Anzeige zu erstatten und wegen etwa erforderlicher weiterer Beurlaubung das Nöthige nachzuholen. — In Betreff der amtlichen Reisen, der erforderlichen Beschaffung gehöriger Vertretung in Abwesenheitsfällen, und des Verhältnisses der Schul-Inspektoren zu den Regierungen, sowie des Grundsatzes möglichster Beschränkung der Beurlaubung von Geistlichen auf längere Zeit, verbleibt es überall bei dem Bestehenden." — In Betreff der Superintendenten, welche zugleich ein Schulaufsichts-Amt bekleiden, s Erl. d. Kult.Min. v. 31. März 1879, a. a. O. S. 93.

H. Vgl. Cirk.Erl. d. ev. O.K.R. v. 4. April 1883, kirchl. Ges. u. Verordn.Bl. 1883 S. 51, in Betreff des Urlaubes der Generalsuperintendenten. Derselbe ordnet mit Rücksicht auf die Umständlichkeit der früheren Bestimmungen (L.R. II. 10 §§. 92 ff.), wonach die Generalsuperintendenten zum Zweck einer nicht durch Ausübung von Amtsfunktionen veranlaßten Entfernung von ihrem Amtsitze neben dem durch ihre Mitgliedschaft im Provinzial-Konsistorium gebotenen Benehmen mit dem Präsidenten des letzteren, auch jedesmal die Genehmigung des O.K.R. nachzusuchen hatten, an, daß die Generalsuperintendenten bei außerdienstlichen Reisen von nicht mehr als 8 Tagen keine Urlaubsanträge an den O.K.R. mehr zu stellen, sondern nur in Fällen, wo der auswärtige Aufenthalt mehr als drei Tage übersteigt, für die Regel gleichzeitig eine Anzeige über Ort, Zweck und Dauer ihres Aufenthaltes zu machen haben, so wie daß durch diese Bestimmung das Verhältniß zum Konsistorium nicht berührt wird.

oder Inspectors, solche Veranstaltungen treffen, daß die Gemeine bei seiner Abwesenheit nicht leide.

§. 417. Bei seiner Amtsführung muß der Pfarrer alle den Geistlichen überhaupt vorgeschriebenen Pflichten sorgfältig beobachten [76]).

§. 418. Dagegen hat er das Recht, von den Eingepfarrten [77]) zu fordern, daß sie sich in ihren Religionshandlungen, zu deren Vollziehung es der Mitwirkung eines Pfarrers bedarf, nur seines Amtes bedienen sollen. Vom Pfarrzwange.

§. 419. Dieser Verbindlichkeit können auch einzelne Eingepfarrte, ohne besondere Erlaubniß der geistlichen Obern, sich nicht entziehen.

§. 420. Dergleichen Erlaubniß soll nur aus erheblichen Gründen, besonders aber alsdann ertheilt werden, wenn aus den Umständen erhellet, daß die Amtshandlungen dieses Pfarrers bei den Eingepfarrten den Zweck der moralischen Besserung verfehlen dürften.

§. 421. Auch soll, wenn nicht nachgewiesen ist, daß die Schuld davon auf der Seite des Pfarrers sei, für die Entschädigung desselben gehörig gesorgt werden [78]).

§. 422. Auch in einzelnen Fällen dürfen Eingepfarrte ihre Trauungen [79]), Taufen und Begräbnisse durch einen anderen, als den in ihrer Parochie bestellten Pfarrer, ohne dessen Einwilligung [80]) nicht vornehmen lassen.

§. 423. Der Pfarrer hat für dergleichen Handlungen die festgesetzten Stolgebühren zu fordern, und der Richter muß ihm dazu, nöthigenfalls, auf gebührendes Anmelden verhelfen [81]). Stolgebühren.

---

76) H. Vergl. die auf Königl. Befehl erlassene Anweisung für die lutherischen Prediger zur zweckmäßigen Führung ihres Amtes v. 9. April 1794 (Rabe 13 S. 247; auch bei Vogt a. a. O. 1 S. 306, Th. Meier, preuß K.R. S. 197).

77) Zu vergl. oben die §§. 277 ff. und die Anm. dazu.

H. Dieser Zwang erstreckt sich nach §. 418 auf alle Religionshandlungen, also auch auf Beichte, Abendmahl, Konfirmation u. s. w. Der Unterschied der eben erwähnten von den im §. 422 d. T. genannten besteht allerdings darin, daß für erstere keine Stolgebühren gezahlt und daher dem einzelnen Eingepfarrten gegenüber auch kein Zwang möglich ist. Immerhin gilt aber für sie der Grundsatz, daß der fremde Parochiane sie außer im Nothfalle nicht von den angegangenen Geistlichen zu fordern berechtigt und letzterer zur Leistung, abgesehen von dem erwähnten Ausnahmefall, nicht verpflichtet ist.

H. Die §§. 418 ff. sind durch das Reichspersonenstandesgesetz von 1875, Zus. 11 zu II. 1 §. 145, nicht aufgehoben, Johow, Jahrb. d. App.Ger. 8 S. 198.

H. Ausnahmen von dem Pfarrzwang bestehen namentlich in größeren Städten, s. z. B. über Berlin s. Aktenstücke des ev. O.K.R. 2 S. 178, wo sich der Zwang nur auf Aufgebot, Trauung und Begräbnißplatz erstreckt.

78) Die §§. 419—421 betreffen den Fall der gänzlichen Befreiung einzelner Eingepfarrten von dem Pfarrzwange. Eine solche kann nur durch die geistlichen Obern, und zwar auch ohne Einwilligung des Pfarrers (§. 422), ausgesprochen werden. Zu vergl. Besch. des Min. der geistl. &c. Angel. v. 6. April 1839 (Annal. 23 S. 374).

79) H. Vgl. aber Zus. 41 zu §§. 435—445 d. T.

80) Die Einwilligung heißt Dimissoriale. Das Einschreiten der geistlichen Obern kann bei diesem Fall nur dann vorkommen, wenn der Pfarrer die Ertheilung des Dimissoriales aus Eigensinn oder Begehrlichkeit entweder verweigert oder ungebührlich verzögert. (Ebenders. Min.Besch.) Zu vgl. §. 428.

81) H. Vgl. Zus. 13 zu §. 110 d. T. u. Anm. 70 dazu.

Das Beichtgeld soll als ein allgemein anstößiges Accidenz allgemein abgeschafft und die Geistlichkeit dafür, nach dem Durchschnittsertrage, aus den Kirchen- und Gemeindekassen, wo diese ohne neue Auflagen und die Gemeinde es vermögen, und wo sie es nicht vermögen, aus den Staatskassen entschädigt werden, nach den K.O. v. 27. Mai u. 27. Nov. 1816 (Annal. I H. 1 S. 126). Dies hat sich jedoch noch nicht überall durchführen lassen.

H. Die Abgaben, welche nach den K.O. v. 22. Juli 1808, 16. Jan. 1817 und dem sächs. Patent v. 12. Jan. 1817 von Taufen und Trauungen für die Hebeammen-Institute von den Geistlichen zu erheben waren, sind durch das Ges. v. 28. Mai 1875 (G.S. S. 223), ferner die-

§. 424. Er kann aber diese Gebühren niemals voraus fordern, noch deshalb die von ihm begehrte Amtshandlung verschieben.

§. 425*. Das Recht, eine Taxordnung für die Stolgebühren vorzuschreiben, selbige zu erhöhen, oder sonst zu ändern, gebührt allein dem Staat [82]).

§. 426. Kirchenbediente, welche sich mit den ihnen angewiesenen Gebühren nicht begnügen, sollen um den drei- bis zehnfachen Betrag des zu viel Geforderten fiscalisch [83]) bestraft werden.

§. 427. Kein Geistlicher darf dergleichen Handlungen, die einer anderen Parochie zukommen, ohne ausdrückliche Bewilligung des gehörigen Pfarrers vornehmen.

§. 428. Dieser aber darf, gegen Empfang der ihm zukommenden Gebühren, die Einwilligung nicht versagen.

§. 429. Diese Einwilligung muß schriftlich ertheilt, und es dürfen dafür keine besondere Gebühren gefordert werden.

§. 430. Eine dergleichen Einwilligung berechtigt jeden zu dergleichen Handlungen überhaupt befugten Geistlichen, die Handlung vorzunehmen.

§. 431*. Soll aber bei einem protestantischen Eingepfarrten die Handlung von einem katholischen Geistlichen, oder umgekehrt, verrichtet werden: so ist dazu die Erlaubniß des Staats [84]) erforderlich.

---

jenigen, welche in den ehemals königl. sächs. Landestheilen für Schul-, Kommunal- und Hebeammenzwecke geleistet werden mußten, durch das d. Ges. v. 4. Juli 1876, G.S. S. 285, in Wegfall gebracht.

H. In den Militärgemeinden sind die Stolgebühren durch K.O. v. 21. Juli 1877 aufgehoben, kirchl. Ges. u. Verordn.Bl. v. 1876/1877 S. 194 ff., vgl. dazu auch a. a. O. Jahrg. 1878 S. 124, 136, 146.

H. Anzeigen über die beschlossene Aufhebung der Stolgebühren in Civilgemeinden sind an den ev. O.K.R., nicht mehr an den Kult.Min. zu richten. Erl. des Kult.Min. v. 31. Dez. 1877, a. a. O. S. 19.

82) Stolgebühren setzen aber nicht nothwendig eine Verordnung des Staates voraus, sie können auch durch Observanz begründet werden. O.Tr. I v. 21. Okt. 1861, Str. Arch. 43 S. 153.

H. Nach der K.G. u. S.O. v. 1873 (Zus. 20 zu §. 156 d. T.) §§. 22, 31 steht die Initiative dem Gemeindekirchenrathe und der Gemeindevertretung zu, die Bestätigung hat das Konsistorium für das kirchliche Gebiet, und für das staatliche der Regierungs- bez. in Berlin der Polizei-Präsident zu ertheilen, Verordn. v. 27. Juni 1845 §. 5, auch R. d. Min. d. geistl. Angel. v. 19. Sept. 1874 (Aktenstücke des ev. O.K.R. 7 S. 267), Ges. v. 3. Juni 1876 Art. 24 Nr. 4 und Verordn. v. 9. Sept. 1876 Art. 3, Zus. 22 u. 24 zu §. 156 d. T. In der katholischen Kirche hat den Beschlüssen des Kirchenvorstandes und der Gemeindevertretung der Bischof und der Regierungspräsident die Genehmigung zu geben, s. Ges. v. 20. Juni 1875 §. 21 Nr. 9, §§. 47, 50 Nr. 6, Verordn. v. 27. Sept. 1875 Art. 1 Nr. 3 (s. Zus. 25 u. 26 zu §. 157), in Fällen, wo der Beschluß von anderen Verwaltungsorganen, z. B. den Bischöfen, gefaßt ist, der Oberpräsident, Ges. v. 7. Juni 1876 §. 8 Nr. 7 u. V. v. 29. Sept 1876 Art. 1, Zus. zu §. 950 d. T.

83) Die Strafe fließt zur Staatskasse (anders in Ostpreußen nach Zus. 181 des Prov.R.); die Festsetzung aber geschieht durch die geistliche Amtsbehörde im Disziplinarwege oder auf deren Antrag durch die Gerichte im gewöhnlichen Untersuchungsverfahren, Res. d. Min. d. geistl. Angel. v. 11. Febr. 1844 i. f. (M.Bl. f. d. i. Verw. S. 27).

84) Die Kosten und stempelfreie Ertheilung dieser Erlaubniß war für die evangelischen Geistlichen den Superintendenten und für die katholischen Geistlichen den Landräthen übertragen. K.O. v. 6. Nov. 1841 (M.Bl. f. d. i. Verw. 1842 S. 60, 12) und Besch. des Fin.-Min. v. 7. Sept. 1842 (ebd. S. 359). Nach der Cirk.Verf. d. Min. d. geistl. Angel. v. 11. März 1849 bedarf es jedoch zu gegenseitigen Parochialhandlungen der evangelischen und katholischen Geistlichen der Staatserlaubniß nicht mehr. (M.Bl. f. d. i. Verw. S. 44.) H. Durch den Wegfall der letzteren ist aber der Anspruch des zuständigen Pfarrers auf Zahlung der Stolgebühren nicht berührt, es können diese daher immer noch gefordert werden, wenn ein Parochiane ohne Vorwissen und Dimissoriale seines Pfarrers den Akt durch den Geistlichen einer anderen Konfession vollziehen läßt, Verf. d. Min. d. geistl. Angel. v. 6. Okt. 1851, Aktenstücke des ev. O.K.R. Bd. 1 Heft 3 S. 47.

§. 432. Soll ein Pfarrer eine an sich ihm gebührende Handlung in dem Sprengel eines anderen Pfarrers von seiner Religionspartei vornehmen: so muß dazu die Einwilligung des diesem Sprengel vorgesetzten Pfarrers eingeholt werden.

§. 433. Dieser Letztere ist schuldig, die Einwilligung gegen Empfang der halben Gebühren zu ertheilen; dem die Handlung selbst vollziehenden Pfarrer aber darf deswegen an seinen Gebühren nichts abgezogen werden [85]).

§. 434. Ein Pfarrer, welcher, obigen Vorschriften zuwider, eine vor einen anderen Pfarrer gehörende Handlung ohne dessen Einwilligung vornimmt, soll um den doppelten Betrag der erhaltenen Gebühren fiscalisch [86]) bestraft, der gehörige Pfarrer aber von dem Eingepfarrten entschädigt werden.

§§. 435 bis 445. Aufgehoben [87]).

42. **Kirchengesetz, betreffend die Trauungsordnung. Vom 27. Juli 1880.** (Kirchl. Ges. u. Verordn.Bl. S. 109.)

Wir Wilhelm, von Gottes Gnaden König von Preußen ꝛc. verordnen unter Zustimmung der General-Synode und nachdem durch Erklärung Unseres Staats-Ministeriums festgestellt worden, daß gegen dieses Gesetz von Staatswegen nichts zu erinnern ist, für die evangelische Landeskirche der älteren Provinzen was folgt:

85) Die Berechtigung der Eximirten auf völlig freie Wahl des Geistlichen ohne Verpflichtung dem Pfarrer ihres Wohnsitzes Stolgebühren zu zahlen, R. d. Min. d. geistl. Angel. v. 29. März 1862 (M.Bl. f. d. i. Verw. S. 184), ist jetzt weggefallen, s. zu §§. 283 ff.

86) Zu vergl. Anm. 83 zu §. 426.

87) Die §§. 435–445 sind als staatliche Vorschriften durch das Ges. v. 9. März 1874 (s. Zus. 9 zu L.R. II. 1 §. 145 — vgl. Anm. 21 zu §. 56 des Ges. — beseitigt. Bedeutung haben §§. 440, 441 nur noch theilweise für den singulären Fall des §. 75 des R.Ges. v. 6. Febr. 1875, betreffend die Grenzpfarreien (s. Zus. 11 a. a. O.), vgl. §. 18 des folgenden Zus. 42. In kirchlicher Hinsicht sind die §§. 435—445 zunächst durch die Verordn. des ev. O.K.R. über kirchliche Trauungen und über die kirchliche Pflicht der Taufe v. 21. Sept. 1874, Aktenstücke 7 S. 31, ersetzt worden. An die Stelle dieser Verordn. Nr. 1—12 ist dann die im Text mitgetheilte Trauungsordnung getreten. Die Landrechts-§§. lauteten:

§. 435. Die Trauung gebührt der Regel nach dem Pfarrer der Braut. Trauungen.

§. 436. Wenn ein Theil der Verlobten zur deutsch-reformirten, und der andere zur französisch-reformirten Kirche gehört: so kommt die Trauung dem Pfarrer des Bräutigams zu.

§. 437. Gehört der Bräutigam zur Militairgerichtsbarkeit: so muß die Trauung von dem Feld- oder Garnison-Prediger geschehen; und zwar ohne Unterschied, zu welcher Religionspartei der Bräutigam sich bekenne.

§. 438. Gehört der Bräutigam zum Civil-, die Braut aber zum Militair-Stande: so gebührt die Trauung dem Pfarrer des Ortes, zu dessen Kirchsprengel der Bräutigam gehört.

§. 439. Soll jedoch die Trauung an einem anderen Orte, als wo der Pfarrer des Bräutigams wohnt, geschehen: so ist auch in diesem Falle der Pfarrer der Braut dazu berechtigt.

§. 440. Jeder Pfarrer, welcher ein Aufgebot oder eine Trauung verrichten soll, muß die darüber vorhandenen gesetzlichen Vorschriften genau beobachten, und sorgfältige Erkundigungen einziehen: ob die rechtlichen Erfordernisse einer gültigen Ehe vorhanden, oder ob Ehehindernisse im Wege sind. (Tit. 1. Abschn. 1. 2.)

§. 441. Wenn mit Erlaubniß des ordentlichen Pfarrers die Trauung durch einen anderen Geistlichen verrichtet, und diesem der gehörige Aufgebotsschein vorgelegt worden: so wird der trauende Pfarrer nur wegen solcher Mängel und Ehehindernisse verantwortlich, von denen er überführt werden kann, daß sie ihm wirklich bekannt gewesen sind.

§. 442. Wenn ein katholischer Pfarrer Anstand nimmt, eine Ehe, welche nach den Landesgesetzen erlaubt ist, um deswillen, weil die Dispensation der geistlichen Obern nicht nachgesucht, oder versagt worden: durch Aufgebot und Trauung zu vollziehen: so muß er sich gefallen lassen, daß diese von einem anderen Pfarrer verrichtet werden.

§. 443. Das Landes-Justizcollegium ist in einem solchen Falle, so wie auch alsdann schon, wenn der katholische Pfarrer das Aufgebot aus einem solchen Grunde versagt, wohl befugt, beides einem anderen Pfarrer, allenfalls auch von einer verschiedenen Religionspartei, aufzutragen.

Anh. §. 130. Es macht keinen Unterschied, ob nur einer, oder ob beide Theile der katholischen Religion zugethan sind.

§. 444. Uebrigens sind die katholischen Pfarrer bei fiscalischer Ahndung verbunden, die

§. 1. Die Trauung hat die nach dem bürgerlichen Recht erfolgte Eheschließung zur Voraussetzung [88]).

Als Nachweis dafür dient die vom Standesbeamten in Gemäßheit des §. 54. des Reichsgesetzes vom 6. Februar 1875. über die Beurkundung des Personenstandes und die Eheschließung (Reichs-Gesetzblatt Seite 23.) [89]) auszustellende Bescheinigung [90]).

Die Trauung soll der bürgerlichen Eheschließung möglichst ohne Verzug nachfolgen [91]).

---

von ihren geistlichen Obern ihnen zukommenden Dispensationen, ehe sie davon Gebrauch machen, dem Landes-Justizcollegio der Provinz vorzulegen.

§. 445. Kein Pfarrer darf, ohne besondere Erlaubniß des geistlichen Departements, fremde Offiziere, die in hiesigen Landen heirathen wollen, aufbieten oder trauen.

88) H. Hiermit ist die evangelische Auffassung als maßgebend anerkannt, daß die Ehe ein Stück der bürgerlichen Ordnung bildet und ihre rechtliche Regelung dem Staate gebührt, daß also die evangelische Kirche ein Verhältniß, welches rechtlich nicht Ehe ist, auch nicht als eine solche zu behandeln, andererseits aber auch eine Ehe, welche gemäß dem staatlichen Recht geschlossen, als vollwirksame, wenn auch nicht christliche oder kirchlich legitimirte Ehe zu betrachten hat. Daraus ergiebt sich weiter, daß auch nach ihrem Standpunkt die bürgerlich geschlossene Ehe keiner rechtlichen Ergänzung durch einen kirchlichen Akt bedarf und ein solcher, die Trauung, eine derartige Bedeutung nicht zu beanspruchen hat (vgl. auch §. 12). Vor dem Standesbeamten erklären die Verlobten ihren Willen, die Ehe mit allen denjenigen Rechten und Pflichten (auch sittlicher Natur) einzugehen, welche die Staatsordnung mit dem Begriff der Ehe verbindet. Aber der staatliche Begriff der Ehe deckt sich nicht völlig mit dem christlichen Begriff und dem Begriff der evangelischen Kirche von der Ehe. Zu der spezifisch christlichen Ehe und den dadurch bedingten Rechten und Pflichten steht die Eheschließung vor dem Standesbeamten in keiner Beziehung. In dieser Richtung bleibt also für die evangelische Kirche trotz der Anerkennung der Rechtsgültigkeit der in staatlicher Form geschlossenen Ehe eine Ergänzung des Civilaktes dahin übrig, daß der Thatsache Ausdruck gegeben wird, daß die Ehe auch als eine christliche, den Anforderungen der evangelischen Kirche entsprechende geschlossen ist und geführt werden soll. Diese Ergänzung findet der Civilakt in der T r a u u n g. Vgl. auch Anm. 66 zu §. 82 des Zus. 11 zu L.R. II. 1 §. 145.

Die Trauung ist daher nicht die Form, welche eine Civilehe zur christlichen Ehe macht, oder gar die Eingehungsform für die christliche Ehe — nach evangelischer Anschauung kann es eine solche Form überhaupt nicht geben —, vielmehr besteht das Wesen der Trauung darin, daß sie einmal einen r e l i g i ö s e n I n h a l t, andererseits aber zugleich eine bestimmte k i r c h e n r e c h t l i c h e B e d e u t u n g hat. Was den r e l i g i ö s e n I n h a l t der Trauung betrifft, so bekennen die Eheleute, ihre Ehe in Gemäßheit des göttlichen Wortes und der Ordnungen der Kirche geschlossen zu haben, sie danach führen und nicht anders als danach lösen zu wollen, und andererseits bezeugt der trauende Geistliche die göttliche Zusammenfügung der betreffenden Ehe und knüpft daran unter Gebet und Segen die Verheißungen über den christlichen Ehestand. Die k i r c h e n r e c h t l i c h e B e d e u t u n g der Trauung ist die feierliche Anerkennung, daß eine geschlossene Ehe auch den kirchlichen Anschauungen entspricht, eine Anerkennung, welche jedes Mitglied der Kirche als solches nachzusuchen hat, weil es kraft seiner kirchlichen Mitgliedschaft verpflichtet ist, nur eine den Ordnungen der Kirche entsprechende Ehe zu schließen. Vgl. hierzu K a h l, Civilehe und kirchliches Gewissen, Ztschr. f. K.R. 18 S. 295 ff., insbesondere S. 307, 322, 340. Von dem hier vertretenen Standpunkt aus wäre es korrekter gewesen, wenn die Generalsynode von 1879, Verhandlungen der 1. ordentlichen Generalsynode d. ev. Landeskirche Preußens. Berlin 1869, S. 480, 488 ff. in Abs. 1 des §. 1 die Worte der ursprünglichen Vorlage: „rechtsgültige Ehe“ nicht, wie geschehen, geändert und in Abs. 3 die Einschiebung des Wortes: „bürgerlich“ unterlassen hätte, weil die jetzige Fassung zu dem Mißverständniß, daß der staatlichen eine kirchliche E h e s c h l i e ß u n g gegenübertritt, führen kann.

Die Meinungen über die Bedeutung der Trauung und ihr Verhältniß zur Civilehe gehen sehr weit auseinander. Eine nähere Erörterung ist hier nicht möglich. Es mag in dieser Beziehung verwiesen werden auf: S o h m d. Recht d. Eheschließung. Weimar 1875; D e r s e l b e, Trauung u. Verlobung. Weimar 1876; D e r s e l b e, die obligatorische Civilehe u. ihre Aufhebung. Weimar 1880; C r e m e r, d. kirchliche Trauung. Berlin 1875; F r i e d b e r g, Verlobung und Trauung. Leipzig 1876; A. v. S c h e u r l, die Entwicklung des kirchlichen Eheschließungsrechtes. Erlangen 1877; D i e c k h o f f, die kirchliche Trauung. Rostock 1878; B l u m s t e n g e l, die Trauung im evang. Deutschland. Weimar 1879; B i e r l i n g in Zeitschr. für K.R. 16 S. 288.

89) H. Vgl. Zus. 11 zu L.R. II. 1, §. 145.

90) H. S. Ausführungsverordn. des Bundesraths v. 22. Juni 1875, (Zus. 12 a. a. O.) §. 7 und Formular D.

§. 2. Die kirchliche Pflicht erfordert:

1) für ein Ehebündniß die Trauung nachzusuchen;

2) von einer Eheschließung abzusehen, für welche die Trauung aus kirchlichen Gründen versagt werden muß;

3) in die eheliche Lebensgemeinschaft vor erfolgter Trauung nicht einzutreten[92]).

§. 3. Der Trauung geht in der Regel ein zweimaliges, auf Verlangen der Betheiligten ein einmaliges kirchliches Aufgebot voran[93]).

Dasselbe besteht aus Verkündigung und Fürbitte[94]) und erfolgt in der Regel im sonntäglichen Hauptgottesdienste.

Das kirchliche Aufgebot ist zu wiederholen, wenn die Trauung nicht innerhalb sechs Monaten nachfolgt.

§. 4. Zur Vornahme des kirchlichen Aufgebots zuständig ist das Pfarramt der für die Trauung gewählten Parochie (vergl. §. 9.).

Die zu Trauenden sind berechtigt, sich außerdem in den übrigen zur Vornahme der Trauung zuständigen Parochieen aufbieten zu lassen.

§. 5. Ein kirchliches Aufgebot darf nicht vorgenommen werden, sobald sich Zweifel gegen die Zulässigkeit der Trauung ergeben (§§. 11. und 12.)[95]).

Die Entscheidung über die Versagung des kirchlichen Aufgebots erfolgt unter entsprechender Anwendung der über die Versagung der Trauung geltenden Bestimmungen.

§. 6. Das kirchliche Aufgebot kommt auf Wunsch der Betheiligten in Wegfall:

1) bei der Trauung solcher Paare, welche in die eheliche Lebensgemeinschaft bereits eingetreten sind,

2) bei Trauungen, die nachweislich keinen Aufschub zulassen.

Außerdem kann der Superintendent aus besonderen Gründen vom kirchlichen Aufgebot dispensiren.

Hat die Trauung ohne vorheriges kirchliches Aufgebot stattgefunden, so ist dieselbe der Gemeinde nachträglich mit Fürbitte bekannt zu machen. Der Superintendent ist befugt, auch von dieser Bekanntmachung zu dispensiren.

§. 7. Die Trauung erfolgt in Gemäßheit der Anlage A.

In der Regel soll die Trauung in der Kirche stattfinden. Der Geistliche ist ermächtigt, sie geeigneten Falls, oder wo es herkömmlich ist, auch im Hause vorzunehmen.

91) H. Hiermit ist nur eine kirchlich-ethische, nicht eine Rechtspflicht aufgestellt. Das ergiebt §. 6 Nr. 1 und das Kirchengesetz v. 30. Juli 1880 §§. 1—3 (Zus. 43 zu § 452 d. T.).

92) H. Die drei Verpflichtungen, welche der §. 2 aufstellt, stehen sich ihrem Charakter nach nicht gleich. Nr. 1 und 2 sind kirchliche Rechtspflichten, deren Verletzung die Anwendung der Kirchenzucht und andere rechtliche Nachtheile zur Folge hat, Kirchengesetz v. 30. Juli 1880. §§. 1—3, 5, 7. Nr. 3 dagegen spricht nur von einer kirchlich-ethischen Pflicht, da die Kirche dieselbe nicht durch rechtliche Mittel zu erzwingen sucht, s. auch Kahl a. a. O. S. 346, 347, vgl. die Anführungen zu Anm. 88 dieses Gesetzes. Selbstverständlich entspricht den beiden ersten Pflichten auch ein Recht der Kirchenglieder auf Trauung. Das ist das nothwendige Korrelat dieser Pflichten.

93) H. Von der vorgängigen Vornahme des Aufgebotes durch den Standesbeamten ist das kirchliche Aufgebot nicht abhängig. Es kann also auch eher erfolgen. Vgl. auch Anm. 22 Abs. 1 zu §. 67 von Zus. 11 zu L.R. II. 1 §. 145.

94) H. Das Aufgebot hat jetzt seine Bedeutung als Ediktalladung zur Anmeldung von Ehehindernissen verloren, aber eine ausschließlich liturgische Bedeutung, d. h. die der Verkündigung des Vorhabens der Verlobten und der Fürbitte für dieselben beim Gemeindegottesdienste, hat es trotzdem nicht erhalten, vielmehr dient es daneben noch dem Zweck, etwaige Hinderungsgründe der Trauung zu ermitteln, s. auch zu §. 12.

95) H. Nach den Motiven zu diesem §. (angeführte Verhandlungen der Generalsynode S. 1249) hat damit aber eine Pflicht des Pfarrers, bei welchem das Aufgebot nachgesucht wird, sich in jedem einzelnen Fall in der für die Trauung gewählten Pfarrei zu erkundigen, ob die Trauung dort etwa beanstandet worden sei, nicht eingeführt werden sollen.

§. 8. In der Charwoche, an den ersten Feiertagen der drei hohen Feste, Weihnachten, Ostern und Pfingsten, am Bußtage und am Todtenfeste dürfen Trauungen, außer im Fall unmittelbarer Todesgefahr eines der zu Trauenden, nicht vorgenommen werden.

Ausnahmen kann der Superintendent in dringenden Fällen gestatten, doch ist diese Bewilligung nur unter der Voraussetzung einer stillen Hochzeitsfeier zu ertheilen.

§. 9. Zuständig zur Vornahme der Trauung sind nach Wahl der zu Trauenden die Pfarrämter der Parochie, welcher der eine oder andere Theil bisher angehört hat[96]), sowie derjenigen, in welcher sie als Eheleute ihren Wohnsitz nehmen wollen.

§. 10. Ein nicht zuständiger Geistlicher bedarf zur Vornahme einer Trauung des Erlaubnißscheines eines der zuständigen Geistlichen[97]).

Ist in der evangelischen Landeskirche ein zuständiger Geistlicher nicht vorhanden[98]), so ist jeder Geistliche zur Vornahme der Trauung berechtigt. Gleiches gilt in Fällen unmittelbarer Todesgefahr eines der zu Trauenden.

§. 11. Die Trauung ist nicht statthaft, wenn nicht wenigstens der eine Theil einer evangelischen Kirchengemeinschaft angehört[99]).

§. 12. Die Trauung findet statt bei allen nach dem bürgerlichen Recht zulässigen Ehen[100]), jedoch sind ausgenommen:

---

96) H. Das Wort bedeutet nicht bloß Domizil, sondern auch einen längeren, faktischen Aufenthalt in der Parochie.

97) H. Selbstverständlich ist aber die Trauung durch einen unzuständigen Geistlichen ohne Beachtung dieser Vorschrift nicht nichtig, s. auch Anm. 25 zu §. 42 von Zus. 11 zu L.R. II. 1 §. 145 u. L.R. a. a. O. §. 169.

98) H. Damit wird auch die Nothwendigkeit eines Erlaubnißscheins (Dimissoriales) seitens des Geistlichen einer anderen Kirche, z. B. bei gemischten Ehen seitens des katholischen Geistlichen, erübrigt.

99) H. D. h. es muß der eine Theil einer evangelisch-christlichen Gemeinschaft angehören, aber Mitglied der evangelischen Landeskirche braucht er nicht zu sein. Im letzteren Falle besteht allerdings kein Recht auf Trauung, weil dieses allein aus der Mitgliedschaft der Landeskirche hervorgeht.

Ein zweites Alinea der Vorlage, dahin lautend: „Sie (die Trauung) wird dadurch nicht ausgeschlossen, daß das Paar bereits in einer nicht-evangelischen Kirche getraut ist", ist durch die Generalsynode als selbstverständlich beseitigt worden (angeführte Verh. S. 664). An sich kann also der katholischen Trauung eines gemischten Paares noch die Trauung in der evangelischen Kirche nachfolgen. Bei der Praxis der katholischen Kirche, die Trauung nur gegen das Versprechen der Erziehung der Kinder in der katholischen Religion zu gewähren, tritt aber das Hinderniß des §. 12 Nr. 4 dieses Gesetzes ein. Vgl. auch Erl. d. ev. O.K.R. v. 11. April 1883, betr. die gemischten Ehen, kirchl. Ges. u. Verordn.Bl. v. 1883 S. 52.

100) H. Vgl. Anm. 88 zu §. 1 des Gesetzes.

Im Gegensatz zu §. 11, welcher die an sich der Landeskirche fremd bleibenden Ehen betrifft, handelt es sich hier um solche, bei welchen mindestens ein Theil der evangelischen Landeskirche angehört, also kraft seiner Mitgliedschaft an sich ein Recht auf Trauung hat, s. Anm. 92 zu §. 2 des Gesetzes.

Der §. giebt die Gründe an, aus welchen dieses Recht ausgeschlossen wird. In solchen Fällen ist natürlich von einer Pflicht zur Nachsuchung der Trauung (s. §. 2) keine Rede. Diese Pflicht kann die betreffende Person nicht verletzen, aber wohl hat sie sich schon dadurch eines Verstoßes gegen ihre kirchliche Rechtspflicht schuldig gemacht, daß sie eine von der Kirche nicht gebilligte Ehe eingegangen ist, vgl. §. 2 Nr. 2 dieses Gesetzes und §. 7 das Kirchenges. v. 30. Juli 1880, Zus. 43.

Als Hindernisse kirchlicher Eheschließung können die gedachten Gründe nicht betrachtet werden, weil die Trauung nicht *Eheschließung* ist, s. Anm. 88 zu §. 1 des Ges. Die Bezeichnung Trauungshindernisse drückt das Wesen der Sache ebenfalls nicht richtig aus, da dadurch der wesentliche Unterschied zwischen den Gründen Nr. 1 und 2 einerseits und den Gründen Nr. 3 und 4 andererseits verdeckt wird. Nr. 1 und 2 enthalten die Normen, welche bestimmte Ehen als objektiv unzulässig für Mitglieder der Kirche verbieten, sie gegen das Wesen des Christenthums nach Auffassung der evangelischen Kirche verstoßend kennzeichnen. Das sind die Ehen eines Mitgliedes der Kirche mit einem Nichtgetauften, sowie die weitere Ehe eines Geschiedenen in gewissen Fällen. Mit der Eingehung einer solchen Ehe vor dem Standesbeamten hat das betreffende Mitglied schon seine kirchliche Rechtspflicht verletzt. Die Kirche kann hier die Trauung

1) Ehen zwischen Christen und Nichtchristen [1]);

2) Ehen Geschiedener, wenn deren Schließung von den zuständigen Organen auf dem Grunde des Wortes Gottes nach gemeiner Auslegung der evangelischen Kirchen als sündhaft erklärt wird [2]);

---

weder wegen ihres religiösen Inhalts noch wegen ihrer kirchenrechtlichen Bedeutung gewähren. Die Fälle haben also die auf dem Gebiete der Kirche geltenden Ehehindernisse im Auge. In den Fällen der Nr. 3 und 4 liegen keine objektiv verbotenen Ehen vor, und die Kirche verweigert die Trauung hier nicht wegen ihrer kirchenrechtlichen Bedeutung, sondern mit Rücksicht auf ihren Inhalt, und zwar im Falle 3, weil nach Lage der Verhältnisse eine christliche Führung der Ehe nicht zu erwarten steht, sie also an eine solche Ehe ohne Entwürdigung der Trauung nicht die Verheißungen über den christlichen Ehestand knüpfen kann, im Fall 4, weil schon eine mit der Ehe zusammenhängende kirchliche Verpflichtung verletzt ist, also zur Strafe, ein Gesichtspunkt, welcher allerdings bei den unter Nr. 3 fallenden Gründen gleichfalls mit in Betracht kommt.

1) H. D. h. jedenfalls alle diejenigen, welche nicht getauft sind. Ob die fragliche Person konfirmirt ist oder nicht, ist gleichgültig. Die Frage, ob Jemand als Christ zu betrachten ist, kann bei Mitgliedern von religiösen Sekten und Personen, welche aus der Kirche ausgetreten sind, Schwierigkeiten bieten. Ob der Kreissynodalvorstand, welcher hier endgültig im Fall der Versagung der Trauung entscheidet, s. §. 13, die geeignete Behörde für Erledigung derartiger Fragen ist, dürfte zu bezweifeln sein.

2) H. Aus diesem Satze ergiebt sich zunächst, daß die Trauung allein dann versagt werden darf, wenn die Schließung einer anderweiten Ehe nach übereinstimmender Auslegung der evangelischen Kirche sündhaft erscheint, — d. h. wenn die frühere Ehe aus einem Grunde geschieden ist, welcher nicht übereinstimmend als unstatthaft betrachtet wird, kann eine Ablehnung der Trauung nicht statthaben. Dieser Gesichtspunkt ist gerade deshalb von hervorragender Wichtigkeit, weil in der evangelischen Kirche die Frage, welche Scheidegründe als sog. schriftmäßige anzuerkennen sind, noch zu keinem Abschluß gekommen ist. Von jeher haben über dieselbe Differenzen bestanden. Einigkeit hat allerdings in so fern bestanden, als Ehebruch und bösliche Verlassung (malitia desertio) schon im 16. Jahrhundert als schriftmäßige Scheidegründe betrachtet worden sind, und darin ist auch die Praxis der heutigen evangelischen Kirche Deutschlands noch einig, wobei die bösliche Verlassung als die eigenmächtige Zerreißung der Lebensgemeinschaft und die hartnäckige Verweigerung der Versöhnung, nicht mehr wie im 16. Jahrhundert bloß als Entweichung an einen unbekannten oder dem Richter unerreichbaren Ort aufgefaßt wird. Andererseits besteht auch darin Uebereinstimmung, daß eine Ehescheidung wegen bloß einseitigen heftigen Widerwillens und auf Grund gegenseitigen Einverständnisses der heiligen Schrift widerstreitet, Richter Kirchenrecht 7. Aufl. S. 991 ff. In den eben gedachten Fällen wird also die Trauung versagt werden müssen, in den erst erwähnten dem Unschuldigen (wegen des Schuldigen s. zu Nr. 3) nicht verweigert werden dürfen. In Betreff der sonstigen Scheidegründe hat sich eine einheitliche, übereinstimmende Anschauung nicht festgestellt, denn eine Richtung hat, wie sie die heilige Schrift als Gesetz ansieht, die Beschränkung auf Ehebruch und bösliche Verlassung festgehalten; die andere, welche in den hier einschlägigen Stellen der Schrift nur ein Prinzip findet, hat dagegen als Scheidegrund auch jedes andere Verschulden, welches eben so wie Ehebruch und Desertion dem Wesen der Ehe zuwider ist, also ein solches, welches ein absichtliches Verläugnen der ehelichen Pflichten aufweist und eine unheilbare Zerrüttung der Ehe herbeiführt, betrachtet. Daraus erklärt es sich, daß die Praxis schließlich überall auch Sävitien, Insidien und Verurtheilung wegen entehrender Strafthaten als Scheidegründe anerkannt hat und theilweise noch darüber hinaus gegangen ist, z. B. indem man auch fortgesetzten liederlichen Lebenswandel und dauernde Versagung des Unterhaltes als ausreichend angesehen hat. Diesen Standpunkt hat auch der ev. O.K.R. in Betreff der Gestattung der Wiedertrauung Geschiedener eingenommen, als seit dem Jahre 1845 die Verweigerungen derselben seitens der Geistlichen sich vermehrten und in Folge dessen die oberste Entscheidung über die Verweigerung der Trauung in die Hand des ev. O.K.R. gelegt worden war, vgl. den Erlaß desselben v. 15. Febr. 1859, Aktenstücke Bd. 2 S. 280, welcher insbesondere ausspricht: „Dagegen jenen nach dem Landrecht zulässigen Scheidegrund der Willkür, des einseitigen heftigen Widerwillens und des Einverständnisses bei ganz kinderloser Ehe haben wir niemals anerkannt, und einig sind wir schließlich darüber gewesen, daß es ein ganz besonderer Fall sein müsse, in welchem der einem christlichen Gemüthe nicht minder unverständliche Scheidegrund des Unglücks — der Krankheit des Leibes und der Seele — sollte als ein zulässiger Nothbehelf angesehen werden können." Aus dieser Darlegung ergiebt sich, daß da, wo der Scheidegrund ein bloß dem anderen Theile widerfahrenes Unglück (z. B. Geisteskrankheit) gewesen ist, die Trauung gleichfalls zu verweigern sein wird, denn auch in so weit hat von jeher eine gemeine

3) Ehen solcher Personen, welchen als Verächtern des christlichen Glaubens oder wegen lasterhaften Wandels[3]) oder wegen verschuldeter Scheidung der früheren Ehe[4]) oder wegen ihres Verhaltens bezüglich der Eingehung der Ehe[5]) der Segen der Trauung ohne Aergerniß nicht ertheilt werden kann;

4) Gemischte Ehen, vor deren Eingehung der evangelische Theil[6]) die Erziehung sämmtlicher Kinder[7]) in der römisch-katholischen oder in einer anderen nicht evangelischen Religionsgemeinschaft zugesagt hat[8]).

§. 13. Der Geistliche, welcher auf Grund der §§. 11 und 12 Nr. 1, 3 und 4 die Trauung ablehnt, ist auf Verlangen der Betheiligten verpflichtet, die Entscheidung des Gemeinde-Kirchenraths, und wenn er auf Grund des §. 12 Nr. 2 die Trauung ablehnt, nach Anhörung des Gemeinde-Kirchenraths die Entscheidung des Kreissynodalvorstandes über die Zulässigkeit der Trauung herbeizuführen.

Gegen die Entscheidung des Gemeinde-Kirchenraths in den Fällen der §§. 11 und 12 Nr. 1, 3 und 4 haben die Betheiligten wie der Geistliche die Beschwerde[9]) an den Kreissynodalvorstand und in den Fällen des §. 12 Nr. 2 gegen die Entscheidung des Kreissynodalvorstandes die Beschwerde an das Konsistorium, welchem überlassen bleibt, nach Maßgabe der Kirchengemeinde- und Synodal-Ordnung §. 68 den Provinzialsynodalvorstand zuzuziehen.

Konsistorium und Kreissynodalvorstand entscheiden in der Beschwerde-Instanz endgültig.

Auslegung der heiligen Schrift in der evangelischen Kirche bestanden, daß dagegen, was die in der Mitte liegenden Fälle betrifft, die Trauung dem Unschuldigen nicht versagt werden kann, wenn der Scheidegrund in einem schuldhaften Verhalten des einen Theils bestanden hat, welches in sittlicher Beziehung sich als ein ebenso schweres Vergehen gegen die Pflichten der Ehe wie Ehebruch und Desertion darstellt, weil die Scheidung in diesen Fällen niemals nach der gemeinen Auslegung der evangelischen Kirche als unstatthaft betrachtet worden ist.

Die Fassung der Nr. 1 legt allerdings nicht den Nachdruck auf den Grund, aus welchem die frühere Ehe geschieden ist, sondern, wie die Motive (cit. Verhandlungen S. 1261) bemerken, „auf das durch die Schließung der anderweiten Ehe gegebene Aergerniß". Aber wie diese selbst anerkennen, haben die zuständigen Organe die Zulässigkeit mit Rücksicht auf den Grund der Scheidung der Vorehe zu prüfen. Dieser letztere ist also das entscheidende Moment, aber dasselbe konnte, da es sich um eine Trauungsordnung handelt, nur in Verbindung mit dem weiteren Momente der Schließung einer anderen Ehe und der Nachsuchung der Trauung für dieselbe in Rücksicht gezogen werden, während für eine derartige Ordnung keine Veranlassung vorlag, die Ehescheidungsgründe als solche zu normiren.

3) H. In den in Nr. 3 erwähnten beiden ersten Fällen handelt es sich wesentlich darum, die Trauung vor Entwürdigung zu bewahren. Es gehört hierher z. B. der Fall, wenn eine Prostituirte, welche ihren bisherigen Lebenswandel fortsetzt, die Trauung begehrt. Daneben tritt aber auch der Gesichtspunkt der disziplinarischen Bestrafung hervor.

4) H. Hier steht eine geschiedene Vorehe in Frage, welche aus einem an sich nicht von der Kirche gemißbilligten Grunde getrennt ist. Bei der Wiederverheirathung der geschiedenen Ehegatten kommt dann für die Kirche die weitere Erwägung über die Verschuldung des einen oder anderen Gatten in Betracht. Das gerichtliche Ehescheidungserkenntniß dient hierbei aber nur als Material für die Beurtheilung, keineswegs sind aber die kirchlichen Organe an dasselbe gebunden, weil der Richter sein Urtheil nach dem geltenden Recht abzugeben, für die Gestattung der Trauung aber sittliche und religiöse Gesichtspunkte in Frage kommen, welche demselben fern bleiben.

5) H. Z. B. weil ein Theil einen begründeten Widerspruch der Eltern mißachtet, weil er unter schreiendem Bruche der Verlöbnißtreue eine Geldheirath geschlossen hat.

6) H. Also gleichviel, ob der Ehemann oder die Frau.

7) H. Obgleich auf Grund der Nr. 4 die Trauung nicht versagt werden kann, wenn das Versprechen sich nicht auf alle Kinder bezieht, so ist es doch nicht ausgeschlossen, daß eine Verweigerung unter dem Gesichtspunkt der Nr. 3 gerechtfertigt erscheint, z. B. bei einem Versprechen, einige Kinder in der jüdischen Religion erziehen zu lassen, um von dem Vater der getauften Jüdin eine größere Mitgift zu erhalten. Hier trifft der Fall bei Anm. 5 zu.

8) H. Werden bloß sämmtliche Kinder thatsächlich in einer anderen Religion erzogen, so liegt der Fall Nr. 4 nicht vor.

9) H. Vergl. hierzu §. 14 Abs. 2.

§. 14. Die Einlegung der Beschwerde ist in allen Fällen an eine vierwöchentliche Frist gebunden[10]).

Die dem Geistlichen gegen die Entscheidung des Gemeinde-Kirchenraths, beziehungsweise des Kreissynodalvorstandes zustehende Beschwerde hat aufschiebende Wirkung[11]).

§. 15. Trauungen sind zur Beurkundung in das Kirchenbuch der Parochie einzutragen, in welcher sie vollzogen werden. Ueber die erfolgte Trauung ist dem getrauten Paare eine amtliche Bescheinigung durch denjenigen Geistlichen, dem die Führung des Kirchenbuchs obliegt, unentgeltlich einzuhändigen.

§. 16. Im Geltungsgebiete der rheinisch-westfälischen Kirchenordnung werden die im Vorstehenden dem Gemeinde-Kirchenrathe beigelegten Befugnisse durch das Presbyterium, die Befugnisse des Kreissynodalvorstandes durch das Moderamen der Kreissynode wahrgenommen[12]).

§. 17. Für die evangelischen Militärgemeinden wird an den Vorschriften der §§. 61 und 62 der Militär-Kirchenordnung vom 12. Februar 1832[13]) über die Zuständigkeit zur Vornahme des Aufgebots und der Trauung nichts geändert; die Regelung des Verfahrens bei Versagung des Aufgebots und der Trauung bleibt Königlicher Verordnung vorbehalten.

§. 18. Insoweit nach §. 75 des Reichsgesetzes vom 6. Februar 1875 innerhalb solcher Grenzpfarreien, deren Bezirk sich in das Ausland erstreckt, für Form und Beurkundung von Ehen das bestehende Recht maßgebend geblieben ist, finden die Bestimmungen des gegenwärtigen Gesetzes keine Anwendung[14]).

§. 19. Alle diesem Gesetze entgegenstehenden kirchlichen Vorschriften werden aufgehoben[15]).

Urkundlich rc.

Anlage A.

I. Die Traufragen:

A. Wenn die eheliche Lebensgemeinschaft noch nicht begonnen ist, werden zu gleichberechtigtem Gebrauch freigegeben:

a. Vor Gott dem Allwissenden und in Gegenwart dieser christlichen Zeugen frage ich Dich NN: Willst Du diese NN*) als Deine Ehefrau (Ehegemahl) aus Gottes Hand hinnehmen[16]), sie lieben und ehren, in Freud und Leid nicht verlassen und den Bund der Ehe mit ihr heilig und unverbrüchlich halten, bis daß der Tod Euch scheidet? Ist solches Deines Herzens Wille und Meinung, so sprich: ja.

Vor Gott dem Allwissenden und in Gegenwart dieser christlichen Zeugen frage ich Dich NN*): Willst Du diesen NN als Deinen Ehemann (Ehegemahl) aus Gottes Hand hinnehmen, ihn lieben und ehren, ihm unterthan sein in dem Herrn, in Freud und Leid ihn nicht verlassen und den Bund der Ehe mit ihm heilig und unverbrüchlich halten, bis daß der Tod Euch scheidet? Ist solches Deines Herzens Wille und Meinung, so sprich: ja.

b. Vor Gott dem Allwissenden und in Gegenwart dieser christlichen Zeugen frage ich Dich NN: Willst Du diese NN*) als Deine Ehefrau (Ehegemahl) nach

---

10) H. Hierdurch ist §. 14 der K.G. u. S.O., Zus. 20 zu §. 156 d. T., ergänzt und modifizirt.

11) H. Dadurch ist für diesen Fall §. 14 der K.G. u. S.O, Zus. 20 zu §. 156 d. T., geändert.

12) H. S. Anm. 78 zu Zus. 21 zu §. 156 d. T.

13) H. Vgl. Anm. 42 zu §. 279 d. T.

14) H. Vgl. Anm. 87 zu §§. 435—445.

15) H. S. ebendaselbst.

*) Folgt die Trauung der bürgerlichen Eheschließung an demselben Tage nach, oder hat, wenngleich die bürgerliche Eheschließung schon an einem früheren Tage stattgefunden hat, der Pfarrer anzunehmen, daß die Eheleute in die eheliche Lebensgemeinschaft noch nicht eingetreten sind, so ist hier in der Regel der Geburtsname, nicht der Familienname des Ehemannes, und, so weit es sonst gebräuchlich gewesen, die Bezeichnung als „Jungfrau" zu gebrauchen.

16) H. Vgl. die folgende Anm.

Gottes Wort und Willen haben und halten, sie lieben und ehren, in Freud und Leid nicht verlassen und den Bund der Ehe mit ihr heilig und unverbrüchlich halten, bis daß der Tod Euch scheidet? Ist solches Deines Herzens Wille und Meinung, so sprich: ja.

Vor Gott dem Allwissenden und in Gegenwart dieser christlichen Zeugen frage ich Dich NN *): Willst Du diesen NN als Deinen Ehemann (Ehegemahl) nach Gottes Wort und Willen haben und halten, ihn lieben und ehren, ihm unterthan sein in dem Herrn, in Freud und Leid ihn nicht verlassen und den Bund der Ehe mit ihm heilig und unverbrüchlich halten, bis daß der Tod Euch scheidet? Ist solches Deines Herzens Wille und Meinung, so sprich: ja.

B. Wenn die eheliche Lebensgemeinschaft schon besteht, findet das Formular A. b. Anwendung, nur ist statt der Worte: „Willst Du diese NN" und resp. „Willst Du diesen NN" zu setzen: „Willst Du diese Deine Gattin", resp. „Willst Du diesen Deinen Gatten".

II. Die Trauformeln:

Zu gleichberechtigtem Gebrauch werden freigegeben:

a) Da Ihr nun solches allhier öffentlich vor Gott und diesen christlichen Zeugen bekannt und Euch darauf die Hände gegeben (auch die Trauringe gewechselt) habt, so spreche ich, als ein verordneter Diener der Kirche, Euch hiermit zusammen in den heiligen christlichen Ehestand [17]) im Namen des Vaters und des Sohnes und des heiligen Geistes. Amen. Was Gott zusammengefügt hat, soll der Mensch nicht scheiden.

b) Da Ihr nun solches allhier öffentlich vor Gott und diesen christlichen Zeugen bekannt und Euch darauf die Hände gegeben (auch die Trauringe gewechselt) habt, so segne ich, als ein verordneter Diener der Kirche, hiermit Euern ehelichen Bund im Namen des Vaters und des Sohnes und des heiligen Geistes. Amen. Was Gott zusammengefügt hat, soll der Mensch nicht scheiden.

Provinzielle, beziehungsweise landschaftliche bisher in Gebrauch gewesene agendarische Formulare können für den Fall, daß die entscheidenden Worte dem einheitlichen Formular entsprechend gestaltet werden, mit Genehmigung des Ober-Kirchenraths angewendet werden.

Die Ueberleitung zu den Traufragen wie bisher; alles Weitere wie in der Agende.

Von Taufen. §. 446. Die Taufe [18]) ehelicher Kinder gebührt in der Regel dem Pfarrer des Vaters [19]).

---

17) H. Vgl. Kahl, Zeitschr. f. K.R. 18 S. 338, 339. Wenn derselbe bemerkt, daß das Zusammensprechen darauf angelegt ist, die Thatsache der göttlichen Ehestiftung und Zusammenfügung bestimmter vor Augen zu stellen, so ist das richtig, ebenso richtig ist es, daß, wie er weiter meint, wenn man nicht von vornherein einen Konflikt zwischen Staat und Kirche voraussetzt, die Formeln der Traufragen und der Trauung keinen Widerspruch gegen das Recht des Staates, die Eheschließungsform festzusetzen, enthalten. Aber andererseits sind gerade dergleichen Formen thatsächlich gewählt und befürwortet worden, weil man die Trauung als kirchlichen Eheschließungsakt betrachtet und sie zur christlichen Ehe für absolut nothwendig erklärt hat, vgl. z. B. die cit. Verhandl. der Generalsynode S. 860, 864. Frei von Zweideutigkeit können sie also gerade wegen dieses letzteren Umstandes nicht erachtet werden.

*) S. Anm. unter * auf voriger Seite.

18) H. Über die Zahl der Pathen entscheidet die Observanz, gewöhnlich sind drei zulässig, Cirk.R. v. 23. Juni 1839, Annalen 23 S. 626, u. Vogt, preuß. K.R. 1 S. 349. Vgl. ferner Jacobson, d. ev. Kirchenrecht d. preuß. Staates S. 482, s. auch die in Anm. 81 zu §. 423 d. T. citirten Ges. v. 1875 u. 1876.

Anh. §. 131. Aufgehoben [20]).

§. 447. Sind die Aeltern von verschiedener Religionspartei: so gebührt die Taufe — der Regel nach, dem Pfarrer des Vaters. (Der Schluß fällt weg) [21]).

§. 448. Die Taufe der unehelichen Kinder kommt dem Pfarrer der Mutter zu [22]).

§. 449. Steht in beiden Fällen der Vater unter Militairgerichtsbarkeit: so muß die Taufe von dem Feld- oder Garnison-Prediger, ohne Unterschied der Religionspartei des Vaters, verrichtet werden [23]).

§. 450. Ist die Niederkunft nicht an dem Orte geschehen, wo der gehörige Pfarrer sich aufhält, so kann auch der Pfarrer des Ortes der Niederkunft die Taufe ohne weitere Rückfrage verrichten.

§. 451. Hat eine Nothtaufe geschehen müssen, so muß dem ordentlichen Pfarrer davon unverzüglich Anzeige gemacht werden.

§. 452. Für die Handlungen oder Gebräuche, welche hiernächst, nach Verschiedenheit der Religionsparteien, bei einem solchen am Leben bleibenden Kinde vorgenommen werden, hat der Pfarrer eben die Gebühren, wie für eine Taufe, zu fordern [24]).

43. **Kirchengesetz, betreffend die Verletzung kirchlicher Pflichten in Bezug auf Taufe, Konfirmation und Trauung. Vom 30. Juli 1880.** [25]) (Kirchl. Ges. u. Verordn.Bl. v. 1880 S. 116.)

Wir Wilhelm, von Gottes Gnaden König von Preußen ꝛc. verordnen unter Zustimmung der Generalsynode und nachdem durch Erklärung Unseres Staatsministeriums festgestellt

---

19) H. Daran ist durch die Verfügung d. ev. O.K.R. v. 21. Sept. 1884 Nr. 13 nichts geändert. S. Anm. 20.

Bei Taufen ist die Beilegung nur solcher Vornamen gestattet, welche entweder zu den unter Christen üblichen Taufnamen gehören, oder, falls sie neu gebildet, an sich einen Sinn und in ihrer Bedeutung nichts Anstößiges haben. Familienzunamen, die nicht zugleich übliche Taufnamen sind, dürfen den Täuflingen nicht beigelegt werden. Verf. d. Min. d. Jnn. v. 25. und 28. Okt. 1816 (im Kurm. Amtsbl. S. 390) u. H. R. der Abthlg. d. Min. d. geistl. Angel. für die innern Kirchensachen v. 4. Juli 1850 (Aktenstücke S. 57). Diese Vorschriften sind aber nur noch in so weit anwendbar, als die Namengebung bei der Geburtsanzeige an den Standesbeamten in Gemäßheit des §. 22 des R.G. v. 6. Febr. 1875, Zus. 11 zu §. 145 II. 1, vorbehalten worden und erst bei der Taufe erfolgt. Für die Namengebung beim Standesbeamten kommen die Bestimmungen, welche mit Rücksicht auf den Charakter der Taufe gegeben sind, nicht in Betracht.

20) H. Durch §. 56 des Ges. v. 9. März 1874 (s. Anm. 21 dazu, Zus. 9 zu II. 1, §. 145). Der Anh.-§. lautete: „Kinder christlicher Aeltern sollen längstens sechs Wochen nach der Geburt getauft werden". Er war entnommen aus der K.O., welche durch das R. v. 23. Febr. 1802 mitgetheilt ist (Rabe 7 S. 63). Dort ist gesagt, daß Eltern, welche den Vorstellungen kein Gehör geben, und sich nicht von der Kirche ganz trennen, und bloß geduldet sein wollen, gleichsam als Wahnsinnige betrachtet, daß daher ihren Kindern Vormünder bestellt und durch diese dafür gesorgt werden müsse, daß die Unvernunft der Eltern den Kindern nicht nachtheilig werde. Als bloß kirchliches Gebot war die Vorschrift für die protestantische Kirche durch die Verf. des ev. O.K.R. v. 21. Sept. 1874 Nr. 13 u. 14 aufrecht erhalten. An die Stelle der letzteren ist aber jetzt das als Zus. 43 mitgetheilte Kirchenges. v. 30. Juli 1880 §§. 1, 4 ff. getreten, welche jedoch die 6wöchentliche Frist als kirchliche Regel nicht beseitigt haben.

21) Der §. 447 lautete wörtlich: „Sind die Aeltern von verschiedener Religionspartei: so gebührt die Taufe, bei Söhnen, der Regel nach dem Pfarrer des Vaters; so wie bei Töchtern dem Pfarrer der Mutter." Die Bestimmung ist dahin, wie der §. 447 lautet, abgeändert durch die Dekl. vom 21. Nov. 1803. (Zus. 2 zu II. 2 §. 76 und die Anm. 11 Abs. 2 zu §. 78 daselbst.)

22) Zu vergl. II. 2 §§. 642, 643.

23) Zu vergl. §§. 59 ff. der Mil.Kirch.Ordn. v. 12. Febr. 1831

24) H. Nach d. R. des ev. O.K.R. v. 24. Okt. 1860 (Aktenstücke Bd. 5 S. 314) soll bei einer durch den Nothstand des Täuflings bedingten Haustaufe nur der gewöhnliche Gebührensatz für Haustaufen, nicht der höhere in Ansatz gebracht werden.

worden, daß gegen dieses Gesetz von Staatswegen nichts zu erinnern ist, für die evangelische Landeskirche der älteren Provinzen was folgt:

§. 1. Wenn Kirchenglieder ihre Pflicht verabsäumen, die unter ihrer Gewalt stehenden Kinder taufen und konfirmiren zu lassen, oder für die von ihnen eingegangene Ehe die Trauung zu begehren [26]), so ist auf dieselben vorerst durch seelsorgerischen Zuspruch des Geistlichen, sowie durch freundliche, ernste Mahnung eines oder mehrerer Aeltesten einzuwirken.

Etwaige äußere Hindernisse, welche die Erfüllung jener Pflichten erschweren können, sind thunlichst zu beseitigen.

§. 2. Wer ungeachtet dieser Einwirkung die Erfüllung der kirchlichen Pflicht beharrlich versagt, ist durch den Gemeinde-Kirchenrath (Presbyterium) zur Nachholung des Versäumten binnen einer angemessenen Frist, unter Hinweisung auf die Folgen der Unterlassung, schriftlich aufzufordern.

§. 3. Bleibt auch die schriftliche Aufforderung ohne Erfolg, so treten für den Schuldigen durch Beschluß der verfassungsmäßig zuständigen Organe [27]) die in den nachfolgenden Bestimmungen festgestellten weiteren Maßregeln der Kirchenzucht ein.

§. 4. Kirchenglieder, welche die Taufe eines unter ihrer Gewalt [28]) stehenden Kindes verweigern [29]) oder beharrlich versäumen, sollen der Fähigkeit, ein kirchliches Amt zu bekleiden, des kirchlichen Wahlrechts (§§. 34, 35 Kirchengemeinde- und Synodal-Ordnung, §§. 21, 22 Rheinisch-Westfälische Kirchen-Ordnung), sowie des Rechts der Taufpathenschaft verlustig erklärt werden [30]).

Die Einsegnung der Wöchnerinnen unterbleibt, so lange durch Schuld der Eltern [31]) die Taufe nicht begehrt wird.

---

25) H. Vgl. hierzu die Instr. des ev. O.K.R. v. 23. Aug. 1880 (kirchl. Ges. u. Verordn.Bl. v. 1880 S. 119).

26) H. Alle diese Pflichten sind, wie die folgenden Bestimmungen ergeben, kirchliche Rechts-, nicht bloß ethisch-religiöse Pflichten, s. auch Anm. 92 zu §. 2 von Zus. 42 zu §§. 435—445 d. T. Ehe zu dem mit seelsorgerischem Zuspruch beginnenden Verfahren geschritten wird, hat der Gemeindekirchenrath in geeigneter Weise festzustellen, daß die Versäumniß der Pflicht thatsächlich vorliegt. Hierbei wird auch der Zeitpunkt zu berücksichtigen sein, in welchem die Veranlassung zur Erfüllung der Pflicht gegeben war. S. ferner Anm. 20 zu Anh.-§. 131 bei §. 446 d. T. Vgl. auch Instr Nr. 1, 2.

27) H. Also der Gemeindekirchenrath (Presbyterium), in der Beschwerde-Instanz die Kreissynode bez. deren Vorstand (Moderamen), K.G. u. S.O. §§. 14, 53, 55 (Zus. 20 zu §. 160 d. T.), rhein.-westf. Kirch.Ordn. §§. 14, 120 (Anm. 78 zu Zus. 21 a. a. O.). Oertlich zuständig ist der Gemeindekirchenrath, in dessen Parochie der Betreffende seinen Wohnsitz hat. Die endgültig ausgesprochene Entziehung kirchlicher Rechte wirkt für alle Gemeinden der Landeskirche. Verzieht der Betroffene daher in eine andere Gemeinde, so ist dem Gemeindekirchenrath desselben Mittheilung zu machen, Instr. Nr. 11, 25. S. auch Anm. 64 zu §. 33 d. K.G. u. S.O. Zus. 20 zu §. 156 d. T.

28) H. Gewalt hat hier keine feste technisch-juristische Bedeutung, denn derjenige, welcher über die religiöse Erziehung der Kinder zu entscheiden hat und daher für die Unterlassung der Taufe verantwortlich zu machen ist, hat nicht stets eine Gewalt im rechtlichen Sinne über das Kind. Gewalt heißt also so viel als Möglichkeit, über die religiöse Erziehung zu bestimmen; s. auch Instruk. Nr. 4.

29) H. Das muß auch gelten, wenn die Verweigerung wegen Zweifels an der biblischen Begründung der Kindertaufe erfolgt, s. auch Motive, Verhandl. d. 1. ordentl. Generalsynode v. 1879. Berlin 1880 S. 1283.

30) H. Die Entziehung dieser Rechte stellt sich als Strafmittel, nicht als Zuchtmittel dar, denn sie erfolgt wegen Verletzung der kirchlichen Pflicht und soll diese in erster Linie ahnden, s. auch zu §. 10.

31) H. Also gleichviel ob auch bloß des Vaters, wennschon die Instruktion in Betreff der Unterlassung der Taufe Nr. 4 bemerkt: „Die Mutter ist bei Lebzeiten des Vaters nur mit verantwortlich zu machen, wenn bestimmte Kundgebungen vorliegen, daß sie wissentlich und willentlich an der Versäumniß betheiligt ist. Auch darf Ehefrauen nicht zugemuthet werden, daß sie wider Willen oder ohne Vorwissen des Gatten die Taufe oder Konfirmation des Kindes nachsuchen.“

Ueber die Ausschließung vom heiligen Abendmahl bei Verweigerung der Taufe, sowie in den nachstehenden Fällen der §§. 5 bis 7 entscheiden die Bestimmungen des §. 12.

§. 5. Der Verlust der in §. 4 genannten Rechte trifft auch solche Kirchenglieder, welche in Verachtung der kirchlichen Ordnung entweder ein evangelisches, unter ihrer Gewalt[32]) stehendes Kind beharrlich der Vorbereitung für die Konfirmation entziehen, beziehungsweise in die Konfirmation desselben nicht einwilligen, oder verweigern, für ein von ihnen geschlossenes Ehebündniß die Trauung nachzusuchen[33]).

Doch kann in einzelnen, für eine mildere Beurtheilung geeigneten Fällen dieser Art die Entziehung kirchlicher Rechte ausnahmsweise zunächst auf den Verlust der Wählbarkeit und der Fähigkeit, ein kirchliches Amt zu bekleiden, beschränkt bleiben.

§. 6. Ein Kirchenglied, welches sich verpflichtet, seine sämmtlichen Kinder der religiösen Erziehung in einer nicht evangelischen Religionsgesellschaft zu überlassen, ist der Fähigkeit, ein kirchliches Amt zu bekleiden, sowie des kirchlichen Wahlrechts, in schweren Fällen auch des Rechts der Taufpathenschaft verlustig zu erklären.

In wieweit die Entziehung dieser Rechte auch da einzutreten hat, wo die gedachte Pflichtverletzung ohne vorangegangenes Versprechen thatsächlich vorliegt, bleibt dem Ermessen der zuständigen Organe überlassen.

§. 7. Ein Kirchenglied, welches eine Ehe schließt, der die Trauung aus kirchlichen Gründen nach Maßgabe der Vorschriften der Trauungs-Ordnung versagt werden muß[34]), ist der kirchlichen Wählbarkeit verlustig zu erklären, in schweren Fällen auch des Wahlrechts, sowie des Rechts der Taufpathenschaft.

§. 8. Die nachträgliche Entziehung kirchlicher Rechte ist nicht zulässig, wenn die Erfüllung der genannten kirchlichen Pflichten thatsächlich nicht mehr möglich ist[35]).

§. 9. Wird die versäumte kirchliche Pflicht nachträglich erfüllt, so sind die entzogenen Rechte dem Betroffenen auf seinen Antrag wieder beizulegen[36]).

§. 10. Wenn die nachträgliche Erfüllung der verletzten kirchlichen Pflicht nicht mehr möglich ist, so können die entzogenen Rechte auf Grund nachhaltiger Beweise kirchlichen Wohlverhaltens wieder beigelegt werden[37]).

---

32) H. S. d. Anm. 23.

33) H. So fern ein Recht für sie besteht, sie zu verlangen, s. §. 7 dieses Ges. und Anm. 100 zu Zus. 42 bei §§. 435—445.

Die Instruktion Nr. 4 sagt: „Bei unterlassener Trauung, sowie bei Eingehung einer kirchlich unzulässigen Ehe sind beide Theile als verantwortlich anzusehen, da die Ehe nur unter beiderseitiger Einwilligung zu Stande kommen kann. Bei der Beurtheilung des Maßes der Verantwortlichkeit wird allerdings die Abhängigkeit der Frau vom Manne zu berücksichtigen sein.“ Damit wird für den ersteren Fall eine Präsumtion der Schuld beider Theile aufgestellt und gegen die Grundprinzipien jedes, auch des kirchlichen Strafrechtes verstoßen. Kommt es nicht oft genug vor, daß die Nachsuchung der Trauung verhindert wird, weil der eine Theil sie nicht will? Der Grund, daß die Ehe durch beiderseitige Einwilligung zu Stande kommt, paßt für diesen Fall nicht. Das Gesetz selbst rechtfertigt ebenso wenig die Aufstellung dieser Präsumtion, denn derjenige, welcher sich trauen lassen will, daran aber seitens des anderen Theiles gehindert wird, verweigert seinerseits die Nachsuchung der Trauung gar nicht. Von einem Maße seiner Verantwortlichkeit kann ebenso wenig die Rede sein, denn er hat eine solche überhaupt nicht.

Im Falle der Verletzung der Pflichten in Bezug auf die Trauung ist der Gemeindekirchenrath der Parochie zuständig, welcher die Eheleute durch ihr Ehe, Domizil angehören, Inst. Nr. 11.

34) H. §. 12. Vgl. Zus. 42 zu §§. 435—445.

35) H. Die Motive bemerken hierzu (a. a. O. S. 1283): „Der Fall wird am häufigsten bei dem frühzeitigen Tode ungetaufter Kinder eintreten. Auch wenn die Unterlassung der Taufe eines gestorbenen Kindes einem pflichtwidrigen Verhalten der Eltern zuzuschreiben ist, können kirchliche Rechte nicht entzogen werden, wo die Möglichkeit, das Versäumte nachzuholen, nicht mehr vorhanden ist und die Pflichtversäumniß einer abgeschlossenen Vergangenheit angehört.“

36) H. Also niemals von selbst ohne Antrag des Betheiligten. Auch erlangt der Betroffene die entzogenen kirchlichen Rechte nicht ohne weiteres dadurch wieder, daß er die versäumte Pflicht nachträglich erfüllt.

37) H. In diesem Falle sowohl als Antrag, wie auch ohne einen solchen durch selbstständiges Vorgehen des Gemeindekirchenraths.

§. 11. Die Wiederbeilegung der entzogenen kirchlichen Rechte erfolgt durch Beschluß des Gemeinde-Kirchenraths (Presbyteriums).

Gegen einen in dieser Beziehung gefaßten Beschluß des Gemeinde-Kirchenrathes (Presbyteriums) steht dem Betroffenen, und wenn es sich um das Recht der Taufpathenschaft handelt, auch dem Geistlichen, der Rekurs an den Vorstand (Moderamen) der Kreissynode zu.

§. 12. Kirchenglieder, welche von den nach Vorschrift dieses Gesetzes (§§. 4 bis 7) zulässigen Maßregeln der Kirchenzucht betroffen worden, sind vom heiligen Abendmahl zurückzuweisen, wenn dieselben als unfähig angesehen werden müssen, die Gnadengabe im Segen und ohne Aergerniß der Gemeinde zu empfangen [38]).

Dies ist anzunehmen bei beharrlicher Verabsäumung der Taufe (§. 4) [39]), in den übrigen Fällen (§§. 5 bis 7) insbesondere dann, wenn die Unterlassung der kirchlichen Pflicht sich durch öffentliche Reden oder Handlungen als Verachtung des Wortes Gottes kennzeichnet.

Das Verfahren bei der Zurückweisung vom heiligen Abendmahle regelt sich nach den besonderen Bestimmungen des §. 14 der Kirchengemeinde- und Synodal-Ordnung [40]) und der §§. 14a und 120 Zusatz der Rheinisch-Westphälischen Kirchen-Ordnung [41]).

§. 13. Ungetaufte sind nicht als Kirchenglieder anzusehen und können deshalb weder zur Konfirmation noch zur Ausübung der den Kirchengliedern zustehenden Rechte zugelassen werden. Doch ist es gestattet, ihnen die Theilnahme an der kirchlichen Unterweisung zu gewähren.

§. 14. Evangelischen Eltern soll für solche Kinder, welche im kirchlich unmündigen Alter ungetauft gestorben sind, die Bestättung auf dem kirchlichen Friedhof nicht versagt werden.

Jedoch können die geistliche Begleitung und die kirchlichen Ehren bei der Beerdigung solcher Kinder, welche durch Schuld der Eltern ungetauft geblieben sind, Seitens der Angehörigen nicht beansprucht werden.

§. 15. Die Unterlassung der Trauung Seitens der Eltern ist kein Grund, den Kindern die Taufe zu versagen.

Die §§. 8—10 stehen der Anm. 30 zu §. 4 ausgesprochenen Charakterisirung der fraglichen Maßregeln als eigentlicher Strafmittel nicht entgegen. Allerdings würde an sich im Falle des §. 8 die Anwendung des Strafmittels zulässig sein, aber die Bestimmung erklärt sich aus Zweckmäßigkeitsgründen, insbesondere daraus, daß hier der bei dem kirchlichen Strafmittel in zweiter Linie in Betracht kommende Gesichtspunkt, die Herbeiführung der Erfüllung der versäumten Pflicht, nicht mehr erreicht werden kann. Man kann aus dieser Vorschrift nicht schließen, daß die Maßregeln als Censuren aufzufassen sind. Dem steht entgegen, daß sie nach §. 9 nur auf Antrag wieder aufgehoben werden können, also nicht ohne weiteres mit Erfüllung der Pflicht fortfallen, und daß sie selbst nach Eintritt der Unmöglichkeit der Erfüllung fortbestehen, bis die sich als eine Art Begnadigung darstellende Wiederbeilegung nach §. 10 erfolgt ist.

Bei einem nach der Entziehung erfolgten Domizilwechsel des Betroffenen kann nur der Gemeindekirchenrath der gegenwärtigen Parochie, nicht derjenige, welcher die Entziehung ausgesprochen hat, die Rechte wieder beilegen, denn der frühere hat seine örtliche Zuständigkeit verloren.

38) H. Aus der Stellung und dem Inhalt des §. 12 Abs. 2 ergiebt sich, daß die Zurückweisung vom Abendmahl einen anderen Charakter als die in den früheren §§. festgesetzten Maßregeln haben soll, „weil (s. Instr. Nr. 20) die Würdigung des Herzenszustandes des das Abendmahl Begehrenden darüber entscheidet, ob derselbe als unfähig angesehen werden muß, die Gnadengabe im Segen und ohne Aergerniß der Gemeinde zu empfangen. Die Zurückweisung bedeutet nicht Auferlegung einer Strafe, sondern im evangelischen Sinne Anwendung eines Schutzmittels, wie für die Heilighaltung des Sakramentes, so für die Gemeinde und den Betroffenen." Aber sie ist nicht bloß ein Schutzmittel, welches den Betroffenenen vor den Folgen eines unwürdigen Genusses des Abendmahls bewahrt, sie soll auch denselben bessern, hat also gleichzeitig die Natur eines kirchlichen Zuchtmittels (Censur). Falls der Betroffene daher Zeichen einer entschiedenen Umkehr giebt, muß er wieder zum Abendmahl zugelassen werden, s. auch Instr. Nr. 21.

39) H. Hier ist aber der Fall der Verweigerung der Kindertaufe aus religiösen Bedenken auszunehmen, denn die im Abs. 2 aufgestellte Präsumtion für die Voraussetzung des Abs. 1 trifft hier nicht zu.

40) H. Zus. 20 zu §. 156 d. T.

41) H. Anm. 78 zu Zus. 21 bei §. 156 d. T.

§. 16. Das Aufsichtsrecht der vorgesetzten Kirchenbehörden (§. 47 der Kirchengemeinde- und Synodal-Ordnung und §. 148 der Rheinisch-Westfälischen Kirchen-Ordnung) gegenüber Beschlüssen kirchlicher Organe, welche mit bestimmten Vorschriften dieses Gesetzes in Widerspruch stehen, erfährt durch die Bestimmungen desselben keine Veränderung[42]).

§. 17. Die nach dem Staatsgesetze vom 13. Mai 1873 zulässigen, kirchenordnungsmäßig festgestellten oder in einzelnen Landestheilen observanzmäßig bestehenden anderweitigen Uebungen der Kirchenzucht, auch in ihrer Anwendung auf die in den §§. 4 bis 7 genannten kirchlichen Pflichtversäumnisse, werden durch dies Gesetz nicht berührt[43]).

Urkundlich 2c.

§. 453. Jeder Eingepfarrte muß der Regel nach in seiner Parochie begraben werden[44]). Von Begräbnissen.

§. 454. Stirbt Jemand außer seiner Parochie, jedoch an eben demselben Orte, so hat der Pfarrer seines Kirchspiels das Recht, zu fordern, daß die Beerdigung in seiner Parochie geschehe.

§. 455. Stirbt er aber an einem anderen Orte, so haben die Hinterlassenen die Wahl: ob sie ihn da, wo er gestorben ist, begraben, oder in seine ordentliche Parochie zurückbringen lassen wollen.

§. 456. Ueberhaupt kann jeder Eingepfarrte sein und der Seinigen Begräbniß auch außerhalb seiner Parochie wählen.

§. 457. Hat der Verstorbene selbst gewählt, so ist es hinreichend, wenn nur seine Willensmeinung mit genugsamer Gewißheit bekannt ist.

§. 458. Außer den Fällen der §. 454. 455. müssen aber nicht nur dem Pfarrer und der Kirche, wo die Beerdigung geschieht, sondern auch dem Pfarrer und der Kirche, denen sie eigentlich zukommt, die Gebühren entrichtet werden.

§. 459. Doch haben Letztere, wenn nach §. 457. der Verstorbene selbst gewählt hat, nur solche Gebühren zu fordern, die, nach der Verfassung jedes Ortes, von allen Begräbnissen derjenigen Classe, zu welcher die Leiche gehört, nothwendig zu entrichten sind.

§. 460. Soll eine Leiche, auf bloßes Verlangen der Hinterlassenen, außer der gehörigen Parochie begraben werden: so müssen Letztere dem Pfarrer und der Kirche dieser Parochie, außer den nothwendigen Gebühren, auch diejenigen Handlungen und Feierlichkeiten, welche sie bei der fremden Kirche vornehmen lassen, taxmäßig bezahlen.

§. 461. Wer ein Erb- oder Familienbegräbniß außerhalb des Kirchspiels hat, kann verlangen, daß sein und der Seinigen Leichname dahin abgeführt werden.

§. 462. Doch sind auch alsdann der Kirche und dem Pfarrer, für welche das

42) H. In eine materielle Würdigung des einzelnen Falles kann die Kirchenbehörde nicht eintreten, denn sie ist nicht eine weitere Berufungsinstanz, sie kann nur Gesetzesverletzungen rügen und darauf hin die Entscheidungen nöthigenfalls vernichten. Vgl. Motive a. a. O. S. 1286 und Instruk. Nr. 24: „Eine Berufung an die Kirchenbehörde zu erneuter Prüfung und Entscheidung findet nicht statt. Mit dem Abschluß disziplinarer Entscheidungen in der Instanz der Kreissynode sind aber Beschwerden an die Kirchenbehörden nicht ausgeschlossen, wenn Entscheidungen zuständiger Organe mit bestehenden, gesetzlichen Vorschriften in Widerspruch treten sollten.“

43) H. Vgl. Anm. 5 zu §. 1 von Zus. 9 bei §. 57 d. T.

44) Das öffentliche Ausstellen der Leichen und die Oeffnung der Särge bei den Begräbnißceremonien ist als ein der Gesundheit höchst nachtheiliger Gebrauch allgemein verboten. Cirk. d. geistl. Dep. v. 16. März 1802 (Rabe 7 S. 80).

Mehrere Kirchen, welche einen gemeinschaftlichen Kirchhof haben, nehmen an den Gebühren für Grabstellen verhältnißmäßig Theil. O.Tr. I v. 23. Dez. 1847 (Rechtsfälle 3 S. 257). — Vgl. auch O.Tr. I v. 27. Nov. 1863 (Anm. 88 zu §. 185 d. T.).

Begräbniß eigentlich gehören würde, der Regel nach, die ihnen nach §. 459. zukommenden Gebühren ohne Abzug zu entrichten.

§. 463. In allen Fällen, wo eine Leiche durch einen anderen Gerichtsbezirk geführt werden soll, muß bei dem Obergericht der Provinz ein Leichenpaß gesucht werden.

44. Allerhöchste Kabinetsorder vom 9ten Juni 1833., die Ausstellung der Leichen-Pässe betreffend. (G.S. S. 73.)

Nach dem Antrage der Minister der Polizei und der Justiz bestimme Ich, daß die Leichenpässe, welche auf den Grund des §. 463. Tit. XI. P. II. L.R. von dem Obergerichte der Provinz ertheilt werden, fernerhin durch die Regierungen als Provinzial-Polizeibehörde, nach vorgängiger medizinalpolizeilicher Untersuchung, ausgefertiget werden sollen[45]). Wird die Leiche durch mehrere Provinzialbezirke geführt, so ist die, den Paß ausfertigende Behörde verpflichtet, den Regierungen der andern Bezirke von der Ertheilung des Passes Nachricht zu geben, auch die auf dem Wege zunächst berührten Polizeibehörden des benachbarten Regierungs-Departements davon zu benachrichtigen[46]). . . . . .

§. 464. Kann ein solcher Paß nicht vorgezeigt werden: so hat die ordentliche Obrigkeit jedes Ortes der Durchfuhre das Recht, zu verlangen, daß der Sarg geöffnet, und ihr die Besichtigung der Leiche gestattet werde[47]).

§. 465. Die Pfarrer, durch deren Kirchspiel die Leiche gebracht wird, können davon weder für sich, noch für die Kirche Gebühren fordern.

45) H. Durch K.O. v. 16. Mai 1857, mitgetheilt durch d. Cirk.Erl. v. 19. Dez. 1857 (M.Bl. f. d. i. Verw. 1858 S. 2), ist diese Befugniß den Landräthen delegirt worden. Auch darf die Ausstellung den Polizeiverwaltungen in den an den Landesgrenzen belegenen Eisenbahnstationsorten übertragen werden, K.O. v. 12. Dez. 1864, R. v. 27. Jan. 1865 (M.Bl. f. d. i. Verw. S. 26).

Die Gültigkeit der Leichenpässe ist auf vier Wochen zu beschränken, R. d. Min. des Inn. v. 14. Juni 1856 (M.Bl. f. d. i. Verw. S. 172).

46) H. Jetzt die Landräthe, durch deren Kreise die Leiche transportirt werden soll, so fern nicht wegen des Eisenbahn-Transportes die Nachricht zu spät anlangen würde, mindestens aber stets der Landrath, bez. die anderweitige Polizeibehörde des Ortes, wohin die Leiche gebracht werden soll, R. v. 15. Dez. 1859 (M.Bl. f. d. i. Verw. 1860 S. 4).

47) Dieses Gesetz, welches nur die Verhütung der Verheimlichung einer gewaltsamen Todesart bezweckt, untersagt nicht unbedingt den Leichentransport durch einen anderen Gerichtsbezirk ohne Leichenpaß, sondern knüpft daran nur die Folge, daß die Obrigkeit (Polizei), deren Sprengel berührt wird, berechtigt sein soll, die Oeffnung des Sarges behufs Besichtigung der Leiche zu verlangen. Es versteht sich hiernach, daß der Durchgang auch bei mangelndem Leichenpasse ohne Besichtigung der Leiche gestattet werden kann, wenn auf irgend anderem Wege genügende Ueberzeugung von einer unverfänglichen Bewandtniß der Sache verschafft wird. Ein zur Vermeidung von Weiterungen gereichendes Auskunftsmittel läßt sich auch in der Art treffen, daß den die Leiche begleitenden Personen eine, in Fällen der Zugehörigkeit der Leiche nach dem Orte ihrer Bestimmung wohl genügende Legitimationsbescheinigung nur von der Polizeibehörde des Sterbeortes mitgegeben, und das Erforderniß förmlicher Leichenpässe sonach nur auf den seltenen Fall des Transportes aus einem überhaupt fremden Bezirke beschränkt wird. Besch. d. Min. d. geistl. 2c. Angel., des Inn. u. d. Pol. v. 12. Juli 1838 (Ann. 22 S. 725). In einzelnen schleunigen Fällen, in denen es sich lediglich um Beerdigung der Leiche in einem benachbarten Kirchspiele desselben Kreises handelt, ist das Landrathsamt unbedenklich befugt, diesen Transport zu gestatten, zumal nach jetziger Justizverfassung in einem solchem Falle eigentlich fremde Gerichtsbezirke nicht berührt werden.

Mit mehreren deutschen Staaten: mit Sachsen, Braunschweig, Anhalt, Oesterreich, Baiern, Würtemberg, Sachsen-Altenburg und Schwarzburg-Rudolstadt, sind Verabredungen getroffen, daß die von den kompetenten Behörden des einen Staats ausgestellten Leichenpässe als Transportlegitimationen auch in dem anderen Staatsgebiete gelten sollen. M.Bl. f. d. i. Verw. 1849 S. 248; 1856 S. 172, 230; 1867 S. 40; 1854 S. 150; 1862 S. 193; 1866 S. 17; 1858 S. 60; 1869 S. 225.

H. Wenn der Verdacht eines begangenen Verbrechens vorliegt, sind die Gerichte durch die Leichenpässe nicht gehindert, die Leiche behufs Besichtigung anzuhalten, R. v. 13. Mai 1831 (Annal. 15 S. 364).

§. 466. Jeder Pfarrer, von welchem, bei Gelegenheit der Durchfuhre, gewisse Amtshandlungen oder andere Feierlichkeiten ausdrücklich verlangt werden, hat davon die Gebühren, für sich und die Kirche, nach der Taxe des Ortes zu fordern [48]).

§. 467. Ist der Todte an einer ansteckenden Krankheit verstorben, so daß durch Wegbringung der Leiche die Ansteckung verbreitet werden könnte: so muß die Leiche schlechterdings, und ohne Unterschied der Fälle, da, wo sie ist, beerdigt werden.

§. 468. Alsdann sind aber auch die Gebühren nur dem Pfarrer und der Kirche der Parochie, wo die Beerdigung wirklich geschehen ist, zu entrichten.

§§. 469 bis 474. Aufgehoben [49]).

§. 475. So lange es noch im geringsten zweifelhaft ist: ob die angebliche Leiche wirklich todt sei, muß das Zuschlagen des Sarges nicht gestattet werden.

§. 476. Die näheren Bestimmungen, wegen der zur Verhütung des Lebendigbegrabens nöthigen Vorsichten, bleiben den besonderen Polizeiverordnungen vorbehalten [50]).

---

48) Um unberechtigte Ansprüche zu verhindern, setzt das Min. d. Inn. in die von ihm zu ertheilenden Urkunden folgenden Zusatz:

Zugleich wird in Uebereinstimmung mit dem K. Ministerio der geistlichen ꝛc. Angelegenheiten darauf hingewiesen, daß, der Vorschrift der §§. 465 u. 466 Tit. 11 Th. II des Allg. Landrechts zufolge, die Pfarrer, durch deren Kirchspiel die Leiche gebracht wird, nicht berechtigt sind, in Beziehung auf diesen Transport für sich oder für die Kirche Gebühren zu fordern, es sei denn, daß gewisse Amtshandlungen oder andere Feierlichkeiten ausdrücklich verlangt werden.

Die Kgl. Regierungen sind aufgefordert, in die auf Grund der K.O. v. 9. Juni 1833 auch ihrerseits in vorkommenden Fällen zu ertheilenden Leichenpässe künftig einen ähnlichen Zusatz aufzunehmen. V. d. Min. d. geistl. ꝛc. Angel. u. d. Inn. v. 31. Aug. 1844 (V.M.Bl. S. 269).

49) H. Durch §§. 39 ff., 19, 56 des Ges. v. 9. März 1874 (Zus. 9 zu II 1), s. auch §§. 56 ff., 23 des R.Ges. v. 6. Febr. 1875 (Zus. 11 a. a. O.). Sie lauteten:

„§. 469. Jeder Todesfall muß dem Pfarrer des Kirchspiels, in welchem er erfolgt ist, angezeigt werden. §. 470. Eben das gilt auch bei Personen, die sonst keiner Parochie unterworfen sind. §. 471. Auch von todtgeborenen, oder vor der Taufe gestorbenen Kindern muß die Anzeige dem Pfarrer geschehen. §. 472. Auch solche Kinder dürfen, ohne Vorwissen des Pfarrers, nicht außerhalb des öffentlichen Kirchhofes begraben werden. §. 473. Der hinterlassenen Familie, und in deren Ermangelung dem Wirthe des Hauses, in welchem der Todesfall erfolgt ist, liegt es ob, denselben anzuzeigen. §. 474. Der Pfarrer muß sich nach der Todesart erkundigen, und dem Todtengräber aufgeben, bei der Einlegung der Leiche in den Sarg, und bei dessen Zuschlagung gegenwärtig zu sein.

H. Trusen, preuß. K.R. S. 377 Note 191 erklärt diese §§. für noch geltend, weil sie über dem Pfarrer im polizeilichen Interesse zugewiesene Funktionen handeln und diese durch die neuere Civilstandsgesetzgebung nicht beseitigt seien. Hierbei ist übersehen, daß diese polizeilichen Funktionen in untrennbarer Verbindung mit dem civilstandlichen stehen und nur wegen dieser dem Pfarrer übertragen waren, sowie daß der Pfarrer als solcher keine polizeilichen Funktionen hat und haben kann.

50) M. s. die umfangreiche Instruktion (ein Gutachten des Oberkollegiums Sanitatis) v. 31. Okt. 1794 über die Kennzeichen des wirklich erfolgten Todes zur Vermeidung des Begrabens lebender Menschen. (Rabe 13 S. 270.) — Die Verf. d. Min. d. Inn. u. d. Pol. v. 27. März 1827 ordnet, bei der Unausführbarkeit der früheren Bestimmungen, an:

1) daß es zwar bei der Vorschrift, nach welcher Niemand vor Ablauf von 72 Stunden nach seinem Ableben beerdigt werden darf, der Regel nach verbleiben müsse;
2) daß aber ein früheres Beerdigen, außer den Fällen, wo ein solches sogar geboten sei, wie z. B. bei Epidemien ꝛc., auch in den Fällen nachgegeben werden könne, wenn:
   a) entweder ein approbirter Arzt oder Wundarzt bezeugt, daß die Leiche alle Spuren des wirklichen Todes an sich trage,
   b) oder an Orten, wo kein Arzt ist, der Bürgermeister oder der Dorfschulze mit zwei erfahrenen Männern, mit Rücksicht auf die in dem Gutachten des Oberkollegiums Sanitatis vom 31. Oktober 1794 angegebenen Vorsichtsmaßregeln, die Verhältnisse untersucht und die frühere Beerdigung gestattet hat. (Annal. 11 S. 168.)

§. 477*. Alle gewaltsamen Todesarten, so wie deren bei Besichtigung der Leiche sich ergebende Vermuthungen, muß der Pfarrer der ordentlichen Obrigkeit schleunigst anzeigen und, vor erfolgter Untersuchung, weder das Begräbniß, noch die Abfuhre gestatten [51]).

§§. 478 bis 480. Aufgehoben [52]).

§§. 481 bis 505. Aufgehoben [53]).

---

51) H. In seiner amtlichen Stellung als früherer staatlicher Standesbeamter hat der Pfarrer die Pflicht nicht mehr, s. Anm. 49.

52) H. Durch die Anm. 49 citirten Gesetze, weil der Pfarrer nicht mehr staatlicher Standesbeamter ist. Die §§. lauteten:

„§. 478. Ist dem Pfarrer bekannt, daß der Verstorbene minderjährige, wahn- oder blödsinnige, oder aus anderen gesetzlichen Gründen unter Vormundschaft zu setzende Kinder, oder sonstige Erben hinterlasse: so muß er der Obrigkeit davon Anzeige machen. §. 479. Die Anzeige muß der Regel nach derjenigen Behörde, unter welcher der Verstorbene seinen persönlichen Gerichtsstand hatte; wenn aber diese dem Pfarrer unbekannt, oder außerhalb der Provinz ist, dem nächsten Gerichte geschehen. §. 480. Sowohl der Pfarrer des Kirchspiels, in welchem der Todesfall erfolgt, als der, wo die Beerdigung geschehen ist, sind zu dieser Anzeige verpflichtet." — Die betreffenden Anzeigen haben jetzt die Standesbeamten zu machen, s. Cirk.Erl. des Min. der Just. u. des Inn. v. 8. Sept. 1874 (J.M.Bl. S. 247).

53) H. Durch die Anm. 49 angeführten Gesetze, so weit diese Vorschriften die Kirchenbücher als staatliche Civilstandsregister betrafen. Die Kirchen haben jetzt vollkommen freie Hand in der Gestaltung ihres Kirchenbücher-Wesens, welches nur noch eine rein kirchliche Bedeutung hat. Für die evangelische Kirche sind die Vorschriften aber mit den im Zus. 45 (s. oben im Text) Nr. 15 u. 16 gemachten Modifikationen noch maßgebend. — Die §§. lauteten:

Kirchenbücher. „§. 481. Die Pfarrer sind schuldig, richtige Kirchenbücher zu halten, und darin alle von ihnen besorgten, ingleichen alle die Eingepfarrten betreffenden und ihnen angezeigten Aufgebote, Trauungen, Geburten, Taufen und Begräbnisse deutlich und leserlich einzuschreiben.

§. 482. Die Eintragung muß sogleich nach vorgenommener Handlung oder geschehener Anzeige erfolgen, und das Datum muß mit Buchstaben ausgedrückt werden.

Was zu beobachten bei Eintragung der Trauungen; §. 483. Bei Trauungen müssen die Vor-, Zu- und Geschlechts-Namen, ingleichen das Alter beider Verlobten; auch ob sie schon verheirathet gewesen, oder nicht; ob sie noch unter Aeltern und Vormündern stehen, oder nicht, verzeichnet werden.

§. 484. Stehen die Verlobten, oder einer von ihnen, noch unter Aeltern oder Vormündern, so muß der Pfarrer dabei bemerken: wie ihm die Einwilligung derselben nachgewiesen worden.

der Taufen; §. 485. Bei Geburten und Taufen muß der Pfarrer den Vor-, Zu- und Geschlechts-Namen, und den Stand der Aeltern, ingleichen den Namen und Stand der gegenwärtig gewesenen Taufzeugen, nebst den Namen, welche dem Kinde selbst beigelegt worden, mit eintragen.

§. 486. Auch muß er dabei die Angabe der Aeltern, oder, in deren Ermangelung, der Hebamme, von dem Tage und Stunde der Geburt bemerken.

§. 487. Giebt die Mutter eines unehelichen Kindes den Vater nicht an, so muß es der Pfarrer zwar dabei bewenden lassen, zugleich aber sich sorgfältig erkundigen: ob auch die Mutter das Kind zu verpflegen und zu erziehen hinlängliche Mittel habe.

§. 488. Findet er dabei ein Bedenken, so muß er selbiges der Obrigkeit des Ortes anzeigen.

§. 489. Wird der Vater des unehelichen Kindes angegeben: so muß der Pfarrer denselben darüber vernehmen; und wenn er sich dazu bekennt, den Namen desselben, so wie die Art, wie dies Bekenntniß an ihn, den Pfarrer, gelangt ist, in das Kirchenbuch mit eintragen.

§. 490. Widerspricht der genannte Vater der Angabe der Mutter; oder kann derselbe, weil sein Aufenthalt entfernt oder unbekannt ist, nicht vernommen werden: so darf der Pfarrer seinen Namen in das Kirchenbuch nicht einschreiben.

§. 491. Er muß aber den Fall der Obrigkeit des Ortes, zur Untersuchung und Obsorge für das Beste des Kindes, sofort anzeigen.

der Todesfälle. §. 492. Bei Todesfällen muß der Name, der Stand und das Alter des Verstorbenen, der Tag des Todes, die Krankheit oder sonstige Todesart, nach der dem Pfarrer geschehenen Anzeige, eingeschrieben werden.

§. 493. Hat der Pfarrer den Verstorbenen nicht persönlich gekannt: so muß er sich durch die Aussagen glaubwürdiger Personen so viel als möglich versichern, daß derselbe wirklich derjenige gewesen sei, für den er ihm angegeben worden.

§. 494. Wie er zu dieser Versicherung gelangt sei, muß in dem Kirchenbuche mit vermerkt werden.

45. Verordnung des Evangelischen Ober-Kirchenraths über kirchliche Trauungen und über die kirchliche Pflicht der Taufe vom 21. September 1874. (Aktenstücke Bd. 7 S. 31.)

(Einleitung, sowie Nr. 1—14 fortgefallen.) [54])

Nr. 15: Hinsichtlich der Kirchenbücher treten (seit 1. Okt. 1874) folgende Veränderungen ein:

1. Im Trauungsregister fällt die Rubrik „Einwilligung der Eltern und Vormünder" fort. Dagegen kommt neu hinzu die Rubrik „Nachweis der Eheschließung", in welcher das Standesamt und das Datum der Eheschließung, sowie die Nr. des bürgerlichen Heirathsregisters vermerkt werden.
2. Im Register der Verstorbenen fallen die Angaben über die Erben und über die Todesursache der Verstorbenen weg.
3. Die Nothwendigkeit, alle Zahlen in Buchstaben zu wiederholen, ein Duplikat des Kirchenbuchs zu führen und an bürgerliche Behörden Anzeigen und periodische Auszüge aus den Kirchenbüchern über Einträge abzugeben, welche nach dem 1. Okt. 1874 gemacht sind, hört auf.

Nr. 16: Trauungen sind in das Kirchenbuch der Parochie des ersten ehelichen Wohnsitzes [55]), Taufen in das Kirchenbuch derjenigen Parochie einzutragen, welcher die Eltern des Kindes (bei unehelichen die Mutter) zur Zeit seiner Geburt angehören. Werden solche Amtshandlungen von einem Geistlichen vollzogen, welcher das vorstehend bezeichnete Kirchenbuch nicht führt [56]), so hat er zwar die Verrichtung der Handlung in seinem Kirchenbuche zu vermerken, allein eine vollständige Anzeige darüber an den zur Führung des ersten Kirchenbuches zuständigen Geistlichen zum Behufe des Eintrags gelangen zu lassen. Nur dieser Geistliche ist befugt, Kirchenbuchsatteste über den eingetragenen Fall auszustellen [57]).

---

§. 495. Den Tod und die Beerdigung eines Fremden muß der Pfarrer, wenn sonst Niemand vorhanden ist, welcher davon in die Heimath desselben Nachricht geben könnte, zu diesem Behufe dem nächsten Gericht anzeigen.

§. 496. In allen Fällen, wo dem Pfarrer eine Handlung, die in einer anderen Parochie vorgenommen werden soll, bloß angezeigt wird, muß er dennoch diese Anzeige, mit Bemerkung des Ortes, wo die Handlung selbst erfolgen soll, in sein Kirchenbuch einzeichnen. Eintragung der in anderen Kirchen vorgenommenen Handlungen.

§. 497. Von solchen bloßen Anzeigen aber muß er, bei Fertigung der jährlichen Listen, keinen Gebrauch machen.

§. 498. Diejenigen, welche einer bloß geduldeten, mit keiner eigenen Kirchenanstalt versehenen Religionspartei zugethan sind, müssen die unter ihnen vorkommenden Geburten, Heirathen, und Sterbefälle, dem Pfarrer des Kirchspiels, in dessen Bezirk sie wohnen, zur Eintragung in das Kirchenbuch anzeigen.

§. 499. Dergleichen Anzeigen gehören mit in die jährlichen Listen.

§. 500. Wenn bei einer Kirche mehrere Geistliche angesetzt sind, so muß dennoch nur der eigentliche Pfarrer das Kirchenbuch führen.

§. 501. Der Küster muß ein Duplicat des Kirchenbuchs halten, und darin die von dem Pfarrer eingetragenen Vermerke getreulich abschreiben. Duplicat des Kirchenbuchs.

§. 502. Am Ende eines jeden Jahres muß der Pfarrer dies Duplicat mit seinem Kirchenbuche vergleichen, und die befundene Richtigkeit darunter bezeugen.

§. 503. Sodann muß dieses Duplicat bei den Gerichten des Ortes verwahrlich niedergelegt werden.

§. 504. Kirchenzeugnisse müssen jedoch aus dem von dem Pfarrer geführten Original, und nur in dessen Ermangelung aus dem Duplicat ertheilt werden. Kirchenzeugnisse.

§. 505. Auch in diesen Zeugnissen soll, zur Vermeidung aller Zweifel und Verfälschungen, das Datum, worauf es ankommt, nicht bloß mit Zahlen, sondern zugleich mit Buchstaben ausgedrückt, und die Zeugnisse selbst müssen mit dem Kirchensiegel bestärkt werden."

54) H. S. Anm. 87 zu §§. 435—445 d. T. und Anm. 20 zu Anh. §. 131 bei §. 446 d. T.

55) H. Die gesperrten Worte sind zu ersetzen durch: der Parochie, in welcher sie vollzogen sind, vgl. §. 15 des Kirchenges. v. 27. Juli 1880, Zus. 42 zu §§. 435—445.

56) H. Das gilt nur noch für die Taufen, denn in Betreff der Trauungen kommt jetzt der in der vorigen Anm. citirte §. 15 von Zus. 42 zur Anwendung.

57) H. Vgl. übrigens auch die Cirk.Erl. des O.K.R. v. 26. Okt. 1880 u. v. 8. Jan. 1881,

Vertretung des Pfarrers in seinem Amte. §. 506. Ein Pfarrer, der nur bei einer einzelnen Handlung, oder nur auf kurze Zeit, sein Amt selbst zu verrichten gehindert wird, kann sich dabei durch einen anderen Geistlichen, welcher zu solchen Handlungen an und für sich befugt ist, vertreten lassen.

§. 507. Soll die Vertretung länger als drei Tage dauern, so muß dem Erzpriester oder dem Kreisinspector Anzeige davon geschehen.

§. 508. Ist die Vertretung auf länger als vierzehn Tage erforderlich, so muß der Erzpriester oder Inspector es an das Consistorium berichten, und die genommenen Maaßregeln zur Genehmigung anzeigen [58]).

§. 509. Verrichtet der Stellvertreter eine Amtshandlung, die ins Kirchenbuch eingetragen werden muß: so ist er schuldig, seinen eigenen Namen, mit der Angabe seines Amtes, und der Ursache der Vertretung zu unterzeichnen.

Capelläne [61]). §. 510. Ein katholischer Pfarrer kann, unter Approbation seines vorgesetzten Consistorii [59]), einen beständigen Amtsgehülfen oder Capellan annehmen [60]).

§. 511. Er muß aber dazu ein Subject wählen, gegen dessen Person, Lehre und Wandel der Patron so wenig, als die Gemeine, etwas Erhebliches einwenden können [62]).

§. 512. Der Pfarrer kann einem solchen Capellan, wenn derselbe die Ordination erhalten hat [63]), alle Arten seiner Amtsgeschäfte ohne Unterschied auftragen.

§. 513. Die Vertheilung der Geschäfte selbst, die Dauer der Vertretung, und die dem Capellan dafür zukommende Belohnung, wird lediglich durch den zwischen ihnen, unter Approbation der geistlichen Obern, geschlossenen Vertrag bestimmt.

§. 514. Ein solcher Capellan kann jedoch, wenn die Pfarrstelle selbst erledigt wird, auf die Nachfolge darin keinen rechtlichen Anspruch machen.

Pfarrgehülfen [64]). §. 515. Ein protestantischer Pfarrer kann, mit Vorwissen des Consistorii, einen Candidaten zu seiner Vertretung, jedoch nur bei dem Unterricht der Gemeine, nicht aber bei anderen Amtshandlungen, annehmen [65]).

---

betr. die nachträgliche Eintragung von Taufen, Heirathen und Beerdigungen aus der Zeit vor dem 1. Okt. 1874, kirchl. Ges. u. Verordn.Bl. 1880 S. 141 und 1881 S. 2.

S. ferner Cirk.Erl. d. O.K.R., betr. die Aufnahme eines Vermerks über die Konfession der Betheiligten bei Eintragungen in die Kirchenbücher, v. 4. Juli 1881, a. a. O. 1881 S. 52.

58) Zu vergl. §. 415.

59) H. d. h. der bischöflichen Behörde. Nach heutiger Praxis erfolgt aber die Anstellung gewöhnlich durch die letztere, s. auch Anm. 10 zu Zus. 69 bei §. 1043 d. T.

60) H. Auch auf diese findet das Ges. v. 11. Mai 1873 (Zus. 10 zu §. 60 d. T.) Anwendung.

61) H. Ueber die Gehülfen der katholischen Pfarrer vgl. P. Hinschius, K.R. 2 S. 318 ff.

62) H. Für die katholische Kirche unpraktisch.

63) H. Der Ausdruck ist ungenau, denn Kapläne, die nicht ordinirt sind, giebt es nicht.

64) H. Vergl. auch rhein.-westf. K.O. §. 64, Anm. 78 zu Zus. 21 bei §. 156 d. T.

65) Dergleichen Pfarrgehülfen soll eine Aussicht auf die dereinstige Amtsfolge nicht gemacht werden. Cirk. d. Min. d. geistl. Angel. v. 17. März 1841 (M.Bl. f. d. i. V. S. 115). H. Auch ist mit Rücksicht darauf, daß ein als Hülfsgeistlicher fungirender, nicht ordinirter Kandidat wegen seiner Abberufung das Rechtsmittel an den Gerichtshof f. kirchl. Angelegenheiten eingelegt hat, vom ev. O.K.R. durch R. v. 14. Aug. 1873, Aktenstücke 7 S. 122, angeordnet worden, daß sowohl bei nicht fundirten, wie fundirten Stellen in der Verfügung, durch welche die Bestallung oder die Genehmigung der Bestallung erfolgt, jedesmal bestimmt ausgesprochen werden soll, daß es sich um die Uebertragung einer kommissarischen, jederzeit widerruflichen Verwaltung handelt.

Der Patron hat in Fällen vorübergehender Verhinderung des Pfarrers kein Recht, daß derselbe die Vertretung, welche nicht durch die zu derselben Kreissynode gehörigen Geistlichen geleistet werden soll, durch ihn oder auch nur mit seiner Zustimmung nachsuche. R. d. ev. O.K.R. v. 8. Mai 1861, Aktenstücke 5 S. 177.

§. 516. Wird er durch Krankheit, Schwachheit, oder Alter verhindert, sein Amt nach dessen ganzem Umfange selbst gehörig zu verwalten; und verlangt er daher einen beständigen Gehülfen zu allen seinen Amtsverrichtungen: so muß er dieses demjenigen, welchem bei einer erfolgenden Erledigung der Pfarre das Wahlrecht zusteht, anzeigen.

§. 517. Alsdann muß, bei der Bestellung eines solchen Amtsgehülfen, alles das beobachtet werden, was bei der Wahl eines neuen Pfarrers erforderlich ist.

§. 518. Ehe jedoch zur Wahl geschritten wird, muß dem zu bestellenden Substituten sein auskömmlicher Unterhalt aus den Einkünften der Pfarre bestimmt werden.

§. 519. Dieser Aussatz darf niemals in einem Antheil der einzelnen Pfarreinkünfte (pars quota) bestehen; sondern er muß auf einen gewissen Betrag an Gelde oder Naturalien, welche der Pfarrer dem Substituten, oder dieser jenem abzugeben hat, bestimmt werden [66]).

§. 520. Ein solcher Substitut tritt, wenn die Pfarre erledigt wird, sofort an die Stelle und in alle Rechte eines wirklichen Pfarrers.

§. 521. Dagegen hat ein nicht förmlich gewählter, sondern nur von dem Pfarrer selbst, mit Erlaubniß der geistlichen Obern, wenn auch unter Einwilligung des Patrons, oder der Gemeine angenommener, Substitut kein Recht zur Nachfolge in die erledigte Pfarre [67]).

§. 522. Auch ohne das Gesuch des Pfarrers kann demselben ein Substitut gegeben werden, wenn aus der Anzeige des Patrons, der Vorsteher, oder der Gemeine, oder auch des Kreisinspectors, bei einer deshalb von den geistlichen Obern zu veranlassenden Untersuchung sich ergiebt, daß der Pfarrer, aus einem der §. 516. angeführten Gründe, seinem Amte vollständig vorzustehen, nicht mehr vermögend sei [68]).

Die Präcentoren und Rektoren in Litthauen, welche Predigtamtskandidaten sind oder die Erlaubniß zu predigen erhalten haben, können im Falle der Abwesenheit oder Krankheit des Ortspfarrers, sowie während der Pfarr-Vakanz Taufhandlungen vornehmen und kirchliche Atteste ausstellen, s. R. d. Min. d. geistl. Angel. v. 30. Mai 1835 (Jacobson, Gesch. d. Quellen d. K.R. d. preuß. Staats Th. I Bd. 2 Anh. S. 198).

66) Zu vergl. §. 529 d. T.

67) H. In diesem Falle wird der Substitut ohne Titel (s. zu §. 65) ordinirt. Daher kann von diesem Ausnahmeverhältniß nur Gebrauch gemacht werden, wenn die fernere Belassung des Geistlichen im Amte aus seelsorgerischen Rücksichten wünschenswerth ist. Ein Konsistorium, das diese Maßregel genehmigt, übernimmt damit die Pflicht, den ordinirten Hülfsgeistlichen zur Zeit mit einer Stelle königlichen Patronats zu versorgen, s. Erl. des Min. d. geistl. Angel. v. 14. Okt. 1844, Jacobson, K.R. 422.

68) Eine unfreiwillige oder Zwangsemeritirung wegen Gebrechlichkeit oder Alters hat das L.R. ausdrücklich nicht für zulässig erklärt. Die Verwaltungspraxis hat aber die Statthaftigkeit aus dem Zusammenhange der §§. 522—529 entnehmen zu können geglaubt, Braun in Zeitschr. f. K.R. 17 S. 13, Erl. d. Kult.Min. v. 28. Febr. 1844, Min.Bl. f. d. i. V. S. 67. Jetzt ist dieselbe auch durch Zus. 46 zu §. 529 d. T. §. 1 anerkannt. Für Rheinland und Westfalen war dies schon durch die K.O. v. 1835 §. 74, Anm. 78 zu Zus. 21 bei §. 156 d. T., geschehen.

H. Bei einer etwaigen unfreiwilligen Emeritirung soll vorgenommen werden a) eine aktenmäßige Konstatirung der Thatsachen, auf welche das Urtheil über die Unzulänglichkeit des Betheiligten sich gründet, zu welchem Ende namentlich die Abhaltung einer oder den Umständen nach einer wiederholten Lokalvisitation empfohlen wird, b) bedarf es einer Mittheilung dieser Thatsachen an den Betheiligten und einer Anhörung desselben über dasjenige, was er dagegen anzuführen habe, endlich c) eines mit Gründen versehenen Resolutes der Provinzial-Dienstbehörde wegen Festsetzung der unfreiwilligen Emeritirung und des zu bewilligenden Ruhegehaltes, wogegen dem Betheiligten innerhalb 4 Wochen der Rekurs an die oberste Instanz zusteht, s. R. des ev. O.K.R. v. 27. Nov. 1854 (Aktenstücke Bd. 2 S. 15). Daran ist auch durch den Zus. 51 zu §. 533 d. T. nichts geändert worden, Braun in Ztschr. f. K.R. 19 S. 15.

Niederlegung des Amtes[69]. §. 523. Wenn ein Pfarrer sein Amt niederlegen will: so muß er dem Patron und der Gemeine davon Anzeige machen, und die Genehmigung der geistlichen Obern nachsuchen.

§. 524. Finden diese dabei nichts zu erinnern, so gebührt weder dem Patron, noch der Gemeine, ein Recht zum Widerspruche.

§. 525. Nimmt jedoch ein Pfarrer innerhalb zehn Jahren von Zeit seiner Bestellung, einen anderweitigen Ruf an: so ist er schuldig, der Kirchencasse und der Gemeine, alle bei seiner Ansetzung und seinem Anzuge verwendeten Kosten zu erstatten.

§. 526. Auch nach erhaltener Genehmigung der geistlichen Obern darf der Priester sein Amt nicht eher verlassen, als bis sein Nachfolger bestellt und eingewiesen worden.

§. 527. Sind erhebliche Gründe vorhanden, warum dieses nicht abgewartet werden kann: so muß der Erzpriester oder Inspector, unter besonderer Approbation des Consistorii, für die Versehung des Amtes in der Zwischenzeit sorgen.

§. 528[70]). Einem Pfarrer, der sein untadelhaft geführtes Amt wegen Alters oder Krankheit niederlegen muß, gebührt ein lebenswieriger Gnadengehalt[71]).

§. 529. Bei ermangelnder Vereinigung über den Betrag und Fonds desselben, muß das Gehalt auf ein Drittel der sämmtlichen Pfarreinkünfte, nach einem gemäßigten Anschlage festgesetzt, und der Amtsfolger zu dessen Entrichtung auf die §. 519. bestimmte Art angewiesen werden[72]).

46. Kirchengesetz, betreffend das Ruhegehalt der emeritirten Geistlichen. Vom 26. Januar 1880. (Kirchl. Ges. u. Verordn.Bl. 1880 S. 37.)[73])

Wir Wilhelm, von Gottes Gnaden König von Preußen rc. verordnen unter Zustimmung der Generalsynode und nachdem durch die Erklärung Unseres Staatsministeriums festgestellt worden, daß gegen dieses Gesetz von Staatswegen nichts zu erinnern ist, sowie nach

---

69) Vergl. §. 104 d. T. H. S. auch rhein.-westph. K.O. §§. 53 ff., Anm. 78 zu Zus. 21 bei §. 156 d. T.

70) H. Die §§. 528, 529 haben ihre Geltung zufolge der Zus. 46 und 47 mitgetheilten Gesetze vorläufig noch nicht verloren, s. §§. 19 u. 22 von Zus. 46.

71) Ein emeritirter Pfarrer in Pommern hat gegen seinen Privatpatron keinen Anspruch auf Einräumung einer freien Wohnung in dem Predigerwittwenhause der Pfarre, Erk. des ehem. O.L.G. zu Stettin v. 2. Juli 1840, jurist. Wochenschr. v. 1840 S. 872.

72) H. Jeder emeritirte Geistliche mußte bisher aus der Pfründe erhalten werden. In Betreff des Pensionswesens der emeritirten evangelischen Geistlichen in den sechs östlichen Provinzen hatte die K.O. v. 23. April 1848 die Ermächtigung ertheilt, mit der Regulirung von Pensions-Zuschußfonds vorzuschreiten. In Folge dessen sind solche Fonds gebildet worden: für Brandenburg, s. K.O. v. 29. Nov. 1847 (G.S. v. 1848 S. 22), für Pommern K.O. v. 9. Juli 1856 (G.S. S. 753) u. v. 31. Juli 1865 (Allg. Kirchenblatt f. d. ev. Deutschland v. 1870 S. 300), für Preußen K.O. v. 24. Aug. 1864 (G.S. S. 563, Aktenstücke des ev. O.K.R. 5 S. 473), für Sachsen K.O. v. 24. Aug. 1864 (G.S. S. 567, Aktenstücke 5 S. 477), für die Ober-Lausitz K.O. v. 21. Nov. 1864 (Aktenstücke 5 S. 482), für Schlesien K.O. v. 15. Jan. 1866 (a. a. O. S. 498), für Posen K.O. v. 11. Juni 1866 (a. a. O. Bd. 6. S. 40), endlich auch in den Jahren 1866 und 1872 für die Grafschaften Stolberg-Stolberg und Stolberg-Roßla. Nach der Begründung eines allgemeinen Pensionsfonds für die evangelische Landeskirche (s. Zus. 46 und 47) sind aber diese Fonds durch die Allerh. Verordn. v. 1. Juni 1880 (G.S. S. 125, auch kirchl. Ges. u. Verordn.Bl. 1880 S. 69 aufgelöst worden, vgl. §. 11 von Zus. 46 uod Art. 3 von Zus. 47. — Auch für Westfalen und die Rheinprovinz waren solche Fonds geschaffen worden, s. K.O. v. 8. Juli 1865 u. v. 9. März 1865 (Aktenstücke 5 S. 490, 494), s. auch rhein.-westf. K.O. §. 74 u. kirchl. Ges. u. Verordn.Bl. v. 1876/1877 S. 201. Für diese Provinzen ist die neue Einrichtung noch nicht in das Leben getreten, §. 20 von Zus. 46 und Art. 7 von Zus. 47.

73) H. Vgl. hierzu Instr. des ev. O.K.R. v. 29. Nov. 1880, kirchl. Ges. u. Verordn. Bl. 1880 S. 153. Die Motive finden sich abgedruckt in den Verhandlungen der ersten ordentlichen Generalsynode v. 1879. Berlin 1880 S. 1201 u. kirchl. Ges. u. Verordn. Bl. 1879S. 109 ff.

erfolgter Zustimmung Unseres Staatsministeriums zur Erhebung der in den §§. 12 bis 14 dieses Gesetzes festgesetzten Beiträge und zu der in §. 16, Absatz 1 desselben beschlossenen Umlage, für die evangelische Landeskirche der älteren Provinzen, was folgt [74]):

§. 1. Jeder in dem Pfarramt einer Kirchengemeinde oder als Lehrer einer theologischen Lehranstalt der Landeskirche [75]) unter Bestätigung des Kirchenregiments auf Lebenszeit angestellte Geistliche erhält, wenn er in Folge eines körperlichen Gebrechens oder wegen Schwäche seiner körperlichen oder geistigen Kräfte zu der Erfüllung seiner Amtspflichten dauernd unfähig und deshalb von der zuständigen Kirchenbehörde in den Ruhestand versetzt ist, ein lebenslängliches Ruhegehalt (Pension) [76]) aus dem Pensionsfonds der evangelischen Landeskirche [77]) (§§. 10. ff., 18).

§. 2. Geistlichen, welche noch dienstfähig sind, aber aus disziplinarischen Gründen emeritirt werden [78]), kann von dem Evangelischen Ober-Kirchenrathe ein Ruhegehalt auf bestimmte Zeit oder auf Lebensdauer bewilligt werden (§. 4).

§. 3. Die Bestimmungen der §§. 1 und 2 finden auf Militärpfarrer, so wie auf Geistliche bei Straf-, Kranken- und sonstigen öffentlichen Anstalten keine Anwendung.

In Fällen, wo das kirchliche Interesse es wünschenswerth erscheinen läßt, ist jedoch der Evangelische Ober-Kirchenrath ermächtigt, in Folge besonderen Antrages der Betheiligten die Bestimmungen des §. 1 auch zur Anwendung zu bringen auf ordinirte Geistliche der innerhalb der evangelischen Landeskirche im Dienste der inneren oder äußeren Mission stehenden und mit Korporationsrechten versehenen Anstalten und Vereine. Die betreffenden Geistlichen, Anstalten und Vereine haben bei Eingehung des Verhältnisses die aus den §§. 12 ff. dieses Gesetzes sich ergebenden Verpflichtungen gegen den Pensionsfonds zu übernehmen, auch die Emeritirung von der Zustimmung der Kirchenbehörde abhängig zu machen. Die Erfüllung der übernommenen Verpflichtungen bildet die rechtliche Voraussetzung der Gewährung des Ruhegehalts [79]).

§. 4. Das Ruhegehalt beträgt, wenn die Versetzung in den Ruhestand gemäß §. 1 vor vollendetem elften Dienstjahre eintritt, $^{20}/_{80}$ und steigt von da ab mit jedem weiter zurückgelegten Dienstjahre um $^{1}/_{80}$ bis zum Höchstbetrage von $^{60}/_{80}$ des nach §. 15 anrechnungsfähigen Diensteinkommens.

Das Ruhegehalt soll in diesen Fällen nicht über 5000 M. und nicht unter 900 M. betragen. Auf diesen Mindestbetrag, so weit er über den in Absatz 1 normirten Theilsatz des Diensteinkommens hinausgeht, ist das Ruhegehalt aus Nebenämtern in Anrechnung zu bringen.

In dem Falle des §. 2 darf die Bewilligung zwei Drittheile der vorstehenden Theilsätze und den Betrag von 2000 M. nicht übersteigen.

Ueberschießende Theile einer Mark werden zu einer vollen Mark abgerundet [80]).

§. 5. Das Dienstalter ist von der Ordination an zu rechnen unter Abzug der außer Dienst zugebrachten Zeit, soweit solche nicht auf den Militärdienst verwendet ist.

---

74) H. Wegen des vorläufigen Ausschlusses der Geltung des Gesetzes für Rheinland und Westfalen vgl. Anm. 72 a. E. zu §. 529 d. T. und über eine weitere Beschränkung, welche in der Aufrechterhaltung des bisherigen Rechtes besteht, §. 19 dieses Ges., s. auch Instr. Nr. 2.

75) H. Wie z. B. die Direktoren und Professoren des Prediger-Seminars in Wittenberg.

76) H. Aber auch nur dieses. Für die Zukunft ist der alte Grundsatz, daß der Emeritus aus der Pfründe erhalten werden muß, aufgehoben. S. auch §. 22 des Ges.

77) H. Selbstständige juristische Persönlichkeit ist diesem Pensionsfonds durch die beiden in Frage stehenden Gesetze nicht beigelegt. Er gehört daher zum Vermögen der evangelischen Landeskirche, welche ihrerseits eine juristische Person ist, Anm. 35 zu Zus. 22 bei §. 156 d. T. S. auch die Instr. Nr. 22.

78) Vgl. hierzu K.O. v. 27. April 1830, Zus. 52. Der §. 2 kommt auch zur Anwendung, wenn zur Abkürzung der disziplinarischen Verhandlungen vom Geistlichen freiwillig ein Verzicht auf das Amt abgegeben wird und er sich im Voraus für einverstanden erklärt. Thut er dies nicht, so bleibt nichts anderes übrig, als das Disciplinarverfahren fortzusetzen, denn nur die disziplinarische Bestrafung nimmt ihm das Recht des §. 1 und stellt die Gewährung des Ruhegehaltes in das Ermessen des O.K.R. Vgl. auch Instr. Nr. 6.

79) H. Vgl. Instr. Nr. 7.

80) H. Vgl. Instr. Nr. 8.

Als Dienstzeit kommt dabei, neben der Dauer aller dem §. 1 entsprechenden Anstellungen, mit in Betracht die nach der Ordination im Pfarramte einer Militärgemeinde, im Pfarrvikariate oder in der Stellung eines Hülfsgeistlichen und mit Genehmigung oder unter nachträglicher Billigung der Kirchenbehörde im geistlichen Amte von Anstalten, im Dienste der inneren oder äußeren Mission und in der Seelsorge ausländischer evangelischer Gemeinden zugebrachte Zeit.

Die Zeit, während welcher ein Geistlicher vom vollendeten 25. Lebensjahre ab in einem kirchenregimentlichen Amte, im theologischen Lehr- oder im Schulamt fest angestellt gewesen ist, soll auf das kirchliche Dienstalter in Anrechnung gebracht werden, gleichviel ob sie der Ordination vorausgeht oder nachfolgt.

Mit Genehmigung des Evangelischen Ober-Kirchenraths kann auch die Zeit angerechnet werden, während welcher ein Geistlicher vor Antritt eines Amtes in der Landeskirche im Dienste einer anderen Kirchengemeinschaft oder im Staatsdienste gestanden hat[81]).

§. 6. Die Zahlung des Ruhegehaltes erfolgt für jedes Vierteljahr am Ende dieses Zeitraumes bei der Kasse des Provinzial-Konsistoriums oder nach Verlangen des Berechtigten auf dessen Gefahr und Kosten durch die Post gegen Vorlegung gehörig bescheinigter Quittung[82]).

§. 7. Die Beschränkung der Befugniß zur Abtretung und Verpfändung des Rechtes auf den Bezug des Ruhegehaltes bleibt staatsgesetzlicher Regelung vorbehalten[83]).

§. 8. Hinterläßt ein Geistlicher, welcher Ruhegehalt bezieht, eine Wittwe oder eheliche Nachkommen, so wird dasselbe noch für den auf den Sterbemonat folgenden Kalendermonat gezahlt[84]).

An welchen der Betheiligten die vor dem Tode des berechtigten Geistlichen nicht erhobenen und die nach Absatz 1 noch zu leistenden Beträge zu zahlen sind, bestimmt das Provinzial-Konsistorium[85]).

§. 9. Bezieht ein Emeritus in Folge anderweiter Anstellung in einem öffentlichen Amte ein Diensteinkommen, so ruht das Recht auf Ruhegehalt, soweit der Betrag des neuen Einkommens mit dem Ruhegehalt zusammen das zuletzt bezogene Pfarreinkommen (§. 15) übersteigt.

Der Anspruch auf Ruhegehalt hört auf, wenn dem Emeritus strafrechtlich die bürgerlichen Ehrenrechte aberkannt werden, oder wenn derselbe durch eine im Disziplinarverfahren ergangene rechtskräftige Entscheidung der Kirchenbehörde oder durch Entsagung die Rechte des geistlichen Standes in der evangelischen Kirche verliert[86]).

---

81) H. Vgl. Instr Nr. 9.

82) H. A. a. O. Nr. 10.

83) H. Vgl. den folg. Zus. 47 Art. 1.

84) H. Alle weitergehenden Rechte, welche bisher in einzelnen Landestheilen bestanden haben, s. darüber die Motive S. 1219, sind hierdurch und durch §. 22, sowie durch Art. 6 von Zus. 47 aufgehoben.

85) H. Durch diese Bestimmung soll eine oft weitläufige und kostspielige Legitimationsführung vermieden werden. Durch eine derartige, vom Konsistorium beschlossene und geleistete Zahlung wird die Schuld des Pensionsfonds getilgt. Dadurch wird aber dem Rechtsverhältniß unter den Betheiligten nicht präjudizirt und der etwa civilrechtlich nicht legitimirte Empfänger kann auf Herausgabe des Gezahlten von dem Berechtigten belangt werden. Hierbei ist übrigens zu unterscheiden zwischen den nicht abgehobenen, vor dem Tode angefallenen Beträgen, diese gehören zur Erbschaft des Geistlichen, und dem Betrage des Gnaden-Monats, auf welchen die Wittwe oder die ehelichen Nachkommen als solche ein Recht haben, s. auch Zus. 47 Art. 2 und Instr. Nr. 12.

86) H. Die Motive, a. a. O. S. 1219, bemerken hierzu: „Daß der Anspruch eines Geistlichen auf das Ruhegehalt nicht ein bloßes, von jeder rechtlichen Beziehung zum geistlichen Amte gelöstes privatrechtliches Forderungsrecht ist, daß ferner auch der emeritirte Geistliche mit Rücksicht auf die Rechte, welche die Ordination nach §. 63 A. L.R. II. 11 und die Unterscheidung des §. 104 a. a. O. zwischen dem geistlichen Stande und dem einzelnen Amte macht, in einem amtlichen Verhältnisse zu der bisherigen Stelle (?!) sowie zur Landeskirche (vgl. Richter, Kirchenrecht 7. Aufl. S. 611 a. E. und auch wegen der Analogie die Gründe des Erkenntnisses des Kön. O.Tr. v. 23. Juni 1875, Entsch. 75 Nr. 55 S. 415 Abs. 1 a. E.) und der Disziplin der letzteren

§. 10[87]). Die Einnahmen des Pensionsfonds der evangelischen Landeskirche bestehen, abgesehen von den ihm etwa zufließenden Geschenken und Vermächtnissen, aus:

1. den Zuschüssen, welche ihm aus Staatsfonds gewährt werden,
2. den Zinsen und sonstigen Einkünften der bisherigen Provinzial-Emeriten-Zuschußfonds (§. 11) und den Zinsen der sonst bei ihm anzusammelnden Kapitalien,
3. den dauernden Pfarrbeiträgen (§§. 12, 13),
4. den zeitweiligen Pfründenabgaben (§. 14),
5. den durch Umlage aufzubringenden Leistungen der Kirchengemeinden (§. 16).

§. 11. Die für die einzelnen Provinzen bestehenden Emeritenzuschußfonds (Emeritenunterstützungs-, Emeriten-, Pensionshülfs-Pensionsfonds, einschließlich derjenigen für die preußische Oberlausitz in der Provinz Schlesien, und für einen Theil der Grafschaften Stolberg in der Provinz Sachsen) werden mit dem Tage der Ausführung dieses Gesetzes aufgelöst[88]).

Ihr gesammtes Vermögen geht mit allen bereits entstandenen Rechten und Verbindlichkeiten in diesem Zeitpunkt auf den Pensionsfonds der Landeskirche über.

Das Kapitalvermögen der Provinzial-Emeritenfonds bildet den Reservefonds des allgemeinen Pensionsfonds[89]).

§. 12[90]). Von jedem gemäß §. 1 Rechte auf Ruhegehalt gewährenden geistlichen Amte ist nach Höhe des Diensteinkommens (§. 15) ein jährlicher Beitrag zu dem Pensionsfonds zu leisten. Derselbe wird, wenn das Einkommen unter 4000 M. beträgt, auf 1 %, wenn es höher ist, aber unter 6000 M. bleibt, auf $1^1/_2$ %, und bei noch höherem Einkommen auf 2 % des durch 100 M. theilbaren Gesammtbetrages berechnet.

Dieser für jedes Kalendervierteljahr am ersten Tage desselben fällige Pfarrbeitrag ist, vorbehaltlich der Auseinandersetzung mit anderen Betheiligten, jedesmal von Demjenigen, welcher in jenem Zeitpunkte das Diensteinkommen bezieht, portofrei einzuzahlen. Inwieweit die Einziehung der Pfarrbeiträge nöthigenfalls im Verwaltungs-Vollstreckungsverfahren erfolgen kann, bleibt staatsgesetzlicher Regelung vorbehalten.

In Vakanzfällen hat der Gemeindekirchenrath für die Zahlung Sorge zu tragen[91]).

§. 13. Tritt ein Geistlicher in ein nach §. 1 Rechte auf Ruhegehalt gewährendes Amt,

---

unterworfen bleibt. Es entspricht weder der Würde der Kirche noch den Interessen der Gemeinden und des Pensionsfonds, daß letzterer einen des geistlichen Standes unwürdigen Emeritus, mag die Unwürdigkeit im gerichtlichen Straf- oder im Disziplinarverfahren festgestellt sein, auf Kosten der Gesammtheit erhalten soll. Die Bestimmung des §. 9 Abs. 2 entspricht allerdings den bisher herrschenden Anschauungen, vgl. Braun in Ztschr. f. K.R. 17 S. 307, 308. Diese beruhen aber auf der schon Anm. 56 zu §. 104 d. T. widerlegten Ansicht von der Fortdauer besonderer geistlicher Standesrechte, welche in den eben mitgetheilten Motiven in einer fast katholisirenden Weise ausgesprochen wird und für welche das citirte Obertribunals-Erkenntniß völlig irrelevant erscheint. Ferner ist es unrichtig, daß der emeritirte Geistliche in einem besonderen amtlichen Verhältnisse zu seiner bisherigen Stelle, dessen Inhalt völlig undefinirt gelassen wird, bleibt, eben so daß ein solches Verhältniß zur Landeskirche für ihn weiter fortdauert. Endlich ist auch das, was über den Charakter des Forderungsrechtes gesagt wird, unrichtig. Der emeritirte Geistliche erwirbt seinen Anspruch auf Grund der Dienste, welche er in einer öffentlich rechtlichen Stellung geleistet hat, mit dem ehrenvollen Ausscheiden aus dem Amte. Der Anspruch ist gerade das Aequivalent für diese Dienste, und da er als Emeritus keine amtlichen Pflichten hat, kann er weder solche verletzen, noch durch die Verletzung solcher seines Anspruches verlustig gehen. Er steht darin und in so weit jedem staatlichen Beamten gleich, welchem die Pension nach heutigem Recht in den hier erwähnten Fällen nicht entzogen werden kann. Vgl. hierzu übrigens auch die Schrift: Altes und neues Recht in Preußen. Ein Appell an die öffentliche Meinung von einem Veteranen. Königsberg 1882. S. auch Anm. 3 zu §. 19 d. T.

87) H. Vgl. Instr. Nr. 14.

88) H. Mit dem 1. April 1881, s. d. Anm. 72 zu §. 529 citirte Verordn. v. 1. Juni 1880.

89) H. Vgl. Instr. Nr. 15.

90) H. S. a. a. O. Nr. 16.

91) H. Vgl. hierzu R. d. ev. O.K.R. v. 21. Nov. 1880, kirchl. Ges. u. Verordn.Bl. 1881 S. 137.

nachdem er vorher in einem anderen gemäß §. 5 auf das Dienstalter mit in Anrechnung kommenden Dienstverhältnisse gestanden, so hat er von diesem Zeitpunkte ab, soweit er nicht ausdrücklich auf diese Anrechnung verzichtet, den Pfarrbeitrag (§. 12) für einen der Dauer dieses früheren Verhältnisses entsprechenden Zeitraum nachzuzahlen. Bei der Berechnung des nachzuzahlenden Betrages ist das in dem früheren Verhältnisse (§. 5) zuletzt bezogene Diensteinkommen, sofern dasselbe durch den Etat des Staates oder einer inländischen Korporation bestimmt ist, andernfalls das Diensteinkommen des neu angetretenen kirchlichen Amtes (§. 1) zu Grunde zu legen.

Die Nachzahlung geschieht, wenn nicht die Kirchenbehörde ausnahmsweise weiteren Ausstand gewährt, in der Art, daß neben dem laufenden Beitrage und in gleicher Weise wie dieser mindestens der doppelte Betrag desselben entrichtet wird. Die zur Zeit der Emeritirung etwa noch nicht gezahlten Beträge werden nach Ermessen der Kirchenbehörde (§. 18) baar oder durch Verrechnung eingezogen. Im Falle des Todes erstreckt sich der Anspruch des Pensionsfonds nur auf die bis dahin fällig gewordenen Beträge[92]).

§. 14. Vom Tage der Emeritirung eines Geistlichen ab hat dessen letzte Stelle acht Jahre lang ein Viertel ihres gesammten Pfründen- oder etatsmäßigen Einkommens[93]) in einem nach Mark abgerundeten Betrage an den Pensionsfonds abzugeben. Die Kirchenbehörde (§. 18) bestimmt Zeit und Art der jährlichen Erfüllung dieser Verpflichtung.

Muß während der Dauer dieser Verpflichtung auf derselben Stelle eine weitere Emeritirung erfolgen, so tritt weder eine Erhöhung noch eine Verlängerung der ersten Pfründenabgabe ein.

In den Fällen der §§. 2 und 9 kann die Höhe oder die Dauer der Pfründenabgabe von dem Evangelischen Ober-Kirchenrath angemessen verringert werden[94]).

§. 15. Der bei Berechnung des Ruhegehalts (§. 4), der Pfarrbeiträge (§§. 12 und 13) und der Pfründenabgabe (§. 14) in Betracht kommende Betrag des Diensteinkommens wird von der Kirchenbehörde unter Beobachtung folgender Grundsätze festgesetzt (§. 18):

1) Für die Zwecke der §§. 4 und 12 f. treten dem Pfründeneinkommen die zur Erhöhung der Diensteinkünfte unter 3000 Mark nach Maßgabe des Dienstalters und alle auf Amtsdauer bewilligten persönlichen Zulagen hinzu[95]).
2) Der Berechnung des Ruhegehalts (§. 4) ist das wirklich bezogene und mindestens ein Jahr lang durch Pfarrbeiträge (§. 12) versteuerte Einkommen zu Grunde zu legen.
3) Inländische kirchliche Aemter, welche mit einem inländischen geistlichen Hauptamte dauernd vereinigt sind, werden als zu letzterem gehörig behandelt, wenn sie keinen besonderen Pensionsanspruch gewähren; ausländische nur, wenn die Leistung der Pfründenabgabe (§. 14) sichergestellt ist.
4) Mit einer geistlichen Stelle verbundene Schulämter sind dieser nicht zuzurechnen.
5) Die Naturaldienstwohnung wird mit 10 % des sonstigen Diensteinkommens berechnet[96]).

§. 16. Die aus anderen Quellen nicht zu deckenden Beträge sind durch Umlage von den Kirchengemeinden der Landeskirche aufzubringen[97]). Dieselbe wird zunächst auf ein und ein halbes Prozent der von den Mitgliedern der evangelischen Landeskirche aufzubringenden Staats-Klassen- und Einkommensteuer festgesetzt. Abänderungen dieses Satzes können nur durch ein Kirchengesetz erfolgen[98]).

---

92) H. S. Instr. Nr 17.

93) H. Aber nicht der aus Staatsfonds fließenden Zuschüsse, R. d. ev. O.K.R. v. 30. Dez. 1882, kirchl. Ges. u. Verordn.Bl. 1883 S. 2.

94) H. Vgl. Instr. Nr. 18.

95) H. Nicht aber andere, z. B. nicht eine persönliche, aus dem Kirchenkasten für die Dauer der Ephoralverwaltung unter Vorbehalt des Widerrufes gewährte Zulage, s. das in der vorhergehenden Anm. 93 angeführte Reskript.

96) H. Vgl. Instr. Nr. 19.

97) H. Vgl. Art. 11 und Art. 13 des Ges. v. 3. Juni 1876, Zus. 22 zu §. 156 d. T., und §. 14 Generalsynodal-Ordnung, Zus. 23 a. a. O. S. auch Instr. Nr. 20.

Der Evangelische Ober-Kirchenrath faßt unter Mitwirkung des Generalsynodalvorstandes (§. 18) darüber Beschluß, ob der Stand des Pensionsfonds für die einzelnen Jahre gestattet, einen geringeren als den durch das Gesetz bewilligten Betrag der Umlage auszuschreiben.

§. 17. Rechtliche Ansprüche von Geistlichen auf Gewährung eines Ruhegehalts oder sonstiger Benefizien für den Emeritenstand aus besonderen Einrichtungen[99]), welche unter den §. 11 fallen, bleiben unverändert.

§. 18. Der Pensionsfonds der evangelischen Landeskirche wird von dem Evangelischen Ober-Kirchenrathe verwaltet[100]). Die Mitwirkung des Generalsynodalvorstandes ist erforderlich bei Aufstellung des Etats und wird im Uebrigen durch die zur Ausführung dieses Gesetzes zu erlassende Instruktion (§. 21) geregelt.

Die Provinzial-Konsistorien führen nach näherer Anweisung des Evangelischen Ober-Kirchenraths (§. 21) die Geschäfte des Pensionsfonds für ihren Amtsbereich unter angeordneter Beihülfe der sonstigen kirchlichen Organe[1]).

Gegen die Verfügungen der Konsistorien steht den Betheiligten die Berufung an den Evangelischen Ober-Kirchenrath offen. Inwieweit der Rechtsweg gegen Entscheidungen der obersten Kirchenbehörde über Leistungen der Geistlichen und der kirchlichen Stellen an den Fonds (§§. 12 bis 15) auszuschließen und bezüglich der Ansprüche auf Ruhegehalte nach Anleitung der betreffenden Bestimmungen des Staatsdiener-Pensionsgesetzes zu beschränken ist, bleibt staatsgesetzlicher Regelung vorbehalten[2]).

§. 19. Den gegenwärtig vorhandenen emeritirten Geistlichen verbleiben ihre bisherigen Bezüge und Verpflichtungen.

Auch die Rechte und Pflichten der bei Verkündung dieses Gesetzes im Amte stehenden Geistlichen bleiben unverändert für den Fall, daß ihre Emeritirung in der gegenwärtigen Stelle erfolgt[3]). Die Bestimmungen dieses Gesetzes kommen jedoch zur Anwendung, soweit die betreffenden Geistlichen innerhalb Jahresfrist nach dessen Verkündung einen hierauf gerichteten Antrag bei dem Provinzial-Konsistorium stellen und sich dabei verpflichten, den Pfarrbeitrag (§. 12) nach Maßgabe der früher von ihnen bezogenen Einkünfte vom vollendeten zehnten Dienstjahre ab unter Abzug der seitdem zum provinziellen Emeritenzuschußfonds geleisteten Beiträge ohne Zinsen nachzuzahlen. Von dem Zeitpunkt der Versetzung eines bereits im Amte stehenden Geistlichen in ein anderes geistliches Amt liegt demselben die letztgedachte Verpflichtung gesetzlich ob.

---

98) Vgl. O.V.G. I v. 11. Nov. 1882, Entsch. 9 S. 100 u. kirchl. Ges. u. Verordn.Bl. 1883 S. 25. „Damit ist zunächst nichts weiter bestimmt, als daß die Höhe der Gesammtsumme, welche durch Umlage für das Emeritenwesen der gesammten Landeskirche (vorläufig mit Ausschluß der Rheinprovinz und Westfalen, §. 20) aufgebracht werden darf, derjenige Prozentsatz, welcher von den 4 Prozent des Art. 16 des Staatsgesetzes, bez. den 3 Prozent des Kirchengesetzes v. 2. Sept. 1880 (vgl. Zus. 22 und Anm. 31a dazu) für jene Eine landeskirchliche Aufgabe absorbirt werden soll. Für den Maßstab zur Vertheilung dieser Gesammtsumme auf die einzelnen Provinzen, Kreissynoden und Gemeinden ergeben diese Gesetze gar nichts."

99) H. Z. B. aus besonderen Stiftungen. S. auch Instr. Nr. 21.

100) H. Ueber seine Vertretung vgl. Art. 19 des Ges. v. 3. Juni 1876 (Zus. 22 zu §. 156 d. T.). S. auch Anm. 77 zu §. 1 dieses Zus.

1) H. Vgl. Instr. Nr. 22.

2) H. S. Art. 4 des folgenden Zus. 47.

3) H. Vgl. d. R. d. ev. O.K.R. v. 11. März 1881, kirchl. Ges. u. Verordn.Bl. 1881 S. 28. Danach kommen nur die §§. 528, 529 d. T. zur Anwendung. Ein Anspruch an den Pensionsfonds auf Grund des §. 1 entsteht in diesen Fällen nicht, vielmehr nur in so weit, als derselbe die Verbindlichkeiten eines früheren Emeritenfonds nach §. 11 Abs. 2 zu übernehmen hätte. Der §. 14 findet gleichfalls auf solche Emeritirungen keine Anwendung. Der richtigen Ansicht nach können die auf Grund des alten Rechtes zu beziehenden Emeriten-Einkünfte dem Geistlichen auch nicht nach §. 9 Abs. 2 entzogen werden, s. Anm. 86.

Wenn das vorbehaltene Recht des bisherigen Emeritus erlischt, sind von diesem Moment ab die Pfarrbeiträge nach §. 12 zu leisten, vgl. das zu Anm. 91 citirte R. S. ferner Instr. Nr. 23.

Die Nachzahlungen regeln sich nach den Bestimmungen des §. 13, Absatz 2. Jedoch soll in diesem Falle neben dem laufenden Beitrage nur noch ein gleich hoher Betrag jährlich entrichtet werden.

Hat ein Geistlicher, welcher sich den Bestimmungen dieses Gesetzes unterwirft, gegenwärtig die Verbindlichkeit, einen Theil des Pfarreinkommens an einen Emeritus abzugeben, so wird auf seinen Antrag diese Leistung bis zum Ableben des Emeritus von dem Pensionsfonds übernommen, wenn der verpflichtete Geistliche und die Vertreter der betreffenden Stelle Namens der letzteren sich verpflichten, den vollen Betrag jenes Emeritenantheils acht Jahre lang vom Zeitpunkt jener Uebernahme zum Pensionsfonds abzuführen [3a]).

§. 20. Die Provinzen Westfalen und Rheinprovinz bleiben von den Vorschriften dieses Gesetzes zunächst ausgenommen. Die Einführung des Gesetzes erfolgt in diesen Provinzen, sobald dessen Annahme von beiden Provinzialsynoden oder von einer derselben beschlossen wird, durch kirchliche, vom Landesherrn zu erlassende Verordnung, welche in der dem §. 6 der Generalsynodalordnung entsprechenden Form zu verkünden ist.

§. 21. Die zur Ausführung dieses Gesetzes erforderliche Instruktion wird vom Evangelischen Ober-Kirchenrath unter Mitwirkung des Generalsynodalvorstandes erlassen [4]).

§. 22. Alle den Vorschriften dieses Gesetzes entgegenstehenden Bestimmungen, insbesondere diejenigen, welche Ansprüche auf einen Emeritenantheil aus dem Pfarreinkommen gewähren, werden aufgehoben [5]).

Soweit es zur Durchführung vorstehender Anordnungen einer Mitwirkung der Landesgesetzgebung bedarf, wird dieselbe vorbehalten.

Urkundlich ꝛc.

47. **Gesetz, betreffend das Ruhegehalt der emeritirten Geistlichen. Vom 15. März 1880.** (Gesetz-Samml. S. 216.)

Wir Wilhelm, von Gottes Gnaden König von Preußen ꝛc. verordnen, mit Zustimmung der beiden Häuser des Landtages der Monarchie, für den Geltungsbereich des Kirchenverfassungsgesetzes vom 3. Juni 1876. (Gesetz-Samml. S. 125), was folgt:

Art. 1. Der in dem anliegenden Kirchengesetze vom 26. Januar 1880 gewährte Anspruch auf ein Ruhegehalt kann mit rechtlicher Wirkung nur insoweit abgetreten, verpfändet oder sonst übertragen werden, als derselbe der Pfändung unterliegt [6]).

Art. 2. Eine nach §. 8 Absatz 2 des Kirchengesetzes von dem Provinzial-Konsistorium getroffene Bestimmung, an wen die vor dem Tode des Geistlichen nicht erhobenen Ruhegehaltsbeträge zu zahlen sind, steht dem Anspruche des nach dem bürgerlichen Rechte zur Hebung dieser Beträge Berechtigten nicht entgegen [7]).

Art. 3. Die Auflösung der im §. 11 des Kirchengesetzes bezeichneten Emeriten-Zuschußfonds erfolgt durch Königliche Verordnung. Sie gehen von dem Zeitpunkte der Auflösung ab mit allen Rechten und Verbindlichkeiten auf den zu bildenden Pensionsfonds der evangelischen Landeskirche über [8]).

Die Auflösung und der Uebergang erfolgen unbeschadet der Rechte Dritter.

Die Verwaltung und Vertretung des Pensionsfonds der evangelischen Landeskirche regelt sich nach Artikel 19 des Gesetzes vom 3. Juni 1876 (Gesetz-Samml. S. 125) [9])

3a) H. Die Uebernahme des Ruhegehaltes, welches nach L.R. II. 11, §. 528 zu leisten wäre, auf den Emeritenfonds ist auch zulässig, wenn der das Amt verwaltende Geistliche nach Erlaß dieses Gesetzes in dasselbe eingetreten ist, Erl. d. ev. O.K.R. v. 24. Dez. 1883, kirchl. Ges. u. Verordn.Bl. 1884 S. 1.

4) H. Vgl. Anm. 73 zur Ueberschrift.

5) H. S. Anm. 76 zu §. 1 und Anm. 3 zu §. 19.

6) H. Vgl. C.P.O. §. 749 Abs. 1 Nr. 8 und Abs. 2 ff.

7) H. S. Anm. 84 zu §. 8 des Zus. 46.

8) H. Vgl. Anm. 88 zu §. 11 a. a. O.

9) H. S. Anm. 100 zu §. 18 daselbst.

Art. 4. Gegen die Entscheidung des Evangelischen Oberkirchenrathes über die Höhe der nach den §§. 12 bis 15 des Kirchengesetzes an den Pensionsfonds der evangelischen Landeskirche zu leistenden Beiträge findet der Rechtsweg nicht statt.

Wegen der Ansprüche auf Ruhegehalt findet der Rechtsweg gegen die Entscheidung des Evangelischen Oberkirchenraths [10]) nur nach Maßgabe des Gesetzes vom 24. Mai 1861 (Gesetz-Samml. S. 241) [11]) statt.

Art. 5. Die Beiträge der Geistlichen und der kirchlichen Stellen an den Pensionsfonds der evangelischen Landeskirche können im Wege der administrativen Zwangsvollstreckung beigetrieben werden.

Art. 6. Alle diesem Gesetze und den Vorschriften des Kirchengesetzes über die Gewährung von Ruhegehalt entgegenstehenden Bestimmungen, mögen dieselben in den allgemeinen Landesgesetzen, in Provinzial- oder Lokalgesetzen oder Lokalordnungen enthalten, oder durch Observanz oder Gewohnheit begründet sein, treten außer Kraft [12]).

Insbesondere treten die Bestimmungen außer Kraft, nach welchen Geistlichen der Anspruch auf einen Emeritenantheil aus dem Pfarreinkommen zusteht, vorbehaltlich jedoch der Rechte der bereits emeritirten Geistlichen, sowie der im Amte stehenden Geistlichen, soweit der Anspruch der letzteren auf der Anstellung in ihrem gegenwärtigen Amte beruht.

Der nach Maßgabe des §. 19 Absatz 2 des Kirchengesetzes gestellte Antrag gilt als Verzicht auf diese Rechte, sowie auf den etwaigen Anspruch an einen der im §. 11 des Kirchengesetzes bezeichneten Zuschußfonds.

Art. 7. Die Geltung dieses Gesetzes für die Provinz Westfalen und die Rheinprovinz hat die Verkündung der im §. 20 des Kirchengesetzes vorbehaltenen kirchlichen Verordnung zur Voraussetzung.

Für diese Provinzen wird der Tag, an welchem dieses Gesetz in Kraft tritt, durch Königliche Verordnung bestimmt.

Für die übrigen Provinzen tritt dieses Gesetz am 1. April 1881 in Kraft.

Urkundlich 2c.

§. 530*. Geringere Amtsvergehungen der Pfarrer müssen von den geistlichen Obern auf die §. 125. bestimmte Art geahndet werden [14]). Vergehungen der Pfarrer [13]).

---

10) H. Dieser tritt hier an Stelle des im citirten Gesetze §. 2 erwähnten Verwaltungschefs.

11) H. Die Klage muß binnen einer Präklusivfrist von 6 Monaten nach der Bekanntmachung der Entscheidung erhoben werden, s. §. 2 des cit. Gesetzes.

12) S. Zus. 46 §. 1 Anm. 76 und §. 19 Anm. 3.

13) Vgl. Jacobson, das Disziplinarrecht der Konsistorien i. Ztschr. f. K.R. 2 S. 243 ff. und Braun, die Disziplinargewalt über Kirchendiener, a. a. O. 17 S. 271 ff.

Die folgenden §§. und Zusätze beziehen sich nur auf die Pfarrer, Geistlichen und die Superintendenten, sowie nach §. 567 d. T. auch auf die sog. niederen Kirchendiener, vgl. Gener.Synod.Ordn. §. 7 Nr. 6 (Zus. 23 zu §. 156 d. T.) und den folgenden Zus. 51, auch Braun a. a. O. 19 S. 29.

Hinsichtlich der Disziplinargewalt über die Mitglieder und Beamten der kirchenregimentlichen Behörden (namentlich der Konsistorien) und über die Generalsuperintendenten enthält das L.R. keine Bestimmungen. Für dieselben kam das Gesetz, betr. das gerichtliche und Disziplinar-Strafverfahren gegen Beamte v. 29. März 1844, G.S. S. 77, zur Anwendung. Als das Gesetz v. 21. Juli 1852 (s. Zus. zu L.R. II. 10 §§. 99—101) ergangen war, hat die Praxis der obersten Kirchenbehörden, zuerst von der Anschauung ausgehend, daß der Ober-Kirchenrath und die Konsistorien mit Rücksicht auf Art. 15 der Verfassungsurkunde nicht mehr als Staatsbehörden zu betrachten seien, die Anschauung vertreten, daß das neue Gesetz auf die Mitglieder und Beamten dieser Behörden und die Generalsuperintendenten keine Anwendung finde, es vielmehr bei dem Gesetze von 1844 sein Bewenden behalte, R. d. ev. O.K.R. v. 3. April 1855, Aktenstücke Bd. 2 S. 82. Diese Ansicht ist jedoch seit Anfang der 60er Jahre wieder aufgegeben worden und seitdem hat man, offenbar weil man die gedachten Beamten wieder als Staatsbeamte ansah, auch das Gesetz von 1852 für sie als maßgebend erachtet, s. Braun a. a. O. S. 293, 295. Vgl. über die hier in Betracht kommende präjudizielle Frage, ob die kirchenregimentlichen Behörden und Beamten der evangelischen Kirche noch jetzt Staatsbehörden und Staatsbeamte sind, Anm. 37a zu Zus. 17 bei §. 144 d. T.

§. 531. Hat ein Pfarrer, ohne bösen Vorsatz, durch unvorsichtiges Betragen, das Vertrauen seiner Gemeine verloren, so müssen die geistlichen Obern seine Versetzung an einen anderen Ort veranstalten [15]).

§. 532. Aufgehoben [16]).

§. 533. Aufgehoben [17]).

48. Allerhöchste Kabinets-Order vom 17. Dezember 1805, betreffend die Dienstentlassung der Geistlichen und anderer Staatsdiener bei eingetretener Unfähigkeit, ihrem Amte vorzustehen [18]). (N. C. C. XII. S. 859. Rabe VIII. S. 427.)

.... Nach Meinen wiederholten Aeußerungen über die Entlassung solcher Geistlichen, von denen man die moralische Ueberzeugung hat, daß sie ihrem wichtigen Berufe keine Genüge leisten können, hätte es der Anfrage in Eurem Berichte vom 13. d. M. über die Entlassung des

---

Ueber die Militärkirchenbeamten und Anstalts- (namentlich Straf-) Anstaltsgeistlichen s. Braun a. a. O. S. 296 ff.

In Betreff der nicht rechtlich haltbaren Annahme einer Disziplinargewalt über die emeritirten Geistlichen s. Anm. 86 zu §. 9 von Zus. 46 bei §. 529 d. T. Hinsichtlich dieser kann die Kirche nur das ihnen mit der Ordination ertheilte Zeugniß zurückziehen, und da hierbei der Betreffende, wenn gerecht verfahren werden soll, gehört werden muß, hat dieses Verfahren allerdings eine äußere Aehnlichkeit mit dem Disziplinarverfahren, s. Braun a. a. O. S. 305. Mit denselben verhält es sich nicht anders als mit den Kandidaten. Diesen wird ebenfalls die licentia concionandi und das Wahlfähigkeitszeugniß entzogen, obwohl sie nicht im Dienste der Kirche stehen und daher auch keine eigentliche Disziplinargewalt über sie besteht. Freilich sprechen eine Reihe von Kandidaten-Ordnungen inkorrekter Weise von einer solchen, s. Aktenstücke des ev. O.K.R. Bd. 1 H. 8 S. 39, 45, 55, 63.

14) H. Beseitigt, s. Anm. 22 zu §. 125 u. Anm. 23 zu §. 126 d. T.

15) H. Eine solche Versetzung ist nicht als Strafe zu verhängen, sondern nur als eine Maßregel der amtlichen Nothwendigkeit und nur unter hiernach abgemessenen Modalitäten der Versetzung oder der bei allgemeiner Dienstunfähigkeit des Denunziaten etwa anzuordnenden Emeritirung zu verfügen, so der Besch. d. Min. d. Inn. v. 29. Juli 1840, worin über die bei Disziplinarbestrafungen zu nehmenden Rücksichten und anzuwendenden Grundsätze Belehrung gegeben wird. (M.Bl. d. i. Verw. S. 289.) Ebendarüber verhält sich auch der Besch. d. Min. d. geistl. ꝛc. Angel. v. 21. Juli 1840. (Ebd. S. 288.) Die in dem Bescheide geäußerte Ansicht erscheint aber nicht als zutreffend, denn sowohl seinem Inhalte als seiner Stellung nach behandelt der §. den normirten Fall als Amts- oder Disziplinarvergehen. Eine andere Versetzung wider Willen des Amtsträgers als im Wege des Disziplinarverfahrens, also bloß aus einer gerechtfertigten Ursache im Verwaltungswege, kennt das L.R. nicht, s. Braun i. Ztschr. f. K.R. 19 S. 9, 10.

Der Strafversetzung kann, wenn sie unvollziehbar ist, die Strafemeritirung substituirt werden, s. den folgenden Zus. 52. Vergl. auch R. v. 21. März 1831 (Annal. 15 S. 47). Dagegen ist bei unfreiwilligen Emeritirungen wegen Altersschwäche oder Krankheit das abzufassende Resolut nicht erst auf Versetzung, vorbehaltlich der dafür zu substituirenden Emeritirung, sondern gleich auf die Emeritirung und auf Festsetzung des Emeritirungsgehalts zu richten. Besch. dess. Min. v. 28. Febr. 1844 (M.Bl. f. d. i. Verw. S. 67).

16) H. In Folge der Neuregelung des Disziplinarverfahrens durch die Generalsynodal-Ordn. §. 7 Nr. 6, Zus. 23 zu §. 156 d. T., s. auch den Zus. 51. Der §. lautete: „Hat ein Pfarrer in seinem Amte grobe Excesse begangen: so müssen die geistlichen Obern ihm die Führung seines Amtes vorläufig untersagen; wegen dessen Wahrnehmung die erforderlichen Anstalten treffen; die nähere Untersuchung verhängen; und nach dem Befunde derselben ihm die Entsetzung andeuten."

H. Das Wort: andeuten in dem §. hieß: zu erkennen geben, daß die Untersuchung auf Amtsentsetzung, welche damals allein den Justizkollegien zustand, in Antrag gebracht werden würde, s. §. 535 d. T. und Braun a. a. O. 17 S. 272, 273; anders Jacobson a. a. O. 2 S. 285.

17) H. S. den folgenden Zus. 50. Der Wortlaut war: „Will sich der Pfarrer dabei nicht beruhigen, so steht ihm frei, auf förmliche gerichtliche Untersuchung und Entscheidung anzutragen."

18) H. Zu diesem und den folgenden Zusätzen ist darauf aufmerksam zu machen, daß die Kompetenzverhältnisse jetzt geändert sind, und daß gegenwärtig für die Handhabung der geistlichen Disziplin die Konsistorien die erste und der evangelische Ober-Kirchenrath die zweite Instanz bilden, s. Aktenstücke Bd. 1 Heft 5 S. 20, die Anm. 13 citirten Abhandlungen von Jacobson

Predigers T. nicht bedurft. Es hat nicht das geringste Bedenken, daß, des absolutorischen Erkenntnisses ungeachtet, diese Frage vom Ober-Consistorio, unter Eurem Vorsitze, blos nach Gründen, die das Beste der Kirchenzucht bezwecken, entschieden werden kann und muß [19]), und es ist nicht einmal nöthig, die Sache vor den versammelten Staatsrath zu bringen, da jedes Departement desselben das, was das Beste seines Theils des Dienstes erfordert, am besten beurtheilen kann. Wie Ich überhaupt über die Dienstentlassung in solchen Fällen denke, wo die Unfähigkeit, einem Amte vorzustehen, zur Sprache kommt, ist in der Halleschen Allgem. Literatur-Zeitung Nr. 302., besonders S. 343. u. 344., sehr gut entwickelt.

Ich empfehle Euch diese Rezension zur näheren Beherzigung ....

Auszug.
aus der Halle'schen allg. Literatur-Zeitung vom Jahre 1805,
Nr. 302. S. 343. und 344.

Gedanken und Meinungen über Manches im Dienst, besonders im Preuß., und über andere Gegenstände. Ohne Druckort. 1804.

Wenn die Dienerschaft auf der einen Seite auf die besondere Fürsorge des Regenten Anspruch machen kann, so ist sie auf der andern Seite auch einer besondern Aufsicht in einem weit engeren Sinne unterworfen, als andere Unterthanen, die nur unter der allgemeinen Polizei-Aufsicht stehen. Die eigenmächtige Gesetzgebung einiger Schriftsteller und ein durch besondere Verhältnisse in kleinen willkührlich und schlecht regierten Ländern veranlaßter Gerichtsgebrauch des Königlichen Cammergerichts hat in einem großen Theile von Deutschland das Vorurtheil erzeugt, als ob jeder, der zu einem öffentlichen Amte gelangt ist, desselben nicht ohne prozessualisches Verfahren und richterliche Sentenz verlustig werden dürfte.

Die Verwaltung eines Theils der öffentlichen Gewalt, und der Genuß der dafür bestimmten Belohnung, sollen nach diesen Grundsätzen behandelt werden als ein Eigenthum! Die Würde eines Staatsdienstes als eine Pfründe! In diesen Worten legt sich schon das Widersprechende der Behauptung an den Tag. Im Dienste begangene Verbrechen der Veruntreuung, Bestechung rc. müssen untersucht und bestraft werden wie andere gemeine Verbrechen, wenn nicht in der Verfassung des Landes etwas besonderes für einzelne Fälle festgesetzt ist. Aber die Unfähigkeit, einem Amte vorzustehen, die Vernachlässigung der wichtigsten und nöthigsten Geschäfte, die in den meisten Stellen leicht versteckt, und der Untersuchung eines gewöhnlichen Richters entzogen werden kann; dieses und manche andere Dinge, die den größten Einfluß auf die Verwaltung der öffentlichen Angelegenheiten haben, können nur von den Vorgesetzten im Dienst beurtheilt werden. Es ist sehr zu wünschen, daß diese ganze Sache durch zweckmäßige Gesetze regulirt werde, wodurch auch die Dienerschaft auf der andern Seite gegen die nachtheiligen

---

a. a. O. S. 248 ff. und Braun a. a. O. 17 S. 274 ff., sowie Anm. 35 zu §. 144 d. T. und Zus. 17 zu §. 145 d. T., wobei es auch nach der Generalsynodal-Ordn. §. 7 Nr. 6, Zus. 23 zu §. 156 d. T. mit der Maßgabe geblieben ist, daß der Oberkirchenrath die Einleitung der Untersuchung verfügt, s. Art. 2 von Zus. 51; über die Zuziehung des Provinzial-Synodal-Vorstandes vgl. K.G. u. S.O. v. 1873 §. 68 Nr. 6 (Zus. 20 zu §. 156) u. des Generalsynodalvorstandes General-Synodal-Ordn. §. 36 Nr. 1 Zus. 23.

Eine Zusammenstellung der Grundsätze betreffend die Disziplin über die Geistlichen in der evang. Landeskirche findet sich in den Aktenstücken des ev. O.K.R. Bd. 1 Heft 5 S. 17 und bei Th. Meier, preuß. K.R. S. 244. Vergl. ferner noch rhein.-westf. K.O. v. 1835 §§. 121 ff. Wegen der Anwendbarkeit des Ges. v. 12. Mai 1873 (Zus. 15 zu §. 124) auf die evang. Kirche s. Anm. 83 dazu.

Die zulässigen schwereren Disziplinarstrafen sind Anm. 92 a. E. zu §. 4 von Zus. 15 bei §. 124 d. T. angegeben. Zu ihnen treten hinzu Ermahnung, Verweis (auch mit Verschärfung vor dem versammelten Kollegium) und Geldstrafen. Die Amtssuspension kommt nicht als Disziplinarstrafe, sondern nur als prozessualische Maßregel während der Dauer der Untersuchung vor.

19) H. Damit ist der Grundsatz, daß ein gerichtlich freigesprochener Geistlicher aus disziplinarischen Gründen entlassen werden könne, gegenüber dem L.R., welches diese Möglichkeit nicht kannte, ausgesprochen, s. Braun a. a. O. 17 S. 273.

Folgen leidenschaftlicher Willkühr gesichert werde. Es ist hier der Ort nicht, in das Einzelne darüber einzugehen. Für den Preußischen Staat ist der Hauptpunct im neuen Gesetzbuche zweckmäßig entschieden.

49. Allerh. Kabinets-Order vom 10. Oktober 1809, betreffend die Befugniß des Ministeriums des Innern, Geistliche und öffentliche Lehrer ihres Amts zu entsetzen (mitgetheilt durch Cirkular des Ministeriums des Innern vom 24. November 1809). (Mathis Monatsschrift X. S. 290; Rabe X. S. 192.).

Des Königs Majestät haben vermöge höchster Cabinets-Ordre vom 10ten October d. J. an den Minister des Innern . . . zu erklären geruhet, daß die dem ehemaligen Oberconsistorium nach Inhalt der höchsten Cabinets-Ordre vom 17ten Dezember 1805 ertheilte Befugniß, Geistliche und öffentliche Lehrer aus Gründen der Kirchenzucht, oder sonst wegen unanständigen Wandels und nachlässigen Benehmens in ihrem Amte, sogar gegen ein ergangenes absolutorisches Erkenntniß, zu entsetzen, auf die Section des Cultus und öffentlichen Unterrichtes übergegangen sey, und von derselben in Zukunft, unter näheren in der höchsten Kabinets-Ordre enthaltenen Bestimmungen ausgeübt werden soll.

Die geistliche und Schuldeputation E. Königlichen Regierung wird beauftraget, dieses der Geistlichkeit aller Confessionen und dem Lehrstande durch die betreffenden Obern und Vorsteher bekannt zu machen, und dabei zu erklären: wie die Section von der ihr anvertrauten Befugniß in dazu geeigneten Fällen mit gewissenhafter Strenge unabbittlich Gebrauch machen werde; so wünsche sie, daß alle Diener der Religion und alle öffentliche Lehrer, durch einen anständigen Wandel und treue Erfüllung ihrer Pflichten, sie dieser traurigen Nothwendigkeit entheben mögen.

Was endlich die geistlichen und Schuldeputationen der Regierungen betrifft, so liegt ihnen die Pflicht ob, Geistliche und Schullehrer, welche sich solche Vergehen zu Schulden kommen lassen, daß ihnen ihr Amt nicht länger anvertraut werden kann, sogleich ab officio zu suspendiren. Von der geschehenen Suspension haben dieselben unverzüglich der unterzeichneten Section Anzeige zu machen und ihr ausführliches Gutachten über den Fall hinzuzufügen, damit die Section das Weitere wegen der wirklichen Entsetzung zu verfügen im Stande sey. Durch diese Anordnung erhält nunmehro der §. 44. der Instruktionen für die Regierungen seine vollständige Erledigung.

50. Allerhöchste Kabinetsorder vom 12ten April 1822., betreffend das Verfahren bei Amts-Entsetzung der Geistlichen und Jugendlehrer, wie auch anderer Staatsbeamten. (G.S.S. 105.)[20])

Es ist Mir angenehm gewesen, daß das Staatsministerium in dem Berichte vom 22sten Dezember pr. Vorschläge zu einem zweckmäßigern Verfahren bei Amts-Entsetzung der Geistlichen und Jugendlehrer gemacht hat.

Im Allgemeinen stimme Ich den hierüber aufgestellten Ansichten und darauf gegründeten Anträgen ganz bei. Ich ertheile daher Ihnen, dem Minister der geistlichen und Unterrichts-Angelegenheiten, durch gegenwärtige Order, nach dem Vorschlage des Staatsministeriums, eine bestimmtere Einwirkung auf die Amts-Entsetzung der genannten Beamten um so mehr, als Sie nur dadurch die Richtung der Lehre zu leiten, so wie die pünktliche Befolgung der den Lehrern gegebenen Anweisungen zü sichern vermögen, und als sich bei der bisherigen Einrichtung oft, ein gerichtliches Verfahren zwischen die anfängliche und endliche disziplinelle Entscheidung, gestellt hat, wodurch die bei Meiner Order vom 17ten Dezember 1805. vorschwebende Absicht,

ohne nachtheilige Weitläuftigkeiten unwürdige Subjekte von dem wichtigen Amte der Religionslehre und Jugendbildung sofort zu entfernen,

vereitelt worden ist. Um nun diese Absicht wirklich zu erreichen, setze Ich Folgendes[21]) fest:

1) Gegen die, nach §. 532. Th. II. Tit. 11. des Allgemeinen Landrechts von den geistlichen Obern, resp. von den Konsistorien und Regierungen angedeutete Entsetzung eines Pfarrers wegen begangener

20) H. Vgl. hierzu Braun a. a. O. S. 276.
21) H. Zu dem Folgenden vgl. Anm. 18 zu Zus. 48 bei §. 533 d. T.

Exzesse in seinem Amte, soll der im §. 533. l. c. begründete Antrag auf förmliche gerichtliche Untersuchung und Entscheidung nicht mehr Statt finden, sondern nur ein Rekurs an den Minister der Geistlichen und Unterrichts-Angelegenheiten.

2) In diesem, so wie in allen Fällen, wo wegen Amtsvergehen die Versetzung oder Amtsentsetzung eines Geistlichen oder eines bei einer öffentlichen Unterrichtsanstalt angestellten Lehrers in Antrag gebracht wird, sind die gehörig instruirten Akten von der Provinzialbehörde, mittelst eines ausführlichen, das Resultat der Ausmittelungen vollständig darstellenden Berichts, mit ihrem Gutachten dem Minister der Geistlichen und Unterrichts-Angelegenheiten zur weitern Entscheidung einzusenden.

3) Ein Gleiches muß geschehen, wenn die wegen gemeiner Vergehen gegen Geistliche und Jugendlehrer geführten gerichtlichen Untersuchungen die Amtsentsetzung des Angeklagten zwar nicht zur Folge gehabt haben, die Provinzialbehörde aber, des vielleicht völlig absolutorischen Erkenntnisses ungeachtet, die Entsetzung oder Versetzung aus Gründen der Kirchenzucht und der Dienstdisziplin für nothwendig erachtet.

4) Die Entscheidung auf diese Fälle steht Ihnen, dem Minister der Geistlichen und Unterrichts-Angelegenheiten in demselben Maaße zu, wie solche in Meinen frühern Orders den damaligen höchsten Behörden dieses Verwaltungszweiges übertragen war. Ich überlasse Ihnen solche um so mehr, als nur Sie Mir für die Meinen Absichten entsprechende Verwaltung Ihres Departements verantwortlich sind, und indem Ich auf diese Art die bisherige Einrichtung abändere, stelle Ich Ihrem Pflichtgefühle anheim, in wie weit Sie die Gutachten der vortragenden Räthe in der betreffenden Abtheilung Ihres Ministeriums, welche aber in jedem Falle ihre Meinung viritim zu den Akten zu geben haben, beachten wollen.

Dem Beamten, welcher demnächst durch Sie entfernt oder versetzt wird, steht der Rekurs an den Staatskanzler und an Mich frei.

5) Bei Beamten, deren Ernennung zum Amte nur durch Mich erfolgen kann, muß, vor der Entlassung oder Versetzung als Strafe, ein Vortrag im Staatsministerium Statt finden und letzteres demnächst Meine Entscheidung einholen[22]).

Die von dem Staatsministerium ausgesprochene Ansicht, daß die jetzige bewegte Zeit keine Motive an die Hand gebe, die Bande der Disziplin zu lösen und die Einwirkung der die Oberaufsicht führenden Behörde auf diejenigen, welche durch Rede und Schrift einen mächtigen Einfluß auf das Volk üben, zu schwächen, daß es vielmehr rathsam sey, jene Bande schärfer anzuziehen und diese Oberaufsicht zu verdoppeln, ist auch die Meinige. Ich habe darüber Meine Ansichten dem Staatsministerium in Meiner Order vom 12ten Januar 1819. ausführlich eröffnet. Von der Richtigkeit dieser Aeußerungen bin Ich noch mehr durch die Ermittelungen überzeugt worden, welche bei den Untersuchungen über die demagogischen Umtriebe gemacht sind. Zu Meinem Leidwesen hat sich hierbei ergeben, daß auch in Meinem Staate mehrere öffentliche Lehrer den Verirrungen der Zeit huldigen, anstatt wahre Intelligenz, welche die Grundlage des Staats ausmacht und auf jede Weise befördert werden muß, zu verbreiten, die Ausartungen derselben begünstigen, einen Oppositionsgeist gegen Meine Anordnungen zeigen und sich namentlich auf Angelegenheiten der Staatsverfassung und Verwaltung eine nähere oder entferntere Einwirkung anmaaßen, welche mit der pflichtmäßigen Führung eines Lehramts unverträglich ist.

Ich kann und will die weitere Verbreitung solcher Verirrungen nicht dulden, da Ich, denselben vorzubeugen und abzuhelfen, den übrigen deutschen Regierungen schuldig bin; auch die Pflicht fühle, die gegenwärtige und kommenden Generationen vor Verführung zu bewahren und nicht minder die Ehre des Lehrstandes und der Lehrinstitute es erfordert, von denselben unwürdige, Meinen landesväterlichen Absichten und ihrem hohen Berufe nicht entsprechende Individuen auszuschließen.

Ich weise daher Sie, den Staatsminister Freiherrn v. Altenstein an, gegen Geistliche und Lehrer dieser Art, ohne deshalb einen Antrag von den zunächst vorgesetzten Behörden abzuwarten, die Ihnen durch gegenwärtige Order ertheilte Befugniß rücksichtslos in Ausübung zu

---

22) H. Dies ist beseitigt, s. Zus. 15 bei §. 124 d. T. Anm. 17 zu §. 9 u. Anm. 87 zu §. 38.

bringen und zuvörderst gegen diejenigen, gegen welche wegen vermutheter oder erwiesener Theilnahme an demagogischen Umtrieben, von Seiten des Staats, Maaßregeln genommen worden sind, sofort um so mehr zu verfahren, als gegenwärtig alle dieserhalb seit dem Jahre 1819. eingeleitete Untersuchungen beendet sind. Sie haben hierüber mit dem Minister der Innern und der Polizei Rücksprache zu nehmen und Ich gebe Ihnen, dem Staatsminister v. Schuckmann auf, dem Staatsminister Freiherrn v. Altenstein nicht nur alle die gegen Beamte seines Ressorts bisher ermittelte oder vielleicht künftig noch vorkommende Data, sondern auch insbesondere diejenigen öffentlichen Lehrer anzugeben, welche Ihrer Ansicht nach von ihren Posten zu entfernen sind.

Sie beide haben über gänzliche Entfernung oder Versetzung definitiv zu entscheiden, in so weit die betreffenden Beamten zu der oben ad 5. bezeichneten Kathegorie nicht gehören. Die Mitglieder der betreffenden Abtheilung im Ministerium der Geistlichen und Unterrichts-Angelegenheiten haben in jedem Falle ihre Ansicht schriftlich zu den Akten zu geben.

Sollten Sie beide sich zu einem gemeinschaftlichen Beschlusse nicht vereinigen können, so haben Sie die Sache beim Staatsministerium und zwar dergestalt zur Sprache zu bringen, daß der betreffende Direktor in Ihrem, des Staatsministers Freiherrn v. Altenstein Ministerium der Referent, und der Direktor der Polizei-Abtheilung im Ministerio des Innern der jedesmalige Korreferent ist. Das Staatsministerium entscheidet in diesem Falle.

Die Ausführung des Beschlusses bleibt jedoch immer Ihnen, dem Staats-Minister Freiherrn v. Altenstein und dem Staatsminister v. Schuckmann überlassen.

Wenn dagegen von einem Beamten der oben ad 5. angegegebenen Kathegorie die Rede ist, so haben Sie, die genannten zwei Staatsminister, in sofern Sie sich zu einem gemeinschaftlichen Beschlusse vereinigen, ohne Dazwischenkunft des Staatsministeriums unmittelbar an Mich zu berichten und Meine Entscheidung einzuholen [24]). Können Sie sich nicht vereinigen, so ist die Sache auf die eben bezeichnete Art im Staatsministerium zu erörtern und letzteres hat demnächst zur Entscheidung an Mich zu berichten.

Da Ihnen, dem Staatsminister Freiherrn v. Altenstein, die nähern Data über etwa verdächtige Individuen nicht bekannt seyn und hiernach in Ihrem Departement ohne Ihre Schuld, Anstellungen und Beförderungen, die Meinen Absichten nicht entsprechen, vorkommen können, so beauftrage Ich Sie, von jetzt ab fünf Jahre lang von einer neuen Anstellung oder Beförderung eines öffentlichen Lehrers, so wie Sie dies zu Meiner Zufriedenheit auch bisher schon oft gethan haben, die Aeußerung des Ministers des Innern und der Polizei über das betreffende Individuum einzuholen. Ich überlasse Ihnen beiden, sich zu vereinigen, in welchen Fällen, die nach dem Grade des Lehrers und den individuellen Verhältnissen der Provinzen nicht allgemein bestimmt werden können, eine solche vorgängige Kommunikation unterbleiben kann, doch muß solche jedesmal dann Statt finden, wenn zu der Dienstveränderung oder neuen Anstellung Meine Genehmigung erforderlich ist. Wie dies geschehen, ist in dem Berichte Mir anzuzeigen.

Ich erwarte von Ihnen, dem Staatsminister Freiherrn v. Altenstein gemeinschaftlich mit dem Staatsminister v. Schuckmann nach drei Monaten Bericht über das, was Sie bis dahin in Folge gegenwärtiger Order gethan haben.

Sie, der Staatsminister Freiherr v. Altenstein, haben nach deren Inhalte angemessene Verfügung an die betreffenden Behörden zu erlassen und eine zweckmäßige Andeutung in jede neue Bestallung aufzunehmen.

Ich erkläre hierbei Meinen ernstlichen Willen, daß die Theilnehmer oder Beförderer der demagogischen Umtriebe jeder Art in Meinen Staaten nicht angestellt oder befördert werden und auch aus öffentlichen Fonds, welche nur für Meine treuen Unterthanen einen Aufhülfe gewähren können, nicht unterstützt werden sollen. Nach diesem Grundsatze ist bei allen Departements zu verfahren. Der Minister des Innern und der Polizei wird den betreffenden Chefs, auf deren Erfordern, die verdächtigen Beamten ihrer resp. Ressorts angeben.

. . . .

. . . .

24) H. S. vor. Anm.

51. Bestimmungen des evangelischen Ober-Kirchenrathes über das förmliche Disziplinar-Verfahren und die vorläufige Dienstenthebung bei Dienstvergehen der Superintendenten, Geistlichen und niederen Kirchendiener auf Grund der Generalsynodal-Ordnung §. 7. Nr. 6 [25]).

I. Bestimmungen über das förmliche Disziplinar-Verfahren.

(§§. 22., 23. Nr. 1., 24., 27., 28., 31. bis 45. des Gesetzes vom 21. Juli 1852.)

Art. 1. (§. 22.) Der Entfernung aus dem Amte muß ein förmliches Disziplinar-Verfahren vorhergehen. Dasselbe besteht in der von einem Kommissar zu führenden schriftlichen Voruntersuchung und in einer mündlichen Verhandlung nach den folgenden näheren Bestimmungen.

Art. 2. (§. 23. Nr. 1.) Die Einleitung des Disziplinar-Verfahrens wird verfügt und der Untersuchungskommissar ernannt von dem Evangelischen Ober-Kirchenrath [26]).

Ist jedoch Gefahr im Verzuge, so kann diese Verfügung und Ernennung vorläufig von dem Vorsitzenden des Provinzial-Konsistoriums ausgehen. Es ist alsdann die Genehmigung des Evangelischen Ober-Kirchenraths einzuholen und, sofern dieselbe versagt wird, das Verfahren einzustellen.

Art. 3. (§. 24.) Die entscheidenden Disziplinar-Behörden erster Instanz sind die Provinzial-Konsistorien, ein jedes derselben in Ansehung der zu seinem Aufsichtskreise gehörenden Superintendenten, Geistlichen und niederen Kirchendiener.

Art. 4. (§. 27.) Für den Fall, daß bei dem zuständigen Konsistorium die beschlußfähige Anzahl von Mitgliedern nicht vorhanden ist, tritt ein anderes durch den Evangelischen Ober-Kirchenrath substituirtes Provinzial-Konsistorium an dessen Stelle. Dasselbe findet statt, wenn auf den Antrag des Vertreters der Anklage oder des Angeschuldigten das Vorhandensein von Gründen anerkannt wird, aus welchen die Unbefangenheit des zuständigen Konsistoriums bezweifelt werden kann.

Art. 5. (§. 28.) Streitigkeiten über die Kompetenz der Konsistorien als Disziplinar-Behörden werden von dem Evangelischen Ober-Kirchenrath entschieden.

Art. 6. (§. 31.) Bei den Konsistorien werden die Disziplinarsachen in Plenar-Sitzungen erledigt, an welchen mindestens drei stimmberechtigte Mitglieder Theil nehmen müssen. In diesen Plenar-Sitzungen nehmen an der Erledigung der Disziplinarsachen nur die etatsmäßigen Mitglieder und diejenigen Theil, welche eine etatsmäßige Stelle versehen.

Art. 7. (§. 32.) In der Voruntersuchung wird der Angeschuldigte unter Mittheilung der Anschuldigungspunkte vorgeladen und, wenn er erscheint, gehört; es werden die Zeugen eidlich vernommen und die zur Aufklärung der Sache dienenden sonstigen Beweise herbeigeschafft.

Die Verrichtungen des Vertreters der Anklage werden durch einen Beamten ausgeübt, welchen der Evangelische Ober-Kirchenrath ernennt.

Bei der Vernehmung des Angeschuldigten und dem Verhör der Zeugen ist ein vereideter Protokollführer zuzuziehen.

Art. 8. (§. 33.) Der Evangelische Ober-Kirchenrath ist ermächtigt mit Rücksicht auf den Ausfall der Voruntersuchung, das fernere Verfahren einzustellen und geeigneten Falls nur eine Ordnungsstrafe zu verhängen.

Ist das zuständige Konsistorium der Ansicht, daß das fernere Verfahren einzustellen sei, so muß dasselbe darüber an den Evangelischen Ober-Kirchenrath zu dessen Beschlußnahme berichten.

In beiden Fällen erhält der Angeschuldigte Ausfertigung des darauf bezüglichen, mit Gründen zu unterstützenden Beschlusses.

Art. 9. (§. 34.) Wird das Verfahren nicht eingestellt, so wird nach Eingang einer von

---

25) H. Mitgetheilt durch Cirk.Verf. d. ev. O.K.R. v. 24. Mai 1876, kirchl. Ges. u. Verordn.Bl. 1876/1877 S. 39 ff.

26) H. Vgl. hierzu Cirk.Verf. dess. v. 22. Juli 1876, a. a. O. S. 47.

dem Vertreter der Anklage anzufertigenden Anschuldigungsschrift der Angeschuldigte unter abschriftlicher Mittheilung dieser Anschuldigungsschrift zu einer von dem Vorsitzenden des Konsistoriums zu bestimmenden Sitzung zur mündlichen Verhandlung vorgeladen.

Art. 10. (§. 35.) Bei der mündlichen Verhandlung, welche in nicht öffentlicher Sitzung stattfindet, giebt zuerst ein von dem Vorsitzenden des Konsistoriums aus der Zahl der Mitglieder desselben ernannter Referent eine Darstellung der Sache, wie sie aus den bisherigen Verhandlungen hervorgeht.

Der Angeschuldigte wird vernommen.

Es wird darauf der Vertreter der Anklage mit seinem Vor- und Antrage, und der Angeschuldigte mit seiner Vertheidigung gehört.

Dem Angeschuldigten steht das letzte Wort zu.

Art. 11. (§. 36.) Wenn das Konsistorium auf den Antrag des Angeschuldigten oder des Vertreters der Klage, oder auch von Amtswegen die Vernehmung eines oder mehrerer Zeugen, sei es durch einen Kommissar oder mündlich vor dem Konsistorium selbst, oder die Herbeischaffung anderer Mittel zur Aufklärung der Sache für angemessen erachtet, so erläßt es die erforderliche Verfügung und verlegt nöthigenfalls die Fortsetzung der Sache auf einen anderen Tag, welcher dem Angeschuldigten bekannt zu machen ist.

Art. 12. (§. 37.) Der Angeschuldigte, welcher erscheint, kann sich des Beistandes eines Advokaten oder Rechtsanwaltes als Vertheidigers bedienen. Der nicht erscheinende Angeschuldigte kann sich durch einen Advokaten oder Rechtsanwalt vertreten lassen. Dem Konsistorium steht es jedoch jederzeit zu, das persönliche Erscheinen des Angeschuldigten unter der Warnung zu verordnen, daß bei seinem Ausbleiben ein Vertheidiger zu seiner Vertretung nicht werde zugelassen werden.

Art. 13. (§. 38.) Bei der Entscheidung hat das Konsistorium, ohne an positive Beweisregeln gebunden zu sein, nach seiner freien, aus dem ganzen Inbegriffe der Verhandlungen und Beweise geschöpften Ueberzeugung zu beurtheilen, in wie weit die Anschuldigung für begründet zu erachten.

Die Entscheidung kann auch auf eine bloße Ordnungsstrafe lauten.

Die Entscheidung, welche mit Gründen versehen sein muß, wird in der Sitzung, in welcher die mündliche Verhandlung beendigt worden ist, oder in einer der nächsten Sitzungen verkündigt und eine Ausfertigung derselben dem Angeschuldigten auf sein Verlangen ertheilt.

Art. 14. (§. 39.) Ueber die mündliche Verhandlung wird ein Protokoll aufgenommen, welches die Namen der Anwesenden und die wesentlichen Momente der Verhandlung enthalten muß. Das Protokoll wird von dem Vorsitzenden und dem Protokollführer unterzeichnet.

Art. 15. (§. 40.) Das Rechtsmittel des Einspruchs (Restitution oder Opposition) findet nicht statt.

Art. 16. (§. 41.) Gegen die Entscheidung steht die Berufung an den Evangelischen Ober-Kirchenrath sowohl dem Vertreter der Anklage, als dem Angeschuldigten offen.

Art. 17. (§. 42.) Die Anmeldung der Berufung geschieht zu Protokoll oder schriftlich bei dem Konsistorium, welches die anzugreifende Entscheidung erlassen hat. Von Seiten des Angeschuldigten kann sie auch durch einen Bevollmächtigten geschehen.

Die Frist zu dieser Anmeldung ist eine vierwöchentliche, welche mit dem Ablauf des Tages, an welchem die Entscheidung verkündigt worden ist, und für den Angeschuldigten, welcher hierbei nicht zugegen war, mit dem Ablaufe des Tages beginnt, an welchem ihm die Entscheidung zugestellt worden ist.

Art. 18. (§. 43.) Zur schriftlichen Rechtfertigung der Berufung steht demjenigen, der dieselbe rechtzeitig angemeldet hat, eine fernere vierzehntägige Frist offen.

Diese Frist kann auf den Antrag des Appellanten angemessen verlängert werden.

Neue Thatsachen, welche die Grundlage einer anderen Beschuldigung bilden, dürfen in zweiter Instanz nicht vorgebracht werden.

Art. 19. (§. 44.) Die Anmeldung der Berufung und die etwa eingegangene Appellationsschrift wird dem Appellaten in Abschrift zugestellt, oder dem Vertreter der Anklage, falls er Appellat ist, in Urschrift vorgelegt.

Innerhalb vierzehn Tagen nach erfolgter Zustellung oder Vorlegung kann der Appellat eine Gegenschrift einreichen.

Diese Frist kann auf den Antrag des Appellaten angemessen verlängert werden.

Art. 20. (§. 45.) Nach Ablauf der im Art. 19. bestimmten Frist werden die Akten an den Evangelischen Ober-Kirchenrath eingesandt.

Der Evangelische Ober-Kirchenrath beschließt auf den Vortrag eines von dem Vorsitzenden ernannten Referenten.

Er kann die zur Aufklärung der Sache etwa erforderlichen Verfügungen erlassen. Er kann auch eine mündliche Verhandlung anordnen, zu welcher der Angeschuldigte vorzuladen und ein Vertreter der Anklage zuzuziehen ist. Der letztere wird in diesem Falle von dem Vorsitzenden des Evangelischen Ober-Kirchenraths ernannt.

II. Bestimmungen über die vorläufige Dienstenthebung.

(§§. 48. bis 54. des Gesetzes vom 21. Juli 1852.)

Art. 21. (§. 48.) Die Suspension eines Superintendenten, Geistlichen und niederen Kirchendieners vom Amte tritt kraft des Gesetzes ein:

1) wenn in einem gerichtlichen Strafverfahren seine Verhaftung beschlossen, oder gegen ihn ein noch nicht rechtskräftig gewordenes Urtheil erlassen ist, welches auf den Verlust des Amtes lautet, oder diesen kraft des Gesetzes nach sich zieht;
2) wenn im Disziplinar-Verfahren eine noch nicht rechtskräftige Entscheidung ergangen ist, welche auf Dienstentlassung lautet.

Art. 22. (§. 49.) In dem im vorhergehenden Paragraphen unter Nr. 1. vorgesehenen Falle dauert die Suspension bis zum Ablauf des zehnten Tages nach Wiederaufhebung der Verhaftungsbeschlusses oder nach eingetretener Rechtskraft desjenigen Urtheils höherer Instanz, durch welches der angeschuldigte Beamte zu einer anderen Strafe als der bezeichneten verurtheilt wird.

Lautet das rechtskräftige Urtheil auf Freiheitsstrafe, so dauert die Suspension, bis das Urtheil vollstreckt ist. Wird die Vollstreckung des Urtheils, ohne Schuld des Verurtheilten, aufgehalten oder unterbrochen, so tritt für die Zeit des Aufenthalts oder der Unterbrechung eine Gehaltsverkürzung (Art. 24.) nicht ein. Dasselbe gilt für die im ersten Absatze dieses Paragraphen erwähnte Zeit von zehn Tagen, wenn nicht vor Ablauf derselben die Suspension vom Amte im Wege des Disziplinar-Verfahrens beschlossen wird.

In dem Art. 21. unter Nr. 2. erwähnten Falle dauert die Suspension bis zur Rechtskraft der in der Disziplinarsache ergehenden Entscheidung.

Art. 23. (§. 50.) Die zur Einleitung der Disziplinar-Untersuchung ermächtigte Behörde kann die Suspension, sobald gegen den Beamten ein gerichtliches Strafverfahren eingeleitet, oder die Einleitung einer Disziplinar-Untersuchung verfügt wird, oder auch demnächst im ganzen Laufe des Verfahrens bis zur rechtskräftigen Entscheidung verfügen.

Art. 24. (§. 51.) Der suspendirte Beamte behält während der Suspension die Hälfte seines Diensteinkommens.

Auf die für Dienstunkosten besonders angesetzten Beträge ist bei Berechnung der Hälfte des Diensteinkommens keine Rücksicht zu nehmen.

Der innebehaltene Theil des Diensteinkommens ist zu den Kosten, welche durch die Stellvertretung des Angeschuldigten verursacht werden, der etwaige Rest zu den Untersuchungskosten zu verwenden. Einen weiteren Beitrag zu den Stellvertretungskosten zu leisten ist der Beamte nicht verpflichtet.

Art. 25. (§. 52.) Der zu den Kosten (Art. 24.) nicht verwendete Theil des Einkommens wird dem Beamten nicht nachgezahlt, wenn das Verfahren die Entfernung aus dem Amte zur Folge gehabt hat.

Erinnerungen über die Verwendung des Einkommens stehen dem Beamten nicht zu; wohl aber ist ihm auf Verlangen eine Nachweisung über diese Verwendung zu ertheilen.

Art. 26. (§. 53.) Wird der Beamte freigesprochen, so muß ihm der innebehaltene Theil des Diensteinkommens vollständig nachgezahlt werden.

Wird er nur mit einer Ordnungsstrafe belegt, so ist ihm der innebehaltene Theil ohne Abzug der Stellvertretungskosten nachzuzahlen, so weit derselbe nicht zur Deckung der Untersuchungskosten und der Ordnungsstrafe erforderlich ist.

Art. 27. (§. 54.) Wenn Gefahr im Verzuge ist, kann einem Beamten auch von solchen Vorgesetzten, die seine Suspension zu verfügen nicht ermächtigt sind, die Ausübung der Amtsverrichtungen vorläufig untersagt werden; es ist aber darüber sofort an die höhere Behörde zu berichten.

Das Königliche Konsistorium veranlassen wir, diesen unseren Erlaß in Seinem Amtsblatte zu veröffentlichen und demselben gemäß bei Ausführung des §. 7. Nr. 6. der Generalsynodal-Ordnung zu verfahren.

52. Allerhöchste Kabinetsorder vom 27sten April 1830., wegen unfreiwilliger Emeritirung oder Pensionirung in Untersuchung gewesener Geistlicher und Schullehrer. (G.S. S. 81.)

Auf Ihren Bericht vom 31sten März c. bestimme Ich, daß gegen Geistliche und Schullehrer, deren Vergehen nach dem Resultate einer, in Gemäßheit Meiner Order vom 12ten April 1822. geführten Disziplinar-Untersuchung nicht mit der Amtsentlassung, sondern nur mit einer Strafversetzung zu ahnden seyn würde, wenn letztere wegen höheren Alters, oder, wegen sonst verminderter Dienstfähigkeit des zu Versetzenden nach Ihrem pflichtmäßigen Ermessen für nicht anwendbar zu erachten ist, statt der Strafversetzung deren unfreiwillige Emeritirung, oder Pensionirung mit einem nach dem Grade ihrer Verschuldung abzumessenden geringeren Emeritengehalte, oder Pensionsbetrage, als denselben außerdem gebühren würde [27]), von Ihnen festgestellt werden soll [28]). . . . . .

§. 534. Fällt weg [29]).

§. 535. Bei katholischen Pfarrern gebührt das Erkenntniß dem geistlichen Gericht [30]). (Die Schlußbestimmung fällt weg.) [31])

§. 536. Hat ein Pfarrer sich bürgerlicher Verbrechen, die eine Criminaluntersuchung nach sich ziehen, schuldig gemacht, so müssen die geistlichen Obern ihn suspendiren, und die Sache der ordentlichen Obrigkeit zur weiteren Verfügung anzeigen.

§. 537. Es kann aber auch die bürgerliche Obrigkeit, ohne erst die Anzeige abzuwarten, sich des Verbrechers sofort bemächtigen, und ihm den Prozeß machen.

27) H. Gerichtsh. f. kirchl. Angel. v. 12. Mai 1880, Ztschr. f. K.R. 16 S. 339; Hartmann, Ztschr. 6 S. 558: Es verstößt gegen allgemeine Rechtsgrundsätze, wenn in dem Disziplinar-Erkenntniß neben der Strafversetzung eventuell die Strafemeritirung vorbehalten wird, ohne daß das Vorhandensein der in der Kabinetsordre angegebenen Voraussetzungen thatsächlich festgestellt worden ist. Mit dieser dem Wortlaute der K.O. entsprechenden Entscheidung ist allerdings die entgegengesetzte langjährige Praxis der evangelischen Kirchenbehörden reprobirt, s. Braun i. Ztschr. f. K.R. 19 S. 12.

28) H. Die Vorschriften des Ges. v. 21. Juli 1852 (Zus. zu §. 99 II. 10) finden auf evangelische Geistliche keine Anwendung, weil die Geistlichen keine mittelbaren Staatsbeamten sind. S. jetzt auch Zus. 51 zu §. 533 d. T. u. Anm. 13 zu §. 530 d. T.

Wegen des Disziplinarverfahrens gegen Kirchenbeamte, die zugleich ein Lehramt bekleiden, Verordn. d. Min. d. geistl. Angel. v. 6. Sept. 1849 (M.Bl. f. d. i. Verw. S. 193), v. 17. Juni 1850 (a. a. O. S. 203, Aktenstücke aus der Verw. d. Min. d. geistl. Angel. S. 49), v. 16. Aug. 1850 (M.Bl. f. d. i. Verw. S. 241), R. des ev. O.K.R. v. 27. Okt. 1852 (Aktenstücke Bd. 1 Heft 6 S. 66), v. 6. Dez. 1853 (a. a. O. Bd. 2 S. 13), v. 10. Juli 1855 (a. a. O. Bd. 2 S. 86).

29) H. Als Fortsetzung des aufgehobenen §. 533; denn der §. 534 lautete: „Er muß sich aber dazu binnen vier Wochen nach angedeuteter Entsetzung melden."

30) H. Dem Bischof. Concil. Trident. Sess. XIII cap. 4 de reform. H. Vergl. auch das Ges. v. 12. Mai 1873 (Zus. 15 zu §. 124).

31) H. Sie lautete: „bei protestantischen aber dem Landes-Justizcollegio der Provinz."

§. 538. Doch muß sie den geistlichen Obern davon Nachricht geben, damit diese wegen der Amtsversehung das Nöthige verfügen können.

§. 539. Die bei größeren Parochialkirchen bestellten Nebengeistlichen machen mit dem Pfarrer ein Collegium aus, worin dem Letzteren der Vorsitz und die Direction gebührt[32]). Neben-geistliche.

§. 540. Die Vertheilung der Geschäfte und Einkünfte unter sie, so wie ihr Verhältniß gegen den Pfarrer und die Gemeine, ist nach den Verfassungen einer jeden solchen Kirche besonders bestimmt[33]).

§. 541. Der Regel nach sind die Nebengeistlichen der Aufsicht und der Anweisung des Pfarrers in allen ihren Amtsgeschäften unterworfen.

§. 542. Weltgeistliche, die zur Abwartung des Gottesdienstes bei einer Capelle oder bei einem Altar bestellt sind, dürfen sich keine Parochialverrichtungen anmaßen.

§. 543. Auch mehrere dergleichen bei einer Kirche bestellte Capelläne machen dennoch unter sich kein Collegium aus.

§. 544. Uebrigens aber haben sie die allgemeinen Rechte und Obliegenheiten der Geistlichen.

§. 545*. Weltgeistliche, die kein bestimmtes geistliches Amt bei einer Gemeine oder Kirche haben, sollen von der Bischöfen nicht ohne erhebliche Ursache bestellt, oder in ihre Diözes aufgenommen werden[34]).

§. 546. Sie stehen in Ansehung ihrer geistlichen Functionen unter dem Bischof; und dieser muß dafür sorgen, daß sie weder Unordnung oder Aergerniß anrichten, noch sonst dem Staat zur Last fallen.

§. 547. So lange sie bei einer Gemeine oder Kirche nicht wirklich angesetzt sind, haben sie auf die äußeren Vorrechte der Geistlichen §. 96. 97. keinen Anspruch.

§. 548. Schiffsprediger stehen unter den geistlichen Obern der Provinz, wohin das Schiff gehört[35]); und Gesandtschaftsprediger unter den geistlichen Obern derjenigen Provinz, deren Landes-Justizcollegio der Gesandte in seinen persönlichen Angelegenheiten unterworfen ist. Schiffs- und Gesandtschaftsprediger.

§. 549. Beide haben, in Ansehung der ihnen angewiesenen Kirchengesellschaft, die Rechte und die Glaubwürdigkeit eines wirklichen Pfarrers.

Siebenter Abschnitt.

Von weltlichen Kirchenbedienten.

§. 550. Personen, welche zwar zum Dienste der Kirche, aber nur in mechanischen Verrichtungen, oder weltlichen Angelegenheiten bestimmt sind, haben nicht die Rechte der Geistlichen[1]).

---

32) H. Das paßt nicht auf die katholische Kirche. Kollegiatkirchen sind solche Kirchen nicht. In der evangelischen hängt hier gleichfalls Alles von der besonderen Verfassung ab.

33) H. Vgl. hierzu Jacobson, preuß. Kirchenrecht S. 246.

34) H. Das ist eine Angelegenheit, welche den Staat als solchen nicht mehr berührt. Der Bischof hat darin freie Hand, sofern nur die staatlichen Erfordernisse, welche für die Verwendung der Hülfsgeistlichen bestehen, Zus. 10 ff. zu §. 60 d. T., vorhanden sind.

35) H. Auf die Marineprediger finden die Vorschriften der Mil.Kirch.Ordn. v. 12. Febr. 1832 und die dazu ergangenen Vorschriften analoge Anwendung.

H. Wegen der Geistlichen an öffentlichen Armen- und Versorgungsanstalten s. II. 19 §§. 77, 78; wegen der Strafanstalts-Geistlichen R. d. Min. d. Inn. v. 22. Juli 1841 (M.Bl. f. d. i. Verw. S. 214), v. 31. März 1862 (a. a. O. S. 128), R. des ev. O.K.R. v. 15. Dez. 1852, des Min. d. geistl. Angel. v. 28. Nov. 1853 (Aktenstücke des ev. O.K.R. Bd. 1 Heft 6 S. 21, 24), des ev. O.K.R. v. 15. Nov. 1854 Aktenstücke Bd. 2 S. 7), v. 22. Juli 1859 (a. a. O. Bd. 5 S. 36.)

S. auch Anm. 13 zu §. 530 d. T.

1) H. Wohl aber ist der Gemeindekirchenrath (Presbyterium) einer evangelischen Gemeinde

§. 551. Insonderheit werden sie durch ihre Kirchenbedienungen von der ordentlichen Gerichtsbarkeit nicht ausgenommen.

§§. 552—555. Aufgehoben [2]).

Küster [3]). §. 556. Küster [4]), und andere dergleichen niedere Kirchenbediente [5]), werden der Regel nach von dem Patron bestellt [6]).

§. 557. Dieser muß zwar den Pfarrer mit seinem Gutachten über das zu bestellende Subject hören; er ist aber an dessen Vorschläge nicht gebunden.

§. 558. Doch darf dem Pfarrer kein Subject aufgedrängt werden, welches mit ihm in offenbarer Feindschaft lebt, oder sich gröblich wider ihn vergangen hat.

§. 559. Ist der Küster zugleich Vorleser oder Vorsänger, so muß er eine Probe vor der versammelten Gemeine ablegen.

§. 560. Die Gemeine hat in diesem Fall ein Recht zum Widerspruche, wenn sie den geistlichen Obern erhebliche Gründe gegen die Tüchtigkeit oder Würdigkeit des vorgeschlagenen Subjects anzeigen und nachweisen kann.

§. 561. Ist der Küster zugleich Schulhalter, so finden wegen seiner Prüfung und Bestellung die Vorschriften des folgenden Titels Anwendung.

§. 562*. Bei Kirchen, welche keinen eigenen Patron haben, gebührt die Bestellung der niederen Kirchenbedienten dem Pfarrer und den Kirchenvorstehern [7]); in

---

eine öffentliche Behörde im Sinne des §. 102 preuß. Str.G.B. (s. auch R.Str.G.B. §. 196). O.Tr. Str.S. I. v. 22. Mai 1867 (Goltdammer, Arch. 15 S. 551; Oppenhoff, Rechtsspr. 4 S. 324). S. ferner Anm. 19 zu §. 22 d. K.G. u. S.O., Zus. 20 zu §. 156 d. T.

2) H. Durch die Einrichtung der evangelischen Gemeindekirchenräthe und der katholischen Kirchenvorstände, s. Zus. 20 zu §. 156 u. Zus. 25 zu §. 157. Vgl. ferner die rhein.-westf. Kirch.Ordn. v. 1835 (Anm. 78 zu Zus. 21 bei §. 156). Die §§. lauteten: „§. 552. Kirchenvorsteher werden der Regel nach von dem Patron bestellt; wo aber dergleichen nicht vorhanden ist, von der Gemeine, unter Genehmigung der ordentlichen Gerichtsobrigkeit, gewählt. §. 553. Wo nach bisheriger Observanz die Bestellung der Vorsteher von anderen Personen oder Behörden abgehangen, hat es deshalb, sowie in Ansehung der Dauer des Amtes, bei dieser hergebrachten Gewohnheit sein Bewenden. §. 554. Nur Mitglieder der Gemeine können zu Kirchenvorstehern bestellt werden. §. 555. Von der Verbindlichkeit des ausgewählten Mitgliedes, dergleichen Amt zu übernehmen, und von den ihm dagegen zu statten kommenden Entschuldigungsursachen, gilt alles das, was wegen der Beamten der Corporationen überhaupt, und der Bürgergemeinen insonderheit, oben verordnet ist. (Tit. 6. §§. 161., 162. Tit. 8.)

3) H. Dreising, das Amt des Küsters in der evangel. Kirche. Berlin 1854; Abhandlung über die Bestellung der Küster in der Kurmark 2c. in Stengel, Beiträge 13 S. 183 ff. Vgl. auch rhein.-westf. Kirch.Ordn. 1835 §§. 138 ff.

4) Die Amtstracht der Küster, der evangelischen nämlich, ist ein schwarzes Kleid nebst dergl. Mantel, ohne Halskrause, und ein schwarzes Käppchen. K.O. v. 20. März 1811 (Merseburger Amtsblatt 1817 S. 97); Verf. des Min. der geistl. 2c. Angel. v. 2. Juni 1817 (Annal. 1 H. 2 S. 121). H. Wegen ihrer Steuer-Exemtionen s. Anm. 49 zu §. 96 u. Anm. 67 zu §. 166; d. T. vgl. auch R. d. Min. d. Inn. v. 9. April 1842 (M.Bl. f. d. i. Verw. S. 109).

5) H. Hierher gehören Meßner, Altaristen, Organisten, Kantoren, Kalkanten (Bälgetreter), Glöckner, Todtengräber u. s. w., vgl. Jacobson, preuß. Kirchenrecht S. 255.

Gleich dem Küster gehört auch der Organist zu den niederen Kirchenbedienten, von denen hier gehandelt wird und die als Beamte der Kirchengesellschaft anzusehen sind. Ein solcher Kirchenbeamte (Kirchenbediente) ist für die Kirche Besitzhandlungen auszuüben fähig. O.Tr. I v. 16. Okt. 1868, St.Arch. 72 S. 289, vgl. auch Anm. 84 zu Zus. 15 bei §. 124 d. T. u. Anm. 11 zu §. 21 d. K.G. u. S.O. v. 1873, Zus. 20 zu §. 156.

6) Der Patron, wenn er eine Privatperson, ist nicht verpflichtet, versorgungsberechtigte Militärinvaliden anzustellen. Besch. des Min. d. geistl. 2c. Angel. u. d. Kr. v. 19. Juni 1839 (Annal. 23 S. 373.) H. Dies hat aber bei allen auf Staatskosten bestehenden Kirchenanstalten zu geschehen, also namentlich bei Kirchen Kgl. Patronates, K.O. v. 22. Dez. 1837 (Annal. 22 S. 3) S. auch Anm. 10 zu §. 21 d. K.G. u. S.O. v. 1873 (Zus. 20 zu §. 156).

7) H. Im Gebiete der K.G. u. S.O. v. 1873 (Zus. 20 zu §. 156 d. T.) nach §. 21 dem Gemeinde-Kirchenrath. Nach dem Ges. v. 20. Juni 1875 §. 57 (Zus. 25 zu §. 157) tritt an Stelle der Kirchenvorsteher der Kirchenvorstand. Ueber Rheinland und Westfalen vgl. §. 140 Kirch.Ordn. v. 1835 (Anm. 78 zu Zus. 21 bei §. 156).

so fern nicht dieselbe, nach wohlhergebrachter Gewohnheit des Ortes, Letzteren allein, oder auch der ganzen Gemeine zukommt.

§. 563. In allen Fällen muß der Pfarrer die geschehene Bestellung eines solchen Kirchenbedienten dem Erzpriester oder Kreisinspector anzeigen.

§. 564. Ist von einem Küster die Rede, so muß derselbe, ehe er in das Amt wirklich eingesetzt wird, dem Erzpriester oder Inspector zur Prüfung vorgestellt werden.

§. 565. Die Pflichten und Verrichtungen der niederen Kirchenbedienten sind in den Provinzialkirchenordnungen, und durch die besonderen Verfassungen einer jeden Parochialkirche bestimmt.

§. 566. Sie stehen in ihrem Amte zunächst unter der Aufsicht und Direction des Pfarrers, und müssen den Anweisungen desselben bereitwillige Folge leisten [8]).

§. 567. Uebrigens gilt von der Aufsicht der geistlichen Obern über sie, von ihrer Bestrafung bei vorkommenden Amtsvergehungen, ingleichen von ihrer Entsetzung Alles, was im vorigen Abschnitte in Ansehung der Pfarrer verordnet ist. (§. 530—538.)

Achter Abschnitt.

Von Kirchenpatronen [1]).

§. 568. Derjenige, welchem die unmittelbare Aufsicht über eine Kirche [3]), nebst der Sorge für deren Erhaltung [4]) und Vertheidigung obliegt, wird der Kirchenpatron [5]) genannt [6]). Begriff [2]).

---

8) In Amtsverrichtungen ist der Küster der Diener des Geistlichen und auch wohl der Kirchenkanzlist; er ist ihm daher in Amtssachen Achtung und Folgsamkeit schuldig.

1) H. H. Hellmar, der Patronat nach preuß. Landes- und Provinzialrecht und die Versuche seiner Aufhebung. Elberfeld 1850.

2) H. O.Tr. III v. 11. Dez. 1874, Entsch. 74 S. 78, Str. Arch. 93 S. 61: Das Patronat ist eine Einrichtung des Kirchenrechtes und gehört als ein Recht, welches dem Individuum nicht um seiner selbst willen zukommt, sondern demselben als einem Gliede der Gesammtheit zu Folge deren Ordnung verliehen ist, dem öffentlichen Rechte an, s. auch P. Hinschius, K.R. 3 S. 3 u. 7, Förster-Eccius, preuß. Pr.R. 3 §. 168 Anm. 21; Körte bei Gruchot 5 S. 572, vgl. ferner die folg. Anm. 4 u. Anm. 22 zu §. 327 d T. Daher bedürfen die Beiträge und Leistungen, welche aus dem auf einem Gute haftenden Kirchenpatronate nach dem Gesetze fließen, der Eintragung in das Grundbuch nicht, um gegen Dritte Wirksamkeit zu erlangen, auch dann nicht — s. O.Tr. III v. 16. April 1875, Entsch. 75 S. 59 —, wenn sie auf einem Vertrage beruhen, welcher Bestandtheil des öffentlichen Rechtes ist.

Ein Kirchenamt ist der Patronat nicht, und ebenso unrichtig ist die Ansicht (vgl. z. B. Hellmar a. a. O. S. 22 ff.), daß das Patronatrecht und das Recht der landesherrlichen Kirchengewalt in der Idee und in der geschichtlichen Wurzel Eins seien. Die Haltlosigkeit dieser Meinung erhellt daraus, daß der Patron nicht in Abschn. 3 d. T.: Von den Oberen und Vorgesetzten der Kirchengesellschaften erwähnt wird, und daß ihm die Aufsichtsrechte bei der Vermögensverwaltung in Folge seines privaten Interesses daran gewährt sind, s. auch Jacobson, K.R. S. 282, u. R. des ev. O.K.R. v. 8. Mai 1861 (Aktenstücke Bd. 5 S. 177). Es erscheint daher auch nicht glücklich, wenn das O.Tr. i. d. Pl.Beschl. v. 17. Juni 1861, Entsch. 45 S. 44 sagt: „Der Patronat stellt sich als eine Art kirchlicher Obrigkeit dar, welcher ein kleiner Antheil von den Rechten der Kirchengewalt delegirt (?) sei."

H. Wenn Jemandem das Recht zusteht, im Konsistorium der Gemeinde bei der Verwaltung des Kirchen- und kirchlichen Armenvermögens, der Festsetzung der kirchlichen Abgaben und Abnahme der Kirchenrechnungen, sowie bei der Pfarrwahl Sitz und Stimme auszuüben, so charakterisirt sich dies Recht als eine Art des Patronates und widerstreitet ebenso wenig den Grundsätzen des gem. Recht als des L.R., O.Tr. I v. 31. März 1873, Str Arch. 88 S. 354.

3) H. D. h. nicht das Kirchengebäude, sondern die kirchliche Anstalt oder Einrichtung als Gesammtheit von Sachen und Rechten kirchlicher und weltlicher Natur, welche dazu bestimmt ist, gewisse religiöse und kirchliche Bedürfnisse zu befriedigen. Das ergeben die einzelnen Rechte des Patrons, s. §§. 585, 587, 589.

4) H. Wenn Frantz, die Patronatsbefugnisse in Bezug auf den Gemeindekirchenrath,

24*

Erwerbung des Patronatrechts.

§. 569. Wer eine Kirche bauet [7]), oder hinlänglich dotirt [8]), erlangt dadurch ein Recht zum Patronat [9]).

§. 570. Eben dergleichen Recht erlangt derjenige, welcher eine verfallene oder verarmte Kirche wieder aufbaut, oder von neuem dotirt.

§. 571. Hat eine solche Kirche bereits einen Patron: so erlangt der neue Wohlthäter mit demselben gleiche Rechte; doch nur in so fern, als der bisherige Patron die Kosten des Aufbaues, und der Dotation, nicht hat übernehmen können oder wollen [10]).

§. 572. Auch durch den Auftrag einer Kirchengesellschaft, die bisher unter keinem besonderen Patron gestanden hat, kann Jemand ein Recht zum Patronat erhalten [11]).

Marburg 1883 S. 47 Note 3, es unbedingt zurückweisen will, daß der Patronat als Gerechtigkeit des öffentlichen Rechts bezeichnet werde, weil er mehr Pflichten als Rechte erhalte, so ist das irrig. Das L.R. selbst kennt keine andere rechtliche Pflicht des Patrons als die Baulast (§§. 568, 585, 720 ff.). Für die Ausübung aller anderen im Patronate liegenden Rechte besteht keine rechtliche Verbindlichkeit, so nicht in Betreff des Präsentationsrechtes (§§. 393 ff.), der Ehrenrechte (§§. 586 ff.), des Alimentationsanspruches, (§. 545) und der Vermögensverwaltung (§§. 621 ff., 659, K.G. u. S.O. §. 23, Zus. 20 zu §. 156, Ges. v. 20. Juni 1875 §. 40, Zus. 25 zu §. 157) auch nicht hinsichtlich des Eintrittes in den Gemeindekirchenrath, bez. Kirchenvorstand, s. K.G. u. S.O §. 6 und das eben cit. Ges. §. 39), und der Patron kann dazu niemals gezwungen werden. Selbst die Baupflicht ist nicht wesentlich, s. §. 710 und kann durch Gewohnheit oder Provinzialrecht ausgeschlossen sein, s. Anm. 98 dazu. Vgl. P. Hinschius, K.R. 3 S. 6, 72.

5) H. Vergl. I. 9 §. 526 Anm.

6) H. Die Aufhebung des Patronates durch staatliches Gesetz ist nach Art. 17 der Verf.Urk. (s. Zus. zu II. 13) in Aussicht gestellt, aber bisher nicht erfolgt.

7) H. Unter dem Bauen ist sowohl die Anweisung des Grundstücks (fundatio, assignatio fundi) als auch die Errichtung des Gebäudes selbst zu verstehen. Daß auch, wie nach gemeinem Kirchenrecht, die eine oder andere dieser Handlungen das Recht auf den Patronat giebt (s. Richter-Dove, K.R. §. 189, P. Hinschius, K.R. 3 S. 19), wird anzunehmen sein, da das Landrecht die kanonischen Grundsätze, abgesehen von der Abweichung im §. 573, rezipirt hat.

8) H. Leisten mehrere die verschiedenen Handlungen, so erwerben sie den Patronat in solidum und es entsteht ein sog. Kompatronat. S. §§. 605 ff.

H. Auch die Möglichkeit, den Patronat durch bloße Dotation eines kirchlichen Amtes, z. B. in der katholischen Kirche einer sog. Primissarie (Frühmesse-Beneficium) oder in der evangelischen eines Diakonates oder Vikariates zu erwerben, schließt das Landrecht nicht aus, nur wird der Patron in diesem Falle allein Rechte in Bezug auf die seinem Patronate unterstehende Stelle, nicht die Rechte, die das L.R. dem Kirchenpatron überhaupt zuschreibt, haben, denn das Recht des Patrons kann sich nicht weiter erstrecken, als auf dasjenige Objekt, welches durch die patronatische Stiftung in das Leben gerufen worden ist.

H. Aus diesem Grunde erlangt auch der Patron über eine neue Kirche, welche unter Dismembration eines Theiles des Sprengels seiner Patronatskirche in diesem letzteren errichtet wird, nicht das Patronatrecht, eine Frage, welche für das katholische Kirchenrecht nicht unbestritten ist, s. P. Hinschius, K.R. 3 S. 22 (anderer Ansicht neuerdings Mejer in Ztschr. f. K.R. 14 S. 145), in welcher aber die Praxis der evangelischen Kirchenbehörden, auch der preußischen, der hier vertretenen Ansicht folgt, a. a. O. 17 S. 352, s. auch S. 129, u. 18 S. 210.

9) H. D. h. sofern er es erwerben will, also mindestens den Erwerb des Rechtes nicht ausdrücklich ablehnt, denn die Fundation im weiteren Sinne (umfassend fundatio, aedificatio, dotatio) ist Stiftung.

Deshalb kann auch der Fundator als Stifter besondere Modalitäten vorschreiben, z. B. daß ein Anderer als er selbst von vornherein das Patronatrecht erwerbe, daß das Präsentationsrecht in bestimmten Fällen ruhen, sich in bestimmter Weise vererben, daß der zu präsentirende Geistliche bestimmte Erfordernisse haben soll u. s. w., s. P. Hinschius a. a. O. 3 S. 18, 28 u. 2 S. 392.

10) H. Das stimmt mit dem gemeinen Recht überein, s. P. Hinschius a. a. O. 3 S. 24.

11) H. Diese Vorschrift widerspricht zwar dem kanonischen Recht, aber sie ist als gültig auch für die katholische Kirche zu betrachten, weil das Landrecht den Patronat als ein auch in die weltliche und staatliche Rechtssphäre eingreifendes Recht behandelt, namentlich in so fern, als dem Patron bestimmte Befugnisse hinsichtlich des kirchlichen Vermögens zukommen, s. a. a. O. 3 S. 8.

§. 573. Doch wird in allen vorstehenden Fällen (§. 569. bis 572.) das Kirchenpatronat selbst erst durch die Verleihung des Staats erworben [12]).

§. 574. Außerdem kann das Kirchenpatronat auch durch Verjährung erlangt werden [13]).

---

12) H. Auch dieser §. ist durch die Verf.Urk. nicht aufgehoben, s. vor. Anm. Dem entspricht auch die Praxis, s. Arch. f. kath. K.R. 50 S. 95.

H. Ein allgemeines sog. landesherrliches Patronatrecht in dem Sinne, wie es anfangs dieses Jahrhunderts namentlich in Süddeutschland angenommen und theoretisch zu begründen versucht worden, d. h. das Recht des Regenten, alle kirchlichen Aemter zu besetzen, s. P. Hinschius, das landesherrliche Patronatrecht gegenüber der kathol. Kirche. Berlin 1856 S. 9 ff., läßt sich aus dem §. 573 nicht herleiten.

Zwar hat Carmer zum ersten Entwurf die Randbemerkungen gemacht: „Das Ober-Kuratorium über die Kirchen gebührt dem Landesherrn, sowie über Unmündige, und kann nur von dem Oberhaupt des Staates, dem dergleichen Pflicht obliegt, an bestimmte Personen übertragen werden. Es heißt deswegen auch kirchlich. Ist der Landesherr befugt, jemand mit dem Patronatrecht zu belehnen, so kann er ihm auch alle dahin gehörenden Rechte übertragen. Hat er aber jemand einen Theil dieses Rechtes schon konferirt, so kann er es ihm freilich nicht wieder wegnehmen..... Von Rechtswegen soll eine Kirche so wenig ohne einen Patron als ein Minorenner ohne Vormund im Staate gelassen werden. — Wo kein Partikulier zum Patron bestellt, ist und wird der Landesherr selber qua talis in Ansehung dieser Kirche angesehen." Aber Suarez erklärte: „Der Staat kann jemand das Patronatrecht nur in so fern verleihen, als er solches selbst hat. Er hat es aber de regula nicht; sondern nur in einzelnen Fällen, wenn es ihm z. E. mit dem Lehngut, cui annexum, anheim gefallen ist." (S. Jacobson a. a. O. S. 279.) Wenn nun gleich der §. 573 offenbar aus der Carmerschen Auffassung hergeflossen ist, so sind doch andere §§. des I. Entwurfs, welche Konsequenzen derselben waren, so die Vorschriften der §§. 755, 756, daß nach dem erblosen Absterben des letzten Berechtigten beim erblichen Patronate und nach Erlöschen einer patronatberechtigten Familie oder Korporation das Patronatrecht als herrenloses Gut dem Landesherrn anheim fallen solle, nicht beibehalten worden. Die einzige Vorschrift, die auf einen allgemeinen Staatspatronat deutet, ist also der §. 573. (Vgl. auch Laspeyres, Gesch. und Verfassung d. kath. Kirche Preußens S. 534, 535.) In seiner Fassung spricht er aber dasselbe keineswegs aus und kann nach derselben nur so aufgefaßt werden, daß es zur Entstehung des Patronates der staatlichen Autorisation bedürfe. Das ist auch in so fern berechtigt, als die Errichtung einer neuen kirchlichen Anstalt, selbst wenn Jemand sie als Patron stiften will, nicht ohne Zustimmung der geistlichen Oberen erfolgen kann, P. Hinschius 3 S. 25, und nach preußischem Recht, s. §. 238 d. T., der Staat dabei zu konkurriren hat. Dagegen ist die Auffassung nicht möglich, daß der Staat sein Patronatrecht, welches er an einer neuerbauten Kirche erwirbt, dem Fundator überträgt. Hätte er ein solches, so könnte er es jedem Andern ebenfalls verleihen, und daß der Fundator nur vor andern ein Vorrecht auf Uebertragung des schon dem Staate zustehenden Patronates haben soll, ist nicht der Sinn der §§. 569 ff. Auch faßt der §. 574 die Ersitzung des Patronats nicht als eine translative gegen den Staat, sondern als eine konstitutive gegenüber einer patronatsfreien Kirche auf. Jedenfalls würde ein allgemeiner Staatspatronat der katholischen Kirche gegenüber durch den Art. 18 der Verf.Urk. beseitigt worden sein. Uebrigens hat die Praxis aus einem solchen Begriff auch niemals Konsequenzen gezogen.

H. Wenn Jacobson, ev. Kirchenrecht d. preuß. Staats S. 284 u. Thudichum, deutsch. Kirchenrecht 2 S. 131, annehmen, daß das preußische Recht den Patronat als ein niederes Regal auffasse, so ist das unrichtig. Das L.R. begreift dasselbe nicht unter dieser Art der Regalien, s. II. 14 §. 23 u. II. 16 §§. 39, 106, weil es kein nutzbares Recht ist.

H. Auf die Verleihung des Patronates giebt der §. 573 dem Fundator jedenfalls einen rechtlichen Anspruch, sofern überhaupt die Errichtung der neuen kirchlichen Anstalt durch die geistlichen Oberen und den Staat genehmigt wird, nur kann dieser freilich nicht im Rechtswege durchgesetzt werden, weil es sich hierbei nicht um ein Privatrecht handelt, aber jedenfalls ist der Stifter bei Verweigerung des Patronates seine Stiftung zurückzuziehen berechtigt. Andererseits wird der Staat auch nicht befugt sein, da, wo die Voraussetzungen der §§. 569 ff. nicht vorliegen, ein Patronatrecht zu gewähren.

H. Eine besondere Form der Verleihung des Patronates durch den Staat ist nicht vorgeschrieben, daher kann dieselbe auch stillschweigend erfolgen, z. B. dadurch, daß die Staatsbehörde die Zuwendungen für die Errichtung einer neuen Anstalt und diese Errichtung genehmigt, Porsch i. Arch. f. kathol. K.R. 50 S. 89 u. R.G. v. 24. April 1882, a. a. O. S. 108.

13) H. Ein Patronat ist nicht bloß dann anzunehmen, wenn einer der in §§. 569—574 angeführten Erwerbsgründe nachgewiesen ist, sondern auch dann, wenn Jemand (eine Stadt-

§. 575. Soll eine dergleichen Erwerbung desselben, gegen den Staat, oder die Kirchengesellschaft nachgewiesen werden [14]), so müssen die Erfordernisse der bei Regalien statt findenden Verjährung vorhanden sein.

§. 576. Wenn aber zwei oder mehrere Privatpersonen über den Besitz [15]) des Patronatrechts mit einander streiten [16]), so ist die gemeine Verjährung hinreichend.

§. 577. Alle dergleichen über die Zuständigkeit des Patronatrechts entstehenden Streitigkeiten gehören zum Erkenntnisse des ordentlichen weltlichen Richters [17]).

---

kommune) als Besitzer eines Gutes, innerhalb dessen die betreffende Kirche liegt, von Alters her sich als Patron gerirt, und insbesondere die mit dem Patronate gesetzlich verbundenen Rechte, wie das Präsentationsrecht des Pfarrers, oder das Recht der Aufsicht über die Verwaltung des Kirchenvermögens ausgeübt hat, O.Tr. v. 3. Febr. 1840 (Centr.Bl. f. preuß. Jur. 1840 S. 732; Altmann, Praxis d. preuß. Ger. in Kirchen- rc. Sachen S. 340).

14) H. Zur Ersitzung des Patronatrechtes gehört, daß der Patron in der Verjährungszeit auch hinsichtlich der dem Rechte anklebenden Verpflichtungen sich als Patron gerirt habe. Umgekehrt, wenn eine Pfarrgemeinde auf Grund einer Verjährung einen Gutsbesitzer wegen Patronatsbeiträge zu den Kirchenbauten anspricht, ist erforderlich, daß sie auch ihrerseits dem Gegner dasjenige, was einem Patron als solchem gebührt, erwiesen und verstattet habe, angenommen bei Begründung des Pl.Beschl. v. 5. Febr. 1849, Pr. 2092, Entsch. 17 S. 15. Die Ersitzungsfrist ist die 44jährige, s. L.R. I. 9 §. 629 u. R.G. IV v. 5. April 1881, Entsch. 4 S. 289.

15) Das L.R. erkennt hier also einen Besitz des Patronatrechts an (vgl. c. 15 X. de judiciis), folglich müssen auch die possessorischen Rechtsmittel zu dessen Schutze anwendbar sein. Vergl. Anm. zu I. 7. §. 80. — Anerkannt von dem O.Tr. III durch das Erk. v. 18. März 1857, Str. Arch. 24 S. 126, unter dem Zugeständnisse, „wenngleich einzelne Befugnisse des Patronats sich als affirmative Rechte darstellen" (I. 7 §. 80). Der Kompetenz-Gerichtshof hat erkannt, daß gegen Verletzungen oder Störungen einer Kirchengemeinde (§. 615) im Besitze ihres Patronatrechts die Anstellung einer Possessorienklage zulässig sei. Erk. v. 9. Dez. 1865 (J.M.Bl. 1866 S. 76). Vergl. die Anm. 48 zu §. 361. Derselbe Gerichtshof hat weiter erkannt: Das Kirchenpatronat ist ein Gegenstand des Privateigenthums; es können daher Störungen im Besitze des Patronatrechts sowohl im petitorischen als auch im possessorischen Prozesse gegen die vorgesetzte Kirchenbehörde verfolgt werden. Erk. v. 13. Juni 1868 (J.M.Bl. S. 337), H. u. O.Tr. III v. 25. Febr. 1875, Str. Arch. 93 S. 245: Der Patron hat auch die Besitzstörungsklage gegen den Pfarrer, welcher im Interesse der Ausschmückung der Kirche das Bild oder Wappen des Patrons wegnimmt und es durch ein anderes Bild ersetzt. H. Daraus, daß der Schutz der Civilgerichte dem Patronatrecht gewährt ist (s. auch §. 577 d. T.), folgt an sich nichts für seine Natur als Privatrecht, s. Anm. 22 zu §. 327 und Anm. 2 zu §. 568 d. T., da man früher in Ermangelung einer Gerichtsbarkeit für das öffentliche Recht auch zum Theil den Gerichten den Schutz desselben anvertraut hat.

16) Bezieht sich auch auf die sog. praescriptio translativa, und setzt voraus, daß nicht der Fiskus, verschieden zu denken von dem Staate in §. 573 u. 575, der Vorgänger des Verjährenden im Patronate ist; denn dem Fiskus kommt immer die außerordentliche Verjährung zu Statten. Doch ist die translative Verjährung in keinem Falle eine zulässige Erwerbungsart für das persönliche Patronatrecht selbst. Vergl. Koch, Erbrecht §. 6 Nr. 3. H. Diese letzte Ansicht erscheint nicht haltbar, das nicht dingliche Patronatrecht ist nach gemeinem Recht Gegenstand der Ersitzung, s. Richter-Dove, K.R. §. 189, P. Hinschius K.R., 3 S. 82; das L.R. macht keine Ausnahme davon, und die für die gegentheilige Ansicht a. a. O. angeführten §§. 580, 581, 610 beweisen nicht das Mindeste.

17) Zwischen dem Prediger — welcher dem Patrone das Patronatrecht bestreitet — und dem Patrone ist ein solcher Prozeß durchaus nicht statthaft, sagt der Just.Min. in einem Besch. v. 17. Jan. 1834 (Erg. ad h. §.). Ein Grund wird nicht angegeben; ich kenne keinen. Die Frage ist nach Analogie der Grundsätze über die actio confessoria zu beantworten. Warum sollte ein Berechtigter, welchem sein Recht von Jemandem in einer bestimmten Weise und Beziehung streitig gemacht wird, sich des Schutzmittels, welches ihm in der konfessorischen Klage gegeben wird, nicht bedienen dürfen? Freilich muß damit irgend ein praktischer Zweck erreicht werden sollen. Das ist aber auch bei dem Pfarrer hinsichtlich des Patronats denkbar, z. B. der Pfarrer verweigert dem Patrone die Ehrenrechte, weil er ihm das Patronatrecht bestreitet. Warum soll hier wieder das Disziplinarverfahren regeln? Denn Einen Weg muß es doch geben. H. S. auch Komp.Gerichtsh. v. 14. Juli 1866, J.M.Bl. S. 274.

§. 578. In wie fern das Patronatrecht nur der Person des Erwerbers und seinen Erben, oder einer gewissen Familie zukomme; oder mit einem Amte, oder mit dem Besitze eines Gutes verbunden sei; ist in vorkommenden Fällen nach den darüber sprechenden Erwerbungsurkunden zu bestimmen.

§. 579. Im zweifelhaften Falle wird vermuthet, daß das Kirchenpatronat auf einem Gute oder Grundstück hafte[18]).

§. 580. Dergleichen Patronat kann von dem Gute, auf welchem es bisher gehaftet hat, ohne ausdrückliche Einwilligung der geistlichen Obern[19]), nicht abgesondert werden[20]).

§. 581. Mit dem Gute zugleich aber geht dasselbe auf jeden Besitzer, ohne Unterschied der Religionspartei, wozu er sich bekennt, über[21]).

Die Frage: ob der Patron einer in Verfall gerathenen Kirche berechtigt sei, von dem Geistlichen die Herausgabe des Kirchenschlüssels zu verlangen, ist im streitigen Falle im Rechtswege zu entscheiden. Vgl. §§. 584 ff., Komp.Gerichtsh. v. 10. Febr. 1866 (J.M.Bl. S. 176).

18) H. Das L.R. trägt hier der deutschen historischen Entwickelung Rechnung, welche ergiebt, daß das Patronatrecht aus dem Eigenthum an der Kirche hervorgegangen ist, s. P. Hinschius, K.R. 2 S. 621 ff. u. 3 S. 7. Aus dieser erklärt sich auch, daß nach alt- und kurmärkischem, sowie nach pommerschem Provinzialrecht die Vermuthung dafür spricht, daß die Rittergutsbesitzer das Patronatrecht über die auf dem Gute befindlichen Kirchen haben, Götze, Prov.R. d. Altmark Th. I Abth. 2 S. 197 u. Th. II S. 66; Scholz v. Hermensdorff, Prov.R. d. Kurmark 2. Aufl. §. 422 u. 2 S. 295; Prov.R. d. Herzogthums Alt-Vor- u. Hinter-Pommern S. 136 (§. 58).

19) H. Dies sind in der evangelischen Kirche die Konsistorien, nicht die Regierungen, Verf. d. Kult.Min. v. 3. Jan. 1879, kirchl. Ges. u. Verordn.Bl. v. 1879 S. 18.

20) Der Besitzer eines Inbegriffs von Gütern ist ohne ausdrückliche Einwilligung der Kirchengemeinde und ohne Genehmigung der geistlichen Oberen nicht berechtigt, das zu demselben gehörige Patronatrecht einem einzelnen Gute ausschließlich zuzuwenden und sich in Betreff der übrigen Güter des Patronatrechts mit den damit verbundenen Obliegenheiten zu begeben. O.Tr. I v. 14. Juli 1856, Str. Arch. 22 S. 129.

Ohne weiteres bleibt auch bei Stückveräußerungen das Patronatrecht an den Trennstücken haften, und der Vorbehalt des Patronats bei Veräußerungen und demnächstiger Parzellirung ist der Kirche gegenüber, beim Mangel der Einwilligung aller Interessenten, derselben nicht präjudizirlich; womit jedoch dem Abkommen unter den Kontrahenten des Veräußerungsvertrages selbst die Gültigkeit noch nicht abgesprochen ist. O.Tr. I v. 30. Okt. 1868, Str. Arch. 72 S. 352.

H. Das Patronatrecht über eine katholische Kirche erlischt nicht nothwendig durch die Vereinigung der letzteren mit einer geistlichen Korporation; es kann vielmehr, wenn es bei dieser Gelegenheit vom Laienpatrone der Korporation abgetreten worden ist, als geistliches Patronat fortdauern. Das einer geistlichen (katholischen) Korporation zustehende kirchliche Patronatrecht geht nicht unbedingt mit Aufhebung derselben unter, so daß nunmehr das im Patronatrecht enthaltene Recht der Ernennung des Pfarrers, für sich allein, dem Bischofe ohne weiteres anheimfiele, vielmehr muß diese Frage in jedem einzelnen Falle nach Maßgabe der besonderen Umstände und namentlich der Rechtstitel, auf denen das Patronat ursprünglich beruhete, entschieden werden, O.Tr. I v. 22. März 1852, Entsch. 22 S. 390. Vergl. P. Hinschius, d. landesherrl. Patronatr. S. 27, 39 und in Ztschr. f. K.R. 2 S. 412.

21) Die Eintragung ist nicht Bedingung des Ueberganges des Patronatrechts auf den neuen Erwerber, und mit dem Patronatrechte gehen nothwendig auch die Lasten desselben mit über. Denn wenn auf den neuen Erwerber des mit einer Reallast behafteten Grundstückes ein Recht mit übergegangen ist, zu welchem sich die Reallast als Ausfluß und korrespondirende Gegenverpflichtung verhält, z. B. ein auf einem Gute haftendes Patronatrecht, welches die Patronatverpflichtungen nach sich zieht und deren Dinglichkeit erhält, so wird dadurch der Uebergang solcher Reallast auf den Besitzer ohne Eintragung vermittelt. O.Tr. I v. 29. Nov. 1849, Entsch. 18 S. 317; vergl. auch Anm. 2 zu §. 568 d. T.

Verwickelungen entstehen, wenn das Gut, mit welchem das Realpatronat verbunden ist, zertrümmert wird. Dadurch geht das Subjekt des Patronatrechts, der Träger des Patronats, zu Grunde, der Patron ist untergegangen, es giebt keinen Patron mehr. Aber das betrifft nur die eine Seite des Patronats. Das Patronat ist ein Ehrenrecht, mit welchem Lasten unzertrennlich verbunden sind. Wie nun ein Patron zwar auf seine Rechte und Befugnisse unbestreitbar verzichten kann, so kann er sich doch durch einen solchen willkürlichen und einseitigen Akt nicht von den Patronatslasten befreien. Durch eine solche Renunziation auf die Patronatrechte ver-

53. Königl. Befehl, die nicht ferner zu gestattende Mitveräußerung der Patronats-Rechte beim Verkauf der Domainen betreffend. Vom 9ten Januar 1812. (G.S. S. 3.)

Aus den Mir von Ihnen vorgetragenen Gründen, welche, sowohl in Betrachtung der kirchlichen Verfassung und einer guten Kirchen-Zucht, als in finanzieller Rücksicht, der bisher statt gefundenen Mitveräußerung der Patronatrechte bei dem Verkauf Meiner Domainen, und der auf-

wandelt er die mit dem Patronate verbundenen Lasten in gewöhnliche Reallasten. Hieraus erhellet das Schicksal des Patronats bei der Zerstückelung des patronatsberechtigten Gutes. Durch die freiwillige Zertrümmerung desselben geht der Patron unter, gerade so wie wenn der Berechtigte nicht mehr Patron sein will; aber die Patronatslasten bleiben nun als Reallasten auf den Realitäten ruhen. Daraus folgt, daß die Bestimmung des §. 7 Nr. 1 des Ges. v. 3. Jan. 1845 auf diese Lasten zur Anwendung kommen muß. Die Anwendung muß durch Vertheilung von Quoten auf die einzelnen Trennstücke geschehen, da Quanta nicht voraus bestimmt werden können. H. Eine zweite Ansicht geht dahin, daß durch die Zerstückelung des Gutes das Patronatrecht suspendirt wird, aber wieder auflebt, wenn die getrennten Parzellen von neuem zu einem Gute vereinigt werden, Michels, quaestion. controversae de jure patron. Berolini 1857 p. 42. Die dritte Meinung endlich läßt den Patronat fortbestehen und auf allen Trennstücken gemeinschaftlich weiter haften, so R. des Min. d. Inn. u. d. Just. v. 5. März 1809 (Rabe 10 S. 46, 66), die Regierungspraxis und die des ev. O.K.R. nach R. v. 9. Sept. 1857 (Aktenstücke 5 S. 209), ferner das O.Tr. I v. 29. Okt. 1858, Str. Arch. 31 S. 89: Bei erfolgter Dismembration eines zum Patronate berechtigten Gutes oder Güterkomplexes sind die Besitzer der Trennstücke in Ansehung der Rechte und Pflichten jenes Patronats als Inhaber eines gemeinsamen Rechts oder einer gemeinsamen Verbindlichkeit anzusehen. Daher ist die Kirchengemeinde nach geschehener Dismembration nicht befugt, den an dem Patronats-Kirchenstuhle mitberechtigten einzelnen Interessenten in der ferneren Benutzung des Kirchenstuhls zu hindern. Diese letzte Ansicht darf als die richtige bezeichnet werden. Wesentlich als Träger des dinglichen Patronates ist nur das Gut, der fundus, nicht aber ein bestimmt berechtigtes (z. B. Ritter-) Gut, als Inbegriff von Sachen und Rechten, und der fundus als solcher existirt nach der Theilung in den einzelnen Trennstücken fort, s. des Näheren P. Hinschius, Ztschr. f. K.R. 7 S. 3 ff.

H. Die Patronatsleistungen sind bei Zerstückelungen nach §§. 13 ff. des Ges. v. 3. Jan. 1845 betr. die Zertheilung von Grundstücken (G.S. S. 25) auf die Trennstücke zu vertheilen, Cirk.Erl. d. Min. d. landwirthsch. Angel. v. 21. Aug. 1860 (M.Bl. f. d. i. Verw. S. 193), jetzt nach §§. 27 ff. des Ges., betr. die Vertheilung der öffentlichen Lasten 2c. v. 25. Aug. 1876, G.S. S. 405.

Ein Gut, mit welchem das Patronat verbunden ist, kann seiner Substanz nach auch nur aus Realberechtigungen, ohne liegende Gründe, bestehen und ein Folium im Hypothekenbuche haben. Verschwinden alle Realberechtigungen, sei es durch gesetzliche Aufhebung ohne Entgelt, wie z. B. Jagdrecht, Gerichtsbarkeit 2c., oder durch Ablösung, wie Zehnten, Reallasten 2c., so ist das Subjekt des Patronats untergegangen und das Hypothekenfolium ist gegenstandslos geworden. Hier entsteht die Frage nach dem Schicksal des Patronats. Einen solchen Fall entscheidet O.Tr. I v. 3. April 1865 dahin, daß nun der bisherige Besitzer des untergegangenen Guts und Inhaber des Realpatronats von der Verpflichtung, die Patronatslasten zu tragen, nicht befreit sei. (Entsch. 54 S. 292, Str. Arch. 57 S. 282.) Die Entscheidung kann für zutreffend angesehen werden, da der Besitzer das Aequivalent für die durch Ablösung untergegangenen Bestandtheile des Gutes und Trägers des Patronats erhalten hatte. Aber ein begrifflicher Rechtsgrund dafür findet sich in den langen und wortreichen Entscheidungsgründen nicht angegeben, die Ausführung geht darauf hinaus, daß das Gut substantiell nicht völlig untergegangen sei, da das Realpatronat, selbst ein Bestandtheil der Substanz des Guts, noch fortbestehe. Das heißt, juristisch ausgedrückt, das Patronat ist Rechtssubjekt seiner selbst. Ein solches Patronat existirt jedoch in der Rechtsgeschichte nicht. Der Rechtsgedanke, welcher die Entscheidung rechtfertigt, hat dunkel vorgeschwebt, ohne daß er zu einem Rechtsbegriffe durchgebrochen ist. Es wird unter vielem andern ganz Unerheblichen gesagt: „Der Verklagte hat die ermittelte Abfindung des berechtigten Guts in Rentenbriefen gezahlt erhalten“ (Entsch. a. a. O. S. 299); „bestehen aber die mit dem Gute verbundenen Patronatsverpflichtungen (und auch Rechte, an deren Ausübung nichts hindere) in der Person des Verklagten, als bisherigen letzten Besitzers desselben noch fort, so“ 2c. (S. 303). Der juristische Entscheidungsgrund ist nun: durch die Mobilisirung des bisher unbeweglichen Trägers (Subjekts) des Realpatronats ist das Patronat ipso jure in ein Personal-Patronat verwandelt worden. Die Kirchen-Interessen können nunmehr Sicherstellung für die Lasten von dem Patron fordern, um sich gegen das Verschwinden des Surrogats des früheren Guts zu schützen. H. Die vorstehende Kritik

gehobenen geistlichen Güter, entgegenstehen, will Ich hiermit den §. 16. der Veräußerungs-Instruction vom 25sten Oktober 1810. in diesem Stücke aufheben, und befehle Ich, daß künftig bei Veräußerungen der Domainen und eingezogenen geistlichen Güter, die Patronatrechte nicht mit verkauft, sondern dem Staate vorbehalten, die Patronatlasten der zu veräußernden Güter aber, nach ihrem jährlichen Durchschnitte veranschlaget, als Canon auf die Güter gelegt, und von den Erwerbern derselben, jährlich zum Kirchen- und Schul-Bau- und Unterhaltungs-Fonds an die Regierungen gezahlet werden sollen . . . . .[22]).

§. 582. Doch können Personen, welche zu keiner von den im Staat aufgenommenen oder geduldeten christlichen Religionsparteien gehören, das Patronatrecht über eine Kirche nicht ausüben[23]).

§. 583. Es steht ihnen zwar frei, diese Ausübung einem Anderen während ihrer Besitzzeit zu übertragen; die Beiträge und Leistungen aber, welche aus dem Patronat fließen, müssen in allen Fällen aus den Einkünften des Gutes bestritten werden.

54. Verordnung wegen Verwaltung des Patronat-Rechts über christliche Kirchen auf solchen Gütern und Grundstücken, die sich im Besitzthum jüdischer Glaubensgenossen befinden. Vom 30sten August 1816. (G.S. S. 207.)

Wir 2c. 2c. Thun kund und fügen hiermit zu wissen:

Nachdem durch Unsere Verordnung vom 11ten März 1812. den Juden in den damaligen Provinzen Unseres Staates, mit dem Staats-Bürgerrechte die uneingeschränkte Befugniß, Grundstücke zu acquiriren, ertheilt ist, und sie daher auch Grundstücke, mit denen das Patronat über christliche Kirchen verbunden ist, erwerben; so erfordern solche, bei Anfertigung des Allgemeinen Landrechts nicht vorhanden gewesene Fälle, eine anderweite Bestimmung.

Wir verordnen daher für die Provinzen, wo zu Folge des Gesetzes vom 11ten März 1812. den Juden bereits die unbeschränkte Befugniß, Grundstücke zu erwerben, ertheilt ist, so wie da, wo ihnen solche künftig ertheilt werden wird, Folgendes und deklariren dadurch die Bestimmungen des Allgemeinen Landrechts Theil II. Titel 11. §§. 581—583. dahin, daß

1) das auf Gütern und Grundstücken, die sich im Besitzthum jüdischer Glaubensgenossen befinden, haftende Patronatrecht über christliche Kirchen, für die Besitzzeit jüdischer Erwerber und deren Benutzung, so lange gänzlich ruhe; daß daher

2) der Pfarrer und die Kirchenbedienten, auch der Schullehrer in evangelischen Gemeinen von der Provinzial-Behörde, und in katholischen von den Bischöfen, ganz in derselben Art bestellt werde, als ob kein Patron vorhanden oder dessen Recht auf sie übergegangen sey.

3) Eben so soll es auch mit der Aufsicht über das Kirchen-Vermögen und mit der Abnahme Kirchen-Rechnungen gehalten werden.

---

des angef. Erk. hätte noch weiter gehen sollen und auch die Entscheidung selbst für unzutreffend erklären müssen. Wenn die Prästationen, welche die Unterlage des dinglichen Patronates bilden, beseitigt sind, so ist damit das ganze Patronatrecht mit allen seinen Rechten und Pflichten fortgefallen. Ein Rechtssatz, daß der an den Besitz des Grundstücks geknüpfte Patronat sich ipso jure in einen persönlichen verwandelt, existirt nicht. S. weiter P. Hinschius a. a. O. S. 43 ff.

22) H. Der juristische Grundgedanke, auf welchem diese K.O. ruht, daß die Rechte und Lasten des Patronats, welche unzertrennbar zusammengehören, geschieden werden können, ist nicht haltbar, s. P. Hinschius a. a. O. S. 40. Das O.Tr. I v. 21. Okt. 1867, Entsch. 59 S. 318, hat ihn aber adoptirt, denn es meint, daß eine Trennung der Rechte eines auf einem Gute ruhenden Patronates von den Lasten desselben zulässig sei. Der §. 580 spricht nur von der Loslösung des Patronates mit allen Rechten und Pflichten vom Gute, nicht von der theilweisen Loslösung der Berechtigungen.

H. Ein die Veräußerung des Patronates absolut hinderndes Verbot enthält die K.O. nicht, O.Tr. I v. 20. Sept. 1875, Str. Arch. 94 S. 171.

23) H. Dieser §. läßt das Anm. 31 zu §. 340 erwähnte R. v. 1. Aug. 1861 bedenklich erscheinen, so auch Frantz, d. Patronatsbefugnisse in Bezug auf den Gemeindekirchenrath. Marburg 1883 S. 49.

4) Die Beiträge und Leistungen aber, zu denen der Patron verbunden ist, müssen in allen Fällen aus den Einkünften des Guts bestritten werden.

5) Wo das Patronat einer Kommune zusteht, können die jüdischen Mitglieder derselben an dessen Ausübung keinen Theil nehmen; sie müssen aber die damit verknüpften Reallasten von ihren Besitzungen gleich andern Mitgliedern der Kommune tragen, so wie sie auch als ansäßige Dorfs- oder Stadtgemeinde-Mitglieder, von ihren Grundstücken gleich andern christlichen Besitzern zur Erhaltung der Kirchen-Systeme beizutragen verpflichtet sind, da diese sonst, wegen der Ansiedelung der jüdischen Staatsbürger, Gefahr laufen, einzugehen [24]).

Rechte und Pflichten des Patrons.

§. 584. Die dem Patron obliegende Sorge für die Erhaltung der Kirche [25]) begreift die Pflicht, dazu, bei Ermangelung eines hinlänglichen Kirchenvermögens, aus eigenen Mitteln beizutragen, in sich [26]).

§. 585*. Dagegen ist aber auch der Patron berechtigt, die Verwalter [27]) des Kirchenvermögens zu bestellen, und Rechnungslegung von ihnen zu fordern [28]).

§. 586. Dem Patron, als Wohlthäter und Erhalter der Kirche, kommen in Ansehung derselben gewisse Ehrenrechte zu.

§. 587. Er hat das Recht, bei Erledigung der Pfarrstelle den neuen Pfarrer zu präsentiren [29]). (§. 327 sqq.)

§. 588 [30]). Er ist befugt, seinen Kirchstuhl im Chor, oder sonst an einem vorzüglichen Orte der Kirche zu haben.

§. 589. Der Patrone und ihrer Familien muß im öffentlichen Kirchengebete besonders gedacht werden.

§. 590. Auch bei der Beerdigung gebührt dem Patron, seiner Ehefrau, ehelichen Abkömmlingen, und bei ihm wohnenden Seitenverwandten ein Platz in dem Begräbnißgewölbe.

---

24) H. Ein weiterer Fall der Suspension des Patronatrechtes ist der der Verurtheilung des Patrons zu ehrmindernder Strafe nach d. Ges. v. 8. Mai 1837 §§. 1, 6, 11, 12, Zus. 1 zu §§. 47—50 II. 9 auf die Dauer seines Besitzes. Die Vorschriften des gedachten Gesetzes über die Ausübung der Rechte in diesen Fällen durch den Staat, §. 9 a. a. O., sind zwar in der Minist.-Verordn. v. 30. Mai 1849, M.Bl. f. d. i. V. S. 95, u. Beiträge zum preuß. K.R. 1 S. 28, als durch die Verf.Urk. aufgehoben erklärt. Richtig ist dies aber nicht, s. Anm. 11 u. 12 zu §§. 572, 573 d. T.

Vgl. ferner Anm. 90 zu Zus. 8 bei §. 42 d. T.

25) H. Vgl. Anm. 4 zu §. 712 und Anm. 14 zu §. 720 d. T.

26) Patronatslasten, die von einem Gute zu tragen sind, mit welchem das Patronat subjektiv dinglich verbunden ist, sind als Reallasten anzusehen; und die Rückstände derselben können gegen jeden dritten Besitzer, der das Gut per subhastationem necessarium akquirirt hat, geltend gemacht werden. Pr. 1318 des O.Tr. I v. 26. Juni 1843 (Präj.S. 1 S. 207). Vgl. Anm. 2 zu §. 568 u. Anm. 21 zu §. 581 d. T.

Vgl. §. 789.

Die Präsumtionen für die Freiheit der Person und des Eigenthums werden durch das Rechtsverhältniß des Patronats, welches nicht bloß Rechte, sondern auch mehr oder minder umfassende Pflichten enthält, in so weit erheblich alterirt, daß sie nicht als ein ganz allgemeiner und selbstständiger Befreiungsgrund, sondern nur relativ bei Erörterung der speziellen Verhältnisse geltend gemacht werden können. O.Tr. I v. 27. Nov. 1863, Str. Arch. 53 S. 35.

27) Die Ausg. von 1806 und 1817 haben hier den Druckfehler „Verwaltung".

28) Nach d. K.G. u. S.O. v. 1873 §§. 6, 23 (s. Zus. 20 zu §. 156) hat der Patron diese Rechte nicht mehr, ebenso wenig in katholischen Gemeinden nach dem Ges. v. 20. Juni 1875 §§. 5, 39 (Zus. 25 zu §. 157).

29) H. In den Fällen des §. 13 d. Ges. v. 20. Mai 1874 (s. hinter §. 1043) und der Art. 4 und 5 d. Ges. v. 21. Mai 1874 (Zus. 11 zu §. 60) war der Patron auch befugt, das Amt selbst zu besetzen, bez. für eine Stellvertretung in demselben zu sorgen, jedoch kann er jetzt von diesen Rechten keinen Gebrauch mehr machen, s. Anm. 84 zu dem cit. Zus. 11.

30) H. Die in den folgenden §§. erwähnten Ehrenrechte werden auch dem andersgläubigen Patron nach Maßgabe von §. 582 nicht verweigert werden können, s. P. Hinschius K.R. 3 S. 64.

Wegen ihrer Ausübung bei bestehendem Kompatronat s. §. 606 d. T. und P. Hinschius, a. a. O.

§. 591. Kann in diesem die Beerdigung nach den Gesetzen des Staats nicht statt finden, so kann der Patron die unentgeltliche Anweisung einer vorzüglichen Stelle auf dem der Kirchengesellschaft zustehenden Begräbnißplatze fordern. (§. 185.)

§. 592. Auch ist er berechtigt, Ehrenmäler für sich und seine Familie in der Kirche zu errichten.

§. 593. Bei seinem und seiner Ehegattin Absterben findet, durch den nach jedes Orts Gewohnheit bestimmten Zeitraum, das Trauergeläute statt.

§. 594. Wo die Kirchentrauer für den Patron und seine Familie bei deren Absterben hergebracht ist, hat es dabei auch fernerhin sein Bewenden.

§. 595. Verarmte Patrone genugsam dotirter Kirchen haben aus dem Kirchenschatze nothdürftigen Unterhalt zu fordern.

§. 596. Doch ist die Kirche zu dieser Competenz nur in so fern verpflichtet, als die Einkünfte des Vermögens, womit sie dotirt worden, nach Abzug aller zur Unterhaltung ihrer Anstalten erforderlichen Ausgaben dazu hinreichen.

§. 597. Auch tritt die Verbindlichkeit der Kirche nur alsdann ein, wenn außer ihr Niemand mehr vorhanden ist, der zur Ernährung des verarmten Patrons nach den Gesetzen verpflichtet wäre [31]).

§. 598. Die Ausübung des auf einem Gute haftenden Patronatrechts gebührt demjenigen, welchem das bürgerliche Eigenthum (Dominium civile) des Guts zukommt [32]). Wem die Ausübung eines Realpatronatrechts zukomme.

§. 599. Wem die Gesetze die Verwaltung des Inbegriffs der Güter und Gerechtsame eines Anderen übertragen haben, der ist auch das dazu gehörende Kirchenpatronat in dessen Namen auszuüben berechtigt [33]).

§. 600. Ein bloßes Verwaltungs-, oder — [34]) Nutzungsrecht an dem mit dem Patronat versehenen Gute, giebt noch keine Befugniß zur Ausübung des letzteren.

---

31) Darauf kommt nichts an, ob der Nothstand verschuldet sei oder nicht. Lippert führt in seinen Annalen des katholischen, protestantischen und jüdischen Kirchenrechts Heft 3 (Frankfurt a/M. 1832) S. 82 aus, daß dieser Grundsatz auch nach gemeinem Recht bestehe, H. was aber völlig unbegründet ist und der herrschenden Meinung widerspricht, P. Hinschius a. a. O. S. 67 ff.

32) Darunter ist der im Grundbuch eingetragene Eigenthümer zu verstehen. Vgl. II. 17 §§. 27, 29.

33) In Städten also der Magistrat, vermöge seines Repräsentationsrechts nach Außen, wobei sich die gesetzmäßige Konkurrenz der aufsichtführenden Staatsbehörden versteht. S. Besch. d. Min. d. geistl. Angel. u. d. Inn. v. 25. Jan. 1821 (Annal. 5 S. 79). H. Die Stadtverordneten haben dabei nicht theilzunehmen, s. z. B. Städte-Ordn. v. 30. März 1853 §. 56 Nr. 8 (Zus. zu II. 8 §. 178), ebenso wenig die jüdischen Mitglieder des Magistrats, s. Nr. 5 d. Verordn. v. 30. Aug. 1816 (Zus. 54 zu §. 581).

H. Das R.G. IV v. 2. Febr. 1882 bezieht den §. 599 nur auf den Fall, daß die Verwaltung durch Gesetz, nicht durch privatrechtlichen Titel übertragen ist, und bezieht daher §. 599 nicht auf den Testaments-Exekutor, Gruchot 26 S. 1023. Indessen steht nach preußischem Recht, ebenso wenig wie nach gemeinem Recht etwas entgegen, daß der Verwalter durch Spezialvollmacht auch zur Ausübung des Patronatrechtes ermächtigt wird, s. P. Hinschius, K.R. 3 S. 74.

34) Hier ist das Wort „Erbpachtsrecht“ weggelassen. H. O.Tr. I v. 13. Juni 1879, Entsch. 83 S. 295: das Realpatronat ist zufolge d. Ges. v. 2. März 1850 (G.S. S. 77) auf den Erbpächter übergegangen auch in dem Falle, wenn derselbe die Ausübung durch Vereinbarung mit dem Erbverpächter vom Erbpächter übernommen, demnächst aber der letztere sich durch Vertrag des Patronates zu Gunsten des ersteren begeben hatte.

H. Beim Lehne ging aber das Patronatrecht der Substanz, nicht bloß der Ausübung nach auf den Vasallen über, s. P. Hinschius a. a. O. 3 S. 18 und L.R. II. 18 §. 999. Das ist nicht mehr praktisch, wohl aber muß der Grundsatz heute noch auf den Familien-Fideikommißbesitzer, welcher gleichfalls, wie einst der Vasall, das nutzbare Eigenthum am Fideikommißgut hat, analogisch angewendet werden.

§. 601. Dagegen ist die Leibgedings-Frau zu solcher Ausübung während ihres Besitzes berechtigt.

§. 602. Wenn ein Gut Schulden halber in Beschlag genommen worden [35]: so bleibt die Ausübung des Patronatrechts dennoch dem Eigenthümer [36]; und nur diejenigen Befugnisse und Pflichten, welche auf das Kirchenvermögen Beziehung haben, müssen von dem gerichtlich bestellten Administrator wahrgenommen werden [37].

§. 603. Dagegen müssen die Lasten des Patronats, auch in diesem Falle, aus den Einkünften des Gutes getragen werden.

§. 604. Verfällt ein mit dem Patronatrechte versehenes Gut, aus anderen Ursachen als Schulden halber, auf den Antrag des Fiscus in gerichtlichen Beschlag: so kommt es, während desselben, dem Staat zu, für die Ausübung der diesfälligen Rechte und Pflichten zu sorgen.

Von mehreren Patronen.

§. 605. Wenn das Patronatrecht über eben dieselbe Kirche auf mehreren Gütern mit gleichem Rechte haftet: so sind die Besitzer dieser Güter, in Ansehung der damit verbundenen Befugnisse und Pflichten, als Inhaber eines gemeinsamen Rechts oder einer gemeinsamen Verbindlichkeit, zu betrachten [38].

§. 606. Doch kann jeder von ihnen die §. 586. bis 594. beschriebenen Ehrenrechte für seine Person fordern und ausüben.

§. 607. Hat eine Kirche mehrere Patrone: so kann derjenige, in dessen Gute die Kirche liegt, in gemeinschaftlichen Geschäften das Directorium, und den dahin gehörenden Vorzug in der Unterschrift verlangen [39].

§. 608. Sind mehrere Kirchen unter gemeinschaftlichen Geistlichen und Patronen vereinigt, so kommt das Direktorium in gemeinschaftlichen Angelegenheiten dem Patron des Ortes zu, wo der Pfarrer wohnt.

§. 609. In Angelegenheiten aber, welche nur eine einzelne Kirche betreffen, findet die Vorschrift §. 607. ebenfalls Anwendung.

Wie das Patronatrecht aufhöre.

§. 610. Niemand kann, ohne ausdrückliche Einwilligung der Gemeine, und ohne Genehmigung der geistlichen Obern, des Patronatrechts und der damit verbundenen Obliegenheiten sich begeben [40].

---

35) Es macht hierbei keinen Unterschied, ob zugleich über das übrige Vermögen des Eigenthümers förmlicher Konkurs eröffnet worden ist, oder nicht. In diesem Sinne spricht sich auch der Just.Min. in einem Besch. v. 28. Juli 1807 und d. Min. d. geistl. Angel. v. 12. Nov. 1812 (Gräff, Kreditges. 2 Beil. S. 55 und 57) aus. Die Gründe für die Ansicht, daß im Falle des Konkurses das Vokationsrecht des Patrons an den Staat falle und die Vokationen von den Reg. zu ertheilen seien, sowie die für eine dritte Ansicht, daß das corpus creditorum die jura patronatus auszuüben habe (Gräff a. a. O.), sind unzutreffend und dem klaren Texte des §. 602 widersprechend. Die dritte Meinung ist überdies bei dem heutigen Verfahren faktisch unmöglich, da das corpus creditorum einer Konkursmasse mit den verschuldeten Grundstücken des Gemeinschuldners nichts zu thun hat, und überhaupt können die Gläubiger nur die Vermögensrechte ihres Schuldners, nicht aber dessen Ehrenrechte, in Beschlag nehmen und verwerthen; denn Ehrenrechte sind nicht Gegenstand der Exekution.

36) H. Der Konkurs hindert aber nach §. 6, §. 34 Abs. 4 Nr. 2 u. §. 35 der K.G. u. S.O. v. 1873 (Zus. 20 zu §. 156) und §. 39, 26 Nr. 3 d. Ges. v. 20. Juni 1874 (Zus. 25 zu §. 157) den Patron, in den Gemeindekirchenrath bez. den Kirchenvorstand einzutreten; das Recht, einen Stellvertreter zu entsenden, bleibt ihm unbenommen.

37) H. Ein Recht zum Eintritt in den Gemeindekirchenrath, bez. den Kirchenvorstand hat er aber nicht, s. vor. Anm.

38) H. Anm. 38 zu §. 352 und Anm. 21 zu §. 581; H. vgl. ferner Erl. des Kult.Min. v. 31. Jan. 1877, kirchl. Ges. u. Verordn.Bl. v. 1876/1877 S. 231.

39) H. Die Bestimmung des §. 607 — sagt das O.Tr. im Erk. v. 30. März 1855, Str. Arch. 17 S. 165 — bezieht sich auf den Fall, wo vom Hause aus die Besitzer verschiedener Güter ein selbstständiges Patronatrecht über die Kirche haben, nicht aber auf den Fall, wenn der Güterkomplex des ursprünglich allein berechtigten Gutes getrennt und dem Besitzer der abgetrennten Güter ein Mitpatronatrecht übertragen ist.

40) Anm. 19 u. 20 zu §. 580 d. T.

§. 611. Dagegen verliert aber auch der Patron seine Rechte keineswegs durch den bloßen Nichtgebrauch.

§. 612. Hat er aber geschehen lassen, daß einzelne unter dem Patronatrechte begriffenen Befugnisse von der Gemeine, oder deren Vorstehern, oder auch von einem Dritten, durch eine zur gewöhnlichen Verjährung hinreichende Frist, als ein ihnen zukommendes Recht ausgeübt worden: so hat er diese Befugnisse verloren [41]).

§. 613. Wer um Bestechung oder anderer unerlaubter Privatvortheile willen Jemanden zu einer Pfarrstelle präsentirt, verliert für seine Person das Wahl- und Präsentationsrecht bei dieser und allen folgenden Vacanzen.

§. 614. In diesem und allen übrigen Fällen, wo der Patron das Wahl- und Präsentationsrecht für seine Person verliert, kommt die Besetzung der vacanten Pfarrstelle den geistlichen Obern zu [42]). (§. 398. sqq.)

§. 615. Auch einem Collegio, Corporation, oder Commune kann das Kirchenpatronat zukommen.

§. 616. Ein solches Collegium u. s. f. kann zwar die Ausübung desselben Jemandem aus seinem Mittel übertragen, oder selbige mit einem gewissen Amte verknüpfen.

§. 617. Es kann sich aber dadurch der zum Patronat gehörigen Pflichten, zum Nachtheil der Kirche, nicht entledigen.

Neunter Abschnitt.

Von der Verwaltung der Güter und des Vermögens der Pfarrkirchen [1]).

§. 618. Von den Gütern und dem Vermögen der Parochialkirchen gilt Alles, was vom Vermögen der Kirchen überhaupt im vierten Abschnitte verordnet ist. Allgemeiner Grundsatz.

41) Das nach dem L.R. oder nach älteren Provinzial-Kirchenrechten dem Kirchenpatrone zugestandene Recht auf Ernennung der Mitglieder des Presbyteriums ist durch Verjährung erloschen, wenn die Mitglieder desselben während der gewöhnlichen Verjährungsfrist sich stets durch Wahl selbst ergänzt haben. O.Tr. I v. 19. Mai 1852, Str. Arch. 6 S. 165. H. Für die durch die neuere Gesetzgebung (s. Anm. 28 zu §. 585) dem Patron gewährten Rechte paßt das aber nicht, denn die Ausübung derselben durch den Patron ist res merae facultatis, und kann gar nicht durch die Gemeinde oder deren Vorstand wahrgenommen werden.

42) Ueber die persönliche Fähigkeit zur Ausübung des Patronats s. Anm. 24 zu Zus. 54 bei §. 584 d. T.

H. Von allen Fällen, wo das Patronatrecht substantiell untergeht, z. B. durch Verzicht (§. 610), durch Untergang der berechtigten Familie, spricht §. 612 nicht. Hier muß nach §. 353 d. T. das Wahlrecht der Gemeinde eintreten, soweit es sich um evangelische Kirchen handelt, bei katholischen dagegen das Besetzungsrecht des Bischofs, s. Anm. 40 zu §. 353 d. T.

1) Verschiedene Landestheile haben über diesen Gegenstand besondere Bestimmungen — H. welche aber ebenso wie das L.R., soweit sie die Organe der Verwaltung und die Aufsichts- und Mitwirkungsrechte der Patrone bei der Verwaltung betreffen, durch die §§. 6, 22, 23 der K.G. u. S.O. v. 1873 (Zus. 20 zu §. 156) und die §§. 5, 39 ff., 47 des Ges. v. 20. Juni 1875 (Zus. 25 zu §. 157), nicht aber soweit sie gesetzliche Verwaltungsnormen enthalten, aufgehoben sind und aus dem letztgedachten Grunde noch ihre Bedeutung behalten — namentlich:

a) Ostpreußen in dem Zus. 191 des Provinzialrechts;
b) Westpreußen im Prov.R. §§. 31—34 (G.S. 1844 S. 107);
c) die Mark in der K.O. v. 11. Juli 1845 (G.S. S. 485);
d) Schlesien in dem Güntersblumer Edikte v. 14. Juli 1793, welches insoweit, als es hierher gehört, zur Abhülfe des praktischen Bedürfnisses mitgetheilt wird.

D. d. Güntersblum den 14ten Julii 1793.

Edikt vom 14. Juli 1793, daß bei den katholischen Kirchen in Schlesien und der Grafschaft Glatz taugliche Kirchenvorsteher bestellt, das Kirchenvermögen gut verwaltet, und die Kirchenrechnungen zu rechter Zeit gelegt und abgenommen werden sollen. (Neue Samml. Schles. Verordn. IV. S. 416; Wentzel Prov.R. von Schles. S. 198.)

Wir ꝛc. ꝛc. verordnen — folgendes:

I. Wegen Bestellung der Kirchen-Vorsteher.

1) bis 7) beseitigt, s. die vorstehende Bemerkung.

II. Wegen Verwaltung des Kirchen-Vermögens.

1) Die Verwaltung des Kirchenvermögens müssen die Kirchenvorsteher mit Zuziehung des Pfarrers übernehmen.

2) 3) 4) (Uebergangsbestimmungen.)

5) Alle willkührliche Disposition über das Vermögen der Kirchen wird den Pfarrern und Kirchenvorstehern schlechterdings verboten; Und sie sollen

6) für sich nur authorisirt seyn

a) zu denen fixirten und

b) solchen Ausgaben, wo eine schleunige Verwendung nothwendig ist, und ein Verzug Schaden brächte.

7) Zu allen andern Ausgaben ist die Einwilligung des Kirchenpatrons erforderlich, und wenn die Ausgabe mehr denn dreyßig Reichsthaler beträgt, noch überdies die Approbation des Bischöflichen Amts.

Ist der Kirchenpatron abwesend, so muß er entweder das Wirthschaftsamt, oder den Justitiarium zur Approbation der extraordinairen Ausgaben bis dreyßig Reichsthaler generaliter authorisiren. Bey höheren Ausgaben aber ist der eigene Consens des abwesenden Patroni erforderlich, es wäre denn, daß er jemand auch dahin ausdrücklich bevollmächtigt hätte, mehr betragende Ausgaben gut zu heissen.

Hat eine Kirche mehrere Patronos, die auf ihren Gütern wohnen, oder doch in der Nähe sind, alsdenn muß jeder seine Einwilligung zu den extraordinairen Ausgaben ertheilen, oder sie müssen sich über einen gemeinschaftlichen Bevollmächtigten vergleichen, oder dahin eines werden, daß die Einwilligung des am Orte befindlichen Patroni hinreichend seyn soll. Sind die Compatroni aber abwesend, oder entfernt, alsdenn müssen sie schlechterdings jemanden auf ihren Gütern, oder in der Nähe bevollmächtigen, der in ihrem Namen dergleichen Approbationen ertheilet.

8) Die Kirchenpatroni und das Bischöfliche Amt müssen keine Ausgaben bewilligen, die nicht nothwendig oder nützlich sind. Künftig passiren also keine Ausgaben für Schmausereyen bei Abnahme der Kirchen-Rechnungen.

9) Und damit den Pfarrern und Kirchenvorstehern, auch den Kirchenbedienten so viel möglich alle Gelegenheit benommen werde, der Kirche mehr Ausgaben zu machen, als wirklich erforderlich sind, so müssen die alle Jahr vorkommende unbestimmte Ausgaben, zum Beyspiel, für Reinigung der Kirchenwäsche, auf einen fixirten Geldbetrag gesetzt werden.

10) Darlehne können aus dem Kirchen-Vermögen nicht anders gegeben werden, als: auf Pfandbriefe,

auf Hypothek, die durch die erste Hälfte des Kaufgeldes gedeckt sind, auf Banco-obligationen.

11) Sie müssen mit Vorwissen und Genehmigung der Kirchenpatroni geschehen; die besondere Genehmigung des Bischöflichen Amts ist aber bey der No. 10. gegebenen Vorschrift, nicht erforderlich, weil solche, wenn sie eingeholt werden müßte, nur unnütze Weitläuftigkeiten machen würde.

12) Selbst der Kirchenpatron kann keine Kirchengelder an sich nehmen, es wäre denn, daß er sie zuvor durch eine vorschriftsmäßige Hypothek sicher gestellt hätte.

13) Sollte eine Kirche schon jetzt Gelder auf mindere Sicherheit ausstehen haben, so müssen die Kirchenvorsteher bey eigener Vertretung solche aufkündigen, und von ihnen dafür gesorgt werden, daß sie vorschriftsmäßig wiederum untergebracht werden können. Sind sie in Aufkündigung und Einziehung solcher Gelder nachlässig, alsdenn muß der Pfarrer solches dem Kirchenpatrono anzeigen, dieser aber sie zu ihrer Pflicht anhalten.

14) In der Kirchen-Casse müssen nie über zwanzig Reichsthaler baar ungenutzt liegen bleiben, es wäre denn, daß mehrere Gelder zu nöthigen Ausgaben bestimmt wären. Die Vorsteher müssen sich vielmehr Mühe geben, solche gegen vorschriftsmäßige Hypothek auszuleihen, und wenn sich dazu binnen 3 Monaten keine Gelegenheit findet, solche inmittelst als Kirchengelder, Unserer Breslauischen Bank gegen Zinsen einsenden. Es verstehet sich von selbst, daß, wenn nachher diese Gelder gegen Hypothek ausgethan werden können, sie sodann Unserer Bank wieder aufzukündigen und einzuziehen sind.

15) Die Pfarrer sind schuldig, die Kirchenvorsteher in solchen Fällen fleissig an ihre Pflicht zu erinnern, und wenn diese demohngeachtet nachlässig seyn sollten, dem Kirchenpatron davon Anzeige zu thun, welcher sie sodann zu ihrer Pflicht anhalten muß.

16) Die zur Kirche, Pfarre und Schule gehörigen Fundations-Briefe und andere wichtige Documente, desgleichen die Pfandbriefe, Hypotheken, Banco-Obligationen, und baaren Gelder, müssen in einem besondern Kasten, der mit drey Schlössern versehen ist, verwahret werden. Den

§. 619*. Die Verwaltung des Kirchenvermögens gebührt in der Regel den Kirchenvorstehern [2]). Art der Verwaltung.

§. 620*. Auf die Amtsführung derselben findet alles das Anwendung, was von den Vorstehern der Kirchengesellschaften überhaupt, §. 156. sqq. ingleichen §. 552. sqq. verordnet ist.

§. 621*. Doch sind sie, bei Patronatkirchen, in Rücksicht auf diese Verwaltung, auch der besonderen und unmittelbaren Aufsicht des Patrons unterworfen [3]).

§. 622*. Ein Gleiches gilt bei städtischen und anderen größeren Kirchen, welche keinen besonderen Patron haben, in Ansehung eines, noch außer den administrirenden Vorstehern, angeordneten Kirchencollegii [4]).

Schlüssel zu dem einen Schlosse hat der Pfarrer, den zum andern der erste und den zum dritten der zweyte Kirchenvorsteher.

17) Wenn dieser Kasten geöfnet werden soll, müssen alle diese drey Personen gegenwärtig seyn. Wäre einer von ihnen krank, alsdenn muß er jemanden von den Parochianis seinen Schlüssel anvertrauen, und seine Stelle durch ihn vertreten lassen.

Da auf dem Lande die Kirchen-Casse in dem Hause des Pfarrers sicherer ist als in der Kirche; so kann solche, unter vorgedachten Vorsichtsregeln, auch dort stehen bleiben.

18) Eine gleiche Sorgfalt muß wegen der, der Kirche zugehörigen, zum Gottesdienst bestimmten Kostbarkeiten, die nur an Festtagen gebraucht zu werden pflegen, angewandt werden.

19) Um allen Unterschleifen mit den Kirchengeldern vorzubeugen, sollen alle Zahlungen nur gegen eine von dem Pfarrer und den Kirchenvorstehern*) ausgestellte Quittung geschehen, und nur eine solche Quittung soll für den Zahler gültig seyn, und Effectum liberationis haben.

Da jedoch bey manchen Kirchen-Aerariis kleine fixirte Einnahmen, die oft nur wenig Groschen betragen, vorkommen, und es zu weitläuftig seyn würde, wenn, so oft sich ein solcher Zahler meldet, der Pfarrer und beyde Kirchenvorsteher convocirt werden müßten; so können dem Pfarrer über solche kleine Posten, die jedoch die Summe von höchstens zwey Reichsthalern nicht übersteigen müssen, in Voraus von den Vorstehern unterschriebene Quittungen mit ofnem Dato zugestellt werden. Bey der Rechnungslegung aber müssen sich solche Posten in Einnahme finden, oder, wenn sie in Rest gestellt sind, so muß sich der Pfarrer durch Vorzeigung von den Debenten noch nicht ausgelößter Quittungen legitimiren.

Uebrigens muß der Pfarrer kein zur Kirchen-Casse gehöriges Geld an sich behalten, sondern solches an die Casse abliefern, diese aber nie über fünf Reichsthaler, und bey Kirchen, wo nur ungewöhnliche Ausgaben von wenigen Silbergroschen vorkommen, nie über zwey Reichsthaler hinter sich behalten.

20) Wenn Pfandbriefe in die Kirchen-Casse gelegt werden sollen, müssen sie zuvor ausser Cours gesetzt werden. Die Interessen-Recognition muß nicht in derselben Casse, wo die Pfandbriefe sind, verwahret werden, damit bey einem Diebstahle nicht beydes gestohlen werden kann. Auch muß jedesmal die Nummer des Pfandbriefes und das Guth, worauf der Pfandbrief ausgefertigt worden ist, in das Rechnungsbuch eingetragen werden.

2) H. Nach der neueren Gesetzgebung dem Gemeindekirchenrath, bez. Presbyterium in der evangelischen, dem Kirchenvorstand in der katholischen Kirche, s. Zus. 20 zu §. 156, Anm. 78 zu Zus. 21 und Zus. 25 zu §. 157.

Auch für diese Organe gilt der vom O.Tr. I v. 21. Jan. 1861, Entsch. 45 S. 305, ausgesprochene Grundsatz: Der Patron und die geistlichen Oberen haben nur die Leitung, Ueberwachung und Beaufsichtigung der Verwaltung. Darin ist das Recht zur unmittelbaren Verwaltung des Kirchenvermögens oder zur Eingehung von Verbindlichkeiten für die Kirche nicht enthalten. Daher sind die Regierungen, als Vertreter der Rechte des landesherrlichen Patronats, der Aufsicht der geistlichen Oberen und der Oberaufsicht des Staats, nicht legitimirt, Forderungen an das Pfarrvermögen mit bindender Kraft für die Pfarre und Kirche anzuerkennen.

H. Vgl. Cirk.Erl. d. ev. O.K.R. v. 7. Nov. 1878 betr. die Aufstellung und Fortführung von Lagerbüchern (Vermögensverzeichnissen) der Kirchen und kirchlichen Institute, kirchl. Ges. u. Verordn.Bl. v. 1878 S. 155.

3) H. Die Aufsichtsrechte sind nach der K.G. u. S.O. v. 1873 §. 23 und dem Ges. v. 20. Juni 1875 §. 40 nur dem Patron, welcher Patronatslasten für kirchliche Bedürfnisse trägt, verblieben.

4) H. Die Kirchenkollegia sind durch die Anm. 2 und 3 citirten gesetzlichen Bestimmungen beseitigt.

---

*) Die Mitwirkung des Patrons ist bei der Quittung nicht erforderlich. O.Tr. III v. 14. Sept. 1857, Str. Arch. 27 S. 34.

Rechte und Pflichten der Kirchenverwalter.

§. 623*. Sie müssen bei ihrer Verwaltung eben die Aufmerksamkeit anwenden, und eben den Grad der Schuld vertreten, wozu Vormünder nach den Gesetzen verpflichtet sind [5]).

§. 624. Aufgehoben [6]).

§. 625. Sie müssen die der Kirche zustehenden Gelder, Schuldinstrumente, und andere Urkunden dergestalt unter gemeinschaftlichem Beschlusse halten, daß keiner von ihnen einseitig, und ohne die übrigen, darüber verfügen könne.

§. 626. Wo der Kasten, in welchem die Kirchengelder und Urkunden unter solchem gemeinsamen Beschlusse aufzubewahren sind, am sichersten untergebracht werden könne, müssen die Vorsteher mit dem Patron und Pfarrer [7]) in Ueberlegung nehmen; allenfalls aber muß dieses von dem Inspector oder Erzpriester nach den Umständen bestimmt werden.

§. 627. Wo es, besonders auf dem Lande, an tauglichen und im Rechnungswesen hinlänglich geübten Subjecten zu Kirchenvorstehern ermangelt, da kann der Pfarrer sich nicht entbrechen, dieses Geschäft mit zu übernehmen, und die Schreibereien, nebst dem Rechnungswesen, zu besorgen [8]).

§. 628. Was also hier von Kirchenvorstehern überhaupt verordnet wird, gilt in diesem Falle auch von dem Pfarrer, und den ihm an die Seite gesetzten Nebenvorstehern.

Von Kirchencapitalien.

§. 629*. Ausstehende Kirchencapitalien können die Vorsteher, ohne Vorwissen und Genehmigung des Patrons [9]) oder Kirchencollegii [10]), wo dergleichen vorhanden ist, nicht aufkündigen [11]).

§. 630. Geschieht die Aufkündigung von dem Schuldner, so müssen sie dem Patron [12]) oder Kirchencollegio davon sofort Anzeige machen.

§. 631. Wo weder ein Patron, noch ein Kirchencollegium vorhanden ist [13]), da müssen Aufkündigungen nicht anders, als mit Zuziehung des Inspectors oder Erzpriesters, gethan oder angenommen werden.

§. 632*. Der Patron, das Kirchencollegium, oder der Inspector, müssen den

---

5) H. Für die katholischen Kirchenvorstände schreibt §. 9 des Ges. v. 20. Juni 1875 die Haftung für die Sorgfalt eines ordentlichen Hausvaters vor, in so weit ist der §. 623 also beseitigt. Im Uebrigen s. Vorm.Ordn. v. 5. Juli 1875 §. 32.

6) H. S. Anm. 2 und 3 zu §§. 619 u. 621. Der §. lautete: „Bei einer jeden Pfarrkirche müssen wenigstens zwei Vorsteher bestellt werden."

7) H. Pfarrer und Patron sind dabei jetzt nur noch als Mitglieder des Gemeindekirchenrathes, bez. des Kirchenvorstandes betheiligt, s. Anm. 2 und 3 a. a. O.

8) Auf diese Grenzen der gesetzlichen Verpflichtung des Pfarrers zur bloßen Beistandsleistung durch Besorgung der Schreibereien und der Rechnungsführung soll im Interesse der geistlichen Amtsverwaltung der Regel nach strenge gehalten werden; alle weitere Belastung, namentlich die Befassung mit eigener Erhebung der Einnahmen, Zahlungsleistungen und anderen dergl. Geschäften des Geld- und Administrationsverkehrs soll vermieden werden. Diese Anordnung bezieht sich nicht auf die dem Geistlichen etwa durch Stiftungsverordnungen oder sonst speziell aufgetragenen Verwaltungen kirchlicher Fonds. Cirk.Verf. d. Min. d. geistl. 2c. Angel. v. 16. Febr. 1832 und v. 2. Juni 1837 (Annal. 16 S. 98 und 21 S. 401). H. Die Möglichkeit der Bestellung besoldeter Rechnungsführer geben sowohl die K.G. u. S.O v. 1873 §. 24 wie d. Ges. v. 20. Juni 1875 §. 10.

9) H. Auch für das hier erwähnte und alle sonstigen Genehmigungsrechte des Patrons ist die Tragung von Lasten (s. Anm. 3 zu §. 621) Bedingung des Fortbestandes dieser Befugnisse.

10) H. Die Worte: oder Kirchenkollegii, fallen fort, s. Anm. 2 u. 4 zu §§. 619, 622.

11) Die unsicher gewordenen Kapitalien müssen aber die Vorsteher bei Zeiten einzuziehen bedacht sein und zu diesem Zwecke die nothwendig gewordene Aufkündigung bei dem Patrone in Antrag bringen.

12) H. Wenn er Lasten trägt, sonst nicht, s. Anm. 9.

13) H. S. die vorgeh. Anm. 10.

Zahler anweisen: ob die Zahlung an die Vorsteher allein geleistet, oder wer noch außer ihnen dabei zugezogen werden solle [14]).

§. 633. Nach dieser Anweisung muß sich der Zahler richten; und nur eine derselben gemäß ausgestellte Quittung [15]) kann gegen die Kirche die Zahlung beweisen.

§. 634. Sobald aus den Einkünften der Kirche ein Bestand von funfzig Thalern oder mehr erübrigt werden kann, müssen die Vorsteher für dessen sichere und zinsbare Unterbringung zum Besten der Kirche sorgen.

§. 635. So lange sich zu einer solchen Unterbringung gegen höhere Zinsen, unter gesetzmäßiger Sicherheit, keine Gelegenheit findet, müssen dergleichen aufgesammelte Capitalien bei der Königlichen Bank belegt werden [16]).

§. 636. Kirchencapitalien sollen in der Regel nicht anders, als gegen gerichtliche Sicherheit und Eintragung auf unbewegliche Güter, ausgeliehen werden [17]).

§. 637*. Die Ausleihung muß mit Vorwissen und Genehmigung des Patrons oder Kirchencollegii [18]), in deren Ermangelung aber mit Zuziehung des Pfarrers [19]) geschehen.

§. 638. In allen Fällen muß die beabsichtigte Ausleihung und die dagegen der Kirche zu verschaffende Sicherheit dem Erzpriester oder Inspector angezeigt werden [20]).

---

14) H. Der Patron, welcher Lasten trägt, wird jetzt nur ein Zustimmungsrecht für die Zahlungsstelle in Anspruch nehmen können. Der Dritte, welcher zahlt, kann nach §. 22 d. K.G. u. O.S. v. 1873 und §. 19 d. Ges. v. 20. Juni 1875 die Ausstellung einer Quittung vom Vorsitzenden und zwei Mitgliedern des Gemeindekirchenraths, bez. des Kirchenvorstandes verlangen; die Zahlungsempfänger müssen ihm also entweder eine solche Quittung bei der Zahlung übergeben oder, falls sie selbst quittiren, eine auf die Quittungsleistung in der gedachten Form ausgestellte Vollmacht vorlegen.

H. Johow, Jahrb. d. Kammerger. 2 S. 150: Durch die Quittung wird keine Veräußerung der bezahlten Hypothek beurkundet; es bedarf daher zur Einziehung einer fälligen Hypothekenforderung der Kirchengemeinde und zur Quittungsleistung über dieselbe regelmäßig nicht der Genehmigung der geistlichen Oberen oder der an ihre Stelle getretenen Staatsbehörde.

15) Ebenso gut aber auch eine hinterdrein von den in voriger Anm. gedachten Personen schriftlich genehmigte Quittung.

16) Die in dem Cirk. des geistl. Depart. v. 28. (oder 13.) Juli 1795 (Rabe 3 S. 124) vorgeschriebene Form der Quittungen über eingehobene Bankkapitalien kann seit der veränderten Einrichtung der Gerichtsbehörden nicht mehr in Anwendung kommen.

H. An die Stelle der Kgl. Bank tritt die Reichsbank, s. Reichsbankges. v. 14. März 1875 (R.G.Bl. S. 181) u. Vertrag v. 17./18. Mai 1875 §. 12 (a. a. O. S. 217).

17) H. Sie können auch durch Ankauf öffentlicher Geldpapiere, wofür der Staat Garantie übernommen hat, namentlich auf Staatsschuldscheine, K.O. v. 3. Mai 1821 (G.S. S. 46), konvertirte Pfandbriefe der landwirthschaftlichen Kreditinstitute, K.O. v. 27. Mai 1838 (G.S. S. 380), Obligationen der vom Staate übernommenen Provinzialschulden, K.O. v. 16. Sept. 1842 (G.S. S. 249), Eisenbahnaktien und Obligationen mit staatlicher Zinsgarantie, K.O. v. 22. Dez. 1843 (G.S. v. 1844 S. 45); K.O. v. 22. Okt. 1855 (G.S. S. 683), Rentenbriefe, Ges. v. 2. März 1850 §. 37 (G.S. S. 119), die verschiedenen Staatsanleihen, namentlich die konsolidirten (s. die betreffenden Gesetze über diese, vgl. z. B. Ges. v. 19. Dez. 1869 §. 7, G.S. S. 1200) angelegt werden. Seit dem Inkrafttreten der Vorm.Ordn. v. 5. Juli 1875 wird aber die Anlegung auch in den im §. 39 ders. aufgeführten Papieren erfolgen können, weil die Kirchen-Gelder und Gelder milder Stiftungen den Mündelgeldern gleich zu behandeln sind, §. 643 (vgl. auch §. 228) d. T., anerkannt für die letzteren im R. d. Min. d. Inn. v. 16. Dez. 1874, Allgem. Kirchenbl. f. d. ev. Deutschld. 1875 S. 426, und insbesondere für Kirchenkapitalien R. d. Min. d. geistl. Angel. v. 30. Sept. 1875, a. a. O. Jahrg. 1876 S. 323.

18) H. Fällt fort, s. Anm. 10.

19) H. Der Pfarrer hat jetzt nach den citirten Bestimmungen nur als Mitglied des Gemeinderaths, bez. des Kirchenvorstandes mitzuwirken.

20) Zur Genehmigung, welche abgewartet werden muß, wie aus den folgenden §§. 639 u. 640 klar erhellet. Weiter ausgeführt wird dies in dem Besch. d. Min. d. geistl. Angel. v. 4. Febr. 1843 (M.Bl. f. d. i. V. S. 29). Wiewohl also das Darlehn, selbst wenn das Geld vorher ge-

§. 639. Beträgt das auszuleihende Capital mehr als funfzig Thaler, so muß er bei den vorgesetzten geistlichen Obern [21]) darüber anfragen.

§. 640. Ein Gleiches muß geschehen, wenn der Inspector, auch bei einer mindern Summe, die Sicherheit bedenklich findet.

§. 641. Dem Patron selbst dürfen das Kirchencollegium, der Pfarrer und die Vorsteher [22]), bei eigener Vertretung, ohne besondere Genehmigung der geistlichen Obern, keine Kirchengelder zum Darlehn geben, oder sonst überlassen.

§. 642. Ein Gleiches gilt von Darlehnen, die einem Vorsteher, oder einem Mitgliede des Kirchencollegii [23]), oder auch dem Pfarrer gemacht werden sollen.

§. 643. Die geistlichen Obern machen sich der Kirche verantwortlich, wenn sie ohne eine solche Sicherheit, als die Gesetze bei Verleihung der Mündelgelder aus dem gerichtlichen Deposito erfordern [24]), in dergleichen Darlehne (§. 641. 642.) willigen.

§. 644. An Personen, welche zu den geistlichen Obern gehören, dürfen weder die Vorsteher, noch der Patron oder die Kirchencollegia, bei eigener Vertretung, Darlehne aus dem Kirchenvermögen machen.

Von Schulden der Kirche.

§. 645*. Sollen Capitalien für die Kirche aufgenommen werden: so ist dazu der Beitritt des Patrons oder Kirchencollegii, oder in beider Ermangelung, der Gemeine oder deren Repräsentanten, nebst der Genehmigung der geistlichen Obern erforderlich [25]).

geben worden ist, erst durch die Genehmigung der Oberen Darlehn im Rechtssinne wird, so bedarf es darum doch nicht der Vorlegung der Genehmigung bei der Hypothekenbehörde als Erfordernisses der Eintragung, aus demselben Grunde, aus welchem der Eigenthümer die Eintragung einer Schuldverschreibung verlangen kann, auf welche er noch keine Valuta erhalten hat, wo also eingeständlich gleichfalls noch kein Darlehn zu Stande gekommen ist. Der Hypothekenrichter ist nicht nur nicht berufen, bei dergleichen einseitigen Rechtsgeschäften, bei welchen die Erklärungen und Anträge des Grundbesitzers ganz allein und für sich eintragungsfähig sind, von Amtswegen sich zwischen die Betheiligten zu drängen, um zu erforschen, wie sie zu einander stehen, sondern er befindet sich auch nicht in der Lage, dieses durchzuführen; und eine Amtsverweigerung bis dahin, wo ihm die Betheiligten freiwillig ihr Verhältniß kund geben, würde in vielen Fällen unwiederbringlichen Schaden verursachen, während umgekehrt die Amtshandlung nach dem Antrage des Schuldners gar nicht schaden kann. In diesem Sinne hat auch der Just.Min. durch Besch. v. 27. Aug. 1829 (Erg. ad h. §.) auf die Remonstration einer Regierung zutreffend geantwortet, und der Grundsatz ist durch den §. 31 d. Ges. v. 24. Mai 1853 (G.S. S. 530) festgesetzt. H. S. jetzt §. 19 d. Ges. v. 5. Mai 1872 (Zus. zu I. 20 §. 410).

21) Bei Ausleihungen ohne Genehmigung der geistlichen Oberen müßte das Rechtsgeschäft als eine negotiorum gestio angesehen werden, woraus folgt, daß, wenn die Oberen das Darlehnsgeschäft für die Kirche nicht annehmen wollen, die Verwalter dasselbe für sich zu behalten und die Kirche unbedingt schadlos zu halten hätten. In einer in Simon's Rechtsspr. 4 S. 443 mitgetheilten Rechtssache haben jedoch die Gerichte (an das O.Tr. ist die Sache nicht gekommen) dafür gehalten, daß die Vertretungsverbindlichkeit der Verwalter von Kirchenvermögen in solchem Falle sich nur auf denjenigen Theil des ohne Genehmigung ausgeliehenen Kapitals erstrecke, der durch vorschriftsmäßige Sicherheit nicht gedeckt ist, da in Beziehung auf den übrigen Theil des verloren gehenden Kapitals die nicht eingeholte Genehmigung nur als zufällig schädlich anzusehen sei. — Eine irrige Auffassung des Rechtsverhältnisses. Der Geschäftsherr braucht das nicht aufgetragene und auch nicht genehmigte Rechtsgeschäft dem Geschäftsbesorger gar nicht abzunehmen.

22) H. Die Worte von „Kirchenkollegium" an sind zu ersetzen durch: Gemeindekirchenrath. bez. Kirchenvorstand, s. Anm. 2 zu §. 619 d. T.

23) H. Muß jetzt heißen: einem Aeltesten oder Kirchenvorsteher. Auf die Gemeindevertreter wird sich die Vorschrift nicht anwenden lassen, da diese nur Mitglieder des Kontrol-Organs sind und die alten Repräsentanten ersetzen.

24) So ist es auch nach dem Schles. Ed. v. 14. Juli 1793 (Anm. 1). Bezüglich auf die evangelisch-reformirte Kirche zu Berlin aber hat das R. v. 26. Nov. 1799 nachgelassen, daß die Kapitalien der milden Stiftungen der Reformirten auf Landgüter innerhalb der ersten zwei Drittheile des Werths derselben belegt werden dürfen. (Rabe 5 S. 636.) H. Vgl. jetzt auch Anm. 17 zu §. 636 d. T.

25) H. Außer dem Patrone ist für den Gemeindekirchenrath, bez. den Kirchenvorstand auch

§. 646. Wer ohne diese Erfordernisse in ein solches Darlehnsgeschäft sich einläßt, der erlangt daraus ein Recht an die Kirche und deren Vermögen nur so weit, als er die geschehene Verwendung in ihren Nutzen nachweisen kann.

§. 647*. In die Veräußerung eines Kirchenguts muß, außer dem Patron, wo dergleichen vorhanden ist, auch die Gemeine durch ihre zu bestellenden Repräsentanten [27]) einwilligen. Grundstücke [26]).

§. 648. Keine Veräußerung aber kann ohne vorhergegangene Untersuchung und Approbation der geistlichen Obern, und ohne Erlaubniß des geistlichen Departements im Staatsministerio, gültig geschehen [28]).

§. 649. Fällt weg [29]).

§. 650*. Wenn die Kirche wegen ihrer Güter und Vermögens in Prozesse verwickelt wird, so liegt der Betrieb derselben den Vorstehern [30]) ob [31]). Prozesse.

---

die Genehmigung der Gemeindevertretung nach §. 31 Nr. 3 d. K.G. u. S.O. v. 1873 und §. 21 Nr. 4 d. Ges. v. 20. Jan. 1875 (s. Anm. 2 zu §. 619), für katholische Gemeinden auch die des Regierungspräsidenten, §. 50 d. cit. Ges. u. Art. 1 d. Verordn. v. 27. Sept. 1875 (Zus. 26 zu §. 157 d. T.), für die evangelische die des Regierungs-, bez. Polizei-Präsidenten, Art. 24 Nr. 3 d. Ges. v. 3. Juni 1876 (Zus. 22 zu §. 156) erforderlich.

26) H. Für die Verwaltung von Waldungen und Holzungen der Kirchen, Pfarren, Küstereien und anderen geistlichen Institute kommt in Betracht d. Ges. v. 14. Aug. 1876 (G.S. S. 373), welches aber nur für die 6 älteren östlichen Provinzen gilt. Vgl. dazu die Instr. v. 21. Juli 1877, M.Bl. f. d. i. V. S. 259, kirchl. Ges. u. Verordn.Bl. v. 1878 S. 82.

27) H. Jetzt die Gemeindevertretung, §. 31 Nr. 1 der G.K. u. S.O. v. 1873 und §. 21 Nr. 1 d. Ges. v. 20. Juni 1875.

28) H. Vgl. die Anm. zu §. 219 d. T.

29) In Folge der Aufhebung des Erbzinsrechts und der Erbpacht als zulässiger Grundbesitzformen. Der §. 649 lautete: „Zu Erbverpachtungen, oder Austhuung gegen Erbzins, ist die Einwilligung der geistlichen Obern hinreichend."

30) H. jetzt dem Gemeindekirchenrath, bez. den Kirchenvorstehern, s. §. 22 d. K.G. u. S.O. v. 1873 u. §. 8 d. Ges. v. 20. Juni 1875.

31) Es ist in Frage gekommen, ob die Kirchenvorsteher ausschließlich, gegen den Willen der Kirchengemeinde, berufen seien zur Prozeßführung; oder ob die Kirchengemeinde die Befugniß habe, ihren Prozeß selbst, d. h. durch gewählte andere Repräsentanten — denn ganze Gemeinden dürfen nicht vor Gericht auftreten — zu führen. Das Breslauer Appellationsgericht hat durch Erk. v. 21. April 1838 das letztere angenommen, weil die Vorsteher eben nur Repräsentanten seien, und es den Vertretenen daher nicht verschränkt werden könne, ihre Rechte selbst wahrzunehmen. (Schles. Arch. 3 S. 449.) Dagegen ist erinnert worden, daß das privatrechtliche Verhältniß des Machtgebers und Mandatars bei dem staatsrechtlichen, in welchem öffentliche Institute zu der denselben vom Staate angeordneten Repräsentation stehen, nicht entscheide. So wenig eine Stadtgemeinde an der Stelle ihrer gesetzlichen Repräsentanten (Magistrat und Stadtverordneten) klagen könnte, so wenig die Kirchengemeinde statt deren Vorsteher. (Anm. 1 in den Erg. ad h.) Das Gleichniß hinkt sehr und beweist gar nichts. Eine Stadtgemeinde ist eine politische Korporation, greift in den Staatsorganismus ein und der Magistrat (auf die Stadtverordneten kommt hierbei nichts an) ist eine Obrigkeit, die von der Gemeinde nicht willkürlich außer Thätigkeit gesetzt werden kann. Von alle dem kommt bei einer Kirchengemeinde gar nichts vor; diese ist keine politische, sondern eine Religionsgesellschaft; ihre Vorsteher sind keine Obrigkeit, sondern Privatverwalter, die nur zur besseren Sicherheit der Gesellschaft von dem Staate beaufsichtigt werden, was jedoch gar nichts wesentliches ist und ganz gut wegfallen kann, ohne daß die Natur oder Bedeutung der Sache eine Aenderung erleidet. Die Frage selbst ist zu allgemein gehalten und führt nicht zu einem praktisch brauchbaren Prinzip. Es ist zu unterscheiden: ob es sich um Rechte oder Verpflichtungen der durch das Kirchen- oder Kirchengemeinde-Vermögen dargestellten juristischen Persönlichkeit, oder lediglich um Rechte und Pflichten der Eingepfarrten (Gemeindemitglieder) als solcher handelt. Die erstere wird als juristische Person durch ihre Vorsteher und den Patron vertreten; die Gemeindemitglieder als solche müssen zu ihrer Vertretung Repräsentanten oder Bevollmächtigte wählen. §. 237 d. T. u. Anm. 2 dazu. Hiernach erhalten die beiden Erk. der O.Tr. I v. 19. Juli 1854 und v. 28. Jan. 1856, Str. Arch. 14 S. 187 u. 20 S. 92, ihre verschiedenen Beziehungen. Das erstere spricht den Satz aus: Die Kirchenvorsteher sind zur Vertretung der auf Erstattung der von einem Dritten vorgeschossenen Kosten von Kirchen- und Pfarrbauten in Anspruch genommenen Eingepfarrten nicht berechtigt. Denn hier handelt es sich nicht um das Kirchen-

vermögen als Träger der juristischen Persönlichkeit, sondern um Leistungen der Eingepfarrten (Gemeindemitglieder). Vergl. Anm. 2 zu §. 237 d. T. — Das andere stellt den Satz hin: Der Vorstand einer Kirchengemeinde ist in Betreff der gegen die letztere seitens der aus der evangelischen Landeskirche ausgeschiedenen und zu den Altlutheranern übergetretenen bisherigen Mitglieder auf Befreiung von Leistungen zu den Pfarrbauten erhobenen Klage zur Vertretung der beklagten Kirchengemeinde legitimirt. Dies ist gleichfalls richtig, weil die Klage das Korporationsvermögen, den Träger der juristischen Persönlichkeit betrifft.

Das O.Tr. hat die Grundsätze in Betreff der Legitimation zur Sache in Prozessen, je nach dem Gegenstande, wie nachsteht, zusammengestellt:

a. Handelt es sich um die Frage: ob Jemand von Baubeiträgen befreit sei, weil er entweder nicht Patron ist, oder weil er nicht zu den Eingepfarrten gehört, so berührt der Streit einen Gegenstand, welcher das Interesse der Kirche als solcher, resp. der ganzen Kirchengesellschaft betrifft. Er muß daher auch mit den gesetzlich geordneten Vertretern der Kirche resp. der ganzen Kirchengesellschaft geführt und zum Austrage gebracht werden. H. Vgl. O.Tr. I v. 17. Nov. 1854, Str. Arch. 20 S. 92: Der Anspruch auf Befreiung von Leistungen zu den Kirchen- und Pfarrbauten wird von den aus der ev. Landeskirche ausgeschiedenen und zu den von derselben sich getrennt haltenden Lutheranern übergetretenen bisherigen Mitgliedern einer Kirchengemeinde gegen die letztere als solche und folgeweise gegen deren in dem Patrone und dem Kirchenvorstande bestehenden Vertretung richtig verfolgt, vgl. ferner Erk. dess Sen. v. 9. Nov. 1857, Entsch. 37 S. 296; Str. Arch. 28 S. 73.

b. Betrifft dagegen der Streit lediglich das Beitragsverhältniß unter den Eingepfarrten selbst, oder unter den mehreren Patronen, so sind als Prozeßparteien anzusehen im letzteren Falle nur die Patrone unter sich, und zwar der gänzliche oder theilweise Befreiung beanspruchende Patron auf der einen, und die kontradizirenden Patrone auf der anderen Seite. Bei einem Streite unter den Eingepfarrten aber stehen sich gegenüber der, eine gänzliche oder theilweise Befreiung beanspruchende, einzelne Eingepfarrte den übrigen Eingepfarrten, resp. die eine solche Befreiung prätendirende Klasse der Eingepfarrten den kontradizirenden anderen Klassen derselben. Dasselbe findet auch statt, wenn ein einzelner Eingepfarrter oder eine Klasse derselben die höhere Heranziehung anderer eingepfarrter Personen oder Klassen prätendirt, um dadurch die Herabsetzung des eigenen Beitrages herbeizuführen. Denn in allen diesen Fällen handelt es sich um jura singulorum innerhalb der universitas personarum.

c. Handelt es sich aber um einen Streit über das Beitragsverhältniß zwischen Eingepfarrten und Patron, so kommt es mit Rücksicht auf die doppelte Eigenschaft, in welcher letzterer bei der kirchlichen Baulast konkurriren kann, nämlich für seine Person als Miteingepfarrter oder in seiner Qualität als Patron, wesentlich darauf an, in welcher Eigenschaft er in den Streit verwickelt ist. Betrifft der Prozeß die Frage, ob er innerhalb des Kreises der Eingepfarrten als dazu mit gehörig zu Beiträgen überhaupt, oder zu höheren als den festgesetzten herangezogen werden solle, so findet dann das unter b Gesagte Anwendung, so daß jeder einzelne durch die geschehene oder von diesem Miteingepfarrten prätendirte Vertheilung der den Eingepfarrten unter sich gemeinschaftlich obliegenden Beitragslast sich beschwert haltende Eingepfarrte zur rechtlichen Ausführung, jener sei höher heranzuziehen, berechtigt erscheint, weil er damit eben nur ein privatrechtliches, auf das Theilnahmeverhältniß an der gemeinschaftlichen Verpflichtung aller Eingepfarrten sich gründendes Sonder-Interesse verfolgt. Anders dagegen, wenn es sich darum handelt, ob der Patron als solcher zu den gesetzlichen Patronatsbeiträgen heranzuziehen sei oder nicht. Gesetzlich oder aus speziellem Titel ist er der Kirchengemeinde gegenüber entweder zu Beiträgen verpflichtet oder davon frei; zu den Einzelnen ihrer Mitglieder, resp. den einzelnen Eingepfarrten, steht er in keinem Rechtsverhältnisse. Daraus folgt, daß nur von der Kirchengemeinde als Korporation, nicht aber von einzelnen dazu Eingepfarrten von dem Patron als solchem, d. h. als einem in dieser Qualität außerhalb der Kirchengemeinde stehenden Rechtssubjekte, die Leistung von Patronatsbeiträgen verlangt werden kann; — dem Einzelnen steht ein eigenes Recht zur Klage gegen den Patron nicht zu. O.Tr. I v. 20. Okt. 1865, Str. Arch. 61 S. 148.

H. Vgl. ferner die Erkenntnisse:

I v. 9. Okt. 1854 (Pr. 2556): In Prozessen, in welchen die Kirchengemeinde wegen der von den Eingepfarrten zu leistenden Beiträge zu den Kirchenbaukosten belangt wird, ist der Kirchenvorstand als solcher zur Vertretung der Verklagten nicht legitimirt, Entsch. 28 S. 350, wiederholt von I am 17. Nov. 1852, 11. April 1853 u. 22. Juni 1853, Str. Arch. 8 S. 49; 9 S. 92 u. S. 297.

I v. 14. Febr. 1870, Str. Arch. 79 S. 13: In Prozessen, in welchen Eingepfarrte wegen Baubeiträgen klagen oder verklagt werden, sind die Kirchenvorsteher als solche nicht befugt oder legitimirt.

I v. 20. Dez. 1858: Wenn die Kosten eines Kirchenbaues von den Eingepfarrten bestritten sind, so ist nicht die Kirchengemeinde gegen den Kirchenpatron wegen Erstattung dieser Kosten auf Grund seiner (angeblichen) Verpflichtung zur Tragung derselben und daraus folgenden

§. 651*. Der Patron muß die Vorsteher in Ausführung und Vertheidigung der Kirchengerechtsame unterstützen [32]).

§. 652*. Soll die Kirche Klägers Stelle vertreten [33]), so müssen der Patron und die Vorsteher, noch vor dem Anfange des Prozesses, die Approbation der geistlichen Obern darüber einholen [34]).

Verwendung in seinen Nutzen legitimirt, sondern nur denjenigen Eingepfarrten, die aus ihrem Vermögen zu jenem Zwecke etwas beigesteuert haben, steht die Klage zu, Entsch. 41 S. 312.

I v. 25. März 1859: Handelt es sich in einem Prozesse darum, ob Jemand, abgesehen von den sonstigen ihm als Eingepfarrten obliegenden Lasten, zu den Pfarr- und Kirchenbauten der Gemeinde die erforderlichen Materialien an Holz, Steinen und Sand vorweg unentgeltlich zu gewähren habe, so erscheint die Kirchengemeinde als Korporation betheiligt und ist daher durch den Kirchenvorstand und unterstützt vom Patron zu vertreten, Str. Arch. 33 S. 103.

I v. 22. Mai 1857: Die Klage des Kirchenpatrons auf Erstattung von Kirchenbaukosten kann gegen die Kirchengemeinde (die Gesammtheit sämmtlicher Eingepfarrten) gerichtet werden, welcher es überlassen bleibt, die Vertheilung der Beiträge unter ihren Mitgliedern behufs Befriedigung des Kirchenpatrons zu veranlassen, Entsch. 36 S. 305, Str. Arch. 24 S. 325.

32) Die Kirchenpatrone sind aber nicht ermächtigt, Prozesse allein zu führen. O.T. v. 30. April 1838, Entsch. 4 S. 141. Auch die Kirchenoberen nicht. §. 659 u. die Anm dazu. Es liegt überhaupt nicht in der Stellung des Patrons, daß es für ihn nothwendig wäre, an den Prozessen der Kirche stets selbst Theil zu nehmen; der Betrieb derselben liegt den Vorstehern ob. §. 650; O.Tr. I v. 17. Juli 1860, Str. Arch. 18 S. 193. H. Jetzt wirkt der Patron in so weit mit, als er Mitglied im Gemeindekirchenrath, bez. Kirchenvorstand ist oder in diesem seinen Vertreter hat. — Wegen der Betheiligung der Gemeindevertretung s. §. 31 Nr. 4 d. K.G. u. S.O. v. 1873 u. §. 21 Nr. 5 des Ges. v. 20. Juni 1875.

H. Ueber die den Kirchen für ihre Prozesse in einem gewissen Umfange gewährte Kostenfreiheit vgl. Ges. v. 10. Mai 1851, betr. den Ansatz und die Erhebung der Gerichtskosten §. 4 Nr. 4 (G.S. S. 622). Diese ist durch das R.Ger.Kost.Ges. v. 18. Juni 1878 §. 98 (R.G.Bl. S. 141) nicht beseitigt worden. Wegen der Ausstellung der erforderlichen Atteste, s. Ges. v. 3. Juni 1876 Art. 23 Nr. 5 (Zus. 22 zu §. 186).

33) Die K.O. v. 8. Sept. 1840 ordnet aus Veranlassung des Prozesses einer Kirche gegen den Fiskus an:

1. daß Kirchen und andere deren Rechte genießende moralische Personen in den Fällen, wo deren Ansprüchen an den Fiskus durch Intercession des vorgesetzten Departements-Chefs bei dem mit der Wahrnehmung des fiskalischen Interesses beauftragten Minister kein Eingang zu verschaffen und der Rechtsweg an sich nicht ausgeschlossen ist, durch den betreffenden Departements-Chef unmittelbar oder durch die von demselben ressortirenden Behörden nicht nur auf die Anstellung eines Prozesses gegen den Fiskus hingewiesen, sondern auch unter Benutzung der aktenmäßigen Verhandlungen mit der nöthigen Information über die faktischen Verhältnisse und einer Anleitung zu zweckmäßigen Rechtsausführungen versehen werden können; daß aber eine abschriftliche Mittheilung der zwischen den Ministerien und überhaupt zwischen den Behörden geführten Korrespondenz in solchen Fällen an den Gegner des Fiskus nicht statt finden darf, vielmehr lediglich deren Benutzung bei der Informations-Ertheilung zulässig ist; und

2. daß in den Fällen, wo in Betreff der von Pupillen, Kirchen oder andern deren Rechte genießenden moralischen Personen gegen den Fiskus erhobenen Ansprüche zwischen dem vorgesetzten Departements-Chef und dem die Rechte des Fiskus wahrnehmenden Minister eine Verständigung nicht erreicht werden kann, es sich oft um allgemeine Grundsätze handeln werde, deren Feststellung auf dem Verwaltungswege, ganz abgesehen von dem einzeln vorliegenden Falle wünschenswerth oder nothwendig ist, und es dem Interesse der Pupillen oder Kirchen ꝛc. ganz entsprechen könne und oft die Anstellung eines Prozesses unnöthig machen werde, wenn der streitige Grundsatz zuvörderst im Staats-Ministerium erörtert oder zur Entscheidung Seiner Majestät des Königs gebracht wird; wobei jedoch den betheiligten Pupillen oder Kirchen ꝛc., wenn sie sich nicht so lange gedulden wollen und der Rechtsweg an sich zulässig ist, jederzeit unbenommen bleibe, ohne Rücksicht auf die beabsichtigte oder schon eingeleitete Erörterung im Staats-Ministerium zur gerichtlichen Klage zu schreiten. . . . . . J.M.Bl. S. 386.

34) Wenn es sich um die Substanz des Kirchenvermögens, nicht um bloße Einkünfte handelt. Uebrigens kann, wenn die Approbation nicht vorher eingeholt worden ist, sondern erst während des Prozesses der Legitimationsmangel wahrgenommen wird, nicht auf der Stelle die Abweisung ausgesprochen, sondern der Legitimationsmangel muß der Partei vorgehalten und die zur Herbeischaffung der erforderlichen Ausweise nöthige Frist gegeben werden. O.Tr. II v. 17. Juli 1860, Str. Arch. 38 S. 191, H. s. jetzt C.P.O. §§. 52, 54.

§. 653. Unterlassen sie dieses, so wird der Prozeß auf ihre Gefahr und Kosten geführt, und der Kirche kann daraus kein Nachtheil erwachsen [35]).

§. 654. Auch wenn die Kirche von Anderen rechtlich belangt wird, müssen der Patron und die Vorsteher den geistlichen Obern davon sofort Anzeige machen [36]).

§. 655. Das Approbationsdecret der geistlichen Obern ist zwar zur Einlassung auf die Klage nicht nothwendig;

§. 656. Wenn aber die Vorsteher dergleichen Decret nicht nachbringen, so geht der Prozeß auf ihre Gefahr und Kosten [37]).

§. 657. Die Kosten können jedoch sowohl in diesem, als in dem Falle des §. 653. aus dem Kirchenvermögen zurückgefordert werden, wenn durch einen günstigen Ausgang des Prozesses ein die Kosten übersteigender Nutzen für die Kirche verschafft worden.

§. 658*. Die Vollmacht zum Betriebe eines Prozesses muß, außer den Vorstehern, von dem Patron, oder dem Kirchencollegio, oder in deren Ermangelung, von dem Pfarrer mit unterschrieben werden [38]).

H. Nöthig ist jetzt nur die Zustimmung des Patrons, der Lasten trägt, bei katholischen Gemeinden; die Nothwendigkeit der Approbation einer Staats- oder Kirchenbehörde für diese ist durch §. 51 des Ges. v. 20. Juni 1875, aber für die evangelische Landeskirche nur die der ersteren, nicht die der letzteren durch Art. 26 des Ges. v. 3. Juni 1876, Zus. 22 zu §. 156, Verordn. d. ev. O.K.R. v. 23. Dez. 1878, kirchl. Ges. u. Verordn.Bl. 1879 S. 13, beseitigt.

H. Vgl. auch Cirk.Erl. des ev. O.K.R. v. 29. Sept. 1881, betr. die kirchenregimentliche Aufsicht hinsichtlich der Prozesse von Kirchengemeinden und kirchlichen Instituten, a. a. O. 1881 S. 107.

35) Die Bestimmungen der §§. 652, 653 finden nicht bloß bei Patronatkirchen, sondern auch bei Kirchen, die keinen Patron haben, Anwendung. O.Tr. I v. 19. Mai 1852, Str. Arch. 4 S. 165.

H. O.Tr. II v. 17. Juli 1860, Str.Arch. 38 S. 188: Handelt es sich um bloße Einkünfte des Kirchenvermögens, z. B. um die Hebung des Laudemiums, nicht um die Substanz des Kirchenvermögens, z. B. die Laudemialpflicht überhaupt, so ist das Kirchenkollegium zur Klage auf Entrichtung dieser Einkünfte — des Laudemiums — auch ohne Approbation der geistlichen Oberen berechtigt. Vgl. § 664. S. auch die in der Anm. 34 cit. Verordn. des ev. O.K.R.

36) H. Durch Verordn. des Just.Min. v. 10. Aug. 1881, J.M.Bl. S. 168, ist im Einverständniß mit dem Minister der geistl. Angel. angeordnet, daß die nach dem Cirk.R. v. 17. Sept. 1875, Jahrb. 46 S. 110, und nach der allgem. Verf. v. 27. Febr. 1855, J.M.Bl. S. 18, den Kgl. Regierungen zu machenden Mittheilungen in Prozessen, in welchen Kirchen oder andere hinsichtlich ihrer Vermögensbeaufsichtigung den Kirchen gleichstehende Stiftungen und Institute als Parteien betheiligt sind, mit Rücksicht auf die eingetretenen Veränderungen in der Organisation der Behörden und im Prozeßverfahren fortan zu unterbleiben haben.

Zu vergl. §. 772 und die Anm. dazu.

37) D. h. der Patron und die Kirchenvorsteher sind der Kirche für die Kosten regreßpflichtig. Denn ein Urtheil ist immer nur gegen die Partei selbst vollstreckbar, und in die Prozeßkosten wird immer die Kirche, in so fern sie unterliegt, als litigirende Partei verurtheilt, wenn auch ihre Vertreter kein Approbationsdekret beigebracht haben. Der Vertreter kann nicht ungehört verurtheilt werden. Zu vergl. Besch. des Min. d. geistl. rc. Angel. v. 28. Juni 1838 (Annal. 22 S. 637). Der Regreß läßt sich rechtsgrundsätzlich nur dann begründen, wenn der Kirche durch die versäumte Anzeige Nachtheile erwachsen sind, welche durch zweckmäßige Maßregeln seitens der geistlichen Obern würden haben abgewendet werden können. Diese Gefahr ist es, welche der §. 656 dem Patrone und den Vorstehern zuweist. Ist nach Beschaffenheit des Falles in der Sache selbst nichts versäumt, d. h. konnten die geistlichen Obern, wenn sie zeitige Nachricht von dem Prozesse erhalten hätten, doch nichts zur Abwendung des Prozesses thun, so kann von einer Regreßverbindlichkeit der Vertreter nicht die Rede sein.

38) H. Mit Rücksicht auf §§. 22, 23 d. K.G. u. S.O. und auf §§. 19, 39, 40 des Ges. v. 20. Juni 1875 wird die Vollmacht von dem Vorsitzenden und zwei Mitgliedern des Gemeindekirchenraths, bez. des Kirchenvorstandes zu unterschreiben sein. Dies reicht auch aus, wenn ein Patron vorhanden ist, dieser aber keine kirchlichen Lasten trägt. Andernfalls bedarf es entweder der Mitunterschrift des Patrons, oder seiner Genehmigung, an deren Stelle auch die Ergänzung der Genehmigung durch die Aufsichtsbehörde treten kann.

Wenn aber der Patron selbst verklagt werden soll, bedarf es seiner Zustimmung nicht, juristische Rundschau f. d. kath. Deutschland Hft. 4 S. 129.

§. 659*. In Fällen, wo die Vorsteher, der Patron, oder die Kirchencollegia, wirkliche Rechte der Kirche in Gerichten auszuführen oder zu vertheidigen beharrlich verweigern, müssen die geistlichen Obern der Kirche einen Bevollmächtigten dazu von Amtswegen bestellen [39]).

§. 660. Die durch die ungegründete Weigerung entstandenen mehreren Kosten muß der Weigernde aus eigenen Mitteln ersetzen.

§. 661*. Auch wenn gegen den Patron oder das Kirchencollegium selbst ein gerichtliches Verfahren erforderlich ist, muß der Kirche von den geistlichen Obern ein Bevollmächtigter dazu von Amtswegen bestellt werden [40]).

§. 662. Ohne Genehmigung der geistlichen Obern [41]) kann über Kirchengüter und Rechte kein Vergleich geschlossen werden. Vergleiche.

---

39) H. Die Weigerung des Patrons ist jetzt nach Maßgabe der in der vor. Anm. angeführten Vorschriften zu beseitigen. Der §. hat nur noch Bedeutung bei Pflichtversäumniß der evangelischen Gemeindekirchenräthe und Gemeindevertretungen, denn für die evangelische Kirche ist er nicht aufgehoben, so auch R.G. V v. 26. Sept. 1883, Entsch. 10 S. 206 u. kirchl. Ges. u. Verordn.Bl. v. 1883 S. 140. Was die katholischen Kirchenvorstände und Gemeindevertretungen betrifft, so ist der §. 659 durch §. 53 des Ges. v. 20. Juni 1875 beseitigt. Auf Grund des §. 659 hatte das O.Tr. I am 12. März 1860, Entsch. 43 S. 293, ausgesprochen: Die Königlichen Regierungen sind vermöge des dem Staate zustehenden Oberaufsichtsrechts über das Kirchenvermögen befugt, in den das letztere betreffenden Prozessen gegen den Kirchenpatron Namens der evangelischen, dem landesherrlichen Patronate nicht unterworfenen Kirchen selbstständig und wider den Beschluß der Kirchenkollegien Rechtsmittel gegen Erkenntnisse einzulegen. H. Für die evangelische Landeskirche vgl. auch Ges. v. 3. Juni 1876 Art. 27. S. ferner zu §. 952 d. T.

H. Mit den Worten: wirkliche Rechte sind Ansprüche bezeichnet, welche als erworbene Rechte zum Gegenstand eines Civilprozesses gemacht werden können, nicht aber Rechte, welche „klar und unzweifelhaft" sind oder gar erst im Prozeß rechtskräftig als begründet anerkannt werden, O.V.G. I v. 31. März 1883, Entsch. 9 S. 118.

40) Der §. 661 findet auf Prozesse der Schule gegen den Gutsherrn dahin analoge Anwendung, daß derselben durch die obere Aufsichtsbehörde ein Bevollmächtigter von Amtswegen ernannt wird. O.Tr. I v. 4. Jan. 1865, Str. Arch. 58 S. 46.

H. In Betreff der katholischen Kirche ist dieser §. ersetzt durch §. 53 des Ges. v. 20. Juni 1875. Vgl. auch Schluß von Abs. 1 d. vor. Anm. u. juristische Rundschau f. d. kath. Deutschld. Hft. 4 S. 131, 132.

41) H. Unter Zustimmung der geistlichen Oberen können im Wege der freien Vereinbarung Abgaben an die Kirchen, Pfarren und Schulen durch Kapitalzahlungen definitiv abgelöst werden. Durch die Genehmigung eines Vergleichs zwischen dem Nutznießer einer Pfarre und einem Abgabeverpflichteten über Ablösungsgegenstände seitens der geistlichen Oberen wird der Vergleich sonst auch ohne Zustimmung oder beim Widerspruche des Patrons rechtsverbindlich geschlossen, erkannt v. Revis.Koll. für Landeskultur-Sachen (Datum erhellt nicht), Ztschr. des Revis.Koll. 5 S. 296. Erk. dess. v. 24. Sept. 1862, a. a. O. 14 S. 405: Das Auseinandersetzungsverfahren ist seinem Wesen nach ein Prozeßverfahren. Die Kirchenvorsteher bedürfen daher für diejenigen Verhandlungen und Erklärungen, welche durch den normalen, gesetzmäßigen Gang des Verfahrens gefordert werden, namentlich auch zur Vollziehung des Rezesses, so fern das in demselben dargestellte Resultat ganz oder theilweise im Wege des Vergleichs gewonnen worden ist, keiner weiteren Autorisation als der zum Prozesse überhaupt erforderlichen. S. aber den folgenden Absatz.

H. In der Entscheidung des Oberlandeskulturgerichts v. 25. Sept. 1883, kirchl. Ges. u. Verordn.Bl. v. 1883 S. 136, ist eine General-Kommission ersucht worden, künftighin bei Einholung der Genehmigung des Konsistoriums demselben die Ablösungsrezesse vollständig, d. h. unter Beifügung der von den Stelleninhabern abgegebenen Erklärungen, bez. der diese Erklärungen ersetzenden Urtheile mitzutheilen und alle durch Zustimmung des Gemeindekirchenraths abgeschlossenen Rezesse, ohne Unterschied ob die Auseinandersetzung lediglich nach den gesetzlichen Normen oder auf Grund spezieller Vergleiche erfolgt ist, dem Konsistorium zur Genehmigung der Erklärungen des Gemeindekirchenraths zu übersenden. Es ist davon ausgegangen, daß bei den Ablösungen der Gemeindekirchenrath, nicht gleichzeitig neben diesem der Nutznießer der Stelle das Kirchenvermögen zu vertreten hat, und daß die Zuziehung des letzteren nur die Wahrnehmung seiner persönlichen Rechte begründet, daß daher nur die Erklärungen des ersteren, nicht aber des Nutznießers der Genehmigung des Konsistoriums bedürfen. Einer Mittheilung der Erklärungen des letzteren an das Konsistorium bedürfe es aber, weil dasselbe bei seiner Prüfung wissen müsse, ob der Stelleninhaber und der Gemeindekirchenrath mit einander im Ein-

§. 663. Enthält der Vergleich eine Art von Veräußerung solcher Güter und Rechte, so müssen noch außerdem die §. 648.[42]) vorgeschriebenen Erfordernisse einer gültigen Veräußerung von Kirchengütern überhaupt hinzukommen.

Einkünfte. §. 664. Die Kirchenvorsteher müssen insonderheit die ordentliche und prompte Einziehung der Kircheneinkünfte besorgen[43]).

§. 665*. Der Ertrag des Klingebeutels, oder ausgestellten Beckens, gehört der Regel nach zu den Kircheneinkünften, und muß, nach vollendeter Einsammlung, von den Vorstehern, mit Zuziehung des Pfarrers[44]) übernommen werden[45]).

§. 666. Ein Gleiches gilt von den persönlichen Abgaben, welche von Eingepfarrten oder Anderen, die sich dieser Anstalt bedienen wollen, für gewisse kirchliche Handlungen, nach einer vom Staat genehmigten Taxe, an die Kirche selbst zu entrichten sind.

§. 667. Desgleichen von den Stellgeldern[46]), die nach Gewohnheit der Ortes, für die Begräbnißplätze auf den Kirchhöfen entrichtet werden müssen.

Vermiethen und Verpachten der Grundstücke. §. 668*. Grundstücke der Kirchen können die Vorsteher[47]), unter Genehmigung des Patrons[48]) oder Kirchencollegii[49]), vermiethen oder verpachten, und die Miethen oder Pachtgelder davon einziehen[50]).

§. 669. Die Ausbietung eines solchen Grundstückes zur Miethe oder Pacht muß allemal öffentlich geschehen.

§. 670. Hat die bisherige Miethe oder Pacht, oder der bisherige Ertrag, funfzig Thaler nicht überstiegen, und soll die Austhuung nicht auf längere Zeit als sechs Jahre geschehen: so ist es hinreichend, wenn die Bekanntmachung, und die Aufforderung der Mieth- oder Pachtlustigen, sich an einem bestimmten Tage in der Wohnung des Patrons[51]), oder der Kirchenvorsteher zu melden, drei Sonntage hintereinander von der Kanzel geschieht[52]).

---

verständnisse seien oder nicht. Ferner ist ausgeführt, daß das Konsistorium, welchem nicht die Verwaltung des Kirchenvermögens zustehe, niemals selbst den Ablösungsrezeß genehmigen oder die Anerkennung desselben verweigern könne, endlich, daß wenn das Ablösungsverfahren im Prozeßwege durchgeführt und der Rezeß durch rechtskräftiges Urtheil gegen die Kirchengemeinde und den Gemeindekirchenrath festgestellt sei, von einer Genehmigung des Konsistoriums als Aufsichtsbehörde keine Rede mehr sein könne. Die Einreichung aller Rezesse an das Konsistorium ist deshalb angeordnet, weil die Frage, ob die Erklärungen des Gemeindekirchenraths im Auseinandersetzungsverfahren lediglich die gesetzlichen Verpflichtungen anerkennen oder nicht, nur endgültig durch den Prozeßweg zum Austrag gebracht werden könne.

Die Königlichen Regierungen sind als Vertreter der Rechte des landesherrlichen Patronats, der Aufsicht der geistlichen Oberen und der Oberaufsicht des Staats nicht legitimirt, Forderungen an das Pfarrvermögen mit bindender Kraft für die Pfarre und Kirche anzuerkennen. O.Tr. I v. 21. Jan. 1861, Entsch. 45 S. 305. Wegen der Konkurrenz der Gemeindevertretung bei Vergleichen s. §. 31 Nr. 4 d. K.G. u. S.O. v. 1873 und §. 21 Nr. 5 des Ges. v. 20. Juni 1875.

42) Der §. 220 ist maßgebend, s. Anm. dazu. H. Vergl. auch §. 50 Nr. 1, 2 des Ges. v. 20. Juni 1875 u. Art. 24 Nr. 1 des Ges. v. 3. Juni 1876.

43) Vergl. §. 653 Anm. 35.

44) H. jetzt von dem Gemeindekirchenrath, bez. dem Kirchenvorstande.

45) Die durch den Klingelbeutel einkommenden außer Kurs gesetzten fremden Münzen sind an die Regierungs-Hauptkasse einzusenden, durch welche von der Hauptmünze der Metallwerth erstattet wird. R. des Min. der geistl. 2c. Angel. v. 28. April 1824 (Annal. 8 S. 412).

46) H. Vgl. zu §. 818 d. T.

47) H. kann der Gemeindekirchenrath, bez. der Kirchenvorstand, so ist jetzt zu lesen, s. Anm. 22 zu §. 619.

48) H. So fern dieser Lasten trägt, s. Anm. 3 zu §. 621 d. T.

49) H. An Stelle des Kirchenkollegii ist jetzt die Genehmigung der Gemeindevertretung unter der Voraussetzung des §. 31 Nr. 1 der K.G. u. S.O. und des §. 21 Nr. 1 des Ges. v. 20. Juni 1875 erforderlich.

50) H. Vgl. hierzu den Erlaß des Konsistoriums zu Posen v. 16. Juni 1879 i. Allg. K.Bl. f. d. ev. Deutschld. Jahrg. 1879 S. 437.

51) H. S. zu §. 668.

52) Diese Art der Bekanntmachung der Verpachtung kirchlicher Grundstücke ist durch die

§. 671*. Alsdann kann der Contract mit dem Meistbietenden, unter Genehmigung des Patrons oder Kirchencollegii, von den Vorstehern, ohne Dazwischenkunft der Gerichte, oder der geistlichen Obern, gültig abgeschlossen werden [53]).

§. 672*. Soll das Grundstück auf länger als sechs Jahre ausgethan werden, oder übersteigt der Ertrag desselben funfzig Thaler: so muß, außer der Bekanntmachung von den Kanzeln, eine öffentliche gerichtliche Aufforderung der Mieth- oder Pachtlustigen vorhergehen.

§. 673*. Dabei müssen die gesetzlichen Vorschriften von freiwilligen Subhastationen beobachtet, und es muß vor dem Zuschlage die Genehmigung der geistlichen Obern eingeholt werden [54]).

§. 674. Sollen Grundstücke dem Kirchenpatron selbst vermiethet oder verpachtet werden, so ist allemal die Genehmigung der geistlichen Obern dazu nothwendig.

§. 675. Kann ein Kirchengut zum Besten der Kirche nicht verpachtet werden: so sind die eingepfarrten Gemeinen, wo nicht ein Anderes hergebracht ist, nur schuldig, die innerhalb der Kirchspielsgrenzen gelegenen Grundstücke, gegen Vergütung der in der Gegend üblichen Bestellungs- und Erntekosten, zu bearbeiten, und die Früchte davon einzusammeln.

§. 676*. Wo die Vermiethung der Kirchstellen [56]) hergebracht ist, da gebührt selbige den Vorstehern [57]). Vermiethung der Kirchstellen [55]).

§. 677. Sie können die Stelle an Eingepfarrte und an Fremde [58]) zum Gebrauch überlassen; doch haben die Ersteren den Vorzug [59]).

§. 678*. Die Vorsteher können die hergebrachten Kirchstellengelder ohne Bewilligung der Eingepfarrten [60]) nicht erhöhen.

§. 679. Das Vermiethen der Kirchstellen soll niemals nach Art einer öffentlichen Versteigerung [61]) geschehen [62]).

§. 680*. Bei neu errichteten [63]) Kirchen muß die Vertheilung der Stellen von den Vorstehern, unter Beistimmung des Patrons [64]) oder Kirchencollegii [65])

K.O. v. 9. Sept. 1811 und Cirk.Verf. v. 1. Okt. 1811 nicht aufgehoben. Publ. v. 2. Okt. 1839 (Annal. 23 S. 835).

53) H. Vgl. Anm. 47 bis 50 zu §. 668.

54) H. Abgeändert durch den Anh.-§. 126 (zu §. 222 d. T.).

55) Die §§. 676—685 sind nicht auf Synagogenstellen anzuwenden. Besch. des Min. des Inn. v. 23. Okt. 1829 (Annal. 13 S. 859). H. Vgl. auch O.Tr. III v. 15. März 1878, Str. Arch. 99 S. 296.

56) Joh. Chr. Hellbach, Grundsätze von den Rechten, Gesetzen und Gewohnheiten der Kirchstellen und Kirchstühle, Kapellen u. a. Kirchstände, besonders nach preußischen, sächsischen und anderen Verordnungen, Erfurt 1804. H. Vgl. auch Regul. v. 13. Okt. 1875 für Westfalen, allg. Kirch.Bl. f. d. ev. Deutschld. 1876 S. 282.

57) H. Zu setzen: dem Gemeindekirchenrath, bez. dem Kirchenvorstande.

58) Unter den „Fremden" sind nur Personen, welche der Konfession der Eingepfarrten angehören, zu verstehen. O.Tr. I v. 12. Juni 1868, Entsch. 60 S. 211.

59) Karl Ernst Albrecht, Haben Eingepfarrte bei Erwerbung der Kirchenstühle vor nicht Eingepfarrten ein Vorzugs- oder Näherrecht? in dess. Entscheidungen merkwürdiger Rechtsfälle Bd. 3 (Hannover 1802) S. 137.

60) H. Jetzt genügt die der Gemeindevertretung, s. §. 31 Nr. 7 d. K.G. u. S.O. v. 1873 u. §. 21 Nr. 9 des Ges. v. 20. Juni 1875.

61) H. Auch nicht im Falle der Ueberlassung zu perpetuellem Nutzungsrecht, s. R. des Min. d. geistl. Angel. v. Febr. 1862 (Altmann, Praxis d. preuß. Ger. i. Kirchen- 2c. Sachen S. 768).

62) Die Nichtbefolgung dieser Anweisung kann für sich allein einen privatrechtlichen Anspruch, welcher sich zur Verfolgung im Rechtswege eignete, nicht verleihen. O.Tr. I v. 21. Jan. 1870, Str. Arch. 77 S. 198.

63) Und auch bei neu wiedererbauten Kirchen nach einem Brande oder Verfalle. Die Frage ist jedoch streitig.

64) H. So fern er Lasten trägt, s. Anm. 3 §. 621.

und Genehmigung der geistlichen Obern, nach Classen, oder durch das Loos besorgt werden.

§. 681. Wo nach besonderen Verfassungen Kirchstellen gewissen Personen oder Familien erblich verliehen sind, da können die Eigenthümer[66]) dieselben an Andere vermiethen, und zum Gebrauche einräumen; auch sie auf ihre Nachkommen vererben[67]).

---

65) H. Diese Genehmigung ist nicht mehr möglich, auch ist die Gemeindevertretung nicht an Stelle des Kirchenkollegii getreten, s. §. 31 d. K.G. u. S.O. v. 1873 u. §. 21 des Ges. v. 20. Juni 1875.

Die Vertheilung der Kirchensitze in einer dem Umbau unterworfenen Kirche ist Sache der geistlichen Aufsichtsbehörde und ein Prozeßverfahren darüber unzulässig. Wohl aber ist der Rechtsweg in so fern gestattet, als für die erfolgte Verlegung der Kirchensitze von dem bisherigen Inhaber derselben eine Entschädigung in Anspruch genommen wird. Komp.Gerichtsh. v. 14. April 1866, J.M.Bl. S. 249, u. Erk. dess. v. 9. März 1867 S. 155. H. Dagegen wird vom O.Tr. I v. 25. Mai 1877 anscheinend der Rechtsweg nicht für unzulässig gehalten, wenn sogleich weiter ausgesprochen worden ist, daß dem Gemeindekirchenrath das Recht zusteht, sämmtliche Kirchensitze in anderer Weise als bisher anzuordnen und eine neue Vertheilung derselben vorzunehmen, sowie dabei auch die bisher nicht mit solchen Sitzen bedachten Gemeindeglieder zu berücksichtigen, ferner, daß deswegen derjenige, welchem sein bisheriger Sitz entzogen worden, ist, nicht gegen das Gemeindeglied, welchem derselbe von dem Gemeindekirchenrath zugetheilt ist, Klage erheben kann, Str. Arch. 99 S. 173.

66) Unter den „Eigenthümern" sind die erblichen Besitzberechtigten verstanden. Denn das Eigenthum der erblich verliehenen Kirchstellen gehört der Kirche, d. h. der Kirchengemeinde. O.Tr. III v. 9. Juli 1851, Str. Arch. 4 S. 5. — Wenn die geistliche Aufsichtsbehörde die Anordnung trifft, daß ein Kirchenstuhl, welcher durch seine Stelle den Kultus beeinträchtigt, von dort entfernt und an einem andern geeigneten Orte in der Kirche aufgestellt werde, so ist gegen eine solche Anordnung der Rechtsweg unzulässig: es kann nur auf Entschädigung geklagt werden, in so fern eine Rechtsverletzung stattgefunden hat. Komp.Gerichtsh. v. 18. März 1865, J.M.Bl. S. 134.

67) Das erbliche Besitzrecht kann Gegenstand einer Rechtsverfolgung im Wege des Prozesses, sowohl gegen die Kirche (Kirchengemeinde), als gegen einen anderen Prätendenten sein. Ob ein solches Recht auch durch Ersitzung erworben werden könne, ist zweifelhaft gefunden worden. Besch. des J.M. v. 10. April 1835. (Erg. ad §. 679 ff.) Es scheint aber nicht zweifelhaft, da Kirchensitze in so weit, als die §§. 681 u. 682 den Verkehr damit zugestehen, nicht Sachen extra commercium sind, und daher von dem Rechtssatze des §. 581 I. 9 nicht betroffen werden. So auch O.Tr. I v. 31. März 1856, Entsch. 32 S. 40. (H. s. auch in Betreff katholischer Kirchen R.G. III v. 5. Mai 1882, Entsch. 7 S. 136.) Aber da das bloße Sitzen auf einer Kirchenbank keinen eigentlichen Besitz giebt (I. 7 §. 82); so wird es in den meisten Fällen schwierig, die Erfordernisse der Ersitzung zu beweisen. Auch J. H. Böhmer, jus parochiale, Sect. 5 Kap. 2 §. 7, nimmt es als unstreitig an, daß Kirchensitze ebenso erblich durch Ersitzung erworben werden können, wie sie erblich verliehen werden dürfen.

Es kann auch eine Besitzstörung und eine Besitzklage stattfinden. Wenn aber, um eine Verunstaltung zu beseitigen, an Stelle der alten Kirchenbank von dem Kirchenvorstande eine neue, sie vollkommen ersetzende, ebenso geräumige und verschließbare aufgestellt (H. oder die Kirchenbank wider Willen des Besitzers auf Anordnung des Kirchenvorstandes neu angestrichen) wird, so ist darin keine Schmälerung des Besitzrechts zu finden, so daß in Ermangelung der Turbation auch die Besitzklage nicht zu begründen ist. I. 7 §§. 146 ff. Vgl. J.M.Bl. Jahrg. 16 (1854) S. 108 Nr. 36 lit. d. u. O.Tr. III v. 24. Febr. 1860, Str. Arch. 37 S. 59, u. Erk. v. 9. Juli 1851, a. a. O. 4 S. 5.

H. Gegen eine vom Gemeindekirchenrathe zur Erhaltung der äußeren, gottesdienstlichen Ordnung getroffene interimistische Entscheidung über den Besitzstand und die Benutzung eines streitigen Kirchenstandes ist der Rechtsweg nicht statthaft, vielmehr hat es bei dieser Anordnung bis zum Nachweise eines ausschließlichen Rechtes auf den Kirchenstuhl im Prozeß sein Bewenden, Komp.Gerichtsh. v. 14. April 1883, kirchl. Ges. u. Verordn.Bl. 1883 S. 70.

Die Vererbung ist übrigens, wenn die Verleihung nicht etwas anderes enthält, nach ausdrücklicher Bestimmung des §. 681, nur an Nachkommen, nicht also an andere Intestat- oder Testamentserben eingeräumt.

Der §. 681 ist auch auf Erbbegräbnisse anwendbar.

Wenn es ungewiß ist, ob noch Nachkommen vorhanden, so kann auf Antrag des Kirchenamts ein Aufgebotsverfahren nach L.R. I. 9 §§. 477, 478 erfolgen. Besch. d. J.M. v. 7. Dez. 1841 (M.Bl. f. d. i. Verw. 1842 S. 13).

§. 682. Dagegen können sie das Eigenthum[68]) weder unter Lebendigen, noch von Todeswegen, an Andere übertragen[69]).

§. 683. Wenn der Eigenthümer einer solchen Stelle ohne Nachkommen stirbt, oder die Parochie verläßt: so fällt die Stelle an die Kirche zurück.

§. 684. Kirchstühle, die Jemandem in Rücksicht seiner Würde oder seines Amtes angewiesen sind, können von ihm an Andere auf keine Weise überlassen werden.

§. 685. Kirchstühle, die einem Hause oder Gute für beständig zugeschlagen sind, gehen mit diesem Grundstücke zugleich auf jeden Besitzer desselben, auch wenn er einer anderen Religionspartei zugethan ist, über[70]).

§. 686*. Die bei der Kirche vorkommenden ordentlichen und bestimmten Ausgaben sind die Vorsteher, ohne weitere Rückfrage, aus den Kirchenmitteln zu entrichten befugt[71]). Ausgaben aus dem Kirchenvermögen.

§. 687*. In Ansehung der außerordentlichen Ausgaben hingegen sollen bei jeder Kirche gewisse Summen nach Bewandniß der Umstände, von den geistlichen Obern bestimmt werden, welche die Vorsteher nicht ohne Genehmigung des Patrons oder Kirchencollegii, und diese nicht ohne Approbation der geistlichen Obern überschreiten dürfen[72]).

§. 688. Bei jeder Parochialkirche sind gewisse Termine zu bestimmen, in welchen die Vorsteher von ihrer Administration Rechnung legen müssen[73]). Rechnungslegung.

§. 689*. Bei Patronatkirchen gebührt die Abnahme der Rechnung dem Patron[74]); und muß auf dessen Verlangen in seiner Behausung geschehen.

---

68) Unter dem Eigenthume ist hier überall nur das Eigenthum des verliehenen Rechts, im Sinne des L.R. I. 8 §. 1, d. h. des Rechts zum ausschließlichen Gebrauche der Kirchenstelle, zu verstehen. Denn bei dem ausschließlichen Eigenthume der Kirchengemeinde an der Kirche (§. 170 d. T.) kann die erbliche Verleihung einer Kirchenstelle in dieser Kirche nur in dem ausschließlichen Rechte, diese Stelle zu gebrauchen, in einem jus in re aliena, bestehen. O.Tr. I v. 5. Jan. 1855, Entsch. 30 S. 197, Str. Arch. 16 S. 112, und v. 16. März 1866, Str. Arch. 62 S. 231.

69) Vgl. Anm. 82 zu §. 183 und Anm. 88 zu §. 185 d. T.

Wer von einem Anderen eine Kirchenstelle kauft, kann sich nicht auf diesen Erwerb berufen, und nicht nach §. 613 I. 9 des L.R., der einen eigenen redlichen Besitz voraussetzt (vgl. §. 615 a. a. O.), die Verjährung seines Vorbesitzers fortsetzen. O.Tr. I v. 16. März 1866, Str. Arch. 62 S. 333. — Vgl. noch Karl Ernst Albrecht, Können Familienstühle veräußert werden? in dess. Entscheidungen merkwürdiger Rechtsfälle Bd. 3 (Hannover 1802) S. 137.

70) H. Auch durch Ersitzung können dergleichen dingliche Kirchenstühle, d. h. nicht das Eigenthum an der körperlichen Sache, sondern das Gebrauchsrecht an denselben nach Art der Grundgerechtigkeiten erworben werden. Dazu ist Besitz von 44 Jahren erforderlich. „Während der vorübergehenden Gültigkeit des französischen Civil-Gesetzbuchs hat der Art 691 desselben die Verjährung von Kirchstühlen nicht unterbrochen.“ Pr. 2592 des O.Tr. I v. 5. Jan. 1855, Entsch. 30 S. 197, Str. Arch. 16 S. 112. Betreffs des persönlichen Gebrauchsrechts und dessen Ersitzung: Anm. 67 zu §. 681 d. T.

71) H. Dazu gehören jetzt auch die Synodalkosten, §. 73 d. K.G. u. S.O. v. 10. Sept. 1873, Art. 12 des Ges. v. 3. Juni 1876, Verf. d. Kult.Min. v. 6. Mai 1878, kirchl. Ges. u. Verordn.Bl. v. 1878 S. 123.

72) H. §§. 686, 687 modifizirt durch §. 31 Nr. 5, 9, 10 der K.G. u. S.Ordn. v. 1873 und §. 21 Nr. 6, 11 u. §. 50 Nr. 8 des Ges. v. 20. Juni 1875. Vgl. ferner die Vorschriften über die Etatsaufstellung §. 31 Nr. 9 der cit. Kirch.Ordn., wegen der Konkurrenz des Patrons dabei Verf. d. Kult.Min. v. 4. Jan. 1876, a. a. O. 1876/1877 S. 124 und §. 21 Nr. 12, §. 52 des Ges. v. 20. Juni 1875. S. auch Anm. 74 und 75 zu §. 73 d. K.G. u. S.O. In Ansehung der Schenkungen aus dem Vermögen evangelischer Kirchen hat sich das Ministerium die Genehmigung vorbehalten, Besch. v. 14. April 1838 (Annal. 22 S. 633); handelt es sich dabei zugleich um Verwendung von Ueberschüssen, so ist auch die Genehmigung des ev. O.K.R. erforderlich, s. R. v. 11. Aug. 1860 (M.Bl. f. d. i. Verw. S. 218).

73) H. Vgl. §. 31 Nr. 19 d. K.G. u. S.O. v. 1873 u. §. 21 Nr. 13 des Ges. v. 20. Juni 1875.

§. 690*. Ist der Patron nicht selbst am Orte wohnhaft, so hängt die Bestimmung, wo die Rechnung am Orte abgenommen werden solle, von ihm ab [75]).

§. 691*. Die Kirchengemeine ist der Rechnungsabnahme durch ihre Repräsentanten und Bevollmächtigten beizuwohnen berechtigt [76]).

§. 692*. Hat die Kirche keinen Patron: so müssen die Vorsteher dem Kirchencollegio [77]) die Rechnung ablegen, und findet auch dabei die Vorschrift §. 691. Anwendung.

§. 693*. Ist auch ein Kirchencollegium vorhanden, so muß die Rechnung den von der Kirchengemeine dazu ernannten Deputirten abgelegt werden [78]).

§. 694*. In allen Fällen ist der Pfarrer, auch wenn er nicht Vorsteher wäre [79]), bei der Rechnungsabnahme zuzuziehen.

§. 695. Die geistlichen Obern müssen von Amtswegen darauf halten, daß die Rechnungslegung zur bestimmten Zeit gehörig erfolge.

§. 696. Bei Gelegenheit einer jeden Kirchenvisitation muß der Erzpriester oder Inspector die, seit der letztvorhergehenden, gelegten Rechnungen nachsehen, und einen Extract, in Ansehung der verschiedenen Rubriken von Einnahme und Ausgabe, den geistlichen Obern einsenden [80]).

§. 697. Findet er bei den abgelegten Rechnungen noch Zweifel oder Bedenken: so muß er die Vorsteher darüber vernehmen, und die Sache den geistlichen Obern zur weiteren Beurtheilung und Verfügung anzeigen.

§. 698. Die Rechnungen von Königlichen Patronatkirchen; ingleichen von denjenigen, worüber Magisträten oder Communen in den Städten das Patronatrecht zusteht [81]), müssen an das Consistorium [82]) zur Revision; und wenn die jährliche Einnahme über fünfhundert Thaler beträgt, von dem Consistorio an die Oberrechenkammer eingesendet werden.

---

74) H. Verpflichtet dazu ist er aber nicht, R.G. IV v. 25. Nov. 1880, Gruchot 25 S. 1047.

Die Kollatur, d. i. das Recht, den Prediger und die anderen Kirchenbeamten den geistlichen Obern zur Bestätigung vorzuschlagen, also ein einzelnes sonst mit dem Patronate verbundenes Recht, keineswegs das Patronat selbst, — berechtigt nicht, Kirchenrechnungen abzunehmen. — Auch den Grundherrschaften, als solchen, ist das Recht, die Kirchenrechnungen abzunehmen, nicht beigelegt. O.Tr. v. 30. Juli 1838, Schl. Arch. 3 S. 522.

75) H. Diese §§. sind durch §. 23 der K.G. u. S.O. v. 1873 und §. 40 des Ges. v. 20. Juni 1875 modifizirt, denn als Mitglied des Kirchenvorstandes kannn er diesem die Rechnung nicht mehr allein abnehmen; wohl aber kann er Vorlage der Rechnung zur Prüfung verlangen und seinerseits Decharge ertheilen, nachdem die Revision und Entlastung durch die Gemeindeorgane vorangegangen ist, R. d. Kult.Min. v. 8. Nov. 1876, kirchl. Ges. u. Verordn.Bl. v. 1876/1878 S. 55, s. dazu auch Allgem. Kirchenbl. f. d. ev. Deutschl. 1878 S. 708.

76) Beseitigt zufolge der Aufhebung des Institutes der Repräsentanten durch die in der vorigen Anmerkung erwähnten Gesetze, dadurch hat auch das Erk. des O.Tr. I v. 28. Sept. 1863, Entsch. 50 S. 345, Str. Arch. 51 S. 139, über die Verfolgung dieses Rechtes der Kirchengemeinde seitens einzelner Mitglieder im Prozeßwege seine Bedeutung verloren.

77) H. Jetzt der Gemeindevertretung, s. §. 31 Nr. 9 d. K.G. u. S.O. v. 1873 und §. 21 Nr. 13 des Ges. v. 20. Juni 1875.

78) H. Ebenfalls modifizirt. Nach d. K.G. u. S.O. v. 1873 werden in den Fällen, wo keine Gemeindevertretung gebildet wird, die Rechte derselben durch alle wahlberechtigten Gemeindemitglieder wahrgenommen, §. 27, nach dem Ges. v. 20. Juni 1875 §§. 35, 36 fällt die Mitwirkung der Gemeindevertretung fort.

79) H. Der Pfarrer ist jetzt stets Mitglied des Gemeindekirchenraths, bez. Kirchenvorstandes.

80) H. Das Recht der Superintendenten, außerordentliche Kassenrevisionen abzuhalten, ist Ausfluß dieses Aufsichtsrechtes, s. das zu §. 47 d. K.G. u. S.O. Anm. 11 citirte R.

81) H. Für städtische Patrone gilt die Vorschrift nicht mehr, da die Stadtkommunen die Selbstverwaltung haben, vielmehr haben die Regierungen alljährlich nur einen Rechnungsextrakt und Abschrift des Etats zur Einsicht zu fordern, R. d. Min. d. geistl. Angel. v. 23. Dez. 1845 (Min.Bl. f. d. i. Verw. 1846 S. 7).

82) An Stelle des Konsistoriums war die Regierung getreten. Vergl. Reg.Instr. v.

§. 699*. Für die Unterhaltung der Kirchengebäude und Geräthe müssen die Kirchenvorsteher, nebst dem Pfarrer [83]), vorzüglich Sorge tragen [84]). Bau und Besserung der Kirchengebäude.

§. 700. Bei vorfallenden Bauen und Reparaturen muß dem Patron oder Kirchencollegio [85]) jedesmal Anzeige gemacht werden.

§. 701*. Wo kein Patron oder Kirchencollegium vorhanden ist, mögen die Vorsteher kleine Reparaturen, welche zehn Thaler nicht übersteigen, bloß mit Zuziehung des Pfarrers, ohne weitere Rückfrage, veranstalten [86]).

§ 702. Ist eine höhere Summe erforderlich, so muß dem Inspector oder Erzpriester davon Anzeige gemacht werden.

§. 703. Dieser kann, wenn die Kosten unter funfzig Thalern betragen, und er bei angestellter Prüfung kein Bedenken findet, den Bau oder die Reparatur ohne Rückfrage genehmigen.

§. 704*. Sollen aber zu einem Baue, oder zur Reparatur, mehr als funfzig Thaler aus dem Kirchenvermögen verwendet werden: so wird allemal, auch wenn ein Patron oder Kirchencollegium vorhanden sind, die Genehmigung der geistlichen Obern [87]) erfordert.

---

23. Okt. 1817 §. 18 und Dienst-Instr. für die Provinzialkonsistorien v. 23. Okt. 1817 §. 9 (G.S. S. 359 u. 242); V. v. 27. Juni 1845 §. 3 Nr. 5 (Anm. 35 zu §. 144). Jetzt muß es es wieder das Konsistorium heißen, s. auch Ges. v. 3. Juni 1876 Art. 21, 22 (Zus. 22 zu § 156 d. T.) u. V. v. 5. Sept. 1876 Art. 1 (Zus. 17 zu §. 144 d. T.). Vgl. ferner Anm. 75 zu §. 690 d. T. a. E. Die Regierungen, nicht der Regierungs-Präsident haben jetzt allein noch die Verwaltung des fiskalischen Patronats, nur für Berlin ist die Besonderheit eingetreten, daß sie durch die Ministerial-, Militär- und Bau-Kommission wahrgenommen wird, V. v. 5. Sept. 1877 Art. 4, s. auch Verf. d. Kult.Min. v. 29. Jan. 1878, kirchl. Ges. u. Verordn.Bl. 1878 S. 36.

83) Statt: Kirchenvorsteher nebst dem Pfarrer, ist zu setzen: der Gemeindekirchenrath, bez. Kirchenvorstand, K.G. u. S.O. v. 1873 §. 22 und Ges. v. 20. Juni 1875 §. 8.

84) D. h. sie müssen die an den Kirchengebäuden entstandenen Mängel anzeigen; denn die Herstellung und den Bau der Gebäude können sie nicht ohne besondere Anordnung der Vorgesetzten unternehmen, zumal es sich hauptsächlich um die Aufbringung oder Anweisung der Kosten handelt. Vergl. die §§. 700 ff. Eine Cirk.Verf. des Min. d. geistl. Angel. v. 12. Sept. 1842 giebt Anleitung, wie die Anträge auf außerordentliche Unterstützungen zu Kirchen-, Pfarr- und Schulzwecken vorzubereiten. (M.Bl. f. d. i. Verw. 1843 S. 60.) — Unterstützungen zum Wiederaufbaue abgebrannter, nicht hinlänglich gegen Feuersgefahr versicherter Kirchen- und Schulgebäude sollen jedoch nicht mehr beantragt werden, K.O. v. 23. Jan. 1836 und Cirk.Verf. d. Min. d. geistl. Angel. v. 16. Jan. 1844 (M.Bl. f. d. i. Verw. S. 30). — In der Regel soll eine Unterstützung nur dadurch stattfinden, daß den Gemeinden von den zu Kirchen-, Pfarr- und Schulbauten wirklich zu erborgenden Kapitalien die Zinsen auf einige Zeit aus einem bereits bestimmten Fonds, im Falle erwiesener Hülfsbedürftigkeit, gezahlt werden; insbesondere ist das Ministerium ermächtigt, aus einem seiner Höhe nach auch schon bestimmten Fonds kleine Unterstützungen zuzugestehen; außerdem aber bleibt die Bewilligung als eine Gnadensache dem Könige vorbehalten. Verf. dess. Min. v. 13. Sept. 1819 (Annal. 3 S. 723).

H. Die im §. 699 statuirte Verbindlichkeit enthält auch die Pflicht, die kirchlichen Gebäude gegen Feuersgefahr zu versichern, wozu die Gemeinde-Organe nöthigenfalls durch die Regierungen (jetzt Konsistorium) angehalten werden können, s. R. d. Min. d. geistl. Angel. v. 29. Okt. 1864 (M.Bl. f. d. i. Verw. S. 278). Die Feuerkassen-Beiträge haben diejenigen zu entrichten, denen die Verbindlichkeit zur Wiederherstellung der Gebäude obliegt, und zwar nach Verhältniß ihrer desfallsigen Verpflichtungen, R. d. Min. d. geistl. Angel. u. d. Inn. v. 25. Mai 1826 (Annal. 10 S. 411). Ist der Fiskus als Patron baulastpflichtig, so sollen die Theile, in Betreff deren ihm principaliter die Unterhaltungs- und Wiederherstellungspflicht obliegt, in der Regel nicht versichert werden, R. d. Min. d. geistl. Angel. v. 29. Okt. 1864 (M.Bl. f. d. i. Verw. S. 278). Vergl. auch Boche-Altmann, d. preuß. legale ev. Pfarrer S. 582.

H. Wegen des Baues und der Reparatur der Orgeln s. Cirk.Verf. d. Kult.Min. v. 13. April 1842, M.Bl. f. d. i. Verw. S. 191, ferner R. desselben v. 3. Okt. 1876 und die Instr. für die Behandlung der Orgelbauten, kirchl. Ges. u. Verordn.Bl. 1876/1877 S. 156, s. ferner a. a. O. S. 135.

85) H. Jetzt der Gemeindevertretung nach Maßgabe des §. 31 Nr. 5 d. K.G. u. S.O. v. 1873 und §. 21 Nr. 6 des Ges. v. 20. Juni 1875.

86) H. Jetzt kommen die in der vorigen Anm. citirten Vorschriften zur Anwendung.

87) H. Bei Neubauten ist nach §. 50 Nr. 4 des Ges. v. 10. Juni 1875, Art. 1 d. V. v.

§. 705. Diesen muß der Erzpriester oder Inspector, nach angestellter Untersuchung, darüber berichten, und einen von Sachverständigen aufgenommenen Kostenanschlag beilegen.

§. 706. Ist von einem neuen Anbaue, oder von einer Erweiterung der Kirchengebäude die Rede: so muß, ohne Unterschied der Fälle, die Approbation der geistlichen Obern eingeholt werden [88]).

Untersuchung der Nothwendigkeit und Erforderniß des Baues.

§. 707. Die geistlichen Obern müssen die Nothwendigkeit des Baues prüfen, und die Art desselben bestimmen [89]).

§. 708. In allen Fällen, wo über die Nothwendigkeit oder Art des Baues; oder der Reparatur, oder wegen des dazu zu leistenden Beitrages, unter den Interessenten [90]) Streit entsteht, müssen die geistlichen Obern, die Sache gütlich zu reguliren, sich angelegen sein lassen.

---

27. Sept. 1875 (Zus. 26 zu §. 157) und nach Art. 24 Nr. 5 des Ges. v. 5. Juni 1876, Art. 1 d. V. v. 9. Sept. 1876 (Zus. 22 u. 24 zu §. 156) auch die Genehmigung des Min. d. geistl. Angel. erforderlich.

88) H. Vergl. übrigens zu den §§. 699—706 auch Th. Meier, d. preuß. K.R. S. 304 ff.

89) Wegen des Beschlusses der Regierung, wodurch die Nothwendigkeit eines Kirchen- oder Schulbaues ausgesprochen wird, ist der Rechtsweg gegen den Fiskus unzulässig; nur unter den Interessenten selbst kann über dergleichen Bauten gerichtlich prozessirt werden. Erk. des Gerichtsh. zur Entsch. der Komp.Konfl. v. 23. Dez. 1847 und 2. Febr. 1848 (J.M.Bl. 1848 S. 169 und 183), 5. März 1853 (a. a. O. 1853 S. 198) und 11. Dez. 1858 (a. a. O. 1859 S. 174). Auf den über diese Frage wiederholt erhobenen Komp.Konfl. hat ders. Gerichtshof am 26. Nov. 1853 erkannt, daß auch über die Nothwendigkeit eines kirchlichen Baues, wenn die Interessenten darüber streiten und mit der Regulirung der geistlichen Obern nicht zufrieden sind, zwischen den ersteren der Rechtsweg zulässig ist; das R. v. 27. Mai 1829 (nicht 1840) (M.Bl. 1840 S. 291) entscheide über die Frage nicht; es betreffe nur die Herbeischaffung der zur Beschlußfassung der kirchlichen Aufsichtsbehörde erforderlichen Information. Das Gleiche gelte auch von Pfarrbauten, gemäß §. 774. (J.M.Bl. 1854 S. 94.) (H. Nach Erk. dess. Gerichtsh. v. 17. Febr. 1855 (a. a. O. 1855 S. 137) gehören ferner Streitigkeiten über die Art eines Kirchenbaues oder einer Reparatur unter den Interessenten zum Rechtswege, eben so Erk. v. 30. Jan. 1858, a. a. O. 1858 S. 267, u. v. 8. Jan. 1870, a. a. O. 1870 S. 84, und Erk. v. 4. Juli 1863, a. a. O. 1863 S. 237, letzteres in Anwendung auf die Reparatur von Kirchenstühlen und Kirchensitzen, weil auch solche nach §. 699 d. T. nach denselben Grundsätzen wie die Besserung der Gebäude selbst behandelt werden müßten.) In eine sonderbare Lage kommt die Sache durch die Vollstreckung des vorläufigen Beschlusses der Kirchenbehörde, wenn hiernächst im Wege Rechtens festgestellt wird, daß die Nothwendigkeit nicht vorhanden. Wer soll die Kosten des begonnenen oder bereits vollendeten Baues bezahlen?

Andererseits hat derselbe Gerichtshof im Erk. v. 27 Febr. 1855 u. 30. Jan. 1858 ausgesprochen, daß ein Prozeßverfahren über die Verbindlichkeit zu anderen kirchlichen Bedürfnissen der Gemeinde, insbesondere zur Deckung eines Kirchenkassendefizits beizutragen unzulässig sei. Das harmonirt in so fern nicht mit den früheren Entscheidungen, als das Defizit gerade durch Kirchenbauten entstanden sein kann.

Das O.Tr. I hat, unter Miterwägung dieser Unzuträglichkeit, gegen die Meinung des Gerichtshofes für Kompetenz-Konflikte, durch Erk. v. 20. Febr. 1865, Entsch. 54 S. 303, angenommen, daß die Entscheidung der Nothwendigkeitsfrage von Kirchen- und Pfarrbauten, mit gänzlicher Ausschließung des Rechtsweges, den geistlichen Obern zustehe. (H. Vgl. auch Erk. dess. Sen. v. 24. Okt. 1862, M.Bl. f. d. i. Verw. 1863 S. 65, und v. 7. März 1873, Str. Arch. 90 S. 96, u. R.G. V v. 12. Febr. 1880, Gruchot 24 S. 1049 f. auch Entsch. dess. 5 S. 242). In der That sind die §§. 708, 709 nicht so klar gefaßt, daß sie zu der der Natur der Sache völlig widersprechenden und zu den größten praktischen Schwierigkeiten führenden Ansicht des Gerichtshofes für Kompetenz-Konflikte nöthigen.

Ueber Forderungen der Kirche, welche die Sorge für den Unterhalt derselben zum Gegenstande haben und auf Grund von privatrechtlichen Titeln (Verjährung und Vertrag) gegen den Fiskus geltend gemacht werden, ist der Rechtsweg zulässig. Erk. dess. Gerichtsh. v. 10. Jan. (J.M.Bl. 1852 S. 171).

90) H. Der Streit über die Verpflichtung gewisser Eingepfarrten zur Leistung der von den geistlichen Obern interimistisch festgesetzten Beiträge zu den Kirchen-, Pfarr- und Küstereibauten muß unter den Eingepfarrten selbst im Wege Rechtens zum Austrage gebracht werden. Gegen die Kirche, als solche, findet eine Klage auf Anerkennung der Befreiung gewisser Eingepfarrten von solchen Beiträgen überhaupt, oder gewissen Arten derselben, nicht statt.

§. 709. Findet die Güte nicht statt: so müssen sie die rechtliche Entscheidung des Streits an die weltliche Obrigkeit [91]) verweisen; zugleich aber festsetzen [92]): wie es inzwischen mit dem Baue oder der Reparatur gehalten werden solle [93]).

O.Tr. I v. 22. Okt. 1851, Entsch. 21 S. 282, u. v. 3. Febr. 1862, Str. Arch. 44 S. 184. H. Vgl. auch Anm. 15 zu §. 720.

91) Unter der weltlichen Obrigkeit werden hier die Gerichte verstanden.

92) H. Absolute Bedingung des Rechtsweges ist diese vorgängige Festsetzung nicht, namentlich dann nicht, wenn die geistliche Obrigkeit die Interessenten selbst, ohne ihrerseits zu entscheiden, auf den Rechtsweg anweist, O.Tr. I v. 19. Sept. u. 14. Okt. 1871, Entsch. 66 S. 154, Str. Arch. 85 S. 10.

93) H. Die Regierungen sollen über die streitige Baulast selbstständig ohne vorherige Rückfrage beim Minister entscheiden, R. d. Min. d. geistl. Angel. v. 24. Okt. 1859 (M.Bl. f. d. i. Verw. 1860 S. 2). Als dabei leitenden Grundsatz hat das Staatsministerium einstimmig anerkannt:

daß bei Regulirung des Interimistikums die Entscheidung nicht ausschließlich auf das im letzten Baufalle beobachtete Verfahren zu gründen sei, daß vielmehr die Regierungen auf Grund der summarischen Instruktion zu entscheiden haben, wie sie es nach pflichtmäßiger Ueberzeugung den in den allgemeinen Landesgesetzen und in der besonderen Lokalverfassung gegründeten Rechten und Pflichten der Betheiligten, unter Berücksichtigung der faktischen Verhältnisse des besonderen Falls, für entsprechend erachten.

Die Befugniß der geistlichen Aufsichtsbehörde zur Regulirung eines Interimistikums in Kirchen- und Schulbauten gründet sich auf die Vorschriften in §§. 707—709 II. 11 rc.

Eine ausdrückliche Hinweisung auf den letzten Besitzstand für diese inzwischen zu treffende Festsetzung enthält das L.R. nicht; vielmehr schließt es gleich im folgenden §. 710 u. ff. die allgemeine Bestimmung daran, daß die Aufbringung der Kosten nach Inhalt etwa vorhandener Verträge, rechtskräftiger Erkenntnisse, ununterbrochener Gewohnheiten, besonderer Provinzialgesetze und endlich der allgemeinen Landesgesetze erfolgen solle.

Eine weitere gesetzliche Bestimmung über des Verfahren bei Regulirung des Interimistikums enthält die K.O. v. 18. Febr. 1805, welches vollständig also lautet:

„ . . . . . Es hat Meine Approbation, daß nach Eurem Berichte vom 12. d. M. über das hier wieder zurückgehende Gesuch des Predigers Neubauer zu Binde der Churmärkschen Cammer aufgegeben worden ist, die Ausführung des Baues des Prediger-Hauses auf das Aeußerste beschleunigen zu lassen, so daß damit im bevorstehenden Frühjahre der Anfang gemacht werden kann, und habe Ich auch hiernach den Supplicanten zu seiner Beruhigung beschieden; da jedoch die Verzögerung dieses Baues durch die angezeigtermaßen nöthig gewesene Ausmittelung der behaupteten abweichenden Observanz in Ansehung der zu leistenden Beiträge, und durch Einziehung dieser letztern selbst veranlaßt worden ist, so muß künftig wegen der Beiträge der Eingepfarrten und Compatronen der Kirchen- und Pfarr- auch Schulbau nicht aufgehalten, sondern vom Ober-Consistorio, wenn Streit darüber entsteht, ein provisorischer Vertheilungs-Plan bestimmt und ohne gerichtliches Verfahren exequiret, denen aber, die damit nicht zufrieden sind, der Weg Rechtens dagegen nachgelassen werden, als wonach Ihr daher, vorkommenden Falls, zu verfahren habt."

In dieser K.O. v. 18. Febr. 1805 wird, in Uebereinstimmung mit den Vorschriften des L.R., und um die nöthigen geistlichen und Schulbauten nicht durch langdauernde Rechtsstreitigkeiten zwischen den Bauverpflichteten aufzuhalten, verordnet, daß die geistlichen Obern im Falle des Streites einen provisorischen Vertheilungsplan festsetzen und exequiren sollen, wozu sie sich die Materialien, mit Uebergehung allzuweitläufiger Ermittelungen, durch eine summarische Instruktion zu verschaffen haben.

Daß dieses von geistlichen Obern anzuordnende Provisorium zu gleicher Zeit auch die Bedeutung eines Possessoriums haben und lediglich auf, das im letzten Baufalle stattgefundene Verfahren gegründet werden solle, ist in diesen gesetzlichen Vorschriften nirgends ausgedrückt. Ebenso wenig folgt dies aus der Natur der Sache selbst. Die Verwaltungsbehörden sind, außer in kirchlichen Bausachen, noch in vielen anderen Fällen ebenso verpflichtet als berechtigt, provisorische Anordnungen zu treffen, vorbehaltlich des Rechtsweges unter den Interessenten, ohne daß in dergleichen anderen Beziehungen aus der Natur des Provisoriums gefolgert worden wäre, als müsse der letzte Präzedenzfall ausschließlich und allein die Basis der vorläufigen Anordnung sein. Ein ausschließliches Festhalten an dem letzten Präzedenzfalle, mit Uebersehung aller sonst in der Sache liegenden rechtlichen und faktischen Momente, führt aber ferner auch in der Anwendung zu Mißständen, und es liegen Fälle vor, in welchen die in interimistico entscheidende Behörde selbst unumwunden hat zugestehen müssen, daß ihre Entscheidung dem klaren Rechte der Interessenten zuwider sei, und für welche sie keine andere Rechtfertigung hat aufbringen können, als die irrige Voraussetzung, es sei das Interimistikum gleich dem Possessorium der Prozeßordnung, und sei dabei einzig und allein der jüngste Präzedenzfall zur Grundlage der Entscheidung zu nehmen.

Wenn hiernach die früher bisweilen angenommene Meinung wegen der ausschließlichen Geltung des jüngsten Präzedenzfalles bei interimistischen Festsetzungen für nicht hinreichend begründet erkannt werden muß, vielmehr neben dem Gewichte, welches eine solche Präzedenz, je nach ihren faktischen Unterlagen, verdient, auch das Gewicht früherer Präzedenzen, ausdrücklicher Verträge, rechtskräftiger Erkenntnisse 2c. nicht außer Acht zu lassen ist, so darf doch andererseits nicht der Ansicht Raum gegeben werden, als sei der Standpunkt, welchen die in interimistico festsetzende Behörde einnimmt, völlig mit dem des ordentlichen Richters identisch, und als habe erstere, wie dieser, durchaus zu untersuchen und zu befinden, auf welcher Seite Recht oder Unrecht liege. Die verwaltende Behörde befindet sich bei Festsetzung des Interimistikums in kirchlichen Bausachen genau auf demselben Standpunkte, den sie sonst in ihren Anordnungen einnimmt. Sie wird daher, wo nicht völlig klare und unwiderlegliche Gerechtsame auf der einen oder der anderen Seite vorliegen, sich vorzüglich an einen ohne kenntliche Mängel vorhandenen Besitzstand halten, und diesen, als die Vermuthung des Rechts in sich tragend, provisorisch aufrecht halten. Hierbei ist es im konkreten Falle sehr wohl denkbar, daß schon ein letzter Präzedenzfall für sich allein hinreichendes Zeugniß für einen fehlerfreien Besitzstand ablege und als hauptsächlichste Grundlage der provisorischen Festsetzung benutzt werde. Umgekehrt aber wird auch die Verwaltungsbehörde nicht jeden jüngsten Präzedenzenfall als die ausschließliche Norm ihrer Festsetzung gelten lassen können, und insbesondere dann nicht, wenn aus der Gesammtheit der zur Sprache gebrachten Momente die Ueberzeugung bei ihr sich herausstellt, daß dieser jüngste Präzedenzfall nicht als zuverlässiges Zeugniß eines ruhigen Besitzstandes, sondern nur als Produkt zufälliger Umstände angesehen werden kann. Cirk.Verf. d. Min. d. geistl. Angel. v. 12. Dez. 1843, M.Bl. f. d. i. Verw. S. 324. H. Die Regierung hat auch bei ihrer Entscheidung spezielle Rechtstitel, insbes. Judikate und Verträge zu berücksichtigen, wenn dieselben ohne weitläufige Beweisaufnahme festzustellen sind, R. d. Min. d. geistl. Angel. v. 17. Nov. 1862, Centr.Bl. f. d. Unterr.Verw. S. 751, u. v. 24. Juni 1864, a. a. O. 1864 S. 438.

Bei Festsetzung des Interimistikums in Streitfällen wegen der für nothwendig erachteten Erweiterungen der kirchlichen oder Schulgebäude, oder neuer Anlagen derselben, ist die Kostenvertheilung in gleicher Weise anzuordnen, wie bei Reparaturen der Gebäude in ihrem bereits bestehenden Umfange. Verf. d. Min. d. geistl. Angel. v. 16. Juli 1829, Annal. 13 S. 522.

Die K.O. v. 18. Febr. 1805 und die darauf gegründete Verf. des Gen.Dir. v. 28. Febr. 1805 (Rabe 8 S. 251) verordnet die sofortige Beitreibung der interimistisch vertheilten Beiträge, durch Verwaltungsexekution jedoch nur zu dem Zwecke, um die ungesäumte Ausführung des Baues zu bewirken. Kommt es darauf nicht mehr an, da derselbe bereits vollendet ist, sondern handelt es sich nur noch um die Wiedererstattung eines zum Baue geleisteten Vorschusses, so steht hierüber, wie in jeder anderen Privatsache, der Rechtsweg offen. R. d. Just.Min. im Einverständniß mit dem Min. d. geistl. Angel. v. 25. April 1836 (Jahrb. 47 S. 534). H. Durch Beschreitung des Rechtsweges kann aber die zwangsweise Durchführung des Interimistikums nicht gehindert werden, Komp.Gerichtsh. v. 12. Febr. 1881, Centr.Bl. f. d. Unterr.Verw. Jahrg. 1881 S. 426.

Ueber das Verfahren schreibt die Verf. d. Min. d. geistl. Angel. v. 23. Aug. 1828 vor:

1. Die bei Streitigkeiten über kirchliche oder Schulbauten den Regierungen mit event. Vorbehalte des Rechtsweges für die Interessenten obliegenden interimistischen Entscheidungen, nach gehörig erfolgter Prüfung der vorliegenden Sach- und Rechtsverhältnisse und bei fehlgeschlagenem Versuche gütlicher Vereinigung der Betheiligten, sind jederzeit in der Form bestimmt abzuschließender Resolute zu erlassen, welche über alle zur Sache gehörenden Punkte, namentlich:

a) über die Nothwendigkeit des in Rede stehenden Baues überhaupt;

b) über seinen Umfang und die Art und Weise seiner Ausführung und

c) über die dazu zu leistenden Beiträge,

eine vollständige und klare Bestimmung mit beigefügter Ausführung der Entscheidungsgründe enthalten müssen; und

2. diese Resolute haben die Regierungen den Interessenten durch die Lokalbehörden, in so fern jene diesen untergeordnet sind, ordnungsmäßig publiziren zu lassen, mit Andeutung einer angemessenen, in der Regel und mindestens vierwöchentlichen präklusivischen Frist — vgl. jetzt aber den unten mitgetheilten Cirk.Erl. v. 13. Jan. 1874 — für ihre etwaigen Rekursbeschwerden an das Ministerium, welche von ihnen, resp. unter gleichzeitiger Anzeige bei der Lokalbehörde, der Königl. Regierung selbst einzureichen und von dieser mittelst gutachtlichen Berichtes und nöthigenfalls unter Beifügung der Akten an das Ministerium zu befördern sind, und mit gleichzeitiger Instruktion an die Lokalbehörden, nach unbenutztem Ablaufe der Rekursfrist ohne weiteren

§. 710. Wo in Ansehung der Kosten[95]) zum Baue, und zur Unterhaltung Woher die Kosten zu nehmen[94]).

Aufenthalt mit der Ausführung des Baues nach Vorschrift der interimistischen Entscheidung vorzuschreiten. (Annal. 12 S. 684.)

Eine ausführliche Instruktion über die Verhandlung der Sache findet sich in den Annal. 8 S. 154, wozu noch die R. v. 27. Mai 1829 u. 27. März 1840 (M.Bl. S. 291) zu berücksichtigen.

H. Der vorhin erwähnte, jetzt in erster Linie zur Anwendung kommende Cirk.Erl. des Min. d. geistl. Angel. v. 13. Jan. 1874, die Behandlung der streitigen Kirchen-, Pfarr-, Küsterei- und Schul-Bausachen betr., (M.Bl. f. d. i. Verw. S. 971) lautet:

In Anschluß an die Vorschriften in §. 135 X Nr. 3 der Kreisordn. v. 13. Dez. 1872 — G.S. S. 661 — bestimme ich

I. für die Provinzen Preußen, Brandenburg, Pommern, Schlesien, Sachsen, Posen und Westfalen über die Behandlung der streitigen Kirchen-, Pfarr- und Küsterei-Bausachen unter Aufhebung der entgegenstehenden Vorschriften, was folgt:

1. Gegen die von den Regierungen (die Kompetenz derselben für die evangelische Landeskirche ist durch Art. 23 Nr. 2 des Ges. v. 3. Juni 1876, V. v. 9. Sept. 1876 Art. 4, V. v. 5. Sept. 1877 Art. 3, Zus. 22 u. 24 zu §. 156, Zus. 17 zu §. 144 d. T. aufrecht erhalten, nur für Berlin tritt an ihre Stelle der Polizei-Präsident) in Angelegenheiten der bezeichneten Art erlassenen Resolute, so weit sie die Nothwendigkeit des Baues oder die Art einer Ausführung betreffen, ist der Rekurs an den Minister der geistlichen 2c. Angelegenheiten zulässig.
2. Zur Anbringung und Rechtfertigung des Rekurses ist eine präklusivische Frist zu bewilligen, welche in der Regel auf 21 Tage nach Publikation des Resolutes zu bemessen ist, aus besonderen Gründen aber um 14 Tage verlängert oder bis auf 10 Tage abgekürzt werden darf.
3. Soweit die Resolute die Aufbringung der Kosten oder ihre Vertheilung unter die Interessenten zum Gegenstand haben, findet gegen die von den Regierungen getroffene Entscheidung, welche sofort interimistisch vollstreckbar ist, nur der Rechtsweg statt.
4. *In Betreff der Bauten an vereinigten Küster- und Schulhäusern bewendet es bis auf Weiteres bei den Bestimmungen des Ges. v. 21. Juli 1846 (G.S. S. 392). Die Nr. 4 entfällt mit Rücksicht darauf, daß durch §. 78 des Ges. v. 26. Juli 1875, G.S. S. 317, betr. die Zuständigkeit der Verwaltungsbehörden, vgl. auch Ges. über die Zuständigkeit der Verwaltungs- oder Verwaltungsgerichts-Behörden v. 1 Aug. 1883 §§. 47, 49, 163, G.S. S. 23, die Entscheidung in derartigen Sachen dem Verwaltungsstreitverfahren überwiesen ist, s. auch V. d. Kult.Min. v. 17. April 1878, kirchl. Ges. u. Verordn.Bl. 1878 S. 134; O.V.G. v. 30. Mai 1877, Entsch. 2 S. 316, v. 26. Juni 1878, kirchl. Ges. u. Verordn.Bl. v. 1878 S. 147; I v. 30. Okt. 1878, Entsch. d. O.V.G. 4 S. 198.

II. für die Provinzen Posen und Westfalen:

5. die vorstehenden Bestimmungen unter Nr. 1—3 kommen in den Provinzen Posen und Westfalen auch hinsichtlich der Schulbausachen zur Anwendung. (Vgl. dazu das vorhin citirte Ges. v. 1. Aug. 1883 §. 163 u. Ges. über die allgemeine Landesverwaltung v. 30. Juli 1883, §. 155, G.S. S. 195.) S. hierzu auch zu II. 12. §. 37.

Ueber die Vorbereitungen für die kirchlichen und Schulbauten vgl. R. des Min. d. geistl. Angel. und des Handels v. 30. Juli 1872 (M.Bl. f. d. i. Verw. S. 326) und weiteres Material bei Trusen, preuß. K.R. S. 470 ff., s. auch kirchl. Ges. u. Verordn.Bl. v. 1880 S. 129 u. 1881 S. 5 ff.

94) Ueber die Quelle der in den §§. 710 ff. gegebenen subsidiarischen Vorschriften sagt Suarez bei der Schlußrevision: „Diese Vorschriften gründen sich theils auf das concilium tridentinum, theils auf die durch eine fast allgemeine Praxis rezipirten modificationes desselben. Boehmer in jure par. sect. VII Cap. III. Da in dem §. 710 die Beibehaltung der jeden Orts bisher stattgefundenen Verfassungen, so weit dieselben auf Verträge, judicata, rechtsgültige Gewohnheiten, oder besondere Provinzialgesetze gegründet sind, ausdrücklich festgesetzt worden, so kann wohl Niemand über die hier angenommenen subsidiarischen Bestimmungen sich im Grunde beschweren." (Jahrb. 48 S. 178.) — Zu vgl.: Beiträge zu der Lehre von der Verbindlichkeit der Parochianen in Hinsicht der Geldbeiträge für Baue und Reparaturen an den geistlichen Gebäuden in Kritz, Sammlung von Rechtsfällen, Bd. 1, Leipzig 1833 (Nr. III); Schreckenberger, de onere reficiendi templa et domicilia ministrorum ecclesiasticorum. Lips. 1812. C. F. v. Dalwigk, praktische Erörterungen auserlesener Rechtsf., Hannover 1823, S. 236, 251. Karl Fried. v. Reinhardt, über kirchliche Baulast nach den Grundsätzen der Katholiken und Protestanten, Stuttgart 1836. C. A. Gründler, über die Verbindlichkeit zum Beitrag der Kosten zur Erhaltung und Wiederherstellung der Kultusgebäude, Nürnberg 1839. J. J. Lang, Beiträge zur Lehre von der Kirchenbaulast im Arch. f. d. civilistische Praxis, Bd. 26 (v. 1843) S. 12 ff. und Fortsetzung S. 296 ff. Joh. Helfert, daselbst Bd. 27 S. 103 ff. Dr. Huck, die rechtliche Natur der Kirchenbaulast in Reyscher und Wilda, Zeitschrift für deutsches Recht und deutsche

der Kirchengebäude, durch Verträge [96]), rechtskräftige Erkenntnisse, ununterbrochene Gewohnheiten [97]), oder besondere Provinzialgesetze [98]), gewisse Regeln bestimmt sind [99]), da hat es auch ferner dabei sein Bewenden.

Rechtswissenschaft, Bd. 8 S. 326 ff. H. Mayer, zur Lehre von der Kirchenbaulast, daselbst Bd. 10 S. 81 ff. Herrmann, zur Lehre von der rechtlichen Natur der Kirchenlasten, daselbst Bd. 18 S. 294. Permaneder, die kirchl. Baulast. München, 2. Ausg. 1856. — Vgl. §. 720.

95) Nicht bloß die baaren Geldkosten, sondern auch die Kosten der sonst den Eingepfarrten obliegenden Hand- und Spanndienste können durch Observanz dem Patrone zur Last fallen. O.Tr. I v. 20. April 1848, Entsch. 16 S. 368; Rechtsf. 4 S. 47. — Vergl. in Betreff der Forensen: Anm. 35 zu §. 265.

96) H. In der Genehmigung zur Gründung eines Kirchensystems ist nicht auch die Verpflichtung des Gründers zur Uebernahme der kirchlichen Baulast enthalten, O.Tr. I v. 13. Juni 1870, Str. Arch. 77, S. 356, weil weder nach Gemeinem (conc. Trident. Sess. XXI c. 7 de ref.) noch nach dem L.R. die Erhaltung und Reparatur der Kirchengebäude, die sog. kirchliche Baulast, in einem inneren nothwendigen Zusammenhange mit der Fundation steht.

97) Dergleichen ununterbrochene Gewohnheiten können auch aus dem Zeitraume nach Emanation des L.R. dargethan werden. O.Tr. v. 19. Juni 1848, Entsch. 17 S. 366, wiederholt I v. 28. Sept. 1857, Str. Arch. 27 S. 71, u. v. 5. April 1861, a. a. O. 41 S. 135, Entsch. 45 S. 289. (H. Die vor der Einführung des L.R. entstandenen Observanzen beziehen sich auch auf die erst nachher errichteten Gebäude, R.G. IV v. 7. Okt. 1880, (Gruchot 25 S. 753). Sie können sich mit gleicher rechtlicher Wirkung auch für einen größeren Bezirk bilden, und ist dies namentlich für den ganzen Umfang des sogenannten alten Gebiets der Stadt Danzig möglich. O.Tr. I v. 11. Sept. 1868, Entsch. 60 S. 199, eben so in einer einzelnen Parochie, ohne daß es zu dieser Entstehung der Konkurrenz noch anderer, wenn auch benachbarter Parochien bedarf. O.Tr. I v. 27. Nov. 1863, Str. Arch. 53 S. 34.

Auch kann ein örtliches Gewohnheitsrecht als Norm für die Beurtheilung der Verbindlichkeit zur Tragung der Bau- und Unterhaltungskosten von Kirchen und Pfarrgebäuden, namentlich bei einem Streite zwischen der Kirchen- und politischen Gemeinde dienen. Erk. dess. Sen. v. 14. Juni 1869, Entsch. 61 S. 228. Vergl. §. 788. Ortsgewohnheiten finden ferner auf das Verhältniß zwischen dem Patrone und der Kirchengemeinde Anwendung. O.Tr. I v. 28. Sept. 1857, Str. Arch. 27 S. 72, (H. insbesondere auch dahin, daß der Patron sämmtliche Kirchen- und Pfarrgebäude allein zu repariren hat, R.G. IV v. 7. Okt. 1880, Gruchot 25 S. 753). Auch unter mehreren Kirchenpatronen kann die Beitragspflicht rücksichtlich der Kirchen- und Pfarrbaulast durch Observanz bestimmt werden. Erk. dess. Sen. v. 11. Jan. 1864, Entsch. 51 S. 288, u. v. 20. Okt. 1865 Str. Arch. 61 S. 140. H. Die in einem bestimmten Kirchspiel wohnhaften Personen und die mit Grundstücken in diesem Distrikte angesessenen auswärts wohnenden Personen, die Forensen dieses Distrikts, sind als eine durch einen gemeinsamen Zustand zusammengehaltene Klasse oder als Begriff von Personen aufzufassen, welche hinsichtlich der auf diese Gemeinschaft bezüglichen Angelegenheiten unter einander durch Observanz verpflichtet werden können. Daher sind für die im Pfarrbezirke wohnenden Personen und die Forensen dieses Bezirks auch hinsichtlich der Kirchenbaulast Observanzen als eine gültige Rechtsquelle zu betrachten. Diese Regel findet auch in der Provinz Schlesien Anwendung, O.Tr. I v. 5. April 1861, Entsch. 45 S. 289; Str. Arch. 41 S. 135.

Die Entscheidung der Frage: ob gleichmäßiges Handeln der zur Unterhaltung der Kirchen-, Pfarr-, Schul- und Küster-Gebäude verpflichteten Interessenten (Patrone und Eingepfarrten) in Reparatur-Baufällen geeignet sei, die Bildung einer Observanz in Ansehung der, Reparaturen und Neubauten umfassenden Pflicht zur Unterhaltung der gedachten Gebäude erkennbar zu machen, — hängt in jedem einzelnen Falle von der Beschaffenheit der Handlungen der Betheiligten und den dabei mitwirkenden individuellen Umständen, also wesentlich von thatsächlichen Momenten ab. Pr. 2735 des O.Tr. I v. 5. Febr. 1864, Entsch. 52 S. 248, Str. Arch. 53 S. 96, H. wiederholt im Erk. dess. Sen. v. 17. Febr. 1871, Str. Arch. 81 S. 158. Ob der Zeitraum genügend ist, steht ebenfalls im richterlichen Ermessen, O.Tr. I v. 22. Mai 1857, Entsch. 36 S. 305; Str. Arch. 24 S. 325.

Wenngleich daraus, daß frühere Pfarrer den Bau und die Unterhaltung der Kirchen- und Pfarrgebäude übernommen und bewirkt haben, eine die nachfolgenden Pfarrer verbindende Observanz zur Uebernahme solcher Baulast nicht entstehen kann, so bilden doch dergleichen Handlungen für das Erkennen einer bereits bestehenden Observanz ein erhebliches Moment. Pl.Beschl. (Pr. 1754) des O.Tr. v. 15. Juni 1846, Entsch. 13 S. 93. H. Eine in Betreff der kirchlichen Baulast bestehende Observanz zwischen dem Inhaber des Patronatrechts und den übrigen Mitgliedern der Kirchengesellschaft ist nachgewiesen, sobald die geeignete Mehrzahl konkludenter, einen längern Zeitraum ohne Unterbrechung einnehmender Handlungen des Inhabers des Patronatrechtes zu Lasten des Patronates festgestellt worden ist, und genügt daher die Besitzzeit auch nur eines Patrones, wenn dieselbe lange genug gewährt hat, um jenen Beweis für erbracht ansehen zu können. O.Tr. I v. 20. Sept. 1861, Str.Arch. 43 S. 85.

Unter den ununterbrochenen Gewohnheiten sind nur Ortsgewohnheiten für die betr. Parochie, nicht aber vermeintliche Provinzialobservanzen zu verstehen. K.O. v. 10. Dez. 1839 (Bresl. Amtsbl. von 1840, J.M.Bl. 1840 S. 23 und M.Bl. f. d. i. Verw. 1840 S. 154). S. aber Abs. 1 dieser Anm.

Ein Rechtsirrthum der Betheiligten über eine bis dahin angenommene und lange Zeit hindurch ununterbrochen befolgte Verpflichtung steht der Bildung einer Observanz nicht entgegen. O.Tr. I v. 12. Jan. 1857, Entsch. 25 S. 139, u. v. 28. Sept. 1857, Str. Arch. 27 S. 72. Vergl. Publ.Pat. §. VII und die Anm. 14 ff. dazu.

Ueberhaupt versteht der §. 710 unter den durch ununterbrochene Gewohnheiten in Ansehung der Kosten zum Baue und zur Unterhaltung der Kirchengebäude bestimmten Regeln nicht spezielle Rechte unter bestimmten Personen, sondern solche Normen, welche für die Angehörigen der Kirchengemeinde maßgebend sein sollen und dadurch erkennbar werden, daß sie der äußeren Erscheinung nach bei dieser Gemeinde in ununterbrochener Gewohnheit gewesen sind. O.Tr. I v. 14. Juni 1850 und 22. Sept. 1854, Str. Arch. 7 S. 1 u. 15 S. 21. Es ist ein richtiger Rechtssatz, daß Observanz sich zwischen zwei bestimmten Personen nicht erzeugen könne; es kann daher zwischen dem Patron als der einen bestimmten Person, und der Kirchengemeinde als der anderen bestimmten (juristischen) Person, welche und wenn sie sich als Berechtigte und Verpflichtete gegenüberstehen, begriffsmäßig keine Observanz bestehen. Handelt es sich aber um eine angeblich durch Observanz begründete Beschränkung in der nach der allgemeinen Verfassung bestehenden gemeinschaftlichen Verwaltung und Verwendung des korporativen Kirchenvermögens seitens des Patrons und des Kirchenvorstandes, — eine Beschränkung, welche eben eine Abweichung von der allgemeinen Gemeinde- und Kirchenverfassung und daher allerdings als eine, in Hinsicht auf die Verwaltung des Vermögens der Korporation, abweichende für alle Zukunft und Nachfolger objektive Rechtsnorm in Anspruch genommen wird; so liegt darin, daß hier die durch das Presbyterium und Kirchen-Kollegium vertretene Kirchengemeinde als die eine, und der Patron als die andere Partei sich gegenüberstehen, nichts, was dem entgegenstände, da bei jeder Berufung auf ein partikulares Gewohnheitsrecht oder auf die Observanz einer Korporation nothwendig sich zwei Parteien als Kläger und Beklagter gegenüberstehen, ohne daß deshalb also die Statthaftigkeit der Observanz zu bezweifeln wäre. O.Tr. I v. 19. Sept. 1864, Str. Arch. 56 S. 170. In Summa: die Observanz ist eine Cynosur nur für Interna einer Korporation.

Der §. 710 sieht auch nicht solche Rechtsnormen als Gewohnheiten oder Provinzialgesetze an, die ein Ausfluß des Gemeinen kanonischen Rechts sind. Wo also vor Einführung des L.R. nur die einschlägigen Vorschriften des Gemeinen kanonischen Rechts bei Aufbringung der Kosten zu Kirchen- und Pfarrbauten und Reparaturen beobachtet worden sind, da sind die Bestimmungen des L.R. seit dessen Einführung an dessen Stelle getreten. Pr. 2370 des O.Tr. I v. 10. Mai 1852, Entsch. 23 S. 201; Str.Arch. 5 S. 238, (H. s. auch R.G. IV v. 27. Juni 1881, Gruchot 26 S. 70 und nochmals S. 1018). Der Berechtigte hat daher im Falle eines desfallsigen Einwandes des Verpflichteten nur nachzuweisen, daß die bisherige Uebung, auf welche er sich beruft, als eine besondere Gewohnheit und nicht als ein Ausfluß jenes subsidiären Rechts zu betrachten sei. Erk. dess. Sen. v. 14. Juni 1850, Str. Arch. 7 S. 2.

98) I. Ostpreußen. Prov.R. Zus. 195—197.

„Durch das Ostpr. Provinzialrecht sind die in Ansehung der Kosten zum Baue und zur Unterhaltung der Kirchengebäude bestehenden Observanzen nicht aufgehoben." Pr. des O.Tr. 1107 v. 31. Jan. 1842, Entsch. 7 S. 244.

II. Westpreußen. Prov.R. v. 1844 §. 38 (G.S. S. 107).

III. Posen.

Im vormaligen Herzogthume Warschau ist die Bildung einer Lokalobservanz, vermöge welcher dem Patrone einer Kirche die Last zum Baue und zur Unterhaltung von Kirchen- und Pfarrgebäuden allein obliegt, durch den Code civil nicht ausgeschlossen. O.Tr. I v. 20. April 1848, Entsch. 16 S. 368; Rechtsf. 4 S. 47. Die Vorschriften des kanonischen Rechtes hinsichts der kirchlichen Baulast sind in dem Großherzogthume Posen gegenwärtig nicht mehr geltendes Recht. Erk. dess. Sen. v. 20. Okt. 1862, Entsch. 48 S. 311.

IV. Pommern. Pommersche Kirchenordnung von 1535 u. 1690. Durch die Pommersche Kirchen-Ordnung ist die Baupflicht der Eingepfarrten nicht auf diejenigen Pfarrgebäude beschränkt, welche von Alters her bestanden haben, O.Tr. II v. 10. Dez. 1851, Entsch. 22 S. 114.

H. In Alt-, Vor- und Hinterpommern sind in Beziehung auf die Baulust bei Kirchen-, Pfarr- und Küstergebäuden keine Provinzialgesetze oder ein provinzielles Herkommen vorhanden, welche der Vorschrift des §. 261 d. T. derogiren, Pl.Beschl. Pr. 2444 v. 4. April 1853, Entsch. 25 S. 199; Str. Arch. 10 S. 27. H. Vgl. auch Anm. 55 zu §. 31 Nr. 6 d. K.G. u. S.O., Zus. 20 zu §. 156 d. T.

V. Brandenburg. 1. Märk. Verordn. v. 11. Dez. 1710, mitgetheilt durch Konsistor.-Verf. v. 7. Febr. 1711, Rabe Bd. 1 Abth. 1 S. 299.

a) „Die Märkische Observanz in Beziehung auf das Beitragsverhältniß des Patrons und der Eingepfarrten bei Kirchen und Pfarrbauten ist dahin als festgestellt anzunehmen, daß der Patron die Hauptmaterialien zum Baue — namentlich Holz, Steine, Kalk, sowie dahin zu rechnende stein- und kalkartige Substanzen, z. B. Ziegelsteine, Gips u. s. w. — zu beschaffen hat, die Eingepfarrten aber, außer den Hand- und Spanndiensten und dem Arbeitslohne, alle Nebenmaterialien, zu welchen auch Lehm und Stroh zu rechnen ist, aufzubringen haben.

b) Vermöge dieser Verpflichtung, die Hauptmaterialien zu beschaffen, ist der Patron auch schuldig, nicht bloß unter allen Umständen Holz, Steine, Kalk und dergl. Substanzen zum Baue zu liefern, sondern auch die auf Anordnung der geistlichen Obern zum Baue verwendeten Surrogate jener vorbenannten Hauptmaterialien, z. B. anstatt des Holzes verbrauchtes Eisen, oder statt der Ziegelsteine verwendete Zinkplatten." Pr. 2286 des O.Tr. I v. 25. April 1851, Entsch. 21 S. 313; Str. Arch. 2 S. 98. Dadurch erhält auch die Entsch. der Ges.Kommiss. v. 24. Jan. 1789 (Rabe 1 Abth. 7 S. 755) ihre nähere Bestimmung. — Vorausgesetzt ist hierbei, daß die Kirche dergl. Materialien, als Holz, Steine, Kalk 2c., nicht selbst besitzt. R. v. 19. Sept. 1806 (Rabe 8 S. 671). Zu vergl. O.Tr. v. 7. Febr. 1820 (Jahrb. 14 S. 279), H. u. I v. 13. Jan. 1865, Str. Arch. 56 S. 274, welches ferner annimmt, daß mehrere konkurrirende Patrone unter sich verhältnißmäßig beizutragen haben. H. Nach d. R. d. Min. d. geistl. Angel. v. 16. Sept. 1872, M.Bl. f. d. i. Verw. S. 287, hat der Patron auch die Kosten der Materialien für die zeitweise Abtheerung geistlicher Gebäude zu tragen.

2. Entsch. der Ges.Kommiss. v. 13. Sept. 1782, wonach die Grundsitzer (Hausleute) zu den Handarbeiten und zu dem Arbeitslohne der Handwerker dergestalt beitragen, daß vier Grundsitzer auf einen Ackermann, und zwei Grundsitzer auf einen Kossäthen zu rechnen. (Rabe Bd. 1 Abth. 7 S. 163.) — — „In der Kurmark kommt dieses Dezisum und das dadurch festgesetzte Beitragsverhältniß eines Büdners zu geistlichen Bauten nicht zur Anwendung; vielmehr wird in Ermangelung erwiesener Spezialobservanz das Beitragsverhältniß nach den Vorschriften des A. L.R. (§§. 736 bis 738 d. T.) regulirt." Pr. 221 des O.Tr. I v. 20. März 1837 (Samml. 1 S. 208). Ein Rittergutsbesitzer in der Kurmark, wenn er nicht zugleich Patron ist, hat, in so weit durch Verträge, rechtskräftige Erkenntnisse und ununterbrochene Gewohnheit nicht ein anderes bestimmt ist, als Eingepfarrter, zu den Kosten der Kirchen-, Pfarr- und Küstereibauten nur in demselben Maße beizutragen, wie derjenige Besitzer einer Dorfstelle, welcher am meisten leistet. Erk. dess. Sen. v. 4. März 1870, Entsch. 63 S. 364, Str. Arch. 78 S. 49, u. v. 21. März 1859, Str. Arch. 33 S. 80 ff. H. Seine Verpflichtung ist auch nicht davon abhängig, daß er seinen Wohnsitz auf dem Rittergute hat, Erk. d. O.Tr. I v. 12. Nov. 1877, Entsch. 81 S. 53. — In der Kurmark erfolgt die Repartition der (außer den dem Patron obliegenden Leistungen der Haupt-Baumaterialien) zu den Kirchen- resp. Pfarr- und Küstereibauten erforderlichen Kosten zunächst nach der Qualität der Höfe, von welchen zu den Gemeindelasten beigetragen wird, ohne Rücksicht auf die Hufenzahl, dergestalt, daß auf einen Bauer zwei Kossäthen gerechnet werden, oder aber eine Bauernahrung noch einmal so viel beiträgt als ein Kossäthenhof. — Müller und Krüger werden einem Kossäthen, und Schmiede einem Büdner oder Häusler, auch Grundbesitzer schlechthin genannt, gleichgerechnet. O.Tr. I v. 4. März 1870, Entsch. 63 S. 364; Str. Arch. 78 S. 49. — Die Repartition der Geldbeiträge zu Kirchen- und Pfarrbauten in der Kurmark erfolgt der Art, daß auf einen Ackersmann (Bauer) zwei Kossäthen gerechnet werden, ohne dabei auf die Hufen zu reflektiren, Erk. d. O.Tr. I v. 13. Dez. 1847, Rechtsf. 3 S. 220. — Bei Stadtkirchen in der Kurmark liegt die Baulast, so weit sie nicht von dem Patron zu tragen ist, der Stadtgemeinde als Kommunallast ob, ohne Unterschied, ob sämmtliche Mitglieder zu den Eingepfarrten der betreffenden Kirche gehören oder nicht, nur sind die Mitglieder einer städtischen Kirchengemeinde, außer in ihrer Eigenschaft als Theilnehmer an den gemeinen städtischen Lasten, dann noch besonders beitragspflichtig, wenn sie zu einer bei der Stadtkirche mit eingepfarrten Landgemeinde gehören. So hat das O.Tr. I angenommen in dem Erk. v. 4. Jan. 1865, Entsch. 52 S. 275. Es leuchtet jedoch nicht ein, wie im zweiten Falle ein Mitglied der Stadtgemeinde zu einer bei der Stadtkirche mit eingepfarrten Landgemeinde soll gehören können; Jedermann ist nur Mitglied der Ortsgemeinde, in der er wohnt.

3. Erk. v. 1780: Aus einzelnen zugeschlagenen und Gastgemeinden giebt in der Mark Brandenburg ein jeder Bauer und Kossäthe zu den Reparaturen der Pfarrgebäude den vierten Theil desjenigen, was ein Bauer der Hauptgemeinde giebt. (Stengel 1 S. 84.)

4. Pr. des O.Tr. 259 v. J. 1837 in der Anm. 26 zu §. 732 d. T.

5. O.Tr. I v. 3. Dez. 1852: Bei Landkirchen sind die Eingepfarrten ohne Rücksicht auf etwa vorhandenes Kirchenvermögen zu Hand- und Spanndiensten verpflichtet, wogegen bei Stadtkirchen die Kosten zunächst aus dem Kirchenvermögen bestritten werden müssen. H. Vergl. auch Erk. v. 29. Sept. 1871. in Anm. 5 zu §. 714.

6. In der Neumark werden zu den Pfarr- und Küsterbauten nur von den Besitzern

kontribuabler Hufen Beiträge geleistet. Pr. 1319 des O.Tr. I v. 9. Aug. 1843 u. das übereinstimmende alte Pr. v. 1767 (Stengel 1 S. 84 Nr. 15), H. und es ist dieser Grundsatz durch das Ges. v. 21. Mai 1861 nicht aufgehoben, O.Tr. I v. 15. Jan. 1875, Entsch. 74 S. 132, Str. Arch. 93 S. 111. Auch ein Rittergutsbesitzer, wenn er nicht zugleich Patron ist, hat zu dem Baue der Kirchen- und Pfarrgebäude nur in so weit beizutragen, als er kontribuable Hufen besitzt. Pr. 2652 des O.Tr. I v. 30. Nov. 1855, Entsch. 31 S. 437. Der Patron einer Tochterkirche trägt zu den Kirchen- und Pfarrbauten bei der Mutterkirche ebenso viel bei, wie der Patron der Mutterkirche beizutragen hat, wenn die Filia keine eigenen Gebäude besitzt. O.Tr. I v. 11. Jan. 1864, Entsch. 51 S. 296. — In der Neumark haben die Mutter- und Tochterkirchen-Patrone unter sich zu gleichen Theilen zu der Patronatsbaulast beizutragen. Erk. dess. Sen. v. 15. Juli 1864, Entsch. 54 S. 317, Str. Arch. 53 S. 350.

H. O.Tr. v. 14. Aug. 1847 (Rechtsfälle 2 S. 100): Im Wesentlichen hat der Patron die Materialien an Holz, Kalk und Steinen, die angesessenen Wirthe dagegen die übrigen Materialien, die Hand- und Spanndienste, sowie die baaren Kosten von Handwerkerlöhnung herzugeben und zu leisten.

H. O.Tr. I v. 23. Okt. 1871, Str. Arch. 84 S. 43: a. Nach neumärkischem Provinzialrecht besteht zwischen dem Patron und den Gespann haltenden Eingepfarrten und Ortseinwohnern rücksichtlich der Verpflichtung der ersteren, die Hauptmaterialien zu beschaffen, und der Verbindlichkeit der letzteren, Spanndienste zu leisten, weder ein obligatorisches noch ein durch Vorhandensein einer gemeinschaftlichen Verpflichtung begründetes gegenseitiges Rechtsverhältniß. b. Liefert der Patron die Baumaterialien nicht selbst am Bauorte, sondern fordert er ausdrücklich oder durch deren Anweisung an einem dritten Orte stillschweigend die Abfuhr derselben von diesem auf jenen Ort, so ist die Kirche, bez. Kirchengemeinde befugt, den Patron im Rechtswege dazu anzuhalten, daß er seiner gesetzlichen Pflicht zur Beschaffung der Materialien in der Weise, wie nach dem Herkommen, nach der Natur der Sache oder nach allgemeinen Rechtsgrundsätzen vermeintlich geschehen soll, genüge. c. Dasjenige, was zwischen beiden (Kirche, bez. Kirchengemeinde und Patron) judikatmäßig oder vergleichsweise festgesetzt wird, ist für jede Klasse der Gemeinde bindend. d. Ist die Kirche, bez. Gemeinde mit dem Orte, wo der Patron die Materialien zu liefern bereit ist, zufrieden und verlangt sie von der zur Leistung von Spanndiensten verpflichteten Klasse von Gemeindemitgliedern die Anfuhr von Materialien zum Bauorte, so kann jede einzelne Klasse, wenn sie zum Widerspruch gegen dieses Verlangen sich berechtigt glaubt, denselben gegen die Kirche, bez. die Kirchengemeinde im Rechtswege geltend machen.

H. Vgl. übrigens über die Frage, ob die hier über den Repartitionsfuß angeführten Rechtsnormen noch in Kraft stehen, Anm. 55 zu §. 31 Nr. 6 K.G. u. S.O., Zus. 20 §. 156 d. T.

VI. Schlesien. K.O. v. 10. Dez. 1839 (Bresl. Amtsbl. von 1840, J.M.Bl. 1840 S. 23 und M.Bl. f. d. i. Verw. 1840 S. 154):

„Mit Bezug auf Meine Ordre vom 28. Juni 1828 eröffne Ich dem Staats-Ministerium auf Grund der angestellten näheren Erörterung und nach eingeholtem Gutachten des Staatsraths, daß Ich die von mehreren Gerichtshöfen ihren Entscheidungen zum Grunde gelegte Observanz, wonach in dem Bezirke des ehemaligen Ober-Konsistoriums zu Glogau, welcher aus den Fürstenthümern Glogau, Liegnitz, Sagan und Wohlau bestand, bei Kirchenbauten, in Ermangelung eines besonderen Kirchenvermögens, der Patron sämmtliche baare Geldleistungen, die Eingepfarrten aber nur die nöthigen Hand- und Spanndienste, so wie das erforderliche Stroh beizutragen gehalten, Gastgemeinden aber von aller Beitragspflichtigkeit frei sein sollen, nicht als dargethan annehmen kann, und bestimme demgemäß, daß bei künftigen Entscheidungen dieser Art die Grundsätze des Allgemeinen Landrechts §§. 710 und folgende Titel 11 Theil II in Anwendung zu bringen sind, nach welchen neben Verträgen und rechtskräftigen Erkenntnissen zwar auch ununterbrochene Gewohnheit, jedoch nur, in so fern sie für die betreffende Parochie als Ortsgewohnheit nachgewiesen wird, zu berücksichtigen ist, so daß sie ferner nicht, wie bisher geschehen, durch jene vermeintliche Provinzial-Observanz begründet werden darf. Sie, der Justiz-Minister, haben die Gerichte hiernach zu belehren, und zugleich die Veröffentlichung dieser Meiner Ordre durch die Amtsblätter der Regierungen zu Liegnitz, Breslau und Frankfurt zu veranlassen." Durch diese K.O. hat die sog. Stielow'sche Observanz ihre Berücksichtigung gänzlich verloren. O.Tr. I v. 22. Mai 1857, Entsch. 36 S. 310, Str. Arch. 24 S. 325. Bis dahin war die Existenz dieser Observanz von dem Oberlandesgericht zu Glogau und vom Obertribunal anerkannt worden, vgl. Koch, schles. Arch. 3 S. 477, Simon, Rechtsspr. 3 S. 113, Pr. 31 des O.Tr. v. 8. Nov. 1833 und Nr. 326 v. 29. Aug. 1837, Samml. 1 S. 207. H. Vgl. auch noch über Schlesien die Erkenntnisse des Oberlandesgerichts zu Breslau aus den Jahren 1830, 1834 und 1835 in Koch, schles. Arch. 3 S. 397 ff., 409.

VII. Oberlausitz. V. v. 11. April 1846 (G.S. S. 164), wonach dort die §§: 710 bis 756 d. T. zur Anwendung kommen; doch hat der Patron nur ein Drittheil der baaren Beiträge zu tragen. Vergl. zu §. 37 Tit. 12.

VIII. Niederlausitz. „In der Niederlausitz sind die Vorschriften des Landrechts in Beziehung auf die Kirchenbaulast durch das Pat. v. 15. Nov. 1816 eingeführt.“ Pl.Beschl. (Pr. 2414) des O.Tr. v. 6. Dez. 1852, Entsch. 24 S. 1; Str. Arch. 7 S. 334.

IX. Magdeburg. 1. Rev. Kirchenordnung v. 9. Mai 1739.

„Nach dieser Verordn. muß Patronus in defectu aerarii alle Materialien, auch die Nebenmaterialien hergeben.“ Pr. 722 des O.Tr. I v. 24. Aug. 1839 (Präj.Samml. 1 S. 291.)

2. Entsch. der Ges.Kommiss. v. 2. Aug. 1782. Die eingepfarrte Kirchengemeinde muß bei Unzulänglichkeit des Kirchenvermögens das Arbeitslohn aufbringen. (Rabe Bd. 1 Abth. 7 S. 158.)

H. Pr. 2677 des O.Tr. I v. 19. Dez. 1856: Nach Magdeburg. Prov.R. muß, wenn das Kirchenvermögen zum Bau und zur Unterhaltung der Kirchen-, Pfarr- und Schulgebäude nicht hinreichend ist, der Patron die Hauptmaterialien an Holz, Kalk und Steinen liefern, alle übrigen Baumaterialien, sowie das Arbeitslohn nebst den dazu erforderlichen und darunter begriffenen Zuthaten an Eisen, Glas, Blei, Kacheln zum Ofen müssen, außer den Hand- und Spanndiensten von den Eingepfarrten aufgebracht werden (Entsch. 34 S. 276).

H. Die fortdauernde Gültigkeit der Bestimmungen d. revid. K.O. v. 9. Mai 1739 f. d. Hzthm. Magdeburg und d. Grafschaft Mannsfeld über die Beitragspflicht zu Kirchen- und Pfarrbauten ist nicht in Zweifel zu ziehen, und es hat sich gegen diese Bestimmungen kein Gewohnheitsrecht bilden können. Dagegen schließt die Bestimmung des §. 3 Kap. 26, wonach die Filialkirchen nur „etwa“ den dritten Theil zu den Pfarr- und Schulmeister-Wohnungen beizutragen haben, die Bildung einer anderweiten Observanz nicht aus, O.Tr. I v. 26. Nov. 1855, Str. 18 S. 317.

X. Sachsen. Verordn., betr. die Beitragspflicht der Rittergutsbesitzer und anderer Grundbesitzer in den vorm. königl. Sächsischen Landestheilen der Provinz zur Unterhaltung von Kirchen, Pfarren und Schulen. Vom 11. Nov. 1844. (G.S. S. 698), H. welche durch §. 31 Nr. 6 d. K.G. u. S.O. v. 1873, Zus. 17 zu §. 156 d. T. nicht beseitigt ist, Verf. d. Kult.-Min. v. 9. Dez. 1876, kirchl. Ges. u. Verordn.Bl. v. 1876/1877 S. 144. — Wenn verschiedene Dörfer mit verschiedenen Schulen zu einer Parochie vereinigt sind, so müssen die Grundbesitzer sämmtlicher Dörfer zu den Unterhaltungskosten sämmtlicher Schulen pro rata ihres Grundbesitzes beitragen. §§. 1 ff. O.Tr. I v. 28. Nov. 1851, Str. Arch. 4 S. 134. In Betreff der Beitragspflicht der Patronate, worüber die Verordnung nichts enthält, namentlich der fiskalischen Patronate kommen die Bestimmungen des L.R. §§. 710, 740, 790 d. T. zur Anwendung. Erk. dess. Sen. v. 26. April 1856, Entsch. 32 S. 457.

XI. Im Fürstenthume Eichsfeld haben die Patrone nicht die Verpflichtung, in Ermangelung eines hinlänglichen Kirchenvermögens zu dem Baue der Kirchen, Pfarren und Schulen beizutragen, vielmehr liegt diese Verpflichtung den Gemeinden ob. O.Tr. I v. 3. Okt. 1859, Entsch. 42 S. 297, Str. Arch. 34 S. 300.

XII. Westphalen (Herzogthum). 1. Verordn. des Kurfürsten Joseph Klemens von Köln (sog. Clementina). V. 28. Aug. 1715. (Scotti, Sammlung Kölnischer Verordnungen Th. I Abth. 1 S. 603.)

2. „Nach dieser im Herzogthume Westphalen als Provinzialgesetz geltenden Verordnung sind die Zehntherren — decimatores majores — provisorisch, unter Vorbehalt ihres Regresses gegen etwaige sonstige Verpflichtete, zur Hergabe der zum Kirchenbaue erforderlichen Beträge, selbst über den Werth der Zehntberechtigung hinaus, verpflichtet.“ Pr. 1541 des O.Tr. I v. 15. Febr. 1845, Entsch. 10 S. 432.

3. Die nach dieser Verordn. den Zehntherren der Parochie obliegende Verpflichtung, provisorisch die Kosten zum Kirchenbaue herzugeben, welche aus dem Kirchenärar nicht bestritten werden können, geht auch auf die, im Besitze des Zehents gebliebene erbschaftliche Liquidationsmasse eines verstorbenen Zehntherrn über, und wird, so weit der Betrag des Zehents reicht, durch eine erfolgte Präklusion der Anspruch der betr. Kirche an die Masse nicht beseitigt. — Die Verpflichtung, nach Verhältniß des Zehntbetrages vorschußweise Beiträge zu den Kirchenbaukosten zu leisten, ist jedoch nur mit dem Besitze des Zehents selbst verbunden. Ist daher ein Zehent vor erfolgter Einforderung des betr. Beitrags bereits abgelöst, so ist der bisherige Inhaber desselben, auch wenn er für die Ablösung Entschädigung erhalten, aus diesem Grunde zur Leistung des fraglichen Vorschusses nicht verpflichtet. O.Tr. v. 19. Febr. 1846, Entsch. 13 S. 493. H. Jedoch hat d. Plen.Beschl. v. 1. Juli 1850 (Pr. 2219) angenommen, daß die Kirche hinsichtlich des ihr nach der gedachten Verordn. zustehenden Anspruchs an den Zehntherrn auf Theilnahme an der Kirchenbaulast berechtigt ist, nach Ablösung des Zehnten die Sicherheitsbestellung des Ablösungskapitals zu fordern, Entsch. 20 S. 59. Daraus, daß durch die Ablösung des Zehnten dem Zehntpflichtigen gegenüber das Zehntrecht selbst erlischt, folgt noch nicht, daß die bisherigen Verpflichtungen des Zehntberechtigten auch dritten Personen gegenüber untergegangen sind, so fern nicht diese dritten Personen gleichfalls bei der Ablösung zugezogen und wegen ihrer Rechte abgefunden sind. Vielmehr bleibt gegen dritte Personen die frühere

Verbindlichkeit bestehen, nur daß an die Stelle des dinglich verpflichteten Zehntens das dafür gegebene Aequivalent tritt, O.Tr. II v. 12. April 1864, Str. Arch. 54 S. 68.

4. Das Recht auf die, provinzialrechtlich im Herzogthume Westphalen den Zehntherren (decimatores majores) obliegende, Kirchenbaulast wird durch die Abzweigung einer Filialkirche von der Mutterkirche und durch die Erhebung der Filialkirche zur Mutterkirche, ohne besondere Verabredung und Festsetzung, auf die Tochterkirche nicht ausgedehnt und nicht übertragen. O.Tr. II v. 9. Juni 1864, Entsch. 52 S. 277, Str. Arch. 55 S. 922. H. Erk. dess. Sen. v. 28. Sept. 1871: Wenn in einem Pfarrbezirke ein Kirchengebäude besteht, in Ansehung dessen einem Zehntberechtigten die Baulast obliegt, und neben diesem Gebäude ein anderes errichtet wird, ist der Zehntberechtigte nicht verbunden, in dieser Eigenschaft zu den Kosten des neuen Gebäudes beizutragen, auch alsdann nicht, wenn das neue Gebäude in Zukunft für den regelmäßig, das alte für den ausnahmsweise abzuhaltenden Gottesdienst bestimmt ist. Für das Herzogthum Westphalen ist anzunehmen, daß bei Stiftung ganz neuer Kirchen neben den bestehenden die Baulast in Beziehung auf die alten Kirchen nicht erlischt, auch wenn die letzteren die Bestimmung haben, zur Ausübung des Gottesdienstes in dem Pfarrbezirk zu dienen, und wenn auch in Zukunft wesentlich in der neuen Kirche der Gottesdienst verwaltet wird, Str. Arch. 82 S. 338.

H. 5. Unter dem im Hzgthm. Westphalen provisorisch zum Kirchenbau verpflichteten Decimator totius parochiae ist auch ein solcher zu verstehen, der nur aus einigen Grundstücken des Kirchspiels Zehnten zu beziehen hat, während die übrigen Grundstücke nicht zehntpflichtig sind. Auch die Verwandlung eines Zugzehnten in einen Sackzehnten ändert an der Kirchenbau-Verpflichtung des Zehntherrn nichts. O.Tr. I v. 11. Nov. 1853, Ulrich, Arch. 16 S. 555. Der Ausdruck: decimatores totius parochiae im §. 2 d. ged. Verordn. kann nicht so gedeutet werden, daß sich das Zehntrecht des Großzehntherrn nothwendig über das ganze Areal des Pfarrsprengels erstrecken muß, sondern es sind darunter alle Inhaber eines großen Zehntens innerhalb des Pfarrsprengels zu verstehen, O.Tr. I v. 10. Sept. 1858, Str. Arch. 30 S. 216.

H. 6. Nach d. cit. Verordn. sind die Zehntherren — decimatores majores — provisorisch, unter Vorbehalt des Regresses gegen etwanige sonst Verpflichtete, nicht allein zu Reparatur-Bauten der Kirchen, sondern auch zu Neubauten derselben die erforderlichen Beiträge herzugeben verpflichtet, Erk. des O.Tr. v. 6. Jan. 1857, Ztschr. des Revis.Koll. f. Landes-Kultur-Wesen Bd. 10 S. 66. Die Verpflichtung erstreckt sich aber nicht auf einen wegen vermehrter Bevölkerung nothwendig gewordenen Erweiterungsbau der Kirche, O.Tr. I v. 29. Jan. 1858, Entsch. 37 S. 304, eben so wenig auf Errichtung ganz neuer Kirchen und deren Reparaturen, O.Tr. II v. 9. Juni 1858, Entsch. 52 S. 276, Str. Arch. 55 S. 122.

H. 7. Der Zehntherr im Hzthm. Westphalen ist berechtigt, für die von ihm hergegebenen Kirchenbaukosten Ersatz an Kapital und Zinsen von den Eingepfarrten in so weit zu verlangen, als die hergegebenen Summen den Werth der Zehnten übersteigen, O.Tr. I v. 13. Juli 1857, Entsch. 36 S. 312.

Vgl. übrigens auch v. Stockhausen, üb. d. Kirchenbaupflicht der Dezimatoren im Hzthm. Westphalen in Ulrich, Arch. 11 S. 610.

XIII. Im Fürstenthume Paderborn kommen die Bestimmungen des L.R. zur Anwendung. Denn die Beschlüsse des Tridentinischen Konzils über die Kirchenbaulast Sess. XXI c. 7 de ref.) sind nicht als Spezialgesetze für das Fürstenthum Paderborn anzusehen, sondern haben nur als Theil des dort geltend gewesenen gemeinen Kirchenrechts Kraft gehabt, in dessen Stelle das L.R. getreten ist. Vergl. Entsch. des O.Tr. 32 S. 148, 153 (s. Anm. 1 zu §. 711). Das gilt auch in Ansehung der Frage: ob dem Zehntherrn die Kirchenbaulast obliege. Ebd. S. 157. Dies ist nach den Vorschriften des L.R. zu verneinen. Vergl. die Anm. 13 zu §. 720.

XIV. In der Grafschaft Rietberg kommen die Vorschriften der §§. 731 u. 790 d. T. auch dann zur Anwendung, wenn erweislich eine thatsächliche Befreiung des Patrons von der Verpflichtung zu Kostenbeiträgen vor Einführung des L.R. stattgehabt hat. O.Tr. I v. 10. Mai 1852, Str. Arch. 5 S. 237. H. S. auch Anm. 25 zu §. 731.

99) Diese Gesetze setzen nicht das Bestehen der Kirchen-, Pfarr- und der ihnen zustehenden Gebäude voraus, sondern entscheiden auch für die Fälle, wo es sich um Errichtung neuer, bisher nicht vorhandener Bauten handelt, O.Tr. I v. 11. Nov. 1859, Entsch. 43 S. 339. H. aber auf die Neugründung von Kirchensystemen und die Beschaffung der erforderlichen Bauten für diese beziehen sich die erwähnten rechtlichen Bestimmungen nicht. Die Kirchenbaulast ist nicht zugleich Fundationslast, s. auch §§. 176 ff. d. T. Nur für die Aufbringung bestimmter kirchlicher Bedürfnisse in den bestehenden Pfarreien haben sich historisch feste Rechtssätze gebildet, und diese, das Baulast-Recht, können nicht über diesen Kreis hinaus ausdehnend angewendet werden.

§. 711. In so weit[100]) aber, als es an dergleichen besonderen Bestimmungen ermangelt[1]), finden nachstehende allgemeine Vorschriften Anwendung[2]).

§. 712[3]). Die Kosten zum Baue und zur Unterhaltung der Kirchengebäude[4]) müssen hauptsächlich aus dem Kirchenvermögen genommen werden.

---

100) In so weit. Wenn also z. B. sich eine Observanz hinsichtlich der Reparaturen gebildet hat, so ist dieselbe nicht maßgebend auch für die Neubauten. O.Tr. I v. 12. Jan. 1857, Entsch. 35 S. 139.

1) H. Pr. 2657 des O.Tr. I v. 18. Jan. 1856, Entsch. 32 S. 145: Wenn der Bau oder die Wiederherstellung von Kirchengebäuden nach Einführung des L.R. vorgenommen worden ist und es wegen Aufbringung der dazu erforderlichen Kosten an gewissen, durch Verträge, Judikate, ununterbrochene Gewohnheiten oder Provinzialgesetze bestimmten Regeln fehlt, so können die Besitzer vormaliger Kirchenzehnten, als solche, wegen Tragung dieser Kosten gesetzlich nicht, und namentlich auch nicht aus dem Grunde in Anspruch genommen werden, weil nach den früher geltend gewesenen Bestimmungen des Tridentiner Konzils die Pflicht zum Bau und zur Unterhaltung der Kirchengebäude ursprünglich auf jenem Zehnten, als Kirchenzehnten gehaftet habe.

2) Nach den Grundsätzen, nach welchen die Baukosten aufzubringen sind, müssen auch die Feuersozietätsbeiträge für die geistlichen Gebäude aufgebracht werden. Besch. der Min. d. geistl. 2c. Angel., des Inn. und d. Pol. v. 25. Mai 1826 (Annal. 10 S. 411).

3) H. In Bezug auf den Umfang der Baulast machen die §§. 712 ff. keinen Unterschied zwischen den prinzipaliter und subsidiarisch Verpflichteten. Das ergeben §§. 700—706 und 720. S. auch die folgende Anm. Abs. 1 und Anm. 14 zu §. 720.

4) Ueber den Begriff eines Kirchengebäudes, bezüglich auf den Umfang der Bau- und Unterhaltungslast dabei, wenn das Kirchenvermögen unzulänglich ist, ist man nicht einerlei Meinung. Während man einerseits diese Last auf das Langhaus, den Chor, die Kanzel, den Taufstein, den Hauptaltar und die Stühle beschränkt, will man andererseits sie auch auf den Thurm, die Glocken, die Uhr und die Seitenaltäre ausdehnen. Weder das gemeine Kirchenrecht (Beschluß des Tridentiner Konzils, Sess. 21 c. 7 de reformatione in den Worten: „parochiales ecclesias ita collapsas refici et instaurari procurent"), noch das L.R. geben für die Entscheidung der Frage einen besonderen Anhalt, daher ist die Frage, in welcher Ausdehnung jene Worte zu verstehen, in Theorie und Praxis eine kontroverse. Die zweite Meinung will die subsidiäre Baupflicht nicht auf dasjenige beschränken, was zur Perfektion des Kirchengebäudes als solchem gehört, sondern auch auf diejenigen Gegenstände beziehen, welche vermöge ihrer dauernden Verbindung mit der Kirche und nach ihrer Bedeutung für den Gottesdienst als wesentliche Zubehörungen der Kirche zu betrachten seien. Das O.Tr. V hat bei dem seiner Entscheidung vorgelegten Streite hierüber seine Meinung dahin ausgesprochen: „Bei dem Begriffe eines Kirchengebäudes kommen nicht nur die Umfassungsmauern und das Dach, sondern auch solche innere und äußere Einrichtungen in Betracht, welche dem Zwecke des Gebäudes, der Ausübung des Gottesdienstes, entsprechen und zu diesem Behufe mit dem Kirchengebäude in dauernder Verbindung stehen. Eine Beschränkung solcher Einrichtungen auf das für den Gottesdienst absolut Nothwendige, auf diejenigen Bestandtheile, ohne welche ein Gebäude nicht als Kirche erscheint, ist weder gesetzlich ausgesprochen, noch durch innere Gründe bedingt, vielmehr sind hierbei Sitten, Gebräuche, Herkommen, Größe der Gemeinde, Vermögensverhältnisse und andere Umstände maßgebend. Das Tridentiner Konzil verpflichtete zur baulichen Instandhaltung der Pfarrkirchen, wenn das Kirchenvermögen nicht ausreichte, die Patrone und alle anderen Personen, welche aus dem Kirchenvermögen Einkünfte beziehen, und in deren Ermangelung die Parochianen. Ein Unterschied in dem Umfange dieser Verpflichtung ist nicht zwischen der Kirchenfabrik und den subsidiarisch Verpflichteten gemacht; zweifelhaft ist es aber gewiß nicht, daß der Kirchenfabrik und den Parochianen die Unterhaltung aller der Zubehörungen rechtlich auferlegt werden könnte, welche hier streitig sind." Erk. v. 8. Nov. 1864, Entsch. 54 S. 344; Str. Arch. 57 S. 66 (s. auch O.Tr. I v. 12. März 1858; Str. Arch. 29 S. 219). Die Meinung ist hiernach: Alles, was die Kirchenfabrik, wenn sie könnte, instandhalten oder wiederherstellen müßte, das ist auch der subsidiarisch Verpflichtete zu erhalten und wiederherzustellen schuldig. Dieser Grundsatz ist jedoch in dieser Entscheidung auf die Thürme nicht ganz konsequent angewendet, denn es wird gesagt: „Die Thürme bilden einen Theil des Kirchengebäudes, wenn sie, wie hier, an dasselbe angebaut sind." (Str. Arch. 57 S. 70.) Wäre damit ausgesprochen, daß, wenn die Thürme, in welchen die zum kirchlichen Gebrauche bestimmten Glocken (die doch unbestritten wenigstens in einer katholischen Kirche zu den wahren Zubehörungen derselben gerechnet werden) aufbewahrt und geläutet werden, mit dem eigentlichen Kirchengebäude nicht in baulicher Verbindung stehen, solche von dem subsidiarisch Baupflichtigen nicht reparirt zu werden brauchten, so würde das nicht für richtig anzuerkennen sein. Denn nicht allein auf die baulichen Bestand-

theile des Kirchengebäudes, sondern auch auf die wahren Zubehörungen der Kirche erstreckt sich die Baulast (daher auch z. B. auf Glocken und Uhren, sowie bei Unvermögen der Kirchenfabrik auch auf den Patron, bez. den baulastpflichtigen Zehntherrn). O.Tr. I v. 5. Febr. 1861, Str. Arch. 39 S. 352. Da nun Kirchen-Glockenthürme, welche, wie der Campanile, in verschiedenen Orten (u. a. auch in Neisse) ganz isolirt neben der Kirche stehen, zweifellos Pertinenz derselben sind und von der Kirchenfabrik, wenn sie des Vermögens ist, im baulichen Stande erhalten werden müssen, so muß dieses, folgerichtig, auch von dem subsidiarischen Baupflichtigen geschehen.

In Betreff der Orgel insbesondere hat das schon citirte Erk. v. 12. März 1858, Entsch. 38 S. 277, Str. Arch. 29 S. 219, ausgeführt: „Hiernach kann es bei der Pertinenzqualität einer Orgel nicht zweifelhaft sein, daß, wenn es sich um die Reparatur der alten oder um Anschaffung einer neuen Orgel an Stelle der nicht mehr reparaturfähigen handelt, gleiche Grundsätze in Betreff dieses Pertinenzstückes, wie bei der Hauptsache, dem Kirchengebäude, in Anwendung kommen müssen, wenn diese der Reparatur bedarf oder bei der Reparaturunfähigkeit wieder neu hergestellt werden muß. Der Patron, der nach §§. 584, 720, 731 und 740 II. 11 subsidiär zur Beisteuer behufs Reparatur oder Wiederaufbau des Kirchengebäudes verpflichtet ist, muß auch in gleicher Art zum Beitrage für die Herstellung des Pertinenzstückes der Kirchen-Orgel gesetzlich mit für verpflichtet erachtet werden." (Vgl. auch R.G. IV v. 12. Febr. 1880, Annal. 1 S. 543.)

Vgl. ferner Cirk.Verf. des Kult.Min. v. 24. Nov. 1841, Min.Bl. f. d. inn. Verw. 1841 S. 323: „Es sind Zweifel darüber entstanden, in welchem Umfang dem Königl. Fiskus, als Kirchenpatron, die Verpflichtung obliegt, bei der Anschaffung neuer Orgeln und bei der Unterhaltung schon bestehender einen Kostenbeitrag zu leisten. Zur Beseitigung dieser Zweifel wird Nachstehendes bemerkt:

1) Besteht in einer Kirche noch keine Orgel, so behält es bei der Bestimmung des Reskr. v. 19. Dez. 1823 (v. Kamptz, Annal. Bd. 7 S. 842) dahin sein Bewenden, daß, da das Allg. Landrecht den Patronen eine Beisteuer zur Anschaffung neuer Orgeln nicht auflegt, von den Patronen ein solcher Beitrag zur Anschaffung neuer Orgeln und zu deren künftiger Unterhaltung auch rechtlich nicht gefordert werden kann, daß es vielmehr Sache der Gemeinde ist, den erforderlichen Kostenbetrag aufzubringen.
2) Wird in einer Kirche, welche bisher eine Orgel nicht besessen hat, durch Beiträge der Gemeinde, durch Stiftungen dritter Personen oder durch außerordenliche Unterstützungen eine neue Orgel errichtet, so haben die Königl. Regierungen ein verbindendes Abkommen der betheiligten Gemeinde über die künftige Unterhaltung und Erneuerung der Orgel zu vermitteln, in dessen Entstehung aber ausdrücklich zu erklären, daß der Königl. Patronatsfonds keine Verpflichtung zu einem Beitrage zu den künftigen Reparatur- und Wiederherstellungskosten anerkenne.
3) Besteht gegenwärtig bereits in einer Kirche eine Orgel, so wird die Königl. Regierung, wenn entweder die Reparatur derselben oder die Anschaffung einer neuen Orgel, an die Stelle der nicht mehr reparaturfähigen alten, in Frage kommt, jedesmal gründlich zu erörtern haben, ob dem Fiskus als Patron zur gänzlichen oder theilweisen Hergabe der Kosten für diese Reparatur oder Beschaffung einer neuen Orgel, an die Stelle einer alten, eine rechtliche Verpflichtung obliegt, und ob nicht etwa in früherer Zeit die vorhandene Orgel ohne Zustimmung des Fiskus, von der Gemeinde oder irgend einem Dritten, in die Kirche geschafft und gegen den ausdrücklich ausgesprochenen Willen des Patrons zu einem Pertinenzstücke derselben gemacht worden ist." (Vergl. übrigens angeführtes Erk. d. O.Tr.) „In diesem letzteren Falle wird der Patronatsbaufonds auch jetzt noch die Unterhaltung der Orgel von sich ablehnen und sie demjenigen überlassen müssen, von welchem die Kirche mit der Orgel versehen worden ist.

Wo sich dagegen weder aus den Verhältnissen bei der ersten Anschaffung der Orgel, noch aus dem Besitzstande in der Folgezeit, etwas Entscheidendes über die Unterhaltungsverpflichtung bei den Orgeln ergiebt, ist die Vertheilung der Kostenbeiträge auf den Patron und die Gemeinde in derselben Weise anzuordnen, wie dieselbe bei Unterhaltung des betreffenden Kirchengebäudes selbst geschehen muß.

In den in dergl. Fällen der Kasse zu ertheilenden Zahlungsanweisungen hat die Königl. Regierung jedesmal die Gründe, aus welchen der Patronatsbaufonds zum Beitrage zu den Unterhaltungskosten der Orgel für verpflichtet erachtet worden ist, mit wenigen Worten anzuführen, sowie denn auch in Fällen, wo wegen Regulirung eines Interimistici von der Königl. Regierung zu berichten ist, die vorgedachten Gesichtspunkte überall zu beachten und die in Frage kommenden Punkte nach denselben gründlich zur Entscheidung vorzubereiten sind."

H. Einen Fall, in welchem ausdrücklich die Verpflichtung des Fiskus bei Gewährung der Kosten für die Orgel abgelehnt worden ist (s. Nr. 2 der Verfügung), betrifft O.Tr. I v. 29. April 1872, Str. Arch. 86 S. 88: Die Bauverpflichtung des Patrons erstreckt sich nicht mit auf die Unterhaltung der Kirchen-Orgel, wenn die letztere gegen seinen Willen ein Pertinenzstück der Kirche geworden ist.

H. Zu weit geht die Nr. 1 der cit. Verfügung, wenn sie überhaupt unter allen Umständen die Pflicht des Patrons, bei der Neuanschaffung einer Orgel zu konkurriren verneint.

H. Wenn bei einem Umbau der Kirche nach dem Verhältnisse eine solche, um dieselbe und den Gottesdienst angemessen auszustatten, nothwendig erscheint, worüber die geistlichen Oberen (s. §. 708 d. T.: „Art des Baues") zu entscheiden haben, ist auch der Patron beizutragen verpflichtet, vgl R.G. V v. 12. Febr.. 1880, Gruchot 24 S. 1047, und für das gemeine Recht überhaupt: Th. Hagemann, von dem Bau und der Unterhaltung der Kirchen-Orgeln in dessen prakt. Erörterungen, her. v. Spangenberg, Hannover 1829 Bd. 8 Abhdlg. 7.

H. Die Baulast erstreckt sich auch auf die nothwendig werdenden Erweiterungsbauten, namentlich solche, welche durch Vermehrung der Bevölkerung erforderlich werden. Das ist für das gemeine Recht die mit nur verschwindenden Ausnahmen vertretene Ansicht, s. Reinhardt a. a. O. S. 90; Gündler S. 56, 57; Bayer a. a. O. S. 93; Permaneder a. a. O. S. 35 Note 4 (vgl. Anm. 94 zu §. 710); Walter, Lehrb. d. K.R. §. 272 (14. Aufl. S. 607), Purgold in Ztschr. f. K.R. 4 S. 461 ff., ferner die Erkenntnisse einer Reihe höchster deutscher Gerichtshöfe in Seuffert's Arch. 5 S. 54; 7 S. 101; 9 S. 68 und 31 S. 323, sowie Buchka und Budde, Entsch. d. Ob.App.Ger. zu Rostock 2 S. 293, 299. Die Baulastverpflichtung ist eine öffentlich-rechtliche Pflicht, deren Maß und Umfang der Natur der Sache nach in keinem Fall stabil und gleichbleibend sein kann. Die kirchliche Anstalt untersteht in ihrer Totalität dem fortlaufenden Wechsel aller Dinge, und damit ist auch von selbst eine Veränderung derjenigen Bedürfnisse gegeben, zu deren Befriedigung die Baulastpflicht dient. Sie hat von vornherein nicht die Bedeutung, für die fortwährende Erhaltung bestimmter Gebäude zu sorgen, vielmehr die, dafür einzustehen, daß für eine bestimmte kirchliche Anstalt stets ein ihren gottesdienstlichen Zwecken entsprechendes Gebäude vorhanden ist. Der Umfang wird also durch das zur Zeit der Erfüllung der Pflicht hervorgetretene Bedürfniß bestimmt. Diesen Charakter hat auch die Baulast nach dem L.R., ja dieses erwähnt sogar der Kosten für einen neuen Anbau und für eine Erweiterung in §. 706, und seine Bestimmungen in §§. 710, 711, 720 begreifen diese Bauten (vgl. auch §. 707) mit ein. So auch R. Koch, preuß. Gerichtszeitung Jahrg. 2 S. 208, und O.Tr. I v. 18. März 1861, Str. Arch. 41 S. 23 und v. 4. Jan. 1865, Entsch. 52 S. 307 in Anwendung auf den Patron. Zu beachten ist aber, daß der Natur der Baulast gemäß der Pflichtige, also auch der Patron, nur im Falle der Nothwendigkeit haftet (s. §. 707), und daß er bei übermäßiger Vermehrung der Bevölkerung und der dadurch bedingten Vergrößerung seiner Last die Theilung der Pfarrei und Errichtung einer neuen bei den kirchlichen Oberen nachsuchen kann.

H. Endlich entsteht die weitere Frage, ob die Baulast auch dem Pflichtigen, insbesondere dem Patron obliegt, wenn der nothwendig werdende Erweiterungsbau wegen Mangels des Bauplatzes nicht am alten Gebäude vorgenommen werden kann, sondern ein dem vermehrten Bedürfniß entsprechender Neubau auf einem anderweit beschafften Kirchplatz errichtet werden soll. Zu solchen Baukosten (wegen der Beschaffung des Platzes s. Anm. 14 zu §. 720 d. T.) hat der Patron ebenfalls mit beizutragen. Es unterliegt keinem Zweifel, daß er diese Pflicht hat, wenn an Stelle des bisherigen alten Gebäudes ein neues in demselben Umfange errichtet werden muß, eben so wenn das bestehende Gebäude einer Erweiterung bedarf. Machen sich beide Bedürfnisse der Neubau und die Erweiterung, zu gleicher Zeit geltend, so konkurrirt er also zu den Kosten der einen oder anderen Art. Daß ein solcher erweiterter Neubau an einem anderen als dem bisherigen Platz errichtet wird, ist dabei unerheblich, mit Ausnahme des Falles, wo ohne vorliegendes Bedürfniß durch Wahl des Platzes, z. B. eines schlechten, sumpfigen Baugrundes, die Baukosten vermehrt werden.

An diesem Resultat ändert es auch nichts, daß etwa die frühere Kirche nicht baufällig ist, sondern nur wegen des Anwachsens der Bevölkerung sich als so unzureichend erweist, daß ein erweiterter Neubau an anderer Stelle nothwendig wird. (So beiläufig auch O.Tr. I v. 29. Sept. u. 14. Okt. 1871, Entsch. 66 S. 179; Str. Arch. 85 S. 19.) Dagegen kommt aber hier noch der Gesichtspunkt in Betracht, daß der Patron eine Vergrößerung seiner Last über das Bedürfniß sich nicht gefallen zu lassen braucht. Hat er daher zu dem erweiterten Neubau auf einem anderen Platze beigetragen, so hat er auch in Zukunft nur für den ersteren, nicht für die frühere Kirche die Baulast, denn zwei Kirchen hat er nicht zu unterhalten. Er kann verlangen, daß die neue Kirche nunmehr rechtlich als Patronatkirche behandelt wird, ferner, daß die alte Kirche außer Benutzung gestellt, profanirt und veräußert, sowie daß der Erlös aus dem Gebäude und dem Kirchplatz in erster Linie zu den Kosten des erweiterten Neubaues verwendet wird, weil beides zum Vermögen der Kirche gehört, das prinzipaliter für die Baulast haftet. Wenn etwa die kirchlichen Oberen und die Gemeinde die alte Kirche gleichzeitig beibehalten wollen, so kann der Patron allerdings die Veräußerung nicht erzwingen, wohl aber verlangen, daß der Werth des Gebäudes und des Platzes durch sachverständiges Gutachten ermittelt und von dem Kostenbetrag vor Feststellung der patronatischen Quote in Abzug gebracht wird.

§. 713. Es darf aber davon nicht mehr verwendet werden, als ohne Nachtheil der aus der Kirchencasse zu bestreitenden jährlichen Ausgaben geschehen kann.

§. 714. Auch müssen, bei Landkirchen [5]), die Eingepfarrten [6]) in jedem Falle, ohne Unterschied, die nöthigen Hand- und Spanndienste unentgeltlich leisten [7]).

---

5) Ob eine Kirche im Sinne des L.R., in Beziehung auf die Beiträge zu den Reparaturkosten, für eine Stadtkirche oder für eine Landkirche zu erachten, hängt nicht von der Lage der Kirche, sondern von der Eigenschaft der Eingepfarrten als Stadt- und Landbewohner ab. Erk. des O.Tr. I v. 28. Jan. 1835, Schles. Arch. 3 S. 521. Das O.Tr. I hat diese Frage bei Gelegenheit eines wieder vorgekommenen Streits abermals erwogen und ist zu dem Beschlusse gelangt, jene frühere Ansicht aufzugeben, der Senat hat sich auch für berechtigt gehalten, dieserhalb gemäß dem Ges. v. 7. Mai 1856 §. 5 Nr. 1 das Plenum nicht erst zu Rathe zu ziehen und nun als Rechtsgrundsatz angenommen: Der Beitrag des Kirchenpatrons zu solchen Baukosten richtet sich nach dem Umstande, ob die Kirche eine Stadt- oder eine Landkirche ist; und diese Frage ist in allen Fällen nach der örtlichen Lage der Kirche, ob auf städtischem, oder auf ländlichem Gebiete, zu beantworten. Ob hieraus auch folge, daß alle Eingepfarrten einer Kirche, ohne Unterschied, ob sie städtische Einwohner oder Landleute sind, den auf ihre Gesammtheit, dem Patrone gegenüber, fallenden Beitrag von resp. einem Drittheile oder zwei Drittheilen der Kosten nur nach einem und demselben Maßstabe leisten müssen, oder ob bei Vertheilung des den Eingepfarrten obliegenden Antheils der Kosten deren persönliche und Besitzverhältnisse oder Eigenschaften berücksichtigt werden, also z. B. den Eingepfarrten vom Lande die Verrichtung von Baudiensten, statt eines Theiles der nöthigen baaren Zahlungen zum Baue einer Stadtkirche gestattet werde dürfe: diese Frage ist, weil darüber nicht zu entscheiden war, unberührt geblieben. Erk. v. 3. Nov. 1875, Entsch. 54 S. 341; Str. Arch. 61 S. 202. (H. S. auch I. v. 25. April 1873; Entsch. 69 S. 202.) Dies sind noch zum Theil ungelöste Fragen. Bekanntlich kommen viele Stadtkirchen vor, zu welchen umliegende ländliche Ortschaften eingepfarrt sindund auf welche daher die Unterscheidung in Stadt- und Landkirchen behufs Aufbringung der Baukosten nicht Anwendung finden kann. Bei diesen Kirchen wird doch auf die persönlichen und Besitzverhältnisse oder Eigenschaften der auf dem Lande und der in der Stadt angesessenen Parochianen gesehen werden müssen. Benedikt Carpzov unterscheidet nur rustici, qui vocantur Häusler, Gärtner, Kossäthen, und oppidani in exstruendis templo atque aedibus parochialibus; von ersteren sei opera duntaxat manuaria praestanda (Jur. consist. Lib. II def. 340), worunter nach Jo. Henr. Berger, Electa disceptationum forensium, Suppl. P. II tit. 5 suppl. 32 nicht begriffen das Sticken, Kleiben, Latten und Decken. Vergl. §. 718. Ex aerario et reditibus ecclesiasticis reficienda sunt aedificia ecclesiastica; in subsidium parochiani, facta distributione, opibus cujuscunque congrua, non rustici solum, verum etiam cives oppidani. Reinhard, animadversiones ad Pauli Christianei practicarum Decisiones Vol. II obs. 3; Hommel, Rhapsod., obs. 456. H. Obwohl R.G. IV. v. 8. Oktober 1883, Entsch. 10 S. 216 der Auffassung des O.Tr. beigetreten ist, so dürfte doch für den Begriff der Land- bez. Stadtkirche das Moment entscheidend sein, ob die Kirche für eine ländliche oder städtische Kirchengemeinde bestimmt ist, wobei die Qualität des Ortes in kommunaler Beziehung, ob Stadt oder Land, in Betracht kommt. Sind städtische und Landbewohner zu derselben Kirche eingepfarrt, so wird das Ueberwiegen der Bewohner der einen oder anderen Art unter Berücksichtigung der Lage der Kirche maßgebend sein. Diese letztere kann aber allein nicht zum wesentlichen und einzigen Bestimmungsmoment, wie das O.Tr. will, gemacht werden. Niemand wird eine auf städtischer Feldmark belegene Kirche, zu der nur Dorfbewohner eingepfarrt sind, eine Stadtkirche nennen. Uebrigens harmonirt mit dem Erk. v. 3. Nov. 1865 harmonirt wieder nicht Erk. des I. Sen. v. 29. Sept. und 14. Okt. 1871, Entsch. 66 S. 153, Str. Arch. 85 S. 10: Einer Stadtgemeinde in der Kurmark liegt die Kirchenbaulast, so weit sie solche in Betreff der auf städtischem Gebiete vorhandenen Kirchen zu tragen hat, dann nicht ob, wenn die geistlichen Oberen verordnen, daß eine neue Kirche auf einem dem Stadtgebiete zugeschlagenen, bei einer Landkirche eingepfarrt gewesenen, ehemals ländlichen Distrikte erbaut werden soll, denn hier ist das früher aufgestellte Prinzip verlassen, übrigens ist auch nicht beachtet, daß ein dem Stadtgebiet zugeschlagener früherer Landdistrikt dadurch diese letztere Eigenschaft verloren hat, (ein Moment, welches die cit. Entsch. des R.G. ebenfalls als wesentlich ansieht) wenngleich die Entscheidung aus dem in Anm. 99 zu §. 710 hervorgehobenen Gesichtspunkte richtig ist. S. auch zu §. 731 d. T.

6) Anm. 95 zu §. 710 d. T.

H. Zu den zur Kirchenbaulast verpflichteten Eingepfarrten kann der Pfarrer nicht mitgerechnet werden, O.Tr. I v. 21. März 1873 (Str. Arch. 88 S. 299).

7) Diese Vorschrift wegen Leistung der Hand- und Spanndienste für Landkirchen von Seiten der Eingepfarrten tritt beim Nachweise einer bestehenden entgegengesetzten Gewohnheit (§. 710) nicht ein. Pr. 207 des O.Tr. I v. J. 1837 (Präj.-Samml. 1 S. 208) u. Erk. dess. Sen. v. 21. Sept. 1854 (Str. Arch. 15 S. 21). Weder nach dem Alt-Märkischen Provinzial-

§. 715. Die Vertheilung der Hand- und Spanndienste unter die Eingepfarrten [8]) muß nach eben dem Verhältnisse geschehen, wie bei Gemeinediensten [9]). (Tit. 7. §. 37. sqq.)

§. 716. Eingepfarrte [10]), welche nicht zu der Gemeine des Dorfes, wo die Kirche liegt, gehören, oder aus irgend einem Grunde von den Gemeinediensten frei sind, müssen dennoch zu den Hand- und Spanndiensten bei Kirchenbauen und Reparaturen beitragen [11]).

§. 717. Ihr Verhältniß dabei wird, in Ansehung der Handdienste, nach der Zahl der Familien, so wie in Ansehung der Spanndienste, nach dem auf ihren Stellen angeschlagenen oder gewöhnlich gehaltenen Gespanne [12]) bestimmt.

§. 718. Zu unentgeltlicher Leistung von Arbeiten, welche kunst- oder handwerksmäßige Kenntniß erfordern, ist auch bei Kirchenbauen und Reparaturen kein Eingepfarrter verpflichtet.

---

noch nach dem Landrecht kann als richtig anerkannt werden, daß die Eingepfarrten einer Landkirche, welche bei ausreichendem Kirchenvermögen observanzmäßig von Hand- und Spanndiensten zu Kirchenbauten befreit waren, nach eingetretener Unzulänglichkeit des Kirchenvermögens auch von den übrigen Kirchenbaulasten befreit sind. Erk. dess. Sen. v. 28. Mai 1866, Str. Arch. 64 S. 126.

8) H. Darunter werden nicht die einzelnen Personen, welche zur Zeit des Baues zur Kirche gehörten, verstanden, sondern es wird die Kirchengemeinde gemeint (§§. 731, 237). Die Vertheilung der Beiträge auf die einzelnen Mitglieder ist eine innere Angelegenheit (§. 741). O.Tr. I v. 22. Mai 1857, Entsch. 36 S. 307; Str. Arch. 24 S. 325. Vgl. auch Anm. 32 zu §. 741. Ueber deren Passivlegitimation: Anm. 31 zu §. 650 d. T.

H. Darüber, ob diese Bestimmung für aufgehoben zu erachten ist, s. Anm. 55 zu §. 31 Nr. 6 d. K.G. u. S.O. (Zus. 20 zu §. 156 d. T.). Nach der dort vertheidigten Auffassung ist dieser §. aufgehoben, nicht aber §. 714, denn er verhält sich nicht über den Repartitionsfuß; s. auch Hegel, Ztschr. f. K.R. 17 S. 175. Damit entfallen auch §§. 716, 717.

9) §. 261 u. Anm. 35 zu §. 265 d. T. H. S. auch Anm. 7 zu §. 714.

10) Den Forensen ist in §. 260 ff. u. 710 ff. d. T. die Verpflichtung, zu Kirchen- und Pfarrbauten beizutragen, nicht auferlegt. Pr. 148 des O.Tr. I v. 23. Jan. 1837, Präj.S. 1 S. 208; Centr.Bl. 1837 S. 585, u. Erk. dess. Sen. v. 20. Sept. 1854, Entsch. 28 S. 255. Wohl aber können sie durch Observanz nach §. 710 zum Beitrage verpflichtet werden; die Zulässigkeit einer solchen, die Forensen verbindenden Observanz ist nicht zu bezweifeln. O.Tr. I v. 5. April 1861, Entsch. 45 S. 282, Str. Arch. 41 S. 135, H. u. R.G. IV v. 17. Okt. 1881, Gruchot 26 S. 1016.

H. Vgl. R. des Min. d. geistl. Angel. v. 16. Okt. 1853, Ztschr. f. K.R. 4 S. 237. S. ferner v. Stockhausen, über die Kirchenbaulasten der Forensen in Ulrich, Archiv 11 S. 610.

11) „Die Verbindlichkeit zu Hand- und Spanndiensten ist auf die Besitzer bäuerlicher Stellen und Mitglieder der Gemeinde nicht beschränkt, sondern bezieht sich auf alle Eingepfarrte ohne Unterschied, mithin auch auf eingepfarrte Rittergutsbesitzer.“ Pr. 447 des O.Tr. I v. 20. März 1838 (Präj.-Samml. 1 S. 208). — Ueberhaupt beruht die Verpflichtung zu den Beiträgen für geistliche und Schulbauten nicht auf dem Verbande der Civilgemeinde, sondern auf dem kirchlichen und Schulverbande. Besch. d. Min. der geistl. rc. Angel. v. 8. Juli 1838 (Annal. 22 S. 638). Wer also nicht zur Kirchengemeinde gehört, trägt nicht bei. Vgl. Anm. 14 a. E.

Die Parochiallasten sind persönliche, welche nur die Eingepfarrten als solche und nicht vermöge ihres Grundbesitzes zu tragen haben, wenngleich der Grundbesitz bisweilen als Vertheilungsmaßstab angewendet wird. Der Fiskus kann mithin niemals zu Parochiallasten, wegen seines Grundbesitzes in einer Parochie, herangezogen werden. Zu vergl. der Besch. d. Min. d. geistl. rc. Angel. v. 18. Jan. 1822 (Annal. 5 S. 114). Von selbst versteht sich, daß daraus, daß ein oder anderes Mal Unterstützungen höchsten Orts bewilligt worden sind, keine Observanz zu Lasten des Fiskus entstehen kann. Dem soll, weil doch dergl. behauptet worden ist, durch besonderes Anerkenntniß in vorkommenden Fällen vorgebeugt werden. R. v. 20. Dez. 1823 (Annal. 7 S. 841).

12) Werden Kühe als Zugvieh benutzt, so läßt sich der Ausdruck „Gespann“ auch auf sie anwenden, sie mögen Dünger auf das Feld, oder Produkte von da in das Gehöfte oder auf den Markt fahren. Erk. des O.Tr. I v. 5. Febr. 1864, Str. Arch. 53 S. 103.

§. 719. Bei Stadtkirchen werden die erforderlichen Hand- und Spanndienste zu den übrigen Kosten geschlagen.

§. 720. Ist das Kirchenvermögen zur Bestreitung der Kosten ganz oder zum Theil nicht hinreichend[13]), so muß der Ausfall von dem Patron[14]) und den Eingepfarrten gemeinschaftlich getragen werden[15]).

---

13) Ueber die rechtzeitige Aufbringung der Kosten zu Kirchen-, Pfarr- und Schulbauten-Bedürfnissen giebt eine Cirk.Verf. d. Min. d. geistl. rc. Angel. v. 28. Juni 1856 (M.Bl. f. d. i. Verw. S. 179) folgende Anweisung: „Es ist die Wahrnehmung gemacht worden, daß beinahe ausnahmslos alle aus den östlichen Provinzen eingehenden Unterstützungsanträge für Kirchen-, Pfarr- und Schulbauten den Beweis liefern, daß hier ganz allgemein ratenweise Ansammlungen der Baumittel so gut wie völlig unversucht bleiben, und hierauf weder von den Regierungen, noch von den landräthlichen Behörden zweckmäßig und mit Nachdruck eingewirkt zu werden pflegt. Die letzteren beschränken sich in der Regel auf gütliche, mit dem dringender werdenden Baubedürfnisse sich wiederholende Verhandlungen mit den Gemeinden, um sie zur Uebernahme und Aufbringung der zu bevorstehenden Kirchen- und Schulbauten nöthigen Mittel zu disponiren. Inzwischen wird die Nothwendigkeit der Bauausführung immer unabweislicher, und erst, wenn ein weiterer Aufschub endlich nicht mehr zulässig erscheint, wird nunmehr mit Entschiedenheit und nöthigenfalls mittelst Regulirung des Interimistikums auf Einziehung der Baumittel Bedacht genommen. Dann aber finden sich die Verpflichteten zu deren sofortiger und ungetheilter, oder auch nur innerhalb der Bauperiode zu erwirkender Flüssigmachung häufig entweder außer Stande, oder erscheinen durch eine solche Anspannung ihrer Kräfte wenigstens doch überbürdet und in ihrer Steuerfähigkeit, so wie in ihrem Nahrungsstande dergestalt gefährdet, daß mehr oder minder erhebliche Beihülfen aus der Staatskasse, wenn anders das kirchliche oder Schulinteresse nicht durch weitere, zuweilen geradehin unstatthaft erscheinende Aussetzung der endlich unaufschieblich gewordenen Bauten erheblich leiden soll, unabweislich erbeten und an Gemeinden gegeben werden müssen, für welche bei einer angemessener erfolgten Behandlung der Sache solche Bewilligungen entweder ganz entbehrlich, oder doch nur in bedeutend geringeren Beträgen erforderlich geworden sein würden. Gleichwohl ist bei eingetretenen Kirchen- und Schul-Baubedürfnissen die Durchführung ratenweiser Ansammlungen der gedachten Art in den östlichen Provinzen eben so wohl als in den westlichen erreichbar, und hierauf nachdrücklichst hinzuwirken, liegt im Interesse eben so sehr des Kirchen- und Schulwesens, als der Staatskasse. — Die königl. Regierungen werden daher darauf aufmerksam gemacht, zunächst auf eine möglichst zu beschleunigende Feststellung des Baubedürfnisses an sich, so wie gleichzeitig, unter Aufstellung eines Bauplans, auf eine vorerst mindestens überschläglich zu bewirkende Ausmittelung der erforderlichen Bausummen zu halten; sodann aber unverweilt, unter Vorlegung des diesfälligen Ergebnisses, mit den hierzu zu konvozirenden Betheiligten über das Projekt und die Aufbringung des Kostenbedarfs, resp. die Modalitäten dieser Aufbringung, ingleichen die sonst zur Bausausführung erforderlichen Leistungen unterhandeln zu lassen. Führt diese Unterhandlung zu einem Einverständnisse in allen Hauptpunkten, so wird, nach Beurkundung des letzteren durch die mit den Betheiligten aufzunehmende Verhandlung, demnächst auf Grund dieser Verhandlung mit Vollzug der über die Modalitäten der Kostenaufbringung getroffenen Festsetzung vorzugehen, im anderen Falle aber für eine in thunlichst kürzester Frist abzuschließende Instruktion der streitigen Punkte von den Behörden Sorge zu tragen sein. Eventuell aber werden die geschlossenen Verhandlungen zur resolutorischen Entscheidung einzureichen sein, um auf Grund der letzteren, nachdem dieselbe vollstreckbar geworden, solchergestalt möglichst bald zu einer Einziehung der auf die Baupflichtigen betreffenden Baubeiträge zu gelangen. Die allezeit schleunigste Förderung des Verfahrens bis in das eben bezeichnete Stadium wird daher als nächstes Hauptziel den mit dergleichen Sachen befaßten Behörden, den Landräthen, Domänenämtern rc., vorzüglich zur Pflicht zu machen sein, wenn andere, als die bisherigen Erfolge erzielt und die Mißstände vermieden werden sollen, welche als das Ergebniß des gegenwärtig meist üblichen, in der Regel sich Jahre hindurch in unfruchtbaren Verhandlungen und Korrespondenzen erschöpfenden Verfahrens hervortreten. — Bei Anträgen der gedachten Art haben die königl. Regierungen sich künftig darüber auszusprechen, ob dieser Gang der Sache eingehalten ist, und wenn nicht, aus welchen Gründen er unterblieben oder unzugänglich gewesen."

Die Bestimmungen des Tridentiner Konzilienbeschlusses, sess. 21 de reformatione c. 3, wonach in Ermangelung von zureichendem Kirchenvermögen Alle, welche Kircheneinkünfte, namentlich Zehnten, beziehen, zur Bestreitung der Kirchenbaukosten herangezogen werden sollen, sind nicht in das L.R. aufgenommen. Die hervorgetretene Meinung, daß die Kirchenlast als eine dingliche auf dem Zehnten hafte (so meint das Paderborner App.Ger., nach Entsch. des O.Tr. Bd. 32 S. 149), beruht auf dem Mangel der Unterscheidung zwischen einem durch besonderen Titel erworbenen Rechte oder gegründeten Reallast, und einer bloß durch das Gesetz

§. 721. Kein Eingepfarrter kann sich dieser Verbindlichkeit entziehen[16]), und wer eine doppelte Parochie hat, ist in beiden dazu verpflichtet[17]).

§. 722. Auch diejenigen, welche nur vermöge eines besonderen Privilegii vom Pfarrzwange der Parochialkirche ihrer Religionspartei befreit sind, müssen dennoch von ihren im Kirchspiel eigentlich innehabenden Grundstücken zum Baue und Unterhaltung der Pfarrkirche beitragen[18]).

---

einer Sache auferlegten Verpflichtung. Die letztere ist dem Wechsel der Gesetzgebung unterworfen. Vgl. auch Pr. 2657 in Anm. 1 zu §. 711.

14) H. Da das Kirchenvermögen in erster Linie für alle Bedürfnisse der Kirchengemeinde bestimmt ist, so tritt in Betreff desselben nicht die Nothwendigkeit hervor, den Umfang der Baulast scharf abzugrenzen. Wohl aber ist dies der Fall, wenn subsidiarisch Verpflichtete eintreten müssen. Da die Baulast in der Pflicht besteht, für das Vorhandensein eines die nothwendigen gottesdienstlichen Bedürfnisse befriedigenden Gebäudes zu sorgen, so umfaßt sie auch die Pflicht zur Beschaffung der dazu erforderlichen Zubehörungen des Gebäudes (Altar, Bänke 2c.), aber auch nicht mehr. Vgl. Anm. 4 zu §. 712. Also einmal erstreckt sich dieselbe nicht auf die Beschaffung der mit dem Gebäude nicht in Verbindung stehenden Geräthe und Gegenstände, welche zum Gottesdienste gebraucht werden, s. Pr. 1896 des O.Tr. I v. 16. Aug. 1847, Entsch. 14 S. 471 („die Obliegenheit des Patrons, für Erhaltung der *Kirche* zu sorgen, ist auf die Erhaltung der Kirchengebäude zu beschränken), wodurch des näheren, Rechtsf. des O.Tr. 2 S. 107, mit Recht die Pflicht des Patrons die zur Anschaffung und Unterhaltung der Kirchengeräthschaften, zur Verrichtung des Gottesdienstes, so wie zur Besoldung des Organisten und Küsters erforderlichen Ausgaben zu tragen, verneint wird, vgl. auch O.Tr. I v. 6. Febr. 1856, Entsch. 32 S. 128, welches denselben Grundsatz in Betreff der nothwendigen Paramente oder Meßgewänder ausspricht. Eben so wenig kann aber die Baulast auf die Erhaltung der Pfarrländereien (R.G. IV v. 3. Mai 1880, Annal. 1 S. 84), auf die Pflicht, zu den Kosten eines neuen Bauplatzes beizutragen, ausgedehnt werden, da der Pflichtige nur für die Beschaffung und Unterhaltung des Gebäudes zu sorgen, nicht aber neue Fundationen oder Dotirungen vorzunehmen hat. Vgl. O.Tr. I v. 28. Juni 1878: Der Patron hat keinen Beitrag zu den Kosten eines neuen *Kirchplatzes* zu leisten, wenn durch Vermehrung der Einwohnerzahl eine größere Kirche nöthig wird und der alte Platz nicht mehr ausreicht, Entsch. 82 S. 115, kirchl. Ges. u. Verordn.Bl. v. 1879 S. 18. Eben so wenig hat er den Kaufpreis für eine neue Stelle zum Bau eines Pfarrhauses, noch bis zur Herstellung desselben die für den Pfarrer aufzuwendende Miethe zu zahlen, R.G. IV v. 12. April 1883, Entsch. 9 S. 253.

Ist eine Stadtgemeinde Patron, so sind die aus dem Patronatrechte fließenden Baubeiträge eine Kommunallast, welche auf den Stadthaushalts-Etat gebracht werden muß. Es versteht sich, daß, wenn dies unterblieben ist und zur Aufbringung eine besondere Auflage ausgeschrieben werden muß, dazu alle zu Kommunalabgaben verpflichtete Einwohner ohne Unterschied ihrer Religion beitragen müssen. Zu vergl. Besch. d. Min. d. geistl. 2c. Angel. v. 31. Dez. 1838 (Annal. 22 S. 938).

Die Bildung einer Observanz ist statthaft, in so fern es sich um den nach §. 720 zwischen dem Patron als solchem und den Eingepfarrten (der Kirchengemeinde) als solchen bestehenden *gemeinsamen* Verband handelt, zwischen diesen beiden gemeinschaftlichen Rechtssubjekten. O.Tr. I v. 20. Okt. 1865, Str. Arch. 61 S. 147. Vergl. Anm. 97 zu §. 710.

15) H. R.G. IV v. 24. Nov. 1879, *Gruchot* 24 S. 501: Jedes Mitglied einer Kirchengemeinde kann der Forderung von Baukosten den Einwand entgegensetzen, daß die in der Anlage angesetzten Kosten nicht von den Gemeindegliedern, sondern einem Anderen (dem Patron) zu tragen sind.

16) Wenn ein königl. Domänengut ohne Patronatrecht vererbpachtet oder verkauft ist, muß der Erwerber zu den Kirchen- und Pfarrbauten nach Verhältniß seines Gutes beitragen, R. des Min. d. geistl. Angel. v. 21. Okt. 1818 (Annal. 2 S. 1037). H. Vgl. Anm. 22 zu Zus. 53 bei §. 582 d. T.

17) Vergl. Anm. 34 zu §. 264 u. Anm. 35 zu §. 265 d. T.

18) Die Bestimmung des §. 722 setzt Eingepfarrte *derselben* Religionspartei voraus; sie findet daher in Betreff des Baues oder der Unterhaltung einer evangelischen Kirche auf die als eine *andere* Religionspartei zu betrachtenden Altlutheraner keine Anwendung. Generalkonzession v. 23. Juli 1845 Nr. 10 und O.Tr. v. 28. April 1861, Str. Arch. 41 S. 203.

H. Aus den §§. 280, 721, 722, 734—739 ergiebt sich, daß kein Eingepfarrter mit seinen außerhalb des Kirchspieles belegenen Grundstücken herangezogen werden darf, O.Tr. I v. 8. März 1867, Entsch. 58 S. 370.

§. 723. Auch Gastgemeinen, welche zu einer benachbarten Kirche gewiesen worden (§. 294. sqq.), müssen dazu Beitrag leisten.

§. 724. Ist die nothwendige Reparatur während der Zeit ihrer Verbindung entstanden, so können sie sich dieser Pflicht durch Wiederabtrennung von der Kirche, auch bei sonst vorwaltenden erheblichen Gründen einer solchen Trennung nicht entziehen.

§. 725. Sind mehrere Kirchen nur unter Einem gemeinschaftlichen Pfarrer vereinigt, so dürfen der Patron und die Eingepfarrten einer jeden solchen Kirche nur zur Unterhaltung ihrer eignen Gebäude beitragen [19]).

§. 726. Sind aber mehrere Haupt- oder Filialgemeinen zu Einer gemeinschaftlichen Kirche geschlagen, so sind sämmtliche Patrone und Eingepfarrte zu deren Unterhaltung verpflichtet [20]).

§. 727. Hat der Patron einer zugeschlagenen Mutter- oder Filialgemeine, bei der Zuschlagung, mit Einwilligung des Hauptpatrons, sich seines Patronatrechts zu Gunsten dieses Letzteren gänzlich begeben: so kann er auch bei vorfallenden Bauen und Reparaturen, als Patron, zum Beitrage nicht gezogen werden.

§. 728. Ist einem Theil der Gemeine die Errichtung einer besonderen Capelle, oder eines Bethauses, in einer entlegneren Gegend des Kirchspiels verstattet worden: so muß dennoch dergleichen Capelle, so wie die Hauptkirche, von denjenigen, die zu letzterer verpflichtet sind, unterhalten werden.

§. 729. Baumaterialien, welche der Patron oder die Kirchengemeine selbst hat, müssen von ihnen zum Baue geliefert werden [21]).

§. 730. Doch wird jedem Theil der anschlagsmäßige Preis derselben auf seinen Geldbeitrag zu gute gerechnet [22]).

§. 731. Der Geldbeitrag wird, bei Landkirchen [23]), zwischen dem Patron und der Kirchengemeine dergestalt vertheilt, daß der Patron zwei Drittel, die Eingepfarrten [24]) aber ein Drittel entrichten [25]).

---

19) Vergl. auch zu §. 790 d. T.

20) Der Fall, wo die Mutterkirche von der Haupt- und von der Filialgemeinde gemeinschaftlich, und daneben die Filialkirche von der Filialgemeinde zu bestimmten gottesdienstlichen Verrichtungen gebraucht wird, ist vom Gesetz nicht besonders vorgesehen. Der Richter fehlt daher nicht, wenn er für die Entscheidung eines solchen Falles von dem, dem §. 726 zum Grunde liegenden Prinzip Anwendung macht. O.Tr. I v. 28. Mai 1866, Str. Arch. 64 S. 130.

21) Die übrig bleibenden Baumaterialien gebühren nicht der Kirchenkasse, sondern demjenigen, welcher sie als Beitrag zu liefern verpflichtet gewesen ist. Besch. d. Min. d. geistl. &c. Angel. v. 11. Dez. 1846, M.Bl. d. i. Verw. S. 253.

22) Hierdurch wird unzweifelhaft, daß der Patron niemals mehr als $^1/_3$ oder $^2/_3$ der Kosten beizutragen hat, je nachdem von einer Stadt- oder Landkirche die Rede ist, er mag diesen Beitrag in Baumaterialien oder in baarem Gelde gewähren. Auch die Mat. des L.R. ergeben dies. Schr. des Just.Min. v. 23. Jan. 1840, M.Bl. f. d. i. Verw. S. 47, 131.

23) H. Vgl. Anm. 5 zu §. 714 d. T.

24) Pr. des O.Tr. Nr. 1816 in Anm. 2 zu §. 237 d. T.

25) Diese Vertheilung findet auch in der vormals reichsunmittelbaren Grafschaft Rietberg Anwendung. Pr. 1857 des O.Tr. I v. 8. April 1857, Entsch. 14 S. 458. Vergl. auch Anm. 98 Nr. XIV zu §. 710.

Die Bildung einer Observanz ist statthaft, in so fern es sich um den gemeinsamen Verband handelt, welcher einerseits unter den Eingepfarrten dem Patron gegenüber (§. 731), oder beim Vorhandensein mehrerer Patrone (§. 733) unter diesen, den Eingepfarrten gegenüber, besteht; im ersteren Falle unter den einzelnen Klassen der Eingepfarrten, im anderen Falle dagegen unter den einzelnen gemeinschaftlich verpflichteten Patronen. O.Tr. I v. 20. Okt. 1865, Str. Arch. 61 S. 147. Vergl. Anm. 97 zu §. 710.

H. Wegen der Zweifelhaftigkeit der Frage, welchen Einfluß die einer Landgemeinde durch königliche Verordnung gestattete Annahme der Städteordnung und umgekehrt die Annahme der Landgemeindeverfassung durch eine bisherige Stadtgemeinde auf die in §§. 731, 740 getroffene

§. 732. Besitzt der Patron Rusticalhufen im Kirchspiel, so trägt er davon noch besonders, wie ein anderer Eingepfarrter, mit bei [26]).

55. Deklaration wegen Nichtverpflichtung der Gutsherren, von den bäuerlichen Entschädigungsländereien zu den Bau- und Unterhaltungskosten der kirchlichen und Schulgebäude beizutragen. Vom 14ten Juli 1836. (G.S. S. 208.)

Wir ꝛc. ꝛc. erklären, zur Erledigung erhobener Bedenken, auf den Antrag Unsers Staats-Ministeriums und nach erfordertem Gutachten Unsers Staatsraths, für sämmtliche Landestheile der Monarchie, in welchen das Edikt vom 14ten September 1811. über die Regulirung der gutsherrlichen und bäuerlichen Verhältnisse Gesetzkraft hat:

daß, sofern nicht durch Vertrag oder rechtskräftige Entscheidung ein anderes ausdrücklich festgesetzt worden ist, nach richtiger Auslegung des vorangeführten Edikts, die Gutsherren nicht verpflichtet sind, von den ihnen bei der Regulirung zu ihrer Entschädigung abgetretenen bäuerlichen Grundstücken zu den Bau- und Unterhaltungskosten der Kirchen-, Pfarr- und Küstergebäude, so wie der Schulhäuser und Schulmeistergebäude, Beiträge zu leisten [27]).

§. 733. Wenn mehrere Patrone zum Beitrage verpflichtet sind, so tragen die Patrone die ihnen obliegenden zwei Drittel unter sich, nach Verhältniß ihres Antheils am Patronatrechte.

§. 734. Der nach §. 731. bestimmte Beitrag der Eingepfarrten wird unter sie nach Contributionsfuß [28]) vertheilt.

§. 735. Kirchen-, Pfarr-, Schul- und Hospital-Aecker werden zu keinem Beitrage gezogen [29]).

§. 736.[30]) Eingepfarrte, deren Grundstücke der Contribution nicht unterworfen

---

Regelung der Baulast hat (s. Anm. 5 zu §. 714 d. T.), ist von dem Min. d. geistl. Angel. und dem Min. des Inn. durch Cirk. v. 23. Nov. 1878, M.Bl. f. d. i. V. S. 4) angeordnet, daß den Anträgen auf Annahme der Städteordnung, bez. der Landgemeindeverfassung eine Vereinbarung über die Patronatbaupflicht vorhergehen soll.

26) „Nach Märkischem Provinzialrechte reicht der Nachweis: daß ein wüster Bauerhof schon vor dem Jahre 1624, oder daß er zur Anlegung eines Rittersitzes eingezogen worden, — allein noch nicht hin, die Gutsherrschaft von der Verpflichtung zu befreien, zu den aus dem Besitze eines solchen Hofes fließenden öffentlichen und Gemeinde- oder Parochiallasten, namentlich auch zu den Kosten der Kirchen- und Pfarrbauten beizutragen; vielmehr tritt eine solche Befreiung, wo nicht etwa Verjährung dargethan worden, nur bei solchen eingezogenen wüsten Bauerhöfen ein, die im Kataster von 1624 nicht mehr erwähnt sind.“ Pr. 259 des O.Tr. I (ohne Datum) v. J. 1837 (Präj.S. 1 S. 208).

H. Außer dem Fall des §. 732 hat der Patron neben seinen Patronatrechten niemals als Eingepfarrter zu Kirchenbauten beizutragen, R. des Min. d. geistl. Angel. v. 2. Febr. 1864, M.Bl. f. d. i. Verw. S. 89.

H. Von dem Pächter fiskalischer Grundstücke dürfen, wenn Fiskus schon für die Kirche, in deren Parochie die Grundstücke liegen, Patronatsbeiträge leistet, nicht Spanndienste zu Bauten dieser Kirche gefordert werden, O.Tr. I v. 20. Sept. 1847, Rechtsf. 2 S. 237.

27) Dabei ist man von dem Grundsatze ausgegangen, daß die Parochiallasten nicht dingliche, sondern persönliche sind. Besch. des Min. d. geistl. Angel. v. 8. Juni 1838 (Anm. 22 S. 638).

28) Unter diesem ist jetzt die Staatsgrund- und Gebäudesteuer zu verstehen, vgl. Centr.Bl. f. d. Unterr.Verw. v. 1867 S. 504. Der §. ist jetzt aufgehoben, s. Anm. 8 zu §. 715. Erk. v. 13. Dez. 1847 (Anm. 98 V Nr. 2 zu §. 710).

29) H. Aus dieser Vorschrift ergiebt sich, daß das dotationsmäßige Einkommen der Geistlichen und Lehrer von Kirchenlasten frei ist. Hat sich aber in einer Parochie ein festes Herkommen in dieser Beziehung gebildet, so bewendet es dabei. R. d. Min. d. geistl. Angel. v. 30. April 1866, M.Bl. f. d. i. Verw. S. 102, u. v. 21. März 1867, a. a. O. v. 1867 S. 133.

H. In Pommern sind die Pfarrbauerhufen in Gegensatz zu den Pfarrhufen nicht kontributionsfrei; wenn aber erstere der Pfarre zur Dotirung einverleibt werden, so werden sie als nunmehrige Pfarrhufen oder Aecker gleichfalls kontributionsfrei, O.Tr. I v. 21. März 1873, Entsch. 69 S. 125; Str. Arch. 88 S. 299, u. v. 21. Febr. 1873, Str. Arch. 88 S. 168.

30) H. Vgl. Anm. 8 zu §. 715 d. T.

sind, müssen ihren Beitrag dennoch nach Verhältniß des Maaßes und Ertrages dieser Grundstücke entrichten.

§. 737. Zu dem Ende werden diese Grundstücke, nach den im Steuercataster für die contribualen Aecker der Feldmark angenommenen Classen und Sätzen, durch Sachverständige gewürdigt, und solchergestalt das Verhältniß des zu leistenden Beitrages gegen die steuerbaren Grundstücke bestimmt.

§. 738. Eingepfarrte Gemeineglieder, die keine Grundstücke besitzen, sondern nur von ihren Nahrungen und Gewerben beitragen sollen, werden dazu nach eben dem Verhältnisse angeschlagen, nach welchem sie zu anderen Gemeinelasten mit den angesessenen Mitgliedern Beitrag leisten müssen [31]).

§. 739. Wer in Zwei Kirchspielen eingepfarrt ist, trägt in jedem nur nach Verhältniß der in demselben besitzenden Grundstücke, oder des in demselben treibenden Gewerbes bei.

§. 740. Bei Stadtkirchen geschieht die Vertheilung zwischen dem Patron und den Eingepfarrten dergestalt, daß Ersterer ein Drittel, Letztere aber zwei Drittel beitragen.

§. 741. Die Vertheilung [32]) unter den Eingepfarrten geschieht auf eben die Art, wie andere gemeine persönliche Lasten und Abgaben nach eines jeden Orts Verfassung aufgebracht werden.

§. 742. Sind Filial- oder auch Mutterkirchen eingegangen, und die dazu eingepfarrt gewesenen Gemeinen zu einer anderen benachbarten Kirche geschlagen worden: so werden in der Regel die Mitglieder derselben nach einerlei Grundsätzen, wie die Mitglieder der Hauptgemeine zum Beitrag gezogen.

§. 743. Die einzelnen Mitglieder bloßer Gastgemeinen entrichten jeder den vierten Theil dessen, was ein Contribuent von eben der Classe aus der eigentlichen Pfarrgemeine zu leisten hat [33]).

§. 744. Ist ihnen aber bei der Zuschlagung die Theilnehmung an dem Wahlrechte zur Besetzung der Pfarrstelle zugestanden worden, so müssen sie auch zu den Bau- und Reparaturkosten der Kirche, gleich den Mitgliedern der eigentlichen Pfarrgemeinen beitragen.

§. 745*. Einwohner des Kirchspiels, die zu einer anderen Religionspartei gehören, müssen dennoch nach eben diesen Grundsätzen beitragen, sobald sie sich der Kirche zu ihrem Gottesdienste mit bedienen [34]).

---

31) Anm. 35 zu §. 265 d. T.

32) Die Vertheilung unter den Eingepfarrten, d. h. unter den Mitgliedern der Kirchengemeinde, ist eine innere Angelegenheit, welche denjenigen, welcher wegen geleisteter Vorschüsse Forderungen hat, nichts angeht. Dieser ist befugt, sich an die Gesammtheit (Korporation) zu halten, und nicht nur nicht verpflichtet, sondern an sich nicht in der Lage, das Beitragsverhältniß der Einzelnen auszuführen und dadurch seinen Anspruch zu begründen. Dieses findet sich auch in den R. v. 12. August und 30. Septbr. 1799 (Rabe 5 S. 528) ausgesprochen, aber mit der Anweisung an das Gericht, zuvor über das Verhältniß, in welchem die verschiedenen Klassen der Mitglieder beizutragen verbunden seien, als eine Präjudizialfrage unter ihnen, ohne Zuziehung des Klägers, zu entscheiden. Das Gericht stellte dagegen vor, daß es bei einem solchen Verfahren an einem Kläger fehle. Der Grund ist zutreffend und macht, zumal nach heutigem Prozeßrechte, ein ordentliches Prozeßverfahren unmöglich. Aber die Vertheilung der Lasten unter die einzelnen Mitglieder der Korporation ist überhaupt keine Justizsache, sondern Sache der Verwaltung. Halten sich Einzelne durch die Auflage ihrer Verwaltungsbehörde bei der Vertheilung in ihren Rechten verletzt, so ist es an ihnen, gegen die Uebrigen einen anderen ihnen günstigeren Modus auszuführen. Vgl. aber jetzt Anm. 8 zu §. 715.

33) H. S. jetzt Anm. 8 zu §. 715.

34) H. Dieser §. ist mit der Beseitigung des Pfarrzwanges für Andersgläubige (s. zu §. 261) obsolet geworden. Die Gemeindeorgane der evangelischen und katholischen Kirche haben auch kein Recht, Andersgläubige für ihre kirchlichen Zwecke zu besteuern, s. K.G. u. S.O. §. 31 Nr. 6 Anm. 57 (Zus. 20 zu §. 156) und Ges. v. 20. Juni 1875 §. 21 Nr. 8 (Zus. 25 zu §. 157).

§. 746. Außer diesem Falle sind sie zwar zu Beiträgen in der Regel nicht verpflichtet;

§. 747. Es dürfen aber auch, wegen ihres Ausfalles, die Beiträge der übrigen, wider deren Willen, nicht erhöhet werden; sondern die geistlichen Obern müssen für die Uebertragung eines solchen Ausfalles auf andere Art sorgen [35]).

§. 748. Gleiche Grundsätze gelten auch bei der Vertheilung der Hand- und Spanndienste.

§. 749. Auf die Ausfälle, welche durch den zurückbleibenden Beitrag solcher nicht eingepfarrten Gemeineglieder entstehen, muß vornehmlich der von der Kirche, nach Maaßgabe ihres Vermögens, zu entrichtende Zuschuß gerechnet werden.

§. 750. Kann der Ausfall dadurch nicht gedeckt werden, so können die geistlichen Obern die Bewilligung einer Collecte [36]) bei dem Staat nachsuchen.

§. 751. Sind gar keine andere Mittel den Ausfall zu decken, vorhanden, so muß derselbe von den Eingepfarrten, so weit es ohne ihre erhebliche Bedrückung geschehen kann, übertragen werden.

§. 752. Hat aber die Zahl der Eingepfarrten dergestalt abgenommen, daß die noch übrigen den ihnen obliegenden Beitrag, ohne ihren zu besorgenden Ruin, nicht mehr aufbringen können: so müssen die geistlichen Obern, unter Genehmigung des Staats, eine solche Parochie zu einer andern benachbarten schlagen.

§. 753. Dergleichen zusammengeschlagene Parochien stehen in dem Verhältnisse gegen einander als Mutterkirchen.

§. 754. Wie weit der Patron und die Eingepfarrten der zugeschlagenen Parochie, auch in Ansehung der Bestellung des Pfarrers und der Unterhaltung der Kirche, so wie in Ansehung der übrigen Rechte und Pflichten, zur Theilnehmung mit dem Patron und den Eingepfarrten der Kirche, bei welcher sie vereinigt sind, gelangen sollen, muß in dem Einigungsvertrage, unter Vermittelung der geistlichen Obern deutlich bestimmt werden.

§. 755. So weit dergleichen Bestimmung nicht erfolgt, treten die Regeln des Gesetzes über die Verhältnisse vereinigter Mutterkirchen, ihrer Patrone und Eingepfarrten ein.

§. 756. Das Vermögen jeder Parochie wird in der Regel nach wie vor besonders verwaltet; doch muß jedes derselben zur Unterhaltung der gemeinschaftlichen Kirche, so lange die Vereinigung dauert, in gleichem Verhältnisse beitragen.

Aufsicht über den Bau.

§. 757. Die Aufsicht über den Bau, und die Einsammlung der Beiträge dazu, liegt den Kirchenvorstehern ob [37]).

§. 758. Der weltliche Richter kann denselben, zur Beitreibung der letzteren, die richterliche Hülfe auf gebührendes Anmelden nicht versagen.

---

35) Nach Anleitung der §§. 749 und 750, oder auch durch Nachsuchung einer Unterstützung im Wege der Gnade. Darüber: Anm. 84 zu §. 699. Wenn dadurch der Ausfall nicht gedeckt wird, und auch das Mittel der Anleihe unanwendbar ist; so muß der Ausfall doch übertragen werden. §. 751.

36) Ueber Nachweisung und Verwendung der zu Kirchen- und Schulbauten aufkommenden Kollektengelder: Cirk.Verf. d. Min. d. geistl. Angel. u. d. Inn. v. 10. Okt. 1845, M.Bl. S. 344; v. 8. März 1846, M.Bl. S. 54.

H. In den R. d. Min. d. geistl. Angel. v. 13. Sept. 1850, M.Bl. f. d. i. Verw. S. 327, u. v. 21. Jan. 1857, a. a. O. v. 1858 S. 3, ist ausgesprochen, daß aus Rücksicht auf die Verf.Urk. Art. 15 die Veranstaltung solcher Kollekten den geistlichen Oberen zu überlassen sei, jetzt ist aber, sowie die Veranstaltung außerhalb der Kirche erfolgen soll, nach §. 50 Nr. 7 des Ges. v. 20. Juni 1875 (Zus. 25 zu §. 157) und d. V. v. 27. Sept. 1875 Art. 1 (Zus. 26) die Genehmigung des Oberpräsidenten erforderlich. Für die evangelische Kirche vergl. d. K.O. v. 16. Febr. 1856, M.Bl. f. d. i. Verw. S. 116 Aktenstücke des ev. O.K.R. 2 S. 124 und Ges. v. 3. Juni 1876 Art. 10 Nr. 4 u. Art. 24 Nr. 7, Zus. 22 zu §. 156 d. T.

37) Jetzt dem Gemeindekirchenrath, bez. Kirchenvorstand.

§. 759. Auch während eines über die Verbindlichkeit, oder das Quantum des Beitrages entstandenen Prozesses muß letzterer nach der Festsetzung der geistlichen Obern entrichtet werden [38]).

§. 760. Wenn aber der klagende Interessent durch Urtel und Recht von diesem Beitrage ganz oder zum Theil freigesprochen wird: so muß demselben das Gezahlte, nebst Zinsen [39]), von den übrigen Contribuenten zurückgegeben werden [40]).

§. 761. Die Unterhaltung der Begräbnißplätze ist gemeine Last [42]), und liegt Allen ob, die an dem Kirchhofe Theil zu nehmen berechtigt sind [43]). (§. 183. sqq.) Bau und Besserung der Kirchhöfe [41]).

§. 762. Erhält jedoch die Kirche Bezahlung für die Grabstellen, so muß der Kirchhof aus der Kirchencasse auf eben die Art, wie die Kirche selbst, unterhalten werden.

§. 763. Der Patron ist der Regel [44]) nach zur Unterhaltung des Kirchhofes beizutragen in keinem Falle verpflichtet [45]).

---

38) Wiederholung der Vorschrift des §. 709. S. Anm. 93 dazu.

39) Ueber den terminus a quo ist hier nichts Besonderes festgesetzt, es bleibt mithin bei der Regel. S. zu I. 16 §. 195.

40) Die Zahlung ist in solchem Falle immer eine Zahlung mit Vorbehalt von Rechtswegen.

41) H. Während man im gemeinen Recht, s. Permaneder, Baulast 2. Aufl. S. 174, u. Richter-Dove, K.R. 7. Aufl. §. 319 Anm. 27, und nach einzelnen Provinzialrechten (vgl. Scholtz v. Hermensdorff, Prov.R. d. Kurmark Brandenburg 2. Ausg. 2 S. 332), zwischen den Kirchhöfen, welche Pertinenzen oder Accessorien der Kirche sind, und anderen, gesondert gelegenen, hinsichtlich der Unterhaltungspflicht scheidet, bietet das L.R. keinen Anhalt, eine solche Scheidung zu machen, da in den vorhergehenden §§. lediglich von den Kirchengebäuden die Rede ist, s. auch §. 763, und ferner der §. 763 den Patron von der Unterhaltungspflicht in allen Fällen befreit, während er bei Anwendung der Grundsätze von der Baulast hinsichtlich der Kirchen mit Pertinenzqualitität auch hier beitragen müßte. Wenn Huller, Blätter für administrative Praxis in Bayern. Nördlingen. Bd. 11 (1881) S. 169, 170 deshalb die Pertinenz-Kirchhöfe nicht unter §§. 761 ff. begriffen wissen will, weil auch der §. 183 d. T. sich nicht auf diese beziehe, welcher nur von die Kirche nicht umschließenden Kirchhöfen handeln, so hat er übersehen, daß im §. 183 der Relativsatz: welche zu den einzelnen Kirchen gehören, sich nicht auf „Kirchhöfe," sondern nur auf „Gottesäcker und Begräbnißplätze" bezieht.

H. Ob der §. 761 seine Bestimmung nur unter Vorbehalt der bestehenden Observanzen, Verträge, Provinzialgesetze ꝛc. (s. §. 710) trifft, kann nach der Stellung beider §§. ebenfalls zweifelhaft erscheinen, doch hat das O.Tr. I v. 23. Febr. 1874, Str. Arch. 91 S. 118, den §. 710 auch auf die Unterhaltung der Kirchhöfe für anwendbar erklärt, was der Tendenz des landrechtlichen Kirchenrechts sicherlich entspricht, s. auch v. Wittken bei Gruchot 26 S. 672, 673.

42) H. Falls nicht besondere Gewohnheiten, Observanzen u. s. w. in Frage kommen, wird danach prinzipaliter das vorhandene Kirchenvermögen nicht angegriffen werden dürfen. Das ergiebt der §. 762, welcher dafür die Bedingung stellt, daß Bezahlung für die Grabstellen geleistet wird.

43) Nach den §§. 761, 183, 190 haben die einzelnen Mitglieder und resp. Einwohner eines Ortes oder einer Parochie die Kosten für Unterhaltung des Begräbnißplatzes als eine „gemeine Last" aufzubringen. Diese Einzelnen bilden als solche, auch in ihrer Gesammtheit, keine Korporation, ihre Mitgliedschaft als Einzelner ist dem Wechsel unterworfen, und ihr Interesse macht sich daher auch nur für jeden einzelnen Fall der Repartition der zur Zeit erforderlichen Kosten geltend, indem es sich dann fragt, ob der Einzelne bei der Repartition überbürdet ist oder mit Ueberbürdung durch Freilassung Anderer bedroht wird. — In der bloßen Verstattung der Benutzung eines Kirchhofes zur Beerdigung (§. 189) kann, ohne weiteres und ohne sonstige Grundlagen, der Besitz eines Rechtes, nicht bloß auf die einzelnen Grabstellen, sondern auf den ganzen Kirchhof, wie der §. 761 vor Augen hat, nicht gefunden werden. O.Tr. I v. 5. Nov. 1866 Str. Arch. 65 S. 116 u. 119. Ueber das Bedenken gegen die Auffassung des Obertribunals bezüglich auf den Eigenthümer s. Anm. 83 zu §. 183. Was der Umstand: „ihre Mitgliedschaft als Einzelner ist dem Wechsel unterworfen" bedeuten soll, ist nicht ersichtlich, dieser Umstand ist gerade ein charakteristisches Merkmal einer Korporation.

H. Die Unterhaltungspflicht liegt nicht denjenigen ob, welche nach §. 189 d. T. bloß ein Recht auf Begräbnißstellen haben, O.Tr. I v. 17. Juni 1872, Str. Arch. 86 S. 114.

44) H. Provinzialrechtlich ist dies anders, s. z. B. die Verordn. v. 11. April 1846, Anm. 98 zu §. 710 Nr. VII. Auch kann eine solche Pflicht durch Observanz zwischen dem Patron und den Eingepfarrten rechtsgültig bestimmt werden, O.Tr. I v. 23. Febr. 1874, Str. Arch. 91 S. 118.

45) H. Nach Arch. f. kath. K.R. 46 S. 328 hat der Kult.Min. durch Erl. v. 29. Aug. 1881 bestimmt, daß bei Kirchen fiskalischen Patronats darauf zu halten sei, daß der Patron auch dann

§. 764. Die Anlegung neuer Begräbnißplätze [46]) soll nur aus erheblichen Ursachen, und nur unter Einwilligung der geistlichen Obern, so wie der Polizeivorgesetzten des Ortes [47]) statt finden.

§. 765. Durch dergleichen neue Anlagen soll dem Pfarrer und den Kirchenbedienten an ihren bisherigen Gebühren nichts entzogen werden.

Unterhaltung des Geläutes.

§. 766. In wie fern eine Kirchengesellschaft, welche sich des Geläutes einer anderen Kirche bedient, zur Unterhaltung desselben, ingleichen des Glockenstuhls und Thurms, beitragen müsse, hängt hauptsächlich von Verträgen, und der bisherigen ununterbrochenen Gewohnheit eines jeden Ortes ab.

§. 767. Fehlen dergleichen Bestimmungen, so kommt es darauf an: ob die fremde Kirchengesellschaft derjenigen, welcher die Glocken gehören, für den Mitgebrauch derselben etwas entrichte, oder ob sie sich dieses Mitgebrauchs unentgeltlich zu erfreuen habe.

§. 768. Entrichtet die fremde Kirchengesellschaft etwas für den Mitgebrauch, so kann diejenige, welcher das Geläute gehört, zur Unterhaltung desselben keinen Beitrag fordern [48]).

§. 769. Eben das findet statt, wenn auch nur die Mitglieder der fremden Kirchengesellschaft für den Gebrauch der Glocken, in einzelnen Fällen mehr, als die Mitglieder derjenigen, welcher das Geläute gehört, zur Kirchencasse entrichten müssen.

§. 770. Ist der Mitgebrauch ganz unentgeltlich, oder zahlen die Mitglieder der fremden Gesellschaft dafür in einzelnen Fällen nur eben so viel, als die eigentlichen Eingepfarrten; so müssen Erstere zur Unterhaltung des Geläutes [49]) nach eben dem Verhältnisse, wie Letztere, beitragen [50]).

§. 771. Werden in diesem Falle die Kosten aus der Kirchencasse genommen; also, daß die eigentlichen Eingepfarrten nichts beitragen dürfen: so muß dennoch die fremde Kirchengesellschaft einen von den geistlichen Obern billig zu bestimmenden Beitrag leisten.

Zehnter Abschnitt.

Von Pfarrgütern und Einkünften.

Was zum Pfarrvermögen gehöre.

§. 772. Von dem Kirchenvermögen müssen die unmittelbar zur Unterhaltung des Pfarrers und der übrigen [1]) Kirchenbedienten bestimmten Güter und Einkünfte unterschieden werden.[2])

---

nicht zu den Kosten der Umfriedigung des Begräbnißplatzes heranzuziehen sei, wenn dieser auch zugleich Kirchplatz ist.

46) H. Vergl. Anm. 87 zu §. 185 d. T. und wegen der Entfernung der Kirchhöfe von den Ortschaften R. d. Min. d. Inn. v. 18. März 1850 (M.Bl. f. d. i. Verw. S. 98), wegen der Vermehrung der Lokalkirchhöfe R. d. Min. d. geistl. Angel. v. 13. Febr. 1854 (Aktenstücke des ev. O.K.R. 2 S 33).

47) H. Die betreffenden Organe sind aber durch diese Bestimmung nicht für diesen Zweig ihrer amtlichen Thätigkeit in völlige Unabhängigkeit von den Aufsichtsbehörden versetzt, sie können also auch nicht das Gegentheil von dem fordern und erzwingen, was die letzteren angeordnet haben, O.V.G. v. 10. Juli 1878, kirchl. Ges. u. Verordn.Bl. 1878 S. 161.

48) Das Verhältniß hat die Natur eines Miethsverhältnisses und kann also einseitig aufgehoben werden.

49) Aber nicht des Glockenstuhls und Thurms. So hat nämlich das ehemalige O.L.G. zu Glogau in einem Urtel v. 25. Aug. 1845 (Jur. Wochenschrift 1846 S. 193) entschieden, auf Grund des Wortlauts des §. 770. Das scheint nicht richtig. Ohne Gebäude (Thurm) und Glockenstuhl giebt es kein Geläute. Die Frage, welche, je nach §. 768 oder 770, entschieden werden soll, ist auch nicht hier, sondern im §. 766 formulirt, und die Entscheidungen der §§. 768 u. 770 müssen ganz entsprechend verstanden werden.

50) Das Verhältniß ist ein Prekarium und kann zu allen Zeiten einseitig aufgehoben

§. 773. Zu letzteren gehören auch die von den Parochialverrichtungen zu erlegenden Stolgebühren.

§. 774. Pfarrgüter haben eben die äußeren Rechte, als Kirchengüter [3]). Rechte derselben überhaupt.

§. 775. Sie sind der Regel nach von allen Prästationen und Abgaben an die Gutsherrschaft oder Stadtkämmerei, so wie von den gemeinen Lasten [4]) frei.

§. 776. Zu solchen Ausgaben der Gemeine, wovon der Pfarrer und die Gemeine unmittelbaren Vortheil ziehen, müssen sie mit beitragen [5]).

§. 777. Fällt weg [6]).

---

werden, wenn nicht das Gegentheil festgesetzt ist. Vgl. den Rechtsfall in Ulrich's Arch. 1838 S. 523 ff.

1) Z. B. der Altaristen. Das zum Unterhalte der Altaristen bestimmte Vermögen gehört zum Kirchenvermögen im allgemeinen und insbesondere zum Pfarrvermögen im Sinne des §. 772, nur mit dem Unterschiede, daß, wenn nicht der Pfarrer der Altarist ist, der besondere Altarist, d. i. der zur Besorgung eines besonders gestifteten Altars angestellte Kirchenbediente, der Nießbraucher ist und in Ansehung des Vermögens dieses Altars diejenigen Rechte und Pflichten hat, die dem Pfarrer in Ansehung des zu dessen Unterhalte bestimmten Vermögens beigelegt sind. Zu vergl. die Schr. des Just.Min. v. 19. Okt. 1832 und v. 8. Febr. 1833 (Erg. ad h. §.).

2) Es ist nicht durchaus nothwendig, daß die Pfarrkompetenz gerade auf Immobilien gegründet werde; auch andere geeignete Vermögensobjekte, z. B. das Einkommen aus Staatskassen, sind nicht ausgeschlossen. O.Tr. V v. 5. April 1864, Str. Arch. 52 S. 349. H. Vgl. P. Hinschius, K.R. 2 S. 369 Anm. 3.

Nach einer nicht publizirten K.O. v. 27. Mai 1840 sind die Verwaltungsgrundsätze über die zum geistlichen Bedürfnisse erforderliche Anzahl von Geistlichen und über die Höhe der vom Staate zu bewilligenden Besoldung verfassungsmäßig der richterlichen Entscheidung nicht unterworfen. Daher sind Streitigkeiten über die Errichtung und Dotirung eines geistlichen Amts vom Rechtswege ausgeschlossen, ausgenommen, wenn der Anspruch einer Kirchengemeinde auf Gewährung einer angemessenen Dotation für die geistliche Stelle auf einem privatrechtlichen Titel beruht. Komp.Gerichtsh. v. 11. Febr. 1865 (J.M.Bl. S. 102) und v. 9. Juni 1866 (J.M.Bl. S. 282). Vgl. Erk. dess. v. 10. Jan. 1852 (J.M.Bl. S. 171), v. 13. Okt. 1866 (J.M.Bl. S. 350) u. v. 8. Jan. 1870 (J.M.Bl. S. 61.) H. Wohl aber sind Streitigkeiten über die Frage, ob eine Kirchenkasse verpflichtet sei, dem Pfarrer das ihm gebührende Pfarrgehalt zu zahlen, im Rechtswege zu entscheiden, Erk. dess. Gerichtshofs v. 12. Okt. 1867 (J.M.Bl. S. 437). Vgl. Anm. 66 zu §. 164 d. T.

3) S. Anm. 75 zu §. 174 und Anm. 89 zu §. 707 d. T.

4) H. Die Grundsteuerbefreiungen, mit Ausnahme derjenigen der Diensthäuser nebst Hofraum und Garten, sowie die Befreiung von persönlichen Abgaben sind aufgehoben. Ges. v. 24. Febr. 1850 §. 2 lit. c (G.S. S. 62) und Ges. v. 1. Mai 1851 (G.S. S. 193). S. auch Anm. 67 zu §. 166 u. Anm. 75 zu §. 174.

Das den Pfarrgütern zustehende Privilegium der Freiheit von den Gemeindelasten geht dadurch verloren, daß sie in das Eigenthum einer Privatperson übergehen und aufhören, Pfarrgüter zu sein. O.Tr. II v. 14. April 1863, Str. Arch. 49 S. 157.

5) H. O.V.G. I v. 9. Mai 1879, Entsch. 5 S. 131, bemerkt in Hinblick auf die mitgetheilten Materialien zu §§. 774 u. 775: „Hieraus ergiebt sich, daß das Wort: Regel im §. 775 sich nicht auf §. 776 gleichsam als Ausnahme bezieht und daß überhaupt im §. 775 nur beabsichtigt ist, auszusprechen, was in der Regel Rechtens ist, nicht aber in die bestehenden Rechtsverhältnisse irgendwie einzugreifen. Hieraus muß weiter geschlossen werden, daß das L.R. darüber hat keine Bestimmungen treffen wollen, wie es mit Grundstücken zu halten, welche in Zukunft etwa zu Pfarrgütern gewidmet werden sollten. Ist dies richtig, so ist es in Betreff letzterer bei dem gemeinen Recht geblieben, d. h. sie bleiben gemeindesteuerpflichtig, wenn sie vor dem Erwerb der Pfarre gemeindesteuerpflichtig waren". O.Tr. I v. 23. Juni 1873, Str. Arch. 89 S. 101: Aus §. 776 läßt sich die Verpflichtung des Küsters zur Tragung der auf den Küsterländereien ruhenden Deichpflichten nicht folgern. In dem Rechtsverhältnisse der Pfarrgemeinde als Eigenthümerin der Küsterländereien zu dem von ihr angestellten Küster als Nutzungsberechtigten derselben ist in Ansehung der nach dem gemeinen Recht auf den Küsterländereien ruhenden Deichverpflichtung eine — das gemeine Recht ausschließende, die Verpflichtung des Küsters zur Tragung der Deichlasten mit sich bringende — Observanz nicht möglich. Vgl. auch Anm. 13 a. E. zu §. 784 d. T.

6) Wegen Aufhebung des eximirten Gerichtsstandes. Der §. 777 lautete: „Pfarr- und

Nießbrauch des Pfarrers.

§. 778. Die Verwaltung [7]) und der Nießbrauch der Pfarrgüter gebührt dem Pfarrer [8]).

§. 779*. Der Patron und die Kirchenvorsteher [9]) sind schuldig und befugt, darauf zu sehen, daß der Pfarrer die Wiedmuthsstücke ordentlich verwalte, und wirthschaftlich nutze.

§. 780. Besonders müssen sie dafür sorgen, daß ein richtiges und vollständiges Wohnungs-, Wirthschafts-, Garten- und Feld-Inventarium gehalten werde.

Küstergüter sind, gleich den Kirchengütern, von der ordentlichen Realgerichtsbarkeit des Ortes ausgenommen."

7) Deswegen, weil der Pfarrer zugleich Verwalter ist, kann gegen den Pfarrer zum Nachtheil der Kirchengemeinde eine Verjährung angefangen und fortgesetzt werden (zufolge I. 9 §. 521 u. §. 871 d. T.). Pr. 2733 Pl.Beschl. v. 5. Okt. 1863, Entsch. 50 S. 1, womit übereinstimmt II v. 20. Sept. 1859, Str. Arch. 35 S. 78, und v. 2. Febr. 1864, a. a. O. 53 S. 79, während das Pr. 162 v. 20. März 1837 (s. Anm. zu I. 21 §. 91) das Gegentheil angenommen hatte. H. Die neue Ansicht ist nicht richtig, denn der Pfarrer ist nicht Verwalter im Sinne von I. 14 §§. 109ff., vielmehr Nießbraucher, Verwalter aber nur, in so weit dies jeder Nießbraucher von selbst ist und sein muß. Auch führt die Annahme des O.Tr. zu einer völligen Abweichung vom gemeinen Recht, welche die Redaktoren sicherlich nicht beabsichtigt haben, s. gegen den Pl.Beschl. P. Hinschius i. d. preuß. Anw.Ztg. v. 1864 S. 283, dem Förster, preuß. Pr.R. 3 §. 177 Anm. 69 u. Eccius, ebendaselbst 4. Aufl. zustimmen; s. ferner auch Anm. 46 letzter Abs. zu §. 823 u. Anm. 4 zu §. 858.

8) Oder dem Kirchenbedienten, zu dessen Unterhalte das fragliche Vermögen bestimmt ist. Anm. 2.

Bei Rechtsgeschäften und Prozessen, welche die Proprietät betreffen, wird die Gerechtsame des Proprietars durch die Kirche und deren Vertreter wahrgenommen, welche deshalb zu dem von dem Nießbraucher zu führenden Prozesse zuzuziehen sind. R. v. 23. Aug. 1822 (Jahrb. 20 S. 35), so auch O.Tr. I v. 23. Mai 1870, Str. Arch. 78 S. 266. Zur Klage auf rückständiges Meßkorn ist der Pfarrer selbstständig befugt. O.Tr. I v. 22. Juni 1857, Str. Arch. 25 S. 229.

Wegen der Kosten einer Grenzerneuerung kommen die Grundsätze I. 21 §§. 82 ff. über Prozeßkosten zur Anwendung. Besch. d. Min. d. geistl. Angel. v. 23. Febr. 1843 (M.Bl. f. d. i. Verw. S. 74).

H. In neuerer Zeit ist mit Rücksicht darauf, daß die Bauspekulation für die in der Nähe großer Städte belegenen Pfarrgrundstücke sehr hohe Preise geboten und der Zinsgenuß der offerirten Kaufkapitalien eine bedeutend über das gewöhnliche Pfarreinkommen hinausgehende Revenüe abgeworfen hat, die Frage praktisch geworden, in wie fern die vorgesetzten Behörden bei der Konsensertheilung zur Veräußerung dem Pfarrer die Abtretung eines Theiles des Zinsgenusses für anderweitige kirchliche Zwecke (z. B. zur Unterhaltung von Hülfsgeistlichen, Gründung neuer Stellen 2c.) zur Bedingung machen können.

Zunächst steht so viel fest, daß der etwaige Kaufpreis für Pfarrgrundstücke zum Pfarrvermögen gehört und daß der Pfarrer also auf den vollen Zins kraft seines Nießbrauches einen rechtlichen Anspruch hat, s. auch Anm. 27 zu I. 1 §. 36.

Weiter hat nach §§. 221, 772 d. T. die Behörde nur zu prüfen, ob die Veräußerung eines Pfarrgrundstückes für die Kirche bez. die Pfarrei nothwendig oder von erheblichem Nutzen ist, und dann den Konsens, also bedingungslos zu ertheilen, ohne beliebige auf Schmälerung des Zinsgenusses des Pfarrers abzweckende Vorbehalte.

Solche können daher nur von dem Gesichtspunkt aus erfolgen, daß der Einfluß des Verkaufs auf Kirche und Pfarre dann nicht mehr von erheblichem Nutzen erscheint, wenn die vollen Zinsen dem Pfarrer zufallen. So z. B. wenn die Pfarrgemeinde gerade durch den bewirkten Verkauf und die Bebauung der verkauften Grundstücke in nicht ferner Zeit in die Lage geräth, wegen vermehrter Bevölkerung für die Bedürfnisse der Seelsorge neue Ausgaben zu machen. Unter derartigen Voraussetzungen allein wird die Behörde je nach der Lage der konkreten Fälle die Genehmigung zum Verkauf an die Bedingung knüpfen dürfen, daß der Pfarrer entweder sich von dem Zeitpunkte ab, wo die Anstellung neuer Hülfsgeistlichen von den kompetenten Behörden als erforderlich erachtet ist, zur Beschaffung der Hülfskräfte eine Minderung des Zinsgenusses bis auf sein früheres ursprüngliches Einkommen vor dem Verkauf gefallen läßt, oder bei sofort eintretendem Bedürfniß auf den Genuß eines Theils des Kaufpreises verzichtet.

H. Die Unkosten, welche durch Auslosung und Neubelegung der zur Stellendotation gehörigen Werthpapiere entstehen, fallen den nießbrauchberechtigten Stelleninhabern zur Last, Erl. des ev. O.K.R. v. 29. Juni 1880, kirchl. Ges. u. Verordn.Bl. 1882 S. 55.

9) H. Der Gemeindekirchenrath, bez. Kirchenvorstand, s. Anm. 2 zu §. 619.

§. 781. Wenn Streit entsteht, was an Grundstücken, Gebäuden, Inventarien, Capitalien, oder jährlichen Hebungen, zur Kirche oder Pfarre gehöre: so muß bei dessen Entscheidung auf die vorhandenen Kirchenmatrikeln vorzüglich Rücksicht genommen werden.

§. 782*. Der Pfarrer kann seine Wohngebäude nur mit Einwilligung des Patrons und der Kirchenvorsteher [10]) vermiethen; diese aber dürfen ihm die Einwilligung ohne erhebliche Gründe nicht versagen.

§. 783. Bei Aufnehmung der Fremden ist der Pfarrer den Polizeigesetzen, gleich jedem anderen Einwohner, unterworfen.

§. 784. Die Unterhaltung der Zäune und Gehege [12]), so wie kleine Reparaturen an den Gebäuden, müssen die Pfarrer und Kirchenbedienten aus eigenen Mitteln besorgen [13]). Unterhaltung der Gebäude [11]).

---

10) H. S. vor. Anm. u. Anm. 9 zu §. 629. Ueber die Mitwirkung der Gemeindevertretung s. K. u. S.O. v. 1873 §. 31 Nr. 1. Zus. 20 zu §. 156 und Ges. v. 20. Juni 1875 §. 21 Nr. 1, Zus. 25 zu §. 157 d. T.

11) H. Nicht bloß auf Provinzialgesetze, sondern auch auf rechtliche Gewohnheiten ist bei Aufbringung der Pfarrbaukosten Rücksicht zu nehmen. Pr. 208 des O.Tr. I v. J. 1836, Präj.S. 1 S. 209, wiederholt I v. 22. Sept. 1854, Str.Arch. 15 S. 21.

12) Hinsichtlich der Unterhaltung der Zäune und Gehege gilt das Maximum, welches der folg. §. 785 für kleine Reparaturen an den Gebäuden bestimmt, nicht. Das Min. d. geistl. Angel. spricht in einer Cirk.Verf. v. 21. Okt. 1841 in dieser Hinsicht folgende als richtig anzuerkennende Grundsätze (H. welche aber bei einem abweichenden Provinzialgesetz nicht zur Anwendung kommen, R. v. 4. Okt. 1841, M.Bl. f. d. i. Verw. S. 325) aus:

a) Den Pfarrern (und anderen Kirchenbedienten) sind nach §. 784 sämmtliche Reparaturen, so wie diejenigen Neubauten der Zäune und Gehege der Pfarre, welche durch ihr eigenes persönliches Verschulden veranlaßt worden, aufzuerlegen;

b) die ohne Verschulden des zeitigen Pfarrers veranlaßten Neubauten sind aus dem Kirchenvermögen, oder von den sonst zu kirchlichen Bauten verpflichteten Personen, zu beschaffen, vorbehaltlich des Regresses an die etwa ersatzpflichtigen Personen. M.Bl. f. d. i. Verw. S. 324.

13) Zum Zwecke einer gleichförmigen Anwendung der §§. 784 ff. schreibt die Cirk.Verf. dess. Min. v. 17. März 1842 folgende Sätze als Anhalt vor:

a) Wo die Verpflichtung der Geistlichen und Kirchenbedienten in Betreff der Unterhaltung ihrer Wohnungen durch ein besonderes Provinzialgesetz bestimmt ist, behält es dabei sein Bewenden.

b) Existirt kein besonderes Provinzialgesetz, und muß auf die Vorschriften des L.R. zurückgegangen werden, so bestimmt dasselbe in §§. 784 ff. d. T. als Regel:

daß die Pfarrer und Kirchenbedienten die inneren Pertinenzstücke ihrer Amtswohnungen, ohne Rücksicht auf den Betrag, auf eigene Kosten zu unterhalten, andere kleine Reparaturen aber, bis zum Betrage von drei, resp. einem Thaler aus eigenen Mitteln zu bestreiten haben.

Die Verpflichtung der Pfarrer und Kirchenbedienten zur Unterhaltung der inneren Pertinenzstücke erstreckt sich jedoch nur auf die gewöhnliche Unterhaltung der dem Wohnungsberechtigten in brauchbarem Stande übergebenen Gegenstände, nicht auf deren Erneuerung, so fern dieselben, ohne Verschulden des Wohnungsberechtigten, durch Alter, Zufall oder Vernachlässigung des Amtsvorgängers unbrauchbar geworden sind. Im letzteren Falle bleibt den Kirchenkassen nur der Rückgriff an den Vorbesitzer oder dessen Erben vorbehalten.

Die Regel des L.R. erleidet eine Ausnahme, wenn durch speziellen Rechtstitel, insbesondere durch eine, bei der Kirche hergebrachte, besondere Observanz, die Kirchenkasse mit der Bestreitung der kleineren Reparaturen belastet ist.

c) Der Nachweis einer, den Vorschriften des §. 784 ff. a. a. O. derogirenden Spezialobservanz ist nach den allgemeinen rechtlichen Erfordernissen zu führen. Insbesondere wird dieser Nachweis alsdann für erbracht zu erachten sein, wenn durch Vorlegung der vorschriftsmäßig revidirten Kirchenrechnungen dargethan werden kann, daß die Ausgaben für kleinere Reparaturen, unter stillschweigender Genehmigung der geistlichen Oberen, seither gleichmäßig aus der Kirchenkasse entnommen worden sind.

d) Wünscht eine Gemeinde die Kirchenkasse von der ihr bisher observanzmäßig obliegenden Verpflichtung zur Erstattung der kleineren Reparaturen zu befreien, und diese Verpflichtung auf den Geistlichen oder Kirchenbedienten zu übertragen, so kann dies unter Genehmigung der geistlichen Oberen nur dadurch geschehen, daß die Stelle selbst nicht geschmälert, und dem Geistlichen oder Kirchenbedienten für die Uebernahme der kleinen Reparaturen ein entsprechendes Durchschnittsquantum aus der Kirchenkasse vertragsmäßig gezahlt wird.

§. 785. Für kleine Reparaturen sind diejenigen zu achten, die entweder gar keine baare Auslagen erfordern, oder wo die Kosten, von jeder einzeln genommen, für den Pfarrer nicht über drei, und für den Kirchenbedienten nicht über Einen Thaler betragen.

§. 786. Thüren, Fenster, Oefen[14]), Schlösser, und andere dergleichen innere Pertinenzstücke der Gebäude, müssen von dem Nießbraucher, mit eigenen Kosten, ohne Rücksicht auf den Betrag derselben, unterhalten[15]) werden[16]).

---

e) In denjenigen Fällen, in welchen den Geistlichen, Kirchenbedienten oder Schullehrern die Verpflichtung zur Bestreitung der kleinen Reparaturen obliegt, haben die geistlichen Oberen und Inspektoren darauf zu sehen, daß die Wohnung dem Berechtigten im guten Stande überliefert werde, und die Aufnahme eines gehörigen Uebergabeprotokolls zu veranlassen.

Die Kgl. Regierung wird angewiesen, nach diesen Grundsätzen zu verfahren, und im Falle eines Widerspruchs der Patrone und Gemeinden, die letzteren bei vorkommender Gelegenheit auf den ihnen zuständigen Rechtsweg zu verweisen (M.Bl. f. d. i. Verw. 1842 S. 111).

H. O.Tr. I v. 30. Nov. 1860 (Entsch. 45 S. 296): Der Pfarrer einer (katholischen) Kirche (in Schlesien) ist gesetzlich nicht verpflichtet, die zur Erhaltung der Substanz der Pfarrländereien, insbesondere zur Instandsetzung und Reparatur der Ufer einer Pfarrwiese nothwendig werdenden Kosten zu tragen.

Erk. dess. Sen. v. 4. Mai 1860: Eine Heranziehung des Pfarrers zu Deichlasten findet sich weder in den Vorschriften des Deichgesetzes v. 28. Jan. 1848 (G.S. S. 54) angeordnet, noch ist sie in den Spezialbestimmungen der §§. 784 ff. ausgesprochen, M.Bl. f. d. i. Verw. v. 1862 S. 112, Ztschr. f. K.R. 4 S. 194, (H. und ebenso R.G. IV v. 17. Okt. 1880, Entsch. 2 S. 329). Vgl. ferner O.Tr. I v. 19. Dez. 1862 (Centr.Bl. f. d. Unterr.Verw. 1863 S. 247, Ztschr. f. K.R. a. a. O. S. 428): Dieselben Grundsätze gelten auch in der Kurmark. S. ferner Anm. 5 zu §. 776.

Altmann, Praxis der preuß. Gerichte in Kirchen ꝛc. Sachen S. 212 will dagegen mit Recht unterscheiden zwischen Deichen, die zu keinem Deichverbande gehören, und zwischen Deichverbänden. In Betreff der ersteren erkennt er die Richtigkeit des durch die erwähnten Erkenntnisse aufgestellten Satzes — aber unbeschadet der Vorschrift der §§. 784, 785 — an. Bei Deichverbänden dagegen legt er den zur Unterhaltung der Pfarr- und Küstergebäude Verpflichteten die Deichlast nur in so weit auf, als ihre Beitragspflicht schon vor Errichtung des Verbandes reichte; so weit jedoch die durch den Deichverband auferlegten Leistungen das frühere Maß der erwähnten Verpflichteten übersteigen, sollen sie von den Stelleninhabern als Nutznießern aufgebracht werden (vgl. Deichges. v. 28. Jan. 1848 §§. 6, 8, 16, 17, 19, Zus. zu II. 15 §§. 64, 65).

Die Ansicht, daß die Stelleninhaber ausschließlich zur Tragung der Deichlasten verbunden sind, wird vertheidigt von Kretschmann in Gruchot 4 S. 421.

Die Verwaltungspraxis steht auf dem Boden der Anschauung des O.Tr., s. R. v. 3. Okt. 1857 (M.Bl. f. d. i. Verw. v. 1860 S. 85), R. v. 31. Aug., 5. Sept. u. 21. Okt. 1859 (M.Bl. v. 1860 S. 82, 83), v. 18. Mai 1861 (M.Bl. 1861 S. 126).

H. O.V.G. I v. 1. Aug. 1880, Entsch. 6 S. 171: Die Deichbehörde kann sich ihrerseits nach §. 19 des cit. Gesetzes an die Kirchengemeinde oder den Pfarrer halten. Durch die Entschließung der Deichbehörde für die erste Alternative wird die Zahlung der Deichbeiträge eine gesetzliche Leistung, welche nöthigenfalls zwangsweise nach Art. 27 des Ges. v. 3. Juni 1876 (Zus. 22 zu §. 156) in den Etat einzutragen ist. Im anderen Falle hat der Pfarrer zu zahlen. Untereinander können aber Kirchengemeinde und Pfarrer wegen Ersatz der verauslagten Beiträge prozessiren.

H. Die §§. 784 ff. kommen auch dann zur Anwendung, wenn ein säkularisirtes Kloster früher für alle Bedürfnisse des Pfarrers, auch die kleinen Reparaturen ꝛc. zu sorgen hatte. O.Tr. I v. 11. Nov. 1861 (M.Bl. f. d. i. Verw. 1862 S. 242).

14) H. Das Ofenumsetzen liegt dem Pfarrer ob, ausgenommen, wenn die Erneuerung des größeren Theiles der Kacheln erforderlich ist, R. d. Min. d. geistl. Angel. v. 6. Mai 1842 (Centr.Bl. f. d. Unterr.Verw. v. 1862 S. 562), das Reinigen der Schornsteine hat aber der Pfarrer auf seine Kosten besorgen zu lassen.

15) Dazu gehört die Anschaffung neuer Thüren und Fenster ꝛc., wenn deren Reparatur nicht mehr für zweckmäßig erachtet werden kann, nicht. Das Gesetz unterscheidet überall Unterhaltung (Reparatur) und Erneuerung (Neubau); und keiner dieser beiden Begriffe schließt zugleich den anderen in sich. In diesem Sinne spricht sich auch der Min. d. geistl. Angel. in dem Besch. v. 9. Dez. 1833 gegen die Auslegung einer Regierung aus. (Annal. 18 S. 705.)

16) H. Die Bestimmung der märkischen Konsistorialordnung von 1573, kraft deren die Dorfeinwohner die vor Alters gewesenen Küsterhäuser bauen, bessern und erhalten sollen ohne der Küster Zuthun, legt ihnen (ersteren) die Verpflichtung auf, deren Instandhaltung im weitesten

§. 787. Auch zu größeren Reparaturen der Pfarrgebäude [17]), so wie zu neuen Bauen, muß der Pfarrer die Materialien, so weit als dieselben bei der Pfarre über die Wirthschaftsnothdurft befindlich sind, unentgeltlich hergeben.

§. 788. Woher die übrigen Kosten, in Ermangelung eines eigenen dazu bestimmten Fonds, zu nehmen sind, ist nach den vorhandenen verschiedenen Provinzialgesetzen [18]) zu bestimmen.

§. 789. Wo darüber keine besondere gesetzliche Bestimmung vorhanden ist, da müssen diese Kosten, gleich den Bau- und Reparaturkosten der Kirche selbst, aus dem Kirchenvermögen genommen; bei dessen Unzulänglichkeit aber, von dem Patron [19]) und den Eingepfarrten getragen werden [20]).

§. 790. Wegen Aufbringung und Vertheilung der Beiträge finden eben die Grundsätze wie bei Kirchengebäuden statt [21]).

§. 791. Doch sind Filial- und zugeschlagene Gemeinen von allen Beiträgen zu Pfarr- und Küster-Gebäuden bei der gemeinschaftlichen Kirche frei, wenn sie eigne dergleichen Gebäude zu unterhalten haben.

§. 792. Dagegen ist eine solche Filial- und zugeschlagene Gemeine von dem Beitrage zur Unterhaltung des Küstergebäudes bei der gemeinschaftlichen Kirche nicht frei, wenn sie gleich einen eignen Schulmeister hat; sobald dieser das Küsteramt bei dem Gottesdienste nicht zugleich mit versieht [22]).

Sinne, mit Einschluß der kleinen Reparaturen zu bewirken. Pr. 1432 des O.Tr. I v. 29. März 1844, Präj.S. 1 S. 209.

17) H. Kaplaneien (Kapellen und Wohngebäude des Kaplans) sind als Kirchengebäude im Sinne der §§. 710, 787 nicht anzusehen. Es läßt sich also daraus eine rechtliche Vermuthung dafür nicht herleiten, daß da, wo ein Kaplaneigebäude sich vorfindet, davon schon deshalb rücksichtlich der Baupflicht dasselbe gelten müsse, was in den §§. 787 ff. in Betreff der Pfarrgebäude vorgeschrieben worden ist. Es kommt in dieser Hinsicht vor allem auf das thatsächliche Verhältniß an, in welchem die Kapelle, der Kapellan und die Kaplanei, als dessen Dienstwohnung, zur Pfarrkirche und zur Pfarrgemeinde steht. O.Tr. I v. 3. Jan. 1862, Str. Arch. 45 S. 6.

18) Vgl. Anm. 12 zu §. 784 u. Anm. 97 u. 98 zu §. 710. H. Aus §§. 788 ff. folgt keineswegs, daß eine Observanz für Kirchenbauten unbedingt und ohne weiteres auch für Pfarrbauten gilt. O.Tr. I v. 4. Nov. 1872, Str. Arch. 86 S. 326.

19) H. Diese Verpflichtung erstreckt sich auch auf die Herstellung eines Brunnens auf dem Pfarrgehöft, O.Tr. I v. 9. Sept. 1878, Entsch. 82 S. 124, Hartmann, Ztschr. für öffentl. R. 5 S. 32 u. Str. Arch. 100 S. 138.

20) Auch die Deichlast, welche die Pfarrgrundstücke trifft, hat der Patron nicht zu übertragen. Erk. des O.Tr. III v. 20. April 1863, Entsch. 49 S. 258, Str. Arch. 48 S. 309. Vgl. Anm. 13 zu §. 784 d. T.

H. Der Patron und die Eingepfarrten können zum Bau früher nicht vorhandener Pfarrwirthschaftsgebäude beizutragen, nicht angehalten werden, ohne daß die Nothwendigkeit derselben von den geistlichen Oberen festgestellt worden ist, R.G. IV v. 27. Mai 1881, Entsch. 5 S. 239, s. §§. 708 ff.

21) §§. 710 ff. u. die Anm. dazu. — Vgl. O.Tr. I v. 22. Sept. 1854, Str. Arch. 15 S. 21. — Ueber die Frage: wie zu verfahren, wenn Einer oder Einige die Kosten ganz oder theilweise vorgeschossen haben, s. Anm. 33 zu §. 741. Es macht keinen Unterschied: ob ein Mitglied der Gemeinde oder ein Fremder Gläubiger der Gemeinde ist.

Wenn mehrere Kirchen unter Einem gemeinschaftlichen Pfarrer vereinigt (vereinigte Mutterkirchen) und nur bei einer dieser Kirchen Pfarrgebäude vorhanden sind, so müssen zu den Kosten der Bauten und Reparaturen dieser letzteren auch die Patrone der übrigen Kirchen, welche dergleichen eigene Gebäude nicht zu unterhalten haben, mit beitragen. O.Tr. I v. 15. Nov. 1858, Entsch. 39 S. 290, H. u. R.G. IV v. 26. Okt. 1882, Gruchot 27 S. 974 (in Betreff der Pflicht der vereinigten Gemeinden). H. Dies gilt aber nicht für neu zu errichtende Pfarrgebäude in dem Fall, daß eine Patronats-Pfarrei, in der sich keine Pfarrgebäude befinden, mit einer andern als Mutterkirche vereinigt worden ist, und der Patron bisher in der Patronats-Pfarrei keine Baulastverpflichtung gehabt habe, O.Tr. I v. 10. Sept. 1878, kirchl. Ges. u. Verordn.Bl. 1878 S. 174, Hartmann, Ztschr. 5 S. 33. Wo aber bei einer solchen Vereinigung von Mutterkirchen ein eigenes Pfarrhaus am Orte ist, da fällt der Mitbeitrag zu dem Pfarrhause an dem anderen Orte weg. Erk. dess. Sen. v. 30. April 1855, Str. Arch. 16 S. 357.

22) H. Die §§. 791, 792 können nicht ohne weiteres auf den Patron angewendet werden,

§. 793. Predigerwittwenhäuser ist in der Regel weder die Kirchencasse, noch der Patron, oder die Gemeine, zu unterhalten verbunden [23]).

§. 794. Vielmehr müssen die Kosten aus dem von dem Erbauer dazu ausgesetzten Fonds genommen, und bei dessen Ermangelung oder Unzulänglichkeit, von der Wittwe, gegen den ihr zu gute kommenden Genuß der freien Wohnung getragen werden.

§. 795. Ist aber das Haus von dem Patron und der Gemeine selbst errichtet; oder sonst mit ihrer ausdrücklichen Einwilligung zur Pfarre geschlagen worden, so gilt von desselben Unterhaltung Alles, was von Unterhaltung der Pfarrgebäude verordnet ist.

§. 796*. Den Kirchenvorstehern [24]) liegt vorzüglich ob, darauf zu sehen, daß der Pfarrer, und die übrigen zu kleinen Reparaturen verpflichteten Personen, den Schaden nicht größer werden lassen.

§. 797. Die geistlichen Obern müssen, bei Gelegenheit der Visitationen, die Pfarrer und Kirchenbedienten zu ihrer Schuldigkeit, auch in diesem Stücke, ernstlich anhalten.

§. 798. Hat ein Pfarrer oder Kirchenbedienter durch Vernachlässigung der kleinen Reparaturen, oder durch schuldbar unterlassene Anzeige eines vorhandenen beträchtlichen Schadens, zur Vergrößerung desselben Anlaß gegeben: so muß die Wiederherstellung auf desselben eigene Kosten geschehen [25]).

Unterhaltung des Inventarii.

§. 799. Für die Unterhaltung [26]) des Garten-, Feld-, und Wirthschafts-Inventarii muß der Pfarrer als Nießbraucher sorgen.

§. 800. Pfarräcker kann der Pfarrer ohne weitere Rückfrage verpachten; sein Amtsfolger ist aber an den von ihm geschlossenen Vertrag nicht gebunden.

§. 801. Doch muß der Amtsfolger, wenn die Aecker in gewisse Felder getheilt sind, den Pächter so lange dulden, bis derselbe mit der Nutzung wenigstens Einmal, von Anfang der Pacht an, durch alle Felder herumgekommen ist [27]).

---

vielmehr sind im konkreten Falle stets die Entstehung und Entwickelung des Patronatsverhältnisses, sowie die Natur und der Umfang der damit verbundenen Rechte und Pflichten zu berücksichtigen. O.Tr. I v. 13. Okt. 1862, Str. Arch. 47 S. 86.

23) Im Herzogthum Magdeburg ist nach Provinzialrecht die Kirche, so weit die Einkünfte des Kirchenärars ausreichen, den Pfarrwittwen einen Wohnsitz oder eine Wohnsitz-Entschädigung zu gewähren verpflichtet. O.Tr. I v. 11. Nov. 1859, Entsch. 43 S. 316, Str. Arch. 35 S. 245.

24) H. Jetzt dem Gemeindekirchenrath, bez. dem Kirchenvorstand.

25) Nicht im Verwaltungswege. Vielmehr steht die Sache so, daß die nothwendige Reparatur durch die dazu an sich Verpflichteten, also von der Kirchenkasse oder der Pfarrgemeinde, ausgeführt werden muß und daß der Pfarrer auf Erstattung der Kosten belangt werden kann. H. Dieser Ansicht kann nicht beigetreten werden, vielmehr folgt aus §§. 707 ff. d. T., der K.O. v. 18. Febr. 1805 u. d. R. v. 16. Juli 1829 (s. Anm. 93 zu §. 709), daß der Pfarrer mit Vorbehalt des Rechtsweges durch Resolut der Regierung und Administrativ-Exekution zur Erfüllung seiner Verpflichtung angehalten und der Betrag der entstandenen Kosten von ihm eingezogen werden kann.

26) Zur ersten Anlage von Wegen, Triften und Tränken sind sie bei Separationen und zwar als Separationsinteressenten nach Verhältniß ihrer Theilnehmungsrechte (also wenn sie nicht bloß gesetzlich dotirt werden) verpflichtet. Das Gleiche gilt von Einhegungen der Landabfindungen in dem Falle, wenn über die Abfindungen hinweg oder daran vorbei schmale Triften, auf welchen die Hirten das Vieh nicht zusammenhalten können, gelegt worden sind und deshalb dieselben auf gemeinschaftliche Kosten sämmtlicher Separationsinteressenten eingehegt werden müssen. Besch. d. Min. d. Inn. v. 2. Okt. 1839 (Centr.Bl. 1839 S. 631 ff.).

27) Vergl. I. 21 §. 330.

H. Wenn ein Pfarrer Pfarräcker verpachtet hat und während der Dauer des Pachtverhältnisses stirbt, so ist sein Amtsnachfolger, welcher den Pachtvertrag nicht fortsetzen will, verpflichtet, dem Pächter den gesetzmäßigen Aufkündigungstermin zu gestatten. O.Tr. III v. 9. Febr. 1857, Entsch. 35 S. 74.

Die Vorschriften der §§. 801, 802 sind durch den §. 31 Nr. 1 der K.G. u. S.O. von 1873 (s. Zus. 20 zu §. 156) und den §. 21 Nr. 1 des Ges. v. 20. Juni 1875 (Zus. 25 zu §. 157)

§. 802. Trifft die Anstellung des Nachfolgers in eine Zeit, da der Pächter die Benutzung der Felder nach der Reihe bereits von neuem wieder angefangen hat: so muß der Nachfolger sich die Fortsetzung der Pacht so lange, bis die Reihe wieder herum ist, gefallen lassen [28]).

§. 803*. Ist der Pachtcontract mit Zuziehung des Patrons [29]) und der Vorsteher [30]), und unter ausdrücklicher Bestätigung der geistlichen Obern [31]) geschlossen worden, so ist auch der Amtsfolger daran gebunden.

§. 804. Gehört ein Wald zur Pfarre, so kann der jedesmalige Pfarrer denselben nach den Regeln der Forstordnung nutzen [32]). Benutzung des Pfarrwaldes.

§. 805. Er ist aber Bauholz daraus zu verkaufen nicht berechtigt [33]).

§. 806. Dergleichen Bauholz muß, so weit es ohne Abbruch des benöthigten Brennholzes für den Pfarrer geschehen kann, geschont, und zu vorkommenden Bauen und Reparaturen an den Pfarr- und Küstergebäuden aufbewahrt werden.

§. 807*. Ist überflüssiges Bauholz vorhanden: so können die Vorsteher [34]), unter Genehmigung des Patrons [35]) oder Kirchencollegii, oder in deren Ermangelung, der Gemeine [36]), oder ihrer Repräsentanten, dasselbe verkaufen, und das gelösete Geld zinsbar belegen [37]).

---

nicht beseitigt; denn erstere setzen nur die Folgen für eine nicht rechtsgültig für den Nachfolger stattgehabte Verpachtung voraus. H. Vgl. hierzu Allgem. Kirchenbl. f. d. ev. Deutschld. Jahrg. 1879 S. 329.

28) Die §§. 801 und 802 sind Ausnahmen von der Regel I. 19 §. 33 und gelten nicht in allen Provinzen, z. B. nicht nach Westpr. Prov.R. v. 1844 §. 47 (G.S. S. 108). Sie sind aber keine Ausnahme von der im §. 800 enthaltenen Regel in I. 21 §. 339, welche auf Verpachtung von Pfarräckern gleichfalls Anwendung findet; sondern nur neben derselben eine Ausdehnung der Befugnisse des Pächters von Pfarräckern. Vgl. auch vor. Anm.

H. O.Tr. III v. 9. Juli 1860, Str. Arch. 38 S. 159: §§. 801, 802 setzen eine Eintheilung der Aecker nach einer regelmäßigen Fruchtfolge als wesentlich voraus, nicht aber, daß eins der drei oder mehreren Felder in einem Jahre ganz oder zum Theil nicht benutzt werde. Der Ausdruck: „mit der Nutzung der Felder wenigstens Einmal durch alle Felder herumgekommen" bedeutet nicht, daß jedes Feld wenigstens Einmal überhaupt genutzt sein müsse, sondern, daß jedes Feld die Reihe durchgemacht habe. Daher erstreckt sich die stillschweigende Verlängerung der Pacht bei Eintheilung der Aecker in drei Felder auf drei Jahre.

29) H. Nur der Patron, der Lasten trägt, braucht jetzt zugezogen zu werden, s. Anm. 9 zu §. 629.

30) H. Es bedarf jetzt der Genehmigung nicht nur des Gemeindekirchenraths, bez. des Kirchenvorstandes, sondern auch der der Gemeindevertretung, s. Anm. 27 zu §. 801 d. T.

31) H. Dies ist bei evangelischen Kirchen nicht mehr die Regierung, wie das vor Aenderung der Kompetenzverhältnisse erlassene Min. R. v. 24. April 1877, kirchl. Ges. u. Verordn.Bl. 1876/1877 S. 143, bestimmt, sondern das Konsistorium.

32) H. Vgl. Anm. 26 zu §. 647 d. T.

33) Die in den §§. 805 ff. enthaltenen Beschränkungen der Benutzung des Pfarrwaldes durch den Pfarrer, insbesondere des Verkaufsrechts desselben, sind in der Mark Brandenburg nicht anwendbar, vielmehr darf der Pfarrer den Wald wie jeder andere Nießbraucher nutzen. O.Tr. I v. 8. Febr. 1864, Entsch. 52 S. 288.

34) H. jetzt der Gemeindekirchenrath, bez. Kirchenvorstand.

35) H. S. Anm. 29 zu §. 803.

36) H. Eine Genehmigung der Gemeindevertretung ist nach den Anm. 27 zu §. 801 citirten Bestimmungen nicht erforderlich, die des Kirchenkollegii, der Gemeinde oder ihrer Repräsentanten fällt fort.

37) Eine Anomalie, welche sich auch beim Brennholze wiederholt. §. 811. Die nach den Grundsätzen einer vernünftigen Forstwirthschaft jährlich haubar werdenden Hölzer sind ebenso gut gereifte Früchte, wie der jährlich reif werdende Weizen und Roggen. Wird nun auch bei einem Hochwalde das erforderliche Bauholz vorbehalten, so liegt in der Natur der Verhältnisse doch kein Grund, das Einkommen für das verkäufliche Holz dem Nießbraucher der Pfarre zu entziehen. Denn die Substanz des Waldes wird ja nicht durch eine ordentliche Wirthschaft vermindert, wie etwa ein Bergwerk durch die Ausbeutung. Für Waldgegenden, wo die Landgüter überwiegend nur Forstgüter sind, paßt der Grundsatz gar nicht; dort würde man durch

§. 808. Dergleichen Capital gehört zum Pfarrvermögen, und muß vorzüglich zu vorkommenden Bau- und Reparaturkosten an den Pfarr- und Küstergebäuden verwendet werden.

§. 809. So lange es aber zu diesem Behufe noch nicht gebraucht wird, kommen die Zinsen davon dem jedesmaligen Pfarrer zu gute.

§. 810. Auch Brennholz ist der Pfarrer nur so weit zu verkaufen berechtigt, als entweder der Pfarrwald in gewisse Schläge eingetheilt, und ihm solchergestalt zum Nießbrauche eingeräumt, oder ihm ein gewisses Deputat daraus angewiesen ist [38]), und er von diesem etwas erübrigen kann.

§. 811. Außer diesem Falle findet bei Brennholz, wenn etwas davon ohne Abbruch der Nothdurft des Pfarrers verkauft werden kann, eben das statt, was §. 807—809. wegen des Bauholzes verordnet ist.

§. 812. Ist auf dem eigentlichen Hufenschlage der Pfarre Holz gewachsen: so kann ein nachfolgender Pfarrer zwar verlangen, daß dasselbe entweder auf Kosten desjenigen, der eine solche Veränderung in der ursprünglichen Bestimmung des Grundes eigenmächtig vorgenommen hat, oder auf Kosten der Pfarr- und Kirchencasse, weggeschafft oder geradet werde [39]).

§. 813. Er kann aber weder an das geschlagene Holz, noch an das dafür gelösete Geld Anspruch machen; sondern dieses verbleibt demjenigen, welcher die Kosten der Radung getragen hat.

§. 814. Die Früchte und wirthschaftlichen Nutzungen von einzelnen auf dem Felde stehenden Obst- und anderen Bäumen gehören dem Pfarrer; an die Substanz der Bäume hingegen hat er keinen Anspruch.

Von Pfarrbauern.

§. 815. Wo gewisse Dienst- oder Frohnleute zur Pfarre geschlagen sind, hat der Pfarrer in Ansehung ihrer Dienste eben die Rechte, wie ein Gutsherr gegen seine Unterthanen [40]).

§. 816. Gerichtsbarkeit und andere gutsherrliche Rechte stehen dem Pfarrer über sie nur alsdann zu, wenn er dergleichen Gerechtsame durch Beleihung vom Staat, oder durch Verjährung, besonders erworben hat.

§. 817. Sind dergleichen Rechte in der Matrikel mit aufgeführt, so streitet die Vermuthung für den Pfarrer, daß dieselben auf eine rechtsgültige Weise zur Pfarre erworben worden.

Nutzung des Kirchhofes.

§. 818. Die Nutzung des Kirchhofes [41]) gehört der Regel nach nicht dem Pfarrer, sondern zu den Kircheinkünften.

§. 819. Wenn jedoch ein Pfarrer den Kirchhof mit Maulbeerbäumen bepflanzt, und für deren Abwartung und Cultur gehörig sorgt: so gebührt demselben die ganze Nutzung des Kirchhofes sowohl an Gras, als Früchten.

---

dessen Anwendung dem Pfarrer den nothdürftigen Unterhalt entziehen. Die Konsistorialordn. v. 1573 Abschn. 19 bleibt bei dem Grundsatze vom Nießbrauche stehen.

38) H. Wegen der Unablösbarkeit der Pfarrholzdeputaten in Preußen. O.Tr. II v. 11. Dez. 1877, kirchl. Ges. u. Verordn.Bl. 1878 S. 37.

39) H. Dem Pfarrer, welcher das auf seinem Hufenschlage gewachsene Holz herunterschlagen läßt, steht, auch wenn er das Land hat roden und zur Ackerbenutzung wieder brauchbar machen lassen, weder nach der Konsistorialordnung von 1573 noch nach den Vorschriften des Landrechts ein Anspruch auf das Eigenthum des Holzes zu. O.Tr. I v. 24. Jan. 1853, Entsch. 25 S. 169, Str. Arch. 8 S. 244.

40) H. Wo die ungemessenen Dienste gesetzlich aufgehoben sind, findet solches auch bei Reisefuhren für einen Pfarrer Anwendung, welche dem Uebernehmer des veräußerten Pfarrguts auferlegt sind. Reisen nach auswärts, wenn deren Zahl, die Ortsentfernung und der Zweck der Reise im Vertrage nicht ausgedrückt worden, sind in diesem Falle für ungemessene Dienste zu erachten. Pr. 2011 des O.Tr. v. 23. Febr. 1848, Entsch. 16 S. 241; Rechtsf. 3 S. 370.

41) H. Die Grabstellengelder sind nicht für Nutzungen der Kirchhöfe im Sinne des §. 818 zu erachten, sie machen vielmehr nach §. 667, durch den sie in eine Kategorie mit den persön-

§. 820. Will der Pfarrer sich mit der Anpflanzung und Cultur der Maulbeerbäume solchergestalt nicht befassen, so steht dieses dem Küster frei; welcher dagegen eben dieselben Vortheile von dem Kirchhofe zu genießen hat.

§. 821. Fällt weg [42]).

§. 822. Bei der Einweisung eines neuen Pfarrers muß demselben Wohnung und Wirthschaft von den Vorstehern, unter Aufsicht und Direction des Patrons [44]), oder des Erzpriesters, oder Kreisinspectors, nach dem Inventario übergeben werden. Auseinandersetzung zwischen dem an- und abziehenden Pfarrer [43]).

§. 823. Die Auseinandersetzung [45]) zwischem dem abgehenden Pfarrer oder dessen Erben, und der Kirche, in Ansehung der Substanz; so wie dem neuen Pfarrer, in Ansehung der Nutzungen, geschieht nach den in der Lehre vom Nießbrauche vorgeschriebenen Gesetzen. (Th. 1. Tit. 21. §. 111. sqq. [46])

---

lichen Abgaben für kirchliche Akte gesetzt werden, einen Theil der Kircheneinkünfte aus. O.Tr. I v. 23. Dez. 1847, Rechtsf. 3 S. 257.

42) Der Wortlaut war: „Ob und in wie fern den Pfarrern, und anderen Kirchenbedienten, die Accise- oder Abschoßfreiheit, das Recht zum Haustrunke, und andere dergleichen besondere persönliche Vorrechte zukommen, wird in den Provinzialgesetzen näher bestimmt."

43) H. Vgl. V. v. 3. Juni 1845 betr. die Auseinandersetzung zwischen den abgehenden katholischen Pfarrern 2c. und deren Amtsnachfolgern in der Diözese von Kulm (G.S. S. 208) u. Ges. v. 10. Mai 1855 in Betreff der Pfarrauseinandersetzungen in d. vorm. königl. sächs. Landestheilen, in welche das L.R. durch das Publikations-Patent v. 15. Nov. 1816 eingeführt worden ist (G.S. S. 267). Die sonstigen provinzialrechtlichen Normen finden sich zusammengestellt bei Vogt, preuß. K.R. 1 S. 566.

44) H. Sofern er Lasten trägt, s. Anm. 99 zu §. 629.

45) Vgl. R. d. Min. d. geistl. Angel. v. 9. Nov. 1836, die Introduktion der Geistlichen betr. (Annal. 21 S 954.) Die Auseinandersetzungs-Verhandlungen zwischen abgehenden und angehenden Pfarrern sind in so weit, als sie sich auf das Privatinteresse der Pfarrer beziehen und eine vertragsmäßige Ausgleichung wegen der Verbesserungen, Inventarienüberschüsse u. dergl. in sich schließen, stempelpflichtig. R. d. Min. d. geistl. Angel. v. 4. Aug. 1838 (Annal. 22 S. 641).

46) Früher bestandene Observanzen kommen bei dieser Auseinandersetzung nicht zur Anwendung, die Vorschriften des L.R. haben hier ausschließliche Geltung. O.Tr. I v. 6. Febr. 1855, Str. Arch. 17 S. 7.

Die im §. 137 dieser Gesetze allegirten Vorschriften von I. 18 §§. 564 ff. vom Lehnrechte finden hinsichtlich einer behaupteten Devastation des Pfarrwaldes wegen der vom Pfarrer dafür zu leistenden Entschädigung keine Anwendung. Vielmehr ist, nach Maßgabe der §§. 804—814 d. T., wonach dem Pfarrer unter keinerlei Umständen an der Substanz eines Pfarrwaldes oder an der Substanz der auf den Pfarrgrundstücken vorhandenen Bäume ein Anspruch zusteht, folglich in Beziehung auf diese Substanz von einer Auseinandersetzung zwischen dem Pfarrer und der Kirche gar nicht die Rede sein kann, die Vorschriften über die Auseinandersetzung zwischen dem Nießbraucher und dem Eigenthümer — erst nach geendigtem Nießbrauche — sich auf die der Pfarre gehörigen Bäume nicht mit beziehen, vielmehr, wenn der Pfarrer diese Substanz angegriffen hat, was eine widerrechtliche Handlung desselben in sich schließt, für welche er der Kirche und Pfarre nach den allgemeinen Grundsätzen von widerrechtlichen Beschädigungen gerecht zu werden verpflichtet ist, ohne Rücksicht darauf: ob der Termin zur Auseinandersetzung schon eingetreten — der Schadensanspruch der Kirche auf den Grund des dem Pfarrer zur Last fallenden widerrechtlichen Verfahrens zu stützen. Von diesem Gesichtspunkte aus ist zur Substantiirung des Anspruchs namentlich erforderlich, zu behaupten und darzuthun: 1) daß ein wirklicher Pfarrwald zur Pfarre gehört; 2) daß er und wie viel Bauholz und wie viel Brennholz enthalten habe; 3) was bei forstwirthschaftlicher Benutzung dessen Ertrag gewesen sei; 4) daß und wie viel Bau- und Brennholz der Pfarrer verkauft habe; 5) welchen Werth dasselbe gehabt habe oder welcher Schade dadurch dem Ganzen, mit Rücksicht auf die Wiederherstellung des forstwirthschaftlich nutzbaren Zustandes des Waldes, zugefügt worden sei. Dies ist die Theorie des O.Tr. I v. 31. Jan. 1859, Entsch. 41 S. 333 ff., Str. Arch. 35 S. 1. Diese Theorie führt zu einem dem Eigenthümer gefährlichen Resultate, sie führt zu der kurzen dreijährigen Verjährung der allgemeinen Entschädigungsklage wegen widerrechtlicher Beschädigungen. Dieses Ergebniß ist unrichtig. Es ist wahr, der Eigenthümer kann gegen den Nießbraucher, nach Umständen, auch mit der allgemeinen Schädenklage (actio legis Aquiliae) verfahren, er kann sogar von der Diebstahls- beziehentlich von der Unterschlagungsklage, und von dem interdictum quod vi aut clam Gebrauch machen. Aber diese Rechtsmittel sind nicht die einzigen, welche dem Eigenthümer

§ 824*. Wo daselbst zu Verbesserungen, die dem Nießbraucher vergütet werden müssen, die Einwilligung des Eigenthümers erfordert wird, da ist bei einem Pfarrer die Einwilligung des Patrons [47]) oder Kirchencollegii [48]), und die Genehmigung der geistlichen Obern erforderlich [49]).

§. 825. So weit dergleichen Verbesserungen dem abgehenden Pfarrer oder dessen Erben, vergütet worden, werden dieselben der Pfarre einverleibt; und es gilt davon, in Ansehung der folgenden Fälle, alles das, was von Pfarrgütern überhaupt verordnet ist.

§. 826. Hat der neue Pfarrer die Vergütung solcher Verbesserungen aus eigenen Mitteln geleistet: so können er, oder seine Erben, bei seinem erfolgenden Abgange, die Vergütung des dafür Gezahlten von dem Nachfolger fordern.

§. 827. Dergleichen einem Vorgänger von seinem Nachfolger zu leistende

---

zum Schutze seiner Rechte gegen den Nießbraucher zustehen: die Hauptklage für ihn ist die Klage wegen Nießbrauchs (actio de usufructu); und diese hat ihren Grund in einem Vertrage, in dem Rechtsgeschäft nämlich, wodurch dem Nießbraucher der Nießbrauch eingeräumt und die Verbindlichkeit des Nießbrauchers gegründet wird, die Sache ihrer Substanz nach in unverändertem Zustande zurückzugeben und sich aller widerrechtlichen Veränderungen der Sache zu enthalten. L. 13 §§. 1, 2 D. de usufructu et quemadmodum (VII, 1). Alle diese Klagen können kumulative konkurriren. Nun ist es eine unbestreitbare Rechtswahrheit, daß der Eigenthümer gegen unberechtigte Eingriffe des Nießbrauchers auf der Stelle, noch während der Dauer des Nießbrauchs, einschreiten kann, und es ist überhaupt unfindbar, wie ein Rechtsverständiger, wie es in jenem Rechtsfalle dem Appellationsrichter begegnet ist (S. 334), auf den juristischen Gedanken zu kommen vermag, daß der Eigenthümer bis zur Auseinandersetzung warten und bis dahin Alles geschehen lassen müsse. Allein die Berechtigung zum Einschreiten kommt nicht daher, daß der Eigenthümer auch von der allgemeinen Schädenklage außer dem Falle eines Kontrakts Gebrauch machen könnte.

H. In der Mark Brandenburg finden im gedachten Falle die §§. 564 ff. I. 18 L.R. Anwendung. O.Tr. I v. 8. Febr. 1864, Entsch. 52 S. 289. Vergl. Anm. 33 zu §. 805 d. T.

Der Pfarrer auch als Verwalter und Nießbraucher des Pfarrvermögens, ist Prozesse, welche die Substanz desselben betreffen, allein, ohne Zuziehung der Kirchenvorsteher, als Vertreter des Proprietars des Kirchen- und Pfarrvermögens, resp. des Patrons, zu führen nicht befugt, s. Anm. 7 zu §. 778 d. T. Dies findet in dem §. 823 seine einfache Bestätigung, da hier gerade von dem Pfarrvermögen und von der Vertretung der Substanz desselben durch die Kirche, also durch deren Vorsteher, im Gegensatze zu dem neuen Pfarrer die Rede ist. Die Berufung hiergegen auf die Bemerkung im Pl.Beschl. v. 5. Okt. 1863 (Anm. 7 zu §. 778) ist als durchaus unzutreffend zu betrachten, da es sich dabei darum handelte: ob die Verjährung gegen den Pfarrer zum Nachtheil der Pfarre angefangen und fortgesetzt werden könne; wobei auf dessen Stellung als Verwalter des Pfarrvermögens eben nur deshalb Gewicht gelegt worden, weil nach I. 9 §. 521 des L.R. die Verjährung gegen den Verwalter zum Nachtheil des Gutseigenthümers anfangen kann. In dem letzteren Umstande liegt eben ein logischer Fehler, da, wenn der Pfarrer nicht die Substanz vertreten kann, auch gegen ihn dieselbe zum Nachtheil der Pfarre nicht durch Verjährung verloren gehen kann, daher hierin allerdings etwas liegt, was zur Beantwortung der hier vorliegenden Frage einen Anhalt im Sinne der Imploranten liefern konnte. Der fr. Plenarbeschluß ist nicht haltbar.

47) H. So fern er Lasten trägt, s. Anm. 9 zu §. 629.

48) H. Fällt fort. Die Gemeindevertretung tritt nach §. 31 d. K.G. u. S.O. v. 1873 (Zus. 20 zu §. 156) u. §. 21 des Ges. v. 20. Juni 1875 (Zus. 25 zu §. 157) nicht an die Stelle.

49) Fehlt es an einer solchen schriftlichen Genehmigung, so hat der abgehende Pfarrer nur das jus tollendi. Der Gegenstand desselben ist keine unbewegliche Sache. Wenn z. B. der Pfarrer ein ohne Genehmigung errichtetes Gebäude der Kirche schenkt, so ist der Gegenstand der Schenkung nicht das Gebäude als eine unbewegliche Sache, sondern es sind die Materialien, in die er das Gebäude wieder zerlegen könnte; denn das unbewegliche Eigenthum dieser Sache gehört schon der Kirche. Hiernach ist die Frage: in wie fern es einer Genehmigung der Staatsbehörde zur Gültigkeit einer solchen Schenkung bedürfe, zu entscheiden. Von solcher Genehmigung zu unterscheiden ist auch hier die Anzeige der kirchlichen Verwalter, welche die Schenkung angenommen haben, an die geistlichen Oberen: diese Anzeige muß in allen Fällen geschehen

H. Hinsichtlich des Rechtsverhältnisses in Ansehung der von einem Pfarrer auf dem Pfarrgrundstücke errichteten Gebäude vgl. R. des Just.Min. v. 16. Dez. 1833 (in den Ergänzungen ad h. §. u. bei Vogt, preuß. K.R. 1 S. 571).

Vergütung dauert, auch bei nachherigen Amtsveränderungen, so lange fort, als nicht etwa auch dieser Werth der Verbesserung, so wie die Verbesserung selbst, der Pfarre einverleibt worden.

§. 828. Hat aber der neue Pfarrer dem abgehenden, oder dessen Erben, Verbesserungen, für welche dieselben keine Vergütung fordern, sondern sie nur zurücknehmen konnten, bezahlt: so werden dieselben dadurch der Pfarre nicht einverleibt; der Pfarrer kann aber auch dafür, bei seinem demnächst erfolgenden Abgange, keinen Ersatz fordern.

§. 829. Vielmehr tritt er, in Ansehung der Befugniß zur Zurücknahme, nur in die Rechte des ursprünglichen Verbesserers.

§. 830. Soll gegen diese Regeln etwas durch Vertrag, zwischen der Kirche und Pfarrer an einer, und dem abgehenden Pfarrer oder dessen Erben, ingleichen dem neuen Pfarrer, an der anderen Seite, festgesetzt werden: so ist dazu die Genehmigung der geistlichen Obern nothwendig.

§. 831. Auch wegen der Auseinandersetzung über die Nutzungen gelten[50]), so weit ausdrückliche Provinzialgesetze nicht ein Anderes bestimmen, die bei dem Nießbrauche vorgeschriebenen Regeln. (Th. 1. Tit. 21. §. 143. sqq.)

§. 832. Doch kommen die Stolgebühren nur demjenigen zu, welcher die Handlung verrichtet hat.

§. 833. Das Sterbequartal kommt der Wittwe und den Kindern[52] des im Amte gestorbenen Pfarrers zu gute. Sterbequartal[51]).

§. 834. Doch müssen dieselben davon die Begräbnißkosten, so weit die Einkünfte dazu hinreichen, bestreiten.

§. 835. Zum Nachtheil der Gläubiger des verstorbenen Pfarrers können auch seine Wittwe und Kinder auf das Sterbequartal keinen Anspruch machen.

§. 836. Dagegen kann ihnen der Mann und Vater diesen Genuß durch letztwillige Verordnung, zu Gunsten anderer Erben, nicht entziehen.

§. 837. Sowohl das Amtsjahr, als das Sterbequartal, werden von dem ersten Tage desjenigen Monats, in welchem der Pfarrer eingewiesen worden, berechnet.

§. 838. Das Gnadenjahr, oder die Gnadenzeit, findet nur bei den protestantischen[53]) Pfarrern, und nur an Orten statt, wo es durch Provinzial-Kirchenordnungen eingeführt, oder durch Gewohnheit hergebracht ist[54]). Gnadenjahr.

---

50) H. Nach den Grundsätzen des L.R. steht dem neu eintretenden Pfarrer gegen seinen Amtsvorgänger ein Anspruch auf Vergütung wegen mangelhafter Aussaat und Feldbestellung oder wegen des dadurch verringerten Ertrages der zur Pfarrwiedmuth gehörigen Ländereien nicht zu. Pr. 2371 des O.Tr. I v. 23. April 1852, Entsch. 23 S. 304.

51) H. Die provinzialrechtlichen Bestimmungen über das Sterbequartal s. bei Vogt, preuß. K.R. 1 S. 578 u. Th. Meier, preuß. K.R. S. 365; für die Neumark s. Hoffmann, Repertor. Th. 3 S. 120, Th. 4 S. 234.

52) Oder den Erben der katholischen Pfarrer, wo ein solches Sterbequartal bei katholischen Kirchen hergebracht ist, wie z. B. im Bisthume Paderborn. Darüber: V. v. 3. Juli 1843, betr. die Vertheilung der Einkünfte erledigter katholischer Kuratstellen im Bisthum Paderborn und in den auf der rechten Rheinseite gelegenen Theilen des Erzbisthums Köln und der Bisthümer Münster und Trier. (G.S. S. 289.)

53) Anm. 48 zu §. 39.

54) H. S. die Zusammenstellung bei Th. Meier a. a. O. u. Vogt a. a. O. S. 577; für die Kurmark s. auch Stengel 11 S. 138; für die Provinz Sachsen, s. allgem. Kirchenbl. f. d. ev. Deutschld. v. 1878 S. 638. Für die Provinz Posen ist ergangen das

Kirchengesetz für die Provinz Posen, betr. die Gnadenzeit für die Hinterbliebenen der evangelischen Geistlichen. Vom 15. November 1878 (kirchl. Ges. u. Verordn.Bl. 1878 S. 170).

Wir Wilhelm ꝛc. verordnen unter Zustimmung der Provinzial-Synode der Provinz Posen und nachdem durch Erklärung Unseres Staatsministeriums festgestellt ist, daß gegen dies Provinzial-Kirchengesetz von Staatswegen nichts zu erinnern ist, für den Umfang der Provinz Posen, was folgt:

56. Allerhöchste Kabinets-Order vom 17. Dezember 1839, betreffend die Bewilligung des Gnadenjahres für die Wittwen und Waisen verstorbener Geistlichen, in der Provinz Westphalen und der Rheinprovinz. (M.Bl. f. d. i. Verw. 1840 S. 49.)

Ich will, Ihrem Antrage vom 1sten d. M. gemäß, die Wohlthat des Gnadenjahres für die Wittwen und Waisen verstorbener Geistlichen, so, wie die Kirchenordnung für Westphalen und die Rheinprovinz vom 5ten März 1835.[55]) sie näher bestimmt,[56]) auf alle evangelische Prediger, nicht bloß in der Rheinprovinz, sondern auch in der Provinz Westphalen ausdehnen.

§. 839. Es gebührt nur der hinterlassenen Wittwe und solchen Kindern des Pfarrers, die sich bei seinem Absterben noch in seiner väterlichen Gewalt befunden haben.

§. 840. Enkel und bloß angenommene Kinder des verstorbenen Pfarrers können darauf nur in so fern Anspruch machen, als sie sich zur Zeit seines Ablebens in seinem Hause und in seiner Verpflegung befunden haben[57]).

§. 841. Wittwen, welche nach der Verfassung des Ortes einen Wittwengehalt[58]) empfangen, können in der Regel kein Gnadenjahr fordern.

§. 842. Den Wittwen und den Kindern eines Pfarrers, der sein Amt gänzlich niedergelegt, und nur noch ein Gnadengehalt davon genossen hat, gebührt kein Gnadenjahr[59]).

---

§. 1. Den Hinterbliebenen der evangelischen Pfarrer der Provinz Posen gebührt hinfort — vom Ablaufe der gesetzlichen, den Bestimmungen der §§. 833—837 Allgemeinen Landrechts Th. 2. Tit. 11 entsprechenden Sterbequartals an — eine sechsmonatliche Gnadenzeit.

Berechtigt zu derselben sind nur diejenigen Hinterbliebenen, welche nach den Vorschriften der §§. 839—851 Allgemeinen Landrechts Th. 2. Tit. 11 auf eine Gnadenzeit Anspruch machen können.

§. 2. Zu den Bezügen der Gnadenzeit gehören die gesammten Einkünfte der erledigten Pfarrstelle einschließlich der Stolgebühren.

§. 3. Die Diözesangeistlichen sind verpflichtet, nach näherer Bestimmung des Superintenden die pfarramtlichen Geschäfte der vakanten Stelle während der Gnadenzeit, wie im Sterbequartal unentgeltlich zu versehen. Doch haben sie von den zum Bezuge der Pfarreinkünfte Berechtigten Ersatz der nothwendigen Auslagen an Fuhr- und Zehrungskosten zu fordern, in Ermangelung einer Einigung der Betheiligten nach der maßgebenden Festsetzung des Konsistoriums.

§. 4. Sämmtliche, von den Vorschriften der §§. 1—3 abweichenden Bestimmungen, sie mögen auf Statuten, Observanzen oder sonstigen lokalen Ordnungen beruhen, treten außer Kraft. Jedoch bleibt den Hinterbliebenen derjenigen Pfarrer, welche in dem ihnen am Tage des Inkrafttretens dieses Gesetzes bereits definitiv verliehenen Amte versterben, die Wahl vorbehalten, ob sie nach den Vorschriften dieses Gesetzes, oder nach dem bisherigen Rechte die Befugniß zur Gnadenzeit ausüben wollen.

Urkundlich ꝛc.

H. O.V.G. I. v. 16. Febr. 1884, Entsch. 10, 119: „Unter den protestantischen Predigern, deren Wittwen durch das Ostpreußische Provinzialrecht Zus. 212, §. 1 zum Genusse der dort angegebenen Benefizien berufen werden, sind auch die Nebengeistlichen (Zweiten Prediger, Diakonen u. s. w.) zu verstehen."

H. Nach O.V.G. v. 17. März 1881, kirchl. Ges. u. Verordn.Bl. 1881 S. 56, sind die Gnadenbezüge der Hinterbliebenen eines Geistlichen während der Gnadenzeit von Kommunal- und Kreissteuern frei.

55) H. S. Anm. 78 §§. 58, 65 zu Zus. 21 zu §. 156 d. T.

56) H. Diese Bestimmung, §. 65, ist zu Nr. 1 dahin erweitert, daß die Wohlthat des Gnadenjahres nicht bloß den unmündigen, sondern allen noch unversorgten Kindern eines Pfarrers, welche sich bei dessen Ableben noch in der väterlichen Gewalt befunden haben, zu Theil wird, gleichviel, ob sie majorenn oder minorenn sind. K.O. v. 29. Juli 1840 (M.Bl. f. d. i. Verw. 1840) u. v. 19. April 1847 (a. a. O. Jahrg. 1847 S. 253).

57) Der hier den Enkeln des verstorbenen Pfarrers gesetzlich zugesicherte Anspruch auf das Gnadenjahr oder die Gnadenzeit steht ihnen auch dann zu, wenn ihr Vater noch am Leben ist. Pr. 2181 des O.Tr. I v. 25. Jan. 1850, Entsch. 19 S. 284.

58) H. Wegen der Predigerwittwenkassen s. Jacobson, preuß. K.R. S. 413 u. Th. Meier a. a. O. S. 369.

§. 843. War aber der Pfarrer noch im Amte geblieben, und war ihm nur ein Substitut zugeordnet worden: so genießen seine Wittwe und Kinder die ihm vorbehaltenen Einkünfte während der Gnadenzeit.

§. 844. Die Dauer der Gnadenzeit ist nach jedes Ortes Gewohnheit bestimmt.

§. 845. Das Sterbequartal wird in die Gnadenzeit nicht mit eingerechnet.

§. 846. Das Gnadenjahr bleibt der Wittwe und den Kindern, wenn sie auch ihres Mannes und Vaters Erben nicht geworden sind.

§. 847. Doch können rechtmäßig enterbte Kinder keinen Anspruch darauf machen.

§. 848. Ist eine Wittwe vorhanden, so gebührt derselben allein das Gnadenjahr; sie muß aber dagegen für den Unterhalt der Kinder unentgeltlich sorgen.

§. 849. Stirbt die Wittwe während des Gnadenjahres, so wird der Genuß von den nach §. 839. 840. dazu berechtigten Kindern des Pfarrers fortgesetzt.

§. 850. Genießen nur Kinder das Gnadenjahr, und stirbt während des Genusses eines derselben; so wächst dessen Portion den übrigen zu.

§. 851. Andere, als die §. 839. 840. benannten Wittwen und Kinder des verstorbenen Pfarrers, können auf eine Gnadenzeit niemals Anspruch machen.

§. 852. Was von den Einkünften der Pfarre während der Vacanz, nach Abzug der Vertretungskosten, übrig bleibt, wächst, wo kein Gnadenjahr statt findet, dem Pfarrvermögen zu [60]).

§. 853. Die Stolgebühren gehören der Regel nach weder zum Gnadenjahre, noch zum Pfarrvermögen; sondern sie kommen demjenigen zu, der die Handlung, wofür sie erlegt werden müssen, verrichtet hat.

§. 854. Wo es hergebracht ist, daß auch die Stolgebühren zum Gnadenjahre gehören, da müssen die im Genusse des letzteren befindliche Wittwe und Kinder diejenigen, welche die Handlung verrichtet haben, für die dabei vorgefallenen Reise- und Zehrungskosten schadlos halten.

§. 855. Sowohl im Sterbequartal, als im Gnadenjahre, müssen diejenigen, welche die Pfarreinkünfte genießen, denjenigen, welche den Gottesdienst versehen, die in der Provinz, oder im Kreise gewöhnliche Entschädigung, so weit sie nicht durch die Stolgebühren erfolgt, gewähren.

§. 856. Kommt das Sterbequartal oder Gnadenjahr verschiedenen Personen zu, so müssen die Nutzungen unter sie nach Verhältniß der Zeit getheilt werden.

---

59) Diese Bestimmung erschwert die völlige Emeritirung zum Nachtheile des Dienstes. Deshalb kann, um den durch Alter und Krankheit schwach gewordenen Geistlichen für die Emeritirung geneigt zu machen, ein Vertrag, wodurch der Nachfolger den Hinterbliebenen des zu Emeritirenden ein Gnadenjahr zusichert, von den geistlichen Oberen, so fern sie sonst in den besonderen Verhältnissen des Falls und der betheiligten Personen Grund dazu finden, bestätigt werden. Cirk.Verf. d. Min. d. geistl. 2c. Angel. v. 6. Jan. 1844 (M.Bl. f. d. i. Verw. S. 29).

Im Herzogthum Magdeburg gilt diese Bestimmung nicht; dort steht vielmehr, nach der revidirten Kirch.Ordn. v. 9. Mai 1739, der Wittwe und den unversorgten Kindern eines verstorbenen pensionirten Pfarrers der Genuß seiner Provision aus den Pfarreinkünften während der Gnadenzeit zu, und zwar neben einer Wohnung. O.Tr. I v. 12. Juni 1863, Entsch. 50 S. 388, Str.Arch 49 S. 255. H. Vergl. auch Allgem. Kirchenbl. f. d. ev. Deutschld. 1876 S. 532.

H. An den den Geistlichen aus Staatsfonds gewährten Gehaltszuschüssen steht dem Vikar und den Erben kein Anspruch zu, da diese Zuschüsse nicht zum Stelleneinkommen gehören, R. d. Min. d. geistl. Angel. v. 12. Jan. 1876, kirchl. Ges. u. Verordn.Bl. 1876/1877 S. 128. Ueber die Bewilligung von Unterstützungen s. das cit. R., ferner a. a. O. 1878 S. 75 ff.

60) Auch wo ein Gnadenjahr stattfindet, wachsen die Pfarreinkünfte nach Abzug der Vertretungskosten dem Pfarrvermögen, nach Ablauf der Gnadenzeit, während der Fortdauer der Vakanz zu, wenn die Pfarre noch länger unbesetzt bleibt. Pr. 337 des Ob.Tr. I v. 25. Sept. 1837, Schl. Arch. 3 S. 383. H. Obwohl die Entscheidung in einer schlesischen Rechtssache ergangen ist, wird seitens des bischöflichen Stuhles das Bestehen einer alten Observanz behauptet, daß in Schlesien diese Ueberschüsse der Interkalargefälle in den Diözesen-Baufonds und Inter-

Eilfter Abschnitt.

Von Zehnten und anderen Pfarrabgaben[1]).

Grundsätze[2]). §. 857. Der eigentliche Zehnte ist eine Abgabe von Früchten, die auf der zur Parochie gehörenden Feldmark erzeugt werden. [3])

§. 858. Unsprünglich ist der Zehnte zur Unterhaltung des Pfarrers [4]) bestimmt; er kann aber auch von der Kirche, so wie von jedem Anderen erworben und besessen werden.

§. 859. Bei Zehnten, die sich in den Händen eines weltlichen Besitzers befinden, hat, wenn sie auch ursprünglich Pfarrzehnten sind, die Verschiedenheit des Glaubensbekenntnisses auf das Recht, sie zu fordern, keinen Einfluß.

§. 860. Daraus, daß eine Kirche die Eigenschaft einer Parochialkirche hat,

---

kalarfonds fallen. Das, was bisher für die Observanz beigebracht ist, s. Arch. f. kath. K.R. 50 S. 291, beweist dieselbe aber nicht.

H. Vgl. übrigens auch das Anm. 52 zu §. 833 d. T. cit. Ges. und Arch. f. kath. K.R. 49 S. 105. S. ferner Anm. 93ᵃ zu §. 40 von Zus. 25 bei §. 157 d. T.

H. Ueber die Pfarrvakanzkassen s. R. d. Min. d. geistl. Angel. v. 6. Sept. 1858 (Aktenstücke des ev. O.K. Bd. 2 S. 264) und Jacobson a. a. O. S. 413, vgl. ferner Allg. Kirchenbl. f. d. ev. Deutschland Jahrg. 1882 S. 309 u. Jahrg. 1883 S. 14.

In wie fern den Konsistorien und der Regierung die Bestimmung über die Verwaltung vakanter Pfarrstellen und über die Verwendung der Einkünfte derselben zusteht, erörtert die Verf. d. Min. d. geistl. ꝛc. Angel. v. 22. März 1847 (M.Bl. f. d. i. V. S. 250).

1) Diese Abgaben sind nach §. 6 des Ablös.Ges. v. 2. März 1850 ablösbar, die Ausführung der Ablösung wurde jedoch durch die V. v. 13. Juni 1853 (G.S. S. 334) sistirt. Die Suspension hatte das Ges. v. 15. April 1857 (G.S. S. 363) aufgehoben und die Ablösung sollte nach den Vorschriften dieses Gesetzes erfolgen. Jedoch ist auch letzteres durch das Gesetz betr. die Ablösung der den geistlichen und Schulinstituten ꝛc. zustehenden Realberechtigungen v. 27. April 1872 (s. Zus. zu II. 7 §. 44), welches das Ges. v. 2. März 1850 unter den näher festgestellten Modifikationen für anwendbar erklärt, wieder beseitigt worden. Vgl. auch Zus. 36 zu §. 261 d. T.

2) H. Wegen der provinzialrechtlichen Vorschriften vgl. Ergänzungen zu §§. 857 ff.; Vogt preuß. K.R. 1 S. 581; Meier, preuß. K.R. S. 393.

3) Vgl. Zus. 35 zu §. 261 d. T. u. Anm. 28, u. Anm. zu §. 937. — Auch Ostpreuß. Prov. Recht Zus. 213.

Zehnten gehören zu den Reallasten, welche nach der Verfassung des Ortes oder des Bezirks zu entrichten sind und als gemeine Lasten und Pflichten einer Eintragung in das Hypothekenbuch nicht bedürfen, (Hyp.-O. I §. 48). — Wenn der Zehnte in einem Bezirke eingeführt oder hergebracht ist, so kann der neue Erwerber eines darin belegenen Grundstücks von der Zehntpflicht deshalb, weil solche im Hypothekenbuche nicht eingetragen ist, eine Befreiung nicht in Anspruch nehmen; vielmehr gehört dazu der Nachweis, daß das bestehende Zehntrecht nicht eine allgemeine Last daselbst, sondern nur eine spezielle Last seines Gutes gewesen sei. O.Tr. v. 28. Febr. 1845 (Schles. Arch. 6 S. 378). H. Vgl. jetzt §. 12 des Ges. v. 5. Mai 1872 (Zus. zu §. 2 Tit. 21 Th. I) u. Grundbuch-Ordn. v. 5. Mai 1872 §. 11, s. auch R. d. Min. d. geistl. Angel. v. 13. Juli 1872 (M.Bl. f. d. i. Verw. S. 218).

Nicht jede nach Ackermaß fixirte Abgabe von Früchten an den Küster oder Pfarrer kann ohne weiteres auf die Eigenschaft eines Zehnten, und speziell des Sackzehnten Anspruch machen (§. 928 d. T.). O.Tr. I v. 18. Febr. 1870, Str. Arch. 76 S. 363.

H. Erk. des O.Tr. II v. 17. April 1873, Entsch. 69 S. 264: Die innerhalb einer Parochie zu entrichtenden Zehnten können die Natur einer allgemeinen Last erlangen.

4) H. O.Tr. Pr. 2730, Pl.Beschl. v. 4. Mai 1863, Entsch. 49 S. 1: Wenn es sich um die Ablösung des Naturalfruchtzehnten handelt, ist unter dem „Berechtigten", dessen der §. 33 des Ablösungsgesetzes v. 2. März 1850 gedenkt, nur die Pfarre selbst als Eigenthümerin der Berechtigung, vertreten durch ihre gesetzlichen Vertreter, zu verstehen. Nach II v. 7. Dez. 1865, Entsch. 55 S. 262, hat dieser Plenarbeschluß seine Bedeutung nicht durch das Pr. 2733 (s. Anm. 7 zu §. 778 d. T.) verloren, und findet auch nach II v. 7. Dez. 1865 Anwendung auf die §§. 9 und 27 des Ablösungsgesetzes (Entsch. 56 S. 347), eben so R.G. H. v. 12. Dez. 1882, Gruchot 27 S. 1002.

H. Mit dem Erlöschen der Parochie erreicht auch das Zehntrecht des Pfarrers sein Ende und kann deshalb nicht als herrenloses Gut auf den Fiskus übergehen, O.Tr. II v. 3. April 1873, Str. Arch. 90 S. 112.

folgt noch nicht, daß die Eingepfarrten zur Entrichtung eines Zehnten verbunden sind [5]).

§. 861. Der Pfarrer und die Kirche können das Zehntrecht auf eben die Art, wie jedes andere Recht, auch durch die ordentliche Verjährung erwerben [6]). Erwerbung des Zehntrechts.

§. 862. Wenn ein Laie den durch Verjährung geschehenen Erwerb eines ursprünglichen Pfarr- oder Kirchenzehnten gegen den Pfarrer oder die Kirche behaupten will, so müssen alle Erfordernisse der Kirchenverjährung vorhanden sein.

§. 863. Zwischen Laien, die über den Besitz eines ursprünglichen Kirchen- oder Pfarrzehnten unter einander streiten, ist die gewöhnliche Verjährung zur Entscheidung hinreichend [7]).

§. 864. Alle, auch über Pfarr- und Kirchenzehnten entstehenden Streitigkeiten gehören zur Entscheidung des weltlichen Richters.

§. 865. Sobald ausgemittelt ist, daß dem Zehntberechtigten, der einen ursprünglichen Pfarr- oder Kirchenzehnten besitzt, das Zehntrecht über eine gewisse [8]) Feldmark zustehe, gilt die Vermuthung, daß alle in dieser Feldmark gelegenen Grundstücke demselben unterworfen sind [9]). Umfang desselben.

---

5) H. O.Tr. II v. 16. Nov. 1871, Str. Arch. 83 S. 129: Von der K.O. v. 3. März 1758 (s. Zus. 35 zu §. 261) werden nur diejenigen zehntartigen Abgaben betroffen, welche lediglich im Parochial-Verbande ihren Ursprung haben, wogegen dergleichen Abgaben, welche auf besonderen Titeln der Fundation, Dotation u. s. w. beruhen, davon unberührt geblieben sind.

6) Unter der Herrschaft des französischen Civilgesetzbuchs hat eine erwerbende Verjährung von Pfarrabgaben nicht anfangen können. Pr. 1874 des O.Tr. I v. 3. Juni 1837, Präj.S. 1 S. 283, Entsch. 14 S. 464.

In der Provinz Posen ist durch die am 1. Mai 1808 erfolgte (vorübergehende) Einführung des französischen bürgerlichen Gesetzbuches eine früher angefangene Verjährung des Zehntrechts nicht unterbrochen worden. Erk. des O.Tr. I v. 24. Febr. 1859, Entsch. 20 S. 472. (H. S. auch Erk. des O.Tr. v. 19. Mai 1855, Ztschr. f. Landes-Kult. Bd. 9 S. 59.) Auch haben dort die provinzialrechtlichen Normen über die kirchlichen Zehnten und über andere Abgaben und Präftationen an Kirchen und Geistliche ihre Gültigkeit durch Einführung dieses Gesetzbuchs und resp. des A.L.R. nicht verloren. Pr. 2302 des O.Tr. I v. 13. Juni 1851, Entsch. 21 S. 140, Str. Arch. 2 S. 162.

7) H. Die Verjährung des Zehnten ist die dreißigjährige, wenn auch wegen der bestehenden Dreifelder-Wirthschaft der Zehnt an den einzelnen Grundstücken nicht alljährlich erhoben worden ist, O.Tr. v. 19. Mai 1855, Ztschr. f. Landes-Kult. Bd. 9 S. 64.

8) Unter dem Ausdrucke „gewisse Feldmark" ist nicht nothwendig der Komplex der sämmtlichen zu einem Gemeindeverbande gehörigen Grundstücke, sondern auch ein in sich abgegrenzter Bezirk, Distrikt, eine Flur zu verstehen, und die Existenz einer Zehntflur genügt, um die Präsumtion der Zehntpflichtigkeit für alle in dieser Flur belegenen Grundstücke zu begründen. O.Tr. V v. 25. Okt. 1864, Str. Arch. 57 S. 27.

9) Das Aufgebot unbekannter Realprätendenten eines Grundstücks erstreckt sich nicht auf das im §. 856 d. T. und §. 48 Tit. 1 der Hyp.-O. bezeichnete Zehntrecht (Dezem). O.Tr. II v. 1852 (ohne näheres Datum), Entsch. 24 S. 72.

Der Warschauer Traktat v. 24. Febr. 1778 hat im Art. II §. 7 seiner ersten Separatakte der katholischen Geistlichkeit Zehnten und Meßkorn gegen die damals sogenannten Dissidenten nur unter Voraussetzung eines besonders nachzuweisenden Rechts auf diese Hebungen vorbehalten, und es genügt daher nach dieser provinzialrechtlichen Bestimmung im Großherzogthume Posen zur Begründung eines solchen Anspruchs gegen einen Grundbesitzer des evangelischen Bekenntnisses (eines Dissidenten im Sinne jenes Traktats) nicht die Berufung auf die, gemäß §. 865 d. T., aus der Lage eines Grundstücks in einer sonst zehntpflichtigen Feldmark abzuleitende Vermuthung. Pr. 2679 des O.Tr. I v. 22. Dez. 1856, Entsch. 35 S. 149. Der §. 7 des Traktats macht in dieser Hinsicht keinen Unterschied zwischen sog. Dissidenten und nicht unirten Griechen. Erk. dess. Sen. v. 23. Sept. 1859, Entsch. 42 S. 311, Str. Arch. 34 S. 258.

Eine allgemeine Vermuthung für die Zehntpflichtigkeit aller und jeder ländlichen Grundstücke steht den Kirchen in der Provinz Posen nicht zur Seite. Pr. 2302 des O.Tr. I v. 13. Juni 1851, Entsch. 21 S. 140, Str. Arch. 2 S. 161. In dem älteren Erk. v. 15. März 1849 (ebend. S. 174) hatte dasselbe das gerade Gegentheil zur Geltung gebracht.

In Schlesien läßt sich aus dem sog. Kolowratischen Vertrage von 1504 eine allgemeine Zehntpflichtigkeit aller innerhalb einer gewissen Parochie belegenen ländlichen fruchttragenden Grundstücke nicht herleiten. O.Tr. I v. 8. März 1854 u. 4. Juli 1859, Str. Arch. 12 S. 230 u. 34 S. 127.

§. 866. Zehntsteine beweisen kein allgemeines Zehntrecht; sondern nur, daß derjenige, dessen Zeichen darauf befindlich ist, ein Zehntrecht in dem innerhalb der Steine gelegenen Bezirk auszuüben befugt sei [10]).

§. 867. Wer zehntfreie Aecker neben zehntpflichtigen erwirbt, oder zehntfreie Wiesen, Weiden, und Holzungen in Saatland verwandeln und mit zehntpflichtigen Ländereien vereinigen will, muß dem Zehntherrn davon Anzeige machen, und in Gegenwart desselben, oder dessen Bevollmächtigen, das zehntfreie Land von dem zehntpflichtigen durch Grenzmale absondern.

§. 868. Hat er dies nicht beobachtet: so ist die Vermuthung wider ihn, und er muß, bei entstehendem Streite, die Grenzen des zehntfreien Landes vollständig nachweisen.

Erlöschen des Zehntrechts.

§. 869. Die sonstigen Eigenschaften und Vorrechte eines innerhalb des Zehntbezirks gelegenen Grundstücks begründen noch nicht die Befreiung vom Zehnten [11]).

§. 870. Wenn jedoch der Inhaber sich seit zehn Jahren im ruhigen Besitze [12]) der Zehntfreiheit befindet, so wird dadurch die aus der Lage des Grundstücks entstandene rechtliche Vermuthung gehoben.

§. 871. Kann aber die zehntpflichtige Eigenschaft des Grundstücks auf andere Art nachgewiesen werden: so geht die Befugniß, den Zehnten zu fordern, für die Kirche oder den Pfarrer nur durch einen vier und vierzigjährigen Nichtgebrauch unter den im Titel von der Verjährung enthaltenen Bestimmungen verloren. (Th. 1. Tit. 7 [13]). §. 509. 510. 511.) [14])

§. 872. Wenn der Besitzer eines an sich zehntbaren Grundstücks, für seine Person, wegen Verschiedenheit seines Religionsbekenntnisses, von Entrichtung des Zehnten frei ist [15]): so ruht inzwischen das Zehntrecht; und es kann, während dieses Besitzes, keine Verjährung wider die Kirche oder den Pfarrer anfangen.

H. Ein Rechtssatz, daß Grundstücke so lange nicht realdezempflichtig sind, als sie sich in der Hand des Fiskus befinden, ist nach Ostpreuß. Provinzialrecht §. 7 Zus. 213 nicht anzuerkennen, O.Tr. I v. 3. Nov. 1861, Entsch. 66 S. 186.

10) Entscheidet einen gemeinrechtlichen Streit. Cramer, Wetzlarsche Nebenstunden, Th. 94 S. 10.

11) H. Das in Ostpreußen den königlichen und adelichen Vorwerken zustehende Privilegium der Befreiung von großer und kleiner Kalende, Zapfengeld, Real= und Sackzehnten geht nur dann verloren, wenn Domanial= oder adelicher Besitz mit Bauern besetzt wird; es bleibt aber erhalten, sobald der Domanialbesitz in seiner Totalität auf einen einzigen nicht bäuerlichen Besitzer übergeht, O.Tr. I v. 25. Nov. 1864, Str. Arch. 55 S. 299.

12) Der Besitz der Freiheit setzt eine widerspruchslose Besitzergreifung voraus. Wenn der Zehntpflichtige die Früchte weggnimmt, welche er gemäß des bestehenden Zehntrechts hätte zurücklassen müssen, so erlangt er den Besitz des Rechts, daß der Berechtigte diese Handlung ferner leide (Besitz der Freiheit von der Zehntlast), vorausgesetzt, daß solches ohne Widerspruch des Berechtigten geschehen ist, und derselbe überhaupt Kenntniß erlangt hatte von der Vornahme der Handlung. O.Tr. V v. 25. Okt. 1863, Str. Arch. 57 S. 31.

13) Muß heißen: „Tit. 9". Der Druckfehler findet sich in allen Ausg. vom G.B. an.

14) Hieraus ist ersichtlich, daß die allgemeinen Vorschriften über die Verjährung auch auf das Pfarrvermögen zur Anwendung kommen sollen. O.Tr. II v. 20. Sept. 1859, Str. Arch. 35 S. 85. Vgl. Anm. 7 zu §. 778 d. T. (H. S. gegen die vom O.Tr. gemachte Anwendung dieses Satzes P. Hinschius i. d. preuß. Anw.Ztg. von 1864 S. 235.) Der §. 871 stimmt übrigens mit dem kan. R. überein. C. 4, 6 X de praescriptione; c. 1 eodem in 6.

15) Wie z. B. in Schlesien. S. Zus. 34 ff. zu §. 261 d. T. — Ueber Posen s. Anm. 9 zu §. 865.

Die Altlutheraner haben, nach Nr. 10 der Generalkonzession v. 23. Juli 1845 (Zus. 4 zu §. 10 d. T.) den Zehnten an die Geistlichen der evangelischen Kirche fort zu entrichten — H. jetzt aber nach Maßgabe des §. 3 des Ges. v. 14. Mai 1873, Zus. 8 zu §. 42 d. T., nicht mehr. — In Pommern wird das sog. „Meßkorn" für eine solche dingliche Last angesehen, von welcher die Altlutheraner nicht befreit worden sind. Anders ist es mit dem daselbst an die Geistlichkeit zu entrichtenden sog. Wurstgelde und den Eiern. Die an den Pfarrer und Küster

§. 873. Auch werden die Jahre eines solchen Besitzes von dem Zeitraum, in welchem die Verjährung gegen die Kirche oder den Pfarrer gehörig angefangen und fortgesetzt worden, abgerechnet.

§. 874. Der Zehnte besteht, der Regel nach [16]), in dem zehnten Theile der auf dem zehntpflichtigen Lande gewachsenen, und dem Zehntrechte unterworfenen Früchte.

§. 875. Wo der Zehnte überhaupt und ohne weitere Bestimmung hergebracht ist, wird darunter nur der sogenannte Großzehnte verstanden. Von Großzehnten.

§. 876. Dieser muß von allen Erzeugnissen der zehntpflichtigen Aecker und Wiesen, welche der Halm trägt, entrichtet werden [17]).

§. 877. Der Zehntberechtigte kann dem Zehntpflichtigen nicht vorschreiben: wie derselbe das Grundstück bestellen und nutzen solle.

§. 878. Baut aber der Zehntpflichtige eine andere Art von Erzeugnissen, als wozu das Grundstück bisher gewöhnlich genutzt worden, so muß er auch davon den Zehnten entrichten.

§. 879. Kann diese Art der Berichtigung, nach der Natur und Beschaffenheit des anderweitig gebauten Erzeugnisses, oder aus anderen Ursachen nicht statt finden: so muß der Zehntpflichtige eben so viel, als der Zehnte von einem Acker gleicher Größe in demselben Felde beträgt, in dem Erzeugnisse der gewöhnlichen Art entrichten.

§. 880. Früchte, die im Brachfelde gebaut werden, sind der Regel nach zehntfrei [18]).

§. 881. Hat aber der Zehntpflichtige das Brachfeld so genutzt, daß dadurch der Ertrag der künftigen Ernte offenbar geschmälert wird, so muß er den Zehntberechtigten deshalb entschädigen.

§. 882. Sowohl, ob eine solche dem Zehntberechtigten schädliche Brachnutzung vorhanden sei, als wie viel der demselben daraus entstandene Ausfall betrage? muß, wenn kein gütliches Abkommen statt findet, nach dem Gutachten vereideter Sachverständigen bestimmt werden.

---

zu entrichtenden Abgaben von Roggen und Garben, auch wenn sie nicht unter dem Namen „Meßkorn" oder einem anderen besonderen Namen entrichtet werden, haben die Natur eines Zehnten im Sinne der §§. 857, 858 und 922 d. T. O.Tr. IV v. 28. Jan. 1856, Entsch. 32 S. 137, Str. Arch. 20 S. 75.

16) Die Fälle der Ausnahme sind zahlreicher als die der Regel. Man vgl. auch Struben, rechtl. Bed., Th. IV Bed. 169. H. In der Mark Brandenburg streitet beim Kornzehnten die Vermuthung für ein Dreißigstel, Scholtz-Hermensdorf, Prov.R. d. Kurmark Brandenburg Bd. 1 S. 97, Bd. 2 S. 357.

17) Was zum Großzehnten gerechnet werden müsse, ist nach den Landesgesetzen, Ortsgewohnheiten oder Lokalstatuten sehr verschieden bestimmt. Gewöhnlich zählt man dazu alle Getreidearten, oft Alles was Halm und Stengel treibt, in Weingegenden auch den Wein, und in anderen Gegenden selbst Heu. Der Fortschritt der Landkultur hat darin mancherlei Veränderungen hervorgebracht. J. F. Müller, über die wirthschaftliche und rechtliche Benutzung des Zehntens, besonders für Privat-Zehent-Berechtigte, Nürnberg 1819, S. 26 ff., 91 f. Das A.L.R. §. 876 verlangt in subsidium den Großzehnten von allen Erzeugnissen der Aecker und Wiesen, welche der Halm trägt. Erzeugnisse der Wiesen, welche der Halm trägt, kommen wohl wenig vor, die Wiesenerzeugnisse sind gewöhnlich gras- und krautartig, Gräser, welche Halm oder Stengel treiben, finden sich nur sporadisch. Das A.L.R. meint also wohl unter den Wiesenerzeugnissen schlechtweg Heu. Uebrigens ist hierin auf das Herkommen eines jeden Orts zu sehen.

18) Dieser gegen die Meinung mehrerer angesehener Rechtslehrer des G. R. angenommene Satz gilt auch im Magdeburgischen. O.Tr. v. 15. April 1829 (Simon, Rechtsspr. 3 S. 174).

Futterkräuter und grün vom Acker zu Futter genommenes Getreide fallen nicht unter den Begriff von zehntpflichtigen „Früchten" (§. 857), sondern sie vertreten die Stelle des Futters, welches das Vieh auf den sonst unbebaut zur Weide liegen bleibenden Aeckern findet. S. das angef. Erk. a. a. O. S. 178. H. Vgl. dazu auch Altmann, Praxis S, 534 ff.

§. 883. Diese müssen dabei auf das Verhältniß des Ertrages benachbarter Aecker von eben derselben Beschaffenheit, bei welchen die Brache landüblich genutzt worden, Rücksicht nehmen.

§. 884. Läßt der Zehntpflichtige die zum Winter- oder Sommerfelde gehörigen Ländereien, aus Nachlässigkeit oder unordentlicher Wirthschaft, ganz oder zum Theil unbebaut liegen: so ist der Zehntberechtigte befugt, dieselben in Cultur zu nehmen; und der Eigenthümer hat auf die davon gewonnenen Früchte gar keinen Anspruch.

§. 885. Nimmt der Zehntpflichtige eine Art von Cultur vor [19]), wodurch die Gestalt und Bestimmung des Grundstücks gänzlich verändert wird, so muß er den Zehntberechtigten, wegen des dadurch entstehenden Verlustes, auf andere Art schadlos halten.

§. 886. Zum Maaßstabe dieser Entschädigung muß der Durchschnitt des Zehntertrages von den letzten sechs Jahren vor der Veränderung angenommen werden.

§. 887. Können die Parteien sich über diese Art der Entschädigung nicht vereinigen, so muß dieselbe, für jedes Jahr, nach der Vorschrift des §. 879. bestimmt werden.

§. 888. Eine bloße Veränderung in der Eintheilung der Felder, oder in der Art der Bedüngung, oder die Verminderung der Aussaat durch Anlegung künstlicher Wiesen, geben dem Zehntberechtigten keinen Anspruch auf Schadloshaltung.

§. 889. Auch von solchen Aeckern, welche nicht gewöhnlich, sondern nur zuweilen gebaut werden, ist der Zehnte, so oft sie wirklich bestellt sind, zu entrichten.

Vom Neulande.

§. 890—892. Fallen weg [20]).

§. 893. Für Neuland ist es zu achten, wenn der Zehntpflichtige Hecken, Bäume, Gesträuche oder Gräben, welche an sich auf dem zehntbaren Lande befindlich sind, auf eine oder die andere Art zu Acker einrichtet, und bestellt.

Art der Entrichtung des Großzehnten.

§. 894. Der Zehnte muß von den Früchten, ohne Abzug der Bestellungskosten und Abgaben, entrichtet werden.

§. 895. Der Empfänger muß denselben auf dem Felde, aus den aufgesetzten Garben oder Haufen, wie sie folgen, annehmen [21]); doch kann er mit dem Abzählen da, wo er selbst will, den Anfang machen.

---

19) Gemeinrechtlich ist man über die Kulturveränderung nicht einverstanden. J. F. Müller a. a. O. (Note 17 zu §. 876) S. 30. Beiträge zur Rechtsanwendung in Bayern, 1836, S. 26. Dagegen sind für strengere Grundsätze im Sinne des A.L.R.: Pufendorf, Obs. jur. univ. P. III nr. 202; Struben, rechtl. Bedenken Th. III Nr. 77; Just. Henn. Boehmer, Jus eccl. Protest. Lib. III tit. 30 §. 8; Schnaubert, Erläuterung 2c. S. 250 u. A.

20) Diese §§. lauteten:

„§. 890. Kirchen- und Pfarrzehnten können zwar auch von ausgetrockneten Sümpfen, geradeten Wäldern und Wiesen, und anderen ganz neu in Cultur gebrachten Aeckern, in so fern dieselben im Zehntdistricte liegen, gefordert werden.

§. 891. Es kommt aber den Besitzern eine zwölfjährige Befreiung, von der Zeit an, wo dergleichen Neuland zuerst wirklich bestellt worden, zu statten.

§. 892. Zehntberechtigte weltlichen Standes können den Zehnten von solchem Neulande nur alsdann fordern, wenn er ihnen ausdrücklich mit verliehen worden."

Die Bestimmungen sind durch den §. 35 des Ges. v. 2. März 1850 (Zus. zu II. 7 §. 494), wonach Neubruchzehnt nicht mehr gefordert werden kann, gegenstandslos geworden. Uebrigens ist der Begriff vom Neulande nach dem A.L.R. nicht hinlänglich und genau genug bestimmt; der Neubruchzehnte hat danach eine zu weite Ausdehnung. Neuland ist solches, das vorhin noch niemals, oder wenigstens seit Menschengedenken, nicht irgendwie kultivirt, vielmehr neu aufgebrochen oder in Kultur gesetzt worden ist. Vergl. Runde, Beiträge Bd. I Nr. XIV S. 423. Wiesen gehören hiernach gar nicht zum Neulande.

21) Hiernach wird über die Frage entschieden: ob der Zehnte sich selbst fährt. Im §. 909 ist sie nochmals ausdrücklich geradezu entschieden. Nach Gem. R. ist sie streitig. Darüber: Schnaubert, Erläuterung 2c. (3. Ausg. Braunschweig 1799) S. 257 u. Pufendorf, Animadversiones, nr. 75.

§. 896. Auch kann er von Einem Acker, auf einen anderen des nämlichen Besitzers, die Garben oder Haufen fortzählen [22]).

§. 897. Bei diesem Fortzählen steht es ihm frei: ob er an dem oberen oder unteren Ende des folgenden Ackers den Anfang machen will.

§. 898. Bleiben zuletzt noch Früchte übrig, die keine Zehntgarbe ausmachen, so werden dieselben, zur Mitzählung auf das folgende Jahr, dem Berechtigten vorbehalten [23]).

§. 899. Wo die Feldfrüchte in Mandeln oder Hocken aufgesetzt werden, da kann der Zehntberechtigte verlangen, daß die bei der Abzählung übrig gebliebenen einzelnen Mandeln oder Hocken auseinander genommen, und ihm von den darin enthaltenen Garben der Zehnte verabfolgt werde.

§. 900. Der Zehntberechtige muß, wenn er zur Zeit der Ernte nicht selbst gegenwärtig sein kann oder will, einen Abzehntner in der Nähe bestellen, und denselben dem Zehntpflichtigen zeitig bekannt machen.

§. 901. Sobald dem Zehntberechtigten, oder dessen Abzehntner, gemeldet worden, daß die Früchte zum Abzählen in Bereitschaft stehen, müssen sich dieselben dazu unverzüglich einfinden.

§. 902. Der Zehntpflichtige ist nicht schuldig, länger als zwölf Stunden [24]) nach der Anzeige auf das Abzählen zu warten.

§. 903. Vielmehr kann er alsdann, in Gegenwart oder mit Zuziehung der Dorfgerichte, oder zweier an sich glaubwürdiger Zeugen, auf Kosten des Berechtigten den Zehnten selbst ausstoßen, und auf dem Felde liegen lassen.

§. 904. Nöthigt die Witterung den Zehntpflichtigen, mit der Einführung der Früchte zu eilen: so ist es genug, wenn die Anzeige dem Zehntherrn, oder dessen Abzehntner, nur sechs Stunden vor dem Einfahren geschieht.

§. 905. Dagegen ist aber auch der Zehntpflichtige schuldig, wenn der Zehntsammler auf der Flur mit der Abzählung schon wirklich beschäftigt ist, so lange zu warten, bis derselbe auf seinen Acker kommen kann.

§. 906. Säumt der Zehntsammler geflissentlich, so haftet er dem Zehntpflichtigen für allen dadurch erweislich entstandenen Schaden.

§. 907. Sind aber, mit Vernachlässigung obiger Vorschriften, die Früchte vor Ausstoßung des Zehnten eingeführt worden, so muß derselbe dem Berechtigten noch aus der Scheune verabfolgt werden.

§. 908. Ist die zu frühe Einführung von dem Verpflichteten vorsätzlich, oder durch eignes grobes Verschulden geschehen: so muß er, wenn besondere Provinzialgesetze nicht ein Anderes bestimmen, dem Berechtigten auf zehn Garben Eine; bei einem obwaltenden nur mäßigen Versehen aber, auf zwanzig Garben Eine Garbe mehr abliefern.

§. 909. Die Einfuhre des auf dem Felde abgezählten Zehnten muß der Em-

---

22) Was der §. 895 a. E. u. die §§. 896 u. 897 bestimmen, hat den Zweck, den Zehntherrn gegen Betrügereien auf Seiten des Zehntpflichtigen möglichst zu sichern; diesem ist die Wahl des Herrn nach dem Zutreffen der Zählung unnachtheilig. Cramer, vom Fortzählen des Zehnten; Wetzlarsche Nebenstunden, Th. 12 S. 11 ff. J. J. Reinhardt, Gedanken von der Befugniß des Zehntherrn, von einem Acker auf den anderen auszuzehnten, Nürnberg 1843, 1800. Joh. Phil. Karl Scheerer, rechtliche Bemerkungen über das Zehendwesen ꝛc. (Mannheim 1793) S. 37.

23) Daß der Rest gleichfalls gezehntet werden muß, ist gemeinrechtlich nicht streitig, aber die Bestimmung, daß derselbe zur Fortzählung für das nächste Jahr vorbehalten werden kann, erledigt einen Zweifel. Vergl. auch das Moderamen im folg. §. 899.

24) Dies ist wohl die am kürzesten zugemessene Zeit. Meistens sind es 24 Stunden. H. Vergl. Mittermaier, Grundsätze des deutschen Privatrechts (5. Ausg.) 1 S. 452 Note 5. Die 12 Stunden können nach §. 904 sogar auf 6 abgekürzt werden.

pfänger, der Regel nach, und wo nicht ein Anderes durch ununterbrochene Gewohnheit hergebracht ist, selbst besorgen [25]).

Von Kleinzehnten. §. 910. Wo der Kleinzehnte ausdrücklich eingeführt ist [26]), muß derselbe in der Regel von allen Garten- und Baumfrüchten ohne Unterschied, ob sie im Garten oder auf dem Felde gebaut worden, entrichtet werden.

§. 911. Weder am Groß- noch Kleinzehnten kann der Zehntpflichtige, wegen erlittener Unglücksfälle, Erlaß fordern [27]).

§. 912. Weder bei dem Verkaufe der Zehntfrüchte, noch bei Verpachtungen des Zehntrechts gebührt dem Zehntpflichtigen ein Vorkaufs- oder Näherrecht.

§. 913. Eben das gilt, wenn das Zehntrecht mit dem Gute oder Grundstücke, worauf dasselbe haftet, verkauft wird.

§. 914. Aufgehoben [28]).

Von Blutzehnten [29]). §. 915. Die Befugniß, Fleisch- oder Blutzehnten [30]) zu nehmen, erstreckt sich auf alle Arten von Vieh, welches zur Haus- oder Feldwirthschaft gehört.

§. 916. Der Regel nach [31]) muß das zehntbare Vieh von einem Jahre ins andere aufgezählt, und darnach das zehnte Stück geliefert werden.

§. 917. Die vor der wirklichen Aufzählung gestorbenen Stücke werden bei Berechnung des Zehnten nicht mitgezählt [32]).

§. 918. Die Zeit der Abzählung ist nach jedes Orts Herkommen bestimmt.

§. 919. Kälber, Lämmer und Schweine ist der Zehntberechtigte nicht eher, als bis sie zum Verkaufe tauglich; Fohlen nicht eher, als bis sie abgesogen sind; und Federvieh erst, wenn es befiedert ist, anzunehmen verbunden.

§. 920. Von allen Sorten dürfen nur Stücke mittlerer Güte zum Zehnten gegeben und angenommen werden [33]).

---

25) Entscheidung einer gemeinrechtlichen Kontroverse nach der Meinung, welche die besten Gründe für sich hat. Vergl. Anm. 21 zu §. 895.

26) Es genügt zur Forderung des Kleinzehnten nicht, daß ein Acker, Feld, Distrikt überhaupt unbestritten zehntpflichtig ist; damit gilt nur der Großzehnten für bewiesen (§. 875), der Kleinzehnten muß außerdem besonders als ausdrücklich eingeführt nachgewiesen werden. In den weitaus allermeisten Gegenden des deutschen Vaterlandes gehört heutzutage wohl diese Art der Belastung schon der Vergangenheit an.

27) Anders nach Magdeburgischem Provinzialrechte. Darüber die Entsch. des O.Tr. v. 22. Juli und v. 15. Dez. 1837, Entsch. 3 S. 206. Vergl. auch §. 930 in Betreff des Sackzehnten.

28) Ablös.Ges. v. 2. März 1850 §. 2 Nr. 6 und §. 4 (s. Anm. 20 zu §. 890 d. T.). Der §. 914 lautete: „Wenn hingegen das Zehntrecht über eine ganze Feldflur, oder auch über einzelne in derselben gelegene Grundstücke, für sich allein verkauft werden soll: so kommt im ersten Falle der Gemeinde, so wie im letzteren dem Besitzer des pflichtigen Grundstücks, das Vorkaufs- und Näherrecht zu."

29) Die Befugniß, Blutzehent zu fordern, muß besonders bewiesen werden. Das Gleiche bestimmt das L.R. im §. 910, wovon der §. 915 eine Fortsetzung ist. — Worin aber dieser Zehnten bestehen könne, ist nicht gesagt; die §§. 916—919 beziehen sich auf lebende Viehstücke, schließen aber andere eßbare Erzeugnisse und Produkte des Viehes, wie Milch, Butter, Käse, Eier und dergl. nicht aus. Es ist auf die Gewohnheit zu sehen. Auch die Bienen (Immen) hat man zum Gegenstande einer Art Fleischzehents gemacht. Bülow und Hagemann, Erörterungen Bd. 2 S. 101 und Bd. 7 S. 372.

30) Uchtpfennig heißt an manchen Orten die Geldabgabe für den Blutzehnten von dem Worte „üchten", d. i. gebären. Pufendorf, Obs., III obs. 209 u. Animadv. 142 §. 13. Hagemann, Landwirthschaftsrecht S. 488.

31) Das Gemeine Recht sieht auf Observanz und will, wenn sie erwiesen, dieselbe aufrecht erhalten wissen. Das L.R. hat daraus eine Regel gemacht.

32) War streitig. Struben, rechtl. Bedenken, Bd. 1 Bed. 102.

33) Vor der Abzählung darf aber der Pflichtige ohne Erlaubniß oder vollständige Entschädigung des Zehntherrn nichts vornehmen, wodurch dessen Recht verschlimmert würde; er darf also z. B. das beste Stück nicht gegen ein geringeres vertauschen.

§. 921. Ein Personalzehnt von dem, was durch bloßen menschlichen Fleiß erworben worden, soll nirgend weder gefordert, noch gegeben werden. Abschaffung des Personalzehnten.

§. 922. Wenn der Zehnte auf gewisse Quantitäten oder Maaße von gedroschenem Getreide oder gewonnenen Früchten bestimmt ist, so heißt derselbe ein Sackzehnte [34]. Vom Sackzehnten.

§. 923. Wenn erhellet [35], daß der Berechtigte einen Naturalzehnten zu fordern habe: so hat derselbe sein Recht, diesen Zehnten in Natur zu ziehen, nicht verloren, wenn er gleich seit länger als rechtsverjährter Zeit selbigen in gedroschenen Körnern angenommen hätte [36].

§. 924. Hat aber der Berechtigte sein Recht zum Zugzehnten ausüben wollen; der Verpflichtete demselben widersprochen; und Ersterer seit diesem Widerspruche, durch rechtsverjährte Zeit, den Zehnten in gedroschenem Getreide angenommen: so ist eine Verwandlung des Zug- in einen Sackzehnten durch Verjährung erfolgt [37].

§. 925. Der Sackzehnte muß gleich durch, wie der Zehntpflichtige die Früchte gewonnen hat, entrichtet und angenommen werden.

§. 926. Doch ist der Zehntpflichtige in jedem Falle marktgängiges Getreide abzuliefern verbunden.

§. 927. Die Ablieferung muß in der Regel nach gestrichenem Maaße geschehen.

§. 928. Die Abfuhre in die Wohnung, oder auf den Boden des Empfängers, muß der Zehntpflichtige besorgen [38].

§. 929. Ist der Zehntpflichtige in der Ablieferung säumig gewesen, so finden die Vorschriften des siebenten Titels §. 479. 480. Anwendung.

§. 930. Hat der Zehntpflichtige totalen Mißwachs erlitten: so kann der Empfänger den Sackzehnten nur in so fern fordern, als die gewonnenen Früchte, nach Abzug der Wirthschaftsnothdurften, an Saamen, Brot, Speisung des Gesindes, und Futterung dazu noch hinreichen.

§. 931. Hat sich der Mißwachs nur in einer oder der anderen Getreidesorte, z. B. nur in den Winter- oder nur in den Sommerfrüchten, ereignet: so muß der Zehntpflichtige den in der mißrathenen Sorte zu entrichtenden Sackzehnten, entweder nach den in der Provinz oder Gegend üblichen Anschlagspreisen bezahlen, oder denselben in einer anderen Getreidesorte, nach Verhältniß eben dieser Preise, abliefern.

§. 932. Der Zehntpflichtige, welcher von einem dieser Befugnisse Gebrauch machen will, muß wegen der dem Berechtigten von dem vorhandenen Mißwachse in

---

34) Ein solcher Zehnte vertheilt sich durch die Dismembration des Grundstücks von selbst, denn die Abgabe ist ja eben ein Zehnte von den gewonnenen Früchten (§. 857). Unbegründet ist die Behauptung, daß der Sackzehnte auf jedem einzelnen Theile des Grundstückes ganz hafte und mithin von jedem Trennstücke für das Ganze entrichtet werden müsse. M. s. Schles. Arch. 3 S. 466 ff.

H. Vgl. O.Tr. I v. 18. Febr. 1870 in Anm. 3 zu §. 857 vorletzter Abs.

35) Durch unvordenkliche Verjährung erlischt also das Recht, denn dabei erhellet das Gegentheil nicht mehr.

36) Der Satz ist aus Hymmen's Beiträgen zu der juristischen Literatur in den preuß. Staaten, Samml. VI S. 82 Nr. 11 hierhergenommen. Er gründet sich auf gleichförmige Urthel der Regierung zu Minden v. 19. Febr. 1779 u. des Kammergerichts v. 29. Dez. dess. J. u. Mai 1780, welche sich auf Mevii Decis. P. VIII dec. 66 u. P. IX dec. 70, desgl. auf Wernher, Obs. P. VI obs. 409 stützen. Vergl. damit Hertius, Decision., dec. 260.

37) Ist durch unvordenkliche Zeit der Zehnte in gedroschenen Körnern entrichtet und angenommen worden: so muß der Sackzehnte auch ferner angenommen werden, wenn nicht der Zehntherr beweiset, daß der Zehnte ursprünglich ein Zugzehnte gewesen; denn es erhellet dann nicht, daß der Berechtigte einen Naturalzehnten zu fordern habe. §. 923. Vgl. Struben, rechtl. Bedenken, Bd. 3 Bed. 64 §. 2. — In gleicher Weise läßt sich der Naturalzehnte in einen Geldzehnten verwandeln. §§. 935, 936. Der Zweck läßt sich auch vertragsweise erreichen. Vgl. Anm. zu §. 935.

38) Anm. 34 zu §. 922 d. T.

Zeiten zu machenden Anzeige die einem Pächter ertheilten Vorschriften beobachten. (Th. 1. Tit. 21. §. 480—483.)

§. 933. Auch findet keine von diesen Befugnissen statt, wenn der Zehntpflichtige allen Remissionen ausdrücklich entsagt hat.

§. 934. Was hier von dem Erlasse bei geistlichen Sackzehnten verordnet ist, findet auf andere Naturalabgaben, welche nicht als Pfarr- oder Kirchenzehnten entrichtet werden, keine Anwendung.

Von Geldzehnten. §. 935. Wenn der Zehntberechtigte, statt des Naturalzehnten, eine beständig gleichförmige Abgabe in Gelde durch rechtsverjährte Zeit angenommen hat, so finden die Vorschriften §. 923. und 924. Anwendung [39]).

§. 936. Ein solcher Zehntpflichtiger kann, wegen erlittener Unglücksfälle, nur in so weit Nachsicht oder Erlaß fordern, als dergleichen einem Erbzinsmanne wegen des schuldigen Canons zu statten kommt. (Th. 1. Tit. 18. §. 758. sqq.)

Von anderen Pfarrabgaben [40]). §. 937. Offertoria, Pröven [41]), Ostereier [42]), Wettergarben [43]), und andere dergleichen [44]) Pfarr- und Küsterabgaben, müssen lediglich nach jedes Ortes Gewohnheit [45]) bestimmt werden [46]).

---

39) W. Geßner, läßt sich der Pfarrzehnte in eine bestimmte, den Berechtigten und Pflichtigen vortheilhaftere Abgabe verwandeln? Eine praktische Abhandlung zur rechtlichen Beurtheilung der Zehntenverhältnisse, Berlin 1821. Warum dies in Frage gestellt wird, ist nach landrechtlichen Grundsätzen nicht befriedigend nachgewiesen. So gut der geistliche Zehnte veräußerlich ist, muß er sich auch verwandeln lassen können. Nach gemeinem Rechte steht die Sache freilich etwas anders.

H. Die nach §. 54 des westpreußischen Provinzialrechts begründete Vermuthung für die Freiheit eines Grundstücks von der Errichtung des Meßkorns setzt voraus, daß von diesem Grundstücke ein Geldzehnt unter der Benennung „Realdezem" oder „Hausquartal" entrichtet werde, O.Tr. I v. 24. Sept. 1862, Str. Arch. 46 S. 229.

40) H. Die Fuhrentschädigung der Pfarrer — als eine Entschädigung für eine baare Auslage, welche für den Pfarrer dadurch entsteht, daß er, um eine Amtshandlung in einer Ortschaft vorzunehmen, dorthin reisen muß — gehört nicht zu den „Pfarrabgaben" des §. 937, noch zu den Stolgebühren des §. 423 d. T. O.Tr. I v. 18. März 1872, Str. Arch. 86 S. 65.

41) Pröven (Präbenden) sind kleine Gaben in Gelde, Eß- oder Trinkwaaren, als: Heringe, kleine Brote, Bier u. dergl. Man bezeichnete damit in Klöstern Alles, was von der Art den Dienstleuten als Ergötzlichkeit und Erkenntlichkeit gereicht wurde. Pufendorf, Obs., I obs. 121 §. 15; Quistorp, Beiträge Nr. 44. In vielen Registern ist dies alte Wort beibehalten.

42) H. Die an Pfarrer und Küster zu entrichtenden Abgaben an Wurstgeld und Eiern sind nicht dinglicher Natur und haben nicht die Natur eines Zehnten, sondern gehören zu den im §. 937 d. T. gedachten Abgaben. O.Tr. IV v. 28. Jan. 1856, Str. Arch. 20 S. 75.

43) Und Läutebrote. In Schlesien gehören die Abgaben an Wettergarben und Läutebroten zu den Parochiallasten. O.Tr. I v. 8. Nov. 1854, Str. Arch. 16 S. 15. Sie müssen dem Glöckner für das Läuten bei Gewittern entrichtet werden (§. 5 Abschn. IV der schles. Dorf-Polizeiordnung, und R. v. 1. Dez. 1783), obgleich dieses Gewitterläuten durch R. v. 11. Sept. 1783 abgeschafft worden ist; doch sind Evangelische die Abgaben seit der K.O. v. 3. März 1758 (Zus. 35 zu §. 261 d. T.) nicht mehr an katholische Kirchenbediente zu entrichten gehalten.

44) Dazu gehört z. B. die in Preußen vorkommende Kalende und der sog. Vitaltag, welcher zu Ostern gegeben wird. Beide werden in Westpreußen unter der Benennung „Strena" begriffen. Ob diese Pfarrabgabe dinglicher Natur oder eine nur aus dem Parochialverbande fließende persönliche Abgabe sei, darüber sind die Meinungen getheilt.

Was Westpreußen betrifft, so hat das Oberlandesgericht zu Marienwerder, in einem Appellationserk. in Sachen der freikölnischen Einsassen (Lutheraner und Mennoniten) der beiden Marienburgschen Werder, wider die gesammte katholische Geistlichkeit daselbst, v. J. 1795 (abgedruckt in Reißwitz' Beiträgen zur Kenntniß der Mennoniten, Breslau, Th. II S. 73) angenommen, daß beide Abgaben, ursprünglich Geschenke, welche die Parochianen ihren Geistlichen zu einer bestimmten Zeit willkürlich machten, und welche erst später in quanto bestimmt wurden, — bloß persönliche Abgaben sind, Man vergl. auch Westpreuß. Amtsblatt 1811 S. 65. Dieses Gewohnheitsrecht ist in die §§. 59 und 60 des Westpreuß. Prov.R. aufgenommen worden. (G.S. 1844 S. 109.)

§. 938. Für dergleichen Prästationen kann niemals Erlaß gefordert werden.

In Ostpreußen giebt es eine große und eine kleine Kalende (H. Marcinowski, d. kleine Kalende im Bereich des Ostpreuß. Prov.R. Berlin 1864). Darüber trifft der Zus. 213 des Prov.R. Bestimmung. Die große Kalende ist unstreitig eine dingliche Abgabe. Ueber die Natur der kleinen Kalende streitet man. Das Provinzial-Appellationsgericht erklärt sie, in Uebereinstimmung mit dem Gerichte erster Instanz in der in den Entsch. des O.Tr. 20 S. 415 mitgetheilten Rechtssache v. J. 1849, für eine persönliche Abgabe. Das O.Tr. I ist der entgegengesetzten Meinung und hat in dem Erk. v. 17. Jan. 1851, Entsch. 20 S. 427, folgende Sätze ausgesprochen: 1. Große und kleine Kalende sind dingliche Abgaben, ohne Rücksicht auf das verschiedene Glaubensbekenntniß des Grundbesitzers. 2. Bei der kleinen Kalende wird hierunter auch durch eine Dismembration des Grundstücks, in Folge deren sie dann von jeder Haushaltung ungetheilt zu entrichten ist, nichts geändert. — Der zweite Satz, welcher die Entstehung und Erlöschung der Abgabe mit der Person in Verbindung bringt, widerspricht dem Begriffe der Dinglichkeit. Soll die kleine Kalende eine Reallast sein, so kann sie bei Dismembrationen nicht auf jedes Trennstück ganz und ungetheilt übergehen und sich so viele Male vergrößern, als Theilstücke durch die Dismembration entstehen. Das ist juristisch widersinnig. Nun sagt zwar das O.Tr.: Die kleine Kalende werde niemals von der nackten Hufe als solcher, sondern von demjenigen Landbesitze entrichtet, der mit, eine Feuerstelle habenden, Gebäuden besetzt, also zu einer Haushaltung geeignet ist. Dieser Satz führt in seinen logisch richtigen Konsequenzen zu zwei anderen Ungereimtheiten, nämlich erstens zu der, daß die Reallast gerade nur auf der Feuerstelle, insbesondere auf dem Herde ruhet und erst durch die Handlung des Herdbaues aufgelegt wird, während die „nackte Hufe", wenn diese von dem Feuerherde abgetrennt wird, unbelastet bleibt. Die Abgabe liegt mithin nur auf der Superfizies des Herdes und wäre sonach eine Art solarium. Die andere juristische Widersinnigkeit ist die, daß, wenn die „nackte Hufe", die als solche die in Rede stehende Reallast nicht trägt, mit 100 oder 1000 Feuerherden besetzt wird, damit plötzlich die Reallast hundert- oder tausendfältig darauf gefallen ist. Und das soll eine Reallast im juristischen Sinne sein, d. h. eine auf dem Grunde und Boden, nicht etwa nur auf der Superfizies, dem Herde, ruhende, von welcher Niemand weiß und daher auch nicht sagen kann, von wannen sie kommt und wie sie entsteht. Das ist des Wunderbaren noch nicht genug. In dem Gefühle der Widersinnigkeit des Satzes ist gesagt worden, Entsch. 36 S. 326: Derselbige Satz beziehe sich nur auf den modus colligendi, wodurch die Natur der Abgabe nicht bestimmt und eine dingliche nicht zu einer persönlichen Abgabe gemacht werden könne. Gut. Aber da von der „nackten Hufe als solcher" die fragliche Realabgabe niemals entrichtet wird, woher ist sie denn plötzlich gekommen, um den modus colligendi anwenden zu können, nachdem ein Herd gemacht worden? Die Feuerstelle kann also nicht bloß ein modus colligendi, sie, oder vielmehr die Errichtung derselben, muß ein modus constituendi oder acquirendi sein. Das ist noch nicht Alles. Aus den Prämissen jenes Erk. folgt durch eine richtige Konsequenz die Konklusion: wenn die Feuerstelle wegfällt, so hört auch die fragliche sog. Realabgabe auf. Das O.Tr. behauptet dagegen in dem Erk. I v. 11. Sept. 1857, a. a. O. u. Str. Arch. 26 S. 179, den Satz: Wenn mehrere bäuerliche Wirthschaften unter Einem Besitzer zu einer Haushaltung zusammengezogen, namentlich wenn alle vorhandenen Gebäude der bisher verschiedenen Wirthschaften weggerissen und auf dem nun zusammenhängenden neuen Plane, der bis dahin mit Gebäuden nicht besetzt war, neue Gebäude nur zu Einer Haushaltung an- und aufgebaut werden, so muß die kleine Kalende nach wie vor in der Mehrzahl von der einen Feuerstelle und Haushaltung entrichtet werden. Dieser Einen Feuerstelle sind also die Reallasten von den untergegangenen Haushaltungen geheimnißvoll angeflogen, ein Phänomen, was sich nicht erklären läßt. In Folge dieser Jurisprudenz sind die Schwierigkeiten und Verwicklungen in Bezug auf die Rechtsverhältnisse der Berechtigten und Verpflichteten gewachsen und zugleich die Lasten der Verpflichteten, besonders der kleinen Grundbesitzer, drückender geworden, wodurch die Dismembrationen und das Entstehen neuer Ansiedelungen erschwert werden. Die seit dem Jahre 1833 fortgesetzten Bemühungen der Staatsregierung, diesen Mißständen Abhülfe zu verschaffen, namentlich der Versuch, billige Vertheilungsgrundsätze zwischen den Interessenten zu vereinbaren, sind erfolglos geblieben; man hat deshalb den Weg der Gesetzgebung betreten. Vergl.

Gesetz, betreffend die Abänderung des §. 13., Zusatz 213., des Ostpreußischen Provinzialrechts. Vom 10. März 1864 (G.S. S. 149.)

Wir ꝛc. verordnen, mit Zustimmung beider Häuser des Landtages Unserer Monarchie, was folgt:

§. 1. Die Bestimmung des §. 13., Zusatz 213., des Ostpreußischen Provinzialrechts, wonach in Betreff der Realzehnten, der großen Kalende oder Petition und des Sackzehnten, insofern dieselben nach den Feuerstellen und Haushaltungen entrichtet werden, wie auch in Absicht der kleinen und der Geldkalende, bei Theilung oder Abbaue der Grundstücke keine Verminderung der Abgabe zum Vortheile der alten Besitzung stattfindet und die Abgabe von der neuen Besitzung besonders entrichtet werden muß,

wird hiermit, bezüglich der nach Verkündigung des gegenwärtigen Gesetzes vorkommenden Theilungen oder Abbaue, aufgehoben*).

§. 2. Die im §. 1. bezeichneten Abgaben sind im Falle der Zerstückelung der damit belasteten Grundstücke auf die einzelnen Theile der letzteren nach deren Ertragswerth oder Flächenraum zu vertheilen. Es finden dabei die §§. 12. bis 15. und 18. des Gesetzes vom 3. Januar 1845. (Gesetz-Sammlung S. 28. ff.) Anwendung**).

§. 3. Feste Abgabe in Körnern, sowie feste Leistungen an Holz und Brennmaterial werden, sofern sie zur kleinen Kalende (§. 1.) gehören, von der Vorschrift des §. 2. des Gesetzes vom 15. April 1857. (Gesetz-Sammlung S. 363. ff.) ausgenommen und der Ablösbarkeit nach §§. 3. und 4. des gedachten Gesetzes hierdurch unterworfen. Bei der Verwandlung der festen Körnerabgaben in Roggenrente bleibt jedoch der im §. 26. des Gesetzes vom 2. März 1850. (Gesetz-Sammlung S. 77. ff.), betreffend die Ablösung der Reallasten 2c., angeordnete Abzug von fünf Prozent wegen der geringeren Beschaffenheit der Getreideabgabe im Verhältniß zum marktgängigen Getreide ausgeschlossen***).

Urkundlich 2c.

45) Daraus, daß in einzelnen Fällen die sonst als ortsherkömmlich im Sinne des §. 937 nachgewiesene Leistung nicht gegeben worden, folgt noch nicht mit Nothwendigkeit die Nichtexistenz eines solchen Gewohnheitsrechts. O.Tr. I v. 17. April 1857, Str. Arch. 25 S. 60.

Ueber den Beweis von Gewohnheitsrechten einzelner Ortschaften und Parochien, bezüglich zu entrichtender Pfarrabgaben, insbesondere ihre Erkennung durch Uebung in gemeinsamer Rechtsüberzeugung, mittelst wiederholter gleichförmiger Handlungen der Verpflichteten: O.Tr. I v. 21. Febr. 1870 (Entsch. 63 S. 323 ff.).

46) Alle diese Abgaben sind weder dinglicher Natur, noch haben sie die Natur eines Zehnten. Vergl. Anm. 42 zu §. 937.

---

*) Die Aufhebung soll, wie die Fassung ergiebt, für den ganzen Bereich des ostpreußischen Provinzialrechts gelten. Der Bischof von Ermland hatte zwar das Bedürfniß zur Aenderung der fraglichen Bestimmung für die zu seiner Diözese gehörigen vier Kreise Braunsberg, Heilsberg, Allenstein und Rössel in Abrede gestellt und die Nichtausdehnung des beabsichtigten Gesetzes auf diese Kreise beantragt. Dem ist jedoch nicht stattgegeben worden. Motive (Drucksachen Nr. 31 von 1863) S. 8.

**) Die nächste Aufgabe des Gesetzes ist, der weiteren Verbreitung der aus der Bestimmung des Zusatzes 213 §. 13 des Ostpreußischen Provinzialrechts hervorgehenden Uebelstände für die Zukunft vorzubeugen. Dies war nur auf dem Wege zu erreichen, daß das Prinzip der Vervielfältigung der nach Haushaltungen und Feuerstellen zu entrichtenden Abgaben bei Dismembrationen verlassen wurde und an dessen Stelle für die Folge die Vertheilung dieser Abgaben auf die Theilstücke nach deren Ertragswerth oder Flächenraum trat. — Diesem Grundsatz entsprechen die §§. 1 u. 2. Sie fixiren diese Abgaben in ihrem bisherigen Umfange als Reallast, beseitigen die Unzuträglichkeiten des bisherigen Erhebungsmodus und stellen ein bisher schwankend gebliebenes Rechtsverhältniß auf eine feste gesicherte Grundlage. — Die Fassung dieser Paragraphen läßt darüber keinen Zweifel zu, daß, abgesehen von der Wirkung, welche die Fixirung der bisher nach Feuerstellen und Haushaltungen entrichteten geistlichen Abgaben als Realabgaben für die Zukunft üben wird, eine Aufhebung der in der Vergangenheit nach den bisherigen Gesetzen einmal begründeten Rechtsverhältnisse mit rückwirkender Kraft nicht eintreten soll. Außer der kleinen Kalende mußten auch die anderen im §. 13 a. a. O. aufgeführten an den Grundbesitz geknüpften Kirchen- und Pfarrabgaben, so fern bei ihnen derselbe ungeeignete Erhebungsmodus nach Haushaltungen oder Feuerstellen stattfand, und dieselben Unzuträglichkeiten daraus hervorgingen, der gleichen Reform unterworfen werden. (Motive S. 7.)

***) Abgesehen von der Höhe ist die Verschiedenheit der Form und Unbestimmtheit des Maßes und Gewichts der kleinen Kalende für die Belasteten oft überaus drückend. Auch für die Berechtigten ist die Entgegennahme so wie die Verwerthung so verschiedenartiger Lebensbedürfnisse oftmals nicht nur höchst lästig, in vielen Fällen selbst der Stellung des Geistlichen nicht ganz entsprechend.

Die im Interesse der Belasteten sowohl als der Berechtigten dringend nothwendige Beseitigung dieser Mißstände läßt sich wirksam und ohne wesentliche Rechtsverletzung nur durch Ablösung der kleinen Kalende herbeiführen. Die kleine Kalende war nur zum Theil ablösbar, indem nach dem Ges. v. 15. April 1857 §. 2 — (s. aber jetzt Anm. 1 zu Abschn. 11 d. T.) — feste Abgaben in Körnern so wie feste Leistungen an Holz und Brennmaterial, welche einen wesentlichen Bestandtheil der ersteren bilden, in der bisherigen Weise fortentrichtet werden sollen. Dieser Beschränkung war es wesentlich zuzuschreiben, daß die Ablösung der kleinen Kalende,

Zwölfter Abschnitt.

Von geistlichen Gesellschaften überhaupt.

§. 939. Unter geistlichen Gesellschaften [1]), deren Mitglieder sich mit anderen Religionsübungen, als der Seelsorge, hauptsächlich beschäftigen, werden die vom Staat aufgenommenen [2]) Stifter, Klöster, und Orden [3]) verstanden. Begriff und Grundsätze.

§. 940. Diese haben, unter dem Namen der Capitel und Convente, mit andern Corporationen im Staat gleiche Rechte. (Tit. 6.)

§. 941. Sie stehen unter der Direction ihrer besonderen Vorgesetzten, welche, nach Verschiedenheit der Verfassung, entweder von den Mitgliedern gewählt, oder von einem Dritten bestellt werden.

57. Edikt vom 30sten Oktober 1810. über die Einziehung der sämmtlichen geistlichen Güter in der Monarchie. (G.S. v. 1811 S. 32.) [4])

Wir ꝛc. ꝛc. In Erwägung, daß

a. die Zwecke, wozu geistliche Stifter und Klöster bisher errichtet wurden, theils mit den Ansichten und Bedürfnissen der Zeit nicht vereinbar sind, theils auf veränderte Weise besser erreicht werden können;

---

1) S. Anm. 26 zu §. 12 d. T. und P. Hinschius, d. Orden und Kongregationen der katholischen Kirche in Preußen. Berlin 1874. S. 104 ff.

2) Dazu tritt der Art. 13 der Verfassungsurkunde, wonach geistliche Gesellschaften (worunter nach §. 939 d. T. insbesondere Stifter, Klöster und Orden verstanden werden), welche keine Korporationsrechte haben, diese Rechte nur durch besondere Gesetze erlangen können. H. Jedoch ist dieser Artikel jetzt wegen der Ausschließung der Orden und Kongregationen bis auf einzelne Ausnahmen (s. Zus. 58 ff. zu §. 941 d. T.) aus dem Gebiete der preußischen Monarchie, bez. des deutschen Reichs, von geringer praktischer Bedeutung.

3) H. In d. Erk. d. O.Tr. I v. 15. Juni 1877 ist ausgeführt, daß die Vorschriften des Abschnitts 12 sich auch auf ordensähnliche Kongregationen, s. die folgende Anm. 6, beziehen. Vgl. ferner Anm. 1 zu §. 1057 u. 31 zu §. 1200 d. T.

4) H. Dieses Edikt hat nur Gesetzeskraft für den damaligen Umfang der Monarchie, also keine Anwendung auf den Niederrhein, Jülich, Cleve, Berg, Westfalen, Sachsen am linken Elbufer, die Oberlausitz, Posen und die Stadt Danzig nebst ihrem Gebiet erhalten. So weit nicht der Reichsdeputations-Hauptschluß v. 25. Febr. 1803, die französische, westfälische und bergische Gesetzgebung (s. P. Hinschius a. a. O. S. 10 ff.) ebenfalls die Säkularisation verfügt hatten, ist in den nach 1810 neu oder wieder erworbenen Ländern eine allgemeine gesetzliche Anordnung nicht erfolgt, namentlich nicht auf diese das Edikt von 1810 ausgedehnt worden, vielmehr hat eine nicht gedruckte K.O. v. 9. Aug. 1816 ausgesprochen, daß eine allgemeine Säkularisation in den erwähnten Landestheilen nicht erfolgen, sondern die Klöster nur allmählich zum Aussterben gebracht werden sollten. Demgemäß ist in gegebenen Fällen stets die Aufhebung der einzelnen Klöster durch besondere königliche Ordre verfügt worden, und so hatte sich, da auch in den andern Theilen der Monarchie die Säkularisation nicht streng durchgeführt wurde, eine Anzahl von Klöstern bis zum Erlaß der Verf.Urk. erhalten. Seitdem erachtete die Verwaltungspraxis die beschränkenden Anordnungen des L.R. für aufgehoben, und ermöglichte es so, daß sich die Zahl der Klöster und klösterlichen Niederlassungen in dem Zeitraume bis 1874 in bedeutender und rascher Progression vermehrte, vgl. P. Hinschius a. a. O. S. 12 ff. Diesem Zustande hat das Gesetz v. 31. Mai 1875 (Zus. 58) ein Ende gemacht. Vergl zu demselben P. Hinschius, d. preuß. Kirchengesetze d. J. 1874 u. 1875 S. 83 ff.

---

deren Zulässigkeit im Uebrigen seitens der Auseinandersetzungs-Behörden anerkannt wird, nur in seltenen Fällen beantragt wurde. Deshalb war es erforderlich, die feste Körner- und Brennmaterial-Abgaben umfassenden Bestandtheile der kleinen Kalende, um die letztere in ihrem ganzen Umfange der Ablösbarkeit nach §§. 3 u. 4 des Ges. v. 15. April 1857 zu unterwerfen, von der Bestimmung des §. 2 a. a. O. auszunehmen. Dies ist im §. 3 geschehen. — Daß die Bestimmung des §. 3 des Ges. v. 15. April 1857, wonach bei Ablösung des Natural-Fruchtzehnten der im §. 26 des Ablösungsgesetzes v. 2. März 1850 angeordnete Abzug von 5 Prozent wegen der geringeren Beschaffenheit der Getreideabgabe im Verhältniß zum marktgängigen Getreide ausgeschlossen bleiben soll, auch bei der Umwandlung der zur kleinen Kalende gehörigen festen Körnerabgaben zur Anwendung komme, liegt in der Billigkeit, dafür sprechen hier wie dort dieselben Gründe. (Mot. S. 7.)

b. Daß alle benachbarte Staaten die gleichen Maasregeln ergriffen haben:
c. Daß die pünktliche Abzahlung der Contribution an Frankreich nur dadurch möglich wird;
d. Daß Wir dadurch die ohnedies sehr großen Anforderungen an das Privat-Vermögen Unserer getreuen Unterthanen ermäßigen, verordnen Wir wie folgt:

§. 1. Alle Klöster, Dom- und andere Stifter, Balleyen und Commenden, sie mögen zur katholischen oder protestantischen Religion gehören, werden von jetzt an als Staats-Güter betrachtet [5]).

§. 2. Alle Klöster, Dom- und andere Stifter, Balleyen und Commenden sollen nach und nach eingezogen, und für Entschädigung der Benutzer und Berechtigten soll gesorgt werden.

§. 3. Vom Tage dieses Edicts an dürfen
a. keine Anwartschaften ertheilt, keine Novizen aufgenommen und Niemand in den Besitz einer Stelle gesetzt werden;
b. ohne Unsere Genehmigung keine Veränderung der Substanz vorgenommen werden;
c. keine Capitalien eingezogen, keine Schulden kontrahirt, oder die Inventarien veräußert werden;
d. keine neuen Pacht-Contracte ohne Unsere Genehmigung geschlossen, keine ältere verlängert werden.

Alle gegen diese Vorschriften unternommene Handlungen sind nichtig.

§. 4. Wir werden für hinreichende Belohnung der obersten geistlichen Behörden und mit dem Rathe derselben für reichliche Dotirung der Pfarreien, Schulen, milden Stiftungen und selbst derjenigen Klöster sorgen, welche sich mit der Erziehung der Jugend und der Krankenpflege beschäftigen und welche durch obige Vorschriften entweder an ihren bisherigen Einnahmen leiden oder deren durchaus neue Fundirung nöthig erscheinen dürfte.

58. Gesetz, betreffend die geistlichen Orden und ordensähnlichen Kongregationen der katholischen Kirche. Vom 31. Mai 1875. (G.S. S. 217.)

Wir Wilhelm ꝛc. verordnen, mit Zustimmung beider Häuser des Landtages, für den Umfang der Monarchie, was folgt:

§. 1. Alle Orden und ordensähnlichen Kongregationen [6]) der katholischen Kirche sind vorbehaltlich der Bestimmung des §. 2. [7]) von dem Gebiete der Preußischen Monarchie ausgeschlossen [8]).

---

5) Vergl. Anm. 16 Abs. 2 zu Einleitung des L.R. §. 80, betreffend die Säkularisation von geistlichen Gütern.

Die Säkularisation eines Klosters hat nicht die Folge, daß Ansprüche, welche dritten Personen gegen das Klostervermögen zustehen, dadurch der richterlichen Kognition entzogen werden; vielmehr sind Streitigkeiten der Art im Rechtswege zu entscheiden. Komp.Gerichtsh. v. 13. April 1861, J.M.Bl. S. 280. Vgl. II. 6 §. 201. H. Ist die Säkularisation früher von einem anderen Landesherrn erfolgt, und das betr. Klostergut demnächst auf Preußen übergegangen, so können die auf demselben haftenden Privatverpflichtungen nicht als Verwaltungsschulden aus der Zeit der Fremdherrschaft angesehen werden. Erk. deff. Gerichtsh. v. 22. Sept. 1860, M.Bl. v. 1861 S. 221. Der Rechtsweg ist ferner zulässig, wenn Kläger behauptet, daß Fiskus eine ihm auf Grund der Säkularisation überkommene Verpflichtung nicht erfüllt, und seinerseits aus der Erfüllung derselben und versio in rem gegen den Fiskus klagt, Erk. deff. Gerichtsh. v. 7 Mai 1859, Altmann, Praxis S. 406.

Auch Franziskaner und andere Bettelmönchsklöster sind zu den fundirten Klöstern zu rechnen und haben daher sowohl diese Klöster selbst, als auch deren Stiftungsvermögen, wenngleich den Klöstern ein bloßes Nutzungsrecht an demselben zustand, der Säkularisation nach §. 35 des R.Dep.Hauptschlusses v. 25. Febr. 1803 unterlegen. O.Tr. I v. 15. Dez. 1852, Str. Arch. 8 S. 122.

6) H. Demnach bezieht sich das Gesetz auf die wohl nach dem katholischen Kirchenrechte verschiedenen, für den Staat in den hier fraglichen Beziehungen aber ganz gleichstehenden Orden und Kongregationen, andererseits berührt es aber solche Verbindungen, deren Mitglieder sich nicht zu einem gemeinsamen Leben verpflichten und nicht ihre ganze Persönlichkeit den Zwecken eines Ordens oder einer Kongregation zur Verfügung stellen, mithin die kirchlichen Brüderschaften oder Vereine, nicht.

Ueber den Begriff der Orden und ordensähnlichen Kongregationen und die Unterscheidung dieser beiden Arten von Genossenschaften ist Folgendes zu bemerken:

Die Orden (ordines religiosorum) sind Gesellschaften, deren Mitglieder sich zur Führung eines durch besondere Vorschriften oder Regeln bestimmten, gemeinsamen Lebens unter eigenen Vorgesetzten durch das dreifache, für die ganze Lebenszeit bindende feierliche Gelübde des Gehorsams, der persönlichen Armuth und der ehelosen Keuschheit, durch das sog. votum solemne, verpflichten, vgl. Phillips, Lehrb. des K.R., 2. Aufl. S. 713 u. S. 743; Ginzel, Handbuch des K.R. 2 S. 229; v. Schulte, Lehrb. des kathol. K.R., 3. Aufl. S. 507.

Unrichtig ist es, wie mitunter geschieht, das Wesen des feierlichen Gelübdes allein in seiner lebenslänglich bindenden Kraft finden zu wollen. Zu seinem Wesen gehört vielmehr, daß es in einer Genossenschaft abgelegt wird, welche die Approbation als Orden vom päpstlichen Stuhle erlangt hat, c. un. (Bonifac. VIII) in VIto de voto et voti red. III, 15.

Unter dieser Voraussetzung, aber auch allein unter dieser, hat das votum solemne nach dem katholischen Kirchenrechte folgende Wirkungen: 1. Es erzeugt für denjenigen, welcher es abgelegt hat, die Unfähigkeit, eine kirchlich gültige Ehe einzugehen, mithin ein trennendes Ehehinderniß, c. un. cit. — 2. Es macht den Profeß Leistenden, den Mönch, die Nonne, zum Erwerbe und Besitze irgend welchen Vermögens unfähig. Alles Vermögen, welches die Professen beim Eintritt in den Orden besitzen oder später erwerben, fällt ihrem Kloster ohne weiteres zu, c. 6 (Innoc. III) X. de statu monachor. III, 35; conc. Trident. Sess. XXV. c. 2 de regular. — 3. Es verpflichtet den Professen zum Gehorsam gegen die Ordensoberen, und zwar in der Art, daß letztere jede von dem ersteren Gott oder den Menschen gegenüber übernommene Verpflichtung für ungültig erklären können, vergl. Bouix, tractatus de jure regularium. Parisiis 1857 tom. I p. 108 ff.; Balley, quaestiones de votis simplicibus etc. in Moy, Arch. f. kathol. K.R. 17 S. 17. — 4. Es bindet den Professen auf ewig an den Orden, andererseits aber auch den Orden an den Professen. Nur die absolute Unverbesserlichkeit berechtigt den Orden, einen Professen unter Innehaltung eines bestimmt vorgeschriebenen Verfahrens auszustoßen, jedoch bleibt der Ausgestoßene trotzdem zur Beobachtung der Gelübde der verpflichtet, vergl. Bouix l. c. tom. II p. 514; Balley a. a. O. S. 24.

Den Gegensatz zu den Orden bilden die Kongregationen. Die Mitglieder derselben machen sich zwar auch zur Führung eines festgeordneten, gemeinsamen Lebens verbindlich, sie legen ferner, der Regel nach, gleichfalls die drei erwähnten Gelübde, indessen nur als einfache (als sog. vota simplicia) ab. Ja, sie dürfen dieselben nur mit dem letztgedachten Charakter ableisten, weil die Kongregationen nicht päpstlich approbirte Orden sind, und weil, wie vorhin bereits bemerkt, allein die Gelübde in den Orden die Natur der vota solemnia haben.

Die Eigenthümlichkeiten, wodurch sich die vota simplicia von den vota solemnia unterscheiden, bestehen darin: 1. Zufolge des Gelübdes der Keuschheit ist den Mitgliedern der Kongregationen die Eingehung einer Ehe zwar gleichfalls verschlossen, indessen bildet das Gelübde als votum simplex nur ein aufschiebendes, nicht trennendes Ehehinderniß, vgl. Bouix l. c. tom. I p. 81; Balley a. a. O. S. 16, 29. — 2. Das Gelübde der Armuth zieht nicht die absolute Vermögensunfähigkeit nach sich, sondern begründet nur die Verpflichtung, nicht ohne Genehmigung der Kongregations-Oberen das eigene Vermögen zu verwalten, zum eigenen Nutzen zu verwenden oder darüber zu verfügen. Es läßt nach dem modernen technischen Ausdruck das dominium radicale bestehen, vgl. Bouix l. c. p. 95 ff; Balley a. a. O. S. 16, 17, 34; Schuppe, das Wesen und die Rechtsverhältnisse der neueren religiösen Frauengenossenschaften. Mainz 1868. S. 99 ff. — 3. Dem Gelübde des Gehorsams fehlt, so weit bei etwa sonst übernommenen Verpflichtungen nicht gegen die der Genossenschaft schuldigen Obliegenheiten verstoßen wird, die das Vernichtungsrecht der Oberen begründende Tragweite, vergl. Bouix l. c. p. 108 ff. — 4. Das Gelübde bindet das einzelne Mitglied ebenfalls an die Kongregation, da bei diesen eine Verpflichtung auf eine bestimmte Reihe von Jahren möglich ist, nur auf diese Zeit; für die Lebensdauer allerdings dann, wenn es auf ewig oder unbeschränkt abgelegt worden ist. Das Band zwischen dem Einzelnen und der Kongregation ist aber nicht so stark, wie bei den Orden. Denn aus der ersteren können nicht nur absolut unverbesserliche Individuen, sondern auch andere Mitglieder aus bestimmten, die Ausschließung rechtfertigenden Gründen entlassen werden. Ferner gilt ein solches Mitglied mit der ordnungsmäßigen Entlassung ohne weiteres seiner Gelübde entbunden, vergl. Bouix l. c. tom. II p. 514; Balley a. a. O. S. 24, 25, 36, 37.

Wenn, wie schon vorhin bemerkt, niemals vota solemnia in einer Kongregation möglich sind, so ist es doch dagegen umgekehrt nicht ausgeschlossen, daß innerhalb der Orden seitens eines Theiles ihrer Mitglieder einfache Gelübde abgelegt werden. So leisten bei den Jesuiten diejenigen, welche den Noviziat absolvirt haben, behufs Erlangung der Stellung der sog. scholastici approbati die Gelübde als simplicia ab, vgl. Constit. Gregorii XIII: Ascendente Domino vom 25. Mai 1584 (Corpus institut. societ. Jesu. Antverp. 1702. tom. I p. 113), Huber, der Jesuiten-Orden. Berlin 1873. S. 67, 68, — wodurch für sie allerdings nur kraft besonderer positiver Bestimmung, abweichend von der gewöhnlichen Regel, ein trennendes Ehehinderniß entsteht, vgl. die citirte Konstitution Gregor's XIII und Bouix l. c. tom. I. p. 74, 86. Ja, das Breve Pius' IX.: Ad universalis ecclesiae regimen v. 7. Febr. 1862, Archiv für kathol. K.R. 8 S. 144, hat allgemein für alle Männerorden vorgeschrieben, daß der Ablegung der definitiven Profeß, d. h. der vota solemnia, nach vollendetem Noviziat eine Zwischenzeit von 3 Jahren vorhergehen soll, bei deren Beginn die Gelübde vorerst nur als vota simplicia zu leisten sind.

Die Brüderschaften, confraternitates, sodalitates (mitunter auch congregationes genannt) — auf welche sich das Gesetz nicht bezieht — sind nur Vereinigungen zur Erreichung einzelner kirchlicher Zwecke, zur Uebung christlicher Liebeswerke, zu bestimmtem Gebetsdienst, zur Unterstützung des Missionswesens u. s. w. Ihre Mitglieder leben nicht nach einer bestimmten Regel, sie führen kein gemeinsames Leben, sondern bleiben in ihren sonstigen bürgerlichen Verhältnissen und Beziehungen. Sie wirken nur zu dem Zwecke der Vereinigung mit, stellen derselben aber nicht, wie dies bei den Mitgliedern der Orden und ordensähnlichen Kongregationen der Fall, ihre ganze Thätigkeit, noch viel weniger ihre ganze Person zur Disposition, vergl. v. Schulte, Lehrbuch des Kirchenrechts, 3. Aufl. S. 530, 531.

Gerade in dem zuletzt berührten Punkte liegt der charakteristische Unterschied zwischen den Brüderschaften und ordensähnlichen Kongregationen, nicht darin, daß bei dem Eintritt in die ersteren keine Gelübde erfordert werden. Die letzteren sind zum Begriff der Kongregation im eigentlichen Sinne nicht absolut nothwendig. Ein gemeinschaftliches Leben nach einer festen Ordnung und Regel, welcher sich der Einzelne mit seinem ganzen Denken und Sein unterordnet, ist an und für sich auch ohne die Ablegung von Gelübden möglich, und in der That kennt die katholische Kirche auch derartige Genossenschaften. Es genügt hier, auf eine solche, die von Philipp Neri gestiftete, im J. 1575 päpstlich approbirte Kongregation der Väter des h. Oratoriums (auch Oratorianer, Philippiner genannt) hinzuweisen, deren Mitglieder Weltpriester sind, und ein gemeinschaftliches Leben behufs Verrichtung des Gebetsdienstes, der Predigt und anderer frommer Werke führen.

Was das numerische Verhältniß der in Preußen nach den Ermittelungen von 1872—1873 bestehenden Orden und Kongregationen betrifft, so waren damals 10 männliche und 10 weibliche Orden, dagegen 8 männliche und 57 weibliche Kongregationen vorhanden, während in der Zeit der Säkularisationen in den beiden ersten Jahrzehnten dieses Jahrhunderts sich die Zahl aller Kongregationen nur auf etwa 12 belief (s. P. Hinschius, die Orden und Kongregationen S. 12 ff.) Die Orden sind also von den Kongregationen überflügelt worden.

7) H. d. h. der Niederlassungen, welche sich ausschließlich der Krankenpflege und der derselben durch Art. 6 Abs. 3 des Ges. v. 14. Juli 1880 (Zus. 69 zu §. 1043 d. T.) gleichgestellten Thätigkeiten widmen. Vgl. auch Art. 6 Abs. 1.

8) H. Die Orden und ordensähnlichen Kongregationen der katholischen Kirche haben somit, abgesehen von den in §. 2 gedachten Ausnahmen, künftighin im preußischen Staate kein Recht auf Existenz und dürfen nicht mehr geduldet werden. Daraus folgt, daß den Gelübden gar keine rechtliche Bedeutung mehr zukommt, und daß die staatliche Anerkennung, welche bisher der Verfassung der betreffenden Genossenschaften durch die bestehende Staatsgesetzgebung gewährt war, s. z. B. §§ 939 ff., 1160 ff. d. T. (wieder vorbehaltlich der Ausnahme des §. 2), fortgefallen ist. Eine weitere Folge der Vorschrift ist, daß jeder Versuch, eine Niederlassung eines Ordens oder einer Kongregation zu gründen, und jede Thätigkeit, welche dazu bestimmt ist, die Zwecke solcher Genossenschaften auszuüben, nöthigenfalls im Wege der Administrativ-Exekution zu verhindern ist. Daß Jemand außerhalb Preußens die Gelübde ablegt, wird der Staat allerdings nicht verhüten können. Da aber der Ausschluß der Orden und Kongregationen zugleich ein Verbot des Eintrittes in solche und der Ausübung der Ordensthätigkeit enthält, so ist damit auch ausgesprochen, daß solche Personen, welche erweislich einer den Zwecken der Seelsorge, der Mission oder des Unterrichts dienenden Genossenschaft angehören, nicht in Kirche und in Schule verwendet und nicht zur Abhaltung von Missionen zugelassen werden dürfen, eine Konsequenz, welche der Bundesrath für das Gebiet des deutschen Reichs aus der Ausschließung des Jesuiten-Ordens durch das als Zus. 59 folgende Gesetz gleichfalls gezogen hat, s. Bekanntmachung v. 5. Juli 1872 (R.G.Bl. S. 254 Zus. 47); vgl. übrigens auch den Schlußsatz des §. 1. So auch O.Tr. Str.S. II v. 11. Okt. 1877, Entsch. 81 S. 418, Oppenhoff, Rechtsspr. 18 S. 641, Hartmann, Ztschr. 4 S. 542, und zwar auch für den Fall, daß der Ordensgeistliche vor dem Inkrafttreten des Gesetzes ein ihn zur Ausübung der Seelsorge berechtigendes Amt innegehabt hat.

Fähig wird der Einzelne zu diesen Thätigkeiten erst dann, wenn er aus der Genossenschaft ausgeschieden ist, also durch Erklärung seines Austrittes. Bei denjenigen, welche nur die einfachen Gelübde abgelegt haben, tritt diese Lösung des Verhältnisses zur Genossenschaft ferner durch die Entlassung und bei bloß auf Zeit abgelegten Gelübden durch Ablauf des betreffenden Zeitraumes und Unterlassung der Erneuerung der Gelübde ein. Bei denjenigen dagegen, welche die feierlichen Gelübde geleistet haben, kann gemäß dem kanonischen Rechte ein Zurücktreten in die Welt nur durch eine allein vom Papste zu gewährende Erlaubniß, durch sog. Säkularisation, erfolgen. Diese entbindet allerdings nicht von der Innehaltung der Gelübde, ja der Säkularisirte hat sogar nunmehr den seinen Ordensoberen gelobten Gehorsam an Stelle derselben dem Bischof,

Die Errichtung von Niederlassungen[9]) derselben ist untersagt.

Die zur Zeit bestehenden Niederlassungen dürfen vom Tage der Verkündung dieses Gesetzes[10]) ab neue Mitglieder[11]), unbeschadet der Vorschrift des §. 2., nicht aufnehmen und sind binnen sechs Monaten[12]) aufzulösen[13]). Der Minister der geistlichen Angelegenheiten ist ermächtigt, diese Frist für Niederlassungen, welche sich mit dem Unterricht und der Erziehung der Jugend beschäftigen[14]), um für deren Ersatz durch anderweite Anstalten und Einrichtungen

---

in dessen Diözese er lebt, und welcher ihm in virtute obedientiae (kraft des klösterlichen Gehorsams) gebieten kann, zu leisten (s. Bouix, tractatus de jure regularium tom. II p. 517 ff.), indessen ist trotzdem durch die Säkularisation seine Zugehörigkeit zu dem Orden für immer gelöst, und darum muß die Säkularisation staatlich dem einfach erklärten Austritt aus dem Orden gleichgestellt werden. Vgl. auch das vorhin cit. Erk. des O.Tr. v. 11. Okt. 1877.

9) H. Unter Niederlassung ist jede Vereinigung mehrerer, also auch schon zweier Mitglieder einer und derselben religiösen Genossenschaft behufs des gemeinschaftlichen Lebens nach der Regel derselben und Ausübung der besonderen Zwecke der Genossenschaft zu verstehen, gleichviel, ob es sich um ein Mutterhaus (Residenz des General-Oberen oder der General-Oberin), ein Provinzialhaus (Sitz eines Provinzial-Oberen), ein Novizenhaus, ein bloßes Kloster oder eine Kongregations-Niederlassung (mit einem lokalen Vorsteher), eine Dependenz, bez. Station einer Niederlassung der letztgedachten Art handelt, und gleichviel, ob die dazu gehörigen Personen voll- und stimmberechtigte Mitglieder, sog. Chorbrüder und Chorschwestern oder bloß dienende, den häuslichen Verrichtungen obliegende Mitglieder, sog. Laienbrüder oder Laienschwestern, oder Novizen, d. h. solche, die sich in der der definitiven Aufnahme vorhergehenden Probezeit befinden, oder Postulanten (Kandidaten), d. h. diejenigen, welche erst eine kürzere Probezeit behufs Zulassung zum Noviziat und Feststellung, ob sie sich überhaupt zum klösterlichen Leben eignen, durchzumachen haben, — vgl. Schuppe, Wesen und Rechtsverhältnisse der modernen Frauengenossenschaften. Mainz 1868. S. 120, — sind. Endlich setzt die Niederlassung auch keineswegs den Besitz von liegenden Gütern und Gründen voraus. Vgl. noch Cirk.Verf. d. Min. d. Jnn. u. d. geistl. Angel. v. 26. Juni 1875 bei P. Hinschius, Kirchenges. v. 1874 u. 1875, S. 215.

10) H. Dies war der 3. Juni 1875 (G.S. S. 217), an welchem das Gesetz nach §. 5 in Kraft getreten ist.

11) H. Daß unter Mitgliedern nicht bloß Professen, sondern auch Novizen und Postulanten (Kandidaten) zu verstehen sind, ergiebt der Zweck des Gesetzes, mit welchem jede Erschwerung der Auflösung durch Neuaufnahmen unverträglich ist. Außerdem sind die Novizen und Postulanten, weil sie in den Niederlassungen leben müssen und dem festgeregelten Klosterleben unterworfen sind, auch Mitglieder derselben im gewöhnlichen Sinne des Wortes. Daher ist es auch gleichgültig, ob und wie sie die Gelübde, ob in die Hände eines bischöflichen Kommissars oder bloß vorläufig in die Hände der General-Oberin ablegen. Etwaige trotz des Verbotes aufgenommene Personen werden sofort im Wege des Administrativ-Zwangsverfahrens aus den Niederlassungen zu entfernen sein, selbst wenn für die Auflösung der Niederlassung eine bestimmte Frist innerhalb der durch den §. 1 offen gelassenen Grenzen gewährt worden ist.

12) H. Die Auflösung mußte also spätestens am 3. Dezember 1875 erfolgt sein.

13) H. Die Auflösung ist eben so herbeizuführen, wie die Entstehung neuer Niederlassungen zu verhindern ist, s. Anm. 8. Allerdings wird das bloße gemeinschaftliche Zusammenwohnen mehrerer früher einer und derselben religiösen Genossenschaft angehöriger Mitglieder nicht verboten werden können, falls sie aber von neuem ihr Leben klösterlich, d. h. nach einer bestimmten Regel organisiren, namentlich sich der Leitung eines von ihnen bei der Abhaltung ihrer Andachten und geistlichen Uebungen unterwerfen, diesem Gehorsam in der bisherigen Weise geloben und leisten u. s. w., so ist damit eine neue Niederlassung gegründet, welche der Auflösung unterliegt.

14) H. Darunter waren alle Niederlassungen zu verstehen, welche sich irgend einer der verschiedenen Arten der Unterrichts- und Erziehungs-Thätigkeit widmeten, also Unterrichts-, Pensions-, Waisen-Anstalten, Warteschulen, Anstalten für sittlich verwahrloste Kinder hielten und leiteten, oder deren Mitglieder an solchen Anstalten thätig sind oder einzeln den erwähnten Zwecken dienen. Auch diejenigen Niederlassungen, deren Regeln, wie die der Frauen vom guten Hirten, die Besserung sittlich verwahrloster Personen als Zweck hinstellten, gehörten hierher, so fern es sich dabei um Personen jugendlichen Alters handelt. Vgl. aber jetzt Art. 6 des Ges. v. 14. Juli 1880 (Zus. 69 zu §. 1043 d. T. u. Anm. 18 a. E. zu §. 2 dieses Ges.

Setzen die Regeln des Ordens oder der Kongregation noch andere als die eben erwähnten Zwecke fest —, so z. B. Uebung der christlichen Nächstenliebe und wie bei sehr vielen auch Krankenpflege — so entscheidet die Thätigkeit, der die einzelne Niederlassung gewidmet ist, denn nach dem Wortlaut des Gesetzes kommt nur die einzelne Niederlassung, nicht die Genossenschaft als Ganzes in Betracht.

Zeit zu lassen, bis auf vier Jahre[15]) zu verlängern. Zu gleichem Behufe kann derselbe auch nach Ablauf dieses Zeitraums einzelnen Mitgliedern[16]) von Orden und ordensähnlichen Kongregationen die Befugniß gewähren, Unterricht zu ertheilen[17]).

§. 2. Niederlassungen der Orden oder ordensähnlichen Kongregationen, welche sich ausschließlich der Krankenpflege widmen[18]), bleiben fortbestehen[19]); sie können jedoch jederzeit durch Königliche Verordnung aufgehoben werden[20]); bis dahin sind die Minister des Innern und der geistlichen Angelegenheiten ermächtigt, ihnen die Aufnahme neuer Mitglieder zu gestatten[21]).

---

15) H. Der 3. Juni 1879 (s. Anm. 10) war also der äußerste Termin.

16) H. gleichviel, ob sie preußischen oder nichtpreußischen Niederlassungen angehören, ferner gleichviel, ob sie Mitglieder einer Genossenschaft sind, deren Zweck auf Unterricht oder Erziehung gerichtet ist oder nicht. Für derartige mit Dispensation versehene Mitglieder fällt also die sonst vorhandene Nothwendigkeit des Austrittes aus der Genossenschaft, s. Anm. 8, fort.

Auch diese Ermächtigung wird nur im Falle des Bedürfnisses, d. h. wenn nicht ausreichende weltliche Erziehungskräfte zur Disposition stehen, ertheilt werden dürfen.

17) H. Sei es an öffentlichen, sei es an Privatanstalten. Da es sich hierbei nur um eine Ermächtigung des Ministers der geistlichen Angelegenheiten handelt, ist die Ministerial-Verfügung vom 15. Juni 1872 (s. M.Bl. f. d. i. Verw. S. 164) in Kraft geblieben.

18) H. Auf Grund des Gesetzes konnten nur solche Niederlassungen fortbestehen, welche sich ausschließlich mit der Krankenpflege oder Wartung von körperlich oder geistig kranken oder gebrechlichen Personen in öffentlichen Anstalten oder in Privathäusern (der sog. ambulanten Krankenpflege) beschäftigen. Hatte die Niederlassung bisher auch anderen Zwecken, z. B., wie dies vielfach der Fall, Erziehungs- und Unterrichtszwecken gedient, so konnte sie das Recht auf Fortdauer nur durch Aufgabe dieser Thätigkeiten erwerben. Auf Grund der nach §. 1 zulässigen Ermächtigung durfte der Minister der geistlichen Angelegenheiten wegen der gleichzeitigen Verfolgung von Erziehungs- und Unterrichtszwecken solche zwar vorläufig fortbestehen lassen, denn der §. 1 verlangt nicht ausschließliche Beschäftigung mit der Erziehung und der Jugend, dann unterlagen sie aber, trotzdem daß sie auch die Krankenpflege betrieben, so fern sie sich nicht auf diese beschränkten, der Auflösung binnen 4 Jahren. Vgl. auch die Anm. 9 angeführte Cirk.Verf. Das Ges. v. 14. Juli 1880 Art. 6 (Zus. 69 zu §. 1043 d. T.) hat aber in Abs. 3 der Krankenpflege die Pflege und Unterweisung von Blinden, Tauben, Stummen und Idioten, sowie der gefallenen Frauenspersonen gleichgestellt. Daher ist es auch in Folge dessen den bestehen .gebliebenen Niederlassungen gestattet, derartige Thätigkeiten auszuüben.

19) H. Aus diesen Worten in Verbindung mit §. 1 Abs. 1 ergab sich, daß neue Niederlassungen, wenn sie sich auch ausschließlich der Krankenpflege widmeten, gesetzlich nicht erlaubt waren, also ihre Errichtung nicht geduldet werden durfte. Auch hierin hat das vor. Anm. cit. Gesetz Art. 6 Abs. 1 die Aenderung gemacht, daß die Minister des Innern und der geistlichen Angelegenheiten ermächtigt worden sind, die Errichtung neuer Niederlassungen von Genossenschaften, welche zur Zeit des Inkrafttretens des fraglichen Gesetzes, d. h. am 4. August 1880, im Gebiete der preußischen Monarchie bestanden haben, und welche sich ausschließlich der Krankenpflege oder der ihr gleichgestellten Thätigkeiten (s. Anm. 18) widmen, zu genehmigen.

20) H. Und zwar macht der Besitz von Korporationsrechten keinen Unterschied. Die Vorschrift gilt auch nach Art. 6 Abs. 1 des cit. Gesetzes von den nach Abs. 1 (s. vor. Anm.) neu zugelassenen Niederlassungen.

21) H. Die Gestattung kann sich nur auf die einzelne Niederlassung beziehen, also nicht allgemein auf die Aufnahme in die Genossenschaft, so daß den Oberen derselben die beliebige Zuweisung zu der einen oder anderen fortbestehenden Niederlassung freistände. Sie ist auch erforderlich, wenn es sich um die Aufnahme der Novizen und Postulanten handelt. S. Anm. 11 zu §. 1, so auch R. d. Min. d. Inn. u. d. Kult. v. 7. April 1877. — Nach dem J. 1881 ist aber gestattet worden, nachträglich vierteljährliche Nachweisungen einzureichen, eben so von der vorgängigen Anzeige bei Versetzungen abgesehen und nur gefordert worden, daß sie in den Nachweisungen aufgeführt werden. Mitglieder, welche in eine andere, als die in der Ermächtigung bezeichnete Niederlassung aufgenommen sind, können aus derselben entfernt werden. Auch kann eine solche Verletzung des Gesetzes die Auflösung der Niederlassung herbeiführen.

H. Für die Ertheilung der Ermächtigung wird einmal das Bedürfniß, andererseits aber auch der Umstand in Frage kommen, daß diese Niederlassungen, so fern sie eine segensreiche Thätigkeit entfaltet und sich lediglich innerhalb der Schranken ihrer Berufs-Erfüllung gehalten haben, aufrecht erhalten werden sollen. Eine systematische Verweigerung der Ermächtigung, bloß

§. 3. Die fortbestehenden Niederlassungen der Orden und ordensähnlichen Kongregationen sind der Aufsicht des Staates unterworfen [22]).

§. 4. Das Vermögen der aufgelösten Niederlassungen [23]) der Orden und ordensähnlichen Kongregationen unterliegt nicht der Einziehung durch den Staat. Die Staatsbehörden haben dasselbe einstweilen in Verwahrung und Verwaltung zu nehmen [24]).

---

zu dem Zweck, solche Niederlassungen sobald als möglich durch Aussterbenlassen ihrer Mitglieder zu beseitigen, würde der Absicht des Gesetzes widersprechen und der allein dem Träger der Krone vorbehaltenen Entscheidung über den Fortbestand präjudiziren.

H. Ferner sind die Anm. 19 gedachten Minister durch Art. 6 Abs. 1 d. cit. Ges. ermächtigt worden, widerruflich zu gestatten, daß die am 4. August 1880 fortbestehen gebliebenen weiblichen Genossenschaften, welche sich ausschließlich der Krankenpflege oder den Anm. 18 gedachten Thätigkeiten widmen, die Pflege und Unterweisung von Kindern, welche sich noch nicht im schulpflichtigen Alter befinden (d. h. welche nach II. 12 §. 43 noch nicht das 5. Jahr, nach Provinzialrecht das 6. oder 7. Jahr zurückgelegt haben), als Nebenthätigkeit zu übernehmen.

H. Die durch Art. 6 des cit. Gesetzes v. 14. Juli 1880 gemachten Aenderungen lassen sich durch folgende Fassung des §. 2 veranschaulichen:

„Niederlassungen der Orden oder ordensähnlichen Kongregationen, welche sich ausschließlich der Krankenpflege widmen, bleiben fortbestehen, auch sind die Minister des Innern und der geistlichen Angelegenheiten ermächtigt, denjenigen Genossenschaften, welche am Tage des Inkrafttretens des Gesetzes vom 14. Juli 1880 in der preußischen Monarchie bestanden haben, und sich ausschließlich der Krankenpflege widmen, die Errichtung neuer Niederlassungen zu gestatten.

Der Krankenpflege im Sinne des Abs. 1 ist die Pflege und Unterweisung von Blinden, Tauben, Stummen und Idioten, so wie von gefallenen Frauenspersonen gleichgestellt.

Den nach Abs. 1 fortbestehenden oder zugelassenen Niederlassungen der weiblichen Genossenschaften können die Minister des Innern und der geistlichen Angelegenheiten widerruflich gestatten, die Pflege und Unterweisung von Kindern, welche sich noch nicht im schulpflichtigen Alter befinden, als Nebenthätigkeit zu übernehmen.

Die fortbestehenden oder neu zugelassenen Niederlassungen können jeder Zeit durch Königliche Verordnung aufgehoben werden; bis dahin sind die Minister des Innern und der geistlichen Angelegenheiten ermächtigt, ihnen die Aufnahme neuer Mitglieder zu gestatten."

22) H. Die nähere Festsetzung der Kontrolmaßregeln in Betreff derjenigen Niederlassungen, die nach §. 3 widerruflich fortbestehen, ist den beiden betheiligten Ressortministern überlassen, weil diese Maßregeln je nach dem Verhalten der einzelnen Niederlassungen verschiedene sein müssen, auch eine etwaige Umgehung der Aufsicht sofort verschärfte Maßregeln erforderlich machen kann, die sich nicht im Voraus gesetzlich fixiren lassen.

23) H. So fern diese Korporationsrechte gehabt hatten, denn nur unter dieser Voraussetzung konnte von einem eigenthümlichen Vermögen derselben die Rede sein. Derartige Rechte besaßen eine Anzahl von Niederlassungen, welche vor dem Erlaß der Verfassungsurkunde, zum Theil in früheren Jahrhunderten, entstanden und allgemein als juristische Personen betrachtet worden sind, ferner aber auch einzelne, denen man im Widerspruch mit dem Art. 13 der Verf.-Urk. derartige Rechte gewährt hatte, s. P. Hinschius, die Orden und Kongregationen u. s. w. S. 110 Anm. *.

Durch die Auflösung wurde das bisherige Rechtssubjekt vernichtet. Als neues Rechtssubjekt, welches kraft Gesetzes in dasselbe eintrat, ist die gleichzeitig durch das letztere errichtete Stiftung zu denken, deren einen Zweck Abs. 3 dieses §. bestimmt und deren weitere Zwecke noch durch das vorbehaltene Gesetz zu normiren sind, so auch O.Tr. III v. 29. Juni 1877, Entsch. 80, 238. Die bei Hartmann, Ztschr. 4 S. 70 Anm. 1 durch Heranziehung der hereditas jacens versuchte Konstruktion ist deshalb abzuweisen, weil dem preuß. Recht dieser Begriff unbekannt, und eine Konservirung der einzelnen Vermögenskomplexe durch das in Aussicht stehende Gesetz nicht bedingt ist, dieses vielmehr auch die einzelnen Vermögensstücke verschiedenen Personen, z. B. katholischen Kirchen u. s. w. zuweisen kann.

24) H. Die näheren Anweisungen über die Verwahrung und Verwaltung haben die beiden betheiligten Ressortminister in der Anm. 9 erwähnten Cirk.Verf. erlassen. Administrativzwang, um den Staat in den Besitz des Vermögens zu setzen, ist zulässig.

Wie Abs. 2 des §. ergiebt, ist eine Verwaltung durch von den Ressortministern ernannte Kommissarien vorausgesetzt. Die Kosten der Verwahrung und Verwaltung, zu welchen auch hier die erforderliche Remuneration des Kommissars gehört, sind aus dem Vermögen zu bestreiten. Das Vermögen jeder Niederlassung muß getrennt verwaltet werden.

Der mit der Verwaltung beauftragte Kommissarius ist nur der vorgesetzten Behörde[25]) verantwortlich[26]); die von ihm zu legende Rechnung unterliegt der Revision der Königlichen Oberrechnungskammer in Gemäßheit der Vorschrift des §. 10. Nr. 2. des Gesetzes vom 27. März 1872[27]). Eine anderweite Verantwortung oder Rechnungslegung findet nicht statt.

Aus dem Vermögen werden die Mitglieder der aufgelösten Niederlassungen unterhalten[28]). Die weitere Verwendung bleibt gesetzlicher Bestimmung vorbehalten[29]).

Eine dem §. 9 des Gesetzes v. 20. Mai 1874 (s. Zus. 68 zu §. 1043) entsprechende Bestimmung, daß der Kommissar die in Verwaltung genommenen Gütermassen nach außen in allen vermögensrechtlichen Beziehungen repräsentirt und derselbe Dritten gegenüber auch in den Fällen, wo Spezial-Vollmacht erfordert wird, sich durch seine Ernennungsurkunde legitimirt, enthält das vorliegende Gesetz nicht, offenbar deshalb, weil es den Kommissar nur als regelmäßigen Verwalter voraussetzt, seine Bestellung aber nicht obligatorisch vorschreibt. Die Frage nach seiner Legitimation ist also nach allgemeinen Grundsätzen zu entscheiden. Daß die Staatsbehörden alle innerhalb der Verwaltung liegenden Maßregeln ohne Unterschied vornehmen können, ergiebt das Gesetz selbst. In so weit haben sie auch Dritten gegenüber in rechtlicher Beziehung, namentlich in Prozessen das Vermögen zu vertreten, denn auch die letzteren können sich als Konservations-, in die Sphäre der Verwaltung fallende Maßregeln darstellen. Nur wird da, wo es zweifelhaft ist, ob eine solche nicht über die Verwaltung hinausgeht, dies dem in Frage kommenden Dritten, oder der Behörde, bei welcher ein bezüglicher Antrag gestellt wird, nachzuweisen sein. Unter den Staatsbehörden sind zunächst nach §. 5 die beiden betheiligten Ressortminister zu verstehen, ferner aber auch diejenigen Behörden und Personen, welchen sie ihre Befugnisse übertragen, denn daraus, daß das Gesetz hier nicht der beiden Minister erwähnt — füglich konnte es diese auch nicht unmittelbar mit der Führung der Verwaltung betrauen —, folgt, daß nach außen hin auch andere Personen von ihnen mit den betreffenden Funktionen beauftragt werden können. Haben diese an und für sich keine staatliche Stellung, so werden sie dadurch und in so weit zu Staatsbehörden. Hieraus ergiebt sich die weitere Konsequenz, daß, wenn die Ermächtigung derselben generell lautet und ihnen nicht bestimmte Befugnisse entzogen sind, diese Personen das Vermögen, gleichfalls in demselben Umfange, wie die im §. 5 genannten Minister, Dritten gegenüber zu repräsentiren befugt sind.

Nach dem Wortlaut wie nach dem Zweck des Gesetzes ist jede Veräußerung durch die Staatsbehörden unstatthaft und nichtig. Zulässig wird sie nur sein, so weit sie innerhalb der Verwaltungssphäre liegt, also 1) im Falle rechtlicher Nothwendigkeit, 2) wenn sich die Veräußerung als Konservationsmaßregel darstellt, s. zu §. 9 des Gesetzes v. 20. Mai 1874 (Zus. 68 zu §. 1043), oder, so weit eine solche zur Ausführung des Gesetzes absolut nothwendig ist, d. h. 3) zur Deckung der Kosten der Verwaltung, und 4) zur Gewährung des Unterhalts an die Mitglieder der aufgelösten Niederlassungen (s. Abs. 3 dieses §.), in den beiden letzten Fällen wenn und in so weit die liquiden Bestände nicht zur Deckung der betreffenden Beiträge hinreichen,

25) H. D. h. den im im §. 5 gedachten Ministern, oder wenn diese die Ernennung oder die Beaufsichtigung einer anderen, z. B. dem Ober-Präsidenten übertragen haben, auch diesem. Den kirchlichen Behörden, den Bischöfen, Ordensoberen u. s. w. ist er in keiner Weise unterworfen, namentlich ihnen gegenüber nicht zur Rechnungslegung verpflichtet.

26) H. Also auch disziplinarisch. Sein Kommissorium ist, da ihm ebenso wenig wie den nach dem Gesetze v. 21. Mai 1874 (Zus. 11 zu §. 60) und dem Gesetze v. 20. Mai 1874 (s. Zus. 68 zu §. 1043) zu bestellenden Kommissarien eine feste Anstellung gewährt werden kann, übrigens auch jederzeit widerruflich.

Wegen Handlungen des Kommissars, welche von einem Dritten als Besitzstörungen betrachtet werden, ist der Rechtsweg nicht ausgeschlossen, O.Tr. III v. 29. Juni 1877, Entsch. 80 S. 236.

27) H. S. G.S. S. 278.

28) H. Und zwar die Mitglieder jeder einzelnen aus dem Vermögen derselben. Selbstverständlich muß, wenn die Revenüen zur Gewährung einer für den Lebensunterhalt jedes einzelnen Mitgliedes genügenden Pension nicht ausreichen, auch die Substanz angegriffen werden. Ist diese verzehrt, so hört der Anspruch der Mitglieder auf.

Die Frage, ob bei der Abmessung der Höhe der Pension auch die Fähigkeit des Einzelnen, sich eine andere geeignete Erwerbsquelle zu beschaffen, in Betracht zu ziehen ist oder nicht, hat das Gesetz nicht ausdrücklich entschieden. Die betreffende Bestimmung in Verbindung mit den Motiven ergiebt aber, daß man mit möglichster Schonung, so weit sie mit dem Zwecke des Gesetzes vereinbar war, gegen die einzelnen Individuen hat vorgehen und diese nicht unnöthig in die ihnen durch ihr bisheriges Leben fremd gewordene Nothwendigkeit, für ihre Lebensbedürfnisse zu sorgen, hat versetzen wollen. Demnach wird der hervorgehobene Umstand bei der Festsetzung der Pension nicht in Betracht kommen können, um so weniger, als die Konsequenz dann auch

§. 5. Dieses Gesetz tritt am Tage seiner Verkündung[30]) in Kraft.

Die Minister des Innern und der geistlichen Angelegenheiten sind mit der Ausführung desselben beauftragt[31]).

Dieselben haben insbesondere die näheren Bestimmungen über die Ausübung der Staatsaufsicht[32]) im Falle des §. 3. zu erlassen.

Urkundlich ꝛc.

59. Reichsgesetz, betreffend den Orden der Gesellschaft Jesu. Vom 4. Juli 1872. (R.G.Bl. S. 253.)

Wir Wilhelm ꝛc. verordnen im Namen des Deutschen Reichs, nach erfolgter Zustimmung des Bundesrathes und des Reichstages, was folgt:

§. 1. Der Orden der Gesellschaft Jesu und die ihm verwandten[33]) Orden und ordensähnlichen Kongregationen[34]) sind vom Gebiet des Deutschen Reichs ausgeschlossen.

Die Errichtung von Niederlassungen derselben ist untersagt. Die zur Zeit bestehenden

---

die Versagung jedes Unterhaltes an vollkommen arbeits- und erwerbsfähige Individuen bedingen würde, diese aber gegen den Wortlaut des Gesetzes, das allen Mitgliedern eine Pension in Aussicht stellt, verstößt.

Der Rechtsweg auf Zahlung einer solchen, falls sie überhaupt oder nicht in der beanspruchten Höhe gewährt wird, ist für die einzelnen Mitglieder ausgeschlossen. Die Auflösung der Niederlassungen ist ein Akt der Ausübung des Kirchenhoheitsrechtes des Staates gewesen, und in Folge desselben nur aus Billigkeitsrücksichten und um jeden Schein einer fiskalischen Tendenz von demselben fern zu halten, die in Frage stehende Bestimmung getroffen worden. Daher ist die letztere, wie auch ihre Fassung ergiebt, nur eine Anweisung an die Staatsbehörden, zu deren Erfüllung letztere gesetzlich verpflichtet sind, sie gewährt aber den einzelnen Mitgliedern keinen privatrechtlichen Alimentationsanspruch. Es ist mithin allein die Beschwerde an die vorgesetzten Instanzen und eventuell an die Landesvertretung statthaft.

29) H. Diese Vorschrift bezieht sich nur auf das Vermögen der mit juristischer Persönlichkeit versehenen Niederlassungen, nicht aber auf das Vermögen von Stiftungen, deren Zwecke nach Anordnung des Stifters ausschließlich durch die Mitglieder geistlicher Genossenschaften zu erfüllen sind. Haben die zu diesem Behufe errichteten Niederlassungen derselben nach den Vorschriften dieses Gesetzes aufgelöst werden müssen, so fällt das Stiftungsvermögen sowohl nach gemeinem Recht als nach preußischem L.R. II. 6 §. 193 ff. an den Staat. Einer besonderen Vorschrift darüber bedurfte es also im Gesetze nicht. Nach preußischem Landrecht hat der Staat das eingezogene Vermögen zu einer der Absicht des Stifters so weit als möglich entsprechenden anderweitigen Verwendung zu bestimmen, widrigenfalls dasselbe an den Stifter oder dessen Erben herausgegeben werden muß. Die Motive stellen die gesetzliche Regelung der Verwendung dieser Art des Vermögens gleichfalls in Aussicht, und daraus ergiebt sich, daß die Staatsregierung, um diesem vorbehaltenen Schritte nicht zu präjudiziren, dasselbe ebenfalls gesondert wird verwalten lassen müssen. Eine definitive Verwendung würde sie übrigens im Gebiete des preußischen Landrechts der nach §. 194 a. a. O. statthaften Rückforderungsklage des Stifters oder der Erben desselben aussetzen.

30) H. Vgl. Anm. 10 zu §. 1.

31) H. Vgl. die Anm. 9 a. E. angef. Cirk.Verf.

32) H. Hierüber bemerkt die erwähnte Cirk.Verf. nur: „Selbstverständlich wird es sich hierbei nicht bloß um Einsichtnahme der Statuten, Evidenthaltung der in den Niederlassungen aufgenommenen Personen und zeitweise Inspektion der Lokalitäten, sondern vorzugsweise um Ueberwachung der gesammten von der Genossenschaft in Erziehung, Unterricht und Krankenpflege entwickelten Thätigkeit handeln, damit Ausschreitungen jeder Art verhindert und für die Beobachtung der gesetzlichen Vorschriften Sicherheit gewonnen wird. Die Aufsicht wird dagegen selbstredend jeden Eingriff in das Ordensleben als solches zu vermeiden haben. Ueber die hiernach den konkreten Verhältnissen entsprechend zu treffenden Kontrol-Maßregeln sehen wir einem gutachtlichen Bericht der Königlichen Regierung — Landdrostei — binnen 6 Wochen entgegen."

33) H. Unter den verwandten Orden und Kongregationen sind dem Sinne und Zwecke des Gesetzes nach und mit Rücksicht darauf, daß die Aufhebung aller Orden nicht in seiner Absicht gelegen, diejenigen zu verstehen, welche nach ihrer Organisation, ihren Zwecken oder ihrer Wirksamkeit mit den Jesuiten auf gleicher Stufe der Staatsgefährlichkeit stehen oder in hervorragendem Maße ihre Hülfsgenossen sind. Vgl. auch den folgenden Zus. 60.

34) H. S. Anm. 6 zu Zus. 58.

Niederlassungen sind binnen einer vom Bundesrath zu bestimmenden Frist, welche sechs Monate nicht übersteigen darf, aufzulösen.

§. 2. Die Angehörigen des Ordens der Gesellschaft Jesu oder der ihm verwandten Orden oder ordensähnlichen Kongregationen können, wenn sie Ausländer sind, aus dem Bundesgebiet ausgewiesen werden; wenn sie Inländer sind, kann ihnen der Aufenthalt in bestimmten Bezirken oder Orten versagt oder angewiesen werden.

§. 3. Die zur Ausführung und zur Sicherstellung des Vollzugs dieses Gesetzes erforderlichen Anordnungen werden vom Bundesrathe erlassen.

Urkundlich ꝛc.

60. Bekanntmachung [des Reichskanzlers], betreffend die Ausführung des Gesetzes über den Orden der Gesellschaft Jesu. Vom 5. Juli 1872. (R.G.Bl. S. 254.)

Auf Grund der Bestimmung im §. 3 des Gesetzes, betreffend den Orden der Gesellschaft Jesu, vom 4. d. M. (Reichsgesetzbl. S. 253) hat der Bundesrath beschlossen:

1) Da der Orden der Gesellschaft Jesu vom Deutschen Reiche ausgeschlossen ist, so ist den Angehörigen dieses Ordens die Ausübung einer Ordensthätigkeit, insbesondere in Kirche und Schule, sowie die Abhaltung von Missionen nicht zu gestatten.
2) Niederlassungen des Ordens der Gesellschaft Jesu sind spätestens binnen sechs Monaten, vom Tage der Wirksamkeit des Gesetzes an, aufzulösen.
3) Die zur Vollziehung des Gesetzes in den einzelnen Fällen zu treffenden Anordnungen werden von den Landespolizeibehörden verfügt.

61. Bekanntmachung [des Reichskanzlers], betreffend die Ausführung des Gesetzes über den Orden der Gesellschaft Jesu. Vom 20. Mai 1873. (R.G.Bl. S. 109.)

Auf Grund der Bestimmung im §. 3 des Gesetzes, betreffend den Orden der Gesellschaft Jesu, vom 4. Juli 1872 (Reichsgesetzbl. S. 253) hat der Bundesrath beschlossen,

daß behufs weiterer Ausführung dieses Gesetzes nachfolgende Genossenschaften

die Kongregation der Redemptoristen (Congregatio Sacerdotum sub titulo Sanctissimi Redemptoris),

die Kongregation der Lazaristen (Congregatio Missionis),

die Kongregation der Priester vom heiligen Geiste (Congregatio Sancti Spiritus sub tutela immaculati cordis Beatae Virginis Mariae),

die Gesellschaft vom heiligen Herzen Jesu (Société du sacré coeur de Jésus)

als im Sinne des gedachten Reichsgesetzes mit dem Orden der Gesellschaft Jesu verwandt anzusehen seien und demzufolge die in der Bekanntmachung vom 5. Juli 1872, betreffend die Ausführung des Gesetzes über den Orden der Gesellschaft Jesu (Reichsgesetzbl. S. 254), erlassenen Vorschriften auch auf die vorgenannten Genossenschaften mit der Maßgabe Anwendung zu finden haben, daß Niederlassungen dieser Genossenschaften spätestens binnen sechs Monaten vom Tage der Bekanntmachung dieses Beschlusses an aufzulösen sind.

Geistliche Verrichtungen.

§. 942. Sie sind in ihren geistlichen Beschäftigungen der Regel nach, der Aufsicht des Bischofs der Diözes unterworfen; und müssen, wenn sie davon befreit zu sein behaupten, eine besondere vom Staat genehmigte Exemtion nachweisen.

§. 943. Sie dürfen den Pfarrern in ihren Amtsverrichtungen keine Eingriffe thun, und sich auch einzelne zur Seelsorge gehörige Handlungen, ohne besondere Erlaubniß des Bischofs nicht anmaßen [35]).

---

35) H. In so weit die Mitglieder der geistlichen Genossenschaften noch in der Seelsorge verwendet werden können (s. Anm. 8 zu Zus. 58 u. Zus. 59—61), finden auch die Vorschriften des Ges. v. 11. Mai 1873 und der Deklaratoria zu demselben Anwendung, s. Zus. 10 zu §. 60 u. Zus. 11 daselbst.

§. 944. Doch sind sie selbst vom Pfarrzwange ausgenommen, und können für sich einen eignen Gottesdienst unterhalten.

§. 945. Wo einer geistlichen Gesellschaft Parochialrechte über einen gewissen District verliehen sind, da muß dieselbe die Verwaltung des Pfarramts einem dazu gehörig qualificirten Subject aus ihrem Mittel übertragen.

§. 946*. Geistliche Gesellschaften sind berechtigt, ihre Mitglieder durch geistliche Bußübungen zur Erfüllung der Pflichten ihrer Verbindung, und zur Vermeidung alles Aergernisses anzuhalten.

§. 947*. Körperliche oder Geld-Strafen gegen ihre Mitglieder zu verhängen, sind sie nur so weit berechtigt, als ihnen die Befugniß dazu durch besondere Gesetze, oder in ihren vom Staat bestätigten Statuten, ausdrücklich eingeräumt worden [36].

§. 948*. Die Rechte des Staats über solche geistliche Gesellschaften [37] und deren Vermögen sind hauptsächlich nach den von ihm bestätigten Grundverfassungen, nach den vorhandenen Recessen und Verträgen, und nach den die Angelegenheiten derselben betreffenden Friedensschlüssen und anderen Tractaten zu beurtheilen. Aeußere Rechte in Beziehung auf den Staat,

§. 949. In der Regel kommen dem Staat eben die Rechte über sie zu, wie über die Kirchengesellschaften.

§. 950. Aufgehoben [38].

62. Gesetz über die Aufsichtsrechte des Staats bei der Vermögensverwaltung in den katholischen Diözesen. Vom 7. Juni 1876. (G.S. S. 149.)

Wir Wilhelm 2c. verordnen, mit Zustimmung beider Häuser des Landtages, für den Umfang der Monarchie, was folgt:

§. 1. Die Aufsicht des Staats über die Verwaltung

1) der für die katholischen [39]) Bischöfe, Bisthümer und Kapitel [40]) bestimmten Vermögensstücke,
2) der zu kirchlichen, wohlthätigen oder Schulzwecken bestimmten und unter die Verwaltung oder Aufsicht katholisch-kirchlicher Organe [41]) gestellten Anstalten [42]), Stiftungen und Fonds [43]), welche nicht von dem Gesetze vom 20. Juni 1875. [44]) betroffen werden,

wird nach Maßgabe der folgenden Bestimmungen ausgeübt.

§. 2. Die verwaltenden Organe bedürfen der Genehmigung der staatlichen Aufsichtsbehörde in nachstehenden Fällen:

1) zu dem Erwerb, der Veräußerung oder der dinglichen Belastung von Grundeigenthum [45]);

---

36) H. Die Ausübung der Straf- und Disziplinargewalt richtet sich nach dem Gesetze v. 12. Mai 1873 (s. Zus. 15 zu §. 124 Anm. 84) und dem Ges. v. 13. Mai 1873 (Zus 9 zu §. 57).

37) H. So weit sich der §. auf Orden und Klöster bezieht, kommt in Frage das Ges. v. 31. Mai 1875 (Zus. 58 zu §. 941), für die Stifter dagegen die Bulle: De salute animarum, s. Zus. hinter §. 1022.

38) H. In Folge der Beseitigung des eximirten Gerichtsstandes. Der §. lautete: „Sie genießen, gleich diesen, in ihren Rechtsangelegenheiten einen privilegirten Gerichtsstand."

39) H. Auch altkatholischen, denn nach staatlicher Auffassung gelten die Altkatholiken ebenfalls als Katholiken, s. Zus. 28 zu §. 235 d. T. Anm. 15.

40) H. Dom- und Kollegiatkapitel.

41) H. Z. B. der Bischöfe, ihrer Vertreter (General-Vikare, Offiziale), der Bisthumsverweser, und das Kapitel.

42) H. Priester- und andere Seminare und Konvikte, Emeritenhäuser, welche die Rechte von juristischen Personen besitzen. Desgleichen Erziehungs- und Wohlthätigkeits-Anstalten.

43) H. Z. B. Interkalar-, Missions-, Diözesan-Bau- oder Unterstützungs-, Dombaufonds. Ferner gehören hieher derartige Vermögensstücke, die für die Domgemeinden bestimmt sind, auf welche das im §. 1 erwähnte Gesetz, Zus. 25 zu §. 157, keine Anwendung findet, s. §. 56 a. a. O.

44) H. Vgl. §. 3 Nr. 2 a. a. O. u. Anm. 20 dazu.

45) H. D. h. von Immobilien, also Immobiliarrechten. Die Genehmigung ertheilt der Kultusminister, bez. unter Zuziehung des Ministers des Innern, wenn Werthe oder Beträge

2) zu der Veräußerung von Gegenständen, welche einen geschichtlichen, wissenschaftlichen oder Kunstwerth haben[46]);
3) zu außerordentlicher Benutzung des Vermögens, welche die Substanz selbst angreift[47]), sowie zu der Kündigung und Einziehung von Kapitalien, sofern sie nicht zur zinsbaren Wiederbelegung erfolgt[48]);
4) zu Anleihen, sofern sie nicht blos zur vorübergehenden Aushülfe dienen und aus den Ueberschüssen der laufenden Einnahmen über die Ausgaben derselben Voranschlagsperiode zurückerstattet werden können[49]);
5) zu der Errichtung neuer[50]), für den Gottesdienst bestimmter Gebäude;
6) zu der Anlegung[51]) oder veränderten Benutzung von Begräbnißplätzen[52]);
7) zu der Einführung oder Veränderung von Gebührentaxen[53]);
8) zu der Ausschreibung, Veranstaltung und Abhaltung von Sammlungen, Kollekten ꝛc. außerhalb der Kirchengebäude[54]);

Eine auf Anordnung der bischöflichen Behörde[55]) jährlich stattfindende Hauskollekte zum Besten bedürftiger Gemeinden der Diözese bedarf nicht der besonderen Ermächtigung einer Staatsbehörde; die Zeit der Einsammlung muß aber dem Oberpräsidenten vorher angezeigt werden.

9) zu der Verwendung der Einkünfte erledigter Stellen (Vakanzeinkünfte, Interkalarfrüchte)[56]);
10) zu der Verwendung des Vermögens für nicht stiftungsmäßige Zwecke[57]).

In dem Falle zu 10. gilt die Genehmigung als ertheilt, wenn die staatliche Aufsichtsbehörde nicht binnen dreißig Tagen nach Mittheilung von der beabsichtigten Verwendung widerspricht.

Ist die Genehmigung der staatlichen Aufsichtsbehörde nicht ertheilt, so sind die in den vorstehenden Fällen vorgenommenen Rechtsgeschäfte ungültig[58]).

§. 3. Die verwaltenden Organe bedürfen zur Führung von Prozessen keiner Ermächtigung von Seiten einer Staatsbehörde.

---

von mehr als 10,000 Mark in Frage stehen, sonst der Oberpräsident, V. v. 29. Sept. 1876, s. d. folg. Zus.

46) H. Die Genehmigung ertheilt der Kultusminister, cit. V. Art. 1.

47) H. S. Anm. 45 zu §. 31 d. K.G. u. G.O., Zus. 20 zu §. 156 d. T., über die genehmigende Behörde s. vor. Anm.

48) H. S. Anm. 46 zu §. 31 a. a. O. Die Genehmigung ertheilt der Oberpräsident. Das Kammergericht hat angenommen, Johow, Jahrb. d. Kammerg. 3 S. 187, daß Quittungen der kirchlichen Verwaltungsorgane über Hypothekenkapitalien, welche zu einer der nach §. 1 der Aufsicht des Staates unterliegenden Vermögensmasse gehören, für den Grundbuchverkehr in allen Fällen der Genehmigung der staatlichen Aufsichtsbehörde bedürfen. Das geht zu weit. Nach §. 46 d. Grundbuch-Ordnung hat der Grundbuchrichter die Rechtsgültigkeit der Löschungsbewilligung zu prüfen, aber wenn es zur Einziehung keiner Genehmigung der Aufsichtsbehörde bedarf, ist die Quittungsertheilung ohne diese gültig. Falls die Entbehrlichkeit des Konsenses der Aufsichtsbehörde dem Grundbuchrichter nicht dargethan erscheint, muß jedenfalls eine Erklärung derselben genügen, daß sie nach Lage der Sache keinen Konsens zu ertheilen habe.

49) H. Ueber die Genehmigung gilt das Anm. 46 Bemerkte. Vgl. auch Anm. 47 zu §. 31 a. a. O.

50) H. Also nicht solcher, welche zum Ersatz älterer und unbrauchbar gewordener dienen. Die Genehmigung ertheilt der Kultusminister.

51) H. Hierzu hat der gedachte Minister die Genehmigung zu ertheilen.

52) H. Hierbei konkurrirt der Oberpräsident.

53) H. S. vor. Anm.

54) H. S. Anm. 52.

55) H. Wird die Kollekte nicht vom Bischof, sondern von anderen, z. B. Brüderschaften ausgeschrieben, so findet die Ausnahme nicht statt.

56) H. Die Genehmigung ertheilt der Oberpräsident.

57) H. S. vor. Anm.

58) H. Vgl. Anm. 19 zu §. 50 von Zus. 25 bei §. 157 d. T.

Atteste über die Legitimation der verwaltenden Organe zur Besorgung von Rechtsangelegenheiten oder Atteste über das Vorhandensein derjenigen Thatsachen, welche den Anspruch auf Kostenfreiheit begründen, können gültig nur von der staatlichen Aufsichtsbehörde[59]) ertheilt werden.

§. 4. Die staatliche Aufsichtsbehörde[60]) ist berechtigt, die Aufstellung und Vorlegung eines Inventars zu fordern, Einsicht von den Etats zu nehmen und die Posten, welche den Gesetzen widersprechen, zu beanstanden. Die beanstandeten Posten dürfen nicht in Vollzug gesetzt werden[61]).

Die Etats solcher Verwaltungen, welche Zuschüsse aus Staatsmitteln erhalten, sind der staatlichen Aufsichtsbehörde[62]) zur Genehmigung einzureichen. Diese Behörde bestimmt den Zeitpunkt der Einreichung, sie regelt die formelle Einrichtung der Etats und setzt die Fristen zur Erledigung der Erinnerungen fest.

§. 5. Weigern sich die verwaltenden Organe

1) Leistungen, welche aus dem im §. 1. bezeichneten Vermögen zu bestreiten oder für dasselbe zu fordern sind, auf den Etat zu bringen, festzusetzen oder zu genehmigen,
2) Ansprüche des im §. 1. bezeichneten Vermögens, insbesondere auch Entschädigungsforderungen aus der Pflichtwidrigkeit des Inhabers einer für die Vermögensangelegenheiten bestehenden Verwaltungsstelle, gerichtlich geltend zu machen,

so ist in denjenigen Fällen, in welchen die bischöfliche Behörde das Recht der Aufsicht hat, sowohl diese, als auch die staatliche Aufsichtsbehörde[63]), unter gegenseitigem Einvernehmen, in allen anderen Fällen die staatliche Aufsichtsbehörde[64]) allein befugt, die Eintragung in den Etat zu bewirken und die gerichtliche Geltendmachung der Ansprüche anzuordnen, auch die hierzu nöthigen Maßregeln zu treffen.

In denjenigen Fällen, in welchen das Einvernehmen der bischöflichen Behörde und der staatlichen Aufsichtsbehörde erforderlich ist, muß die um ihre Zustimmung angegangene Behörde sich binnen dreißig Tagen nach dem Empfange der Aufforderung erklären. Erklärt sie sich nicht, so gilt sie als zustimmend. Bei erhobenem Widerspruch entscheidet die der staatlichen Aufsichtsbehörde[65]) vorgesetzte Instanz.

§. 6. Bestreiten die verwaltenden Organe die Gesetzwidrigkeit der nach §. 4. beanstandeten Posten oder das Vorhandensein der Verpflichtung zu den im §. 5. sub 1. erwähnten Leistungen, so entscheidet auf die Klage der verwaltenden Organe im Verwaltungsstreitverfahren hierüber das Ober-Verwaltungsgericht[66]).

§. 7. Die staatliche Aufsichtsbehörde[67]) ist berechtigt, Einsicht von der Jahresrechnung zu nehmen.

Die Jahresrechnung solcher Verwaltungen, deren Etats der Genehmigung der staatlichen Aufsichtsbehörde[68]) bedürfen, ist dieser Behörde zur Prüfung, ob die Verwaltung etatsmäßig geführt worden ist, einzureichen.

§. 8. Die staatliche Aufsichtsbehörde[69]) ist berechtigt, die Vermögensverwaltung Revisionen zu unterwerfen.

§. 9. Die staatliche Aufsichtsbehörde[70]) ist berechtigt, die Befolgung der in den §§. 4.

---

59) H. Vom Oberpräsidenten.
60) H. D. h. der Oberpräsident.
61) H. Vgl. hierzu §. 11 des Ges.
62) H. D. h. dem Finanzminister und dem Kultusminister.
63) H. D. h. der Oberpräsident.
64) H. S. vor. Anm.
65) H. Der Kultusminister, bez. unter Zuziehung des Ministers des Innern.
66) H. Vgl. Ges. betr. die Verfassung der Verwaltungsgerichte v. 3. Juli 1875 §§. 17 ff., 35 ff., und Ges. über die allgemeine Landesverwaltung v. 30. Juli 1883 §§. 61 ff., welches mit dem 1. April 1884 in Kraft tritt. Zus. zu II. 17 §. 126.
67) D. h. der Oberpräsident.
68) Dies ist die Oberrechnungskammer.
69) Der Oberpräsident.

5. 7. und 8. enthaltenen Vorschriften und der zu ihrer Ausführung getroffenen Anordnungen von den verwaltenden Organen durch Geldstrafen bis zu dreitausend Mark zu erzwingen.

Die Androhung und Festsetzung der Strafe darf wiederholt werden, bis dem Gesetze genügt ist.

Außerdem können die zu Zwecken des im §. 1. bezeichneten Vermögens bestimmten Leistungen aus Staatsmitteln ganz oder theilweise einbehalten oder unmittelbar an die Empfangsberechtigten verabfolgt werden [71]).

Erweisen sich die vorstehenden Maßregeln als erfolglos oder unanwendbar, so ist die staatliche Aufsichtsbehörde berechtigt, eine kommissarische Besorgung der Vermögensangelegenheiten unter sinngemäßer Anwendung der §§. 9. bis 11. des Gesetzes vom 20. Mai 1874. anzuordnen [72]).

§. 10. Welche Staatsbehörden die in den §§. 2. bis 5. und 7. bis 9. angegebenen Aufsichtsrechte auszuüben haben, wird durch Königliche Verordnung [73]) bestimmt.

§. 11. Wegen der Schenkungen und letztwilligen Zuwendungen bewendet es bei dem Gesetze vom 23. Februar 1870 [74]).

§. 12. In Betreff des Vermögens der Orden und ordensähnlichen Kongregationen bewendet es bei den §§. 3. und 5. des Gesetzes vom 31. Mai 1875 [75]).

§. 13. Die dem Staate zustehenden Eigenthums- oder Verwaltungsrechte [76]) an dem im §. 1. bezeichneten Vermögen werden durch dieses Gesetz nicht berührt.

§. 14. Dieses Gesetz tritt am 1. Oktober 1876. in Kraft.

§. 15. Der Minister der geistlichen Angelegenheiten ist mit der Ausführung dieses Gesetzes beauftragt.

Urkundlich ꝛc.

63. Verordnung über die Ausübung der Aufsichtsrechte des Staats bei der Vermögensverwaltung in den katholischen Diözesen. Vom 29. September 1876. (G.S. S. 401.)

Wir Wilhelm ꝛc. verordnen in Gemäßheit des §. 10. des Gesetzes über die Aufsichtsrechte des Staats bei der Vermögensverwaltung in den katholischen Diözesen vom 7. Juni 1876., auf den Antrag Unseres Staatsministeriums, für den Umfang der Monarchie, was folgt:

Art. 1. Die in den §§. 2. bis 5. 7. und 8. des Gesetzes vom 7. Juni 1876. angegebenen Aufsichtsrechte des Staats werden ausgeübt:

1) von dem Minister der geistlichen Angelegenheiten, und zwar, soweit das Ressort des Ministers des Innern betheiligt ist, unter Zuziehung des letzteren

bei dem Erwerb, der Veräußerung oder der dinglichen Belastung von Grundeigenthum (§. 2. Nr. 1.), wenn der Werth des zu erwerbenden oder zu veräußernden Gegenstandes oder wenn der Betrag der Belastung die Summe von zehntausend Mark übersteigt,

bei der Veräußerung von Gegenständen, welche einen geschichtlichen, wissenschaftlichen oder Kunstwerth haben (§. 2. Nr. 2.),

bei außerordentlicher Benutzung des Vermögens, welche die Substanz selbst angreift (§. 2. Nr. 3.),

---

70) H. Dies ist die nach Maßgabe der vorstehenden Anmerkungen im betreffenden Falle zuständige.

71) H. Die Vorschriften des Ges. v. 22. April 1875, u. Zus. zu §. 1056 d. T., werden hierdurch nicht berührt.

72) H. S. Zus. zu 1043 d. T.

73) H. S. V. v. 29. Sept. 1876, folg. Zus.

74) H. Vgl. Zus. zu I. 12 §. 39.

75) S. Zus. 58 zu §. 941 d. T. Es finden also die Vorschriften dieses Gesetzes keine Anwendung auf die Orden und Kongregationen.

76) H. Hierher gehören namentlich die Rechte, welche sich für den Staat aus dem Ges. v. 20. Mai 1874, Zus. zu §. 1043 d. T., ergeben.

bei der Errichtung neuer, für den Gottesdienst bestimmter Gebäude (§. 2. Nr. 5.), bei der Anlegung von Begräbnißplätzen (§. 2. Nr. 6.);

2) von dem Finanzminister und dem Minister der geistlichen Angelegenheiten in den Fällen des §. 4. Absatz 2.;

3) von der Oberrechnungskammer in den Fällen des §. 7. Absatz 2.;

4) von dem Oberpräsidenten in den übrigen Fällen der §§. 2. 4. und 7., sowie in den Fällen der §§. 3. 5. und 8.

In den Fällen des §. 5. entscheidet bei erhobenem Widerspruch der Minister der geistlichen Angelegenheiten, und zwar, soweit das Ressort des Ministers des Innern betheiligt ist, unter Zuziehung des letzteren.

Art. 2. Die im §. 9. des Gesetzes vom 7. Juni 1876. angegebenen Befugnisse werden ausgeübt, und zwar

die im Absatz 1. und 2. angegebenen von denjenigen staatlichen Aufsichtsbehörden, welche im Artikel 1. für die Fälle der §§. 4. 5. 7. und 8. bestimmt sind,

die im Absatz 3. und 4. angegebenen von dem Minister der geistlichen Angelegenheiten, in den Fällen des §. 4. Absatz 2. und des §. 7. Absatz 2. von dem Finanzminister und dem Minister der geistlichen Angelegenheiten.

Art. 3. Den verwaltenden Organen steht gegen Verfügungen des Oberpräsidenten — Artikel 1. Nr. 4. und Artikel 2. — die Berufung zu, und zwar

in denjenigen Fällen, in welchen das Ressort des Ministers des Innern betheiligt ist, an diesen und den Minister der geistlichen Angelegenheiten,

in allen übrigen Fällen an den Minister der geistlichen Angelegenheiten.

Urkundlich rc.

§. 951. Das ihnen vom Staat zugewendete oder überlassene Vermögen muß zur Aufrechthaltung ihrer geistlichen Anstalten, nach der vom Staat gebilligten Verfassung, und zum Unterhalte der Mitglieder [77]) verwendet werden. *In Ansehung ihres Vermögens.*

§. 952. Sie sind dabei eben den Einschränkungen unterworfen [78]) und genießen eben die Vorrechte, wie Kirchengesellschaften [79]).

§. 953. Doch haben sie, in Ansehung ihrer beständig fortlaufenden jährlichen Hebungen, auf das den Kirchengesellschaften §. 229. verliehene besondere Privilegium keinen Anspruch.

§. 954. Die Verwaltung des gemeinschaftlichen Vermögens kommt dem Capitel zu, welches, zur Besorgung der dabei vorfallenden Einnahmen und Ausgaben, Unterbediente zu bestellen berechtigt ist.

§. 955. Die gemeinschaftlichen Angelegenheiten der geistlichen Corporationen werden in ihren Zusammenkünften oder Capiteltagen verhandelt. *Innere Verfassung [80]).*

---

77) H. S. auch §. 4 des Ges. v. 31. Mai 1875, Zus. 58 zu §. 941.

78) H. Vgl. aber jetzt das zu §. 950 d. T. mitgetheilte Gesetz.

79) H. Vgl. Anm. 2 zu §. 220 d. T. u. auch zu §. 960 d. T.

O.Tr. I v. 15. Juni 1877, Str. Arch. 97 S. 252: Der Bischof ist bei der Weigerung eines Klostervorstandes von der im §. 659 d. T. gewährten Befugniß Gebrauch zu machen berechtigt.

80) H. Die §§. 955—1021 sind jetzt gegenstandslos, denn die Verfassung der Stifter ist anderweitig geordnet, s. Bulle: De salute animarum hinter §. 1022. Was die Orden und Kongregationen betrifft, so stehen diese nach dem Gesetze v. 31. Mai 1875 §. 3 (s. Zus. 58 zu §. 941) unter der Aufsicht des Staates. Die mit der Ausübung desselben betrauten Minister des Innern und der geistl. Angelegenheiten haben nach §. 5 die näheren Bestimmungen über die Aufsicht zu erlassen, also auch die Grundsätze aufzustellen, nach denen sich die Verfassung der betreffenden geistlichen Gesellschaften zu richten hat. Uebrigens passen die Vorschriften des Landrechtes, welche dabei die Kapitel und die Orden mit ihrer alten Verfassung im Auge haben, nicht auf die meistens nicht im Besitze von Korporationsrechten befindlichen Kongregationen, deren

§. 956. Dem Vorsteher gebührt der Vorsitz und die Direktion in dem Capitel; er muß aber, bei Abfassung der Schlüsse, sich nach der Mehrheit der Stimmen richten.

Versammlungen. §. 957. Die Schlüsse selbst müssen nothwendig im versammelten Capitel abgefaßt werden.

§. 958. Die ordinären Zusammenkünfte der Capiteltage sind nach der besonderen Einrichtung einer jeden Corporation festgesetzt, und zur Verhandlung desjenigen bestimmt, was zur Verwaltung und Conservation der Rechte und inneren Verfassung der Corporation gehört.

§. 959. So oft in der Grundverfassung des Stifts etwas geändert werden soll, wird eine außerordentliche Zusammenberufung des Capitels, die Einwilligung des Bischofs der Diözes, und die Genehmigung des Staats erfordert.

§. 960*. Eben dies findet statt, wenn unbewegliche Güter, Kostbarkeiten, oder Rechte der Stiftung vertauscht, verpfändet oder veräußert werden sollen [81]).

§. 961. Geistliche Gesellschaften dürfen, ohne ausdrückliche Erlaubniß des Staats, weder Capitalien außerhalb Landes verleihen, noch weniger auswärtigen geistlichen Obern oder Stiftungen, etwas von ihrem Vermögen, bei einer gleich hohen Geldstrafe, zuwenden.

§. 962. Die Verwendung der aus dem Stiftsvermögen den einzelnen Mitgliedern bestimmten Hebungen zu anderen Zwecken, kann nur in außerordentlichen Zusammenkünften, mit einmüthiger Bewilligung sämmtlicher Mitglieder, beschlossen werden.

§. 963. Auch die Wahl eines neuen Vorgesetzten, Beamten, oder Mitgliedes der Corporation, kann nur in solchen außerordentlichen Zusammenkünften geschehen.

§. 964. Abwesende Mitglieder des Capitels oder Convents müssen zu dergleichen außerordentlichen Versammlungen besonders eingeladen werden.

§. 965. Ist dieses unterlassen worden: so können sie dieser Uebergehung wegen (ob contemtum) auf Vernichtung des von den übrigen Mitgliedern gefaßten Schlusses antragen.

§. 966. Es ist aber genug, wenn die Einladung nur in die gewöhnliche Wohnung oder Curie solcher abwesenden Mitglieder insinuirt wird.

§. 967. Ein Mitglied des Capitels, welches persönlich zu erscheinen verhindert ist, kann seine Stimme nur einem anderen Mitgliede auftragen.

§. 968. Wer auf gehörige Einladung weder selbst erscheint, noch einen qualificirten Bevollmächtigten bestellt, muß sich dasjenige gefallen lassen, was von den übrigen Mitgliedern beschlossen worden.

§. 969. In gewöhnlichen Angelegenheiten und Zusammenkünften entscheidet die Mehrheit der Stimmen der gegenwärtigen Mitglieder.

§. 970. In wie fern, und bei welchen Geschäften, die Mehrheit der Stimmen sämmtlicher Mitglieder, oder eine gewisse überwiegende Mehrheit erfordert werde,

---

Organisation einen besonderen, von den alten Ordenseinrichtungen abweichenden Charakter hat, s. P. Hinschius, d. Orden und Kongregationen S. 34ff.

81) H. Dieser §. ist durch das zu §. 950 d. T. mitgetheilte Gesetz theilweise aufgehoben. Er gilt aber wegen der Vorschrift des §. 12 des gedachten Gesetzes noch für die vorhandenen Orden und Kongregationen, da das Ges. v. 31. Mai 1875 denselben nicht aufgehoben, vielmehr nur im §. 3 den betheiligten Ressortministern das Recht zu anderweitigen Anordnungen gegeben hat. Vgl. auch Ob.Tr. v. 17. Mai 1877, Hartmann Ztschr. 4 S. 68. R.G. II v. 13. Jan. 1880, Entsch. I S. 363, Annal. 1 S. 424, u. II v. 5. Juli 1881, Annal. 4 S. 266. Ferner hat R.G. IV v. 9. Mai 1881 u. I H. v. 4. Okt. 1881, Gruchot 26 S. 435 u. 1024, mit Rücksicht auf das Wort: „Rechte" den §. 960 auf die Cession und die Einziehung von Hypothekenforderungen von Orden und Kongregationen für anwendbar erklärt.

ist nach der besonderen Verfassung einer jeden Corporation bestimmt, und wird unten vorkommen.

§. 971. Eben so bestimmt die Verfassung einer jeden geistlichen Corporation, was der Vorsteher ohne Rückfrage an das Capitel zu beschließen und vorzunehmen berechtigt sei. Rechte des Vorstehers.

§. 972. Uebernimmt er außerdem eine Verbindlichkeit ohne Zuziehung des Capitels: so haftet dieses nur so weit dafür, als etwas aus einem solchen Geschäfte in den Nutzen der Gesellschaft wirklich verwendet worden.

§. 973. Welchen Personen die Verwaltung der Rechte und Obliegenheiten eines abwesenden, oder sonst verhinderten, ingleichen eines gänzlich abgegangenen Vorstehers, vermöge ihres Amtes zukomme, muß nach den besonderen Stiftsverfassungen beurtheilt werden.

§. 974. Der Regel nach fallen die Rechte des mit Tode abgegangenen Vorstehers an das Capitel zurück. Rechte des Capitels bei vacantem Vorsteheramte.

§. 975. Das Capitel kann dieselben entweder selbst ausüben, oder deren Verwaltung inzwischen Anderen übertragen.

§. 976. Doch ist das Capitel die an die Person des Vorstehers besonders gebundenen Rechte, ohne dringende Nothwendigkeit auszuüben oder an Andere zu übertragen, nicht berechtigt.

§. 977. Während der Vacanz darf keine Neuerung in den Angelegenheiten des Stifts vorgenommen werden.

§. 978. Die besonderen Einkünfte des Vorstehers müssen während der Vacanz aufbewahrt, und seinem Nachfolger übergeben werden.

§. 979. Wo die Wahl des Vorgesetzten dem Capitel oder Convent zusteht, muß dieselbe innerhalb dreier Monate nach dem Abgange des vorigen, bei Verlust des Wahlrechts, erfolgen. Wahl und Postulation.

§. 980. Der zu wählende Candidat muß alle zu solchem Amte, nach dem canonischen Rechte und den Statuten des Stifts, erforderlichen Eigenschaften besitzen.

§. 981. Wem eine oder die andere derselben mangelt, der kann nur nach vorhergegangener Postulation, und erfolgter Dispensation des geistlichen Obern, zu der vacanten Würde gelangen.

§. 982. Das Wahlgeschäft ist der Landesherr durch dazu bestellte Commissarien zu dirigiren berechtigt.

§. 983. Wo nicht besondere Statuten entgegenstehen, werden die Stimmen von diesen Commissarien als Scrutatoren, eingesammelt.

§. 984. Die Stimmen werden mittelst verschlossener Zettel abgegeben.

§. 985. Finden sich nach geendigter Stimmensammlung mehr oder weniger Wahlzettel, als wählende Personen sind: so müssen die sämmtlichen Zettel uneröffnet verbrannt, und die Stimmen aufs neue gesammelt werden.

§. 986. Nach richtig befundenen Wahlzetteln werden dieselben eröffnet, und die Stimmen, so wie sie sich hinter einander finden, in das Wahlprotocoll eingetragen.

§. 987. Nur der ist für regelmäßig gewählt zu achten, welcher wenigstens Eine Stimme über die Hälfte der Stimmen sämmtlicher Mitglieder des Capitels oder Convents für sich hat.

§. 988. Wenn ein Candidat, welcher nur postulirt werden kann, mit einem völlig Wahlfähigen zusammen kommt, so kann die Postularion des ersten nur alsdann erfolgen, wenn er mehr als zwei Drittel sämmtlicher Wahlstimmen für sich hat.

§. 989. In dessen Entstehung wird der Wahlfähige vorgezogen, wenn auch nur ein Drittel sämmtlicher Stimmen sich für ihn erklärt hätte.

§. 990. Wenn aber sämmtliche Candidaten nur postulirt werden können: so muß die Postulation für denjenigen erfolgen, der mehr als die Hälfte der sämmtlichen Wahlstimmen für sich hat.

§. 991. Hat keiner der Candidaten so viel Stimmen, als nach obigen Vorschriften zu einer gültigen Wahl oder Postulation erfordert werden, so ist der ganze Wahlactus ohne Wirkung.

§. 992. Die Wahl kann auch durch Compromiß auf ein oder mehrere Mitglieder des Capitels geschehen.

§. 993. Auch die Errichtung eines solchen Compromisses muß unter Direction der landesherrlichen Commissarien erfolgen.

§. 994. Zu dergleichen Compromiß ist die Einwilligung sämmtlicher Mitglieder erforderlich.

§. 995. Nur durch gleichmäßige allgemeine Einwilligung kann das Compromiß, wenn es einmal zu Stande gekommen ist, wieder aufgehoben werden.

§. 996. Diejenigen, auf welche compromittirt worden, müssen sich nach dem Inhalte des ihnen von dem Capitel geschehenen Auftrages genau achten.

§. 997. Ist in diesem Auftrage nicht ein Anderes bestimmt, so ist derjenige für gewählt oder postulirt zu achten, welcher die Mehrheit der Stimmen der Compromissarien für sich hat.

§. 998. Haben die Compromissarien einen ganz Unwürdigen gewählt, so fällt das Wahlrecht an das Capitel oder den Convent zurück.

Capitulation.

§. 999. Das Capitel oder der Convent kann mit dem gewählten oder postulirten Vorsteher eine Capitulation errichten.

§. 1000. Dadurch können aber klare und entschiedene Rechte des Vorgesetzten nicht geschmälert, noch die Grundverfassungen des Stifts geändert werden.

§. 1001. Auch die Capitulation, wenn dergleichen errichtet wird, muß dem Landesherrn zur Genehmigung vorgelegt werden.

Confirmation.

§. 1002. Der Gewählte oder Postulirte muß, bei Verlust seines Rechts, innerhalb Monatsfrist über die Annahme der ihm zugedachten Würde sich erklären, und hiernächst innerhalb dreier Monate die Confirmation oder Zulassung desjenigen geistlichen Obern, dem das Stift unmittelbar untergeordnet ist, nachsuchen.

§. 1003. Die einmal geschehene Wahl kann von dem Capitel niemals, die Postulation aber nur so lange, als sie dem geistlichen Obern noch nicht angezeigt ist, zurückgenommen werden.

§. 1004. Einem regelmäßig Gewählten, welchem die nach §. 980. erforderlichen Eigenschaften nicht ermangeln, darf der geistliche Obere die Confirmation nicht versagen.

§. 1005. Auch die Postulation muß er zulassen, wenn der Mangel des Erfordernisses denselben des zugedachten Amtes nicht unwürdig, oder zur Ausübung der damit verbundenen Pflichten ganz unfähig macht.

§. 1006. Die Zulassung einer Postulation hat mit der Bestätigung einer Wahl gleiche Wirkung.

§. 1007. Wird die Wahl unregelmäßig, oder die Postulation unzulässig befunden: so verliert das Capitel für diesen Fall sein Wahlrecht.

Consecration.

§. 1008. Der Bestätigte oder Zugelassene gelangt durch die Einweihung zum Besitze seines geistlichen Amtes.

Landesherrliche Approbation.

§. 1009. Es darf aber kein Gewählter oder Postulirter die Bestätigung oder Zulassung der geistlichen Obern eher nachsuchen, als bis er dazu die Genehmigung des Landesherrn hat.

§. 1010. Vor dem Erfolge dieser Genehmigung soll die Einweihung nicht statt finden; noch der Gewählte oder Postulirte zur Ausübung der Functionen seines

Vorsteheramtes, oder zum Besitze und Genusse der damit verbundenen weltlichen Rechte und Einkünfte gelassen werden.

§. 1011. Wenn der Landesherr, aus Gründen des gemeinen Wohls, oder der Erhaltung der äußeren und inneren Ruhe des Staats, das präsentirte Subject verwirft: so muß eine neue Wahl veranlaßt werden.

§. 1012. In Fällen, wo das Capitel oder der Convent wegen seiner schuldbaren Saumseligkeit, oder wegen der bei der Wahl oder Postulation vorgefallenen Unregelmäßigkeiten, seines Wahlrechts verlustig wird, fällt die Besetzung der Stelle für diesesmal, nach Verschiedenheit der Verfassungen in den Provinzen, entweder dem Landesherrn, oder den geistlichen Obern anheim.

§. 1013. Aber auch Letztere müssen, bei ihrer Ernennung, die gesetzlichen Vorschriften wegen der Tüchtigkeit des zu bestellenden Subjects beobachten und dasselbe dem Landesherrn zur Genehmigung vorschlagen.

§. 1014. Wo es hergebracht ist, daß dem Landesherrn mehrere Subjecte zur Ernennung vorgeschlagen werden müssen, da ist das Capitel oder der Convent, bei der Auswahl dieser Subjecte, die §. 979. sqq. enthaltenen Vorschriften ebenfalls zu beobachten schuldig.

§. 1015. Einem Stiftsvorgesetzten, der durch Alter, Krankheit oder andere Ursachen an gehöriger Verwaltung eines Amtes verhindert ist, kann ein Coadjutor bestellt werden. Von Coadjutoren.

§. 1016. Die Wahl eines solchen Coadjutors kommt dem Capitel oder Convent in so fern zu, als ihm die Wahl des Vorgesetzten selbst gebührt.

§. 1017. Die Gründe zur Bestellung eines Coadjutors müssen von den unmittelbaren geistlichen Obern des Stifts, und von dem Landesherrn geprüft und genehmigt werden.

§. 1018. Es hängt von dem Vorgesetzten ab, in wie fern er sich seines Coadjutors bedienen will; und dieser darf sich wider seinen Willen keine Amtsverrichtungen anmaßen.

§. 1019. Dagegen darf aber auch der Vorgesetzte diejenigen Amtsgeschäfte, die er selbst nicht verrichten kann oder will, einem Anderen, als seinem Coadjutor, nicht auftragen.

§. 1020. Soll der Coadjutor Verrichtungen vornehmen, die bei bloßer Abwesenheit oder temporeller Verhinderung des Vorgesetzten, gewissen Mitgliedern des Capitels vermöge ihres Amtes zukommen, so wird zu deren Uebertragung der Consens des Capitels erfordert.

§. 1021. Bei gänzlichem Abgange des Vorgesetzten tritt der ihm zugeordnete Coadjutor sofort an dessen Stelle.

Dreizehnter Abschnitt.

Von katholischen Domstiften und Capiteln[1]).

§. 1022. Domcapitel sind geistliche Corporationen, deren Mitglieder zur Abwartung des feierlichen Gottesdienstes in der Hauptkirche der Diözes bestimmt, und dem Bischof, in wichtigen Angelegenheiten des Bisthums und der Diözes, zur Seite gesetzt sind. Bestimmung der Domcapitel.

---

1) H. An Stelle der durch die V. v. 30. Okt. 1810 (Zus. 57 zu §. 941) aufgehobenen Stifter sind durch die Bulle de salute animarum, v. 16. Juli 1821 (Zus. 64 §. 1022 d. T.), neue katholische Domstifter in Köln, Trier, Paderborn, Münster, Breslau, Posen, Gnesen, Kulm (Peplin), Ermland (Frauenburg) und ein Kollegiatstift zu Aachen gegründet worden.

64. Bulla circumscriptionis Dioecesium Regni Borussici d. 16. Iulii 1821. (GS. S. 114.)[2])

Pius Episcopus, Servus Servorum Dei. Ad Perpetuam Rei Memoriam. (I.) De salute animarum, deque Catholicae Religionis incremento pro Apostolicae servitutis officio impense solliciti curas Nostras continuo intendimus ad ea omnia, quae Christi fidelium Spirituali regimini procurando magis apta, et utilia comparare posse dignoscamus. Hoc sane consilio jamdiu cogitationes Nostras praecipue intendimus in regiones illas, quae actu Dominatui subsunt Serenissimi Principis Friderici Guilelmi Borussorum Regis, ut illius intercedente ope, ac liberalitate rem sacram ibidem meliori, qua fieri posset methodo componere valeremus.

(II.) Probe siquidem Nobis ante oculos versabatur praesens Regionum illarum ratio; nec unquam deplorare cessaveramus ingentia damna promanata ex praeteritis rerum perturbationibus, quae florentissimas olim, atque ditissimas Germaniae Ecclesias a veteri, quo praestabant, splendore dejectas, ac bonorum praesidio spoliatas, ad miserrimum redegerant statum, ex quo summa in Catholicam Religionem, et in Catholicos ipsos pernicies promanavit.

(III.) Cumque temporum conditio minime pateretur inclytae nationis Germanicae Ecclesias ad splendidum antiquum statum aspicere revocatas, omne studium diligentiamque adhibuimus, ut tantis malis ea saltem pararemus remedia, quae ad conservandam illis in regionibus Catholicam fidem, et ad animarum Christi fidelium salutem procurandam inprimis necessaria, et opportuna esse viderentur.

(IV.) Hujus modi autem votis Nostris mirifice obsecundavit laudatus Borussorum Rex, cujus propensam admodum invenimus, et grato animo prosequimur voluntatem in Catholicos magno numero sibi subditos, praesertim ex Ei attributa grandi parte Provinciarum ad Rhenum, ita ut omnia tandem fausto, felicique exitu componere, ac pro Locorum positione, atque Incolarum commoditate novum in Borussiae Regno Ecclesiarum Statum, et Dioecesium limites nunc constituere, singulasque deinde Sedes, ubi deficiant, propriis, dignis, et idoneis Pastoribus donare valeamus.

(V.) Pro expressis igitur, ac de Verbo ad Verbum insertis habentes, omnibus iis, quae respiciunt infra dicendas, vel Ecclesiarum, et Capitulorum, eorumque peculiarium anteriorum jurium, ac praerogativarum extinctionem, aut immutationem seu reordinationem ac respectivarum Dioecesium dismembrationem, seu novam applicationem, nec non cujuscumque praecedentis juris metropolitici annullationem, et insuper quorumcumque interesse habentium consensui plenarie supplentes ex certa scientia, et matura deliberatione Nostris, deque Apostolicae potestatis plenitudine, praevia ex nunc omnimoda suppressione, extinctione, et annullatione vacantis Episcopalis Sedis Aquisgranensis, cum illius Cathedrali Capitulo ad statum simplicis Collegiatae ut infra reducendo, atque alterius Episcopalis Ecclesiae, et Capituli Cathedralis Corbejensis, nec non Monasterii Abbatiae nuncupati Neocellensis, vulgo Neuenzell, ex nunc itemque alterius Monasterii Abbatiae pariter nuncupati Olivensis ex nunc pro tunc, quando scilicet ex Persona Venerabilis Fratris Josephi de Hohenzollern Episcopi Warmiensis moderni Abbatis Olivensis quomodocumque vacaverit; ut communia

---

Die Domkapitel sind im Grundbuchverkehr für öffentliche Behörden zu erachten, Johow, Jahrb. d. Kammerger. 3 S. 100. Das schließt aber nicht aus, daß, wenn die Statuten nicht amtlich kundgegeben sind, ein Attest über die Legitimation derjenigen Personen, welche die Unterschriften für das Kapitel geleistet haben, nach §. 3 Abs. 2 des Ges. v. 7. Juni 1876 (Zus. 62 zu §. 950) gefordert werden kann.

2) H. Der deutsche Text ist der Raumersparniß wegen weggelassen. Die K.O., welche die staatliche Sanktion ertheilt hat, folgt als Zus. 65.

Die Geschichte der Verhandlungen über diese Bulle bei Mejer, zur Gesch. d. römisch.-deutschen Frage. Rostock 1872 ff. Th. 2 Abthl. 2 S. 3, 265; Th. 3 S. 88, vergl. auch Friedberg, d. Staat und die Bischofswahlen, Leipzig 1874 S. 43.

quoque Germanorum vota Regiis etiam aucta commendationibus benigno favore prosequamur, ad Omnipotentis Dei gloriam, et ad honorem Beati Petri Apostolorum Principis Coloniensem Ecclesiam, jam antea inter Germaniae Sedes nulli antiquitate ac splendore secundam, sub Invocatione laudati Principis Apostolorum ad Metropolitanae Ecclesiae gradum restituimus, ac in illo perpetuo constituendam esse decernimus, eidemque Metropolitanae suffraganeas assignamus Episcopales Ecclesias Trevirensem, Monasteriensem, atque Paderbornensem.

(VI.) Episcopalem pariter Ecclesiam Posnaniensem sub Invocatione Sanctorum Petri et Pauli Apostolorum ad Sedis Metropolitanae gradum extollimus, ac constituimus, eamdemque alteri archiepiscopali Ecclesiae Gnesnensi sub Invocatione Sancti Adalberti per dimissionem Venerabilis Fratris Ignatii Raczinski ultimi illius Archiepiscopi in manibus Nostris libere factam, et per Nos admissam ad praesens vacanti, aeque principaliter perpetuo unimus, et aggregamus, ac Venerabili Fratri Timotheo Gorszenski moderno Episcopo Posnaniensi curam, regimen, et administrationem ipsius Ecclesiae Gnesnensis plenarie committimus, eumdemque Archiepiscopum Gnesnensem, ac Posnaniensem constituimus, et deputamus, ac Archiepiscopum Gnesnensem, ac Posnaniensem semper esse, et appellari mandamus[3]), ejusque juri Metropolitico Episcopalem Ecclesiam Culmensem Suffraganeam assignamus.

(VII.) Episcopales vero Ecclesias Wratislaviensem, ac Warmiensem huic sanctae sedi perpetuo immediate subjectas esse, ac remanere debere declaramus.

(VIII.) Singulis autem Archiepiscopis et Episcopis omnia et singula jura, praeeminentias, praerogativas, ac privilegia aliis illarum Partium Archiepiscopis et Episcopis legitime competentia tribuimus, et confirmamus.

(IX.) Quod spectat Capitulum Metropolitanae Ecclesiae Coloniensis, in eo Duas erigimus Dignitates, Praeposituram videlicet, quae Major erit post Pontificalem, ac Decanatum secundam, decem Canonicatus Numerarios, et quatuor Canonicatus Honorarios, ac praeterea, octo Vicarias, seu Praebendatus.

(X.) Archiepiscopalis Ecclesiae Gnesnensis Capitulum constabit inposterum ex unica dumtaxat Praepositi Dignitate, et ex numero sex Canonicatuum, alterius vero Posnaniensis Archiepiscopalis Ecclesiae Capitulum efformabunt duo Dignitates, Praepositi videlicet, ac Decani, octo Canonicatus Numerarii, et alii quatuor Canonicatus Honorarii, nec non octo Vicariae seu Praebendatus.

(XI.) Cathedralium Ecclesiarum Trevirensis, atque Paderbornensis respectivum Capitulum constabit ex Duabus Dignitatibus, una nempe Praepositi, ac altera Decani, ex octo Canonicatibus Numerariis, et quatuor Canonicatibus Honorariis, atque e Sex Vicariis, seu Praebendatis.

(XII.) In Cathedrali Ecclesia Monasteriensi Capitulum constituent binae Dignitates, Major nempe Praepositurae, ac secunda Decanatus, octo Canonicatus Numerarii, quatuor Honorarii Canonicatus, et octo Vicariae, seu Praebendatus.

(XIII.) Culmensis Cathedralis Ecclesiae Capitulum constabit ex binis Dignitatibus, Praepositurae videlicet, ac Decanatus, ex octo Canonicatibus Numerariis, ex quatuor Honorariis Canonicatibus, et e sex Vicariis, seu Praebendatis.

(XIV.) Cathedralis Ecclesiae Wratislaviensis Capitulum efformabunt duo Dignitates, una videlicet Praepositurae, et altera Decanatus, decem Canonicatus Numerarii quorum primus Scholastici Praebendam adnexam habebit, sex Canonicatus Honorarii, atque octo Vicariae, seu Praebendatus.

(XV.) Demum quod attinet ad Episcopalem Ecclesiam Warmiensem, illius Cathedrale Capitulum in eo quo nunc reperitur statu consistet; reservata tamen Nobis, ac

3) H. Die beiden Bisthümer Gnesen und Posen sind dadurch aeque principaliter unirt; über diese Art der Union vgl. P. Hinschius, Kirchenrecht 2 S. 425.

Romanis Pontificibus Successoribus Nostris facultate Capitulum ipsum ad aliarum in Regno Borussico existentium Ecclesiarum normam imposterum conformandi.

(XVI.) Porro in qualibet ex antedictis Ecclesiis tam Archiepiscopalibus quam Episcopalibus Animarum Parochianorum cura habitualis residebit penes Capitulum, actualis vero ab uno e Capitularibus ad hoc expresse designando, et praevio examine ad formam sacrorum Canonum ab ordinario approbando cum Vicariorum auxilio exercebitur; ac in unoquoque ex iisdem Capitulis duo ab ordinario stabiliter deputandi erunt idonei Canonici, a quorum uno Poenitentiarii, ab altero vero sacram scripturam statis diebus Populo exponendo Theologi respective munera fideliter adimpleantur.

(XVII.) Singulis profecto ex primodictorum Capitulorum Canonicis Honorariis, quos ad personalem residentiam et ad Servitium Chori minime obligatos esse declaramus, idem cum Residentibus Canonicis aditus ad Chorum et ad caeteras Ecclesiasticas Functiones patebit; Nosque ad majus praedictarum Ecclesiarum decus, ac splendorem omnibus antedictis Dignitatibus, et Canonicis Indultum utendi iisdem Insigniis, quibus antea fruebantur, expresse confirmamus, et quatenus opus sit de novo concedimus, et elargimur.

(XVIII.) Cuilibet similiter ex supradictis Capitulis Cathedralibus nunc, et pro tempore existentibus, ut ipsi capitulariter congregati pro novo, et circumstantiis magis accommodato earumdem Archiepiscopalium, et Episcopalium Ecclesiarum, earumque Chori quotidiano servitio, nec non rerum, ac jurium tam spiritualium, quam temporalium prospero, felicique regimine, gubernio, ac directione, onerumque iis respective incumbentium supportatione, distributionum quotidianarum, et aliorum quorumcumque emolumentorum exactione, ac divisione, et poenarum incurrendarum a non interessentibus Divinis Officiis incursu, singulorum praesentiis, et absentiis notandis, caeremoniis, ac ritibus servandis, et quibusvis aliis rebus circa praemissa necessariis, et opportunis quaecumque Statuta, Ordinationes, Capitula, et Decreta, licita tamen, atque honesta, et Sacris Canonibus, Constitutionibus Apostolicis, Decretisque Concilii Tridentini minime adversantia sub praesidentia, inspectione, et approbatione respectivorum Archiepiscoporum, et Episcoporum edere, atque edita declarare, et interpretari, ac in meliorem formam redigere, et reformare, seu alia de novo, ab illis ad quos spectat, et pro tempore spectabit inviolabiliter observanda, sub poenis in contrafacientes statuendis pariter condere, atque edere libere, ac licite valeant[4]), facultatem perpetuo concedimus, et impertimur.

(XIX.) Dignitatum Canonicorum, et Vicariorum, seu Praebendatorum numero tam in metropolitanis, quam in Cathedralibus Capitulis ut supra praefinito, ad ea tam pro hac prima vice, quam pro futuris temporibus componenda statuimus, ut imposterum quilibet ad Dignitates, et Canonicatus assequendos infrascriptis ornatus esse debeat requisitis, nempe, quod majores sacros ordines susceperit, utilemque Ecclesiae operam saltem per quinquennium navaverit, vel in Animarum Cura exercenda, aut adjuvanda sese praestiterit, vel Theologiae, aut Sacrorum Canonum Professor existerit, vel alicuique in Regno Borussico existenti Episcopo in Dioecesanae administrationis munere inservierit, vel demum in Sacra Theologia, aut in Iure Canonico Doctoratus Lauream rite fuerit consequutus; postremae tamen huiusce conditionis effectu ex justis, gravibusque causis per Decennium a Data praesentium computandum in suspensum remanente. Cuiuscumque vero conditionis ecclesiasticos Viros aequali jure ad Dignitates, et Canonicatus obtinendos gaudere debere decernimus. Itemque statuimus unam in Monasteriensi, ac alteram in Wratislaviensi Cathedralibus Ecclesiis Canonicalem Praebendam designandam, et ab eo

4) H. Die nähere Einrichtung der neubegründeten Domkapitel regeln die Erektions- und Restitutionsdiplome für die einzelnen Kapitel, welche landesherrlich genehmigt worden sind, und die auf Grund derselben abgefaßten Statuten. Von den ersteren sind die für Gnesen und Posen bei Weiss, corp. jur. ecclesiast. p. 109, 112, das für Köln bei Hüffer, Forschungen auf d. Geb. des franz. und rhein. K.R. Münster 1863 S. 338 gedruckt. Die Kölner Statuten finden sich ebendaselbst, S. 349.

ad quem juxta mensium alternativam pertinebit, semper, et quandocumque conferendam esse uni, et alteri canonica requisita habentibus ex Professoribus Universitatum in dictis respectivis Civitatibus existentium; atque ulterius decernimus, tam Praepositum Parochialis Ecclesiae Sanctae Hedwigis Civitatis Berolinensis, quam Decanum commissarium Ecclesiasticum in comitatu Glacensi pro tempore existentes inter Honorarios Canonicos Wratislaviensis Cathedralis Capituli esse cooptandos; ita ut pari cum iis fruantur jure, locum illum, atque Ordinem tenentes, qui secundum respectivae Nominationis tempus ipsis competere dignoscatur. Quilibet autem ex Canonicis Honorariis in unumquodque ex antedictis Capitulis cooptandus sumendus erit ex numero Archipresbyterorum Animarum curam in respectiva Dioecesi laudabiliter exercentium.

(XX.) Quod vero attinet ad novam Supradictorum Capitulorum pro hac prima vice ea qua convenit celeritate explendam compositionem, infranominando harum Literarum Nostrarum Exequutori potestatem facimus, ut in unaquaque Ecclesia tam Dignitates, et Canonicatus, quam Vicarias, seu praebendatus actu vacantes, quae ad aequandum numerum ut supra designatum fortasse deficient, dignis et idoneis Ecclesiasticis Viris ex delegata sibi specialia Apostolica facultate, ac hujus sanctae sedis nomine conferat; ita tamen ut ii dumtaxat, qui de Dignitatibus, et Canonicatibus ab ipso provisi fuerint, Apostolicas novae Provisionis, et Confirmationis Literas infra sex menses ex tunc proximos a Dataria Nostra impetrare, et expedire facere teneantur. Et si contingat, quod in aliqua ex Metropolitanis, vel Cathedralibus in Borussiae Regno existentibus Ecclesiis Dignitates, Canonici, et Vicarii, seu Praebendati legitime, et canonice instituti adhuc viventes respectivum numerum a Nobis ut supra praefinitum excedant, praedictus Exequutor Apostolicus, vocatis auditisque interesse habentibus, aut per voluntarias jurium abdicationes ab illis, vel ab illorum aliquibus emittendas rem componat, proviso insimul per congruas vitalitias Pensiones, jam a Serenissimo Rege pollicitas Dimittentium substentationi, aut si abdicationes hujusmodi minime habeantur, vel sufficientem numerum non attingant in hoc casu, qui numerum in supradicta Nostra dispositione praefinitum excedentes Dignitatum, Canonicatuum, et Vicariatuum possessionem postremo Loco adepti fuerint, si apud Ecclesias suas resideant, Capitulares quidem, et Vicarii respective esse pergent, juribus, et praerogativis nunc iis competentibus fruentur, suosque redditus in ea quantitate percipient, qua in praesens gaudent. Sed quando Beneficia ab iis obtenta quocumque modo vacaverint aliis conferri minime poterunt, atque ex nunc pro tunc suppressa, et extincta debeant intelligi, ad hoc ut deinceps praefixus ut supra numerus in respectivis Capitulis ad amussim observetur. Quod si in aliquo Capitulo Canonici minoribus in praesentiarum fruantur redditibus, quam qui futuris eorum loco assignantur, nullum isti reddituum augumentum consequentur, nisi ab Exequutore Apostolico singillatim similibus amplioribus redditibus donati fuerint.

(XXI.) Futuro autem tempore, ac successivis vacationibus a Nobis, et Romanis Pontificibus Successoribus Nostris Praepositura, quae Major post Pontificalem Dignitas in supramemoratis Archiepiscopalibus, et Episcopalibus Ecclesiis, nec non in Ecclesia Aquisgranensi in Collegiatam ut infra erigenda, itemque Canonicatus in Mensibus Januarii, Martii, Maii, Julii, Septembris, ac Novembris in praefatis Ecclesiis vacantes conferentur quemadmodum in Capitulo Wratislaviensi hactenus factum est[5]): quo vero ad Decanatus

5) H. Der in Bezug genommene Modus des Breslauer Kapitels bestand seit den Zeiten Friedrich's des Großen darin, daß die Bezeichnung der Person vom Verleihungsrecht abgetrennt und in Form der Nomination auf den Landesherrn übergegangen war (Laspeyres a. a. O. S. 369). Mit Rucksicht darauf ernennt der König für diese Stellen, der Papst dagegen ertheilt auf Grund eines bischöflichen Tauglichkeitszeugnisses die sog. Proviste, die Verleihungsurkunde, in welcher der landesherrlichen Ernennung nicht gedacht wird. Die Fortdauer dieses Ernennungsrechtes, welches nach dem Jahre 1848 von einzelnen Bischöfen mit Rücksicht auf die Verfassungs-Urkunde in Frage gestellt worden ist, hat die Kurie bei den deshalb mit ihr im J. 1850 geführten Verhandlungen ausdrücklich anerkannt. Vergl. auch Richter in Ztschr. f. K.R. Bd. 1

in praedictis Metropolitanis, et Cathedralibus Ecclesiis, et ad Canonicatus tam in ipsis, quam in dicta Aquisgranensi Ecclesia in Collegiatam erigenda, in aliis sex mensibus vacantes ab Archiepiscopis et Episcopis respective conferentur. Vicariatus autem, seu Praebendatus in praedictis Ecclesiis quocumque mense vacaverint respectivorum Archiepiscoporum et Episcoporum collationi relinquimus.

(XXII.) Rem denique Germaniae gratissimam, simulque praelaudato Borussiae Regi acceptissimam, Nos esse facturos judicantes, si electionum jure in Transrhenanis Ecclesiis retento, ac confirmato, et in Cisrhenanis cessato per Apostolicas Dispositiones anni millesimi octingentesimi primi nunc in ipsis Cisrhenanis Dioecesibus praefati Regis Temporali Dominio subjectis, idem jus electionis redintegretur, quoad Capitula Ecclesiarum ad Germaniam pertinentium, nempe Coloniensis, Trevirensis, Wratislaviensis, Paderbornensis et Monasteriensis, decernimus, ac statuimus, quod alia quacumque ratione vel consuetudine, nec non electionis, et postulationis discrimine[6]), nobilitatisque natalium necessitate sublatis Capitulis praedictis, postquam supradicta methodo constituta, et ordinata erunt facultatem tribuimus, ut in singulis illarum sedium vacationibus per Antistitum respectivorum obitum extra Romanam Curiam, vel per earum sedium resignationem, et abdicationem (excepto tamen praesenti casu vacationis Coloniensis, ac Trevirensis Ecclesiarum) infra consuetum Trimestris spatium Dignitates, ac Canonici capitulariter congregati, et servatis Canonicis regulis novos Antistites ex Ecclesiasticis quibuscumque viris Regni Borussici incolis, dignis tamen, et juxta Canonicas sanctiones idoneis servatis servandis ad formam sacrorum Canonum eligere possint[7]); Ad hujusmodi autem Electiones

---

S. 113. Der Dekanat und die übrigen Kanonikate, welche in den gedachten Kapiteln durch den Bischof verliehen werden, unterliegen den Bestimmungen des Ges. v. 11. Mai 1873 (s. Zus. 10 zu §. 60 d. T. Anm. 36 zu §. 1).

6) H. Unter Postulation wird die Vereinigung der Wähler auf einen mit einem kanonischen Hinderniß behafteten Kandidaten verstanden, welcher wegen des erwähnten Umstandes nicht durch eigentliche Wahl designirt werden kann. Sie findet statt in Betreff derjenigen, welche schon Bischöfe (gleichviel ob wirkliche Diözesan- oder Weihbischöfe) sind, wegen der hinsichtlich dieser allein dem Papst vorbehaltenen Lösung der Verbindung derselben mit ihrer bisherigen Diözese, sowie in Betreff solcher Geistlichen, welche nicht die kanonischen Eigenschaften für das Bischofsamt (das dreißigjährige Alter, den nothwendigen ordo u. s. w.) besitzen. Das Kapitel, welches einen solchen Kandidaten für das Bisthum geeignet hält, kann die Zulassung desselben beim Papst zwar erbitten, aber nie, wie dies bei einem vollkommnen tauglichen Kandidaten, welchen es durch die Wahl bezeichnet, rechtlich beanspruchen. Die Zulassung seitens des Papstes (die s. g. admissio) ist also eine Gnadensache (vergl. Hinschius, K.R. 2 S. 677). Wenn die Bulle den Unterschied zwischen Wahl im engeren Sinne (electio) und Postulation aufhebt, so kann dies unmöglich bedeuten — so nimmt Lippert in seinen Annalen des Kirchenrechts Hft. 2 (Frankfurt a. M. 1832) S. 83 an — daß damit die Postulation überhaupt für unzulässig erklärt wird, vielmehr ist der rechtliche Unterschied zwischen Wahl und Postulation beseitigt, d. h. auch alle nur kanonisch postulablen Subjekte sind wahlfähig, und die für die Postulation geltenden Grundsätze des kanonischen Rechtes sind in Betreff der altpreußischen Bisthümer außer Wirksamkeit gesetzt, so daß ein nur postulabler Kandidat durch die Wahl des Kapitels denselben Anspruch auf päpstliche Bestätigung erlangt, wie ein an und für sich wahlfähiger. Ders. M. Richter-Dove, K.R. §. 184 Anm. 20; Eichhorn, Kirchenrecht Bd. 2 S. 700; Schulte, kathol. K.R. Bd. 2 S. 230 Anm. 7; a Boenninghausen, tractatus de irregularitatibus. Monasterii 1863. fascic. 3 S. 124 n. 17; P. Hinschius a. a. O. S. 682. Auch die Praxis bestätigt diese Auffassung, da wiederholt Weihbischöfe, welche nur postulabel sind, preußische Bischofssitze zufolge Kapitelswahl erlangt haben, Friedberg, d. Staat und die Bischofswahlen in Deutschland S. 217, 219, 220, 225, 228, 243, 249.

7) H. Eines Einflusses der Staatsgewalt auf die Bischofswahlen gedenkt die Bulle nicht, indessen hatte die preußische Regierung darüber vor dem Erlaß derselben eingehende Verhandlungen mit der römischen Kurie geführt, Friedberg, das Veto d. Regierungen bei Bischofswahlen. Halle 1869, S. 1 ff., und mit ihr die Vereinbarung getroffen, daß der Papst die Kapitel durch ein besonderes Breve anweisen sollte, sich vor der formellen Wahl darüber zu vergewissern, daß die Kandidaten dem Könige nicht mißfällig wären, s. Friedberg, Veto S. 8 ff.; Derselbe, der Staat S. 57 ff. Demgemäß ist als integrirender Theil der Bulle unter gleichem Datum mit dieser nachstehendes Breve erlassen (Friedberg, Veto S. 12, Staat S. 57), welches lautet (s. u. A. Friedberg, Staat, Aktenstücke S. 244):

Pius P. P. VII. Dilecti filii salutem et apostolicam benedictionem. Quod de fidelium istic degentium salute vehementer sollicite tantopere exoptavimus omnique studio curavimus, id demum feliciter factum gratulamur, eo bene juvante, qui auctor est pacis et pater totius consolationis. Post tot enim discrimina temporum acerbissimorum episcopales Sedes in regno isto quae tot nominibus commendabantur, instaurare ac pro dominici gregis commoditate apte potuimus ordinare re apprime cum serenissimo Rege vestro conciliata, qui animo quo est magno et excelso in censu earundem liberaliter adtribuendo, studiis Nostris mirifice favit. Universam quidem rationem rei probe cognoscetis ex Apostolicis litteris, quas de ea sub plumbo hac ipsa die expediri mandavimus; nec dubitamus, quin non mediocrem consolationem sitis percepturi, quod et plures istius regni Ecclesiae e squalore, in quo jacuerunt, revocatas, et illustre de Antistitum electione privilegium vobis perstare animadvertetis; quod certe cum primis et vestra et Germaniae vota impensissimi efflagitabant. Hac tamen occasione speciatim vos alloqui per epistolam voluimus, nedum ut gratulatione communi Deo benedicamus, sed ut in gravissimo electionum negotio vestram religionem, prudentiam, integritatem vehementissime excitemus. Sint vobis ob oculos (dicimus animi sensu quo maxime possumus sollicito), sint vobis ob oculos jugiter, quae Tridentina synodus dissertissime praescripsit piis omnibus qui ad promotionem praeficiendorum quacunque ratione operam suam praestant (Sess. 24 cap. 1 de ref. et Sess. 6 cap. 1 de ref.). De omnipotentis Dei gloria res est et bono animarum, de aeterna salute etiam vestra. Non alium idcirco finem in suffragatione habere vos oportet, nisi ut religionis utilitatibus et gregis incolumitati consulatis: alienis autem vos peccatis communicare, affirmant Tridentini Patres, nisi quos digniores et ecclesiae magis utiles, non quidem precibus vel humano affectu aut ambientium suggestionibus, sed eorum exigentibus meritis judicaveritis, praefici diligenter curetis. Vestri quippe studii ac suffragii rationem reddetis ipsi Deo, qui requiret de manibus vestris sanguinem ovium, si quae ex malo Pastorum regimine interierint. Cum vero ad religionis incrementa utilioremque Episcopalis muneris procurationem summopere intersit, mutuam servari utriusque potestatis concordiam, quandoquidem ex Ivonis Carnotensis testimoniis cum Regnum et Sacerdotium inter se conveniunt, bene regitur mundus, floret et fructificat Ecclesia: vestrarum partium erit eos adsciscere, quos praeter qualitates caeteras ecclesiastico jure praefinitas, prudentiae insuper laude commendari, nec Serenissimo Regi minus gratos esse noveritis, de quibus antequam solemnem electionis actum ex Canonum regulis rite celebretis, ut Vobis constet curabitis.

Quamquam vero Serenissimi Regis desideriis annuentes in praedictis Nostris litteris constituerimus, eligendos ad Borussiae Ecclesias ejusdem regni incolas esse debere, non idcirco tamen eos omnes, qui extra idem regnum morantur, nulla exceptione facta, esse a Vobis intendimus excludendos. Si enim in presbyterum ex Germaniae natione, praecipua laude praeclarum, qui extra Borussiae ditionis fines habitet, vota Vestra inclinent, eum assentiente Rege, in Episcopum eligi a Vobis posse libentissime declaramus.

Haec dilecti Filii, a pia et religiosa circumspectione vestra fidenter exquirimus, omnemque idcirco in Vos pastoralis ac paternae Nostrae cohortationis vim effundimus, ut eos Nobis confirmandos exhibeatis, de quorum electione omnipotenti Deo gratias agere, fidem Vestram laudare, Ecclesiis ex animo gratulari, Nobis denique in Domino gaudere possimus. Quae ut prospere et e sententia succedant, divini praesidii pignus, Apostolicam Benedictionem Vobis impertimur ex corde.

Datum Romae apud sanctam Mariam Majorem die 16. Iulii 1821, Pontificatus nostri anno XXII.

Das Breve ist den einzelnen Kapiteln in den verschiedenen, für jedes bestimmten päpstlichen Ausfertigungen durch die Regierung mitgetheilt, Friedberg, Veto S. 13, 14, und Ders., Staat S. 58, aber nicht mit der Bulle in der Gesetzsammlung publizirt worden.

Das Breve giebt dem Könige das Recht, die Wahl mißfälliger Personen auszuschließen, den Wählern legt es andererseits die Pflicht auf, sich vor der Wahl Gewißheit darüber zu verschaffen, daß die zur eigentlichen Wahl zu bringenden Personen dem König nicht minus gratae sind.

Das Kapitel hat also zu diesem Behufe eine Vorberathung zur Auswahl der Kandidaten zu halten. Zu dieser müssen auch die Ehrendomherrn (s. Nr. IX ff. der Bulle), weil sie gleichfalls das Wahlrecht besitzen (Nr. XXII u. u. O.) zugezogen werden, so auch das R. d. Min. d. geistl. Angel. v. 9. April 1842 (bei Friedberg, Staat S. 242, und v. Sybel, das Recht des Staates bei Bischofswahlen in Preußen. Bonn 1873 S. 27) u. P. Hinschius, K.R. 2 S. 685. Es genügt nicht, wie die römische Kurie 1837 in einem Spezialfall erklärt hat (s. Schulte, d. Rechtsfrage des Einflusses d. Regierung bei den Bischofswahlen in Preußen. Gießen 1869, S. 63), daß das Kapitel das Resultat der von ihm allein veranstalteten Vorwahl den Ehren-

jus suffragii habebunt Canonici, tam Numerarii, quam Honorarii [8]), ne exclusis quidem

---

domherren mittheilt. Denn durch dieses Verfahren wird letzteren der Einfluß auf die Feststellung der der Regierung kundzugebenden Persönlichkeiten genommen, und damit ihr Wahlrecht in so fern beschränkt, als sie durch ihr etwaiges Votum die Berücksichtigung gewisser Kandidaten, welche sonst nicht in Betracht gezogen werden würden, herbeiführen können. Das mitgetheilte Breve ist freilich nur an die Kapitel gerichtet, aber in Bezug auf die Bischofswahl sind die Ehrendomherren vollberechtigte Mitglieder derselben.

Die Mißliebigkeit, welche an und für sich nicht etwas nach objektiven Gründen zu Bemessendes ist, kann nur durch die Erklärung des Königs festgestellt werden. Eine Motivirung ist nicht erforderlich, und jede Prüfung der Gründe durch die geistlichen Behörden ausgeschlossen.

Ueber den Modus, wie das Kapitel sich mit dem Landesherrn zu verständigen habe, ist bei der Uebereinkunft nichts festgesetzt worden. Bis zum Jahre 1841 war es Praxis, daß die Regierung selbstständig zur Auswahl eines geeigneten Kandidaten die Initiative ergriff und die von ihr ausersehenen Personen den Mitgliedern der Kapitel vertraulich kundmachen ließ, v. Sybel S. 23; Friedberg, Staat S. 220 ff. Erst seit 1841 ist das heute übliche Verfahren der Einreichung einer Liste der in Aussicht genommenen Kandidaten an den König, welcher die nicht genehmen Persönlichkeiten auf dieser streicht, üblich geworden, v. Sybel S. 27; Friedberg a. a. O. S. 237; P. Hinschius a. a. O. S. 685. In dieser Zulassung der Liste liegt nur eine Konnivenz der Regierung. Dieselbe kann daher jeden Augenblick wieder einen anderen Modus einführen. Es dürfen ferner auch, so lange es bei dem Listenverfahren bewendet, alle auf der Liste stehenden Kandidaten gestrichen und die Einreichung einer neuen verlangt werden, s. Schulte S. 55 ff.; Friedberg, Veto S. 17 ff., Staat S. 371 ff., namentlich kann davon gar keine Rede sein, daß, wie es seitens der Kurie hinsichtlich der Besetzung des Kölner Bischofsstuhles im Jahre 1865 (Friedberg, Staat S. 261) verlangt wurde, 3 Kandidaten auf der Liste stehen bleiben müßten, s. Schulte S. 60; v. Sybel S. 33; P. Hinschius a. a. O. S. 686.

Eine unter Verletzung des staatlichen Exklusionsrechtes erfolgte Wahl kann die Regierung als nichtig behandeln, und sie braucht den Gewählten, selbst wenn er vom Papst bestätigt wird, nicht als Bischof anzuerkennen.

Ueber die hier behandelten Fragen vergl. außer den Citirten von ultramontaner Seite noch v. Ketteler, d. R. d. Domkapitel und d. Veto der Regierungen b. Bischofswahlen. Mainz 1869; J. Hirschel, d. R. der Regierungen bez. der Bischofswahlen in Preußen und der oberrheinischen Kirchenprovinz 1870; Rosner im Arch. f. kathol. K.R. Bd. 30 S. 426; 31 S. 96; 32 S. 272.

Für die bevorstehende eigentliche Wahl wird vom König auf Vorschlag des Kultusministers ein Wahlkommissar (vielfach der Oberpräsident, auch ein anderer angesehener Katholik) ernannt. An ihn hat sich das Kapitel mit seinen Erkundigungen wegen der Qualität der in Aussicht genommenen Kandidaten als personae non minus gratae zu adressiren, und er läßt demselben die nöthigen Informationen auf Grund der vom Kultusminister eingeholten königlichen Entscheidung zugehen. Ferner hat er bei der Wahl die landesherrlichen Gerechtsame wahrzunehmen in der Weise, daß er zu dem mit ihm zu vereinbarenden Wahltermine unter Vorlegung seiner vom König vollzogenen Beglaubigungs- oder Ermächtigungsurkunde erscheint, dem Kapitel die etwa noch erforderlichen Eröffnungen wegen der Person der Kandidaten macht, und demnächst, wenn die solenne Wahl, welcher er nicht anwohnt, erfolgt ist, Namens des Königs die Erklärung über die stattgehabte Wahl abgiebt, entweder dahin, daß er erklärt, daß seitens des Königs kein Einspruch erhoben würde, oder daß er die Wahl beanstandet und sich Bericht an das Kultusministerium vorbehält. Eine materielle oder positive Einwirkung auf die Wahl übt er nicht aus, seine Anwesenheit gewährt aber den Vortheil, daß das Kapitel bei nicht erfolgter Beanstandung der Wahl sofort zur feierlichen Verkündigung derselben in der Kirche schreiten kann, P. Hinschius a. a. O. S. 686, 687.

Wenn die Wahl vom Kapitel nicht innerhalb der dreimonatlichen Frist vorgenommen worden oder fehlerhaft gewesen oder ein unfähiger Kandidat gewählt ist, so tritt nach gemeinem Rechte die freie Besetzung des Papstes kraft Devolutions- und Reservatrechts ein, c. 13 de praeb. in Extr. comm. III 2. In der Bulle ist dieses Rechtes nicht gedacht. Von der preußischen Regierung ist es weder bei den bezüglichen Verhandlungen noch später thatsächlich anerkannt worden. Dieser Punkt hat also keine Erledigung gefunden, und es wird für solche Fälle eine Vereinbarung zwischen der Staatsregierung und der Kurie erfolgen müssen, wie denn auch bisher unter solchen Umständen bald nachträgliche Wahl durch das Kapitel, bald Besetzung durch den Papst unter Zustimmung der Regierung erfolgt ist, Friedberg, Staat S. 388. Mag aber der Besetzungsmodus sein, wie er will, immer bleibt der Regierung das Recht, ihr Veto gegen personae minus gratae zu erheben, P. Hinschius a. a. O. S. 675.

8) H. Vgl. aber Nr. IX ff. der Bulle und die vorige Anm. Abs. 8.

illis, qui ultra Capitularium numerum in hac reordinatione praefinitum, quo ad vixerint in ipsis Capitulis conservabuntur.

(XXIII.) Nihil vero in Capitulis Episcopalium Ecclesiarum Warmiensis, et Culmensis, nec non Archiepiscopalium Gnesnensis et Posnaniensis invicem perpetuo unitarum, innovantes[9]) mandamus dumtaxat ut Gnesnenses, et Posnanienses Capitulares ad Archiepiscopi electionem conjunctim debeant procedere. Quod autem spectat vacantem Episcopalem Ecclesiam Wratislaviensem, specialem potestatem facimus, quinque actu in illa existentibus Dignitatibus, nempe Praeposito, Decano, Archidiacano, Scholastico, et Custode, octo Canonicis residentibus, et sex Canonicis Honorariis, qui nunc ejus Ecclesiae Capitulares habentur, ut ad novi Episcopi electionem Canonicam modo, et forma praemissis, hoc etiam prima vice procedere possint, et valeant.

(XXIV.) Quaelibet vero Electionum hujusmodi Instrumenta in authentica forma exarata, ad Sanctam Sedem de more mittentur[10]), a qua si Electio Canonice peracta agnoscetur, et ex processu Inquisitionis[11]) deinde a Romano Pontifice in singulis casibus alicui ex Archiepiscopis, vel Episcopis jntra fines Regni Borussici existentibus committendo, et ad formam instructionis jussu San. Mem. Urbani Octavi Praedecessoris Nostri editae diligenter exarando de electi idoneitate constiterit, electiones hujusmodi a Nobis, et Romanis Pontificibus Successoribus Nostris juxta statutum morem per Apostolicas Literas confirmabuntur[12]).

(XXV.) In singulis praeterea Civitatibus, tam Archiepiscopalibus, quam Episcopalibus unum Clericorum Seminarium[13]), vel conservandum vel de novo quamprimum erigendum esse statuimus, in quo is Clericorum numerus ali, atque ad formam Decretorum Sacri Concilii Tridentini institui, ac educari debeat, qui respectivarum Dioecesium ampli-

---

9) H. Der Modus in Ermland war eine Scheinwahl, weil der Landesherr dem Kapitel den zukünftigen Bischof bezeichnete, Mejer, d. Veto deutsch-protestantischer Staatsregierungen gegen katholische Bischofswahlen. Rostock 1866, S. 37, u. Laspeyres, Gesch. d. kathol. Kirchenverfassung in Preußen Bd. 1 S. 369, in Kulm und Gnesen-Posen aber die landesherrliche Ernennung (Nomination), welche mit Rücksicht darauf, daß das Kapitel den Ernannten durch einen feierlichen als Wahl bezeichneten Akt annahm, und nur das Protokoll über diesen letzteren nach Rom einsandte, vom päpstlichen Stuhle niemals beanstandet worden war, Mejer a. a. O.; Friedberg, Veto S. 1, 5, Staat S. 44 ff.; Eichhorn, die Ausführung der Bulle: De salute animarum S. 78, 106. Diese Abweichungen von dem allgemein in der Bulle vorgeschriebenen Verfahren sind indessen durch eine Vereinbarung zwischen der Kurie und der preuß. Regierung v. J. 1841 beseitigt worden, Friedberg, Veto S. 15, 76, Staat S. 61 und Aktenstücke dazu S. 28. Der entscheidende Passus lautet: „6. Quant à l'élection des évêques les préscriptions de la Bulle de Salute animarum, ainsi que le Bref de Pie VII qui y a rapport, seront toujours scrupuleusement observés dans toute la monarchie."

10) H. Die Uebersendung erfolgt direkt durch das Kapitel. Der Wahlkommissarius (s. Anm. 7) erhält nur beglaubigte Abschrift, auf Grund dessen das definitive Ergebniß der Wahl seitens des Kultusministers an den König berichtet wird.

11) H. Wenngleich der Inquisitions- oder Informativ-Prozeß gemeinrechtlich nicht nothwendig ist (s. Schulte, kathol. Kirchenrecht 2 S. 234), so hat der Papst in der Bulle doch die Verpflichtung übernommen, die Tauglichkeit oder Untauglichkeit des Kandidaten auf diese Weise festzustellen, und die Regierung braucht sich eine Verwerfung des Kandidaten ohne das gedachte Verfahren nicht gefallen zu lassen, s. Friedberg, Staat S. 383; P. Hinschius a. a. O. S. 674 N. 3.

12) H. Auch in dieser Hinsicht ist das gemeine Recht abgeändert. Nach demselben muß dem Gewählten, wenn er die Wahl gültig angenommen und dieser die erforderlichen kanonischen Eigenschaften besitzt, die päpstliche Bestätigung (confirmatio) ertheilt werden, jedoch steht es dem Papste frei, selbst unter solchen Umständen dieselbe zu verweigern, wenn gewichtige Gründe dafür vorliegen, Schulte a. a. O. S. 232, 234. Diese Ausnahmebefugniß hält die Bulle nicht offen, stellt vielmehr nur die Idoneität des Gewählten als einzige Bedingung der Konfirmation auf, Friedberg, Staat S. 383; P. Hinschius a. a. O. S. 614.

Wegen der staatlichen Anerkennung der Bischöfe s. Anm. 35 zu Zus. 71 bei §. 1053 d. T.

13) H. Die Vorschrift über die Seminarien ist niemals vollständig zur Ausführung gelangt. Jetzt kommen in Frage die Vorschriften des Ges. v. 11. Mai 1873 §§. 6, 7, 9 ff. (Zus. 10 zu §. 60 d. T.).

tudini, et necessitati respondeat, quique ab Exequutore praesentium Literarum congrue erit praefiniendus: Archiepiscopi tamen Gnesnensis, et Posnaniensis judicio, et prudentiae relinquimus, vel in utraque Civitate proprium, ac distinctum, vel unum tantum in Posnaniensi Civitate, quia amplis aedibus constat, pro Clericis ambarum Dioecesium Seminarium constabilire prout Ecclesiarum ipsarum utilitas postulaverit.

(XXVI.) Volentes nunc praevia dismembratione, separatione, atque immutatione nonnullorum Locorum, et Paraeciarum a priorum Ordinariorum iurisdictione subtrahendarum ad effectum illa, et illas Dioecesibus infrascriptis noviter aggregandi, atque incorporandi, prout magis in Domino opportunum visum fuerit, et auditis etiam Venerabilibus Fratribus Nostris S. R. E. Cardinalibus Congregationi de Propaganda Fide Praepositis ad novam Dioecesium circumscriptionem procedere, ut singularum distinctis finibus quaestiones omnes auferantur circa Spiritualis jurisdictionis exercitium, earum Distributionem, ac Divisionem de Apostolicae potestatis plenitudine decernimus, praescribimus, et constituimus juxta eum, qui sequitur, modum, videlicet:

(XXVII.) Metropolitanae Ecclesiae Coloniensis Dioecesis efformabitur ex Paraeciis sexcentum octoginta sex partim in sinistra, partim in dextera Rheni ripa positis. Et in sinistra quidem complectetur Paraecias omnes pridem in suppressa ad praesens Aquisgranensi Dioecesi contentas, quae ad Provincias pertinens Coloniensem, Dusseldorphinam, et Aquisgranensem, nempe ultra Paraecias Civitatum Coloniae, et Aquisgrani Ecclesias Cantonales nuncupatas — Bergheimerdorff — Bonna, vulgo Bonn — Brehl — Kerpen — Lechenich — Lessenich — Loevenich — Meckenheim — Münstereiffel — Zolbiacum, vulgo Zülpich — Crefeld — Dahlen — Dormagen — Elsen — Gladbach — Neuts — Urdingen — Viersen — Burtscheid — Marcodurum, vulgo Düren — Erkelenz — Eschweiler — Geilenkirchen — Gemünd — Heinsberg — Juliacum, vulgo Julich — Linnig — Montjoie — et Niddeggen — una cum earum Ecclesiis succursalibus, et adnexis, quae in dictis Provinciis intra Borussici Regni fines modo inveniuntur, a Cantonalibus disjungendo Paraecias succursales, et adnexas extra Regnum positas, et viceversa succursales, et adnexas pridem pendentes a Cantonalibus positis extra Regnum aggregando Cantonalibus in Regno existentibus. Complectetur praeterea Cantonales Ecclesias ad Leodiensem Dioecesim pertinentes, ac temporariae administrationi moderni Vicarii Capitularis Aquisgranensis ab Apostolica Sede commissas videlicet Ecclesias Cantonales nuncupatas — Cronemburg — Eupen — Malmedy — Niederkrüchten — Schleiden — et St. Vith — una cum earum succursalibus, et adnexis in Borussica ditione sitis, ac sex Paraeciis succursalibus, nuncupatis — Afden — Alsdorff — Merkstein — Rolduc — Ubach, — et Welzmodo dependentes a Cantonali — Herckraede — posita extra Regnum Borussicum Insuper complectetur novemdecim Provinciae Aquisgranensis ad Trevirensem Dioecesim usque nunc pertinentes Paraecias nuncupatas — Allendorff — Blankenheim — Dollendorff — Hollerath — Lommersdorff — Manderfeld — Marmagen — Mülheim — Nettersheim — Reifferscheid — Rescheid — Rigsdorff — Rohr — Schmiltheim — Schönberg — Steinfeld — Tondorff — Udelhoven — et Wildenburg — cum suis adnexis Ecclesiis. In dextera autem Rheni ripa, Provinciisque Coloniensi Dusseldorphiana, et Confluentina Paraecias complectetur Regionum — Juiliensis — Dusseldorphianae — Essensis — et Siegburgensis — cum earum succursalibus, et adnexis demptis tamen Paroecia — Römershagen — Paderbornensi Dioecesi ut infra applicanda, nec non Paroeciis — Hachenburg — et Marienstadt — nuncupatis, quae in Ducatu Nassaviae reperiuntur.

(XXVIII.) Dioecesis Episcopalis Ecclesiae Trevirensis, ab omni Metropolitico jure Archiepiscopi Mechliniensis subtractae, ac Metropolitanae Coloniensis suffraganeae adsignatae, constabit infra Regni Borussici fines ex Paroeciis Sexcentum Triginta quatuor, scilicet in sinistra Rheni ripa, ex iis omnibus, quae actu ad illam Dioecesim pertinent, et provincia Trevirensi continentur. Tum vero ex ea suppressae nunc Dioecesis Aquisgranensis parte, quae in Confluentina Provincia continentur, videlicet civitate ipsa

Confluentiae, et Ecclesiis Cantonalibus nuncupatis — Adenau — Ohrweiler - Andernach — Boppard — Castellaun — Cochem — Creuznach — Kayserscsch — Kirchberg — Krin — Lutzerath — Mayen — Munstermayfeld — Niederzissen — Oberwesel — Polch — Pünderich — Remagen — Rübenach — Simmern — Sobernheim — St. Goar — Stromberg — Treiss — Ulmen — Wanderath, — et Zell — cum suis succursalibus, et adnexis. Porro autem ex centum triginta duabus Paroeciis tum Cantonalibus, tum succursalibus, cum suis adnexis, quae in circumscriptione Anni millesimi octingentesimi primi Dioecesi Metensi fuerant attributae, ac deinde temporariae administrationi Vicarii Capitularis Trevirensis ab apostolica sede commissae. In dextra vero Rheni ripa ex cunctis Ecclesiis ditionis Borussicae, quae pridem ad ipsam Trevirensem Dioecesim spectabant, quaeque per Gallicanarum Dioecesium circumscriptionem anno millesimo octingentisimo primo a Nobis factam ab illa fuerant dismembratae, ac in praesens a Vicario Apostolico in oppido Ehrenbreitstein residente ad Nostrum beneplacitum administrantur. Tandem vero extra praedictum Paraeciarum sexcentum triginta quatuor numerum, Regnique Borussici fines cunctis illis, quae in Territoriis Principum Coburgensis, Homburgensis, et Oldenburgensis inveniuntur jam ipsi Dioecesi Trevirensi pertinentibus.

(XXIX.) Dioecesim Episcopalis Monasteriensis Ecclesiae Suffraganeae Metropolitanae Coloniensis efformabunt biscentum octaginta septem Paraeciae intra fines Regni Borussici sitae et aliae quoque extra ejusdem Regni fines in eodem Dioecesano Territorio actu comprehensae de quibus in aliud tempus disponendi Nobis, et Romanis Pontificibus successoribus Nostris prout opportunum in Domino judicabitur facultatem reservamus. Adjungimus praeterea Regiones nuncupatas — Recklinghausensem — Sterkrathensem — et Reesensem — pridem antiquae Coloniensis Dioecesis, exclusa tamen ab hac postrema Regione Paroecia Oeffelt sub Temporali Belgici Regni dominio existente, nec non ex Dioecesi Aquisgranensi nunc suppressa Cantonales Ecclesias nuncupatas — Calcar — Cleve — Cranenburg — Dulken — Geldern — Goch — Kempen — Meurs — Rheinberg — Wonkum — Wesel, — et Xanten — cum suis succursalibus, et adnexis, exceptis tamen iis Dominio Regis Belgarum in temporalibus subjectis. Adjungimus insuper Paraecias nuncupatas — Elten, — et Emmerich — cum sua filiali huc usque sub missionibus Hollandicis extantes, itemque Paraeciam — Damme — quam ab Osnabrugensi Dioecesi separamus, et Paraeciam — Oldenburgensem — quam sejungimus a Missionibus septemtrionalibus, quaeque pertinent ad ditionem Ducis Oldenburgensis. Denique moderno, ac pro tempore existenti Episcopo Monasteriensi perpetuo regendas, et administrandas committimus quinque Paraecias nuncupatas — Brochterbeck — Ibbenbühren — Mettingen — Recke — et Halverde, quae suffraganei Osnabrugensis Administrationi ad Apostolicae sedis beneplacitum erant commissae.

(XXX.) Paderbornensis Episcopalis Ecclesiae, Coloniensis Metropolitanae Suffraganeae, Dioecesis iisdem, quibus nunc reperitur, manebit circumscripta limitibus. Illi praeterea adjungimus alteram nunc suppressam Dioecesim Corbejensem cum integro suo Territorio a venerabili Fratre Ferdinando Episcopo Monasteriensi administratam, nec non ex Transrhenano antiquae Coloniensis Dioecesis Territorio Decanatus — Meschedensem — Altendornensem — Brilonensem — Wormbachensem — Medebachensem — et Wettenscheidensem — nuncupatos cum suis Parochialibus, et Filialibus Ecclesiis, pariterque Commissariatum — Haarensem, — et Paraeciam — Römershagen, — et ulterius — Rittbergensem —, et Wiedenbrückensem — Decanatus, cum suis respective Parochialibus, et Filialibus Ecclesiis ab Osnabrugensi Dioecesi separandos, nec non a Dioecesi olim Moguntina, postea Ratisbonensi disjungendas Paroecias — Siegen — et Obernetphen — nuncupatas, Civitatem Heiligenstadt — cum suo Decanatu, et Decanatus — Beurensem — Bischoferodensem — Kirchworbensem — Kühlstädtensem — Lengefeldensem — Neuendorfensem — Nordhausensem — Rüstenfeldensem — Wiesenfeldensem — cum suis Parochialibus, et Filialibus Ecclesiis, et Civitatem Erfurti — cum tribus Paroeciis suburbanis, atque Paroecias in Territorio Magni Duci Saxoniae Wimarensis existentes[14]), nec non Paroeciam Eppensem extra Borussiae Regnum in Principatu Waldeccensi ab antiqua Coloniensi Dioecesi segregandam, et demum a Missionum septemtrionalium Vicariatu Apostolico separandas, et a futuris, ac pro tempore existentibus Paderbornensibus Episcopis perpetuo administrandas[15]) Paroecias — Mindensem — Scilicet in Westphalia, et in Provincia Saxoniae — Adersleben — Althaldensleben — Ammensleben — Aschersleben — Hadtmersleben, — Ecclesias Sti. Andreae, et Sanctae Catharinae Halberstadii — Hamersleben — Hedersleben — Huysburg — Magdeburg — Marienbeck — Marienstuhl — Meyendorf — Stendal — Halle — et Burg. — Attentis autem grandaeva aetate, ac egregiis de Ecclesia, et de Catholica Religione meritis, Venerabilis Fratris Francisci Egonis a Furstemberg praestantissimi Hildesiensis, ac Paderbornensis Praesulis, ac Missionum septemtrionalium Vicarii Apostolici, ne ipsi novae administrationis onus adjungatur decernimus, et mandamus nihil circa talem Antistitem in praesens esse innovandum, sed cuncta in eo, quo nunc reperiuntur, statu interea reliquendo, antedictam Paderbornensis Dioecesis ampliationem eo dumtaxat tempore suum effectum sortiri debere, cum Episcopali sedi Paderbornensi de laudati Antistitis Francisci Egonis Persona quomodocumque vacanti novus Episcopus Apostolicae sedis auctoritate instituetur. Interea vero omnia Loca, et Paroeciae, quae a Coloniensi, et Osnabrugensi Dioecesibus ut supra dismembrantur, administrationi peculiaris Vicarii Apostolici a Nobis committentur, ut inibi usque ad Paderbornensis Episcopalis sedis vacationem, ac futuri novi Episcopi institutionem, exerceat spiritualem iurisdictionem: atque insuper alia loca, et Paraeciae a Dioecesi olim Moguntina postea Ratisbonensi disjuncta, et ab Episcopo pridem Corbejensi, nunc Monasteriensi administrata temporaneae pariter Vicarii Apostolici Administrationi tradentur.

(XXXI.) Archiepiscopalium Gnesnensis et Posnaniensis invicem perpetuo aeque principaliter unitarum Dioeceses efformabunt ea ipsa loca, quae actu in iisdem continentur, post novissimam Dioecesium Regni Polonici a Nobis peractam Circumscriptionem, exceptis tamen Decanatibus Schlochaviensi — Tuchelensi, — et Camenensi, Culmensi Dioecesi ut infra adjiciendis, ac praeterea Decanatus Kruszwicensis, Junivladislaviensis, et Gniewkowensis a Dioecesi Wladislaviensi separandi, qui ad praesens a Vicario Apostolico Gedanensi administrantur nec non Decanatus Ostrszeszowensis et Kempnensis disjungendi a Dioecesi Wratislaviensi. Divisionem autem et assignationem Territorii Dioecesani pro una, et altera Dioecesi statuendam infradicendo praesentium Literarum Exequutori peragendam expresse committimus.

(XXXII.) Dioecesis Episcopalis Ecclesiae Culmensis, suffraganeae Archiepiscopi Gnesnensis, et Posnaniensis, constabit ex biscentum quindecim Paraeciis nempe cum suis respective Succursalibus, et Filialibus Ecclesiis ex Decanatibus Lessensi, Rhedensi, Neumarkano, Loebaviensi, Lautenburgensi, Strasburgensi, Gollubensi, Thorunensi, Culmensi, Culmseensi, et Gurcznensi cum Paraecia Bialutten nuncupata: quae postremae duo olim Dioecesis Plocensis a suffraganeo Culmensi in praesens administrantur; itemque ex Decanatibus Gedanensi, Putzigensi, Mirchaviensi, Dirschaviensi, Stargardensi, Moewensi, Neuenburgensi, Schwetzensi, Lauenburgensi, Schlochaviensi, Tuchelensi, Camenensi, et Fordonensi; qui Decanatus pridem Dioecesis Wladislaviensis, nunc ab antedicto Vicario Apostolico Gedanensi administrantur, nec non ex Territorio Monasterii Abbatiae nuncupatae Olivensis ut supra suppressi ex nunc pro tunc quando ex Persona moderni Abbatis quomodocumque vacaverit. Et quoniam expositum Nobis fuit aptas Culmae deficere Domos pro Episcopi, et capituli decenti habitatione, facultatem tribuimus Apostolico harum literarum Exequutori,

---

14) H. Sachsen-Weimar hat sich später an die Diözese Fulda angeschlossen, s. die für die oberrheinische Kirchenprovinz ergangene Bulle: Provida solersque v. 16. Aug. 1821.

15) H. Die folgenden Parochien gehören also nicht zur Diözese Paderborn, sondern sind Missionsland, s. Laspeyres, Gesch. u. Verf. der kathol. Kirche Preußens S. 809 Note 40.

ut auditis interesse habentibus, ac re mature perpensa, firmo remanente Titulo, ac denominatione Episcopatus Culmensis, et opportunis assignatis Ecclesiae atque aedibus, residentiam Episcopi, et Capituli Culmensis, si ita in Domino expedire jadicaverit, Pelplinum transferre libere, ac licite possit, et valeat proviso insimul congruae Cathedralis Culmensis manutentioni.

(XXXIII.) Wratislaviensis Episcopalis Ecclesiae huic Apostolicae Sedi immediate subjectae Dioecesim efformabit actualis illius Territorium, exceptis dumtaxat Decanatibus Ostrszeszowensi, Kempnensi Dioecesi Posnaniensi ut supra incorporatis, et insuper Decanatus Plessensis, et Bythomiensis a Cracoviensi Dioecesi disjuncti, nec non sequentes Paraeciae in Lusatia, videlicet Neocellensis Monasterii Nullius ut supra suppressi, et aliae nuncupatae — Wittichenau, Guntersdorf, Hennersdorf, Pfaffendorf, Ubersdorf a Decano Collegiatae Ecclesiae Sancti Petri Oppidi Buddissinae in Lusatia superiori, hactenus administratae: quae omnes insimul intra fines Borussicae Regni Paraeciae ad sexcentum viginti unius numerum ascendent. Conservabit item illas, quas actu habet in Austriaca Ditione Paraecias. Futuri praeterea, ac pro tempore existentis Wratislaviensis Episcopi Administrationi perpetuo subjicimus eas, quae a Vicario Apostolico Missionum septentrionalium fuerunt hucusque administratae Paraeciae in Civitatibus Berolini, Potsdamii, Spandaviae, Francfurti ad Viadrum, Stettini, et Stralsundiae, quaeque imposterum vi subdelegationis Episcopi Wratislaviensis a supramemorato Praeposito Parochialis Ecclesiae sanctae Hedwigis dictae Civitatis Berolinensis erunt administrandae.

(XXXIV.) Denique Warmiensis Episcopalis Ecclesiae, Apostolicae sedi pariter immediate subjectae Dioecesis ex proprio actuali Dioecesano Territorio constabit, atque insuper ex Decanatibus — Fürstenwerdensi — Neuteichensi — Mariaeburgensi — Stumensi, — et Christburgensi — cum suis Ecclesiis tam succursalibus, quam Filialibus a Dioecesi Culmensi disjungendis, ita ut integra Dioecesis Centum novemdecim Paraecias complectatur.

(XXXV.) Praedictas itaque Civitates, et Ecclesias Archiepiscopales et Episcopales, itemque Paraecias et Loca respectivis Ecclesiis pro Dioecesi attributa, eorumque Incolas utriusque Sexus tam Clericos, quam Laicos iisdem Ecclesiis eorumque Praesulibus pro suis respectiva Civitate, Territorio, Dioecesi, Clero et Populo perpetuo assignamus, et in spiritualibus omnimodo subjicimus. ad hoc ut cuilibet Antistiti vel jam promoto, vel in futurum Apostolica auctoritate promovendo liceat per se vel per alios eorum nomine (postquam tamen supramemoratus Josephus Episcopus Warmiensis praesentes Literas debitae executioni mandaverit, et quoad nonnullas dispositiones nunc pro tunc a Nobis factas cum tempus pro illarum executione ut snpra definitum advenerit) veram, realem, actualem et corporalem possessionem regiminis, administrationis, et omnimodo Juris Dioecesani, et Ordinarii in praedictis Civitatibus, ac earum Ecclesiis, et Dioecesibus, nec non bonis, aliisque redditibus ad ipsarum dotationem, ut infra assignandis vigore literarum Apostolicarum Canonicae Institutionis libere apprehendere, apprehensamque retinere; proptereaque statim, ac in locis per hanc Nostram dispositionem singulis Dioecesibus nunc attributis possessionem sumpserint, illarumque Regimen actu consecuti fuerint, omnis antiquorum sub quocumque Ordinariorum, seu Vicariorum, vel administratorum Titulo jurisdictio cessare debebit, omnesque facultates in Partibus, et locis ab eorum jurisdictione subtractis nullius erunt amplius roboris vel momenti.

(XXXVI.) Nos enim ad respectivorum Dioecesanorum utilitati consulendum praescribimus, et injungimus, ut omnia et singula Documenta respicientia Ecclesias, Dioeceses, Paraecias, et loca ut supra dismembrata, ac de novo applicata a veteribus Cancellariis extrahi, et Cancellariis Dioecesium quibus erunt incorporata opportuna forma tradi, atque in iis perpetuo debeant asservari.

(XXXVII.) Vicissim autem Venerabiles Fratres moderni, ac pro tempore existentes Pragensis, et Olomucensis Archiepiscopi, nec non Episcopi Reginorhadecensis, et Litomericensis eamdem, quam nunc exercent, Spiritualem Jurisdictionem in Regno Borussico etiam inposterum conservabunt.

(XXXVIII.) Filiales vero, et Parochiales Ecclesias earumque Fractiones in hac Nostra Dispositione non comprehensas, et extra Regnum Borussiae existentes a Matricibus, et Parochialibus in eodem Regno positis disjungimus, et a proximioribus ordinariis aliis Matricibus, et Parochialibus Ditionum, quibus in temporalibus subjacent, applicandas esse mandamus, ac vicissim de Parocciis, et Filialibus Ecclesiis cum suis Fractionibus intra Borussicum Regnum positis, quae a matricibus extra idem Regnum existentibus pendent, idem observandam esse decernimus; reservata Nobis, et huic Apostolicae sedi cura de Spirituali Regimine aliis Partibus, et Locis si opus fuerit providendi.

(XXXIX.) Inspectis autem Dioecesium Borussici Regni amplitudine, ac magno Dioecesanorum numero, cum difficile admodum esset Archiepiscopis, et Episcopis Confirmationis Sacramentum Christi fidelibus administrare, aliaque Pontificalia munera sine alterius Episcopi opera, et auxilio exercere; hinc Nos confirmantes suffraganeatus in Dioecesibus Regni Borussiae in quibus constituti reperiuntur, eos in Coloniensi, ac Trevirensi Dioecesibus redintegramus, et de novo constituimus: atque id circo quilibet Archiepiscopus, et Episcopus Nos, et Romanos Pontifices Successores Nostros juxta praescriptum morem supplicabit, ut aliquis Ecclesiasticus Vir opportunis praeditus requisitis, ad Suffraganei munus designetur, ac praevio Canonico processu, servatisque consuetis formis de Episcopatu Titulari in Partibus Infidelium cum assuetae congruae adsignatione provideatur [16]).

(XL.) Quoniam vero praeclaram antiquissimam Coloniensem Sedem Archiepiscopalem duximus redintegrandam, potius quam Episcopalem Sedem Aquisgranensem illius quodammodo loco viginti dumtaxat ab hinc annis erectam conservare; aliquam tamen Civitatis Aquisgranensis rationem habendam esse existimantes, cognita etiam in id propensa Serenissimi Borussici Regis voluntate, decernimus, ac statuimus, quod Ecclesia sub Titulo Beatae Mariae Virginis antea Cathedralis in Collegiatam immutetur, ejusque Collegiale Capitulum constet ex unica tantum Praepositi dignitate, et Sex Canonicalibus cujus, et quorum Collatio semper quoad Praeposituram Apostolicae Sedi, et quoad Canonicatus eidem sedi Apostolicae alternatim cum Coloniensi Archiepiscopo spectare debeat ac pertinere. Hujusmodi autem Capitularibus, ex peculiari gratia licentiam deferendi Cappam magnam sericam, violacei coloris cordulis sericis subsutam cum pellibus armellinis hyemali, aestivo autem tempore Mozzettam supra Rocchettum concedimus et indulgemus, atque ulterius facultatem condendi statuta iisdem modo, et forma quibus de Capitulis Cathedralium Ecclesiarum supra eluculenter dictum est tribuimus, et impertimur.

(XLI.) In Exequutorem itaque praesentium Nostrarum Literarum praedictum Venerabilem Fratrem Josephum Episcopum Warmiensem, de cujus prudentia, doctrina, atque integritate plurimam in Domino fiduciam habemus, expresse nominamus, eligimus, constituimus, et deputamus eidemque committimus, ut supradicta omnia, et singula a Nobis disposita ad praestitutum finem perducat [17]), atque pariter ad effectum vacantes Ecclesias de idoneis Pastoribus, quae Prima necessitas est, cito providendi, et cunctas res Ecclesiaticas ad meliorem statum, et ordinem revocandi quaslibet Ecclesias congrua, et firma dotatione muniri studeat, media ad hoc necessaria benevolentissime, ac liberaliter exhibente praelaudato Serenissimo Borussiae Rege, qui magnanimi Principis animum, et propensissimam erga Catholicos ejus Imperio subjectos voluntatem pro ordinandis absque ulla mora Dioecesibus omnibus Regni Borussiae aperte declaravit, et sequentibus ratione ac modo stabilienda, et applicanda proposuit.

(XLII.) Super publicis Regni Sylvis nominatim designandis tot Census auctoritate Regia imponentur, quot erunt Dioeceses dotandae, et in respectiva quantitate, ut ex iis annui fructus ab omnibus cujuscumque generis, oneribus prorsus libere percipi possint

---

16) H. Hinsichtlich der Weihbischöfe vgl. Zus. 10 zu §. 60 Anm. 36 zu §. 1 u. Zus. 67 zu §. 1043 Anm. 38 zu §. 12.

17) H. Vgl. Eichhorn, d. Ausführung der Bulle: De salute animarum durch den Fürstbischof von Ermland. Königsberg (o. J.).

qui satis sint, vel ad integram ipsarum Dioecesium dotationem si nullam actu habeant, vel ad Supplementum ejusdem dotationis si partem aliquam suorum Bonorum adhuc possideant, ita ut Singulae Dioeceses eos annuos redditus imposterum habeant, qui redditibus pro Archiepiscopali, vel Episcopali mensa pro Capitulo, pro Seminario Dioecesano, proque suffraganeo statutis in quantitate singulis inferius designanda perfecte respondeant, atque hujusmodi Censuum proprietas per Instrumenta in legitima, validaque Regni forma stipulanda, et a praelaudato Rege subscribenda unicuique Ecclesiae conferetur. Et quoniam enunciatae Sylvae, prout et publica Bona omnia Regni Borussiae, ob aes alienum, a Gubernio, bellorum causa contractum, hypotheca gravata sunt, atque ob id super nulla earum parte Census imponi eorumque fructus percipi, salva fide, possunt, antequam imminuta, per solutiones a Gubernio Creditoribus hypothecariis factas, aeris alieni summa, sufficiens sylvarum quantitas hypothecae vinculo liberata fuerit; cumque secundum legem, qua Serenissimus Rex Creditoribus publicis cavit, anno millesimo octingentesimo trigesimo tertio a Magistratibus definiendum sit, qui agri ab eo vinculo soluti, quique adhuc nexi remanebunt, hinc decernimus praedictos Census, super sylvis supramemoratis, dicto Anno millesimo octingentesimo trigesimo tertio, et citius etiam si prius antedictae sylvae ab hypotheca saltem pro rata Censuum imponendorum liberatae fuerint, esse imponendos, proptereaque a singulis Dioecesibus immediate saltem post annum millesimum octingentesimum trigesimum tertium praedictorum Censuum fructus esse percipiendos ex nunc autem usque ad totum annum millesimum octingentesimum trigesimum tertium, vel usque ad celeriorem dictorum Censuum impositionem, eamdem argenti summam fructibus Censuum respondentem ab Aerariis Provincialibus unicuique Dioecesi esse numerandam. Ne vero ullo modo numerationis prorogatio ultra annum millesimum octingentesimum trigesimum tertium timeri possit, quum forte Magistratus intercesserint, ne Census imponantur, non satis diminuta publici aeris alieni quantitate, laudatus Rex ultro promisit, conceptisque verbis sese obligavit, si praeter omnem expectationem id accidat, se curaturum esse, ut tot agri Regiis impensis emantur pleno dominii jure singulis Ecclesiis tradendi, quot necessarii sint, ut eorum redditus annuas illas summas exaequent, quae a Censibus percipiendae essent, nisi impedimentum illud intercessisset. Quae omnia cum Serenissimus Rex per Diplomata in valida Regni forma a se subscribenda in tuto ponere, sit pollicitus, ut plenum, et integrum effectum suo tempore sortiantur; hinc supradictus Josephus Episcopus Diplomata hujusmodi singulis Ecclesiis tradet in respectivis Archivis asservanda.

(XLIII.) Similes autem redditus ad formam promissionis Regiae, deductis oneribus, constare debebunt sequentes annuas dotationum summas [18]), nempe pro Archiepiscopo Coloniensi, ac pro Archiepiscopo Gnesnensi, et Posnaniensi duodecim millium thalerorum Borussicorum, pro Episcopis Trevirensi, Monasteriensi, Paderbornensi, et Culmensi Octo millium thalerorum ejusdem monetae, pro Episcopo vero Wratislaviensi duodecim millium thalerorum dictae monetae, ultra redditus fundi Würbeniani ad ejus Episcopalem mensam spectantis pro parte Dioecesis in Regno Borussico, salvis manentibus illis redditibus, quos percipit ex reliqua Dioecesis parte temporali Dominio Charissimi in Christo Filii nostri Francisci Austriae Imperatoris, atque Hungariae, et Bohemiae Regis Apostolici subjecta; quod vero ad Warmiensis Episcopalis mensae dotationem pertinet, firmis bonis, ac redditibus, quibus actu illa mensa gaudet, nihil in praesens innovandum esse declaramus, sed aliquando ad aliarum in Regno Borussico mensarum normam Apostolica interveniente auctoritate fore conformandam.

(XLIV.) Pari methodo Metropolitanae Ecclesiae Coloniensis Capitulum dotabitur in annua Summa pro Praeposito thalerorum Borussicorum bismille, pro Decano thalerorum item bismille, pro quolibet ex duobus primis Canonicis numerariis thalerorum mille biscentum, pro quolibet ex sequentibus sex Canonicis thalerorum mille, pro quolibet ex duobus postremis Canonicis thalerorum octingentorum, pro quolibet ex quatuor Canonicis

18) H. Vergl. hierzu das Ges. v. 22. April 1875 (Zus. 72 zu §. 1056 d. T.).

Honorariis thalerorum centum, pro quolibet demum ex octo Vicariis, seu Praebendatis thalerorum biscentum.

(XLV.) In Archiepiscopali Ecclesia Gnesnensi pro Praeposito, et sex Canonicis quibus illud Capitulum imposterum constabit, ea reddituum quantitas conservabitur, qua Praepositus, et sex Capitulares Seniores actu fruuntur. In Capitulo Archiepiscopalis Ecclesiae Posnaniensis redditus praedicto modo assignabuntur in annua Summa pro Praeposito thalerorum mille octingentorum, pro Decano thalerorum pariter mille octingentorum, pro quolibet ex duobus primis Canonicis thalerorum mille biscentum, pro quolibet ex quatuor sequentibus thalerorum mille, pro quolibet ex duobus postremis thalerorum octingentorum, pro quolibet ex quatuor Canonicis Honorariis thalerorum centum, et pro quolibet ex octo Vicariis, seu Praebendatis thalerorum biscentum.

(XLVI.) In Capitulis Cathedralium Ecclesiarum tam Trevirensis, quam Paderbornensis pro Praeposito thalerorum mille quatuor centum, item pro Decano thalerorum mille quatuor centum, pro quolibet ex duobus primis Canonicis thalerorum mille, pro duobus sequentibus thalerorum Noningentorum, pro quolibet ex quatuor Canonicis Honorariis thalerorum centum, et pro quolibet e sex Vicariis, seu Praebendatis thalerorum biscentum.

(XLVII.) In Episcopali Ecclesia Monasteriensi, pro Praeposito thalerorum mille octingentorum, ac pariter pro Decano thalerorum mille octingentorum, pro quolibet ex duobus primis Canonicis thalerorum mille biscentum, pro quolibet ex sequentibus quatuor, thalerorum mille, pro quolibet ex duobus postremis thalerorum octingentorum, pro quolibet ex quatuor, Canonicis Honorariis, thalerorum centum, et pro quolibet ex octo Vicariis, seu Praebendatis thalerorum biscentum.

(XLVIII.) In Ecclesia Cathedrali Culmensi pro Praeposito thalerorum mille biscentum, item pro Decano thalerorum mille biscentum, pro primo Canonico thalerorum mille, pro secundo thalerorum noningentorum, pro quolibet ex reliquis sex, thalerorum óctingentorum, pro quolibet e quatuor Canonicis Honorariis thalerorum centum, et pro quolibet e sex Vicariis, seu Praebendatis thalerorum biscentum.

(XLIX.) In Cathedrali Ecclesia Wratislaviensi, pro Praeposito thalerorum bismille, pro Decano similiter thalerorum bismille, pro primo Canonico Praebendam Scholastici obtinente thalerorum mille quingentorum, pro quolibet e duobus sequentibus thalerorum mille centum, pro quolibet ex aliis septem, thalerorum mille, pro quolibet e sex Canonicis Honorariis thalerorum centum, et pro quolibet ex octo Vicariis, seu Praebendatis thalerorum biscentum.

(L.) In Ecclesia vero Episcopali Warmiensi, nihil circa ejus Capituli dotationem, et formam ad praesens immutandum esse declaramus, reservata tamen nobis, et Romanis Pontificibus successoribus nostris facultate illos aliquando ad reliquarum Borussici Regni Ecclesiarum normam corformandi.

(LI.) Aquisgranensis praeterea Ecclesiae per nos in Collegiatam ut supra constitutae Capitulum, constans ex unica Praepositi Dignitate, et sex Canonicatibus eamdem annuorum reddituum Summam conservabit, qua actu gaudet.

(LII.) Committimus pariter antedicto Josepho Episcopo Warmiensi, ut Clericorum Seminariis in qualibet Dioecesi opportune constabiliendis firma remanente possessione Bonorum, quae ad presens obtinent eas vel partiales, vel integras prout necessitas, atque utilitas postulabit Bonorum dotationes attribuet, quae ab adpromissa Serenissimi Borussiae Regis liberalitate suppeditabuntur.

(LIII.) Mandamus quoque eidem Josepho Episcopo, ut pro cujuslibet Antistitis decenti residentia, vel vetera Episcopia, si commode fieri poterit, vel alias Domos ad id a praefato Rege in respectivis Civitatibus, atque etiam alteras Ruri, si facile possit concedendas; itemque Domos pro Dignitatibus Canonicis, et Vicariis, seu Praebendatis, nec non pro Curia Ecclesiastica, pro Capitulo, et Archivo tribuendas opportune statuet, atque assignet.

(LIV.) Ad manutentionem vero Fabricarum tam Metropolitanarum, quam Cathedralium Ecclesiarum, comprehensis quoque suppressis Cathedralibus Corbejensi, et Aquisgranensi, atque ad divini cultus, ac Inservientium expensas ea Bona, ac redditus etiam in futurum conservabuntur, quae iis usibus jam sunt destinata, quaeque Serenissimus Rex diligentissime servaturum est pollicitus; et in casu extraordinariae necessitatis confidimus fore, ut rebus hisce de Thesauro Regio liberaliter provideatur.

(LV.) Antedicto Josepho Episcopo praeterea injungimus, ut cujuslibet Archiepiscopalis, et Episcopalis Ecclesiae suffraganeatus assuetae congruae Dotationi provideat, utque singulis Archiepiscopis et Episcopis ad satisfaciendum expensis Vicariorum Generalium, et Curiae eam redditduum tribuat quantitatem, quae a praelaudato Borussiae Rege juxta liberalem, ac providam suam promissionem hisce titulis factam constituetur.

(LVI.) Et quoniam Serenissimus Borussiae Rex ultro Nobis pollicitus est se non modo Domos illas tam ad alendos emeritos senes, vel infirmos sacerdotes, quam ad coercendos Ecclesiasticos discolos, ubi existunt conservaturum, sed etiam novas, ubi desunt constabiliturum, propterea ipsi Josepho Episcopo committimus, ut cognitis iis, quae de hac re statuerit praelaudatus Rex, auditisque respectivis Locorum Ordinariis, sub quorum jurisdictione hujusmodi Domus manere debebunt, omnia quae opus erunt circa memoratas Domos earumque congruam dotationem disponat.

(LVII.) Cum vero in suppressis Corbejensi, et Aquisgranensi Cathedralibus Ecclesiis Sacra reperiantur supellectilia ad Pontificalia in illis exercenda non amplius necessaria, facultatem praedicto Josepho Episcopo concedimus ea in usum, et commodum Archiepiscopalis Ecclesiae Coloniensis, si opus fuerit, sin minus in usum aliarum Regni Ecclesiarum, quae iis indigeant, libere valeat convertere.

(LVIII.) Habita nunc ratione redditum supramemoratis Archiepiscopalibus, et Episcopalibus Regni Borussiae Ecclesiis ad presens respective adsignatorum, in Libris Camerae Apostolicae prout sequitur, nempe Ecclesiam Coloniensem in Florenis Mille auri de Camera, Ecclesias invicem unitas Gnesnensem, et Posnaniensem in Florenis pariter Mille, Ecclesiam Wratislaviensem in Florenis Mille centum sexaginta sex cum duobus tertiis, Ecclesiasque Trevirensem, Monasteriensem, Paderbornensem, Culmensem, et Warmiensem in Florenis sexcentum sexaginta sex cum duabus tertiis taxari mandamus.

(LIX.) Ut autem cuncta a Nobis ut supra disposita rite, feliciter, ac celeriter ad optatum exitum perducantur supradicto Josepho Episcopo Warmiensi harum Literarum Exequutori deputato omnes, et singulas ad hujusmodi effectum necessarias, et opportunas concedimus facultates, ut praeviis respectivis dotationibus per Instrumenta in valida Regni forma exaranda ad uniuscujusque Ecclesiae cum suo Capitulo, sive erectionem sive novam ordinationem, ac respectivi Territorii Dioecesani circumscriptionem procedere, aliaque omnia ut supra ordinata peragere, atque statuere delegata sibi Apostolica auctoritate libere, et licite possit et valeat; atque ulterius ipsi Josepho Episcopo facultatem pariter tribuimus, ut ad plenam rerum omnium in Locis praesertim ab ejus residentia remotis executionem unam, seu plures, personam vel personas in simili, vel alia Dignitate Ecclesiastica constitutam, vel constitutas subdelegare, et tam ipse Josephus, quam persona, vel personae ab eo sic subdeleganda, vel subdelegandae super quacumque oppositione, in actu executionis hujusmodi quomodolibet forsan oritura, servatis tamen de jure servandis etiam definitive, et quacumque appellatione remota pronunciare libere item, ac licite possint, et valeant, ac quilibet eorum respective possit et valeat.

(LX.) Eidem vero Josepho Episcopo expresse injungimus, ac mandamus ut exempla singulorum actorum tam per se, quam per ab eo Subdelegatos in praesentium Literarum executionem conficiendorum intra Quadrimestre ab expleta ipsarum executione ad hanc apostolicam Sedem in authentica forma transmittat in Archivio Congregationis rebus Consistorialibus praepositae de more asservanda.

(LXI.) Praesentes autem Literas, et in eis contenta, ac statuta quaecumque, etiam ex eo quod quilibet in praemissis, vel in eorum aliquo jus, aut interesse habentes, vel quomodolibet etiam in futurum habere praetendentes cujusvis status, ordinis, conditionis, et praeeminentiae, ac etiam specifica, expressa, et individua mentione digni sint, illis non consenserint, seu quod aliqui ex ipsis ad praemissa minime vocati, vel etiam nullimode, aut non satis auditi fuerint, sive ex alia qualibet etiam laesionis, vel alia juridica privilegiata, ac privilegiatissima causa, colore, praetextu, et capite etiam in corpore juris clauso, nullo unquam tempore de subreptionis, vel obreptionis, aut nullitatis vitio, seu intentionis Nostrae, vel interesse habentium consensus, aliove quolibet defectu quantumvis magno, inexcogitato, substantiali, ac substantialissimo, sive etiam ex eo quod in praemissis Solemnitates, et quaecumque alia forsan servanda, et adimplenda, minime servata, et adimpleta, seu causae propter quas praesentes emanaverint non sufficienter adductae, verificatae, et justificatae fuerint, notari, impugnari, aut alias infringi, suspendi, restringi, limitari, vel in controversiam vocari, seu adversus eas restitutionis in integrum aperitionis oris, aut aliud quodcumque Juris, facti, vel justitiae remedium impetrari, aut sub quibusvis contrariis constitutionibus, revocationibus, suspensionibus, limitationibus, decretis, aut declarationibus, generalibus, vel specialibus quomodolibet factis minime posse comprehendi, sed semper ab illis exceptas esse, et fore, ac tamquam ex Pontificiae Providentiae Officio certa scientia, et potestatis plenitudine Nostris factas, et emanatas, omnimoda firmitate perpetuo validas, et efficaces existere, et fore suosque plenarios et integros effectus sortiri, et obtinere, ac ab omnibus, ad quos spectat, et spectabit quomodolibet in futurum perpetuo, et inviolabiliter observari, ac supradictarum Ecclesiarum Episcopis, et Capitulis aliisque, quorum favorem praesentes Nostrae Literae concernunt perpetuis futuris temporibus plenissime suffragari debere, eosdemque super praemissis omnibus, et singulis, vel illorum causa ab aliquibus quavis auctoritate fungentibus quomodolibet molestari, perturbari, inquietari, vel impediri, neque ad probationem, seu verificationem quorumcumque in iisdem praesentibus narratorum nullatenus unquam teneri, neque ad id in judicio, vel extra cogi, seu compelli posse, et si secus super his a quoquam quavis auctoritate scienter vel ignoranter contigerit attentari irritum, et prorsus inane esse, ac fore volumus, atque decernimus.

(LXII.) Non obstantibus de iure quaesito non tollendo de suppressionibus committendis ad partes vocatis quorum interest, aliisque Nostris, et Cancellariae Apostolicae regulis, nec non dictarum Ecclesiarum etiam confirmatione apostolica, vel quavis firmitate alia roboratis statutis, et consuetudinibus etiam immemorabilibus privilegiis, quoque Indultis, et Concessionibus quamvis specifica, et individua mentione dignis, omnibusque et singulis apostolicis, ac in Synodalibus, Provincialibus, et Universalibus Conciliis editis specialibus, vél generalibus Constitutionibus, et ordinationibus, quibus omnibus, et singulis eorumque totis tenoribus, ac formis, etiam si specialis, specifica, et individua mentio, seu quaevis alia expressio habenda, aut aliqua alia exquisita forma ad hoc servanda foret illorum tenores, ac si de verbo, ad verbum, nihil penitus omisso, et forma in illis tradita, observata, inserta forent, praesentibus pro expressis habentes ad praemissorum omnium, et singulorum effectum latissime, et plenissime, ac specialiter, et expresse ex certa scientia, et potestatis plenitudine paribus derogamus, et derogatum esse declaramus, caeterisque contrariis quibuscumque.

(LXIII.) Volumus praeterea, ut harum Literarum Nostrarum Transumptis, etiam impressis, manu tamen alicujus Notarii Publici subscriptis, et Sigillo Personae in Ecclesiastica Dignitate constitutae munitis, eadem prorsus fides ubique adhibeatur, quae ipsis praesentibus adhiberetur si forent exhibitae vel ostensae.

Nulli ergo omnino hominum liceat hanc paginam Nostrae suppressionis, extinctionis, annullationis, restitutionis, erectionis, unionis, dismembrationis, disjunctionis, separationis, aggregationis, applicationis, circumscriptionis, concessionis, Indulti, elargitionis, assignationis, suppletionis, subjectionis, attributionis, statuti, declarationis, commissionis, deputationis, Mandati, Decreti, derogationis, et voluntatis infringere, vel ei ausu temerario contraire, si quis autem hoc attentare praesumpserit Indignationem Omnipotentis Dei, ac Beatorum Petri et Pauli Apostolorum ejus se noverit incursurum.

Datum Romae apud Sanctam Mariam Majorem Anno Incarnationis Dominicae millesimo octingentesimo Vigesimo primo Decimo Septimo Kalendas Augusti. Pontificatus Nostri Anno Vigesimo secundo.

65. **Allerhöchste Kabinets-Order vom 23sten August 1821., betreffend die Königliche Sanction der päpstlichen Bulle, d. d. Rom den 16ten Juli 1821. c. a.** (G.S. S. 113.)[19])

Da die Mir von Ihnen vorgelegte päbstliche Bulle, welche mit den Worten: de salute animarum anhebt, und aus Rom vom 16ten Juli d. J. (XVII. Cal. Aug.) datirt ist, nach ihrem wesentlichen Inhalte mit jener Verabredung zusammenstimmt, die unter dem 25sten März d. J. in Betreff der Einrichtung, Ausstattung, und Begrenzung der Erzbisthümer und Bisthümer der katholischen Kirche des Staats, und aller darauf Bezug habenden Gegenstände, getroffen, auch von Mir bereits unter dem 9ten Juni d. J. genehmigt worden ist; so will Ich, auf Ihren Antrag, auch dem wesentlichen Inhalt dieser Bulle, nämlich dem, was die auf vorerwähnte Gegenstände sich beziehenden sachlichen Verfügungen betrifft, hierdurch Meine Königliche Billigung und Sanction[20]) ertheilen, Kraft deren diese Verfügungen als bindendes Statut der Katholischen Kirche des Staats von allen die es angeht zu beobachten sind.

---

19) H. An den Staatskanzler Fürsten von Hardenberg gerichtet.

20) H. Einzig und allein durch diesen Akt des Königs, des damaligen Gesetzgebers, hat die päpstlicherseits erlassene Bulle ihre bindende Kraft erhalten. Dies ist klar in der Kabinets-Ordre ausgesprochen, und damit ist zugleich dem Papst ein direktes Gesetzgebungsrecht für Preußen abgesprochen. (Vgl. auch Mejer, zur röm.-deutschen Frage Th. 3 S. 177.) Ihre Kraft ist aber eine gesetzliche, denn sie ist von dem damaligen Gesetzgeber, dem absoluten Monarchen, genehmigt (s. auch R.G. II v. 5. Juli 1880, Entsch. 2 S. 343). Daran ändert auch der in der K.O. gebrauchte Ausdruck Statut nichts. Die eigentliche Bedeutung von Satzung, welche durch eine Korporation kraft ihrer Autonomie festgesetzt ist, kann er dem Zusammenhange der K.O. nach nicht haben. Denn ein derartiges Recht des Papstes war nach dem L.R., welches desselben mit keinem Worte gedenkt, vgl. auch §§. 117 ff. d. T., nicht anerkannt. Die Bezeichnung Statut ist vielmehr gewählt, weil die Bulle, welche in ihren einzelnen Vorschriften nur nach getroffener Vereinbarung mit der Staatsregierung festgestellt worden war, formell nicht als Ausfluß des landesherrlichen Gesetzgebungsrechtes erscheint und weil sie im Wesentlichen nur die Verhältnisse einer bestimmten Klasse von Staatsunterthanen regelt.

Mit Rücksicht auf die Aenderung der Staatsverfassung entsteht aber die weitere Frage, ob alle und jedwede Bestimmungen der Bulle Gesetz geworden sind, also — abgesehen von der Frage, ob etwa eine Konkurrenz des Papstes erforderlich ist, worüber nachher — nur mit Zustimmung der Landesvertretung abgeändert werden können. Der Natur der Sache nach sind die einzelnen Festsetzungen der Bulle nur in so weit Gesetze, als sie rechtliche Normen, wie z. B. Vorschriften über die Bischofswahlen, die Besetzung der Domherrenstellen u. s. w., enthalten. Alle anderen Bestimmungen, hierher gehören z. B. Anordnungen über die Diözesan-Eintheilungen, die Zuweisung der Pfarreien zu den Diözesen, die Zahl der Mitglieder der Kapitel u. s. w., sind ihrem Wesen nach keine Gesetze. Aenderungen, welche sich darauf beziehen, liegen naturgemäß innerhalb der Sphäre der Verwaltung. Für die Rechtsgültigkeit derartiger Akte kann allerdings, wie z. B. für die Feststellung des Staatshaushalts-Etats, die Mitwirkung der Landesvertretung erforderlich sein. Dies ist aber eine Ausnahme, welche besonders festgestellt sein muß. In Betreff der Ausübung des staatlichen jus circa sacra enthält das preußische Recht, insbesondere die Verfassungs-Urkunde keine solche Bestimmung. Im Gegentheil erkennt sie die Befugniß der Staatsbehörden zur alleinigen Ausübung dieses Rechtes dadurch an, daß sie einzig und allein die Verleihung von Korporationsrechten an Religions- und geistliche Gesellschaften an die Zustimmung der Landesvertretung bindet (Art. 13). Der hier vertretenen Auffassung ist auch die Staatspraxis gefolgt. So ist z. B. die durch römisches Konsistorial-Dekret von 1859 anderweitig

Diese Meine Königliche Billigung und Sanction ertheile Ich, vermöge Meiner Majestätsrechte, und diesen Rechten, wie auch allen Meinen Unterthanen Evangelischer Religion, und der Evangelischen Kirche des Staats, unbeschadet.

---

festgesetzte Abgrenzung der Diözesen Kulm und Ermland bloß durch Königl. Ordre (v. 27. April 1861) genehmigt worden. Die Errichtung der jetzt beseitigten katholischen Feldpropstei durch päpstliches Breve v. 22. Mai 1868 (u. A. abgedruckt bei Lünnemann, Handbuch d. kathol. Militär-Seelsorge Preußens. Köln 1870. S. 86), wodurch eine große Anzahl von Katholiken mit Rücksicht auf ihre persönliche Qualität als Zugehörige des Heeres und der Marine von der durch die Bulle festgestellten Jurisdiktion der Diözesanbischöfe eximirt und der des Feldpropstes unterworfen worden sind, hat ebenfalls nur die Genehmigung der Staatsregierung und nicht die der Landesvertretung gefunden. Ebenso wenig hat die erstere zu der Anerkennung des altkatholischen Bischofs die Zustimmung des Landtages eingeholt. Wenn trotzdem die Kammern wiederholt die geforderten Bedürfnißzuschüsse für diesen genehmigt haben (s. Zus. 28 bei §. 235 Anm. 15), so hat der zweite gesetzgebende Faktor, welcher gegen die vorhin erwähnten Maßregeln keinen Einspruch erhoben hat, ebenfalls die Anschauung der Regierung für zutreffend erachtet, s. auch P. Hinschius, Kirchenrecht 2 S. 468, 469. A. M. ohne Gründe Thudichum, deutsch. Kirchenrecht 1 S. 288.

Beruht aber die Gesetzeskraft der Vorschriften der Bulle lediglich auf der gesetzgeberischen Sanktion, so kann ihnen diese mit bindender Kraft durch die staatliche Gewalt auch allein ohne Mitwirkung des Papstes oder der geistlichen Gewalt, sei es im Ganzen, sei es in einzelnen Anordnungen wieder entzogen werden.

Im Verhältnisse des Staates zum römischen Stuhle als dem Oberhaupt der gesammten katholischen Kirche und somit auch der Landeskirche wird aber die in der Bulle niedergelegte, ihr voraufgegangene Konvention als bindender Staatsvertrag oder völkerrechtlicher Vertrag angesehen, von welchem kein Theil ohne den andern, abgesehen von den bei solchen geltenden einseitigen Rücktrittsgründen, wieder abgehen könne. Diese Ansicht vertritt Laspeyres, Gesch. und Verfassung der kath. Kirche Preußens S. 869; Richter-Dove, K.R. §. 88 a. E.; ferner das Pr. 2186 des O.Tr. I v. 11. März 1850, Entsch. 19 S. 409: Die durch die Kgl. Kabinets-Ordre v. 23. Aug. 1821 als ein Statut der katholischen Kirche bestätigte Bulle De salute animarum v. 16. Juli 1821 enthält in Bezug auf die Ausstattung der katholischen Bisthümer, Domkapitel und anderer kirchlicher Institute nur die Vereinbarungen des päpstlichen Stuhles mit der preußischen Regierung, welche zwar völkerrechtliche Verbindlichkeiten zwischen beiden Regierungen begründen, aber den auszustattenden Instituten ein Klagrecht gegen den Staatsschatz nicht gewähren.

Dieser Auffassung steht eine andere gegenüber, welche die Konkordate, eben so wie die den Circumskriptionsbullen zu Grunde liegenden Vereinbarungen, nicht für rechtlich bindende Verträge erachtet und die neuerdings immer mehr Anhänger gewinnt, s. Ahrens in v. Holtzendorff's Encyklopädie der Rechtswissenschaft 2. Aufl. S. 6; P. Hinschius, die Stellung d. deutsch. Staatsregierungen gegenüber den Beschlüssen des vatikan. Konzils S. 26 ff. und in Marquardsen, Handbuch d. öffentl. Rechts, Bd. I S. 273 ff.; Wasserschleben, die deutsch. Staatsregierungen und die kathol. Kirche der Gegenwart. Berlin 1872. S. 19 ff.; Sohm in Dove u. Friedberg, Ztschr. f. K.R. Bd. 11 S. 183. Vom Standpunkte dieser Auffassung aus — wegen deren Begründung hier auf die Citirten verwiesen werden muß; weitere Literatur überhaupt s. bei Marquardsen a. a. O. S. 271 — ist der Staat berechtigt, ohne weiteres und ohne Rücksicht auf die Zustimmung der katholischen Kirche seine Gesetzgebung unbeengt durch die ihm in den Vereinbarungen gesetzten Schranken auszuüben und sowohl den Inhalt der Circumskriptionsbullen ganz, wie auch theilweise zu beseitigen.

Was endlich die spezielle Frage betrifft, ob den in der Bulle erwähnten geistlichen Instituten ein Klagerecht auf die in derselben gedachten Dotationen zusteht, so ist dies durch das mitgetheilte Pr. 2186 und ferner in der Verfügung des O.Tr. v. 14. Juli 1873 in Sachen des Bisthums Ermland gegen den Fiskus, Arch. für kath. K.R. 31 S. 133, verneint worden. Dagegen hat der Gerichtshof für Kompetenz-Konflikte durch Erk. v. 11. März 1848 die Klage des Metropolitankapitels zu A. auf das von der Staatsbehörde zurückbehaltene Gehalt einer erledigten geistlichen Stelle für zulässig erachtet, weil es sich darum handle, ob das Kapitel, wie von ihm behauptet wurde, durch die Bulle einen Privatrechtsanspruch auf Gewährung der ganzen etatsmäßigen Zuschußsumme erworben habe, J.M.Bl. v. 1848 S. 184. Tritt man der Ansicht nicht bei, daß die der Bulle zu Grunde liegende Vereinbarung den Charakter eines völkerrechtlichen Vertrages, hat, so wird zwar aus der Bulle allein, weil deren Ausführung eine rein staatsrechtliche Verpflichtung ist, nicht geklagt werden können. Wo diese aber durch Aufstellung und Zufertigung fester Dotationsetats von den geistlichen Behörden ausgeführt ist (sonst allerdings nicht, s. das in dieser Anm. Abs. 1 cit. Erk. des R.G.) und ein berechtigter, landesherrlich anerkannter Bischof vorhanden, welchem nach Inhalt der herkömmlicher Weise ertheilten Anerkennungsurkunde der Genuß und

Demnach ist ein Abdruck dieser Bulle in die Gesetzsammlung aufzunehmen, und für die Ausführung derselben durch das Ministerium der geistlichen Angelegenheiten zu sorgen.

§. 1023. Nur diejenigen sind als Mitglieder dieses Collegii zu betrachten, welche bei dem Stifte eine Pfründe oder ein Canonicat besitzen [21]). Rechte derselben, als für sich bestehender Corporationen.

66. Allerhöchste Kabinetsorder vom 28sten Mai 1836., das künftige Rang- und bedingte Ascensions-Verhältniß der wirklichen Domkapitularen betreffend. (G.S. S. 201.)

Ich will aus den in Ihrem Berichte vom 25sten v. M. angeführten Gründen genehmigen, daß in Zukunft jeder in ein katholisches Domstift neu eintretende Kapitular das Einkommen erhalte, worauf die Nummer des erledigten, ihm konferirten Kanonikats lautet, und dem Range nach unter den Mitgliedern gleicher Dotation der jüngste werde. Dies schließt indessen nicht aus, daß einem Domherrn, der eine geringer dotirte Stelle inne hat, im Erledigungsfall eine besser dotirte Stelle verliehen werden kann, wenn es angemessen gefunden wird.

§. 1024. Der Bischof hat also darin weder Sitz noch Stimme, als in so fern er zugleich mit einem Canonicat bei dem Stifte versehen ist [22]).

§. 1025. Alle gemeinschaftlichen Rechte des Stifts werden also, mit Ausschluß des Bischofs, durch das Capitel allein ausgeübt.

§. 1026. Insonderheit gebührt dem Capitel die alleinige Verwaltung des Stiftsvermögens [23]).

§. 1027. Das Capitel steht in diesen gemeinschaftlichen Angelegenheiten unter der Direction des Dechanten [24]).

§. 1028. Die übrigen Würden und Aemter im Capitel sind, nebst ihren Rechten und Obliegenheiten, nach den besonderen Verfassungen eines jeden Stifts bestimmt [25]).

§. 1029. Das Capitel ist zur Vertheidigung seiner Rechte einen Syndicum und andere Unterbediente zur Besorgung seiner Vermögensangelegenheiten, ohne Zuziehung des Bischofs zu bestellen berechtigt.

§. 1030. Das Capitel ist dem Bischof subordinirt, welcher berechtigt ist, Visitationen bei dem Capitel vorzunehmen, und die dabei vorgefundenen Mißbräuche abzustellen. Verhältniß gegen den Bischof.

§. 1031. Der Bischof soll in allen wichtigen Angelegenheiten [26]) des Bisthums und der Diözes das Domcapitel mit seinem Rathe und Gutachten vernehmen.

---

die Benutzung der im Etat des Bisthums benannten Temporalien zugesichert wird (s. Friedberg, Staat- und Bischofswahlen, Aktenstücke S. 232), da ist ein vermögensrechtliches Verhältniß zwischen dem Bischof oder dem geistlichen Institut einerseits und dem Fiskus andererseits geschaffen, dessen rechtliche Folgen mangels besonderer gesetzlicher Bestimmung nach Analogie der Ansprüche der Beamten auf Gehalt und andere Emolumente, auch im Rechtswege müssen geltend gemacht werden können.

21) H. Anwartschaften und Kanonikate ohne Einkünfte kommen jetzt nicht mehr vor. Ueber die Stellung der Ehrendomherren in den Kapiteln s. die Bulle: De salute animarum (Zus. 64 zu §. 1022) unter Nr. IX ff., XVII, XXII.

22) H. Hinsichtlich der folgenden §§. sind durch die Bulle, sowie die Restitutionsdiplome und Statuten der Domkapitel Aenderungen gemacht (s. Anm. 4 zu Zus. 64).

23) H. Ueber die staatliche Aufsicht in Betreff der Verwaltung vgl. Zus. 62 zu §. 950 d. T.

24) H. Nach der jetzigen Verfassung des Propstes, wogegen dem Dekan oder Dechanten die Leitung des Gottesdienstes und des Chordienstes zukommt. In Gnesen und bei dem Kollegiatstift Aachen hat der Propst, weil hier die Stelle des Dekans nicht vorkommt, auch zugleich die Geschäfte des letzteren, s. die Bulle (Zus. 64) Nr. IX ff., XL u. P. Hinschius, K.R. 2 S. 115.

25) H. Vergl. die vorige Anm. u P. Hinschius a. a. O. S. 114 ff.

26) H. Welches diese sind, richtet sich nach dem kanonischen Recht. Denn hier handelt es sich um ein reines Internum der Kirche, für welches nach dem Art. 15 der Verf.Urk. die Verfassung der letzteren maßgebend geworden ist. Ueber die Fälle, wo das consilium capituli kirchenrechtlich erforderlich ist, s. a. a. O. S. 155 ff.

§. 1032. Die Einwilligung des Domcapitels ist nothwendig, wenn unbewegliche Güter oder Gerechtigkeiten des Bisthums oder einer Kirche in der Diözes verpfändet oder veräußert; Pfarren und Pfründen, die zur gemeinschaftlichen Collatur des Bischofs und Capitels stehen, vergeben; und Kirchen oder Pfründen zusammengeschlagen und aufgehoben werden sollen [27]).

§. 1033. In welchen Fällen es außerdem, zur Gültigkeit einer von dem Bischof vorgenommenen Handlung, der Einwilligung des Domcapitels bedürfe, ist nach der besonderen Verfassung einer jeden Diözes bestimmt [28]).

§. 1034. Zur anderweitigen Verleihung von Lehn- und Erbzinsgütern, die sich an das Bisthum eröffnen, ist die Einwilligung des Capitels in der Regel nicht erforderlich [29]).

§. 1035. In gemeinschaftlichen Angelegenheiten des Bischofs und Capitels geschieht die Zusammenberufung von Seiten des Ersteren; und ihm gebührt alsdann die Direction der Berathschlagung.

§. 1036. Der Regel nach wird die Versammlung in der Capitelsstube gehalten.

§. 1037. In allen Fällen, wo zu einem Geschäfte die Einwilligung des Capitels nothwendig ist, hat der Bischof für sich Eine, und das Capitel zusammen genommen die zweite Stimme.

§. 1038. Es kann also nichts beschlossen werden, als worin der Bischof von einer, und die Mehrheit der Stimmen des Domcapitels von der anderen Seite willigen.

§. 1039. In so fern der Bischof zugleich Canonicus ist, muß seine Stimme auch unter den Stimmen der Mitglieder des Capitels mitgezählt werden.

§. 1040. Das Capitel kann in Angelegenheiten des Bisthums und der Diözes, ohne den Bischof oder gegen desselben Gutbefinden, auch durch einhelligen Beschluß, nichts entscheiden.

Rechte des Capitels während der Vacanz des Bisthums [30]).

§. 1041*. Wenn der bischöfliche Stuhl entweder gänzlich oder auf eine Zeitlang erledigt, oder dessen Wiederbesetzung ohne die Schuld des Capitels verzögert wird: so kommt die Verwaltung der bischöflichen Rechte dem Domcapitel zu.

---

27) H. Dieser §. reproduzirt im Wesentlichen das kanonische Recht, s. a. a. O. S. 153.

28) H. Vergl. vor. Anm. 27.

29) H. Ist unpraktisch wegen der Beseitigung der Lehne und Erbzinsgüter.

Aus diesem §., sowie den §§. 1032, 1050 d. T. ergiebt sich übrigens, daß das L.R. das Bisthum oder den bischöflichen Stuhl als eine mit Vermögensfähigkeit, d. h. juristischer Persönlichkeit ausgestattete Anstalt ansieht. v. Sybel, das altkatholische Bisthum u. d. Vermögen der römisch-kathol. Kirchengesellschaften in Preußen. Bonn 1874. S. 11, schreibt das Vermögen der je aus sämmtlichen Mitgliedern einer Diözese gebildeten Gesellschaft zu. Darauf ist aber zu erwidern, daß das Landrecht eine solche Diözesan-Kirchengesellschaft nicht kennt (s. §§. 114, 115 d. T.), und daß, wenn es in den §§. 1031 ff. lediglich das kanonische Recht reproduzirt, die stillschweigend vorausgesetzte Rechtspersönlichkeit des Bisthums allein aus der Herübernahme der kanonisch-rechtlichen Theorie, nach welcher der sedes episcopalis die Rechte einer juristischen Personen zukommen (s. Richter-Dove §. 302 Anm. 8; Schulte, d. Erwerbs- und Besitzfähigkeit der deutsch. kathol. Bisthümer. Prag 1860. S. 21; v. Poschinger, d. Eigenthum am Kirchenvermögen. München 1871. S. 199), erklärt werden kann. Auch die Bulle: De salute animarum (s. Zus. 64 zu §. 1022 d. T.) in ihren Ausdrücken wie z. B. censuum proprietas (Nr. XLII), pleno dominii jure singulis ecclesiis tradendi (a. a. O.) bestätigt die Eigenthumsfähigkeit der Bisthümer, und es ist eine dem Wortlaut der Bulle direkt widersprechende Behauptung (s. v. Sybel a. a. O. S. 37), daß sie der Annahme Raum lasse, daß die Bisthümer nur als die zur Ausübung der Eigenthumsrechte berufenen Organe betrachtet worden seien (d. h. doch als Organe, die eben, weil sie Bisthümer sind, nun wieder andere physische Personen als weitere Organe zu dieser Eigenthumsausübung bedürfen würden, und noch dazu von dem in der Bulle formell sprechenden Papste, welcher diese komplizirte Auffassung sicherlich nicht gehabt hat).

§. 1042*. Dieses muß dabei Alles beobachten, was §. 974. sqq. bei der Vacanz eines geistlichen Vorstehers überhaupt vorgeschrieben ist.

§. 1043*. Die Verwaltung der geistlichen Angelegenheiten des Bisthums kann das Capitel einem Vicarius auftragen; wenn aber dergleichen Vicarius von dem abgegangen Bischof schon bestellt worden: so muß das Capitel denselben bestätigen.

67. Gesetz über die Verwaltung erledigter katholischer Bisthümer. Vom 20. Mai 1874.[31]) (G.S. S. 135.)

Wir ꝛc. verordnen, mit Zustimmung beider Häuser des Landtages, für den Umfang der Monarchie, was folgt:

§. 1. In einem katholischen Bisthume[32]), dessen Stuhl erledigt ist[33]), dürfen die mit dem bischöflichen Amte verbundenen Rechte und geistlichen Verrichtungen[34]), insgesammt oder

---

30) H. Die §§. 1041—1043 weichen in so fern vom gemeinen Recht ab, als nach demselben das Kapitel innerhalb 8 Tagen einen Kapitelsverweser bestellen muß und dieser, nicht das Kapitel selbst die interimistische Verwaltung der Diözese während der Vakanz zu führen hat, Conc. Trident. Sess. XXIV c. 16 de ref. Auch braucht nach gemeinem Recht nicht der etwa vorhandene General-Vikar zum vicarius capituli gewählt zu werden. Schon ein R. d. Min. d. geistl. Angel. v. 17. Juli 1832 (Annal. 16 S. 647) hat die Vorschriften des Kirchenrechts als maßgebend anerkannt. Jedenfalls sind letztere aber jetzt in Geltung. Der Art. 15 der Verf.-Urk. hat die abweichenden landrechtlichen Vorschriften aufgehoben, weil es sich hierbei um ein reines Internum der Kirche handelt. Der §. 6 des Ges. v. 20. Mai 1874 (Zus. 67 zu §. 1043) geht zweifellos auch von dieser Anschauung aus.

31) H. Eine systematische Uebersicht des Inhalts dieses Gesetzes von P. Hinschius in Hartmann, Ztschr. f. Gesetzgebung des öffentlichen Rechts Bd. 1 S. 241.

32) H. Da die Altkatholiken nach der Auffassung der Staatsregierung und des höchsten Gerichtshofes ebenfalls Mitglieder der katholischen Kirche sind, s. Zus. 28 zu §. 235 Anm. 15, so bezieht sich das Gesetz auch auf das altkatholische Bisthum, dessen Diözesanangehörige die sämmtlichen im Preußischen Staate wohnenden Altkatholiken sind.

Unter Bisthum ist nach §. 20 Abs. 1 des Gesetzes auch ein Erzbisthum oder Fürstbisthum zu verstehen.

33) H. Gleichviel ob nach kanonischem Recht oder nach preußischem Staatskirchenrecht, vergl. Anm. 68 zu §. 24 Zus. 15 bei §. 124 d. T. und Anm. 90 zu Zus. 16 ebendaselbst. Mit Rücksicht auf Art. 1 des Ges. v. 14. Juli 1880 (Zus. 69 zu §. 1043) ist aber jetzt hinter das Wort: erledigt noch einzuschieben: gegen dessen Inhaber auf Unfähigkeit zur Bekleidung seines bischöflichen Amtes durch gerichtliches Urtheil erkannt worden ist.

34) H. Unter den: „mit dem bischöflichen Amte verbundenen Rechten" sind das Recht auf den Amtstitel und die Amtsinsignien, sowie alle aus der sog. jurisdictio episcopalis, der bischöflichen Leitungs- oder Regierungsgewalt, herfließenden Befugnisse zu verstehen. Die jurisdictio episcopalis umfaßt das Recht der Gesetzgebung für die Diözese und das Recht der Dispensation in bestimmten Fällen, das Recht zur Berufung und Leitung der Diözesansynode, zur Aufnahme in den Klerus der Diözese, zur Besetzung der Aemter, zur Errichtung, Veränderung und Aufhebung derselben, das Recht der Leitung, der Erziehung und Ausbildung des Klerus, der Besteuerung der Diözesanen, die Handhabung der streitigen, der Straf- und Disziplinargerichtsbarkeit, die Befugniß zu Anordnungen über die Abhaltung des Gottesdienstes und der Spendung der Sakramente, sowie über die Verkündigung der christlichen Lehre und die Ertheilung des Religionsunterrichtes (z. B. die Approbation der Beichtväter und Religionslehrer), endlich das Recht der Aufsicht und der Visitation, das sich namentlich auf die von den Weltgeistlichen verwalteten Aemter, auf die Administration der Seelsorge bei den regulären, d. h. in Händen von Ordensgeistlichen befindlichen Benefizien, auf die kirchliche Vermögensverwaltung und die geistlichen Institute (z. B. Seminarien) und Genossenschaften (Orden, Kongregationen und Brüderschaften) erstreckt. Handelt es sich um ein Erzbisthum, so tritt noch hinzu das Recht der Berufung und Leitung der Provinzialsynode, der Visitation der Diözesen der Suffraganbischöfe, der Handhabung der Straf- und Disziplinargerichtsbarkeit über dieselben, die Aufsicht über die Seminarien innerhalb der erzbischöflichen Provinz und über die Innehaltung der Residenzpflicht seitens der Suffragane, das Recht der Gerichtsbarkeit in zweiter Instanz und die Befugniß, statt der säumigen Suffragan-Bischöfe auf Grund des Devolutionsrechtes die Besetzung kirchlicher Stellen vorzunehmen oder dabei mitzuwirken, s. P. Hinschius, K.R. a. a. O. S. 18, 41.

H. Der fernere Ausdruck: „mit dem bischöflichen Amte verbundene geistliche Verrichtungen" begreift die Handlungen, welche Ausflüsse des sog. ordo episcopalis oder der Weihegewalt des

einzeln, soweit sie nicht die Güterverwaltung betreffen [35]), bis zur Einsetzung eines staatlich anerkannten Bischofs [36]) nur nach Maßgabe der folgenden Bestimmungen dieses Gesetzes [37]) ausgeübt werden.

§. 2. Wer bischöfliche Rechte oder Verrichtungen der im §. 1. bezeichneten Art ausüben will [38]), hat dem Oberpräsidenten der Provinz, in welcher sich der erledigte Bischofssitz be-

---

Bischofs sind, also namentlich die Ertheilung der Weihen, die Vornahme der Degradation von Geistlichen, die Spendung der Firmelung, die Konsekration der Kirchen, Altäre, Glocken ꝛc., die Bereitung des Kranken-, Katechumenen-Oels und des Chrismas, die Rekonziliation polluirter Kirchen, die Benediktion von Aebten und Aebtissinnen, s. P. Hinschius, K.R. a. a. O. S. 40. Einzelne dieser Akte, z. B. die Firmelung, die Ertheilung der niederen Weihen, können allerdings durch einen mit besonderer päpstlicher Vollmacht oder mit besonderem Privileg versehenen, die ausnahmsweise statt der Konsekration erfolgende Benediktion einer Kirche von einem durch den Bischof dazu ermächtigten Priester vorgenommen werden; dies ändert aber nichts an ihrem eigentlichen Charakter als bischöflicher Amtshandlungen. Praktisch wird übrigens das sich auf die hier in Rede stehenden Handlungen erstreckende Verbot nur werden hinsichtlich des nach der gerichtlichen Amtsentfernung des Diözesanbischofs fortfungirenden Weihbischofs und derjenigen interimistischen Verwalter, welche weihbischöfliche Qualität haben.

Nicht unter die im Gesetze charakterisirten Kategorien fallen solche Handlungen, welche schon kraft der Priesterweihe vorgenommen werden können, z. B. das Messelesen, die Spendung des Abendmahls, Verwaltung des Bußsakraments ꝛc., weil sie vom ordo episcopalis unabhängig sind. Ebenso wenig, anders freilich O.Tr. v. 23. Jan. 1877, Arch. f. kath. K.R. 38 S. 107, die bloße Wegnahme des Sanktissimum und das Fortbringen der h. Oele, um sie sicher aufzubewahren.

Vgl. übrigens ferner auch zu §. 20 Abs. 2 dies. Ges.

35) H. Nicht zu den ausgenommenen, die Güterverwaltung betreffenden Rechten gehört das aus der bischöflichen Jurisdiktion herfließende Recht der Aufsicht über das Vermögen der geistlichen Institute, der Pfarrkirchen, Benefizien ꝛc. der Diözese und die damit in Verbindung stehende Befugniß der Mitwirkung bei einzelnen, wie z. B. Veräußerungsakten. Diese Befugnisse fallen vielmehr unter die mit dem bischöflichen Amte verbundenen Rechte, deren Ausübung das Gesetz normirt. Dem Bischof steht hinsichtlich des erwähnten Vermögens eine eigentliche Verwaltung nicht zu, und auch nach kanonischem Rechte liegt während der Vakanz die Oberaufsicht über die Vermögensverwaltung innerhalb der Diözese in der Hand des Kapitelsvikars, s. P. Hinschius, K.R. a. a. O. S. 242, 245, nicht aber in der des vom Kapitel nach dem Tridentinum Sess. XXIV c. 16 de ref. besonders für die Güterverwaltung zu bestellenden Oekonomen, für dessen Amtsführung allein das Gesetz von der Aufstellung bestimmter Erfordernisse abgesehen hat.

36) H. Es ist dies ein solcher, welcher den bestehenden Bestimmungen gemäß gewählt worden ist, s. Zus. 64 Nr. XXII, den durch die V. v. 6. Dez. 1873, s. Zus. 71 zu §. 1053, vorgeschriebenen Eid abgeleistet und auf Grund dessen die landesherrliche Anerkennungsurkunde ausgehändigt erhalten hat.

37) H. Und jetzt auch d. Ges. v. 11. Juli 1883 Art. 4 (s. Zus. 12 §. 60 d. T.) und Anm. 49 zu §. 4 dies. Ges.

38) H. Mit Rücksicht auf die Vorschriften des katholischen Kirchenrechtes über die Verwaltung bischöflicher Diözesen werden von den Vorschriften des §. namentlich betroffen: 1. der ordnungsmäßig vom Kapitel gewählte Kapitelsverweser oder Kapitularvikar; 2. der nicht vom Domkapitel, sondern wegen schuldhafter Nichtausübung oder nicht kanonischer Ausübung des Bestellungsrechtes vom Erzbischof, bez. dem ältesten Suffraganbischof ꝛc. eingesetzte Kapitularvikar, s. P. Hinschius, K.R. a. a. O. S. 234, 235; 3. derjenige Kapitelsverweser, welcher an Stelle eines während derselben Vakanz ausgeschiedenen oder abgesetzten Kapitelsverwesers tritt, s. auch §. 7 Nr. 1; 4. derjenige Kapitelsverweser, welcher von nicht preußischen Domkapiteln gewählt ist, — weil das betreffende Bisthum (Freiburg, Mainz, Prag und Olmütz) seinen Sitz in einem andern deutschen (Baden und Hessen) oder außerdeutschen Staat (Oesterreich) hat — aber in Preußen sein Amt ausüben will; 5. die General-Vikare und Offiziale solcher Bischöfe, welche durch gerichtliches Erkenntniß ihres Amtes entsetzt oder zur ferneren Bekleidung ihres bischöflichen Amtes für unfähig erklärt worden, s. Anm. 33 zu §. 1 dies. Ges., sind. In den übrigen Vakanzfällen erlischt ihr Auftrag zugleich mit der Jurisdiktion des sie bevollmächtigenden Bischofs, s. P. Hinschius, K.R. a. a. O. S. 222, 227, während gerade nach dem katholischen Kirchenrecht, welches die staatliche Absetzung eines Bischofs oder die Unfähigkeitserklärung eines solchen zur Bekleidung des Amts für ungültig ansieht, die erwähnten Beamten ihre Jurisdiktion behalten und sie in Verletzung des Staatsgesetzes weiter ausüben können; 6. die zur Verwaltung einzelner Theile von Bisthümern und zur Ausübung einzelner bischöflichen Rechte bestellten Kommissare oder Vikare. Derartige Kommissariate, bez. Vikariate bestehen bez. bestanden zu

findet[39]), hiervon unter Angabe des Umfangs der auszuübenden Rechte schriftliche Mittheilung zu machen, dabei den ihm ertheilten kirchlichen Auftrag[40]) darzuthun, sowie den Nachweis zu führen, daß er die persönlichen Eigenschaften[41]) besitzt, von denen das Gesetz vom 11. Mai

---

Oebisfelde in der Diözese Hildesheim, zu Heiligenstadt, Erfurt und Magdeburg in dem Bezirk des Bisthums Paderborn, für die zum Erzbisthum Prag gehörige Grafschaft Glatz und den zum Erzbisthum Olmütz gehörigen Distrikt Katscher; 7. die von den durch gerichtliches Urtheil abgesetzten oder für unfähig erklärten Bischöfen oder Kapitualar-Vikaren zu einzelnen Akten der bischöflichen Jurisdiktion delegirten Personen; 8. die vom Kapitular-Vikar bei zeitweiser Verhinderung ernannten Substituten; 9. der dem Bischof noch vor dem Verlust seines bischöflichen Stuhles zugeordnete Weihbischof. Auf die Anstellung eines solchen finden zwar die Vorschriften des Ges. v. 11. Mai 1873 Anwendung (s. Zus. 10 zu §. 60 Anm. 36 zu §. 1), indessen ist nach katholischem Kirchenrecht, nach welchem sein Auftrag nur mit einer kanonischen Vakanz des Bisthums zusammenfällt, seine Stellung, ebenso wenig wie die des General-Vikars, s. Nr. 5, mit der staatlichen Entsetzung oder Unfähigkeitserklärung des Diözesanbischofs erloschen. Es bedarf also, um die staatliche Erledigung der Stelle zur Anerkennung zu bringen, der Erfüllung der Vorschriften des vorliegenden Gesetzes. Vgl. auch O.Tr. Str.S. II v. 4. Juni 1875, Oppenhoff, Rechtsspr. 16 S. 460: Ein Suffraganbischof übt bischöfliche Rechte nur im Auftrag des Diözesanbischofs aus. Seine Befugniß dazu, z. B. zu Firmelungen, überdauert daher nicht die Amtsentlassung des Diözesanbischofs durch den Gerichtshof für kirchliche Angelegenheiten, deren Wirksamkeit nicht vor den ordentlichen Gerichten angefochten werden kann.

Vgl. ferner auch Anm. 85 zu §. 20 des Ges.

Dagegen bezieht sich der §. 2 ebenso wenig wie der §. 1 auf die Dekane oder Erzpriester, sowie auf die Pfarrer und die sonst für das Lehramt oder die Seelsorge bestellten Personen. Bei den Pfarrern handelt es sich um zu besonderen selbstständigen Aemtern krystallisirte, wenngleich ursprünglich vom Bischofsamte abgeleitete Befugnisse, und deshalb können diese letzteren nicht unter den mit dem bischöflichen Amte verbundenen Rechten oder geistlichen Verrichtungen begriffen werden. Mit den Dekanen oder Erzpriestern oder Bezirksvikaren verhält es sich aber anders. Sie sind ihrer rechtlichen Stellung nach Delegaten des Bischofs für die Ausübung der Aufsicht innerhalb ihrer Bezirke, sie haben kein fest fundirtes Beneficium, und wenn sie auch ohne Beschränkung oder auf Lebenszeit ernannt werden, so ist der Bischof doch zu einer derartigen Bestellung nicht verpflichtet, noch nach katholischem Kirchenrecht verhindert, sie ohne gerichtliches Verfahren von ihren Aemtern zu entfernen (s. P. Hinschius, K.R. a. a. O. S. 287). Sie üben also ihnen übertragene, mit dem bischöflichen Amte verbundene Rechte aus, ob auf Grund persönlicher oder dauernder Delegation, ist gleichgültig, weil das Gesetz einen solchen Unterschied nicht kennt. Indessen hat für die Dekane sich ein herkömmlich feststehender Kreis von Befugnissen gebildet, ihre Stellungen sind jetzt ein regelmäßiger Bestandtheil des kirchlichen Organismus, und wenn auch keine Benefizien, doch immer Kirchenämter. Es handelt sich also bei ihnen ebenfalls um eine regelmäßige faktische Ausscheidung gewisser Befugnisse aus dem bischöflichen Amte für die einzelnen lokalen Unterabtheilungen des Bisthums, und in so weit stehen die Inhaber dieser Stellungen den Pfarrern gleich. Auch paßt auf sie der Grund des Gesetzes ebensowenig, wie auf die letzteren. Das Gesetz will die interimistische Ausübung der dem Bischof zustehenden Berechtigungen während der Vakanz durch nicht den vorgeschriebenen Erfordernissen entsprechende Ersatzmänner verhindern. Die Landdekane oder Erzpriester können aber kraft der ihnen übertragenen Befugnisse, weil deren materieller Umfang ein verhältnißmäßig geringer ist, eine anderweitige Leitung der Diözese durch kirchliche Beamte mit weitergehendem Rechte in Vakanzfällen niemals entbehrlich machen, und kommen also mit Rücksicht auf den Zweck des Gesetzes gar nicht in Frage.

H. Nach Art. 4 des Ges. v. 11. Juli 1883 (Zus. 12 zu §. 60 d. T.) finden die Bestimmungen des §. 2 aber keine Anwendung auf die Vornahme einer einzelnen Weihehandlung seitens eines staatlich anerkannten Bischofs in einer erledigten Diözese, s. Anm. 49 zu §. 4 dies. Ges., vgl. auch Anm. 42 zu dies. §.

39) H. Der Ausdruck ist nicht ganz korrekt. Er paßt nicht auf die Fälle, wo der Bischofssitz außerhalb Preußens liegt. Da aber das Gesetz diese nicht von seinen Vorschriften ausgenommen hat (s. §. 1), muß hier der Oberpräsident desjenigen preußischen Landestheiles eintreten, welcher zu der Diözese des fremden Bisthums gehört.

40) H. Ein solcher liegt selbstverständlich auch in der Wahl zum Kapitular-Verweser durch das Kapitel.

41) H. Damit sind die gesammten Vorschriften des im Text citirten Gesetzes (s. Zus. 10 zu §. 60 d. T.), sowie des dazu ergangenen Abänderungsges. v. 31. Mai 1882, Zus. 70, (vgl. Anm. 55 und 56 zu dem ersteren), soweit sie sich auf den Indigenat und die wissenschaftliche Vorbildung beziehen, für anwendbar erklärt. Es findet mithin auch der §. 26 Anwendung, nach

1873. (Ges.-Samml. 1873. S. 191.) die Uebertragung eines geistlichen Amtes abhängig macht. Zugleich hat er zu erklären, daß er bereit sei, sich eidlich zu verpflichten, dem Könige treu und gehorsam zu sein und die Gesetze des Staates zu befolgen[42]).

§. 3. Innerhalb zehn Tagen nach Empfang der Mittheilung[43]) kann der Oberpräsident gegen die beanspruchte Ausübung der im §. 1. genannten bischöflichen Rechte oder Verrichtungen Einspruch erheben[44]). Auf die Erhebung des Einspruchs finden die Vorschriften des §. 16. des Gesetzes vom 11. Mai 1873. (Ges.-Samml. S. 191.) mit der Maßgabe Anwendung, daß die Berufung bei dem Gerichtshofe für kirchliche Angelegenheiten nur innerhalb zehn Tagen[45]) zulässig ist.

Wenn kein Einspruch erhoben oder der Einspruch von dem Gerichtshofe für kirchliche Angelegenheiten[46]) verworfen worden ist, erfolgt die im §. 2. vorgeschriebene eidliche Verpflichtung[47]) vor dem Oberpräsidenten oder einem von demselben ernannten Kommissarius.

§. 4[48]). Wer vor der eidlichen Verpflichtung bischöfliche Rechte oder Verrichtungen der im §. 1. bezeichneten Art ausübt[49]), wird mit Gefängniß von sechs Monaten bis zu zwei Jahren bestraft.

---

welchem Personen, die schon vor Verkündigung des Ges. v. 11. Mai 1873 im geistlichen Amt angestellt waren oder die Fähigkeit zur Anstellung im geistlichen Amte erlangt hatten, von dem Nachweise der wissenschaftlichen Vorbildung und Befähigung eximirt sind.

42) H. Nach Art. 2 des Ges. v. 14. Juli 1880 (Zus. 69) hat das Staatsministerium die Befugniß erhalten, sowohl von dem in diesem §. aufgestellten Erforderniß der wissenschaftlichen Vorbildung, als auch dem der eidlichen Verpflichtung durch Beschluß zu dispensiren. Diese Befugniß war aber durch Art. 7 nur bis zum 1. Januar 1882 ertheilt, ist indessen durch das Ges. v. 31. Mai 1882 Art. 1 (Zus. 70) von neuem bis zum 31. März 1884 einschließlich gewährt worden.

43) H. Fehlt es dieser an den Erforderissen des §. 2, so beginnt der Fristenlauf nicht.

44) H. Bei wem derselbe anzubringen ist, sagt das Gesetz nicht. Da es sich aber hier nicht um die Verhinderung der Uebertragung seines Amtes, sondern nur der Vornahme bestimmter kirchlicher Funktionen handelt, so wird derselbe direkt an die Person, welche solche ausüben will, zu richten sein, und das um so mehr, als in dem regelmäßigen Fall, d. h. des Eintrittes eines gewählten Kapitelsvikars, das denselben wählende Domkapitel nicht dessen vorgesetzte Behörde ist.

45) H. Die gesperrt gedruckten Worte entfallen, denn durch das Ges. v. 11. Juli 1883 Art. 2 Nr. 3 (Zus. 12 zu §. 60 d. T.) ist die Zuständigkeit des gedachten Gerichtshofes für die im Texte gedachte Berufung entfallen, und es sind ferner durch Abs. 2 desselben Artikels die beiden letzten Absätze des §. 16 des Ges. v. 11. Mai 1873 aufgehoben. Vgl. Anm. 13 zu dem oben cit. §. 16 (Zus. 10 bei §. 60 d. T.)

46) H. Dafür muß jetzt mit Rücksicht auf das in der vor. Anm. Bemerkte gesetzt werden: von dem Minister der geistlichen Angelegenheiten.

47) H. Mit der eidlichen Verpflichtung erlangt der Verweser, auch dem Staate gegenüber, das Recht zur Verwaltung der Diözese.

§§. 2 und 3 des Gesetzes stellen die Requisite auf, welche für einen solchen Verweser erforderlich sind. Sie ergänzen die Vorschriften des Ges. v. 11. Mai 1873 ((s. Zus. 10 zu §. 60 d. T.), welche auf den Kapitular-Vikar keine Anwendung finden, beseitigen aber andererseits auch die Bestimmungen der landesherrlich bestätigten Statuten der Domkapitel, wie sie z. B. das Kölner Restitutionsdiplom von 1825 §. 30 (Hüffer, Forschungen S. 345) aufweist, daß der zu wählende Kapitular-Vikar eine persona principi grata sein müsse.

48) H. Vgl. zu §§. 4 u. 5 auch P. Hinschius in v. Holtzendorff, Handbuch d. deutsch. Strafrechts 4 (Supplem.Bd.) S. 533.

49) H. Zum Thatbestand des §. 4 gehört 1) daß der bischöfliche Stuhl erledigt und noch nicht mit einem staatlich anerkannten Bischof wieder besetzt oder daß der bisherige Bischof zur ferneren Bekleidung seines Amtes für unfähig erklärt worden ist, 2) daß der Angeschuldigte Handlungen der Anm. 34 zu §. 1 und Anm. 85 zu §. 20 gedachten Art einzeln oder insgesammt vorgenommen hat, bevor er die erforderliche Anzeige gemacht oder bevor er nach Ablauf der Einspruchsfrist, bez. nach Erledigung des Einspruches den vorschriftsmäßigen Eid (so fern er nicht von demselben vom Staatsministerium dispensirt worden ist, s. Anm. 42 zu §. 2) geleistet hat. Nicht aber ist es erforderlich, daß der angeklagte Geistliche kanonisch zur Vornahme der bischöflichen Handlungen qualifizirt ist. O.Tr. Str.S. II v. 4. April 1878, Oppenhoff, Rechtsspr. 19 S. 189. Die Kenntniß der vorhandenen Vakanz ist dem Angeschuldigten nachzuweisen, denn

dieser Umstand ist die Bedingung der Strafbarkeit seiner Handlung (vgl. auch §. 59 des Reichs-Str.G.B.). In den meisten Fällen wird dies keine Schwierigkeit haben, da die Bestellung eines interimistischen Vertreters den Vorschriften des kanonischen Rechts gemäß für die Regel nur im Falle der Vakanz der Diözese erfolgt und derselbe von der Erledigung schon durch seine Wahl oder Bevollmächtigung Kenntniß erhält. Praktisch wichtig wird die Frage aber bei dem Generalvikar, Offizial, Weihbischof oder sonstigen Delegirten eines durch gerichtliches Urtheil abgesetzten oder unfähig erklärten Bischofs, so fern derselbe den Auftrag an diese Personen vor seiner Entfernung aus dem Amte ertheilt hat, vgl. auch Abs. 2 des §. 4. Es ist aber zum Thatbestand des §. 4 nicht erforderlich, daß dem Angeklagten die Absicht, sich das bischöfliche Amt im Ganzen oder einzelne Befugnisse desselben anzumaßen, nachgewiesen wird, denn nach §. 1 ist schon die Vornahme einer einzelnen bischöflichen Amtshandlung unzulässig. Vgl. Arch. f. kathol. K.R. 49 S. 107.

H. O.Tr. Str.S. I v. 2. Juni 1877, Oppenhoff 18 S. 311; Entsch. 80 S. 411; Hartmann, Ztschr. 4 S. 445: Die Beförderung von Erlassen, welche eine Ausübung der bischöflichen oder päpstlichen Disziplinargewalt enthalten, an den von der dadurch verhängten Maßregel betroffenen Geistlichen in der staatlich erledigten Diözese enthält eine Beihülfe zur unbefugten Ausübung bischöflicher Rechte.

Der Art. 4 des Ges. v. 11. Juli 1883 (Zus. 12 zu §. 60 d. T.) hat aber die Vornahme einzelner Weihehandlungen, welche von einem staatlich anerkannten Bischof in einer erledigten Diözese vollzogen werden, für straffrei erklärt. Die Ausschließung der Strafbarkeit tritt demnach unter folgenden Voraussetzungen ein:

1. Die vorgenommene bischöfliche Amtshandlung muß eine solche sein, welche aus dem ordo episcopalis herfließt (s. Anm. 34 Abs. 2 zu §. 1 dies. Ges.), auf amtliche Akte, welche in den Kreis der jurisdictio episcopalis fallen, bezieht sich der abändernde Art. 4 nicht.

2. Es muß eine einzelne Weihehandlung vollzogen sein. Die Vornahme darf nicht in der Absicht geschehen sein, das bischöfliche Amt auszuüben, sondern muß sich vielmehr als einen gelegentlich und nur aushülfsweise erfolgte darstellen. Das wird durch das Wort „einzeln", welches den Gegensatz zu „insgesammt" bildet, ausgedrückt und ergiebt sich auch daraus, daß die fragliche Vorschrift als Analogon dem Art. 3 des hier in Rede stehenden Gesetzes und dem Art. 5 des Ges. v. 14. Juli 1880 (s. Zus. 12 zu §. 60 d. T. Anm. 19) nachgebildet ist, vgl. auch Kommissionsbericht des Abg.H., Drucks. Nr. 277, 15 Legisl.-Pr. I. Sess. 1882—1883 S. 141. Ob die fragliche Weihehandlung sich auf eine oder mehrere Personen bezieht, ist dagegen gleichgültig. Die Ertheilung der Firmelung an eine größere Anzahl von Kindern z. B. würde im Sinne des Art. 4 eine einzelne straffreie Weihehandlung sein.

3. Die Straffreiheit tritt nur ein, wenn die einzelne Weihehandlung von einem staatlich anerkannten Bischof vollzogen wird, d. h. von einem Bischof, welcher nach preußischem Staatskirchenrecht der staatlichen Anerkennung bedarf und eine staatliche Anerkennungsurkunde empfangen hat (s. Anm. 36 zu §. 1 dies. Ges.). Demnach gehören nicht hierher: a) diejenigen Diözesanbischöfe, welche, wie die Erzbischöfe von Olmütz, Prag und Freiburg, außerhalb Preußens residiren und zu deren Diözesen nur einzelne preußische Gebietstheile gehören, denn diese erhalten keine staatliche Anerkennungsurkunde, ferner auch nicht b) die Weihbischöfe, mit denen es sich in dieser Beziehung eben so verhält (s. im Uebrigen Anm. 36 und 98 zu Zus. 10 bei §. 60 d. T.). Es kann daher der Weihbischof eines abgesetzten oder für unfähig erklärten Bischofs nicht in der Diözese des letzteren, in welcher er bisher als Gehülfe fungirt hat, straflos einzelne Weihehandlungen vornehmen.

4. Endlich muß die Diözese, in welcher die Weihehandlung vollzogen wird, erledigt sein, d. h. kanonisch oder durch staatliche Absetzung oder Unfähigkeitserklärung des Bischofs, s. auch Anm. 33 zu §. 1. Allerdings ist die Vollziehung einer einzelnen Weihehandlung in einer nicht vakanten Diözese seitens eines anderen Bischofs nicht strafbar, die Bestimmung ist vielmehr nur deshalb so gefaßt, weil das Ges. v. 20. Mai 1874, welches dadurch abgeändert wird, sich bloß auf die Vornahme bischöflicher Handlungen in erledigten Diözesen bezieht.

Wenngleich der Art. 4 des Ges. v. 11. Juli 1883 ausdrücklich nur den §. 4 dies. Ges. abändert, so wird doch mittelbar durch seine Vorschriften auch die Anwendung des §. 2 auf die hier in Frage stehenden Fälle ausgeschlossen. Denn §. 2 setzt als Bedingung der eidlichen Verpflichtung den Nachweis der dort näher bezeichneten Erfordernisse voraus; ist aber diese, um

Dieselbe Strafe trifft den persönlichen Vertreter[50]) oder Beauftragten eines Bischofs (Generalvikar, Offizial u. s. w.), welcher nach Erledigung des bischöflichen Stuhles[51]) fortfährt, bischöfliche Rechte oder Verrichtungen auszuüben, ohne anderweit in Gemäßheit der §§. 2. und 3. die Befugniß zur Ausübung derselben erlangt zu haben.

Die vorgenommenen Handlungen sind ohne rechtliche Wirkung[52]).

---

die Strafbarkeit auszuschließen, nicht nothwendig, so bedarf es auch nicht des Nachweises der Voraussetzungen, unter denen sie nur erfolgen kann. Ferner wird dieser Nachweis hier dadurch ersetzt, daß der Bischof die staatliche Anerkennung erhalten haben muß.

Daß der §. 4 auf den staatlich abgesetzten Bischof, der nach einer Entfernung aus dem Amte die Funktionen desselben weiter vollzieht, Anwendung findet, verneinen die Motive des Ges. (s. Drucks. des Abg.H. 12. Legisl.Per. I. Sess. 1873 u. 1874 S. 16, 19). Diese Absicht des Gesetzgebers hat auch in dem Gesetze ihren entsprechenden Ausdruck gefunden. §. 1 verbietet ganz allgemein die Vornahme von mit dem bischöflichen Amte verbundenen Rechten und geistlichen Verrichtungen, und in derselben allgemeinen Fassung setzt §. 4 Abs. 1 die Strafe dafür fest. Hier ist der staatlich entfernte Bischof zwar nicht besonders ausgenommen, indessen ergiebt schon Abs. 2 dieses §., daß ein solcher Bischof unter dem Abs. 1 nicht hat begriffen werden sollen. Sonst hätte seines persönlich beauftragten Vertreters (seines General-Vikars, Offizials ꝛc.) gar nicht besonders gedacht zu werden brauchen. Ferner unterscheidet der §. 5 des Gesetzes die Beauftragung von Kirchendienern 1) durch einen staatlich nicht anerkannten, 2) durch einen gerichtlich entfernten Bischof und 3) durch eine Person, welche bischöfliche Rechte oder Verrichtungen den Vorschriften des Gesetzes zuwider ausübt, also durch einen interimistischen Verweser. Aus dieser Gegenüberstellung ergiebt sich deutlich, daß die §§. 1—4 Abs. 1 nur die letztgedachten Personen, nicht aber den abgesetzten Bischof selbst im Auge haben, weil anderenfalls auch hier die besondere Erwähnung des letzteren überflüssig gewesen wäre. Mit dieser ausdrücklichen Hervorhebung ist anerkannt, daß ein solcher Bischof nicht zu den Personen gehört, welche den Vorschriften dieses Gesetzes zuwiderhandeln. Dieselbe Auffassung: O.Tr. Str.S. II v. 21. Mai 1877, Oppenhoff, Rechtsspr. 18 S. 465.

Fraglich ist es weiter, ob der §. 4 den zwar päpstlich bestätigten, aber noch nicht staatlich anerkannten Bischof trifft. Für den Staat ist der Bischofsstuhl erst mit der Ertheilung der staatlichen Anerkennung wieder besetzt, und daher liegt die Annahme nahe, daß der Bischof, dem diese fehlt, der aber nichtsdestoweniger amtirt, vor seiner eidlichen Verpflichtung bischöfliche Rechte und Verpflichtungen dem §. 4 zuwider ausübt. Der von den Bischöfen zu leistende Treueid ist indessen nicht unter der im §. 4 gedachten eidlichen Verpflichtung gemeint. Der §. hat vielmehr allein die von dem Ober-Präsidenten vorzunehmende Vereidigung, von welcher überhaupt nur im Gesetze die Rede ist, im Auge. Wenn man einen nicht staatlich anerkannten Bischof der Strafe des §. 4 hätte unterwerfen wollen, so würde das Gesetz auch korrekter Weise die Worte: „vor der staatlichen Anerkennung" statt: „vor der eidlichen Verpflichtung" haben brauchen müssen. Bestätigt wird diese Auffassung dadurch, daß §. 5 auch den staatlich nicht anerkannten Bischof ausdrücklich neben den Personen, welche bischöfliche Rechte dem Gesetze zuwider ausüben, nennt, ihn also nicht zu letzteren rechnet, und daß das Gesetz nur die Verwaltung erledigter Diözesen regeln will, nicht aber die definitive Besetzung der Bischofsstühle und die Wahrung des staatlichen jus circa sacra bei derselben. Die Strafbestimmung für einen nicht staatlich anerkannten Bischof giebt vielmehr §. 23 des Ges. v. 11. Mai 1873. Denn ein Bischof, welcher unter Nichtbeachtung des dem Könige nach Maßgabe der päpstlichen Breven zustehenden Einspruchsrechts eingesetzt worden (s. Zus. 64 zu §. 1022 d. T. und Anm. 7 dazu), ist den Vorschriften der §§. 1—3 des erwähnten Gesetzes zuwider angestellt, weil zu den den Einspruch regelnden Vorschriften desselben auch der §. 29 gehört.

50) H. Hiermit sollen offenbar solche Stellvertreter gemeint sein, welche stets eine besondere, auf Vornahme bischöflicher Verrichtungen gerichtete Ermächtigung erhalten, nicht die Geistlichen, welche gewisse aus dem bischöflichen Amte abgeleitete und zu besonderen Aemtern krystallisirte Befugnisse wahrzunehmen haben, wie z. B. die der Erzpriester oder Landdekane, s. Anm. 38 zu §. 2 dies. Gesetzes.

O.Tr. Str.S. II v. 15. Febr. 1877, Oppenhoff 18 S. 133; Hartmann 3 S. 476: Wenn es sich um eine nach kanonischem Recht ipso facto eintretende Disziplinarstrafe handelt, zu welcher, um nach außen hin in Wirksamkeit zu treten, der Ausspruch, daß die ipso facto wirkende Thatsache und damit die Strafe eingetreten sei, hinzukommen muß, so kann dieser Ausspruch nach inzwischen erfolgter Absetzung des Bischofs nicht mehr ungestraft von dem dazu ermächtigten bischöflichen Pfarrer bewirkt werden.

51) H. Mit Rücksicht auf Art. 1 des Ges. v. 14. Juli 1880 ist hier noch einzurücken: oder nachdem gegen den Inhaber des bischöflichen Stuhles auf Unfähigkeit zur Bekleidung seines Amtes erkannt worden ist.

§. 5. Kirchendiener[53]), welche auf Anordnung oder im Auftrage eines staatlich nicht anerkannten oder in Folge gerichtlichen Erkenntnisses aus seinem Amte entlassenen[54]) Bischofs oder einer Person, welche bischöfliche Rechte oder Verrichtungen den Vorschriften dieses Gesetzes zuwider ausübt, oder eines von diesen Personen ernannten Vertreters Amtshandlungen vornehmen[55]), werden mit Geldstrafe bis zu Einhundert Thalern oder mit Haft oder mit Gefängniß bis zu Einem Jahre und wenn auf Grund eines solchen Auftrags bischöfliche Rechte oder Verrichtungen[56]) ausgeübt sind, mit Gefängniß von sechs Monaten bis zwei Jahren bestraft.

§. 6. Wenn die Stelle eines Bischofs in Folge gerichtlichen Urtheils[57]) erledigt worden ist, hat der Oberpräsident das Domkapitel[58]) zur sofortigen Wahl eines Bisthumsverwesers (Kapitelsvikars) aufzufordern[59]).

---

52) H. Dies gilt wie im Falle des §. 17 des Ges. v. 11. Mai 1873 auch von denjenigen Handlungen, welche für das staatliche Gebiet nicht von Bedeutung sind.

Ein den Vorschriften dieses Gesetzes zuwider bestellter Verweser wird z. B. die kirchliche Disziplinargerichtsbarkeit nicht gültig ausüben können; alle von ihm in dieser Beziehung erlassenen Verfügungen und Akte sind nichtig und seine Verfügungen unterliegen der Berufung an den Gerichtshof für kirchliche Angelegenheiten auf Grund des §. 10 Nr. 1 des Ges. v. 12. Mai 1873 (Zus. 15 zu §. 124 d. T.). Benennt ein solcher Verweser dem Ober-Präsidenten einen Kandidaten für ein erledigtes geistliches Amt, so kann diese Anzeige nicht den Lauf der 30tägigen Einspruchsfrist herbeiführen, sie ist vielmehr, als von einer gar nicht berechtigten Person ausgegangen, einfach zurückzuweisen. Ferner ist die Genehmigung derartiger Verweser zur Veräußerung von Gütern kirchlicher Anstalten nichtig. Endlich ist auch kein katholischer Geistlicher oder Kirchenbeamter verbunden, den Anordnungen oder Anweisungen des betreffenden Verwesers Folge zu leisten, vielmehr wird er, wie der §. 5 ergiebt, dafür bestraft, hat also sogar die Pflicht, sie unbeachtet zu lassen.

53) H. Vgl. Zus. 15 bei §. 124 d. T. Anm. 84 zu §. 1.

54) H. Hier ist jetzt einzuschalten: oder zur Bekleidung desselben für unfähig erklärten. Vgl. Anm. 51 zum vor. §.

55) H. Die Vorschrift soll verhindern, daß die staatlich nicht anerkannten Diözesanverwalter mit Hülfe des vorhandenen kirchlichen Organismus amtiren können.

56) H. Mit der Verschärfung der Strafe für diesen Fall haben die Delegaten der Kapitelsverweser oder der General-Vikare, die Subdelegaten apostolischer Vikare 2c. (s. Anm. 85 zu §. 20 d. G.) getroffen werden sollen. An und für sich fallen aber diese sämmtlich schon unter den §. 4, denn der in demselben in Bezug genommene §. 1 macht keinen Unterschied, kraft welcher Art kirchlichen Auftrages der Betreffende amtirt hat, und verbietet überdies schon die Vornahme einer einzelnen bischöflichen Amtsverrichtung. Die Strafbestimmung des §. 5 hat aber in so fern ihre besondere Bedeutung, als sie die Anwendung des §. 1 und §. 4 dann ausschließt, wenn der Auftrag, die Delegation oder Subdelegation, von einem den Erfordernissen des Gesetzes gemäß amtirenden Verweser ertheilt worden ist. Hieraus folgt dann weiter, daß, wenn ein solcher Verweser vorhanden ist, derjenige, welcher in dessen Auftrage einzelne bischöfliche Funktionen ausübt, die Vorschriften der §§. 2 und 3 nicht zu erfüllen braucht.

Uebrigens kann das Ausüben bischöflicher Rechte schon in der Ertheilung von Aufträgen und Anordnungen an Kirchendiener, und zwar solcher, wegen deren Befolgung die letzteren auf Grund dieses §. zu bestrafen sind, bestehen.

57) H. Auf Grund des §. 21 des Ges. v. 11. Mai 1873, nicht in Folge eines kanonischen Vakanzfalles. Im Fall der Unfähigkeitserklärung des Bischofs zur ferneren Bekleidung seines Amtes kommt aber §. 6, soweit es sich um die Herbeiführung einer Verwaltung durch einen Bisthumsverweser handelt, nicht zur Anwendung, denn dadurch wird der Bischofssitz nicht erledigt, es kann also von der Einsetzung eines Bisthumsverwesers keine Rede sein, vgl. Zus. 69 Art. 1 zu §. 1043 d. T. und Anm. 73 zu §. 7 dieses Gesetzes.

58) H. Dies wird auch bei den nichtpreußischen, aber zur Wahl des Bischofs berechtigten Kapiteln in Freiburg, Mainz, Prag und Olmütz hinsichtlich der preußischen Diözesan-Antheile geschehen können und müssen, so fern die Folgen des §. 6 herbeigeführt werden sollen. Nur für die Altkatholiken, welche aber praktisch nicht in Frage kommen, paßt die Bestimmung nicht, da der altkatholische Bischof kein Domkapitel hat.

59) Eine Frist für diese Aufforderung ist nicht bestimmt, indessen ergiebt die Tendenz des Gesetzes, daß der Oberpräsident eine solche sobald als möglich nach erhaltener amtlicher Kunde von der rechtskräftigen Absetzung des Bischofs, worüber ihm seitens der in Frage kommenden Gerichte, der Kriminalgerichte, sofort Mittheilung zu machen sein wird, zu erlassen hat. Möglich ist es, daß die Aufforderung erst nach Ablauf derjenigen 8 Tage, binnen welcher

Erhält der Oberpräsident nicht innerhalb zehn Tagen Nachricht von der zu Stande gekommenen Wahl[60]) oder erfolgt nicht binnen weiteren vierzehn Tagen[61]) die eidliche Verpflichtung des Gewählten[62]), so ernennt der Minister der geistlichen Angelegenheiten[63]) einen Kommissarius[64]), welcher das dem bischöflichen Stuhle gehörige und das der Verwaltung desselben oder des jeweiligen Bischofs unterliegende bewegliche und unbewegliche Vermögen[65]) in Verwahrung und Verwaltung[66]) nimmt. Zwangsmaßregeln[67]), welche erforderlich werden, um das Vermögen der Verfügung des Kommissars zu unterwerfen, trifft der Oberpräsident.

---

das Domkapitel allein im Falle kanonischer Erledigung die Berechtigung zur Bestellung des Kapitularverwesers besitzt, an dasselbe gelangt. Da aber bei der hier fraglichen, durch das staatliche Recht eingeführten Vakanz der kanonische Grundsatz, daß die Bestellung des Verwesers nach Ablauf der achttägigen Frist an den Erzbischof und bei Säumniß eines Metropolitankapitels an den ältesten Suffraganbischof devolvirt, keine Anwendung findet, so konnte das Gesetz die fragliche Verpflichtung dem Domkapitel ohne Rücksicht auf die erwähnte Frist auferlegen.

60) H. Für diese ist nur indirekt eine bestimmte Frist festgesetzt, in so fern als die angegebenen Folgen eintreten, wenn der Oberpräsident binnen 10 Tagen, welche selbstverständlich von der Zustellung der Aufforderung an das Kapitel, den Tag der Zustellung nicht mit eingerechnet, laufen, keine Nachricht erhält.

61) H. Da dem Oberpräsidenten, falls eine Wahl erfolgt ist, eine 10tägige Einspruchsfrist von dem Eingange der Anzeige, dem Betheiligten aber eine Beschwerde gegen den etwa erhobenen Einspruch zusteht (vgl. §. 3), so wird, falls der Minister der geistl. Angel. (s. Zus. 10 Anm. 13 zu §. 16 daselbst bei §. 60 d. T.) angegangen worden ist, eine Erledigung der Angelegenheit binnen der festgesetzten Frist nicht möglich sein.

62) H. Erfolgt diese innerhalb der Frist wegen der Zögerung des Oberpräsidenten oder seines Kommissars (s. §. 3) nicht, so können die Folgen des §. 6 nicht eintreten, weil diese Zwangsmaßmaßregeln gegen die Renitenz der kirchlichen Behörden und Geistlichen gerichtet sind, und eine solche unter der erwähnten Voraussetzung nicht vorliegt.

H. Der eidlichen Verpflichtung steht eine bis zum 31. März 1884 ertheilte Dispensation von derselben durch Beschluß des Staatsministeriums gleich, s. Anm. 42 zu §. 2 dieses Gesetzes.

63) H. Bis zum 31. Dez. 1881 einschließlich war der Minister der geistlichen Angelegenheiten dabei durch Art. 3 des Ges. v. 14. Juli 1880 (Zus. 69) an die Ermächtigung des Staatsministeriums gebunden und das Ges. v. 31. Mai 1882 Art. 1 (Zus. 70) hat diese Bestimmung bis zum 31. März 1884 inklusive wieder in Kraft gesetzt.

64) H. Der Kommissar erhält zu seiner Legitimation eine vom Minister ausgefertigte Bestallungsurkunde (s. auch §. 9 Abs. 4). — Der Natur der Sache nach ist seine Stellung jeder Zeit widerruflich.

65) H. D. h. Dasjenige, welches Eigenthum des bischöflichen Stuhles, d. h. der Diözese ist, möge es zu allgemeinen kirchlichen Zwecken des Bisthums, für besondere kirchliche Zwecke, z. B. für die Kathedrale oder auch zum Unterhalt des Bischofs dienen, also die Eigenschaft als bischöfliches Tafelgut (mensa episcopalis) haben, ferner aber auch das Vermögen, welches zwar nicht Eigenthum der Diözese oder des bischöflichen Stuhles ist, aber der Verwaltung desselben oder des jeweiligen Bischofs unterliegt, namentlich alles Stiftungsvermögen, welches der bischöfliche Stuhl oder jeder Inhaber desselben nach den Vorschriften der Stiftungsurkunde zu verwalten hat.

Ausgeschlossen von der Verwahrung und Verwaltung bleibt das Privatvermögen des abgesetzten Bischofs, das Vermögen des Domkapitels, ferner das Vermögen der einzelnen kirchlichen Institute, das nicht der unmittelbaren Administration des bischöflichen Stuhles untersteht, und hinsichtlich dessen derselbe nur eine gewisse obere Verwaltung und die Aufsicht zu führen hat.

66) H. Die vom Bischof bisher für die Verwaltung verwendeten Organe und Hülfsbeamten haben dabei den Anweisungen des Kommissars Folge zu leisten, denn er nimmt in dieser Hinsicht die Stelle des Bischofs ein, s. §. 9 des Gesetzes.

67) H. Sowohl direkte wie zwangsweise Entziehung der einzelnen Vermögensstücke, Besitz-Entsetzung der bisherigen Verwalter, zwangsweise Herbeischaffung der Akten, als auch indirekte, z. B. Androhung von Geldstrafen, Festsetzung und Einziehung derselben, vergl. Verordn. v. 26. Dez. 1808 §. 48 (G.S. S. 464); Geschäfts-Instruktion für die Regierungen v. 23. Okt. 1817 §. 11 (G.S. S. 248); v. Rönne, Staatsrecht der preuß. Monarchie Th. 1 §. 52, denn weder das Ges. v. 26. Juli 1880 §§. 68 ff. über die Organisation der allgemeinen Landesverwaltung noch das an seine Stelle tretende v. 30. Juli 1883 §§. 132 ff. haben Vorschriften über diesen Fall und über die Zwangsbefugnisse des Ober-Präsidenten.

Von den Zwangsmaßregeln können selbstverständlich nur solche Personen betroffen werden,

Derselbe ist befugt, schon vor Ernennung des Kommissars und selbst schon bei Erlaß der Aufforderung an das Domkapitel das im Vorstehenden bezeichnete Vermögen in Verwahrung[68]) zu nehmen und die hierzu erforderlichen Maßregeln nöthigenfalls zwangsweise zu treffen.

---

die kraft ihrer kirchlichen Stellung Vermögen des gedachten Charakters in Händen haben, nicht aber Dritte, welche Rechtsansprüche auf einzelne Vermögensstücke erheben. Zweck der Maßregel ist die Sicherung des Vermögens vor Eingriffen kirchlicher Verweser und Verwalter, welche der Staat nicht anerkennt, die Rechtslage des Vermögens soll dagegen nicht geändert werden.

68) H. Also unter der Voraussetzung des betreffenden Absatzes nicht, wie sonst, auch in Verwaltung. Durch diese Befugniß soll es verhindert werden, daß das Vermögen inzwischen bei Seite geschafft und dadurch der vom Gesetze beabsichtigte Zwang illusorisch gemacht wird.

Die betreffende Maßregel ist in das Ermessen des Oberpräsidenten gestellt und kann nöthigenfalls durch Beschwerde an den Minister der geistlichen Angelegenheiten angefochten werden. Sie wird durch die Anm. 63 citirten Bestimmungen nicht berührt, denn diese beziehen sich nur auf die Einleitung der kommissarischen Verwaltung, nicht aber die bloße provisorische Sicherung des Vermögens.

Hinsichtlich derjenigen Diözesen, welche nicht ganz innerhalb des preußischen Staatsgebietes liegen, sind bezüglich der Anwendung der im §. 6 gedachten Maßregeln zwei Fälle zu unterscheiden:

1. Erstens der Bischofssitz liegt außerhalb Preußens und es gehören zu der Diözese preußische Landestheile, wie dies hinsichtlich der Bisthümer Mainz, Freiburg, Prag und Olmütz der Fall ist. Soweit diese Bischöfe ihre Jurisdiktion in Preußen ausüben, sind sie den preußischen Gesetzen und den preußischen Gerichten unterworfen, sie können also auch wegen Nichtbeachtung dieser Gesetze bestraft und von dem Gerichtshofe für kirchliche Angelegenheiten entsetzt werden. Eine solche Entsetzung wirkt jedenfalls für den preußischen Diözesanantheil, und das in demselben belegene Vermögen kann der staatlichen Verwahrung und Verwaltung unterworfen werden. Daß der sonst noch betheiligte Staat diese Entsetzung für sein Gebiet anzuerkennen verpflichtet wäre, kann nicht behauptet werden, denn nach völkerrechtlichen Grundsätzen steht es jedem Staate frei, den Regierungs- und sonstigen Akten eines fremden Staates Wirkungen beizulegen oder nicht, s. Heffter, Völkerrecht, 6. Ausg. S. 70. Erfordert auch im Allgemeinen das heutige Verhältniß der Staaten zu einander ein möglichstes Entgegenkommen, und wird z. B. fremden Civil- und Strafurtheilen vielfach auch Rechtswirksamkeit zugestanden, so handelt es sich in dem hier in Rede stehenden Falle doch in so fern um eigenthümliche Verhältnisse, als die Voraussetzungen der fraglichen Amtsentlassung von Gesetzen abhängen, die Ausflüsse der kirchenpolitischen Anschauungen des einzelnen Staates sind und ein dem öffentlichen Rechte angehöriges Gebiet regeln. Diese ihre Auffassungen zu Gunsten der eines fremden Staates aufzugeben, kann von keiner Regierung verlangt werden, und so wird z. B. seitens Preußens von der österreichischen Regierung nicht beansprucht werden können, daß sie zu Gunsten einer etwaigen durch den kirchlichen Gerichtshof für Preußen ausgesprochenen Absetzung das Prinzip des österreichischen Gesetzes über die Bestimmungen zu Regelung der äußeren Rechtsverhältnisse der katholischen Kirche v. 7. Mai 1874 §. 8 verleugnet und statt der dort bloß anerkannten Möglichkeit der Erledigung des Amtes für den staatlichen Bereich auch den preußischrechtlichen Grundsatz der Entziehung des Amtes für das kirchliche Gebiet zur Anwendung bringt. Weiter kommt aber in Betracht, daß es sich bei den in Rede stehenden Fällen immer um Verletzung der Verpflichtungen gegen einen bestimmten Staat handelt und mit der Auflehnung gegen die Gesetze eines Staates nicht auch die des anderen übertreten sind, dieser also seinerseits gar keine Veranlassung haben kann, ebenfalls auf die Entfernung des von den Behörden des ersteren abgesetzten Bischofs zu dringen. Umgekehrt folgt aber daraus weiter, daß wie Preußen die Anerkennung der Absetzung für den österreichischen Theil der Diözese nicht beanspruchen kann, Oesterreich seinerseits aus denselben Gründen die Absetzung für den preußischen Theil zu achten verpflichtet ist, mithin in keiner Weise die Ausübung von Jurisdiktionsrechten in diesem letzteren zu unterstützen oder zu erleichtern hat.

Die badische und hessische Gesetzgebung steht zwar hinsichtlich der Amtsentsetzung von Geistlichen und Bischöfen auf demselben Standpunkt wie die preußischen Gesetze, aber auch für diese Staaten besteht aus den hervorgehobenen Gründen keine Verpflichtung, die Amtsentlassung eines preußischen Bischofs anzuerkennen, auch ihnen gegenüber handelt es sich in solchen Fällen immer um einen Akt der fremden Staatsgewalt wegen Handlungen, welche sie selbst nicht berühren. Ebenso wenig wird der preußische Kommissar für die Verwaltung des bischöflichen Vermögens auf ihrem Gebiete irgend welche Amtsbefugnisse hinsichtlich des dort befindlichen Vermögens vornehmen können, da ihm die Legitimation durch das preußische Gesetz nur für das Geltungsgebiet des letzteren gewährt wird.

§. 7. Die Bestimmungen des §. 6. finden gleichfalls[69]) Anwendung:

1) wenn in einem Falle, in welchem die Stelle eines Bischofs in Folge gerichtlichen Urtheils erledigt ist[70]), der Bisthumsverweser aus seinem Amte ausscheidet[71]), ohne daß die Einsetzung eines neuen staatlich anerkannten Bischofs stattgefunden hat, und
2) wenn in anderen Fällen der Erledigung[72]) eines bischöflichen Stuhles[73]) bischöfliche Rechte oder Verrichtungen von Personen ausgeübt werden, welche den Erfordernissen der §§. 2. und 3. nicht entsprechen[74]).

---

2. Zweitens giebt es in Preußen Diözesen, deren bischöfliche Residenzen im Inlande belegen sind, welche sich aber über andere Staaten erstrecken. So ist dem Bischof von Paderborn die Ausübung der Diözesanrechte über die Katholiken in Lippe-Detmold (s. lippe-detmoldisches Edikt v. 9. März 1854 Art. 1, Beiträge zum preuß. u. deutschen Kirchenrecht Heft 2 S. 82), ferner im Fürstenthum Schwarzburg-Rudolstadt (s. die Vereinbarung von 1872 §. 1, abgedruckt in der Protestant. Kirchenzeitung von 1872 Nr. 4 S. 80) zugestanden, ebenso die Leitung der beiden katholischen Pfarreien im Fürstenthum Waldeck durch die Verordnungen v. 21. März 1861 (Moy, Archiv f. kath. Kirchenrecht Bd. 9 S. 21 ff.) übertragen worden. Ferner sind die Katholiken des Herzogthums Gotha durch päpstliches Konsistorialdekret v. 13. Sept. 1851 im Einverständniß mit der Regierung gleichfalls der Diözese Paderborn einverleibt (s. Vering, Lehrb. des Kirchenrechts S. 143).

Zur Diözese Münster gehören die katholischen Pfarreien Oldenburgs, s. Bulle: De salute animarum v. 16. Juli 1821 (Zus. 64 zu §. 1022 Nr. XXIX) und Verordnung v. 5. April 1831 nebst Vertrag v. 5. Jan. 1830 (Weiß, Archiv d. Kirchenrechtswissenschaft Bd. 5 S. 271, und Andr. Müller, Lexikon d. Kirchenrechts 2. Aufl. Bd. 5 S.399), zur Diözese Fulda die katholischen Pfarreien in Sachsen-Weimar, s. Bulle: Provida solersque s. v. Ecclesia episcopalis Fuldensis v. 16. Aug. 1821, endlich zur Diözese Breslau das österreichische Schlesien.

In diesen Fällen liegt die Sache anders. Alle diese Staaten haben ihre Katholiken einem preußischen Bischof überwiesen und damit das hinsichtlich der Besetzung des Bischofsstuhls geltende preußische Staatskirchenrecht in so weit für gültig anerkannt, als sich danach die Legitimation des Inhabers der bischöflichen Gewalt bestimmt. Sowie diese für Preußen fortfällt, cessirt sie also auch für die angeschlossenen fremden Gebietstheile. Selbstverständlich ist aber, daß die betreffenden Staaten hinsichtlich dieser selbstständig ihre kirchliche Gesetzgebung ausüben können, und daß, soweit sie dies in einer den preußischen Vorschriften widersprechenden Richtung gethan haben, sie sich, wenn die Qualität des preußischen Bischofs für ihr Gebiet in Betracht kommt, nur an ihre Gesetze zu halten berechtigt sind. Da dies, wie angegeben, allein in Oesterreich der Fall ist, so wird die österreichische Regierung nicht verpflichtet sein, eine Entsetzung des Bischofs auch für den österreichischen Bisthumsantheil zu realisiren und durchzuführen, wenngleich sie sie für den preußischen Antheil anerkennen muß.

Daß endlich in allen diesen Fällen der staatliche Kommissar keine Macht über das in den fremden Staaten gelegene Bisthumsvermögen hat, ergiebt sich aus dem schon vorhin Bemerkten.

69) H. S. Motive a. a. O. S. 20: „Die Bestimmung des §. 7 dehnt die Vorschriften des §. 6 auf Fälle aus, welche eine gleiche Behandlung erfordern. Es tritt dies ein, wenn in dem in §. 6 behandelten Falle der Bisthumsverweser, sei es freiwillig, sei es unfreiwillig, wieder ausscheidet, ohne daß die Einsetzung eines neuen staatlich anerkannten Bischofs stattgefunden hat. Hier muß das Verfahren des §. 6 von neuem begonnen werden. Demnächst ist aber diesem Falle der andere gleichgestellt, daß bei einer sonstigen Erledigung, hinsichtlich deren es eines Verfahrens zum Zweck der Anerkennung der Sedisvakanz nicht bedarf, ein Bisthumsverweser zwar gewählt ist, dieser aber den Erfordernissen des Gesetzes nicht genügt."

70) H. Vgl. Anm. 57 zu §. 6 dieses Ges.

71) H. Durch Tod, Resignation, päpstliche Remotion oder staatliche Absetzung.

72) H. D. h. den durch das kanonische Recht anerkannten im Gegensatz zu dem im §. 6 und Nr. 1 dieses §. erwähnten staatlichen Vakanzfalle.

73) H. Hier ist jetzt noch einzuschalten: oder wenn durch gerichtliches Urtheil gegen den Inhaber auf Unfähigkeit zur Bekleidung seines Amtes erkannt worden ist, denn so weit es sich nicht um Wiederbesetzung der Stelle handelt, steht die Verhängung dieser Strafe der Erledigung durch staatliche Amtsentlassung gleich, s. Art. 1 Abs. 2 von Zus. 69, und die Nothwendigkeit, eine interimistische staatliche Verwaltung einzuleiten, tritt auch bei der Unfähigkeitserklärung des Bischofs ein. In diesem Umfange ist also §. 6 bestehen geblieben.

74) In dem Falle der Nr. 2 bedarf es einer vorgängigen Aufforderung an das Domkapitel, einen Verweser zu wählen, und der Abwartung der im §. 6 festgesetzten Fristen nicht. Die Nutzlosigkeit dieser Maßregeln ist schon durch das Fungiren eines Verwesers, welcher die staat-

§. 8. Die Bestimmungen des §. 6. über die Bestellung eines Kommissarius zur Verwaltung des dort bezeichneten Vermögens, sowie über die Beschlagnahme dieses Vermögens finden ferner in allen Fällen Anwendung, wenn ein erledigter bischöflicher Stuhl nicht innerhalb eines Jahres nach der Erledigung mit einem staatlich anerkannten Bischofe wiederbesetzt ist [74a]).

Der Minister der geistlichen Angelegenheiten ist ermächtigt, die Frist zu verlängern.

§. 9 [75]). Die Verwaltungsbefugnisse des Bischofs [76]) gehen auf den Kommissarius über.

---

lichen Erfordernisse zu erfüllen unterlassen hat, festgestellt, sodann ist hier, wo der Vakanzfall auch nach dem katholischen Kirchenrecht feststeht, ein Verfahren zum Zweck der Anerkennung der Sedisvakanz nicht erforderlich. Vgl. auch die Motive in Anm. 69 zu dies. §.

Daß der Verweser erst nach §. 4 des Gesetzes zu Strafe verurtheilt worden, ist keine Bedingung der einzuleitenden Maßregeln, vielmehr hat die Verwaltungsbehörde die thatsächlichen Voraussetzungen festzustellen. Doch wird die spätere Freisprechung in einer nach §. 4 eröffneten Untersuchung wegen einer Handlung, auf Grund deren die staatliche Vermögensverwaltung eingeleitet worden ist, auch die Aufhebung derselben zur Folge haben müssen, weil die Verwaltungsbehörde sich nicht mit dem Urtheile des Gerichts, welches die Thatsachen in einem mehr Garantie gewährenden Verfahren feststellt, in Widerspruch setzen kann.

Da im Fall der Nr. 2 keine Aufforderung zur Wahl an das Domkapitel nothwendig ist, so wird hier sofort die definitive Beschlagnahme durch den Kommissarius eintreten können, eine provisorische durch den Oberpräsidenten auf Grund des §. 6 Abs. 3 erscheint nur dann praktisch von Werth, wenn die Bestellung des Kommissars sich nicht schleunig erzielen läßt.

H. Für die Anordnung der kommissarischen Vermögensverwaltung galt aber auch in diesen Fällen die Anm. 63 zu §. 6 dieses Ges. erwähnte transitorische Beschränkung des Kultusministers durch Beschluß des Staatsministeriums.

74a) H. Auch für diesen Fall kommt das in der vor. Anm. Bemerkte zur Anwendung.

75) H. Der §. 9 ist durch §§. 58, 59 des Ges. v. 20. Juni 1875, s. Zus. 25 zu §. 157 d. T., nicht berührt, insbesondere nicht aufgehoben worden, O.Tr. I v. 3. Febr. 1879, J.M.Bl. S. 97, s. auch die Anm. 38 zu § 58 des cit. Ges.

76) H. Daher hat der Kommissar nicht nur für die Sicherstellung des Vermögens und Aufbewahrung der Revenuen zu sorgen, sondern es kommen ihm alle Verwaltungsbefugnisse des Bischofs, an dessen Stelle er tritt, zu. Er kann demgemäß auch Verwendungen gleich dem Bischof selbst vornehmen, nur darf er selbstverständlich hierbei nicht bestimmungswidrig verfahren. Namentlich gilt dies von den Stiftungen, Legaten, welche der bischöfliche Stuhl oder der jeweilige Bischof zu verwalten hat.

O.Tr. v. 15. Jan. 1878, Hartmann, Ztschr. 4 S. 243: Miethsverträge, welche der Bischof vor seiner Absetzung zur Umgehung des Gesetzes abgeschlossen hat, kann er nicht als nichtig anfechten.

Die kommissarische Verwaltung ist nur Zwangsmaßregel zur Beseitigung eines provisorischen Zustandes, sie kann es der Natur der Sache nach nur mit der Konservation des Vermögens zu thun haben. Der Kommissar hat sich daher auch an die in den einzelnen Provinzen bestehenden gemeinrechtlichen, also kanonischen (s. Schulte, kath. Kirchenrecht Bd. 2 S. 525, 542 ff; Richter-Dove, Lehrb. des Kirchenrechts S. 1170 ff.), oder partikularrechtlichen Vorschriften hinsichtlich des Diözesan-, Kathedral- und Mensalgutes, sowie alles desjenigen Vermögens, welches nicht Stiftungsgut ist, zu halten.

Sowohl nach diesen Bestimmungen, als auch nach dem Zwecke seiner Verwaltung ist er daher im Allgemeinen zu Veräußerungen der Substanz oder zu dauernden Belastungen (z. B. Verpfändungen) nicht befugt. Eine Ausnahme findet der Natur der Sache nach statt 1. im Falle rechtlicher Nothwendigkeit, 2. dann, wenn sich der betreffende Akt als Konservationsmaßregel darstellt, wie z. B. die Veräußerung verzehrlicher oder überflüssiger, nicht mehr brauchbarer Sachen geringeren Werthes oder erheblicher Werthsobjekte, deren Erhaltung und Bewirthschaftung nur Ausfälle erzielen und anderweite Deckung erfordern, sich also als unwirthschaftlich darstellen würde, 3. zur Deckung der Kosten der Verwaltung, falls keine verwendbaren Ueberschüsse oder Baarbestände vorhanden sind, in Gemäßheit des Abs. 2 dieses §. Hat der Kommissar somit im Allgemeinen eine ähnliche Stellung, wie sie das kanonische Recht dem Kapitelsverweser hinsichtlich der Vermögensverwaltung anweist (s. P. Hinschius, K.R. Bd. 2 S. 242), so gehen doch seine Befugnisse weiter, in so fern als er zur Veräußerung von Immobilien, wenn diese überhaupt in seiner Kompetenz liegt, niemals den Konsens des Domkapitels, den der Bischof selbst nach kanonischem Recht, s. a. a. O. S. 153, und nach §. 1032 d. T. einzuholen verpflichtet ist, bedarf. Denn wenngleich das Gesetz seinem Wortlaute nach nur die Verwaltungsbefugnisse des Bischofs, hinsichtlich deren Ausübung der letztere auch nach kanonischem Recht nicht an die Konkurrenz des Kapitels gebunden ist, auf den Kommissar übergehen läßt, so erhält die kommissarische

Die Kosten der Verwaltung [77]) werden aus dem Vermögen vorweg entnommen.

Der Kommissarius vertritt den bischöflichen Stuhl oder den Bischof als solchen in allen vermögensrechtlichen Beziehungen nach Außen [78]). Er führt die dem Bischof zustehende obere Verwaltung und Aufsicht über das kirchliche Vermögen in dem bischöflichen Sprengel, einschließlich des Pfarr-, Vikarie-, Kaplanei- und Stiftungsvermögens, sowie über das zu kirchlichen Zwecken bestimmte Vermögen aller Art [79]).

Verwaltung doch dadurch, daß sie eine staatliche zur Erreichung eines bestimmten Zweckes ist, einen besonderen Charakter, welcher auf die Befugnisse des Kommissars einwirkt und sie erweitert, in so fern als der Kreis der in die Verwaltung fallenden Befugnisse und die Art der Administration nicht lediglich nach kirchlichen, sondern auch nach staatlichen Gesichtspunkten bemessen werden muß.

Selbstverständlich ist es übrigens, daß der Kommissar, welcher den vorgesetzten Behörden, d. h. dem Oberpräsidenten und dem Minister der geistlichen Angelegenheiten, verantwortlich ist (s. §. 10 Abs. 2), also unter deren Aufsicht steht, hinsichtlich wichtiger Akte, namentlich der Vornahme von Veräußerungen erheblicher Werthsachen, zur Einholung des Konsenses der gedachten Behörden verpflichtet werden kann.

77) H. Dahin gehört auch die Remuneration für den Kommissar, so wie der für die Verwaltung desselben erforderlichen Schreiber, Kalkulatoren, nicht minder der etwaigen Techniker, z. B. der Forstbeamten bei Bisthums-Waldungen. Die Höhe hat der Minister der geistlichen Angelegenheiten, bez. in dessen Auftrag der Oberpräsident festzusetzen. Die Zulässigkeit derartiger Vergütungen unterliegt keinem Zweifel. Denn wenn der Staat selbst die erwähnten Geschäfte durch seine Beamten vornehmen läßt, so fehlt es ihm doch an jedem Rechte, diese denselben ohne Entschädigung aufzubürden, und er hat keine Verpflichtung, auf eigene Kosten Funktionen vollziehen zu lassen, welche nur in Folge der Nichtbeachtung der Gesetze durch die katholische Kirche erforderlich werden.

Bei der Verwaltung verschiedener Massen und Fonds wird die Remuneration auf diese, je nach ihrer Höhe und der durch ihre Verwaltung bedingten Geschäftslast, proratarisch zu vertheilen sein.

Daß auch zur Deckung dieser Kosten nöthigenfalls Veräußerungen vorgenommen werden können, darüber s. vor. Anm. Abs. 4.

Die Ueberschüsse, welche sich bei der Verwaltung ergeben, fließen zum Kapitalstock derjenigen Massen, z. B. des Tafelguts, der Stiftung ꝛc., für welche sie aufgekommen sind.

In Betreff der für die Bisthümer gewährten Staatsdotationen haben die Regierungskommissare (s. Bericht der XV. Kommission des Abg.H., citirte Drucksachen Nr. 309 S. 12) bemerkt: „Es bleibe also nur die Revenue des bischöflichen Stuhles zum persönlichen Unterhalt des Bischofs übrig. Werde ein Sitz vakant, so zahle der Fiskus diese Gehälter nicht, die vielmehr aufgesammelt werden, und gebe sie nicht heraus, bis er wisse, daß seinem Recht Genüge geschehen. Bei einer späteren Einigung werde man über die angesammelten Beträge nicht verfügen, ohne das Interesse des Staates gewahrt zu haben .... Wenn man in der Diskussion angenommen habe, die Gehälter der Bischöfe würden während der Vakanz zu Gunsten des Fiskus als erspart gerechnet, so sei dies eben nicht der Fall, sie würden vielmehr reservirt, und bei der neuen Besetzung des Bischofssitzes finde eine Verständigung über die Verwendung des Ersparten statt."

Nach dem §. 9 des Ges. v. 22. April 1875 (s. Zus. 72 zu §. 1056) ist aber über die nach demselben für die Bisthümer und die zu denselben gehörigen Institute eingestellten Leistungen aus Staatsmitteln eine spätere gesetzliche Bestimmung vorbehalten. Fortgezahlt können sie auf Verfügung des Ministers der geistlichen Angelegenheiten werden, wenn das Bisthum unter kommissarischer Verwaltung steht, und zwar in so weit, als es für die Zwecke und für die Bestreitung der Kosten derselben erforderlich ist.

78) H. Er ist nach außen hin zu allen Akten, Veräußerungen, Prozeßführungen, Anträgen bei Behörden, z. B. den Grundbuchämtern, Auseinandersetzungskommissionen ꝛc., legitimirt.

79) H. Die letzten Worte des Abs. von: „sowie über" ab sind von der Kommission des Abgeordnetenhauses dem Regierungsentwurf hinzugefügt worden, „um solches Vermögen, wie das Kaplaneivermögen in der Rheinprovinz, welches nach der Ansicht des Kassationshofes als „vom Staate nur zum Nutzen der Pfarreien und Kaplaneien überwiesen" anzusehen sei, unter die Aufsicht des Regierungs-Kommissarius zu stellen, was nach dem Wortlaut des Gesetzes nicht der Fall sein würde" (s. den citirten Kommissionsbericht S. 13).

Die obere Verwaltung und Aufsicht des Kommissars erstreckt sich auch auf das Vermögen der Klöster und ordensähnlichen Kongregationen, O.Tr. I v. 15. Juni 1877, Str. Arch. 97 S. 252, ferner auch über das Vermögen der Dom- und Kollegiatkapitel.

Der Kommissarius wird Dritten gegenüber durch die mit Siegel und Unterschrift versehene Ernennungsurkunde auch in den Fällen legitimirt, in welchen die Gesetze eine Spezialvollmacht oder eine gerichtliche, notarielle oder anderweitig beglaubigte Vollmacht erfordern.

§. 10. Die Verwaltung des Kommissars endet, sobald ein in Gemäßheit der Vorschriften dieses Gesetzes gültig bestellter Bisthumsverweser (Kapitelsvikar) die Bisthumsverwaltung übernimmt, oder sobald die Einsetzung eines staatlich anerkannten Bischofs stattgehabt hat[80]).

In Bezug auf das in Abs. 3 Satz 2 näher bezeichnete Vermögen hat der Kommissar das Recht der Aufsicht über die Administration der Verwalter dieser Vermögensmassen und das Recht der oberen Verwaltung. In der ersteren Befugniß liegt auch das Recht, für die Sicherstellung und eine entsprechende, so wie zweckmäßige Verwendung desselben Sorge zu tragen. Vgl. übrigens auch §. 13 des Ges. v. 7. Juni 1876, Zus. 62 zu §. 950.

Kraft letzterer Befugniß hat der Kommissar z. B. im Geltungsbereich des L.R. seine Genehmigung zu ertheilen zur Veräußerung von Immobilien (§§. 220, 648, 952 d. T.), zu Verpfändungen (§. 227), zur Ausleihung und Aufnahme von Geldern (§§. 639 ff., 645 ff.), zur Verpachtung von Kirchengütern auf mehr als 6 Jahre oder zur Verpachtung, bez. Vermiethung an den Patron (§§. 672 ff.), zu außerordentlichen Ausgaben (§. 687), zur Verwendung erheblicher Summen für Kirchenbauten und Reparaturen (§§. 704 ff.) und zum Ersatz der Meliorationen an den abgehenden Pfarrer oder dessen Erben, so weit ein solcher zuwider den geltenden Vorschriften erfolgen soll (§. 830) — die etwaigen Modifikationen dieser §§., wie z. B. die des §. 652, sind zu den citirten §§. angegeben — und da, wo das kanonische Recht zur Anwendung kommt, zu allen Veräußerungen, d. h. allen Akten, welche eine Beschwerung oder Verringerung des Kirchenvermögens herbeiführen (s. Richter-Dove a. a. O. S. 1173; Schulte a. a. O. 2 S. 561, 563). S. übrigens auch Anm. 38 zu §. 58 des Ges. v. 20. Juni 1875, Zus. 25 zu §. 157 d. T.

Vgl. auch Erk. d. O.V.G. I v. 14. Febr. 1883: Wenn ein katholischer Kirchenvorstand das Pfarrhaus einem Geistlichen einräumt, welcher gesetzlich nicht befugt ist, den Pfarrer zu vertreten, so ist der königliche Kommissar berechtigt, seinerseits direkt mit Androhung von Ordnungsstrafen einzuschreiten, Ztschr. f. K.R. 18 S. 453.

Ueber die Mittel, mit welchen der staatliche Kommissar die von ihm innerhalb der Grenzen seiner Kompetenz getroffenen Anordnungen und Anweisungen an Geistliche oder Laien zur Ausführung zu bringen hat, sagt das Gesetz nichts. Zweifellos ist, daß ihm dazu der Weg des exekutivischen Zwanges offen steht. In dieser Hinsicht müßten ihm dieselben Befugnisse wie den Regierungen, vgl. die Geschäfts-Instruktion v. 23. Okt. 1817 (G.S. S. 248) und die ferner dazu ergangenen Bestimmungen, s. Anm. 67 zu §. 6 dies. Ges., zugestanden werden. Denn der Kommissar bildet eine Behörde für einen besonderen Zweig der Staatsverwaltung, welche nur dem Oberpräsidenten untergeordnet ist, also eine den Provinzialregierungen koordinirte Stellung einnimmt, so auch der Gerichtshof f. kirchl. Angelegenheiten, vgl. Hartmann, Ztschr. 3 S. 260. Da ihm nicht das nöthige Exekutiv-Personal zu Gebote steht, so wird er die Regierungen zur Vollstreckung seiner Anordnungen und Strafmandate zu requiriren haben. Die hier vertheidigte, auch von der Verwaltung und vom O.Tr. Str.S. I v. 25. Okt. 1878, Oppenhoff, Rechtsspr. 19 S. 486, ebenfalls angenommene Auffassung ist aber, namentlich auch von der Mehrheit des Abgeordnetenhauses, vgl. Drucks. dess. 13 Legisl.-Per. II. Sess. 1877/1878 S. 5, bestritten worden. In Folge dessen hat sich die Regierung genöthigt gesehen, zur Feststellung der gedachten Befugnisse des Kommissars der Landesvertretung einen darauf bezüglichen Gesetzentwurf vorzulegen. Dieser ist mit einzelnen Modifikationen angenommen und demnächst als Gesetz v. 13. Febr. 1878, s. den folg. Zus., publizirt worden.

Dagegen tritt der Kommissar nicht in die Disziplinargewalt des Bischofs, welche dieser gegen etwa in Betreff der Vermögensverwaltung renitente Geistliche und Laien auszuüben befugt ist, ein. Das Gesetz überträgt ihm eine solche nicht, und in den ihm zustehenden vermögensrechtlichen Befugnissen ist sie an und für sich nicht enthalten. Vielmehr kann der Kommissar, falls die Entfernung derartiger Personen wegen fortgesetzter Renitenz aus ihren Stellungen erforderlich erscheint, nur die nöthigen Schritte thun, damit gegen sie auf Grund des §. 24 des Gesetzes v. 12. Mai 1873 (Zus. 25 zu §. 124 d. T.) das Verfahren wegen Unfähigkeitserklärung zur Bekleidung ihres Amtes von dem Gerichtshof für kirchliche Angelegenheiten eingeleitet wird. Neuerdings sind einzelne Konsistorialbeamte des früheren Erzbischofs von Gnesen-Posen auf Grund des Gesetzes v. 21. Juli 1852, betr. die Dienstvergehen der nicht richterlichen Beamten (G.S. S. 465), entlassen worden, weil man von der Anschauung ausgegangen ist, daß Kirchenbeamte der katholischen Kirche mittelbare Staatsdiener seien, s. auch O.Tr. I v. 17. Okt. 1860 (Entsch. 44 S. 194). Dagegen P. Hinschius, Kirchengesetze von 1873 S. 44, und v. Rönne, Staatsrecht der preuß. Monarchie, 3. Aufl. Bd. 2 Abth. 1 S. 340, 366 ff. Vgl. auch Anm. 31 zu §. 19 d. T.

80) H. Auch konnte sie ohne diese Voraussetzung durch Beschluß des Staatsministeriums

Der Kommissarius ist für seine Verwaltung nur der vorgesetzten Behörde verantwortlich, und die von ihm zu legende Rechnung unterliegt der Revision der Königlichen Ober-Rechnungskammer in Gemäßheit der Vorschrift des §. 10. Nr. 2. des Gesetzes vom 27. März 1872. (Gesetz-Samml. 1872. S. 278.).[81]) Eine anderweite Verantwortung oder Rechnungslegung findet nicht statt.

§. 11. Der Oberpräsident[82]) bringt die nach den Vorschriften dieses Gesetzes erfolgte Bestellung des Bisthumsverwesers, sowie die Ernennung des Kommissars unter Angabe des Tages, an welchem ihre Amtsthätigkeit begonnen hat, ingleichen das Erlöschen der Amtsthätigkeit und den Tag desselben durch den Staatsanzeiger, sowie durch sämmtliche Amts- und Kreisblätter, welche in dem bischöflichen Sprengel erscheinen, zur öffentlichen Kenntniß.

§. 12. Die Anwendung der §§. 6. bis 11. wird dadurch nicht ausgeschlossen, daß das Domkapitel für die Dauer der Erledigung des bischöflichen Stuhles einen besonderen Vermögensverwalter (Dekonomen) bestellt oder selbst die Verwaltung übernommen hat, oder daß eine besondere bischöfliche Behörde für dieselbe besteht[83]).

§. 13[84]). Während der Dauer einer kommissarischen Verwaltung in den Fällen der §§. 6. und 7. ist derjenige, welchem auf Grund des Patronats oder eines sonstigen Rechtstitels in Betreff eines erledigten geistlichen Amtes das Präsentations- (Nominations-, Vorschlags-) Recht zusteht, befugt, das Amt im Falle der Erledigung wieder zu besetzen und für eine Stellvertretung in demselben zu sorgen.

§. 14. Macht der Berechtigte von dieser Befugniß Gebrauch, so kommen die Vorschriften des Gesetzes vom 11. Mai 1873. (Gesetz-Samml. S. 191.) zur Anwendung. Die im §. 22. Absatz 1. daselbst dem geistlichen Oberen im Falle gesetzwidriger Amtsübertragung angedrohte Strafe trifft in gleichem Falle den Berechtigten.

§. 15. Wenn der Berechtigte innerhalb zwei Monaten, von der dazu eröffneten rechtlichen Möglichkeit an gerechnet, für eine Stellvertretung nicht sorgt oder innerhalb Jahresfrist die Stelle nicht wieder besetzt, so geht seine Befugniß auf die Pfarr- (Filial-, Kapellen- u. s. w.) Gemeinde über.

Die Gemeinde hat die im §. 13. bezeichneten Befugnisse in allen Fällen, in welchen ein Präsentationsberechtigter nicht vorhanden ist.

---

bis zum 31. März 1884 einschließlich aufgehoben werden, Art. 3 des Gesetzes v. 14. Juli 1880 (Zus. 69) und Art. 1 des Gesetzes v 31. Mai 1882 (Zus. 70).

81) H. Diese lautet: „Zur Revision der Ober-Rechnungskammer gelangen ferner... 2) die Rechnungen derjenigen Institute, Anstalten, Stiftungen und Fonds, welche lediglich von Staatsbehörden oder durch von Staatswegen angestellte Beamte, ohne Konkurrenz der Interessenten bei der Rechnungsabnahme und Quittirung, verwaltet werden, gleichviel, ob sie Zuschüsse vom Staate erhalten oder nicht."

82) Zu dessen Provinz der Sprengel des betreffenden Bisthums gehört. Erstreckt sich dieser über mehrere Provinzen, so muß seitens eines jeden der betheiligten Oberpräsidenten die vorgeschriebene Bekanntmachung erlassen werden.

83) H. Vgl. Motive a. a. O. S. 22: „Es ist wiederholt hervorgehoben, daß die Bestellung eines Staatskommissarius zur Verwaltung der Vermögensangelegenheiten eines erledigten Bischofsstuhles lediglich den Zweck haben soll, die gesetzmäßige Bestellung eines einstweiligen Verwesers der vom Bischof geübten Rechte, beziehentlich die rechtmäßige Wiederbesetzung des Stuhles zu erzwingen. Hieraus folgt, daß dies Verfahren, sobald die gesetzlich vorgesehenen Voraussetzungen vorliegen, eingeleitet werden muß, ohne Rücksicht darauf, wie in der betreffenden Diözese die bischöfliche Güterverwaltung eingerichtet sein mag. Sollten daher auch die Kapitel in Zukunft dazu übergehen, den Vorschriften des Tridentinums gemäß (cfr. Motive zu §. 1) wiederum besondere Oekonomen zu bestellen, oder mag das Kapitel die Vermögensadministration selbst übernehmen, oder mögen endlich die für die Güterverwaltung hier und da bestehenden eigenen bischöflichen Behörden in Funktion bleiben, immer finden die Vorschriften der §§. 6 bis 11 bei dem Vorhandensein der darin ausgesprochenen Voraussetzungen Anwendung. Dies soll die Bestimmung des §. 12 außer Zweifel stellen." — Vgl. auch Anm. 35 zu §. 1 dies. Ges.

84) H. Die Ausübung der in den §§. 13—19 den Präsentationsberechtigten und den Gemeinden beigelegten Befugnisse findet nach Art. 4 des Gesetzes v. 31. Mai 1882 (Zus. 70) ferner nicht statt. Vgl. auch Anm. 84 ff. zu Art. 4 des Zus. 11 bei §. 60.

§. 16. Liegen die Voraussetzungen des §. 15. vor, so beruft der Landrath (Amtmann), in Stadtkreisen der Bürgermeister, auf den Antrag von mindestens zehn großjährigen, im Besitze der bürgerlichen Ehrenrechte befindlichen, männlichen Gemeindemitgliedern, welche nicht einem mitwählenden Familienhaupte untergeordnet sind, sämmtliche diesen Erfordernissen entsprechende Mitglieder der Gemeinde zur Beschlußfassung über die Einrichtung der Stellvertretung oder über die Wiederbesetzung der Stelle.

Zur Gültigkeit der Beschlüsse ist erforderlich, daß mehr als die Hälfte der Erschienenen dem Beschlusse zugestimmt hat.

Die näheren Bestimmungen über das Verfahren erläßt der Oberpräsident.

§. 17. Kommt eine gültige Wahl zu Stande, so ist nach Maßgabe des §. 16. ein Repräsentant zu wählen, welcher die Uebertragung des Amtes an den gewählten Geistlichen auszuführen hat. Für das Verhalten und die Verantwortung des Repräsentanten gelten die Vorschriften des §. 14.

§. 18. Wird in den Fällen der §§. 13. bis 17. vom Oberpräsidenten kein Einspruch erhoben oder der erhobene Einspruch von dem Gerichtshofe für kirchliche Angelegenheiten verworfen, so gilt der Geistliche als rechtsgültig angestellt.

§. 19. Wenn vor dem Tage, an welchem dieses Gesetz in Kraft tritt, die Stelle eines Bischofs in Folge gerichtlichen Urtheils erledigt worden ist, so finden die Vorschriften dieses Gesetzes ebenfalls Anwendung.

§. 20. Wo in diesem Gesetze von einem Bischofe, bischöflichen Stuhle, Amte, Sitze u. s. w. oder einem Bisthume die Rede ist, sind darunter auch ein Erzbischof, Fürstbischof, sowie deren Stühle, Aemter, Sitze, Bisthümer u. s. w. zu verstehen.

Unter den mit dem bischöflichen Amte verbundenen Rechten und geistlichen Verrichtungen im Sinne dieses Gesetzes sind sowohl die in dem bischöflichen Amte als solchem enthaltenen, als auch die auf Delegation beruhenden Rechte und Verrichtungen[85]) begriffen.

§. 21. Der Minister der geistlichen Angelegenheiten ist mit der Ausführung dieses Gesetzes beauftragt.

Urkundlich ꝛc.

---

85) H. Die betreffende Vorschrift ist mit Rücksicht darauf gegeben, daß einzelne preußische Landestheile als sog. Missionsländer (s. Anm. 23 zu §. 18 von Zus. 10 bei §. 60) nicht zu den Diözesen der betreffenden Bischöfe gehören, sondern von diesen nur als mit den Bisthümern vereinigte Delegaturbezirke geleitet werden. Da diese ständig mit den Bischofssitzen verbundene, delegirte Jurisdiktion auf den Kapitular-Vikar übergeht und auch auf den General-Vikar übertragen werden kann, so hat der Einwand des unter Verletzung der Vorschriften dieses Gesetzes fungirenden Verwesers oder des General-Vikars eines abgesetzten Bischofs, daß er innerhalb eines nicht zur Diözese gehörigen Distriktes amtirt, und nicht bischöfliche, sondern päpstliche Rechte ausgeübt habe, ausgeschlossen werden sollen.

Zu den hier charakterisirten Rechten und Verrichtungen gehören alle Handlungen, welche kraft der eben gedachten Delegation vorgenommen werden. Sodann aber auch solche Rechte, welche den Bischöfen, bez. Erzbischöfen kraft gesetzlicher, insbesondere der auf dem Tridentinum beruhenden (s. P. Hinschius, K.R. 1 S. 176, 177 u. 2 S. 21) oder besonderer päpstlicher Delegation (z. B. die aus den Quinquennal-Fakultäten sich ergebenden Absolutions- und Dispensations-Befugnisse, Schulte a. a. O. 2 S. 422 ff.) oder kraft päpstlicher Bevollmächtigung anderen Personen, z. B. den apostolischen Vikaren zustehen. Dabei macht es auch keinen Unterschied, wenn diese Rechte nicht von dem päpstlicherseits damit Betrauten persönlich, sondern von einem seitens des letzteren ermächtigten Geistlichen ausgeübt worden sind, denn der Ausdruck: Delegation umfaßt auch die Subdelegation, da diese nur eine Art der ersteren ist.

Mit Rücksicht hierauf werden namentlich von dem Gesetze betroffen: 1) alle Anm. 38 zu §. 2 dies. Ges. genannten Personen, so fern sie in einem Theile des Bisthums amtiren, welcher nicht von dem Bischof als Bischof, sondern als apostolischem Vikar oder Delegaten oder Provikar geleitet wird; 2) der vom Papste bestellte apostolische Vikar oder Delegat oder Administrator, wenn ein solcher in dem Falle der gerichtlichen Entfernung des Bischofs und der Verhinderung desselben an der Verwaltung seiner Diözese bestellt wird, s. P. Hinschius, K.R. 2 S. 259; 3) Jeder, der im päpstlichen Auftrage einzelne auf die Leitung der Diözese gerichtete Handlungen vornimmt.

68. Gesetz, betreffend die Befugniß der Kommissarien für die bischöfliche Vermögensverwaltung in den erledigten Diözesen, Zwangsmittel anzuwenden. Vom 13. Februar 1878. (G.S. S. 87.)

Wir Wilhelm rc. verordnen, mit Zustimmung beider Häuser des Landtages, für den Umfang der Monarchie, was folgt:

Einziger Artikel.

Die auf Grund des Gesetzes vom 20. Mai 1874 (Gesetz-Samml. S. 135) zur Verwaltung erledigter katholischer Bisthümer eingesetzten Kommissarien sind berechtigt, die von ihnen in Ausübung der Verwaltung und Aufsicht getroffenen, durch ihre gesetzlichen Befugnisse [86]) gerechtfertigten Anordnungen durch Anwendung von Exekutivgeldstrafen bis 150 Mark durchzusetzen sowie, unbeschadet der Bestimmungen des Gesetzes zum Schutze der persönlichen Freiheiheit vom 12. Februar 1850 (Gesetz-Samml. S. 45), unmittelbaren Zwang anzuwenden, wenn die getroffene Anordnung ohne einen solchen undurchführbar ist.

Der Festsetzung der Geldstrafe [87]) muß immer eine schriftliche Androhung vorhergehen; in dieser ist, sofern eine Handlung erzwungen werden soll, die Frist zu bestimmen, innerhalb welcher die Ausführung erfordert wird.

Ist die Exekutivstrafe angeordnet, um eine Handlung zu erzwingen, welche dem Beschlusse eines Kollegiums unterliegt, so kann jedes bedrohte Mitglied des letzteren die Strafe von sich abwenden durch den Nachweis, daß es für die Vornahme der Handlung gestimmt oder aus einem entschuldbaren Grunde [88]) an der Sitzung, in welcher der ablehnende Beschluß gefaßt wurde, nicht Theil genommen hat.

[89]) Gegen die angedrohten Zwangsmittel der Kommissarien findet nach Maßgabe der

---

Im Erk. v. 20. Juni 1877 hat das O.Tr. Str.S. II, Oppenhoff, Rechtsspr. 19 S. 451, angenommen, daß die Ertheilung der Fastendispense durch einen Pfarrer nach Ablauf der dem betreffenden Bischof ertheilten päpstlichen Delegation nicht mehr als Ausübung mit dem bischöflichen Amte verbundener Rechte bestraft werden kann, weil Abs. 2 nicht dahin zu verstehen sei, daß diejenigen päpstlichen Rechte, welche der Papst regelmäßig auf die Bischöfe zu übertragen pflegt, stets als mit dem bischöflichen Amte verbundene ohne Rücksicht auf die Dauer der ertheilten Fakultäten anzusehen seien, vielmehr im konkreten Falle zu prüfen sei, ob eine Delegation stattgefunden habe und ob der Zeitraum, wofür sie ertheilt, noch nicht abgelaufen sei. Dies erscheint aber bedenklich. Das Gesetz verbietet die Vornahme von bischöflichen Rechten und Verrichtungen in abstracto, gleichviel ob sie dem Thäter nach kanonischem Recht zustehen oder nicht, oder überhaupt ihm zustehen können oder er dazu nach demselben unfähig. Wenn es nun diesen bischöflichen Handlungen die auf Delegation beruhenden gleichstellt, so kann es damit ebenfalls nur solche in abstracto treffen, d. h. alle Diejenigen, welche einem Bischof delegirt zu werden pflegen. Das entspricht auch der ratio legis. Die Ansicht des O.Tr. führt dazu, daß der Strafrichter in jedem Falle erst die Gültigkeit der Delegation nach allen ihren kanonischen Voraussetzungen zu prüfen hätte. und wo sich nach diesen ein Nichtigkeitsgrund ergäbe, freisprechen müßte.

86) H., Vgl. §. 9 des vorhergehenden Gesetzes (Zus. 67).

87) H. Diese tritt erst mit Zustellung der Verfügung an die betreffende Person in Kraft. Hat die letztere zwischen der Festsetzung durch den Kommissar und der Zustellung die geforderte Handlung vorgenommen, so verliert die Festsetzung ihre Wirksamkeit, weil der Zweck der Androhung erreicht ist, und es kann die Strafe nicht mehr gefordert werden, O.V.G. I v. 18. Jan. 1879, Entsch. 5 S. 167; Hartmann, Ztschr. 6 S. 153.

88) H. Wenn das Mitglied ohne einen solchen ausgeblieben, so kann es die Strafe nicht abwenden. Ueber die Entschuldbarkeit (z. B. Krankheit, Militärdienst u. s. w.) entscheidet zunächst der Kommissar.

89) H. Für die Kreisordnungsprovinzen ist dieser Absatz durch das Gesetz über die Organisation der allgem. Landesverwaltung v. 26. Juli 1880 §. 71 (G.S. S. 291), an Stelle welches mit dem 1. April 1884 das Ges. über die allgem. Landesverwaltung v. 30. Juli 1883 §. 135 (G.S. S. 195) tritt, ersetzt worden. Die §§. lauten:

Gegen die Androhung eines Zwangsmittels seitens der Kommissarien für die bischöfliche Vermögensverwaltung (Gesetz vom 13. Februar 1878, Gesetz-Samml. S. 87) findet innerhalb zwei Wochen die Beschwerde an den Oberpräsidenten und gegen den von dem Oberpräsidenten auf die Beschwerde erlassenen Bescheid innerhalb gleicher Frist die Klage bei dem Oberver-

§§. 30, 32, 34 und 36 des Gesetzes, betreffend die Zuständigkeit der Verwaltungsbehörden und der Verwaltungsgerichtsbehörden im Geltungsbereich der Provinzialordnung vom 29. Juni 1875, vom 26. Juli 1876 (Gesetz-Samml. S. 297 ff.) die Klage an das Ober-Verwaltungsgericht statt.

Urkundlich ꝛc.

69. Gesetz, betreffend Abänderungen der kirchenpolitischen Gesetze. Vom 14. Juli 1880. (G.S. S. 285.)

Wir Wilhelm, von Gottes Gnaden König von Preußen ꝛc. verordnen, unter Zustimmung beider Häuser des Landtags der Monarchie, was folgt:

Art. 1. In den Fällen des §. 24 im Gesetz vom 12. Mai 1873 [1]), sowie des §. 12 im Gesetz vom 22. April 1875 [2]) ist gegen Kirchendiener fortan auf Unfähigkeit zur Bekleidung ihres Amts [3]) zu erkennen.

---

waltungsgerichte nach Maßgabe der Bestimmungen des §. 63 Absatz 3 und 4 [Ges. v. 1883: des §. 127 Abs. 3 und 4] statt.

Gegen die Festsetzung und Ausführung des Zwangsmittels findet nur die Beschwerde im Aufsichtswege innerhalb zwei Wochen statt.

Nach diesen Vorschriften kann die Klage nur darauf gestützt werden, daß die angefochtene Verfügung auf unrichtiger Anwendung oder auf Nichtanwendung des Rechts beruht, oder daß die thatsächlichen Voraussetzungen, auf Grund deren sie berechtigter Weise erlassen werden konnte, nicht vorhanden waren. Im Gegensatz zu dem Abs. 4 des oben stehenden Textes weisen sie die betreffende Partei zunächst auf den Weg der Beschwerde und lassen erst die Klage gegen den in der Beschwerde-Instanz ergangenen Bescheid zu, vgl. übrigens auch O.V.G. I v. 14. Febr. 1883, Ztschr. f. K.R. 18 S. 457. S. ferner Erk. dess. Sen. v. 1. März 1879, Entsch. 5 S. 173: Wenn nach Maßgabe der vorstehenden Bestimmungen das Verwaltungsstreitverfahren zur Anwendung kommt, unterliegen die Anordnungen der Kommissarien der Rechtskontrole nur in so weit, als es sich um die Androhung von Zwangsmitteln für dieselben handelt, die Klage findet aber nicht gegen die Anordnung selbst statt, es ist also ein Klageantrag auf Zurücknahme oder Aenderung der Anordnung selbst unstatthaft.

1) H. Vgl. Zus. 15 zu §. 124 d. T.

2) H. Vgl. Zus. 72 zu §. 1056 d. T.

3) H. Die citirten Bestimmungen werden durch Art. 1 in so weit geändert, als das Urtheil künftighin auf die Unfähigkeit zur Bekleidung des kirchlichen Amtes anstatt auf Amtsentlassung zu lauten hat.

Diese Aenderung bringt die sowohl früher von ultramontaner, wie auch mehrfach von anderer Seite (vgl. Zorn in v. Holtzendorff u. Brentano, Jahrb. f. Gesetzgbg. i. Deutsch. Reich, Jahrg. 2 S. 721) vertretene Auffassung zum Ausdruck, welche freilich in ihrer Begründetheit sehr erheblichen Zweifeln unterliegt, s. P. Hinschius in Marquardsen, Handbuch d. öffentl. Rechts Bd. I 1 S. 327, daß der Staat ein Amt, welches er nicht verliehen habe, auch nicht entziehen könne.

Die rechtliche Bedeutung der an die Stelle der Amtsentlassung gesetzten Strafe wird im Art. 1 Abs. 2 allein näher dahin bestimmt, daß sie den Verlust des Amtseinkommens nach sich zieht. Aus der Bezeichnung der Strafe selbst ergiebt sich aber als rechtliche Folge, daß der betreffende Kirchendiener das Recht zur Ausübung seines Amtes verliert, sowie ferner, da die preußische Gesetzgebung die staatliche und kirchliche, bez. geistliche Seite des Amtes nicht scheidet (s. Anm. 17 zu §. 17 von Zus. 10 bei §. 60 d. T.), keine Handlung, welche sich als Ausfluß des bisherigen Amtes darstellt, erlaubter und gültiger Weise vorzunehmen befugt ist.

Die Unfähigkeit ist als dauernde aufzufassen, da das Gesetz eine Beschränkung der Strafe auf Zeit nicht offen läßt. Während aber das R.Str.G.B. §. 35 durch die Verhängung der gedachten Strafe auch den Verlust des jeweilig bekleideten Amtes von Rechtswegen eintreten läßt, lehnt das vorliegende Gesetz diese Folge ab. Der verurtheilte Kirchendiener verliert demnach das Amt nicht und es tritt keine Vakanz des letzteren ein. Die schlechthin ausgesprochene Unfähigkeit zur Bekleidung des Amtes kann demnach nur den Charakter einer dauernden Suspension von den Amtsrechten haben. Indessen setzt sich das Gesetz mit dieser aus seiner Grundbestimmung folgenden Konsequenz in einer Beziehung in Widerspruch. Es läßt statt der Suspension des Rechtes auf das Amtseinkommen den Verlust desselben eintreten, d. h. obwohl das Hauptrecht dem Verurtheilten seiner Substanz nach verbleibt und nur die Ausübung desselben ausgeschlossen ist, geht er definitiv eines aus dem Hauptrecht hervorfließenden Anspruches, seines Rechtes auf das Amtseinkommen, wobei übrigens zwischen staatlichem und kirchlichem Einkommen nicht unterschieden wird, verlustig. Im Falle einer Begnadigung kann also der Begnadigte das frühere Amt ohne weiteres wieder ausüben, das Recht auf sein

Die Aberkennung der Fähigkeit zur Bekleidung des Amts hat den Verlust des Amtseinkommens zur Folge.

Ist auf Unfähigkeit zur Bekleidung des Amts erkannt, so finden die Vorschriften des Gesetzes vom 20. Mai 1874 (Gesetz-Samml. S. 135)[4]), des §. 31 im Gesetz vom 12. Mai 1873[5]), sowie der §§. 13 bis 15 im Gesetz vom 22. April 1875[6]) entsprechende Anwendung.

Art. 2[6a]). In einem katholischen Bisthum, dessen Stuhl erledigt, oder gegen dessen Bischof durch gerichtliches Urtheil auf Unfähigkeit zur Bekleidung des Amts erkannt worden ist, kann die Ausübung bischöflicher Rechte und Verrichtungen in Gemäßheit des §. 1 im Gesetz vom 20. Mai 1874 Demjenigen, welcher den ihm ertheilten kirchlichen Auftrag darthut, auch ohne die im §. 2 vorgeschriebene eidliche Verpflichtung durch Beschluß des Staatsministeriums gestattet werden.

In gleicher Weise kann von dem Nachweise der nach §. 2 erforderlichen persönlichen Eigenschaften, mit Ausnahme des Erfordernisses der Deutschen Staatsangehörigkeit, dispensirt werden.

Art. 3[7]). Die Einleitung einer kommissarischen Vermögensverwaltung in den Fällen des Artikels 2 dieses Gesetzes findet nur mit Ermächtigung des Staatsministeriums statt. Dasselbe ist auch ermächtigt, eine eingeleitete kommissarische Vermögensverwaltung wieder aufzuheben.

Art. 4[8]). Die Wiederaufnahme eingestellter Staatsleistungen kann, abgesehen von dem Falle des §. 2 des Gesetzes v. 22. April 1875, für den Umfang eines Sprengels durch Beschluß des Staatsministeriums angeordnet werden.

Der Schlußsatz des §. 6 desselben Gesetzes findet sinngemäße Anwendung.

Art. 5. Den Strafbestimmungen der Gesetze vom 11. Mai 1873 und 21. Mai 1874 unterliegen geistliche Amtshandlungen nicht, welche von gesetzmäßig angestellten Geistlichen in erledigten oder in solchen Pfarreien, deren Inhaber an der Ausübung des Amts verhindert ist, vorgenommen werden, ohne dabei die Absicht zu bekunden, dort ein geistliches Amt zu übernehmen[9]).

Amtseinkommen muß ihm aber erst durch einen besonderen Rechtsakt von neuem verliehen werden, denn die objektiven Folgen der Strafe werden durch den Gnadenakt nicht beseitigt.

Nach der preußischen Kirchengesetzgebung tritt der Verlust des Amtes, abgesehen von den im Art. 1 gedachten beiden Fällen, für welche jetzt die Amtsentlassung durch die Strafe der Aberkennung der Fähigkeit zur Bekleidung des Amtes ersetzt ist, auch dann ein, wenn der Amtsinhaber durch die staatlichen Gerichte rechtskräftig zu Zuchthausstrafe verurtheilt oder gegen ihn auf Verlust der bürgerlichen Ehrenrechte oder der Fähigkeit zur Bekleidung öffentlicher Aemter erkannt worden ist. Der hierauf bezügliche §. 21 des Ges. v. 11. Mai 1873, Zus. 10 bei §. 60 d. T., charakterisirt die Folgen einer derartigen Verurtheilung als „Erledigung der Stelle, Unfähigkeit zur Ausübung des geistlichen Amtes und Verlust des Amtseinkommens." Das bedeutet juristisch nichts anderes als die Amtsentlassung, vgl. hierüber Anm. 31 zu §. 21 a. a. O., wo insbesondere darauf hingewiesen ist, daß unter den gedachten Bestimmungen nicht eine bloße Entziehung des staatlichen Exequatur zu verstehen ist. An der eben gedachten Vorschrift wird durch den Art. 1 nichts geändert. Hielt man die Entziehung eines kirchlichen oder geistlichen Amtes durch staatlichen Richterspruch oder in Folge eines solchen für prinzipiell unstatthaft, so hätte man sie auch hier beseitigen müssen. Dies ist indessen ausdrücklich von der Regierung abgelehnt worden und damit in die Maigesetzgebung der Jahre 1873 bis 1875 in einem wichtigen Punkte eine prinzipielle Differenz hineingetragen worden. (S. die Erklärung des Regierungskommissars i. d. Verhdlgn. des Abgeordnetenhauses v. 1880 S. 2213.)

4) H. Vgl. Zus. 67 §. 1 Anm. 33, §. 2 Anm. 38, §. 4 Anm. 49 und Anm. 51, §. 5 Anm. 54, §. 6 Anm. 57, §. 7 Anm. 73.

5) H. Zus. 15 zu §. 124 d. T., §§. 30, 31 Anm. 77, 78.

6) Vgl. Zus. 72 zu §. 1056 d. T. S. ferner auch Zus. 16 zu §. 124 Anm. 90.

6a) Vgl. Anm. 42 zu §. 2 von Zus. 68.

7) H. Vgl. Anm. 63, 68 zu §. 6, Anm. 74 u. 74a zu §. 7 und Anm. 80 zu §. 10 von Zus. 68.

8) H. Vgl. Zus. 70 Art. 1.

9) H. Dieser Artikel ist in Abs. 1 durch Art. 3 des Ges. v. 11. Juli 1883 (Zus. 12 zu §. 60 d. T.) abgeändert und erweitert. Vgl. das Weitere daselbst Anm. 19.

Die mit der Stellvertretung oder Hülfsleistung in einem geistlichen Amte gesetzmäßig beauftragten Geistlichen gelten auch nach Erledigung dieses Amts als gesetzmäßig angestellte Geistliche [10]) im Sinne der Bestimmung im Absatz 1. [11])

Art. 6 [12]). Die Minister des Innern und der geistlichen Angelegenheiten sind ermächtigt, die Errichtung neuer Niederlassungen von Genossenschaften, welche im Gebiete der Preußischen Monarchie gegenwärtig bestehen und sich ausschließlich der Krankenpflege widmen, zu genehmigen, auch widerruflich zu gestatten, daß gegenwärtig bestehende weibliche Genossenschaften, welche sich

---

10) Die Vorschrift des Abs. 2 reprobirt eine Auffassung der Stellung der katholischen Hülfsgeistlichen, insbesondere der Pfarr-Kapläne und Pfarr-Vikare, welche nicht nur zu großen Härten geführt, sondern auch wegen ihrer Haltlosigkeit berechtigte Klagen der Katholiken hervorgerufen hat. Die Praxis der Gerichte, insbesondere auch des Ober-Tribunals, s. Str.S. II v. 16. März 1876 u. v. 15. Mai 1877, Oppenhoff, Rechtspr. Bd. 17 S. 207 u. Bd. 18 S. 336, so wie v. 7. Febr. 1879, Goltdammer, Arch. Bd. 27 S. 148, hatte wiederholt angenommen, daß die vor Erlaß der Maigesetze angestellten Pfarrkapläne nach dem Tode des Pfarrers nur dann weiter zu fungiren berechtigt seien, wenn sie ein festfundirtes Kaplansbeneficium besäßen, anderenfalls aber beim Fortamtiren den Strafen des Ges. v. 11. Mai 1873 verfielen. Diese Ansicht stützte sich darauf, daß die Kapläne ohne Beneficium lediglich als Mandatare der Pfarrer zu betrachten seien. Wenn diese Ansicht für die im Mittelalter herkömmliche Gestaltung des Verhältnisses zwischen Pfarrer und Hülfsgeistlichen berechtigt war und auch noch in manchen früheren partikulären kirchlichen Verordnungen, z. B. in einzelnen Diözesanstatuten, zum Ausdruck gebracht worden ist, so haben die Gerichte doch übersehen, daß die heute geltende kirchliche Praxis, nach welcher die katholischen Kapläne und anderen Hülfsgeistlichen in Deutschland vom Bischof bestellt werden, dieselben nicht mehr als civilrechtliche Mandatare behandelt, und daß ihr Amt und ihre Stellung nach der heutigen Entwicklungsstufe des Instituts keineswegs mit dem Tode des Pfarrers erlischt, vgl. P. Hinschius, Kirchenrecht 3 S. 304 u. Zimmermann im Arch. f. kath. K.R. 42 S. 419.

Die Geistlichen, welche nunmehr zufolge des Abs. 2 nach Erledigung des geistlichen Amtes — praktisch kommt allein das Pfarramt in Frage — unangefochten fortamtiren können, müssen erstens den Staatsgesetzen gemäß bestellt, ferner aber auch mit der Stellvertretung oder Hülfeleistung in einem geistlichen Amte betraut sein, d. h. entweder das Amt im vollen Umfange für den Inhaber des Amtes, wie z. B. der Pfarrvikar eines durch dauernde Krankheit verhinderten Pfarrers, ausüben oder dem Amtsträger wie die sog. Pfarrvikare, Kooperatoren, Kapläne zugewiesen sein, um unter seiner Leitung und neben ihm einzelne Amtsgeschäfte desselben zu vollziehen. Gleichgültig ist es, ob der betreffende Hülfsgeistliche ein festfundirtes Beneficium oder nur ein bloßes Amt, welches keine Benefizialqualität besitzt, hat, oder auch nur ausnahmsweise, ohne daß in der Pfarrei ein Kaplans-Amt besteht, einem Pfarrer zum Hülfsgeistlichen bestellt worden, nicht minder, ob die Anstellung des Geistlichen eine feste oder widerrufliche ist.

Andererseits ist aber nicht anzunehmen, daß der Abs. 2 auch den Fall im Auge hat, wo die von der kirchlichen Autorität ausgegangene Bestellung von vornherein auf Zeit erfolgt ist. Als eine Vorschrift zwingenden Charakters, welche von den unterliegenden kirchlichen Verhältnissen absieht, läßt sich die Bestimmung ihrem Zwecke nach nicht auffassen. Der Pfarrvikar eines beurlaubten erkrankten Pfarrers, welcher mit der Vertretung desselben auf eine bestimmte Zahl von Wochen betraut ist, wird diese zwar, wenn der Pfarrer innerhalb dieser Zeit stirbt, bis zum Ablauf derselben führen können, später aber nicht mehr. Dazu fehlt ihm der kirchliche Auftrag und der Abs. 2 gewährt ihm einen solchen nicht.

11) H. Dieser Zusatz kann nur die Bedeutung haben, daß die gedachten Hülfsgeistlichen wegen Vornahme von Amtshandlungen nicht den Strafen der Ges. v. 11. Mai 1873 (Zus. 10 zu §. 60 d. T.) und v. 21. Mai 1874 (Zus. 11 daselbst) unterliegen sollen. Die Weglassung des Zusatzes hätte den Gedanken klarer gemacht, denn durch seine Anfügung ist, wie auch bei Abs. 1, bloß die kriminalrechtliche Seite der Sache in Rücksicht gezogen. Daß indessen auch hier nicht bloß die Straffreiheit gemeint ist, sondern daß ferner auch das Einspruchsrecht des Ober-Präsidenten und die Nichtigkeit der vorgenommenen Handlungen ausgeschlossen sein soll, ergiebt sich aus den Gründen, welche Anm. 19 zu Art. 3 von Zus. 12 bei §. 60 d. T. dargelegt sind.

Gegenüber dem schon in seiner beweisrechtlichen Bestimmung berührten Art. 2 des Ges. v. 21. Mai 1874 führt die Anwendung des Abs. 2 zu dem Resultat, daß der durch Art. 2 dem Angeklagten aufgebürdete Beweis geführt ist, sowie letzterer nur darthut, daß er schon vor Erledigung des Amtes mit einer zur Vornahme der inkriminirten Handlung ermächtigenden Stellvertretung oder Hülfeleistung gesetzmäßig beauftragt war.

12) H. Vgl. Zus. 58 zu §. 941 d. T. Anm. 14, 18—21.

ausschließlich der Krankenpflege widmen, die Pflege und Unterweisung von Kindern, die sich noch nicht im schulpflichtigen Alter befinden, als Nebenthätigkeit übernehmen.

Neu errichtete Niederlassungen unterliegen der Aufsicht des Staats in Gemäßheit des §. 3 im Gesetz vom 31. Mai 1875 (Gesetz-Samml. S. 217)[13]) und können durch Königliche Verordnung aufgehoben werden.

Der Krankenpflege im Sinne des Gesetzes vom 31. Mai 1875 ist die Pflege und Unterweisung von Blinden, Tauben, Stummen und Idioten, sowie von gefallenen Frauenspersonen gleichgestellt.

Art. 7[14]). Die Bestimmungen dieses Gesetzes, mit Ausnahme der Artikel 1, 5 und 6, treten mit dem 1. Januar 1882 außer Wirksamkeit.

Urkundlich ꝛc.

70. Gesetz, betreffend Abänderungen der kirchenpolitischen Gesetze. Vom 31. Mai 1882. (G.S. S. 307.)[15])

Wir Wilhelm, von Gottes Gnaden König von Preußen ꝛc. verordnen, unter Zustimmung beider Häuser des Landtages der Monarchie, was folgt:

Art. 1. Die Artikel 2, 3 und 4 im Gesetz vom 14. Juli 1880 (Gesetz-Samml. S. 285) treten mit der Verkündung des gegenwärtigen Gesetzes auf die Zeit bis zum 1. April 1884 wieder in Kraft[16]).

Art. 2. Hat der König einen Bischof, gegen welchen auf Grund der §§. 24 ff. des Gesetzes vom 12. Mai 1873 (Gesetz-Samml. S. 198) durch gerichtliches Urtheil auf Entlassung aus seinem Amte erkannt ist, begnadigt, so gilt derselbe wieder als staatlich anerkannter Bischof seiner Diözese[17]).

---

13) H. Vgl. den citirten Zus. 58.
14) H. Vgl. zu Art. 2, 3 und 4 des Ges. und Art. 1 des nachfolgenden Zus. 70.
15) H. Vgl. hierzu P. Hinschius i. Ztschr. f. K.R. 18 S. 166 ff.
16) H. S. den vorhergehenden Zusatz und die Anmerkungen zu den cit. Artikeln.
17) H. Der Absatz bezieht sich auf diejenigen Bischöfe, welche wegen schwerer Verletzung der staatlichen Gesetze und Anordnungen durch Erkenntniß des Gerichtshofes für kirchliche Angelegenheiten ihres Amtes verlustig erklärt worden sind (vgl. Zus. 15 §. 24 zu §. 124 d. T.). Es ist niemals bezweifelt worden, daß das Begnadigungsrecht der Krone auch bei derartigen Verurtheilungen geübt werden könne (s. Anm. 78 zu §. 31 des angeführten Zus. 15), dagegen hat sich schon bei der Vorlegung des Entwurfs zu dem Ges. v. 14. Juli 1880 (Zus. 69), welcher in dem nicht vom Landtage angenommenen Art. 4 dem Könige das Recht beilegte, dem entlassenen Bischof die staatliche Anerkennung als Bischof seiner früheren Diözese wieder zu ertheilen, ein lebhafter Streit entsponnen, ob diese Befugniß nicht schon an und für sich in dem Begnadigungsrechte des Königs enthalten sei. Die Frage ist jetzt durch Abs. 1 des Artikels entschieden. Während aber in dem diesmaligen Regierungsentwurf nur eine Ermächtigung des Königs zur Wiederertheilung der staatlichen Anerkennung ausgesprochen war, hat die Vorschrift durch die Fassung, welche ihr das Abgeordnetenhaus gegeben hat, eine andere Bedeutung erhalten. Nach dieser letzteren ist zwar die Gewährung einer Begnadigung dem Ermessen des Königs anheimgegeben, aber es liegt nicht in der Macht desselben, ihren Umfang zu bestimmen, vielmehr hat die Ertheilung der Begnadigung ohne weiteres die Folge, daß der durch Urtheil entlassene Bischof wieder in seine frühere Stellung und seine vollen bischöflichen Rechte eintritt.

Die juristische Konstruktion dieser eigenthümlichen Vorschrift bietet erhebliche Schwierigkeiten.

Stellt man sich auf den Boden der Maigesetzgebung von 1873, so ist davon auszugehen, daß der verurtheilte Bischof sein Amt verloren hatte, wenngleich ihm sein Weihecharakter als Bischof nicht genommen war. Ein Begnadigungsakt macht seinem juristischen Charakter nach ein verurtheilendes Erkenntniß nicht nichtig. Von diesem Standpunkt aus müßte in der mit den Wirkungen des Art. 2 ausgestatteten Begnadigung eine Neuverleihung des dem Bischof entzogenen Amtes durch den König liegen. Eine solche Befugniß hat aber der König nach preußischem Recht nicht, und darum erscheint es unzulässig, den Art. 2 Abs. 1 auf diese Art zu erklären.

Ebenso wenig ist es aber berechtigt, den Art. 2 Abs. 1 vom Standpunkte des kanonischen Rechtes aufzufassen. Nach demselben ist die staatliche Absetzung eines Bischofs als nichtig zu betrachten. Die Begnadigung würde sich demnach als ein Akt darstellen, welcher die Nichtig-

In sonstigen Fällen[18]), in welchen auf Grund der §§. 24 ff. des Gesetzes vom 12. Mai 1873 oder des §. 12 des Gesetzes vom 22. April 1875 (Gesetz-Samml. S. 194) auf Entlassung aus dem Amte erkannt ist, werden die Folgen der ergangenen Erkenntnisse auf die Unfähigkeit zur Bekleidung des Amtes und die im Artikel 1 Absatz 2 und 3 des Gesetzes vom 14. Juli 1880 (Gesetz-Samml. S. 285) aufgeführten Folgen beschränkt, insofern nicht inzwischen eine Wiederbesetzung der Stelle erfolgt ist[19]).

Art. 3[20]). Von Ablegung der im §. 4 des Gesetzes vom 11. Mai 1873 (Gesetz-Samml. S. 191)

---

keit des verurtheilenden Erkenntnisses anerkennt und die thatsächlichen, der Amtsverwaltung entgegenstehenden Hindernisse wegräumt. Damit wäre aber der Begnadigung lediglich eine rein faktische Bedeutung beigelegt und ihr Charakter als eines rechtlich wirkenden Aktes verneint. Dafür, daß die preußische Regierung bei der Vorlegung des Gesetzes diesen Standpunkt eingenommen, also prinzipiell die Gültigkeit der preußischen Gesetze wegen ihrer Unvereinbarkeit mit dem kanonischen Recht geleugnet hätte, spricht nicht das Mindeste. Hätte sie diese Auffassung gehabt, so wäre der Gebrauch des Wortes „Begnadigung" völlig unangemessen gewesen. Der Ausdruck kann schon deshalb nur in der Bedeutung eines rechtswirkenden Aktes verstanden werden. Dies erscheint um so zweifelloser, als die Begnadigung lediglich in das Ermessen des Königs gestellt ist und erst durch die Ausübung derselben die in Abs. 1 vorhergesehenen Wirkungen für jeden einzelnen Fall besonders eintreten.

Nur so viel ist richtig, daß nach der Fassung des Abs. 1, die der Begnadigung beigelegte Wirkung als eine rechtsvernichtende anzusehen ist. Der Begnadigungsakt beseitigt das Erkenntniß des kirchlichen Gerichtshofes, welches die Amtsentlassung des Bischofs ausgesprochen hat, und hebt damit auch diese auf. Die Konsequenz dieser Anschauung würde es bedingen, daß die gedachte Vernichtung ex tunc wirkt, und folgeweise alle in der Zwischenzeit von einem etwa eingesetzten bischöflichen Kommissar vorgenommenen Handlungen als nichtig zu behandeln wären.

Indessen ist diese Konsequenz seitens der Regierung nicht beabsichtigt, vielmehr von derselben erklärt worden, daß es ihr nur auf die Möglichkeit ankomme, Bischöfe in der Weise zu begnadigen, daß sie die Verwaltung ihrer früheren Diözese wieder übernehmen könnten. Auch nöthigt der Wortlaut des Gesetzes, wie es vorliegt, nicht zu dieser Auffassung, im Gegentheil kann das Wort „wieder" im Zusammenhang mit dem vorhergehenden Satze: „Hat der König einen Bischof begnadigt", nur dahin erklärt werden, daß derselbe erst von dem Augenblick der Begnadigung, nicht aber schon von dem Zeitpunkt seiner Verurtheilung ab als staatlich anerkannter Bischof seiner Diözese zu betrachten ist. Demnach kann nur angenommen werden, daß die Begnadigung das früher verurtheilende Erkenntniß ex nunc, nicht ex tunc, vernichtet. Daß darin eine arge juristische Inkorrektheit liegt, kann freilich nicht in Abrede gestellt werden, aber die aus den Parlamenten hervorgehenden Gesetzesformulirungen leiden nicht selten an solchen Fehlern.

18) H. Was man unter den „sonstigen Fällen", in denen eine Entlassung aus dem Amte durch Urtheil des Gerichtshofes für kirchliche Angelegenheiten ausgesprochen ist, zu verstehen hat, erscheint zweifelhaft. Die sprachliche Auslegung führt darauf, daß damit die Fälle gemeint sein sollen, in denen der König von seinem Begnadigungsrecht zu Gunsten der Bischöfe keinen Gebrauch gemacht hat. Sachlich ist aber diese Auslegung nicht möglich, denn unter der auch thatsächlich eingetretenen Voraussetzung, daß vor dem Inkrafttreten des Gesetzes keiner der in Frage kommenden Erzbischöfe und Bischöfe — es handelte sich nur um die von Gnesen-Posen, Münster, Limburg und Köln — begnadigt war, hätte der Abs. 1 niemals irgendwelche Wirkung äußern können. Mit dem Augenblick der Publikation des Gesetzes wäre dann auf alle nicht begnadigten Bischöfe der Abs. 2 des Art. 2 zur Anwendung gekommen und die Vorschrift des Abs. 1 für dieselben ausgeschlossen gewesen. Schon in der Kommission des Abgeordnetenhauses haben die Antragsteller, auf deren Veranlassung der nicht in der Regierungsvorlage enthaltene Absatz dem Art. 2 beigefügt worden ist, gegen diese Auslegung protestirt und erklärt, daß der Abs. 1 sich auf die entsetzten Bischöfe, der Abs. 2 dagegen aber auf andere Geistliche beziehen solle, gegen welche durch den erwähnten Gerichtshof auf Grund der Ges. v. 12. Mai 1873 und v. 22. April 1875 (Zus. 72 zu §. 1056) die Amtsentlassung ausgesprochen worden sei, und diese Auslegung, welche wenigstens sprachlich nicht ausgeschlossen ist, wird um so mehr als die allein berechtigte anerkannt werden müssen, als sie bei den parlamentarischen Berathungen keinen Widerspruch erfahren hat (die Nachweisungen dazu in Ztschr. f. K.R. 18 S. 175).

19) H. Art. 2 bezieht sich ebenso wenig, wie der Art. 1 des Ges. v. 14. Juli 1880 (vorhergehender Zus. 69) auf diejenigen Fälle, in denen eine Amtsentlassung zufolge des §. 21 des Ges. v. 11. Mai 1873 (Zus. 10 zu §. 60 d. T.) erfolgt ist.

20) H. Vgl. Zus. 10 zu §. 60 d. T., Anm. 55 zu §. 4 und Anm. 64 zu §. 6.

vorgeschriebenen wissenschaftlichen Staatsprüfung sind diejenigen Kandidaten befreit, welche durch Vorlegung von Zeugnissen den Nachweis führen, daß sie die Entlassungsprüfung auf einem Deutschen Gymnasium abgelegt, sowie ein dreijähriges theologisches Studium auf einer Deutschen Universität oder auf einem in Preußen bestehenden kirchlichen Seminare, hinsichtlich dessen die gesetzlichen Voraussetzungen für den Ersatz des Universitätsstudiums durch das Studium auf diesem Seminar erfüllt sind, zurückgelegt und während dieses Studiums Vorlesungen aus dem Gebiete der Philosophie, Geschichte und Deutschen Literatur mit Fleiß gehört haben[21]).

---

21) H. Die Befreiung ist durch das Gesetz selbst ausgesprochen, es bedarf also einer Dispensation von der wissenschaftlichen Staatsprüfung nicht. Aber die Befreiung tritt nicht schon dadurch ein, daß der Kandidat den vorgeschriebenen Erfordernissen bloß genügt hat, sondern erst dadurch, daß er den Nachweis der Erfüllung derselben durch die betreffenden Zeugnisse der Staatsbehörde, d. h. dem Oberpräsidenten führt. In dem zur Ausführung des Gesetzes unter dem 29. Juni 1882 erlassenen Cirkularreskript ordnet der Minister der geistl. Angel. an: „daß die vorstehend gedachten Zeugnisse dem zuständigen Königlichen Ober=Präsidenten, in den Hohenzollern'schen Landen dem Königlichen Regierungs=Präsidenten zu Sigmaringen, einzureichen sind. Zuständig ist der Königliche Oberpräsident derjenigen Provinz, in welcher der Betreffende als Geistlicher angestellt zu werden wünscht oder in welcher die zuletzt von ihm besuchte Universität oder das zuletzt von ihm besuchte kirchliche Seminar (Art. 3 Abs. 1) gelegen ist. — Die Zeugnisse darüber, daß der Betreffende während des dreijährigen theologischen Studiums Vorlesungen aus dem Gebiete der Philosophie, Geschichte und deutschen Literatur mit Fleiß gehört hat, werden, wie ich, vorbehaltlich weitererer Regelung hinsichtlich der kirchlichen Seminare (Art. 3 Abs. 1), durch die abschriftlich beifolgende Verfügung an die betheiligten Fakultäten angeordnet habe, in der Regel von dem Universitätslehrer ausgestellt und von dem Dekan der philosophischen Fakultät beglaubigt oder von dem letzteren selbst auf Grund einer Bescheinigung des Universitätslehrers ausgefertigt werden. — Hierdurch ist jedoch, insbesondere für Diejenigen, welche eine außerhalb Preußens gelegene deutsche Universität besucht haben, nicht ausgeschlossen, daß der durch die fraglichen Zeugnisse zu führende Nachweis auch durch andere urkundliche Beläge erbracht werden kann.

Sobald hiernach der im Art. 3 Abs. 1 des Ges. v. 31. Mai 1882 erforderte Nachweis geführt ist, wird dem Betheiligten von dem Königlichen Oberpräsidenten, in den Hohenzollern'schen Landen von dem Königlichen Regierungspräsidenten zu Sigmaringen, unter Siegel und Unterschrift ein stempelfreies Attest folgenden Inhalts ertheilt:

> „Auf Grund des Art. 3 Abs. 1 des Ges. v. 31. Mai 1882 (G.S. S. 307) wird hierdurch bescheinigt, daß N. N. von Ablegung der im §. 4 des Ges. v. 11. Mai 1873 (G.S. S. 191) vorgeschriebenen wissenschaftlichen Staatsprüfung befreit ist."

In dem an die philosophischen Fakultäten der Hochschulen unter demselben Tage ergangenen Reskript wird bestimmt: „daß die vorgedachten Zeugnisse über das fleißige Hören von Vorlesungen aus dem Gebiete der Philosophie, Geschichte und deutschen Literatur in der Regel von dem betreffenden Universitätslehrer, unter näherer Bezeichnung des Gegenstandes der Vorlesung, auszustellen und von dem Herrn Dekan der philosophischen Fakultät zu beglaubigen oder von dem letzteren selbst auf Grund einer Bescheinigung des Universitätslehrers auszufertigen sind. Hierdurch ist jedoch nicht ausgeschlossen, daß der durch die fraglichen Zeugnisse zu führende Nachweis auch durch andere urkundliche Beläge erbracht werden kann."

Darüber, wie sich der einzelne Dozent, von welchem ein solches Zeugniß oder eine derartige Bescheinigung seitens eines Studenten verlangt wird, die Ueberzeugung, daß der letztere das Kolleg mit Fleiß gehört hat, zu verschaffen hat, ist nichts angeordnet. An größeren Universitäten und bei zahlreich besuchten Kollegien ist der Dozent nicht im Stande, den fleißigen Besuch jedes Einzelnen zu kontroliren, und selbst wenn er die regelmäßige Anwesenheit eines Studenten festzustellen in der Lage ist, folgt doch aus derselben nicht, daß ein solcher der Vorlesung wirklich mit Fleiß folgt, vielmehr kann derselbe während der letzteren andere Dinge treiben, z. B. Privatarbeiten machen, lesen u. s. w. Es wird daher dem Dozenten nicht zu verwehren sein, sich vor Ausstellung des Zeugnisses durch ein mit dem Studenten anzustellendes Examen die Ueberzeugung von einem fleißigen Hören des Kollegs seitens des letzteren zu verschaffen. Andererseits ist aber festzuhalten, daß der Art. 3 eine Befreiung von der Staatsprüfung anordnet. Die Prüfung, welche der Dozent anstellt, darf daher nicht auf das Ziel hinausgehen, welches für die erstere in der Instruktion v. 26. Juli 1873 (Anm. 58 zu §. 30 von Zus. 10 bei §. 60 d. T.) gesteckt ist, sondern nur zu dem Zweck angestellt werden, um Gewißheit zu erhalten, daß der Kandidat der Vorlesung regelmäßig beigewohnt hat, ihr mit Verständniß gefolgt ist und das Bestreben gehabt hat, sich den Inhalt derselben anzueignen. Ebenso wenig wird prinzipiell von einer Fakultät oder von den einzelnen Dozenten in allen

Der Minister der geistlichen Angelegenheiten ist ermächtigt, auch im Uebrigen von den Erfordernissen des §. 4[22]), sowie von dem Erfordernisse des §. 11 des Gesetzes vom 11. Mai 1873 zu dispensiren[23]), auch ausländischen Geistlichen die Vornahme von geistlichen Amts=

Fällen die Ablegung eines solchen Examens gefordert werden können, da dasselbe nicht das einzige Mittel ist, die zur Ausstellung des Zeugnisses nöthige Ueberzeugung zu begründen. Wenn endlich Fakultätsstatuten für die Ertheilung von Dekanats= oder anderen Fleiß=Zeugnissen die Abhaltung eines vorgängigen Examens seitens der einzelnen Dozenten, oder seitens des Dekans vorschreiben, so darf diese Bestimmung gleichfalls nicht auf die im Art. 3 gedachten Zeugnisse angewendet werden. Das Gesetz will eine Prüfung, d. h. die Nothwendigkeit der Darlegung der Erwerbung einer bestimmten wissenschaftlichen Bildung für gewisse Fächer, ausschließen, es gestattet nur, den Nachweis zu verlangen, daß die bezeichneten Vorlesungen mit Fleiß gehört sind. Es giebt eine Sonder= und Spezialbestimmung, welche derartigen statutarischen Anordnungen für den speziellen Fall vorgeht und deren Anwendung auf denselben ausschließt. Jeder Dozent und Dekan hat also nach seinem gewissenhaften Ermessen unter Berücksichtigung der Lage des konkreten Falles bei der Ertheilung des geforderten Zeugnisses zu verfahren, und nur in so weit, als dies in dem gegebenen Fall nothwendig ist, kann er auch ein Examen zu dem schon vorhin bezeichneten Zweck anstellen. Weiter zu gehen, ist dem Gesetz gegenüber nicht erlaubt, denn dadurch würde das Examen, welches dasselbe beseitigen will, wieder eingeführt, ja es könnte sogar, wenn prinzipiell von jedem Kandidaten ein solches seitens aller Dozenten verlangt würde, die Lage derselben gegenüber der Forderung des Ges. v. 11. Mai 1873 erschwert werden.

Endlich ist darauf hinzuweisen, daß demjenigen Kandidaten, welcher einen derartigen Nachweis nicht geführt und das erforderliche Attest nicht erlangt hat, trotzdem daß er die besprochenen Voraussetzungen thatsächlich erfüllt hat, die gesetzlichen Erfordernisse zur Bekleidung des geistlichen Amtes fehlen, und mithin sowohl der Einspruch nach §. 16 Nr. 1 des Ges. v. 11. Mai 1873 gegen seine künftige Anstellung statthaft erscheint, als auch seine dennoch erfolgte Anstellung nichtig ist (§. 17 des cit. Gesetzes) und die Ausübung seines Amtes die im §. 23 a. a. O. angedrohte Strafe nach sich zieht.

22) H. Vgl. Anm. 58 zu §. 5 von Zus. 10 bei §. 60 d. T.

23) H. Der citirte §. 11 schreibt vor, und zwar im Abs. 1, daß zur Anstellung an einem Knaben=Seminar oder Knaben=Konvikte die Befähigung zur Anstellung an einem Preußischen Gymnasium (d. h. die Ablegung der Prüfung für das Lehramt an höheren Schulen und die Absolvirung des sog. Probejahres), und für die Anstellung an einer für die theologisch=wissenschaftliche Vorbildung bestimmten Anstalt die Befähigung an einer deutschen Staats=Universität in der Disziplin zu lehren, für welche die Anstellung erfolgt (also für die Regel Habilitation als Privatdozent an einer Universität), erforderlich ist. Abs. 2 und 3 bestimmen dagegen, daß Kleriker und Predigtamtskandidaten die für Geistliche vorgeschriebene Vorbildung haben müssen und diese letztere zur Anstellung an den zur theologisch=praktischen Vorbildung bestimmten Anstalten genügt.

Der §. 11 setzt also mehrfache Erfordernisse für die Anstellung an den in Frage stehenden Bildungs=Anstalten fest. Das neueste Gesetz spricht dagegen, abweichend von der Regierungsvorlage, welche die Worte: „von den Erfordernissen" des §. 11 aufwies, nur von einer Dispensation „von dem Erfordernisse" des §. 11. Alle in dem letzteren gedachten Erfordernisse können demnach nicht gemeint sein. Erwägt man nun, daß Abs. 2 und 3 des §. 11 keine selbstständigen Anordnungen über die Qualifikation treffen, sondern auf die Bestimmungen über die Vorbildung der Geistlichen verweisen, so wird man die bloß dadurch in Bezug genommenen, in den anderen §§. des Ges. v. 11. Mai 1873 festgesetzten Erfordernisse nicht unter „dem Erfordernisse des §. 11" verstehen können, vielmehr führt dies darauf, darunter nur dasjenige Erforderniß zu begreifen, welches der §. 11 neu und selbstständig aufstellt. Dazu kommt, daß hinsichtlich der Vorbildung der Geistlichen eine Reihe für angemessen erachteter Erleichterungen sowohl im Abs. 1, wie auch in den ersten Bestimmungen des Abs. 2 getroffen worden sind, und daher die Gewährung einer Ermächtigung zur Dispensation von den Vorschriften des §. 11 Abs. 2 und 3 an den Kultusminister überflüssig gewesen wäre.

Die Dispensationsbefugniß des letzteren kann demnach nur auf §. 11 Abs. 1 bezogen werden. Allerdings betreffen seine Vorschriften zwei Fälle, die Anstellung an einem Knaben=Seminar oder Konvikt und die an einer theologischen Lehranstalt. Aber das für die eine oder andere verlangte Erforderniß kann man immer das Erforderniß des §. 11 nennen, und es liegt kein innerer Grund vor, die Dispensationsberechtigung auf das eine oder andere zu beschränken, um so weniger, als das Gesetz keinen Anhalt giebt, welches der beiden von der Dispensation ausgeschlossen sein soll.

handlungen[24]) oder die Ausübung eines der im §. 10 erwähnten Aemter zu gestatten[25]). — Die Grundsätze, nach welchen dies zu geschehen hat, sind vom Staatsministerium mit Königlicher Genehmigung festzustellen[26]).

Art. 4. Die Ausübung der in den §§. 13 ff. des Gesetzes vom 20. Mai 1874 (Gesetz-Samml. S. 135)[27]) und in den Artikeln 4 ff. des Gesetzes vom 21. Mai 1874 (Gesetz-Samml. S. 139)[28]) den Präsentationsberechtigten und der Gemeinde beigelegten Befugniß zur Wiederbesetzung eines erledigten geistlichen Amtes und zur Errichtung einer Stellvertretung in demselben findet ferner nicht statt.

Urkundlich 2c.

§. 1044. Functionen, die mit der Person und Würde des Bischofs untrennbar verknüpft sind, kann weder das Capitel, noch der von ihm gesetzte Vicarius ausüben.

§. 1045. Fällt weg[29]).

§. 1046. Rechte, welche nach den Gesetzen und Verfassungen für den Bischof und das Capitel gemeinschaftlich gehören, können, während der Vacanz, von dem Capitel allein nur in dringenden Nothfällen ausgeübt werden.

§. 1047. Eigene Angelegenheiten des Capitels, zu deren Rechtsbeständigkeit die Einwilligung des Bischofs nothwendig ist, müssen der Regel nach während der Vacanz ausgesetzt bleiben.

§. 1048. Pfründen, welche zur alleinigen Verleihung des Bischofs stehen, können von dem Capitel, während einer gänzlichen Vacanz, nicht vergeben werden, sondern es muß deren Besetzung dem neuen Bischof aufbewahrt werden.

§. 1049*. Wird aber die Wiederbesetzung des bischöflichen Stuhls ohne Schuld es Domcapitels verhindert, so kann letzteres über dergleichen Pfründen in so fern verfügen, als das Wohl der Kirche deren baldige Verleihung erfordert[30]).

§. 1050*. Zum Besten des Bisthums kann das Domcapitel[31]), während

---

24) H. Vgl. Anm. 38 zu §. 1 von Zus. 10 bei §. 60 d. T. Die Bestimmung ist hauptsächlich auf Grenzpfarreien berechnet, deren Geistliche auf ausländischem Territorium wohnen, um ihnen das Amtiren auf dem innerhalb Preußens gelegenen Theil ihres Sprengels zu erleichtern. Wie jede Dispensation ist dieselbe natürlich für die Zukunft stets widerruflich. Da die Dispensationsbefugniß nur auf die Vornahme von geistlichen Amtshandlungen sich erstreckt, ist für die Anstellung in geistlichen Aemtern in Preußen das Erforderniß der Reichsangehörigkeit maßgebend geblieben, und es kann von demselben nur innerhalb der im §. 25 des Ges. v. 11. Mai 1873 festgesetzten Grenzen dispensirt werden. Selbstverständlich ist es, daß wenn eine solche Dispensation ertheilt ist, das Erforderniß des Einspruches wegfällt, denn das Interesse der Staatsregierung ist, da sie hier die Ausübung der Amtshandlungen zu gestatten hat, durch ein weitergehendes positives Recht schon genügend gewahrt. Ebenso wenig kommt für solche Ausländer das Erforderniß der gesetzlich vorgeschriebenen Vorbildung zur Anwendung. Die Gestattung enthält zugleich eine Dispensation von demselben, welche übrigens schon nach §. 26 Abs. 3 des Ges. möglich war.

25) H. Vgl. Anm. 78 zu Zus. 10 bei §. 60 d. T. Die feste Anstellung von Ausländern in den bezeichneten Aemtern muß aber für ausgeschlossen erachtet werden, denn eine solche ist mit der Ausübung eines Amtes, welches das Gesetz allein erwähnt, nicht identisch und die Ausübung eines solchen auch ohne eine feste Anstellung sehr wohl möglich.

26) H. Veröffentlicht ist über die betreffenden Feststellungen nichts.

27) Zus. 67 zu §. 1043 d. T.

28) Vgl. Zus. 11 zu §. 60 d. T.

29) H. In Folge der Aufhebung der geistlichen Gerichtsbarkeit in allen weltlichen Angelegenheiten. Der §. 1045 lautete: „Zur Verwaltung der weltlichen Gerichtsbarkeit, in so fern dergleichen mit dem Bisthum verbunden ist, muß ein Offizial bestellt oder der von dem Bischof geordnete bestätigt werden."

30) H. Mit Rücksicht auf den Art. 15 der Verf.Urk. wird in dieser Beziehung das kanonische Recht zur Anwendung kommen, welches diesen Satz nicht ausspricht, wenngleich eine Meinung ihn für maßgebend erachtet, s. P. Hinschius, K.R. Bd. 2 S. 242.

31) H. Jetzt der Kapitularvikar, s. Anm. 30 zu §. 1041 d. T.

einer Vacanz, Verträge schließen, welche zur Conservation der Gerechtsame desselben nothwendig sind.

§. 1051. Wo die Ernennung des Bischofs dem Landesherrn nicht vorbehalten ist [32]), da kommt die Wahl desselben dem Domcapitel zu. Wahl des Bischofs.

§. 1052*. Dieses muß dabei Alles beobachten, was im vorigen Abschnitte von der Wahl eines Stiftsobern verordnet ist [33]).

§. 1053. Ein Gleiches findet statt, wenn dem Bischof ein Coadjutor bestellt werden soll. [34])

71. Verordnung, betreffend die Vereidigung der katholischen Bischöfe [35]) (Erzbischöfe, Fürstbischöfe) in der Preußischen Monarchie. Vom 6. Dezember 1873. (G.S. S. 479.)

Wir 2c. verordnen für den Umfang Unserer Monarchie, was folgt:

Einziger Paragraph.

Die katholischen Bischöfe (Erzbischöfe, Fürstbischöfe) haben fortan, bevor sie die staatliche Anerkennung erhalten, Uns folgenden Eid zu leisten:

Ich N. N. schwöre einen Eid zu Gott, dem Allmächtigten und Allwissenden, und auf das heilige Evangelium, daß, nachdem ich zu der Würde eines katholischen Bischofs (Erzbischofs, Fürstbischofs) erhoben worden bin, ich Seiner Königlichen Majestät von Preußen N. und Allerhöchstdessen rechtmäßigem Nachfolger in der Regierung, als meinem Allergnädigsten Könige und Landesherrn, unterthänig, treu, gehorsam und ergeben sein, Allerhöchstdero Bestes nach meinem Vermögen befördern, Schaden und Nachtheil aber verhüten, die Gesetze des Staates gewissenhaft beobachten und besonders dahin streben will, daß in den Gemüthern der meiner bischöflichen Leitung anvertrauten Geistlichen und Gemeinden die Gesinnungen der Ehrfurcht und Treue gegen den König, die Liebe zum Vaterlande, der Gehorsam gegen die Gesetze und alle jene Tugenden, die in dem Christen den guten Unterthan bezeichnen, mit Sorgfalt gepflegt werden, und daß ich nicht dulden will, daß von der mir untergebenen Geistlichkeit im entgegengesetzten Sinne gelehrt und gehandelt werde.

Insbesondere gelobe ich, daß ich keine Gemeinschaft oder Verbindung, sei es innerhalb oder außerhalb des Landes, unterhalten will, welche der öffentlichen Sicherheit gefährlich sein könnten; auch will ich, wenn ich erfahren sollte, daß irgendwo Anschläge gemacht werden, die zum Nachtheile des Staats gereichen könnten, hiervon Seiner Majestät Anzeige machen.

Alles dieses schwöre ich, so wahr mir Gott helfe und sein heiliges Evangelium. Amen!

Urkundlich 2c.

Vierzehnter Abschnitt.

Von Collegiatsstiften [36]).

§. 1054. Geistliche Corporationen, die bei einer anderen, als der Hauptkirche der Diözes, zur feierlichen Begehung des Gottesdienstes verordnet sind, werden Collegiatstifte genannt.

---

32) H. Dies ist nirgends der Fall, s. Zus. 64 zu §. 1022 Nr. XXII u. XXIII.

33) H. Jetzt sind die Vorschriften der Bulle: De salute animarum und das Breve: Quod de fidelium, s. das Citat in der vor. Anm., maßgebend.

34) H. Vgl. Friedberg, Staat und Bischofswahlen S. 392.

35) H. Diese Verordnung gilt also auch für den altkatholischen Bischof, der in Gemäßheit der altkatholischen Synodal- und Gemeinde-Ordnung von 1874 §§. 5, 6, 10 ff. durch die Synode aus den von der Staatsregierung nicht als minus grati bezeichneten Priestern gewählt wird (s. Beschlüsse der ersten Synode der Altkatholiken des deutschen Reiches. Bonn 1874. S. 16, 30).

Die Vereidigung erfolgt durch den Minister der geistl. Angel. oder auch den Oberpräsidenten und nach derselben erhält der Bischof die landesherrliche Anerkennungsurkunde (das

1055. Sie unterscheiden sich von den Domstiften nur darin, daß ihre Mitglieder an den Angelegenheiten des Bisthums und der Diözes keinen Theil nehmen.

1056. Die dem weiblichen Geschlecht gewidmeten weltgeistlichen Stifte haben mit den Collegiatstiften gleiche Rechte.

72. Gesetz, betreffend die Einstellung der Leistungen aus Staatsmitteln für die römisch-katholischen Bisthümer und Geistlichen. Vom 22. April 1875. (G.S. S. 194.)

Wir ꝛc. verordnen, mit Zustimmung beider Häuser des Landtages, für den Umfang der Monarchie, was folgt:

§. 1. In den Erzdiözesen Cöln, Gnesen und Posen, den Diözesen Kulm, Ermland, Breslau, Hildesheim, Osnabrück, Paderborn, Münster, Trier, Fulda, Limburg, den Delegaturbezirken dieser Diözesen[37]), sowie in den Preußischen Antheilen der Erzdiözesen Prag, Olmütz, Freiburg und der Diözese Mainz[38]) werden vom Tage der Verkündung[39]) dieses Gesetzes ab sämmtliche, für die Bisthümer, die zu denselben gehörigen Institute und die Geistlichen[40]) bestimmte Leistungen[41]) aus Staatsmitteln eingestellt[42]).

Formular derselben bei Friedberg, d. Staat und die Bischofswahlen. Aktenstücke S. 233, 254), mit deren Aushändigung er als staatlich anerkannter Bischof gilt.

36) Es giebt in Preußen nur ein Kollegiatstift, das zu Aachen, s. Zus. 64 Nr. XL. Auf dieses findet das Ges. v. 7. Juni 1876, Zus. 62 zu §. 950 d. T., ebenfalls Anwendung.

37) D. h. der Diözesen Breslau, Paderborn und Osnabrück, denn nur diese haben Bezirke, welche sog. terrae missionis sind, s. Zus. 10 zu §. 60 Anm. 23 zu §. 18 und Zus. 64 zu §. 1022 Nr. XXX u. XXXIII.

38) H. Nach dieser Aufzählung bleiben nur der Diözesanverband des altkatholischen Bischofs Reinkens in Bonn, sowie die der Utrechter Kirchengemeinschaft angehörige katholische Gemeinde Nordstrand in der Provinz Schleswig-Holstein ausgeschlossen.

39) H. Diese ist am 26. April 1875 (G.S. S. 193) erfolgt.

40) H. Und zwar alle Leistungen an dieselben, aber nicht an die Kirchen derselben.

Nicht betroffen werden also diejenigen Leistungen, welche zur Besoldung der niederen Kirchendiener bei den einzelnen Kirchengemeinden, so wie zu den sächlichen Kultuskosten und den Baubedürfnissen dieser einzelnen Gemeinden bestimmt sind. Der Umstand aber, daß die Leistungen für die Geistlichen nicht direkt an diese, sondern an die Kirchenkassen gemacht worden sind, hindert die Einstellung nicht.

Bekleidet der Geistliche noch ein anderes Amt, für welches er aus Staatsmitteln besoldet wird, z. B. das Amt eines Religionslehrers an einer öffentlichen Schule, eines Universitäts-Professors, so unterliegt das für letzteres gewährte Staatsgehalt natürlich nicht der Einstellung.

Wenn im Arch. f. kath. K.R. 49 S. 104 (vgl. auch Porsch i. d. jurist. Rundschau f. d. kathol. Deutschland Heft 5 S. 167) ausgeführt wird, daß die Vakatur-Gehälter (Interkalar-Gefälle) nach Abzug der Vertretungskosten an die zum Empfange berechtigten Kirchen oder Fonds (§. 852 d. T.) gezahlt werden müßten, so ist dies irrig. Das Vakatur-Gehalt ist Gehalt für den Geistlichen. Wird dasselbe überhaupt eingestellt, so ist der Eintritt einer Vakanz völlig gleichgültig, denn weder der abgehende noch der neue, noch der in Zwischenzeit das Amt interimistisch verwaltende Geistliche hat ein Recht darauf. Ueberdies würde, da neue gesetzmäßige Anstellungen nicht zu erzielen waren, bei der gegentheiligen Ansicht die Einstellung illusorisch werden, weil fortdauernd die Staatsleistungen als Vakatur-Gehälter zu zahlen wären.

41) H. Dieser Ausdruck schließt sich der Bezeichnung der entsprechenden Kapitel des Staatshaushaltsetats, insbesondere des Kapitels 118 an und umfaßt alle Zwecke, welche hier vorgesehen sind. Vor allem umfaßt also die Einstellung alle Leistungen für die Bischöfe selbst und die bischöflichen Stühle, sowie für die bischöflichen Behörden und Beamten; ferner die Leistungen für die Domkapitel, Kollegiatstifter und deren Zubehörungen, so wie für die Diözesananstalten, als Priester- und Klerikalseminare, Emeriten- und Demeritenanstalten. Unter den Leistungen für Geistliche aber sind alle Aufwendungen, welche für den Klerus bestimmt sind, zu begreifen, gleichviel, ob die Bewilligung direkt an die Geistlichen, oder an Kirchen, Kirchengemeinden und Kirchenkassen erfolgt sind, sobald sie nur zum Unterhalt der Geistlichen dienen.

Durch die Worte „Leistungen aus Staatsmitteln" hat jeder Zweifel darüber abgeschnitten werden sollen, daß der Einstellung nicht nur baare Besoldungen und Zuschüsse, sondern auch

Ausgenommen von dieser Maßregel bleiben die Leistungen, welche für Anstaltsgeistliche[43]) bestimmt sind.

Zu den Staatsmitteln gehören auch die unter dauernder Verwaltung des Staats stehenden besonderen Fonds[44]).

---

alle sonstigen materiellen Beihülfen unterliegen, welche der Staat zu den angegebenen Zwecken bisher gewährt hat. Insbesondere fallen darunter alle Naturalpräſtationen an Getreide und Holz, ferner die Gebrauchs- und Nutzungsrechte an Gebäuden und sonstigen Realitäten, sowie an Mobilien jeder Art.

Auf den Rechtsgrund der Leistungen kommt nichts an, daher dürfen auch z. B. die Rentenbriefe nebst Coupons, welche für bisher auf fiskalischen Grundstücken ruhende abgelöste Verpflichtungen den erwähnten Instituten und Geistlichen zu gewähren sind, nicht mehr an diese ausgehändigt werden. Eben so ist es gleichgültig, wann die Leistungen fällig geworden sind, es können also ebenfalls die schon früher fälligen, welche bis zum Tage der Verkündigung des Gesetzes nicht aufgehoben worden, nicht gezahlt werden. Dies wird freilich katholischerseits bestritten, vgl. Swientek, Arch. f. kath. K.R. 36 S. 174, Verhandlungen des Abgeordnetenhauses v. 27. Nov. 1877, a. a. O. 40 S. 475. Der hier vertretenen Ansicht dagegen das O.Tr. I v. 8. April 1878, Str.Arch. 99 S. 300, wonach die Einstellung so lange erfolgen kann, als die Löschung der Rente nicht beantragt werden darf (§§. 50 des Ges. v. 2. März 1850 über die Errichtung der Rentenbanken). — R.G. III v. 6. Febr. 1880, Annal. 1 S. 421: Gelder, welche vom Staat (vormals dem Landesfürsten), also aus öffentlichen Mitteln zur Dotirung einer Pfarrei ausgesetzt worden sind, können, selbst wenn ein den Fiskus rechtskräftig zur Zahlung verurtheilendes Erkenntniß vorliegt, zurückbehalten werden. Andererseits hat aber das R.G. II v. 25. Jan. 1883, Annal. 7 S. 303, indem es das Wort: bestimmt als gleichbedeutend mit: gewidmet auffaßt, angenommen, daß privatrechliche Verpflichtungen, welche der Fiskus kraft Succession in die Verbindlichkeit eines Andern überkommen hat, von §. 1 nicht berührt werden, also trotz desselben erfüllt werden müssen.

Besitzstörungsklagen wegen Entziehung von Dienstwohnungen und anderen Leistungen sind nicht statthaft, vielmehr ist deswegen der Rechtsweg ausgeschlossen, Erk. d. Kom.Ger.Hofes v. 8. Jan. 1876 u. 14. Okt. 1876, J.M.Bl. S. 77, 224, 237; Arch. für kath. Kirchenrecht 47 S. 196. Dagegen ist der Rechtsweg im Petitorium darüber offen, ob das Objekt, welches die Regierung als ein staatliches betrachtet und deshalb vorenthält, dem Staate oder dem ansprechenden Dritten gehört, so auch O.Tr. (vgl. vor. Abs.).

Mit Rücksicht auf das Anm. 40 Bemerkte wird, wenngleich die Einstellung der Leistungen für die Bisthümer zu erfolgen hat, in den Fällen, wo die Domkirche auch den Parochialzwecken einer bestimmten Gemeinde dient, doch so viel gewährt werden müssen, als zur Bestreitung der desfallsigen erwachsenen sächlichen Kultusbedürfnisse (einschließlich der baulichen Unterhaltung), nicht aber anderer, erforderlich ist.

In denjenigen Diözesen, in welchen die Einstellung stattgefunden hat, sollen Stellen fiskalischen Patronats nur an solche Geistliche verliehen werden, welche sich durch schriftliche Erklärung verpflichten, die Gesetze des Staates zu beobachten. Verfügung des Ministers der geistl. Angelegenheiten v. 25. Mai 1875.

42) H. In Folge der inzwischen erfolgten Wiederbesetzung der Bisthümer Breslau, Osnabrück, Paderborn, Trier und Fulda, sowie Begnadigung der Bischöfe von Limburg (1883) und Münster (1884) ist die Einstellung in den eben genannten Diözesen, ferner durch Beschluß des Staatsministeriums Ende des Jahres 1883 in den Diözesen Kulm, Ermland und Hildesheim aufgehoben worden. Sie dauert noch fort für Gnesen-Posen und später endlich auch für Köln.

43) H. d. h. solche, welche an staatlichen Anstalten angestellt sind, denn die Geistlichen anderer Anstalten besoldet der Staat nicht. Wegen der Militärseelsorge bedurfte es keiner besonderen Bestimmung, da die Kosten für dieselbe aus Reichsfonds bestritten werden.

44) H. Diese Fonds, welche in der gedruckten Beilage 22 zu dem Etat des Ministeriums für die geistlichen Angelegenheiten pro 1875 aufgeführt sind, haben die gemeinsame Eigenthümkeit, daß sie, wenngleich bestimmten Zwecken gewidmet und größtentheils mit eigener juristischer Persönlichkeit ausgestattet, unter ausschließlicher Verwaltung des Staates stehen, und dieser innerhalb des bestimmten Zweckes frei über die Verwendung beschließt. Für den Empfänger ist es aber ohne praktische Bedeutung, ob der Staat einen Zuschuß aus den allgemeinen Staatsfonds oder aus besonderen, zur Disposition der Staatsregierung stehenden Fonds bewilligt. Ausgenommen sind nur diejenigen Fonds, welche kirchlichen Charakters sind und sich nur vorübergehend in der Verwaltung eines vom Staat auf Grund des Ges. v. 20. Mai 1874 (s. Zus. 67 zu §. 1043 d. T.) über die Verwaltung erledigter katholischer Bisthümer bestellten Kommissars befinden.

Die erwähnten Fonds sind entweder vom Landesherrn aus Staatsfonds gestiftet, oder sie rühren, wie Exjesuiten-, Kloster-, Schul- und ähnliche Fonds, aus Säkularisationen her.

§. 2. Die eingestellten Leistungen werden für den Umfang des Sprengels wieder aufgenommen, sobald der jetzt im Amte befindliche Bischof (Erzbischof, Fürstbischof) oder Bisthumsverweser [45]) der Staatsregierung gegenüber durch schriftliche Erklärung sich verpflichtet, die Gesetze des Staates zu befolgen [46]).

§. 3. In den Erzdiözesen Gnesen und Posen, sowie in der Diözese Paderborn [47]) erfolgt die Wiederaufnahme der eingestellten Leistungen für den Umfang des Sprengels, sobald die Bestellung eines Bisthumsverwesers oder die Einsetzung eines neuen Bischofs in gesetzmäßiger Weise [48]) stattgehabt hat.

§. 4. Tritt die Erledigung eines zur Zeit besetzten bischöflichen Stuhles ein, oder scheidet der jetzige Bisthumsverweser der Diözese Fulda aus seinem Amte aus, bevor eine Wiederaufnahme der Leistungen auf Grund des §. 2. erfolgt ist, so dauert die Einstellung derselben für den Umfang des Sprengels fort, bis die Bestellung eines Bisthumsverwesers oder die Einsetzung eines neuen Bischofs in gesetzmäßiger Weise stattgehabt hat [49]).

§. 5. Wenn für den Umfang eines Sprengels die Leistungen aus Staatsmitteln wieder aufgenommen sind, einzelne Empfangsberechtigte aber, der vom Bischof oder Bisthumsverweser übernommenen Verpflichtung ungeachtet, den Gesetzen des Staates den Gehorsam verweigern, so ist die Staatsregierung ermächtigt, die für diese Empfangsberechtigten bestimmten Leistungen wieder einzustellen [50]).

---

45) H. Damit ist ein beim Erlaß des Gesetzes im Amte befindlicher Bisthumsverweser — von einem solchen wurde die damals vakante Diözese Fulda administrirt — gemeint. Daß der §. nicht von Verwesern, welche in künftigen Vakanzfällen bestellt werden sollten, handelt, ergiebt §. 4.

46) H. Sie ist dem Oberpräsidenten oder auch dem geistlichen Minister einzureichen. Der Tag der Einreichung der Erklärung ist der Moment, welcher für die Berechnung des Zeitpunktes der Wiederaufnahme der Leistungen maßgebend ist, vgl. ferner §. 8.

Nach Art. 4 des Ges. v. 14. Juli 1880 (Zus. 69 zu §. 1043) und Art. 1 des Ges. v. 31. Mai 1882 (Zus. 70 a. a. O.) konnte bis zum 31. März 1884 die Wiederaufnahme auch durch Beschluß des Staatsministeriums angeordnet werden.

47) H. Wegen dieser Diözese und der Erzdiözesen Gnesen-Posen war besondere Bestimmung getroffen, weil beide durch staatliche Absetzung der Bischöfe — die des Erzbischofs Gnesen-Posen ist durch Erkenntniß des Gerichtsh. für kirchl. Angel. v. 15. April 1874 (Hartmann, Zeitschr. 1 S. 17), die des Bischofs von Paderborn durch Erk. v. 5. Jan. 1875 (a. a. O. S. 273) erfolgt — vakant geworden und ein staatlich anerkannter Bisthumsverweser dort nicht bestellt war.

48) H. S. §§. 1—3 des eben angeführten Ges.

49) H. Durch diese Vorschriften wird die Wirksamkeit des Gesetzes auch über die Amtsdauer der zur Zeit seines Inkrafttretens vorhandenen Bischöfe hinaus auf die Zukunft ausgedehnt.

50) H. In den Fällen der §§. 3 u. 4 ist davon ausgegangen, daß, wenn entweder der im Amt befindliche Bischof oder Bischofsverweser durch schriftliche Erklärung sich zur Befolgung der Staatsgesetze verpflichtet, oder die Wiederbesetzung eines erledigten Stuhles in gesetzmäßiger Weise erfolgt, ein Umstand, der das eidliche Gelöbniß des neu eintretenden Bischofs oder Bisthumsverwalters, die Gesetze des Staates befolgen zu wollen, voraussetzt, alsdann genügende Bürgschaft dafür vorliege, daß auch der Klerus der Diözese die Staatsgesetze befolgen respektive von seinem geistlichen Obern dazu angehalten werden wird, mithin die Aufhebung der Sperre sofort für den ganzen Sprengel geschehen kann. Gleichwohl ist die Möglichkeit nicht ausgeschlossen, daß sich diese Voraussetzung nicht völlig bewähre, daß vielmehr einzelne besonders eifrige und hartnäckige Kleriker in ihrem Widerstande gegen die Staatsgesetze, der übernommenen Verpflichtung des Bisthumsvorstehers ungeachtet, fortfahren. Für solche Fälle ist die Möglichkeit offen gehalten, die wiederaufgenommenen Leistungen von neuem einzustellen. Diese Befugnisse der Staatsregierung übt der Minister der geistlichen Angelegenheiten aus, s. §. 16 des Gesetzes.

H. Nach den schon zu Anm. 46 bei §. 2 citirten Bestimmungen kann für die Zeit bis zum 31. März 1884 noch die Vorschrift des Art. 4 Abs. 2 des Gesetzes von 1880 in Betracht, welcher eine sinngemäße Anwendung des Schlußsatzes des §. 6 dieses Gesetzes auf den Fall der Wiederaufnahme der

§. 6. Die Wiederaufnahme der eingestellten Leistungen an einzelne Empfangsberechtigte erfolgt[51]) außer den Fällen der §§. 2. bis 4., wenn der Empfangsberechtigte der Staatsregierung[52]) gegenüber in der im §. 2. bezeichneten Weise sich verpflichtet, die Gesetze des Staates zu befolgen.

Außerdem ist die Staatsregierung ermächtigt, die eingestellten Leistungen einzelnen Empfangsberechtigten gegenüber wieder aufzunehmen, wenn sie durch Handlungen[53]) die Absicht an den Tag legen, die Gesetze des Staates zu befolgen[54]). Verweigern dieselben demnächst den Gesetzen des Staates den Gehorsam, so sind die Leistungen aus Staatsmitteln wieder einzustellen.

§. 7. Die Entscheidungen der kirchlichen Behörden, welche eine Disziplinarstrafe wider einen Geistlichen verhängen, dem gegenüber die Staatsregierung die eingestellten Leistungen in Gemäßheit des §. 6. wieder aufgenommen hat[55]), können sowohl von dem Geistlichen als von

---

Staatsleistungen durch Staatsministerial-Beschluß anordnet. Dies konnte nichts anderes bedeuten, als daß auch in diesem Falle die Einstellung gegen einen einzelnen Empfangsberechtigten von neuem erfolgen mußte, so wie er nach der Wiederaufnahme den staatlichen Gesetzen zuwiderhandelte. Für den Fall, daß dies seitens des Bischofs oder des Bisthumsverwesers geschah, würde aber die Einstellung nur ihm gegenüber, nicht gegenüber allen anderen, zu seinem Sprengel gehörigen Empfangsberechtigten zulässig gewesen sein, denn der sinngemäß anzuwendende Schlußsatz des §. 6 handelt nicht von einer Einwirkung des Verhaltens des kirchlichen Oberen auf die Gewährung der Leistungen an die übrigen Geistlichen des Sprengels, vielmehr treffen darüber die im Art. 4 nicht erwähnten §§. 2—4 des Gesetzes Bestimmung. — Die Vorschrift ist in ihrer Geltung auf die Zeit bis 31. März 1884 ausgedehnt. Wenn nun etwa vor diesem Tage in Gemäßheit des letzteren die Staatsleistungen von Neuem aufgenommen waren, aber erst nachher den Staatsgesetzen von einem der Empfangsberechtigten der Gehorsam verweigert worden wäre, so konnten ihm die Leistungen auf Grund der hier fraglichen Bestimmungen nicht wieder entzogen werden, da diese inzwischen außer Kraft getreten waren. Die Einstellung würde aber nach §. 5 haben erfolgen können. Zwar geht der letztere davon aus, daß die generelle Aufnahme in Folge schriftlicher Erklärung des Sprengel-Oberen gemäß §. 2 des Gesetzes erfolgt ist; indessen trat während der gedachten Zeit dem Falle des letzteren §. noch die Wiederaufnahme der Leistungen durch Staatsministerialbeschluß hinzu, und es konnte daher der §. 5 um so unbedenklicher analogisch angewendet werden, als er der Verpflichtung des Bischofs nicht als eines bedingenden Erfordernisses für das Vorgehen der Staatsregierung, sondern bloß, um auf den nunmehr vervollständigten §. 2 zu verweisen, gedachte. Immer blieb aber der Unterschied zwischen der Einstellung auf Grund der Ergänzungsgesetze und der auf Grund des citirten §. 5, daß im ersteren Falle dieselbe für die Staatsregierung obligatorisch, in dem letzteren aber fakultativ ist. Das Gesagte läßt sich in der folgenden Zusatzbestimmung zu §. 5 zusammen fassen.

Die auf Grund der dem Staatsministerium ertheilten Ermächtigung wieder aufgenommenen Leistungen sind gegen diejenigen einzelnen Empfangsberechtigten, welche demnächst den Gesetzen des Staates den Gehorsam verweigern, wieder einzustellen. Diese Vorschrift tritt mit dem 1. April 1884 außer Kraft. Von diesem Tage ab kommt die Bestimmung des Abs. 1 über die Einstellung auch gegenüber den in diesem Absatz bezeichneten Empfangsberechtigten zur Anwendung.

51) H. D. h. muß erfolgen im Gegensatz zu der Vorschrift des Abs. 2 dieses §.

52) H. Die Wiederaufnahme wird von dem Kultusminister in beiden Fällen des §. 6 verfügt.

53) H. Die konkludenten Handlungen, welche erfordert werden, können auch sog. Omissivhandlungen sein, d. h. in einem fortgesetzten Verhalten bestehen, welches jede Verletzung der Staatsgesetze unterläßt.

54) H. Mit Rücksicht auf diese Vorschriften hat die Congregatio concilii im April 1878 den katholischen Geistlichen, welche staatliche Einkünfte bezogen, ein Schreiben zugehen lassen, worin darauf hingewiesen wird, daß das Fortbeziehen einer solchen eine Vermuthung dafür begründe, daß der Geistliche sich den von der Kirche verworfenen Gesetzen unterwerfe, und in Folge dessen bei Strafe der Suspension ipso facto eine öffentliche und feierliche Erklärung auf Nichtanerkennung der gedachten Gesetze oder Verzicht auf die Einkünfte verlangte, Arch. f. kath. K.R. 40 S. 320.

55) H. Die Voraussetzung dieser Wiederaufnahme ist die Erklärung des Geistlichen, daß

dem Oberpräsidenten im Wege der Berufung an den Königlichen Gerichtshof für kirchliche Angelegenheiten ohne die Beschränkung des §. 12. des Gesetzes vom 12. Mai 1873.[56]) angefochten werden[57]).

Die Berufung kann in diesen Fällen auf neue Thatsachen und Beweismittel gegründet werden.

§. 8. Die Wiederaufnahme der eingestellten Leistungen erfolgt in allen Fällen vom ersten Tage desjenigen Vierteljahres[58]) an, in welchem die gesetzliche Voraussetzung der Wiederaufnahme[59]) eingetreten ist.

§. 9. Ueber die Verwendung der während Einstellung der Leistungen aufgesammelten Beträge[60]) bleibt, soweit dieselben nicht nach der rechtlichen Natur ihres Ursprungs zu Gunsten

---

er sich ausdrücklich zur Befolgung der Staatsgesetze verpflichtet oder durch konkludente Handlungen eine dahin gehende Absicht an den Tag gelegt hat. Da ein solcher Geistlicher deswegen von seinen kirchlichen Oberen in Disziplinarstrafe genommen werden kann (s. auch die vor. Anm.), so ist der ihm gewährte Schutz in so weit vollkommen gerechtfertigt. Seiner Fassung nach geht aber §. 7 weiter. Es kommt danach nicht darauf an, daß die Disziplinarstrafe aus dem erwähnten Grunde, sondern nur darauf, daß eine solche überhaupt, gleichviel, aus welchem Grunde, gegen einen Geistlichen, welcher die Bedingungen des §. 6 erfüllt hat und dem gegenüber die Leistungen von der Staatsregierung wieder aufgenommen sind, verhängt worden ist. Eine einschränkende Interpretation ist nicht möglich, denn gegenüber der die weite Fassung bemängelnden Erklärung des Regierungs-Kommissars (stenogr. Ber. des Abgeordn.H. von 1875 S. 919, 920) ist von dem einen Antragsteller — der §. fehlte nämlich in der Regierungsvorlage und ist zufolge eines Amendements eingeschoben worden — der Werth des §. für den Fall, daß er auf die disziplinarische Bestrafung wegen Gehorsams gegen die Staatsgesetze eingeschränkt würde, für zweifelhaft erklärt und der §. in der ursprünglichen Fassung auch bei der dritten Berathung angenommen worden (a. a. O. S. 1011). Demnach kann der Sinn des §. nur der sein, daß er eine Präsumtion dafür schafft, daß der betreffende Geistliche in solchen Fällen gerade wegen seines Gehorsams gegen die Staatsgesetze bestraft ist, und daß die kirchliche Behörde den Nachweis zu führen hat, daß ein anderer gerechtfertigter Grund für die Bestrafung vorgelegen hat. Vgl. auch Anm. 57.

56) H. Es brauchen, wenn der Geistliche die Berufung einlegt, nicht erst die Rechtsmittel bei den kirchlichen Instanzen geltend gemacht zu werden, oder, wenn der Oberpräsident dies thut, nicht erst der Erfolg der Rechtsmittel abgewartet oder die Frist zur Einlegung versäumt zu sein. Vgl. auch Zus. 15 zu §. 124 d. T.

57) H. Diese Worte können nicht dahin aufgefaßt werden, daß sie mit den Ausdrücken des Ges. v. 12. Mai 1873: „steht die Berufung offen" (§. 10) und „die Berufung findet statt" (§. 11) völlig gleichbedeutend sind, daß also unter den §. 7 dieses Ges. angegebenen Voraussetzungen die Berufung auch immer Erfolg haben und zur Vernichtung des kirchlichen Disziplinar-Erkenntnisses führen müßte. Denn dann würde der geistlichen Behörde jeder Nachweis, daß das letztere aus ganz gerechtfertigten Ursachen erlassen ist, abgeschnitten, und die disziplinarische Bestrafung solcher Subjekte ausgeschlossen, welche diese verdienen, so wie sie nur die geforderte Erklärung abgegeben haben und ihnen gegenüber die staatlichen Leistungen wieder aufgenommen sind. Eine solche Tragweite des Gesetzes ist auch von den Antragstellern nicht beabsichtigt worden. Diese wollten nur die sofortige Berufung an den Gerichtshof gewähren, damit die Geistlichen nicht durch bloß für die Disziplinarmaßregeln anderweitig vorgeschützte Gründe erst zu dem weitläufigen Wege des kirchlichen Instanzenzuges gezwungen werden könnten, keineswegs aber die Voraussetzungen für die Vernichtung des Erkenntnisses der geistlichen Disziplinarbehörde regeln, s. stenogr. Ber. S. 919, 921.

Da der Berufungsfall sich den im §. 10 Nr. 4 aufgeführten des Ges. v. 12. Mai 1873 anreiht, so werden die Fristen des §. 13 desselben zur Anwendung kommen müssen, aber angerechnet von der Zustellung der mit Gründen versehenen Entscheidung erster Instanz. Wegen der Rechtfertigungsfrist vgl. §. 15 a. a. O.

58) H. D. h. des Kalenderquartals, weil hier ein festes und nicht bewegliches Jahr vorausgesetzt ist.

59) H. S. Anm. 46 zu §. 2. Bei der Wiederaufnahme nach §. 6 Abs. 2 ist allerdings auch der Zeitpunkt, weil hier überhaupt nur eine Befugniß, keine Pflicht der Staatsregierung vorliegt, indirekt in das Ermessen der letzteren gestellt.

Ueber die in der Zwischenzeit aufgesammelten Beträge trifft §. 9 die erforderliche Bestimmung.

60) H. Vgl. dazu Motive (Drucks. des Abg.H. 12. Legisl.Per. II Sess. 1875 Nr. 109

der allgemeinen Staatsfonds[61]) als erspart zu verrechnen sind oder anderweit verwendbar[62]) werden, gesetzliche Bestimmung[63]) vorbehalten.

Der Minister der geistlichen Angelegenheiten ist im Falle einer kommissarischen Verwaltung des bischöflichen Vermögens auf Grund des Gesetzes vom 20. Mai 1874.[64]) befugt, die Fortgewährung der zur Ausstattung der Bisthümer bestimmten Leistungen insoweit zu verfügen, als dies für Zwecke der kommissarischen Verwaltung und zur Bestreitung der Kosten derselben erforderlich ist.

S. 11): „Das zu erlassende Gesetz wird die Frage nicht unberührt lassen können, wie mit denjenigen Beträgen zu verfahren, welche während der Dauer der Einstellung nicht zur Auszahlung gelangen. Dieselbe Frage ist bereits in den Fällen praktisch geworden, in welchen eine Einbehaltung der Staatsmittel auf Grund des Ges. v. 11. Mai 1873 (vgl. Zus. 10 zu §. 60) stattgefunden hat. Da es sich indessen in jenen Fällen lediglich um eine im Wege der Exekution verfügte Retention handelte, so hat jene Frage bisher nur dahin entschieden werden können, daß die retinirten Beträge, sobald die Einbehaltung der Staatsmittel ihr Ende erreicht, dem Empfangsberechtigten herauszugeben seien, ausgenommen jedoch die Bedürfnißzuschüsse, welche nach der Natur der Sache während der Einbehaltung cessiren und deshalb als erspart zu verrechnen oder anderweit zu verwenden sind. Alle Zuschüsse hingegen, welche auf rechtlicher Verpflichtung beruhen, oder den Charakter der Dotation tragen, sind bisher reservirt geblieben und würden, so weit nicht Verbindlichkeiten der Empfangsberechtigten in gesetzmäßiger Weise daraus zu decken sind, denselben nachzuzahlen sein, sobald von ihnen dem Gesetze in dem Punkt genügt würde, wegen dessen die Einbehaltung der Staatsmittel verfügt worden. Nach den gleichen Grundsätzen kann bei der Einstellung der Staatsleistungen, wie sie der vorliegende Gesetzentwurf im Auge hat, nicht verfahren werden. Während, wie bemerkt, in den Fällen des Ges. v. 11. Mai 1873 nur eine exekutivische Maßnahme zur Erzwingung einer vom Gesetz geforderten Handlung in Frage steht, handelt es sich jetzt darum, zum Ausdruck und zur Geltung zu bringen, daß die Pflicht des Staates zur Gewährung von Mitteln an die katholische Kirche einer kirchlichen Gemeinschaft gegenüber ruhen muß, welche die Grundlagen, auf welchen ihre eigene rechtliche Existenz im Staate beruht, grundsätzlich negirt. Auch würde es den Erfolg der beabsichtigten Maßregel wesentlich beeinträchtigen, wenn von vornherein festgestellt würde, daß alle einbehaltenen Beträge früher oder später den empfangsberechtigten Stellen nachzuzahlen seien. Endlich müßte es im Interesse des Staates selbst im hohen Maße bedenklich erscheinen, bedeutende Summen anzusammeln, die später ohne alle Kautelen für den Staat den Leitern der römisch-katholischen Kirche zur Verfügung zu stellen sein würden. Andererseits erscheint es nicht rathsam, schon jetzt die definitive Festsetzung über die künftige Verwendung der nicht zur Auszahlung gelangenden Zuschüsse zu treffen, da für die Entschließung hierüber diejenigen Verhältnisse maßgebend sein müssen, unter welchen die Wiederaufnahme der Leistungen erfolgen wird. Der vorliegende Entwurf schlägt deshalb vor, die Bestimmung über die Verwendung der während der Einstellung angesammelten Beträge einem künftigen Gesetze vorzubehalten. Selbstverständlich sind jedoch hiervon diejenigen Beträge auszunehmen, welche nach der rechtlichen Natur ihres Ursprungs in Folge der Einstellung zu Gunsten der allgemeinen Staatsfonds als erspart zu verrechnen sind oder anderweit verwendbar werden."

61) H. Darunter fallen die sog. Bedürfnißzuschüsse, die nach dem freien Ermessen der Staatsregierung, bez. der Landesvertretung bewilligt, und daher, so weit sie nicht zur Auszahlung gelangen, erspart werden.

62) H. D. h. nach der sonst der Regierung ertheilten oder ihr zustehenden gesetzlichen Ermächtigung, es sind also z. B. Gelder aus einem Dispensationsfonds zu denjenigen Zwecken, denen dieser etatsmäßig dient, nicht aber zu anderen zu verwenden. Vgl. auch die vom Kultusminister als zutreffend anerkannte Erklärung des Abg. Miquél a. a. O. S. 925: „Es wird hier keine neue Vollmacht zur Verwendung von Geldern ertheilt, sondern es wird hier nur ausgeschlossen, daß in diesem Falle die Gelder nicht zur demnächstigen gesetzlichen Regelung reservirt zu werden brauchen. Hiernach würde sich die Sache einfach so stellen: im Allgemeinen sollen die Gelder reservirt bleiben, und soll darüber überhaupt keine Verfügung stattfinden, bis auf gesetzliche Verhandlungen. Davon sind zwei Ausnahmen gemacht, so weit es sich um Gelder handelt, welche als erspart zu verrechnen sind, wo also z. B. Bedürfnißzuschüsse und derartige Fälle vorliegen; zweitens, wo die Gelder zu demselben Zweck, zu welchem die ursprünglich bewilligten und in Folge dieses Gesetzes ersparten Beträge bestimmt waren, auch anderweit in Gemäßheit der Etatsposition zur Verwendung gelangen. Ein dritter Fall ist hiernach ausgeschlossen."

63) S. Anm. 60.

64) S. §§. 6—11 desselben, Zus. 67 zu §. 1043 d. T.

§. 10. Die exekutivische Beitreibung im Verwaltungswege[65]) findet in Betreff der Abgaben und Leistungen an die Bisthümer, die zu denselben gehörigen Institute und die Geistlichen, für den gesammten Umfang eines Sprengels so lange nicht statt, als für denselben die Einstellung der Leistungen aus Staatsmitteln dauert.

Den Staats- und Gemeindesteuererhebern ist während der Dauer der Einstellung nicht gestattet, die vorstehend bezeichneten Abgaben zu erheben und an die Empfangsberechtigten abzuführen[66]).

§. 11. Sind die Leistungen aus Staatsmitteln an einen Empfangsberechtigten auf Grund des §. 6. wieder aufgenommen, so ist in Betreff der von diesem Zeitpunkte[67]) ab fällig werdenden[68]) Abgaben und Leistungen die Verwaltungs-Exekution wieder zu gewähren.

Ein Gleiches gilt in Betreff der Abgaben und Leistungen für diejenigen Geistlichen, welche keine Leistungen aus Staatsmitteln zu beziehen haben, wenn sich dieselben durch ausdrückliche oder stillschweigende Willensäußerung (§. 6. Absatz 1. und 2.) verpflichten, die Gesetze des Staates zu befolgen, so lange sie dieser Verpflichtung nachkommen[69]).

§. 12. Wer in den Fällen der §§. 2. und 6. die schriftlich erklärte Verpflichtung widerruft, oder der durch dieselbe übernommenen Verpflichtung zuwider die auf sein Amt oder seine Amtsverrichtungen bezüglichen Vorschriften der Staatsgesetze oder die in dieser Hinsicht von der Obrigkeit innerhalb ihrer gesetzlichen Zuständigkeit getroffenen Anordnungen verletzt, ist durch gerichtliches Urtheil[70]) aus seinem Amte zu entlassen[71]).

§. 13. Die Entlassung aus dem Amte hat die rechtliche Unfähigkeit zur Ausübung des Amts, den Verlust des Amtseinkommens und die Erledigung der Stelle zur Folge. Außerdem tritt die Einstellung der Leistungen aus Staatsmitteln, sowie der Verwaltungs-Exekution in dem früheren Umfange wieder ein[72]).

---

65) Das etwaige privatrechtliche Verhältniß der berechtigten Empfänger zu den Abgabepflichtigen wird durch diese Bestimmung nicht berührt und es verbleibt deshalb den ersteren auch der allgemeine Rechtsschutz vor Gericht; nur das Privilegium der administrativen Exekution ruht, vgl. O.Tr. I v. 7. Febr. 1878, jurist. Rundschau f. d. kath. Deutschl. Hft. 2 S. 70 ff. Wo aber überhaupt kein privatrechtliches Verhältniß vorliegt, bleibt auch der Rechtsweg bei den Gerichten ausgeschlossen, R.G. II v. 25. Nov. 1879, Entsch. 1 S. 161, Annal. 1 S. 432: Der Kirchenvorstand einer katholischen Pfarrgemeinde kann Umlagen, denen der Regierungspräsident die Beitreibung versagt hat, weil dieselben zu Gehaltszahlungen an Geistliche, bezüglich deren die Leistungen aus Staatsmitteln eingestellt worden, nicht mittels gerichtlicher Klage einziehen. Die Versagung der administrativen Exekution hat sich nicht bloß auf die laufenden, sondern auch die zur Zeit der Einstellung schon rückständigen Abgaben zu erstrecken, denn das Gesetz unterscheidet zwischen ihnen nicht, entzieht vielmehr den exekutivischen Schutz allgemein.

Ferner ist zu bemerken, daß dieser letztere auch für solche Geistliche fortfällt, welche keine Leistungen aus Staatsmitteln beziehen.

66) H. Dadurch ist Fürsorge getroffen, daß da, wo bisher die erwähnten Steuererheber auch die kirchlichen Abgaben eingezogen haben, dies von ihnen nach der Einstellung nicht mehr geschehen kann, sowie daß sie auch ihnen freiwillig gezahlte Beiträge nicht annehmen dürfen.

67) Hier entscheidet also der Tag der Wiederaufnahme, nicht der im §. 8 festgesetzte Termin.

68) Durch diese Worte ist zum Ausdruck gebracht, daß für die rückständig gebliebenen Abgaben und Leistungen die Administrativ-Exekution nicht gewährt werden soll.

69) H. Wem die Entscheidung darüber, ob diese Voraussetzung verletzt ist, zusteht, sagt das Gesetz nicht. Da der betreffende Fall aber parallel mit dem der Einstellung der Staatsmittel behandelt wird, so kann nicht der Behörde, bei welcher die Exekution nachgesucht wird, sondern nur der durch den Minister der geistlichen Angelegenheiten nach §. 16 repräsentirten Staatsregierung, bez. dem von diesem delegirten Organ die Kognition darüber zustehen.

70) H. des Gerichtshofes für kirchliche Angelegenheiten, s. §. 14.

71) H. Statt der gesperrt gedruckten Worte muß es jetzt, s. Art. 1 des Ges. v. 14. Juli 1880 (Zus. 69 zu §. 1043 d. T.), heißen: auf Unfähigkeit zur Bekleidung seines Amtes zu erkennen.

72) H. Die gesperrt gedruckten Worte fallen fort, und am Anfange ist: Die Entlassung aus dem Amte durch: die Aberkennung der Fähigkeit zur Bekleidung des Amtes zu setzen, s. vor. Anm.

Daß dem entlassenen oder für unfähig erklärten Geistlichen keine Leistung aus Staats-

Der Minister der geistlichen Angelegenheiten ist ermächtigt, schon nach erfolgter Einleitung des Verfahrens die Einstellung der Leistungen zu verfügen.

Endet das Verfahren mit Freisprechung, so sind die in Folge der Verfügung einbehaltenen Beträge nachzuzahlen.

§. 14. Zuständig zur Verhandlung und Entscheidung ist der Königliche Gerichtshof für kirchliche Angelegenheiten. Das Verfahren [73]) vor demselben regelt sich nach den Bestimmungen des Abschnitts III. des Gesetzes vom 12. Mai 1873. über die kirchliche Disziplinargewalt und die Errichtung des Königlichen Gerichtshofes für kirchliche Angelegenheiten. (Gesetz-Samml. S. 198.).

§. 15. Wer Amtshandlungen vornimmt, nachdem er in Gemäßheit des §. 12. dieses Gesetzes aus seinem Amte entlassen worden ist, wird mit Geldbuße bis zu 300 Mark, im Wiederholungsfalle bis zu 3000 Mark, bestraft [74]).

§. 16. Der Minister der geistlichen Angelegenheiten ist mit der Ausführung dieses Gesetzes beauftragt [75]).

Urkundlich ꝛc.

Funfzehnter Abschnitt.

Von Klostergesellschaften.

§. 1057. Klostergesellschaften [1]) sind geistliche Corporationen, deren Mitglieder zu gemeinschaftlichem Leben und gemeinschaftlicher Religionsübung, nach gewissen von der Kirche bestätigten Regeln, durch feierliche Gelübde sich verpflichtet haben. Begriff.

---

mitteln und keine Administrativ-Exekution für seine Bezüge gewährt wird, ist eine selbstverständliche Folge der Entfernung aus dem Amte. Insoweit deckt sich die Bestimmung dieses zweiten Satzes mit der des ersten; sie hat aber insofern ihre selbstständige Bedeutung, als bei Amtsentfernung eines Bischofs auf Grund des §. 12 die Einstellung der Leistungen und der Verwaltungsexekution für den ganzen Sprengel, also für alle Institute und Geistlichen desselben, wieder eintritt.

73) H. Wenn §. 14 neben der Zuständigkeit des Gerichtshofes für kirchliche Angelegenheiten nur das Verfahren vor demselben in Bezug nimmt, so ist damit ausgedrückt, daß von der in den §§. 25, 26 des Ges. v. 12. Mai 1873 (Zus. 15 zu §. 124 d. T.) vorgeschriebenen Aufforderung abgesehen wird.

74) H. Dieser §. entspricht der Vorschrift des §. 31 des Ges. v. 12. Mai 1873, und findet wie der letztere seine erforderliche Ergänzung in dem R.Ges. v. 4 Mai 1874 (Zus. 16 zu §. 124 d. T.). Die gesperrten Worte sind jetzt durch: gegen ihn — auf Unfähigkeit zur Bekleidung seines Amts erkannt ist zu ersetzen, s. Anm. 71 zu §. 12 des Ges.

75) H. Die Ausführungs-Verfügung v. 3. Mai 1875 ist bei Hartmann, Ztschr. 2 S. 167 abgedruckt.

1) H. O.Tr. IV v. 27. Nov. 1860, Str. Arch. 39 S. 231: „Eine Gesellschaft kann nur mit Genehmigung des Staats zu einer Klostergesellschaft gebildet und dadurch zu einer Korporation erhoben werden. Ehe dieselbe ertheilt worden, kann von der Existenz eines Klosters im Sinne des L.R. nicht die Rede sein." Daraus ist die Konsequenz gezogen worden, daß alle beschränkenden Vorschriften über die Klöster und ihre Mitglieder erst dann Anwendung finden, wenn die Staatsgenehmigung gewährt ist. Damit ertheilt das O.Tr. ein Privilegium für die Nichtnachsuchung derselben, während nach der Auffassung des L.R. §. 939 d. T. die Klöster erst durch die staatliche Aufnahme ein Recht auf Existenz erlangen konnten, mithin ohne diese Genehmigung gar nicht geduldet werden durften. Auf das weiter vom O.Tr. accentuirte Moment der Korporationsrechte kann es vollends nicht ankommen. Das L.R. legt zwar den Klöstern Korporationsrechte bei (§. 940), aber daraus folgt noch nicht, daß ein Kloster, welches diese nicht hat, kein Kloster im landrechtlichen Sinne sein kann. Die Korporationsrechte waren nach früherem Rechte eine einfache Folge der Staatsgenehmigung, und der §. 940 macht nur auf diese aufmerksam. Nach Art. 13 der Verfassungsurkunde, welcher einen Akt der Gesetzgebung erfordert, ist das aber nicht mehr der Fall, d. h. es ist also nur die früher von selbst eintretende Wirkung der Staatsgenehmigung durch Verwaltungsakt beseitigt, keineswegs aber dadurch die Anwendbarkeit der landesrechtlichen Vorschriften davon abhängig gemacht, daß das Kloster nunmehr auch durch Gesetz Korporationsrechte erhalten haben müßte. — Diese Auffassung ist allerdings in dem Anm. 3 zu §. 939 d. T. mitgetheilten Erk. fallen gelassen.

Über die Gründung neuer Niederlassungen s. Anm. 21. Zus. 58 zu §. 941 d. T.

Geistliche Obern.

§. 1058. Den einzelnen Klostergesellschaften sind eigene Obern unter den Namen der Aebte, Prioren, Pröbste, Guardiane [2]) oder Rectoren vorgesetzt.

§. 1059. Alle Klostergesellschaften einer Provinz, welche zu einerlei Ordensregel sich bekennen, stehen unter dem Provinzial; und sämmtlichen Provinzen ist der General des Ordens vorgesetzt [3]).

§. 1060. Diese Ordens-Obern dürfen den Bischöfen der Diözes in ihre Gerecht ame nicht eingreifen.

§. 1061*. Wenn sie außerhalb Landes wohnen, so gilt von ihnen alles das, was von auswärtigen Obern der Kirchengesellschaften verordnet ist. (§. 135. sqq.)

§. 1062*. Auch da, wo die Besetzung der vacanten Stelle eines Kloster-Obern von einem höheren Ordens-Obern abhängt, muß über das von diesem ausgewählte Subject, vor dessen Einsetzung und Annahme, die Approbation des Staats ein geholt werden.

§. 1063*. Visitationen bei einländischen Klöstern dürfen auswärtige Ordens-Obern ohne ausdrückliche Erlaubniß des Staats nicht vornehmen [4]).

Capitel und Convente.

§. 1064. Ob und in welchen Angelegenheiten dem Kloster-Obern ein Capitel oder Convent an die Seite gesetzt sei, ist durch die Regel eines jeden Ordens bestimmt.

§. 1065. Nur wirkliche Klostergeistliche, nicht aber bloße Laienbrüder, haben in dem Capitel oder Convent Sitz und Stimme [5]).

Klosterzucht.

§. 1066*. Die Kloster-Obern müssen die ihnen zukommende Klosterzucht nach den §. 946. 947. vorgeschriebenen Gesetzen ausüben, und machen sich durch deren Uebertretung dem Staat verantwortlich.

§. 1067*. Kloster-Obern, welche diesen Vorschriften zuwiderhandeln, haben vom Staat eben die Strafen zu erwarten, welche gegen eigenmächtige Privatgewalt im Criminalrechte verordnet sind [6]).

Aufnahme und Versetzung der Mitglieder.

§. 1068*. Ohne Vorwissen und Genehmigung des Staats dürfen sie keine Mitglieder außerhalb Landes verschicken, oder in auswärtige Klöster versetzen, oder auswärtige Mitglieder in einländische Klöster aufnehmen.

§. 1069*. Kloster-Obern, welche diesem zuwiderhandeln, sollen in ihrem Amte nicht ferner geduldet, und noch außerdem verhältnißmäßig bestraft; auch zur Zurückschaffung des aus dem Lande gebrachten Mitgliedes durch rechtliche Zwangsmittel angehalten werden [7]).

2) H. O.Tr. v. 30. Jan. 1877, Hartmann, Ztschr. 4 S. 246: Wenn auch der Guardian eines Franziskaner-Klosters zur Verwaltung des Klostervermögens befugt ist, so ist er damit noch nicht legitimirt, nichtfällige Zinsen im Voraus zu erheben, weil dies über die Befugnisse der gewöhnlichen Verwaltung hinausgeht, vgl. auch dazu Entsch. 18 S. 217.

3) H. Die §§. 1058, 1059 sind nur Bemerkungen über die Verfassung der Orden, welche indessen nicht überall, namentlich nicht für die Kongregationen zutreffen, s. P. Hinschius, die Orden und Kongregationen S. 34 ff. Mit Rücksicht auf das Ges. v. 31. Mai 1875 (Zus. 58 zu §. 941) kann sich die Verfassung der noch fortbestehenden Niederlassungen vorbehaltlich der durch das Aufsichtsrecht zu ziehenden Schranken frei entwickeln.

4) Diese Vorschriften, welche Ausflüsse des staatlichen Aufsichtsrechts sind, hat das Ges. v. 31. Mai 1875 §. 5 beseitigt, da es die näheren Bestimmungen über die Ausübung des letzteren den Ressortministern unbeschränkt überläßt.

5) H. Vgl. hierzu Anm. 3.

6) H. §§. 1066, 1067 sind durch das Ges. v. 13. Mai 1873 (Zus. 9 zu §. 57) und vom 12. Mai 1873 (Zus. 15 zu §. 124) beseitigt. Weitergehende Beschränkungen über die Vorschriften dieser Gesetze hinaus können durch die Verwaltung festgesetzt werden (s. vor. Anm.), aber es treten für die Verletzung dieser keine Kriminalstrafen ein.

7) H. Vgl. hierzu Anm. 3.

Sechszehnter Abschnitt.

Von geistlichen Ritterorden.

§§. 1070—1072. Fallen weg [1]).

Siebzehnter Abschnitt.

Von weltgeistlichen Canonicis.

§. 1073. Die Mitglieder der Dom- und Collegiatstifte führen beide den Namen Canonici. Was Canonici sind.

§. 1074. Nur diejenigen Canonici, welche innerhalb der bei jedem Stifte nach der Fundation bestimmten Anzahl aufgenommen sind, haben Sitz und Stimme im Capitel, und werden bei Cathedralstiften Domcapitularen genannt. Classen derselben.

§. 1075. Diejenigen, welche nach der Observanz eines Stifts über die ursprüngliche Zahl angesetzt worden, heißen mindere Canonici, oder bei Domstiften, Domicellaren [2]).

§ 1076. Sogenannte regulirte Canonici sind nach den Vorschriften des folgenden Abschnitts zu beurtheilen [3]).

§. 1077. Wer bei einem Stift Canonicus werden will, muß derjenigen Religionspartei, zu welcher das Stift selbst gehört, zugethan sein. Erfordernisse eines Canonici.

§. 1078. Bei vermischten Stiften muß, in den zum deutschen Reiche gehörenden Provinzen, der Besitzstand des Ersten Januars des Jahres 1624 beobachtet werden [4]).

§. 1079. Das Alter, welches erforderlich ist, wenn Jemand befugt sein soll, um ein Canonicat sich zu bewerben, Sitz und Stimme im Capitel zu verlangen,

---

1) In Folge der Aufhebung der im Lande vorhanden gewesenen geistlichen Ritterorden, durch die Verordn. v. 30. Okt. 1810 (Zus. 57 zu §. 941 d. T.). Diese Paragraphen lauteten:

„§. 1070. Der Deutsche, und der Malthheser- oder Johanniter-Orden genießen bei ihren, innerhalb der Königlichen Staaten zu betreibenden Geschäften oder Angelegenheiten die Rechte der geistlichen Corporationen.

§. 1071. Die innern Verfassungen der Capitel dieser Orden, sowie die Rechte und Pflichten ihrer Obern und Beamten, müssen in vorkommenden Fällen lediglich nach den Statuten des Ordens beurtheilt werden.

§. 1072. Die Versammlungen der zur Abwartung des Gottesdienstes bei den Ordenskirchen bestimmten Mitglieder der geistlichen Ritterorden sind den Klostergesellschaften gleich zu achten."

Zu einem ehrenvollen Andenken der aufgelösten und erloschenen Balley des St. Johanniterordens ist ein neuer Orden, in der Eigenschaft und unter der Benennung: Königlich Preußischer St. Johanniterorden, errichtet worden, welcher zu den Königl. Preußischen Orden gehört. Urkunde über die Errichtung des Königl. Preuß. Johanniterordens v. 23. Mai 1812 (G.S. S. 109); Durch die K.O. v. 15. Okt. 1852 (G.S. 1853 S. 1) ist die Balley Brandenburg wieder hergestellt, deren Einkünfte aus den Eintrittsgeldern und den jährlichen Beiträgen, welche von den wirklichen Mitgliedern (Rechtsrittern) zu entrichten sind, sowie aus den von Ehrenrittern für die Ordensinsignien zu leistenden Zahlungen bestehen, zur Begründung und Erhaltung von Krankenanstalten verwendet werden sollen. Dieser Orden hat Korporationsrechte und genoß nach dem R. v. 6. April 1857 (J.M.Bl. S. 134) Portofreiheit, welche jedoch in Folge der deutschen Postgesetzgebung in Wegfall gekommen ist. S. unten Tit. 15 Abschn. 4.

2) H. Domicellaren giebt es nicht mehr in den preußischen Stiftern, s. Zus. 64 zu §. 1022 Nr. IX ff., XVIII ff. Wegen der Ehrendomherren s. auch Nr. XVII, XXII a. a. O.

3) H. Diese giebt es nicht mehr in Preußen. Sie können auch nicht wieder zugelassen werden, da sie Ordensleute sind und somit ihr Stift eine Ordensniederlassung bilden würde, s. Ges. v. 31. Mai 1875 (Zus. 58 zu §. 941).

4) Diese sich auf den westfälischen Frieden gründende Bestimmung ist gegenstandslos.

und auf die höheren Würden im Stift Anspruch zu machen, muß hauptsächlich nach den Statuten [5]) und wohlhergebrachten Gewohnheiten eines jeden Stifts beurtheilt werden.

§. 1080*. Der Regel nach kann nur derjenige, welcher das vierzehnte Jahr zurückgelegt hat, um ein Canonicat sich bewerben [6]).

§. 1081*. Eben so kann in der Regel Niemand, welcher das zwei und zwanzigste Jahr noch nicht zurückgelegt hat, Sitz und Stimme im Capitel haben.

§. 1082*. Zur Bekleidung höherer Würden im Stift wird ein Alter von fünf und zwanzig, und zum Bisthum von dreißig Jahren erfordert.

§. 1083*. Wer Canoncius werden will, muß wenigstens die erste Tonsur erhalten haben.

§. 1084*. Sitz und Stimme im Capitel kann nur der erlangen, welcher zum Subdiaconat eingeweiht ist, und drei Jahre hindurch den Studien auf hohen Schulen obgelegen hat.

§. 1085*. Zu höheren Würden im Capitel ist derjenige Ordensgrad erforderlich, den die damit verbundenen geistlichen Verrichtungen voraussetzen.

§. 1086*. Wo nach den Statuten des Stifts adliche Herkunft zur Aufnahme erfordert wird, muß dieselbe gehörig nachgewiesen (Tit. 9. §. 17—20.), und ein darüber entstandener Streit vor dem weltlichen Richter entschieden werden.

Verleihung der Canonicate.

§. 1087*. Wem die Verleihung der Canonicate gebühre, bestimmen die Statuten und Gewohnheiten eines jeden Stifts [7]).

§. 1088. Wo die Verleihung zwischen dem Capitel und dem Landesherrn, oder dem geistlichen Obern, nach Monaten abwechselt, wird der Ablauf des Monats auf die Mitternachtsstunde des letzten Tages festgesetzt.

§. 1089. Die Wahl des Capitels geschieht durch die Mehrheit der Stimmen sämmtlicher Capitularen, mit Ausschluß des Bischofs.

§. 1090*. Wo es hergebracht ist, daß gewisse Präbenden, nach einer festgesetzten Ordnung oder Reihe, von einzelnen Canonicis vergeben werden, da übt derjenige, an welchem die Reihe steht, nur ein Recht des Capitels aus.

§. 1091*. In der Regel kann also derjenige, welcher zur Zeit der Erledigung noch nicht Sitz und Stimme im Capitel hatte, auf dieses Recht keinen Anspruch machen.

§. 1092*. Wo die Reihe mit jedem Monat abwechselt, geht das Verleihungsrecht mit Ablauf jedes Monats sofort an den Folgenden über [8]).

Devolutionsrecht.

§. 1093*. Wenn aber das Capitel, oder die einzelnen Canonici, welche an die Reihe kommen, mit Verleihung der Präbende über sechs Monate zögern, so fällt das Recht dazu dem Bischof anheim.

Recht der ersten Bitte [9]).

§. 1094*. Bei Stiften, wo das Recht der ersten Bitte hergebracht ist, wird selbiges von demjenigen, welchem es zukommt, auf die erste zur Verleihung des Capitels stehende Vacanz ausgeübt.

§. 1095*. Dem Precisten bleibt sein dadurch erlangter Anspruch, wenn auch derjenige, von welchem er vorgeschlagen worden, vor wirklich entstehender Vacanz verstirbt.

---

5) Die Bulle de salute animarum (Zus. 64 zu §. 1022) Nr. XIX bestimmt die Erfordernisse für die katholischen Stifter.

6) H. Die §§. 1080—1086 sind jetzt beseitigt, s. vor. Anm.

7) H. Jetzt die Bulle de salute animarum (Zus. 64 zu §. 1022) Nr. XXI.

8) H. Die §§. 1090—1092 sind ebenfalls gegenstandslos, s. vor. Anm.

9) H. Auch von §§. 1094—1098 gilt das eben Bemerkte, da ein Recht der ersten Bitte nicht mehr vorkommt.

§. 1096*. Durch die Ausübung des Rechts der ersten Bitte wird übrigens die abwechselnde Ordnung der Collation an sich nicht geändert.

§. 1097*. Der Precist ist, bei Verlust seines Rechts, schuldig, sich spätestens innerhalb vier Wochen, nach entstandener Vacanz, bei dem, welchem das Verleihungsrecht zukommt, zu melden.

§. 1098*. Sein durch den Vorschlag erlangtes Recht kann er nur unter ausdrücklicher Bewilligung desjenigen, welcher ihm dasselbe verliehen hat, einem Anderen abtreten.

§. 1099. Durch Resignation kann Jemandem eine Präbende übertragen werden. Resignation[10]).

§. 1100. Doch muß der, zu dessen Gunsten die Resignation geschieht, alle zu einem Canonico erforderlichen Eigenschaften besitzen.

§. 1101. Außerdem findet bei der Resignation Alles statt, was die Gesetze von Abtretung der Rechte überhaupt verordnen.

§. 1102. Der Resignant kann sich eine Pension auf die Revenüen der Präbende zu seiner Nothdurft vorbehalten.

§. 1103. Die Resignation muß in die Hände desjenigen geschehen, der dem Resignanten die Präbende verliehen hat.

§. 1104. Erst durch die Genehmigung des vormaligen Collators erhält die Resignation ihre Gültigkeit, und kann also noch bis dahin zurückgenommen werden.

§. 1105. Eben so findet die Zurücknahme statt, wenn der Resignatarius die Präbende nicht annehmen kann oder will; oder wenn der Collator nicht alle Bedingungen der Resignation genehmigt.

§. 1106. Wo es hergebracht ist, daß die Resignation auch der von einem einzelnen Canonico erhaltenen Präbende in die Hände des Capitels geschehen muß, hat es noch ferner dabei sein Bewenden.

§. 1107. Stirbt der Resignirende binnen ein und zwanzig Tagen, von dem Tage an gerechnet, da die Resignation dem Collator angezeigt worden, so ist dieselbe für nicht geschehen zu achten.

§. 1108. Jeder neu bestellte Canonicus wird der letzte im Capitel, und tritt also, auch bei Resignationen, nicht in die Stelle und den Rang seines Vorfahren.

§. 1109. Nur bei Prälaturen erhält der neue Prälat denjenigen Rang, welchen die Würde mit sich bringt.

Von mehreren Ordnungen der Canonicorum[11]).

§. 1110. Bei Stiften, wo mehrere Ordnungen von Canonicis sind, wird der neue Canonicus der letzte in derjenigen Ordnung, zu welcher sein Vorfahr gehört hat.

§. 1111. Wo aber das Einrücken aus einer niederen in eine höhere Ordnung hergebracht ist, da muß die Art und Weise dieses Einrückens lediglich nach den Statuten und Gewohnheiten des Stifts beurtheilt werden.

§. 1112. Der Regel nach können mindere Canonici in eine höhere Ordnung nur in so fern einrücken, als die in dieser Ordnung vacante Stelle zur Collatur desjenigen steht, von welchem ihnen das mindere Canonicat verliehen worden.

Von Canonicaten, die an Unfähige verliehen werden[12]).

§. 1113*. Wenn der Landesherr ein Canonicat an ein Subject verleiht, dem es an den persönlichen Eigenschaften mangelt, so erhält derselbe dadurch nur das Recht, diese Stelle an ein anderes fähiges Subject abzutreten.

§. 1114*. Letzterer aber erlangt dadurch die Präbende mit vollem Rechte, und in eben der Qualität, wie sich dieselbe an den Landesherrn erledigt hatte.

10) H. Auch diese §§. sind bei der heutigen Verfassung der katholischen Stifter gegenstandslos.

11) H. Solche verschiedene Ordnungen giebt es jetzt nicht mehr.

12) H. Beseitigt durch die Vorschriften der Bulle: De salute animarum Nr. XIX (Zus. 64 zu §. 1022 d. T.).

In wie fern Eine Person mehrere Canonicate besitzen könne[13]).

§. 1115. Niemand soll zwei oder mehrere geistliche Pfründen bei einem und eben demselben Stift besitzen.

§. 1116. Wohl aber kann ein Canonicus zugleich eine geistliche Würde bei eben demselben Stifte bekleiden.

§. 1117. Auch bei verschiedenen Stiften kann Eine Person mehrere Pfründen zugleich alsdann nicht besitzen, wenn diese Pfründen die Verbindlichkeit zur Residenz bei sich führen.

§. 1118. Wenn also die verschiedenen Stifte an Einem Orte, oder zwar an verschiedenen Orten, jedoch so gelegen, oder beschaffen sind, daß die Residenzzeit in jedem derselben gehörig abgewartet werden kann; so ist der Besitz solcher mehreren Pfründen in Einer Person erlaubt.

§. 1119. Wer von der Residenz bei dem Stifte, wo er dieselbe nicht abwarten kann, befreit ist (§. 1131.), auf den findet in so weit die Vorschrift des §. 1117. nicht Anwendung.

§. 1120. Ein Gleiches gilt, wenn bei einem Stift die Residenz nicht nothwendig, sondern nur eine statutenmäßige Geldstrafe, oder die Einbuße gewisser Arten von Einkünften, mit deren Unterlassung verbunden ist.

Vorbereitung zum Canonicat[14]).

§. 1121. Jeder neue Canonicus muß sich vor seiner Aufnahme der nach den Statuten des Stifts bestimmten Prüfung, an dem Orte, wo das Stift seinen Sitz hat, unterwerfen.

§. 1122. Doch genießt er, auch während der Probezeit[15]), der Regel nach alle zu seiner Stelle gehörigen Hebungen.

Aufnahme.

§. 1123. Erst nach geendigter Probezeit erfolgt die feierliche Aufnahme, bei welcher der neue Canonicus auf die vom Staat genehmigten Statuten verpflichtet wird.

§. 1124*. Vor der Aufnahme muß jeder neue Canonicus, wenn er nicht vom Landesherrn selbst bestellt worden, demselben[16]) zur Genehmigung und Bestätigung präsentirt werden.

Pflichten.

§. 1125. Die allgemeinen Pflichten der Geistlichen, so weit dieselben nicht auf das Lehramt Beziehung haben, liegen auch den Canonicis ob. (§. 67. sqq.)

§. 1126. Ihre Amtsverrichtungen sind durch die Statuten des Stifts, und durch die Vorschriften des canonischen Rechts bestimmt.

§. 1127. Insonderheit sind sie schuldig, den Gottesdienst im Chor durch die geordneten Stunden regelmäßig abzuwarten.

Residenz[17]).

§. 1128. Sie sind verpflichtet, an dem Sitze des Stifts ordentlich Residenz zu halten.

§. 1129. Eine beharrliche Unterlassung dieser Pflicht wird mit dem Verluste der Stelle; eine Vernachlässigung aber, mit einer verhältnißmäßigen Geldbuße; und zwar, wenn die Statuten nichts Näheres festsetzen, mit dem Verluste des vierten Theils, oder der Hälfte der Einkünfte geahndet.

§. 1130. Die Art und die Dauer der Residenz ist nach den Statuten eines jeden Stifts zu beurtheilen.

§. 1131. Wer durch öffentliche Bedienungen, durch Reisen in Angelegenheiten des Staats, oder der Kirche, Studirens halber, durch Alter, Krankheit, oder un-

---

13) H. In dieser Hinsicht kommen jetzt, weil es sich um ein Internum der katholischen Kirche handelt, die Vorschriften ihres Rechtes zur Anwendung.

14) u. 15) H. Auch die Vorschriften der §§. 1121—1123 sind unpraktisch, da eine Probe und Probezeit in den katholischen Stiftern nicht vorkommt.

16) H. Die landesherrliche Bestätigung ist durch den Art. 18 der Verf.Urk. aufgehoben worden und nicht wieder eingeführt. S. auch Anm. 5 zu Nr. XXI des Zus. 64 bei §. 1022 d. T.

17) H. Auch darüber entscheiden jetzt die Vorschriften des katholischen Kirchenrechts.

gefähren Zufall, an der wirklichen Residenz verhindert ist, nimmt dennoch auch an solchen Hebungen Theil, die nur für die Residirenden bestimmt sind.

§. 1132. Dagegen kann er auf die sogenannten Präsentiengelder keinen Anspruch machen.

§. 1133. Wer aus bloßer Gnade von der Residenz dispensirt ist, muß sich mit den Nutzungen einer Pfründe begnügen.

§. 1134*. Die Canonici können sich in ihren geistlichen Verrichtungen, an deren eigner Abwartung sie verhindert sind, durch Vicarien vertreten lassen. Vicarien [18]).

§. 1135*. Solche Vicarien müssen diejenigen Eigenschaften besitzen, welche zu den Functionen, die sie übernehmen sollen, nach dem canonischen Recht erforderlich sind.

§. 1136*. Der Regel nach kommt die Bestellung eines solchen Vicarii demjenigen Canonico zu, dessen Stelle derselbe vertreten soll.

§. 1137*. Dieser muß sich mit seinem Vicario wegen einer billigen Abgabe für die Vertretung einigen; er kann aber auch seinen Auftrag, wenn nicht ein Anderes ausdrücklich verabredet worden, nach eignem Gutbefinden zurücknehmen.

§. 1138*. Bei Stiften, wo beständige Vicarien bestellt sind, bekleiden dieselben ein eignes geistliches Amt, und können nur aus eben den Gründen, wie andere Geistliche, wieder entsetzt werden.

§. 1139. Canonici genießen, in Ansehung ihrer Person und eigenen Vermögens, alle äußeren Vorrechte der Geistlichen überhaupt; sind aber auch dabei eben denselben Einschränkungen unterworfen. (§. 93. sqq.) Aeußere Rechte und Pflichten der Canonicorum;

§. 1140. Sie behalten, des Eintritts in den geistlichen Stand ungeachtet, alle Familienrechte, und sind der Succession in Lehne und Fideicommisse fähig.

§. 1141. Katholische Canonici nehmen und hinterlassen kein Heergeräthe; wo aber Niftelgrade hergebracht ist, da sind dergleichen von ihren weiblichen Verwandten in aufsteigender Linie zu erben fähig.

§. 1142. Auf ihre Präbenden haben die Canonici alle mit dem Nießbrauche verbundene Rechte und Pflichten. besonders in Ansehung ihrer Präbenden.

§. 1143. Insonderheit müssen sie die dazu gehörigen Gebäude aus den Einkünften der Präbende in baulichem Wesen unterhalten.

§. 1144. Bei vorfallenden Hauptreparaturen kann, mit Einwilligung des Capitels, ein Capital aufgenommen werden, welches aus den Einkünften verzinset, und in gewissen bestimmten Terminen zurückgezahlt werden muß.

§. 1145. Dergleichen Zinsen und Terminszahlungen muß auch der Nachfolger in der Präbende, für die Zeit, wo er die Nutzungen hat, übernehmen.

§. 1146. Die Gläubiger eines Canonici sind berechtigt, aus den Einkünften der Präbende Befriedigung zu suchen.

§. 1147. Doch muß daraus dem Präbendaten, in Ermangelung eigenen Vermögens, eine Competenz, nach näherer Vorschrift der Prozeßordnung [19]), gelassen werden.

§. 1148. Auch über das aus der Präbende erworbene Vermögen können Canonici letztwillig verfügen, ohne daß es eines päbstlichen oder bischöflichen Indults dazu bedarf.

§. 1149. Keinem auswärtigen geistlichen Obern soll erlaubt sein, sich ein Spolienrecht auf inländische Präbenden anzumaßen.

---

18) H. Die Verhältnisse der Vikarien in den katholischen Stiftern regeln jetzt die Bulle: De salute animarum Nr. IX ff., XVI (Zus. 64 zu §. 1022) und die statutarischen Ordnungen der einzelnen Kapitel.

19) H. Vgl. C.P.O. §. 749.

§. 1150. Den Erben eines Canonici gebühren auch die Nutzungen des Sterbejahres (annus deservitus), die der Erblasser noch nicht erhoben hat.

§. 1151. Der Anfang und die Dauer dieses letzten Jahres richten sich nach dem Capiteljahre, so wie dieses an jedem Orte hergebracht ist.

§. 1152. Welche Nutzungen zum Sterbejahre gehören, ist ebenfalls nach den Statuten und Verfassungen der einzelnen Stifte bestimmt.

§. 1153. Hebungen, die nicht zu einer besonderen Präbende gehören, kommen den Erben nur alsdann zu, wenn der Erblasser die Mitternachtsstunde vor dem Tage, wo sie fällig sind, überlebt hat.

§. 1154. Gehört ein Landgut oder anderes Grundstück zur Präbende: so erfolgt die Auseinandersetzung, wegen der Nutzungen, Verbesserungen, Verschlimmerungen u. s. w., nach den im Titel vom Nießbrauche ertheilten Vorschriften. (Th. 1. Tit. 21. §. 111. sqq.)

§. 1155. Die Verwaltung aber, während des Ueberrestes des letzten Wirthschaftsjahres, gebührt der Regel nach dem neuen Präbendaten.

§. 1156. Die Nutzungen des letzten Jahres behält auch der, welcher eine Präbende resignirt; es wäre denn die Resignation darauf ausdrücklich mit gerichtet worden.

§. 1157. Gnaden- oder Nachjahre finden bei Canonicaten der Regel nach keine Statt.

§. 1158. Bei Stiften, wo sie eingeführt sind, muß Alles nach den Statuten, und in deren Ermangelung, nach der hergebrachten Observanz bestimmt werden.

Von weltgeistlichen Frauenstiften.

§. 1159. Von den Mitgliedern weltgeistlicher Frauenstifte gilt der Regel nach alles das, was von weltgeistlichen Canonicis männlichen Geschlechts verordnet ist; außer wo Abweichungen davon durch den Unterschied des Geschlechts begründet werden.

Achtzehnter Abschnitt.

Von Mönchen und Ordensleuten.

Erfordernisse zum Mönchs- und Nonnenstande.

§. 1160. Niemand darf ohne Vorwissen und Genehmigung derjenigen, deren Einwilligung zur Wahl einer Lebensart nach den Gesetzen erforderlich ist, zum Klosterleben sich bestimmen.

§. 1161*. Kein Königlicher Unterthan, männlichen oder weiblichen Geschlechts, soll ohne Vorwissen und Erlaubniß des Staats [1]) in ein Kloster aufgenommen werden.

§. 1162*. Vor zurückgelegtem fünf und zwanzigsten Jahre darf keine Mannsperson, und vor zurückgelegtem ein und zwanzigsten [2]) Jahre keine Person weiblichen Geschlechts, zur Ablegung des Klostergelübdes zugelassen werden.

§. 1163. Ein obigen Vorschriften (§. 1160. 1161. 1162.) zuwider abgelegtes Gelübde ist von Anfang an nichtig.

§. 1164. Ein Stift oder Kloster, welches diesen Vorschriften entgegenhandelt, soll mit fiscalischer Geldstrafe, allenfalls bis zu Hundert Dukaten, belegt; und bei beharrlicher Wiederholung solcher Uebertretungen, bewandten Umständen nach, ganz aufgehoben werden.

---

1) H. Jetzt aber nur innerhalb der durch §. 2 des Ges. v. 31. Mai 1875 (Zus. 58 zu §. 941) gegebenen Schranke.

2) Da diese Vorschrift ebenfalls zu den aus der Staatsaufsicht herfließenden gehört, so ruht jetzt die Bestimmung des Alterstermins in den Händen der Verwaltung, s. Anm. 4 zu §. 1063 d. T.

§. 1165. Aeltern oder Vormünder, welche ihre Kinder oder Pflegebefohlenen, gegen die Vorschriften §. 1161. 1162. das Klostergelübde ablegen lassen, haben fiscalische Geldstrafe, ebenfalls bis zu Hundert Dukaten: oder verhältnißmäßige Gefängnißstrafe verwirkt.

§. 1166. Verehelichte Personen dürfen gar nicht, und Verlobte nur mit ertheilter, oder von dem Richter ergänzter Einwilligung des anderen Theils, in ein Kloster aufgenommen werden.

§. 1167. Verschuldete können durch Ergreifung des Klosterstandes die Rechte ihrer Gläubiger auf ihre Person oder ihr Vermögen nicht vereiteln [3]).

§. 1168. Personen, welche fremde Güter verwaltet, und die Rechnung darüber noch nicht abgelegt haben, können durch den Eintritt in das Kloster weder dieser ihrer Verbindlichkeit, noch dem Erkenntnisse des gehörigen weltlichen Richters sich entziehen [4]).

§. 1169. Die innere Tüchtigkeit eines Candidaten zu solchem Stande ist nach den Regeln des Ordens zu beurtheilen.

§. 1170*. Der wirklichen Aufnahme in das Kloster muß das Probejahr vorangehen, welches unter keinerlei Vorwande abgekürzt werden kann [5]). Probejahr.

§. 1171. Nach geendigtem Probejahre geschieht die Aufnahme durch die feierliche Ablegung des Klostergelübdes. Gelübde.

§. 1172. Alles, was die Rechtsgültigkeit einer Willenserklärung vereitelt, benimmt auch dem Klostergelübde seine Kraft.

§. 1173. Auch die geistlichen Obern sind nicht berechtigt, irgend Jemanden, auch nicht einen Weltgeistlichen, unter dem Vorwande einer geistlichen Züchtigung zum Klosterleben zu nöthigen.

§. 1174. In allen Fällen, wo, nach vorstehenden Grundsätzen, die Ablegung des Klostergelübdes nichtig und ungültig ist, kann dessen förmliche Aufhebung bei dem Bischof der Diözes zu allen Zeiten nachgesucht werden.

§. 1175. Wird von diesem das Gehör versagt, so hat der Staat [6]) das Recht, die Sache zu untersuchen, und befundenen Umständen nach, die Nichtigkeitserklärung in Ansehung der äußeren Folgen des Gelübdes zu erkennen.

§. 1176. Der gewesene Klostergeistliche tritt alsdann in alle Rechte und Verhältnisse eines anderen Staatsbürgers zurück.

§. 1177. Wird das Gelübde von Anfang an für nichtig erklärt, so erstreckt

3) Sie können also auch nach abgelegtem Gelübde, obgleich dadurch sonst die Persönlichkeit aufhört, belangt, mit Exekution in das etwa Eingebrachte verfolgt werden. Sie werden in dieser Beziehung als selbstständige weltliche Personen behandelt, und die Klosterobern haben kein Einspruchsrecht, müssen vielmehr die Exekution in die Illaten dulden.

4) Die betroffene Person muß aus dem Kloster, auf Erfordern, entlassen werden.

5) Anm. 1 zu §. 1162.

6) Die ordentlichen Gerichte. Die Sache ist eine Justizsache, da es sich dabei um Privat-Vermögensrechte handelt. Das Verfahren kann zwischen der Privatperson, welche dabei ein Interesse hat, oder auch zwischen einem fiskalischen Anwalte des Fiskus und dem Kloster, so wie dem Aufgenommenen, nach Art der Nichtigkeitserklärung einer Ehe, verhandelt werden, wie der J.M. in einem Besch v. 13. Jan. 1834 (Erg. ad h. §.) ganz zutreffend andeutet. Damit hat sich auch das O.Tr. einverstanden erklärt. Vgl. den Rechtsfall in der Jur. Wochenschr. 1836 S. 726.

H. Die Folge dieser Nichtigkeitserklärung ist die, daß der gewesene Professe auch von denjenigen, welche hinsichtlich der ihm während seines Klosterstandes zugekommenen Anfälle nach §§. 1201 ff. d. T. an seine Stelle getreten sind, diese zurückfordern kann, während ihm dieses Recht nicht zusteht, wenn er bei gültig abgelegtem Klostergelübde austritt. Diese Vorschriften müssen neben dem Gesetze v. 31. Mai 1875 (Zus. 58 zu §. 941) als fortgeltend angesehen werden. Bindet auch das Gelübde nicht mehr civilrechtlich, so zieht es doch die civilrechtliche Vermögensunfähigkeit des Professen für die Dauer seiner Zugehörigkeit zum Orden, also eine bestimmte civilrechtliche Folge nach sich. Daher bleibt auch heute noch die Frage relevant, ob das Gelübde gültig abgelegt und in Folge dessen jene Wirkung überhaupt eingetreten ist oder nicht.

sich die Wirkung dieser Erklärung bis auf den Zeitpunkt des nichtig abgelegten Gelübdes zurück.

§. 1178. Wird aber Jemand nur aus anderen Ursachen von seinem Gelübde durch die geistlichen Obern entbunden 7), so nehmen die bürgerlichen Wirkungen dieser Dispensation nur von dem Tage, an welchem sie erfolgt ist, ihren Anfang.

§. 1179. Die geistlichen Obern sind nicht berechtigt, unter dem Vorwande des abgelegten Gelübdes, irgend Jemandem einen Gewissenszwang anzulegen: ihm die freie Wahl der Religionspartei, zu welcher er sich halten will, zu verschränken; oder ihn wider seinen Willen im Kloster zurückzuhalten 8).

Geistliche Obliegenheiten.

§. 1180. Die geistlichen Obliegenheiten und Verrichtungen der Mönche und Nonnen sind durch die Ordensregeln bestimmt.

§. 1181*. Diese Regeln können ohne Vorwissen und Genehmigung des Staats nicht geändert werden 9).

Rechte in Ansehung des Vermögens während des Probejahres.

§. 1182. Personen, die sich dem Mönchs- oder Nonnenstande widmen wollen, können, so lange sie im Probejahre stehen, über ihr Vermögen, gleich anderen Bürgern des Staats, frei verfügen 10).

§. 1183. Sie können dem Kloster, in welches sie treten wollen, nach Verhältniß der Nothdurft ihres Unterhaltes, einen Theil ihrer Einkünfte, jedoch nicht über vier Procent von dem Betrage ihrer gesammten Vermögenssubstanz, auf ihre Lebenszeit verschreiben 11).

§. 1184. Wenn sie aber ihren Vorsatz, wegen Ablegung des Klostergelübdes, ändern: so sind sie berechtigt, alle während des Probejahrs über ihr Vermögen getroffenen Verfügungen, welche mit dem intendirten Klosterleben Verbindung oder Beziehung darauf haben, zu widerrufen.

Von geistlichen Brautschätzen.

§. 1185. Wo bei dem Eintritte in ein Kloster die Bestellung eines geistlichen Brautschatzes gewöhnlich ist, mag es dabei auch ferner sein Bewenden haben.

§. 1186. Es muß aber diese Gewohnheit weder auf genugsam dotirte, noch auf Klöster der Bettelmönche ausgedehnt werden.

§. 1187. Auch soll dergleichen Brautschatz die Summe von fünfhundert Thalern nicht übersteigen.

§. 1188. Höhere Summen können nur unter ausdrücklicher Genehmigung des Staats, auf vorhergegangene Untersuchung der Umstände, nach der besonderen Nothdurft des Klosters, und der zur Unterhaltung der Conventualen erforderlichen mehrern Kosten ausgesetzt werden.

§. 1189. Den zur Wartung der Kranken bestimmten geistlichen Orden können höhere Brautschätze, — 12) ohne Einschränkung auf eine gewisse Summe, zugewendet werden.

---

7) Die Macht, von dem Klostergelübde zu dispensiren, steht allein dem Papste zu. C. 5 Extravagant. Comm. de poenitent. V, 9; §§. 114, 115, 135 ff. d. T. O.Tr. III v. 4. Febr. 1861, Str. Arch. 40 S. 249. H. Dies ist aber nur richtig in Betreff der vota solemnia, s. Anm. 6 zu §. 1 des Ges. v. 31. Mai 1875, Zus. 58 zu §. 941 d. T. Von den votis simplicibus kann der Bischof dispensiren, so fern nicht etwa nach den Statuten der geistlichen Genossenschaft das Recht dazu dem Papst ausdrücklich vorbehalten ist, s. auch Schuppe, Wesen und Rechtsverhältnisse der neueren religiösen Frauengenossenschaften. Mainz 1868. S. 113.

8) H. Auch mit diesem Austritt wider Willen der geistlichen Oberen wird der Betreffende wieder vermögensfähig.

9) H. In Betreff dieses §. gilt das Anm. 4 zu §. 1063 d. T. Bemerkte. Thatsächlich wird sein Inhalt aufrecht erhalten bleiben.

10) Für die rechtliche Behandlung des Vermögens der geistlichen Ordenspersonen zur Zeit ihres Eintritts in den Orden ist nicht das gemeine, beziehungsweise nicht das kanonische, sondern das L.R. maßgebend. Einl. §. 21 und §§. 66, 948 d. T. O.Tr. III v. 4. Febr. 1861, Str. Arch. 40 S. 230.

11) Vgl. Anm. 14 Abs. 2 zu §. 1199 d. T.

§. 1190. Aber auch bei diesen ist, wenn die Summe mehr als fünfhundert Thaler beträgt, die ausdrückliche Genehmigung des Staats nothwendig.

§. 1191. Unter dem geistlichen Brautschatze sind die Kosten der sogenannten geistlichen Hochzeit und Ausstattung nicht mit begriffen.

§. 1192. Doch dürfen auch diese die Summe von fünfhundert Thalern niemals übersteigen.

§. 1193. Der Werth der Sachen und Effecten, welche der in das Kloster tretenden Person zu ihrem eigenen Gebrauche mitgegeben werden, sind unter keiner der obigen Summen begriffen.

§. 1194. Doch fallen die darunter befindlichen Juwelen und Kostbarkeiten, nach dem Abgange der Klosterperson, nicht dem Kloster, sondern deren alsdann vorhandenen nächsten Erben zu.

§. 1195. Hat ein Kloster höhere Einkünfte, als nach §. 1183. zulässig sind, oder einen höheren Brautschatz, oder ein Mehreres zur Ausstattung und Hochzeit, als fünfhundert Thaler, ohne Vorwissen und Genehmigung des Staats angenommen: so verfällt der ganze Betrag dem Fiscus; und das Kloster muß noch außerdem den doppelten Betrag des zu viel genommenen als Strafe entrichten[13]).

§. 1196. Haben weltliche Verwalter der Klostergüter dergleichen übermäßigen Brautschatz, oder Ausstattung und Hochzeitskosten angenommen: so trifft sie die Strafe, und das Kloster verliert nur das Empfangene.

§. 1197. Haben dergleichen Verwalter den Betrag solcher Zuwendungen in den Rechnungen verschwiegen, oder verheimlicht, so müssen sie die dreifache Summe zur Strafe entrichten.

§. 1198. Kann die verwirkte Summe und Strafe von dem Kloster oder dessen Verwaltern nicht beigetrieben werden, so haften dafür diejenigen, von welchen die gesetzwidrige Zahlung geleistet worden.

§. 1199. Nach abgelegtem Klostergelübde werden Mönche und Nonnen, in Ansehung aller weltlichen Geschäfte, als verstorben angesehen[14]). Aeußere Rechte nach abgelegtem Gelübde.

§. 1200. Sie sind unfähig, Eigenthum oder andere Rechte zu erwerben, zu besitzen oder darüber zu verfügen[15]).

---

12) Wegen der im authentischen Texte hier gedachten „Vermächtnisse und Schenkungen" kommen die Bestimmungen des Gesetzes v. 23. Febr. 1870 (Zus. zu I. 12 §. 39) zur Anwendung.

13) Beides wird durch eine Civilklage abgefordert.

14) Dieser Rechtsgrundsatz, welcher dem Interesse der päpstlichen Kurie nicht entspricht und deshalb von den Kanonisten nicht immer aufrecht erhalten worden ist, bezweckt zu verhindern, daß Mönche und Nonnen Erbschaften erwerben und dadurch auf ihr Kloster bringen können. Vgl. Suarez, Revis.Bemerk. (Jahrb. 52 S. 130). Er ist durch die Verf.Urk. v. 31. Jan. 1850 nicht aufgehoben, vgl. O.Tr. III v. 4. Febr. 1861, Str. Arch. 40 S. 230. Art. 10 derselben hat es nur mit der Abweisung des bürgerlichen Todes als Strafmittels zu thun und berührt nicht die Folgen des Klostergelübdes. Zu vgl. Anm. 33 zu I. 1 §. 34.

Nach den Bestimmungen des L.R. fällt das Vermögen, welches eine Klosterperson zur Zeit ihres Eintritts in das Kloster besitzt, nicht an das Kloster. Vgl. §§. 1183, 1185, 1187, 1195 d. T., s. das vorhin angef. Erk. H. Vgl. ferner v. Wittken bei Gruchot 3 S. 124; Förster, preuß. Pr.R. 1 §. 19 Note 10 (4. Aufl. von Eccius 1 S. 100), welche der Ansicht sind, daß das Vermögen des Eintretenden, so fern dieser darüber vorher nicht verfügt hat, an dessen Erben fällt. Koch, Erbrecht S. 162 stimmt mit der Modifikation bei, daß die Erbschaft erst mit dem natürlichen Tode des Professen eröffnet werde, bis dahin also eine vormundschaftliche Verwaltung über das Vermögen zu führen sei, eine Ansicht, welche dem in den §§. 1199 u. 1201 enthaltenen Prinzipe widerspricht.

15) Die §§. 1199, 1200 sind auf ein zeitweiliges Klostergelübde nicht anwendbar, setzen vielmehr ein dauerndes Klostergelübde voraus, O.Tr. IV v. 11. Dez. 1866, Str. Arch. 65 S. 182. — Die Bestimmung der §§. 1199—1201 setzt die Ablegung eines wirklichen Klostergelübdes voraus, mithin in der Bedeutung: daß damit der Eintritt in ein Kloster, also in eine geistliche Gesellschaft bewirkt werden soll, welche nach den obigen Gesetzen (§§. 939, 948 ff., 1057) die

§. 1201. Bei Erb- und anderen Anfällen treten diejenigen an ihre Stelle, denen ein solcher Anfall zukommen würde, wenn jene gar nicht mehr vorhanden wären.

§. 1202. Sie sind, auch vor Ablegung des Klostergelübdes, über dergleichen künftigen Anfall zu verordnen, und sich etwas davon für die Zeit ihres Klosterlebens vorzubehalten, nicht berechtigt.

§. 1203. Aeltern sind nicht schuldig, ihren Kindern, welche das Klostergelübde abgelegt haben, etwas zu hinterlassen; und diese so wenig, als das Kloster, können aus dem Nachlasse der Aeltern einen Erb- oder Pflichttheil fordern.

§. 1204. Haben Aeltern solchen Kindern in einer an sich zu Recht beständigen letztwilligen Verordnung etwas ausgesetzt: so erhält das Kloster, so lange der Geistliche lebt, die Zinsen davon mit Vier vom Hundert; nach dessen Ableben aber fällt

---

Genehmigung des Staats erhalten hat und dadurch zu einer Korporation erhoben ist. — Dadurch allein, daß eine Stiftung (Anstalt) zur Erziehung und zum Unterrichte der weiblichen Jugend, so wie zur Pflege alter, schwächlicher Personen unter die Leitung einer geistlichen Gesellschaft, z. B. der Genossenschaft der barmherzigen Schwestern oder der Schwestern Unserer lieben Frau, gestellt ist, erhält dieselbe noch nicht den Charakter eines Klosters. Daher verliert durch den unter Ablegung des Gelübdes der Keuschheit, der Armuth und des Gehorsams erfolgten Beitritt zu einer solchen Gesellschaft die Eintretende noch nicht die Disposition über ihr Vermögen. O.Tr. IV v. 27. Nov. 1860, Str. Arch. 39 S. 233.

H. Die §§. 1199 ff. sind durch das Ges. v. 31. Mai 1875 (Zus. 58 zu §. 941) nicht aufgehoben. In den §§. 1 u. 2 desselben ist die Fortexistenz gewisser Niederlassungen, und damit auch die des Ordenswesens ausnahmsweise anerkannt. So weit das Gesetz keine besonderen Vorschriften enthält — §. 3 bezieht sich nicht auf die vermögensrechtliche Stellung der Professen — ist daher das bestehende Recht in Geltung geblieben, es sei denn, daß dies mit dem prinzipiellen Standpunkte des Gesetzes überhaupt unvereinbar wäre. Dies ist aber hinsichtlich der fraglichen Rechtssätze nicht der Fall. Es widerstrebt dem Geiste des Gesetzes nicht, daß diejenigen, welche sich selbst dem sie für vermögensunfähig erklärenden kirchlichen Recht unterwerfen wollen, auch, so lange sie dem klösterlichen Verbande angehören, civilrechtlich als vermögensunfähig behandelt werden, weil sie andernfalls von der ihnen gewährten Fähigkeit doch keinen Gebrauch machen würden. Allerdings ist nicht zu leugnen, daß diese staatliche Anerkennung der kirchlichen Auffassung eine Inkonsequenz gegenüber einem das Ordens- und Kongregationswesen prinzipiell verwerfenden Gesetze enthält, diese liegt aber in dem letzteren selbst, weil dasselbe noch bestimmte Niederlassungen bestehen läßt, während es von seinem Standpunkte aus sämmtliche hätte zur Auflösung bringen müssen. Für das Gebiet des Landrechts ist der praktische Erfolg der Aufrechterhaltung seiner Vorschriften übrigens ein solcher, welcher mehr mit der Tendenz des Gesetzes übereinstimmt, als die Beseitigung, in so fern als bei letzterer thatsächlich das dem Professen anheimfallende Vermögen doch der Verfügung der Ordensoberen unterstellt und zu Ordenszwecken verwendet werden würde, während es nach den citirten §§., da es gar nicht an den Professen gelangen kann, einer solchen Verwendung entzogen bleibt.

H. Was die Abs. 1 erwähnten Erkenntnisse des O.Tr. betrifft, so hat sich die Praxis und Doktrin der in ihnen vertretenen Auffassung angeschlossen (vgl. Verf. des App.Ger. zu Arnsberg v. 12. Okt. 1869 im Arch. f. kath. K.R. 23 S. 143 und Koch, preuß. Erbrecht S. 144). Sie führt dazu, die Anwendung der Vorschriften der §§. 1199 ff. auf die Kongregationen, in welchen keine feierlichen Gelübde abgelegt werden, und welche fast ausnahmslos ohne Staatsgenehmigung und ohne Korporationsrechte in das Leben getreten sind, auszuschließen. Das O.Tr. gründet seine Annahmen darauf, daß nach §. 939 d. T. zum Wesen eines Ordens, bez. Klosters im rechtlichen Sinne die Staatsgenehmigung und der Besitz von Korporationsrechten gehöre. Und eine weitere Stütze gewährt dieser Ansicht anscheinend auch der §. 1057 d. T., welcher der feierlichen Gelübde erwähnt. Nichtsdestoweniger erscheint die Ansicht des O.Tr. nicht haltbar. Was über das Wesen der Klöster gesagt wird, widerlegt sich durch das Anm. 1 zu §. 1057 Bemerkte. Ferner fragt es sich, ob die Vorschriften der §§. 1199 ff. nicht eine analoge Anwendung auf die Kongregationen gestatten. Dies muß wegen der Wesensgleichheit der Orden und Kongregationen bejaht werden. Dagegen kann auch der §. 1057 nicht angeführt werden, weil §. 1179 den feierlichen Gelübden keine ewig bindende Kraft beilegt und somit der Unterschied zwischen dem votum solemne in den Orden und dem votum simplex in den Kongregationen für das bürgerliche Recht keine Bedeutung hat. Wegen der späteren Rechtsansicht des O.Tr. vgl. Anm. 3 zu §. 939 u. Anm. 1 zu §. 1057 d. T.

von dem Hauptstuhl so viel, als gesetzmäßig einem Kloster vermacht werden kann, an dieses, und der Ueberrest an die Erben des Testators.

§. 1205. Doch steht den Aeltern frei, den Rückfall der sonst gesetzmäßig erlaubten Summe an das Kloster in ihrer letztwilligen Verordnung zu untersagen.

§. 1206. Wenn ein Klostergelübde, als von Anfang an nichtig, aufgehoben wird: so kann der gewesene Klostergeistliche dasjenige, was bei seinem Eintritte an das Kloster aus seinem Vermögen entrichtet worden, jedoch ohne Zinsen, zurückfordern. Aeußere Rechte, nach aufgehobenem Gelübde.

§. 1207. Auch kann er die Herausgabe der während seines Klosterstandes an ihn gekommenen Anfälle von denjenigen, welche dieselben in Ermangelung seiner nach §. 1201. überkommen haben, verlangen.

§. 1208. In so fern aber diesen keine Theilnehmung oder Mitwirkung an den bei seiner Aufnahme vorgefallenen Nichtigkeiten beigemessen werden kann, ist die gewesene Klosterperson nicht berechtigt, Ersatz der genossenen Früchte und gezogenen Nutzungen zu fordern; und muß vielmehr mit dem, was von dem Hauptstuhl noch wirklich vorhanden, oder so weit der Inhaber davon noch wirklich reicher ist, sich begnügen.

§. 1209. Wird aber Jemand von einem an sich gültigen Klostergelübde aus anderen Ursachen entbunden [16]); so kann er weder das dem Kloster Gezahlte zurückfordern, noch auf die Anfälle, welche während [17]) seines Klosterstandes sich ereignet haben, Anspruch machen.

73. Allerhöchste Kabinets-Order vom 10. April 1806, betreffend die Befugniß der aus den säkularisirten Klöstern entlassenen Ordensgeistlichen beiderlei Geschlechts, über ihr Vermögen unter Lebendigen, sowie von Todeswegen zu disponiren. (N.C.C. XII. S. 127; Rabe VIII. S. 509.)

..... Ich trage kein Bedenken, auf Euern Bericht vom 27. v. M. und bei den daraus ersehenen Gründen, in Absicht der aus den säcularisirten Klöstern entlassenen Ordensgeistlichen, angetragenermaßen hierdurch festzusetzen, daß selbigen und zwar beiderlei Geschlechts, so wie jedem andern Bürger des Staats, die Befugniß, über ihr bereits erworbenes oder noch zu erwerbendes Vermögen, unter Lebendigen, so wie von Todeswegen, zu disponiren, zustehen, und dem Fiscus kein Recht gebühren soll, auf den Grund ihres vorigen klösterlichen Verhältnisses und der von ihnen vormals abgelegten Gelübde, diese ihre Dispositionen jemals anzufechten .....

Neunzehnter Abschnitt.

Von den Mitgliedern der geistlichen Ritterorden.

§§. 1210—1217. Fallen weg [18]).

---

16) Anm. 7 u. 8 zu §§. 1178, 1179 d. T.

17) Auch nicht auf die Erbschaften, auf welche er vor seinem Eintritte in das Kloster verzichtet hat. O.Tr. v. 1781, Stengel 7 S. 238. Dieser Spruch fügt hinzu, daß die Verwandten jedoch nothdürftige Alimente reichen müßten. Das läßt sich nach heutigem Rechte nicht unbedingt behaupten.

18) Anm. 1 zu §§. 1070 ff. d. T. Diese Paragraphen lauteten:

§. 1210. Die Deutschen und Maltheserordens-Ritter werden als Geistliche betrachtet, und sind durch Gelübde verpflichtet.

§. 1211. Sie sind aber zu einem gemeinschaftlichen Klosterleben nicht verbunden.

§. 1212. Die besonderen Pflichten und Obliegenheiten ihres Standes sind durch die Ordensstatuten bestimmt.

§. 1213. Es kann aber kein Königlicher Unterthan, durch den Eintritt in einen Ritterorden, Verbindlichkeiten übernehmen, welche den Gesetzen des Staats zuwider sind.

Zwanzigster Abschnitt.

Von protestantischen Stiften, Klöstern, Ritterorden, und deren Mitgliedern[19]).

Rechte als geistliche Gesellschaften; §. 1218. Die protestantischen Stifte und Klöster haben, vermöge ihres Ursprunges und ihrer Fundation, die Rechte der geistlichen Gesellschaften.

als Corporationen. §. 1219. Als Corporationen werden sie hauptsächlich nach ihren Statuten und hergebrachten Observanzen; demnächst aber nach eben den Gesetzen, wie katholische Stifte gleicher Art, beurtheilt[20]).

Rechte des Landesherrn. §. 1220. Der Landesherr hat, in Beziehung auf dieselben, alle Rechte, welche den Bischöfen, oder anderen geistlichen Obern auf katholische Stiftungen gleicher Art eingeräumt worden.

§. 1221. Dagegen können protestantische Stifte, wenn sie auch an sich die Würde der Cathedralstifte haben, dennoch einige Theilnehmung an den Angelegenheiten der Kirche oder der Diözes sich nicht anmaßen.

Rechte der einzelnen Mitglieder. §. 1222. Bei den einzelnen Mitgliedern der protestantischen Stifte, Klöster, und Ritterorden, werden die äußeren persönlichen Rechte und Pflichten derselben, sowohl in Beziehung auf den Staat, als auf die übrigen Einwohner, durch die Aufnahme in eine solche Gesellschaft nicht verändert.

§. 1223. Auch sind dieselben weder an Gelübde, noch an andere auf den Gottesdienst sich beziehende Regeln und Vorschriften ähnlicher katholischer Stiftungen gebunden.

§. 1224. Was sie aber in dieser Rücksicht bei einem oder dem anderen Stift besonders zu beobachten haben, ist lediglich nach den Statuten und Gewohnheiten desselben zu bestimmen.

---

§. 1214. In Ansehung ihrer äußeren persönlichen Rechte und ihres Vermögens gilt von ihnen Alles, was im siebzehnten Abschnitte von den weltgeistlichen Canonicis verordnet ist.

§. 1215. Doch nehmen und verlassen sie Heergeräthe in Provinzen, wo dasselbe üblich ist; sie succediren aber nicht, wie die Canonici, in die Gerade.

§. 1216. Auf ihre Commenden und deren Einkünfte haben sie gleiche Rechte, wie die weltgeistlichen Canonici auf ihre Pfründen.

§. 1217. Die zu den Ritterorden gehörigen Priester sind anderen Mönchen und Ordensleuten gleich zu achten.

19) Nachdem die Aufhebung aller Dom- und anderer Stifte, evangelischer wie katholischer, durch die V. v. 20. Okt. 1810 (Zus. 57 zu §. 941) angeordnet worden, bestehen nur noch: a) das evangelische Domkapitel zu Brandenburg, welches (H. durch die nicht publizirte K.O. v. 25. Okt. 1820 unter Verleihung neuer königlich bestätigter Statuten v. 30. Nov. 1820) als Denkmal vergangener Zeiten (vgl. Ges. v. 1. Juli 1823, G.S. S. 1131) wieder hergestellt (v. Scholtz-Hermensdorf, Prov.R. der Kurmark Brandenburg. 2. Ausg. Bd. 2 S. 364) worden ist; b) die evangelischen Dom- und Kollegiatkapitel in den ehemals sächsischen Landestheilen (H. nämlich die Domstifte zu Naumburg und Merseburg, sowie das Kollegiatstift zu Zeitz. Vgl. Pinder, d. Prov.R. d. vorm. kgl. sächs. Landestheile Th. 1 S. 306, Th. 2 S. 374 ff., derselbe, über d. evang. Dom- und Kollegiatkapitel in Sachsen. Weimar 1820), weil das Ed. v. 30. Okt. 1810 in den erst seit 1814 neu oder wieder erworbenen Provinzen nicht gilt. Hierüber: R. des Min. des Inn. v. 3. Jan. 1817 (Annal. 1 Hft. 1 S. 3). H. Vgl. ferner: Die evangelischen Domkapitel in der Provinz Sachsen. Halle 1850. Durch die Ordres v. 28. Febr. 1845 und 15. Jan. 1847 sind die Domstifte zu Brandenburg, Merseburg und Naumburg für geschlossen erklärt und der evangelischen Kirche mit der Bestimmung überwiesen worden, daß die darin aufkommenden Einkünfte nach Abgang der Präbendarien und Anwärter zur Ausstattung der Konsistorien verwendet werden sollten, die Einkünfte des Kollegiatstiftes Zeitz aber zur Versorgung von Emeriten, s. Aktenstücke des evang. O.Kirchenraths Hft. 4 S. 12, 13, 95, 99, s. auch Jacobson, preuß. K.R. S. 197. Vollkommen ist dies aber noch nicht zur Ausführung gelangt. Durch den Friedensvertrag zwischen Preußen und Sachsen v. 21. Okt. 1866 Art. 20 ist das Recht der Universität Leipzig auf gewisse Kanonikate für bestimmte Professoren an der ersteren in den sächsischen Stiftern aufgehoben worden, s. Dove, Zeitschr. f. K.R. 7 S. 150.

20) H. Vgl. Anm. zu II. 6 §. 170.

§. 1225. Wegen der Art, zu einer Präbende oder Stelle zu gelangen, und der in Ansehung derselben dem Präbendaten zukommenden Rechte und Pflichten, finden, der Regel nach, die bei katholischen Stiften von gleicher Art ertheilten Vorschriften Anwendung.

§. 1226. Bei den Erfordernissen zur Aufnahme; wegen der Probezeit; Verbindlichkeit zur Residenz; und Vereinigung mehrerer Pfründen in Einer Person kommt dem Landesherrn das Dispensationsrecht in allen Fällen zu, wo nicht besondere Gesetze oder Verträge entgegenstehen.

§. 1227. Sowohl der Landesherr, als das Capitel können auf Präbenden und Stellen, die künftig zu ihrer Verleihung erledigt werden, Anwartschaften ertheilen. Von Anwartschaften.

§. 1228. Unter mehreren Anwartern gebührt, der Regel nach, die erste zur Verleihung des Collators derselben vacante Stelle demjenigen, welcher die älteste Anwartschaft hat.

§. 1229. Ist in den Statuten eine Zeit bestimmt, binnen welcher, nach Entstehung der Vacanz, der Anwarter sich melden muß, so geht durch deren Verabsäumung sein Recht für diesen Fall verloren.

§. 1230. So lange der Anwarter noch nicht immatriculirt worden, kann die Anwartschaft zurückgenommen werden.

§. 1231. Uebrigens gilt von dem Falle, wenn mehrere Anwarter auf eine zur Verleihung desselben Collators erledigte Präbende Anspruch machen, eben das, was in einem gleichen Falle bei Lehnsanwartschaften verordnet ist. (Th. 1. Tit. 18. §. 458. sqq.)

§. 1232. Die Immatriculation vertritt dabei die Stelle der Eventualbelehnung.

Anhang.

1. Allgemeines Landrecht Th. II. Tit. 19. §§. 76—89, betreffend die Anstalts-Kirchen und Parochien.

§. 76. Die innere Einrichtung und Verfassung einer jeden öffentlichen Armen- oder anderen Versorgungsanstalt ist, durch die für selbige von dem Staate vorgeschriebene oder genehmigte Ordnung und Instruction bestimmt. Innere Verfassung solcher Anstalten.

§. 77. Kirchen und Capellen, welche für dergleichen Anstalten besonders errichtet sind, stehen gleich anderen, unter der Aufsicht der geistlichen Obern der Diözes oder des Districts.

§. 78. Auf die in der Anstalt lebenden Personen und Officianten gebühren dergleichen Kirchen und Capellen wirkliche Parochialrechte.

§. 79. Auf diejenigen aber, welche außerhalb der Anstalt leben, können sie sich solche Rechte nicht anmaßen.

2. Gesetz, betreffend die Genehmigung zu Schenkungen und letztwilligen Zuwendungen, sowie zur Uebertragung von unbeweglichen Gegenständen an Korporationen und andere juristische Personen. Vom 23. Februar 1870. (G.S. S. 118.)

Wir Wilhelm, von Gottes Gnaden König von Preußen rc. verordnen, mit Zustimmung beider Häuser des Landtages, für den gesammten Umfang der Monarchie, was folgt:

§. 1. Schenkungen und letztwillige Zuwendungen bedürfen zu ihrer Gültigkeit der Genehmigung des Königs:

1) insoweit dadurch im Inlande eine neue juristische Person ins Leben gerufen werden soll,
2) insoweit sie einer im Inlande bereits bestehenden Korporation oder anderen juristischen Person zu anderen als ihren bisher genehmigten Zwecken gewidmet werden sollen.

§. 2. Schenkungen und letztwillige Zuwendungen an inländische oder ausländische Korporationen und andere juristische Personen bedürfen zu ihrer Gültigkeit ihrem vollen Betrage nach der Genehmigung des Königs oder der durch Königl. Verordnung ein für alle Mal zu bestimmenden Behörde, wenn ihr Werth die Summe von Eintausend Thalern übersteigt. Fortlaufende Leistungen werden hierbei mit fünf vom Hundert zu Kapital berechnet.

§. 3. Die Genehmigung einer Schenkung oder letztwilligen Zuwendung in den Fällen der §§. 1. und 2. erfolgt stets unbeschadet aller Rechte Dritter Personen.

Mit dieser Maaßgabe ist, wenn die Genehmigung ertheilt wird, die Schenkung oder letztwillige Zuwendung als von Anfang an gültig zu betrachten, dergestalt, daß mit der geschenkten oder letztwillig zugewendeten Sache auch die in die Zwischenzeit fallenden Zinsen und Früchte zu verabfolgen sind.

Die Genehmigung kann auf einen Theil der Schenkung oder letztwilligen Zuwendung beschränkt werden.

§. 4. Die besonderen gesetzlichen Vorschriften, wonach es zur Erwerbung von unbeweglichen Gegenständen durch inländische oder ausländische Korporationen und andere juristische Personen überhaupt der Genehmigung des Staats bedarf, werden durch die vorstehenden Bestimmungen nicht berührt. Soweit es jedoch zu einer solchen Erwerbung nach gegenwärtig geltenden Vorschriften der Genehmigung des Königs oder der Ministerien bedarf, können statt dessen durch Königliche Verordnung die Behörden, denen die Genehmigung fortan zustehen soll, anderweitig bestimmt werden.

§. 5. Einer Geldstrafe bis zu 300 Thalern, im Unvermögensfalle entsprechender Gefängnißstrafe unterliegen:

1) Vorsteher von inländischen Korporationen und anderen juristischen Personen, welche für dieselben Schenkungen oder letztwillige Zuwendungen in Empfang nehmen, ohne die dazu erforderliche Genehmigung innerhalb vier Wochen nachzusuchen.
2) diejenigen, welche einer ausländischen Korporation oder anderen juristischen Person Schenkungen oder letztwillige Zuwendungen verabfolgen, bevor die dazu erforderl. Genehmigung ertheilt ist.

§. 6. Die Bestimmungen des gegenwärtigen Gesetzes finden auf Familien-Stiftungen und Familien-Fideikommisse keine Anwendung.

§. 7. Alle mit dem gegenwärtigen Gesetze nicht im Einklange stehenden Bestimmungen, insbesondere das Gesetz vom 13. Mai 1833. (Gesetz-Samml. S. 49.), die Allerhöchste Order vom 22. Mai 1836. (Gesetz-Samml. S. 195.), die Verordnung vom 21. Juli 1843. (Gesetz-Samml. S. 322.), die in einem Theile der Provinz Hannover noch in Geltung stehenden §§. 197. bis 216. Theil II. Titel 11. des Allgemeinen Landrechts nebst dem §. 125. des Anhangs zum Allgemeinen Landrecht, werden aufgehoben.

Urkundlich ꝛc.

3. **Revidirte Instruktion zur Kirchengemeinde- und Synodal-Ordnung. Vom 25. Januar 1882.** (Kirchl. Ges. u. Verordn.Bl. 1882 S. 1.)

Im Laufe der seit Erlaß der Kirchengemeinde- und Synodal-Ordnung vom 10. September 1873 verflossenen Zeit hat sich das Bedürfniß einer Revision der hierzu ergangenen Instruktionen fühlbar gemacht. Manche der darin enthaltenen Bestimmungen sind überhaupt nur Einführungs- und Uebergangs-Bestimmungen; andere haben durch die Generalsynodal-Ordnung und die zu den synodalen Ordnungen erlassenen Staatsgesetze Aenderungen erfahren; endlich hat auch die Praxis mehrfach Entscheidungen herbeigeführt, deren Verallgemeinerung in der Form einer Instruktion wünschenswerth erscheint.

Im Interesse der Uebersichtlichkeit und geschäftlichen Erleichterung ist es für zweckmäßig befunden worden, diesem Bedürfnisse nicht durch eine Zusatzinstruktion, sondern durch eine Zusammenfassung und Verarbeitung der bisherigen Instruktionen Abhülfe zu schaffen.

Demgemäß wird von uns in Gemeinschaft mit dem Generalsynodal-Vorstande an Stelle der Instruktionen vom 31. Oktober 1873, 20. Juni und 23. Dezember 1874 auf Grund des §. 36 Nr. 2 der Generalsynodal-Ordnung und des Art. 21 Abs. 1 des Staatsgesetzes vom 3. Juni 1876 (G.-S. S. 125 folg.) hierdurch eine revidirte Instruktion zur Kirchengemeinde- und Synodal-Ordnung erlassen.

Wenn hierbei diejenigen Ausführungen, welche die Einleitung zur Instruktion vom 31. Oktober 1873 über Zweck und Ziel der neuen Ordnung enthält, nicht wieder Aufnahme gefunden haben, so ist dies geschehen, weil die dort niedergelegten Grundsätze sich inzwischen bereits durch eine mehrjährige Praxis theils geklärt, theils eingelebt haben. Eine nochmalige Darlegung dieser Grundsätze durfte daher jetzt, wo es sich vorzugsweise um eine Anweisung für die geschäftliche Handhabung der bestehenden Ordnung handelt, als entbehrlich angesehen werden.

Im Einzelnen wird hiernach Folgendes festgesetzt:

I. In Bezug auf die Organe der Gemeinde.

1. Die Mitglieder des Gemeinde-Kirchenraths und der Gemeinde-Vertretung werden von denjenigen Gemeindegliedern gewählt, welche in die von dem Gemeinde-Kirchenrath geführte Wählerliste eingetragen sind (§§. 18 und 34 K.-G.- u. S.-O.). *Bildung der Gemeinde-organe.*

2. Anmeldungen zur Eintragung in dieselbe können jederzeit erfolgen; alljährlich an mindestens zwei Sonntagen des Monats August ergeht von der Kanzel die Aufforderung zur Anmeldung derjenigen, welche in die frühere Wählerliste noch nicht eingetragen sind. In den betreffenden Kanzelabkündigungen ist anzugeben, von wem, wo und zu welcher Zeit Anmeldungen entgegen genommen werden. *Anmeldungs-Verfahren.*

3. Die Anmeldung erfolgt mündlich bei dem Vorsitzenden oder den mit Entgegennahme von Anmeldungen beauftragten Mitgliedern des Gemeinde-Kirchenraths. Dabei ist ein Protokoll aufzunehmen oder ein Anmeldungs-Formular auszufüllen, welches sich auf folgende Punkte erstrecken muß:
   a. Vor- und Zuname.
   b. Lebensalter.
   c. Stand oder Gewerbe.
   d. Wohnung.
   e. Wie lange in der Gemeinde (am Orte) wohnhaft?
   f. Ob selbständig?
   g. Ob der sich Anmeldende nach Maßgabe der dazu bestehenden Verpflichtung zu den kirchlichen Gemeindelasten beiträgt?
   h. Bemerkungen (etwaiger Verlust bürgerlicher oder kirchlicher Rechte).

   Die Frage der Selbständigkeit ist nach §. 34 Abs. 4 K.-G.- u. S.-O. zu beurtheilen.

   Das Protokoll bezw. Anmeldungsformular, welches mit dem Datum des Anmeldungstages zu versehen ist, hat sowohl der sich Anmeldende, als das die Anmeldung entgegennehmende Mitglied des Gemeinde-Kirchenraths zu unterzeichnen.

4. Die Wählerliste ist mit Ende August des Wahljahres (§. 43 Abs. 1 und 2 K.-G.- u. S.-O.) derart abzuschließen und festzustellen, daß deren öffentliche Auslegung spätestens 4 Wochen vor dem Wahltage beginnt. *Feststellung und Auslegung der Wählerliste.*

5. Der Termin des Abschlusses der Wählerliste ist an den demselben vorangehenden zwei Sonntagen unter fortdauernder Aufforderung zur Anmeldung und unter dem ausdrücklichen Hinweise von der Kanzel bekannt zu machen, daß die nach dem Abschluß erfolgenden Anmeldungen für die bevorstehende Wahl kein Stimmrecht gewähren.

   Gleichzeitig beginnt die bis zum Ablauf der Auslegungsfrist sonntäglich zu wiederholende Kanzelabkündigung über Ort und Zeit der Auslegung der Wählerliste unter dem

Beifügen, daß nach Verlauf der Auslegungsfrist Reklamationen gegen die Liste nicht mehr angebracht werden können (§. 36 Abs. 2 K.-G.- u. S.-O.).

Anlage 1. Zu der Kanzelabkündigung ist das als Anlage 1 abgedruckte Formular zu benutzen. Ueber die erfolgten Abkündigungen ergeht eine Bescheinigung des Geistlichen zu den Wahlakten.

Dem Ermessen des Gemeinde-Kirchenraths ist überlassen, Ort und Zeit der Auslegung der Wählerliste auch noch in anderen, den örtlichen Verhältnissen entsprechenden Formen (Aushang an den Kirchthüren, Aufnahme in Lokalblätter u. s. w.) bekannt zu machen. Den Bekanntmachungen ist stets beizufügen, daß nach Verlauf der Auslegungsfrist Reklamationen gegen die Liste nicht mehr angebracht werden können.

6. Bei Prüfung und Feststellung der Wählerliste hat der Gemeinde-Kirchenrath festzuhalten, daß für die Aufnahme in dieselbe lediglich die im §. 34 der K.-G.- u. S.-O. für die Wahlberechtigung, nicht aber die im §. 35 daselbst für die Wählbarkeit aufgestellten Erfordernisse maßgebend sind.

Anlage 2. Die Liste ist in alphabetischer Ordnung nach dem als Anlage 2 abgedruckten Formular anzufertigen.

7. Die festgestellte Liste ist 14 Tage lang an einem Jedermann zugänglichen Orte auszulegen, demnächst mit der Bescheinigung über Ort und Zeit der Auslegung zu den Wahlakten zu bringen.

Reklamationen. 8. Ueber rechtzeitig, d. h. innerhalb der Auslegungsfrist eingehende Reklamationen ist zunächst durch den Gemeinde-Kirchenrath schleunigst zu entscheiden. Etwaige Beschwerden gegen dessen Entscheidung, die binnen 14 Tagen zulässig sind, gehen an den Vorstand der Kreissynode, können aber die Abhaltung der Wahl nicht aufhalten (§. 36 Abs. 3 K.-G.- u. S.-O.).

9. Ueber die Mitgliedschaft zur einzelnen Gemeinde enthält die Kirchengemeinde- und Synodal-Ordnung keine Vorschriften: der Erwerb und Verlust derselben ist daher nach den sonst geltenden Bestimmungen zu beurtheilen.

Wahltermin. 10. Die Wahl findet an einem von dem Gemeinde-Kirchenrath alsbald nach Feststellung der Wählerliste zu bestimmenden Sonntage im Herbst, jedenfalls aber vor Ende Oktober statt. Die Amtsperiode der Gewählten beginnt mit dem Anfange des darauf folgenden Kalenderjahres.

Zahl der zu Wählenden. 11. Die Zahl der zu wählenden Aeltesten und Gemeinde-Vertreter bestimmt sich nach §. 43 Abs. 2 und 3 der K.-G.- u. S.-O. Sollte überhaupt nur ein von der Gemeinde gewählter Aeltester vorhanden sein (§§. 5 und 6 daselbst), so findet die periodische Neuwahl nur alle sechs Jahre statt.

Ersatzwahlen. 12. In Betreff aller nicht in Folge Ablaufs der sechsjährigen Amtsperiode eintretenden Erledigungen findet §. 43 Abs. 4 der K.-G.- u. S.-O. Anwendung.

Zahl der Aeltesten überhaupt. 13. Bezüglich der Zahl der Aeltesten ist im §. 5 der K.-G.- u. S.-O. Bestimmung getroffen. Aenderungen der ordnungsmäßig festgestellten Zahl erfolgen nach Vernehmung der Gemeinde-Vertretung durch die Kreissynode.

14. Bei Feststellung der Zahl bedarf es der Rücksichtnahme auf das (§. 6 daselbst) dem Patron beigelegte Recht, ein Gemeindeglied zum Aeltesten zu ernennen oder selbst als solcher in den Gemeinde-Kirchenrath einzutreten. Dieses Mitglied des Gemeinde-Kirchenraths ist auf die zulässige Zahl der Aeltesten in Anrechnung zu bringen. Es muß daher überall bei der Wahl der Aeltesten durch die Gemeinde eine Stelle für die Berechtigung des Patrons offen gelassen werden.

Bekanntmachung des Wahltermins. 15. Die Bekanntmachung des Wahltermins durch Abkündigung von der Kanzel ist nach Vorschrift des §. 37 K.-G.- u. S.-O. unter Namhaftmachung der ausscheidenden Mitglieder zu vollziehen und eine Bescheinigung des Geistlichen über die erfolgten Abkündigungen zu den Wahlakten zu bringen.

Anderweite Formen der Bekanntmachung (vergl. Nr. 5 Abs. 5) anzuwenden, wie sie den lokalen Verhältnissen entsprechen, ist dem Ermessen des Gemeinde-Kirchenraths überlassen.

16. Die Einladung zur Wahl an den Patron, resp. den Patronsvertreter, geschieht von Seiten des Gemeinde-Kirchenraths schriftlich, an Auswärtige mittelst Einschreibebriefs; an Abwesende mit unbekanntem Aufenthaltsort fällt die Einladung fort.

17. Sollte, wie dies nach §. 38 Abs. 4 K.-G.- u. S.-O. zulässig ist, durch Beschluß des Gemeinde-Kirchenraths ausnahmsweise eine mündliche Abstimmung zu Protokoll angeordnet werden, so ist Solches in der unter Nr. 15 bezeichneten Abkündigung mit bekannt zu machen. Mündliche Abstimmung.

18. Die Wahlhandlung (§. 38 K.-G.- u. S.-O.) beginnt nach Schluß des Hauptgottesdienstes mit Konstituirung des Wahlvorstandes, welcher, nachdem die während des Gottesdienstes etwa geschlossenen Thüren wieder geöffnet sind, an einem Jedermann zugänglichen Tische Platz nimmt. Sollte die Abhaltung der Wahl in der Kirche thatsächlich unausführbar sein, so muß ein anderes geeignetes Lokal für die Wahl bestimmt und dies in den Einladungen zur Wahl bekannt gemacht werden. Wahlhandlung.

Der Vorsitzende des Gemeinde-Kirchenraths ersucht die Mitglieder desselben, neben ihm Platz zu nehmen. Der Gemeinde-Kirchenrath kann sich durch einige von ihm zu bezeichnende andere Gemeindeglieder ergänzen. Der Patron oder dessen Vertreter ist berechtigt, in den Wahlvorstand einzutreten. Der Vorsitzende ernennt den Protokollführer.

Sobald dies geschehen, erklärt er die Wahlhandlung für eröffnet. Er ermahnt die Wähler mit kurzen Worten, wie es in §. 38 Abs. 3 vorgeschrieben ist, und verliest den übrigen Inhalt der §§. 34—40 der K.-G.- u. S.-O., sowie die Nummern 18 bis 22 dieser Instruktion. Andere Ansprachen sind unstatthaft. Es dürfen während der Wahlhandlung auch keine Diskussionen stattfinden, noch von der Wahlversammlung Beschlüsse gefaßt werden.

Der Vorsitzende verkündet die Zahl der zu wählenden Aeltesten und ersucht die Wähler, auf einen Stimmzettel so viel Namen aus dem Kreise der Wahlberechtigten zu schreiben, als Aelteste zu wählen sind, auch die Namen durch geeignete Zusätze, insbesondere des Standes oder Gewerbes so genau zu bezeichnen, daß die Person unzweifelhaft ist.

Auch gedruckte Stimmzettel und solche, welche weniger Namen enthalten, als die Zahl der zu Wählenden beträgt, sind gültig. Mehr Namen enthaltende Stimmzettel dagegen sind ungültig.

19. Zur Stimmabgabe sind nur diejenigen zuzulassen, welche in die Wählerliste aufgenommen sind. Abwesende können weder durch Einsendung von Wahlstimmen, noch durch Bevollmächtigte an der Wahl Theil nehmen. Jeder Anwesende darf deshalb nur Einen Stimmzettel abgeben.

Der Protokollführer ruft die Namen der eingetragenen Wähler auf. Wer von ihnen anwesend, übergiebt seinen Stimmzettel dem dazu vom Vorsitzenden zu ernennenden Mitgliede des Wahlvorstandes, welcher denselben uneröffnet in das auf dem Wahltisch befindliche Gefäß legt.

Der Stimmzettel muß von weißem Papier und derart zusammengefaltet sein, daß die auf ihm bezeichneten Namen verdeckt sind. Der Protokollführer vermerkt die erfolgte Stimmabgabe jedes Wählers neben dem Namen desselben in der dazu bestimmten Rubrik der Wählerliste.

20. Sobald sämmtliche Namen in dieser Weise aufgerufen sind, fragt der Vorsitzende, ob noch ein Wahlberechtigter anwesend sei, der seine Stimme noch nicht abgegeben hat.

Ein solcher ist nachträglich zuzulassen.

Hierauf erklärt der Vorsitzende die Stimmabgabe für die Aeltesten als geschlossen. Nachdem dies geschehen, werden zu diesem Wahlakt keine Stimmzettel mehr angenommen.

Die abgegebenen Wahlzettel werden hierauf geöffnet, die Namen festgestellt und die Stimmen gezählt.

21. Gewählt sind diejenigen, auf welche die absolute Mehrheit der abgegebenen Stimmen gefallen ist. Für den Fall, daß eine größere Zahl, als erforderlich ist, die absolute Mehrheit erhalten hat*), entscheidet die höhere Stimmenzahl.

Hat der erste Wahlgang eine absolute Mehrheit für die erforderliche Zahl der Aeltesten nicht ergeben, so erfolgt die engere Wahl. Bei dieser ist der Kreis der Wählbaren auf diejenigen Personen beschränkt, welche schon im ersten Wahlgang Stimmen erhalten haben, und falls deren Zahl mehr als das Doppelte der noch zu wählenden Aeltesten beträgt, auf diejenigen, welche die meisten Stimmen erhalten haben, bis zum Belaufe der doppelten Anzahl der zu Wählenden.

Bei Stimmengleichheit entscheidet überall das Loos.

22. Nachdem in dieser Weise der Wahlakt für die Aeltesten geschlossen ist, wird sofort zur Wahl der Gemeindevertreter geschritten. Für diese Wahl gelten die obigen Bestimmungen in gleicher Weise.

Erleichterungen der Wahlhandlung für größere Gemeinden.

23. In denjenigen Gemeinden, in denen mehr als Einhundert Wahlberechtigte in die Wählerliste eingetragen sind, können zur Erleichterung und Abkürzung des Wahlaktes folgende Modifikationen der unter Nr. 18 bis 22 enthaltenen Bestimmungen eintreten:

a. Der Hauptgottesdienst am Wahltage ist so anzusetzen oder zu kürzen, daß womöglich die Wahlhandlung spätestens um 11 Uhr beginnt.

b. Die Verlesung der Nr. 18 Abs. 3 dieser Instruktion bezeichneten Bestimmungen der K.-G.- u. S.-O. und der Instruktion kann wegfallen.

c. Es kann gestattet werden, daß ein jeder Wähler den Stimmzettel für die Gemeinde-Vertretung sogleich nach dem Stimmzettel für die Aeltesten abgebe, wobei selbstredend darauf zu achten, daß die betreffenden Zettel sofort in zwei räumlich getrennt aufzustellende Gefäße gelegt werden oder daß, wo dies ausführbar, zur Entgegennahme der Stimmzettel gleichzeitig mehrere Annahmestellen — jede für eine bestimmte, etwa nach dem Anfangsbuchstaben abzugrenzende Wählerzahl — in der Kirche eingerichtet werden, oder daß eine nach der Zahl der Wähler zu bemessende, bestimmt abgegrenzte Zeit angesetzt werde, innerhalb deren die Wähler ihre Stimmen abgeben können, ohne die ganze Zeit in der Kirche anwesend sein zu müssen, oder endlich, daß mehrere dieser Maßnahmen mit einander verbunden werden.

Welcher dieser Wege für den angegebenen Zweck der geeignetste sei, ist mit Rücksicht auf die große Verschiedenheit der lokalen Verhältnisse allgemein zu bestimmen unmöglich, und bleibt daher dem pflichtmäßigen Ermessen des Gemeinde-Kirchenraths überlassen.

d. Ebenso ist die Theilung des Wahlakts sowohl in Betreff der Wahl der Aeltesten und der Gemeinde-Vertreter, als auch in Betreff der ordentlichen und einer etwaigen engeren Wahl auf verschiedene Sonntage gestattet.

Darüber, in welcher Weise nach Maßgabe der vorstehenden Anordnungen der Wahlakt vollzogen werden soll, hat der Gemeinde-Kirchenrath Beschluß zu fassen, dabei aber darauf zu halten, daß die Wahl der Gemeinde-Vertreter erst nach der Wahl der Aeltesten und nachdem der Vorsitzende noch zur nachträglichen Abgabe von Stimmen aufgefordert hat, abgeschlossen werden darf.

Die beschlossenen Modifikationen sind in die vorschriftsmäßigen Bekanntmachungen über den Wahltermin (Nr. 15) mit aufzunehmen, auch sonst möglichst allgemein, z. B. durch Anschläge am Wahllokal, zur Kenntniß der Gemeinde zu bringen.

---

*) Dieser Fall kann eintreten, weil mehrere Personen in einem Wahlgange gewählt werden.

Eine Bekanntmachung der letzteren Art muß insbesondere dann, wenn die gesammte Wahl nicht an einem Wahlsonntage abgeschlossen werden kann, in der Zeit zwischen diesem und den nächsten Wahltagen erfolgen.

24. Ueber die Wahlhandlung wird ein Protokoll aufgenommen, am Schluß verlesen und von dem Vorsitzenden und mindestens zwei Mitgliedern des Gemeinde-Kirchenrathes unterzeichnet (§. 38 Abs. 7 K.-G.- u. S.-O.). Protokoll.

25. Wo die Abstimmung nach Beschluß des Gemeinde-Kirchenrathes ausnahmsweise mündlich erfolgen soll (Nr. 17), finden die obigen Bestimmungen mit der Maßgabe sinnentsprechende Anwendung, daß die mündlich bezeichneten Namen in das Protokoll aufgenommen und die Zahl der ihnen gegebenen Stimmen daneben verzeichnet werden.

26. Nach beendeter Wahlhandlung hat der Gemeinde-Kirchenrath sogleich die Legalität des Verfahrens zu prüfen. Sollten hierbei wesentliche Verstöße sich herausstellen, so ist über das weiter einzuhaltende Verfahren Beschluß zu fassen und im Zweifelsfalle an das Konsistorium zu berichten. Anderenfalls ist die Abkündigung der Gewählten, Aeltesten wie Gemeinde-Vertreter, zu beschließen. Feststellung und Bekanntmachung des Wahlergebnisses.

Diese Abkündigung, welche an zwei aufeinander folgenden Sonntagen im Hauptgottesdienste erfolgen soll (§. 39 K.-G.- und S.-O.), muß jedenfalls das erste Mal in der Kirche der Gemeinde, um deren Vertreter es sich handelt, geschehen, die zweite Abkündigung kann, wenn bei Kombination mehrerer Gemeinden unter einem Pfarrer nicht in jeder Kirche allsonntäglich Gottesdienst gehalten wird, in der Kirche der Pfarrorts erfolgen.

Mit der ersten Abkündigung des Wahlergebnisses ist zugleich bekannt zu machen, daß etwaige Einwendungen gegen die Gewählten seitens der wahlberechtigten Gemeindeglieder nur bis zur zweiten Verkündigung zulässig und beim Gemeinde-Kirchenrath anzubringen sind.

Auch über diese Bekanntmachungen ist eine Bescheinigung seitens des abkündigenden Geistlichen auszustellen und zu den Wahlakten zu bringen.

27. Der vom Patron gemäß §. 6 Abs. 1 der K.-G.- u. S.-O. ernannte Aelteste ist ebenfalls in der vorbezeichneten Weise der Gemeinde bekannt zu machen. Bekanntmachung des Patronats-Aeltesten.

28. Nach Verlauf der Einspruchsfrist sind die unbeanstandeten Mitglieder des Gemeinde-Kirchenraths rechtzeitig, in der Regel an einem der letzten Sonntage des Kalenderjahres, im Hauptgottesdienst mit angemessener Feierlichkeit vor der Gemeinde durch das §. 7 der K.-G.- u. S.-O. vorgeschriebene Gelübde zu verpflichten und in ihr Amt einzuführen. Vorläufig Beanstandete werden, wenn der erhobene Einspruch endgültig erledigt ist, in derselben Weise nachträglich eingeführt. Verpflichtung und Einführung der Aeltesten und Gemeinde-Vertreter.

Die gemäß §. 43 Abs. 2 der K.-G.- und S.-O. ausgeschiedenen und wiedergewählten Aeltesten legen nicht nochmals das Gelübde ab, werden vielmehr unter Hinweis auf dasselbe durch Handschlag für die neue Amtsperiode verpflichtet.

Auch die Gemeindevertreter sind unter Hinweis auf die Pflichten ihres Berufes einzuführen. Beim Beginn einer neuen Wahlperiode ist dieser Akt mit der Einführung der Aeltesten im Gottesdienste zu verbinden. Außer der Zeit eintretende Ersatzmänner (§. 43 Abs. 4 K.-G.- u. S.-O.) werden der Gemeinde unter Fürbitte angezeigt und in der nächstfolgenden Sitzung der Gemeindevertretung introduzirt.

29. Der nach §. 6 Abs. 2 der K.-G.- u. S.-O. in den Gemeindekirchenrath eintretende Patron, sowie der ein für alle Mal bestellte Vertreter desjenigen Patrons, der keine physische Person ist, können zur Ablegung des Aeltestengelübdes und zur Theilnahme an der feierlichen Einführung nicht genöthigt werden. Auf den vom Patron ernannten Aeltesten bezieht sich dies nicht.

30. Ueber Einsprüche gegen die Wahl, welche schriftlich oder mündlich zu Protokoll beim Gemeinde-Kirchenrath erhoben werden können, ist von dem letzteren (bei Gesammtparochieen dem Gemeinde-Kirchenrath der betreffenden Kirchengemeinde) durch schriftliche Verfügung zu entscheiden. Gegen die Entscheidung findet binnen 14 Tagen, von Zustellung derselben ab, der Rekurs an den Vorstand der Kreissynode statt. Einspruchsverfahren.

Dergleichen Einsprüche müssen auf bestimmt bezeichnete Thatsachen (§§. 34 und 35 K.-G.- u. S.-O.) gegründet werden.

Sitzungen und Beschlüsse des Gemeinde-Kirchenraths.

31. Ueber die Sitzungen und Beschlüsse des Gemeinde-Kirchenraths enthalten die §§. 8—12 der K.-G.- u. S.-O. die ausreichenden allgemeinen Bestimmungen.

32. Der Gemeinde-Kirchenrath ist nur unter dem Vorsitz des durch §. 8 der K.-G.- u. S.-O. bestimmten Vorsitzenden oder bei dessen Verhinderung des stellvertretenden Vorsitzenden als gesetzlich versammelt anzusehen und kann nur in solcher Versammlung gültige Beschlüsse fassen.

Behufs Feststellung der Beschlußfähigkeit (§. 11 Abs. 3 K.-G.- u. S.-O.) ist in dem Protokoll anzugeben, wie viele Mitglieder der Gemeinde-Kirchenrath zählt und wie viele von denselben an der Beschlußfassung Theil genommen haben.

Wirkungskreis desselben.

33. Der Gemeinde-Kirchenrath hat die Eigenschaft einer öffentlichen Behörde. Ueber seinen Wirkungskreis enthalten die §§. 13—26 der K.-G.- u. S.-O. umfassende Bestimmungen, welche ihn zur vollständigen Vertretung der Gemeinde und zur Verwaltung ihrer Angelegenheiten innerer wie äußerer Beschaffenheit berufen und nur in gewissem Umfange, namentlich für die wichtigeren Vermögens-Angelegenheiten, an die Mitwirkung der Gemeindevertretung binden.

Zu diesen Funktionen des Gemeinde-Kirchenraths gehört insbesondere auch die Handhabung des Kirchengesetzes v. 30. Juli 1880, betreffend die Verletzung kirchlicher Pflichten in Bezug auf Taufe, Konfirmation und Trauung, nach Maßgabe der hierzu erlassenen Instruktion v. 23. August dess. Js. (K. G.- u. V.-Bl. 1880 S. 116 folg.).

Ernennung der Kirchenkassen-Rendanten.

34. Der für die Verwaltung der Kirchenkasse nach §. 24 der K.-G.- u. S.-O. ernannte Rendant ist dem Konsistorium jedes Mal zur Anzeige zu bringen.

35. Die nach §. 24 Abs. 4 daselbst etwa nothwendige Anstellung eines besoldeten Rendanten geschieht mittelst schriftlichen Vertrages, in welchem dem Gemeinde-Kirchenrath jedesmal die Befugniß vorzubehalten ist, den Vertrag mittelst sechsmonatlicher Kündigung zu lösen, und ist eine Kaution zu bedingen, für deren Höhe der Umfang der Geschäftsverwaltung und die für Staatskassen-Verwaltungen geltenden Bestimmungen zum Anhalt dienen können.

Wenn der Gemeinde-Kirchenrath ausnahmsweise einem seiner Mitglieder die besoldete Kirchenrendantur übertragen will, so kann dies bis dahin, daß die Genehmigung des Kreissynodal-Vorstandes ertheilt ist (§. 24 Abs. 4 der K.-G.- u. S.-O.), nur provisorisch geschehen.

Führung der kirchlichen Vermögens-Verwaltung.

36. Dem Gemeinde-Kirchenrath dienen für die ihm nach §. 22 der K.-G.- u. S.-O. obliegenden Geschäfte die für die Verwaltung des Kirchenvermögens bestehenden älteren und neueren Bestimmungen zur Richtschnur. Soweit zu gewissen Geschäften die Genehmigung der Aufsichtsbehörde erforderlich ist, hat für deren Einholung der Gemeinde-Kirchenrath, insbesondere dessen Vorsitzender, Sorge zu tragen. Etwaige Versäumnisse in dieser Beziehung machen, abgesehen von den für die Gültigkeit des Geschäfts gesetzlich sich ergebenden Folgen, sowohl den Vorsitzenden, als die Mitglieder disziplinarisch verantwortlich und hinsichtlich der vermögensrechtlichen Folgen des betreffenden Geschäfts mit ihrem Privatvermögen regreßpflichtig.

Die Aufstellung einer neuen allgemeinen Verwaltungsordnung für das kirchliche Vermögen im Wege der kirchlichen Gesetzgebung bleibt vorbehalten.

37. Die Dauer der Etatsperiode ist vom Gemeinde-Kirchenrath mit der Gemeinde-Vertretung zu bestimmen, darf jedoch fünf Jahre nicht überschreiten.

Mitwirkung der Gemeinde-Vertretung.

38. Ueber die Funktionen der Gemeindevertretung bei der kirchlichen Vermögensverwaltung sind die Vorschriften §. 31 der K.-G.- u. S.-O. maßgebend. Alle hier einzeln angegebenen Geschäfte müssen, so oft sie vorkommen, zur Beschlußfassung der Gemeindevertretung gebracht werden. Die Verpflichtung des Gemeinde-Kirchenraths, insbesondere seines Vorsitzenden, ist es, dafür zu sorgen, daß dies überall geschieht; Versäumnisse, die in dieser Beziehung

eintreten sollten, ziehen zwar nicht die Ungültigkeit der Namens der Gemeinde mit dritten Personen abgeschlossenen Rechtsgeschäfte nach sich (§. 22 Abs. 2 K.-G.- u. S.-O.), sie machen jedoch den Vorsitzenden und die Mitglieder des Gemeinde-Kirchenraths in der unter Nr. 36 Abs. 1 angegebenen Weise verantwortlich und regreßpflichtig.

Daneben steht dem Gemeinde-Kirchenrath nach §. 33 der K.-G.- u. S.-O. die Befugniß zu auch andere Gegenstände, bei deren Erledigung er eine stärkere Betheiligung der Gemeinde an der Entscheidung für wünschenswerth erachtet, durch ordentlichen Beschluß an die Gemeindevertretung zu verweisen.

Dem Gemeinde-Kirchenrath liegt in allen Fällen ob, die an die Gemeindevertretung zu bringenden Geschäfte so weit vorzubereiten, daß die Entscheidung darüber durch die Beschlußfassung der letzteren erfolgen kann.

39. In formeller Beziehung folgen die Verhandlungen der Gemeinde-Vertretung den für die Verhandlungen des Gemeinde-Kirchenraths gegebenen Vorschriften (s. o. Nr. 31 und 32). In dem Protokoll über die Verhandlung ist der Vorlegung des Gegenstandes durch den Gemeinde-Kirchenrath Erwähnung zu thun. Verhandlungen und Beschlüsse der vereinigten Gemeindeorgane.

40. Bei der Versammlung der Gemeinde-Vertretung treten die Mitglieder des Gemeinde-Kirchenraths und die Gemeinde-Vertreter zu einem ungetheilten Kollegium zusammen. Zur Beschlußfähigkeit kommt es daher nicht darauf an, ob von jedem der einzelnen Vertretungskörper mehr als die Hälfte Theil genommen hat.

41. Die Rechte des Patrons in Bezug auf die nach §. 22 K.-G.- u. S.-O. von dem Gemeinde-Kirchenrath zu führende kirchliche Vermögens-Verwaltung sind durch die Kirchengemeinde- und Synodal-Ordnung (§. 23) und das Gesetz vom 25. Mai 1874 in folgender Weise geregelt: Rechte des Patrons.

a) Denjenigen Patronaten, mit denen keine Patronatslasten verbunden sind, steht nur eine Theilnahme an der Verwaltung des Gemeinde-Kirchenraths in der Form des §. 6 K.-G.- u. S.-O., nicht aber eine Aufsicht über die Vermögens-Verwaltung oder ein Recht der Genehmigung zu einzelnen Geschäften der Vermögens-Verwaltung zu.

b) Da, wo der Patron Patronatslasten für die kirchlichen Bedürfnisse trägt, sind demselben die Aufsicht über die Verwaltung der Kirchenkasse und das Recht der Zustimmung zu denjenigen einzelnen Geschäften der Vermögens-Verwaltung verblieben, welche nach den beim Erlaß der K.-G.- u. S.-O. bestehenden Gesetzen seiner Genehmigung unterlagen.

Soweit demselben in beiden Beziehungen nach der früheren Verfassung der Gemeinde, nach Lokal- oder Provinzialgesetzen ein geringeres Maß von Rechten zustand, hat es hierbei sein Bewenden behalten, da die Kirchen-Gemeinde- und Synodal-Ordnung dieserhalb dem Patron keine erweiterten Rechte beigelegt, sondern nur bestimmt hat, daß derselbe im Besitze der bisher genossenen verbleibt.

Wo dagegen bisher die Wirksamkeit des Patrons hinsichtlich der Vermögensverwaltung, wie nach Ortsverfassung und Provinzialgesetzen mehrfach der Fall ist, über die Funktionen der Aufsichtsführung und der Zustimmung zu einzelnen, gesetzlich bestimmten Verwaltungsakten hinaus, zu einer Theilnahme an der laufenden Verwaltung sich erweitert hatte, ist letztere überall weggefallen und sind die Rechte des Patrons auf die in §. 23 der K.-G.- u. S.-O. angegebenen Befugnisse zurückgeführt.

42. Unter die Funktionen der Aufsicht gehört namentlich die Genehmigung des Kirchenkassen-Etats, sowie die Abnahme und Dechargirung der Kirchenkassen-Rechnung. Die in Hinsicht beider dem Gemeinde-Kirchenrath und der Gemeindevertretung (§. 24, §. 31 Nr. 9 K.-G.- u. S.-O.) beigelegten Rechte schließen die Bethätigung der dem Patron zustehenden Aufsichtsrechte nicht aus, vielmehr sind Etats wie Rechnungen, nachdem sie innerhalb der Gemeinde-Körperschaften ordnungsmäßig zu Stande gebracht resp. erledigt sind, dem Patron vorzulegen, damit er in Wahrnehmung des Aufsichtsrechts über die Genehmigung des Etats beschließen, die Rechnung prüfen und die Dechargirung derselben auch seiner-

seits und damit abschließend vornehmen kann wonächst die Auslegung des Etats und der Jahresrechnung gemäß §. 31 Nr. 9 der K.-G.- u. S.-O. erfolgt.

Der Patron hat auf die Verwahrung oder Mitverwahrung des Kirchen- 2c. Vermögens einen rechtlichen Anspruch nicht, kann aber die Abstellung von Mißständen hierbei verlangen.

Beschaffung und Ergänzung der Patronats-Erklärungen.

43. Die Beschaffung der Patronats-Erklärungen ist überall auf dem kürzesten Wege zu verfolgen. Wo der Patron selbst, beziehentlich für eine juristische Person ein Patronats-Vertreter in den Gemeinde-Kirchenrath eingetreten ist und an der Verhandlung desselben Theil nimmt, kann zu einem Beschluß des Gemeinde-Kirchenraths die patronatische Zustimmung, wenn solche sofort erklärt wird, als Theil der Verhandlung protokollirt werden; es muß jedoch in diesem Fall der Patron resp. Patronats-Vertreter jedesmal das Sitzungs-Protokoll mit vollziehen.

Wenn der Patron sich nicht sogleich erklären will oder abwesend ist, so muß demselben ein den betreffenden Beschluß enthaltender beglaubigter Auszug aus dem Protokollbuch gegen Empfangsbescheinigung zugestellt und seine Erklärung erwartet werden.

Geht eine solche binnen 30 Tagen nicht ein, so gilt die Zustimmung des Patrons für ertheilt und ist, wenn es auf Beurkundung darüber ankommt, die Ergänzung der Unterschrift des Patrons bei der zuständigen Aufsichtsbehörde unter Vorlegung des betreffenden Beschlusses und der Empfangsbescheinigung des Patrons durch Vermittelung des Konsistoriums nachzusuchen.

Giebt dagegen der Patron innerhalb der dreißigtägigen Frist eine ablehnende Erklärung ab und kann die Differenz gütlich nicht beseitigt werden, so ist seitens des Gemeinde-Kirchenraths der Rekurs an die Aufsichtsbehörde zu ergreifen und Abschrift der Rekursschrift dem Konsistorium einzureichen.

Die Bestimmungen, betreffend die Ergänzung einer patronatischen Zustimmung, finden auch bezüglich der Rechnungsdecharge und Etatsgenehmigung Anwendung.

44. Bei Anwendung des §. 23 Abs. 3 der K.-G.- u. S.-O. ist die einschränkende Bestimmung in Art. 8 des Gesetzes vom 25. Mai 1874 zu beachten; nach letzterer kann, wenn es sich um Ausgaben aus der Kirchenkasse handelt, für welche diese bisher nicht bestimmt gewesen ist, und wenn zugleich der Patron für die Kirchenkasse im Falle ihrer Unzulänglichkeit ganz oder theilweise einzutreten hat, die Einwilligung des Patrons zu solcher Ausgabe im Aufsichtswege nicht ergänzt werden; es ist daher, sobald die beiden Voraussetzungen dieser Ausnahmebestimmung klar vorliegen, eine Rekurseinlegung zu unterlassen und hat der Gemeinde-Kirchenrath von der betreffenden Ausgabe, soweit dazu der patronatische Konsens fehlt, in Hinsicht der Kirchenkasse abzustehen.

II. In Bezug auf die Kreissynoden.

Zusammensetzung der Kreissynode.

45. Ueber die Zusammensetzung der Kreissynoden enthält §. 43 der Generalsynodal-Ordnung die maßgebenden Bestimmungen.

Geistliche sind nur dann befugt, an der Kreissynode mit beschließender Stimme Theil zu nehmen, wenn sie an einer mit verfassungsmäßigen Organen ausgestatteten Gemeinde angestellt sind und in Folge dessen aus der letzteren neben ihnen die entsprechende Zahl gewählter Mitglieder zur Synode abzuordnen ist. Unter dieser Voraussetzung haben auch Anstaltsgeistliche die Theilnahme mit beschließender Stimme. Andere Anstaltsgeistliche sind zur Theilnahme mit berathender Stimme befugt, wenn sie ein geistliches, der kirchlichen Organisation eingegliedertes Amt bekleiden, dagegen steht die Theilnahme denjenigen Geistlichen nicht zu, welche als Vereins- oder Privatbeamte im Dienste einer freien, der kirchlichen Aufsichtsbehörde nicht untergeordneten Anstalt stehen.

Wahl von Ersatzmännern.

46. Im Falle des Ausscheidens von gewählten Mitgliedern innerhalb der dreijährigen Wahlperiode sind für die Restzeit derselben Ersatzmänner zu wählen.

47. Ueber die Geschäftsbehandlung auf der Synode enthält §. 52 der K.-G.- u. S.-O. die wesentlichen Vorschriften. Entsprechend der Bestimmung unter Nr. 18 Abs. 3 sind bei Wahlhandlungen Diskussionen, insbesondere über die zu Wählenden, während der Sitzung unzulässig. Geschäftsbehandlung.

48. Zu den Funktionen der Kreissynode gehört auch die Prüfung des Kassen- und Rechnungswesens in den Gemeinden des Synodalbezirks. Ueber die Art der Ausführung dieser Funktion sind bisher die Erlasse vom 28. März 1878 (K. G.- u. V.-Bl. S. 67 folg.) und 21. Mai 1880 (K. G.- u. V.-Bl. S. 53 folg.) ergangen. Wirkungskreis.

49. Die Kreissynoden und deren Vorstände sind in den kirchlichen Verwaltungsorganismus eingegliedert und führen ihre Geschäfte unter der Aufsicht des Konsistoriums.

50. Die Bestimmung im §. 55 Nr. 10 der K.-G.- u. S.-O., wonach in bestimmten Fällen sämmtliche Mitglieder des Synodal-Vorstandes an den Beschlüssen Theil nehmen müssen, ist nicht so aufzufassen, daß der Vorstand für gewisse Geschäfte als handlungsunfähig erklärt sei, wenn etwa das eine oder andere Mitglied ausgeschieden ist und eine Ergänzungswahl noch nicht stattgefunden hat, oder nach dem Beschlusse des Vorstandes dasselbe unabweislich verhindert ist. Funktionen des Synodal-Vorstandes.

51. Die in Bezug auf die Rekursfrist in Disziplinarsachen zwischen den §§. 44 Abs. 2 und 55 Nr. 9 Abs. 2 der K.-G.- u. S.-O. bestehende Divergenz ist bis zu einer anderweitigen kirchengesetzlichen Regelung dahin zu lösen, daß zu Gunsten des Beschuldigten die im §. 55 vorgeschriebene längere Rekursfrist zugelassen wird.

52. Die Vorschrift im §. 40 Abs. 3 der K.-G.- u. S.-O., wonach der Kreissynodal-Vorstand auch von Amtswegen die Wahlen zu den Gemeinde-Körperschaften zu prüfen hat, stellt demselben nicht die Aufgabe, die sämmtlichen Wahlen seines Bezirks einer regelmäßigen Prüfung zu unterziehen, sondern bezweckt nur, dem Kreissynodal-Vorstand die freie Beurtheilung einer Wahl über den Umfang der einem Einspruch zu Grunde gelegten Anführungen und selbst über den Fall eines Einspruchs hinaus zu ermöglichen.

53. Der jedesmalige Kreissynodal-Vorstand bleibt bis zur Wahl des nachfolgenden in Wirksamkeit.

54. Die Vorschriften des §. 57 der K.-G.- u. S.-O. über das Zusammentreten mehrerer Synoden in den Städten, sowie über die Erweiterung des Wirkungskreises von Kreissynoden haben für Berlin durch Art. 8 des Staatsgesetzes vom 3. Juni 1876 und durch das Regulativ vom 8/13. Juni 1881 (K. G.- u. V.-Bl. S. 80 folg.) einen weiteren Ausbau erfahren. Vereinigung mehrerer Kreissynoden.

55. Die Kosten der Kreissynoden werden auf dem im §. 72 bezw. §. 53 Nr. 7 der K.-G.- u. S.-O. vorgeschriebenen Wege beschafft. Die Feststellung des Repartitionsfußes ist durch Erlaß v. 28. Juni 1881 (K. G.- u. V.-Bl. S. 49) dem Ermessen der einzelnen Kreissynode überwiesen. Doch ist zu beachten, daß durch Art. 3 des Staatsgesetzes v. 3. Juni 1876 gegen derartige Beschlüsse der Kreissynode den einzelnen Gemeinden eine Beschwerde an die Staatsbehörde eröffnet ist. Kosten.

III. In Bezug auf die Provinzialsynoden.

56. Die Vorsitzenden der Kreissynoden bezw. der aus vereinigten Kreissynoden gebildeten Wahlverbände (Königl. Verordnung vom 1. Juni 1874. Ges.-S. S. 213 folg. und vom 9. April 1877 — K. G.- und V.-Bl. S. 101) übersenden dem Konsistorium beglaubigte Abschrift des über die Wahlen zur Provinzialsynode aufgenommenen Protokolls. Auf dieser Abschrift beurkunden sie durch Marginal-Attest die Zahl der Mitglieder des Wahlkörpers, damit aus der Vergleichung dieser Zahl mit der aus dem Wahlprotokoll hervorgehenden Zahl der Wählenden entnommen werden kann, ob die erforderlichen zwei Drittel der Synodalen an der Wahlhandlung Theil genommen haben (§. 52 Abs. 3, 4 der K.-G.- u. S.-O.). Bildung der Provinzialsynode.

57. Das Konsistorium ersucht nach dem Eintritt jeder neuen Synodalperiode die evangelisch-theologische Fakultät der Provinzial-Universität (für Posen der Universität Breslau) die ihr nach §. 44 Nr. 2 G.-S.-O. zuständige Wahl vorzunehmen und von dem Ergebniß Mittheilung zu machen.

58. Nachdem das Konsistorium die zur Prüfung der Legitimationen etwa nöthigen Vervollständigungen veranlaßt hat, verbindet es die auf die Kreissynodal-Wahlen (Nr. 56) bezüglichen Schriftstücke zu einer Sammlung und stellt dieselbe dem Präses der Proinzialsynode so zeitig vor Eröffnung der letzteren zu, daß für die dem Synodalvorstande obliegende Prüfung der Legitimationen für die von ihm etwa begehrte Ergänzung des Materials, sowie für die Vorbereitung des von dem Präses an die Synode abzustattenden Berichts (K.-G.- u. S.-O. §. 68 Nr. 4, §. 69) eine möglichst geräumige Frist bleibt.

Legitimation der Mitglieder.

59. Die Prüfung der Legitimationen bezieht sich ihrem Gegenstande nach allein darauf, ob die Abordnung von den dazu Berechtigten in der gesetzlichen Form erfolgt ist, und ob bei den Abgeordneten diejenigen Eigenschaften zutreffen, an welche das Gesetz ihre Fähigkeit zum Eintrit in die Synode geknüpft hat.

In letzterer Beziehung kommt es bei den von den Kreissynoden oder Kreissynodal-Verbänden auf Grund des §. 45 der Generalsynodal-Ordnung gewählten Abgeordneten lediglich darauf an, ob die im §. 46 daselbst Nr. 1 und 2 angegebenen thatsächlichen Voraussetzungen der Wählbarkeit vorhanden sind, im Falle des §. 46 Nr. 3 aber darauf, ob der Gewählte dem Provinzialbezirke angehört.

Hiermit ist die Ausdehnung der Legitimationsprüfung auf ein Urtheil über die Qualifikation des Gewählten zu dem kirchlichen Amte oder Dienste ausgeschlossen, kraft dessen er nach dem Gesetze die Wählbarkeit besitzt, und eben so wenig darf sie sich auf die Frage einlassen, ob bei dem Gewählten ein Merkmal zutreffe, welches in dem Gesetze überhaupt nicht als Bedingung seiner Wählbarkeit aufgestellt ist, sondern nur eine Weisung für die Wähler behufs ihrer Anleitung zu einem richtigen Gebrauche ihrer Wahlfreiheit bildet. Lediglich eine solche Anleitung ist es selbstredend, wenn im Falle des §. 46 die dort bezeichneten Kreissynoden angewiesen werden, ihre Wahl „aus den angesehenen, kirchlich erfahrenen und verdienten Männern" der Provinz zu treffen.

Die Legitimation des von der evangelisch-theologischen Fakultät gewählten Mitgliedes wird durch die über die Wahl ergangene Mittheilung der Fakultät an das Konsistorium, die Legitimation der landesherrlich ernannten Mitglieder durch amtliche Mittheilung des Evangelischen Ober-Kirchenraths geführt.

Berufung.

60. Die Berufung der Provinzialsynode erfolgt mittelst öffentlicher Bekanntmachung durch das Konsistorium, nachdem dasselbe vorher den Anfangstermin, den Ort und die Dauer der Versammlung mit dem Synodalvorstande vereinbart hat (§. 64 der K.-G.- u. S.-O.).

Die einzelnen Mitglieder der Synode werden vom Präses zum Erscheinen eingeladen.

Theilnahme des Vorstandes an den Konsistorialgeschäften.

61. Anlangend die im §. 68 Nr. 6 verordnete Theilnahme des Synodalvorstandes an den Konsistorialgeschäften, wird das Konsistorium bei wichtigen Angelegenheiten, auch wenn sie nicht zu den der Mitwirkung des Synodalvorstandes gesetzlich zugewiesenen gehören, die Geeignetheit derselben zur Theilnahme des Synodalvorstandes an ihrer Erledigung in Erwägung nehmen und darüber beschließen. Behufs thunlichster Sparsamkeit mit Zeit und Kosten ist darauf Bedacht zu nehmen, daß die Geschäfte, bei denen der Synodalvorstand mitwirkt, soweit möglich in periodisch nach längeren Zwischenräumen wiederkehrenden Sitzungen verbunden behandelt werden. Die Einladung seiner Mitglieder zu den Sitzungen erfolgt durch den Vorsitzenden des Konsistoriums. Bestellt dieser Korreferenten aus dem Synodalvorstande, so sind denselben die betreffenden Akten zeitig mitzuteilen.

Außerordentliche Versammlung.

62. Bei der Bezeichnung der an die Eröffnung der Synode sich anschließenden Geschäfte im §. 69 Abs. 1 der K.-G.- u. S.-O. hat das Gesetz nur die ordentlichen Versammlungen im Auge. Bei außerordentlicher Versammlung beschränkt sich die Abnahme des Gelöbnisses, sowie die Berichtserstattung und Beschlußfassung über die Legitimation, auf diejenigen

Mitglieder, welche nicht bereits in einer früheren Versammlung derselben Synodalperiode (§. 64) verpflichtet beziehungsweise als legitimirt anerkannt worden sind; die Neuwahl des Synodalvorstandes fällt aus (§. 66 Abs. 1), und die Berichtserstattung über die Wirksamkeit des bisherigen Synodalvorstandes kann unterbleiben.

63. Der Königliche Kommissar, von dessen Ernennung die Synode durch das Konsistorium in Kenntniß gesetzt wird, übt die kirchenregimentlichen Befugnisse bei der Synode aus. Er wohnt den Sitzungen der Synode bei mit dem Rechte, jederzeit das Wort zu ergreifen und Anträge zu stellen (§. 60 Abs. 2), vermittelt den Verkehr zwischen Kirchenregiment und Synode, wirkt, soweit nöthig, bei dem Synodalpräses dahin, daß die von der Kirchenregierung gemachten Vorlagen vorzugsweise erledigt werden, übt das Zustimmungsrecht zu einer Verlängerung der Dauer der Synodalversammlung nach §. 64 Abs. 2 aus, vollzieht die besonderen in Angelegenheiten der Synode ihm ertheilten Aufträge des Evangelischen Ober-Kirchenraths, und ist berechtigt, die Schließung der Synode herbeizuführen, indem er den Präses zur Vornahme des Schließungsakts veranlaßt. Funktionen des Königlichen Kommissars.

64. Ueber den Wirkungskreis der Provinzialsynode enthält §. 65 der K.-G.- u. S.-O. die maßgebenden Bestimmungen. Ausführung der Synodalbeschlüsse.

Bei den zur Ausführung der Synodalbeschlüsse nach §. 68 Nr. 3 daselbst dem Provinzialsynodalvorstande übertragenen Maßnahmen hat derselbe, insoweit es sich dabei um den amtlichen Verkehr mit nicht kirchlichen Behörden oder mit kirchlichen Organen außerhalb der Provinz handelt, sich der kirchenordnungsmäßigen Vermittelung des Konsistoriums zu bedienen.

65. Die für die Provinzialsynoden bestimmte dreijährige Synodalperiode (§. 44 Abs. 2 G.-S.-O.) hat mit dem Jahre 1875 begonnen. Synodalperiode.

66. Für die Beschaffung der Kosten der Provinzialsynode ist §. 72 der K.-G.- u. S.-O. maßgebend. Die aufzustellende Matrikel bedarf nach Art. 11 des Gesetzes vom 3. Juni 1876 in Verbindung mit Art. II Nr. 1 der Verordnung vom 9. September 1876 der Bestätigung durch den Ober-Präsidenten. Kosten.

Die Bestimmungen der Instruktionen vom 31. Oktober 1873, 20. Juni und 23. Dezember 1874, sowie des Erlasses vom 6. Dezember 1873, betreffend Erleichterungen des Wahlakts in größeren Gemeinden (Aktenstücke Bd. 7 S. 280—282), treten mit dem Tage der Verkündigung dieser Instruktion außer Anwendung.

Berlin den 25. Jan. 1882.

Evangelischer Oberkirchenrath.

E. O. 255. **Dr. Hermes.**

Anlage 1.

1) Der christlichen Gemeinde ist bekannt zu machen, daß im Herbst dieses Jahres die Neuwahlen zum Gemeinde-Kirchenrath und zur Gemeindevertretung stattfinden werden.

Die Wählerliste wird mit dem . . . . geschlossen; es werden daher alle diejenigen selbständigen, über 24 Jahr alten Gemeindeglieder, welche wenigstens 1 Jahr in der Parochie (oder doch hier am Ort*) wohnhaft sind, und sich noch nicht in die Wählerliste haben eintragen lassen, aufgefordert, sich bis zu dem bezeichneten Tage zur Eintragung

---

*) Zusatz an Orten, wo mehrere Gemeinden bestehen.

persönlich anzumelden. Später erfolgende Anmeldungen können für die bevorstehenden Wahlen ein Stimmrecht nicht mehr gewähren.

Anmeldungen werden entgegengenommen von (Name und Ort) in den Stunden von ..... bis .....

2) Zugleich wird der Gemeinde angezeigt, daß die für die bevorstehenden Wahlen festgestellte Wählerliste 14 Tage lang, nämlich vom ..... bis ..... in (Ort) öffentlich zur Einsicht ausliegen wird (ausliegt). Etwaige Reklamationen gegen die Liste können nur während der vierzehntägigen Auslegungsfrist angebracht werden, sind also später nicht mehr zulässig.*)

Indem Vorstehendes der Gemeinde bekannt gemacht wird, werden alle berechtigten Gemeindeglieder zur regen Betheiligung an der Wahl eingeladen. Der Herr der Kirche aber bekenne sich dazu mit Seinem Segen. Amen.

---

*) Nach erfolgtem Abschluß der Wählerliste ist nur noch mit der Abkündigung zu 2 bis zum Ablauf der Auslegungsfrist fortzufahren.

Anlage 2.

Wählerliste

der Gemeinde

Laufende Nr.	Zuname.	Vorname.	Alter, Jahre.	Stand oder Gewerbe.	Wohnung.	Vermerk der erfolgten Stimmabgabe				Bemerkungen.
						für die Aeltesten.		für die Gemeinde-Vertreter.		
						Ordentliche Wahl.	Engere Wahl.	Ordentliche Wahl.	Engere Wahl.	
1.										
2.										

4. **Instruktion zu dem Kirchengesetz vom 30. Juli 1880, betr. die Verletzung kirchlicher Pflichten in Bezug auf Taufe, Konfirmation und Trauung Vom 23. August 1880.** (Kirchl. Ges. u. V.Bl. 1880 S. 119.)

Seit die staatliche Nöthigung zur äußeren Erfüllung der bei der Eheschließung und Kindererziehung den Kirchengliedern obliegenden religiösen Pflichten weggefallen, ist die Kirche innerhalb der für die Anwendung kirchlicher Zuchtmittel durch das Staatsgesetz*) gezogenen Grenzen darauf angewiesen, mit eigenen Mitteln die christliche Ordnung des Familienlebens zu schützen und insbesondere die Ausübung kirchlicher Rechte in den Gemeinden an die Erfüllung der einfachsten kirchlichen Pflichten zu binden, wie dies in §. 34, Abs. 5, Nr. 4 der Kirchengemeinde- und Synodal-Ordnung ausdrücklich vorgesehen ist.

Die Uebung der Disziplin innerhalb der Gemeinden ist durch die Kirchengemeinde- und Synodal-Ordnung (§§. 14. 53. 55) den Gemeinde-Kirchenräthen und in der Berufungs-Instanz den Kreissynoden, bezw. deren Vorständen anvertraut, in wesentlicher Uebereinstimmung mit der für die westlichen Provinzen schon länger bestehenden Ordnung (§§. 14. 120. der Rhein. Westf. Kirchen-Ordn.); es fehlte aber bisher an einer Feststellung gleichmäßiger Grundsätze für die Handhabung derselben. Die nach Einführung der Civilstandsgesetzgebung zahlreich hervorgetretenen Unterlassungen der Taufe und Trauung, welche an einigen Orten bereits den christlichen Karakter unseres Volkes in dem Fundament des Familienlebens ernstlich bedrohen, haben es nothwendig gemacht, die den Gemeinde-Kirchenräthen ertheilten Vollmachten zur Uebung kirchlicher Zucht, durch die Zuweisung geeigneter Zuchtmittel zu ergänzen und ihre Aufgabe, christliche Gesinnung und Sitte in der Gemeinde sowohl durch eigenes Vorbild, als auch durch besonnene Anwendung aller dazu geeigneten und statthaften Mittel aufrecht zu erhalten und zu fördern, bei Verletzung kirchlicher Pflichten in Bezug auf Taufe, Konfirmation und Trauung durch ein besonderes Kirchengesetz in feste und verbindliche Regeln zu fassen.

Mit der Anwendung der in dem Gesetz vom 30. Juli d. J. enthaltenen Vorschriften ist allerdings die Obliegenheit gemeindlicher Kirchenzucht keineswegs erschöpft, wie denn §. 17 des Gesetzes ausdrücklich bestimmt, daß die nach dem Staatsgesetz vom 13. Mai 1873 zulässigen, kirchenordnungsmäßig festgestellten oder in einzelnen Landestheilen observanzmäßig bestehenden anderweitigen Uebungen der Kirchenzucht, auch in ihrer Anwendung auf die in den §§. 4 bis 7 genannten kirchlichen Pflichtversäumnisse, durch dies Gesetz nicht berührt werden. Vielmehr steht zu erwarten, wenn die Gemeinde-Kirchenräthe gegenüber den äußerlich leichter erkennbaren und meßbaren Pflichtverletzungen die vielfach ganz außer Uebung gekommene Kirchenzucht nach sicheren Grundsätzen wieder handhaben lernen, daß das Bewußtsein von den überhaupt zur Wahrung christlicher Sitte und zur Abwehr von Aergernissen in den Gemeinden ihnen anvertrauten Obliegenheiten gekräftigt werden wird. Sonst würde gerade aus dem auf die Verletzung besonderer kirchlicher Pflichten eingeschränkten Gesetz die nicht gering zu achtende Gefahr erwachsen, daß die Kirche auf die äußerliche Thatsache der Unterlassung kirchlicher Handlungen oder der Nichtbeachtung einzelner kirchlicher Vorschriften mit empfindlichen Zuchtmitteln antwortet, während bei möglicherweise schwerer wiegenden Aergernissen, wie Gotteslästerung, Meineid, Ehebruch oder schändlichen Lastern der Vollbesitz der kirchlichen Gemeinderechte unbeanstandet bliebe.

Die Gemeinde-Kirchenräthe werden sich bei Anwendung des Gesetzes stets gegenwärtig zu halten haben, daß evangelische Kirchenzucht, wenngleich sie auf den Schutz christlicher Ordnung und die Ausscheidung von Aergernissen in den Gemeinden zielt, immer eine Uebung barmherziger und heiliger Liebe im Dienste dessen sein muß, welcher der Heiland der Welt ist und die Verlorenen retten, die Irrenden zurechtführen, die Schwachen stärken, die Kranken heilen will, daß auch die ausschließende Kirchenzucht nie den Karakter heilender Seelsorge verlieren darf und auch in der Art ihres Verfahrens als solche sich an den Gewissen zu bewähren hat.

Der HErr hat seinen Jüngern Matth. 18, 15—17 angezeigt, in welcher Weise die brüderliche Zucht unter Christen zu üben ist, und die apostolischen Vorbilder, insbesondere das Verfahren des Apostel Paulus I. Cor. 5, II. Cor. 5, II. Thess. 3, stellen vor Augen, wie unter den damaligen Gemeindeverhältnissen die Weisungen des HErrn befolgt worden sind. Ob das für unsere Landeskirche angeordnete Gesetz „Zorn anrichten" oder zur Erbauung der Gemeinden und

*) Vergleiche Gesetz vom 13. Mai 1873 — G.S. S. 205.

zur Reinigung des Heiligthums dienen wird, das hängt von dem Geiste weiser, treuer und reiner Liebe ab, in welchem sein Buchstabe zur Anwendung gelangt.

Indem wir das Haupt der Kirche bitten, alle an der Uebung christlicher Gemeindezucht betheiligten Organe für das neue und schwierige Werk mit Licht und Kraft Seines heiligen Geistes auszustatten, erlassen wir in Verbindung mit dem Generalsynodal-Vorstand hinsichtlich der Ausübung der in dem Gesetze enthaltenen Bestimmungen im Einzelnen nachfolgende Vorschriften und Erläuterungen.

Vorgängige Maßregeln (§§. 1 u. 2).

1. Bevor die Gemeinde-Kirchenräthe in der Lage sind, eine geflissentliche Verletzung der kirchlichen Pflicht anzunehmen und wider dieselbe auf disziplinarischem Wege vorzugehen, ist es erforderlich, einerseits sorgfältig und schonend die thatsächliche Pflichtversäumniß, sowie die Absicht, bei derselben zu beharren, festzustellen, andererseits durch seelsorgerische Einwirkung und Beseitigung äußerer Hindernisse dem drohenden Aergerniß auf gütlichem Wege thunlichst vorzubeugen.

Feststellung der Thatsachen.

2. Was die Feststellung der thatsächlichen Pflichtversäumniß betrifft, so sind dabei in Betracht zu ziehen:

1) der Termin, von welchem an die Unterlassung einer pflichtmäßigen Handlung oder die Vornahme einer pflichtwidrigen Handlung auf Grund des Gesetzes angenommen werden kann und daher disziplinare Maßnahmen in Aussicht zu nehmen sind,
2) die Personen, welche für die Pflichtversäumniß als verantwortlich angesehen werden müssen,
3) die Veranlassungen aus örtlichen, häuslichen oder persönlichen Verhältnissen, welche bei der Beurtheilung des Grades der Pflichtverletzung von Bedeutung sein können.

Alle in dieser Hinsicht nothwendig werdenden Ermittelungen haben eben so sorgfältig als vorsichtig, unter Schonung der Ehre und im Geiste christlicher Liebe zu erfolgen.

3. Die kirchliche Ordnung, nach welcher die Kinder innerhalb der ersten 6 Wochen zu taufen sind, ist durch den Wegfall staatlichen Zwanges nicht berührt worden. Auf die Aufrechterhaltung derselben ist möglichst hinzuwirken. Doch ist den besonderen Verhältnissen größerer Städte, der Diaspora-Gemeinden, erschwertem Verkehr in ungünstiger Jahreszeit, so wie hemmenden häuslichen Verhältnissen Rechnung zu tragen, wenn nicht der fortgesetzte Aufschub als Vorwand für die Versäumung angesehen werden muß. So lange nicht anderweite bestimmte Kundgebungen die Absicht offenbaren, ein Kind der Taufe zu entziehen, sind vor Ablauf der 6 Wochen Maßnahmen Seitens des Gemeinde-Kirchenraths nicht angezeigt.

Da der Konfirmation nothwendig ein längerer Unterricht vorausgeht und dieser nach Entlassung aus der Schulpflicht nicht mehr sicher erreicht werden kann, so muß darauf gehalten werden, daß die Anmeldung zum Konfirmations-Unterricht dem entsprechend rechtzeitig erfolgt. Bei Schülern höherer Lehranstalten, für welche die Zeit der Konfirmation vielfach nicht mit dem Abgang aus der Schule zusammenfällt, wird das 16. Lebensjahr als die Zeit anzusehen sein, in der ohne besondere Gründe das Kind dem vorbereitenden Unterricht nicht länger entzogen werden darf.

Die Unterlassung der Anmeldung zur Trauung ist zu beachten, sobald das vor der Eheschließung angeordnete bürgerliche Aufgebot bekannt geworden ist. Wenn auch disziplinarische Maßnahmen erst nach erfolgter Eheschließung eintreten können, so ist doch möglichst vor derselben die Absicht, auf die Trauung zu verzichten, festzustellen, um der rechtzeitigen seelsorgerischen Einwirkung Raum zu lassen.

Das Gleiche gilt von dem Eingehen einer Ehe, welcher die Trauung aus kirchlichen Gründen versagt werden muß.

Die Ueberlassung der Kinder zur Erziehung in einer nicht evangelischen Religionsgesellschaft vollzieht sich entweder schon durch der Eheschließung vorausgehende Versprechungen, oder bei der Taufe der Kinder, oder bei dem religiösen Unterricht derselben. Wenn die eine oder andere Form zur Kenntniß des Gemeinde-Kirchenraths oder eines Mitgliedes desselben gelangt, ist das Thatsächliche zuverlässig festzustellen.

4. Als verantwortlich für Verabsäumung der Taufe oder Konfirmation, so wie für Ueberlassung der Kinder an eine andere Konfession (§. 6) können nur diejenigen angesehen werden, welche über die religiöse Erziehung der Kinder zu entscheiden haben, oder welchen thatsächlich die Verfügung über die Erziehung von zuständiger Seite überlassen ist. Die Mutter ist bei Lebzeiten des Vaters nur mit verantwortlich zu machen, wenn bestimmte Kundgebungen vorliegen, daß sie wissentlich und willentlich an der Versäumniß betheiligt ist. Auch darf Ehefrauen nicht zugemuthet werden, daß sie wider den Willen oder ohne Vorwissen des Gatten die Taufe oder Konfirmation des Kindes nachsuchen. Bei unterlassener Trauung, so wie bei Eingehung einer kirchlich unzulässigen Ehe sind beide Theile als verantwortlich anzusehen, da die Ehe nur unter beiderseitiger Einwilligung zu Stande kommen kann. Bei der Beurtheilung des Maßes der Verantwortlichkeit wird allerdings die Abhängigkeit der Frau vom Manne zu berücksichtigen sein.

5. Bezüglich der Veranlassungen, welche die Pflichtversäumniß herbeiführen, ist festzustellen, in wieweit die aus Armuth stammende Scheu vor den zu entrichtenden Gebühren oder vor sonstigen Unkosten, in wieweit Krankheit der Betheiligten bezw. Abwesenheit des Familienhauptes, weite Entfernung der Wohnung vom Pfarrorte, Rücksicht auf Schwächlichkeit oder auf den geistigen Zustand eines dem Alter nach für die Konfirmation reifen Kindes die Ursache der Unterlassung sind. Bei Unterlassung der Trauung ist festzustellen, ob, abgesehen von äußeren Rücksichten, die Besorgniß, die Trauung einer nicht zweifellos zulässigen Ehe werde von der Kirche versagt werden, oder die Verachtung des Segens der Trauung selbst der Beweggrund ist.

6. Es liegt den Gemeinde-Kirchenräthen für die Art und Weise, wie alle diese Ermittelungen einerseits rechtzeitig, vollständig und ohne Ansehen der Person, andererseits schonend und zart herbeizuführen sind, eine große Verantwortung auf, es wird allenthalben einer weisen Berücksichtigung der örtlichen und persönlichen Verhältnisse bedürfen, insbesondere aber eine rasche und nachdrückliche Initiative da angezeigt sein, wo in einem leicht übersehbaren und enger verbundenen Gemeindekreise die Gefahr des Aergernisses auch nur durch einen vereinzelten Fall am größten ist.

Tritt die Pflichtverletzung in einer Parochie ein, welcher der für dieselbe Verantwortliche nicht angehört, so hat der Gemeinde-Kirchenrath, zu dessen Kenntniß dieselbe gelangt, dem zuständigen Gemeinde-Kirchenrath (vgl. Nr. 11) davon Mittheilung zu machen.

Seelsorgerische Einwirkung.

7. Hand in Hand mit der Feststellung der Thatsachen wird in den meisten Fällen die seelsorgerische Einwirkung beginnen. Zunächst ist der seelsorgerische Zuspruch die persönliche und selbständige Amtspflicht des Geistlichen, und seine Aufgabe ist es vornehmlich, in vertraulichem Verkehr dem Aergerniß für die Gemeinde wachsam vorzubeugen. Damit ist aber die Pflicht der Aeltesten, durch freundliche und ernste Mahnung die Thätigkeit des Geistlichen zu unterstützen, nicht gemindert. In welcher Weise dies zu geschehen hat, entzieht sich allgemeiner Regelung. Namentlich auch, ob bei einer vom Gemeinde-Kirchenrath ausgehenden vertraulichen Mahnung zuerst der Geistliche und dann Aelteste, oder umgekehrt, als die geeignetesten Organe anzusehen sind, das kann nur nach den örtlichen Zuständen und den Verhältnissen des einzelnen Falles entschieden werden. An Orten, an welchen die betreffenden Pflichtverletzungen häufiger eintreten, erscheint die Vereinbarung eines bestimmten zweckmäßigen Verfahrens erwünscht.

8. Nach vorausgegangener erfolgloser persönlicher Einwirkung ist eine mündliche Vernehmung vor versammeltem Kollegium des Gemeinde-Kirchenraths nicht ausgeschlossen.

9. Die zuvorkommende und schonende Beseitigung solcher äußerer Hindernisse, welche die Erfüllung der kirchlichen Pflicht erschweren können, ist um so nothwendiger, als die in großer Zahl eingetretenen Unterlassungen von Taufe und Trauung ganz überwiegend die unbemittelten Klassen betreffen, welchen die Kirche von jeher vorzugsweise die Theilnahme barmherziger Liebe

zugewandt hat. Außer dem Erlaß der Gebühren unter Schadloshaltung der Berechtigten ist besonders zur Herbeiführung von nachträglicher Vollziehung versäumter Handlungen Schonung des Ehrgefühls, Vornahme der Handlung im Hause oder in der Stille in Betracht zu ziehen. Nur ist bei solchem Entgegenkommen in Ausnahmefällen die Wahrung der ortsüblichen kirchlichen Sitte gegenüber eigenwilligen Zumuthungen nicht außer Acht zu lassen.

10. Die §. 2 für alle Unterlassungen vor der Beschlußfassung über disziplinare Maßnahmen vorgeschriebene schriftliche Aufforderung kann erst ergehen, wenn fortgesetzter seelsorgerischer Zuspruch sich als erfolglos erwiesen hat und somit die Absicht, sich der kirchlichen Pflicht zu entziehen, angenommen werden muß. Dieselbe ist außer von dem vorsitzenden Geistlichen von zwei Aeltesten zu unterzeichnen, und ihre Fassung hat dem im Protokoll verzeichneten Beschluß zu entsprechen, weshalb bei der protokollarischen Aufzeichnung eines jeden disziplinaren Beschlusses besondere Sorgfalt anzuwenden sein wird. Die Dauer der in der Aufforderung zu setzenden Frist ist dem Ermessen des Gemeinde-Kirchenraths überlassen. Die Hinweisung auf die Folgen der Unterlassung hat sich auf die nach §§. 4—7 zur Zuständigkeit des Gemeinde-Kirchenraths gehörigen disziplinaren Maßnahmen zu beschränken. Auch ein nach §. 3 gefaßter Beschluß, sofern er auf Entziehung kirchlicher Rechte lautet, wird am geeignetsten auf schriftlichem Wege dem Betroffenen mitgetheilt.

Zuständige Organe.

11. Die für solchen Beschluß verfassungsmäßig zuständigen Organe sind der Gemeinde-Kirchenrath (§. 14 der Kirchengem.- u. Syn.-Ordn.) bezw. das Presbyterium (§§. 14. 120 der Rh.-W. Kirchen-Ordn.) und bei eingelegter Berufung die Kreissynode oder ihr Vorstand (§§. 53. 55 der Kirchengem.- u. Syn.-Ordn.), bezw. das Moderamen der Kreissynode (§. 120 der Rh.-W. Kirchen-Ordn.). Disziplinare Entscheidungen gehören nicht zu den Gemeinde-Angelegenheiten, welche nach §. 33 der Kirchengem.- u. Synod.-Ordn. an die Gemeindevertretung zur Berathung und Beschlußfassung gebracht werden können. Die Entziehung kirchlicher Rechte kann nur von dem Gemeinde-Kirchenrath derjenigen Parochie beschlossen werden, welcher die Betreffenden angehören, also z. B. bei Eingehung einer kirchlich unzulässigen Ehe von dem Gemeinde-Kirchenrath des ersten ehelichen Wohnsitzes (vgl. Nr. 6 Abs. 2).

Disziplinare Maßregeln (§§. 4—8).

12. Besteht die Verletzung der kirchlichen Pflicht in der beharrlichen Verweigerung der Taufe, so ist der Schuldige, nach Ablauf der in der Aufforderung gesetzten Frist, mit sämmtlichen in §. 4 Abs. 1 vorgeschriebenen Maßnahmen gleichzeitig zu belasten.

13. Derartige Beschlußfassungen des Gemeinde-Kirchenraths, so wie die denselben vorausgehenden Maßnahmen haben sich nach Absatz 3 des §. 4 auf die Ausschließung vom heiligen Abendmahl nicht zu erstrecken; das in dieser Hinsicht Erforderliche ist unter Nr. 20. 21 vorgeschrieben.

14. Bei den §§. 5—7 vorgesehenen Fällen tritt für den Schuldigen unter allen Umständen die Entziehung der Wählbarkeit für ein kirchliches Amt ein und in den Fällen der §§. 5 und 6 auch der Verlust der Fähigkeit, ein kirchliches Amt zu bekleiden. Im Uebrigen kommt es auf die sittliche Beurtheilung des einzelnen Falles an.

Die Entscheidung, ob ein Fall von Verschmähung der Konfirmation oder der Trauung für eine mildere Beurtheilung geeignet ist, sowie ob die Ueberlassung sämmtlicher Kinder zur religiösen Erziehung in einer nicht evangelischen Religionsgemeinschaft, oder die Schließung einer Ehe, der die Trauung aus kirchlichen Gründen nach Maßgabe der Vorschriften der Trauungs-Ordnung versagt werden muß, hinsichtlich der besonderen Umstände als ein schwerer Fall anzusehen ist, muß dem gewissenhaften Ermessen des Gemeinde-Kirchenrathes unter Würdigung sowohl der örtlichen als der persönlichen Verhältnisse überlassen bleiben.

Bei Unterlassung der Trauung ist zu prüfen, ob die Bestimmungen des §. 5 oder des §. 7 zur Anwendung kommen, je nachdem die Trauung nicht begehrt wird, weil sie wegen kirchlicher Unzulässigkeit der Eheschließung nicht gewährt werden kann, oder weil der Segen der Trauung in Verachtung der kirchlichen Ordnung überhaupt verschmäht wird.

15. Eine von dem zuständigen Gemeinde-Kirchenrath oder Synodal-Vorstand auf Grund dieses Gesetzes beschlossene Entziehung kirchlicher Rechte ist auch für andere Gemeinden der Landeskirche wirksam, mag der Betroffene in derselben Gemeinde bleiben oder seinen Wohnsitz verändern.

16. Tritt während des seelsorgerischen Verfahrens, bevor die §. 3 vorgesehene Beschlußfassung erfolgt ist, durch Todesfall oder andere zwingende Umstände die Unmöglichkeit ein, die versäumte kirchliche Pflicht nachträglich zu erfüllen, so ist das Disziplinar-Verfahren einzustellen.

17. Auf die Eingehung einer kirchlich unzulässigen Ehe findet die Bestimmung des §. 8 der Natur der Sache nach keine Anwendung.

Wiederbeilegung entzogener kirchlicher Rechte (§§. 9—11).

18. Die nachträgliche Erfüllung der verabsäumten kirchlichen Pflicht setzt nicht von selbst wieder in den Besitz entzogener kirchlicher Rechte. Es bedarf dazu außerdem des Antrages des Betroffenen und des Beschlusses des Gemeinde-Kirchenraths (§. 11).

19. Nachträgliche Erfüllung der verletzten kirchlichen Pflicht ist entweder der Natur der Sache nach unmöglich, wie z. B. nach dem Eingehen einer kirchlich unzulässigen Ehe, oder die Unmöglichkeit entsteht aus später eintretenden Thatsachen, wie aus dem Tode ungetauft gebliebener Kinder, dem Entwachsen ungetaufter oder unkonfirmirter Kinder aus der elterlichen Gewalt oder dem Tode des Gatten in ungetraut gebliebener Ehe.

Ob die in solchen Fällen erforderlichen nachhaltigen Beweise kirchlichen Wohlverhaltens vorhanden sind, unterliegt der gewissenhaften Beurtheilung des Gemeinde-Kirchenraths unter Berücksichtigung der besonderen Umstände. Die Wiederbeilegung kann auf Antrag des Betroffenen oder aus eigener Bewegung des Gemeinde-Kirchenraths erfolgen. Wird der Antrag abgelehnt, so muß dem Antragsteller ein schriftlicher Bescheid ertheilt werden, weil die Berufung an den Vorstand der Kreissynode zulässig ist. Wenn es sich um die Wiederzulassung zu der Pathenschaft handelt, so ist auch gegenüber einem zustimmenden Beschluß des Gemeinde-Kirchenraths dem Geistlichen der Rekurs an den Synodal-Vorstand vorbehalten.

Zurückweisung vom heiligen Abendmahl (§. 12).

20. Besondere Sorgfalt und Weisheit erfordert das Verfahren bei Zurückweisung vom heiligen Abendmahle aus Anlaß der im Gesetz vorgesehenen Pflichtverletzungen, um gleicherweise der Schonung der Gewissen und seelsorgerischen Rücksicht, wie dem Erforderniß kirchlicher Zuchtübung Rechnung zu tragen.

Zunächst wird im §. 12 von den nach Vorschrift dieses Gesetzes (§§. 4 bis 7) zulässigen Maßregeln der Kirchenzucht die Zurückweisung vom heiligen Abendmahl bestimmt unterschieden, weil dabei die Würdigung des Herzenszustandes des das Abendmahl Begehrenden darüber entscheidet, ob derselbe als unfähig angesehen werden muß, die Gnadengabe im Segen und ohne Aergerniß der Gemeinde zu empfangen. Die Zurückweisung bedeutet nicht Auferlegung einer Strafe, sondern im evangelischen Sinn Anwendung eines Schutzmittels, wie für die Heilighaltung des Sakraments, so für die Gemeinde und den Betroffenen. Es darf nie außer Acht gelassen werden, daß die Ausschließung von der Gemeinschaft des Leibes und Blutes Christi, des Heilandes der Sünder, und von der Spendung der den Bußfertigen zum Trost bestimmten Gabe von der Kirche nicht lediglich auf Grund thatsächlicher Unterlassungen, sondern immer auf Grund gleichzeitiger Würdigung des Herzenszustandes aufzuerlegen ist. Wenn das Gesetz anweist, daß bei beharrlicher Verabsäumung der Taufe die Unfähigkeit, die Gnadengabe im Segen und ohne Aergerniß der Gemeinde zu empfangen, anzunehmen ist, wird damit der seelsorgerischen Behandlung eine Vorschrift gegeben.

21. In derselben Erwägung ist für die östlichen Provinzen auch bei den hier in Betracht kommenden Pflichtverletzungen die Bestimmung des §. 14 der Kirchengemeinde- und

Synodal-Ordnung festgehalten worden, nach welcher der Pfarrer in Verwaltung der Sakramente vom Gemeinde-Kirchenrath unabhängig bleibt und daher die Fernhaltung Unwürdiger vom heiligen Abendmahl vorerst eine Aufgabe der sorgfältig prüfenden und in vertrautem Gespräch mahnenden und warnenden Seelsorge ist. Erst wenn der abmahnenden Zurückhaltung des Geistlichen nicht Folge gegeben wird, ist von demselben der Antrag auf Zurückweisung dem Gemeinde-Kirchenrath und event. dem Vorstand der Kreissynode vorzulegen. Hiernach bleibt die Zurückweisung vom heiligen Abendmahl, bei welcher dem Gemeinde-Kirchenrath keine Initiative zusteht, von den Bestimmungen der §§. 2, 3, 9, 10, 11 über Entziehung und Wiederbeilegung kirchlicher Rechte unberührt. Einerseits findet eine allgemeine, bis auf Weiteres wirksam bleibende Ausschließung vom heiligen Abendmahl oder eine Ankündigung derselben Seitens des Gemeinde-Kirchenraths nicht statt und ist eine vorbeugende Mittheilung, daß die Zulassung nicht möglich sei, vorerst dem Ermessen des Seelsorgers zu überlassen. Andererseits muß es dem letzteren auch zustehen, wenn er die Ueberzeugung von einem bußfertigen Herzenszustand eines früher Zurückgehaltenen gewonnen hat, denselben nach seelsorgerischem Ermessen wieder zum Sakrament zuzulassen. Wenn die Zurückweisung durch Beschluß des Gemeinde-Kirchenraths ausgesprochen worden ist, so wird der Geistliche verpflichtet sein, sich bei der Wiederzulassung nach Lage der Umstände mit dem Gemeinde-Kirchenrath zu verständigen.

Für die westlichen Provinzen bleibt es bei der auf Grund der Kirchenordnung bestehenden Uebung.

Anderweite Folgen der betreffenden Pflichtverletzungen (§§. 13—15).

22. Sämmtliche in dem Gesetz in Frage kommenden Rechte haben die Zugehörigkeit zu der christlichen Kirche zur Voraussetzung, können also ungetauft Gebliebenen nicht zugestanden werden, bis sie durch die Taufe die Aufnahme in die christliche Kirche erlangt haben. Dabei ist es aber aus Rücksichten der das Verlorene suchenden Liebe nicht verwehrt, auch ungetaufte Kinder, für welche die religiöse Unterweisung begehrt wird, zum kirchlichen Unterricht zuzulassen in der Hoffnung, sie auf diesem Wege für die Kirche zu gewinnen.

23. Kirchenglieder, welche von der Entziehung kirchlicher Rechte betroffen sind, werden damit der Verpflichtung zum Tragen der kirchlichen Lasten nicht enthoben.

Zulässigkeit von Beschwerden.

24. Entscheidungen des Gemeinde-Kirchenraths über die Entziehung kirchlicher Rechte in den durch das Gesetz gezogenen Grenzen kommen, falls der Betroffene sich nicht bei denselben beruhigt, durch die Entscheidung der Kreissynode, bezw. ihres Vorstandes zum Abschluß. Eine Berufung an die Kirchenbehörde zu erneuter Prüfung und Entscheidung findet nicht statt.

Mit dem Abschluß disziplinarer Entscheidungen in der Instanz der Kreissynode sind aber Beschwerden an die Kirchenbehörden nicht ausgeschlossen, wenn Entscheidungen zuständiger Organe mit bestehenden gesetzlichen Vorschriften in Widerspruch treten sollten. Geeignetenfalls hat die Behörde nach §. 47 der Kirchengemeinde- und Synodal-Ordnung und §. 148 der Rheinisch-Westfälischen Kirchen-Ordnung das zur Aufrechterhaltung des Gesetzes Erforderliche zu veranlassen.

Formelle Vorschriften für die Ausführung disziplinarer Maßregeln.

25. Wenn ein von disziplinaren Maßregeln Betroffener seinen Wohnsitz verändert, ist dem Gemeinde-Kirchenrath der Gemeinde, in welcher er seinen neuen Wohnsitz nimmt, sofern derselbe zum Bereich der Landeskirche gehört, Mittheilung von den verhängten Maßnahmen zu machen.

26. Nach erfolgter Entziehung des kirchlichen Wahlrechts ist der betreffende Name sofort in der Wählerliste der Gemeinde zu streichen.

27. Bekleidet der Betroffene ein kirchliches Amt, aus welchem der Gemeinde-Kirchenrath zu entlassen nicht befugt ist, so hat derselbe über den gefaßten Beschluß unter Beifügung

eines beglaubigten Auszuges aus dem Protokollbuch an zuständiger Stelle Anzeige zu erstatten. Bei besoldeten, fest angestellten Kirchenbeamten ist dies die vorgesetzte Kirchenbehörde, bei Aeltesten und Gemeindevertretern der Vorstand der Kreissynode (§. 44 der Kirchengemeinde- und Synodal-Ordnung, §. 126 der Rh.-W. K.-O.). Bei den unter Vorbehalt der Kündigung oder auf bestimmte Zeit vom Gemeinde-Kirchenrath Angestellten erfolgt die Entlassung binnen kürzester Frist.

Ist die Wählbarkeit entzogen ohne die Wahlberechtigung, so ist bei vorkommenden Wahlen hierauf zu achten, erforderlichenfalls ist eine Bekanntmachung der Namen an die zur Wahl Versammelten gestattet.

28. Bei der Anmeldung von Taufen sind die Namen der in Aussicht genommenen Pathen anzugeben. Eine Feststellung des Besitzes kirchlicher Vollberechtigung in jedem einzelnen Fall ist nicht angezeigt. Wenn aber der Verlust des Rechtes des Taufpathenschaft bekannt ist, ist die Versagung der Zulassung vor der Taufhandlung den Betheiligten mitzutheilen, damit einer Störung der heiligen Handlung rechtzeitig vorgebeugt wird. In zweifelhaften Fällen ist der Thatbestand in angemessener Weise zu ermitteln.

29. Im Falle förmlicher Zurückweisung vom heiligen Abendmahl durch Beschluß des Gemeinde-Kirchenraths genügt die schriftliche Mittheilung an den Betroffenen, und falls sich derselbe dennoch unter den Kommunikanten einfinden sollte, die einfache Uebergehung bei der Austheilung. Jeder Aufsehen erregenden Störung der heiligen Handlung ist thunlichst vorzubeugen.

30. In Gemeinden, welche häufigeren Anlaß bieten zur Anwendung des Gesetzes und deren Größe oder Beweglichkeit der gleichmäßigen Anwendung besondere Schwierigkeiten entgegenstellen, haben die Gemeinde-Kirchenräthe über die für die Handhabung des Gesetzes erforderlichen, durch die örtlichen Verhältnisse gebotenen Vorkehrungen zu berathen und zu beschließen. Es wird hier sowohl bei Feststellung der Thatsachen, wie bei Würdigung der einschlagenden Umstände besondere Sorgfalt und Weisheit zu üben sein.

Weitere Vorschriften bleiben nach Bedürfniß vorbehalten.

Berlin, den 23. August 1880.

Evangelischer Ober-Kirchenrath.

E. O. 3666. I. **Hermes.**

5. Instruktion zur Ausführung des Kirchengesetzes vom 26. Januar 1880, betreffend das Ruhegehalt der emeritirten Geistlichen. Vom 29. November 1880*). (Kirchl. Ges. u. V.Bl. 1880 S. 153.)

Das in dem Kirchengesetze, betreffend das Ruhegehalt der emeritirten Geistlichen vom 26. Januar 1880 (K. Ges.- u. V.-Bl. S. 37.) vorbehaltene Staatsgesetz ist unterm 15. März d. J. (Ges.-Samml. S. 216) ergangen. Da durch Art. 7 dieses Gesetzes der Tag seines Inkrafttretens auf den 1. April 1881 bestimmt ist, so wird mit diesem Tage in Betreff des Ruhegehaltswesens der Geistlichen das in gesetzlicher Geltung stehende ältere Recht, soweit es mit den obgedachten Gesetzen in Widerspruch steht, aufgehoben sein. Anstatt desselben sind die neuen gesetzlichen Bestimmungen von da ab in ihrem ganzen Umfange zur Ausführung zu bringen. Zu diesem Zweck haben wir gemäß §. 21 des K.-G. unter Mitwirkung des Generalsynodalvorstandes nachstehende Instruktion erlassen und bringen dieselbe behufs Nachachtung zur allgemeinen Kenntniß.

---

*) In der Instruktion ist unter „Kirchengesetz (K.-G.)" stets das Kirchengesetz vom 26. Januar d. J. (K.G.- u. V.-Bl. S. 37), und unter „Staatsgesetz (St.G.)" das Staatsgesetz vom 15. März d. J. (Ges.-Samml. S. 216) verstanden. Bloße Zahlen-Allegate (z. B. 4, 6 2c.) bedeuten Nummern dieser Instruktion, Paragraphen-Allegate ohne weiteren Zusatz (z. B. §. 20) weisen auf das Kirchengesetz hin.

I. Allgemeiner Theil.

(Nr. 1 bis 4.)

1. Die Emeritirung und der Pensionsfonds.

Absicht des neuen Gesetzes ist, durch Uebernahme der künftigen Ruhegehälter auf den allgemeinen Pensionsfonds der Landeskirche die großen Mißstände zu beseitigen, welche sich für die Geistlichen und Kirchengemeinden aus dem früheren Rechtszustande ergaben. Durch die darin getroffenen Einrichtungen werden auch die Mittel dargeboten, jede wirklich nothwendige Emeritirung eines dienstunfähigen Geistlichen selbst unter Umständen herbeizuführen, welche dies bisher nicht zuließen. Gleichwohl ist es der ausgesprochene Wille des Kirchenregiments bei Vorlage des Gesetzes gewesen, durch dasselbe die Emeritirungen nicht zu begünstigen und zu vermehren. Es ist besonders hingewiesen auf das erwünschte und gesegnete Wirken alter würdiger Geistlichen in ihren Gemeinden, und darauf, daß auch ferner in geeigneten Fällen von der gesetzlich zulässigen Bestellung von Pfarrgehülfen, Substituten (vgl. A. L.-R. II. 11. §§. 515—522) Gebrauch zu machen ist. Gegenwärtig legt der Mangel an Kandidaten ohnehin eine besondere Beschränkung in Betreff der Emeritirung der Geistlichen auf. Aber auch finanzielle Rücksichten werden weiterhin immer noch eine bedeutende Berücksichtigung erfordern. Die Erfahrungen und statistischen Ermittelungen, welche den Anhalt für die dem Gesetze zu Grunde liegenden Berechnungen dargeboten haben, sind lediglich dem bisherigen Zustande entnommen. Jede Veränderung des Prinzips, welche eine wesentliche Vermehrung der Emeriten zur Folge hätte, würde daher die Basis des Gesetzes verrücken, die im kirchlichen Interesse unerwünschte Nothwendigkeit erhöhter Heranziehung der Steuerkraft der Kirchengemeinden (§. 16 des K.-G.) herbeiführen, äußerstenfalls sogar eine Gefährdung der Sicherheit des neuen Instituts zur Folge haben können.

Wie daher auch fernerhin jedes Dringen auf Emeritirung seitens der Kirchenbehörde zu unterlassen ist, sofern sie nicht unbedingt nothwendig und allseitig gesetzlich begründet erscheint, so ist auch den von Geistlichen ausgehenden Emeritirungsanträgen nur nach strengster Prüfung des Bedürfnisses und der gesetzlichen Voraussetzungen Folge zu geben.

Ungeachtet des erheblichen Interesses, welches die Verwaltung des Pensionsfonds der Landeskirche an der Frage der Emeritirung selbst hat, ist es unterlassen worden, durch einen Vorbehalt im Gesetze oder in administrativem Wege das auch hier konkurrirende allgemeine Oberaufsichtsrecht stärker als bisher zur Geltung zu bringen. Es darf vertraut werden, daß die Konsistorien die oben hervorgehobenen Gesichtspunkte vollständig würdigen und mit aller Entschiedenheit verfolgen werden.

Auch in dem sonstigen formalen Verfahren, betreffend die Emeritirung von Geistlichen, bleibt es bis auf Weiteres bei den bisherigen Bestimmungen. Wegen unfreiwilliger Emeritirungen verweisen wir auf den Erlaß des Evang. Ober-Kirchenraths vom 27. November 1854 (Aktenst. Bd. II. Seite 15 ff., vgl. auch 5 und 6 dieser Instruktion). Einige aus der Uebernahme der Ruhegehaltszahlungen auf einen Centralfonds und aus den betreffenden Kassenverhältnissen sich ergebende neue Forderungen bezüglich des Geschäftsganges werden weiter unten erwähnt.

2. Die Rechtsverhältnisse des Pensionsfonds im Allgemeinen.

Das Kirchengesetz erstreckt seine Wirkungen, abgesehen von dem vorläufigen Ausschluß der beiden westlichen Provinzen (§. 20), auf die ganze Landeskirche der älteren Provinzen. Auch innerhalb des Bereichs seiner sofortigen Geltung gestalten sich diese Wirkungen aber bis zum Ablauf einer Uebergangsperiode (§. 19) in Betreff der Frage, wer an dem Pensionsfonds betheiligt und mit welchen Rechten dies der Fall ist, nicht völlig gleichmäßig. Namentlich bleiben hinsichtlich der Höhe und Beschaffung des Ruhegehalts, der Pfarrbeiträge und der aus den letzten Pfründen emeritirter Geistlichen abzugebenden Antheile, wie hinsichtlich der Ansprüche auf Ruhegehalt und der Quellen des letzteren für gewisse Betheiligte einstweilen noch die alten Bestimmungen in Geltung.

Nach der Bestimmung des Gesetzes wird in den vorgedachten Beziehungen

A. die neue Ordnung, wie solche in den §§. 1—9, 12—15 des Kirchengesetzes zum Ausdruck kommt, für diejenigen Geistlichen Platz greifen, welche

a. nach Inkrafttreten des K.-Gesetzes ein nach §. 1 auf Ruhegehalt berechtigendes Amt erhalten, mag die Anstellung eine erste oder durch Versetzung bewirkt sein (§. 1, §. 19, Abs. 2);

b. in einem solchen Amt gegenwärtig angestellt sind und gemäß §. 19 Abs. 2 innerhalb Jahresfrist nach Verkündung des K.-Gesetzes die Verleihung des Rechts ihrer künftigen Pensionirung nach der neuen Ordnung nachsuchen;

c. bei innerhalb der evangelischen Landeskirche im Dienste der inneren oder äußeren Mission stehenden und mit Korporationsrechten versehenen Anstalten und Vereinen angestellt sind, sofern auf sie gemäß §. 3 Abs. 2 das neue Gesetz in Folge besonderen Antrags von dem Evang. Ober-Kirchenrath ausdrücklich für anwendbar erklärt wird.

Dagegen gilt in den vorbezeichneten Punkten

B. die alte Ordnung für alle übrigen Geistlichen, namentlich

a. die bereits emeritirten Geistlichen nach §. 19 Abs. 1;

b. die vor Inkrafttreten des K.-G. angestellten Geistlichen, deren Amt zwar den Voraussetzungen des §. 1 des K.-G. entspricht, die aber den Antrag, dasselbe auch auf ihre Person zur Anwendung zu bringen, in der nach §. 19 Abs. 2 vorgeschriebenen Form und Frist nicht stellen — diese jedoch nur, so lange und so weit sie nicht auf eine andere Stelle versetzt werden (vgl. A. a.);

c. die Militär- und Anstaltsgeistlichen (§. 3 Abs. 1), soweit letztere nicht unter A. c. fallen. Diese Geistlichen kommen überhaupt hier nur in Betracht, sofern sie nach Zulassung der Statuten einzelner provinzieller Emeritenzuschußfonds in den Verband dieser Fonds eingetreten waren.

In den Fällen zu B. a. und b. werden auch die betreffenden geistlichen Stellen bis zum Ableben jener Geistlichen nach altem Recht behandelt. Dieselben genießen daher so lange nicht die Beschränkung der Pfründenabgabe auf $^1/_4$ des Einkommens und auf 8 Jahre (§. 14). Auf die Verpflichtung der betreffenden Gemeinden zur Theilnahme an der allgemeinen Umlage (§. 16) hat dies Verhältniß keinen Einfluß.

Der Pensionsfonds leistet in den Fällen zu A. das gesammte Ruhegehalt (§§. 1 ff.), in denen zu B. den bisher den Provinzial-Emeritenfonds obliegenden Ruhegehalts-Zuschuß (§. 11 Abs. 2, §. 19 Abs. 2). Als eine dritte Art von Leistung kann außerdem unter den Voraussetzungen des §. 19, Schluß-Absatz, die Uebernahme der dem Amtsnachfolger obliegenden Verpflichtung zur Zahlung des Emeritenantheils eintreten (vgl. 23).

Schon jetzt im Amte stehende Geistliche, welche weder dem Verbande eines Emeritenzuschußfonds angehören, noch unter den Voraussetzungen des §. 19 Abs. 2 oder 4 in ein Rechtsverhältniß zu dem Pensionsfonds treten, haben gar keinen Anspruch an den letzteren.

3. Zuständigkeit der beim Emeritenwesen betheiligten Behörden und Organe.

Die Behörden und Organe der Landeskirche sind bei dem Emeritenwesen und der Verwaltung des Pensionsfonds in nachstehender Weise betheiligt.

A. Dem Evang. Ober-Kirchenrath bleibt vorbehalten:

a. die Vertretung des Pensionsfonds und die Leitung seiner Verwaltung, soweit dieselben nicht im folgenden ausdrücklich auf die Provinzial-Konsistorien übertragen sind, nebst allen damit in Verbindung stehenden Geschäften und Befugnissen, namentlich dem Recht zu jeder Kontrole und Anweisung der sonst betheiligten Organe (§. 18 des K.-G., Artikel 3, Abs. 3 des St.-G., Artikel 19 des Gesetzes vom 3. Juni 1876);

b. die Entscheidung höherer Instanz in allen den Provinzialbehörden (C. und D.) zukommenden Geschäften (§. 18, Abs. 3);

c. die Bewilligung und Bemessung der Ruhegehälter für Geistliche, welche aus disziplinarischen Gründen emeritirt werden (§§. 2 und 4, Abs. 3);

d. die Entscheidung darüber, ob das neue K.-G. in einzelnen Fällen auf Geistliche im Dienste der inneren oder äußeren Mission angewendet werden soll (§. 3, Abs. 2);

e. die Ertheilung der Genehmigung oder nachträglichen Billigung zu dem Eintritt von Geistlichen der Landeskirche in geistliche Aemter von Anstalten, im Dienste der inneren oder äußeren Mission und in der Seelsorge ausländischer evangelischer Gemeinden, insoweit die Anrechnung der daselbst zugebrachten Zeit (§. 5, Abs. 2) in Anspruch genommen wird;

f. die Genehmigung zur Anrechnung von Diensten in anderen Kirchengemeinschaften oder im Staatsdienst (§. 5, Abs. 4);

g. die Ueberweisung der Zahlung von Ruhegehältern auf die Kirchenbehörde und Kasse einer anderen als der ursprünglich betheiligten Provinz (10);

h. die Entscheidung über die Ermäßigung der Pfründenabgabe in den Fällen der §§. 2 und 9 (§. 14, Abs. 3) und über etwaige Verminderungen dieser Abgabe innerhalb der Leistungsdauer (18);

i. die Bestimmung über die Erhebung des jährlichen Umlagebetrags (20. §. 16).

B. Der Generalsynodalvorstand wirkt hierbei mit dem Evang. Ober-Kirchenrath zusammen zu A. a. bei der Aufstellung des Etats (§. 18), bei der Veränderung dieser Instruktion (§. 21 und Generalsynodal-Ordnung §. 36 Nr. 2) und soweit es der Evang. Ober-Kirchenrath in Betreff etwaiger vorzüglich wichtigen Fragen der Verwaltung, namentlich im Falle erheblicher Zweifel über die Auslegung des Gesetzes und dieser Instruktion für angemessen erachtet (Generalsyn.-Ordnung §. 36, Nr. 5), und ferner zu A. i. hinsichtlich der Herabsetzung der Umlagequote (§. 16, Abs. 2).

Im Uebrigen üben die Generalsynode und ihr Vorstand die ihnen nach Art. 14. 19. des Ges. vom 3. Juni 1876 und §§. 11. 34 ff. der Generalsyn.-Ordnung zugewiesenen Rechte der Kontrole aus.

C. Den Königlichen Provinzial-Konsistorien wird gemäß §. 18, Abs. 2 übertragen:

a. die Wahrnehmung aller auf die Provinz bezüglichen Interessen des Pensionsfonds der Landeskirche in erster Instanz, namentlich die Vertretung und Verwaltung der innerhalb der Provinz bestehenden Bezirks-Kassen des Pensionsfonds und in Folge dessen besonders:

b. die Vereinnahmung und fernere Verwaltung der zum Pensionsfonds fließenden Vermögenstheile der bisherigen provinziellen Emeritenzuschußfonds, soweit nicht anderes ausdrücklich angeordnet wird;

c. die kassenmäßige Festsetzung, Erhebung und Verrechnung aller sonstigen Einnahmen des allgemeinen Pensionsfonds aus dem Bereiche der Provinz, sowie die damit im Zusammenhang stehenden Beitreibungen, Ausstandsertheilungen u. dgl.;

d. die Vollmacht zur Ausstellung von Cessionen und löschungsfähigen Quittungen, sowie die Außer- und Inkurssetzung von Werthpapieren bezüglich der bei den Bezirkskassen des Pensionsfonds verwalteten Kapitalien und die Vertretung dieser Kassen im Prozesse;

e. die kassenmäßige Feststellung aller Verpflichtungen des Pensionsfonds gegenüber den der Provinz angehörigen Geistlichen und sonst Betheiligten und die Erfüllung dieser Verpflichtungen aus den in der Provinz zur Hebung gelangenden oder von der Centralkasse des Fonds (vergl. F.) zu überweisenden Mitteln;

f. die Kontrole der auf die Einnahmen und Ausgaben des Pensionsfonds einwirkenden Verhandlungen anderer Behörden in Betreff des Kasseninteresses;

g. die rechtlich wirksame Entgegennahme der Anträge bereits vor dem neuen Gesetz angestellter Geistlichen auf Zulassung zu der neuen Ordnung (§. 19, Abs. 2);
h. die Entscheidung wegen Uebernahme einer Emeritengehalts-Leistung der älteren Ordnung auf den Pensionsfonds (§. 19, Abs. 4).

D. Den Konsistorien als solchen steht zu:
a. die Versetzung der Geistlichen in den Ruhestand;
b. die Berechnung des Diensteinkommens und der danach zu bemessenden Pfarrbeiträge und Pfründenabgaben;
c. die Feststellung der Dienstzeit für Ruhegehaltsberechnungen und Nachzahlungen;
d. die Erledigung der Geschäfte, welche sich auf Ueberführung des Vermögens der aufgelösten Emeriten-Zuschußfonds ihres Bezirks an den Pensionsfonds beziehen;
e. die Vermittelung und Durchführung der zur Erhebung der Umlagen oder zur Erledigung sonstiger Leistungen aus dem Bezirke erforderlichen Geschäfte, insbesondere der Erlaß aller dahin gehörigen disziplinarischen Verfügungen.

Die Funktionen unter D. stehen auch den Gräflich Stolbergischen Konsistorien zu. Da über alle Beschlüsse und Maßnahmen der Konsistorien, welche auf die Rechte und Pflichten des Pensionsfonds unmittelbar Einfluß haben, zu den Akten des Fonds Nachricht gelangen muß, so werden die gedachten Konsistorien alle dem entsprechenden Nachrichten, namentlich die zur Verificirung der Berechnungen erforderlichen Mittheilungen dem Königlichen Provinzial-Konsistorium zugehen lassen, und andererseits den Requisitionen dieser Behörde bereitwillig entgegenkommen.

E. Die im §. 18 des K.-G. vorbehaltenen Bestimmungen über die Mitwirkung der sonstigen kirchlichen Organe, namentlich der Superintendenten, Synodal-Vorstände und Synodal-Kassen, Gemeinde-Kirchenräthe und Kirchen-Kassen rc. sind weiter unten zu den einzelnen Paragraphen des K.-G. getroffen (vgl. 16, 18, 20).

F. Das Kassenwesen des Pensionsfonds wird von der Generalkasse des Ministeriums der geistlichen Angelegenheiten als Centralkasse und Organ des Evang. Ober-Kirchenraths, sowie von den Regierungs-Hauptkassen als Bezirkskassen und Organen der Provinzial-Konsistorien versehen. In Berlin verbleibt die letztgedachte Funktion der bestehenden Konsistorialkasse (vgl. 22).

4. Beschränkung des Rechtsweges.

Gegen die in Angelegenheiten des Pensionsfonds getroffenen Entscheidungen des Evang. Ober-Kirchenraths (§. 18 d. K.-G.) ist nach Artikel 4 des Staatsgesetzes der Rechtsweg ausgeschlossen, soweit dieselben die Höhe der nach §§. 12—15 des K.-G. zu leistenden Pfarr- und Pfründenbeiträge betreffen, und nach Maßgabe des Ges. vom 24. Mai 1861 (Ges.-Samml. S. 241) beschränkt, soweit es sich um Ansprüche auf Ruhegehalt handelt. Nach dem letztgedachten Gesetze ist es unter anderen in den betreffenden Fällen stets erforderlich, daß die Entscheidung des Evang. Ober-Kirchenraths der Klage vorausgehe. Die Klage ist an eine Ausschlußfrist von 6 Monaten gebunden und gegen das Provinzial-Konsistorium zu richten. Auch sind die Entscheidungen der kirchlichen Behörden darüber, ob und in welchem Zeitpunkt ein Geistlicher zu emeritiren ist, für die gerichtliche Beurtheilung maßgebend.

In Betreff der Umlagen gelten die allgemeinen Rechtsgrundsätze über Beschränkung des Rechtsweges gegen allgemeine Abgaben überhaupt (vgl. A. L.-R. II. 14. §§. 78 ff.).

II. Besonderer Theil.

A. Verpflichtungen (Ausgaben) des Pensionsfonds der Landeskirche.

(Nr. 5—13.)

5. Pensionsanspruch überhaupt (K.=G. §. 1 — vgl. §§. 2 u. 3 Abs. 2 u. §. 19).

Der §. 1 des Kirchengesetzes enthält die Voraussetzungen, unter denen die unter die neue Ordnung fallenden Geistlichen der Landeskirche (vgl. 1 u. 2) vom 1. April 1881 ab einen Rechtsanspruch auf Ruhegehalt erlangen. Danach ist dreierlei erforderlich: ein zum Bezug von Ruhegehalt berechtigendes Amt, die dauernde Dienstunfähigkeit und die wegen letzterer erfolgte Versetzung in den Ruhestand. Wo eine dieser gesetzlichen Voraussetzungen fehlt, entsteht kein Anspruch. Die Fälle des §. 2 und §. 3 Abs. 2 beruhen auf gesetzlich zugelassener Bewilligung der Kirchenbehörde. Sobald letztere gewährt ist (vgl. 6 u. 7), sind sie wie die Fälle des §. 1 zu behandeln.

Da jene Voraussetzungen wesentlich dem alten Rechte entnommen sind, so finden sie auch bei Emeritirungen der unter §. 19 fallenden Geistlichen Anwendung.

Der Beginn des Ruhestandes ist der Regel nach und bei Emeritirungen wider den Willen des Betheiligten jedesmal auf den Anfang eines Kalenderquartals (1. Januar, April, Juli, Oktober) zu setzen.

Jedes Provinzial=Konsistorium hat über die von Ausführung dieses Gesetzes ab in seinem Bereiche eintretenden Emeritirungen ein Verzeichniß (Emeriten=Verzeichniß) nach dem unter I. beiliegenden Schema (Seite 570 f.) zu führen.

Die Spalten 9—12 des Verzeichnisses sind dazu bestimmt, für die kirchliche Statistik genaues Material darzubieten.

6. Emeritirungen aus disziplinarischen Rücksichten (K.=G. §. 2).

In Betreff der rechtlichen Voraussetzungen einer Emeritirung von Geistlichen aus disziplinarischen Gründen und des dabei zu beobachtenden Verfahrens wird durch die Bestimmungen der §§. 2 und 4, Abs. 3 in dem bisher geltenden Rechte nichts geändert.

In den östlichen Provinzen erfolgt daher die Festsetzung der Emeritirung statt der erkannten, aber unausführbaren, Versetzung wie bisher durch den Evangelischen Ober=Kirchenrath, welchem auch die Bemessung des Ruhegehaltes gemäß §§. 2 und 4 Abs. 3 zusteht (vgl. Erlaß des Evang. Ober=Kirchenraths vom 27. November 1854 Abs. 3 — Aktenstücke Bd. II S. 16).

In Fällen, wo eine freiwillige Emeritirung aus disziplinarischen Rücksichten begründet erscheint, also unter Umständen, welche zwar die Anwendung des §. 1 nicht gestatten, in denen vielmehr alle Voraussetzungen jenes disziplinarischen Verfahrens vorhanden sind und nur die Abkürzung der Verhandlungen durch freiwillige Verzichte im kirchlichen Interesse dringend wünschenswerth erscheint, ist gleicherweise nach §§. 2 und 4 Abs. 3 zu verfahren.

In den hierher gehörigen Fällen hat das Konsistorium dem Evang. Ober=Kirchenrath mit dem Antrage auf Emeritirung eines Geistlichen zugleich das bisherige Diensteinkommen desselben anzuzeigen und den als Ruhegehalt zu bewilligenden Betrag mit Gründen in Vorschlag zu bringen.

7. Ruhegehaltsberechtigung von Geistlichen im Dienste der inneren oder äußeren Mission (K.=G. §. 3 Abs. 2).

Die Bestimmung des §. 3 Abs. 2 hat den Zweck, auch den darin bezeichneten Anstalten, Vereinen und Geistlichen den Genuß der Vortheile der neuen Ruhegehaltsordnung unter gewissen Bedingungen zu ermöglichen. Voraussetzungen für die Anwendung derselben bilden, neben der im Gesetze bezeichneten Qualifikation der Personen und Verhältnisse, das nach Zweck und Bedeutung der Anstalt oder des Vereins zu bemessende ausreichende kirchliche Interesse, der besondere Antrag der Betheiligten und der Abschluß einer Vereinbarung der Verwaltung des Pensionsfonds mit denselben über die gegenseitigen Rechte und Pflichten. Die vermögensrechtlichen Verbindlichkeiten, welche die in Frage stehenden Anstalten, Vereine und Geistlichen zu übernehmen haben, müssen, soweit sich nicht Abweichungen durch die Natur der Verhältnisse von selbst ergeben, nach Inhalt und Umfang den Bestimmungen der §§. 12 bis 15 gemäß und nach Analogie der sonstigen Verhältnisse der Provinz, in der die betheiligten Korporationen und Geistlichen ihr Domizil haben, geregelt werden. Dabei ist in Betreff der Höhe des Einkommens, welches für die zu garantirenden Pfarrbeiträge und Pfründen-Abgaben, sowie für Berechnung des Ruhegehalts in Betracht kommt, und hinsichtlich der Nachtragsbeiträge für frühere Dienstzeit, darauf Bedacht zu nehmen, daß jedes mißbräuchliche Streben nach Erlangung des Minimalsatzes des Ruhegehaltes (§. 4 Abs. 2) auf Kosten des Pensionsfonds ausgeschlossen wird. Da §. 3 Abs. 2 nur eine Ermächtigung, keine Verpflichtung ausspricht, so unterliegen die Verhältnisse in jedem einzelnen Falle einer völlig freien Prüfung und Regelung seitens der Kirchenbehörde. Der Entscheidung des Evangelischen Ober-Kirchenraths geht die Prüfung des Antrags, event. weitere Instruktion der Sache und die gutachtliche Berichterstattung seitens des Provinzial-Konsistoriums voraus.

8. Berechnung des Ruhegehalts (K.-G. §. 4).

Die Höhe des Ruhegehalts richtet sich nach dem Betrage des dem Geistlichen zur Zeit der Emeritirung zustehenden Diensteinkommens und nach der Dauer seiner Dienstzeit (§. 4).

Die Abschätzung des Diensteinkommens erfolgt hier nach denselben Grundsätzen, wie zum Zweck der Festsetzung der Pfarrbeiträge (§§. 12 und 15). In der Regel kommt daher der den letzteren zu Grunde gelegte durchschnittliche Einkommensbetrag auch hier zur Anwendung. Der nicht ein Jahr lang durch Pfarrbeiträge versteuerte Theil des Einkommens, d. h. der etwa erst im Laufe des letzten Dienstjahres hinzugekommene oder angemeldete Betrag einer Einkommenserhöhung, ist jedoch in Abzug zu bringen (§. 15 Nr. 2)*). Gegen diese Grundlage können seitens des zu emeritirenden Geistlichen Einwendungen mit Erfolg nicht erhoben werden. Dagegen kann das Konsistorium, wenn sich bei den Pensionirungs-Verhandlungen gegen Uebereinstimmung der bisherigen Abschätzung mit dem wirklichen Diensteinkommen (§. 15 Nr. 2 cit.) wesentliche Bedenken geltend machen, eine neue Ermittelung vornehmen.

Die Dienstzeit kommt nur nach der Zahl der vollen zurückgelegten Dienstjahre in Rechnung. Bei der Festsetzung ist in der Regel nur auf diejenige Zeit Rücksicht zu nehmen, welche für die Zahlung der Pfarr-Beiträge des zu emeritirenden Geistlichen zum Pensionsfonds (§§. 12. 13. 19.) maßgebend gewesen ist (vgl. 9 und 17). Eine nachträgliche neue Feststellung hat nur in außergewöhnlichen Fällen einer früheren offenbar irrigen Behandlung stattzufinden. Eintretendenfalls ist streng auf sofortige Berichtigung aller etwa schuldig gebliebenen Nachzahlungen (§§. 13. 19.) für längere Dienstzeit zu halten.

Unter Nebenämtern, deren Ruhegehalt nach §. 4 Abs. 2 in Anrechnung gebracht wird, sind nur öffentliche Aemter, welche einem Geistlichen mitübertragen waren, zu verstehen. Die aus besonderen örtlichen Einrichtungen fließenden Benefizien für Emeriten kommen nach §. 17 bei Bemessung des Ruhegehalts nicht in Betracht.

Die Höhe des Ruhegehalts ist dem Betheiligten sogleich bei Genehmigung oder Anordnung der Emeritirung (vgl. 3 unter D.) mitzutheilen. Für etwaige Beschwerden gegen die Festsetzung ist in jedem Falle zugleich mit derselben eine in der Regel nicht über vier Wochen auszudehnende kurze Frist zu bestimmen (vgl. Erlaß des Evangelischen Ober-Kirchenraths vom 27. November 1854 lit. c. — Aktenst. Bd. II. S. 15 ff.).

Ueber die Zahlung des Ruhegehalts vgl. 10. Wegen der sonst aus dem Pensionsfonds zu zahlenden Benefizien vgl. 2 und 23.

9. Berechnung der Dienstzeit (K.-G. §. 5).

Die für das Ruhegehalt (8) und die Nachtragsbeiträge (17) in Betracht kommende frühere Dienstzeit jedes nach der neuen Ordnung zu behandelnden Geistlichen ist in allen Fällen,

*) Findet selbstverständlich im ersten Jahre der neuen Rechtsgestaltung keine Anwendung.

auch in denjenigen des §. 3, Abs. 2 und §. 19, Absatz 2 sogleich bei dessen Eintritt in das rechtliche Verhältniß zum Pensionsfonds nach den Vorschriften des §. 5 des K.=G. von Amtswegen genau zu ermitteln. Zu diesem Zwecke ist eine bestimmte Erklärung des Betheiligten und eventuell ein Verzicht desselben (K.=G. §. 13) auf Anrechnung früherer Dienstzeit zu erfordern. In der betreffenden Verfügung ist eine angemessene Frist für diese Erklärung zu bestimmen mit der Androhung, daß die Versäumung derselben als Verzicht auf die Anrechnung der früheren Dienstzeit gelten müsse.

Die außer Dienst oder in einem vom §. 5 nicht bezeichneten Dienstverhältnisse zugebrachte Zeit ist nach ihrer ganzen Dauer in Abzug zu bringen. Bloße Beurlaubungen sind hierher nicht zu rechnen.

Wollen Geistliche der Landeskirche in den §. 5, Abs. 2 am Schluß erwähnten Fällen die Anrechnung ihrer außerhalb derselben geleisteten Dienste sicher stellen, so haben sie die Genehmigung des Evang. Ober=Kirchenraths (3. A. e.) vor Antritt der betreffenden Stellungen, oder, falls dieser schon stattgehabt hat, baldigst nachzusuchen, auch, falls diese Genehmigung weiterhin nur auf eine bestimmte Reihe von Jahren ertheilt werden sollte, den Antrag event. rechtzeitig zu wiederholen. Die durch das Gesetz zugelassene nachträgliche Billigung wird zunächst nur für die bereits vor Inkrafttreten des Kirchengesetzes abgelaufene Dienstzeit in Betracht gezogen werden. Für die Zukunft würde dergleichen nachträgliche Billigung nur unter besonderen Umständen ausnahmsweise ertheilt werden können.

Die Bestimmungen der Pfarrwahlordnung vom 2. Dezember 1874 stimmen mit denjenigen des §. 5 nicht überein. Dies ist bei Anwendung des letzteren genau zu beachten. Besonders zu erwähnen ist hier nur, daß nach den Motiven zu §. 5 die Thätigkeit als Privatdozent unter seine Normen nicht zu subsumiren ist, auch wenn dem Dozenten der Titel „Professor" verliehen war.

Im Falle der Versetzung eines Geistlichen aus einer der landeskirchlichen Provinzen in eine andere hat das Konsistorium der ersteren die neue Kirchenbehörde über seine Dienstverhältnisse auf Grund der stattgehabten Feststellungen von Amtswegen zu benachrichtigen.

10. Zahlung des Ruhegehalts (K.=G. §. 6).

Die Zahlung des Ruhegehalts läuft vom Tage der Emeritirung ab und ist noch Kalenderquartalen postnumerando zu leisten. Die für die Quittung erforderliche Bescheinigung hat sich auf das Leben und die Unterschrift des Emeritus zu erstrecken. Dieselbe kann innerhalb Preußens von jeder zur Führung eines öffentlichen Siegels befugten Person ausgestellt werden. Geistliche haben dies unentgeltlich zu thun. Für Bescheinigungen, welche außerhalb Preußens ausgestellt werden, kann notarielle oder gerichtliche Beglaubigung gefordert werden.

Die Zahlung erfolgt auf Anweisung des Provinzial=Konsistoriums, in dessen Bereich die Emeritirung eingetreten ist, auf die im §. 6 bezeichnete Art durch die betreffende Bezirkskasse des Pensionsfonds (3. F.). Die Ueberweisung an die Bezirkskasse einer anderen Provinz im Falle der Domizilverlegung bedarf der Genehmigung des Evang. Ober=Kirchenraths (vgl. 3. A. g.). Verzieht der Emeritus nach einem außerhalb des Geltungsbereichs dieser Instruktion gelegenen Orte, so leistet die zuletzt verpflichtete Bezirkskasse nach §. 6 weiter.

Bei Anweisung der Pension ist stets gleichzeitig festzustellen, ob der Emeritus noch Nachtragsbeiträge (vgl. 17 und §. 13, Abs. 2) zu zahlen hat. Event. hat der Emeritus den Rückstand thunlichst baar zu leisten, wie das Gesetz in erster Linie verlangt. Spricht nach dem Ermessen der Behörde ein dringendes Bedürfniß für eine Tilgung im Wege der Anrechnung auf das Ruhegehalt, so ist auch dabei auf eine möglichst baldige Erledigung Bedacht zu nehmen, jedoch in der Regel dem Emeritus mindestens ein Betrag von der Höhe eines Drittels der Pfarrpfründen=Einkünfte frei zu lassen.

Der Kassenordre wegen Zahlung des Ruhegehalts wird eine Ruhegehalts=Nachweisung nach dem unter II. anliegenden Schema (Seite 570 f.) beigefügt. Beglaubigte Ab=

schrift dieser Nachweisung nebst einer Berechnung der etwa noch zu leistenden Nachtragsbeiträge ist im Falle der Ueberweisung an die Bezirkskasse einer anderen Provinz (Abs. 2) auch der Requisition an das betreffende Konsistorium anzuschließen.

11. Abtretung und Verpfändung des Ruhegehalts (K.-G. §. 7).

Der Vorbehalt in §. 7 des Kirchengesetzes findet durch das Staatsgesetz Art. 1 seine Erfüllung.

12. Leistung des Ruhegehalts im Todesfall (K.-G. §. 8).

Wird das Ableben eines Geistlichen, welcher ein dem §. 4 entsprechendes Ruhegehalt bezieht, und das Vorhandensein einer Wittwe oder ehelicher Nachkommen desselben nachgewiesen, so wird das Ruhegehalt noch für den Sterbemonat und den darauf folgenden Kalendermonat, falls solche Hinterbliebene nicht vorhanden sind, nur für den Sterbemonat gewährt. Alle weitergehenden Rechte der Hinterbliebenen von Emeriten auf das Ruhegehalt derselben, wie sie bisher in einzelnen Landestheilen bestanden, sind für künftige Fälle, welche nach der neuen Ordnung zu behandeln sind, gemäß §. 22 des K.-G. und Art. 6 des St.-G. aufgehoben. In der betreffenden Kassenordre ist gleichzeitig der Wegfall des Ruhegehalts anzuordnen.

Die Vorschrift in Abs. 2, nach welcher das Provinzial-Konsistorium zu bestimmen hat, an wen die nach dem Tode des Emeritus noch fälligen Raten des Ruhegehalts zu zahlen sind, ist nur zum Zweck thunlichster Vermeidung der oft weitläufigen und kostspieligen Legitimationsführung gegeben. Dadurch ist der materielle Rechtsanspruch der Hinterbliebenen an sich und das Rechtsverhältniß derselben unter einander nicht geändert. In Betreff der vor dem Tode des Geistlichen nicht erhobenen Ruhegehaltsbeträge ist die Geltendmachung jenes Anspruchs den nach dem bürgerlichen Rechte Berechtigten durch Art. 2 des Staatsgesetzes ausdrücklich vorbehalten. Die Konsistorien haben hierauf zu achten und für die möglichste Sicherung der in Betracht kommenden privatrechtlichen Interessen durch die von ihnen zu treffende Auswahl des Empfängers aus dem Kreise der Betheiligten Sorge zu tragen.

Beim Tode eines pensionsberechtigten Geistlichen muß gleichzeitig die Ausfüllung der bezüglichen Rubriken des Emeriten-Verzeichnisses (vgl. 5) veranlaßt werden, eventuell durch Requisition des Provinzial-Konsistoriums, bei welchem die erste Eintragung erfolgt ist.

13. Gänzlicher oder theilweiser Verlust des Ruhegehalts-Anspruchs (K.-G. §. 9).

Im Falle des §. 9 Abs. 1 beginnt die Verminderung des Ruhegehalts mit dem Zeitpunkt, von welchem ab der Geistliche in den Genuß des anderweiten Diensteinkommens tritt. Im Falle des Abs. 2 ist der Eintritt der Rechtskraft einer ergangenen Entscheidung oder der Termin der freiwilligen Entsagung auf die Rechte des geistlichen Standes in der evangelischen Kirche maßgebend. Letztere kann auch thatsächlich, z. B. durch Austritt aus der Kirche stattfinden.

B. Rechte (Einnahmen) des Pensionsfonds der Landeskirche.

(Nr. 14—21.)

14. Die Einnahmen des Fonds im Allgemeinen (K.-G. §. 10).

Das Kirchengesetz giebt in §. 10 einen Ueberblick über die Einnahmen des Fonds.

Während die unter Nr. 2 bis 5 erwähnten Quellen weiterhin in besonderen Abschnitten behandelt werden (15—20), ist hier zu Nr. 1 anzuführen, daß aus Staats- und anderen öffentlichen Fonds dem Pensionsfonds der Landeskirche einstweilen nur die bisher den Provinzial-Emeritenfonds aus dem Dispositionsfonds der evangelischen Kirche gewährten Zuschüsse und der von dem Brandenburgischen Emeritenfonds aus dem Pensionsfonds für Geistliche und Lehrer bisher bezogene Zuschuß zufließen werden. Von der Auflösung der Emeritenfonds an (§. 11 K.-G. und Art. 3 St.-G.) werden diese Posten unmittelbar an die Centralverwaltung des Pensionsfonds der evangelischen Landeskirche gezahlt und kommen daher abweichend von den sonstigen Einnahmen jener Fonds (vgl. 15) bei den Provinzial-Verwaltungen in Wegfall.

Im Allgemeinen bemerken wir über Einnahmen des Pensionsfonds hier noch Folgendes:

Alle Geldsendungen an den Pensionsfonds sind portofrei zu bewirken, und zwar bei Einzahlungen seitens der verpflichteten Geistlichen, Pfarrstellen, Kirchen-Gemeinden resp. Kirchen-Kassen ꝛc. an die geordneten, mit der Aufsammlung betrauten amtlichen Stellen (16. 18. 20) auf Kosten jener Verpflichteten, dagegen bei der Weiterbeförderung seitens der nur vermittelnden Stellen unter Entnahme des Portobetrages aus den Geldsendungen. Jeder der letzteren ist ein den Absender, sowie ihren Betrag und Zweck deutlich bezeichnender Lieferzettel beizufügen. Bei Benutzung von Postanweisungen kann derselbe auf den Abschnitt der Anweisung gesetzt werden. Von bekannt gewordenen Veränderungen in Personen und Verhältnissen, welche auf die Leistungsbeträge Einfluß haben, ist von den Einsendern dem Provinzial-Konsistorium gleichzeitig Anzeige zu machen.

Alle Betheiligten haben im Interesse einer geordneten Verwaltung und behufs Ermöglichung prompter Zahlungen seitens des Pensionsfonds auf pünktliche Erfüllung aller Verpflichtungen gegen denselben Bedacht zu nehmen. Leistungsrückstände sind nach Ablauf von vier Wochen nach dem Verfalltage durch disziplinarisches Einschreiten oder im Wege administrativer Zwangsvollstreckung (vgl. Art. 5 des Staatsgesetzes, sowie Art. 17 Abs. 4 und 27 Abs. 2 des Gesetzes vom 3. Juni 1876 und Verordnung vom 7. September 1879 über das Verwaltungszwangsverfahren — Ges.-Samml. S. 591 —) einzuziehen.

Die Einlegung einer Beschwerde berechtigt die Betheiligten nicht zur einstweiligen Verweigerung der Zahlung, sofern die Behörde, über welche Beschwerde geführt wird, oder die vorgesetzte Instanz nicht selbst eine Sistirung anordnet. Die Zahlung ist vielmehr in Aussicht auf die event. Rückerstattung des zu Unrecht erhobenen Betrages zu betreiben.

Wegen der Aufsammlung von Kapitalien (§. 10 Nr. 2) vergl. 15.

15. Auflösung der bisherigen Provinzial-Emeritenfonds (K.-G. §. 11).

Die in §. 11 des K.-G. erwähnte Auflösung der bisherigen provinziellen Emeriten-Zuschußfonds ist gemäß Art. 3 des St.-G. durch die Königliche Verordnung vom 1. Juni d. J. (Ges.-Samml. S. 267) auf den ersten 1. April 1881 festgesetzt. Mit diesem Zeitpunkte geht lediglich nach dem Gesetze und ohne daß es eines weiteren Rechtsaktes bedarf, das gesammte Vermögen dieser Fonds mit allen bereits entstandenen Rechten und Verbindlichkeiten auf den Pensionsfonds der Landeskirche über. Dasselbe bleibt, soweit nicht ausdrücklich seitens der Central-Verwaltung ein Anderes bestimmt wird (vgl. 14), in der Verwaltung der Königl. Provinzial-Konsistorien.

Vom 1. April 1881 ab sind die Emeriten-Zuschußfonds geschlossen. Aus der späteren Zeit werden weder Einnahmen ihnen zugeführt, noch Ausgaben aus ihnen bestritten. Die von da ab in Wirksamkeit tretenden Bezirks-Kassen des Pensionsfonds (3. F.) sind hinsichtlich derjenigen Einnahmen und Ausgaben, welche auf die nächsten Monate fallen, frühzeitig mit genügender Anweisung zu versehen (vgl. 23 Abs. 7). Wegen der in einzelnen Provinzen am 1. April 1881 im Voraus zu leistenden Emeritenzuschüsse geschieht dies bereits am 15. März 1881.

Die Kassenbücher der bisherigen Emeritenfonds sind zum Zweck der nachträglichen Einziehung solcher Einnahmen, welche den Fonds bis zu jenem Tage zustehen, und zum Zweck der nachträglichen Leistung solcher Ausgaben, welche aus der vorangegangenen Zeit den Fonds obliegen, noch 4 Wochen offen zu halten. Am 30. April 1881 erfolgt allgemein der Abschluß der Kassenbücher. Rückstände von Leistungen an die früheren Fonds oder aus denselben werden in Resteinnahme resp. Restausgabe gebucht. Seitens der bisherigen Verwaltungsbehörden der Fonds ist mit allem Nachdruck darauf hinzuwirken, daß sämmtliche Kassengeschäfte bis zum Abschlußtage abgewickelt werden. Nach Abschluß der Kassenbücher werden die bei den Fonds verbliebenen Vermögens-Bestände an die am Sitze des Provinzial-Konsistoriums bestehenden Bezirks-Kassen des Pensionsfonds (3 F. u. 22) abgeführt und die Einnahme- und Ausgabereste in die Kassenbücher derselben übertragen. Die bisherigen Kassenführer fertigen zu diesem Zweck einen die fraglichen Posten genau aufführenden Manual-Extrakt an. Derselbe ist nach kalkulatorischer Prüfung und Feststellung binnen 8 Tagen nach dem Abschluß durch Vermittelung des Provinzial-Konsistoriums, welches eine Abschrift zurückbehält, an den Evangelischen Ober-Kirchenrath einzureichen. Innerhalb 8 Wochen nach diesem Abschluß muß die Rechnung über den aufgelösten Fonds bis zum Ende der Verwaltung gelegt sein. Die Rechnung wird durch das Provinzial-Konsistorium sofort revidirt. Innerhalb weiterer 14 Tage wird von dieser Behörde ein Duplikat der Rechnung mit speziellem Vermögensverzeichniß und Angabe derjenigen Monita, auf Grund deren dem aufgelösten Fonds noch etwa Einnahmen oder Ausgaben erwachsen, dem evangelischen Ober-Kirchenrath eingereicht.

Derselbe Geschäftsgang wird mit den sich aus den Verhältnissen von selbst ergebenden Abweichungen auch für den Abschluß der durch obige Gesetzesbestimmungen ausdrücklich mit aufgelösten bisherigen Emeritenzuschußfonds für die Grafschaften Stolberg und für die Oberlausitz zu beachten sein. Ihr zum Pensionsfonds der Landeskirche fließendes Vermögen ist an die Königl. Provinzial-Konsistorien (vgl. Abs. 3) abzuführen. Die Werthpapiere sind in diesen Fällen vor der Ablieferung in Kurs zu setzen. An die bisherigen Verwaltungsbehörden der vorgedachten Fonds ergehen in der Sache diesseits besondere Zuschriften.

Die den aufgelösten Emeritenfonds gehörigen geldwerthen Papiere und Hypothekendokumente verbleiben bis auf weitere Anordnung in der Verwahrung der Provinzial-Konsistorien (3 F.). Einer Umschreibung der auf den Namen der provinziellen Emeritenzuschußfonds lautenden Hypotheken bedarf es in Folge des Gesetzes vorerst nicht.

Die Aufsammlung vermehrter Kapitalien, wie sie der §. 10 Nr. 2 des K.-G. vorsieht, findet bei den Bezirkskassen des Pensionsfonds nicht statt. Jedoch sind überschüssige, aber wegen künftiger Leistungen nicht an die Centralkasse abzuführende Gelder soweit thunlich auf sichere, die baldige Wiedereinziehung des Betrages ermöglichende Art einstweilen zinsbar anzulegen. Nach §. 11, Abs. 3 soll das Kapitalvermögen der früheren Provinzial-Emeritenzuschußfonds den Reservefonds des allgemeinen Pensionsfonds bilden. Dasselbe ist daher in seinem Bestande zu erhalten und, wenn vorschußweise angegriffen, stets wieder zu ergänzen. Die betreffenden Kapitalien sind, falls sie abgetragen werden sollten, nach den für Mündelgelder bestehenden Vorschriften wieder zur sicheren, womöglich hypothekarischen Ausleihung zu bringen.

Wegen der ferneren Erfüllung der Verpflichtungen der früheren Emeritenzuschußfonds (§. 11 Abs. 2 des K.-G.) vgl. 23.

16. Pfarrbeiträge (K.-G. §. 12).

Die Pfarrbeiträge des vorliegenden Gesetzes unterscheiden sich in einigen Punkten von den bisherigen Leistungen der Geistlichen zu den Provinzial-Emeritenzuschußfonds. Durch §. 15 Nr. 1 u. 4 ist für die Berechnung derselben eine veränderte Veranschlagung des Pfarreinkommens vorgeschrieben. Die Verpflichtung zur Leistung dieser Beiträge liegt — soweit nicht für die Uebergangszeit (§. 19) die den früher angestellten Geistlichen ausdrücklich vorbehaltenen Rechte zu einer Ausnahme führen — allen Pfarrstellen und ihren Inhabern ohne Ausnahme gesetzlich ob. Der Prozentsatz für ein Einkommen von 4000 ℳ. und darüber beläuft sich höher als bisher. Der erhöhte Satz bezieht sich in diesen Fällen auf das ganze Einkommen. So lange die Pfründenabgabe (§. 14) zu zahlen ist, wird deren Betrag bei Berechnung des Pfarrbeitrags vom Pfarreinkommen abgesetzt. Die Zahlung dieser Beiträge findet nach §. 12 Abs. 2 überall in vierteljährlichen Raten praenumerando statt.

Bei Feststellung der Pfarrbeiträge (vgl. 3 unter D. b. und C. c.) ist vorzusehen, daß dieselben sich in vier gleiche Vierteljahresraten vertheilen lassen. Bruchpfennige kommen bei den letzteren in Wegfall.

Die Beiträge derjenigen bereits im Amte befindlichen Geistlichen, welche auch ferner nach der älteren Ordnung zu behandeln sind (vgl. 2 unter B.), bestehen in bisheriger Höhe fort, sofern nicht aus Anlaß einer etwa eintretenden Veränderung des Diensteinkommens der Betrag nach den Statuten des bisherigen Provinzial-Emeritenfonds einer neuen Festsetzung unterworfen werden müßte. Auch die Beiträge, welche nach diesen Statuten von den emeritirten Geistlichen gezahlt werden, sind gemäß §. 19 Abs. 1 bis zu deren Ableben zu entrichten, selbst dann, wenn ihr Emeritengehalt gemäß §. 19 Abs. 4 auf den neuen Pensionsfonds übernommen werden sollte. Dies gilt in gleicher Weise für die künftig noch nach dem alten Rechte zu regelnden Emeritirungsfälle. Ebenso haben Militärgeistliche und Geistliche öffentlicher Anstalten, wo sie nach den Statuten der Provinzial-Emeritenfonds den letzteren als Mitglieder angehören, ihren Beitrag fortzuentrichten, falls sie nicht durch Austritt aus dem bisherigen Verhältniß auf den künftigen Emeritenzuschuß verzichten wollen.

Die Pfarrbeiträge sind bis auf Weiteres ebenso, wie es bisher schon bei den meisten Provinzial-Emeriten-Zuschußfonds geschehen ist, event. nach der von den Provinzial-Konsistorien festzustellenden Ordnung, jedoch spätestens bis zum Ablauf des ersten Monats in jedem Vierteljahre, von den Verpflichteten an die Superintendenten einzuzahlen und von diesen bis zur Mitte des zweiten Quartal-Monats an die Bezirks-Kasse des Pensionsfonds (3. F.) abzuführen. Für den Gräflich Stolbergischen Bezirk bleibt vorbehalten, nach Anhörung der Gräflichen Konsistorien besonders zu bestimmen, welche Mitwirkung seitens der letzteren hierbei eintritt.

Alles Vorstehende gilt auch von den Nachtragsbeiträgen (vgl. 17 und 23).

Vakanzfälle im Sinne des §. 12 Abs. 3 liegen vor, es mag eine Gnadenzeit laufen oder nicht.

Der Superintendent ist befugt, sich zu der jene Einziehung und Versendung von Pfarrbeiträgen betreffenden Geschäftsführung der Beihülfe des Rendanten und der Einrichtungen der Kreissynodal-Kasse zu bedienen.

Die Provinzial-Konsistorien führen über die Pfarrbeiträge eine Hebeliste nach dem unter III. beiliegenden Schema (S. 570 f.). Dieselben theilen jährlich oder in sonst angemessenen Zeiträumen den Superintendenten vollständige Auszüge von dieser Liste für ihre Bezirke mit und setzen sie überdies hinsichtlich etwaiger in der Zwischenzeit eintretender Veränderungen durch ausreichende Benachrichtigung in den Stand, diese Auszüge in Uebereinstimmung mit der Liste des Konsistoriums zu halten.

In der Hebeliste ist auch die Beitragsleistung derjenigen Geistlichen oder geistlichen Stellen, Anstalten und Vereine zu verzeichnen, welche auf Grund des §. 3 Abs. 2 in ein Verhältniß zum Pensionsfonds der evangelischen Landeskirche eintreten.

Neben dieser Hebeliste ist, so lange das Bedürfniß dauert, das bisherige Heberegister über die dem früheren Provinzial-Emeritenfonds angehörigen Mitglieder, welche nicht in die neue Ordnung eintreten (§. 19), und die von den letzteren zu zahlenden Beiträge fortzuführen. Für die Provinz Schlesien wird dasselbe durch die Aufnahme der Mitglieder des bisherigen Oberlausitzer Emeritenfonds und für die Provinz Sachsen durch die Aufnahme der Mitglieder der bisherigen Emeritenfonds für die Grafschaften Stolberg-Roßla und Stolberg-Stolberg vervollständigt. Sobald der Inhaber einer Pfarrstelle die Berechtigung auf ein nach §. 4 zu gewährendes Ruhegehalt erwirbt, wird die betreffende Pfarrstelle im alten Heberegister gelöscht und in die neue Hebeliste übertragen.

17. Nachzahlung von Pfarrbeiträgen (K.-G. §. 13).

Die gemäß §§. 13 und 19 des K.-G. zu leistenden Nachtragsbeiträge sind bei Feststellung des laufendes Pfarrbeitrags (§. 12) sogleich mit zu berechnen und sowohl nach ihrer Gesammtsumme, als auch nach den jährlich abzuzahlenden Raten genau zu regeln. Sofern die Verpflichteten nicht zu einer weitergehenden Jahresleistung bereit sind, werden die nach §. 13 zu bemessenden Nachzahlungen auf den doppelten, die nach §. 19 Abs. 3 zu leistenden auf den einfachen Betrag des daneben zu leistenden laufenden Beitrages festgesetzt und danach der Zeitpunkt bestimmt, nach dessen Eintritt die Nachtragszahlung jedenfalls beendigt sein muß. Eine raschere Abzahlung der Rückstände ist den Verpflichteten jederzeit gestattet. Bei Steigerung des laufenden Beitrages ist auch die Rate der Nachtragsleistung zu erhöhen. Ein Ausstand für die Berichtigung der Nachtragsbeiträge darf nur ausnahmsweise, besonderer und dringender Umstände halber eintreten.

Bei Berechnung der Nachtragsbeiträge ist genau auf das zu §. 5 in Betreff Feststellung der Dienstzeit Gesagte zu achten. Für die Höhe dieser Beiträge ist nach §. 13 (vgl. §. 3 Abs. 2) die ganze Dauer der als Dienstzeit angerechneten früheren Verhältnisse und das zuletzt bezogene, eventuell das neue Diensteinkommen maßgebend. Nur in den Fällen des §. 19 Abs. 2 kommen die zehn ersten Dienstjahre, obgleich sie nach §. 5 anzurechnen sind, für die Nachtragsleistung nicht in Betracht. Ueberdies wird in den letztgedachten Fällen für die Zeit nach Ablauf jener ersten zehn Jahre das jedesmalige Einkommen der früheren Stellen der Berechnung zu Grunde gelegt, auch das zum provinziellen Emeritenfonds Gezahlte in Abzug gebracht. Geistliche, welche unter die Bestimmung des §. 19 Abs. 2 fallen, sind daher von Nachtragsbeiträgen überhaupt befreit, wenn sie in einer an sich nach §. 1 des Gesetzes zu behandelnden Stelle nur 10 Jahre oder darunter angestellt gewesen sind, oder wenn sie während der ganzen für die Nachtragszahlung in Betracht kommenden Zeit weniger als 4000 ℳ. Einkommen bezogen und 1 Prozent des letzteren zum Provinzial-Emeritenfonds gezahlt haben. Andernfalls zahlen sie an Nachtragsbeitrag für die den Zeitraum von 10 Jahren übersteigende Zeit, innerhalb deren sie 4000 ℳ. und darüber an Einkommen bezogen haben, $^1/_2$ resp. 1 pCt. von ihrem früheren Einkommen nach (§. 12, Abs. 1).

Wenn Militärgeistliche und Geistliche öffentlicher Anstalten (§, 3 Abs. 1), welche an einem Provinzial-Emeritenfonds betheiligt waren (vgl. 2 unter B. c.), in ein nach §. 1 des Kirchenges. auf Ruhegehalt berechtigendes Pfarramt versetzt werden, so findet für sie der §. 13 Anwendung. Die früheren Leistungen zum Emeritenfonds werden aber auf die Nachtragsbeiträge zum Pensionsfonds der Landeskirche angerechnet.

18. Pfründenabgabe (K.-G. §. 14).

Die Konsistorien haben die Regelung der nach §. 14 von den Pfarrstellen zu entrichtenden Pfründenabgabe in jedem Emeritirungsfall so zeitig zu bewirken, daß die Leistung von vornherein aus den Hebungen der Pfarrstelle entnommen werden kann, welche dem jedesmaligen Zeitabschnitt der Verpflichtung entsprechen. Der Betrag und die Zahlungsart ist dem Gemeinde-Kirchenrath unter dem Bemerken mitzutheilen, daß er etwaige Einwendungen und Beschwerden innerhalb einer sogleich zu stellenden kurzen, und längstens auf sechs Wochen zu bemessenden Ausschlußfrist dagegen geltend zu machen habe.

Das abzugebende Viertel des Pfründen- oder etatsmäßigen Einkommens (§. 15) ist in der Art auf Mark abzurunden, daß 50 Pfennige und mehr als eine volle Mark angerechnet, geringere Beträge außer Ansatz gelassen werden. Bei der Berechnung ist, soweit nicht wesentliche Gründe ein Anderes bedingen, der den bisherigen Pfarrbeiträgen zu Grunde liegende Anschlag zu berücksichtigen. Persönliche Zulagen sind hier jedoch außer Ansatz zu lassen (§. 15 Nr. 1 und 5).

Der endgültig festgesetzte Betrag der Pfründenabgabe erleidet der Regel nach keine Aenderung. Sollte während der Dauer ihrer Leistung eine dauernde Verminderung des Pfründeneinkommens eintreten, welche nach dem Ermessen des Konsistoriums eine anderweite Regelung jener Abgabe im Interesse der Existenz des Nachfolgers erforderlich macht, so ist darüber die Entscheidung des Evang. Ober-Kirchenraths einzuholen (vgl. 3 unter A. h.).

Nach §. 14 Abs. 1 K.-G. u. Art. 4 St.-G. ist der Kirchenbehörde unter Ausschluß des Rechtsweges (vgl. 4) die Befugniß beigelegt, Zeit und Art der jährlichen Leistung der Pfründenabgabe zu bestimmen. Dies hat den doppelten Zweck, zunächst den Fonds wegen seiner Hebungen möglichst sicher zu stellen, sodann auch bei der Regulirung der Zahlungen billige Rücksicht auf die leistungspflichtige Stelle und ihren Inhaber in Betracht kommen zu lassen. Es wird hiernach sowohl die Auswahl der zur Deckung der Verpflichtung geeigneten Einkommenstheile, als auch Zahlungstermin und Höhe der etwaigen Leistungs-Raten und Art ihrer Abführung sorgfältig zu bestimmen sein.

Die Pfründenabgabe ist durch den Gemeinde-Kirchenrath unter Beachtung vorgedachter Bestimmungen der Kirchenbehörde unmittelbar an die Bezirkskasse des Pensionsfonds (3. F.) einzusenden.

Ueber die Pfründenabgaben ist ein besonderes Register (Pfründenabgabe-Register) nach dem unter IV. beigefügten Schema (Seite 570 f.) zu führen. Auch in den darüber zu erlassenden Kassenordres, sowie in den Kassenbüchern und Rechnungen ist genau die Dauer der Zahlung nach Anfangs- und Endtermin, sowie der Zahlungsmodus anzugeben. In den Kassenbüchern sind die Pfründenabgaben von den ebenfalls in Pfründenantheilen bestehenden Hebungen aus §. 19 Abs. 4 durch Verzeichnung in besondere Abtheilungen zu trennen (vgl. 23).

19. Berechnung des Diensteinkommens (K.-G. §. 15).

Die Berechnung des Diensteinkommens zu allen nach Vorstehendem für die neue Ordnung in Betracht kommenden Zwecken erfolgt nach den Grundsätzen des §. 15 des Kirchengesetzes.

Für die Festsetzung der Kirchenbehörden (3 unter D. b.) bildet die von den Geistlichen aufgestellte spezifizirte Einkommensnachweisung, welche von den Gemeinde-Kirchenräthen als richtig zu bescheinigen und von den Superintendenten zu begutachten ist, die Grundlage. Die Konsistorien haben eine Prüfung dieser Nachweisung zu veranlassen und sind befugt, darin die ihnen begründet erscheinenden Aenderungen vorzunehmen. Denselben bleibt überlassen, über letztere vorher die Aeußerung des Kreissynodal-Vorstandes zu erfordern, namentlich wenn der Nießbraucher oder die sonstige Vertretung der Stelle es beantragen.

Das Gesetz selbst giebt in §. 15 unter Nr. 1 bis 5 nur wenige genau zu beachtende Normen für die Abschätzung des Diensteinkommens. Zu denselben ist Folgendes zu bemerken.

Als „auf Amtsdauer bewilligte" persönliche Zulagen (Nr. 1) sind auch alle Zulagen zu behandeln, welche nach dem Ermessen der Behörde mit der Absicht der Weiterbewilligung auf Dienstzeit oder bis zur anderweiten Einkommenserhöhung verliehen worden sind, wenngleich die betr. Anweisung nach dem Rechtsverhältnisse der betr. Fonds immer nur auf eine bestimmte Zeitdauer oder auf Widerruf lauten sollte.

Wegen Nr. 2 vgl. oben 8.

Ausländisch im Sinne der Nr. 3 ist jede außerhalb der Landeskirche der älteren Provinzen gelegene Gemeinde.

Auf Nr. 4 ist bei dem Eintritt von Inhabern kombinirter Stellen in die neue Ordnung genau zu achten.

Bei Nr. 5 werden die 10% auch von den Zulagen (Nr. 1) berechnet.

Im Uebrigen werden bei der Abschätzung der Pfarreinkünfte folgende allgemeine Regeln im Auge zu behalten sein:

a. für Dienstgrundstücke, welche auf mehrere Jahre verpachtet sind, ist der jedesmalige Pachtzins mit dem ortsüblichen Werth vertragsmäßiger Nebenleistungen, bei jährlichen Verpachtungen ein 6jähriger Durchschnitt zum Ansatz zu bringen;

b. der Werth selbstbewirthschafteter Grundstücke wird nach den in der Gegend üblichen mittleren Pachtpreisen berechnet;

c. die Abschätzung der Naturalbezüge an Getreide, Holz, Fleisch 2c. erfolgt nach den in der Gegend üblichen örtlichen Mittelpreisen, eventuell nach den Durchschnittssätzen der Martini-Marktpreise in der Kreisstadt;

d. der Berechnung der Stolgebühren ist ein 6jähriger Durchschnitt zu Grunde zu legen:

e. die auf der Pfarrpfründe haftenden Lasten dürfen nur in so weit von dem Einkommensbetrage in Abzug kommen, als sie nicht nach der Art der Berechnung des Nutzungswerths (wie z. B. die Grundsteuer bei den Pachtzins-Beträgen 2c.) ohnehin bereits in Betracht gezogen sind. Die Abrechnung persönlicher Abgaben, wie der Einkommens- und Klassensteuer, der Wittwenkassen- und Pensionsbeiträge 2c. ist nicht zulässig. Darüber, ob und in wieweit Kosten von Filialfuhren in Abzug zu bringen sind, entscheidet das Konsistorium.

Ist über die Höhe der zu b. und c. zu Grunde zu legenden Preise das Gutachten des

Synodalvorstandes oder der Matrikel-Kommission gehört, so ist gegen dasselbe seitens der Kirchenbehörden der Regel nach nur auf Grund eines abweichenden Gutachtens Sachverständiger zu entscheiden.

Während fürs Erste auch bei Anwendung der neuen Ordnung auf die bisherigen für die Verwaltung der Emeritenfonds maßgebend gewesenen Pfarreinkommens-Nachweisungen zurückzugehen und darin nur das nach dem Gesetz (§. 15) Nothwendigste nachzutragen oder zu ändern ist, werden doch die Konsistorien darauf Bedacht nehmen, allmählich in geordneter Weise eine Revision der gesammten Abschätzungen nach obigen Gesichtspunkten zu veranlassen. Dazu werden die Fälle des Eintritts einzelner Stellen in die neue Ordnung und die Anträge, welche die Geistlichen im Falle eines Anspruchs auf höhere Anrechnung ihrer Einkünfte im eigenen Interesse stellen werden, Gelegenheit bieten. Ueberdies wird jedem Geistlichen hierdurch die Verpflichtung auferlegt, von dauernden Veränderungen seines Einkommens, welche auf die Höhe seines Pfarrbeitrages und künftigen Ruhegehalts von wesentlichem Einfluß sind, bald nach dem Eintritt dieser Veränderung, jedenfalls vor Ablauf des Kalenderjahres, dem vorgesetzten Konsistorium Anzeige zu machen. Die nachtheiligen Folgen der Unterlassung (vgl. §. 15 Nr. 2), welche bei der Bemessung des Ruhegehalts hervortreten, haben sich die betreffenden Geistlichen selbst zuzuschreiben. Unter jenen Veränderungen sind Dotations-Verbesserungen, wesentlich höhere oder geringere Verpachtungen der Pfarrgrundstücke auf mehrere Jahre, Bewilligungen persönlicher Zulagen, Eintritt in den Nießbrauch eines Pfarrwitthums 2c. zu verstehen. Veränderungen in dem Betrage der Stolgebühren oder in dem Werthe der Naturalien kommen nur dann in Betracht, wenn aus einem längeren Zeitraum eine durchschnittliche erhebliche Vermehrung oder Verminderung von mindestens 100 ℳ nachgewiesen werden kann.

Mindestens von 5 zu 5 Jahren haben die Provinzial-Konsistorien in ihrem Amtsblatt eine Aufforderung zu erlassen, in welcher alle Geistlichen, deren Pfarrbeiträge nicht mehr dem Pfarreinkommen entsprechen, veranlaßt werden, motivirte Anzeigen hierüber an die ihnen vorgesetzte Kirchenbehörde zu erstatten.

Anordnungen wegen etwaiger allgemeiner Neuaufstellung der Einkommensberechnungen behält sich der Evangelische Ober-Kirchenrath für den Fall des Bedürfnisses vor.

20. Umlagen (K.-G. §. 16).

Die nach §. 16 des K.-G. für den Pensionsfonds der Landeskirche bewilligte jährliche Umlage ist von allen Kirchengemeinden ohne Ausnahme aufzubringen. Dieselbe ist bis auf Weiteres auf ein und ein halbes Prozent der von den Mitgliedern der evangelischen Landeskirche aufzubringenden Staats-Klassen und Einkommensteuer festgesetzt und in dieser Höhe in jedem Rechnungsjahre zur Erhebung zu bringen, sofern nicht seitens des Evang. Ober-Kirchenraths unter Mitwirkung des Generalsynodal-Vorstandes die Erhebung eines geringeren Prozentsatzes angeordnet ist. Einer besonderen Genehmigung seitens der Gemeindeorgane oder seitens kirchlicher oder staatlicher Aufsichtsbehörden bedarf diese Umlage nicht, da sie durch das Kirchengesetz unter Zustimmung des K. Staatsministeriums nicht nur allgemein vorgeschrieben, sondern auch in Betreff ihres Umfanges ein- für allemal geordnet ist. Die in jedem einzelnen Jahre zu erhebende Summe wird von dem Evangelischen Ober-Kirchenrath festgesetzt und auf die Provinzen vertheilt (K.-G. vom 2. September 1880, K. G.- und V.-Bl. S. 133). Die weitere Vertheilung und die Einziehung erfolgt gemäß §. 14 Abs. 3 der Generalsynodal-Ordnung, Art. 15, Abs. 3 und Art. 11 des Gesetzes vom 3. Juni 1876 auf dem in der Kirchengemeinde- und Synodal-Ordnung für die Erhebung der Synodalkosten vorgeschriebenen Wege.

Zur Entnahme des auf die Kirchengemeinde fallenden Betrages aus der Kirchenkasse bedarf es der Zustimmung der zu Patronatslasten verpflichteten Patrone (§. 23 K.-G.-O., §. 8 Abs. 2 des Ges. vom 25. Mai 1874) und der Aufsichtsbehörde (A. L.-R. II. 11 §. 687). Kommt ein gültiger Beschluß der Gemindevertretung oder die erforderliche Einigung mit den sonst Betheiligten in dieser Beziehung nicht zu Stande, und weigern sich auch die Gemeindeorgane, die erforderlichen Beschlüsse wegen Aufbringung der Umlage durch die Gemeindeglieder zu fassen (§. 31 Nr. 6 K.-G.-O.), so ist gemäß Art. 27 Abs. 2 des Gesetzes vom 3. Juni 1876 zu verfahren.

Die Provinzialsynodalkassen führen die von ihnen einzuziehenden Umlagebeträge aus der Provinz an die Bezirkskasse des Pensionsfonds ab, welche am Sitze des Provinzial-Konsistoriums besteht (3. F. und 22). Der Vorstand der Provinzialsynode macht dem Konsistorium über jede desfallsige Sendung, wie über die schließliche Erledigung des jährlichen Einziehungsgeschäftes Mittheilung.

Der Führung besonderer Register über die Umlagen bedarf es nicht.

21. Oertliche Einrichtungen für Emeriten (K.-G. §. 17).

Der §. 17 schließt die Anrechnung von Ruhegehaltsbezügen, welche den emeritirten Geistlichen aus besonderen örtlichen Einrichtungen zukommen, auf das gesetzliche Ruhegehalt (§. 4) aus. Wie daher die betreffenden Bezugsrechte unbeschränkt neben dem Anspruch bestehen, welchen das neue Gesetz gewährt, so werden durch das Vorhandensein solcher Einrichtungen auch die im Gesetze vorgeschriebenen Verpflichtungen der Stelle und ihrer Inhaber, sowie der Gemeinden gegenüber dem Pensionsfonds in keiner Weise gemindert.

C. Sonstige Verhältnisse des Pensionsfonds der Landeskirche.

22. Vertretung und Verwaltung des Pensionsfonds (K.-G. §. 18).

Der Pensionsfonds ist Eigenthum der Landeskirche. Seine Vertretung und Verwaltung ist durch §. 18 des K.-G. (vgl. Art. 3 Abs. 3 des St.-G., Art. 19 des Gesetzes vom 3. Juni 1876), sowie durch die in §. 18 cit. Abs. 2 und §. 21 des K.-G. vorgesehenen weiteren Anweisungen dieser Instruktion geordnet. Etwaige fernere instruktionelle Anordnungen dieserhalb bleiben für den Fall des Bedürfnisses vorbehalten.

Die Bezirkskassen des Pensionsfonds (3 F.) stehen unter der Aufsicht der Provinzial-Konsistorien und haben den von letzteren in Form des Ersuchens zu erlassenden Anweisungen wegen aller auf den Regierungsbezirk bezüglichen Ausgaben (vgl. 10, 15, 23) und Einnahmen (vgl. 16 bis 20) Folge zu leisten. Diejenigen Kassen- und Depositalgeschäfte des Pensionsfonds innerhalb der einzelnen Provinz, deren Vertheilung nach Regierungs-Bezirken nicht angemessen erscheint (vgl. 15 und 20), liegen der Bezirkskasse am Sitz des betreffenden Provinzial-Konsistoriums ob. Die Kassen-Revisionen werden von den Königlichen Regierungen abgehalten.

Die Bezirkskassen übersenden vierteljährlich einen Manual-Extrakt an die Konsistorien, außerdem von dem am Schluß des Rechnungsjahres anzufertigenden Schluß-Manual-Extrakt ein zweites Exemplar an die Centralkasse des Pensionsfonds und zwar spätestens bis zum 20. Mai. Diejenigen Bezirkskassen, welche Kapitalien des Pensionsfonds verwalten, haben dieselben in dem Schluß-Manual-Extrakt am Ende desselben summarisch nach den einzelnen Arten der Werthpapiere 2c. aufzuführen. Die Jahresrechnungen werden zur üblichen Zeit von den Bezirkskassen angefertigt und dem betreffenden Konsistorium zur Revision und Ertheilung der Decharge eingereicht.

Die Bezirkskassen beziehen die Mittel zur Bestreitung der Ausgaben, soweit solche nicht durch Einnahmen aus dem Bezirk gedeckt werden können, aus der Centralkasse des Pensionsfonds auf dem für die Staatsfonds vorgeschriebenen Wege der Verrechnung. Sie führen an die Centralkasse in gleicher Weise die bei ihnen entstehenden Ueberschüsse ab. Die diesfälligen Geschäfte werden von ihnen ohne Anweisung seitens der Konsistorien nach eigenem pflichtmäßigen Ermessen des Bedürfnisses, jedoch soweit thunlich nur einmal im Vierteljahre ausgeführt. Die Konsistorien sind befugt, hierüber Kontrole zu führen und nöthigenfalls, besonders bei Ansammlung zu großer Bestände, die Bezirkskassen mit Weisung zu versehen. Am Schluß des Rechnungsjahres findet zwischen den letzteren und der Centralkasse die definitive Abrechnung dahin statt, daß der bei den Bezirkskassen aus dem abzuschließenden Rechnungsjahr vorhandene Bestand an die Centralkasse abgeführt oder bei derselben der zur Deckung der Ausgaben noch erforderliche Betrag erhoben wird, so daß die Kassenbücher der Bezirkskassen balancirend in Einnahme und Ausgabe abschließen.

Von der Aufstellung eines Etats für die Bezirkskassen wird für die erste Zeit der neuen Verwaltung abgesehen. Ein Formular in Betreff der den Kassenbüchern, den Manual-Extrakten und den Jahresrechnungen zu Grunde zu legenden Titeleintheilung, sowie eine Anleitung über die Buch- und Kassenführung wird den Konsistorien von dem Evangelischen Ober-Kirchenrath mittelst besonderer Verfügung zugefertigt werden.

Die Konsistorien haben von dem ihnen jährlich nach dem Rechnungsschluß zugehenden Schluß-Manual-Extrakt der Bezirkskassen eine mit dem Revisionsvermerk versehene beglaubigte Abschrift dem Evangelischen Ober-Kirchenrath einzureichen und demselben ferner jährlich die revidirten Jahresrechnungen der Bezirkskassen mit Belägen zur Einsicht bezw. Superrevision vorzulegen.

Der Centralkasse des Pensionsfonds liegt ob, die bei den einzelnen Bezirkskassen entstehenden Ueberschüsse einzuziehen, die etwa erforderlichen Deckungszuschüsse zu leisten, die danach übrig bleibenden Bestände zu sammeln und zu verwalten, in ihren Kassenbüchern die Verwaltungs-Ergebnisse sämmtlicher Bezirkskassen auf Grund der Schluß-Manual-Extrakte der letzteren summarisch nach den einzelnen Titeln der Einnahme und Ausgabe unter Einreihung der eigenen Einnahmen und Ausgaben zusammenzustellen und hierüber jährlich eine die Gesammt-Verwaltung des Fonds umfassende Rechnung zu legen. Die letztere wird von dem Evangelischen Ober-Kirchenrath revidirt und sodann der Generalsynode bezw. dem Generalsynodal-Vorstand zur Prüfung und Ertheilung der Entlastung vorgelegt. Die Verwaltungs-Ergebnisse werden in geeigneter Weise veröffentlicht.

D. Uebergangs-Bestimmungen.

23. Rechtsverhältnisse der bisherigen Geistlichen und Emeriten.

Das Kirchengesetz sichert in §. 19 Abs. 1 den vor dem 1. April 1881 emeritirten Geistlichen, in Abs. 2 den vor diesem Zeitpunkte angestellten und in demselben noch im Amte stehenden Geistlichen die bisherigen Rechte. Die letztgedachten Geistlichen, wozu auch die bereits angestellten Lehrer an theologischen Lehranstalten der Landeskirche (§. 1) gehören, treten in die neue Ordnung nur durch ausdrücklich dahin gerichtete Ausübung ihres freien Wahlrechts binnen Jahresfrist nach Maßgabe des Gesetzes oder in Folge der Versetzung in eine andere dem § 1 entsprechende Stelle ein.

Die nach Abs. 2 cit. abzugebende Erklärung, welche laut Art. 6 Abs. 3 des Staatsgesetzes als Verzicht auf alle Ansprüche aus der früheren Rechtsordnung gilt, wird zur Vermeidung von Irrungen dem Wortlaut des K.-G. gemäß, und zwar etwa dahin zu fassen sein:

> Der Unterzeichnete stellt hierdurch, auf Grund des §. 19 des Kirchengesetzes vom 26. Januar 1880, betreffend das Ruhegehalt der emeritirten Geistlichen (K. G.- u. V.-Bl. S. 37), den Antrag, die neuen Bestimmungen dieses Gesetzes auf ihn zur Anwendung zu bringen und verpflichtet sich, für seine vergangene Dienstzeit den Pfarrbeitrag (§§. 12 und 13 des Kirchengesetzes) in der Art, wie es der §. 19 vorschreibt, nachzuzahlen.

Die Erklärung muß, wenn sie rechtliche Wirkung haben soll, bis spätestens zum 1. Mai 1881 einschließlich bei dem Königlichen Provinzial-Konsistorium (vgl. I. 3 unter C. f.) eingereicht werden. Spätere Gesuche können nach dem Gesetz nicht berücksichtigt werden. Die Konsistorien haben daher bis zu dem gedachten Zeitpunkte dreimal und zwar zum erstenmal sogleich nach Verkündung dieser Instruktion, zum letztenmal vier Wochen vor Ablauf der Frist in ihren Amtsblättern die betheiligten Geistlichen unter Hinweis auf die sonst eintretende Ausschließung an die Einreichung ihrer Erklärungen zu erinnern.

Soweit weder eine derartige Erklärung rechtzeitig abgegeben ist, noch eine Versetzung erfolgt, werden die zur Zeit des Inkrafttretens des Kirchengesetzes bereits angestellten Geistlichen in Betreff der Emeritirung und ihrer damit zusammenhängenden Rechte und Pflichten in allen Punkten nach der alten Ordnung behandelt. Dies bezieht sich auch auf die Rechte der Hinterbliebenen solcher Geistlichen.

Die einzige Veränderung, welche nach dem Gesetze für die hier fraglichen Betheiligten eintritt, besteht darin, daß statt der früheren Emeriten-Zuschußfonds überall der Pensionsfonds der Landeskirche eintritt (§. 11 Abs. 2).

Dies bezieht sich sowohl auf die von den bisherigen Verbandsmitgliedern jener Fonds an denselben zu leistenden Beiträge (vgl. 16), als auch auf die eventuell ihnen zustehenden Pensionszuschüsse (vgl. 2 unter B). Für diese gegenseitigen Leistungen bleiben überall die Statuten der alten Provinzial-Emeritenfonds in Bezug auf Höhe, Zahlungsmodus und Endtermin maßgebend.

Die Leistung der bereits vor Auflösung der Provinzial-Fonds bewilligten Zuschüsse geht daher mit ihrem dermaligen Betrage unverändert auf den neuen Pensionsfonds über. Dies ist von den Provinzial-Konsistorien durch eine, jeden Einzelbetrag nachweisende Kassenordre sogleich auszusprechen (vgl. 15 Abs. 2). Die Höhe der künftig noch nach dem älteren Verfahren anzuweisenden Zuschüsse bestimmt sich weiterhin unveränderlich nach den zur Zeit der Auflösung der Provinzial-Fonds bestehenden Sätzen. Dies ist namentlich auch in Bezug auf Pommern der Fall, wo gegenwärtig ein Theil der Zuschüsse von dem jedesmaligen Stande des Fonds abhängig ist. Das allmähliche Einrücken in die statutarisch feststehende Zahl der höheren Normalsätze besteht dort auch ferner, so lange Empfänger der alten Ordnung vorhanden sind.

Der Pensionsfonds soll gemäß §. 19 Abs. 4 außerdem unter Umständen die Zahlung von vollen Emeritengehältern zur Entlastung von Geistlichen, welchen die betreffende Verbindlichkeit vor dem 1. April 1881 auferlegt worden ist, gegen das im Gesetz bestimmte Aequivalent übernehmen. In diesen Fällen sind der Regel nach sowohl für die achtjährige Leistung an den Fonds, als für die Leistung des Fonds in Bezug auf Höhe und Zahlungsmodus die bei der Emeritirung getroffenen Festsetzungen maßgebend. Bei Regelung der beiderseitigen Leistungen ist indeß die Vereinbarung zweckentsprechender Aenderungen, welche die Sicherheit des Pensionsfonds nicht gefährden, nicht unbedingt ausgeschlossen.

Endtermin der Leistung des Fonds ist nach §. 19 (vgl. §§. 528. 842 A. L.-R. II, 11) das Ableben des Emeritus. Enthält jenes Abkommen oder die provinzielle Rechtsordnung eine weitergehende Verpflichtung, z. B. den Anspruch der Hinterbliebenen auf den Bezug des Emeritenantheils während einer Gnadenzeit, so wird dieselbe von dem Pensionsfonds nicht mit übernommen, sondern bleibt zwischen den Interessenten unverändert und ist dies den letzteren bei Eingehung des Verhältnisses zu eröffnen.

Als Vertreter der Pfarrstelle, welche sich nach Vorschrift des §. 19 Abs. 4 neben dem Geistlichen dem Pensionsfonds gegenüber verpflichten müssen, ist gemäß §. 22 der K.-G.-O. der Gemeinde-Kirchenrath zu betrachten. Derselbe hat sich aber in Betracht der außergewöhnlichen Art der Verpflichtung und da dieselbe event. über die Dienstzeit des gegenwärtigen Inhabers der Stelle möglicherweise hinausgeht, auch des Einverständnisses der Gemeindevertretung (§. 31 Nr. 1 und 4 a. a. O.), sowie der Zustimmung des Patrons (§. 23 a. a. O.) vorher zu versichern.

Ueber die Fälle des §. 19 Abs. 4 sind besondere Verzeichnisse nach dem unter V. beigefügten Schema (Seite 570 f.) zu führen.

In Betreff der Kassenordres, Kassenbücher und Rechnungen gilt auch hier das unter 18 a. E. Gesagte.

24. Die Provinzen Westfalen und Rheinprovinz (K.-G. §. 20).

In den Provinzen Westfalen und Rheinprovinz entstehen für Geistliche, kirchliche Stellen, Gemeinden, Fonds, Anstalten, Vereine oder sonst Betheiligte die Rechte und Pflichten, welche sich aus den Bestimmungen des Kirchengesetzes vom 26. Januar 1880 und des Staatsgesetzes vom 15. März 1880 ergeben, erst von dem Zeitpunkte ab, zu welchem jene Gesetze nach den in §. 20 des K.-G. und Art. 7 des St.-G. vorbehaltenen Allerhöchsten Verordnungen daselbst eingeführt sein werden. Alsdann werden auch die erforderlichen besonderen Ausführungs-Anweisungen ergehen.

Berlin, den 29. November 1880.

Evangelischer Ober-Kirchenrath.
Hermes.

Anlage

der Instruktion zur Ausführung des Kirchengesetzes vom 26. Januar 1880,
betreffend das Ruhegehalt der emeritirten Geistlichen.

(Schema I bis V.)

I. Emeriten-

Laufende Nummer.	Name des Emeritus.	Geistliche Stelle, auf welcher die Emeritirung erfolgt.	Betrag des bei Berechnung des Ruhegehalts anzunehmenden letzten Einkommens. (Mark.)	Grund der Emeritirung.	Anfangs-Termin des Ruhestandes.
1.	2.	3.	4.	5.	6.

Anm.: *) (zu Kol. 7 u. 8) nur a. oder b. auszufüllen; b. fällt ganz weg, sobald keine Emeritirungen nach alter
**) (zu Kol. 10) Kommt bei Bemessung des Ruhegehalts ein Theil der Dienstzeit nicht in Anrechnung, so

II. Ruhegehalts-

Laufende Nummer.	Name des Emeritus.	Geistliche Stelle, auf welcher die Emeritirung erfolgt.	Betrag des bei Berechnung des Ruhegehalts anzunehmenden letzten Einkommens. (Mark.)	Grund der Emeritirung.	Anfangs-Termin des Ruhestandes.	Anrechnungsfähige Dauer der Dienstzeit.
1.	2.	3.	4.	5.	6.	7.

III. Hebe-

Laufende Nummer.	Verpflichtete geistliche Stelle.	Name des gegenwärtigen Inhabers.	Beginn der Verpflichtung des Stelleninhabers gegen den Pensionsfonds. (Dat. u. Jahr.)	Der Stelleninhaber (Kol. 3) hat Nachtragszahlungen (§§. 13, 19 des Kirchenges.) zu leisten:		Der Stellen-
				a. 1) für wie viel Jahre früherer Dienstzeit und 2) in welchem Gesammtbetrage.	b. 1) in welchen Jahresraten, 2) bis zu welchem Endtermin.	a. aus der Pfründe. (Mark.)
1.	2.	3.	4.	5.	6.	7.

IV. Pfründen-Abgabe-

Laufende Nummer.	Verpflichtete Pfarrstelle.	Jahresbetrag der Abgabe. (Mark.)	Zeitraum der achtjährigen Leistung.			
			1. Datum des Beginns und Ablaufs der Abgabe.		2. Jahr, in welchem die Abgabe	
			Tag.	Monat.	a. beginnt.	b. endigt.
1.	2.	3.	4.	5.	6.	7.

V. Verzeichniß der Fälle des §. 19,

Laufende Nummer.	Verpflichtete Pfarrstelle.	Name des Emeritus.	Zeitpunkt der Emeritirung.	Betrag des vom Pensionsfonds zu zahlenden und 8 Jahre lang zu empfangenden Emeritengehalts. (Mark.)	Zeitraum der achtjährigen	
					1. Datum des Beginns und Ablaufs der Abgabe.	
					Tag.	Monat.
1.	2.	3.	4.	5.	6.	7.

Verzeichniß. (vgl. S. 556.)

Betrag des Ruhegehalts, welches geleistet wird *)		Zur Zeit der Emeritirung zählte der Geistliche Jahre (2 Dezimalen).		Zur Zeit des Ablebens zählt der Geistliche Jahre (2 Dezimalen).		Bemerkungen.
a. nach der neuen Ordnung. (§§. 1 u. 4. K.-G.) (Mark.)	b. nach der alten Ordnung. (Pfründenantheil und Zuschuß zusammen.) (Mark.)	a. des Lebensalters.	b.**) des bei der Emeritirung angerechneten Dienstalters.	a. des Lebensalters.	b. der Lebensdauer im Emeritenstande.	
7.	8.	9.	10.	11.	12.	13.

Ordnung mehr vorkommen.
ist für statistische Zwecke in der Kol. 13 die **volle Dienstzeit** anzugeben.

Nachweisung. (vgl. S. 558.)

Nach wieviel Achtzigsteln ist das Ruhegehalt zu berechnen.	Betrag des Ruhegehaltes. (Mark.)	Falls Nachtragszahlungen (§§. 13 u. 10 d. Kirchenges.) rückständig sind:		Bemerkungen.
		a. Betrag derselben. (Mark.)	b. Wie ist ihre Berichtigung geregelt.	
8.	9.	10.	11.	12.

Liste. (vgl. S. 562.)

inhaber bezieht an **Diensteinkommen:**		Der Stelleninhaber hat **jährlich** zu entrichten:			Bemerkungen.
b. an laufenden persönlichen Zulagen. (Mark.)	c. **im Ganzen** mit Zurechnung von 10% als Wohnungswerth. (Mark.)	a. an laufenden Pfarrbeiträgen (Kol. 9.) (Mark.)	b. an Nachtragsbeiträgen (Kol. 6.) (Mark.)	c. **im Ganzen** (Kol. 10 u. 11) (Mark.)	
8.	9.	10.	11.	12.	13.

Register. (vgl. S. 564.)

Kurze Angabe des Zahlungsmodus.	Bemerkungen.
8.	9.

Abs. 4. des K.-Ges. v. 26. Januar 1880. (vgl. S. 568.)

Leistung der Stelle an den Fonds. 2. **Kalender-Jahr,** in welchem die Abgabe		Todestag des Emeritus.	Bemerkungen.
a. beginnt.	b. endigt.		
8.	9.	10.	11.

6. Instruktion des Ev. O.K.R. für die Abhaltung der General-Kirchen- und Schulvisitationen in den Provinzen Preußen, Brandenburg, Pommern, Schlesien, Posen und Sachsen. Vom 15. Februar 1854. (Aktenstücke Heft 7, zweiten Bandes erstes Heft, S. 21.)*)

§. 1. Es wird in den Provinzen Preußen, Brandenburg, Pommern, Schlesien, Posen und Sachsen eine allgemeine, außerordentliche Kirchen- und Schulvisitation abgehalten.

§. 2. Der Zweck dieser Visitation ist:

1) Die Kräftigung und Befestigung des evangelischen Glaubens und Bekenntnisses und die möglichste Stärkung oder Herstellung alt-evangelischer Sitte in den Gemeinden,
2) die Ermittelung und Abstellung von Mißständen, insbesondere solchen, welche auf dem Gebiete des inneren kirchlichen Lebens hervortreten, und
3) die genaue Erkundigung des gesammten geistlichen Zustandes der Gemeinden und derer, die an ihnen arbeiten.

§. 3. Die Visitationskommission besteht

1) aus dem General-Superintendenten als Präses der Kommission. Sollte derselbe während der Dauer der Visitation unerwartet behindert werden, das Geschäft fortzusetzen, so ist er ermächtigt, sich selbst einen Substituten zu ernennen.

   Tritt dagegen das Hinderniß schon vor dem Beginne der Visitation ein, so erfolgt die Ernennung eines Stellvertreters für denselben auf den Bericht des evangelischen Oberkirchenraths durch Se. Majestät den König.
2) aus dem Superintendenten des Kirchenkreises;
3) aus mehreren beigeordneten Geistlichen, welche der evangelische Oberkirchenrath nach Anhörung des Konsistoriums, für jede einzelne Diözese besonders ernennt.

Dem Präses der Visitationskommission bleibt es überlassen, zu einzelnen vorkommenden Visitationsgeschäften auch einzelne dazu geeignete Geistliche aus dem Kirchenkreise selbst zu beauftragen.

Außerdem ladet das Konsistorium bei jeder Visitation eine oder einige angesehene Personen weltlichen Standes aus dem Kirchenkreise selbst zur Theilnahme an der Visitation ein, bei deren Auswahl vornehmlich auf die Landräthe und andere mit obrigkeitlicher Autorität bekleidete Personen Rücksicht zu nehmen ist.

§. 4. Die Visitation findet nach Kirchenkreisen statt. Sie beginnt in dem Hauptorte des Kirchenkreises oder an dem Wohnorte des Superintendenten und verbreitet sich von dort aus über alle Kirchen des Kreises.

§. 5. Vor dem Beginn der Visitation ist ein genauer Visitationsplan zu entwerfen, in welchem Tag und Stunde der einzelnen Visitationsverhandlungen und die Namen der fungirenden Visitatoren anzugeben sind.

Dieser Visitationsplan wird gedruckt und an die Visitatoren, wie an die Geistlichen, Lehrer, Kirchenvorstände und Patrone der Diözese vertheilt.

§. 6. Die Visitation wird wenigstens vierzehn Tage vor dem Eintreffen der Visitatoren dem Superintendenten des Kirchenkreises angesagt und in allen Kirchen von den Kanzeln herab angekündigt. Desgleichen erfolgt eine Bekanntmachung durch das Amtsblatt.

§. 7. Zur Kräftigung und Befestigung des evangelischen Glaubens und Bekenntnisses in den Gemeinden soll vornehmlich das Mitzeugniß der Visitatoren in der Verkündigung des Evangeliums dienen.

§. 8. Die Visitation beginnt mit einem feierlichen Eröffnungsgottesdienst in der Hauptkirche des Hauptortes des Kirchenkreises und schließt mit einem feierlichen Schlußgottesdienst in derselben. Für diese beiden Gottesdienste übernimmt der Präses der Kommission die Hauptpredigt entweder selbst oder bestimmt dazu einen der ihm beigegebenen Geistlichen. Der Ortsgeistliche hält die Liturgie. Der Präses der Kommission, wenn er die Predigt nicht selbst ge-

*) vergl. auch das R. des Ev. O.K.R. v. 26. März 1856, Aktenst. Heft 7 S. 79.

halten hat, oder ein von ihm bestimmtes Mitglied der Kommission beschließt diese Gottesdienste mit einer freien Ansprache und Gebet vor dem Altar.

Es steht dem Präses zu, anzuordnen, daß mit dem Schlußgottesdienst zugleich eine Feier des heiligen Abendmahls verbunden werde, an welcher die Mitglieder der Kommission, die dazu einzuladenden Geistlichen, Kandidaten, Lehrer und kirchlichen Beamten des Kirchenkreises und die sonst sich meldenden Patrone, Ortsvorstände und Gemeindeglieder aus dem ganzen Kirchenkreise Theil nehmen können.

§. 9. Während der Visitation predigt in der Regel in der Mutterkirche der Parochie der Ortspfarrer, auf dessen Predigt dann eine freie Ansprache eines Kommissionsmitgliedes vor dem Altar zu folgen hat. Am Abend predigt, wo immer möglich, im Mutterorte oder in einem besser gelegenen Filial ein Mitglied der Kommission nach Anweisung des Präses. In allen Filial- oder Nebenkirchen der Parochie ist eine Predigt von einem Mitgliede der Kommission oder von einem beigezogenen Geistlichen des Kirchenkreises zu halten, was theils zugleich mit dem Gottesdienste im Hauptorte, theils aber auch Nachmittags und an mehreren Filialorten zugleich geschehen kann. Doch soll die Kommission sich nie so theilen, daß nicht zwei Kommissionsglieder zusammenbleiben.

§. 10. Es ist nicht nothwendig, daß die in §. 8 bezeichneten Predigten durchweg in der Weise eigentlicher Kanzelpredigten gehalten werden, vielmehr können die Visitatoren, nach Bewandtniß der Umstände, sich auch der Form freier Ansprachen, belehrender Vorträge und, wenn mehrere derselben zugleich an einem Orte sich befinden, in Form kurzer auf einander folgender Glaubenszeugnisse bedienen.

§. 11. Die Visitatoren haben in ihren Predigten, Ansprachen und Zeugnissen vornehmlich die Hauptstücke des evangelischen Bekenntnisses zu treiben, zum fleißigen Gebrauch des Wortes Gottes in den Häusern und des in der evangelischen Kirche den Gläubigen unverkürzt dargebotenen Sakraments und zu einem frommen gottseligen Wandel zu ermahnen.

§. 12. Nächst der Predigt für die erwachsenen Glieder der Gemeinde haben die Visitatoren auch auf die Jugend ihr Augenmerk zu richten.

Sie haben zu diesem Ende überall unter Zuziehung des Schulinspektors und des Schulvorstandes, die Schulen zu besuchen oder auch die evangelische Schuljugend des Orts oder mehrerer benachbarter Orte in Gegenwart der Schullehrer in der Kirche zu versammeln, die Kinder zu katechisiren und an diese, sowie an die Lehrer eine erwecklíche Ansprache zu richten.

§. 13. Nach Abhaltung des Eröffnungsgottesdienstes versammelt der Präses der Visitationskommission im Beisein der ganzen Kommission sämmtliche Geistliche des Kirchenkreises, eröffnet ihnen den Zweck der Visitation und den dabei einzuhaltenden Gang und fordert dieselben auf, die in dem Kirchenkreise obwaltenden kirchlichen Mißstände und Hemmungen des kirchlichen Lebens entweder sogleich oder im Laufe der Visitation zur Sprache zu bringen und die Mittel zur Abhülfe anzugeben.

Erfolgen auf diese Aufforderung schon in der Versammlung bestimmte Anzeigen, so sind dieselben, so weit als möglich, auf der Stelle näher zu erörtern. Der Präses der Kommission ertheilt nach Bewandtniß der Umstände entweder sogleich Bescheid und Anweisung darauf oder behält weitere Prüfung und Bescheidung durch das Konsistorium vor.

Ueber das in dieser Versammlung Verhandelte wird eine kurze Registratur aufgenommen.

§. 14. Auf diese Generalversammlung der Geistlichen des Kirchenkreises folgt die Spezialvisitation der einzelnen Kirchen.

§. 15. Der Gang der Spezialvisitation in den einzelnen Parochien ist in der Regel folgender:

Die Visitation beginnt des Morgens mit einem feierlichen Gottesdienste in der Hauptkirche der Parochie am Wohnorte des Pfarrers.

Der Ortspfarrer hält die Liturgie und in der Regel auch die Predigt. Nach dem Schlusse der Hauptpredigt redet einer der Visitatoren zu der Gemeinde, die gehörte Predigt bekräftigend, ergänzend oder weiterführend, und hält, wenn nicht die zweite Hälfte der Liturgie alsdann eintritt, ein freies Schlußgebet.

Nach Beendigung des Gottesdienstes wird die Schuljugend mit ihren Lehrern in der Kirche versammelt. Der dazu bestimmte Visitator eröffnet die Prüfung derselben mit einer kurzen Ansprache und Gebet.

Alsdann beginnt der Lehrer über einen an Ort und Stelle ihm aufgegebenen Gegenstand die Katechisation der Schüler und Schülerinnen. Sind mehrere Lehrer an der Schule angestellt, so sind dieselben möglichst alle nach einander zur Katechisation aufzurufen. Zum Schluß nimmt der Visitator selbst die Katechisation auf, und beschließt die Handlung mit Ansprache und Gebet.

Die Prüfung der Schulkinder hat zum Zwecke, die Kenntniß des Katechismus, der biblischen Geschichte, der Hauptsprüche, der evangelischen Kernlieder und ihrer Melodien, der Ordnung des Kirchenjahres und etlicher passender Gebete unter ihnen zu prüfen, und den Lehrern, Schülern und der Gemeinde die lebendige Erkenntniß des Wortes Gottes als den Kern und Mittelpunkt alles Jugendunterrichts eindringlich darzustellen.

Alsdann werden die Kirchen- und Schulvorsteher, nebst den Hausvätern und Hausmüttern der Gemeinde eingeladen, in der Kirche zu verbleiben und wird mit denselben über das gesammte kirchliche und sittliche Leben der Gemeinde, Kirchen- und Schulbesuch, Sakramentsfeier, Hausgottesdienst, Kinderzucht, Gesindezucht, über christliche Armen- und Krankenpflege und über die in der Gemeinde etwa im Schwange gehenden Laster und Sünden im Beisein des Pfarrers, des Patrons und der Ortsobrigkeit gehandelt, und werden daran die nöthigen Ermahnungen und Belehrungen geknüpft.

Schließlich werden diejenigen Gemeindeglieder, welche etwas Besonderes auf dem Herzen haben, aufgefordert, sich dem Präses der Visitationskommission oder einem der Visitatoren vertrauensvoll zu eröffnen.

Am Nachmittage findet noch eine besondere Besprechung mit den Kirchen- und Schulvorstehern, so wie mit den sonst etwa sich meldenden Gemeindegliedern statt, bei welcher der Pfarrer nicht zugegen ist, um dasjenige zu vernehmen, was dieselben etwa gegen den Pfarrer oder Lehrer vorzubringen haben.

In den Abendstunden wird ein Abendgottesdienst von den Visitatoren in der Kirche gehalten, in welchem insbesondere die während des Visitationsgeschäfts gemachten Wahrnehmungen über die besonderen geistlichen Bedürfnisse der Gemeinde zu benutzen sind, auch den Umständen nach die Theilnahme an der Heidenmission und an den Arbeiten der inneren Mission der Gemeinde an das Herz gelegt werden kann.

§. 16. Befinden sich innerhalb der zu visitirenden Parochie außer der Hauptkirche andere vereinigte Mutter- oder Tochterkirchen, zu welchen besondere Gemeindetheile mit besonderen Kirchenvorständen gewiesen sind, so ist in diesen durch einen oder zwei dahin abgesendete Visitatoren ein besonderer Visitationsgottesdienst nebst Schulprüfung abzuhalten. In anderen Nebenkirchen der Parochie ist wenigstens eine Abendandacht durch einen der Visitatoren abzuhalten.

Ingleichen werden die Filial- und Nebenschulen der Parochie durch einen oder zwei dazu verordnete Visitatoren besucht, die Schulprüfung im Schulgebäude vorgenommen und eine Bibelstunde oder Abendandacht daselbst gehalten.

§. 17. Auf die Visitation einer jeden Parochie wird in der Regel ein voller Tag verwendet. In ausgedehnten Parochien, namentlich in den Städten, können nach Bedürfniß auch zwei oder mehrere Tage dazu verwendet werden.

§. 18. Die Visitatoren haben es sich angelegen sein zu lassen, auch die an einzelnen Orten etwa befindlichen Hospitäler, Armenhäuser und ähnliche Stiftungen, sowie die Gefängnisse zu besuchen, von dem geistlichen Bedürfnisse der in ihnen befindlichen Armen, Kranken und Gefangenen Kenntniß zu nehmen und ihnen den Trost des Evangeliums zu bringen.

Was insbesondere die größeren Strafanstalten und Zuchthäuser anlangt, so sind die Virektionen angewiesen, dieselben dem Besuche der Visitatoren zu öffnen, und die Abhaltung eines außerordentlichen Gottesdienstes in ihnen zu gestatten. Im vorkommenden Falle sind daher die betreffenden Strafanstaltsdirektionen von dem beabsichtigten Besuche bei Zeiten in Kenntniß zu setzen.

Eine Visitation der Gymnasien, Schullehrerseminarien und höheren Lehranstalten liegt nicht in dem Bereiche der Aufgaben der Visitationskommissionen. Dagegen bleibt es dem General-Superintendenten vorbehalten, bei Gelegenheit der Visitationen von dem §. 6. g. der Instruktion vom 14. Mai 1829 Gebrauch zu machen, und durch Besuch der gelehrten Schulen oder höheren Bürgerschulen von der religiösen und kirchlichen Tendenz derselben sich näher zu unterrichten.

§. 19. Die im Laufe der Visitation vorkommenden Visitationsgeschäfte werden in der Regel im Beisein der ganzen Visitationskommission von dem Präses derselben oder von dem durch ihn dazu verordneten Visitator vorgenommen.

Eine Ausnahme davon tritt nur ein bei der Abordnung einzelner Visitatoren zur Visitation der Nebenkirchen und Schulen oder besonderer Anstalten, oder wenn eine Unterredung unter vier Augen ausdrücklich gewünscht oder von dem Präses der Kommission veranlaßt wird.

§. 20. Die Visitatoren haben ihr Absehen vornehmlich dahin zu richten, daß die Heilung der von ihnen wahrgenommenen kirchlichen Mißstände, es mögen dieselben Personen oder Einrichtungen betreffen, möglichst an Ort und Stelle durch Rath, Ermahnung und Strafe mit dem Worte bewirkt werde und nur in unerläßlichen Ausnahmefällen durch schriftliche Aufzeichnungen die Sache in die weitere Behandlung durch die stehenden Behörden zu leiten. Zu diesem Ende haben die Visitatoren die ihnen etwa verbleibenden freien Stunden auch dazu zu benutzen, daß durch amtsbrüderliche Besprechung mit den Geistlichen oder durch freie Unterredung mit den Lehrern und einzelnen Gemeindegliedern Heilung, Stärkung oder Trost von ihnen gespendet werde.

§. 21. Ein besonderes Augenmerk haben die Visitatoren auf die in den Kirchen und Schulen gangbaren Gesangbücher, Lehrbücher und Katechismen zu richten.

Finden sich darunter solche, welche nach dem Urtheil der Kommission der Erweckung und Stärkung des evangelischen Glaubens und Lebens hinderlich sind, so ist darüber an das Konsistorium zu berichten. In dringenden Fällen ist der Präses der Kommission befugt, die in dem Religionsunterricht der Geistlichen benutzten Lehrbücher und Katechismen bis auf weitere Anweisung der vorgesetzten Behörde vorläufig sogleich außer Gebrauch zu setzen.

§. 22. Sollte gegen einen Geistlichen oder Kirchenbeamten sich der Beweis eines durch ihn gegebenen groben Aergernisses in der Gemeinde herausstellen, so ist der Vorsitzende der Kommission befugt, nach Anhörung der übrigen Visitatoren dem betheiligten Geistlichen oder Kirchenbeamten die Fortführung seiner amtlichen Funktionen auf der Stelle zu untersagen und ist darüber an die vorgesetzte Behörde weiter zu berichten.

§. 23. Die Visitatoren haben über ihre Visitationsreisen ein Tagebuch zu führen und die von ihnen gemachten Wahrnehmungen darin kurz einzuzeichnen. Der Aufnahme besonderer Verhandlungen bedarf es nur dann, wenn Vorgänge oder Erklärungen von bleibender rechtlicher Bedeutung aufzuzeichnen sind.

§. 24. So oft die ausgesendeten Visitatoren mit dem Vorsitzenden der Kommission wieder zusammentreffen, haben sie demselben unter Vorlegung ihres Tagebuches und der etwa aufgenommenen Verhandlungen Bericht zu erstatten. Der Vorsitzende prüft die letzteren und ordnet nöthigenfalls die erforderlichen Ergänzungen an.

§. 5. Auf die kirchliche Vermögensverwaltung, Prüfung der Rechnungen, der Kirchenbücher, auf Baustreitigkeiten und andere kirchliche Verwaltungsgegenstände sind die Visitatoren nicht schuldig von Amtswegen einzugehen.

Vielmehr haben dieselben sowohl für sich selbst als Kanon für den Zweck ihrer Visitation, als auch den Klagen der Geistlichen und Gemeindeglieder gegenüber die Mahnung des Herrn zu beherzigen: Trachtet am Ersten nach dem Reiche Gottes. Sollten aber über dergleichen

Gegenstände besondere Anträge, Beschwerden oder Anklagen bei den Visitatoren eingehen, von denen dieselben die Ueberzeugung gewinnen, daß darin Grund zu einer Hemmung des kirchlichen Lebens liegt, so sind sie befugt, sich darüber soweit näher zu informiren, als erforderlich ist, um deshalb an die kompetente Behörde zu berichten.

§. 26. Bei dem Schluß der Visitation wird mit den zur Feier des Schlußgottesdienstes erschienenen Geistlichen und Lehrern, und zwar mit jedem dieser Kreise besonders, eine nochmalige Konferenz gehalten, in welcher der Präses der Kommission denselben mündlich die Ergebnisse der Visitation eröffnet und die ihm dienlich scheinenden Schlußworte daran knüpft.

§. 27. Sobald die Visitationskommission die Visitation eines Kirchenkreises beendet hat, erstattet sie darüber einen schriftlichen Visitationsbericht an das Konsistorium. Dieser Visitationsbericht wird im Konsistorio vorgetragen und auf die einzelnen Punkte desselben Beschluß gefaßt.

Der Superintendent des Kirchenkreises erhält von dem Konsistorium einen über den Befund der Visitation sich verbreitenden und zur Mittheilung an die Geistlichen geeigneten Generalvisitationsbescheid und außerdem die für ihn allein oder für einzelne Personen bestimmten besonderen Weisungen.

Dieser Visitationsbescheid ist durch das Konsistorium zu erlassen. Es kann aber auch an die Gemeinden zur Vertheilung in denselben ein Hirtenbrief in Folge der Visitation ergehen, der dann vom General-Superintendenten als Präses der Kommission abzufassen und von ihm und etwa noch einem Mitgliede der Kommission zu zeichnen ist. Doch soll dies letztere nicht unerläßlich sein, sondern auf dem Gutachten der Kommission beruhen.

7. Uebersicht über die durch die Gesetze betreffend Abänderungen der kirchenpolitischen Gesetze vom 14. Juli 1880, vom 31. Mai 1882 und vom 11. Juli 1883 bewirkten Abänderungen:

a) im Gesetz über die Vorbildung und Anstellung der Geistlichen. Vom 11. Mai 1873. (G.S. S. 191.)

Wir Wilhelm, von Gottes Gnaden König von Preußen ꝛc. verordnen, mit Zustimmung beider Häuser des Landtages, für den Umfang der Monarchie, einschließlich des Jadegebiets, was folgt:

I. Allgemeine Bestimmungen.

§. 1. Ein geistliches Amt darf in einer der christlichen Kirchen nur einem Deutschen übertragen werden, welcher seine wissenschaftliche Vorbildung nach den Vorschriften dieses Gesetzes dargethan hat und gegen dessen Anstellung kein Einspruch von der Staatsregierung erhoben worden ist.

§. 2. Die Vorschriften des §. 1. kommen vorbehaltlich der Bestimmungen in Absatz 1. bis 3. zur Anwendung, gleichviel, ob das Amt dauernd oder widerruflich übertragen werden oder nur eine Stellvertretung oder Hülfsleistung in demselben statthaben soll.

Ausländern kann auch, ohne daß die Vorschriften des §. 1. beobachtet sind, die Vornahme von geistlichen Amtshandlungen durch den Minister der geistlichen Angelegenheiten gestattet werden. Die Grundsätze, nach welchen dies zu geschehen hat, sind vom Staatsministerium mit Königlicher Genehmigung festzustellen[1]).

Das Einspruchsrecht der Staatsregierung findet keine Anwendung:

1) bei der Uebertragung von Seelsorge-Aemtern, deren Inhaber unbedingt abberufen werden können,
2) bei der Anordnung einer Hülfsleistung oder Stellvertretung in einem

---

1) H. S. Ges. v. 31. Mai 1882 Art. 3 Abs. 2, o. S. 507.

geistlichen Amte, welche nicht in der Bestellung des Verwesers eines Pfarramtes (Administrators, Provisors ꝛc.) besteht[2]).

3) wenn eine geistliche Amtshandlung von einem gesetzmäßig angestellten Geistlichen in dem Bezirk eines anderen besetzten oder erledigten geistlichen Amtes vorgenommen wird, ohne daß dieser dabei die Absicht bekundet, dort ein geistliches Amt zu übernehmen[3]). Die mit der Stellvertretung oder Hülfsleistung in einem geistlichen Amte gesetzmäßig beauftragten Geistlichen gelten auch nach Erledigung dieses Amts als gesetzmäßig angestellte Geistliche im Sinne des ersten Satzes der Nummer 3[4]).

Ist Gefahr im Verzuge, so kann auch in den Fällen, in denen das Einspruchsrecht nach Absatz 1. und 3. dieses §. statt hat, eine Stellvertretung oder Hülfsleistung einstweilen und vorbehaltlich des Einspruchs der Staatsregierung angeordnet werden[5]).

§. 3. Die Vorschriften des §. 1. kommen, vorbehaltlich der Bestimmungen des §. 26., auch zur Anwendung, wenn einem bereits im Amte (§. 2.) stehenden Geistlichen ein anderes geistliches Amt welches kein Seelsorger-Amt ist, dessen Inhaber unbedingt abberufen werden kann[6]), übertragen oder eine widerrufliche Anstellung in eine dauernde verwandelt werden soll.

II. Vorbildung zum geistlichen Amte.

§. 4. Zur Bekleidung eines geistlichen Amts ist die Ablegung der Entlassungsprüfung auf einem Deutschen Gymnasium, die Zurücklegung eines dreijährigen theologischen Studiums auf einer Deutschen Staats-Universität, sowie die Ablegung einer wissenschaftlichen Staatsprüfung erforderlich.

Von Ablegung der Staatsprüfung sind diejenigen Kandidaten befreit, welche durch Vorlegung von Zeugnissen der Staatsbehörde den Nachweis führen, daß sie die Entlassungsprüfung auf einem im Absatz 1. bezeichneten Gymnasium abgelegt, sowie ein dreijähriges theologisches Studium auf einer im Absatz 4. gedachten Universität zurückgelegt und während dieses Studiums Vorlesungen aus dem Gebiete der Philosophie, Geschichte und Deutschen Literatur mit Fleiß gehört haben[7]).

§. 5. Der Minister der geistlichen Angelegenheiten ist ermächtigt, mit Rücksicht auf ein vorangegangenes anderes Universitätsstudium, als das der Theologie, oder mit Rücksicht auf einen sonstigen, besonderen Bildungsgang von dem vorgeschriebenen dreijährigen Studium an einer Deutschen Staats-Universität einen angemessenen Zeitraum zu erlassen.

Außerdem ist der im Absatz 1. bezeichnete Minister ermächtigt, nach den vom Staatsministerium mit Königlicher Genehmigung festgestellten Grundsätzen von den Erfordernissen des §. 4. zu dispensiren[8]).

§. 6. Das theologische Studium kann in den bei Verkündigung dieses Gesetzes in Preußen bestehenden, zur wissenschaftlichen Vorbildung der Theologen bestimmten kirchlichen Seminaren zurückgelegt werden, wenn der Minister der geistlichen Angelegenheiten anerkennt, daß dieses Studium das Universitätsstudium zu ersetzen geeignet sei.

Zeugnisse, daß die Kandidaten während des Studiums auf einem solchen Seminar Vorlesungen aus dem Gebiete der Philosophie, Geschichte und Deutschen Literatur mit Fleiß gehört haben, stehen den im §. 4. Absatz 2. bezeich-

2) H. Zu Nr. 2 und 3 s. Ges. v. 11. Juli 1883 Art. 1, o. S. 90 f.
3) H. S. Ges. v. 14. Juli 1880 Art. 5 Abs. 1, o. S. 502.
4) H. S. das cit. Ges. Art. 5 Abs. 2, o. S. 503.
5) H. S. o. S. 54.
6) H. S. Anm. 2.
7) H. S. Ges. v. 31. Mai 1882 Art. 3 Abs. 1, o. S. 505.
8) H. Vgl. a. a. O. Abs. 2 S. 507.

neten Zeugnissen über das Hören der gedachten Vorlesungen auf einer Staatsuniversität gleich[9]).

Die Vorschriften in Absatz 1. und 2. finden jedoch nur auf die Seminare an denjenigen Orten Anwendung, an welchen sich keine theologische Fakultät befindet, und gelten nur für diejenigen Studirenden, welche dem Sprengel angehören, für den das Seminar errichtet ist.

Die im ersten Absatze erwähnte Anerkennung darf nicht verweigert werden, wenn die Einrichtung der Anstalt den Bestimmungen dieses Gesetzes entspricht und der Minister der geistlichen Angelegenheiten den Lehrplan derselben genehmigt.

§. 7. Während des vorgeschriebenen Universitätsstudiums dürfen die Studirenden einem kirchlichen Seminare nicht angehören.

§. 8. Die Staatsprüfung hat nach zurückgelegtem theologischen Studium statt. Zu derselben darf nur zugelassen werden, wer den Vorschriften dieses Gesetzes über die Gymnasialbildung und theologische Vorbildung vollständig genügt hat.

Die Prüfung ist öffentlich und wird darauf gerichtet, ob der Kandidat sich die für seinen Beruf erforderliche allgemeine wissenschaftliche Bildung, insbesondere auf dem Gebiete der Philosophie, der Geschichte und der Deutschen Literatur erworben habe.

Der Minister der geistlichen Angelegenheiten trifft die näheren Anordnungen über die Prüfung.

§. 9. Alle kirchlichen Anstalten, welche der Vorbildung der Geistlichen dienen (Knabenseminare, Klerikalseminare, Prediger- und Priesterseminare, Konvikte ꝛc.), stehen unter Aufsicht des Staats.

Die Hausordnung und das Reglement über die Disziplin in diesen Anstalten, der Lehrplan der Knabenseminare und Knabenkonvikte, sowie derjenigen Seminare, für welche die im §. 6. bezeichnete Anerkennung ertheilt ist, sind dem Oberpräsidenten der Provinz von dem Vorsteher der Anstalten vorzulegen.

Die Anstalten unterliegen der Revision durch Kommissarien, welche der Oberpräsident ernennt.

§. 10. An den im vorstehenden Paragraphen gedachten Anstalten darf als Lehrer oder zur Wahrnehmung der Disziplin nur ein Deutscher angestellt werden, welcher seine wissenschaftliche Befähigung nach Vorschrift des §. 11. dargethan hat und gegen dessen Anstellung kein Einspruch von der Staatsregierung erhoben worden ist.

Die Vorschriften der §. 2. Absatz 1. und §. 3. finden entsprechende Anwendung, jedoch ist der Minister der geistlichen Angelegenheiten ermächtigt, nach den vom Staatsministerium mit Königlicher Genehmigung festgestellten Grundsätzen Ausländern die Ausübung der im Absatz 1. bezeichneten Aemter zu gestatten[10]).

§. 11. Zur Anstellung an einem Knabenseminare oder Knabenkonvikte ist die Befähigung zur entsprechenden Anstellung an einem Preußischen Gymnasium, zur Anstellung an einer für die theologische wissenschaftliche Vorbildung bestimmten Anstalt die Befähigung erforderlich, an einer Deutschen Staats-Universität in der Disziplin zu lehren, für welche die Anstellung erfolgt.

Der Minister der geistlichen Angelegenheiten ist ermächtigt, nach den vom Staatsministerium mit Königlicher Genehmigung festgestellten Grundsätzen von den Erfordernissen des Absatzes 1. zu dispensiren[11]).

Kleriker und Predigtamts-Kandidaten müssen die für Geistliche vorgeschriebene Vorbildung besitzen.

Dieselbe genügt zur Anstellung an den zur theologisch-praktischen Vorbildung bestimmten Anstalten.

§. 12. Für die Erhebung des Einspruchs gegen die Anstellung finden die Bestimmungen entsprechende Anwendung, welche die Erhebung des Einspruchs gegen die Anstellung von Geistlichen regeln (§§. 15—17.).

§. 13. Werden die in den §§. 9—11. enthaltenen Vorschriften oder die getroffenen Anordnungen der Staatsbehörden nicht befolgt, so ist der Minister der geistlichen Angelegenheiten

9) H. Vgl. a. a. O. o. S. 505 f.
10) H. Cit. Ges. Art. 3 Abs. 2, s. o. S. 507 f.
11) H. S. vor. Anm.

ermächtigt, bis zur Befolgung die der Anstalt gewidmeten Staatsmittel einzubehalten oder die Anstalt zu schließen.

Unter der angegebenen Voraussetzung und bis zu dem bezeichneten Zeitpunkte können Zöglinge der Knabenseminare und Knabenkonvikte von dem Besuche der Gymnasien und von der Entlassungsprüfung ausgeschlossen und den im §. 6. erwähnten Anstalten die ertheilte Anerkennung entzogen werden. Diese Anordnungen stehen dem Minister der geistlichen Angelegenheiten zu.

Nach Errichtung eines Königlichen Gerichtshofes für die kirchlichen Angelegenheiten kann über die Gesetzmäßigkeit der nach diesem Paragraphen getroffenen Anordnungen und Verfügungen innerhalb 30 Tagen bei dem gedachten Gerichtshofe Berufung eingelegt werden. Durch Einlegung derselben wird die Vollstreckung der angefochtenen Anordnung oder Verfügung nicht aufgehalten. Der Gerichtshof kann jedoch bestimmen, daß bis zur endgültigen Entscheidung die Vollstreckung unterbleibe.

§. 14. Knabenseminare und Knabenkonvikte (§. 9.) dürfen nicht mehr errichtet und in die bestehenden Anstalten dieser Art neue Zöglinge nicht mehr aufgenommen werden.

Im Falle der Aufnahme neuer Zöglinge ist der Minister der geistlichen Angelegenheiten zur Schließung der betreffenden Anstalt befugt.

III. Anstellung der Geistlichen.

§. 15. Die geistlichen Oberen sind verpflichtet, soweit das Einspruchsrecht der Staatsregierung nach den §§. 1—3. statthat, denjenigen Kandidaten, dem ein geistliches Amt oder eine Stellung der im §. 2. gedachten Art übertragen werden soll, dem Oberpräsidenten unter Bezeichnung des Amtes zu benennen [12]).

Dasselbe gilt bei Versetzung eines Geistlichen in ein anderes geistliches Amt oder bei Umwandlung einer widerruflichen Anstellung in eine dauernde.

Innerhalb dreißig Tagen nach der Benennung kann Einspruch gegen die Anstellung erhoben werden.

Die Erhebung des Einspruchs steht dem Oberpräsidenten zu.

§. 16. Der Einspruch ist zulässig:

1) wenn dem Anzustellenden die gesetzlichen Erfordernisse zur Bekleidung des geistlichen Amtes fehlen;
2) wenn der Anzustellende wegen eines Verbrechens oder Vergehens, welches das Deutsche Strafgesetzbuch mit Zuchthaus oder mit dem Verluste der bürgerlichen Ehrenrechte oder dem Verluste der öffentlichen Aemter bedroht, verurtheilt ist, oder sich in Untersuchung befindet;
3) wenn gegen den Anzustellenden Thatsachen vorliegen, welche die Annahme rechtfertigen, daß derselbe den Staatsgesetzen, oder den innerhalb ihrer gesetzlichen Zuständigkeit erlassenen Anordnungen der Obrigkeit entgegenwirken oder den öffentlichen Frieden stören werde.

Die Thatsachen, welche den Einspruch begründen, sind anzugeben [13]).

§. 17. Die Uebertragung eines geistlichen Amtes, welche den Vorschriften der §§. 1. bis 3. zuwiderläuft, oder welche vor Ablauf der im §. 15. für die Erhebung des Einspruchs gewährten Frist erfolgt, gilt als nicht geschehen.

§. 18. Jedes Pfarramt ist innerhalb eines Jahres vom Tage der Erledigung, wo gesetzlich oder observanzmäßig ein Gnadenjahr besteht, vom Tage der Erledigung der Pfründe an gerechnet, dauernd zu besetzen. Die Frist ist vom Oberpräsidenten im Falle des Bedürfnisses auf Antrag angemessen zu verlängern.

Nach Ablauf der Frist ist der Oberpräsident befugt, die Wiederbesetzung der Stelle durch Geldstrafen bis zum Betrage von 1000 Thalern zu erzwingen. Die Androhung und Festsetzung der Strafe darf wiederholt werden, bis dem Gesetze genügt ist.

Außerdem ist der Minister der geistlichen Angelegenheiten ermächtigt, bis dahin Staats-

12) S. Anm. 2 ff.
13) H. Ges. v. 11. Juli 1883 Art. 2.

mittel einzubehalten, welche zur Unterhaltung der Stelle oder desjenigen geistlichen Oberen dienen, der das Pfarramt zu besetzen oder die Besetzung zu genehmigen hat.

§. 19. Die Errichtung von Seelsorgeämtern, deren Inhaber unbedingt abberufen werden dürfen, ist nur mit Genehmigung des Ministers der geistlichen Angelegenheiten zulässig.

Die Bestimmungen des §. 18. beziehen sich auch auf die sogenannten Sukkursal-Pfarreien des Französischen Rechts mit der Maßgabe, daß die in Absatz 1. des §. 18. vorgeschriebene Frist vom Tage der Publikation dieses Gesetzes an zu laufen beginnt.

§. 20. Anordnungen oder Vereinbarungen, welche die durch das Gesetz begründete Klagbarkeit der aus dem geistlichen Amtsverhältnisse entspringenden vermögensrechtlichen Ansprüche ausschließen oder beschränken, sind nur mit Genehmigung der Staatsbehörde zulässig.

§. 21. Die Verurtheilung zur Zuchthausstrafe, die Aberkennung der bürgerlichen Ehrenrechte und der Fähigkeit zur Bekleidung öffentlicher Aemter hat die Erledigung der Stelle, die Unfähigkeit zur Ausübung des geistlichen Amtes und den Verlust des Amtseinkommens zur Folge.

IV. Strafbestimmungen.

§. 22. Ein geistlicher Oberer, welcher den §§. 1. bis 3. zuwider ein geistliches Amt überträgt oder die Uebertragung genehmigt, wird mit Geldstrafe von 200 bis zu 1000 Thalern bestraft.

Dieselbe Strafe trifft denjenigen, welcher der Vorschrift des §. 19. Abs. 1. zuwiderhandelt.

§. 23. Wer geistliche Amtshandlungen in einem Amte vornimmt, welches ihm den Vorschriften der §§. 1. bis 3. zuwider übertragen worden ist, wird mit Geldstrafe bis zu 100 Thalern bestraft.

Dieselbe Strafe trifft denjenigen, der geistliche Amtshandlungen in einem von ihm nicht dauernd verwalteten Pfarramte vornimmt, nachdem er von dem Oberpräsidenten benachrichtigt worden ist, daß das Zwangsverfahren Behufs Wiederbesetzung der Stelle in Gemäßheit der Vorschrift in §. 18. Abs. 2. eingeleitet sei.

Der Strafbestimmung des Abs. 1 unterliegen geistliche Amtshandlungen nicht, welche gesetzmäßig angestellte Geistliche in Bezirken anderer geistlicher Aemter, gleichviel ob dieselben besetzt sind oder nicht, vornehmen, ohne dabei die Absicht zu bekunden, dort ein geistliches Amt zu übernehmen, ebensowenig solche geistliche Amtshandlungen, welche von den mit der Stellvertretung oder Hülfsleistung in einem geistlichen Amte gesetzmäßig beauftragten Geistlichen nach Erledigung des letzteren innerhalb der Grenzen ihres Auftrages vorgenommen werden[14]).

§. 24. Wer geistliche Amtshandlungen vornimmt, nachdem er in Folge gerichtlichen Strafurtheils die Fähigkeit zur Ausübung des geistlichen Amtes verloren hat (§. 21.), wird mit Geldstrafe bis zu 100 Thalern bestraft.

V. Uebergangs- und Schlußbestimmungen.

§. 25. Ausländer, welchen vor Verkündung dieses Gesetzes ein geistliches Amt (§. 2.) oder eines der im §. 10. erwähnten Aemter an kirchlichen Anstalten übertragen worden ist, haben bei Vermeidung der Folgen des §. 21. innerhalb sechs Monaten die Reichsangehörigkeit zu erwerben.

Der Minister der geistlichen Angelegenheiten kann mit Rücksicht auf die besonderen Bedürfnisse des einzelnen Falles diesen Zeitraum verlängern.

§. 26. Die Vorschriften dieses Gesetzes über den Nachweis wissenschaftlicher Vorbildung und Befähigung finden keine Anwendung auf Personen, welche vor Verkündung dieses Gesetzes im geistlichen Amte angestellt sind oder die Fähigkeit zur Anstellung im geistlichen Amte erlangt haben.

Außerdem ist der Minister der geistlichen Angelegenheiten ermächtigt, denjenigen Personen, welche vor Verkündung dieses Gesetzes in ihrer Vorbildung zum geistlichen Amte vorgeschritten waren, den in diesem Gesetze vorgeschriebenen Nachweis der Vorbildung ganz oder theilweise zu erlassen.

Der Minister der geistlichen Angelegenheiten ist auch ermächtigt, Ausländer von den Erfordernissen des §. 4. dieses Gesetzes zu dispensiren.

---

14) H. Ges. v. 14. Juli 1880 Art. 5 S. 502 und Ges. v. 11. Juli 1883 Art. 3, s. o. S. 93.

§. 27. Die in den §§. 4. und 8. dieses Gesetzes vorgeschriebene Staatsprüfung kann mit der theologischen Prüfung verbunden werden, insofern die Einrichtung dieser letzteren Prüfung und die Bildung der Prüfungskommissionen Behörden zusteht, deren Mitglieder sämmtlich oder theilweise vom Könige ernannt werden.

§. 28. Die Vorschriften dieses Gesetzes über das Einspruchsrecht des Staats (§§. 1. 3. 10. 12. 15. und 16.) finden in den Fällen keine Anwendung, in welchen die Anstellung durch Behörden erfolgt, deren Mitglieder sämmtlich vom Könige ernannt werden.

§. 29. Soweit die Mitwirkung des Staats bei Besetzung geistlicher Aemter auf Grund des Patronats oder besonderer Rechtstitel anderweit geregelt ist, behält es dabei sein Bewenden.

Desgleichen werden die bestehenden Rechte des Staats bezüglich der Anstellung von Geistlichen beim Militair und an öffentlichen Anstalten durch das vorliegende Gesetz nicht berührt.

§. 30. Der Minister der geistlichen Angelegenheiten ist mit der Ausführung dieses Gesetzes beauftragt.

Urkundlich 2c.

b. Im Gesetz wegen Deklaration 2c. des Gesetzes vom 11. Mai 1873 über die Vorbildung 2c. Vom 21. Mai 1874. (G.S. S. 139.)

Wir Wilhelm, von Gottes Gnaden König von Preußen 2c. verordnen mit Zustimmung beider Häuser des Landtages Unserer Monarchie, zur Deklaration und Ergänzung des Gesetzes über die Vorbildung und Anstellung der Geistlichen vom 11. Mai 1873., was folgt:

Art. 1. Das Gesetz vom 11. Mai 1873. wird dahin deklarirt, daß die Uebertragung eines geistlichen Amtes, sowie die Genehmigung einer solchen Uebertragung auch dann den Vorschriften der §§. 1. bis 3. des Gesetzes zuwider sind, wenn dieselben ohne die im §. 15. daselbst vorgeschriebene Benennnug des Kandidaten oder vor dieser Benennung oder vor Ablauf der im §. 15. für die Erhebung des Einspruches gewährten Frist erfolgt.

Art. 2. Die Strafe des §. 23. des Gesetzes vom 11. Mai 1873. trifft einen jeden Geistlichen, welcher Amtshandlungen vornimmt, ohne den Nachweis führen zu können, daß er zu einem hierzu ermächtigenden Amte oder zur Stellvertretung oder zur Hülfsleistung in einem solchen Amte unter Beobachtung der §§. 1. bis 3. des genannten Gesetzes berufen worden sei.

Der im Absatz 1 geforderte Nachweis gilt in Betreff derjenigen Geistlichen, welche nach Erledigung eines geistlichen Amtes Amtshandlungen innerhalb des Amtssprengels desselben vorgenommen haben, als erbracht, wenn sie dargethan, daß sie mit einer dazu ermächtigenden Stellvertretung oder Hülfeleistung in dem Amte vor Erledigung desselben gesetzmäßig beauftragt waren.

Die Bestimmung des Absatzes 1 findet keine Anwendung auf gesetzmäßig angestellte Geistliche, welche in den Bezirken anderer geistlicher Aemter, gleichviel ob dieselben erledigt sind oder nicht, geistliche Amtshandlungen vornehmen, ohne dabei die Absicht zu bekunden, dort ein geistliches Amt zu übernehmen[1]).

c) Im Gesetz über die kirchliche Disziplinargewalt und die Errichtung des Königlichen Gerichtshofes für kirchliche Angelegenheiten. Vom 12. Mai 1873. (G.S. S. 198.)[1])

III. Einschreiten des Staats ohne Berufung.

§. 24. Gegen Kirchendiener, welche die auf ihr Amt oder ihre geistlichen Amtsverrichtungen bezüglichen Vorschriften der Staatsgesetze oder die in dieser Hinsicht von der Obrigkeit innerhalb ihrer gesetzlichen Zuständigkeit getroffenen Anordnungen so schwer verletzen, daß ihr

---

1) H. Vgl. Ges. v. 14. Juli 1880 Art. 5 und Ges. v. 11. Juli 1883 Art. 3, s. o. S. 502 u. S. 93.

1) H. Die von der neueren Gesetzgebung nicht berührten Abschnitte des Gesetzes (§§. 1 bis 23, 32 bis 38) sind hier nicht wiederholt. S. dieselben o. S. 110 ff.

Verbleiben im Amte mit der öffentlichen Ordnung unverträglich erscheint, kann auf Antrag der Staatsbehörde durch gerichtliches Urtheil auf Unfähigkeit zur Bekleidung ihres Amtes erkannt werden.

Die Aberkennung der Fähigkeit zur Bekleidung des Amtes hat den Verlust des Amtseinkommens zur Folge[2]).

§. 25. Dem Antrage muß eine Aufforderung an die vorgesetzte kirchliche Behörde vorausgehen, gegen den Angeschuldigten die kirchliche Untersuchung auf Entlassung aus dem Amte einzuleiten. Steht der Angeschuldigte unter keiner kirchlichen Behörde innerhalb des Deutschen Reichs, so ist derselbe zur Niederlegung seines Amtes aufzufordern.

Die Aufforderung erfolgt schriftlich unter Angabe des Grundes von dem Oberpräsidenten der Provinz.

§. 26. Wird der Aufforderung nicht binnen gesetzter Frist Folge gegeben, oder führt die kirchliche Untersuchung nicht binnen gesetzter Frist zur Entlassung des Angeschuldigten aus dem Amt, so stellt der Oberpräsident bei dem Gerichtshofe für kirchliche Angelegenheiten den Antrag auf Einleitung des Verfahrens.

§. 27. Auf das Ersuchen des Gerichtshofes hat das Gericht höherer Instanz, in dessen Bezirk der Angeschuldigte seinen amtlichen Wohnsitz hat, einen etatsmäßigen Richter mit Führung der Voruntersuchung zu beauftragen. Bei der Voruntersuchung kommen die entsprechenden Bestimmungen der Strafprozeß-Gesetze zur Anwendung.

Die Verrichtungen der Staatsanwaltschaft werden durch einen von dem Minister der geistlichen Angelegenheiten ernannten Beamten wahrgenommen.

§. 28. Der Gerichtshof kann mit Rücksicht auf den Ausfall der Voruntersuchung das Verfahren einstellen. In diesem Fall erhält der Angeschuldigte Ausfertigung des darauf bezüglichen mit Gründen auszufertigenden Beschlusses.

§. 29. Wird das Verfahren nicht eingestellt, so ist der Angeschuldigte unter Mittheilung der von dem Beamten der Staatsanwaltschaft anzufertigenden Anschuldigungsschrift zur mündlichen Verhandlung vorzuladen. Derselbe kann sich des Beistandes eines Advokaten oder Rechtsanwaltes als Vertheidigers bedienen.

Außerdem ist der Minister der geistlichen Angelegenheiten zu benachrichtigen.

§. 30. Für das Verfahren finden die Bestimmungen der §§. 17. 18. 20. 21. 22. sinnentsprechende Anwendung.

In dem Urtheil ist entweder die Freisprechung oder die Unfähigkeit des Angeschuldigten zur Bekleidung der von ihm innegehabten kirchlichen Aemter auszusprechen.[3])

§. 31. Kirchendiener, welche Amtshandlungen vornehmen, nachdem gegen sie in Gemäßheit des §. 30. auf Unfähigkeit zur Bekleidung ihrer Aemter erkannt[3]) worden ist, werden mit Geldbuße bis zu 100 Thalern, im Wiederholungsfalle bis zu 1000 Thalern bestraft.

§. 31a. Hat der König einen Bischof, gegen welchen durch gerichtliches Urtheil auf Entlassung aus seinem Amte erkannt ist[4]), begnadigt, so gilt derselbe wieder als staatlich anerkannter Bischof seiner Diözese.

Gegen andere Geistliche, gegen welche auf Entlassung aus dem Amte erkannt ist[5]), werden, insofern nicht inzwischen eine Wiederbesetzung der Stelle erfolgt ist, die Folgen der ergangenen Erkenntnisse auf die Unfähigkeit zur Bekleidung des Amtes, den Verlust des Amtseinkommens, sowie die Anwendung des §. 31. dieses Gesetzes und die §§. 13. bis 15. des Gesetzes vom 22. April 1875 beschränkt.[7])

---

2) H. Ges. v. 14. Juli 1880 Art. 1, s. o. S. 501.
3) H. Vgl. das cit. Ges.
4) H. Auf Grund der ursprünglichen Fassung des §. 24 dieses Ges., s. o. S. 130.
5) H. S. vor. Anm. und §. 12 des Ges. v. 12. April 1875.
6) H. Ges. v. 31. Mai 1882, Art. 2 und Ges. v. 14. Juli 1880 Art. 1. s. o. S. 505 u. 501.

Chronologisches Register.*)

Erklärung der Abkürzungen.

Besch. = Bescheid.
C. M. = Minister d. geistl. 2c. Angel.
C. oder Cirk. = Cirkular.
E. = Erlaß.
Erk. = Erkenntniß.
F.M. = Finanzminister.
G. = preuß. Gesetz.
H.M. = Handelsminister.
J.M. = Minister des Innern.
Jz.M. = Justizminister.
K.O. = Kabinetsordre.
Kirch.G. = Kirchengesetz.
Kirchl. G. = Gerichtshof f. kirchl. Angelegenheiten.
Ko.G. = Gerichtshof z. Entsch. der Kompetenzkonflikte.
M. = Ministerial.
O.A.G. = Ober-Appellations-Gericht.
O.K. = evang. Oberkirchenrath.
O.T. = Obertribunal.
O.V.G. = Ober-Verwaltungsgericht.
Pat. = Patent.
Pol.M. = Polizeiminister.
Publ. = Publikation.
R. = Reskript.
R.G. = Reichsgericht.
Rgl. — Reglement.
Reichs-G. = Reichsgesetz.
St.M. = Staatsministerial.
V. (allein) = Königl. Verordnung, sonst Ministerial- 2c. Verfügung oder Verordnung.

*) Die Zahlen beziehen sich auf die Seiten, die fettgedruckten Zahlen bedeuten, daß an der betreffenden Stelle der Text mitgetheilt ist.

Alphabetisches Sachregister.

Die Zahlen bedeuten die Seiten ohne Unterschied des Textes und der Anmerkungen.

A.

C.

D.

E.

H.

N.

O.

P.

Q.

R.

S.

T.

U.

V.

W.

Nachträge und Berichtigungen.

S. 21. Anm. 48. Nachträglich hinzuzusetzen: Vgl. übrigens auch noch Johow, Jahrb. d. Kammergerichts 4. S. 348.
S. 64. Anm. 98 Z. 4 v. u. lies: 1873 (nicht 1872).
S. 98. Anm. 33 Z. 2 v. u. lies: Gen. (nicht Gem.).
S. 112. Absatz a S. 7 v. u. am Ende hinzuzusetzen: v. 15. Oktober 1881, a. a. O. 19 S. 276.
S. 112. Absatz a am Schluß hinzuzufügen: S. aber Erk. v. 15. Oktober 1881, Ztschr. f. K.R. 19 S. 281 ff.
S. 121. Anm. 20 Z. 6 v. o. hinter Kassationsklage einzuschieben: So auch kirchl. Gerichtshof i. d. Erk. v. 2. Juli und 15. Oktober 1881, Ztschr. f. K.R. 19 S. 275. 280.
S. 123. Anm. 27 hinzuzusetzen: Nach Erk. d. kirchl. Gerichtshofs v. 21. September 1882, Ztschr. f. K.R. 19 S. 298 fallen darunter auch Wahlmannsreden vor den übrigen Wahlmännern.
S. 125. Anm. 31 a. E. hinzuzufügen: und die Erk. d. kirchl. Gerichtshofes v. 6. Januar 1883 und 9. Februar 1884, Ztschr. f. K.R. 19 S. 287. 305.
S. 125. Anm. 37 Z. 1 v. o. lies: 22 (nicht 12).
S. 131. Anm. 68 Z. 2 v. u. lies: 22 (nicht 12).
S. 135. Anm. 90 Z. 5 v. o. lies: 12 (nicht 22).
S. 144. Nr. I. Abs. 1 lies: 27. Juni (nicht 17. Juni).
S. 145. Nr. 8 lies: 1825 (nicht 1852).
S. 173. Anm. 1 Z. 1 lies: Verf. (nicht Verordn.).
S. 183. Nr. 2 Abs. 3 Z. 3 v. u. lies: 26 (nicht 16).
S. 198. Anm. 42 Z. 3 a. E. einzufügen: 1882.
S. 203. Anm. 64 Z. 1 lies: O.K.R. (nicht O.K.G.).
S. 263. Text Z. 6 v. u. lies: §. 53 (nicht 52).
S. 268. Anm. 61a nachträglich hinzuzufügen: S. übrigens auch Anm. 52 zu §. 365 d. T.
S. 270. Anm. 63 Z. 7 v. u. lies: 1848 (nicht 1878).
S. 277. Anm. 87 Z. 11 v. u. lies: 1876 (nicht 1879).
S. 279. Anm. 89 letzte Zeile lies: 1867 (nicht 1861).
S. 279. Anm. 91 a. Schluß hinzuzusetzen: Vgl. ferner d. Cirk.E. d. ev. O.K.R. v. 18. Juli 1884, betr. das Verhalten der Geistlichen bei Bestattung von Selbstmördern, kirchl. G. u. V.Bl. v. 1884 S. 15.
S. 288. Anm. 24 nachträglich hinzuzufügen: Vgl. noch juristische Rundschau f. d. kath. Deutschland Heft 5 S. 192 ff.
S. 309. Anm. 58 Z. 3 v. o. hinter 30. Januar einzuschieben: 1858.
S. 313. Anm. 6 lies: 25. Mai 1874 (nicht 24. Mai).

S. 324. Anm. 47 lies: 1792 (nicht 1702).
S. 330. Anm. 73 Z. 1 v. o. lies: 1832 (nicht 1822).
S. 341. Anm. 19 lies: 1874 (nicht 1884).
S. 341. Anm. 23 lies: 1832 (nicht 1831).
S. 353. zu §. 3 noch zu vgl. E. d. ev. O.K.R. v. 29. Mai 1884, kirchl. G. u. V.Bl. v. 1884 S. 14.
S. 389. Anm. 32 Z. 16 v. o. lies: Str. Arch. 38 (nicht 18).
S. 390. Anm. 36 Z. 3 v. o. lies: 1835 (nicht 1875).
S. 397. Anm. 87 lies: 20. Juni (nicht 10. Juni).
S. 398. Anm. 89 Abs. 2 Z. 1 lies: 17 (nicht 27).
S. 411. Anm. 5 Z. 19 v. o. lies: 3. Nov. 1865 (nicht 1875).
S. 487. Anm. 41 Z. 2 v. o. lies: 1882 (nicht 1881).
S. 497. Anm. 79 Z. 5 v. o. lies: Juni (nicht Mai).
S. 511. Anm. 42 ist in der letzten Zeile zu lesen: „aufgehoben worden, später endlich auch für Köln. Sie dauert nur noch fort für Gnesen-Posen."

G. Pätz'sche Buchdruckerei (Otto Hauthal) in Naumburg a/S.

FSC
www.fsc.org
MIX
Papier | Fördert gute Waldnutzung
FSC® C083411

Kolibri 360 GmbH
Ferdinand-Jühlke-Straße 7
99095 Erfurt, Deutschland
produktsicherheit@kolibri360.de